Ulrich Pagel
Der Einzige und die Deutsche Ideologie

De Gruyter Marx Forschung

―
Herausgegeben von
Andreas Arndt und Gerald Hubmann

Band 1

Ulrich Pagel

Der Einzige und die Deutsche Ideologie

Transformationen des aufklärerischen Diskurses im Vormärz

DE GRUYTER

ISBN 978-3-11-061876-1
e-ISBN (PDF) 978-3-11-062082-5
e-ISBN (EPUB) 978-3-11-061832-7
ISSN 2629-4877

Library of Congress Control Number: 2019936957

Bibliografische Information der Deutschen Nationalbibliothek
Die Deutsche Nationalbibliothek verzeichnet diese Publikation in der Deutschen Nationalbibliografie; detaillierte bibliografische Daten sind im Internet über http://dnb.dnb.de abrufbar.

© 2021 Walter de Gruyter GmbH, Berlin/Boston
Dieser Band ist text- und seitenidentisch mit der 2020 erschienenen gebundenen Ausgabe.
Druck und Bindung: CPI books GmbH, Leck

www.degruyter.com

Vorwort

Die vorliegende Untersuchung wurde im Jahr 2015 von der Martin-Luther-Universität Halle-Wittenberg als Graduierungsschrift zur Erlangung des Grades Dr. phil. im Fachbereich Politikwissenschaften angenommen. Über den Zeitraum ihrer Abfassung haben viele Personen und Institutionen den Fortgang und die Fertigstellung begleitet und unterstützt. Mein Dank gilt zuvorderst den beiden Betreuern Harald Bluhm und Matthias Kaufmann. Insbesondere Harald Bluhm hat diese Untersuchung vom frühesten Stadium an gefördert und mit fortwährender Geduld, ausdauerndem Vertrauen und dem gelegentlichen Setzen motivationaler Anreize zu ihrem Abschluss beigetragen. In bedeutendem Maße konnte die Bearbeitung des Themas von der zeitgleich erfolgten Herausgabe der Manuskripte zur „Deutschen Ideologie" im Band I/5 der *Marx-Engels-Gesamtausgabe (MEGA²)* an der Berlin-Brandenburgischen Akademie der Wissenschaften profitieren, an welcher ich mit der editorischen Bearbeitung der philosophie-kritischen Manuskripte beteiligt war. Unter meinen Kollegen möchte ich Gerald Hubmann meinen besonderen Dank aussprechen; vor allem in der frühen Phase der Arbeit waren seine Einschätzungen und Anregungen eine große Hilfe. Für vertiefende Erörterungen allgemeiner und spezieller Fragestellungen der Untersuchung danke ich Jan-Philipp Müller und Friedrich Hasse. Dank gebührt darüber hinaus der Berlin-Brandenburgischen Akademie der Wissenschaften für die finanzielle Förderung und besonders auch der Heinrich-Böll-Stiftung, deren nicht nur finanzielle Unterstützung im Rahmen eines Promotionsstipendiums einen erheblichen Anteil daran hatte, dass die Untersuchung auf die richtigen Gleise gesetzt wurde und Fahrt aufnehmen konnte. Außerdem möchte ich dem De Gruyter-Verlag und insbesondere Serena Pirrotta und Simone Hausmann für die vertrauensvolle Zusammenarbeit danken. Nur unzureichend lässt sich schließlich für die Unterstützung danken, die ich während der vergangenen Jahre vonseiten meiner Familie erfahren habe; ohne ihre Bereitschaft, die vielfältigen Entbehrungen zu teilen, welche im Rahmen einer solchen Arbeit anfallen, würde es die vorliegende Untersuchung nicht geben.

Ulrich Pagel

Inhalt

Vorwort — V

Einleitung — 1
1 Zur Überlieferungsgeschichte der Manuskripte zur „Deutschen Ideologie" — 3
2 Zur Rezeption der Manuskripte zur „Deutschen Ideologie" — 11
3 Zur Rezeption der Stirner-Kritik von Marx und Engels — 18
4 Die historische Kontextualisierung der Stirner-Kritik von Marx und Engels — 24

1 Die Wiederaufnahme des philosophisch-aufklärerischen Diskurses im Vormärz — 42
1.1 Der Nährboden der Kritik – Kontexte der Restitution einer Frontstellung von Philosophie und Theologie — 43
1.2 Das bewusstseinszentrierte Modell gesellschaftlicher Veränderung — 58
1.3 Ludwig Feuerbachs anthropologische Reduktion der Religion — 64
1.4 Bruno Bauers Rückführung des Christentums auf die Verwirklichung des „Selbstbewusstseins" — 79

2 Fraktionierung und Scheitern der junghegelianischen Aufklärung 1842/43 — 98
2.1 Der Beginn der Fraktionierung – Die *Rheinische Zeitung* und die Konstitution des Gegensatzes von radikalem Zentrum und gemäßigter Peripherie — 99
2.2 Verschärfung der Zensur und Spaltung der junghegelianischen Aufklärung — 120
2.3 Die Enttäuschung von 1842/43 — 136

3 Die philosophische Aufklärung nach der Enttäuschung — 148
3.1 Ludwig Feuerbachs „neue" Philosophie — 149
3.2 Bruno Bauers Dichotomie von „Kritik und Masse" — 169
3.3 Das Dilemma der enttäuschten Aufklärung — 194

4 Max Stirner als Vertreter der philosophischen Aufklärung — 198
4.1 Die Examensarbeit und erste publizistische Einsätze — 199
4.2 Intensive publizistische Betätigung und Agitation für die „Freien" — 223
4.3 Die Publizistik nach der Agitation für die „Freien" — 250

5   Die Konturierung einer nichtphilosophischen Aufklärung – Max Stirners Schriften nach der Enttäuschung von 1842/43 —— 262
5.1 Erste Problematisierungen des philosophisch-aufklärerischen Diskurses – *Einiges Vorläufige vom Liebesstaate* —— 263
5.2 Erste Distanzierungen vom philosophischen Referenzrahmen des aufklärerischen Diskurses – *Die Mysterien von Paris* —— 275
5.3 Die unveröffentlichten Schriften des Jahres 1843 – Zur Entstehung von *Der Einzige und sein Eigenthum* —— 291

6   Die Kritik des philosophisch-aufklärerischen Diskurses in *Der Einzige und sein Eigenthum* —— 303
6.1 Grundzüge der Kritik des philosophisch-aufklärerischen Diskurses —— 304
6.2 Die Erklärung des Scheiterns des philosophisch-aufklärerischen Diskurses 1842/43 —— 324
6.3 Die Erklärung der Verfehltheit der konkurrierenden Ansätze zur Weiterentwicklung des aufklärerischen Diskurses —— 334

7   Max Stirners Entwurf eines individualistisch-aufklärerischen Diskurses —— 361
7.1 Die Instrumente für eine argumentative Selbstermächtigung der konkreten Individuen —— 362
7.2 Die Bedeutung Stirners für die Transformation des aufklärerischen Diskurses im Vormärz —— 382

8   Eine kritische Neuausrichtung – Karl Marx und Friedrich Engels nach der Enttäuschung von 1842/43 —— 394
8.1 Die Hinwendung zu Feuerbach und die erste Rezeption Stirners —— 395
8.2 Erste Schwierigkeiten in der Verteidigung Feuerbachs —— 416
8.3 Die Wiederaufnahme der Beschäftigung mit Stirner und die beginnende Distanzierung von Feuerbach —— 431

9   Die Materialität der Kritik – Zum Abfassungskontext der philosophiekritischen Manuskripte zur „Deutschen Ideologie" —— 449
9.1 Die publizistischen Vorhaben des Sommers 1845 und der Beginn der Abfassung der Manuskripte zur „Deutschen Ideologie" —— 450
9.2 Das Projekt einer eigenen Vierteljahrsschrift —— 460
9.3 Der Verlauf der Abfassung von *III. Sankt Max* und die „Sichtung der Philosophie vom Kommunismus" —— 467

10 Die Kritik von Stirners individualistisch-aufklärerischem Diskurs in den Manuskripten zur „Deutschen Ideologie" —— 492
10.1 Grundzüge der Kritik Stirners —— 493
10.2 Die argumentativen Instrumente der Desavouierung Stirners —— 506
10.3 Die argumentativen Instrumente der Deplausibilisierung der Evidenz alltagssprachlicher Vertrautheit —— 530

11 Karl Marx' und Friedrich Engels' Entwurf eines erfahrungswissenschaftlich-aufklärerischen Diskurses —— 554
11.1 Die Bedeutung der Stirner-Kritik für die Ausarbeitung eigener Positionen —— 555
11.2 Das Zusammenspiel von philosophischer und erfahrungswissenschaftlicher Evidenzproduktion bei Marx und Engels —— 562
11.3 „Beruf, Bestimmung, Aufgabe" – Zur Übernahme argumentativer Instrumente des philosophisch-aufklärerischen Diskurses —— 580

12 „Ideologie" und „Kleinbürger" als Komplemente des erfahrungswissenschaftlich-aufklärerischen Diskurses —— 603
12.1 Das „Andere" der Aufklärung – Zur theoretischen Konstellation der Konzipierung von „Ideologie" —— 604
12.2 Die Entwicklung des Begriffes „Ideologie" —— 612
12.3 Die Ausdifferenzierung von „Ideologie" im Verlauf der Kritik Stirners —— 629
12.4 Die Konzipierung von „Kleinbürger" als Vervollständigung der Ideologie-Konzeption —— 640

13 Der Einzige und die Deutsche Ideologie – Transformationen des aufklärerischen Diskurses im Vormärz —— 654

Bibliografie —— 671

Namenregister —— 683

Sachregister —— 687

Einleitung

Die deutsche Ideologie gehört ohne Zweifel zu den bekanntesten Werken von Karl Marx und Friedrich Engels im Besonderen und der europäischen Geistesgeschichte im Allgemeinen. Generationen von Rezipienten haben sich diesem Werk zugewandt, um etwas über den „Historischen Materialismus" oder die Marx'sche „Ideologiekritik" zu erfahren, und in den verschiedensten geisteswissenschaftlichen Disziplinen hat es Eingang in den Kanon gefunden. Nicht zuletzt aufgrund dieses Werkes kommt Marx und Engels ein herausragender Stellenwert unter den Klassikern der europäischen Geistesgeschichte zu. Fällt es also schon schwer, Autoren zu finden, die Werke von einer vergleichbaren Wirkmächtigkeit wie *Das Kapital* geschaffen haben, so können Marx und Engels im Hinblick auf dieses, postum veröffentlichte Werk sogar auf einen Erfolg verweisen, der in seiner Art nahezu einzigartig ist: Es gibt neben „Ideologie" wohl kaum einen zweiten Begriff, welcher derart zentral für das politische Vokabular der vergangenen hundert Jahre ist, obwohl er in einer Schrift entwickelt wurde, die nicht nur zu Lebzeiten der Autoren unveröffentlicht blieb, sondern die in der Form, in welcher sie zur Verbreitung des Begriffes „Ideologie" geführt hat, auf Intentionen zurückgeht, die nicht diejenigen der Autoren waren.

Ohne die legitimatorischen Bedürfnisse der jungen Sowjetunion, die in den 20er/30er Jahren des vorigen Jahrhunderts bei der Konstitution der ersten *Marx-Engels-Gesamtausgabe* Pate standen, hätte es ein Werk *Die deutsche Ideologie* im Sinne einer „Gründungsschrift des Historischen Materialismus" wohl nicht gegeben. Vor dem Hintergrund dieses zeitgeschichtlichen Kontextes ist die editorische Vollendung eines unvollendeten Werkes zwar bedauernswert, aber nachvollziehbar. Und wenn auch diese Ausrichtung der ersten, nahezu vollständigen Veröffentlichung der hinterlassenen Manuskripte[1] nur gegen den Widerstand des federführenden Herausgebers – David Rjazanow, den der Vorwurf einer „verbürgerlichenden Edition" erst die Position des Herausgebers und schließlich das Leben kosten sollte – durchgesetzt werden konnte, so verdeutlicht bereits dieser Sachverhalt die Tragweite der editorischen Entscheidungen, welche im Rahmen der Veröffentlichung der hinterlassenen Manuskripte zu treffen waren. Die Versuchung, den „blinden Fleck" des Marx'schen Œuvres wenn nicht mit einer philosophischen Schrift *per se*, so mit einer Schrift zu füllen, welche die argumentativen Instrumente zum Parieren philosophischer Angriffe bereitstellte, zeigte sich zu übermächtig, als dass ihr hätte widerstanden werden können.

Bei allem Verständnis, das sich mit dem gegebenen zeitlichen Abstand für die Hintergründe dieser editorischen Entscheidungen aufbringen lässt, bleibt der Sach-

---

1 Karl Marx/Friedrich Engels: Die deutsche Ideologie. Kritik der neuesten deutschen Philosophie in ihren Repräsentanten, Feuerbach, B. Bauer und Stirner, und des deutschen Sozialismus in seinen verschiedenen Propheten. 1845-1846, MEGA¹ I/5, Berlin 1932.

verhalt bestehen, dass die bisherige Beschäftigung mit den Schriften, die Marx gemeinsam mit Engels im Zeitraum vom Herbst 1845 bis in das Frühjahr 1847 verfasste, von einer Textgrundlage ihren Ausgang nimmt, welche die tatsächlichen Intentionen der Autoren nur durch den Zerrspiegel des „Kampfes der Systeme" wahrnehmbar macht. Dieser Sachverhalt mag aus der Perspektive eines weltanschaulichen Anschlusses an das Denken von Marx und Engels nicht allzu sehr ins Gewicht fallen, für eine ideengeschichtliche Rekonstruktion der Entstehung solch wirkmächtiger Deutungsmuster wie „materialistische Geschichtsauffassung"[2] oder „Ideologiekritik" ist er allerdings von kaum zu überschätzender Bedeutung. Es gibt wohl nicht viele Texte der europäischen Geistesgeschichte, bei denen der geistesgeschichtliche Zugriff in vergleichbarem Maße der historisch-kritischen Orientierung bedarf, wie im Falle der Manuskripte zur „Deutschen Ideologie".

Angesichts dieser Situation ist die im Rahmen der zweiten *Marx/Engels-Gesamtausgabe (MEGA)* kürzlich erfolgte Edition der Manuskripte, welche in den 20er/30er Jahren des vorigen Jahrhunderts zu einem Werk *Die deutsche Ideologie* verdichtet wurden, als ein großer Glücksfall zu betrachten.[3] So ist diese Edition die erste vollständige, welche mit der Praxis der editorischen Kompilation eines Werkes bricht, dass es in dieser Form nie gegeben hat. Dort, wie auch im Rahmen dieser Untersuchung, wird der Unterschied zwischen der Überlieferungslage der Manuskripte und der nachträglichen Rekonstruktion eines vermeintlich zweibändigen Werkes dadurch kenntlich gemacht, dass nicht mehr von einem Werk *Die deutsche Ideologie*, sondern nur noch von „Manuskripten zur Deutschen Ideologie" gesprochen wird. Auch wenn der Unterschied zwischen einem zusammenhängenden Werk und eigenständigen Manuskripten am Augenscheinlichsten in der Dekonstruktion des Kapitels über Ludwig Feuerbach zutage tritt – von dem allenfalls noch im Sinne eines beabsichtigten, nicht jedoch im Sinne eines vorhandenen gesprochen werden kann – so betrifft dieser Unterschied gleichwohl sämtliche Manuskripte, die dem heutigen Rezipienten als ein zwar unvollständig überliefertes, aber dennoch zusammenhängendes Werk bekannt sind.

Nun mag dieser Unterschied auf den ersten Blick als eine Frage der bloßen Neuanordnung von bereits bekannten Texten erscheinen, umso mehr, als keine wesentlichen Erweiterungen des auf Marx und Engels zurückgehenden Textkorpus' zu ver-

---

[2] Auch wenn der Begriff „materialistische Geschichtsauffassung" nicht den zeitgenössischen Texten von Marx und Engels entstammt, so wird die von Marx und Engels in den Manuskripten zur „Deutschen Ideologie" entwickelte, von ihnen dort nicht näher klassifizierte Geschichtskonzeption im Rahmen dieser Untersuchung dennoch unter diesem Begriff gefasst. Der Makel dieses anachronistischen Gebrauchs erfährt Milderung angesichts der Tatsache, dass Marx und Engels die von ihnen kritisierte Konzeption als „idealistische Geschichtsauffassung" bezeichnen, so dass „materialistische Geschichtsauffassung" sich zum Füllen der Lücke in ihrer Nomenklatur anbietet.
[3] Karl Marx/Friedrich Engels: Deutsche Ideologie. Manuskripte und Drucke, bearb. v. Ulrich Pagel, Gerald Hubmann u. Christine Weckwerth, MEGA² I/5, Berlin/Boston 2017.

zeichnen sind. Und es ließe sich die Frage formulieren, ob diese Problematik einer historisch-kritischen Edition nicht eher in das Fachgebiet philologischer Spezialisten gehören solle, wohingegen die inhaltlichen Fragestellungen von diesen editorischen Problemen unberührt blieben. In radikaler Wendung könnte schließlich gefragt werden, ob die Probleme der editorischen Aufbereitung der Manuskripte zur „Deutschen Ideologie" ihrer inhaltlichen Erschließung nicht sogar im Wege stünden. Eine solche Position hieße jedoch, die Tragweite und Bandbreite der Konsequenzen zu unterschätzen, die aus den editorischen Entscheidungen der 20er/30er Jahre des vorigen Jahrhunderts folgen. Im Rahmen der ideengeschichtlichen Rekonstruktion des Entstehungszusammenhangs der Manuskripte zur „Deutschen Ideologie" wird demgegenüber gezeigt werden, dass es in ihrem Falle schlicht unmöglich ist, den Fragen ihrer editorischen Wiedergabe zu entgehen. Eine aktuelle Beschäftigung mit den Manuskripten, welche glaubt, ihre ideengeschichtliche Rekonstruktion unabhängig von philologischen Fragen der Textgenese vornehmen zu können, und welche vermeint, den Problemen einer angemessenen Rekonstruktion des zeitgeschichtlichen Horizontes ihrer Abfassung entgehen zu können, ist vielmehr gezwungen, die editorischen Entscheidungen der Herausgeber der ersten *MEGA* zu reproduzieren. Diese Entscheidungen wurden mit der Absicht getroffen, dem Marx-Engels'schen Denken eine Reife und Abgeschlossenheit zu verleihen, die es zwar erlaubten, die Manuskripte als Grundlage einer staatstragenden Doktrin zu verwenden, die jedoch – wie bereits der folgende kursorische Blick auf die Überlieferungsgeschichte der Manuskripte vermittelt – weit eher Konsequenz der Geschichte sind, welche die Manuskripte *nach* ihrer Abfassung durchlaufen haben, als Ergebnis des Prozesses, dem sie ihre Entstehung verdanken.[4]

1 Zur Überlieferungsgeschichte der Manuskripte zur „Deutschen Ideologie"

Wie in der folgenden Untersuchung eingehend gezeigt werden wird, wurden die Manuskripte zur „Deutschen Ideologie" in der Absicht abgefasst, im Rahmen einer Vierteljahrsschrift veröffentlicht zu werden, deren Finanzierung durch zwei westfälische, mit den zeitgenössischen sozialistischen Strömungen sympathisierende Unternehmer – Julius Meyer und Rudolph Rempel – zugesagt worden war und deren Redaktion ursprünglich in wechselnder Folge durch Marx, Engels und Moses Heß übernommen werden sollte. Die im Zuge der Abfassung der Manuskripte einsetzende Dynamik bedingte dann nicht nur die alleinige Übernahme der Redaktion durch Marx, sondern führte auch zur Rücknahme der Finanzierungszusage durch Meyer und Rempel – wo-

---

[4] Vgl. Karl Marx/Friedrich Engels: Deutsche Ideologie. Manuskripte und Drucke, MEGA² I/5, S. 780-793.

bei für diese Entscheidung der beiden letzteren sowohl unvorhergesehene finanzielle Schwierigkeiten, als auch eine gewisse Entfremdung verantwortlich zu machen sind, die infolge der Marx-Engels'schen Kritik an ehemaligen sozialistischen Weggefährten (den „wahren Sozialisten") eingetreten war.

Wie aus dem zeitgenössischen Briefwechsel hervorgeht, traf die Rücknahme der Finanzierungszusage Marx und Engels hart und unvorbereitet. Nicht nur hatten sie anderen Kontributoren der Vierteljahrsschrift bereits Abschläge auf das zugesagte Honorar gezahlt, auch sah sich Marx aufgrund der Rückforderung des teilgezahlten Honorars für seine „Kritik der Politik und Nationalökonomie" durch den Verleger Carl Friedrich Julius Leske selbst in gravierenden finanziellen Schwierigkeiten. Da Marx und Engels zu diesem Zeitpunkt jedoch über genug eigenes und fremdes Material verfügten, um die geplanten ersten beiden Bände der Vierteljahrsschrift zu bestücken (nach brieflicher Aussage von Engels[5] hatte dieses Material einen Umfang von „50 Druckbogen"), begannen sie nach dem Verlust der westfälischen Unterstützung mit der Suche nach alternativen Möglichkeiten einer Publikation dieser beiden Bände. Die Intensität und Dauer dieser Suche, die sie bis weit in den Spätsommer 1847 betrieben, konterkariert das spätere Diktum von Marx, wonach die Manuskripte allein zum Zwecke der „Selbstverständigung" abgefasst worden seien,[6] und offenbart einen generellen Zug der retrospektiven Bezugnahmen von Marx und Engels auf die Manuskripte zur „Deutschen Ideologie" – so stehen die späteren Aussagen häufig im Widerspruch zu den Informationen, die sich aus zeitgenössischen Quellen ergeben, und sind die späten Marx und Engels nur sehr eingeschränkt als verlässliche Autoritäten in Bezug auf ihre Arbeit an den Manuskripten zur „Deutschen Ideologie" zu betrachten.

Zu dem Zeitpunkt, als sie die Suche nach einem Verleger der beiden weitgehend fertig gestellten Bände der Vierteljahrsschrift endgültig aufgaben, hatte Marx nicht nur bereits einen Text aus dem Ensemble der beiden Bände ausgegliedert und separat veröffentlicht – die Kritik an Karl Grün[7] (das einzige Manuskript zur „Deutschen Ideologie", das zu Lebzeiten der beiden Autoren veröffentlich wurde) –, er hatte auch eine Erklärung abgegeben, die für die postume Rekonstruktion eines „Werkes" *Die deutsche Ideologie* gravierende Konsequenzen haben sollte. In der Anfang April 1847 veröffentlichten „Erklärung gegen Karl Grün", in welcher Marx die Publikation der Kritik an Karl Grün ankündigte, behauptet Marx, diese Kritik entstamme einer „von

---

5 Engels an Marx, um den 18. Oktober 1846, MEGA² III/2. S. 51.
6 Karl Marx: Zur Kritik der Politischen Ökonomie. Erstes Heft, Berlin 1859, MEGA² II/2, Berlin 1980, S. 102.
7 Karl Marx/Friedrich Engels: IV. Karl Grün: Die soziale Bewegung in Frankreich u. Belgien (Darmstadt 1845), oder: die Geschichtsschreibung des wahren Sozialismus (H^{13}), MEGA² I/5, S. 545-589. [Die **H**-Siglen der Manuskripte zur „Deutschen Ideologie" entstammen der Edition im Band I/5 von MEGA².] Veröffentlicht wurde dieses Manuskript im *Westphälischen Dampfboot* (Jg. 3, H. 8 vom August 1847, S. 439-463, u. H. 9 vom September 1847, S. 505-525).

Engels und mir gemeinschaftlich verfaßten Schrift über ‚*die deutsche Ideologie*' (Kritik der neuesten deutschen Philosophie in ihren Repräsentanten, Feuerbach, B. Bauer und Stirner, und *des deutschen Socialismus* in seinen verschiedenen Propheten.)".[8] Es ist dies nicht der Ort, die mannigfaltigen Missverständnisse aufzuklären, zu welchen diese Erklärung von Marx nach dem Ableben der beiden Autoren Anlass geben sollte. Es reicht, an dieser Stelle zu betonen, dass die Erklärung einen Reifegrad „der Schrift" suggeriert, der von den überlieferten Manuskripten nicht gedeckt wird, und dass sich weder in den Manuskripten selbst, noch in dem überlieferten zeitgenössischen Briefwechsel eine Angabe findet, unter welchem Gesamttitel die Manuskripte hätten veröffentlicht werden sollen (und zwar weder im Rahmen der Vierteljahrsschrift, noch als eigenständige Publikation). So ist selbst die Bezeichnung „Manuskripte zur ‚Deutschen Ideologie'" eher als eine Konzession an die Gewohnheiten einer nahezu hundertjährigen Rezeption denn als eine Annäherung an den zeitgenössischen Titel zu betrachten.

Im Spätsommer 1847 gaben Marx und Engels die Suche nach einem Verleger aus verschiedenen Gründen auf. Nicht nur war zu diesem Zeitpunkt das Erscheinen der in den Manuskripten kritisierten Schriften bereits so lange her, dass das Interesse des Publikums fraglich geworden war (im Falle von Max Stirners *Der Einzige und sein Eigenthum* waren dies nahezu drei Jahre), auch hatte Marx in der Zwischenzeit substanzielles Gedankengut der Manuskripte zumindest in französischer Sprache veröffentlicht (in seinem Anti-Proudhon *Misère de la philosophie*) und begann sich der Fokus der Aufmerksamkeit auf ein neues Projekt – *Das Manifest der kommunistischen Partei* – zu verschieben. Ferner sorgten der Ausbruch der Revolution im Februar 1848 und schließlich die Emigration nach England dafür, dass eine Wiederaufnahme der Auseinandersetzung mit ihren ehemaligen philosophischen und sozialistischen Weggefährten nicht betrieben wurde. Marx wandte sich wieder der Kritik der Nationalökonomie zu und entschied sich, die Manuskripte als Dokumente einer „Selbstverständigung" zu betrachten – einer Selbstverständigung, die er als so gründlich und erfolgreich erachtete, dass er die Manuskripte nun der sprichwörtlich gewordenen „nagenden Kritik der Mäuse" zu überlassen bereit war.[9]

In der Folge wurde es still um die Manuskripte zur „Deutschen Ideologie". Weder die Manuskripte selbst, noch andere Quellen geben Anlass zu der Vermutung, dass Marx, in dessen Besitz die Manuskripte bis zu seinem Tod verblieben, zu einem späteren Zeitpunkt noch einmal mit ihnen arbeitete. Nach Marx' Tod gelangten die Manuskripte in den Besitz von Engels, der die kürzeren Manuskripte im Zuge der Durchsicht der von Marx übernommenen Materialien mit Ordnungsvermerken versah, von

---

8 Erklärung abgedruckt in: Inge Taubert/Hans Pelger/Jacques Grandjonc: Marx' Erklärung vom 3. April 1847, in: MEGA-Studien (hrsg. v. d. Internationalen Marx-Engels-Stiftung Amsterdam), Amsterdam, 1997/2, S. 154-161, hier S. 160.
9 Karl Marx: Zur Kritik der Politischen Ökonomie. Erstes Heft, MEGA² II/2, Berlin 1980, S. 102.

denen insbesondere derjenige, den er auf der letzten Seite des „Konvoluts zu Feuerbach" – einer Sammlung von Textstücken, die aus den Kritiken Bauers und Stirners für eine Verarbeitung im Rahmen des zu verfassenden Feuerbach-Kapitels ausgegliedert worden waren – notierte, spätere Bedeutung erlangen sollte: „Feuerbach. Gegensatz v. materialist. & idealist. Anschauung".[10] Aus den Reaktionen, die Engels auf die Lektüre der zu diesem Zeitpunkt nahezu 40 Jahre alten Manuskripte zeigte, lässt sich schließen, dass auch Engels mit den Manuskripten seit ihrer Abfassung nicht mehr gearbeitet hatte. Von ihm sind neben verschiedenen Bezugnahmen auch Überlegungen zur Frage der Veröffentlichung einzelner Manuskripte überliefert. Engels entschied sich schließlich gegen eine Veröffentlichung, denn er fürchtete wohl, dass eine Veröffentlichung der Manuskripte eher die „Unreife" als die „Genialität" ihrer früheren Ansichten dokumentieren würde. Im Rahmen seiner Schrift *Ludwig Feuerbach oder der Ausgang der klassischen deutschen Philosophie* publizierte er statt der Manuskripte dann die weit weniger aussagekräftigen „Thesen ad Feuerbach".[11]

Mit dem Tod von Engels und der Übernahme der Manuskripte durch Eduard Bernstein und August Bebel setzte dann die postume Veröffentlichung der Manuskripte zur „Deutschen Ideologie" ein. Es mag dabei überraschen, dass die ersten Manuskripte, welche der Öffentlichkeit zugänglich gemacht wurden, nicht die später so wirkmächtigen Manuskripte des Feuerbach-Komplexes waren, sondern die bereits zu Lebzeiten erschienene Kritik an Karl Grün und, von Bernstein 1903/1904 selbst besorgt,[12] Teile der umfangreichen Stirner-Kritik *III. Sankt Max*.[13] Die bei der Veröffentlichung dieses Manuskriptes verfolgte Absicht von Bernstein zielte dabei nicht auf die Erweiterung des doktrinären Bestandes Marx-Engels'scher Schriften, sondern war wohl weit eher dem Versuch geschuldet, der zu dieser Zeit in Konjunktur befindli-

---

10 Karl Marx/Friedrich Engels: [Konvolut zu Feuerbach] (**H⁵**), MEGA² I/5, S. 16-123, hier Ms-S. [73] (S. 942). [Bei Verweisen auf die Manuskripte zur „Deutschen Ideologie" wird stets zuerst die Manuskriptseite angegeben, dann – in runden Klammern – die Druckseite(n) des MEGA²-Bandes I/5. Dieses Vorgehen bietet den Vorteil, dass es für die Fassung letzter Hand (den edierten Text) und die zugehörigen Textvarianten, die in der MEGA²-Edition auf Text- und Apparatband verteilt sind, eine eindeutige Bezugsgröße gibt.] Die Herausgeber der ersten *MEGA* übernahmen sie als Titel des kompilierten Feuerbach-Kapitels (Karl Marx/Friedrich Engels: Die deutsche Ideologie. Kritik der neuesten deutschen Philosophie in ihren Repräsentanten, Feuerbach, B. Bauer und Stirner, und des deutschen Sozialismus in seinen verschiedenen Propheten. 1845-1846, MEGA¹ I/5, Berlin 1932, S. 5).
11 Siehe Friedrich Engels: Vorbemerkung zu „Ludwig Feuerbach und der Ausgang der klassischen deutschen Philosophie", MEGA² I/31, S. 123.
12 Eduard Bernstein (Hrsg.): Der „heilige Max". Aus einem Werk von Marx-Engels über Stirner, in: Dokumente des Sozialismus, Bd. 3, Stuttgart 1903, H. 1, S. 17-32; ders. (Hrsg.): Der „heilige Max". Aus einem nachgelassenen Werk von Marx-Engels über Max Stirner, in: ebenda, H. 2, S. 65-78, H. 3, S. 115-130, H. 4, S. 169-177; ders. (Hrsg.): Sankt Max. Aus einem nachgelassenen Werk von Marx-Engels über Max Stirner, in: ebenda, Bd. 3, Stuttgart 1903, H. 7, S. 306-316, H. 8, S. 355-364, u. Bd. 4, Stuttgart 1904, H. 5, S. 210-217, H. 6, S. 259-270, H. 7, S. 312-321, H. 8, S. 363-373, H. 9, S. 416-419
13 Karl Marx/Friedrich Engels: III. Sankt Max • Schluss des Leipziger Konzils (**H¹¹**), MEGA² I/5, S. 165-511.

chen, anarcho-syndikalistischen Bewegung, die nicht zuletzt durch die Arbeit des Stirner-Biographen und Schriftstellers John Henry Mackay Zulauf gefunden hatte, aus marxistischer Perspektive Paroli zu bieten.[14] Vor dem Hintergrund der späteren Rezeption des Werkes *Die deutsche Ideologie* und der prominenten Rolle des „Feuerbach-Kapitels" in dieser Rezeption ist es nicht ohne eine gewisse Ironie, dass das erste der unbekannten Manuskripte, das der Öffentlichkeit zugänglich gemacht wurde, die in der Folge weitgehend vernachlässigte Kritik Max Stirners war. Bernstein veröffentlichte das Manuskript unter der Rubrik „Aus dem Nachlaß von Marx und Engels"; von einem Werk *Die deutsche Ideologie* war zu diesem Zeitpunkt noch nicht die Rede.

Dafür, dass sich dieser Zustand bald darauf ändern sollte, zeichnet vor allem Franz Mehring verantwortlich. Nachdem er die bereits angeführte „Erklärung gegen Karl Grün" wieder auffand und diesen Fund öffentlich machte,[15] setzte – mit einer gewissen zeitlichen Verzögerung – die Suche nach einer „von *Engels* und mir gemeinschaftlich verfaßten Schrift über ‚die deutsche Ideologie'" ein – eine Suche, von welcher die Bernstein'sche Herausgabe von Teilen der Stirner-Kritik noch unberührt geblieben war. Und getreu des von Marx gewählten Singulars wurde diese Suche von Beginn an als die Suche nach einem einheitlichen und selbstständigen Werk betrieben. In gewisser Weise stellt dieser Moment die Geburt der *Deutschen Ideologie* dar, denn in der Folge strukturierte der Glaube an die Existenz dieses, von Marx benannten Werkes die Erschließung des Nachlasses. Anstelle einer Korrelierung des von Marx genannten Titels mit den im Nachlass vorhandenen Manuskripten, korrelierte man die Manuskripte mit dem Titel, sprich: man nahm die Aussage von Marx als eine deskriptive und versuchte, die im Titel genannten Gegenstände mit den vorhandenen Manuskripten zu besetzen. Dass Marx in der Erklärung alles andere als eine unbefangene Beschreibung der tatsächlich vorhandenen Arbeiten zu geben beabsichtigt hatte, dass er in der Erklärung vielmehr den Eindruck eines abgeschlossenen Werkes zu vermitteln suchte, dessen ausgebliebene Veröffentlichung allein Resultat der „zeitweiligen Preßzustände in Deutschland" gewesen sei,[16] dass schließlich gar kein fertiges „Manuscript" existierte, entging der damaligen Aufmerksamkeit.[17]

---

14 Siehe Wolfgang Eßbach: Max Stirner – Geburtshelfer und böse Fee an der Wiege des Marxismus, in: Karl Marx/Friedrich Engels: Die deutsche Ideologie, hrsg. v. Harald Bluhm, Berlin 2010, S. 165-183, hier S. 166.
15 Franz Mehring (Hrsg.): Gesammelte Schriften von Karl Marx und Friedrich Engels. 1841 bis 1850, Bd. 2 (Von Juli 1844 bis November 1847), Stuttgart 1902, S. 346/347.
16 Inge Taubert/Hans Pelger/Jacques Grandjonc: Marx' Erklärung vom 3. April 1847, in: MEGA-Studien (hrsg. v. d. Internationalen Marx-Engels-Stiftung Amsterdam), Amsterdam, 1997/2, S. 154-161, hier S. 160.
17 Dies war – so muss an dieser Stelle einschränkend angemerkt werden – sicherlich auch der damals nur unvollständigen Kenntnis des überlieferten zeitgenössischen Briefwechsels geschuldet. Die Überzeugung, dass *Die deutsche Ideologie* und die Vierteljahrsschrift zwei *parallel* betriebene Pro-

Zwar publizierte Gustav Mayer nach dem Ende des I. Weltkriegs noch zwei bis dahin unveröffentlichte Manuskripte unter dem Titel *Das Leipziger Konzil*,[18] mit der 1924 erstmalig auf Russisch erfolgten Veröffentlichung der zum Komplex „Feuerbach" gehörenden Manuskripte durch David Rjazanow (der 1926 die Erstveröffentlichung[19] in der Originalsprache folgte) gab es jedoch genügend Material, um in Anlehnung an den von Marx in der „Erklärung gegen Karl Grün" gebrauchten Titel ein Werk *Die deutsche Ideologie* mit Inhalt zu füllen. Es muss dabei der Spekulation überlassen bleiben, wie der Band I/5 der ersten *MEGA* unter Redaktion Rjazanows ausgesehen hätte, ob letzterer, über dessen editorische Verdienste kein Zweifel herrschen kann, in gleicher Weise den Eindruck weitgehender Abgeschlossenheit zu suggerieren versucht hätte. Zweifel scheinen an diesem Punkt durchaus angebracht, schließlich wurde Rjazanow seines Amtes als Herausgeber der ersten *MEGA* mit der Begründung enthoben, seine Edition der Manuskripte kultiviere „einen Akademismus, eine abstrakte, parteilose Gelehrsamkeit".[20] Auch sind von ihm Aussagen des Bedauerns darüber überliefert, dass die Erstveröffentlichung der Manuskripte des Komplexes „Feuerbach" wie auch der Gesamtpublikation jeweils zuerst auf Russisch erfolgen mussten, da er sich von der Adressierung an ein deutsches Publikum die Möglichkeit einer stärker akademischen Ausrichtung der Edition versprach.[21] Vollendet wurde die Edition in der ersten *MEGA* schließlich unter Vladimir Adoratskij, dem die Berücksichtigung der Maßgaben einer ideologischen Verwertbarkeit der *Deutschen Ideologie* offensichtlich weniger Schwierigkeiten bereitete.

Ungeachtet dieser Mängel stellt die 1932 erschienene Ausgabe in der ersten *MEGA* eine wichtige Etappe in der editorischen Aufbereitung der hinterlassenen Manuskripte zur „Deutschen Ideologie" dar. Erstmals wurde der Großteil der von Marx und Engels verfassten Manuskripte, die sie im Rahmen ihrer Vierteljahrsschrift veröffentlichen wollten, gemeinsam in einem Band dem Publikum zugänglich gemacht. Vor diesem Hintergrund ist umso mehr zu bedauern, dass mit der Kompilierung eines

---

jekte von Marx und Engels gewesen seien, begann effektiv erst mit dem Erscheinen der Bände III/1 und III/2 der zweiten *MEGA* in den 70er Jahren des vorigen Jahrhunderts zu wanken. Das Verdienst, die Identität dieser beiden Projekte erstmals nachgewiesen zu haben, gebührt Galina Golowina (Das Projekt der Vierteljahrsschrift von 1845/1846, in: Marx-Engels-Jahrbuch 3, Berlin 1980, S. 260-274).
18 Friedrich Engels/Karl Marx: Das Leipziger Konzil, mit einer Einf. von Gustav Mayer, in: Archiv für Sozialwissenschaft und Sozialpolitik, Bd. 47, H. 3 vom August 1921, S. 773-808. *Das Leipziger Konzil* stellt die Einleitung und die expositorische Klammer um die Bauer- und die Stirner-Kritik, an deren Ende sich der *Schluss des Leipziger Konzils* findet, dar.
19 Marx und Engels über Feuerbach. Der erste Teil der „Deutschen Ideologie", in: Marx-Engels-Archiv, Zeitschrift des Marx-Engels-Instituts in Moskau, hrsg. v. D[avid] Rjazanow, Bd. 1, Frankfurt a. M. [1926], S. 205-306.
20 Karl Marx/Friedrich Engels/Joseph Weydemeyer: Die deutsche Ideologie. Artikel, Druckvorlagen, Entwürfe, Reinschriftfragmente und Notizen zu I. Feuerbach und II. Sankt Bruno, Marx-Engels-Jahrbuch 2003, Berlin 2004, S. 14*.
21 Ebenda.

„Feuerbach-Kapitels", bei welchem die Herausgeber sechs der sieben überlieferten Manuskripte des Komplexes „Feuerbach" nach – wie sie behaupteten – „Notizen, Randglossen und sonstigen Angaben" der Autoren zerstückelten und neu zusammensetzten,[22] der Eindruck erweckt wurde, die Auseinandersetzung mit Feuerbach hätte ein wesentlich reiferes Stadium erreicht als der tatsächliche Manuskriptbefund verrät. Unter Beifügung der „Thesen ad Feuerbach" und unter Zuhilfenahme einiger retrospektiver Aussagen von Marx und Engels wurde in der Folge suggeriert, dass das Werk *Die deutsche Ideologie* von vornherein mit der Absicht verfasst worden wäre, eine Kritik Feuerbachs vorzunehmen.[23]

Dies war der, wenn man so will, editorische Sündenfall. Eine Steigerung erfuhr diese „Verfremdung" der Manuskripte zur „Deutschen Ideologie" dann durch die Ausgabe in Band 3 der *Marx-Engels-Werke*, die wie keine zweite für die Rezeption des deutsch- bzw. originalsprachigen Publikums Bedeutung entfalten sollte. In dieser Ausgabe sind die editorischen Eingriffe in die Manuskripte weit schwieriger nachzuvollziehen als im Band I/5 der ersten *MEGA*, was in der Konsequenz eben zu der genannten Steigerung der Tendenz der letzteren geführt hat. Erst mit dieser Ausgabe wurde unverständlich, aus welchem Grund Marx und Engels bei der doch vermeintlich von vornherein gegebenen Konzentration auf Feuerbach über 400 Manuskriptseiten auf die Kritik des vergleichsweise unbedeutenden Max Stirner verwandt hatten – und dies obwohl sie von Beginn an auf die Auseinandersetzung mit Feuerbach gezielt hätten, dessen Kritik selbst in der Edition der *MEW* noch als weniger ausgearbeitet als die Kritik Stirners zu erkennen ist. Unverständlich musste vor dem Hintergrund der Ausblendung des Sachverhalts, dass die Manuskripte zur „Deutschen Ideologie" im Rahmen der Vierteljahrsschrift mit den Schriften anderer Autoren veröffentlicht werden sollten, auch die Diskrepanz zwischen dem Umfang der beiden Bände erscheinen, die auch unter Berücksichtigung des Fehlens der Abschnitte 2 und 3 der Kritik „*des deutschen Socialismus* in seinen verschiedenen Propheten" eklatant bleibt (425 gegenüber 89 Druckseiten in den *MEW*). Kurz, es hätte auch im Rahmen dieser beiden Editionen genug Anhaltspunkte gegeben, um die Darbietung der Manuskripte aus philologischer Perspektive infrage zu stellen.

Es ist von einiger Aussagekraft, dass der Impuls, welcher die Edition der ersten *MEGA / MEW* schließlich zu Fall bringen sollte, nicht aus den Ländern des „realexistierenden" Sozialismus kam, welche die editorische Aufarbeitung des Marx-Engels'schen Œuvres mit ungleich üppigeren Mitteln betrieben, sondern aus dem „kapitalistischen" Ausland. Siegfried Bahne gebührt dieses Verdienst, der 1962 drei Blätter veröffentlichte, die er in einer Mappe des Bernstein-Nachlasses fand und von

---

22 Karl Marx/Friedrich Engels: Die deutsche Ideologie. Kritik der neuesten deutschen Philosophie in ihren Repräsentanten, Feuerbach, B. Bauer und Stirner, und des deutschen Sozialismus in seinen verschiedenen Propheten. 1845-1846, MEGA[1] I/5, Berlin 1932, S. 561.
23 Ebenda, S. XVI/XVII.

denen er zwei dem umfangreichsten Manuskript des Komplexes „Feuerbach" und eines dem Manuskript *III. Sankt Max* zuordnen konnte.[24] Mit diesem Fund wurden der tatsächliche Zustand der Manuskripte und das Ausmaß der editorischen Eingriffe offensichtlich. In der Konsequenz führte diese Entdeckung Bahnes zu einer raschen Folge neuer Editionen der Manuskripte des Komplexes „Feuerbach", die – ob gewollt oder ungewollt sei dahin gestellt – zunehmend zur Dekonstruktion der Edition der ersten *MEGA / MEW* führten.[25] Schon der Sachverhalt, dass binnen kurzer Zeit allein vier neue Anordnungen der Manuskripte des Komplexes „Feuerbach" in der Originalsprache erschienen,[26] machte deutlich, dass die „Angaben" der Autoren nicht so eindeutig gewesen sein konnten, wie von den Herausgebern der ersten *MEGA* behauptet.

In der Folge geriet *Die deutsche Ideologie* mehr und mehr zu einer besonderen Herausforderung für die editorische Aufarbeitung. Wichtige Etappen auf dem Weg zu einer historisch-kritischen Edition der Manuskripte zur „Deutschen Ideologie" waren dann das Erscheinen des Briefwechsels des relevanten Zeitraums in den Bänden III/1 und III/2 der zweiten *MEGA*, aus welchem die tatsächliche Chronologie der Abfassung der einzelnen Manuskripte und die Absicht ihrer Veröffentlichung mit den Texten verschiedener anderer Autoren im Rahmen einer Vierteljahrsschrift zweifelsfrei hervorgehen und welcher die Annahme der Existenz eines Werkes *Die deutsche Ideologie*, wie es von den Herausgebern der ersten *MEGA* konstituiert worden war, als nicht haltbar erweist. Mit der von Inge Taubert besorgten Edition der Manuskripte des Komplexes „Feuerbach" und der beiden Manuskripte *Das Leipziger Konzil* und *II. Sankt Bruno* im Jahre 2004 wurde schließlich erstmals die editorische Darbietung der einzelnen Manuskripte als eigenständige Textzeugen realisiert.[27] Mit dieser Edition kann der disparate Charakter der Manuskripte des Komplexes „Feuerbach" (drei Ansätze zu einem Kapitelanfang, ein Konvolut von ausgegliederten Passagen von *II. Sankt Bruno* und *III. Sankt Max*, eine kommentierende Zusammenstellung von Zitaten aus Feuerbachs *Grundsätze der Philosophie der Zukunft* sowie zwei Fragmente zur Geschichte des Privateigentums und zum Verhältnis von Sein und Bewusstsein), die in den vergangenen Editionen stets zu einem einheitlichen Text zusammengesetzt wurden (mit Ausnahme der Zusammenstellung von Zitaten), nicht mehr ignoriert werden. Mit der im Jahr 2017 erschienenen Edition sämtlicher Manuskripte zur „Deutschen Ideologie" im Band I/5 der zweiten *MEGA* wurde erstmals der tatsächlichen Genese der Manuskripte und der Entwicklung der Pläne ihrer Veröffentlichung

---

24 Siegfried Bahne: „Die deutsche Ideologie" von Marx und Engels. Einige Textergänzungen, in: International Review of Social History, Assen, Vol. VII, 1962, Pt. 1, S. 93-104.
25 Vgl. Karl Marx/Friedrich Engels: Deutsche Ideologie. Manuskripte und Drucke, MEGA² I/5, S. 791/792.
26 Ebenda.
27 Karl Marx/Friedrich Engels/Joseph Weydemeyer: Die deutsche Ideologie. Artikel, Druckvorlagen, Entwürfe, Reinschriftfragmente und Notizen zu I. Feuerbach und II. Sankt Bruno, Marx-Engels-Jahrbuch 2003, Berlin 2004.

von einer Vierteljahrsschrift zu einer zweibändigen Publikation Rechnung getragen und dabei der Sachverhalt kenntlich gemacht, dass die Manuskripte nicht nur teilweise unvollendet blieben, sondern dass außerdem zu keinem Zeitpunkt vorgesehen war, sie unabhängig von den Schriften anderer Autoren zu veröffentlichen.[28]

2 Zur Rezeption der Manuskripte zur „Deutschen Ideologie"

Die im Folgenden unternommene Untersuchung begreift sich als Beitrag zu der notwendigen Rekonstruktion des tatsächlichen Abfassungszusammenhangs der Manuskripte zur „Deutschen Ideologie". Eine solche Rekonstruktion stellt überhaupt erst die Grundlage bereit, ausgehend von welcher dann eine ideengeschichtliche Rekonstruktion der Genese solch zentraler Deutungsmuster wie „materialistische Geschichtsauffassung" und „Ideologiekritik" erfolgen kann. Nur unter Verwendung der Ergebnisse der textkritischen Analyse der Manuskripte wird es möglich, den tatsächlichen Zusammenhang zwischen den verschiedenen Kritiken zu bestimmen, ohne dabei dem Leitfaden retrospektiver Äußerungen der Autoren oder textkonstitutiver Entscheidungen der Editoren des 20. Jahrhunderts folgen zu müssen. Ergänzt werden muss diese philologische Analyse außerdem durch die Einbettung der Manuskripte in die zeitgenössischen Debatten; verlangt wird insofern eine Umkehrung der bisher weitgehend praktizierten Richtung der Textanalyse. In diesem Sinne kann die Interpretation der Manuskripte zur „Deutschen Ideologie" nicht mehr in Hinsicht auf ihre Antizipation der späteren Ergebnisse des intellektuellen Schaffens von Marx und Engels erfolgen, sondern muss ihren Ausgang von den Texten nehmen, auf welche die beiden Autoren mit ihren Manuskripten zu antworten beabsichtigten.

Es gilt also, die Manuskripte zur „Deutschen Ideologie" mit denjenigen Texten in ein, wenn man so will, Gespräch zu bringen, auf die Marx und Engels tatsächlich und namentlich eingehen. Es gilt, mit anderen Worten, die Aufmerksamkeit, welche Marx und Engels den von ihnen kritisierten Ansätzen widmen, ernst zu nehmen und in der Konsequenz auch die Kritiken als das zu nehmen, was sie sind: Auseinandersetzungen mit Positionen, denen die Langlebigkeit und Dauerhaftigkeit einer Wirkung fehlt, wie sie insbesondere den Schriften von Marx und Engels selbst eignet. Die sich im Rahmen der Rekonstruktion des Abfassungszusammenhangs der Manuskripte zur „Deutschen Ideologie" stellende Aufgabe lässt sich dementsprechend folgendermaßen formulieren: die Manuskripte müssen „gegen" ihre eigene Wirkmächtigkeit gelesen werden. Es ist in diesem Sinne erforderlich, sie unabhängig von dem Status zu lesen, welchen sie seit der Edition der 20er/30er Jahre des vorigen Jahrhunderts erlangt haben. Nur auf diese Weise ist es möglich, die Frage der langfristigen Wirkmächtigkeit unter den Bedingungen des 20. Jahrhunderts zugunsten der zeitgenössi-

---

[28] Karl Marx/Friedrich Engels: Deutsche Ideologie. Manuskripte und Drucke, MEGA² I/5, S. 731-780.

schen Intentionen der Autoren auszublenden und gegenüber den Manuskripten zur „Deutschen Ideologie" eine Haltung einzunehmen, die eigentlich die Grundlage einer jeden Erschließung historischer Gegenstände bildet, die jedoch gegenüber einem Ansatz besonders schwer zu realisieren ist, der so unmittelbar prägend auf noch heute in Anwendung befindliche Weisen der Welterschließung gewirkt hat, dass er das Verständnis dessen geprägt hat, was heute als selbstverständlich gilt.

Wenn bereits diese Spezifika des Gegenstandes der folgenden Analyse für eine Erschwernis der ideengeschichtlichen Rekonstruktion sorgen, so kommt im Falle der bisherigen Rezeption der Manuskripte noch eine weitere Schwierigkeit hinzu. Nicht nur der Akt der editorischen Konstitution eines Werkes *Die deutsche Ideologie* war ein politisch motivierter, auch der Großteil der seitherigen Beschäftigung erfolgte aus einer „politischen" Motivation heraus. Zumindest für die Dauer des „Kampfes der Systeme" – oft aber auch noch darüber hinaus – wurde selbst die ideengeschichtliche Hinwendung zu den von Marx und Engels hinterlassenen Manuskripten weit eher im Sinne einer Beschäftigung mit der eigenen Gegenwart betrieben, als im Sinne einer Rekonstruktion und Analyse vergangener Entwicklungen und Ereignisse. Auch wenn die Aufmerksamkeit also einem zweifellos historischen Text galt, herrschte die Erwartung vor, dass die Wirkung der Ergebnisse der jeweiligen Analyse weit über das für die Erschließung historischer Gegenstände übliche Maß hinausging. Insofern involvierte eine solche Erschließung historischer Gegenstände stets eine Parteinahme für oder wider die Autoren des Werkes *Die deutsche Ideologie*.

In dieser Politisierung historischer Tätigkeit liegt – nebenbei bemerkt – mit Sicherheit einer der Gründe, welche für die eingangs beschriebene Dauerhaftigkeit einer Edition verantwortlich zu machen sind, deren philologische Mängel bei einem weniger politisierten Text schon erheblich früher zu einer Revision geführt hätten. Schon die Beantwortung der Frage, ob es sich bei der *Deutschen Ideologie* um ein eigenständiges, nahezu abgeschlossenes Werk handele oder „bloß" um die Ergebnisse der abgebrochenen Arbeit an einer Vierteljahrsschrift, wurde vor diesem Hintergrund stets als Aussage über den allgemeinen Wert des schriftstellerischen Tuns ihrer Autoren angesehen. Damit *Die deutsche Ideologie* – auch lange nach ihrer editorischen Konstitution – die Rolle erfüllen konnte, welche ihr angesichts der legitimatorischen Anforderungen der marxistischen Bewegungen – gleich ob staatstragend oder gesellschaftskritisch – zugewiesen wurde, konnte schon die Frage nach ihrem Werkcharakter kaum in sachlicher Form behandelt werden.

Mit dem Ausblenden dieser für die ideengeschichtliche Rekonstruktion der in den Manuskripten zur „Deutschen Ideologie" entwickelten Positionen zentralen Frage (und der sich anschließenden Fragen bezüglich des Kontextes ihrer Abfassung), waren ihre Rezipienten jedoch gezwungen, die Entscheidungen der Editoren der 20er/30er Jahre des vorigen Jahrhunderts zu perpetuieren. In der Folge konnte gewichtigen, auch und gerade für den interpretatorischen Zugang grundlegenden Eigenheiten der Manuskripte keine Beachtung geschenkt werden. Wenngleich dieser Sachverhalt auch keine vollständige Disqualifikation der vergangenen Rezeption der

Manuskripte zur „Deutschen Ideologie" bedingt, so führte er gleichwohl zu einigen interpretatorischen Verzerrungen, welche den Wert dieser Rezeption für die vorliegende Rekonstruktion des Abfassungszusammenhangs substanziell mindern mussten.[29]

Eine erste dieser Verzerrungen betrifft die Annahmen über die Motivation, welche die beiden Autoren zur Abfassung der Manuskripte veranlasste. Nicht zuletzt aufgrund der nachträglich getätigten Aussagen der Autoren über ihre Arbeit an den Manuskripten – allen voran des Marx'schen Diktums vom verfolgten Zwecke der „Selbstverständigung" – und des Sachverhalts ihrer ausgebliebenen Veröffentlichung wurde die Motivation der Autoren häufig dahingehend fehlgedeutet, dass den beiden Autoren vor allem die Lösung drängender *theoretischer* Probleme bei der Abfassung ein Anliegen gewesen sei. In der Konsequenz äußert sich diese Missinterpretation in der Annahme, den Autoren sei es bei der Niederschrift der Manuskripte weniger um die Wirkung auf die Öffentlichkeit, als vielmehr um die Klärung von Problemen gegangen, denen sie im Laufe der Entwicklung ihrer eigenen Position begegnet seien. Aufgrund der bereits geschilderten Situation eines retrospektiv ausgerichteten Zugangs, der die Manuskripte zur „Deutschen Ideologie" vor allem vor dem Hintergrund des späteren Schaffens von Marx und Engels hin analysierte und der deshalb die Manuskripte stets unter der Maßgabe las, inwieweit in ihnen bedeutende Weichenstellungen für die Herausbildung einer marxistischen „Lehre" oder Doktrin vorgenommen wurden, kann diese Missdeutung kaum überraschen.

Wenn dieses Vorgehen im Rahmen historischer Deutungsversuche *per se* kritikwürdig ist, so bleibt an dieser Stelle nur noch einmal gesondert darauf zu verweisen, dass ein solches Vorgehen im vorliegenden Falle nicht nur die (intellektuelle) Herkunft der beiden Autoren vereinseitigt, sondern dass die beiden das nämliche Vorgehen bei ihren Kontrahenten als „Erklärung des Früheren durch das Spätere" zum Vorwurf erheben.[30] Es ist dies bei weitem nicht der einzige Fall, in welchem die beiden

---

[29] Da der Impetus dieser Untersuchung auf der ideengeschichtlichen Rekonstruktion der Entstehung von „materialistischer Geschichtsauffassung" und „Ideologiekritik" liegt, für welche die bisherige Rezeption – aus dem bereits genannten Grund einer mangelhaften editorischen Textgrundlage – nur in sehr eingeschränktem Maße Relevanz entfalten konnte, wird in der Folge auf eine detaillierte Darstellung dieser Rezeptionsgeschichte verzichtet. Mit dieser Entscheidung sollen die in anderer Hinsicht – wie etwa der Frage nach aktuellen Anschlussmöglichkeiten an die behandelten Schriften – zweifellos gegebenen Verdienste dieser Rezeption keineswegs bestritten werden – der Fokus dieser Untersuchung ist jedoch ein anderer. Die folgende Darstellung beschränkt sich daher auf die Skizzierung einiger verbreiteter Verzerrungen, die sich in der Literatur mal stärker, mal schwächer ausgeprägt finden. In der Konsequenz erhebt diese Darstellung keinen Anspruch auf eine erschöpfende Behandlung einer Rezeption, deren Würdigung allein im Falle der Manuskripte zur „Deutschen Ideologie" eine eigenständige Untersuchung erfordern würde, deren Umfang der folgenden vergleichbar wäre. Die Werke, die in der folgenden Skizze angeführt werden, verdanken ihre Behandlung insofern ausschließlich der Maßgabe einer Veranschaulichung der skizzierten Tendenzen.
[30] Karl Marx/Friedrich Engels: [Konvolut zu Feuerbach] (**H⁵**), MEGA² I/5, Ms-S. 20 (S. 40).

Schöpfer der „materialistischen Geschichtsauffassung" einen größeren historischen Sachverstand offenbaren als diejenigen, die sich der historischen Erklärung ihres Tuns verschrieben. Drastisch formuliert bedeutet dies: die Konzipierung solch wirkmächtiger Deutungsmuster wie „materialistische Geschichtsauffassung" und „Ideologiekritik" war kein Akt zweier „Lehnstuhl-Philosophen", denen es um die Lösung philosophischer Probleme oder auch nur um die Entdeckung der abstrakten Gesetzmäßigkeiten gesellschaftlicher Entwicklung ging, sondern das Ergebnis eines Ringens um argumentative Instrumente, mit welchen Marx und Engels die zeitgenössischen Debatten in ihrem Sinne zu beeinflussen suchten.

Eine weitere, mit der soeben dargestellten eng verwandte Verzerrung lässt sich in der kritiklosen Aneignung derjenigen Interpretationsmuster ausmachen, welche Marx und Engels nachträglich zur Deutung ihrer Arbeit an den Manuskripten zur „Deutschen Ideologie" anbieten. Zwar gehören die Zeiten, in welchen allein die Gegebenheit Marx-Engels'scher Urheberschaft Aussagen mit einem positiven Wahrheitswert versahen, mit dem Aufhören der Rechtfertigungsbemühungen der realexistierenden sozialistischen Systeme der Vergangenheit an, eine nur in Kenntnis der zeitgenössischen Aussagen zu leistende Relativierung der retrospektiven Aussagen von Marx und Engels kann allerdings noch nicht als erfolgt erachtet werden. Bei den vorliegenden Manuskripten, bei denen es sich vielfach um unvollendete und fast immer um von den Autoren nicht veröffentlichte handelt, müssen die Aussagen von Marx und Engels jedoch mit besonderer Vorsicht genossen werden. Der Versuchung, den Grad der Fertigstellung größer und die Bemühungen um eine Veröffentlichung geringer erscheinen zu lassen, ist etwa Marx – wie die bereits angeführte „Erklärung gegen Karl Grün" zeigt – bereits zu einem Zeitpunkt erlegen, als die Suche nach einem Verleger noch aktiv betrieben wurde. Umso mehr gilt es, die mit größerem zeitlichem Abstand getroffenen Aussagen auf ein Nachgeben gegenüber der genannten Versuchung hin zu bewerten.

Ein besonders prägnantes Beispiel für die möglichen Fehlurteile, welche sich aus einer solchen Orientierung an späteren Äußerungen ergeben können, stellt die in der Darstellung der Überlieferungsgeschichte der Manuskripte bereits angeführte Vermengung des der „Erklärung gegen Karl Grün" aus dem April 1847 entnommenen Titels mit dem (zwar gescheiterten, aber am weitesten gediehenen) Publikationsplan aus dem Sommer 1846 dar. Bei dieser Vermengung wird eine Aussage, mit welcher Marx die Verantwortung für die gescheiterte Veröffentlichung ihrer *eigenen* Schriften vollständig auf externe Faktoren zu verlagern suchte, zur Rekonstruktion der Gestalt einer Publikation herangezogen, die nicht nur mehrere Schriften anderer Autoren enthalten sollte (Schriften, die in der *Erklärung* selbstverständlich nicht genannt werden), sondern deren Scheitern auch zu einem Zeitpunkt erfolgte, als Marx und Engels noch längst nicht alle zur Veröffentlichung vorgesehen Schriften fertig gestellt hatten. Ein weiteres Beispiel für eine mögliche Korrektur späterer Aussagen durch den Rekurs auf zeitgenössische Quellen betrifft etwa die sowohl von Marx, als auch von Engels gegebene Darstellung, dass beide unabhängig voneinander und auf unterschiedlichem Wege zur materialistischen Geschichtsauffassung gelangt seien.[31] Wie im Rahmen der folgenden Untersuchung gezeigt werden wird, ergibt sich aus den zeitgenössischen Quellen vielmehr, dass Engels den Übergang zur materialistischen Geschichtsauffassung erst *nach* seiner Ankunft in Brüssel im Frühjahr 1845 und im Zuge intensiver Auseinandersetzungen mit Marx vollzog, dass also letzterer alleine für die ursprüngliche Konzipierung einer Auffassung verantwortlich zeichnet, die in der Folge dann von beiden ausgearbeitet wurde.

Ähnliche Korrekturen lassen sich im Hinblick auf die Genese der einzelnen Auseinandersetzungen mit den von Marx und Engels kritisierten Autoren vornehmen. So kann etwa nachgewiesen werden, dass die Entscheidung für eine eigenständige Kritik Feuerbachs, entgegen der lange geltenden Auffassung und trotz der bereits im Frühjahr 1845 erfolgten Distanzierung in den „Thesen ad Feuerbach", erst eine Konsequenz der Kritik Stirners gewesen ist, dass vielmehr erst die Auseinandersetzung mit Bauer, dann die mit Stirner und erst nach diesen beiden die Auseinandersetzung mit Feuerbach forciert wurde. Auch kann belegt werden, dass der weitaus größte Teil dessen, was den bisherigen Rezipienten eines Werkes *Die deutsche Ideologie* als „Feuerbach-Kapitel" bekannt ist, aus Textstücken besteht, die nicht in Auseinandersetzung mit Feuerbach, sondern mit Bauer und Stirner abgefasst wurden.

In der Folge solcher Korrekturen der Genese der einzelnen Auseinandersetzungen lassen sich schließlich weitere Verzerrungen der bisherigen Rezeption der Manuskripte zur „Deutschen Ideologie" beheben, Verzerrungen nämlich, welche die retrospektiven Urteile bezüglich der Relevanz der kritisierten Autoren betreffen. Wenn in der bisherigen Rezeption der Impetus stets auf die Auseinandersetzung mit Feuerbach gelegt wurde, so legen die philologische Textkritik und die Analyse der zeitgenössischen Quellen eine andere Schwerpunktsetzung durch die beiden Autoren der Manuskripte nahe. In der Folge ist der Einschätzung einer besonderen Relevanz der Kritik Feuerbachs, die etwa auch aus späteren Aussagen der Autoren oder aus dem Sachverhalt der Ausgliederung prägnanter Passagen aus den Bauer- und Stirner-Kritiken hervorzugehen scheint, entgegenzuhalten, dass Marx und Engels auch nach der Entscheidung für ein eigenständiges Kapitel zu Feuerbach wesentlich mehr Energie in die Fertigstellung der Kritik Stirners investierten als in die Ausarbeitung der Kritik Feuerbachs (so verfassten sie nach der Entscheidung für eine Kritik Feuerbachs noch 150 Seiten für die Kritik Stirners und arbeiteten sie die Kritik Bauers sowie der „wahren Sozialisten" aus, bei der Kritik Feuerbachs lassen sich gerade einmal 15 Seiten nachweisen).

Eine ähnlich fehlgehende Interpretation ist in der Einschätzung zu sehen, die Kritik der Hegel'schen Philosophie habe eine herausragende Rolle bei der Abfassung der Manuskripte zur „Deutschen Ideologie" gespielt und sei als eigentlicher Kontrapunkt

---

31 Vgl. etwa Friedrich Engels: Zur Geschichte des Bundes der Kommunisten, MEGA² I/30, Berlin 2011, S. 89-108, hier S. 96/97.

zur Entwicklung ihres eigenen Ansatzes zu betrachten. Die berühmt gewordene Aussage, man müsse „Hegel vom Kopf auf die Füße stellen" hat auf die Entstehung dieser Einschätzung sicher einen großen Einfluss gehabt, aber es scheinen auch verschiedene Passagen der Manuskripte zur „Deutschen Ideologie" in eine vergleichbare Richtung zu weisen. So erheben Marx und Engels gegenüber den von ihnen kritisierten Autoren wiederholt den Vorwurf, dass die von ihnen formulierten Positionen nur von Hegel „kopiert" seien (insbesondere Stirner findet sich mehrere Male als „unbeholfener Kopist" Hegels bezeichnet), dass Hegel diese Positionen jedoch viel treffender formuliert hätte. Und auch die Fragment gebliebenen Anfänge eines Kapitels zu Feuerbach oder der abgebrochene Entwurf einer „Vorrede" zum philosophie-kritischen Teil der Manuskripte beschreiben die literarische Produktivität der nachhegelschen Philosophen als den „Verfaulungsprozeß des Hegel'schen Geistes". Marx und Engels haben jedoch, dies muss an dieser Stelle betont werden, zu keinem Zeitpunkt ihrer Arbeit an den Manuskripten zur „Deutschen Ideologie" erwogen, Hegel direkt einer Kritik zu unterziehen. Angesichts dieser Tatsache ist die wiederholte Reduktion ihrer Kontrahenten auf Hegel'sche Positionen vor allem als eine argumentative Strategie anzusehen, die den Vorwurf stützen soll, die „junghegelschen" Philosophen zielten nur noch auf den Absatz neuer Bücher, deren rasche Ausarbeitung ihnen die Ausschlachtung der Hegel'schen Philosophie ermögliche. Es ist unzweifelhaft, dass der Auseinandersetzung mit der Hegel'schen Philosophie ein großer Stellenwert in der intellektuellen Entwicklung von Marx zukommt, allerdings stellt sie im Kontext der Entstehung der Manuskripte zur „Deutschen Ideologie", wie in der folgenden Untersuchung gezeigt wird, nicht das Ziel dar, welches Marx mit der Abfassung verfolgte, sondern bildete eben nur ein Mittel zur Desavouierung der kritisierten Autoren.

Allgemein lässt sich feststellen – auch dies eine Verzerrung der von einem Werk *Die deutsche Ideologie* ausgehenden Rezeption –, dass die Offenheit der Marx-Engels'schen Entwicklung eines eigenständigen Ansatzes, die mit der Edition der 20er/30er Jahre des vorigen Jahrhunderts gerade kaschiert werden sollte, in der Folge auch einem Großteil der Rezipienten verborgen blieb. Die umfangreichen Überarbeitungen vor allem der Manuskripte der Stirner-Kritik und des Komplexes zu Feuerbach, wie sie in unzähligen Textvarianten dokumentiert sind, lassen eine Genese etwa der zentralen Begrifflichkeiten wie „Ideologie" und „Kleinbürgertum" erkennen, die im Rahmen der Edition der ersten *MEGA* noch teilweise dokumentiert wird, die jedoch in der Ausgabe der *MEW*, die nur eine Auswahl der (umfangreicheren) Varianten bietet, nicht mehr nachzuvollziehen ist. Es entbehrt nicht einer gewissen Ironie, dass gerade diejenigen Aspekte der Manuskripte, die tatsächlich einen Prozess der „Selbstverständigung", der fortschreitenden Entwicklung eigener Begriffe und Positionen erkennen lassen, in den wirkmächtigsten Ausgaben völlig unterbelichtet bleiben. Die im Rahmen dieser Untersuchung vorgenommene Auswertung des handschriftlichen Niederschlags dieser Begriffsentwicklungen liefert weitere Beweise für die notwendige Verschiebung der Aufmerksamkeit vom bisher im Zentrum der Rezeption stehenden „Feuerbach-Kapitel" hin zu der Kritik Max Stirners und enthüllt die Konstruiertheit der nachträglichen Rationalisierungen der Ausarbeitung der „materialistischen Geschichtsauffassung" und der „Ideologiekritik".

Der Hinweis auf diese nachträglichen Konstruktionen eines Entwicklungszusammenhangs, welche die von Marx und Engels zum Zeitpunkt der Abfassung vorgenommenen Gewichtungen der Relevanz der kritisierten Autoren durch solche ersetzt, die dem späteren Stand öffentlicher Anerkennung dieser Autoren Rechnung trägt, eignet sich hervorragend, um eine letzte Verzerrung der bisherigen Rezeption eines Werkes *Die deutsche Ideologie* zu thematisieren. So verschwand, wie bereits angemerkt, ausgerechnet der Autor, welchem Marx und Engels im Rahmen ihrer Arbeit an den Manuskripten zur „Deutschen Ideologie" die mit Abstand größte Aufmerksamkeit gewidmet hatten – Max Stirner –, mit geradezu atemberaubender Geschwindigkeit aus der öffentlichen Wahrnehmung. Während es Feuerbach und Bauer gelang, über den Vormärz hinaus in den öffentlichen Debatten präsent zu bleiben, gelang es Stirner nicht, an seinen größten publizistischen Erfolg – das im Oktober 1844 erschienene Werk *Der Einzige und sein Eigenthum* – anzuschließen. Es ist vor diesem Hintergrund durchaus bemerkenswert, dass Stirner zum Zeitpunkt, als Marx die erste und zugleich wichtigste Charakterisierung der Manuskripte zur „Deutschen Ideologie" vornahm, bereits verstorben war. Die offensichtliche Diskrepanz zwischen der Aufmerksamkeit, welche Marx und Engels dem Denken Stirners in den Jahren 1844 bis 1847 gewidmet hatten, und dem öffentlichen Vergessen des Autors des *Einzigen* musste es Marx bereits 1859 opportun erscheinen lassen, die eigene intensive Auseinandersetzung mit dem Denken dieses Autors und ihre Bedeutung in der Ausarbeitung ihres eigenen Ansatzes zu verschweigen.

In der Konsequenz bedeutete dieses Schweigen jedoch, dass der Kontext, innerhalb dessen entscheidende Schritte in der Entwicklung eines eigenständigen Ansatzes vorgenommen wurden, verschleiert wurde und dass Entscheidungen, die in Reaktion auf Positionen Stirners erfolgten, nicht mehr als solche zu erkennen sind, sondern als vermeintlich selbstständig gefasste erscheinen. Wenn *Die deutsche Ideologie* etwa stets als das Werk angesehen wird, in welchem Marx und Engels den endgültigen Bruch mit der Philosophie vollzogen, so wird dabei übersehen, dass dieser Bruch innerhalb der Debatte, an der sich auch Marx und Engels mit den Manuskripten zur „Deutschen Ideologie" beteiligen wollten, erstmals konsequent vom Autor des *Einzigen* realisiert wurde. Zwar reklamieren Marx und Engels dieses Verdienst für sich und versuchen diesen Anspruch unter anderem durch die Einreihung Stirners unter die „Repräsentanten der neuesten deutschen Philosophie" zu untermauern, allerdings sind sie in der Anwendung dieser Klassifikation in den Manuskripten nicht konsequent. Auch bedienen sie sich, wie die folgende Untersuchung aufzeigt, selbst weit häufiger philosophischer argumentativer Instrumente zur Desavouierung Stirners als dies beim letzteren in seinen argumentativen Angriffen auf die von ihm kritisierten Autoren zu verzeichnen ist.

Es hat sich in der Rezeption der Manuskripte zur „Deutschen Ideologie" als folgenschwer erwiesen, dass der harsche und stark polemische Ton, in welchem Marx und Engels die Kritik Stirners gehalten haben, die späteren Rezipienten oftmals glauben ließ, der Marx-Engels'schen Stirner-Kritik gerecht werden zu können, ohne die spezifische Rolle Stirners in den radikalen Debatten des Vormärz zu reflektieren. Zumindest in Hinsicht auf die Reaktion der überwiegenden Mehrheit der Rezipienten ist Marx und Engels insofern durchaus ein Erfolg bei der Disqualifizierung Stirners als ernstzunehmendem Kontrahent zu bescheinigen. So finden sich wiederholt Charakterisierungen des Stirner'schen Ansatzes, die sich der Marx-Engels'schen Aussagen über Stirner bedienen, ohne der Tatsache Rechnung zu tragen, dass die Darstellung des Stirner'schen Ansatzes bereits Teil der argumentativen Strategie zur Widerlegung Stirners ist – und in diesem Sinne gerade keinen Anspruch auf Ausgewogenheit und Neutralität erhebt –, und ohne die gegebenen Differenzen zwischen den jeweils verfolgten Absichten zu berücksichtigen. Dass sich die von Marx und Engels mit den Manuskripten zur „Deutschen Ideologie" verfolgten Ziele nicht mit dem Ansatz Stirners realisieren lassen, dass also der Rekurs auf die eigenen Desiderata nur in der Konstatierung eines Scheiterns Stirners enden kann, bedarf wohl keiner besonderen Betonung. Löst man sich jedoch von der Marx-Engels'schen Diktion und trägt man dem Sachverhalt Rechnung, dass sich Marx und Engels mit Stirner so intensiv wie mit keinem anderen Denker des Vormärz beschäftigt haben – Peter Sloterdijk nannte sie sogar „die intensivste Einzelauseinandersetzung, die Marx und Engels jemals mit einem Denker geführt haben"[32] –, achtet man schließlich auf die durchaus vorhandenen Zwischentöne einer Kritik, deren Polemik nicht nur zeitgenössischer Usus, sondern auch Zeichen einer Unsicherheit der eigenen Argumentation ist, kurz: betrachtet man die umfangreiche und detaillierte Kritik Stirners als eine ernsthafte Beschäftigung mit dem Ansatz Stirners, so lassen sich Erkenntnisse über die Genese des Marx-Engels'schen Ansatzes gewinnen, die nicht nur die nachträglichen Selbststilisierungen reproduzieren.

3 Zur Rezeption der Stirner-Kritik von Marx und Engels

Nach diesen Bemerkungen über die vergangene Rezeption der Manuskripte zur „Deutschen Ideologie" wird es nachvollziehbar, dass ein Versuch, den Abfassungs- und Entstehungszusammenhang der Manuskripte zu rekonstruieren, seinen Ausgang nicht von der Edition nehmen kann, welche der bisherigen Rezeption – in Ermangelung einer historisch-kritischen Alternative – zur Grundlage gedient hat. Um es an dieser Stelle noch einmal zu betonen: es sollen keineswegs die Verdienste der bisherigen, nunmehr seit über 80 Jahren stattfindenden Rezeption bestritten werden;

---

[32] Peter Sloterdijk: Kritik der zynischen Vernunft, Bd. 1, Frankfurt a.M. 1983, S. 189.

es soll ebenfalls nicht bestritten werden, dass auch diese Rezeption einer eingehenden Untersuchung wert wäre. Hingegen soll durchaus bestritten werden, dass dem Großteil der bisherigen Rezeption Relevanz für den Gegenstand dieser Untersuchung zukommt. Eine Rekonstruktion des ideengeschichtlichen Hintergrunds der „materialistischen Geschichtsauffassung" und der „Ideologiekritik" kann nur ausgehend von den Manuskripten selbst und von dem zeitgenössischen Kontext erfolgen, innerhalb dessen sie konzipiert wurden.

Im Unterschied zu der lange herrschenden Auffassung, dass für die Konzipierung der „materialistischen Geschichtsauffassung" und für die „Ideologiekritik" vor allem die Auseinandersetzung mit dem Denken Feuerbachs ausschlaggebend gewesen sei, erbringt die folgende Untersuchung den Nachweis, dass diejenige Auseinandersetzung mit einem konkurrierenden Denker, die für die Konzipierung des Marx-Engels'schen Ansatzes maßgeblich war, die Auseinandersetzung mit Max Stirner war. Sie kann dabei von der kürzlich erfolgten Edition der Manuskripte zur „Deutschen Ideologie" im Rahmen der zweiten *MEGA* profitieren, in deren Zuge eine umfangreiche textkritische Analyse der zugehörigen Manuskripte vorgenommen wurde. Wenn diese Untersuchung also von der editorischen Aufarbeitung der Manuskripte profitiert, so geht sie in ihrem Anspruch gleichwohl über diese Aufarbeitung hinaus. Die Bedeutung der Kritik Stirners für die Konzipierung des ersten, eigenständigen Ansatzes von Marx und Engels wird zwar durch den textkritischen Befund der Manuskripte nahe gelegt – so lässt sich insbesondere die Entwicklung der von Marx und Engels geprägten Bedeutung von „Ideologie" und von „Kleinbürgertum" durch den Manuskriptbefund auf die Auseinandersetzung mit Stirner zurückführen –, im Rahmen dieser Untersuchung wird der Nachweis der Bedeutung der Stirner-Kritik allerdings auch unabhängig von den Ergebnissen der textkritischen Aufarbeitung erbracht. In der Konsequenz wird also auch nach den Gründen gefragt, welche sich aus der argumentativen Dynamik der von Marx und Engels an Stirner formulierten Kritik ergeben.

Wenn, wie bereits ausgeführt wurde, der bisherige Fokus der Aufmerksamkeit auf den knapp 100 Manuskriptseiten lag, die sich dem Komplex der Auseinandersetzung mit Feuerbach zuordnen lassen, so blieb die Kritik Stirners dennoch nicht gänzlich ohne Beachtung. Die Diskrepanz zwischen der Anzahl der allgemeinen, auf das kompilierte „Feuerbach-Kapitel" konzentrierten Arbeiten und denen, welche die Kritik Stirners einer Analyse unterziehen, ist allerdings erheblich. Die Annahme scheint nicht ganz unbegründet, in diesem Sachverhalt eine Konsequenz der leichteren Zugänglichkeit der Feuerbach zugeordneten Texte sowie der vergleichsweise schwer zugänglichen und voraussetzungsreichen Stirner-Kritik zu sehen. Marx und Engels selbst haben hierzu ihren Teil beigetragen, denn die von ihnen wiederholt in sehr drastischen Worten formulierte Geringschätzung der intellektuellen Leistungen Stirners lässt die Lektüre von *III. Sankt Max* nicht besonders lohnenswert erscheinen.³³ Berücksichtigt man darüber hinaus das nahezu vollständige Schweigen, mit welchem Marx und Engels die Kritik Stirners in der Retrospektive bedacht haben, und die nun schon wiederholt genannte, herrschende Lesart des Werkes *Die deutsche Ideologie* als durch die Abgrenzung von Feuerbach motiviert, so kann diese Diskrepanz in der Rezeption kaum überraschen.

Es liegt wohl in der Natur der Sache, dass bei denjenigen, die sich trotz dieser Gegebenheiten einer Aufarbeitung der Marx-Engels'schen Kritik an Max Stirner widmeten, die eingangs beschriebene Parteilichkeit bei diesen Aufarbeitungen in besonderer Weise auszumachen ist. Wer über das „Feuerbach-Kapitel" und die vergleichsweise kurz gehaltene Bauer-Kritik hinaus die minutiöse, Seite für Seite vorgenommene Kritik des nahezu vergessenen Autors des *Einzigen* auf sich nahm, musste sich entweder den Kritisierenden oder dem Kritisierten sehr verbunden fühlen. In der Konsequenz lässt sich ein nahezu vollständiges Fehlen von Arbeiten konstatieren, die gegenüber dem Gegenstand ihrer Untersuchung zumindest dem Ansatz nach diejenige Distanz wahren, die für das Gelingen einer historisch-kritischen Aufarbeitung Voraussetzung ist.

In der marxistisch gestimmten Aufarbeitung von *III. Sankt Max* erhoffte man sich von der Kritik des Autors, der – ob zutreffend oder nicht war von nur geringer Relevanz – von den Führern der faschistischen Bewegungen rezipiert worden sei, eine marxistische Erklärung des Phänomens „Faschismus" – eines „blinden Flecks" der Marx'schen Theorie. Hans G Helms unternahm es, die zur Desavouierung Stirners eingeführte soziologische Kategorie des „Kleinbürgers", mit welcher Marx und Engels – am Ende eines langen deliberativen Prozesses – ein materialistisches Fundament der zeitgenössischen deutschen Zustände aufzuzeigen beabsichtigten, für die Erklärung faschistischer Herrschaft fruchtbar zu machen.³⁴ Die zeitliche Nähe dieser Arbeit zum Nationalsozialismus mag diese Form des Anschlusses an die Stirner-Kritik verständlich machen, zur historisch-kritischen Beleuchtung der spezifischen Hintergründe ihrer Entstehung vermochte sie allerdings kaum beizutragen.

Von ähnlich geringerem Wert für die historische-kritische Rekonstruktion der Entstehungsbedingungen zeigt sich die Beschäftigung mit der Marx-Engels'schen Stirner-Kritik, die aus dem Kreise der mit Stirner sympathisierenden Autoren erfolgte. Hier ist vor allem Bernd A. Laska zu nennen, für den die Marx-Engels'sche Stirner-Kritik nur eine erste Welle einer sich bis heute vollziehenden Verdrängung Stirners darstellt – einer Verdrängung, die durchaus im psycho-analytischen Sinne verstanden wird.³⁵ Es fällt schwer, in dieser, bei unzähligen Größen der europäischen Geis-

---

33 So befand etwa David McLellan: The Young Hegelians and Karl Marx, London 1969, S. 135: „The ‚Sankt Max' may be too turgid to be worth while reading …"
34 Hans G Helms: Die Ideologie der anonymen Gesellschaft, Köln 1966.
35 Bernd A. Laska: Ein dauerhafter Dissident. 150 Jahre Stirners „Einziger". Eine kurze Wirkungsgeschichte, Nürnberg 1996.

tesgeschichte konstatierten Verdrängung nicht den Versuch zu erblicken, die unzweifelhaft gegebene Wirkmächtigkeit der Marx-Engels'schen Schriften mit einer, vermeintlich unterhalb der wahrnehmbaren Oberfläche erfolgenden, ungleich größeren Wirkmächtigkeit Stirners zu überbieten und so das Gefühl einer im geschichtlichen Verlauf sich zeigenden Niederlage Stirners in der Auseinandersetzung mit Marx und Engels zu kompensieren. Es kann kaum überraschen, dass eine Beschäftigung, welche das Scheitern der zeitgenössischen Veröffentlichung der Stirner-Kritik im Widerspruch zu den historischen Quellen zu einem durch die Autoren beabsichtigten erklärt, zur Beleuchtung der Entstehungsbedingungen einer Kritik kaum einen Beitrag zu leisten vermag – einer Kritik, die eben nicht das Zeichen einer versuchten Verdrängung, sondern im Gegenteil die wohl intensivste Auseinandersetzung mit dem Ansatz Stirners darstellt, die in der europäischen Geistesgeschichte zu finden ist.

Aus dem Kreis derjenigen, die sich mit der Stirner-Kritik von Marx und Engels eingehend beschäftigt haben, sticht Wolfgang Eßbach zweifellos hervor. Seine Anfang der 80er Jahre des vorigen Jahrhunderts veröffentlichte Aufarbeitung der „Debatte" zwischen „Marx und Stirner" zählt zu den ernstzunehmenden Untersuchungen, welche dieser Gegenstand bisher erfahren hat.[36] Wenn sowohl die Verkürzung auf Marx als Kontrahent Stirners und der Terminus „Debatte" für eine doch eher einseitig erfolgte Rezeption nicht besonders glücklich gewählt scheinen, so zeigt sich Eßbach in seinen Urteilen doch weniger parteilich als der Großteil der anderen Aufarbeitungen. So begrüßenswert diese Zurückhaltung von Seiten Eßbachs ist, gänzlich hat er sich des Einflusses persönlicher Sympathie auf die von ihm vorgenommene Analyse nicht enthalten können. Wie etwa auch spätere Arbeiten Eßbachs zeigen, bereitete ihm die Möglichkeit, mit Stirner'schen Argumenten gegen die marxistische Diskurshoheit der 70er Jahre des vorigen Jahrhunderts anzugehen, doch einen nicht geringen Genuss.[37]

Es zeigt sich nach diesen Ausführungen, dass auch die Beschäftigungen mit den Manuskripten zur „Deutschen Ideologie", die sich explizit der Thematik der Stirner-Kritik widmeten, eher als Teil der Rezeptionsgeschichte des 20. Jahrhunderts, denn als tatsächlich historisch-kritische Aufarbeitungen der Genese der Marx-Engels'schen Stirner-Kritik zu betrachten sind. So verständlich die Identifikation mit den Ansätzen Stirners, Marx' und Engels' aufgrund ihrer bis heute gegebenen Anschlussfähigkeit auch sein mag und so nachvollziehbar ein Reflex zur Verteidigung der Ansätze angesichts einer jeweils empfundenen Marginalisierung – aus marxistischer Perspektive gegenüber dem herrschenden (bundesrepublikanischen) Diskurs,

---

36 Wolfgang Eßbach: Gegenzüge. Der Materialismus des Selbst und seine Ausgrenzung aus dem Marxismus – eine Studie über die Kontroverse zwischen Max Stirner und Karl Marx, Frankfurt a. M. 1982.
37 Wolfgang Eßbach: Max Stirner – Geburtshelfer und böse Fee an der Wiege des Marxismus, in: Karl Marx/Friedrich Engels: Die deutsche Ideologie, hrsg. v. Harald Bluhm, Berlin 2010, S. 165-183.

aus der Perspektive der mit Stirner Sympathisierenden gegenüber dem als herrschend wahrgenommenen, marxistischen Diskurs – auch ist, so sieht sich die aktuell unternommene Untersuchung dennoch nicht in Kontinuität zu diesen Versuchen, einer tief im Kontext des deutschen Vormärz verankerten Auseinandersetzung aus der historischen Distanz nachträglich eine neue Wendung geben zu wollen. Diese Schlachten gehören vielmehr der Vergangenheit an und haben ihren angemessenen Platz in einer Geistesgeschichte des 20. Jahrhunderts.

Im Zentrum der folgenden Untersuchung soll hingegen die Erschließung der relevanten Texte aus ihrem zeitgenössischen Hintergrund stehen, soll die Frage, aus welchem Grund Marx und Engels den Ansatz Stirners für so bedeutsam erachteten, dass sie der Auseinandersetzung mit ihm annähernd 450 Manuskriptseiten und den Großteil ihrer Aufmerksamkeit während der Arbeit an den Manuskripten zur „Deutschen Ideologie" widmeten, ausgehend von zeitgenössischen Quellen beantwortet werden. Auch in der Frage nach den Ursachen der Stirner-Kritik gilt, was eingangs für die gesamten Manuskripte festgestellt wurde: der Text muss in gewisser Weise „gegen" die seither erfolgte Rezeption gelesen werden. Weder gilt es, in den Manuskripten den Schlüssel zur Erklärung historischer Entwicklungen zu finden, welche lange nach ihrer Abfassung eingetreten sind, noch kann es Ziel sein, eine historische „Ungerechtigkeit" gegenüber einem der behandelten Autoren zu korrigieren. Die dargestellten Beschäftigungen mit den relevanten Schriften Stirners, Marx' und Engels' bezeugen nur erneut, dass ihre historisch-kritische Erschließung ausgehend von einem Werk *Die deutsche Ideologie* nicht zu leisten war.

Wenn Aufklärung über die Beweggründe der intensiven Kritik Stirners also weder von den allgemein auf die Manuskripte zur „Deutschen Ideologie" Bezug nehmenden Arbeiten, noch von den, die Kritik Stirners unmittelbar thematisierenden Untersuchungen zu erlangen ist und wenn der Ansatz, diese Beweggründe in der zeitgenössischen Bedeutung Stirners zu suchen, dennoch seine Geltung bewahrt, so stellt sich die Frage, ob diese Bedeutung aus den Beschäftigungen mit Stirner erhellt, die sich ihrer Erschließung unabhängig von seiner Kritik durch Marx und Engels widmen. Bei dieser Fragestellung gilt es, gleich zu Beginn einen Sachverhalt zu berücksichtigen, der für die akademische Beschäftigung mit Stirner allgemein festzustellen ist: Stirners Existenz in den akademischen Diskursen ist – gerade im Vergleich zu Marx und Engels – eine bestenfalls randständige. Kam dies bereits in der Darstellung der Aufarbeitungen der Stirner-Kritik von Seiten der mit Stirner Sympathisierenden zum Ausdruck, so findet dieser Befund im Rahmen der dezidiert Stirner thematisierenden Arbeiten Bestätigung. Mit Ausnahme einer vergleichsweise jungen Arbeit findet Stirner Beachtung vor allem im Rahmen derjenigen Arbeiten, die sich mit den Anschlüssen an die Hegel'sche Philosophie beschäftigen.

Wenn die Hegel'sche Philosophie für die intellektuelle Sozialisation Stirners unzweifelhaft ausschlaggebend war und wenn die Anleihen Stirners bei dieser Philosophie sicher bedeutend waren,[38] so hat diese Deutung doch die gravierende Schwäche, dass sie Stirner in den überwiegenden Fällen auf die fortwährende Instanziierung eines *philosophischen* Diskurses festlegt. Unabhängig davon, ob diese philosophische Behandlung Stirners mit der Absicht seiner Rehabilitation als ernstzunehmendem philosophischen Denker erfolgt, oder ob sie Ausdruck der Überzeugung ist, auf diese Weise dem Stirner'schen Denken zu mehr Transparenz zu verhelfen, kann sie, wie die folgende Untersuchung aufzeigt, dem aus politischen Motiven unternommenen Versuch Stirners nicht Rechnung tragen, einen Diskurs jenseits des philosophischen Referenzrahmens zu etablieren. Das Verdienst, auf diese antiphilosophische Grundhaltung Stirners hingewiesen zu haben, gebührt Wolfgang Korfmacher, der für Stirner erstmals die Absicht konstatierte, „eine Philosophie außerhalb des philosophischen Diskurses zu konstituieren".[39] Es ist dies die Richtung, die im Rahmen einer angemessenen Würdigung der Bedeutung Stirners im zeitgenössischen Kontext verfolgt werden muss, und gegen die Herangehensweise von Korfmacher ist insofern nur der kleine kritische Einwand zu erheben, dass es fraglich scheint, ob der Ansatz Stirners überhaupt noch als philosophisch zu betrachten ist. Auch wenn die Deutung Korfmachers ohne expliziten Bezug auf die zeitgenössische Bedeutung Stirners erfolgt, so stellt sie dennoch die anschlussfähigste unter denen dar, die aus philosophischer Perspektive erfolgt sind.

Der andere Hintergrund, ausgehend von welchem ein Interesse an den Schriften Stirners genommen wurde, ist derjenige einer Erschließung der Ursprünge der anarchistischen Bewegungen. Wenn die politische Dimension des Stirner'schen Ansatzes in den philosophischen Beschäftigungen auch tendenziell unterbelichtet bleibt und wenn die anarchistischen Anschlüsse an Stirner auch durchaus legitim sind, so ist die Rezeption Stirners in anarchistischen Kreisen gleichwohl als ein Phänomen zu betrachten, welches erst im Zuge der Wiederentdeckung und Popularisierung Stirners durch John Henry Mackay zum Ende des 19. Jahrhunderts zu verorten ist. Eine Inanspruchnahme Stirners im Sinne eines Leitfadens zur gesellschaftlichen (Des-)Organisation ist in dem Zeitraum, welcher für die Abfassung und erste Rezeption seiner Schriften maßgeblich ist, nicht auszumachen (wenngleich Stirner durchaus die Hoffnung gehegt haben mag, der Gründung einiger „egoistischer Vereine" in der Folge des Erscheinens des *Einzigen* beiwohnen zu dürfen). Dass die politische Dimension der Schriften Stirners eine andere ist als eine solche, wie sie in der Organisation politischer Massenbewegungen zum Ausdruck gelangt, legt schließlich auch seine vollständige Passivität während der Revolution von 1848/49 nahe. Es scheint nach diesen Bemerkungen doch sehr zweifelhaft, dass Marx und Engels die Kritik Stirners aus dem Grund forciert haben, um mit seiner Widerlegung die Überlegenheit

---

[38] Diese wurden etwa herausgearbeitet von Henri Arvon: Aux sources de l'existentialisme. Max Stirner, Paris 1954.
[39] Wolfgang Korfmacher: Stirner denken. Max Stirner und der Einzige, Wien u. Leipzig 2001, S. 94.

des (selbst erst in der Entstehung begriffenen) Kommunismus gegenüber dem (noch weit weniger entwickelten) Anarchismus zu etablieren. Die Interpretation der Differenz zwischen dem von Stirner vertretenen und dem von Marx und Engels vertretenen Ansatz als eine Differenz zwischen Kommunismus und Anarchismus mag der späteren Rezeption dieser Autoren Rechnung tragen, eine Erklärung des Sachverhalts der intensiven Auseinandersetzung mit Stirners Denken in den Jahren 1845 bis 1847 vermag sie nicht zu bieten.

Die gegebene Skizze der bisherigen, dezidierten Beschäftigung mit der Marx-Engels'schen Stirner-Kritik, wie auch mit den unmittelbar dem Denken Stirners gewidmeten Ansätzen hat gezeigt, dass die Frage nach dem Grund für die Intensität und den Umfang der Stirner-Kritik bisher ohne Antwort geblieben ist. Weder erscheint es plausibel, dass Marx und Engels Stirner aufgrund seines Anschlusses an Hegel zum zentralen Gegenstand ihrer Arbeit an den Manuskripten zur „Deutschen Ideologie" auserkoren haben (obwohl sie Stirners Hegel-Rezeption einer vernichtenden Bewertung unterziehen), noch ist die Annahme überzeugend, dass Marx und Engels Stirner als Vertreter des Anarchismus für so bedeutend erachteten, dass sie ihm eine 450-seitige Kritik widmeten (obwohl sie die dauerhafte Überlebensfähigkeit seiner „Vereine" vehement in Zweifel ziehen). Zur Erklärung des zentralen Stellenwerts, welchen Marx und Engels Stirner in den Manuskripten zur „Deutschen Ideologie" beimessen, bleibt die Rekonstruktion des zeitgenössischen Kontextes eine unerlässliche Voraussetzung, für deren Vollzug die bisherigen Beschäftigungen mit den Schriften der drei Autoren nur wenige Anhaltspunkte bieten.

4 Die historische Kontextualisierung der Stirner-Kritik von Marx und Engels

Im Folgenden soll die in dieser Untersuchung vorgenommene historische Kontextualisierung und die im Rahmen dieser Kontextualisierung zur Anwendung gebrachten, interpretativen Instrumente vorgestellt werden. Wenn es auch eigentlich eine Selbstverständlichkeit darstellt, so muss aufgrund der bisherigen Rezeptionsgeschichte noch einmal betont werden, dass die in dieser Untersuchung thematisierten Texte innerhalb eines konkreten Debattenzusammenhangs entstanden sind: Marx und Engels reagieren auf Stirner, Bauer und andere, die wiederum auf Schriften Feuerbachs und Bauers (und anderer) reagiert haben. Für Stirner, Marx und Engels gilt, dass sie zum Zeitpunkt der Abfassung der infrage stehenden Schriften bereits auf eine vergleichsweise umfangreiche publizistische Karriere zurückblicken können. Alle drei, so lässt sich ferner präzisieren, verfügen über reichhaltige Erfahrung im Versuch der Einflussnahme auf die öffentliche Meinung. Während dieser Sachverhalt bei Marx und Engels hinreichend bekannt ist, stellt die umfangreiche Publizistik Stirners – der trotz seiner vielzähligen Beiträge für die *Leipziger Allgemeine Zeitung (LAZ)* und die *Rheinischen Zeitung für Politik, Handel und Gewerbe (RhZ)* gerne als *vir unius libri* bezeichnet wird⁴⁰ – aus dem Jahre 1842 ein relativ unbekanntes Feld dar. Angesichts der eindeutigen Distanzierung, welche Marx und Engels ab 1843 gegenüber den Junghegelianern vollzogen, gerät mitunter aus dem Blickfeld, dass vor allem Marx, aber auch Engels selbst intensiv an der junghegelianischen Publizistik partizipierten. Wenn sich auch der Inhalt und das Ziel dieser Publizistik im Laufe der Jahre ändern sollten, so waren die Gesprächspartner zum Zeitpunkt der Abfassung der Manuskripte zur „Deutschen Ideologie" doch weitgehend identisch mit denen zur Zeit der junghegelianischen Debatte.

Der Beginn einer politischen Zielsetzung dieser Debatte lässt sich auf den Anfang der 1840er Jahre, genauer auf die Thronbesteigung Friedrich Wilhelm IV. im Juni 1840 ansetzen. An ihrem Anfang steht der Versuch, die erhoffte (und zumindest im Hinblick auf die Zensur sich auch abzeichnende) Liberalisierung für die Instanziierung eines aufklärerischen Diskurses zu nutzen, von dessen Erfolg sich seine Protagonisten schließlich einen, der Französischen Revolution vergleichbaren gesellschaftlichen Umsturz in Preußen und den anderen deutschen Ländern erhofften. Nicht nur glaubte man an eine weitgehende Vergleichbarkeit der Situation Frankreichs vor 1789 mit der damals in Preußen gegebenen, auch ging man davon aus, mit den gleichen Mitteln erfolgreich sein zu können, die man in der Herbeiführung der Großen Revolution am Werke sah. Ausgehend von einem bewusstseinszentrierten Modell gesellschaftlicher Veränderung hielt man die Instanziierung eines philosophisch fundierten aufklärerischen Diskurses für notwendig, um damit die Macht der religiösen Bewusstseinsbestimmung zu brechen, in welcher man die stärkste Stütze der herrschenden Monarchie gewahrte.

Der Glaube an die Macht einer religionskritischen, philosophischen Aufklärung als Instrument zur Herbeiführung eines radikalen gesellschaftlichen Umsturzes brachte vor allem Feuerbach und Bauer dazu, als Teil der Auseinandersetzung mit dem Hegel'schen philosophischen Erbe die, wenn man so will, Verschmelzung von Theologie und Philosophie wieder aufzuheben, die man als Konsequenz der Hegel'schen Philosophie ansah. In der Folge gelang es Feuerbach und Bauer auf je unterschiedliche Weise, die Autonomie eines philosophisch-aufklärerischen Diskurses zu restituieren, eines Diskurses, an dessen anschließender Verbreitung unter den Bedingungen einer gelockerten Zensur sich auch Stirner, Marx und Engels beteiligten, sei es etwa in der von Marx zeitweise redigierten *RhZ* oder in Arnold Ruges *Deutschen Jahrbüchern für Wissenschaft und Kunst (DJb)*.

Diese zurecht als „deutsche Spätaufklärung" bezeichnete Bewegung,⁴¹ die je nach radikalerer (Bauer) oder gemäßigterer Variante (Feuerbach) unterschiedliche

---
40 Hans G Helms: Die Ideologie der anonymen Gesellschaft, Köln 1966.
41 Reinhart Koselleck: Begriffsgeschichten, Frankfurt a. M. 2010, S. 114/115: „Auch die Sprache der Aufklärung blieb in Deutschland theologisch imprägniert, was die Radikalität der deutschen Spätaufklärung der Junghegelianer erklären hilft."

Eskalationsstrategien im Konflikt mit der preußischen Staatsgewalt verfolgte, konnte selbst in der dann ab Herbst 1842 wieder anziehenden Zensur noch eine Bestätigung ihres aus der Analyse der Französischen Revolution gewonnenen, bewusstseinszentrierten Modells gesellschaftlicher Veränderung sehen. Denn zu der vorausgesetzten Dynamik gehörte stets auch das Wechselspiel von sich steigernden oppositionellen und staatlichen Maßnahmen. So wurden die Verbote der maßgeblichen Publikationsorgane einer Verbreitung des philosophisch-aufklärerischen Diskurses anfänglich sogar begrüßt, erhoffte man sich von ihnen doch eine Reaktion der oppositionellen Kräfte, die einen weiteren Schritt in der notwendigen Eskalation der Auseinandersetzung darstellen würde.

Umso herber fiel die Enttäuschung unter den Protagonisten der deutschen Spätaufklärung aus, als sich zeigte, dass die Entfernung der junghegelianischen, aufklärerischen Stimmen aus der öffentlichen Debatte von dem nahezu zweieinhalb Jahre mit Überzeugungsversuchen konfrontierten Adressaten der diskursiven Einsätze – dem (liberalen) deutschen Bürgertum – ohne nennenswerten Widerstand hingenommen wurde. Eine solche Passivität des maßgeblichen Adressaten entsprach weder dem bewusstseinszentrierten Modell gesellschaftlicher Veränderung, noch war sie Teil der aus der Französischen Revolution gewonnenen Erfahrung (noch passte sie in den modifizierten Erwartungshorizont der französischen Juli-Revolution von 1830). Dies ist der entscheidende Moment der deutschen Spätaufklärung, denn bis zu diesem Moment war die Inanspruchnahme des bewusstseinszentrierten Modells gesellschaftlicher Veränderung zur Strukturierung des aufklärerischen Handelns problemlos verlaufen. Erst die ausbleibende Reaktion der preußischen und deutschen Öffentlichkeit veränderte die Situation dramatisch und setzte die Protagonisten der deutschen Spätaufklärung wie Feuerbach, Bauer, Stirner, Marx und Engels einem erheblichen Reflexionsdruck aus – einem Reflexionsdruck, dem sie umso mehr nachgeben konnten, als die Möglichkeiten zu anderweitiger publizistischer Beschäftigung kaum noch gegeben waren.

Mit dieser diskursiven (und teilweise auch physischen) Exilierung beginnt die innovative Phase der deutschen Spätaufklärung. In der Folge des Scheiterns des philosophisch-aufklärerischen Diskurses in der Überzeugung und Motivierung seiner Adressaten (seiner Ohnmacht in der Generierung von handlungswirksamen Überzeugungsleistungen) und der einsetzenden Enttäuschung auf Seiten der Protagonisten des philosophisch-aufklärerischen Diskurses setzt eine Reflexion über die Gründe des Scheiterns und über die nötigen Korrekturen sowohl am bewusstseinszentrierten Modell gesellschaftlicher Veränderung, als auch an den Möglichkeiten zur diskursiven Generierung von Überzeugungsleistungen ein. Mit dieser, aus der Französischen Revolution unbekannten Situation betreten die deutschen Spätaufklärer insofern ein Neuland der historischen Erfahrung. Die in der Erwartung sowohl des radikalen, wie des gemäßigten Lagers der Junghegelianer nicht vorgesehene Möglichkeit eines in der Überzeugung der relevanten Bewusstseinsträger scheiternden philosophischen Diskurses bedingt in der Folge das Ende der Orientierung an der Französischen Revolution als zu realisierender Blaupause eines gesellschaftlichen Umsturzes in Preußen bzw. Deutschland. Statt dessen erfährt die Französische Revolution als Gegenstand der Reflexion zuerst einen beträchtlichen Zuwachs an Aufmerksamkeit – eine beträchtliche Anzahl der zum Verstummen gebrachten (zunehmend ehemaligen) Junghegelianer wendet sich ihrem Studium zu –, um dann von einem zu realisierenden Ziel zu einer Ursache der zeitgenössischen gesellschaftlichen „Misere" zu avancieren. Für die Fortführung des aufklärerischen Diskurses bedeutet dieser Einschnitt, dass sämtliche seiner Instanziierungen nunmehr zwei Bedingungen Rechnung zu tragen haben: Zum einen muss im Rahmen dieses Diskurses eine Erklärung für das Scheitern der philosophischen Aufklärung der Jahre 1840 bis 1843 bereitgestellt werden, zum anderen muss nachgewiesen werden, warum nur die im Fall der jeweiligen Instanziierung vorgenommenen Modifikationen in die Lage versetzen, ein erneutes Scheitern der Aufklärung zu verhindern.

Im Zuge der Berücksichtigung dieser beiden Bedingungen kommt es zu einer Pluralisierung des aufklärerischen Diskurses, spaltet sich das ursprünglich gemeinsam verfolgte Projekt einer religionskritischen, philosophischen Aufklärung in verschiedene Varianten auf. Während Feuerbach und Bauer – die beiden maßgeblichen Protagonisten der Phase vor dem Scheitern – nur geringe Modifikationen am aufklärerischen Diskurs vornehmen und an seiner philosophischen Form festhalten, sind die Veränderungen, welche erst Stirner und in der Folge Marx und Engels am aufklärerischen Diskurs vornehmen, gravierend und zwar so gravierend, dass es legitim ist, von neuen, alternativen Formen des aufklärerischen Diskurses zu sprechen. Diese Pluralisierung des bis dahin stets philosophisch fundierten aufklärerischen Diskurses stellt die für die historische Kontextualisierung der Manuskripte zur „Deutschen Ideologie" zentrale Entwicklung dar. Legt man diese Entwicklung der ideengeschichtlichen Rekonstruktion zugrunde, so wird es möglich, eine Antwort auf die Frage nach der Ursache der an Intensität und Umfang singulären Aufmerksamkeit zu formulieren, welche Marx und Engels der Kritik Stirners gewidmet haben.

In der Konstituierung dieser neuen, alternativen Formen des aufklärerischen Diskurses kommt es zu einem besonderen Verhältnis von Ähnlichkeit und Differenz in der Art und Weise, wie Stirner auf der einen und Marx und Engels auf der anderen Seite auf das Scheitern des philosophisch-aufklärerischen Diskurses reagieren. Die minutiöse, um die 450 Manuskriptseiten umfassende Kritik Stirners zeigt sich so als eine Folge des Sachverhalts, dass Stirner als erster aus dem Scheitern des philosophisch-aufklärerischen Diskurses die Konsequenz zog, einen aufklärerischen Diskurs in Gegnerschaft zu dem traditionellen aufklärerischen Diskurs zu konzipieren, wie er zu Beginn der 1840er Jahre von den Junghegelianern wiederbegründet worden war. Im Einklang mit den beiden angeführten Bedingungen, welchen die Instanziierungen aufklärerischer Diskurse nach dem Scheitern von 1842/43 Rechnung zu tragen hatten, musste eben nicht nur Stirner erklären, weshalb es zum Scheitern gekommen war und aus welchen Gründen die Modifikationen Feuerbachs und Bauers der Situation keine Abhilfe schaffen würden, auch Marx und Engels waren gezwungen, neben einer Erklärung für die Ohnmacht des philosophisch-aufklärerischen Diskurses darzulegen, aus welchen Gründen die von Stirner konstituierte Form des aufklärerischen Diskurses keinen Ausweg aus seiner Krise darstellte. Der von ihnen dann in den Manuskripten zur „Deutschen Ideologie" entwickelte alternative aufklärerische Diskurs musste, mit anderen Worten, sich der zum Zeitpunkt ihrer Arbeit an den Manuskripten avanciertesten Fortsetzung des aufklärerischen Diskurses als überlegen erweisen. Dafür, dass Stirner für die zu diesem Zeitpunkt avancierteste Fortsetzung verantwortlich zeichnete, spricht neben der Achtung, die besonders Feuerbach dem Ansatz Stirners zollte, eine Analyse der argumentationsstrategischen Aspekte aufklärerischen Handelns, bzw. der Art und Weise, wie Stirner, Marx und Engels die Möglichkeiten aufklärerischer Diskurse in der Generierung von Überzeugungsleistungen – dem zentralen Problem des gescheiterten, philosophisch-aufklärerischen Diskurses – zu steigern beabsichtigten.

Zur Veranschaulichung der spezifischen Anforderungen, welchen Stirner, Marx und Engels bei der Konstitution alternativer Formen des aufklärerischen Diskurses gerecht werden mussten, wird das aufklärerische Handeln in der folgenden Untersuchung als das Unterfangen beschrieben, eine in politischen Belangen hegemoniale Form der argumentativen Überzeugung oder der gelingenden Bewusstseinsbestimmung durch eine andere zu ersetzen. Um diesen Prozess eines Wechsels in der hegemonialen Form argumentativer Überzeugung adäquat beschreiben zu können, wird als Grundlage der Überzeugungskraft eines Argumentes nicht auf ein auf Objektivität zielendes Charakteristikum wie „Wahrheit" rekurriert (deren Feststellung vielmehr selbst bereits als Teil einer argumentativen Strategie angesehen werden kann), sondern auf die Fähigkeit eines Argumentes, beim Adressaten einer Argumentation Erfahrungen von Evidenz hervorzurufen – Erfahrungen, welche den Adressaten zur Übernahme der argumentierten Position bewegen (was gewöhnlich als Konsequenz der Wahrheit der vorgebrachten Argumente betrachtet wird). Es liegt auf der Hand, dass dieses Vorgehen einen vergleichsweise unbestimmten Begriff dessen voraussetzt, was gemeinhin als Argumentation bezeichnet wird.

Der Vorteil einer auf die Generierung von Überzeugungsleistungen und auf das Hervorbringen von Evidenzerfahrungen abhebenden Modellierung argumentativer Prozesse aufklärerischen Handelns ist darin zu sehen, dass es mit dieser Modellierung möglich wird, Konflikte zwischen verschiedenen Weisen der argumentativen Überzeugung nicht nur als Kampf um die Formulierung „wahrer" Aussagen zu beschreiben, sondern – ungeachtet des, wenn man so will, Objektcharakters von Argumenten – im Erbringen von Überzeugungsleistungen die Grundlage einer Bewertung des Erfolgs einer Argumentation anzusetzen. Als bestimmender Faktor soll daher die Frage gelten, ob die Argumentation Konsequenzen für das Verhalten der Adressaten – gleich ob diskursiver oder nichtdiskursiver Natur – gezeitigt hat. Dieser Modellierung liegt insofern die Auffassung zugrunde, dass der aufklärerische Kampf um die Etablierung einer hegemonialen Form der Argumentation in der Regel nicht innerhalb eines argumentativen Referenzrahmens, sondern zwischen unterschiedlichen

Formen des Argumentierens, zwischen unterschiedlichen Weisen des Hervorbringens von Evidenzerfahrungen geführt wird.

Diese Modellierung argumentativer Prozesse aufklärerischen Handelns ermöglicht in der Konsequenz einen Vergleich von Argumentationen, die nach verschiedenen „regulativen Ideen" gebildet werden und die mit dem Ziel formuliert werden, einen Wechsel des relevanten argumentativen Referenzrahmens, also der Kriterien zu erreichen, welche Unterscheidungen hinsichtlich der Güte von Argumenten erlauben. Wenn um die Durchsetzung eines argumentativen Referenzrahmens gegen einen anderen gestritten wird – wie im Rahmen aufklärerischen Handelns üblich –, so gibt es gewöhnlich kein von beiden Seiten anerkanntes Kriterium zur Entscheidung abweichender Erfahrungen von Evidenz. Diese Art der argumentativen Auseinandersetzung unterscheidet sich daher grundlegend von argumentativen Auseinandersetzungen, bei denen Einigkeit über den zugrunde liegenden argumentativen Referenzrahmen besteht. Auseinandersetzungen mit Argumenten, denen unterschiedlichen Kriterien für die Bestimmung ihrer Güte zugrunde liegen – die also auf unterschiedliche Art und Weise Erfahrungen von Evidenz auslösen –, werden im Zweifelsfalle beide als „richtig" erachtet, obwohl sie zu unterschiedlichen Ergebnissen gelangen. So mag die (logische) Widerspruchsfreiheit einer Argumentation aus philosophischer Perspektive ein hohes, wenn nicht sogar das höchste Gut darstellen, aus der Perspektive einer religiös-theologischen Argumentation wäre es hingegen zulässig, Zugeständnisse bei der logischen Widerspruchsfreiheit zu machen, wenn dadurch die Wahrung der Übereinstimmung mit den autoritativen Texten wie der Bibel möglich wird.

Vor dem Hintergrund dieser Ausführungen wird es nachvollziehbar, weshalb in der folgenden Untersuchung nicht die „Wahrheit" eines Argumentes als sein bestimmendes Merkmal angesehen wird, sondern seine Fähigkeit, beim Adressaten der Argumentation Erfahrungen von Evidenz hervorzurufen. Angesichts des zugrunde gelegten Verständnisses von Aufklärung als dem Kampf um die Etablierung einer neuen, hegemonialen Form des Argumentierens in politischen Belangen lässt sich etwa die traditionelle Aufklärung, wie sie von den Junghegelianern zu Beginn der 1840er Jahre revitalisiert wurde, als der Versuch beschreiben, die Vorherrschaft der religiösen Bewusstseinsbestimmung mit dem Instrumentarium der philosophischen argumentativen Evidenzproduktion zu beseitigen. Im Falle des Gelingens dieses Versuchs wären die nunmehr philosophisch bestimmten Bewusstseinsträger nicht mehr bereit, die bis dato mit dem Instrumentarium der religiös-theologischen Evidenzproduktion gestützten gesellschaftlichen Verhältnisse weiterhin als legitim anzuerkennen. Das Ziel der Produzenten philosophischer argumentativer Evidenz kann dabei als erreicht angesehen werden, wenn die Adressaten so disponiert sind, dass sie den philosophischen Evidenzen das Primat im Falle eines Konfliktes mit religiös-theologischen Evidenzen einzuräumen bereit sind.

Die in Hinsicht auf die diskursiven Handlungsstrukturen angestrebte historische Kontextualisierung der Manuskripte zur „Deutschen Ideologie" bedeutet in der Konsequenz, dass die Schriften Stirners, Marx' und Engels' als Versuche angesehen werden, alternativen Formen argumentativer Evidenz gegenüber den in bewusstseinsbestimmenden Diskursen bereits etablierten philosophischen oder religiös-theologischen Evidenzen zum Durchbruch zu verhelfen. Stirners *Einziger* und die Manuskripte zur „Deutschen Ideologie" wurden dieser Deutung zufolge verfasst, um den philosophisch-aufklärerischen Diskurs weiterzuentwickeln, dessen Potenzial bei der Generierung von argumentativen Überzeugungsleistungen nach seinem Scheitern 1842/43 von den drei im Zentrum der Untersuchung stehenden Autoren als nicht ausreichend angesehen wurde, um die ersehnte gesellschaftliche Veränderung herbeizuführen. Eine Kontinuität ihrer aufklärerischen Bemühungen mit dem philosophisch-aufklärerischen Unterfangen der junghegelianischen Debatte lässt sich nun insofern konstatieren, als alle drei Autoren es unternehmen, einen aufklärerischen Diskurs zu begründen, dem es – entweder in dezidierter Gegnerschaft zur philosophischen Evidenzproduktion (Stirner), oder in partieller Übernahme ihrer Instrumente (Marx und Engels) – gelingt, die Ohnmacht des aufklärerischen Diskurses bei der Generierung von Überzeugungsleistungen zu überwinden.

Die Manuskripte zur „Deutschen Ideologie" und vor allem die Kritik Stirners stellen – so wird die folgende Untersuchung erweisen – die Kulmination der deutschen Spätaufklärung dar, deren verschiedene Etappen sich am Wechsel der verschiedenen Formen argumentativer Evidenz ablesen lassen, denen zu unterschiedlichen Zeitpunkten das Primat in der Bestimmung des Bewusstseins erstritten werden sollte. Verläuft der spätaufklärerische Kampf um die Vorherrschaft in der Bewusstseinsbestimmung anfänglich ganz traditionell zwischen den Produzenten der religiös-theologischen und der philosophischen Evidenz, so versucht Stirner nach dem Scheitern dieses Kampfes, einer alternativen Form argumentativer Evidenz das Primat in Fragen der Bewusstseinsbestimmung zu erstreiten. Marx und Engels schließlich unternehmen es im Anschluss an Stirner, ebenfalls eine bisher in der politisch-relevanten Bestimmung des Bewusstseins ungenutzte Form argumentativer Evidenz zur maßgeblichen bei der Bewertung der Legitimität gesellschaftlicher Verhältnisse zu erklären und die Adressaten ihrer Argumentation davon zu überzeugen, dass diese alternative Ressource argumentativer Evidenzerfahrungen höher zu gewichten sei als die drei anderen.

Zur Veranschaulichung dieser spätaufklärerischen Auseinandersetzungen um die Durchsetzung verschiedener argumentativer Referenzrahmen für die Bestimmung des Bewusstseins der Adressaten wird in dieser Untersuchung zwischen vier Ressourcen argumentativer Evidenzproduktion – also vier Quellen der Generierung von Überzeugungsleistungen – unterschieden: die religiös-theologische Evidenz heiliger Autoritäten, die philosophische Evidenz gelingender Begriffsentwicklung, die von Stirner in Anspruch genommene Evidenz alltagssprachlicher Vertrautheit und schließlich die erfahrungswissenschaftliche Evidenz empirisch-konstatierbarer Tatsachen, die von Marx und Engels in die Debatte um die Weiterentwicklung des aufklärerischen Diskurses eingeführt wurde. Diese vier argumentativen Evidenzen unterscheiden sich nicht nur hinsichtlich der Art ihrer Produktion, sondern ebenfalls in ihren, wenn man so will, soziologischen Aspekten, also in Hinsicht auf die Frage, wie mit differierenden Erfahrungen von Evidenz innerhalb eines argumentativen Referenzrahmens umgegangen wird (hierarchische vs. egalitäre Gewichtung der Evidenzerfahrungen unterschiedlicher Personen, Experten vs. Laien einer spezifischen Produktion von Evidenz und Repräsentierbarkeit bzw. Allgemeingültigkeit von Evidenzerfahrungen privilegierter Personen).

Diesen „soziologischen" Aspekten kommt ein erhebliches Gewicht zu, strukturieren sie doch in entscheidendem Maße, wie Macht im Kampf um die Hoheit in der Bestimmung des Bewusstseins verteilt wird. Insbesondere der Ansatz Stirners zur Weiterentwicklung des aufklärerischen Diskurses zeichnet sich durch eine hohe Sensibilität gegenüber diesen soziologischen Aspekten argumentativer Evidenzproduktion aus, wie die folgende Untersuchung aufzeigen wird. Und es sind nicht zuletzt die von Stirner vorgenommenen Veränderungen in diesen Aspekten und die aus diesen Veränderungen sich ergebenden Konsequenzen, welche Marx (und Engels) veranlassen, die Stirner'sche Variante des aufklärerischen Diskurses in der bekannten Schärfe anzugreifen.

Die folgende Untersuchung modelliert also, um es noch einmal zu wiederholen, die argumentativen Auseinandersetzungen der deutschen Spätaufklärung mit ihrer Kulmination in der Marx-Engels'schen Konzipierung eines erstmals (in Teilen) erfahrungswissenschaftlich fundierten aufklärerischen Diskurses als eine Serie von Auseinandersetzungen zwischen den verschiedenen Weisen der Produktion argumentativer Evidenz bzw. zwischen den jeweiligen Personen, welche in der Lage sind, die fraglichen Erfahrungen von Evidenz hervorzurufen. Bei dem folgenden Gebrauch der Modellierungen gilt es zu beachten, dass eine Modellierung komplexer Vorgänge wie der Generierung von Überzeugungsleistungen naturgemäß stets eine Vereinseitigung bedeutet. Ziel eines solchen Modells ist nicht die umfassende und erschöpfende Darstellung der modellierten Entität oder Praxis, sondern die Hervorhebung und Kenntlichmachung bestimmter Charakteristika zur Veranschaulichung von Zusammenhängen, die im Rahmen erschöpfender Darstellungen weniger stark zur Geltung kommen. Die folgende Modellierung der argumentativen Prozesse, welchen Relevanz für die Rekonstruktion der Entwicklung der deutschen Spätaufklärung zukommt, wird in diesem Sinne nicht mit dem Anspruch auf Vollständigkeit vorgenommen, sondern allein mit dem Ziel, ihre Bedeutung für die Konzipierung des ersten eigenständigen Ansatzes von Marx und Engels als der wirkmächtigsten Form des aufklärerischen Diskurses im 19. Jahrhundert hervorzuheben – also mit dem Ziel, ihre Bedeutung für die in Auseinandersetzung mit Stirner vorgenommene Entwicklung eines alternativen aufklärerischen Diskurses mit seiner Ausgestaltung der materialistischen Geschichtsauffassung und der Formulierung des Konzeptes „Ideologie" zu beleuchten. Zur besseren Veranschaulichung ihrer zentralen Charakteristika werden die vier genannten Ressourcen argumentativer Evidenzproduktion in der folgenden Darstellung in Reinform und nicht in den zahlreichen Mischformen modelliert, welche die detaillierte

Analyse der argumentativen Einsätze der deutschen Spätaufklärer zu Tage fördern wird.

Die von den philosophischen Aufklärern der junghegelianischen Debatte angegriffene religiös-theologische Evidenz – um mit der Skizzierung der ersten der vier verschiedenen Formen argumentativer Evidenz zu beginnen – wird im Rahmen der Modellierung konzipiert als Konsequenz der Inbeziehungsetzung von Aussagen, deren Legitimität im Rahmen einer argumentativen Auseinandersetzung zur Debatte steht, mit den überlieferten Aussagen „heiliger Autoritäten". Ihr Erfahren verdankt sich dem Sachverhalt, dass eine Gruppe von Experten, die auf ihre Produktion spezialisiert sind, die fraglichen Gegenstände einer Argumentation als in Übereinstimmung mit den Äußerungen heiliger Autoritäten oder als diesen Äußerungen widersprechend ausweist. Dabei wird den Evidenzerfahrungen dieser Experten im Falle auftretender Diskrepanzen mehr Gewicht beigemessen als den Erfahrungen von Laien der Produktion religiös-theologischer Evidenz; mit anderen Worten: für die Auszeichnung einer maßgeblichen argumentativen Position sind die Evidenzerfahrungen der Experten ausreichend. Dies gilt, da der Unterschied zwischen Experten und Laien als ein absoluter konzipiert wird, der aus der besonderen, institutionell abgesicherten Kompetenz der ersteren zur Auslegung der „heiligen Autoritäten" abgeleitet wird. Insofern wird im Falle der Evidenz heiliger Autoritäten von privilegierten Evidenzerfahrungen ausgegangen, was bedeutet, dass den Ergebnissen einer von Experten vorgenommenen Produktion argumentativer Evidenz Geltung unabhängig von der Frage zukommt, ob sich die spezifischen Erfahrungen von Evidenz bei den jeweiligen Adressaten einer Argumentation reproduzieren lassen oder nicht. Das Ausbleiben einer Erfahrung von Evidenz auf Seiten der Adressaten wird in der Konsequenz nicht als Mangel der Argumentation, sondern als Schwäche der Adressaten gesehen.

Die im Zuge philosophischer Argumentation produzierte Evidenz gelingender Begriffsentwicklungen, wie sie im Rahmen dieser Untersuchung gefasst wird, weist einige Übereinstimmungen mit der religiös-theologischen Evidenz heiliger Autoritäten auf. Zwar unterscheidet sie sich durch die Art ihrer Produktion – die widerspruchsfreie Entfaltung des „Wesens" eines Begriffs oder, etwas prosaischer formuliert, die widerspruchsfreie Verknüpfung eines Subjektes mit verschiedenen Prädikaten –, in ihren „soziologischen" Aspekten ist die Übereinstimmung mit der religiös-theologischen allerdings beträchtlich. Wie im Falle der letzteren begründet sie eine Unterscheidung von Experten und Laien argumentativer Evidenzproduktion und weist den Evidenzerfahrungen der ersteren bei auftretender Diskrepanz ein größeres Gewicht zu als denen der letzteren. Im Hinblick auf die Auszeichnung maßgeblicher argumentativer Positionen ist die Kompetenz der Experten jedoch insofern geringer, als im Rahmen ihrer Produktion stets der Anspruch auf die Reproduzierbarkeit der Evidenzerfahrungen bei den Adressaten einer Argumentation gewahrt werden muss, da der Unterschied zwischen Experten und Laien vor dem Hintergrund des Rekurses auf ein allgemein-menschliches Vernunftvermögen nurmehr ein gradueller und kein absoluter ist. Zwar kann bei ihr im Falle einzelner Adressaten auf das Eintreten von Erfahrungen von Evidenz verzichtet werden, wird die Anzahl derjenigen, bei denen sich während der Generierung von Überzeugungsleistungen keine Erfahrungen von Evidenz einstellen, allerdings zu groß, so ist die „Gelungenheit" der Begriffsentwicklung fraglich. Kann das Ausbleiben einer Erfahrung von Evidenz auf Seiten der Adressaten noch im Falle einzelner als Schwäche der Adressaten gesehen werden, so wird daraus im Falle einer Vielzahl ein Mangel der Argumentation.

Nach dieser Skizzierung der beiden argumentativen Evidenzen, um deren Gewichtung bei der Bewertung der Legitimität gesellschaftlicher Verhältnisse im Rahmen des philosophisch-aufklärerischen Diskurses der junghegelianischen Debatte gerungen wurde, können erste Beispiele für die Möglichkeiten gegeben werden, welche sich bei der Anwendung des entworfenen Modells ergeben. Unter Hinzunahme einer weiteren Modellierung zur Rekonstruktion des spätaufklärerischen Handelns – des bewusstseinszentrierten Modells gesellschaftlicher Veränderung – stellt sich der mit dem Instrumentarium der philosophischen Evidenzproduktion vorgetragene Angriff der deutschen Spätaufklärer auf die religiöse Hoheit in der Bewusstseinsbestimmung als der Versuch dar, bei den Adressaten der eigenen Argumentation Erfahrungen von Evidenz auszulösen, deren Überzeugungskraft diejenige der religiös-theologischen Evidenz heiliger Autoritäten übertrifft. In der Folge, so die Annahme der philosophischen Aufklärer, trete aufgrund der philosophischen Bestimmtheit des Bewusstseins der Adressaten eine Veränderung der gesellschaftlichen Verhältnisse ein, da der Bestand der zeitgenössischen Verhältnisse einzig eine Konsequenz der religiös-theologischen Bewusstseinsbestimmung sei.

Da dem gewählten Modell zufolge in dieser Auseinandersetzung allerdings zwei Formen der Produktion argumentativer Evidenz aufeinandertreffen, die jeweils über die Mittel verfügen, die Gegenseite ins argumentative Abseits zu stellen – so können etwa die Experten der religiös-theologischen Evidenzproduktion den Nachweis führen, die Argumente der philosophischen Aufklärer widersprächen den heiligen Autoritäten, und die Experten der philosophischen Evidenzproduktion können zeigen, dass die Gegenseite ihre Begriffe inkohärent verwendet –, da es also zwischen diesen beiden Formen der Produktion argumentativer Evidenz kein *tertium comparationis* gibt, können beide Seiten nicht mehr tun, als die umkämpften Adressaten mit immer neuen Evidenzen zu konfrontieren – und „Überzeugung durch Gewöhnung" zu betreiben. Mit dem Instrumentarium argumentativer Evidenzproduktion kann es nur dann einen Sieg in dieser Auseinandersetzung geben, wenn sich bei den Adressaten eine allgemeine Überzeugung hinsichtlich der Gewichtung der beiden konkurrierenden Ressourcen argumentativer Evidenz durchsetzt, wenn die zustandsrelevanten Bewusstseinsträger also zu der Überzeugung gelangen, die Frage der Legitimität gesellschaftlicher Verhältnisse sei eine Frage, deren Beantwortung den Experten der einen oder eben der anderen Evidenzproduktion obliege.

Das sang- und klanglose Ende des „liberalen Frühlings" im Winter 1842/43 musste in den Augen der deutschen Spätaufklärer überdeutlich werden lassen, welcher argumentativen Evidenz von den Adressaten mehr Gewicht beigemessen wurde. Und es war eben nicht die Reaktion der preußischen Staatsgewalt, welche die Niederlage der philosophischen Aufklärer besiegelte – die Hoffnung auf einen „preußischen" Weg der Realisierung des emanzipativen Projekts der Aufklärung im Sinne Friedrichs II. erfreute sich zu diesem Zeitpunkt kaum mehr der Verbreitung –, es war vielmehr die Indifferenz des deutschen Bürgertums – des Adressaten der philosophischen Evidenzproduktion –, welche den „französischen" Weg der Realisierung der Aufklärung in einer Sackgasse enden und die Niederlage so eklatant werden ließ. Der Versuch der Experten der philosophischen Evidenzproduktion, die gesellschaftliche Stellung der Experten der religiös-theologischen Evidenzproduktion zu erobern und in der Folge die Macht über die Bestimmung des Bewusstseins derjenigen zu erlangen, die über die gesellschaftlichen Verhältnisse entscheiden, musste als gescheitert angesehen werden, obwohl die Überlegenheit der Überzeugungskraft der philosophischen Evidenzen gegenüber den religiös-theologischen für die Aufklärer selbst über jeden Zweifel erhaben war.

Aufgrund der vergleichsweise großen Ähnlichkeiten hinsichtlich der soziologischen Aspekte der beiden Ressourcen argumentativer Evidenz und des Sachverhalts, dass, bei allen Unterschieden in der Zusammensetzung der jeweiligen Gruppe der Experten, die umkämpften Gruppen der Laien der beiden Formen der Produktion argumentativer Evidenz in etwa deckungsgleich waren, hätte auch ein Sieg der philosophischen Aufklärer an der hierarchischen Struktur der Bewusstseinsbestimmung kaum etwas geändert. An dieser Stelle hob Stirner an, die in beiden bisher skizzierten Formen der Produktion argumentativer Evidenz ausgemachte Fremdbestimmung des Bewusstseins konkreter Individuen – oder besser: des konkreten Individuums – als Ursache des Scheiterns der junghegelianischen, philosophischen Aufklärung zu bestimmen. Stirner erklärte dieses Scheitern des philosophisch-aufklärerischen Diskurses zu einem geradezu zwangsläufigen Ereignis, das den Glauben an die Verschiedenheit philosophischer und religiös-theologischer Evidenzproduktion als Selbsttäuschung der philosophischen Aufklärer entlarve. In der Folge kassierte Stirner die nur wenige Jahre zuvor von Feuerbach und Bauer neubegründete Autonomie des philosophischen vom religiös-theologischen Diskurs und bestimmte die Philosophie als avancierteste Form einer weiterhin herrschenden, christlichen Bewusstseinsbestimmung.

Mit Stirners Beitrag zur Debatte um die Weiterentwicklung des aufklärerischen Diskurses richtete sich der religionskritische Furor der Aufklärer gegen ihr bis dahin präferiertes Instrumentarium zur Generierung von Überzeugungsleistungen. Innerhalb der deutschen Spätaufklärung ist es Stirner, der die Philosophie erstmals nur als vermeintliches Vehikel zur Realisation der aufklärerischen Hoffnungen auf gesellschaftliche Emanzipation betrachtete, das *à la fin de la journée* zu einer Verstetigung der gesellschaftlichen Zustände und nicht zu ihrer Aufhebung führen werde. Ausgestattet mit einer hohen Sensibilität gegenüber der Differenz von Form und Substanz in der Analyse argumentativer Prozesse unternahm Stirner eine Kritik der philosophischen Evidenzproduktion unter Kennzeichnung ihrer „soziologischen" Ähnlichkeiten mit der religiös-theologischen Evidenzproduktion. Durch die Problematisierung der Unterscheidung von Experten und Laien innerhalb der philosophischen Produktion argumentativer Evidenz sowie der Hierarchisierung und Repräsentierbarkeit philosophischer Evidenzerfahrungen gelangte Stirner zu einem Ansatz, welcher den aufklärerischen Diskurs auf einem alternativen Fundament der argumentativen Evidenzproduktion zu gründen versucht.

Mit der von Stirner in die Debatte um die Weiterentwicklung des aufklärerischen Diskurses eingeführten Evidenz alltagssprachlicher Vertrautheit verband sich dann das Ansinnen, eine Form der Produktion argumentativer Evidenz für das aufklärerische Handeln zu erschließen, welche die hierarchischen Strukturen der religiös-theologischen und der philosophischen Evidenzproduktion unterläuft. Für die Produktion der Evidenz alltagssprachlicher Vertrautheit, die Erfahrungen von Evidenz durch den Rekurs auf unkontroverse Elemente der alltäglichen Kommunikation wie Phrasen, Sprichwörter u. dergl. zu erzeugen versucht, reicht – so der zentrale Gedanke Stirners – eine sprachliche Kompetenz, wie sie jedem (erwachsenen) Individuum eignet. Stirner zielte mit der Einführung der Evidenz alltagssprachlicher Vertrautheit in die Debatte um die Weiterentwicklung des aufklärerischen Diskurses nicht mehr darauf, eine maßgebliche Argumentation zu entwickeln, die im Idealfall bei sämtlichen Adressaten Erfahrungen von Evidenz erzeugt – ein Ziel, das vor allem im Fall der philosophischen Evidenzproduktion verfolgt wurde –, sondern darauf, die Adressaten dazu zu bringen, nur noch den selbst angestoßenen Erfahrungen von Evidenz Gewicht einzuräumen. Einen großen Raum innerhalb des Stirner'schen Beitrags zur Weiterentwicklung des aufklärerischen Diskurses nahm in der Folge der Versuch ein, den Laien der argumentativen Evidenzproduktion Instrumente zur Verteidigung ihrer selbst produzierten Evidenzerfahrungen gegen die Möglichkeiten der Experten argumentativer Evidenzproduktion an die Hand zu geben und den konkreten Individuen so eine radikale argumentative Selbstermächtigung zu ermöglichen – letztere ist der zentrale Gegenstand des Stirner'schen Beitrags zur Weiterentwicklung des aufklärerischen Diskurses.

In diesem Sinne lässt sich bei Stirner von einer „Demokratisierung" der privilegierten Position des Experten der Begriffsentwicklung sprechen, denn das Kriterium einer gelingenden Begriffsentwicklung ist bei Stirner eben nur noch, ob es dem konkreten Individuum gelingt, sich selbst zu überzeugen. Wie diese Überzeugungsleistung erbracht wird – ob unter Rekurs auf bloße „Phrasen", auf Sprichwörter, vermeintliche Etymologien oder einfach auf Aussagen, welche Erfahrungen von Evidenz beim Produzenten auslösen – ist für Stirner nebensächlich. Diese Beliebigkeit in der Produktion argumentativer Evidenz ist Stirner möglich, da er mit der Repräsentierbarkeit von Evidenzerfahrungen bricht – also mit der wie auch immer gearteten Auszeichnung privilegierter Individuen, deren Erfahrungen von Evidenz als Leitfaden für die Bewertung anderer Evidenzerfahrungen herangezogen werden. Stirner erhofft sich den entscheidenden Erfolg bei der Überwindung der Ohnmacht des philosophisch-aufklärerischen Diskurses insofern von der Verwandlung der Adressaten der philosophischen Begriffsentwicklungen in die Entwickler ihrer eigenen Begriffe. Bedeutungsrelationen, so die Auffassung Stirners, können Verbindlichkeit nur dadurch erlangen, dass sie auf den je-individuellen Entscheidungen von Sprechern beruhen, deren Kompetenz durch die Fähigkeit zu alltäglicher Kommunikation manifestiert wird.

Dieser Ansatz Stirners zur Weiterentwicklung des aufklärerischen Diskurses zeitigt bedeutende Konsequenzen sowohl für das aufklärerische Handeln der deutschen Spätaufklärer als auch für ihr Selbstverständnis. Nicht nur gerät die Hoffnung auf eine Veränderung der gesellschaftlichen Verhältnisse zu einem reinen Vabanque-Spiel, denn was für eine gesellschaftliche Veränderung – und ob überhaupt – die nur noch den selbst produzierten Evidenzen vertrauenden Individuen vornehmen, lässt sich weder argumentativ beeinflussen, noch kann das Ergebnis von Dauer sein. Auch wird mit der von Stirner ermöglichten argumentativen Selbstermächtigung eine der zentralen Funktionen obsolet, welche die Aufklärer mit ihren religiösen Gegenspielern teilen – die mit dem Instrumentarium der argumentativen Evidenzproduktion zu bewerkstelligende Harmonisierung disparater Willensäußerungen der konkreten Individuen hin auf ein Ziel. Für Stirner mag der Verzicht auf diese grundlegende Kompetenz einer diskursiven Bewusstseinsbestimmung angesichts der Befreiung der Individuen von der Fremdbestimmung ihres Bewusstseins ein geringer sein – für Marx und Engels bedeutete diese Form der Weiterentwicklung des aufklärerischen Diskurses hingegen das Ende des emanzipativen Projekts der Aufklärung und den Verzicht auf die Hoffnung eines radikalen gesellschaftlichen Umsturzes.

Wenn Stirners Ansatz also eine bedeutende Reaktion auf die argumentativen Möglichkeiten der philosophischen Evidenzproduktion darstellte – eine Reaktion, der weder Feuerbach, noch Bauer argumentativ etwas entgegenzusetzen vermochten –, so bestritten Marx und Engels die Angemessenheit seiner Antwort auf die Ohnmacht des philosophisch-aufklärerischen Diskurses vehement. Nicht nur hatten Marx und Engels zum Zeitpunkt des Erscheinens von *Der Einzige und sein Eigenthum* bereits einen Wechsel des Hoffnungsträgers auf eine Realisierung des emanzipativen Projekts der Aufklärung vom Bürgertum hin zum Proletariat vollzogen, auch begannen sie die Gründe für das Scheitern des philosophisch-aufklärerischen Diskurses weniger in dessen struktureller Ähnlichkeit mit der religiösen Bewusstseinsbestimmung, als vielmehr in seinen Irrtümern bezüglich derjenigen Faktoren zu sehen, die für den Bestand der zeitgenössischen Verhältnisse verantwortlich zu machen waren. Überhaupt hatten Marx und Engels in dieser Zeit angefangen, die geltenden Koordinaten aufklärerischen Handelns und insbesondere das den vergangenen Instanziierungen des aufklärerischen Diskurses zugrunde gelegte bewusstseinszentrierte Modell gesellschaftlicher Veränderung in einer Radikalität zu problematisieren, die noch weit über das von Stirner realisierte Maß hinausging. Wenngleich Marx und Engels also mit Stirner in der Einschätzung übereinstimmten, die philosophische Form des aufklärerischen Diskurses problematisieren zu müssen, und wenngleich sie ebenfalls der Meinung waren, der aufklärerische Diskurs bedürfe einer Weiterentwicklung, um weiterhin als Vehikel einer Verwirklichung des emanzipativen Projektes der Aufklärung fungieren zu können, so gewahrten sie in Stirners Ansatz vor allem eine Herausforderung für die von ihnen verfolgte Umsetzung dieses Projektes.

Wie in der folgenden Untersuchung dargelegt wird, entschieden Marx und Engels sich in dieser Situation für eine komplexe argumentative Strategie, um ihren eigenen Ansatz in der Debatte um die Weiterentwicklung des aufklärerischen Diskurses gegen die von ihren Kontrahenten entwickelten Varianten zu etablieren: zum einen führen sie den Nachweis, dass auch Stirner noch mit dem argumentativen Instrumentarium der philosophischen Evidenzproduktion zu bezwingen ist und dass Stirners Anspruch insofern verfehlt sei, als erster einen aufklärerischen Diskurs entwickelt zu haben, der mit dem traditionellen philosophischen Referenzrahmen aufklärerischen Handelns bricht. Um dies zu beweisen und um zu zeigen, dass Stirner mit seinem Rekurs auf die Evidenz alltagssprachlicher Vertrautheit eine zwar depravierte, aber gleichwohl eindeutig noch philosophische Variante des aufklärerischen Diskurses entwickelt habe, zieht Marx noch einmal das gesamte Register philosophischer Evidenzproduktion, das er so gut wie kaum ein zweiter unter den Zeitgenossen beherrschte. Darüber hinaus stellte ein solcher argumentativer Sieg über Stirner mit dem Instrumentarium der philosophischen Evidenzproduktion spätestens seit dem (kaum als gelungen zu betrachtenden) Versuch Feuerbachs, der von Stirner formulierten Kritik zu begegnen, eine Herausforderung für sämtliche Protagonisten der Debatte um die Weiterentwicklung des aufklärerischen Diskurses dar. Insbesondere Marx, der sich zu diesem Zeitpunkt trotz der *privatim* bereits erfolgten Distanzierung in der Öffentlichkeit noch als „Consequenz Feuerbachs" (Bauer) bezeichnet fand, muss die doppelte Herausforderung gereizt haben, den Anspruch Stirners auf die argumentative Überwindung Feuerbachs und der philosophischen Evidenzproduktion zu widerlegen.

Zum anderen waren auch Marx und Engels überzeugt, dem aufklärerischen Diskurs mit einer alternativen Ressource argumentativer Evidenzproduktion ein neues, aussichtsreicheres Fundament zur Generierung von Überzeugungsleistungen geben zu können, einer Ressource, deren Überzeugungskraft sowohl der von Stirner in die Debatte eingeführten Evidenz alltagssprachlicher Vertrautheit überlegen sei, als auch der philosophischen Evidenz gelingender Begriffsentwicklung: die erfahrungswissenschaftliche Evidenz empirisch-konstatierbarer Tatsachen. Diese Entscheidung, die Hoffnung auf den Erfolg eines (weiterentwickelten) aufklärerischen Diskurses in eine Form der argumentativen Evidenz zu setzen, die im Rahmen der deutschen Spätaufklärung bisher unerschlossen geblieben war, ist nicht nur eine Konsequenz des veränderten Leseverhaltens der Brüsseler Exilanten, bei denen die Lektüre philosophischer Schriften zugunsten nationalökonomischer zurückgetreten war. Die Inanspruchnahme der erfahrungswissenschaftlichen Evidenz empirisch-konstatierbarer Tatsachen speiste sich vielmehr aus der Auffassung, dass es der erfahrungswissenschaftlichen Evidenzproduktion am ehesten gelingen würde, das von Marx und Engels als zentrale Schwäche des philosophisch-aufklärerischen Diskurses ausgemachte Misslingen des Zugriffs auf die Wirklichkeit zu beheben.

Zwar schöpfen Marx und Engels bei den von ihnen zur Anwendung gebrachten Instrumenten zur Produktion der Evidenz empirisch-konstatierbarer Tatsachen auch bei weitem noch nicht das volle Repertoire der Möglichkeiten einer erfahrungswissenschaftlichen Generierung von Überzeugungsleistungen aus und tätigen etwa keinerlei Gebrauch von empirischen Erhebungen (was Engels zumindest ansatzweise in *Die Lage der arbeitenden Klasse* vorführte). Sie greifen jedoch wiederholt auf die Ergebnisse zurück, welche sich nach einer empirischen Betrachtung von Sachverhalten einstellen würden – so wenn sie die Reduktion der Positionen ihrer Kontrahenten auf die jeweilig zugrunde liegende Lebenssituation vornehmen. In diesem Sinne ließe sich bei der von Marx und Engels in Anspruch genommenen, argumentativen Evidenz zwar eher von potenziell empirisch-konstatierbaren Tatsachen sprechen, über die grundlegende Tendenz dieser Form der argumentativen Evidenzproduktion kann jedoch kein Zweifel bestehen: mit der Verwendung von Sätzen, die sich in letzter Instanz durch die Beobachtung einfacher Sachverhalte der umgebenden Welt gewinnen lassen, glauben Marx und Engels eine Quelle möglicher Erfahrungen von Evidenz erschlossen zu haben, deren Überzeugungskraft die rein diskursiv erzeugten ihrer Vorgänger in den Schatten zu stellen vermag. Wenn man so will, führen Marx und Engels mit dem Rekurs auf die erfahrungswissenschaftliche Evidenz empirisch-konstatierbarer Tatsachen eine Art und Weise der Produktion argumentativer Evidenz in die Debatte um die Weiterentwicklung des aufklärerischen Diskurses ein, die auf der Verbindung diskursiver und nicht-diskursiver Praktiken ruht – wie dies ansatzweise bereits Feuerbach mit seiner „sinnlichen" Anreicherung der philosophischen Evidenz gelingender Begriffsentwicklung getan hat. Es ist diese Verbindung, von welcher sich Marx und Engels einen entscheidenden Gewinn in der Generierung von Überzeugungsleistungen versprechen.

Die Strategie eines Rekurses auf zwei unterschiedliche Quellen argumentativer Evidenzerfahrungen, die Marx und Engels zur Widerlegung der von Stirner ermöglichten radikalen argumentativen Selbstermächtigung verfolgen, mag auf den ersten Blick wie eine Schwäche wirken, schließlich scheinen Marx und Engels keiner der beiden von ihnen zur Anwendung gebrachten Ressourcen argumentativer Evidenz zuzutrauen, die notwendige Überzeugungskraft zu entfalten, um ihren Adressaten die Verfehltheit des Stirner'schen Ansatzes – wie auch derjenigen Feuerbachs und Bauers – zu demonstrieren. Bei genauerer Betrachtung erweist sich diese Kombination von philosophischer und erfahrungswissenschaftlicher Evidenz jedoch als argumentationsstrategischer Glücksgriff. So können Marx und Engels nicht nur die jeweiligen Schwächen der einen Form der Generierung von Überzeugungsleistungen mit den Stärken der anderen ausgleichen, auch können sie unter Verweis auf ihren Rekurs auf die Evidenz empirisch-konstatierbarer Tatsachen den Anspruch erheben, mit der philosophischen Form des aufklärerischen Diskurses gebrochen und erstmals einen nicht-philosophischen aufklärerischen Diskurs begründet zu haben, welcher den veränderten Bedingungen aufklärerischen Handelns im Zeitalter der Industrialisierung Rechnung zu tragen vermag. In besonderer Weise manifestieren sich die Möglichkeiten dieses Zusammenspiels zweier Ressourcen argumentativer Evidenzproduktion in zwei zentralen begrifflichen Prägungen, welche Marx und Engels im Rahmen der Kritik Stirners vorgenommen haben: „Ideologie" und „Kleinbürgertum". Beiden Begrifflichkeiten ist die Einbettung in zwei verschiedene Weisen der Produktion argumentativer Evidenz inhärent, denn in beiden Fällen wird ein Begriff, der auf einem Fundament empirisch-konstatierbarer Tatsachen ruht, nach den Regeln gelingender Begriffsentwicklung ausgestaltet, also mit einem Bedeutungszuwachs versehen, der nicht mehr durch empirisch-konstatierbare Tatsachen zu decken ist.

Neben diesem, die jeweiligen Schwächen der anderen Form argumentativer Evidenz ausgleichenden Aspekt bietet die von Marx und Engels entwickelte, zweifache Strategie allerdings auch eine Möglichkeit, dem aufklärerischen Diskurs die Fähigkeit zur Harmonisierung disparater Willensäußerungen zu erhalten bzw. wiederzugeben. Es ist diese Leistung der aufklärerischen Evidenzproduktion, welche mit der von Stirner ermöglichten, argumentativen Selbstermächtigung des konkreten Individuums zweifelhaft wurde. Selbst Marx und Engels scheinen, bei aller zur Schau getragenen Geringschätzung des Stirner'schen Ansatzes, nicht mehr darauf vertraut zu haben, dass Stirner mit dem argumentativen Instrumentarium der philosophischen Evidenzproduktion tatsächlich beizukommen sei. Vor diesem Hintergrund verbindet sich mit dem Rekurs auf die Evidenz empirisch-konstatierbarer Tatsachen die Hoffnung, dass sich die mit ihrer Hilfe erbrachten Überzeugungsleistungen nicht nur den philosophischen, sondern ebenfalls den Stirner'schen Evidenzen überlegen zeigen, und dass die Ausdifferenzierungen des emanzipativen Projektes der Aufklärung sich (wieder) auf eine hegemoniale Variante vereinen lassen.

Für die mit ihrem Ansatz geschaffenen Möglichkeiten der Generierung von Überzeugungsleistungen ist es von nur geringer Bedeutung, dass Marx und Engels sich sowohl hinsichtlich der Langlebigkeit des Einflusses von Stirners Ansatz zur Weiterentwicklung des aufklärerischen Diskurses als auch bezüglich der Belastbarkeit des von ihnen eingegangenen publizistischen Arrangements täuschten. Das argumentative Rüstzeug, welches sich Marx und Engels im Laufe des halben Jahres zulegten, das sie in die „intensivste Einzelauseinandersetzung" ihrer Karriere investierten, erweiterte ihr Repertoire zur Desavouierung konkurrierender Ansätze zur radikalen gesellschaftlichen Veränderung in einem Ausmaß, dass der Kritik Stirners trotz ihrer gescheiterten Veröffentlichung eine bleibende Wirkung beschieden werden kann. Nicht nur gelang ihnen im Zuge der Ausdifferenzierung der materialistischen Geschichtsauffassung und der Konzipierung der Ideologiekritik die erstmalige Formulierung eines eigenständigen Ansatzes – so kann in diesem Sinne durchaus von der von Marx bemühten Formel der „Selbstverständigung" gesprochen werden. Auch legten sie im Rahmen der Kritik Stirners das theoretische Fundament für die in der Folgezeit verfassten Schriften wie etwa die *Misère de la Philosophie* oder *Das Manifest der kommunistischen Partei*. Und die eingangs geschilderte, postume Anschlussfähigkeit der Manuskripte zur „Deutschen Ideologie" bezeugt schließlich – jenseits aller ideologischen Instrumentalisierung – das Potenzial der Marx-Engels'schen Anpassung des aufklärerischen Diskurses an die gesellschaftlichen Bedingungen der industriellen Moderne.

Um diese bedeutende Etappe der europäischen Geistesgeschichte zu rekonstruieren und um diese Transformationen des aufklärerischen Diskurses im Vormärz nachzuzeichnen, werden die verschiedenen Stadien, welche der aufklärerische Diskurs im Rahmen der deutschen Spätaufklärung bis zu der von Marx und Engels gegebenen Form durchlaufen hat, in drei separaten Teilen behandelt. In einem ersten Teil wird unter besonderer Berücksichtigung des Einflusses von Feuerbach und Bruno Bauer auf die Wiederbelebung des aufklärerischen Diskurses in seiner klassisch-philosophischen Form die Entwicklung nachgezeichnet, welche die Protagonisten der junghegelianischen Debatte dem aufklärerischen Diskurs in der Zeit bis zum Verbot ihrer maßgeblichen Publikationsorgane zum Jahreswechsel 1842/43 gaben. Im Zuge dieser Darstellung wird sich die intensive Partizipation von Stirner, Marx und Engels an dieser frühen, philosophischen Phase der deutschen Spätaufklärung zeigen – eine Partizipation, der besondere Bedeutung vor dem Hintergrund zukommt, dass alle drei Autoren nach dem Scheitern des philosophisch-aufklärerischen Diskurses ausgehend von ihren, in dieser Phase gesammelten Erfahrungen Versuche unternehmen, die Überzeugungskraft des aufklärerischen Diskurses durch die Erschließung alternativer Formen argumentativer Evidenzproduktion zu stärken. Abgeschlossen wird dieser Teil durch die Analyse der Reaktionen Feuerbachs und Bauers auf das Scheitern des aufklärerischen Diskurses, bedeuten diese Reaktionen in ihrer Konsequenz doch eine Entpolitisierung des aufklärerischen Diskurses, deren Ablehnung durch Stirner, Marx und Engels den Auftakt zur innovativen Phase der deutschen Spätaufklärung bildet.

Die Darstellung der Antwort, die Stirner auf das Scheitern des philosophisch-aufklärerischen Diskurses und auf die Reaktionen Feuerbachs und Bauers gab, steht im Zentrum des zweiten Teils dieser Untersuchung. Eingeleitet wird dieser zweite Teil mit einer detaillierten Darstellung der Beiträge Stirners zur philosophischen Phase der deutschen Spätaufklärung. Diese Darstellung wird nicht nur die Verfehltheit einer Reduktion Stirners auf sein Hauptwerk *Der Einzige und sein Eigenthum* erweisen, sie wird außerdem die hohe Sensibilität bezeugen, die Stirner schon früh für Fragen der Generierung von Überzeugungsleistungen und für die verschiedenen Möglichkeiten der Produktion argumentativer Evidenz an den Tag legte. Im Anschluss wird dann der spezifische Beitrag Stirners zur Weiterentwicklung des aufklärerischen Diskurses eine Behandlung erfahren, wobei ein besonderes Augenmerk auf die von ihm zur Behebung der Ohnmacht des aufklärerischen Diskurses propagierte argumentative Selbstermächtigung der konkreten Individuen und die Veränderungen gelegt wird, welche Stirner am argumentativen Referenzrahmen der aufklärerischen Evidenzproduktion vorgenommen hat. Nur vor dem Hintergrund eines Verständnisses dieser besonderen Leistung Stirners in der Weiterentwicklung des aufklärerischen Diskurses lässt sich eine Erklärung für den Umfang und die Intensität der Marx-Engels'schen Auseinandersetzung mit Stirner in den Manuskripten zur „Deutschen Ideologie" gewinnen.

Im dritten, umfassendsten Teil dieser Untersuchung wird dann der Beitrag eine Behandlung erfahren, mit welchem Marx und Engels sich an der Debatte um die Weiterentwicklung des aufklärerischen Diskurses zu beteiligen beabsichtigten: die Manuskripte zur „Deutschen Ideologie" und speziell die Stirner-Kritik *III. Sankt Max.* Dabei wird, um die Genese dieses Beitrags nachvollziehen zu können, die intellektuelle Entwicklung nachgezeichnet, welche Marx und Engels nach dem Scheitern der philosophischen Form des aufklärerischen Diskurses durchlaufen haben – eine Entwicklung, in deren Verlauf Marx erst zum überzeugten Anhänger Feuerbachs wird, um dann im Zuge der Distanzierung von Feuerbach erstmals die Grundlagen einer eigenständigen Position zu formulieren. Zur Entfaltung gelangt diese eigenständige Position dann im Verlauf des Versuchs, die Überzeugungskraft von Stirners argumentativer Ermächtigung des konkreten Individuums zu desavouieren. Bei der Darstellung dieses Versuchs wird sich die Vielfalt der argumentativen Strategien zeigen, welche Marx und Engels mit dem Ziel der Desavouierung Stirners und der Deplausibilisierung der von ihm zur Fundierung des aufklärerischen Diskurses zur Anwendung gebrachten Form argumentativer Evidenz entwickeln. So wird sich am Ende zeigen, dass zwei der wirkmächtigsten Konzepte der Marx-Engels'schen Theoriebildung – „Ideologie" und „Kleinbürgertum" – dezidiert zur Widerlegung Stirners formuliert wurden. Mit den, dem zeitgenössischen Publikum unzugänglichen Manuskripten zur „Deutschen Ideologie" findet die deutsche Spätaufklärung ihren Abschluss und gewinnt der aufklärerische Diskurs eine Form, deren (postume) Wirkmächtigkeit davon zeugt, dass Marx und Engels die Ohnmacht des philosophisch-aufklärerischen Diskurses, die am Beginn der innovativen Phase der deutschen Spätaufklärung steht, in Auseinandersetzung mit der anderen Antwort, die auf diese Erfahrung der Ohnmacht gegeben wurde, zu überwinden vermochten.

Am Ende wird sich dann nicht nur ein Verständnis für die zentrale Rolle Stirners in der Ausformulierung des ersten, eigenständigen Ansatzes von Marx und Engels ergeben, sondern es wird auch nachvollziehbar, welcher Art die Modifikationen am aufklärerischen Diskurs waren, die das emanzipative Projekt der Aufklärung auf ein neues Fundament setzten, das so stabil war, dass die ausgebliebene Veröffentlichung der Manuskripte zur „Deutschen Ideologie" als kontingent erachtet werden kann. Es ist dies der Sinn, in welchem tatsächlich von der erfolgten „Selbstverständigung" gesprochen werden kann, die Marx als Motiv für die Abfassung der Manuskripte nahezu fünfzehn Jahre später angeben sollte: die Krise, welche den aufklärerischen Diskurs und die ihn betreibenden Aufklärer in ihrem Selbstverständnis nach dem Scheitern der traditionellen Formen aufklärerischen Handelns erfasste, war für Marx und Engels nach der Abfassung der Stirner-Kritik soweit behoben, dass sie für den Rest ihres Schaffens nicht mehr aktuell werden sollte.

1 Die Wiederaufnahme des philosophisch-aufklärerischen Diskurses im Vormärz

Stirner, Marx und Engels konzipieren ihre Ansätze zur Fortführung des emanzipativen Projekts der Aufklärung in Abgrenzung zu einem Diskurs, der, auch in der Perspektive der Zeitgenossen, die historische Geburtsstätte dieses Projekts bildet. Sie und die anderen Junghegelianer denken Aufklärung ursprünglich in einem philosophischen Rahmen, und die vormärzliche Gesellschaftskritik nimmt ihren Ausgang von dem Versuch der Wiederbelebung eines philosophisch-aufklärerischen Diskurses, von welchem allgemein angenommen wurde, er gestatte am ehesten, die theologische Hoheit in der Bestimmung des Bewusstseins zu brechen. In der christlichen Gestimmtheit der für die gesellschaftlichen Zustände verantwortlichen Bewusstseinsträger sehen sie, darin durchaus mit der sich in ständiger Bedrohung wähnenden Staatsgewalt übereinstimmend, den Garanten für die Erhaltung der monarchisch-ständischen Gesellschaftsordnung. Im folgenden Kapitel wird dargelegt, wie die zu Beginn noch vereint streitenden Junghegelianer versuchten, die im Verlaufe des 19. Jahrhunderts verloren gegangene Frontstellung von Philosophie und Theologie zu restituieren.

Dabei wird zuerst gezeigt, in welcher Situation die sich konstituierenden Junghegelianer, einem ersten Impuls David Friedrich Strauß' folgend, begannen, den philosophisch-aufklärerischen Diskurs aus der Hegel'schen Harmonisierung mit den Ergebnissen theologischer Evidenzproduktion zu befreien und inwiefern sie die Arena der Auseinandersetzung mit einem monarchischen Akteur zu teilen hatten, dessen diametral entgegengesetzter Versuch einer sakralen (Re-)Fundierung der preußischen Monarchie auf den nämlichen Voraussetzungen fußte, auf welchen sie selbst ihre Überzeugungsversuche gründeten (Abschnitt 1). Daran anschließend wird dieses, sowohl ihre eigenen diskursiven Einsätze, als auch die Maßnahmen ihrer Gegner strukturierende, bewusstseinszentrierte Modell gesellschaftlicher Veränderung, das überhaupt erst die politische Relevanz eines wiederbelebten philosophisch-aufklärerischen Diskurses begründete, in seinen drei verschiedenen Konfigurationen entwickelt (Abschnitt 2). Schließlich werden die beiden wirkmächtigsten Angriffe der junghegelianischen Phase der deutschen Spätaufklärung auf die Überzeugungskraft der theologischen Evidenzproduktion vorgestellt, nämlich die Feuerbach'sche anthropologische Reduktion der Religion, die eine philosophisch-sensualistische Produktion von Evidenz zu etablieren strebte (Abschnitt 3), und die Bauer'sche Rückführung des Christentums auf die Verwirklichung des Selbstbewusstseins, die auf eine philosophisch-naturalistische Produktion von Evidenz rekurriert (Abschnitt 4).

1.1 Der Nährboden der Kritik – Kontexte der Restitution einer Frontstellung von Philosophie und Theologie

Im Rahmen der Einleitung wurde eine Deutung der junghegelianischen Debatte skizziert, die diese im Kontext der Weiterentwicklung des um Emanzipation bemühten, aufklärerischen Diskurses im 19. Jahrhundert verortet. Das Ziel des aufklärerischen Diskurses in seiner klassischen Form wurde als die Erringung der Hoheit in der diskursiven Bestimmung der zustandsrelevanten Bewusstseinsträger charakterisiert und aus argumentationsstrategischer Perspektive als der Versuch bestimmt, die für die theologische Diskurskontrolle zentrale Form von Evidenzproduktion zu unterminieren. Letztere nimmt ihren Ausgang von einem Rekurs auf die theologische Evidenz heiliger Autoritäten (mit gelegentlichen Anleihen bei der philosophischen Evidenz gelingender Begriffsentwicklung). Im Folgenden wird zu untersuchen sein, in welchem Verhältnis die für die aufkommende junghegelianische Debatte grundlegende, auf der Spekulation Hegels gründende, philosophische Form der Produktion von Evidenz zur theologischen Evidenzproduktion steht, um ein Verständnis der Versuche zu ermöglichen, welche allen voran Ludwig Feuerbach und Bruno Bauer unternahmen, um sich sowohl von der theologischen, als auch von der philosophisch-spekulativen Form der Produktion von Evidenz abzusetzen.

Begonnen werden muss, dies liegt bei einer Untersuchung der junghegelianischen Aufklärung des Vormärz nahe, mit einer Entwicklung, die ein spezifisch preußisches Phänomen darstellt und die sich mit dem Namen Georg Wilhelm Friedrich Hegel verbindet. Die Philosophie Hegels war für die junghegelianischen Versuche der Wiederaufnahme und Weiterentwicklung des klassisch-aufklärerischen Diskurses natürlich von fundamentaler Bedeutung. Und dies nicht nur aus dem naheliegenden Grund ihrer prägenden Wirkung auf die Protagonisten der junghegelianischen Debatte, deren Absicht einer Überwindung der Hegel'schen Philosophie nicht darüber hinweg täuschen darf, dass sie dem Denkens Hegels *malgré eux* verhaftet bleiben – der „Verwesungsproceß des Hegelschen Systems", wie Marx und Engels den Zeitraum zwischen Strauß' *Leben Jesu* und ihrer Arbeit an der „Deutschen Ideologie" pointiert beschreiben werden,[1] mag zwar eine „Verwesung" sein, aber die Herausarbeitung aus dem gedanklichen Universum Hegels war für seine Schüler ein zäher und langwieriger Prozess. Von Interesse ist an dieser Stelle jedoch ein anderer Aspekt der Hegel'schen Philosophie. Wie im Folgenden zu sehen sein wird, bedingte die spezifisch Hegel'sche Form der Produktion von Evidenz, die nicht nur auf die philosophische Evidenz gelingender Begriffsentwicklung, sondern auch auf die theologische Evidenz heiliger Autoritäten rekurrierte, eine für die Wiederaufnahme des klassisch-aufklärerischen Diskurses im vormärzlichen Preußen folgenreiche Situation.

---

[1] Karl Marx/Friedrich Engels: I. Feuerbach. Wie deutsche Ideologen melden (**H⁴**), MEGA² I/5, S. 12-15, hier Ms-S. [1] (S. 12).

Auf die Evidenzen heiliger Autoritäten und gelingender Begriffsentwicklung wurde in der wissenschaftlichen Theologie wie auch in Hegels spekulativer Philosophie rekurriert. Der Unterschied lag in der Gewichtung der beiden Weisen der Evidenzproduktion: Griff die Theologie auf die Evidenz gelingender Begriffsentwicklung zurück, um die Ergebnisse des Rekurses auf die Evidenz heiliger Autoritäten zu stützen, lag das Gewicht im Falle gegenläufiger Evidenzerfahrungen also auf Seiten der theologischen Evidenz heiliger Autoritäten, so war das Verhältnis im Falle Hegels in gewissem Sinne umgekehrt. Der argumentative Hintergrund, vor welchem die Hegel'sche Philosophie ihre Geltung beweisen musste, war nicht die Evidenz heiliger Autoritäten (dann hätte er sich die Entwicklung der *spekulativen* Philosophie sparen können), sondern die Evidenz gelingender Begriffsentwicklung. Insofern ist die von Karl Löwith gebrauchte Metapher einer Hegel'schen „Versöhnung" von Philosophie und Theologie irreführend,[2] denn diese Versöhnung ist eine unter der Hoheit der Philosophie.[3]

---

[2] Karl Löwith: Von Hegel zu Nietzsche. Der revolutionäre Bruch im Denken des neunzehnten Jahrhunderts, Hamburg 1995, S. 59-64.
[3] Von Seiten der Theologie war man sich der antitheologischen Implikationen der spekulativen Philosophie durchaus bewusst: „Dasselbe [Verhältnis des speculativen Rationalismus zum Dogma, UP] stellt sich eben so, wie das des gemeinen Rationalismus. Die Speculation will ebenfalls die Wahrheit, auch die religiöse, aus sich selbst, aus der Vernunft, aus dem Begriff, erzeugen. [...] Sie verfolgt daher auch dieselbe antihistorische und niederreißende Richtung in der Kritik. Nur durch Eines unterscheidet sie sich in Beziehung auf das Dogma von dem gemeinen Rationalismus. Wir haben gesehen [...], daß dieser letztere die historischen Formen des Christenthums und der Religionen überhaupt als eine mythische Darstellung und geschichtliche Verhüllung der philosophischen Wahrheit begreift, und nun dieses Mythische aufzulösen sucht, um zu zeigen, daß es mit seinem Inhalte identisch sei. Die Speculation nun geht auch in dieses Streben nothwendig durchaus ein und bringt es zur Reife. Aber da ihr Lehrinhalt nicht aus etlichen dürftigen Verstandesabstractionen besteht, sondern sich in ihrem Fortschreiten eine immer reichere Metaphysik entwickelt; so hat sie nun nicht mehr nöthig, aus dem kirchlichen Lehrbegriffe und der Bibel so Vieles wegzuschneiden als der Vernunft widerstreitend, sondern die reichere Entfaltung ihrer eignen Sätze gewährt ihr die Möglichkeit, das Werk der Umdeutung christlicher und dogmatischer Sätze viel weiter zu treiben, als der gemeine Rationalismus in seiner Dürftigkeit dies je konnte. Es kann so dahin kommen, daß die Speculation in ihrer entwickelten Gestalt das ganze orthodoxe kirchliche System sich wieder anzueignen vermag, indem sie allen Sätzen und Ausdrücken desselben eine speculative Bedeutung unterlegt. [...] Die rationalistische Speculation aber hat ihre Sätze und Systeme vorher, als etwas aus dem reinen Denken selbst Hervorgegangenes; sie nimmt daher das überlieferte Dogma auch nicht als ein Geschichtliches an; sondern indem sie es als einen unvollkommenen Ausdruck ihres eignen Systems ansieht, sucht sie ihre reinen Gedankenbestimmungen darin nachzuweisen. Natürlich aber wird dadurch dem einfachen geschichtlichen Sinne des Dogma ein fremder, logischer Sinn untergeschoben; und das Christenthum gilt, wie im gemeinen Rationalismus, doch nur als etwas aus der blos menschlichen Geistesentwickelung Hervorgegangenes, welches sich zu Anfang in mythischer, historischer Form geäußert hat, jetzt aber durch die Speculation zum wissenschaftlichen und begrifflichen Verständniß seiner selbst gekommen ist. Diese Speculation tritt daher auch mit dem Anspruche auf, die ächte Wiederherstellung des Dogma und des Christenthums zu sein. Indem sie den dogmatischen Formeln einen andern Sinn un-

Das von Hegel vollbrachte „Kunststück" einer Harmonisierung der Ergebnisse von theologischer und philosophischer Evidenzproduktion ist in diesem Sinne eher darin zu sehen, dass Hegel eine vor dem Hintergrund philosophischer Evidenzerfahrungen sehr überzeugende Version einer letztlich *widerspruchsfreien* Vereinbarkeit der Ergebnisse der beiden Weisen der Produktion von Evidenz entwickelte. Für die Theologie stellte diese Leistung keinen besonderen Gewinn dar, denn aus theologischer Perspektive bedurfte die Wahrheit der heiligen Schrift nicht erst eines philosophischen Beweises.[4] Die Hegel'sche Philosophie saß in der vormärzlichen Gemengelage insofern zwischen den Stühlen: für die wissenschaftliche Theologie war der philosophische Aspekt der Harmonisierung störend und schwächte eher die Überzeugungskraft der Evidenz heiliger Autoritäten, für die klassisch-aufklärerisch orientierten Philosophen stellte die Harmonisierung von theologischer und philosophischer Evidenzproduktion in erster Linie eine theologische Domestizierung der letzteren dar.

---

terlegt, und zwar einen Sinn, der für das menschliche Denken eine unabweisliche Nothwendigkeit hat, will sie das geschichtliche Dogma aus der Verachtung befreien, in welche es gefallen ist, weil der menschliche Geist in seiner Weiterbildung über die historische und unphilosophische Form des Dogma hinausgegangen ist. [...] Sehen wir nun zurück auf den Gang, welchen [...] die Entwicklung des Rationalismus nimmt, so erkennen wir leicht, daß auch hier eine Reihe von Stufen durchlaufen werde. Der Anfang ist, daß die Vernunft sich kritisch gegen das geschichtliche Dogma richtet und es zu zertrümmern sucht. Der Endpunkt dagegen ist, daß sie ihm nach allen seinen Theilen einen völlig fremdartigen Sinn unterlegt. Dieser Endpunkt ist aber nichts als die Vollendung des Anfanges. Jene anfängliche Opposition gegen das überlieferte Dogma geschieht, um an die Stelle desselben die reine Vernunftreligion zu setzen. Diese ist aber dann noch zu schwach, und es muß der größte Theil des Dogma negirt werden. Dieses Verhältniß der Spannung mindert sich aber ab in dem Grade, wie die Vernunftreligion sich entwickelt. Sie gewinnt nach und nach die Kraft, immer mehreren Sätzen des Dogma ihren Sinn zu supponiren, bis sie am Ende das Ganze bezwungen hat. Dieses Bezwingen und Umdeuten ist aber andrer Seits wieder die völlige Vernichtung des geschichtlichen Dogma. Im gemeinen Rationalismus gilt das geschichtliche Dogma noch nach seinem ächten Sinne und wird deshalb als Etwas, das doch keinen vernünftigen, philosophischen Sinn anzunehmen fähig sei, verworfen. Die ausgebildete Speculation aber braucht es eben deshalb nicht mehr zu verwerfen, weil sie den ächten historischen Sinn des Dogma ganz aufgegeben und in einen philosophischen völlig verflüchtigt hat." Theodor Kliefoth: Einleitung in die Dogmengeschichte, Parchim und Ludwigslust 1839, S. 216-218.

4 Vgl. das von Bruno Bauer referierte Zitat des Professors der Theologie Sack, [Bruno Bauer:] Hegel's Lehre von der Religion und Kunst von dem Standpuncte des Glaubens aus beurtheilt, darin ferner: Hegel's Haß gegen die heilige Geschichte und die göttliche Kunst der heiligen Geschichtsschreibung, Otto Wigand, Leipzig 1842, S. 172: „Immer erscheint Hegel, wie Sack es so trefflich ausdrückt, ‚am Ansehen Gottes nagend'. Bei seinem ‚Krittteln gegen alles Göttliche' leitet ihn sein ‚Mangel an schlichtem Wahrheitssinn, weil der die Wahrheit nur anerkennen will *unter ungehörigen Voraussetzungen*, Vermittlungen und Einschränkungen seines Sinnes, seines Systemes. Die Bibel aber sagt: ich *will* nun so und nicht anders die Wahrheit geben und wer sie nicht *so* mag, der wird ihr Angesicht nicht sehen.'" [Hervorhebungen entstammen, so nicht explizit ausgewiesen, stets dem Original.]

An dieser Stelle interessiert aber noch ein anderer Aspekt der Hegel'schen Harmonisierung. Die mit letzterer einhergehende Entschärfung des revolutionären Potenzials des philosophisch-aufklärerischen Diskurses, welcher in der Konsequenz der Hegel'schen Philosophie nur ein weiteres Moment der Verwirklichung der absoluten Idee darstellt, zeitigte verschiedene Konsequenzen, die sich vor allem in Preußen bemerkbar machten. So eröffneten sich den Anhängern der Hegel'schen Philosophie besonders günstige Karrieremöglichkeiten – eine Philosophie, die keine Gefahr mehr für das die bestehende Ordnung stützende christliche Bewusstsein war, die vielmehr zur weiteren Festigung des christlichen Bewusstseins beitrug und die darüber hinaus den philosophisch-aufklärerischen Angriffen unter Rekurs auf die gleichen Evidenzerfahrungen, also auf Augenhöhe begegnen konnte, konnte sich einer Unterstützung durch die sich gefährdet sehende Staatsmacht sicher sein. In Preußen verband sich die besondere Verankerung der Hegel'schen Philosophie im Bildungswesen mit der Person des von 1817 bis 1838 amtierenden Kultusministers Karl Freiherr vom Stein zum Altenstein.[5] Seiner wohlwollenden Haltung gegenüber der Hegel'schen Philosophie verdankten viele Schüler Hegels die Möglichkeit einer besoldeten akademischen Laufbahn. Zugespitzt formuliert, begründete die Hegel'sche Philosophie vor dem Hintergrund der in dieser Untersuchung verfolgten Fragestellung insofern eine Situation, in welcher der aufklärerische Diskurs nicht mehr in Frontstellung zur traditionellen Arbeitsteilung zwischen Theologie und Krone bei der Kontrolle der zustandsrelevanten Bewusstseinsträger stand, sondern in diese traditionelle Arbeitsteilung integriert wurde.

Diese Integration in die traditionelle Arbeitsteilung bei der Bestimmung des Bewusstseins konnte jedoch nicht darüber hinwegtäuschen, dass die „Versöhnung" von Theologie und Philosophie eine unter der Hoheit der letzteren war. Die Hegel'sche Philosophie war allenfalls eine theologisierte Philosophie, aber eben keine Theologie. Diese Spannung trat bereits offen zutage als David Friedrich Strauß 1835 mit seinem *Leben Jesu* für eine „mythische" Erklärung der evangelischen Geschichte plädierte. So heißt es im Vorwort zur 1. Auflage: „Wenn die altkirchliche Exegese von der doppelten Voraussetzung ausgieng, daß in den Evangelien erstlich Geschichte, und zwar zweitens eine übernatürliche, enthalten sei; wenn hierauf der Rationalismus die zweite dieser Voraussetzungen wegwarf, doch nur um desto fester an der ersten zu halten, daß in jenen Büchern lautere, wenngleich natürliche Geschichte sich finde: so kann auf diesem halben Wege die Wissenschaft nicht stehen bleiben, sondern es muß auch die andere Voraussetzung fallen gelassen, und erst untersucht werden, ob und wie weit wir überhaupt in den Evangelien auf historischem Grund und Boden stehen."[6] Schon aus dieser Passage erhellt das Spannungsverhältnis, in

---

5 Vgl. Gustav Mayer: Die Anfänge des politischen Radikalismus im vormärzlichen Preußen, in: Zeitschrift für Politik. 6. Bd. Berlin 1913. S. 1-113, hier S. 12.
6 David Friedrich Strauß: Das Leben Jesu. 2. verb. Aufl. 2 Bde. Tübingen 1837, Bd. 1, S. X/XI

welchem theologische Bibelexegese und kritische Wissenschaft, deren Gewissheit auf der Evidenz gelingender Begriffsentwicklung ruhte, standen.

Doch die Brüchigkeit der vermeintlichen „Versöhnung" von Theologie und Philosophie und die von beiden Seiten zu eigenen Gunsten gelöste Frage nach der letztinstanzlichen Entscheidungskompetenz bezüglich der Gewichtung gegenläufiger Evidenzerfahrungen wurde von Strauß offensiv formuliert: „Den gelehrtesten und scharfsinnigsten Theologen fehlt in unsrer Zeit meistens noch das Grunderforderniß einer solchen Arbeit, ohne welches mit aller Gelehrsamkeit auf kritischem Gebiete nichts auszurichten ist: die innere Befreiung des Gemüths und Denkens von gewissen religiösen und dogmatischen Voraussetzungen, und diese ist dem Verfasser durch philosophische Studien frühe zu Theil geworden. Mögen die Theologen diese Voraussetzungslosigkeit seines Werkes unchristlich finden: er findet die gläubigen Voraussetzungen der ihrigen unwissenschaftlich."[7] Die im Zuge der Kritiken Feuerbachs und Bauers wieder aufbrechende Konkurrenz zwischen theologischer und philosophisch-aufklärerischer Bestimmung der politisch relevanten Bewusstseinsträger fand sich im Streit über die Interpretationshoheit der evangelischen Geschichte bereits antizipiert.

Im Gegensatz zu Feuerbach und Bauer zog Strauß jedoch nicht die Konsequenz einer vollständigen Disqualifikation der theologischen Evidenz heiliger Autoritäten, die schon bei der Hegel'schen Evidenzproduktion gegebene Ordnung von dominanter, philosophischer und unterstützender, theologischer Quelle von Evidenzerfahrungen blieb bei Strauß gewahrt: „Den inneren Kern des christlichen Glaubens weiß der Verfasser von seinen kritischen Untersuchungen völlig unabhängig. Christi übernatürliche Geburt, seine Wunder, seine Auferstehung und Himmelfahrt, bleiben ewige Wahrheiten, so sehr ihre Wirklichkeit als historischer Facta angezweifelt werden mag. Nur die Gewißheit davon kann unsrer Kritik Ruhe und Würde geben, und sie von der naturalistischen voriger Jahrhunderte unterscheiden, welche mit dem geschichtlichen Factum auch die religiöse Wahrheit umzustürzen meinte, und daher nothwendig frivol sich verhalten mußte."[8]

Mochte die Verneigung vor den christlichen „ewigen Wahrheiten" in der soeben zitierten Passage auch zum Teil der Rücksichtnahme auf die Anforderungen zensorischer Zustimmung geschuldet sein, so bleibt dennoch festzuhalten, dass die von Strauß betriebene Kritik der geläufigen biblischen Narration des Leben Jesu eine deutliche Distanznahme gegenüber den theologischen Selbstverständlichkeiten des Vormärz beinhaltete. Im Unterschied zu den in der Folge zu thematisierenden Kritiken Bauers und Feuerbachs zeigt sich jedoch auch, dass der Strauß'schen Kritik jede politische Motivation fehlte. Strauß kam zu seiner Erklärung des *Leben Jesu* allein durch ein kritisch-wissenschaftliches Erkenntnisinteresse. Insofern implizierte die

---

[7] Ebenda, S. XI/XII.
[8] Ebenda, S. XII.

Strauß'sche Kritik zwar eine Ablehnung der theologischen Bestimmung der zustandsrelevanten Bewusstseinsträger, sie erlaubte jedoch gleichzeitig die Wahrung eines Zustandes gegenseitiger Duldung zwischen philosophisch-kritischer Diskurskontrolle und monarchischer Verfasstheit des im Rahmen der Bewusstseinsbestimmung legitimierten Gesellschaftszustands. Es ist diese Situation, welche im Folgenden als die „staatstragende" Variante junghegelianischer Aufklärung bezeichnet wird – Frontstellung zur Theologie aber Vertrauen auf die Zugänglichkeit monarchischer Entscheidungsträger für die Maximen vernünftigen Regierungshandelns. Hegel'sche Philosophie und Strauß'sche Kritik des *Leben Jesu* können folglich als noch nicht politisierte Vorläufer des von den Junghegelianern wiederaufgenommenen philosophisch-aufklärerischen Diskurses im Vormärz gelten.

Für den Beginn der Politisierung einer ursprünglich innerhalb der Hegel'schen Schule geführten Debatte über den richtigen Anschluss an die Philosophie Hegels zwischen den sich konstituierenden Lagern der Alt- und Junghegelianer, bzw. der Rechts- und Linkshegelianer,[9] war der dynastische Wechsel an der Spitze des preußischen Staates im Jahre 1840 von grundlegender Bedeutung. Nach der 43 Jahre währenden Herrschaft des von den Zeitgenossen als stark reaktionär empfundenen Friedrich Wilhelm III., dessen Regentschaft nach dem Wiener Kongress 1815 und dem Ende der preußischen Reform-Ära vor allem darauf ausgerichtet war, den nicht zuletzt im Zuge der Juli-Revolution von 1830 erstarkten, liberalen Bestrebungen des aufkommenden deutschen Bürgertums die Entfaltung zu verwehren und die standesrechtliche Ordnung Preußens vor dem Korsett einer versprochenen, schriftlich zu fixierenden Konstitution zu bewahren, verbanden sich mit der Thronbesteigung Friedrich Wilhelms IV. am 7. Juni 1840 in den fortschrittlich gesinnten Kreisen große Hoffnungen.

Diese Hoffnungen nahmen ihren Ausgang nicht nur von der Person des neuen Königs, dessen zwar stark pietistisch geprägte, aber eben vorhandene Bildung ihn von dem Großteil seiner Vorgänger unterschied – so hatte Friedrich Wilhelm etwa Strauß' *Das Leben Jesu* rezipiert –, sondern vor allem von der besonderen Bedeutung des Jahres 40 in der preußischen Geschichte. Seit den Feierlichkeiten anlässlich des 100-jährigen Thronjubiläums Friedrich des Großen, *des* Sinnbildes einer von vielen ersehnten, aufgeklärten preußischen Monarchie schlechthin, waren zum Zeitpunkt

---

9 Konturiert die Unterscheidung zwischen Alt- und Junghegelianern die Differenz zwischen denjenigen Anhängern Hegels, die noch direkt bei Hegel studierten, und denjenigen, deren Bekanntschaft mit der Philosophie Hegels eine vermittelte war, so hebt die Unterscheidung zwischen Rechts- und Linkshegelianern Differenzen in der politischen Ausrichtung der Schüler Hegels hervor. Beide Kriterien sind in Bezug auf die Eindeutigkeit der Verortung der einzelnen Teilnehmer der schulinternen Debatte defizitär. Wenn in dieser Studie die Bezeichnung ‚Junghegelianer' bevorzugt wird, so zum einen aus dem Grund, dass gerade die politische Ausrichtung der behandelten Autoren im Zeitraum der Untersuchung eine vielfältige Veränderung erfährt. Zum anderen hat sich diese Bezeichnung in der Literatur weitgehend etabliert.

der Thronbesteigung Friedrich Wilhelms IV. gerade ein paar Wochen vergangen, und dieser Vergegenwärtigung der Regierungszeit des „Philosophenkönigs" kam sicher der größte Einfluss auf die geradezu eschatologische Aufladung der zeitgenössischen Erwartungen bezüglichen der neuen Regentschaft zu. Darüber hinaus markiert das Jahr 40 in der preußischen Geschichte nicht nur den Beginn der Herrschaft Friedrich des Großen – 1440 ist das Todesjahr des ersten Kurfürsten von Preußen, 1540 kennzeichnet den Beginn der Reformation in Preußen durch Joachim II. und 1640 schließlich den Beginn der Regentschaft des Großen Kurfürsten.[10] In den vergangenen vierhundert Jahren hatte das Jahr 40 also stets eine neue Epoche eingeleitet, und die Voraussetzungen, dass das Jahr 1840 die Fortsetzung dieser Tradition bedeuten würde, wurden allgemein als gegeben angesehen.

Und die ersten Handlungen des neuen, 45-jährigen Monarchen waren derart, dass diese Einschätzung nicht von vornherein als verfehlt angesehen werden musste. Galt Friedrich Wilhelm IV. lange Zeit, einem Diktum Strauß' folgend, als erzreaktionärer „Romantiker auf dem Thron",[11] so wird in der heutigen Forschung ein differenzierteres Bild des Monarchen gezeichnet.[12] Prägend für das Urteil, welches Zeitgenossen und die ersten Generationen von Historikern über die nahezu 21 Jahre währende Regentschaft fällten, war natürlich die Niederschlagung der 1848/49er Revolution,

---

10 Vgl. hierzu Wolfgang Eßbach: Die Junghegelianer. Soziologie einer Intellektuellengruppe, München 1988, S. 118/119.
11 David Friedrich Strauß: Der Romantiker auf dem Throne der Cäsaren, oder Julian der Abtrünnige, Mannheim 1847. Der tatsächliche, aktuelle Bezug dieses Vortrags blieb weder den zeitgenössischen Rezipienten, noch der Zensur verborgen.
12 Vgl. etwa Walter Bußmann: Zwischen Preußen und Deutschland. Friedrich Wilhelm IV. Eine Biographie. Berlin 1990; David E. Barclay: Anarchie und guter Wille. Friedrich Wilhelm IV. und die preußische Monarchie. Berlin 1995; Franz Herre: Friedrich Wilhelm IV. Der andere Preußenkönig. Gernsbach 2007. Allerdings kam bereits Leopold von Ranke 1874 zu einem vergleichsweise differenzierten Urteil, welches die Ambivalenz des monarchischen Handelns zu Beginn der Regentschaft treffend beschreibt, Aus dem Briefwechsel Friedrich Wilhelms IV. mit Bunsen, 2. unveränd. Aufl, Leipzig 1874, S. 79: „An der Legitimität festhaltend, faßte Friedrich Wilhelm IV. doch den Entschluß, von der ihm zustehenden unbeschränkten Gewalt einen Theil aufzugeben, jedoch nicht im Sinne der revolutionären Tendenzen, die er von Grund seiner Seele haßte. Er wollte den Repräsentativ-Verfassungen eine andere von ständischer Natur zur Seite stellen, auf Grundlagen, die er als schon vorhanden betrachtete, so daß nur eine Zusammenfassung und Vollendung derselben erforderlich sei. In dem Königthum sah er eine göttliche Institution; von Gott trage er seine Krone zu Lehen; nur Dem sei er verantwortlich. Im Namen der göttlichen Ordnung forderte er Gehorsam und Unterordnung. Die ständischen Rechte wollte er herstellen, jedoch nur insoweit, als sie die höchste Autorität nicht verletzten. Denn man möge nur um sich sehen in der Welt: von allen mächtigen Staaten sei der preußische derjenige, der am meisten auf die Führung durch Einen Willen angewiesen sei. Die höchste Gewalt ließ er auch in Beziehung auf die Kirche nicht fallen, denn durch die Ereignisse selbst seien die kirchlichen Rechte seiner Krone zugewachsen. Aber er dachte sie nach dem Vorbilde der ältesten Zeit zu organisiren; von den Ständen unabhängig sollte der kirchliche Organismus ihn umgeben, wie die ständische Verfassung selbst."

mit welcher Friedrich Wilhelm die Hoffnungen auf eine Liberalisierung Preußens, und auch Deutschlands, für die verbleibende Dauer der preußischen Monarchie erfolgreich begrub. Die im Rahmen dieser Untersuchung bedeutenden Anfangsjahre seiner Regentschaft sahen jedoch einen Regenten, dessen Handeln weit weniger eindeutig als reaktionär zu dechiffrieren war. Die mitunter unstet oder gar widersprüchlich anmutende Politik zu Beginn der 1840er Jahre, die in der Folge thematisiert werden wird und deren Bedeutung für die Entwicklung der junghegelianischen Debatte kaum zu hoch angesetzt werden kann, kann nur dann richtig bewertet werden, wenn der spezifischen Ambivalenz des Versuchs Friedrich Wilhelms Rechnung getragen wird, die überkommene ständisch-monarchische Verfasstheit Preußens mit dem Instrumentarium zeitgenössisch-modernen Regierungshandelns zu sichern. Nur vor dem Hintergrund des Bestrebens, die Gefahr eines preußischen Pendants zur Französischen Revolution durch eine allgemeine, gleichsam von unten wie von oben zu betreibende Rückbesinnung auf die von der Aufklärung infrage gestellten christlichen Werte und Tugenden zu bannen, wird nachvollziehbar, weshalb etwa der selbst streng pietistisch gläubige Monarch gegen das Votum der beratenden Minister eine Lockerung der Zensur durch setzte.[13]

Den Zeitgenossen – auch den junghegelianischen – erschloss sich dieses Programm Friedrich Wilhelms nicht ohne weiteres. Sie sahen in dem im Rahmen dynastischer Wechsel durchaus geläufigen Bemühen um einen Ausgleich zwischen der Krone und den geächteten Feinden des verstorbenen Königs, als dessen Konsequenz etwa die Göttinger Sieben rehabilitiert und Turnvater Jahn nachträglich mit dem Eisernen Kreuz ausgezeichnet wurden, vor allem Anlass zur Hoffnung, dass das seit bald 25 Jahren unerfüllte Versprechen einer preußischen Verfassung endlich Realisierung erfahren würde. Solche und ähnliche Maßnahmen des Königs, wie etwa das weihnachtliche Zensur-Edikt vom 24. Dezember 1841, in welchem die drei Zensurminister bestimmten: „Der Censor kann eine freimüthige Besprechung auch der inneren Landes-Angelegenheiten sehr wohl gestatten. ... wenn nur ihre Fassung anständig und ihre Tendenz wohlmeinend" sei,[14] sorgten dafür, dass die Euphorie des Krö-

---

[13] So auch David E. Barclay: Anarchie und guter Wille. Friedrich Wilhelm IV. und die preußische Monarchie. Berlin 1995, S. 94: „Mit seinen Reden in Königsberg und Berlin [bei den Huldigungsfesten, UP] führte Friedrich Wilhelm etwas ein, was in der preußischen Geschichte einzigartig war: Er benutzte seine ausgezeichneten rhetorischen Fähigkeiten dazu, seine Ansichten in einem öffentlichen Rahmen darzulegen und zu erklären. Frühere Herrscher hatten weder die Notwendigkeit noch die Neigung verspürt, öffentlich für den Erhalt ihrer Macht einzutreten. Sie hatte sich durch den wirkungsvollen Dienst für den Staat manifestiert und keiner Erklärung bedurft. Friedrich Wilhelm aber lebte in veränderten Zeiten. In einem revolutionären Zeitalter war effektive monarchische Macht auf die Mittel ideologischer Programme sowie propagandistischer Offensiven angewiesen. Die Zeremonien in Königsberg und Berlin stellten beides dar."

[14] Circular in Bezug auf die Handhabung der Censur an sämmtliche Königlichen Ober-Präsidien. Zitiert nach: Organ des Deutschen Buchhandels, oder Allgemeines Buchhändler-Börsenblatt, Berlin, 9. Jahrgang 1842, Nr. 4 vom 22. Januar, S. 26.

nungsjahres sich trotz der gleichfalls gegebenen, repressiven Maßnahmen bis weit in das Jahr 1842 erhalten konnte. Das zwiespältige Bild, welches der Monarch in diesen frühen Jahren seiner Regentschaft abgab, erlaubte es den Zeitgenossen, je nach Wahl des Fokus' der Aufmerksamkeit, die Entwicklung als zunehmende Liberalisierung oder als verstärkende Reaktion zu deuten. Es war vor diesem Hintergrund keineswegs ausgeschlossen, dass der König, der seine Untertanen explizit zur Beteiligung an der „Besprechung vaterländischer Angelegenheiten" aufgefordert hatte, diesen Besprechungen auch sein Ohr leihen würde.

Die Aussicht auf eine mögliche Überzeugung desjenigen Mannes, welchem der größte Einfluss auf die Entwicklung Preußens – und zusehends auch eines erhofften vereinigten Deutschlands – eignete, der also den von junghegelianischer Seite als vernünftig erwiesenen Remedien der preußischen Situation kraft seines Willens zur Anwendung verhelfen konnte, spricht aus vielen der im Zeitraum bis 1842 verfassten Texte.[15] Es wäre verfehlt, die in diesen frühen Texten gegebene Konzentration der Kritik auf die Theologie und den Verzicht auf eine Kritik der Staatsgewalt einzig als Konzession an die Notwendigkeiten zensorisch diszipliniertem Publizierens zu deuten. Die den dynastischen Übergang begleitende Vergegenwärtigung der Regentschaft Friedrich des Großen, die aus der Vergangenheit gespeiste Auflandung des Jahres 40 und die durchaus fortschrittlich zu wertenden Ansätze zu einer stärkeren Berücksichtigung der Interessen des Volkes ließen eine den Maßstäben aufgeklärten Regierungshandelns folgende Regentschaft nicht nur als zu vernachlässigende Möglichkeit erscheinen. Die zusehends schwerer zu leugnende Enttäuschung dieser Erwartung im Laufe des Jahres 1842 trug dann maßgeblich zur Radikalisierung der junghegelianischen Aufklärung bei und führte nicht zuletzt zur Fokussierung der junghegelianischen Hoffnungen auf das Volk als dem entscheidenden Akteur gesellschaftlicher Veränderungen in Preußen.

Auf die Ambivalenz zwischen reaktionärer Ausrichtung und fortschrittlicher Methodik der monarchischen Politik zu Beginn der 1840er Jahre wurde bereits hingewiesen. Doch Friedrich Wilhelm IV. war nicht nur Gegner der junghegelianischen Bemühungen um eine liberalisierende Veränderung der preußischen Verhältnisse; die spezifische Ambivalenz seiner Politik rührt vielmehr aus dem Sachverhalt, dass er den junghegelianischen aufklärerischen Versuchen einer Überzeugung des Volkes als Konkurrent gegenüber trat. Denn die Intention Friedrich Wilhelms, eine sakrale Tradition des preußischen Königtums zu begründen, das eine solche im Gegensatz zu anderen europäischen Monarchien in der Vergangenheit kaum ausgeprägt hatte[16]

---

15 Vgl. den folgenden Abschnitt.
16 David E. Barclay: Anarchie und guter Wille. Friedrich Wilhelm IV. und die preußische Monarchie. Berlin 1995, S. 89: „Im Gegensatz zu vielen westeuropäischen Staaten gab es in der preußischen Monarchie vergleichsweise wenig Elemente einer sakralen Tradition. Friedrich Wilhelm brach daher mit den eigentlichen Traditionen seines Staates, indem er sich auf das, was er für älteres deutsches Herkommen hielt, besann, um sein monarchisches Projekt zu legitimieren; ein Projekt, das tief in seiner

und das darüber hinaus seit dem Gewinn des katholischen Rheinlandes im Zuge der Neuordnung Europas auf dem Wiener Kongress von 1815 einer der wenigen multikonfessionellen Staaten Europas war, implizierte eine kaum weniger tiefgreifende Veränderung der preußischen Verhältnisse als die von den Junghegelianern erhoffte Liberalisierung. Die sakrale (Re-)Fundierung der preußischen Monarchie und die gleichfalls projektierte Reorganisation der preußischen Landeskirchen nach dem Vorbild eines vermeintlichen Urchristentums[17] hatten neben der unzweifelhaft gegebenen persönlich-religiösen Komponente darüber hinaus zum Ziel, das preußische Volk gegen die Versuchungen revolutionärer Demagogie zu immunisieren und die überkommene „organische" Gliederung des preußischen Volkes gegen reformerische und liberale Kräfte zu sichern.[18] Dieses umfangreiche Reformprogramm musste zwangsläufig auf Widerstand, nicht zuletzt von Seiten der preußischen Landeskirchen stoßen und überstieg selbst die Machtvollkommenheit des preußischen Regenten. Friedrich Wilhelm brauchte Bundesgenossen.

Von besonderer Bedeutung ist in diesem Zusammenhang der Sachverhalt, dass Friedrich Wilhelm auf seinen beiden Huldigungsfeiern in der traditionellen Krönungsstadt Königsberg am 29. August und in Berlin am 15. Oktober 1840 als erster preußischer Regent „Volksreden" hielt. Die direkte Adressierung der Untertanen, der in Berlin nach zeitgenössischen Berichten 50 000 bis 60 000 Menschen beiwohnten, durch einen Monarchen, dessen Rhetorik „üppig, gewandt, schwungvoll, anregend" sei (Karl August Varnhagen von Ense), war ein absolutes Novum preußischer Herrschaftspraxis und zeigt, dass die lange Zeit als Kennzeichen revolutionärer Demagogie erachteten, propagandistischen Maßnahmen nunmehr Einzug in das Repertoire der Reaktion gehalten hatten. Auf die Konsequenzen dieser gleichermaßen auf Seiten der junghegelianischen Aufklärer wie der preußischen Führung gegebenen Inten-

---

eigenen Persönlichkeit verankert lag, und das ihm der einzig gangbare Weg schien, wenn er den Herausforderungen der Revolution trotzen und die Monarchie und Gesellschaft in Preußen erneuern wollte." Vgl. ebenda, S. 94.

17 Vgl. etwa einen Brief aus dem Frühjahr 1840, den Friedrich Wilhelm IV. an Christian Carl Josias Bunsen schrieb, Leopold von Ranke: Aus dem Briefwechsel Friedrich Wilhelms IV. mit Bunsen, 2. unveränd. Aufl, Leipzig 1874, S. 40: „Der Fürst, zum Bewußtseyn des Zustandes der Kirche und ihres Verhältnisses gelangt, würde feierlich erklären: Sein oberbischöfliches Verhältniß, dermalen unbezweifelt *Rechtens* drücke sein Gewissen, weil es noch unbezweifelter unkirchlich und unchristlich sei. Noch mehr aber würde es sein Gewissen, seine Durchdrungenheit von den Pflichten des Königlichen Amtes verletzen, wenn er den, immer bedenklichen Weg der Neuerung, des Rüttelns am Bestehenden betrete, ehe er wisse, an welches Machwerk er seine juristisch-legitime Kirchen-Gewalt abtreten könne. Er sey fest entschlossen, nach reiflicher Ueberlegung, Rücksprache und Erwägen sie *allein* an eine Kirche abzutreten, die sich gleichsam auf kirchenhistorischem Wege regenerire, d. h. *die reine Verfassung der primitiven Kirche auf die Zustände des christlichen Staates* des XIX. Jahrhunderts anwendend, sich wie die Urkirche *Stein für Stein* baue."
18 Walter Bußmann: Zwischen Preußen und Deutschland. Friedrich Wilhelm IV. Eine Biographie, a. a. O., S. 94 u. 112.

tion, das Volk vermittelst diskursiver Einsätze zu überzeugten Anhängern einer angestrebten Veränderung der überkommenen Verhältnisse zu machen, wird im folgenden Abschnitt noch einzugehen sein.

Es bleibt an dieser Stelle jedoch festzuhalten, dass Friedrich Wilhelm einer ähnlichen Täuschung unterlag wie diejenigen Protagonisten der junghegelianischen Aufklärung, welche ihre Hoffnungen auf eine Überzeugung der monarchischen Macht von der Vorteilhaftigkeit vernünftigen Regierungshandelns gesetzt hatten. Die direkte Adressierung der preußischen Untertanen, die beabsichtigte stärkere Berücksichtigung der Interessen des Volkes und die Erleichterung der öffentlichen Diskussion auch staatsrelevanter Gegenstände durch Lockerung der Zensurbestimmungen hatten keineswegs zum Ziel, den Einfluss von bisher im obrigkeitlichen Meinungsbildungsprozess unterrepräsentierten Bevölkerungsgruppen zu stärken. Die im weihnachtlichen Zensur-Edikt von 1841 gebrauchte Formulierung, *„insofern sie wohlmeinend und anständig sei"*, war durchaus ernst gemeint. Friedrich Wilhelm erwartete, dass die eröffneten Freiräume im Sinne des von ihm verfolgten Reformprogramms genutzt würden. Den eigensinnigen Gebrauch, welchen die preußische Bevölkerung von diesen Freiräumen tätigte, empfand Friedrich Wilhelm als Zeichen mangelnder Dankbarkeit von Seiten seiner Untertanen. Weit davon entfernt, zu Bundesgenossen seiner angestrebten Rechristianisierung der preußischen Gesellschaft zu werden, entschied sich ein bedeutender Teil der Untertanen stattdessen, die Formulierung eigener Interessen zu forcieren. Je stärker der Monarch dieses Sachverhalts gewahr wurde, umso mehr verschob sich das ehemalige Gleichgewicht zwischen Öffnung und Repression zugunsten der letzteren.

Dabei waren Akte der Repression und des Einhegens der Entfaltungsmöglichkeiten dissidenter Willensbekundungen, wie bereits angeklungen, von Beginn der Regentschaft an Teil der Regierungspraxis Friedrich Wilhelm IV. Schon die am 8. Oktober 1840 nach zweijähriger Vakanz erfolgte Ernennung Johann Albrecht Friedrich Eichhorns, genannt „la bête noire de Metternich", zum Nachfolger des als Förderer der Hegel'schen Schule hervorgetretenen Kultusministers Altenstein und die Berufung des Hegel-Gegners Friedrich Wilhelm Joseph Schelling an die Universität von Berlin, einer der preußischen Hochburgen der Hegel'schen Philosophie, mussten die auf Aufnahme in den preußischen Staatsdienst hoffenden Junghegelianer alarmieren. In der eingangs geschilderten Auseinandersetzung zwischen institutionalisierter Theologie und konkurrierender Hegel'scher, theologisierter Philosophie verschoben sich die Kräfte unter dem pietistischen Regenten eindeutig zum Vorteil der ersteren. Friedrich Wilhelm IV. war alles andere als der Meinung, die Festigung und Stärkung des christlichen Bewusstseins bedürfe eines philosophischen Komplements, und hielt die christliche Glaubensbotschaft für ausreichend überzeugend, die Legitimationslast der überkommenen ständischen Ordnung zu tragen.

Die königliche Aversion gegenüber philosophischer Kritik fand einen weiteren Ausdruck in einer Kabinettsorder vom 11. März 1841, welche dem Erscheinen der von Theodor Echtermeyer und Arnold Ruge herausgegebenen *Hallischen Jahrbücher für*

Wissenschaft und Kunst, dem zentralen Publikationsorgan der fortschrittlichen Richtung der an Hegel orientierten Philosophie, ein Ende setzte. Zwar gelang es den beiden Herausgebern, das verbotene Organ als *Deutsche Jahrbücher für Wissenschaft und Kunst (DJb)* im zensorisch toleranteren Leipzig weiterzuführen, die besondere Affinität zwischen preußischem Staat und Hegel'scher Philosophie gehörte, wie diese Vertreibung zeigt, jedoch eindeutig der Vergangenheit an. Schon allein aus diesen obrigkeitlichen Akten wird deutlich, dass die „mildere Handhabung der bestehenden Zensurverfügungen", zu welcher Friedrich Wilhelm seine Minister in dem weihnachtlichen Zensur-Edikt von 1841 ermahnte, keineswegs inhaltlich neutral war.[19]

Es mag überraschen, dass trotz dieses raueren Fahrwassers, in welches die philosophische Publizistik im Jahre 1841 geriet, die überwältigende Mehrzahl der in diesem Zeitraum veröffentlichten Beiträge der Protagonisten der junghegelianischen Debatte sich gegen einen radikalen Umsturz der preußischen gesellschaftlichen Verhältnisse aussprechen.[20] Bevor die Ereignisse beleuchtet werden, welche dann tatsächlich zur Radikalisierung der junghegelianischen Debatte führten, muss das Kuriosum thematisiert werden, welches die 15-monatige Existenz der *Rheinischen Zeitung für Politik, Handel und Gewerbe (RhZ)* im vormärzlichen Preußen darstellt. Diese unzweifelhaft radikalste der innerhalb Preußens erscheinenden Zeitungen, an welcher nahezu alle junghegelianischen Autoren mit Beiträgen beteiligt waren – und während des letzten halben Jahres ihres Erscheinens ein im Rahmen dieser Untersuchung nicht ganz unbedeutender 24-Jähriger sogar mit der Redaktion[21] –, verdankte ihr Entstehen und die erstaunliche Dauer ihres Bestehens dem Umstand, dass die im Rheinland dominierende *Kölnische Zeitung* als Organ der katholischen Opposition in den „Kirchenwirren" gedient hatte. Ausgehend von der Hoffnung, das Meinungsmonopol dieses, die Zugehörigkeit zum ehedem rein protestantischen Preußen nicht wirklich schätzenden Blattes zu brechen, wurde die politisch-radikale Tendenz der *RhZ* trotz des wiederholt von Seiten Friedrich Wilhelm IV. geäußerten Missfallens toleriert und geduldet.[22] Als glücklich für den Bestand der *RhZ* erwies sich darüber hin-

---

19 Gustav Mayer: Die Anfänge des politischen Radikalismus im vormärzlichen Preußen, a. a. O., S. 17.
20 Eine allgemeine Zurückhaltung auf Seiten der Junghegelianer in der Erwartung einer Revolution bekundet auch Wolfgang Eßbach: Die Junghegelianer, a. a. O., S. 32/33. Vgl. zu dieser Frage den folgenden Abschnitt.
21 Vgl. dazu unten, Kapitel 2, Abschnitt 1.
22 In der Antwort der drei Zensurminister auf die Bitte um Genehmigung des Erscheinens der *RhZ* wurde die Vorteilhaftigkeit einer zweiten Kölner Zeitung explizit betont: „als in der einseitigen Richtung der bei DuMont-Schauberg erscheinenden Kölnischen Zeitung nicht unbedeutende Motive liegen, andere Ansichten von der Publizität nicht ganz auszuschließen" (Joseph Hansen (Hrsg.): Rheinische Briefe und Akten zur Geschichte der politischen Bewegung 1830-1850, Bd. 1 (1830-1845), Essen 1919, S. 320, Anm. 2 [Im Folgenden zitiert als RBA]). Vgl. auch Wilhelm Klutentreter: Die Rheinische Zeitung von 1842/43 in der politischen und geistigen Bewegung des Vormärz, 1. Teil, Dortmund 1966, S. 120. Die Einschätzung, dass sich die Existenz der *RhZ* der Hoffnung verdanke, mit ihr im Rheinland

aus, dass die Finanzierung auf Aktienbasis vom radikaler Umtriebe eher unverdächtigen, Kölner Wirtschaftsbürgertum übernommen wurde.

Wie dem auch sei, die *RhZ* bot den bislang vorrangig abstrakte Fragen philosophischer Provenienz behandelnden, junghegelianischen Autoren die kaum gekannte Möglichkeit, sich zu tagespolitischen Ereignissen zu äußern, ohne dazu auf auswärtige Organe wie etwa die *Leipziger Allgemeine Zeitung (LAZ)* zurückzugreifen. Nicht zuletzt Marx hat in seiner autobiographischen Skizze von 1859 festgestellt: „Im Jahr 1842-43, als Redakteur der ‚Rheinischen Zeitung', kam ich zuerst in die Verlegenheit über sogenannte materielle Interessen mitsprechen zu müssen."[23]

Neben dieser über den Gegenstand der publizistischen Tätigkeit motivierten Radikalisierung waren zentral für die endgültige Entfremdung von junghegelianischer Aufklärung und preußischem Staat die Ereignisse um die Entfernung Bruno Bauers aus der theologischen Fakultät der Universität Bonn im März 1842. Da die näheren Umstände dieser Ereignisse im Rahmen der Darstellung des Bauer'schen Versuchs einer Wiederbelebung des klassisch-aufklärerischen Diskurses ihre Behandlung erfahren, seien an dieser Stelle nur einige knappe Bemerkungen angeführt. Die von Bauer im Zeitraum 1841-42 verfasste, dreibändige *Kritik der evangelischen Geschichte der Synoptiker* ließ den schon seit einiger Zeit schwelenden Konflikt zwischen nachhegelscher Philosophie und universitär verankerter Theologie endgültig eskalieren. Die von Bauer in Abgrenzung zur eigentlich Hegel'schen Position vorgenommene Einordnung der christlichen Religion in den die Weltgeschichte bestimmenden Prozess der Verwirklichung des Selbstbewusstseins ging von der Anwendung der in der Untersuchung von Profanschriftstellern entwickelten, historisch-kritischen Methode auf die zentralen Quellen des christlichen Glaubensbekenntnisses aus und bedeutete *de facto* die vollständige Unterwerfung der biblischen Geschichte und ihrer theologisch kontrollierten Auslegung unter die Interpretationshoheit einer historisch-kritisch argumentierenden Philosophie. Die Tatsache, dass diese Position von einem Mitglied der theologischen Fakultät formuliert wurde, zu dessen Aufgaben nicht zuletzt die Ausbildung angehender Pfarrer gehörte, führte zu einem Sturm der Entrüstung innerhalb der preußischen theologischen Fakultäten.

In einem von der Regierung in Auftrag gegebenen Gutachten, welches über die Frage eines Verbleibs oder Ausschlusses Bauers aus der theologischen Fakultät zu befinden hatte, bezogen die evangelisch-theologischen Fakultäten der preußischen Universitäten Stellung. Bis auf einige wenige Sondervoten, unter welchen vor allem

---

ein publizistisches Gegengewicht zur (damals) stark katholisch gefärbten *Kölnischen Zeitung* zu schaffen, wird auch vom Konfidenten Ebner in seinem Bericht vom April 1842 geäußert, Hans Adler (Hrsg.): Literarische Geheimberichte. Protokolle der Metternich-Agenten, 1. Bd. (1840-1843), Köln 1977, S. 140 [Im Folgenden zitiert als Adler]: „Preußens Regierung wollte durch diese von philosophischen, freisinnigen Prinzipien getragene Zeitung [die *RhZ*, UP] dem Katholizismus ein Gegengewicht geben, ..."

23 Karl Marx: Zur Kritik der Politischen Ökonomie. Erstes Heft, Berlin 1859, MEGA² II/2, S. 99.

das Votum Philipp Konrad Marheinekes, bei dem Bauer in Berlin studiert hatte, mit dem Vorschlag einer Versetzung in die philosophische Fakultät herausstach, waren sich die Fakultäten darin einig, dass Bauer die *licentia docendi* der Bonner Universität zu entziehen sei.[24] Auf die vollständige Veröffentlichung dieser Voten reagierte Bauer mit seiner berühmten Verteidigungsschrift *Die gute Sache der Freiheit und meine eigene Angelegenheit*.[25] Bauer, der nun wie das Gros der anderen Junghegelianer zur Aufnahme einer freien schriftstellerischen Tätigkeit gezwungen war, wurde in der Folge zu einem der profiliertesten Beschleuniger der Radikalisierung der junghegelianischen Aufklärung.

Mit der eindeutigen Positionierung der preußischen Staatsgewalt zugunsten der evangelischen Theologie fand auch die unter den Junghegelianern einige Zeit gehegte Hoffnung auf eine Verständigung mit der Staatsgewalt ein endgültiges Ende. Gleichzeitig stieg jedoch die Erwartung, dass sich das preußische Volk in einem zuspitzenden Konflikt zwischen monarchischer Herrschaft sowie der diese legitimierenden Theologie und der philosophischen Kritik auf Seiten der letzteren positionieren würde. Mit anderen Worten, der Zustand Preußens in der zweiten Jahreshälfte 1842 wurde als demjenigen Frankreichs am Vorabend der Revolution vergleichbar angesehen. Nachdem das Modell einer aufgeklärten Monarchie nach dem Vorbild Friedrich des Großen Schiffbruch erlitten hatte, konnte die junghegelianische Aufklärung insofern vergleichsweise einfach auf ein anderes Modell gesellschaftlicher Veränderung umschwenken.[26] Und dies umso leichter, als die Ende 1841 begonnene Lockerung der Zensurbestimmungen noch bestand.

Vor dem Hintergrund des vollständigen Verlusts aller Aussichten auf eine Aufnahme in den Staatsdienst verringerten sich außerdem die Notwendigkeiten eventueller Zurückhaltung in den publizistischen Äußerungen und entwickelte sich unter den vom finanziell honorierten Absatz ihrer Schriften zunehmend abhängigen Junghegelianern eine die Radikalisierung weiter forcierende Dynamik. Es ist zu diesem Zeitpunkt, dass die Position des radikalsten Kritikers der bestehenden Verhältnisse nicht nur aus Gründen inhaltlicher Konsequenz lukrativ wurde. Sei es Bruno Bauer in seinen Hegel für die junghegelianische Sache vereinnahmenden Schriften, Edgar Bauer in seiner ihm eine mehrjährige Haft bescherenden Streitschrift *Der Streit der*

---

24 Gutachten der Evangelisch-theologischen Facultäten der Königlich Preußischen Universitäten über den Licentiaten Bruno Bauer in Beziehung auf dessen Kritik der evangelischen Geschichte der Synoptiker. Im Auftrage des vorgesetzten Hohen Ministeriums herausgegeben von der Evangelisch-theologischen Facultät der Rheinischen Friedrich-Wilhelms-Universität, Berlin 1842.
25 Bruno Bauer: Die gute Sache der Freiheit und meine eigene Angelegenheit, Zürich u. Winterthur 1842.
26 Vgl. etwa Friedrich Engels/Edgar Bauer: Die frech bedräute, jedoch wunderbar befreite Bibel. Oder: Der Triumph des Glaubens, MEGA² I/3, Berlin 1985, S. 387–422. In dieser Schrift nahmen Engels und Bauer eine Identifizierung der Protagonisten der junghegelianischen Aufklärung mit den bekanntesten Personen der Französischen Revolution vor.

Kritik mit Kirche und Staat[27] oder Marx als Redakteur der auf ihr absehbares Verbot zusteuernden und daher von zensorischer Rücksichtnahme Abstand nehmenden *RhZ*, die Tendenz zur Radikalität war allgemein vorhanden. Ihren vorläufigen Höhepunkt erreichte diese Dynamik mit einem Ereignis, welches gleichzeitig das Ende der Gemeinsamkeit junghegelianischen Strebens für eine Veränderung der gesellschaftlichen Verhältnisse einläutete. Im November 1842 kam es in Berlin zu einer Auseinandersetzung zwischen Bruno Bauer und Ruge, in deren Folge sich die ehedem weitgehend vereint streitende junghegelianische Aufklärung in ein Bauer- und ein Feuerbach-Lager (Ruge war enger Vertrauter des hauptsächlich in den vom ihm herausgegebenen *Jahrbüchern* publizierenden Feuerbach) teilen sollte.[28] Anlass für diese Spaltung war bezeichnenderweise die Frage, wie weit die Radikalisierung getrieben werden sollte. Bauer war nach dem Verlust seiner universitären Position zu keiner wie auch immer gearteten Rücksichtnahme bereit, Ruge hingegen hoffte noch auf Rettung der *DJb* und plädierte daher für eine Mäßigung der veröffentlichten Kritik. Die Entscheidung, in Zukunft auf getrennten Bahnen zu streiten, kam zu einem Zeitpunkt, an welchem sich eine Erschütterung der Koordinaten der bisher behandelten Versuche einer Veränderung der preußischen Verhältnisse abzuzeichnen begann, deren Verarbeitung nicht zuletzt die von Stirner sowie Marx und Engels konzipierten Ansätze der Weiterentwicklung des klassisch-aufklärerischen Diskurses entscheidend beeinflussen sollte.

Für ein Verständnis dieser Erschütterung muss aber zunächst dasjenige Modell gesellschaftlicher Veränderung behandelt werden, welches aus der Analyse der Französischen Revolution gewonnen wurde und von welchem alle drei bisher dargestellten Versuche einer Veränderung der preußischen gesellschaftlichen Verhältnisse ihren Ausgang nahmen. Sei es nun der Versuch der „staatstragenden" Variante der junghegelianischen Aufklärung, den Einfluss der theologischen Kontrolle des Bewusstseins zurückzudrängen und die monarchische Gewalt davon zu überzeugen, ihr Handeln nach Maßgabe der von den Philosophen verkörperten Vernunft zu gestalten; sei es der Versuch Friedrich Wilhelms, durch „Volksreden" und Ermutigung zu „wohlmeinender Besprechung vaterländischer Angelegenheiten" Anhänger für seine am Urchristentum orientierte Rechristianisierung der preußischen Gesellschaft zu gewinnen; oder sei es der Versuch der radikalisierten Junghegelianer, das Volk von der Notwendigkeit einer revolutionären Erhebung gegen Kirche und Staat zu überzeugen: sie alle konzipierten die Veränderung gesellschaftlicher Verhältnisse als Konsequenz einer Bewusstseinsänderung auf Seiten zu überzeugender Adressaten diskursiver Einsätze – der erfolgten Veränderung, welche die Französische Revolution darstellt, und der ersehnten Veränderung, welche Preußen erfahren sollte. Dieses

---

27 Edgar Bauer: Der Streit der Kritik mit Kirche und Staat, Charlottenburg 1843. Zur Haft Bauers siehe Wolfgang Eßbach: Die Junghegelianer, a. a. O., S. 71.
28 Siehe unten, Kapitel 2, Abschnitt 2.

bewusstseinszentrierte Modell gesellschaftlicher Veränderung wird im nun folgenden Abschnitt vorgestellt.

1.2 Das bewusstseinszentrierte Modell gesellschaftlicher Veränderung

Es braucht wohl kaum betont zu werden, dass die Französische Revolution von 1789 für die Zeitgenossen gleich welcher politischen Verortung *das* zentrale Ereignis darstellt, von welchem alle Bemühungen um ein Verständnis sowohl der jüngeren Vergangenheit als auch der Gegenwart ihren Ausgang nehmen mussten. Die Französische Revolution stellte für die Zeitgenossen dabei den paradigmatischen Fall eines Sieges der der Aufklärung zugrundeliegenden philosophischen Evidenz gelingender Begriffsentwicklung in der Auseinandersetzung zwischen theologischer und philosophischer Bestimmung des Bewusstseins dar. So wurde dieses zum Beginn der junghegelianischen Debatte bereits 50 Jahre zurückliegende Ereignis von den aufklärerischen Junghegelianern als eindeutiger Beweis der prinzipiellen Überlegenheit der philosophischen Evidenz gelingender Begriffsentwicklung gedeutet, von den Gegnern zumindest als Exempel der verführerischen Macht des Rekurses auf philosophische Evidenzerfahrungen. Zugrunde lag beiden Interpretationen ein Modell gesellschaftlicher Veränderung, welches das Bewusstsein als zentrales Schlachtfeld der Auseinandersetzung um Bewahrung oder Veränderung des Bestehenden bestimmt. So wurde der Umsturz der bestehenden Verhältnisse im Zuge der Französischen Revolution als Folge der antichristlichen Aufklärung von Autoren wie Voltaire, Rousseau u. a. gesehen.

Bruno Bauer brachte dieses Verständnis in eindrucksvoller Form zum Ausdruck, als er, als Teil des Versuchs, Hegel für die junghegelianische Sache zu vereinnahmen, letzterem unterstellte, eine Blaupause für eine deutsche revolutionäre Erhebung zu entwerfen. So heißt es in der Schrift *Hegel's Haß gegen die heilige Geschichte und die göttliche Kunst der heiligen Geschichtsschreibung*:

> Er [Hegel, UP] beneidet die französische Nation um ‚das Blutbad ihrer Revolution', durch welches sie, ‚von vielen Einrichtungen befreit worden, über die der Menschengeist als über Kinderschuhe hinaus war und die darum auf ihr, *wie noch auf den andern*, als geistlose Fesseln lasteten'. Auf dem deutschen Volke, meint er, lasten noch diese geistlosen Fesseln und alle Hebel müssen in Bewegung gesetzt werden, um ihm die Last abzunehmen. ‚Vaterland aber, Fürsten, Verfassung u. dergl. scheinen nicht die Hebel zu seyn, um das deutsche Volk empor zu bringen; es ist die Frage, *was erfolgte, wenn die Religion berührt würde*. **Ohne Zweifel wäre Nichts so sehr zu fürchten als dieß.** Die Führer sind vom Volk getrennt, beide verstehen sich nicht und was die Ersteren zu leisten wissen, hat diese Zeit ziemlich gelehrt.' Das also war seine Absicht, die er mit so außerordentlicher Consequenz und Energie zeitlebens verfolgt hat? Am Puncte der Religion wollte er die Deutschen ergreifen, um sie dem ‚Blutbade der Revolution' entgegen zu führen? Das Mittel ist so schrecklich wie der Zweck. Er dachte wie die französischen Atheisten, die auch nicht damit anfingen, daß sie geradezu die bestehenden Regierungsformen angriffen

und, wie es ein gründlicher Feind von ihnen ausdrückt, die Religion als das erste Schlachtopfer ihrer Hasses sich erwählten, um nach deren Vernichtung den Thron um so gewisser zu stürzen. Mit Neid hatte er die Erklärung des französischen Volkes gelesen, daß ‚Voltaire der erste Urheber jener großen Revolution war, die Europa in Schrecken gesetzt hat, daß Voltaire die schrecklichste Schutzwehr des Despotismus, die religiöse Macht gestürzt hat und daß, wenn er das Joch der Religion nicht zerbrochen hätte, es unmöglich gewesen wäre, das Joch der Tyrannen zu zerbrechen'. Er hätte auch gern ‚den glücklichen Augenblick' erleben mögen, wo er rufen konnte wie Lamettrie: ‚die Philosophie triumphirt'. Darum wollte er die Religion stürzen und war ihm kein Mittel zu schlecht, um diesen Sturz zu beschleunigen. Er hat aber jenen ‚glücklichen Augenblick' nicht erlebt und damit seine Absicht gründlich vereitelt werde, ist es die Pflicht eines jeden Wohlgesinnten, seine schmutzigen Angriffe auf die Religion, dieses theuerste Gut der deutschen Nation zurückzuweisen."[29]

In dieser reichhaltigen Passage sind sämtliche grundlegenden Elemente des aus der Diagnose der Französischen Revolution gewonnenen, bewusstseinszentrierten Modells gesellschaftlicher Veränderung enthalten: Den französischen Aufklärern als Produzenten philosophischer Evidenzerfahrungen (allen voran Voltaire) gelang es im Frankreich des 18. Jahrhunderts, das Volk als zustandsrelevanten Bewusstseinsträger von der „Unwahrheit" der Religion zu überzeugen. Zustandsrelevant ist das Bewusstsein des Volkes, da, wie die Französische Revolution gezeigt hat und wie Bauer für die zeitgenössischen deutschen Verhältnisse extrapoliert, das Ende der religiösen Bestimmtheit dieses Bewusstseins auch zwangsläufig das Ende der monarchischen Bestimmtheit des gesellschaftlichen Zustands nach sich zieht. Der Weg zur radikalen Veränderung des gesellschaftlichen Zustands führt dieser Diagnose zufolge über den Umweg einer philosophischen Aufklärung, wobei die eigentliche Überzeugungsleistung als einfache Konfrontation der religiös bestimmten Bewusstseinsträger mit den philosophischen Wahrheiten der Aufklärung konzipiert wird. Die Macht der letzteren, so bezeugt diesem Modell zufolge die Französische Revolution, sei so überwältigend, dass die Weigerung ihrer Übernahme nur Konsequenz einer eingeschränkten Funktion des Erkenntnisvermögens sein kann oder, noch gravierender, wider besseren Wissens aus Eigennutz erfolgen muss. Die Junghegelianer begriffen den Prozess der Veränderung der gesellschaftlichen Verhältnisse insofern als eine Frage der Über-

---

[29] [Bruno Bauer:] Hegel's Haß gegen die heilige Geschichte und die göttliche Kunst der heiligen Geschichtsschreibung, [gemeinsam veröffentlicht mit: Hegel's Lehre von der Religion und Kunst von dem Standpuncte des Glaubens aus beurtheilt] Leipzig 1842, S. 69/70. Die von Bauer angeführten Zitate stammen aus Hegels *Vermischten Schriften*, Bd. 2, und aus Barruels *Historie du Jacobinisme*. Vgl. auch [Ludwig Buhl:] Die Noth der Kirche und die christliche Sonntagsfeier. Ein Wort des Ernstes an die Frivolität der Zeit, Berlin 1842, S. 22: „Die Erfahrung aller Zeiten zeigt uns aber, daß, wo das weltliche Regiment gestürzt wurde, zuerst die Säulen der Kirche untergraben worden waren. Brauchen wir ein anderes Beispiel, als das der Französischen Revolution, die nicht eher möglich geworden war, als bis der frechste Atheismus und die empörendste Gotteslästerung die Achtung vor der Religion erschüttert hatten?"

zeugung Noch-nicht-Aufgeklärter, die im Zustand der Aufgeklärtheit den bestehenden Verhältnissen ein Ende bereiten würden.

Als Elemente des bewusstseinszentrierten Modells gesellschaftlicher Veränderung können so zum einen die zustandsrelevanten Bewusstseinsträger und zum anderen die Produzenten religiöser und philosophischer Evidenz als das Bewusstsein des zustandsrelevanten Bewusstseinsträgers bestimmende Instanzen festgehalten werden. Wenn diese Darstellung etwas erweitert wird, so ergibt sich, dass die bis zur Mitte des 18. Jahrhunderts stabile Konfiguration der Elemente des bewusstseinszentrierten Modells gesellschaftlicher Veränderung nur die Bestimmung der zustandsrelevanten Bewusstseinsträger durch Produzenten religiöser Evidenzerfahrungen kannte. Mit den philosophischen Aufklärern erhoben dann erstmals Konkurrenten Anspruch auf die Bestimmung des Bewusstseins. Dass die von ihnen praktizierte Weise der Bewusstseinsbestimmung der religiösen überlegen war – bzw. ist –, davon zeugte eben die Französische Revolution.

Eine zusätzliche Erweiterung der bisher auf die französische Entwicklung hin konzipierten Elemente des bewusstseinszentrierten Modells gesellschaftlicher Veränderung um einen weiteren zustandsrelevanten Bewusstseinsträger erlaubt darüber hinaus auch die preußische Entwicklung des 18. Jahrhunderts in das Vokabular des bewusstseinszentrierten Modells gesellschaftlicher Veränderung zu übersetzen. Es ist dies natürlich die Figur des Monarchen, oder besser der für das Regierungshandeln innerhalb einer monarchisch strukturierten Gesellschaft relevanten Entscheidungsträger (König und Beamtenschaft), denn in ähnlicher Weise, wie das französische Volk für die Veränderung der französischen Zustände verantwortlich zeichnete, zeichnete in Preußen Friedrich II., mit dessen Namen sich ein aufgeklärter Absolutismus verbindet, verantwortlich für die Veränderung der gesellschaftlichen Verhältnisse. Auch letzterer legte in seinem Handeln ein in gewissem Grade philosophisch bestimmtes Bewusstsein an den Tag (und auch sein Bewusstsein wurde besonders erfolgreich durch Voltaire bestimmt). Die im Vergleich zur Französischen Revolution wesentlich unblutigere Veränderung der preußischen Verhältnisse ließ die Konzentration der Aufklärungsversuche auf diesen Typ zustandsrelevanter Bewusstseinsträger dabei vielen Zeitgenossen als vorteilhafter erscheinen. Zusammenfassend kann von drei verschiedenen Konfigurationen der Elemente des bewusstseinszentrierten Modells gesellschaftlicher Veränderung gesprochen werden: der stabilen, innerhalb derer die zustandsrelevanten Bewusstseinsträger religiös bestimmt werden, der preußischen, innerhalb derer die monarchischen, zustandsrelevanten Bewusstseinsträger philosophisch bestimmt werden, und der französischen, innerhalb derer das Bewusstsein des Volks als zustandsrelevantem Bewusstseinsträger philosophisch bestimmt wird.

Dies sind die wesentlichen Elemente, um die drei im ersten Abschnitt geschilderten Versuche einer Veränderung der gesellschaftlichen Verhältnisse im vormärzlichen Preußen im Vokabular des bewusstseinszentrierten Modells gesellschaftlicher Veränderung abzubilden. Die als „staatstragend" bezeichnete Variante der junghegelianischen Aufklärung zielte auf die Aufklärung des neuen Monarchen und der preußischen Beamtenschaft als der für die Veränderung der gesellschaftlichen Verhältnisse relevanten Bewusstseinsträger. Die Konzentration der philosophisch-kritischen Angriffe auf die evangelisch-theologische Bestimmung des königlichen Bewusstseins ging davon aus, dass sich das Beispiel des unlängst memorierten Friedrich des Großen auch im Preußen des Jahres 1840 wiederholen ließe. Zu dieser preußischen Konfiguration gehören etwa das „Meinem Freunde Karl Heinrich Marx aus Trier" gewidmete Werk Carl Friedrich Köppens, *Friedrich der Grosse und seine Widersacher*, und Karl Riedels *Staat und Kirche*.[30]

Der im Zuge der geschilderten Radikalisierung der junghegelianischen Aufklärung vorgenommene Wechsel des aufzuklärenden Bewusstseinsträgers und die Erklärung der monarchischen Verfasstheit des Staates zum Gegenstand der Kritik lässt sich in der Konsequenz als Wechsel von der preußischen zur französischen Konfiguration der Elemente des bewusstseinszentrierten Modells gesellschaftlicher Veränderung fassen. Nachdem offenbar geworden war, dass der Kampf um die Bestimmung des Bewusstseins der monarchischen zustandsrelevanten Bewusstseinsträger nicht zu gewinnen war (oder vielmehr von vornherein aussichtslos gewesen war), bot die französische Konfiguration eine Möglichkeit, den Kampf um eine Veränderung der bestehenden Verhältnisse unter Wahrung des bewusstseinszentrierten Modells gesellschaftlicher Veränderung fortzuführen. In gewisser Weise stellte sich mit dem Scheitern der Überzeugung der monarchischen zustandsrelevanten Bewusstseinsträger zum ersten Mal ein Problem, welches für die Weiterentwicklung des aufklärerischen Diskurses nach der Enttäuschung von 1842/43 durch Stirner, Marx und Engels bestimmend werden sollte: das Ausbleiben der Überzeugung der Adressaten der klassisch-aufklärerischen Argumentation. Im Gegensatz zu dieser, später zu behandelnden, Enttäuschung bedingte das Ausbleiben der Überzeugung der monarchischen zustandsrelevanten Bewusstseinsträger jedoch keine Krise des bewusstseinszentrierten Modells gesellschaftlicher Veränderung. Der Grund für diesen Sachverhalt liegt darin, dass der Situation eines sich der Einsicht in die Vernunft verweigernden Königs mit der französischen Konfiguration Rechnung getragen werden konnte, dass also mit dem Wechsel des zu überzeugenden zustandsrelevanten Bewusstseinsträgers die Validität des Modells gewahrt werden konnte.

Die Überlegenheit der französischen Konfiguration in Bezug auf die Ermöglichung aufklärerischer Tätigkeit unter Bedingungen verstärkten Widerstands von Seiten der bestehenden Staatsgewalt fand ihre Entsprechung in der Fokussierung der letzteren auf die französische Konfiguration als interpretativer Folie gegenaufklärerischer Maßnahmen. Es liegt auf der Hand, dass die sich gefährdet sehende Staatsge-

---

30 Carl Friedrich Köppen: Friedrich der Grosse und seine Widersacher. Eine Jubelschrift, Leipzig 1840. Karl Riedel: Staat und Kirche. Manuskript aus Norddeutschland als Antwort an Rom und seine Freunde. Beitrag zur Gedächtnisfeier der Thronbesteigung Friedrichs des Großen, Berlin 1840.

walt Aufklärung vor allem vor dem Hintergrund ihrer in der Französischen Revolution zum Ausdruck gekommenen Konsequenzen als im eigenen Interesse zu verhindernde Entwicklung sah. So heißt es bereits im Juli 1838 im konservativen *Berliner politischen Wochenblatt*, „man habe eine ‚preußische Revolution' von der ‚junghegelschen Rotte' zu erwarten. Wie in Frankreich die philosophischen Theorien der Aufklärung Ursache der Revolution gewesen seien, so würden die ‚junghegelschen Journalisten und Schriftsteller' Ursache der Revolution in Preußen werden."[31] Und ähnlich wie die Aufklärer von der überwältigenden Evidenz der philosophischen Wahrheiten der Aufklärung überzeugt waren und bereits die einfache Konfrontation der religiös bestimmten Bewusstseinsträger mit ihnen als ausreichend für die Überzeugung der letzteren ansahen, sah man auf konservativer Seite die Verhinderung der Zirkulation oder zumindest die Entschärfung der die philosophischen Wahrheiten transportierenden, aufklärerischen Schriften durch die staatliche Zensur als wirksamsten Schutz der überkommenen ständischen Ordnung. Wenn auch die Evidenz der philosophischen Wahrheiten auf konservativer Seite als von skrupellosen Demagogen ausgeschlachtete Schein-Evidenz gedeutet wurde, so war man von dem verführerischen Potenzial dieser Schein-Evidenz gleichwohl überzeugt.

Doch das bewusstseinszentrierte Modell gesellschaftlicher Veränderung strukturierte nicht nur den Blick von junghegelianischer Aufklärung und konservativer Reaktion, es bildete darüber hinaus die interpretative Folie, ausgehend von welcher das von Friedrich Wilhelm IV. betriebene Projekt einer Rechristianisierung der preußischen Bevölkerung nach der Vorstellung eines Urchristentums konzipiert wurde. Mit diesem Projekt verfolgte Friedrich Wilhelm das Ziel, die im Rahmen des bewusstseinszentrierten Modells gesellschaftlicher Veränderung vorausgesetzte Schutzfunktion des religiös bestimmten Bewusstseins durch eine Erneuerung des letzteren zu stärken. Dass Friedrich Wilhelm dabei auf Instrumente setzte, welche kaum zum üblichen Repertoire der konservativen Gegenaufklärung gehörten – etwa die wiederholt schon angeführte Lockerung der Zensur oder die direkte Ansprache des preußischen Volkes –, zeigt, dass er das überkommene Zusammenspiel von theologischer Bewusstseinsbestimmung und zensorischer Einschränkung des zirkulierenden Gedankenguts als der Gefahr eines revolutionären Umsturzes der ständischen Verfasstheit der preußischen Gesellschaft nicht mehr gewachsen sah. Eine wirksame Erneuerung des religiös bestimmten Bewusstseins wäre, so Friedrich Wilhelm, eher in der Lage, den verführerischen Angriffen der aufklärerischen Philosophen Paroli zu bieten.

Dass Friedrich Wilhelm dabei jedoch nicht nur das Bedürfnis der preußischen Bevölkerung nach religiöser Erneuerung überschätzte, sondern darüber hinaus die Beharrungskräfte der evangelischen Landeskirchen maßlos unterschätzte – von der Opposition der katholischen Kirche etwa gegen eine dem Muster des Urchristentums folgende gemeindeweise Wahl der Bischöfe durch religiöse Laien, um nur einen As-

---

31 Zitiert nach: Wolfgang Eßbach: Die Junghegelianer, a. a. O., S. 32.

pekt herauszugreifen, ganz zu schweigen –, offenbart das Ausmaß der Fehleinschätzung, welcher der preußische Monarch in seinem Versuch, die stabile Konfiguration des bewusstseinszentrierten Modells gesellschaftlicher Veränderung zu restituieren, unterlag. Nicht zuletzt der eigensinnige Gebrauch, welchen die auf eine Liberalisierung Preußens zielenden Kräfte etwa in der *RhZ* von den eröffneten zensorischen Freiräumen tätigten, ließen den Rückgriff auf das konventionelle Instrumentarium der konservativen Reaktion geboten scheinen. Die Verbote der *DJb* (zum 1. Januar 1843) und der *RhZ* (zum 31. März 1843) sowie die nahezu vollständige Entfernung der radikalen Stimmen aus der öffentlichen Debatte durch die Beschränkung ihrer erlaubten Äußerung auf Publikationen über 20 Bogen – Werke, die aufgrund ihres Umfangs kaum rezipiert wurden – sollten sich (zumindest vorerst) als wesentlich wirkungsvoller erweisen als der Versuch, eine religiöse Erneuerungsbewegung ins Leben zu rufen.

Bevor die Darstellung des das Handeln von Aufklärung und Reaktion bestimmenden bewusstseinszentrierten Modells gesellschaftlicher Veränderung beschlossen wird, sei an dieser Stelle noch kurz auf das Verhältnis der „Philosophie der Tat" zu diesem Modell eingegangen.[32] Die Philosophie der Tat, mit welcher verschiedene Ansätze der nachhegelschen Philosophie beschrieben werden (der Ausdruck ist den Schriften Moses Heß' entlehnt), beschreibt, grob gesprochen, die zeitgenössische Einschätzung, dass die Notwendigkeit der im engeren Sinne philosophischen Arbeit, der Arbeit an den Begriffen, mit der Verarbeitung der Hegel'schen Philosophie durch seine Schüler nur noch in geringem Maße gegeben sei und es nun auf die Verwirklichung der erreichten philosophischen Resultate ankäme.[33]

Vor dem Hintergrund der interpretativen Folie des bewusstseinszentrierten Modells gesellschaftlicher Veränderung ist die Philosophie der Tat vor allem deshalb von Interesse, weil sie die Überzeugung zum Ausdruck brachte, dass die Arbeit der Produzenten philosophischer Evidenzerfahrungen die Phase der Selbstreflexivität überschritten habe. Sie beschrieb insofern den Abschluss der Generierung eigener Evidenzerfahrungen und die Konzentration auf die Verbreitung dieser Evidenzen außerhalb der philosophisch gebildeten Kreise. Anders gefasst waren die Anhänger der Philosophie der Tat der Meinung, dass die von ihnen zutage geförderten Evidenzen über ausreichend Überzeugungspotenzial verfügten, um nunmehr in die öffentliche Auseinandersetzung mit der theologischen Evidenzproduktion zu treten und der religiösen Bestimmtheit des Bewusstseins der zustandsrelevanten Bewusstseinsträger ein Ende zu setzen, also die Aufklärung der Bevölkerung ins Werk zu setzen.

---

32 Vgl. zur Philosophie der Tat vor allem Horst Stuke: Philosophie der Tat. Studien zur „Verwirklichung der Philosophie" bei den Junghegelianern und den Wahren Sozialisten, Stuttgart 1963.
33 Ebenda, S. 221-244. Vgl. auch [Moses Heß:] Philosophie der That, in: Einundzwanzig Bogen aus der Schweiz, hrsg. v. Georg Herwegh, 1. Th., Zürich und Winterthur 1843, S. 309-331.

Die transportierte Metaphorik des „zur Tat Schreitens", der Verwirklichung bewiesener Prinzipien, hebt dabei einen Aspekt des bewusstseinszentrierten Modells gesellschaftlicher Veränderung hervor, welcher bisher noch wenig beleuchtet wurde und welchen Marx und Engels ins Zentrum ihrer Kritik an Stirner stellen werden: die Annahme einer ausschließlichen Abhängigkeit des Bestands gesellschaftlicher Verhältnisse von den Willensakten aufgeklärter Individuen. Letzteres setzte auch die Konzeption einer Philosophie der Tat voraus, und trotz aller gegebenen, zahlreichen Differenzen zwischen Stirners radikalem, gerade auch erkenntnistheoretischem Individualismus und der Philosophie der Tat stellte die Affirmation voluntaristischer Handlungskonzeptionen einen integralen Bestandteil dieser beiden vormärzlichen Ansätze zur Überwindung der bestehenden Verhältnisse dar.

Nicht zuletzt die Voraussetzung einer solchen, voluntaristischen Handlungskonzeption innerhalb des bewusstseinszentrierten Modells gesellschaftlicher Veränderung war ausschlaggebend für die Erwartung baldigen Erfolges, mit welcher die Junghegelianer ihre Kritik in den Jahren 1840 bis 1842 vortrugen. Wenn nun die eingehendere Analyse der für diese frühe Phase junghegelianischer Aufklärung paradigmatischen Schriften von Feuerbach und Bauer unternommen werden soll – die die Wiederaufnahme des klassisch-aufklärerischen Diskurses auf sehr unterschiedliche Weise betrieben –, so um ein Verständnis für die Art und Weise zu gewinnen, wie die Produktion philosophischer Evidenz die theologische Kontrolle über das Bewusstsein der zustandsrelevanten Bewusstseinsträger brechen sollte. Dass dabei zuerst Feuerbach in den Fokus der Aufmerksamkeit gerückt wird, hat seinen Grund darin, dass es ihm als erstem gelang, eine Art und Weise der Produktion philosophischer Evidenz zu etablieren, welche nicht nur in der Lage war, die Überzeugungskraft theologischer Evidenzen zu unterlaufen, sondern die darüber hinaus der Hegel'schen Harmonisierung von Theologie und Philosophie auf Augenhöhe begegnen konnte. Die Analyse der Schriften Feuerbachs eignet sich so in besonderer Weise, um die Wiederaufnahme des aufklärerischen Diskurses mit der doppelten Stoßrichtung gegen die, vor allem evangelische, Theologie, dem, wenn man so will, prädestinierten Gegner vormärzlicher aufklärerischer Kritikansätze, und gegen die Hegel'sche Philosophie, welche den aufklärerischen Diskurs zu einem transitorischen Moment der Verwirklichung des absoluten Geistes erklärt hatte, zu veranschaulichen. In Verbindung mit der anschließenden Analyse der Schriften Bauers wird so ein Verständnis für die Bedingungen zu erhalten sein, unter denen der von Stirner, Marx und Engels in der Folge weiterentwickelte aufklärerische Diskurs im Vormärz wieder aufgenommen wurde.

1.3 Ludwig Feuerbachs anthropologische Reduktion der Religion

Nach diesen Ausführungen zur Situation des aufklärerischen Diskurses zum Beginn der junghegelianischen Aufklärung soll nun die Aufmerksamkeit auf die Ergebnisse der junghegelianischen Evidenzproduktion gelenkt werden. Das Hauptaugenmerk wird dabei auf die Feuerbach'sche Entwicklung einer Form von Evidenzproduktion zu legen sein, welche die zentrale philosophische Evidenz gelingender Begriffsentwicklung mit der alltagsweltlichen Evidenz sinnlicher Gewissheit anreichert, um die Überzeugungskraft der theologischen Evidenz heiliger Autoritäten sowohl in ihrer dominanten, als auch in ihrer unterstützenden Funktion (Theologie und Hegel'sche Philosophie) zu untergraben. Feuerbach ist einer der ersten, dem es in seinen Schriften gelingt, dem klassisch-aufklärerischen Diskurs vermittelst der Erschließung alternativer Ressourcen von Evidenzerfahrungen zu neuer Stärke zu verhelfen.

Bevor diese Erschließung alternativer Evidenzen in den Feuerbach'schen Schriften vorgenommen wird, ein paar Bemerkungen über die politische Relevanz seiner Religionskritik. Feuerbach hat sich im Vergleich zu den anderen Protagonisten der junghegelianischen Debatte vergleichsweise wenig zu politischen Fragen geäußert. Anders als etwa Bauer, Stirner, Marx und Engels hat Feuerbach sich nicht journalistisch betätigt; auch gibt es nur wenige Äußerungen zu tagespolitischen Ereignissen. Feuerbach war stets bemüht, seine Einsätze in der junghegelianischen Debatte im Gewand philosophischer Abhandlungen vorzunehmen. Und doch kann über die beabsichtigten politischen Konsequenzen seiner aufklärerischen Schriften kein Zweifel bestehen, wenn man die vorhandenen, verstreuten Äußerungen zusammenträgt.

So heißt es bereits zu einem Zeitpunkt, als die Arbeit an seinem zentralen Werk *Das Wesen des Christenthums* noch nicht abgeschlossen war, in einem an Ruge adressierten Brief vom 14. Januar 1840, den letzterer in den von ihm mit redigierten *Hallischen Jahrbüchern* veröffentlichte, die zusammen mit ihrem Nachfolger, den *Deutschen Jahrbüchern*, den vornehmlichen Publikationsort der kleineren Schriften Feuerbachs ausmachen: „Was ist der letzte Grund unserer geistigen und politischen Unfreiheit? *Die Illusionen der Theologie.* [...] Es ist unglaublich, welche Illusionen die arme Menschheit beherrschen, noch heute beherrschen, und wie uns die spekulative Philosophie in ihrer letzten Richtung, statt von diesen Illusionen befreit, nur darin bestärkt hat."[34] Schon in dieser vor dem Hintergrund des in dieser Untersuchung zugrunde gelegten Zeitraums frühen Äußerung kommen sowohl die klassisch-aufklärerische Frontstellung von Theologie und philosophischer Kritik, als auch bereits die Ablehnung der Hegel'schen Harmonisierung dieser beiden klar zum Ausdruck.

Dass auch Feuerbach, im Einklang mit dem im vorigen Abschnitt dargestellten bewusstseinszentrierten Modell gesellschaftlicher Veränderung, von einer intimen Verbindung von religiös bestimmtem Bewusstsein und herrschender politischer Ord-

---

34 Ludwig Feuerbach: [Auszüge eines Briefes an Arnold Ruge abgedruckt unter dem Titel *7. Das Pathos der Kritik und die Kritik der unreinen Vernunft* in der Rubrik *Wastebook* der „Hallischen Jahrbücher"], Jg. 1840, Nr. 12 vom 14. Januar, Sp. 93/94. (Ludwig Feuerbach: Kleinere Schriften II (1839-1846), 2., durchges. Aufl., Gesammelte Werke [Im Folgenden zitiert als LFGW], Bd. 9, Berlin 1982, S. 80/81).

nung ausgeht, im Fortbestand des ersteren den Garanten der letzteren erblickt, wird im folgenden Auszug aus einer im Januar 1842 in den *DJb* veröffentlichten Polemik gegen eine theologische Rezension seines *Wesens des Christenthums* offensichtlich: „Wer einmal vom Glauben, der Quelle alles Heils, aller Gottwohlgefälligkeiten, aller religiösen Rechte und Güter, ausgeschlossen ist, der wird in der weiteren Entwicklung notwendig auch vom Genusse politischer Rechte ausgeschlossen. Was die höchste Autorität, die Macht des Glaubens, zum geistlichen Tode verurteilt, warum sollte das die weltliche Macht, welche sich auf diese Autorität stützt, nicht zum leiblichen Tode verurteilen?"[35]

Wenn in dem gerade zitierten Auszug die Interdependenz von Religion und weltlicher Macht noch aus der Perspektive einer unfreiwillig erlittenen, religiös-politischen Exklusion betrachtet wird, wenn diese Interdependenz noch in Form einer Frage konstatiert wird, wenn also die Unabhängigkeit eines monarchischen Staates von religiöser Legitimation zumindest noch als Möglichkeit aufscheint und eine Veränderung der gesellschaftlichen Verhältnisse entlang der preußischen Konfiguration der Elemente des bewusstseinszentrierten Modells gesellschaftlicher Veränderung noch nicht völlig ausgeschlossen ist, so geht Feuerbach bereits einen Monat später, im Februar, dazu über, die Verbindung religiöser und politischer Exklusion offensiv gutzuheißen. In einer weiteren Antwort auf Rezensenten, welche das *Wesen des Christenthums* kritisiert hatten, heißt es:

> Wer ein Knecht der religiösen Gefühle ist, der verdient, auch politisch nicht anders denn als Knecht behandelt zu werden. Wer nicht sich selbst in der Gewalt hat, hat auch nicht die Kraft, nicht das Recht, sich vom materiellen und politischen Druck zu befreien. Wer sich in sich selbst von dunkeln, fremden Wesen beherrschen läßt, der bleibe auch äußerlich im Dunkel der Abhängigkeit von fremden Mächten sitzen. Und wer daher dem religiösen Gefühle im Gegensatz zur Freiheit des Denkens das Wort redet, der ist ein *Feind* der ‚Aufklärung' und Freiheit, der redet dem *Obskurantismus* das Wort, denn *alles ohne Unterschied sanktioniert* der *Obskurantismus* des *religiösen Gefühls.*[36]

Aus dem Bedauern der Interdependenz von religiöser und politischer Exklusion geht Feuerbach zur Postulierung der positiven Forderung nach sowohl religiös, als auch politisch freier, vernünftiger Selbstbestimmung über. Die Interdependenz von religiöser und politischer Exklusion wird somit auch aus aufklärerischer Perspektive als

---

[35] L[udwig] F[euerbach]: Beleuchtung der in den „Theologischen Studien und Kritiken" (Jahrgang 1842, I. Heft) enthaltenen Rezension meiner Schrift „Das Wesen des Christentums", in: Deutsche Jahrbücher, Jg. 1842, H. 17 vom 21. Januar, S. 65-68, H. 18 vom 22. Januar, S. 69-72, H. 19 vom 24. Januar, S. 73/74, H. 20 vom 25. Januar, S. 77-79, H. 21 vom 26. Januar, S. 81-84, und H. 22 vom 27. Januar, S. 85-88 (LFGW, Bd. 9, S. 177-228, hier S. 219).

[36] L[udwig] F[euerbach]: Zur Beurtheilung der Schrift „Das Wesen des Christenthums", in: Deutsche Jahrbücher, Jg. 1842, H. 39 vom 16. Februar, S. 154/155, und H. 40 vom 17. Februar, S. 157-159 (LFGW, Bd. 9, S. 229-242, hier S. 233).

notwendig vorausgesetzt und der aufklärerische Diskurs positioniert sich hier eindeutig in Opposition zur monarchischen Verfasstheit der preußischen Gesellschaft. Er adressiert sich nicht mehr an die monarchischen zustandsrelevanten Bewusstseinsträger, sondern an diejenigen, welche politisch nicht „als Knecht behandelt" werden möchten. Schon in dieser Äußerung aus dem Februar 1842 spricht die zunehmende Realisierung auf Seiten der junghegelianischen Aufklärer, dass die Hoffnungen auf ein Bündnis zwischen philosophischer Kritik und monarchischem Regierungsapparat verfehlt sind.

Feuerbach ist in der Folge konsequent, wenn er den aufklärerischen Kampf gegen die religiöse Bestimmtheit des Bewusstseins und die politische Unfreiheit zur drängenden Aufgabe der Zeit erklärt:

> Es ist demnach eine *moralische Notwendigkeit*, eine *heilige Pflicht* des Menschen, das dunkle, lichtscheue Wesen der Religion ganz in die Gewalt der Vernunft zu bringen; und diese Pflicht ist um so dringender, je größer der Widerspruch ist, in welchem die Vorstellungen, Gefühle und Interessen der Religion mit den anderweitigen Vorstellungen, Gefühlen und Interessen der Menschheit stehen, wie dies gegenwärtig der Fall ist, was niemand wird leugnen können und wollen, außer wer selbst in diesen Widerspruch verwickelt ist. Denn wo die Religion im Widerspruch steht mit den wissenschaftlichen, politischen, sozialen, kurz, geistigen und materiellen Interessen, da befindet sich die Menschheit in einem *grundverdorbenen, unsittlichen* Zustand – im Zustand der *Heuchelei*.[37]

In diesen Passagen kommt zum Ausdruck, dass Feuerbach sich trotz der weitgehenden Konzentration auf die Formulierung philosophischer Kritik eindeutig in einer aufklärerischen Frontstellung gegen Religion und herrschender politischer Macht verortet und seine schriftstellerische Tätigkeit in einen eindeutig politischen Kontext einbettet. Und selbst nach der Enttäuschung von 1842/43, infolge deren es, wie gezeigt werden wird, zu einer Entpolitisierung des von Feuerbach geführten aufklärerischen Diskurses kommt, begibt Feuerbach sich keineswegs der Hoffnung auf die politischen Konsequenzen, welche seine Schriften schließlich zeitigen werden. Der trotzige Ausspruch „Die Konsequenzen dieser Grundsätze werden nicht ausbleiben.", mit welchem das auf den 9. Juni 1843 datierte Vorwort der *Grundsätze der Philosophie der Zukunft* endet, bringt die weiterhin gehegte Überzeugung bezüglich des – wenn nunmehr auch in die Zukunft verlagerten – politischen Effekts seiner Schriften eindeutig zum Ausdruck.

Nach dieser Darstellung der politischen Motivation Feuerbachs und der Verortung seiner Schriften in einem aufklärerischen Kontext müssen nun die Spezifika seiner Religionskritik thematisiert werden. Es wird sich in der Folge zeigen, dass Feuerbach in seiner Wiederbelebung eines aufklärerischen Diskurses der Begriffsentwicklung eine zentrale Stelle einräumt. In dieser Hinsicht bleibt Feuerbach, bei all seiner

---

37 Ebenda, S. 234.

Absetzung von Hegel, innerhalb der Gleise argumentativer Überzeugungsstrategien, welche letzterer gelegt hatte. Der zentrale Unterschied zwischen der Hegel'schen und Feuerbach'schen Produktion von Evidenz besteht jedoch darin, dass mit dem Wechsel des zentralen Begriffs – Gott als absolute Idee bei Hegel, der Mensch als Gattungswesen bei Feuerbach – der Rückgriff auf unterschiedliche, die philosophische Evidenz gelingender Begriffsentwicklung unterstützende Weisen der Evidenzproduktion einhergehen. Hatte Hegel auf die Evidenz heiliger Autoritäten zurückgegriffen, um der Entwicklung des Begriffes „Gott" zusätzliche Plausibilität zu verleihen, so greift Feuerbach auf die Evidenz sinnlicher Gewissheit zurück, um seine Entwicklung des Begriffes „Mensch" mit größerer Überzeugungskraft auszustatten. Die Konzentration auf eine Explikation des Begriffes „Mensch" erlaubt Feuerbach insofern die Erschließung von Überzeugungspotenzialen, welche sowohl die theologische, als auch die Hegel'sche Produktion von Evidenz hatten brachliegen lassen. Darüber hinaus erlaubt diese Konzentration, vermittelst argumentativ verhältnismäßig einfacher Umkehrungen des Verhältnisses von Gott und Mensch das, was im Rahmen dieser Untersuchung als anthropologische Reduktion der christlichen Religion gefasst wird.

Schon die Vorrede der 1. Auflage entwickelt die Grundzüge der Feuerbach'schen Religionskritik und führt das Leitmotiv der Reduktion vermeintlich übernatürlicher Mysterien auf „natürliche Wahrheiten" ein: „Allerdings ist immer und notwendig das Verhältnis des Denkens [i. e. der Philosophie, UP] zu den Gegenständen der Religion, als ein sie *be-* und *erleuchtendes*, in den Augen der Religion oder wenigstens der Theologie ein sie diluierendes und destruierendes Verhältnis – so ist es auch die Aufgabe dieser Schrift, nachzuweisen, daß den übernatürlichen Mysterien der Religion ganz einfache, natürliche Wahrheiten zugrunde liegen –, aber es ist zugleich unerläßlich, die wesentliche Differenz der Philosophie und Religion stets festzuhalten, wenn man anders die Religion, nicht *sich selbst* expektorieren will."[38] Ein zentraler Aspekt der Feuerbach'schen Religionskritik – die explikative Fundierung des Christentums im Erfahrungshorizont der *conditio humana* – sowie die Distanzierung von den beiden diskursiven Formationen, von welchen sich Feuerbach abzusetzen anstrebt, – der Theologie und der Hegel'schen Philosophie – kommen in diesem Satz zum Ausdruck.

Dem im Rahmen theologischer Argumentation geübten Gebrauch der philosophischen Evidenz gelingender Begriffsentwicklung wird die rein strategische Funktion

---

[38] Ludwig Feuerbach: Das Wesen des Christentums, 2. durchges. Aufl., LFGW, Bd. 5, Berlin 1984, S. 5/6. [*Das Wesen des Christenthums* wird im Rahmen dieser Arbeit gewöhnlich nach der 1. Aufl zitiert, da dies die Ausgabe ist, welche den Einfluss Feuerbachs auf die junghegelianische Debatte begründete. In einigen Fällen, in welchen die späteren Ausgaben (2., verm. Aufl. 1843 und 3., umgearb. u. verm. Aufl. 1849 als Bd. VII der *Sämtlichen Werke*) eine Präzisierung der Gedanken Feuerbachs bedeuten, wird auch auf die späteren Ausgaben zurückgegriffen. Dies wird jedoch stets vermerkt, um dem Sachverhalt Rechnung zu tragen, dass diese Stellen während der für diese Untersuchung relevanten Zeit nicht rezipiert wurden.]

der Verstärkung bereits vermittelst der theologischen Evidenz heiliger Autoritäten bewiesener Wahrheiten bescheinigt, womit die Fruchtbarkeit philosophischer Argumente innerhalb theologischer Argumentationen aber auch ihr Ende finde – dies der Sinn des „diluierenden und destruierenden Verhältnisses". Und auch die Hegel'sche Harmonisierung von Philosophie und Theologie, welche auf die Aufhebung des Widerspruchs zwischen den jeweiligen Weisen der Produktion von Evidenz zielte, wird bereits unter Verweis auf eine zu wahrende spezifische Differenz von Philosophie und Religion, bzw. Theologie, deren Missachtung nicht zuletzt die im Rahmen der Harmonisierung vor allen Dingen profitierende Religion um ihr Spezifikum bringe, in kritische Distanz gesetzt – dies der Sinn des Festhaltens an der „wesentlichen Differenz von Philosophie und Religion".

Darüber hinaus wird der Grundzug der Feuerbach'schen Religionskritik – die explikative Fundierung der christlichen Glaubenswahrheiten im Erfahrungshorizont der *conditio humana* – insofern argumentationsstrategisch vorbereitet, als für die Elemente des reduktiven Systems, den „natürlichen Wahrheiten", welche für die Entstehung des Christentums aufkommen sollen, bereits der Anspruch überlegener Evidenz erhoben wird. Das Postulat der Einfachheit, Natürlichkeit, Vertrautheit usw., welche den eigenen argumentativen Zügen eigneten, ist elementarer Bestandteil aufklärerischer Angriffe auf die religiöse Kontrolle der Bewusstseinsbestimmung und gehört zum Grundrepertoire der junghegelianischen Aufklärung.

Ein weiterer argumentativer Zug, welchen Feuerbach bereits in der Vorrede vornimmt, bezweckt die Abwehr des einfachen Rekurses auf die Evidenz heiliger Autoritäten, also des einfachen Beharrens auf der Wahrheit der Heiligen Schrift, mit welchem die zeitgenössische Theologie sich bisweilen der komplexeren wissenschaftlichen und/oder philosophischen Beweisführungen zu erwehren können meinte: „Das moderne Christentum hat keine andern Zeugnisse mehr aufzuweisen als – testimonia paupertatis. Was es allenfalls noch hat – das hat es nicht *aus sich* – es lebt vom Almosen vergangener Jahrhunderte. Wäre das moderne Christentum ein der philosophischen Kritik würdiger Gegenstand, so hätte sich der Verfasser die Mühe des Nachdenkens und Studiums, die ihm seine Schrift gekostet, ersparen können."[39] Was immer für Argumente von theologischer Seite gegen den Feuerbach'schen Angriff vorzubringen sind, sie alle müssen eine gewisse historische Fundierung vorweisen können. Die Auseinandersetzung wird so weg von der rein polemischen Denunziation und hin auf das Schlachtfeld des wissenschaftlichen Diskurses gezogen.

Nach diesen vorbereitenden Zügen kommt Feuerbach zum Grundthema seiner Religionskritik: „Was nämlich in dieser Schrift sozusagen a priori bewiesen wird: daß das *Geheimnis der Theologie die Anthropologie* ist, das hat längst a posteriori die Geschichte der Theologie bewiesen und bestätigt. ‚Die Geschichte des Dogmas', allgemeiner ausgedrückt: der Theologie überhaupt, ist die ‚Kritik des Dogmas', der Theo-

---

39 Ebenda, S. 7.

logie überhaupt. Die Theologie ist längst zur Anthropologie geworden. So hat die Geschichte realisiert, zu einem Gegenstande des Bewußtseins gemacht, was *an sich* – hierin ist die Methode Hegels vollkommen richtig, historisch begründet – das Wesen der Theologie war."[40] Auch hier begegnet noch einmal der Versuch, die Auseinandersetzung auf den für das aufklärerische Unterfangen günstigeren Boden wissenschaftlicher Diskurse zu zwingen. Unter Verweis auf die Geschichte der theologischen Disziplin selbst, innerhalb deren die Anstrengungen einer Plausibilisierung der Evidenzen göttlicher Offenbarung immer komplexere Beweisführungen erbrachten, für deren Überzeugungskraft vermehrt auf philosophische Weisen der Evidenzproduktion zurückgegriffen wurde, stellt Feuerbach eine Kontinuität zwischen Theologie und Hegel'scher Philosophie her, welche die Auseinandersetzung um die Geltung christlicher Glaubenswahrheiten schließlich vollständig auf das Feld der Philosophie führen musste. Mit der Hegel'schen, paradoxerweise eigentlich zur Rettung der theologischen Evidenzen unternommenen, Harmonisierung ist die Überzeugungskraft dieser Evidenzen vollends zu einer den Ergebnissen philosophischer Evidenzproduktion abgeborgten geworden.

Wenn Feuerbach diese Entwicklung nun zum Anlass nimmt, auch für den Ursprung der christlichen Religion eine den Anforderungen philosophischer Evidenzproduktion Rechnung tragende Darstellung zu liefern, so darf diese Hinwendung zum Ursprung nicht über die tiefe Verwurzelung seiner Motivation in der Gegenwart hinwegtäuschen: „Der Verf. muß jedoch den geneigten, insbesondere aber den ungeneigten Leser ersuchen, nicht außer acht zu lassen, daß er, wenn er aus der alten Zeit heraus schreibt, darum noch nicht in der alten, sondern *in* der neuen Zeit und *für* die neue Zeit schreibt, daß er also das moderne Gespenst nicht außer Augen läßt, während er sein ursprüngliches Wesen betrachtet, daß überhaupt zwar der Inhalt dieser Schrift ein pathologischer oder physiologischer, aber *doch* ihr Zweck zugleich ein *therapeutischer* oder *praktischer* ist."[41] Die Befreiung *des* Menschen, um den von Feuerbach so geschätzten Gattungssingular zu verwenden, von einem ihn seit annähernd zwei Jahrtausenden beherrschenden Irrtum ist der Kontext, innerhalb dessen Feuerbach seine aufklärerische Reduktion des Christentums auf eine philosophische Wesensbestimmung des Menschen verortet.

Der nähere Grund für die Entstehung der Religion ist einfach: „Der Mensch – dies ist das Geheimnis der Religion – vergegenständlicht sich sein Wesen und macht dann wieder sich zum *Objekt* dieses vergegenständlichten, in ein Subjekt verwandelten Wesens; er denkt sich, ist sich Objekt, aber als *Objekt eines Objekts*, eines *andern* Wesens."[42] Schon in dieser kurzen Passage wird ein wichtiger Aspekt der Feuerbach'schen Religionskritik offenbar. Im Unterschied zum Großteil der üblichen, vor

---

40 Ebenda.
41 Ebenda, S. 8.
42 Ebenda, S. 71.

allem im 18. Jahrhundert vorherrschenden Ansätze zur Aufklärung beschränkt Feuerbach sich nicht auf den Nachweis der Vernunftwidrigkeit religiöser Glaubenssysteme, beschränkt sich also nicht auf die Konstatierung der religiösen Irrtümer, sondern lässt die Entstehung dieser Irrtümer als ein nachvollziehbares Ereignis erscheinen. Feuerbach stellt die Konzipierung Gottes als eine Konsequenz der spezifischen Verfasstheit der menschlichen Natur dar. Sicher, die Annahme Gottes war (und ist) ein Irrtum, aber ein Irrtum der quasi in der Natur des Menschen begründet ist.

Aus argumentationsstrategischer Perspektive hat dieses Vorgehen den Vorteil, dass der Irrtum, dem schließlich auch noch die überwiegende Mehrheit der vormärzlichen Zeitgenossen unterliegt, verzeihlich ist. Feuerbach behauptet nicht, die Annahme Gottes sei ein Fehlurteil, welches auf ein fehlerhaftes Vernunftvermögen der Gottgläubigen schließen ließe. Vielmehr stellt Feuerbach die Konzipierung Gottes als ein Moment der menschlichen Selbstreflexion dar, welche eben nur noch einen Schritt weiter zu gehen habe, einen Erkenntnisakt mehr zu vollziehen habe, um sich des religiösen Irrtums zu begeben.

Diese menschliche Selbstreflexion stelle eben nicht nur die Güte verschiedener menschlicher Eigenschaften fest, sondern im gleichen Zuge die Unvollkommenheit des Ausmaßes, in welchem diese Eigenschaften bei den einzelnen Menschen vorhanden seien. Das imaginierte Wesen „Gott" diene insofern als Platzhalter der an sich selbst immer nur in unvollkommenem Maße festgestellten Eigenschaften: „Die Religion, wenigstens die christliche, ist das *Verhalten des Menschen zu sich selbst* oder richtiger: *zu seinem* (und zwar subjektiven) *Wesen*, aber das Verhalten zu seinem Wesen *als zu einem andern Wesen. Das göttliche Wesen ist nichts andres als* das menschliche Wesen oder besser: *das Wesen des Menschen*, gereinigt, befreit von den Schranken des individuellen Menschen, verobjektiviert, d. h. *angeschaut* und *verehrt*, als *ein andres, von ihm unterschiednes, eignes Wesen* – alle *Bestimmungen* des göttlichen Wesens sind darum menschliche Bestimmungen."[43]

Die Beschränktheit der individuellen Existenz findet laut Feuerbach ihr Komplement aber nicht in einem imaginierten Wesen, sondern allein in der menschlichen Gattung: „Wohl mag er [der Mensch, UP] sich vermittelst der Phantasie Individuen anderer, angeblich höherer Art vorstellen, aber von seiner Gattung, seinem Wesen kann er nimmermehr abstrahieren; die Wesensbestimmungen, die positiven letzten Prädikate, die er diesen andern Individuen gibt, sind immer aus seinem eignen Wesen geschöpfte Bestimmungen – Bestimmungen, in denen er in Wahrheit nur sich selbst abbildet und vergegenständlicht."[44] Die Gattung, dieses tatsächlich existierende Subjekt, besitzt nach Feuerbach allein die menschlichen Eigenschaften in Vollkommenheit.

---

[43] Ebenda, S. 48/49.
[44] Ebenda, S. 43.

Nach dieser eleganten Rückführung der das Wesen Gottes bestimmenden Eigenschaften auf die menschliche Gattung als ihrem tatsächlichen Ursprung und der Unterbreitung einer „natürlichen" Erklärung der Entstehung Gottes stellt sich noch die Frage, wie aus dieser Situation der letztendlich selbstgewählten Abhängigkeit zu entrinnen sei. Mit dieser Frage verbindet sich die eigentlich aufklärerische Problemstellung, wie aus der Herrschaft des christlich bestimmten Bewusstseins in ein aufgeklärtes Bewusstsein zu wechseln sei, wie sich also der Macht der theologischen Evidenz heiliger Autoritäten zu entziehen sei. Diese, auf die Veränderung des Bewusstseins zielende Operation ist vergleichsweise einfach und auch von philosophisch ungeschulten Subjekten auszuführen. Alles, was erforderlich ist, ist die Umwandlung der Prädikate Gottes, des absoluten Subjekts, in eigenständige Subjekte: „Nicht die Eigenschaft der Gottheit, sondern die *Göttlichkeit* oder *Gottheit der Eigenschaft* ist das *erste* wahre göttliche Wesen. Also das, was der Theologie und Philosophie bisher für Gott, für das Absolute, Unendliche galt, das ist *nicht* Gott; das aber, was ihr *nicht* für Gott galt, das gerade ist *Gott* – d. i. die *Eigenschaft*, die *Qualität*, die *Bestimmtheit*, die *Wirklichkeit überhaupt*. [...] Wenn aber Gott als Subjekt das *Bestimmte*, die Qualität, das Prädikat aber das *Bestimmende* ist, so gebührt ja in Wahrheit dem Prädikat, nicht dem Subjekt der Rang des *ersten* Wesens, der Rang der Gottheit."[45] Aus der Verehrung Gottes ist für den Wechsel in ein aufgeklärtes Bewusstsein überzugehen in eine Verehrung der als bisher göttlich betrachteten Eigenschaften des Menschen.

Die Einfachheit dieser Operation hat aus argumentationsstrategischer Perspektive den bedeutenden Vorteil, dass sie an der Praxis der Gläubigen verhältnismäßig wenig ändert. Im Unterschied etwa zum während der Französischen Revolution unternommenen Versuch, Gott durch ein *Etre suprême* zu ersetzen, das aufgrund seines offenkundigen Substitutcharakters beständig auf die zu vergessende Entität verwies, können die aus dem Zustand christlicher Religiosität befreiten unter Verzicht auf die Behauptung der Existenz Gottes weiterhin die quasi atomisierten Reste dieses als Moment des Prozesses menschlicher Selbstreflexion gesetzten Wesens verehren – nunmehr allerdings als, wenn auch nur in unvollkommenem Maße vorhandene, eigene Eigenschaften. Feuerbach kann so in Kontinuität mit der „natürlichen" Erklärung der Konzipierung Gottes, welche die erkenntnistheoretische Dignität der Gläubigen zu wahren wusste, Gott auf die Gattung reduzieren und dennoch behaupten, am eigentlichen Kern der christlichen Religion nichts geändert zu haben, ja, diesen eigentlichen Kern überhaupt erst freigelegt zu haben. Die Kosten einer solchen Konversion aus einem christlichen in ein aufgeklärtes Bewusstsein sind im Vergleich zu den Anforderungen eines Übertritts aus dem christlichen Glauben in einen atheistischen, oder gar agnostischen Zustand denkbar gering. Es ließe sich sogar die These vertreten, dass die Feuerbach'sche Aufklärung nicht viel mehr als die konsequente Durch-

---

45 Ebenda, S. 58/59. [2., verm. Aufl. 1843.]

führung der protestantischen Reformation darstellt, letztere allerdings erweitert um den Verzicht auf die Existenz Gottes.

Die Gefahr, welche in der behutsamen Aufklärung Feuerbachs liegt, ist, dass die Gläubigen nicht vollständig von der Herrschaft der Evidenz heiliger Autoritäten befreit werden und mit der Beibehaltung der Göttlichkeit der verehrten Eigenschaften der Versuchung erliegen, an der Göttlichkeit des diese Eigenschaften bündelnden Wesens festzuhalten. Dies ist einer der Gründe, warum Feuerbach im *Wesen des Christenthums* eine minutiöse Umdeutung sämtlicher Aspekte der christlichen Glaubenslehre im Sinne der propagierten Rückführung dieser Lehre auf die menschliche Natur unternimmt. Darüber hinaus vertraut Feuerbach auf eine Instanz, die seiner Meinung nach geeignet ist, der Macht individueller religiöser Erfahrungen gegenzusteuern: „Und wer, der je wahrhaft gedacht, hätte nicht die Macht des Denkens, die freilich stille, geräuschlose Macht des Denkens erfahren? Wenn du in tiefes Nachdenken versinkest, dich und was um dich vergessend, beherrschest du die Vernunft, oder wirst du nicht von ihr beherrscht und verschlungen? Ist die wissenschaftliche Begeisterung nicht der schönste Triumph, den die Vernunft über dich feiert? Ist die Macht des Wissenstriebs nicht eine *schlechterdings unwiderstehliche, alles überwindende Macht*?"[46]

Über die Erfolgsaussichten seines aufklärerischen Unterfangens hegt Feuerbach keinerlei Zweifel. Im Einklang mit den postulierten, politischen Konsequenzen des bewusstseinszentrierten Modells gesellschaftlicher Veränderung sieht Feuerbach den Kampf um die Erringung politischer Freiheit gewonnen, sobald die von ihm vorgeführten argumentativen Operationen im christlichen Bewusstsein ihre Wirkung entfalten: „Wo sich daher einmal *das* Bewußtsein des Menschen bemächtigt, daß die religiösen Prädikate nur Anthropomorphismen sind, da hat sich schon der *Zweifel*, der *Unglaube* des Glaubens bemächtigt. Und es ist nur die Inkonsequenz der Herzensfeigheit und der Verstandesschwäche, die von diesem Bewußtsein aus nicht bis zur Negation des zugrunde liegenden Subjekts fortgeht. Bezweifelst du die objektive Wahrheit der Prädikate, so mußt du auch die *objektive Wahrheit des Subjekts* dieser Prädikate in Zweifel ziehen. Sind deine Prädikate Anthropomorphismen, so ist auch das Subjekt derselben ein Anthropomorphismus."[47] Wenn aber Gott, der letztinstanzliche Garant der bestehenden Verhältnisse, ein Anthropomorphismus und ergo Menschenwerk ist, was spricht dann gegen die Überantwortung der Gestaltung der bestehenden Verhältnisse an dieselbe Instanz? Wenn die theologische Kontrolle der Bewusstseinsbestimmung schließlich nur in einer auf dem „natürlichen" Irrtum der Annahme einer Existenz Gottes ruhenden Manipulation des menschlichen Bewusstseins wurzelt, wenn die Solidität des religiösen Bewusstseins sich der bewussten Steuerung durch Theologen verdankt, warum dann nicht diese Steuerung denjenigen

---

46 Ebenda, S. 32.
47 Ebenda, S. 53.

überantworten, welche die Gestaltung des Bewusstseins im Interesse der Gattung vornehmen und nicht im Interesse der von den zeitgenössischen Zuständen Profitierenden?

Nach dieser Darstellung des Feuerbach'schen Angriffs auf die, die theologische Kontrolle der Bewusstseinsbestimmung stützende Evidenz heiliger Autoritäten ist die Erwartungshaltung, welche sich an das Erscheinen des Werkes knüpfte, verständlich. Obwohl Feuerbach die „Hauptpartien" des Werkes wohl bereits Ende 1839 ausgearbeitet hatte, kam es aus verschiedenen Gründen, zu denen unter anderem die immer noch nicht vollständig aufgegebene Hoffnung auf einen Ruf an eine Universität gehörte, erst am 16. Juni 1841 zum Erscheinen des *Wesens des Christenthums*.[48] Aufgrund des großen Absatzes[49] begann Feuerbach bereits Ende Oktober/Anfang November mit der Überarbeitung für eine 2. Auflage, welche bis zum 25. März 1842 weitgehend abgeschlossen war. Das Erscheinen dieser 2. Auflage verzögerte sich dann jedoch, da Absatz und Brisanz der Feuerbach'schen Schrift auch den Zensurbehörden nicht verborgen und die Reste der 1. Auflage nach Verboten in vielen deutschen Staaten länger vorrätig blieben, als der anfängliche Absatz erwarten ließ. Das Vorwort zur 2. Auflage wurde zwischen 14. März und 1. April 1843 verfasst und gehört damit bereits in die Phase nach der Enttäuschung von 1842/43.

Die Arbeit an der 2. Auflage hielt Feuerbach aber nicht davon ab, sich mit diversen kleineren, in den *DJb* veröffentlichten Schriften aus unterschiedlichen Anlässen an der junghegelianischen Debatte zu beteiligen. Drei dieser Beiträge aus dem Zeitraum Dezember 1841 bis Februar 1842 sollen an dieser Stelle eine Behandlung erfahren, nimmt Feuerbach in ihnen doch die Präzisierung von im *Wesen des Christenthums* formulierten Tendenzen vor. Die Beiträge sind darüber hinaus von Interesse, da sie von der Veränderung der öffentlich geführten junghegelianischen Debatte im Zuge der Erleichterung der Zensurbestimmungen durch das weihnachtliche Edikt von Friedrich Wilhelm IV. zeugen.

Die am 23. Dezember 1841 – also am Vortage des weihnachtlichen Zensur-Edikts – veröffentlichte Schrift *Einige Bemerkungen über den „Anfang der Philosophie" von Dr. J. F. Reiff* ist noch in einem sehr nüchternen Ton gehalten. Zwar ist das *Wesen des Christenthums* nicht explizit Teil der behandelten Gegenstände, doch bestimmt Feuerbach in den *Bemerkungen* noch einmal anschaulich das Verhältnis von

---

48 Ebenda, S. V.
49 Vgl. etwa Arnold Ruge an Ludwig Feuerbach, 26. Oktober 1841, Martin Hundt (Hrsg.): Der Redaktionsbriefwechsel der *Hallischen*, *Deutschen* und *Deutsch-Französischen Jahrbücher* (1837-1844), Berlin 2010, S. 857 [im Folgenden zitiert als „Hundt"]: „Ihr Buch geht ja gut. Wigand hat mir bereits von der zweiten Auflage gesagt, die er Ihnen vorschlagen wollte; Sie werden gewiß nächstens den Antrag erhalten." Am 15. November schrieb Feuerbach an Ruge, dass Otto Wigand „mich bereits wirklich aufgefordert [hat] zur Vorbereitung einer II. Aufl." (Hundt, S. 871.) In seinem Brief an Feuerbach vom 25. Dezember 1841 teilt Ruge dann mit: „Ihr Buch fehlt nämlich jetzt bei Otto Wigand. Als ich noch 1 Ex. für einen Freund forderte, gab er mir sein eigenes." (Hundt, S. 914.)

Philosophie und Empirie, dessen Neubestimmung durch Feuerbach nicht nur den Hiat zu Hegel markiert, sondern auch die vollständige Rückführung der religiösen Mysterien auf „natürliche Wahrheiten" ermöglicht. Gegen Hegel gerichtet stellt er fest: „Denn wenn der Anfang des philosophischen und empirischen Wissens ursprünglich ein und derselbe Akt ist, so hat offenbar die Philosophie die Aufgabe, sich sogleich von vornherein an diesen gemeinschaftlichen Ursprung zu erinnern und folglich nicht mit dem *Unterschiede* von der (wissenschaftlichen) Empirie, sondern vielmehr mit der *Identität* mit derselben zu beginnen."[50] Und wenig später heißt es: „Die Philosophie, die mit dem Gedanken *ohne Realität* beginnt, schließt konsequent mit einer *gedankenlosen* Realität."[51] Eine Philosophie, die dagegen explizit den Kontakt mit der Realität sucht, sei keine sich entwürdigende Philosophie.

Wie eng philosophische und empirische Tätigkeit und die ihnen korrespondierenden Evidenzen gelingender Begriffsentwicklung und sinnlicher Gewissheit vielmehr miteinander verschränkt seien, entwickelt Feuerbach im Folgenden:

> Allerdings ist das eine borniert, eine miserable Empirie, die sich nicht bis zum philosophischen Denken erhebt oder wenigstens nicht erheben will; aber ebenso beschränkt ist eine Philosophie, die nicht zur Empirie herabsteigt. Aber wie kommt die Philosophie zur Empirie? Dadurch, daß sie sich nur die Resultate der Empirie aneignet? Nein, nur dadurch, daß sie die *empirische Tätigkeit* auch als eine philosophische Tätigkeit anerkennt – anerkennt, daß auch das *Sehen Denken* ist, auch die *Sinneswerkzeuge Organe der Philosophie* sind. Die neuere Philosophie unterschied sich eben gerade dadurch von der scholastischen, daß sie die empirische Tätigkeit mit der Denktätigkeit wieder verband, daß sie dem von den *wirklichen Dingen abgesonderten Denken* gegenüber den Grundsatz aufstellte: ‚Duce sensu philosophandum esse [unter Führung der Sinne soll man philosophieren].'[52]

Wenn Feuerbach die „Sinneswerkzeuge Organe der Philosophie" nennt, so erklärt er damit eine Menge von Überzeugung ermöglichenden, in den zeitgenössischen philosophischen (und theologischen) Argumentationen kaum gebräuchlichen Sätzen zu legitimen Instrumenten im Kampf um die Hoheit bei der Kontrolle der zustandsrelevanten Bewusstseinsträger. Ihm gelingt so eine Erweiterung des für die Disqualifizierung gegenläufiger Evidenzerfahrungen zur Verfügung stehenden argumentativen Repertoires. Der große Vorteil dieses Vorgehens besteht darin, dass Feuerbach zwar wie die Hegel'sche Philosophie (und in geringerer Form auch die Theologie) auf die Evidenz gelingender Begriffsentwicklung rekurriert, um die Überzeugung des Adressaten seiner Argumentation zu erreichen – die Entwicklung des Begriffes „Mensch"

---

50 L[udwig] F[euerbach]: Einige Bemerkungen über den „Anfang der Philosophie" von Dr. J. F. Reiff, in: Deutsche Jahrbücher, Jg. 1841, Nr. 150 vom 23. Dezember, S. 597-600 (LFGW, Bd. 9, S. 143-153, hier S. 144).
51 Ebenda, S. 146. Das Ausmaß der Feuerbach'schen Wertschätzung der empirischen Tätigkeit zeigt der unmittelbar anschließende Satz: „Schreiber dieses hat nichts dagegen, wenn man ihn ob dieses eben ausgesprochenen Gedankens des Empirismus zeiht."
52 Ebenda, S. 145.

nimmt im *Wesen* großen Raum ein –, im Falle konkurrierender Begriffsentwicklungen allerdings die Überlegenheit der von ihm vorgenommenen Entwicklung unter Rekurs auf argumentative Züge demonstrieren kann, die ihre Evidenz vor dem Hintergrund sinnlicher Gewissheit entfalten.

Die von Feuerbach propagierte Verwandtschaft von philosophischer und empirischer Tätigkeit, welche ursprünglich zur Restitution der Autonomie der Philosophie von der Theologie unternommen wurde, sollte für den Fortgang der deutschen Spätaufklärung des Vormärz nach der Enttäuschung, als verschiedene Autoren nach Möglichkeiten der Verabschiedung des philosophischen Rahmens aufklärerischer Projekte zu suchen begannen, von nicht zu überschätzender Bedeutung werden. So wie sich die ursprünglich zur Stützung der theologischen Evidenzen zur Anwendung gebrachte philosophische Evidenzproduktion zur eigenen Autonomie emanzipierte, so sollte sich auch die zur Stärkung bestimmter philosophischer Evidenzen beanspruchte, erfahrungswissenschaftliche Evidenzproduktion vom philosophischen Rahmen emanzipieren.

Von den expressiven Freiräumen, welche sich aufgrund des weihnachtlichen Zensur-Edikts nicht nur in Preußen auftaten, zeugen die anderen beiden Schriften aus dem Januar und Februar 1842. Ungeachtet der unwillkommenen, eine weitere Verbreitung erschwerenden Aufmerksamkeit, welcher sich das *Wesen des Christenthums* im Laufe des Jahres 1841 von Seiten der Zensur erfreute, fand das Werk Feuerbachs eine eher willkommene Aufmerksamkeit in Form zahlreicher Rezensionen und Anzeigen. Insbesondere die theologischen unter diesen fielen bisweilen sehr harsch aus. Eine dieser letzteren veranlasste Feuerbach in der vom 21. bis 27. Januar 1842 in den *DJb* erschienenen *Beleuchtung der in den „Theologischen Studien und Kritiken" (Jahrgang 1842, 1. Heft) enthaltenen Rezension meiner Schrift „Das Wesen des Christentums"* zu einer Generalabrechnung mit der theologischen Form der Evidenzproduktion:

> Aber gleichwohl hat derselbe [Professor der Theologie Julius Müller, UP] sie so gelesen, so aufgefaßt, so beurteilt, so *widerlegt*, wie sie jeder Theologe *als Theologe* lesen, auffassen, beurteilen und *widerlegen* wird und muß; der Theologe – natürlich als Theolog, nicht als Mensch – kann und darf aus heiliger Verpflichtung mir, der ich nicht als Theolog, sondern als denkender *Mensch* über die Mysterien der Theologie schreibe, nicht recht geben. Er *muß* vielmehr die *sonnenklarste Evidenz* für *rabenschwarze Nacht*, den *schlagendsten Beweis* für *unbegründete Voraussetzung*, die *einfachste Wahrheit* für *dialektische Spiegelfechterei*, die *unvermeidliche Notwendigkeit* der Natur der Sache für ein *willkürliches Hirngespinst* ansehen und erklären. Er *muß* über die *wesentlichen* Dinge so oberflächlich und ‚leicht wie die Wasserspinne' hinweggehen, in den *unwesentlichen* Dingen aber sich aufhalten und mir hier aus theologischer Eitelkeit den impertinenten Vorwurf der ‚*Unwissenheit*' machen, um sich und sein Publikum mit der Täuschung zu trösten: Weil im Unwesentlichen, so sei natürlich auch im Wesentlichen meine Schrift nichts. [...] Kurz, er muß es, wenigstens der Hauptsache nach, gerade so machen, wie es der Rez. ge-

macht hat. Ich betrachte daher seine Rezension als die Rezension nicht eines theologischen Individuums, sondern der Theologie.[53]

Es zeigt sich in dieser Passage nicht nur die im Zuge der Radikalisierung der junghegelianischen Aufklärung allgemein um sich greifende Tendenz, die Argumentationen zunehmend polemischer und weniger komplex zu formulieren und die publizistischen Freiräume des weihnachtlichen Zensur-Edikts auszumessen. Feuerbach, und in noch stärkerem Maße Bruno Bauer, gingen im Laufe des Jahres 1842 dazu über, die in ihren religionskritischen Hauptwerken entwickelten Gedanken in publikumswirksamerer Form zu präsentieren. Es zeigt sich in dieser Passage jedoch vor allem das Ausmaß, welches der Kampf um Hoheit in der Kontrolle der zustandsrelevanten Bewusstseinsträger zu Beginn des Jahres 1842 erreicht hatte. Sowohl von theologischer als auch von junghegelianischer Seite werden die jeweiligen Weisen der Produktion von Evidenz in Gänze disqualifiziert. Nicht mehr die Validität einzelner Argumente oder Positionen steht zur Diskussion, sondern vielmehr der argumentative Referenzrahmen als solcher.

Die Auseinandersetzung hatte somit ein Niveau erreicht, in welchem wechselseitig der Vorwurf erhoben wurde, nur noch sophistisch um argumentative Erfolge zu streiten und nicht mehr die sachgerechte Behandlung des umstrittenen Gegenstands zu erstreben. Diese gegenseitige Denunziation als nicht mehr dem Erkenntnisinteresse, sondern vielmehr dem Interesse um die Wahrung bzw. Erringung diskursiver (und damit politischer) Machtpositionen verpflichtete zeigt, dass es der junghegelianischen Aufklärung zu Beginn des Jahres 1842 durchaus gelungen war, die angestrebte Frontstellung zwischen aufklärerischer Philosophie und bewahrender Theologie wiederherzustellen. Es ist nunmehr ein Kampf ums Ganze, der zwischen den Vertretern der jeweiligen Form der Produktion von Evidenz geführt wurde. Wer immer diesen Kampf zu gewinnen vermochte, würde weit mehr als die Autorität bezüglich der Frage gewinnen, ob Gott die Menschen oder die Menschen Gott erschaffen haben. Wer sich in diesem Kampf durchsetzen und den eigenen Evidenzen mehr Geltung verschaffen würde als den konkurrierenden, gewänne Autorität bezüglich der Frage, wie das gemeinsame Leben zu regeln sei.

Die Bestimmung der Beziehung zwischen Philosophie und Religion berührt, wie bereits mehrfach festgestellt wurde, stets auch das Verhältnis der Junghegelianer zu Hegel. Wie sich bei Gelegenheit der Behandlung Bruno Bauers zeigen wird, gab die unterschiedliche Positionierung in dieser Frage einen weiteren Anlass zur Spaltung der Junghegelianer in ein Feuerbach- und ein Bauer-Lager, wenn diese Spaltung auch erst zu Ende des Jahres 1842 zum vollständigen Ausbruch kommen sollte. Feuerbach präzisierte sein Verhältnis zu Hegel in der dritten Schrift, welche zur näheren Präzi-

---

[53] L[udwig] F[euerbach]: Beleuchtung der in den „Theologischen Studien und Kritiken" (Jahrgang 1842, I. Heft) enthaltenen Rezension meiner Schrift „Das Wesen des Christentums", LFGW, Bd. 9, S. 177/178.

sierung der Tendenz des *Wesens des Christenthums* angeführt wird. In der am 16. und 17. Februar 1842 publizierten Stellungnahme zu einer anonymen Korrespondenten-Notiz der *Augsburger Allgemeinen Zeitung* vom 11. Dezember 1841, in welcher Feuerbach der Autorschaft an Bruno Bauers *Die Posaune des jüngsten Gerichts über Hegel den Atheisten und Antichristen. Ein Ultimatum* verdächtigt wurde, nahm Feuerbach die Abgrenzung zu Hegel denkbar eindeutig vor:

> Hegel *identifiziert* die Religion mit der Philosophie, ich hebe ihre *spezifische Differenz* hervor; Hegel betrachtet die Religion nur *im Gedanken*, ich in ihrem *wirklichen Wesen*; Hegel findet die Quintessenz der Religion nur im *Kompendium* der *Dogmatik*, ich schon im *einfachen Akte* des Gebets; Hegel *objektiviert* das Subjektive, ich *subjektiviere* das Objektive; Hegel stellt die Religion dar als das Bewußtsein eines *andern*, ich als das Bewußtsein des *eignen Wesens* des Menschen; Hegel setzt darum das Wesen der Religion in den *Glauben*, ich in die *Liebe*, weil die Liebe nichts andres ist als das *religiöse Selbstbewußtsein* des Menschen, das religiöse Verhältnis des Menschen *zu sich selbst*; Hegel verfährt *willkürlich*, ich *notwendig*; ...[54]

Während Bauer, so viel sei an dieser Stelle vorweggenommen, Hegel für die junghegelianische Aufklärung durch die Unterstellung einer eindeutig aufklärerischen, gar revolutionären Position zu vereinnahmen trachtete, plädierte Feuerbach dafür, das Hegel'sche Erbe auszuschlagen. Feuerbach war der Überzeugung, dass die Erschließung der Überzeugungspotenziale der Evidenzen sinnlicher Gewissheit ausreiche, um die Philosophie, zu welcher er sich wiederholt mit Emphase bekannte, von der theologischen Verunreinigung durch Hegel zu befreien, und dass die Verbindung von philosophischer Evidenz gelingender Begriffsentwicklung und alltagsweltlicher Evidenz sinnlicher Gewissheit darüber hinaus die theologische Macht über die zustandsrelevanten Bewusstseinsträger zu brechen in der Lage sei.

Bezüglich der Erfolgsaussichten von Projekten wie etwa der von Friedrich Wilhelm IV. betriebenen Rechristianisierung der preußischen Bevölkerung, die nicht zuletzt darauf zielten, der Überzeugungskraft der theologischen Evidenz heiliger Autoritäten zu neuer Stärke zu verhelfen, zeigte Feuerbach wenig Beunruhigung. Und es ist ein weiterer Beleg für die vollständige Preisgabe der Hoffnung, die monarchischen, zustandsrelevanten Bewusstseinsträger für die Sache der Vernunft zu gewinnen, wenn Feuerbach in der *Beurteilung* direkt das Vorhaben des Königs angreift:

> Nein, er muß überwunden werden; dieser Widerspruch [zwischen den Vorstellungen, Gefühlen und Interessen der Religion und den anderweitigen Vorstellungen, Gefühlen und Interessen der Menschheit, UP] ist der *faulste Fleck*, der *Schandfleck* unsrer neuern Geschichte, unsrer Gegenwart. Aber wodurch soll er, wodurch kann er überwunden werden? Dadurch, daß man die Menschheit gewaltsam auf den Zustand des ersten Christentums oder einen analogen Zustand wieder zurückversetzt? Wie albern! Solche repetitoria kommen wohl im Kopf eines theologischen Repetenten vor, aber in natura finden sie nicht statt. Dadurch, daß man Altes und Neues

---

[54] L[udwig] F[euerbach]: Zur Beurtheilung der Schrift „Das Wesen des Christenthums", LFGW, Bd. 9, S. 231.

> pêle-mêle untereinander mischt? Nichts ist widerlicher, nichts unausstehlicher als solcher Mischmach. Oder dadurch, daß man dem alten Glauben ein modernes Kleid gibt? Das ist ebenso lächerlich, als wenn man einen alten Mann dadurch wieder jung machen wollte, daß man ihn in das Kleid eines Jünglings steckt. Wodurch also? Nur dadurch, daß wir uns ehrlich und redlich eingestehen, daß das Tote tot ist, alle Wiederbelebungsversuche also eitel und vergeblich sind, nur dadurch, daß wir uns daher eine neue, lebensfrische, aus unserm eignen Fleisch und Blut erzeugte Anschauung der Dinge schaffen.[55]

Zeigte es sich anlässlich der Behandlung der *Beleuchtung*, dass Feuerbach die Auseinandersetzung mit der Theologie zu Beginn des Jahres 1842 auf einem Niveau führte, auf welchem keine Sachfragen mehr verhandelt werden, sondern vielmehr der gegnerischen Seite der Vorwurf rein strategischen, nur noch den überkommenen Zustand zu bewahren trachtenden Argumentierens entgegengebracht wurde, so zeigt sich in der *Beurteilung*, dass nun auch die ehedem umworbenen monarchischen Bewusstseinsträger keine Schonung mehr erfahren. Die Hoffnung auf eine Überzeugung der letzteren und eine Veränderung der preußischen Verhältnisse entlang der preußischen Konfiguration der Elemente des bewusstseinszentrierten Modells gesellschaftlicher Veränderung gehörte eindeutig der Vergangenheit an. Die letzten beiden behandelten Schriften Feuerbachs zeigen insofern, dass auch der im Vergleich zu Bruno Bauer, dem nun die Aufmerksamkeit gelten soll, in der Form der Kritik und dem Ausmaß der transportierten Forderungen eher zurückhaltende Feuerbach zu Beginn des Jahres 1842 auf die französische Konfiguration der Elemente des bewusstseinszentrierten Modells gesellschaftlicher Veränderung umgeschwenkt war. Auch für Feuerbach lautete das Gebot der Stunde Radikalisierung und Eskalation des Konflikts zwischen aufklärerischen Philosophen auf der einen und Theologen und monarchischem Staat auf der anderen Seite um die Bestimmung des Bewusstseins des in letzter Instanz maßgeblichen zustandsrelevanten Bewusstseinsträgers – des preußischen und/oder deutschen Volkes.

1.4 Bruno Bauers Rückführung des Christentums auf die Verwirklichung des „Selbstbewusstseins"

Bruno Bauer ist nach Ludwig Feuerbach zweifellos der wichtigste Protagonist der junghegelianischen Aufklärung. Mit letzterem verbindet ihn die Überzeugung, dass das vorherrschende christliche Bewusstsein durch ein aufgeklärtes zu ersetzen sei und die Philosophie die Theologie als maßgebliche Instanz zur Beantwortung von Ist- und Soll-Fragen der gesellschaftlichen Zustände abzulösen habe. Allerdings war nicht nur der Weg, auf welchem Bauer zu diesen Ansichten gelangte, ein anderer, auch das argumentationsstrategische Vorgehen Bauers unterschied sich deutlich von

---

55 Ebenda.

demjenigen Feuerbachs. Zwar stellte Bauer die philosophische Evidenz gelingender Begriffsentwicklung gleichfalls ins Zentrum seiner Bemühungen um Überführung des christlichen Bewusstseins in ein aufgeklärtes, flankierte diese jedoch mit der Evidenz historischer Plausibilität, also mit Fragen nach der Möglichkeit, die Geschehnisse der heiligen Schrift im Vokabular menschlicher Handlungen abzubilden. Die doppelte Stoßrichtung der junghegelianischen Aufklärung gegen Theologie und Hegel'sche Philosophie und den einhergehenden argumentationsstrategischen Versuch einer Untergrabung der theologischen Evidenz heiliger Autoritäten, sei es in dominanter oder unterstützender Funktion, glaubte Bauer durch Rekurs auf diese naturalistische Evidenz vollziehen zu können. Er gelangte dabei zu einer explikativen Rückführung des Christentums auf eine die Weltgeschichte bestimmende Verwirklichung des menschlichen „Selbstbewusstseins", welches die christliche Religion als Moment seiner eigenen Entfaltung hervorgebracht hätte. Diese Etappe des Verwirklichungsprozesses sah Bauer als abgeschlossen an und kam so zur Bekundung der Notwendigkeit einer ähnlichen Frontstellung von aufklärerischer Philosophie und bewahrender Theologie, wie sie Feuerbach in seinen Schriften forderte.

Die Eigenheit des Bauer'schen Weges zu einer radikalen Kritik des christlichen Bewusstseins und der dieses stützenden Theologie lässt sich aus verschiedenen Gründen konstatieren. Bauer hatte, dies keine Besonderheit unter den Junghegelianern, ein Studium der Theologie absolviert. Im Unterschied zu den anderen Junghegelianern war es Bauer jedoch gelungen, eine akademische Stellung an der theologischen Fakultät einer, noch dazu preußischen Universität, der Bonner Friedrich-Wilhelms-Universität, zu erlangen. Die Ereignisse um den schließlichen Verlust seiner *licentia docendi*, denen, wie schon angedeutet, maßgeblicher Einfluss auf den Prozess der Radikalisierung der junghegelianischen Aufklärung zukam, werden in der Folge noch eine eingehende Behandlung erfahren. An dieser Stelle gilt es jedoch festzuhalten, dass Bauer die Aufnahme der junghegelianischen Aufklärung, an welcher er federführend beteiligt war, als staatlich besoldeter Dozent für Theologie betrieb.

Bruno Bauer war für die junghegelianische Debatte insofern nicht nur wegen seiner Beiträge bedeutsam, sondern darüber hinaus aus dem Grund, dass er die anfangs durchaus gegebene Möglichkeit einer Akkommodation der Junghegelianer mit dem preußischen Staat dokumentiert. Die Frage, ob die Pazifizierung der junghegelianischen Aufklärung durch Aufnahme ihrer Protagonisten in den Staatsdienst nicht doch eine Option für die preußische Regierung hätte darstellen können, ist aufgrund der tatsächlich stattgefundenen Entwicklung eine rein spekulative. Sie ist jedoch aufs engste mit der Person Bruno Bauer verbunden. Außerdem war der Bauer'sche Wechsel von einer staatlich abgesicherten Position zum freien Schriftsteller, der sein Auskommen mit den Ergebnissen seiner Tätigkeit bestreiten musste, nicht nur prägend für die anderen junghegelianischen Biographien, sondern bildete auch einen der bevorzugten Ansatzpunkte für die Ideologiekritik, welcher Marx und Engels die junghegelianische Debatte schließlich unterziehen werden. In der Position des freien Schriftstellers mussten sich Bauers Schriften verkaufen. Das für ein Verständnis der junghegelianischen Debatte so fundamentale Verhältnis der Autoren zu dem zu überzeugenden Publikum, findet sich in seiner zweifachen Ausprägung von Absatz und Überzeugung bei Bauer antizipiert.

Nach diesen einleitenden Bemerkungen über das Verhältnis von intellektueller Entwicklung und Verlust der staatlichen Existenzsicherung kann die von Bauer intendierte politische Relevanz seiner Schriften schwerlich überraschen. Über die politischen Konsequenzen, welche Bauer seine Schriften zu zeitigen vermeinte, kann kein Zweifel bestehen, und im Unterschied zu Feuerbach ist auch keine intensive Suche erforderlich, um Belege für diesen Sachverhalt zu finden. So schließt etwa das Vorwort des ersten Bandes der *Kritik der evangelischen Geschichte der Synoptiker*, die, im Unterschied zu vielen anderen, wesentlich polemischeren und radikaleren Schriften Bauers, unter seinem Namen veröffentlicht wurde und im *Organ des Deutschen Buchhandels* am 26. Juni 1841 angezeigt wurde,[56] mit der zeittypischen Erwartung: „Durchackern wir aber nur mit der Kritik den Boden der Geschichte: aus den Furchen wird der frische Lebensduft aufsteigen und der alte Boden, der lange genug brach gelegen hat, wird neue Zeugungskraft entwickeln. Hat uns nur erst die Kritik wieder reines Herzens und frei und sittlich gemacht: so wird das Neue nicht mehr fern seyn. Aber wollen wir denn mehr?"[57]

Die „Kritik", welcher Bauer im vorhergehenden Zitat die Fähigkeit zur Befreiung und Steigerung der Sittlichkeit des Menschen zusprach und welche in der besonderen Verbindung von philosophischer Grundlegung im menschlichen „Selbstbewusstsein" und historisch-kritischer Analyse (hauptsächlich) geschichtlicher Quellen ihren Ausdruck fand, war für Bauer der zentrale Begriff des von ihm vertretenen Ansatzes. Und bei aller Dynamik der Bauer'schen intellektuellen und persönlichen Entwicklung, welche ihn nach der Enttäuschung etwa dazu bewegte, eine „reine" oder „kritische" (Marx/Engels) Kritik zu konzipieren, lässt sich das grundlegende Motiv dieses Ansatzes schon sehr früh bei Bauer nachweisen. Bereits in der 1838 veröffentlichten *Kritik der Geschichte der Offenbarung* kommt das für Bauer prägende Verhältnis von Philosophie, welche über den systematisch-notwendigen Entwicklungsgang der Geschichte Auskunft gibt, und Empirie, welche den Stoff der unmittelbar gegebenen, aber kontingenten Erscheinungen zur Verfügung stellt, einprägsam zum Ausdruck:

> Ein Widerspruch nämlich ist es, wenn die biblische Theologie den *Religionsbegriff* zu entwickeln hat und ihr Gegenstand doch auch wieder die *unmittelbare Erscheinung der Geschichte* ist. Nach jener Seite geschieht ihr wissenschaftlicher Verlauf in Form der Allgemeinheit und der innern

---

56 Organ des Deutschen Buchhandels, 8. Jg. (1841), H. 26 vom 26. Juni. Dieses in Berlin herausgegebene Verzeichnis von Neuerscheinungen führt im Unterschied zum *Börsenblatt für den Deutschen Buchhandel*, das unter (liberalerer) sächsischer Zensur in Leipzig erschien, nur solche Titel, welche die restriktive preußische Zensur passierten.
57 Bruno Bauer: Kritik der evangelischen Geschichte der Synoptiker, 1. Bd., Leipzig 1841, S. XXIV.

> Nothwendigkeit, nach der letztern Seite hat sie mit der äußern Zufälligkeit zu kämpfen, welche die Form der unmittelbaren Erscheinung ist. Der Widerspruch hebt sich zwar dadurch auf, daß die geschichtliche Erscheinung die Wirklichkeit des Begriffs ist. Aber diese Aufhebung des Widerspruchs wenn sie von andern Behandlungsweisen unsrer Disciplin nicht als eine bloße Behauptung betrachtet werden soll, muß sich durch die Methode wirklich rechtfertigen und als nothwendig beweisen. Vollendet ist die Rechtfertigung dann, wenn jede von beiden Seiten des Widerspruchs ihrer Natur nach sich auf die andere bezieht und sich mit ihr Eins setzt. Die Erscheinung muß sich durch ihre eigene Entwickelung in den Begriff aufheben und dieser durch seine innere Dialektik die Erscheinung als seine Objectivität setzen, so daß in der Idee die beiden Momente, der Begriff und die geschichtliche Erscheinung in die Totalität zusammengehen.[58]

Es bleibt festzuhalten, dass Bauer in dieser für die Charakterisierung seines kritischen Ansatzes sehr reichhaltigen Passage, die zu einem Zeitpunkt entstand, als er den Bruch mit der Theologie noch nicht vollzogen hatte, ein Verhältnis darstellte, welches, wenn auch unter veränderten Vorzeichen, für die gesamte Dauer des untersuchten Zeitraums grundlegend war: die für Bauer so zentrale Verbindung von philosophischer Evidenz gelingender Begriffsentwicklung als dominanter und naturalistischer Evidenz historischer Plausibilität als unterstützender Quelle von Evidenzerfahrungen. Für diese frühe Darstellung der argumentationsstrategischen Methode, ausgehend von welcher Bauer dann seine Variante des junghegelianischen Angriffs auf die theologische Kontrolle der zustandsrelevanten Bewusstseinsträger vornehmen sollte, war es charakteristisch, dass Bauer das Verhältnis von Empirie und (noch im Einklang mit der Theologie befindlicher) Philosophie bereits als ein widersprüchliches darstellte.

Mit der aus theologischer Perspektive notwendigen, dialektischen Aufhebung dieses Widerspruchs zeigte sich Bauer noch ganz in Hegel'schen Gleisen und meinte, mit den Möglichkeiten philosophischer Evidenzproduktion die Kluft zwischen den beiden kollidierenden Evidenzen heiliger Autoritäten und historischer Plausibilität überwinden zu können. Es ist jedoch offensichtlich, dass dieses zur Stützung der fraglich gewordenen Evidenz heiliger Autoritäten unternommene Unterfangen, welches, ähnlich wie Hegels Versuch einer Festigung der theologischen Evidenz durch ihre philosophische Untermauerung, eine fraglich gewordene Evidenz durch Anbindung an andere, unproblematische Weisen der Evidenzproduktion zu bewahren suchte, auch darin sein Ende finden konnte, dass die fraglich gewordene Evidenz schlicht aufgegeben wird.

Es scheint, als ob genau dies in der Folge eingetreten ist. Im Zuge der Arbeit an der *Kritik der evangelischen Geschichte des Johannes,* die 1840 in Bremen erschien, und an dem Werk, welches Bauer schließlich seine *licentia docendi* kosten sollte – der dreibändigen *Kritik der evangelischen Geschichte der Synoptiker* –, scheint Bauer immer weniger gewillt, die theologische Evidenz heiliger Autoritäten durch philoso-

---

58 Bruno Bauer: Kritik der Geschichte der Offenbarung. Die Religion des Alten Testamentes in der geschichtlichen Entwicklung ihrer Principien, Bd. 1, Berlin 1838, S. XCV/XCVI.

phische Vermittlung mit der naturalistischen Evidenz historischer Plausibilität aufrecht zu halten. Wenn man will, schrieb er sich mit seiner historisch-kritischen Untersuchung der Evangelien aus der Theologie heraus. Bauer wurde so von einem, im Hegel'schen Sinne theologischen Philosophen zu einem der vehementesten aufklärerischen Philosophen des Vormärz.

Die Veränderung, welche diesen Bruch mit der Theologie auf argumentationsstrategischer Ebene begleitete, war eine vergleichsweise unauffällige, die in ihren Konsequenzen aber umso gewichtiger war. Anfänglich hatte Bauer, streng hegelianisch, die Reflexivität des menschlichen Selbstbewusstseins, die Kritik, als ein Moment in der Verwirklichung des absoluten Geistes gesehen, als Schritt auf dem Wege der Versöhnung von Gott und Welt. Menschliches Tun – selbst in kritischer Absicht – war insofern *nolens volens* stets Vorbereitung der angeführten Versöhnung. Vor diesem Hintergrund hatte Hegel nicht zuletzt die Aufklärung des 18. Jahrhunderts zu einer den Glauben *à la fin de la journée* stützenden Entwicklung erklären können. Im Zuge der Arbeit an der *Kritik der evangelischen Geschichte der Synoptiker* löste Bauer die reflexive Tätigkeit des menschlichen Selbstbewusstsein aus ihrer Einbettung in die fortschreitende Verwirklichung der, letztlich christlichen, absoluten Idee: „Die Kritik hat sich demnach gegen sich selbst zu richten und die mysteriöse Substantialität, in welcher sie bisher sich und die Sache gehalten, dahin aufzulösen, wohin die Entwicklung der Substanz selber treibt – zur Allgemeinheit und Bestimmtheit der Idee und zu deren wirklicher Existenz – dem unendlichen Selbstbewußtseyn."[59]

Nicht mehr die Verwirklichung der absoluten Idee war nun das Movens der Weltgeschichte, sondern das menschliche Selbstbewusstsein selbst war das Prinzip, welches die vermeintliche Kontingenz der empirischen Ereignisse zu beheben erlaubte. Das Christentum war nun nicht länger der Rahmen, innerhalb dessen die reflexive Tätigkeit ihre Ergebnisse zur schließlichen Verherrlichung Gottes zeitigte, vielmehr wurde das Christentum zu einem Moment im Prozess der Verwirklichung des menschlichen Selbstbewusstseins, das somit zur nicht mehr transzendierbaren Macht hinter den weltlichen und geistigen Erscheinungen wurde: „Das war von Anfang an das Ziel, dem die Kritik zustrebte, daß sie in den Evangelien die Spur des Selbstbewußtseyns finden wollte, und die Hypothesen, die sie bis jetzt erzeugt hat, unterscheiden sich nur danach, je nachdem sie den Antheil des Selbstbewußtseyns an der Abfassung der Evangelien mehr oder weniger, sey es durch ein Urevangelium oder durch die Tradition oder durch die mündlichen Berichte eines Augenzeugen, gegeben werden lassen. Am Schluß der Entwicklung werden die positiven oder mysteriösen Schranken, welche den Inhalt und das Selbstbewußtseyn trennen sollten, zusammenfallen und das Getrennte wird sich vereinigen."[60]

---

59 Bruno Bauer: Kritik der evangelischen Geschichte der Synoptiker, 1. Bd., Leipzig 1841, S. VII.
60 Ebenda, S. XXII.

Für das Verständnis der Offenbarungsgeschichte zeitigte diese verkehrende Anordnung Hegel'scher Begrifflichkeiten die denkbar radikalsten Konsequenzen. Sämtliche in der Heiligen Schrift geschilderten Begebenheiten waren Bauer zufolge nicht mehr als schlichte Erzeugnisse menschlicher Einbildung. Die Bauer'sche Argumentation nahm dabei folgende Form an:

> Es ist klar: unmittelbar kann kein Mensch mit einem Gegebenen in Berührung treten, es bedarf einer Vermittlung – mag man sie nun Voraussetzung nennen oder wie man will – ja ohne Vermittlung kann für ihn nicht einmal ein Gegebenes seyn und es kommt nur darauf an, daß die wahre vorhanden ist. Es ist ferner nicht zu läugnen, daß die Evangelien von Menschen geschrieben sind und ihr Inhalt sammt der Form durch ein menschliches Selbstbewußtseyn hindurchgegangen ist: als Werke des Selbstbewußtseyns finden sie also in uns auch etwas Homogenes, für welches sie gegeben und Gegenstand der Betrachtung seyn können. Endlich gilt ihr Inhalt als unendlich und absolut, das Selbstbewußtseyn, für welches sie gegeben sind, ist aber in seiner Ausbildung und Allgemeinheit die unendliche Energie und das Selbstbewußtseyn des Unendlichen: nun entscheidet nach diesen einfachen, nicht umzustoßenden Sätzen, ob es mit einer ‚äußern' philosophischen Voraussetzung geschieht, wenn der als absolut gegebene Inhalt im Selbstbewußtseyn, für welches er doch allein gegeben seyn kann, in Bewegung gesetzt wird und nun in seinem ursprünglichen Element, in seiner Heimath auflebt und seine Natur frei entwickelt![61]

Der Widerspruch zwischen theologischer Evidenz heiliger Autoritäten und naturalistischer Evidenz historischer Plausibilität, welcher etwa die Rechtfertigung der geschilderten Wunder zu einer so hochkomplexen Angelegenheit hatte werden lassen, war insofern nur ein Widerspruch zwischen tatsächlichen und eingebildeten Begebenheiten. Bauer ging in der Folge dazu über, die ehedem vermittelnde philosophische Evidenz gelingender Begriffsentwicklung zur möglichst krassen Hervorhebung dieses Widerspruchs einzusetzen: „Die Aufgabe der Kritik – die letzte, die ihr gestellt werden konnte – ist nun offenbar die, daß zugleich mit der Form auch der Inhalt [der Geschichte der evangelischen Synoptiker, UP] darauf hin untersucht wird, ob er gleichfalls schriftstellerischen Ursprungs und freie Schöpfung des Selbstbewußtseyns ist."[62] Nicht mehr Stützung der fraglich gewordenen theologischen Evidenz war nun das Anliegen Bauers, sondern vollständiges Aufdecken ihrer Fragwürdigkeit durch schonungslose Konfrontation mit der „diamantenen Härte" philosophischer und naturalistischer Evidenz.

Wie die zitierten Passagen zeigen, bettete Bauer die von ihm vorgetragene Kritik durchaus in die theologische Tradition ein, ja, er ging sogar soweit, seinen philosophisch-naturalistischen Ansatz als die Kulmination der theologischen Kritik zu präsentieren:

---

61 Ebenda, S. XVI.
62 Ebenda, S. XV.

> Diese günstige Stellung, deren sich jetzt die Kritik erfreut, macht es ihr möglich, daß sie ihren früheren geschichtlichen Gegensatz in seiner einfachen Kategorie auffassen, beurtheilen und mit ihm Abrechnung halten kann. Dieser Gegensatz ist die Apologetik, unter welcher wir diejenige Gestalt des Bewußtseyns verstehen, welches sich bei der Anerkennung eines Positiven beruhigt, ohne es untersucht und als Bestimmtheit und Werk des Selbstbewußtseyns erkannt zu haben. Der Kritik würde es aber unmöglich seyn, für diese Gestalt sich noch lebendig zu interessiren, wenn sie dieselbe nicht als allgemeine Kategorie auffaßte und die Macht derselben in ihrem eignen Bereiche anerkennen müßte. Die Kritik hat es mit ihrer eigenen Erscheinungsform zu thun, wenn sie sich gegen die Apologetik richtet, da sie selbst in den ersten Stadien ihrer Entwicklung in die positiven Interessen derselben noch hineingezogen war, auch Strauß, auch Weiße haben ihre Durchführung der Kritik noch apologetisch beschränkt, die Kritik hat also ihren Feind in sich selber erfahren und kann ihn nach dieser Erfahrung und Selbsterkenntniß um so sicherer in allen seinen Verstecken auffinden und drinnen und draußen zur Niederlage bringen.[63]

Mit der Charakterisierung der früheren kritischen Untersuchungen der Heiligen Schrift, wie sie etwa Strauß im *Leben Jesu* formuliert hatte, als Apologetik, die bestimmte Grundsätze des christlichen Glaubens weiterhin der kritischen Evaluation enthebe, schrieb Bauer in gewisser Weise die Tendenz zur Radikalisierung in die Kritik selbst ein. Und es war vor diesem Hintergrund nur konsequent, wenn Bauer nach der Enttäuschung das fortwährende Auflösen alles Gegebenen zum zentralen Prinzip seiner „reinen" Kritik erklärte. Argumentationsstrategisch betrachtet, bedeutete das Konstatieren eines Gegensatzes zwischen stringenter Kritik und Apologetik als einer auf halbem Wege stehen gebliebenen Kritik die vollständige Disqualifikation jeglicher Rechtfertigung durch Rekurs auf die theologische Evidenz heiliger Autoritäten. Hatte Strauß noch betont, dass der „innere Kern des christlichen Glaubens" von seiner kritischen Untersuchung unberührt bleibe,[64] hatte Strauß der theologischen Evidenz also noch nicht vollständig die Anerkennung entzogen, so kannte Bauer in der *Kritik der evangelischen Geschichte der Synoptiker* keine derartige Rücksichtnahme mehr. Alle Inhalte der christlichen Religion mussten bei Bauer den Test der philosophisch-naturalistischen Evaluation bestehen, mussten sich insofern als Elemente eines sich verwirklichenden menschlichen Selbstbewusstseins zu erkennen geben, oder in den Bereich ungerechtfertigter Irrtümer entsorgt werden. Ähnlich wie Feuerbach zeitgleich im *Wesen des Christenthums* sämtliche Bestimmungen der christlichen Religion auf philosophisch zu gewinnende Bestimmungen des menschlichen Wesens reduzierte, reduzierte auch Bauer die Bestimmungen der christlichen Religion auf einen rein menschlichen, nur philosophisch zu erschließenden Ursprung.

Nach dieser Darstellung der Bauer'schen Kritik kann festhalten werden, dass Bauer im Zuge seines ursprünglichen Versuchs, den Widerspruch der in der Bibel geschilderten Ereignisse mit einem naturalistischen Verständnis menschenmöglicher

---

63 Ebenda, S. XIX.
64 Siehe oben, Abschnitt 1.

Handlungen mit dem Instrumentarium der Hegel'schen Dialektik aufzuheben, dazu überging, die theologische Evidenz als bloße Schein-Evidenz zu charakterisieren. Die Radikalität seines kritischen Ansatzes resultierte dabei in erster Linie aus der Aufwertung der philosophischen Evidenz gelingender Begriffsentwicklung von ihrer innerhalb der theologischen Evidenzproduktion rein unterstützenden in eine dominierende Funktion. Im Unterschied zu Hegel und auch Strauß, welche der theologischen Evidenz zumindest eine unterstützende Funktion beließen, ersetzte Bauer die theologische durch die naturalistische Evidenz historischer Plausibilität. Mit Bauer zeigt sich so die Brüchigkeit des Hegel'schen „Burgfriedens" zwischen Theologie und Philosophie in vollem Ausmaß. Und es zeigt sich darüber hinaus, dass der theologische Versuch, die Überzeugungskraft der Evidenz heiliger Autoritäten unter Rekurs auf die philosophische Evidenzproduktion zu stärken – ein besonders in deutschen Kontexten unternommener Versuch, der französischen Entwicklung des 18. Jahrhunderts zu entgehen –, eindeutige Grenzen hatte. Denn in dem Augenblick, in welchem die Abhängigkeit der theologischen Evidenz von der philosophischen ein gewisses Ausmaß überschritt, wurde solchen kritischen Ansätzen das Feld bereitet, welche der ehedem rein unterstützenden philosophischen Evidenz zur Autonomie zu verhelfen trachteten. Bauers *Kritik der evangelischen Geschichte der Synoptiker* stellt in gewisser Weise das Paradigma dieser Entwicklung dar.

Die besondere Bedeutung Bauers für die junghegelianische Phase der deutschen Spätaufklärung resultiert, dies ein klarer Unterschied zu Feuerbach, allerdings nicht nur aus den Werken, für welche Bauer mit seinem Namen verantwortlich zeichnet. Bauer gehört sicher zu denjenigen junghegelianischen Autoren, die am häufigsten Gebrauch von der anonymen Veröffentlichung zensurwidriger Schriften geübt haben. Annähernd zeitgleich mit der *Kritik der evangelischen Geschichte der Synoptiker* hatte Bauer eine Schrift veröffentlicht, deren Einfluss auf die junghegelianische Debatte keineswegs geringer zu veranschlagen ist, als derjenige der *Kritik*. Die Rede ist natürlich von der bei Otto Wigand 1841 in Leipzig herausgegebenen Schrift *Die Posaune des jüngsten Gerichts über Hegel den Atheisten und Antichristen. Ein Ultimatum*, in welcher Bauer erstmals den Versuch unternahm, Hegel für die junghegelianische Sache zu vereinnahmen. Die lange nicht geklärte Frage der Autorschaft dieser in ihrer Radikalität damals singulären Schrift gab Anlass zu wilden Spekulationen – nicht zuletzt Feuerbach wurde als ihr Urheber vermutet.

Im Gegensatz zum im letzten Abschnitt dargestellten Umgang Feuerbachs mit Hegel, der die Junghegelianer zum Ausschlagen des Hegel'schen Erbes aufrief, versuchte der Autor der *Posaune*, Hegel zum antichristlichen Aufklärer zu erklären: „Wir gehorchen dem Worte: ‚Blaset mit der Posaune zu Zion: erzittert alle Einwohner im Lande; denn der Tag des Herrn kommt und ist nahe.' In Hegel ist der Antichrist gekommen und ‚geoffenbaret' worden. Es ist die Pflicht des wahrhaft Gläubigen, den Bösen Allen kenntlich zu machen, ihn offen und aufrichtig anzuklagen, Jedermann vor ihm zu warnen und seine List zu vereiteln."[65] Doch Bauer ging noch weiter und erklärte Hegel nachgerade zum radikalen Junghegelianer: „Der Hauptfehler aller bisherigen Gegner dieser Philosophie – auch der philosophischen Gegner – lag darin, daß sie die Tiefe des ursprünglichen Systems, den Atheismus desselben nicht erkannt hatten und diese Verblendung der Gläubigen wird heute noch durch die List der Jung-Hegelianer unterhalten, die, um die Gegner irre zu führen und ihre Axt von der Wurzel des Baumes fern zu halten, keck behaupten, ihr Princip sey von dem des Meisters unterschieden."[66]

Aus den beiden soeben zitierten Passagen erhellt dreierlei für die Bedeutung der *Posaune* in junghegelianischen Kreisen. Zum einen kam der Schrift insofern prägender Einfluss auf die junghegelianische Aufklärung zu, als Bauer zeigte, wie die Arbeit der Zensoren ohne eine tatsächliche Einbuße an Überzeugungskraft der argumentierten Position erschwert werden konnte – die *Posaune* ist der Form nach eine pietistisch-christlich motivierte Kritik der neueren, natürlich vor allem Hegel'schen Philosophie, und allein schon die Allgegenwart von unzähligen Bibelzitaten verrät den theologisch geschulten Autor. Für Zensoren, welche mit der neueren Philosophie nicht sonderlich vertraut waren, war die Ironie der religiösen Entrüstung mitunter nur schwer zu durchschauen.

Außerdem wählte Bauer in dieser Schrift zum ersten Mal die Strategie, die Fragwürdigkeit der theologischen Evidenz dadurch aufzudecken, dass er die eigentlich überlegene Form philosophischer Evidenzerzeugung mit der ersteren zu widerlegen trachtete. Im Unterschied zur *Kritik*, in welcher Bauer aufrichtig aus philosophischer Perspektive argumentierte, also von der Überzeugungskraft der vorgebrachten Argumente tatsächlich überzeugt war, übernahm er in der *Posaune* nur scheinbar die Verantwortung für die vorgebrachten Argumente und forderte den Leser geradezu auf, der entwickelten Argumentation zu widersprechen. Die *Posaune* ist so in gewissem Sinne das negative Gegenstück zur positiven Religionskritik, wie sie in der *Kritik* formuliert wurde.

Schließlich, und das darf nicht unterschätzt werden, erlaubte die gewählte Form, eine Thematisierung von Sachverhalten, welche in direkter Weise aufgrund der zensorischen Kontrolle nicht thematisiert werden konnten, welche jedoch für die Lebenswirklichkeit junghegelianischer Autoren zu Beginn der 1840er Jahre prägend waren. So konnte Bauer etwa den bereits angeführten Sachverhalt persiflieren, dass den Junghegelianern die Aussicht auf eine staatliche Karriere verschlossen war: „Auch deshalb müssen sie [die Althegelianer, UP] antworten – wir verpflichten in voraus dazu einen Göschel, besonders aber einen Henning, Gabler, Rosenkranz sc. sc. sc. – weil sie es ihrer Regierung schuldig sind. Sie müssen es, um ihre Regierung von einer

---

65 [Bruno Bauer:] Die Posaune des jüngsten Gerichts über Hegel den Atheisten und Antichristen. Ein Ultimatum, Leipzig 1841, S. 6.
66 Ebenda, S. 7/8.

falschen Wendung, welche sie einzuschlagen und consequent zu verfolgen im Begriffe ist, abzulenken. Ihre Regierung hat nämlich mit Recht den Vorsatz gefaßt, das antichristliche Wesen der Jung-Hegelianer, dieser schamlosen Rotte, mit Stumpf und Stiel zu vertilgen und zunächst keinen der Jüngern, die sich dem Atheismus ergeben haben, zu öffentlichen Aemtern und Lehrstühlen zuzulassen."[67] Bauer erhob in der Folge die Forderung, auch die Althegelianer ihrer Ämter zu entheben, da, wie er in der *Posaune* argumentierte, die Hegel'sche Philosophie als solche atheistisch sei, was die Althegelianer nur geschickt verdeckten.

Es bedarf keiner besonderen Einbildungskraft, um sich den Erfolg dieser Schrift bei den kritisch gesinnten Kreisen der deutschen Bevölkerung zu vergegenwärtigen. Bauer hatte mit dem Instrumentarium fingierter theologischer Kritik an der junghegelianischen philosophischen Aufklärung eine Darstellungsform in die Debatte eingeführt, auf welche nicht nur er selbst später zurückgreifen sollte, sondern welche darüber hinaus den argumentativen Spielraum junghegelianischer Einsätze entscheidend erweiterte. Der ironisch-humoristische Zug und das vielfältige Spiel mit den unterschiedlichen, in Konkurrenz um den größten Einfluss auf die Bestimmung der zustandsrelevanten Bewusstseinsträger befindlichen Weisen der Evidenzproduktion sollte vor allem für die Schriften der Debatte um die Weiterentwicklung des aufklärerischen Diskurses nach dem Scheitern seiner philosophischen Form 1842/43 prägend werden. Stirners *Einziger* und zu noch weit größerem Maße Marx' und Engels' Manuskripte zur „Deutschen Ideologie" stehen mit ihrem Bemühen, die Adressaten ihrer Argumentationen auch dadurch zu überzeugen, dass sie die kritisierte Position der Lächerlichkeit preisgeben, eindeutig in der Tradition der *Posaune*. Allerdings trug nicht zuletzt der Unterhaltungswert, welcher einer solchen Form der Kritik zukam, dazu bei, die aufklärerische Kritik als literarische Gattung zu etablieren, deren durchaus kommerzieller Erfolg die Ernsthaftigkeit und Aufrichtigkeit der von den Autoren vertretenen Positionen zu kompromittieren drohte.

Um die Behandlung der *Posaune* zu beschließen, sei abschließend noch eine Passage zitiert, welche bei allen Unterschieden zwischen Bauer und Feuerbach bezüglich der Vereinnahmung oder Abgrenzung von Hegel sowie der Wahl der die philosophische Evidenz flankierenden, alternativen Formen von Evidenz eine eindeutige Gemeinsamkeit zwischen den beiden zentralen Protagonisten der junghegelianischen Aufklärung zum Ausdruck bringt. Es ist die Rede von dem unvereinbaren Gegensatz, in welchem Glaube und Wissen, Theologie und Philosophie, Apologie und Kritik der bestehenden Verhältnisse im Sommer 1841 stünden: „Macte virtute! würden wir jedem von ihnen [den „positiven Philosophen", UP], besonders aber ihrem rührigsten und frischesten Vorkämpfer, nämlich Fichte'n zurufen, wenn wir uns überzeugen könnten, daß von der Philosophie her dem christlichen Glauben das Heil kommen könnte. Sie wenigstens Alle zusammen haben uns davon nicht überzeugt: im Gegen-

---

67 Ebenda, S. 12.

theil! sie haben uns nur den Beweis geliefert, daß alle Philosophie, auch wenn sie auf das Minimum reducirt und ihrer specifischen Wildheit beraubt wird, der christlichen Wahrheit schaden muß. Schon die Absicht zu philosophiren, der Wille und die Meinung, Philosoph zu seyn, der Schein des Wissens tödtet das christliche Leben."[68]

Die in diesen Zeilen transportierte, zuspitzende Eskalation zwischen kritischen und bewahrenden Kräften sollte, soweit zeigten sich die Erwartungen der Junghegelianer begründet, bald die Arena rein diskursiver Auseinandersetzung verlassen. Wie bereits im zweiten Abschnitt dargestellt, sah das Jahr 1842 nicht nur die Erleichterung der Zensur in Preußen, sondern ebenfalls eine Radikalisierung von Kritik und Reaktion. Der zweite Band von Bauers *Kritik der evangelischen Geschichte der Synoptiker*, der am 16. Oktober 1841 von Otto Wigand im *Organ des Deutschen Buchhandels* angezeigt wurde, hatte den Eindruck des ersten nur noch verstärkt, dass es sich hier um ein antichristliches Werk eines für die Ausbildung zukünftiger christlicher Lehrkräfte und Seelsorger zuständigen, staatlich besoldeten Theologen handelte. Besonders in Bauers eigener theologischer Fakultät der Rheinischen Friedrich-Wilhelms-Universität zu Bonn zeigte man sich nicht gewillt, die Gefahr der atheistischen Indoktrination der Studierenden noch länger zu tolerieren.

Es ist bezeichnend für die allgemeine Stimmung des Jahres 1842, dass der von der Fakultät um Entlassung Bauers aus dem Lehrdienst ersuchte Kultusminister Eichhorn diesen allseits als Eingriff in die wissenschaftliche Freiheit verstandenen Akt nicht leichtfertig vornahm. Der sich im Anschluss an den Entzug der *licentia docendi* aufkommenden öffentlichen Diskussion dieser Ereignisse, welche eine rege Flut von Parteinahmen und Anklagen Bauers zutage brachte, ist es zu verdanken, dass die vom Kultusministerium in Auftrag gegebenen Gutachten bezüglich der Frage, ob Bauer nach seiner Positionierung in der *Kritik* die Weiterführung der Lehrtätigkeit gestattet sein sollte, im Sommer 1842 veröffentlicht wurden. Eichhorn hatte sämtliche protestantisch-theologische Fakultäten Preußens um Stellungnahme ersucht, und die vorhandenen Minderheits- und Sondervoten zeigen, dass diese Frage auch in den theologischen Fakultäten mitunter kontrovers diskutiert wurde. Das Spektrum der gegebenen Empfehlungen reichte dann auch vom Verbleib Bauers in der theologischen Fakultät über einen Transfer in die philosophische Fakultät, wie etwa Bauers ehemaliger Lehrer Marheineke vorschlug, bis hin zum mehrheitlich geforderten, vollständigen Entzug der Lehrbefugnis.

In dem Gutachten der theologischen Fakultät zu Berlin, aus welchem hier stellvertretend für die theologischen Reaktionen auf Bauers *Kritik* zitiert werden soll, zeigt sich eine ähnliche Tendenz, wie sie sich bereits in der oben behandelten theologischen Rezension von Feuerbachs *Wesen des Christenthums* gezeigt hatte. Von theologischer Seite wurde auch in Bauers Fall die vergleichsweise defensive Strategie gewählt, der aufklärerisch-philosophischen Kritik durch Rekurs auf die gleichen Quel-

---

[68] Ebenda, S. 15.

len von Evidenzerfahrungen zu begegnen, ausgehend von welchen die Angriffe auf das christliche Bewusstsein unternommen worden waren.

Im Unterschied zur Reaktion des Professors der Theologie, Julius Müller, der Feuerbach Widersprüche in der Verwendung der von ihm genutzten Begrifflichkeiten nachzuweisen suchte, also auf die Evidenz gelingender Begriffsentwicklung rekurrierte, und Feuerbach so zu einigen Präzisierungen seiner Ausführungen zwang, beschränkte sich das Berliner Gutachten allerdings auf die bloße Reklamation naturalistischer Evidenz, welche Bauer für die Untergrabung der Evidenz heiliger Autoritäten eingesetzt hatte, für die Ergebnisse theologischer Evidenzproduktion: „Der christliche Glaube geht von historischen Thatsachen aus und hängt daher von der Anerkennung der Realität dieser Thatsachen ab. Er beruht auf Anerkennung der geschichtlichen Person nach den Grundzügen der in den Evangelien uns überlieferten Geschichte, des Jesus von Nazareth in seiner wunderthätigen Wirksamkeit, des gekreuzigten, aus dem Tode wahrhaft auferstandenen und zum Himmel erhobenen, der uns durch seine Auferstehung *persönliche* Fortdauer im ewigen himmlischen Dasein verbürgt hat, seine Anerkennung als Dessen, von dem wir allein göttliches Leben empfangen können, von dem wir uns in unserm religiösen Bewußtsein stets *abhängig* fühlen. Diese wesentliche Grundlage des christlichen Glaubens wird durch den Verfasser jener Schrift [Bruno Bauer, UP] umgestoßen."[69]

Aus dem Versuch, die Begrifflichkeiten der kritisch-naturalistischen Evidenzproduktion für die Ergebnisse des Rekurses auf die Evidenz heiliger Autoritäten zu reklamieren, spricht eine von den Verfassern des Gutachtens sicher nicht intendierte Anerkennung des den verschiedenen Weisen der Evidenzproduktion von Bauer zugewiesenen Graden an Überzeugungskraft. Der Evidenz heiliger Autoritäten, so zeigt sich mit diesem Versuch, wurde auch von theologischer Seite nicht mehr zugetraut, in der Konfrontation mit philosophischer und naturalistischer Evidenz zu bestehen. So war es nur folgerichtig, dass sich der Vorwurf mangelnder Wissenschaftlichkeit der Bauer'schen *Kritik* nicht auf die theologische Disziplin beschränkte, sondern Bauers Schrift Wissenschaftlichkeit schlechthin abgesprochen wurde: „Nach einer solchen unwissenschaftlichen Methode, welche auf jedem andern historischen Gebiete von dem Verdammungsurtheil aller bewährten Geschichtsforscher getroffen werden wird, bleibt es nur der Willkühr überlassen, was von dem historischen Christus noch gehalten und wozu er gemacht werden soll."[70]

Und wenig später zeigt sich die uneingestandene argumentative Unterlegenheit der theologischen Evidenzproduktion noch eindeutiger, wenn, nicht ohne Verweis

---

[69] Gutachten der Evangelisch-theologischen Facultäten der Königlich Preußischen Universitäten über den Licentiaten Bruno Bauer in Beziehung auf dessen Kritik der evangelischen Geschichte der Synoptiker. Im Auftrage des vorgesetzten Hohen Ministeriums hrsg. v. d. Evangelisch-theologischen Facultät der Rheinischen Friedrich-Wilhelms-Universität, Berlin 1842, S. 1.
[70] Ebenda, S. 2/3.

auf die Gefährlichkeit der aufklärerischen Angriffe für den Bestand der herrschenden Verhältnisse, die Anerkennung theologischer Evidenzen einfach eingefordert wird:

> Auf der Voraussetzung der Zuverlässigkeit des Zeugnisses, welches die heilige Schrift von den Thatsachen und der Lehre Christi und der uns durch ihn gewordenen göttlichen Offenbarung ablegt, auf der Ehrfurcht, mit der wir in derselben Gottes Wort vernehmen, beruht nicht blos die evangelische Theologie, sondern auch der Gebrauch der heiligen Schrift in der Gemeinde. Wenn dagegen der Verfasser die Berichte der Evangelisten von Christi Thaten und Reden nicht einmal auf eine von ihnen geglaubte Tradition bezieht, sondern sie ganz und gar, blos auf dem Grunde des angeblichen Gemeindebewußtseins, durch ihre eigene schriftstellerische Thätigkeit gebildet werden läßt, die zwar durch den Namen einer künstlerischen geehrt werden soll, doch ihnen, besonders dem Matthäus und Lucas, bei jeder Gelegenheit die Vorwürfe des Misverstandenen und Verfehlten, des Unbedachten und Bornirten zuzieht, und die, gesetzt daß man ihr überhaupt nach der Darstellung des Verfassers eine Anschauung abgewinnen könnte, ein einfach natürlicher Sinn doch nicht umhin könnte, für bloße Dichtung ohne Wahrheit, ja in Vergleich mit der von Lukas im Anfang seines Evangeliums ausgesprochenen Absicht genauer Berichtserstattung, für Lüge zu halten: so ist nicht abzusehen, mit welcher Stirn ein solchen Ansichten huldigender Geistlicher von solchen Schriften zur Belehrung von Volk und Jugend, zur Befestigung eines unter allen Umständen ausharrenden Glaubens, zur Tröstung und Beruhigung der Schwachen und Angefochtenen, zur Weckung und Belebung der christlichen Hoffnung im Angesichte des Todes noch irgend einen Gebrauch sollte machen können, geschweige denn der Theologe zur Begründung der Glaubens- und Sittenlehre.[71]

Die soeben konstatierte argumentative Schwäche der theologischen Reaktionen auf die aufklärerischen Kritik Bauers (und auch Feuerbachs) darf jedoch über eine diese Schwäche mehr als kompensierende Stärke der theologischen Reaktionen nicht hinwegtäuschen. Die theologischen Kontrahenten der Junghegelianer verfügten im Vormärz – besonders nach dem Ende des besonderen Wohlwollens, welches der Hegel'schen Philosophie unter dem langjährigen Kultusminister Altenstein entgegengebracht wurde – über die ungeteilte Unterstützung staatlicher Sanktionsmechanismen. Uneingestandene argumentative Schwäche der theologischen Reaktionen hin oder her, das preußische Kultusministerium war für die Argumente der theologischen Fakultäten durchaus empfänglich und entzog Bauer am 29. März 1842 endgültig die *licentia docendi*. Bauer siedelte am 5. Mai zu seiner Familie nach Charlottenburg bei Berlin über und sah sich in der Folge zur Aufnahme einer freien schriftstellerischen Tätigkeit gezwungen.

Die Bedingungen dieser Tätigkeit waren natürlich nach der erfolgten Entfernung aus der Bonner Universität keine einfachen. Schon der abschließende, dritte Band der *Kritik der evangelischen Geschichte Synoptiker* erschien nicht mehr bei Otto Wigand in Leipzig, dem Verleger der ersten beiden Bände der *Kritik*, der *DJb* und auch sonst der ersten Adresse für die Veröffentlichung der größtenteils zensurgefährdeten

---

71 Ebenda, S. 3/4.

Werke der junghegelianischen Aufklärung,[72] sondern bei Friedrich Otto in Braunschweig und wurde im Unterschied zu den ersten beiden Bänden auch nicht im *Organ des Deutschen Buchhandels* angezeigt. Und auch die beiden weiteren Veröffentlichungen Bauers im Jahre 1842, die nun in den Fokus der Aufmerksamkeit gerückt werden sollen, lassen die schwierige publizistische Situation Bauers deutlich erkennen.

Den Anfang dieser Analyse der beiden Veröffentlichungen bildet die Verteidigungsschrift *Die gute Sache der Freiheit und meine eigene Angelegenheit*, welche Bauer zwar unter seinem Namen veröffentlichen konnte, dafür jedoch auf den dem preußischen Einfluss weitgehend entzogenen, schweizerischen Verlag des literarischen Comptoirs in Zürich und Winterthur ausweichen musste, auf welchen auch in der Zukunft von junghegelianischen Autoren für die Veröffentlichung von Werken zurückgegriffen werden sollte, die für die Publikation bei Otto Wigand in Leipzig zu „heiß" waren. Mit *Die gute Sache* versuchte Bauer, den mit dem Entzug seiner Lehrbefugnis offen zutage getretenen Bruch zwischen Philosophie auf der einen und Theologie und Krone auf der anderen Seite zu vertiefen und so die weitere Radikalisierung der junghegelianischen Debatte zu forcieren. Die grundlegende Tendenz der als Verteidigungsrede formulierten Schrift kommt gleich in der Eröffnung zum Ausdruck:

> Der Verurtheilte, der während des Processes nicht gehört ist, wird von seiner Vertheidigung nicht erwarten, daß sie bei denen, die ihn verurtheilt haben, eine günstige Aufnahme finden werde, wenn sie ihn in ihrem eigenen Interesse verurtheilt haben und verurtheilen mußten, sobald sie ihr Interesse als das einzige höchste Recht gegen ihn gelten machten. Seine Richter sind zugleich seine Gegner: wo ihr Interesse anfängt, hört sein Recht auf. Er kann sich vertheidigen, d. h. beweisen, daß das Interesse, welches seine Gegner beherrscht, Unrecht ist, wenn es das Recht, für welches er aufgestanden und um dessentwillen er verdammt ist, beschränken will, aber er wird nicht auf eine Rechtfertigung hoffen, die nur darin bestehen könnte, daß seine Gegner ihr Privat-Interesse wenn nicht verläugnen, so doch wenigstens auf das Maaß zurückführen, welches ihm im Vergleich mit einem höhern Rechte zukommt.[73]

Es zeigt sich in dieser Passage, dass die Radikalisierung zumindest Bauers im Sommer 1842 schon so weit fortgeschritten war, dass Bauer die Hoffnung auf eine Akkommodation mit den monarchischen Bewusstseinsträgern vollständig aufgegeben hatte. Und es zeigt sich darüber hinaus, dass der bereits von Feuerbach gegen seine theologischen Gegner erhobene Vorwurf einer nicht mehr an der Klärung von Sach-

---

[72] Über die Schwierigkeiten, auf welche Otto Wigand beim Versuch des Verlags des 3. Bandes stieß, berichtet etwa Arnold Ruge an Marx: „Bauers IIIter Theil hat in allen Instanzen das Imprimatur nicht erhalten. Ich weiß noch nicht, wo ihn Wigand nun drucken lassen wird." Arnold Ruge an Marx, vor dem 9. Juli 1842, MEGA² III/1, S. 375.
[73] Bruno Bauer: Die gute Sache der Freiheit und meine eigene Angelegenheit, Zürich u. Winterthur 1842, S. 1.

fragen, sondern ausschließlich auf die Wahrung der eigenen Privilegien bedachten Argumentation auch von Bauer erhoben wurde. Bauer war außerdem bemüht, den weithin geteilten Eindruck zu erhärten, dass die Auseinandersetzung um den Entzug seiner Lehrbefugnis eine historische Zäsur bedeutete: „Vor dem Bruche hegten die theologischen Facultäten freie Tendenzen, erklärten die Regierungen, daß Religion und Philosophie Gefährten seyn müssen, und konnte sich das Publicum, wenn es dem Kampfe gegen sogenannte Finsterlinge galt, für Freiheit des Gedankens und der Forschung enthusiasmiren. Der Bruch beweist, daß dieß Benehmen, diese Erklärungen, dieser Enthusiasmus inconsequent und beschränkt waren. Der Bruch ist die wirkliche Befreiung der Freiheit und die Umwandlung der Beschränktheit zum Wesen der Gegner der Freiheit."[74]

Die gesamte Rhetorik der junghegelianischen Aufklärung zielte, wie dies auch im Rahmen der Philosophie der Tat zum Ausdruck kommt, im Laufe des Jahres 1842 auf die Charakterisierung der gegenwärtigen Situation als einer Situation der Entscheidung. Impliziert wurde, dass die eigentliche gedankliche Arbeit nach den kritischen Hauptwerken des Jahres 1841 als abgeschlossen betrachtet werden konnte und nun die Zeit angebrochen wäre, Konsequenzen aus der verschiedentlich erwiesenen Defizienz des religiösen Bewusstseins zu ziehen. Im Einklang mit dieser Einschätzung wurde denjenigen, welche sich nicht von der überlegenen philosophischen Evidenz überzeugen ließen, unterstellt, aus Gründen an der religiösen Bestimmtheit ihres Bewusstseins festzuhalten, die ihren Ursprung nicht in der aufrichtigen Absicht, sich durch die Sache bestimmen zu lassen, hätten, sondern aus dem Festhalten an überkommenen Besitzständen resultieren würden – eine Strategie, die bereits im Zuge der politisch-diskursiven Auseinandersetzungen während der Französischen Revolution zum Einsatz kam und etwa von Robespierre in seinen politischen Reden zur Meisterschaft gebracht wurde.

Nicht zuletzt um auszuschließen, dass das Verbleiben im religiös bestimmten Bewusstsein Konsequenz einer mangelnden Kenntnis der philosophisch-aufklärerischen Reduktion der Entstehung des Christentums auf nicht-religiöse Faktoren sein konnte, wiederholte Bauer die aus der *Kritik* bereits wohlbekannte Konfrontation der theologischen Evidenz heiliger Autoritäten mit der naturalistischen Evidenz historischer Plausibilität:

> Und wer kann wohl dafür einstehen, daß die geschichtlichen und geographischen Verhältnisse, wie sie in den Evangelien vorausgesetzt werden, den wirklichen Verhältnissen entsprechen? Kein Verständiger wird dafür einstehen – aber der Theologe kann es, wird es – der Theologe steht wirklich dafür ein. Seine philologischen Forschungen – in meiner Schrift habe ich den Beweis geführt – sind nun nicht mehr philologisch, seine kritischen nicht mehr kritisch und seine archäologischen Alles Andere, nur nicht archäologisch. Er untersucht nicht die innere Structur der evangelischen Berichte, sondern er geht von vorn herein darauf aus, ihren Zusammenhang

---

74 Ebenda, S. 3.

nachzuweisen: er setzt voraus, daß Alles in diesen Berichten in Ordnung und Richtigkeit ist. Er erklärt nicht die Widersprüche zwischen den Berichten, als seine erste Aufgabe gegen die Ungläubigen betrachtet er vielmehr die Nachweisung, daß überall Harmonie vorhanden ist. Er erforscht nicht die geschichtlichen Verhältnisse, wie sie wirklich zu jener Zeit waren, in welche uns die Evangelien versetzen wollen, sondern die Richtigkeit der evangelischen Angaben voraussetzend ist er nicht mehr im Stande, die deutlichsten Angaben in den Profan-Schriftstellern jener Zeit – ich will nicht sagen, richtig aufzufassen, sondern – auch nur zu suchen. Seine Archäologie ist wie seine Philologie und Kritik eine Chimäre.[75]

Dass anonyme Werke von Bauer jedoch weiterhin in deutschen Ländern erscheinen konnten, zeigt die wieder bei Otto Wigand in Leipzig verlegte Schrift *Hegel's Lehre von der Religion und Kunst von dem Standpuncte des Glaubens aus beurtheilt*, deren Erscheinen sogar am 21. Mai 1842 im *Organ des Deutschen Buchhandels* angezeigt wurde. Diese Schrift, der noch eine weitere mit dem Titel *Hegel's Haß gegen die heilige Geschichte und die göttliche Kunst der heiligen Geschichtsschreibung* beigefügt wurde, wiederholte den bereits aus der *Posaune* bekannten Versuch, Hegel für die junghegelianische Sache zu vereinnahmen und wurde ebenfalls aus der Perspektive eines entrüsteten Theologen abgefasst, der sich diesmal jedoch nicht auf die Denunziation Hegels beschränkt, sondern sehr detailliert die Bauer'sche *Kritik der evangelischen Geschichte der Synoptiker* referiert, natürlich stets im Ton des äußersten Widerwillens. Der Schrift *Hegel's Haß* ist eine der klarsten Darstellungen des bewusstseinszentrierten Modells gesellschaftlicher Veränderung zu verdanken, die in dem betreffenden Abschnitt bereits zitiert wurde.[76] Bauer verfolgte mit diesen beiden Abhandlungen wohl zum einen das Ziel, an den Erfolg der *Posaune* anzuknüpfen, wofür er auf ein bereits bewährtes Format für die Formulierung junghegelianischer Aufklärung erneut zurückgriff, und zum anderen das Ziel, Leserschichten für die Gedanken seiner *Kritik der evangelischen Geschichte der Synoptiker* zu gewinnen, denen das dreibändige Bauer'sche Hauptwerk zu sperrig war.

Von der Absicht der Popularisierung der nur ein eingeschränktes Publikum ansprechenden, minutiösen Abrechnung mit den Irrtümern der christlichen Religion und Theologie ist auch das letzte Werk Bauers getragen, dem in der Darstellung der Bauer'schen Rückführung des Christentums auf die Verwirklichung des „Selbstbewusstseins" Aufmerksamkeit gewidmet werden soll. *Das entdeckte Christenthum*, das Bauer unter seinem Namen und dafür wieder im schweizerischen Verlag des literarischen Comptoirs veröffentlichte, wurde zwar erst 1843 veröffentlicht, seine Abfassung fiel jedoch in die Zeit Ende 1842 – Anfang 1843 (die Vorrede ist auf den 3. Februar 1843 datiert).[77] Es stellt so ein wirkliches Werk des Übergangs dar, welcher durch die

---

75 Ebenda, S. 12/13.
76 Siehe oben, Abschnitt 2.
77 Bruno Bauer: Das entdeckte Christenthum. Eine Erinnerung an das achtzehnte Jahrhundert und ein Beitrag zur Krisis des neunzehnten, Zürich und Winterthur 1843 (Ernst Barnikol: Das entdeckte

Enttäuschung von 1842/43 bedingt wurde und der eine entscheidende Zäsur für die junghegelianische Aufklärung bedeutete. Und nicht nur der Zeitraum seiner Abfassung rechtfertigt diese Charakterisierung, sondern auch der Sachverhalt, dass, wie Bauer zum Ende seines Vorworts selbst vermutete,[78] es in besonderer Weise von der Zensur betroffen war. Bereits kurz nach seinem Erscheinen wurde die gesamte Auflage bis auf einige wenige, bereits ausgelieferte Exemplare beschlagnahmt (von denen eins wohl Marx und Engels erreicht hat).

Auf der Suche nach einer leicht zugänglichen Form aufklärerischer Kritik war Bauer auf den deutschen Aufklärer Edelmann gestoßen, dessen Schrift er als Anhang seines *entdeckten Christenthums* veröffentlichte. Edelmann repräsentierte für Bauer die konsequenteste Variante der Aufklärung des 18. Jahrhunderts, die in ihrer mehrheitlich deistischen Form die letzte Konsequenz hatte vermissen lassen: „Die atheistische Aufklärung des vorigen Jahrhunderts – diese nämlich, nicht die deistische, und auch sie nur nach ihrem unsterblichen Teile bildet den Inhalt der folgenden Arbeit – ist ebenso merkwürdig durch die Art und Weise ihres Ursprungs und ihren Einfluß auf die politische Umgestaltung Europas wie durch ihren Untergang und ihre neuere Wiederbelebung, die es ihr möglich machen wird, ihre Aufgabe vollständig durchzuführen."[79]

Bauer bemühte sich, in dieser Schrift sowohl den von ihm konstatierten Bruch, welcher sich nicht zuletzt in seinem eigenen Schicksal zu erkennen gebe, noch stärker und stringenter als historischen zu konturieren, als auch die Ergebnisse seiner kritischen Untersuchung ohne minutiöse Bibelexegese in einem leichter zugänglichen Format zu präsentieren. Eine Kostprobe der gewählten Darstellungsform mag an dieser Stelle genügen:

> Andere Religionen mögen auf die Verletzung, Beleidigung oder Verfälschung ihrer heiligen Grundbücher den Tod setzen: die christliche Religion übertrifft sie alle an Bosheit und Grausamkeit, da ihr Gebot, man solle in ihrem Grundbuche, in der Bibel, keinerlei Art Widersprüche, weder den Widerspruch mit der Wirklichkeit, Geschichte und Vernunft, noch den gegenseitigen Widerspruch ihrer eigenen Angaben finden, vielmehr überall Harmonie sehen, nichts anderes ist als das Gebot des Menschen-Opfers. Der Mensch muß zuvor in dem Gottes-Gelehrten erwürgt werden, ehe das theologische Bewußtsein die Vollendung erreicht, daß es jeden, auch den plattesten, den ekelhaftesten und rohesten Widerspruch als reine Harmonie betrachtet und gegen die Vernunft verteidigen kann.[80]

Christentum im Vormärz. Bruno Bauers Kampf gegen Religion und Christentum und Erstausgabe seiner Kampfschrift, 2., wesentl. erw. Aufl., bes. v. Ralf Ott, Aalen 1989, S. 194).
78 Ebenda: „Ob es meiner Arbeit möglich sein wird, unter den jetzigen Umständen, die ihre Abschließung in diesem Augenblicke bestimmt haben, ans Licht zu treten, weiß ich nicht. Welches ihr Schicksal vor der Inquisition sein wird, falls sie wirklich erscheint, läßt sich auch nicht vorher sagen."
79 Ebenda, S. 193.
80 Ebenda, S. 222.

Dass Bauer mit der von ihm gewählten Form der Kritik einen Nerv traf, davon zeugt auch die bereits erwähnte Reaktion der Zensur, welche das Werk als hoch gefährlich einstufte. Neben dem durchaus gelungenen Versuch, die Attraktivität der junghegelianischen Aufklärung für weitere Kreise der deutschen Bevölkerung zu erhöhen, kündigte sich in dieser Schrift allerdings auch schon eine Tendenz an, welche für die Bauer'sche Verarbeitung der Enttäuschung von 1842/43, die im nun folgenden Abschnitt thematisiert werden wird, maßgeblich werden sollte. Vor dem Hintergrund des ausbleibenden augenblicklichen Erfolgs des junghegelianischen Angriffs auf das christliche Bewusstsein, das sich in seinem Bestand wesentlich resistenter gegen die philosophische Aufklärung zeigte, als die Junghegelianer aufgrund der Wucht ihrer eigenen Evidenzerfahrungen vermuten konnten, lag die Anrufung der Geschichte als zukünftigem, im Gegensatz zu den augenblicklichen auch wirklich neutralem Richter nahe. Und *Das entdeckte Christenthum* zeigt sich auch darin als Werk des Übergangs von der ersten in die zweite Phase der deutschen Spätaufklärung, als es bereits die resignative Ausrichtung auf die zukünftige Durchsetzung der philosophisch-naturalistisch verbürgten Wahrheit erkennen lässt: „Aber das steht fest: die Wahrheit kann doch wie die Sybille sagen: unterdrückt, konfisziert, verbrannt, soviel ihr wollt, das letzte Blatt, das noch übrigbleibt – und *ein* Blatt wird immer noch übrig bleiben –, wird soviel kosten als die ganze zurückgewiesene und unterdrückte Literatur: eine neue Welt! Der Preis bleibt derselbe, und die Geschichte wird ihn zahlen."[81]

An dieser Stelle ist das Ende der Darstellung der hauptsächlichen Schriften Bauers aus der junghegelianischen Phase der deutschen Spätaufklärung erreicht. Die Anreicherung der philosophischen Evidenz gelingender Begriffsentwicklung mit der naturalistischen Evidenz historischer Plausibilität war sicher der vorrangige Beitrag Bauers zum argumentativen Instrumentarium der junghegelianischen Phase der deutschen Spätaufklärung. Neben Feuerbachs Inanspruchnahme der alltagsweltlichen Evidenz sinnlicher Gewissheit war der von Bauer beschrittene Weg zur Disqualifikation theologischer Evidenzerfahrungen für die Bestimmung des Bewusstseins der zustandsrelevanten Bewusstseinsträger als wirkmächtigster einzuschätzen. Mit der Hegel verkehrenden Konzipierung einer Philosophie des „Selbstbewusstseins", welche der christlichen Theodizee nicht nur auf Augenhöhe zu begegnen, sondern erstere sogar in das eigene System zu integrieren vermochte – darin durchaus der Feuerbach'schen Erklärung der Entstehung der Religion als einem naheliegenden Irrtum der menschlichen Selbsterkenntnis vergleichbar –, war es Bauer gelungen, die von Hegel pazifizierte philosophische Aufklärung wieder zu einem mächtigen Gegner der Theologie im Kampf um die Bestimmung der, zunächst auch monarchischen, dann ausschließlich bürgerlichen Bewusstseinsträger zu erheben.

Neben diesem eher inhaltlich zu nennenden Beitrag zur junghegelianischen Debatte hat Bauer jedoch, und dies in wesentlich stärkerem Maß als Feuerbach, auch

---

[81] Ebenda, S. 194.

die persönlich-lebensweltlichen Möglichkeiten junghegelianischer Aufklärung entscheidend beeinflusst. Als der Einzige, der seine kritische Karriere aus einer staatlich-gesicherten Existenz heraus begann, der noch dazu durch die eigenen Erfahrungen von Evidenz bei der kritischen Untersuchung der Quellen der christlichen Religion von einem die theologische Evidenz heiliger Autoritäten mit dem Instrumentarium philosophischer Evidenzproduktion zu stützen versuchenden Theologen zu einem ihrer schärfsten philosophischen Kritiker wurde, und der schließlich mit dem öffentlich diskutierten Ausschluss von der akademischen Lehrtätigkeit zu einem Symbol der vermeintlich bevorstehenden, radikalen Umwälzung der bestehenden Verhältnisse wurde, ist der Einfluss Bauers auf die kritischen Versuche Stirners, Marx' und Engels' kaum zu überschätzen. Die von ihm mit der Veröffentlichung der *Posaune* begonnene und seit seiner Entlassung auch persönlich forcierte Radikalisierung der junghegelianischen Aufklärung trug jedoch gleichfalls dazu bei, die Erwartungen bezüglich des Erfolgs des aufklärerischen Angriffs auf das christliche Bewusstsein soweit zu steigern, dass die vergleichsweise einfache und konventionelle Antwort der bestehenden Macht auf die junghegelianische Aufklärung letztere in eine tiefe Krise stürzte.

2 Fraktionierung und Scheitern der junghegelianischen Aufklärung 1842/43

Für die Entwicklung des aufklärerischen Diskurses im Vormärz war der Zeitraum von Anfang 1842 bis zum Frühjahr 1843 von kaum zu überschätzender Bedeutung, denn zu keinem anderen Zeitpunkt kann den Junghegelianern ein vergleichbarer Einfluss auf die deutsche Öffentlichkeit bescheinigt werden. Getragen von der allgemeinen, mit der Thronbesteigung Friedrich Wilhelms IV. einsetzenden Euphorie ob einer vermeintlich anstehenden Liberalisierung der preußischen Verhältnisse, die im Laufe des Jahres 1842 ihren Kulminationspunkt erreichen sollte, prägten die junghegelianischen Autoren die Spalten der oppositionellen Publizistik, allen voran der *Rheinischen Zeitung für Politik, Handel und Gewerbe (RhZ)*. Die – nicht nur in oppositionellen Kreisen gehegten – Erwartungen reichten dabei von der Erlangung vollständiger Pressefreiheit und der Einlösung des seit langer Zeit unerfüllten Versprechens einer Konstitution bis hin zur Wiederholung der Französischen Revolution auf deutschem Boden. Umso größer war dann das Ausmaß der Enttäuschung, als die junghegelianischen Agitatoren feststellen mussten, dass sowohl ihr Einfluss, als auch die Euphorie der Adressaten ihrer kritischen Einsätze mit ein paar einfachen Verboten der zentralen oppositionellen Periodika zu brechen waren. Diese Enttäuschung ließ die bereits anlässlich der divergierenden Einschätzungen des Erwartbaren eingetretene Fraktionierung der Bewegung in ein radikales und ein gemäßigtes Lager endgültig werden und bedingte eine Situation, in welcher die Fortführung und Weiterentwicklung des in der Überzeugung seiner Adressaten gescheiterten aufklärerischen Diskurses nur noch als kompetitives Projekt unternommen werden konnte. Die Ansätze von Stirner, Marx und Engels, einen aufklärerischen Diskurs außerhalb der philosophischen Gleise weiterzuführen, nahmen ihren Ausgang von der Enttäuschung von 1842/43 und sind ohne das Scheitern des philosophisch-aufklärerischen Diskurses undenkbar.

In einem chronologischen Durchgang durch die Entwicklung der Jahre 1842/43 werden zuerst die sich gegenseitig bedingenden Entwicklungen von Fraktionierung und, anfänglich zurückhaltender, staatlicher Repression unter besonderer Berücksichtigung der Geschichte der *RhZ* und der Entstehung der Berliner „Freien" dargestellt (Abschnitt 1). Anschließend werden die sich seit dem Oktober 1842 verstärkende Zensur, die schließlich in dem Verbot der oppositionellen Periodika kulminierte, und die Spaltung der Bewegung thematisiert (Abschnitt 2), um zum Schluss die Situation der völligen Enttäuschung der gehegten Erwartungen aufgrund der im Rahmen ihrer aufklärerischen Agitation unvorhergesehenen Passivität des deutschen Bürgertums zu beschreiben (Abschnitt 3).

2.1 Der Beginn der Fraktionierung – Die *Rheinische Zeitung* und die Konstitution des Gegensatzes von radikalem Zentrum und gemäßigter Peripherie

Bevor die Krise eine Behandlung erfahren kann, in welche das bewusstseinszentrierte Modell gesellschaftlicher Veränderung und der auf ihm gründende, junghegelianische Aufklärungsdiskurs um die Jahreswende 1842/43 gerieten, muss zwei Entwicklungssträngen Rechnung getragen werden, die nicht nur für die endgültige Eskalation des Konflikts zwischen junghegelianischer Aufklärung und monarchisch-christlichem Staat verantwortlich zeichnen, sondern denen darüber hinaus auch auf die nach der Enttäuschung einsetzende Weiterentwicklung des klassisch-aufklärerischen Diskurses, im Zuge welcher Stirners *Einziger* und Marx'/Engels' Manuskripte zur „Deutschen Ideologie" entstanden, prägender Einfluss bescheinigt werden kann. Trotz der Differenzen, welche in den diskursiven Einsätzen Ludwig Feuerbachs und Bruno Bauers aufgezeigt wurden, konnte in den vergangenen Abschnitten von einer vereinten junghegelianischen Aufklärung gesprochen werden, die sich in den grundlegenden Fragen der Kritik der bestehenden Verhältnisse einig war. Diese Einigkeit ging im Laufe des Jahres 1842 zusehends verloren, dies ist der erste Entwicklungsstrang, der thematisiert wird. Aber auch die konstatierte Ambivalenz der monarchischen Maßnahmen zur Verjüngung und zum Schutz des christlichen Bewusstseins wich im Laufe des Jahres 1842 wieder einer stärkeren Rückbesinnung auf repressive Formen staatlichen Handelns, wohl als Folge des Gewahrwerdens, dass die konzedierten Freiräume für die „wohlwollende Besprechung vaterländischer Angelegenheiten" auch, und vor allem, weniger wohlwollenden Besprechungen die Zirkulation ermöglichten. Dies ist der zweite Entwicklungsstrang, welcher im Laufe dieses Abschnitts zu verfolgen sein wird.

Erste Fissuren in der Geschlossenheit des junghegelianischen Angriffs auf das christliche Bewusstsein zeigten sich bereits Ende 1841 anlässlich der Frage, wie die fortgeschrittene junghegelianische Aufklärung sich zu David Friedrich Strauß zu positionieren habe. Wie zu Anfang des vorigen Kapitels dargestellt wurde, kann Strauß ein maßgeblicher Einfluss auf den Beginn der junghegelianischen Debatte bescheinigt werden. Mit seinem *Leben Jesu* hatte Strauß in gewisser Weise das Fundament zur Wiederaufnahme der klassisch-aufklärerischen Frontstellung von Philosophie und Theologie gelegt, auf welchem Feuerbach und Bauer in der Folge ihre kritischen, antichristlichen Gedankengebäude errichteten. Strauß hatte sich jedoch nicht nur im *Leben Jesu* der letzten kritischen Konsequenz enthalten und der theologischen Evidenz heiliger Autoritäten weiterhin einen Geltungsbereich zugesprochen, innerhalb dessen die philosophische Evidenz gelingender Begriffsentwicklung nichts auszurichten vermöge.[1]

---

[1] Siehe oben, Kapitel 1, Abschnitt 1.

Mit seiner 1840/1841 veröffentlichten *christlichen Glaubenslehre*[2] hatte er diese Rücksichtnahme auf theologische Befindlichkeiten erneuert und hielt damit zu einem Zeitpunkt an zentralen Dogmen der christlichen Lehre fest, zu welchem Feuerbach im *Wesen des Christenthums* und Bauer in der *Kritik der evangelischen Geschichte der Synoptiker* die Obsoletheit aller christlichen Dogmen in den Augen des Großteils der Junghegelianer erwiesen. Neben diesen fundamentalen inhaltlichen Differenzen trug jedoch ein Umstand zur Entfremdung des Großteils der Bewegung von Strauß bei, der den, bereits inhaltlich motivierten, Vorwurf mangelnder Konsequenz auf die charakterliche Ebene hob.

Strauß hatte 1839 einen Ruf an die Universität Zürich als Professor für Dogmatik und Kirchengeschichte erhalten, dem er jedoch aufgrund vehementen Widerstandes von Seiten der Zürcher Liberal-Konservativen nicht folgen konnte. Man entschied sich für einen Kompromiss – einen „Straußenhandel", wie die Zeitgenossen treffend formulierten –, als Folge dessen Strauß in den sofortigen Genuss einer auf 1000 Franken dotierten Pension kam. Als Bauer nun im Oktober 1841 vorerst provisorisch seine *licentia docendi* an der Bonner Universität entzogen wurde, lagen die Parallelen für alle Zeitgenossen auf der Hand. Hier wie dort hatten die Schriften eines avancierten Kritikers der Theologie einen Konflikt hervorgerufen, für welchen der Kritiker mit dem Verlust seiner akademischen Position zu bezahlen hatte. Vor dem Hintergrund der von Bauer gewählten Strategie, den mit dem Erscheinen des zweiten Bandes seiner *Kritik der evangelischen Geschichte der Synoptiker* hervorgerufenen Konflikt als staatlichen Angriff auf die akademische Lehrfreiheit zu inszenieren, musste der Strauß'sche Kompromiss allerdings wie ein Ausverkauf seiner persönlichen Integrität wirken.

Dass Strauß darüber hinaus die Position des von der Weiterentwicklung der Kritik Überholten nicht sonderlich goutierte – dies eine Konstante der bis hin zum *Einzigen* und den Manuskripten zur „Deutschen Ideologie" sich steigernden Überbietungsdynamik der deutschen vormärzlichen Spätaufklärung –, und sich auch persönlich von den konsequent atheistischen Kritiken Feuerbachs und Bauers angegriffen fühlte, zeigen seine überlieferten Reaktionen auf die Werke Feuerbachs und Bauers. So heißt es in einem Brief des Verlegers Otto Wigand an Feuerbach Ende November 1841, dass „Strauß nicht gut auf Ihr Buch [*Das Wesen des Christenthums*, UP] zu sprechen" sei und „Bauer [...] gar nicht leiden" könne.[3] Und ein nicht wenig verwunderter Arnold Ruge ließ Feuerbach am 14. Dezember 1841 wissen, dass Strauß mit den *Deutschen Jahrbüchern für Wissenschaft und Kunst (DJb)* förmlich gebrochen

---

2 David Friedrich Strauß: Die christliche Glaubenslehre in ihrer geschichtlichen Entwicklung und im Kampfe mit der modernen Wissenschaft, 2 Bde., Stuttgart, Tübingen 1840/1841.
3 Otto Wigand an Feuerbach, Ende November 1841, Ludwig Feuerbach: Briefwechsel II (1840-1844), LFGW, Bd. 18, Berlin 1988, S. 126.

habe,⁴ was wohl vor allem eine Folge der zunehmenden Radikalisierung war, welche die *Jahrbücher* seit ihrer Gründung durchlaufen hatten, einer Radikalisierung, in deren Folge sich der seit ihrer Gründung eifrig beitragende Strauß zusehends selbst zum Gegenstand der Kritik erhoben sah.

Strauß, ein Junghegelianer der ersten Stunde, konfrontierte die Bewegung mit seinem Bruch zum ersten Mal mit einem Problem, welches, trägt man den unzähligen, gegenseitig vorgebrachten Bezichtigungen eines impliziten Konservatismus Rechnung, in der Folge noch häufig auftreten sollte: dem Problem, dass die aus Sicht der zentralen Protagonisten der junghegelianischen Aufklärung gegebene Notwendigkeit einer ihrer Meinung nach durch die Sache gebotenen Radikalisierung der Kritik nicht von allen Weggefährten gleichermaßen empfunden wurde. Die in der weiteren Entwicklung nachgerade zum Markenzeichen der verschiedenen Kritiken avancierende Vehemenz der Angriffe auf ehemalige Weggefährten, welche sich im Zuge des Auseinanderbrechens der Bewegung nach der Enttäuschung von 1842/43 noch verstärkte und welche die Intensität der Angriffe auf die Garanten der bestehenden Ordnung meist weit übertraf, fand in der Problematik des Umgangs mit Strauß ihren Präzedenzfall.

Und es zeigt sich hier ein wohl allgemeines Merkmal von überzeugungsbasierten, aufklärerischen Bewegungen: die Situation des Abfalls von ehedem die Versuche der Überzeugung aktiv betreibenden Mitstreitern kann nur überaus schwer bewältigt werden, was seinen Grund, so lässt sich vermuten, darin findet, dass mit jedem Abfallenden die Überzeugungskraft des gesamten Diskurses infrage gestellt wird. Die Situation des Abfalls unterscheidet sich daher fundamental von der Situation ausbleibender Überzeugung „Noch-nicht-Überzeugter", denn im Unterschied zu letzteren, ist die Überzeugung bei Abfallenden schon einmal gelungen. Die Distanzierung der letzteren kann, wenn sie nicht die Evidenz des gesamten aufklärerischen Diskurses infrage stellen soll, nur durch charakterliche Makel der Abfallenden erklärt werden.⁵

---

4 Ruge an Feuerbach, 14. Dezember 1841, Hundt, S. 897/898: „Strauß hat meine Mittheilung [über den Plan einer freien Universität in Dresden, UP] sogar übel genommen – denken Sie sich diese curiose Thatsache! – und sich in einer sehr förmlichen Antwort, worin nur die Notiz enthalten war, er sage sich von den Jahrbüchern los, vernehmen lassen. Er muß irgend eine Demagogie oder Anmaßung oder weiß Gott was in meinen Vorschlägen u Explicationen gesehn haben. Ganz klar ist mir die Affaire durchaus nicht. Gewiß ist nur das, was man aus der Annahme der Zürcher Professur u aus dem speculativ-theologischen Rest seines Bewußtseins schließen kann. Persönlich glaub' ich ganz unschuldig zu sein. Vielleicht klärt die Zeit dies noch mehr auf; sie offenbart ja Alles."
5 Dieses allgemeine Merkmal überzeugungsbasierter Aufklärungsbewegungen zeigt sich etwa auch in der Rigorosität, mit welcher in der Französischen Revolution gegen ehemalige Mitrevolutionäre wie Girondisten, Dantonisten und Hebertisten vorgegangen wurde. Wenn auch die junghegelianische Bewegung nie das Stadium der physischen Vernichtung der von ihr Abfallenden erreicht hat, so zeigt sich in den gegenseitigen Abwertungen zumindest der Versuch ihres völligen Ausschlusses aus dem Kreis ernstzunehmender Stimmen gesellschaftlicher Kritik.

In der Reaktion Feuerbachs und Bauers auf den Strauß'schen Bruch zeigen sich neben der Gemeinsamkeit, nunmehr auch Strauß zum Gegenstand der Kritik zu erheben, Unterschiede, welche die spätere Spaltung der Bewegung in ein eher Bauer zuneigendes, radikales und ein eher Feuerbach zuneigendes, gemäßigtes Lager antizipierten. Besonders Bauer musste sich, nachdem offenbar geworden war, dass er entweder auf seine akademische Stellung, oder auf seinen Ruf als allein der Wahrheit verpflichteter Kritiker Verzicht leisten musste, durch den von Strauß eingeschlagenen Weg herausgefordert fühlen. War Bauer dabei, seine Karriere für „die gute Sache" zu opfern, so musste es scheinen, als hätte Strauß – quasi spiegelbildlich – diese ehedem gemeinsam verfolgte „gute Sache" gegen ein rein materielles Sedativum eingetauscht.[6]

Die Rücksicht, welche Strauß der theologischen Produktion von Evidenz hatte angedeihen lassen, war somit nicht nur mit dem substanziellen Makel mangelnder theoretischer Rigorosität und fehlender Einsicht in die unbezweifelbare Überlegenheit philosophischer Evidenzproduktion belastet, sie tauchte auch den Charakter des „ersten" Junghegelianers in ein wenig vorteilhaftes Licht. Es kann daher kaum verwundern, dass Bauer Ruge im Dezember 1841 anbot, die beiden zentralen Werke von Strauß in den *DJb* zu kritisieren und den Stab der junghegelianischen Aufklärung über Strauß zu brechen, noch bevor letzterer seinen Austritt aus den *DJb* erklärt hatte.[7]

Im Januar 1842 hatte Bauer dieses Vorhaben in die Tat umgesetzt und Ruge zwei Aufsätze über Strauß zugesandt, von welchen dann allerdings nur *Leiden und Freuden des theologischen Bewußtseins* im 2. Band der *Anekdota*, also mit mehr als einjähriger Verspätung, erschien.[8] Die Schärfe der Kritik, welcher Bauer den Strauß'schen

---

6 Die Frage nach der Berechtigung dieser Verurteilung muss dahingestellt bleiben. Zwar lässt sich aufgrund der ablehnenden Haltung, welche Bauer etwa gegenüber dem Vorschlag Marheinekes einnahm, den Konflikt um Bauers Entzug der Lehrbefugnis durch seine Versetzung in die philosophische Fakultät zu entschärfen, vermuten, dass Bauer einen „Straußenhandel" abgelehnt hätte, doch verhindert der unterschiedliche historische Kontext – 1839 gegenüber 1841/42 – eine vollständige Vergleichbarkeit der beiden Entscheidungssituationen.

7 Bauer an Ruge, 6. Dezember 1841, Hundt, S. 889: „Das Verbrecherische von jenem Manne, der Strauß heißt, wird sich erst recht zeigen, wenn die falschen Propheten, die verderbten Theologen ihn als Deckschild ihres falschen Herzens gegen die Widerstreitenden und Fortschreitenden benutzen werden. Er wird der ehrenwerthe Mann bei ihnen heißen, und wir, die Kinder des Lichts, die Kinder der Sünde. Ich sehe schon den Augenblick, wo sie ihn unter die Ihren aufnehmen und ihm einen öffentlichen Stuhl geben, um darauf auszusprechen seine gedämpften Lästerungen. Die Confession des Atheismus, mit welcher jetzt zwei Elende umgehen und mit der sie jenen Frevler, Fichte, übertreffen wollen, der sich nur im Pathos und hypothetisch für einen Atheisten erklärte, wird die Partheien trennen, lösen und binden. Ich werde, wenn Sie wollen, die Dogmatik und das Leben Jesu des Hinkenden streng vor dem Herrn beurtheilen."

8 Bauer an Ruge, 9. Januar 1842, Hundt, S. 933: „Ich theile sie [zwei Aufsätze, UP] jetzt gerade Ihnen mit, damit die Leute allgemein den Unterschied meiner xxxxxx von der Straußischen sehen, damit die elende Tübinger theol. Zeitschrift beschämt wird und damit allen kritischen Ausflüchten, zu de-

Standpunkt unterzog, ist ein Beleg dafür, dass Bauer bereits zu diesem Zeitpunkt die Entscheidung getroffen hatte, die Auseinandersetzung um seinen Verbleib an der theologischen Fakultät der Universität Bonn zur Eskalation zu bringen. Dieser unbedingte Wille zur Eskalation sollte sich in der Folge in der Überzeugung verdichten, dass die Umwälzung der gesellschaftlichen Verhältnisse durch bedingungs- und rücksichtslose Eskalation des Konflikts zwischen christlich-monarchischem Staat und philosophisch-aufklärerischen Junghegelianern herbeizuführen sei, und bezeichnet die zentrale Bruchstelle, welche sich in der Spaltung der Bewegung im November 1842 offen manifestieren sollte.

Auch Feuerbach distanzierte sich gegen Ende des Jahres 1841 von Strauß, wovon seine Antwort auf Ruges Inkenntnissetzung des Strauß'schen Bruchs mit den *DJb* vom 14. Dezember 1841 zeugt.[9] Dass in dieser Antwort auch das Motiv verletzter Eitelkeit auf Seiten Strauß' anklingt, von Bauer als konsequentester Kritiker der christlichen Glaubenslehre überflügelt worden zu sein, zeigt, dass die Position des avanciertesten Kritikers der bestehenden Verhältnisse trotz der verhältnismäßig lange gegebenen Einheit der junghegelianischen Aufklärung bereits zu diesem frühen Zeitpunkt für erstrebenswert erachtet wurde. Zwar zeigte sich Feuerbach im Ganzen versöhnlicher gegenüber dem Abfall Strauß' von der gemeinsamen Sache, doch findet sich in den *Ankedota* auch eine von ihm verfasste Polemik gegen Strauß, nämlich *Luther als Schiedsrichter zwischen Strauß und Feuerbach*.[10] Im Zuge der mit unverminderter Vehemenz vorgetragenen Bauer'schen Angriffe auf Strauß kam es zum Ende des Jahres 1842 dann allerdings zu einer erneuten Annäherung Feuerbachs und Strauß'. So schrieb Feuerbach an Ruge am 8. November 1842, also um den Zeitpunkt des Bruchs zwischen Bauer und Ruge, dass er die Art der Angriffe Bauers auf Strauß und insbesondere die damit verbundene Fraktionierung der Bewegung „missbillige".[11]

---

nen derselbe A[?] Strauß sich herabläßt, also theologisch wegwischt, Thor und Thür versperrt wird. Wagen die Nxxxxxx heute noch Straußens Hypothese von der xxxxxxität des Matthäus, eine Hypothese, die xxxxxxxxxx jetzt auch nach diesen Aufsätzen jedem Kinde als dumm erscheinen muß, aufzutischen. Ich werde den Leuten in jeder Form sehr auf das Dach steigen." – B[runo] Bauer: Leiden und Freuden des theologischen Bewußtseins, in: Arnold Ruge (Hrsg.): Anekdota zur neuesten deutschen Philosophie und Publicistik, Bd. 2, Zürich und Winterthur 1843, S. 89-112.
9 Feuerbach an Ruge, 20. Dezember 1841, Hundt, S. 906: „Allerdings kann Str[auß] nicht frei sein, sonst würde er absolut die Theologie aufgeben. Wenn er aber auf B. B[auer] u. mich, wie O. W[igand] schreibt, nicht gut zu sprechen ist, so beweist das selbst Befangenheit. Ihm bleibt, was ihm gebührt. B. B. hat ihn allerdings überflügelt. Aber der Zweite geht immer über den Ersten hinaus."
10 [Ludwig Feuerbach:] Luther als Schiedsrichter zwischen Strauß und Feuerbach, in: Anekdota zur neuesten deutschen Philosophie und Publicistik, hrgs. v. Arnold Ruge, 2. Bd., Zürich u. Winterthur 1843, S. 206-208.
11 Feuerbach an Ruge, 8. November 1842, LFGW, Bd. 18, S. 220: „Den Strauß habe ich auf meiner Heimreise aufgesucht, um ihm persönlich meine Verehrung zu bezeugen. Als Grund seines Austritts aus den ‚Jahrb[üchern]' gab er mir offen an die Art der Behandlung, d. h. die Zurücksetzung, die er in dieser Zeitschrift gefunden, an deren Gründung und Förderung er doch wesentlichen Anteil habe.

Für die Frage nach dem Ursprung der im November offen zutage tretenden Fraktionierung der jungheglianischen Aufklärung in ein radikales Bauer- und ein gemäßigtes Feuerbach-Lager stellt jedoch der März 1842 den ersten bedeutenden Einschnitt dar. So bekundete Feuerbach, der gerade mit der Überarbeitung des *Wesen des Christenthums* für die 2. Auflage beschäftigt war, bereits am 8. März gegenüber Ruge, dass er eine Mäßigung der kritischen Angriffe für das Gebot der Stunde erachte.[12] Die von Bauer so vehement betriebene Zuspitzung seines Konflikts mit der theologischen Fakultät der Universität Bonn konnte vor diesem Hintergrund kaum den Beifall Feuerbachs finden. In dieser Positionierung Feuerbachs zeichnete sich vielmehr bereits die Grundhaltung des späteren gemäßigten Lagers ab, welches in der von dem radikalen Lager forcierten Eskalation vor allem das Potential der Gefährdung des bisher erreichten gewahrte und für eine Politik der kleinen Schritte plädierte. Es ist nicht mehr festzustellen, über welche Kanäle Bauer damals von dieser Einstellung Feuerbachs erfuhr, doch zeigt sein Brief an Ruge vom 16. März, also nur acht Tage nach dem soeben angeführten Brief Feuerbachs, dass er durchaus bemüht war, die Bewegung in ihrer ganzen Breite für die Eskalation zu gewinnen.[13]

Bauer zeigte allgemein wesentlich weniger Vorbehalte als Feuerbach gegen die Zuspitzung des Konfliktes zwischen jungheglianischer Aufklärung und christlich-monarchischem Staat. Nach der entspannenden Wirkung, welche das weihnachtliche Zensur-Edikt für das Verhältnis zwischen preußischem Staat und deutscher Öf-

---

Auf B. Bauer besonders ist er nicht gut zu sprechen. Ich selbst mißbillige aber auch gänzlich die Art, wie B[auer] gegen St[rauß] verfährt. Warum ein Verdienst nur auf Kosten eines anderen erheben? Und warum so heftig gegen einen Mann, dessen Prinzip doch im Grunde dasselbe ist? Und welche Torheit, das einzige Mittel, wodurch man der Welt und den Herrschern imponieren kann, den Eindruck einer kompakten Einheit, so ohne Not zu verscherzen!"

12 Feuerbach an Ruge, 8. März 1842, LFGW, Bd. 18, S. 166: „... der Schritt, die durch die allerdings freche Gewalt der Zensur gestrichenen Artikel in der Schweiz drucken zu lassen [die späteren *Anekdota*, UP], darf nicht ohne Bedenken und Rücksichtnahme auf seine Folgen getan werden, weil er einen öffentlichen Bruch ausdrückt. Aber ist dazu Zeit? Piano, piano; sonst kommen wir um alles, ohne nichts zu gewinnen. O jammervoll ist diese Zeit. Und das schönste, daß sie nicht weiß, wenigstens nicht wissen will, daß sie bis in den tiefsten Grund hinein morsch und verdorben ist. Doch nur keine Schläge auf einmal! ‚Peu à peu'! Also bedenken Sie sich! Ich wenigstens will mich noch besinnen, was ich mit meinen ‚Thesen' [*zur Reformation der Philosophie*, die in den *Anecdota* abgedruckt wurden, UP] anfangen werde. Trennen Sie auch so viel als möglich die Politik von der Wissenschaft! Es kommt sonst noch so weit, daß ein richtiger Schluß zu einem Gegenstand des peinlichen Rechts wird. Freilich ist es beinahe schon so weit gekommen."

13 Bauer an Ruge, 16. März 1842, Hundt, S. 1007: „Suchen Sie ja den Feuerbach noch davon zu überzeugen, daß der Lärm [über] das Factum [der sich abzeichnende Entzug der Bauerschen Lehrbefugnis, UP] als solchem schon so groß ist, daß ihn eine vernünftige Darlegung nicht größer, sondern für uns ehrenvoll macht und die Männer, die an der Spitze der Gegenpartei stehen, als die unglücklichen und unbedachtsamen Ruhestörer kenntlich machen wird. Die Gegner von uns befinden sich im Zustand der Revolte gegen die vernünftige Entwicklung und als solche müssen sie von Jedermann erkannt werden. Wie kommt es überhaupt, daß Feuerbach niemals die Politik berührt?"

fentlichkeit entfaltet hatte und welche noch durch die Aufhebung der besonderen Zensurbestimmungen für die Autoren des „Jungen Deutschland" am 28. Februar 1842 verstärkt worden war,[14] glaubte man sich schon im März genötigt, gegen die allzu freiherzigen „Besprechungen vaterländischer Angelegenheiten" einschreiten zu müssen. Wie sich angelegentlich des Entzugs der Bauer'schen Lehrbefugnis zeigte, war man jedoch von Seiten der preußischen Regierung bemüht, der wohlwollenden Stimmung, welche sich als Folge der Zensurerleichterungen der Jahreswende 1841/42 eingestellt hatte, nicht durch offen repressive Maßnahmen Abbruch zu tun. Die Bauer'sche Inszenierung des Konflikts um seinen Verbleib in der theologischen Fakultät als eines Streits zwischen akademischer Lehrfreiheit und theologischer Gängelung hatte insofern durchaus die beabsichtigte Wirkung entfaltet, als die preußische Regierung sich gezwungen sah, zur Absicherung ihres Vorgehens gegen Bauer sämtliche evangelisch-theologischen Fakultäten Preußens um Voten ersuchte, wie mit Bauer zu verfahren sei.[15] Der Eindruck, der preußische Staat schränke die Freiheit der wissenschaftlichen Forschung ein, musste, so zeigt sich hier, auf jeden Fall vermieden werden.

Dass man jedoch weit weniger zimperlich mit repressiven Akten war, wo diese den Blicken der Öffentlichkeit verborgen blieben, zeigte sich dann anlässlich des Verhaltens, welches die preußische Zensur gegenüber einer Erscheinung an den Tag legte, die wie keine zweite die Geschichte der oppositionellen Bewegung des Jahres 1842 prägte. Es ist natürlich die Rede von der *RhZ*, diesem Kuriosum der preußischen Presse, welches in den Augen vieler Zeitgenossen zum Fanal der ersehnten Pressefreiheit wurde. Da die Ereignisse um das Kölner Blatt sowohl für die Fraktionierung der junghegelianischen Aufklärung als auch für eine Bewertung der Rekalibrierung der Zensur im Laufe des Jahres 1842 von entscheidender Bedeutung waren, ist es an dieser Stelle notwendig, die Entstehungsbedingungen dieses Blattes etwas eingehender zu beleuchten.

Dem seltsamen Zusammenspiel zwischen dem namentlich von Moses Heß initiierten Versuch eines Teils der Kölner Bürgerschaft, ein Gegengewicht zu der den Interessen einer einzigen Familie verpflichteten *Kölner Zeitung* zu schaffen (schon damals sprach man vom „Klüngel"), und dem Versuch der preußischen Regierung, ein Gegengewicht zu ebenderselben Zeitung zu schaffen, die während der konfessionellen „Kölner Wirren" die so einflussreiche Stimme des rheinischen Katholizismus abgegeben hatte, verdankte die *RhZ* ihren Ursprung. Die Gründung einer Kommandit-Gesellschaft, für welche keine Erlaubnis der Regierung erforderlich war, nach französischem Vorbild wurde zwar vor dem Hintergrund eines befürchteten Verbots einer von der Zustimmung der preußischen Regierung abhängigen Aktiengesellschaft un-

---

14 Vgl. Ludwig Salomon: Geschichte des Deutschen Zeitungswesens von den ersten Anfängen bis zur Wiederaufrichtung des Deutschen Reiches, 3. Bd., Oldenburg und Leipzig 1906, S. 330/331.
15 Siehe oben, Kapitel 1, Abschnitte 1 und 4.

ternommen – eines Verbots, welches aufgrund der preußischen Interessenlage vielleicht nie erfolgt wäre –, die besondere Struktur, welche die Form der Kommandit-Gesellschaft für die Entscheidungsprozesse der Gesellschaft mit sich brachte, sollte in der Folge jedoch überhaupt erst die Grundlage schaffen, auf welcher sich die radikale Tendenz der *RhZ* entfalten konnte. Im Gegensatz zu einer Aktiengesellschaft lag sämtliche Entscheidungsgewalt bezüglich der die Leitung der Zeitung betreffenden Fragen bei dem Geranten Joseph Engelbert Renard, einem Kölner Verleger, der laut Vertrag vom 15. November 1841 der Regierung gegenüber als alleinverantwortlicher Konzessionär und Geschäftsführer der Kommanditgesellschaft fungieren sollte,[16] und den beiden Kogeranten Dagobert Oppenheim und Georg Jung.[17] Vor allem die beiden letzteren sollten sich in der Folge für die Bestimmung der Tendenz der Zeitung verantwortlich zeigen, und der Aufsichtsrat, welcher von den Aktionären – zum Großteil namhafte Kölner Bürger – gewählt wurde, hatte nur dann Entscheidungsgewalt, wenn sich die beiden Kogeranten uneinig waren.

Die für Zeitungsneugründungen so gefährliche Klippe einer nach dem Zensur-Edikt vom 18. Oktober 1819 notwendigen Konzessionserteilung konnte durch Übernahme der Konzession der untergegangenen *Rheinischen Allgemeinen Zeitung* Bernhard Raves und J. W. Dietz' umschifft werden und die *RhZ* begann ihr Erscheinen am 1. Januar 1842 mit einer Auflage von 400.[18] Die eigentlich bereits beschlossene Bestätigung der vorerst nur durch den Oberpräsidenten der Rheinprovinz v. Bodelschwingh gewährten Konzession durch die drei Zensurminister blieb jedoch aus, da letztere sich nach einem im *Hamburger Korrespondenten* und in der *Hamburger Neuen Zeitung* am 28. Januar 1842 erschienenen Artikel über die jungbegelianische Tendenz der Redaktion alarmiert zeigten.[19] Zu diesem Zeitpunkt war der erste Redakteur der *RhZ*, der für den ursprünglich vorgesehenen Friedrich List eingesprungene Gustav Höfken, aufgrund eines Streits mit den beiden Kogeranten über die Aufnahme von Korrespondenzen Bruno Bauers bereits zurückgetreten.[20] Die Wahl des ihn wohl nicht

---

16 Wilhelm Klutentreter: Die Rheinische Zeitung von 1842/43 in der politischen und geistigen Bewegung des Vormärz, 2. Teil (Dokumente), Dortmund 1967, S. 185, und Vertrag über die Herausgabe der „Rheinischen Zeitung für Politik, Handel und Gewerbe", RBA, S. 295. Renard übte während des gesamten Bestehens der *RhZ* keinen Einfluss auf ihre inhaltliche Positionierung aus. So wurde etwa auch die Antwort auf die im November 1842 von der preußischen Regierung gestellten Bedingungen für eine Fortführung der *RhZ* zwar in Renards Namen gegeben, aber von Marx verfasst. Siehe den folgenden Abschnitt.
17 Die Wahl fand statt am 10. Dezember 1841. Vgl. Gründung der Rheinischen Zeitungsgesellschaft, RBA, Bd. 1, S. 297.
18 Georg Jung: Zur Geschichte der Rheinischen Zeitung, RBA, Bd. 1, S. 577.
19 Angeführt und zitiert in: RBA, Bd. 1, S. 320 Anm. 2. Die Frage, ob die *RhZ* unter Konzession oder nur unter provisorischer Erlaubnis erschien, sollte zum Zeitpunkt ihres Verbots eine nicht unerhebliche Rolle spielen. Siehe den folgenden Abschnitt.
20 Am 18. Januar 1842. Vgl. Gustav Höfken an die Geranten der Rheinischen Zeitung, Dagobert Oppenheim und Georg Jung, 19. Januar 1842, RBA, Bd. 1, S. 315/316.

zuletzt auf Marx' Anraten ersetzenden Adolf Rutenberg,[21] den Marx im Brief an seinen Vater vom 10./11. November 1837 als seinen „intimsten" Berliner Freund bezeichnet hatte,[22] tat dann ein Übriges, um die preußische Zensur gegen das neugegründete Blatt einzunehmen. So forderte einer der drei Zensurminister, der Minister des Innern v. Rochow, den Kölner Regierungspräsidenten v. Gerlach, der selbst Aktien der *RhZ* gezeichnet hatte, bereits am 31. Januar 1842, noch bevor Rutenberg überhaupt in Köln angekommen war, auf, seinen Eintritt in die Redaktion zu verhindern und ihn sogleich unter Polizeiaufsicht zu stellen.[23] Als v. Gerlach dies Renard am 15. Februar eröffnete, versicherte dieser, Rutenberg sei vorerst nur auf Probe angestellt.[24] Mochte diese Aussage auch den Kölner Regierungspräsidenten beruhigen, die drei Zensurminister waren dennoch von der Notwendigkeit überzeugt, der *RhZ* ein schnellstmögliches Ende zu bereiten, und forderten den Oberpräsidenten der Rheinprovinz v. Bodelschwingh am 11. März auf, das Erscheinen der *RhZ* zum 1. April zu beenden.

Diese Ausführungen verdeutlichen, dass die für Preußen bestimmende Gemengelage des Jahres 1842 – eine philosophisch-aufklärerische Opposition, geteilt in ein radikales und ein gemäßigtes Lager, und eine die christliche Grundlage ihrer Macht mit zensorischen Maßnahmen unter möglicher Vermeidung offen repressiver Akte verteidigende Staatsgewalt – im März 1842 in ihren wesentlichen Zügen bereits existierte. In der Überzeugung, dass die Unhaltbarkeit der christlichen Dogmen in verschiedenen Schriften unzweifelhaft bewiesen worden sei, glaubten mit Bauer viele, besonders Berliner Junghegelianer, der Bewegung neue Anhänger vor allem dadurch zuführen zu können, dass der Staat zu möglichst repressiven Maßnahmen gezwungen und die preußische Öffentlichkeit vor diesem Hintergrund statt der unvollständigen, „geheuchelten" Freiheit zur Forderung einer wirklichen Freiheit übergehen würde.[25] Mit Feuerbach teilten jedoch nicht minder viele, eher in der Peripherie befindliche Junghegelianer die Überzeugung, dass die Zeit noch nicht reif für den Versuch einer radikalen Umwälzung der bestehenden Verhältnisse sei, dass es augenblicklich vielmehr darauf ankäme, die erst kürzlich eröffneten, zensorischen Freiräume allererst zur Etablierung einer aufgeklärten deutschen Öffentlichkeit zu

---

21 Marx an Ruge, 9. Juli 1842, MEGA² III/1, S. 30: „Ich habe ihn [Adolf Rutenberg, UP] an die Redaction der Rheinischen gebracht ..."
22 Marx an Heinrich Marx, 10./11. November 1837, MEGA² III/1, S. 17.
23 Der Minister des Innern v. Rochow an den Kölner Regierungspräsidenten v. Gerlach, 31. Januar 1842, RBA, Bd. 1, S. 318.
24 Ebenda, S. 318, Anm. 2.
25 In diesem Sinne interpretierte Bauer den sich abzeichnenden Entzug seiner Lehrbefugnis, Bauer an Ruge, 16. März 1842, Hundt, S. 1007: „Wir freuen uns über die Niederlage, die die Leute uns beizubringen meinen, denn die fürchten sich selbst darüber, daß sie siegen, weil sie wissen, mit welchen Mitteln sie siegen und daß sie doch am Ende Nichts ausrichten. Je mehr sie wagen, desto größer die Verwirrung, denn sie können doch Nichts hervorbringen – nicht einmal eine Kirche – und wir müssen doch am Ende Hand anlegen, wenn sie endlich nicht mehr aus und ein wissen."

nutzen und die politischen Forderungen vorerst auf Ziele zu begrenzen, die sich, wie etwa der Wunsch nach einer Verfassung oder die Einführung vollständiger Pressefreiheit, auch innerhalb der bestehenden Verhältnisse realisieren ließen.[26] Von staatlicher Seite hingegen konnte nach der Erfahrung, dass die Erleichterung der Zensur sofort solche Stimmen sich erheben sah, deren „Wohlwollen" gegenüber der preußischen Krone nur in der Forderung nach Beschneidung ihrer Machtfülle seinen Ausdruck fand, kein Zweifel bestehen, dass die das vormärzliche preußische Regierungshandeln bestimmende Angst vor den Verführungskünsten der „Demagogen" nicht nur eine berechtigte war, sondern dass darüber hinaus ein Verzicht auf die Zensur völlig außer Frage zu stehen habe.[27]

Dass die *RhZ* den Erlass, ihr Erscheinen zum 1. April zu beenden, überleben konnte, verdankte sie der gemeinsamen Initiative des Oberpräsidenten v. Bodelschwingh und des Kölner Regierungspräsidenten v. Gerlach, die gegenüber den Zensurministern am 26. März das Bedenken äußerten, dass ein jetziges Verbot der *RhZ* „außerordentliches Aufsehen erregen und auf die öffentliche Meinung einen so nachteiligen Einfluß äußern würde, daß die einstweilige Duldung des Blattes entschieden als das kleinere Übel betrachtet werden muß".[28] Die Begutachtung dieses Bedenkens

---

26 Feuerbach an Ruge, 8. März 1842, LFGW, Bd. 18, S. 166 (siehe oben, Anm. 12). Dass die Verfechter einer gemäßigten gesellschaftlichen Veränderung durchaus auch auf Unterstützer in der preußischen Beamtenschaft rechnen konnte, zeigt die Aussage des späteren Oberpräsidenten der Rheinprovinz v. Schaper über die in der *RhZ* versuchsweise realisierte Pressefreiheit (siehe unten, Anm. 147).

27 Einen guten Einblick in die im März vorherrschende Situation, in welchem auch schon die Fraktionierung der liberalen (oppositionellen) Bewegung Erwähnung findet, gewährt der Konfident Lichtweiß in seinem Bericht vom 27. März 1842, Adler, 1. Bd., S. 129/130: „Wie Wilhelm Schulz, bei dem er in Zürich lebt, ist auch Georg Herwegh ein eifriger Korrespondent der in Köln erscheinenden ‚Rheinischen Zeitung', über deren Tendenz in preußischer Zensur man wohl billig staunen darf. […] Auf den König von Preußen setzen die Liberalen immer noch einige Hoffnung, wenigstens teilweise, während die Exaltiertesten alles, was seither von Berlin aus für die Reform geschehen, für Komödienspiel erklären. Eine Tatsache leuchtet aber allerdings allen Liberalen ein, daß nämlich die Tagespresse in Preußen freier geworden, daß das, was man eigentlich durch das vielbesprochene Zensuredikt [vom 24. Dezember 1841, UP] in Preußen wollte, größeren Spielraum zur Besprechung innerer Angelegenheiten zu gewähren, nicht erreicht wurde; daran liegt den Liberalen wenig, es ist ihnen schon genügend, daß ein Teil der preußischen Tagespresse eine freiere Sprache in allgemeiner Besprechung der politischen Verhältnisse führt und sich zum Verfechter der konstitutionellen Interessen, wie zum Beispiel die beiden kölnischen Zeitungen, aufwirft. Einen Rückschritt besorgen die Liberalen von seiten des Königs von Preußen nicht, eher hoffen sie, daß er sich, wenn auch nicht durch innere Überzeugung, sondern durch Ruhmsucht und Eitelkeit auf dem Wege der Reform weiter fortreißen lassen werde."

28 Der Oberpräsident v. Bodelschwingh an die drei Zensurminister. Über die Weiterführung der Rheinischen Zeitung, RBA, Bd. 1, S. 324. Allerdings versprach v. Bodelschwingh den Wechsel des bisherigen Zensors L. Dolleschall, von welchem der Minister des Innern v. Rochow bemerkte: „Der Polizeirat Dolleschall war von jeher Censor a non censendo". RBA, Bd. 1, S. 325 Anm. 4. Dass Dolleschall dennoch bis zum 9. Dezember 1842 Zensor der Kölnischen Zeitungen blieb, verdankte sich wahrschein-

v. Bodelschwinghs zog sich hin und erbrachte ein uneinheitliches Votum der drei Zensurminister bezüglich des weiteren Bestehens der *RhZ*. Während sich Kultusminister Eichhorn und der Minister des Äußern v. Bülow für die Aufrechterhaltung der vorläufigen Konzessionierung am 13. und 18. April aussprachen, votierte der Minister des Innern v. Rochow am 18. Mai für ein Verbot der Zeitung.[29] V. Rochows Ausscheiden aus dem Ministerium des Innern am 21. Juni mag dann einen Teil dazu beigetragen haben, dass sein Nachfolger Graf v. Arnim-Boitzenburg mit den beiden anderen Zensurministern am 24. Juli gegenüber dem Oberpräsidenten v. Schaper, dem Nachfolger v. Bodelschwinghs, den Verzicht auf die Durchführung des Erlasses vom 11. März verfügte und die vorläufige Genehmigung des Erscheinens bis zum 31. Dezember 1842 aussprach.[30] Wie dem auch sei, die *RhZ* konnte weiter erscheinen, erreichte bereits im Mai, dem 5. Monat ihres Bestehens, eine Verdoppelung ihrer Auflage auf 800 und hatte in Berlin zu diesem Zeitpunkt schon mehr Leser als Ruges im 5. Jahrgang befindliche *DJb*.[31] Dies belegt eindrucksvoll, wie überlegen die Form einer Tageszeitung gegenüber der ebenfalls in täglicher Folge erscheinenden, jedoch stärker wissenschaftlich ausgerichteten Jahrbuchform war, wenn es darum ging, mit einem Publikationsorgan Breitenwirkung zu entfalten.

Dabei beschränkte sich die *RhZ* keineswegs nur auf die Mitteilung tagespolitischer Ereignisse. Mit ihrer noch auf Gustav Höfken zurückgehenden Einteilung in ein Hauptblatt und eine Beilage bot sie auch umfangreicheren Besprechungen von „Fragen allgemeinen Interesses", Bücheranzeigen und literarischen Notizen und Erklärungen Raum.[32] Die bis zur Entstehung der *RhZ* hauptsächlich in den *Hallischen* bzw. *Deutschen Jahrbüchern* und in eigenständigen Publikationen gegebene Möglichkeit, die deutsche Öffentlichkeit von der Überlegenheit der philosophischen gegenüber der theologischen Evidenzproduktion zu überzeugen und die Widersprüchlichkeit der legitimierenden Basis des christlich-monarchischen Staates aufzuzeigen, konnte insofern nunmehr auch in einer Tageszeitung genutzt werden. Nicht zuletzt Bruno

---

lich vor allem der Tatsache, dass die Verachtung, welcher die öffentlich bekannten Zensoren im zensurkritischen Rheinland ausgesetzt waren, die Suche nach einem Nachfolger Dolleschalls extrem erschwerte. Auch der von seiten der Zensurminister wiederholt geäußerte Vorwurf einer zu freizügigen Zensur in Köln findet seinen Grund wohl in dem Versuch der Zensoren, die Anfeindungen der Kölner Bevölkerung so gering wie möglich zu halten.

29 Votum des Ministers der Innern v. Rochow über die Frage des Weiterbestehens der Rheinischen Zeitung, RBA, Bd. 1, S. 338-340 u. S. 338 Anm. 1.
30 RBA, Bd. 1, S. 353 Anm. 1.
31 Georg Jung an Marx, um den 12. Mai 1842, MEGA² III/1, S. 373: „Meyen schrieb neulich, die Rhein. Zeit. ekrasire schon die D. Jahrb. in Berlin, sie errege Enthusiasmus."
32 Vgl. Gustav Höfken an Dagobert Oppenheim und Georg Jung, 18. Dezember 1841, RBA, Bd. 1, S. 304.

Bauer machte von dieser Möglichkeit auch nach dem endgültigen Verlust seiner *licentia docendi* häufigen Gebrauch.[33]

Überhaupt lässt sich konstatieren, dass die *RhZ* mindestens bis zum Eintritt von Marx in die Redaktion am 15. Oktober 1842 vor allem dem radikalen Lager um Bauer ihre Spalten zur Verfügung stellte, was unter Berücksichtigung des wiederholt geäußerten Sachverhalts der Rutenberg'schen Einflusslosigkeit auf die Redaktion[34] die Frage aufwirft, wer tatsächlich dafür verantwortlich war, dass die Zeitung hauptsächlich „die politischen Zustände in der Religion" kritisierte.[35] Vor dem Hintergrund der bereits dargestellten Entscheidungsstruktur der herausgebenden Kommandit-Gesellschaft kommen hier eigentlich nur die beiden Kogeranten Dagobert Oppenheim und Georg Jung infrage. Vor allem für den letzteren sprechen einige Gründe, angefangen mit dem Sachverhalt, dass die Auseinandersetzung um die Aufnahme einiger Artikel Bruno Bauers, aufgrund welcher der erste Hauptredakteur Gustav Höfken seine Mitarbeit an der *RhZ* aufkündigte, in erster Linie von Georg Jung geführt wurde.[36] Stellt man ferner in Rechnung, dass Marx seine Überlegungen bezüglich einer strafferen redaktionellen Leitung der Zeitung nur an Oppenheim und nicht auch an Jung adressierte,[37] und berücksichtigt außerdem, dass es auch zwischen Oppenheim und Jung zu Auseinandersetzungen um das Ausmaß an Radikalität bei der zu verfolgenden Tendenz kam,[38] so erhält die Annahme einiges an Plausibilität, dass Jung für die besondere Verankerung der radikalen Variante der junghegelianischen Aufklärung in der *RhZ* verantwortlich zeichnete.

Ohne die Annahme einer besonderen Affinität mindestens eines der beiden Kogeranten für die radikale Positionierung des Lagers um Bauer und die späteren Berliner „Freien" lässt sich das lange Festhalten an Rutenberg, der seit Beginn seiner Mitarbeit das Verhältnis zwischen preußischer Regierung und *RhZ* enormen Belastungen aussetzte und dessen eingeschränkte literarische Fähigkeiten auch den Kogeranten

---

33 Von den 22 bei Klutentreter aufgeführten Beiträgen Bauers sind 20 im Beiblatt und 2 im Feuilleton erschienen. Wilhelm Klutentreter: Die Rheinische Zeitung von 1842/43 in der politischen und geistigen Bewegung des Vormärz, 2. Teil (Dokumente), Dortmund 1967, S. 187/188.
34 So heißt es in einem Brief Ludolf Camphausens an seinen Bruder Otto vom 27. November 1842, also nach Rutenbergs endgültiger Entfernung aus der Redaktion, er habe „noch nicht einen einzigen Artikel geschrieben aber gute Eigenschaften als Korrektor bewiesen". RBA, Bd. 1, S. 389. Und Marx sprach gegenüber Ruge am 30. November 1842 von „Rutenbergs gänzlichem Mangel an Kritik, Selbstständigkeit und Fähigkeit" und behauptete, dass „seine Thätigkeit [beim deutschen Artikel, UP] hauptsächlich im Interpunktiren bestand". MEGA² III/1, S. 37.
35 Marx an Ruge, 30. November 1842, MEGA² III/1, S. 38.
36 Wilhelm Klutentreter: Die Rheinische Zeitung von 1842/43 in der politischen und geistigen Bewegung des Vormärz, 1. Teil, Dortmund 1966, S. 59.
37 Marx an Dagobert Oppenheim, etwa Mitte August – zweite Hälfte September 1842, MEGA² III/1, S. 31/32.
38 Wilhelm Klutentreter: Die Rheinische Zeitung von 1842/43 in der politischen und geistigen Bewegung des Vormärz, 1. Teil, Dortmund 1966, S. 127.

über die Zeit kaum verborgen geblieben sein dürften, kaum erklären. Dass man dann auch zu einem Zeitpunkt noch an Rutenberg festhielt, als die Leitung der Redaktion längst in Marx' Hände übergegangen war, lässt darüber hinaus zwar vermuten, dass an Rutenberg auch festgehalten wurde, um seine schließliche Entfernung als Konzession an die preußische Regierung darstellen zu können. Es bleibt jedoch in jedem Falle ein Kuriosum, dass etwa Marx die Kritik der radikalen atheistischen Tendenz der *RhZ*, die besonders im katholischen Rheinland die Verankerung des Blattes enorm erschwerte, stets nur an der Person Rutenberg festmachte und es keine überlieferten kritischen Aussagen über Georg Jung aus der Feder von Marx oder anderen Angehörigen des gemäßigten Lagers gibt. Vielleicht war die Position Jungs als von der Aktionärs-Versammlung bestimmter Kogerant, der seine Macht und Durchsetzungskraft darüber hinaus bereits in der Auseinandersetzung mit Höfken bewiesen hatte, zu stark, als dass Marx einen offenen Konflikt mit ihm hätte suchen können.

Vorerst konnte von einem öffentlich ausgetragenen Konflikt zwischen den beiden Fraktionen der junghegelianischen Aufklärung jedoch noch keine Rede sein. Dies zeigt sich etwa auch darin, dass Bauer bei seiner Übersiedlung von Bonn nach Berlin im Mai 1842, welche für Bauer nicht zuletzt aus finanziellen Gründen notwendig geworden war, ursprünglich plante, sowohl Ruge, der zu diesem Zeitpunkt noch mit Bauer und Feuerbach gleichermaßen sympathisierte, als auch Feuerbach einen Besuch abzustatten.[39] Es kam zwar nur zu einer Begegnung mit dem ersteren,[40] doch bleibt es eine rein spekulative Frage, ob eine Begegnung zwischen den beiden zentralen Protagonisten der junghegelianischen Phase der deutschen Spätaufklärung bereits zu einem Eklat geführt hätte oder die sich zusehends vertiefende Fraktionierung gar noch einmal hätte abgewendet werden können. In Berlin kam Bauer, nicht zuletzt vermittelt durch seinen Bruder Edgar, in Kontakt mit einem Kreis von Junghegelianern, welche für die nächste Stufe der Eskalation des Konflikts zwischen monarchisch-christlichem Staat und junghegelianischer Aufklärung in besonderer Weise verantwortlich zeichnen sollten.

Am 12. Juni 1842 erschien in der *Königlich Preußischen Staats-, Kriegs- und Friedenszeitung*, kurz *Königsberger Zeitung*, eine Korrespondenz, die von der Gründung eines „Vereins der Freien" in Berlin berichtete, als dessen vorrangiges Merkmal der Austritt aus der Kirche beschrieben wurde.[41] Die Nachricht über diese nie tatsächlich unternommene Vereinsgründung ist wohl Ausdruck der Absicht, die von Feuerbach und Bauer von der Überlegenheit des Atheismus Überzeugten dazu zu bewegen, diese „innere" Loslösung vom christlichen Glauben nunmehr auch durch ihr „äußer-

---

39 Bauer an Ruge, 24. April 1842, Hundt, S. 1041.
40 Ruge an Feuerbach, 28.-29. Mai 1842, Hundt, S. 1063: „B. Bauer war auf einige Tage hier. Er hatte große Lust Sie zu besuchen, es wurde ihm aber für diesmal zu theuer."
41 Es ist hier ein Verein ..., in: Königlich Preußische Staats-, Kriegs- und Friedens-Zeitung, 1842, Nr. 138 vom 17. Juni.

liches" Verhalten zu konstatieren. Vom Willen getragen, den Konflikt zwischen Opposition und preußischem Staat zu verschärfen, verband sich mit dem Aufruf zu lokalen „Vereinsgründungen" die Hoffnung, unter den Bedingungen des Verbots politischer Organisationsformen eine dezentrale Massenbewegung ins Leben zu rufen. Zwar wurde diese Hoffnung in der Folge, wie manch andere auch, enttäuscht, doch trug dieser Versuch zumindest dazu bei, die preußische Regierung als unerlässlichen Gegenspieler in der beabsichtigten Eskalation auf den Plan zu rufen. Als unmittelbare Konsequenz gründeten Studenten der Theologie in Berlin einen „Verein zum historischen Christus", welcher sich die Verteidigung der christlichen Dogmen gegen die atheistische Religionskritik der Berliner Junghegelianer zur Aufgabe setzte.[42]

Wenn dem Versuch, den Konflikt zwischen Opposition und Reaktion durch Massenaustritte aus der Kirche auf die nächste Stufe zu heben, auch kein Erfolg beschieden war, so avancierte der Name „die Freien" in der Folge immerhin zu einer Bezeichnung der Berliner Junghegelianer. Allerdings lässt sich über die genaue Zugehörigkeit zu diesem Kreis ob seines informellen Charakters naturgemäß nur spekulieren. Nicht zuletzt die überlieferte Korrespondenz der nicht in Berlin ansässigen Junghegelianer zeigt, dass auch unter den Protagonisten der junghegelianischen Aufklärung über die genaue Zusammensetzung dieser Gruppe Unklarheit herrschte. So erkundigte sich etwa Marx bei Ruge am 9. Juli, ob dieser etwas über die „Freien" wüsste, und auch Feuerbach schrieb bald an Ruge mit der Bitte um diesbezügliche Aufklärung.[43]

Mit einiger Sicherheit lässt sich festhalten, dass „außer den Brüdern *Bauer* noch *Engels*, *Buhl*, *Max Stirner*, *Nauwerck* und *Köppen* dazu gehörten".[44] Auch können wohl Eduard Meyen und Rutenberg dazu gezählt werden, der erste aufgrund der Tatsache, dass er Marx gegenüber nach dessen Übernahme der Redaktion der *RhZ* die Sache der „Freien" vertrat,[45] der zweite aufgrund des Sachverhalts, dass während seiner redaktionellen Mitarbeit die *RhZ* zum zentralen Publikationsorgan der Berliner Junghegelianer geworden war und er auch nach seinem Ausschluss von der Redaktion sich auf

---

42 Von dem damaligen Klima der Auseinandersetzung zeugt die Reaktion Bauers auf die Gründung des „Vereins zum historischen Christus", welche Theodor Haarbrücker an Ruge am 12. September 1842 berichtet, Hundt, S. 1129: „Hier erzählt man sich, Bauer gehe in Berlin mit einem großen Hunde, auf dessen Halsband ‚Zum historischen Christus' zu lesen sei."
43 Marx an Ruge, 9. Juli 1842, MEGA² III/1, S. 29: „Wissen Sie was Näheres von den sogenannten ‚Freien'? Der Artikel in der Königsberger war mindestens nicht diplomatisch. [...] Hermes [Redakteur der Kölnischen Zeitung, UP] wird mir auch mit den ‚Freien' auf den Hals rücken, von denen ich leider auch nicht das geringste Sichere weiß." Ruge an Feuerbach, 15. Juli 1842, Hundt, S. 1104.
44 So äußerte sich Ruges Bruder Ludwig 1886 auf Anfrage des Herausgebers der ersten Ausgabe von Ruges Briefwechsel Paul Nerrlich (Arnold Ruges Briefwechsel und Tagebuchblätter aus den Jahren 1825-1880, 1. Bd., Berlin 1886, S. 286).
45 Siehe den folgenden Abschnitt.

Seiten der Berliner radikalen Junghegelianer positionierte.[46] In der Literatur besteht die Tendenz, die „Freien" mit dem Kreis um Bruno Bauer gleichzusetzen,[47] doch erscheint diese Annahme aus verschiedenen Gründen fragwürdig.

Auch wenn Ruge die Initiative zur fingierten Gründung von der Kenntnisnahme der von Bauer mit nach Berlin gebrachten Broschüre über die 1830 in Holstein gegründete „Philaleten-Vereinigung" ausgehen lässt,[48] und er somit Bauer zum maßgeblichen Initiator der „Vereinsgründung" erklärt, scheint es eher wahrscheinlich, dass zwischen Bauer und den „Freien" im Juni 1842 die Übereinstimmung bezüglich der Notwendigkeit einer zunehmenden Eskalation des Konflikts zwischen monarchisch-christlichem Staat und junghegelianischer Aufklärung den Grund des Zusammengehens abgab. Für eine nur zeitweilige Verbindung zwischen Bauer und den „Freien" sprechen darüber hinaus verschiedene Gründe. Zum einen äußerte sich Bauer anfangs ziemlich abfällig über die Berliner „Bier-Literaten", unter welchen wohl die bereits vor seiner Übersiedlung nach Berlin etablierten, späteren „Freien" zu verstehen sind.[49] Zum anderen haben Ruge und Marx in ihren Briefen wiederholt die Hoffnung geäußert, dass Bauer einen mäßigenden Einfluss auf die „Freien" ausüben und die Zusammenarbeit mit ihnen schließlich wieder aufgeben werde,[50] und außerdem hatte Bauer sich bereits in seiner im November 1842 endgültig fertig gestellten Verteidigungsschrift *Die gute Sache der Freiheit und meine eigene Angelegenheit* von der von den „Freien" erhobenen Forderung nach einem Austritt aus der Kirche distanziert.[51] Und schließlich lässt sich keine Kooperation zwischen Bauer und

---

46 Ruge äußerte Marx gegenüber die Vermutung, dass Rutenberg, auch wenn er sich während seines Besuchs in Dresden von Ruge habe überzeugen lassen, in Berlin wieder mit den „Freien" gemeinsame Sache machen werde. Ruge an Marx, 10. Dezember 1842, MEGA² III/1, S. 385.
47 So etwa MEGA² III/1, S. 576 und Hundt, Apparat-Bd., S. 43.
48 Ruge an Feuerbach, 15. Juli 1842, Hundt, S. 1104.
49 Bauer an Ruge, 15. Juni 1842, Hundt, S. 1076: „Mit den Bier-Literaten ist allerdings nicht viel anzufangen, aber man darf sie nicht allein lassen, wenn man einmal mit ihnen innerhalb derselben Mauern ist. Berlin ist so arm, daß sie die einzigen sind, die noch von den neueren Principien sich tingiren lassen. Freilich aber bleibt es nur bei der äußeren Tinktur. Woher wissen Sie, daß ich sie zuweilen sehe?" Dafür, dass die Gruppe, welche später als die „Freien" bekannt wurde, sich bereits vor Bauers Ankunft in Berlin gebildet hat, spricht auch eine Stelle aus einem Brief Ruges an Feuerbach, 15. Juli 1842, wo Ruge äußert: „Ich habe einer Discussion ‚über den neuen Namen' beigewohnt, als schon früher vielfach die Rede davon gewesen war." (Hundt, S. 1104.) Die einzige Gelegenheit, zu welcher Ruge einer solchen Diskussion beigewohnt haben kann, ist sein Aufenthalt in Berlin im März 1842, ein Zeitpunkt, zu welchem Bauer noch in Bonn weilte.
50 So äußerte Marx bereits am 9. Juli 1842 gegenüber Ruge, MEGA² III/1, S. 29: „Es ist ein Glück, daß Bauer in Berlin ist. Er wird wenigstens keine ‚Dummheiten' begehn lassen". Vgl. auch Ruge an Marx, 4., 6. und 10. Dezember 1842, MEGA² III/1, S. 381-385, Ruge an Moritz Fleischer, 12. Dezember 1842, Hundt, S. 1180, Ruge an Georg Herwegh, 13. Dezember 1842, Hundt, S. 1181 und Ruge an Bauer, 28. Dezember 1842, Hundt, S. 1182.
51 Bruno Bauer: Die gute Sache der Freiheit und meine eigene Angelegenheit, Zürich u. Winterthur 1842, Abschnitt XI. Der Austritt aus der Kirche, S. 206-224.

den „Freien" bei späteren Publikationen feststellen (etwa bei Bauers *Allgemeiner Literatur-Zeitung* oder Ludwig Buhls *Berliner Monatsschrift*).[52]

Zwar lässt sich anders als bei Bauer über die tatsächlichen Beweggründe für die Radikalisierung der „Freien", im Zuge welcher auch sie sich von der Notwendigkeit eines von einer radikalen Kritik der christlichen Religion ihren Ausgang nehmenden, umfassenden gesellschaftlichen Umsturzes überzeugten, nur spekulieren, die besonders von marxistischer Seite betriebene Kanonisierung des Marx'schen Verdikts übermäßiger Abstraktion von den „wirklichen" Verhältnissen und des Ruge'schen Vorwurfs prinzipienloser Frivolität scheint gleichwohl die Frage nach der Motivation der „Freien" eher zu verstellen als zu erhellen.[53] Vielversprechender scheint dagegen die Annäherung an diese Frage über die geographische Verankerung der „Freien". In der preußischen Hauptstadt waren die zensorischen Freiräume, welche sich nach dem weihnachtlichen Zensur-Edikt von 1841 etwa in Köln oder Königsberg auftaten, nur in wesentlich geringerem Maße vorhanden[54] und schien dem Zensor, dem Geheimen Hofrat Karl Ernst John, der in besonderer Weise für die Zensur der Autoren des „Jungen Deutschland" verantwortlich war, die tatsächliche Bedeutung einer „wohlwollenden Behandlung vaterländischer Angelegenheiten" ungleich klarer.[55]

Es ist in diesem Sinne kein Zufall, dass die zentralen publizistischen Organe einer Bewegung, die sich immerhin als Teil der ehedem sich preußischer staatlicher Unterstützung erfreuenden Hegel'schen Schule verstand, sich eher in der Peripherie des preußischen Herrschaftsraumes, oder sogar außerhalb desselben, als in dessen Zen-

---

52 Mit Ausnahme natürlich von Edgar Bauer, dem Bruder Brunos, der während Bruno Bauers Aufenthalt in Bonn wahrscheinlich als Bindeglied zu den Berliner Junghegelianern fungierte. Edgar Bauer ist aus dem Kreis der namentlich bekannten „Freien" der Einzige, dessen Zusammenarbeit mit Bruno Bauer auch nach der Enttäuschung von 1842/43 nicht abbrach.

53 So berichtet Ruge an Robert Prutz am 18. November 1842 noch unmittelbar unter dem Eindruck des Bruchs mit den Berliner Freien, Hundt, S. 1157: „Ich gestehe Dir, daß ich mich überzeugt habe, die Frivolität hat einen weiten Boden u die Regierung eben so wenig System, als die frivolen Freien. Man irrt sich, wenn man die Menschen für unfähig hält, sich dieser Form anzunehmen. Immer ist die Frivolität noch Vernunft u Auflösung der Unvernunft. Sie wird daher theoretisch, als Komödie, eine große Wichtigkeit gewinnen können, zumal wenn sie die politische Freiheit im Hintergrunde sehen läßt. Geht sie aber so weit, daß sie auch diese Larifari nennt, so wird sie von dem heiligen Zorn, vom Fanatismus, von der Religion, von der Gemüthsbewegung für unsre große Aufgabe, von der Logik u dem Thatendurst im Dienste der Idee – wie man es nennen will – abzulösen sein. Wie die Heinische Frivolität muß sie dann gestürzt werden. [...] Erst glaub' ich freilich muß die Frivolität *populär* werden, ehe sie *gestürzt* werden darf u kann, damit in ihren Fall die ganze alte Welt verwickelt werden könne, den Gegensatz der Spieler mit dem sogenannten Heiligen nicht ausgenommen. Aber der Ernst darf ihr nicht das Feld lassen, auch schon jetzt nicht."

54 So galten die Berliner Zeitungen „den Beobachtern der zeitgenössischen Publizistik als die kläglichsten, die je erschienen seien", Ludwig Salomon: Geschichte des Deutschen Zeitungswesens von den ersten Anfängen bis zur Wiederaufrichtung des Deutschen Reiches, 3. Bd., Oldenburg und Leipzig 1906, S. 332.

55 Zur Bedeutung Johns für die preußische, insbesondere Berliner Zensur: ebenda, S. 327-331.

trum ansiedelten.⁵⁶ Die Geschichte des Berliner *Athenäums*, das unter der Redaktion Karl Riedels in Berlin verlegt wurde, sein Erscheinen zum 31. Dezember 1841 aber nach nur einjähriger Dauer bereits wieder einstellen musste, ist in diesem Falle aufschlussreich.⁵⁷ Auch der von Ruge mit einiger Intensität verfolgte Plan einer Verlagerung der Redaktion der *DJb* von Dresden nach Berlin,⁵⁸ von welchem nicht zuletzt die in Berlin ansässigen Korrespondenzpartner zum augenblicklichen Zeitpunkt wiederholt abrieten,⁵⁹ zeugt eher von der für das Jahr 1842 typischen Erwartungshaltung einer zunehmenden Liberalisierung Preußens, als von einer Kenntnis der Berliner Zensurverhältnisse.

Die besondere Nähe des preußischen Hofes beschleunigte vielmehr die Ernüchterung bezüglich der Hoffnung, die preußische Monarchie als Bündnispartner einer vernunftgemäßen Reform der gesellschaftlichen Verhältnisse gewinnen zu können. So war man in Berlin bereits zu einem Zeitpunkt zur französischen Konfiguration des bewusstseinszentrierten Modells gesellschaftlicher Veränderung übergegangen, als etwa der in Königsberg ansässige Karl Rosenkranz Ruge noch riet, sich zwecks der Verhinderung eines Verbots der *DJb* doch an Friedrich Wilhelm IV. direkt zu wen-

---

56 Für eine Aufarbeitung des für die junghegelianische Bewegung spezifischen Verhältnisses zwischen Zentrum und Peripherie anhand des Beispiels der Ruge'schen Korrespondenz mit den Berliner Junghegelianern siehe Wolfgang Bunzel/Martin Hundt/Lars Lambrecht: Zentrum und Peripherie. Arnold Ruges Korrespondenz mit den Junghegelianern in Berlin, (Forschungen zum Junghegelianismus, Bd. 14), Frankfurt a. M. 2006.
57 Eine gewisse Ausnahme stellt Ludwig Buhls *Der Patriot. Inländische Fragen* dar, der im Jahre 1842 von Wilhelm Hermes in Berlin verlegt wurde. Mit der Verschärfung der Zensur zum Ende des Jahres musste jedoch auch *Der Patriot*, der es auf immerhin 4 Hefte brachte, sein Erscheinen beenden.
58 Ruge an Karl Nauwerck, 7. Juni 1842, Hundt, S. 1071: „Leipzig ist so toll, daß ich Lust hätte Berlin zu versuchen, wenn Cöln auch besser ist. Königsberg ist mir zu nördlich, sonst ist dort die meiste Sicherheit u Kraft. Läßt sich denn gegen die Berliner Apathie gar nichts thun. Hier gestehn die Minister, *daß sie sich nicht nach den Provinzen sondern nach Berlin richten*. Berlin aber muß die Provinzen nachahmen. Könnte ich dort einen irgend vernünftigen Censor haben, ich zöge hinüber." Vgl. ferner Ruge an Moritz Fleischer, 21. Juni 1842, Hundt, S. 1078; Ruge an Jakob Venedey, 21. Juni 1842, Hundt, S. 1079.
59 Karl Nauwerck an Ruge, 28. Juni 1842, Hundt, S. 1091: „Gewiß wäre es eine herrliche Sache, wenn die Jahrbücher hier ihr Hauptquartier aufschlügen. Aber – Ich meinestheils halte dies *für den Augenblick* für unmöglich, wenigstens für sehr gefährlich. Der liberalste Censor, den man hier auftreibt, ist immer noch ein mächtiges Bleigewicht. Das schlimmste bei der Sache ist, daß alle *Garantie* für die Zukunft fehlt; die Sache geht vielleicht eine Zeitlang ganz leidlich, dann kommt eine Instruction et nous y voilà! Man ist auch gar nicht ohne Sorgen wegen der Königsberger und Rheinischen ‚Preßfreiheit'. Könnte man hier mit der Behörde einen genau klausulirten Pakt schließen, so wäre die Sache annehmbar. So viel ist gewiß, daß Sie wenigstens erst das in Berathung befindliche Censurgesetz abwarten müßten." Vgl. auch Bauer an Ruge, 11. Juni 1842, Hundt, S. 1074: „Was er [Otto Wigand, UP] Ihnen von der Preußischen Zensur gesagt hat, darauf ist nicht zu bauen. Auf so ungewisse Sachen ist nicht zu rechnen."

den.⁶⁰ Von einem in Berlin Ansässigen wäre dieser Ratschlag im April 1842 unter dem Eindruck des einen Monat zuvor erfolgten Entzugs der Bauer'schen Lehrbefugnis wohl kaum mehr geäußert worden.

Zusätzlich muss zur besonderen Radikalisierung der „Freien" beigetragen haben, dass den Berliner Junghegelianern die Erfahrungen des täglichen, kleinteiligen Kampfes mit der Zensur gefehlt haben, wie sie etwa von den mit den Erfordernissen redaktioneller Tätigkeit vertrauten Ruge und auch Marx, der bereits vor seiner, der Öffentlichkeit verschwiegenen Übernahme der Redaktion der *RhZ* im Oktober 1842 über die Bedingungen ihrer Fortführung unter der Zensur reflektierte,⁶¹ gemacht wurden. Hatten die letzteren dabei den Eindruck gewonnen, dass sich auch unter der Zensur einige Erfolge erringen ließen und konnten diese so auf eine schrittweise, allmähliche Verbesserung der preußischen Zustände hoffen, so setzte sich unter dem Eindruck der Berliner Verhältnisse dagegen die Überzeugung durch, dass nur ein völliger Umsturz der bestehenden Verhältnisse einen Fortschritt bedeuten würde. Ein solcher vollständiger Umsturz ließ sich jedoch nicht durch die detaillierte Kritik politischer Verhältnisse anstoßen, wie sie dann etwa unter Marx' Leitung in der *RhZ* vorherrschend wurde, sondern nur durch den Angriff auf das Fundament des den Dogmen eines pietistischen Christentums so viel näher als den Prinzipien einer aufgeklärten Vernunft stehenden monarchischen Staates.

Vor diesem Hintergrund erscheint die Auseinandersetzung um die redaktionelle Leitung und die Form der in der *RhZ* geäußerten Kritik im September/Oktober 1842 bereits als Antizipation des Konfliktes, der dann Anfang November im Streit Ruges mit Bauer und den „Freien" in der Walburg'schen Weinstube offen zutage treten sollte. Solange Jung und Rutenberg die Redaktion des Kölnischen Blattes maßgeblich bestimmten, konnten die Berliner Junghegelianer ungehindert bis auf die Eingriffe des nach den Maßstäben der preußischen Regierung viel zu laschen Zensors Laurenz Dolleschall ihre religionskritischen Angriffe in der Zeitung unterbringen, wovon die

---

60 Karl Rosenkranz an Ruge, 8. April 1842, Hundt, S. 1028: „Solltest Du nicht geradezu an unseren *König* gehen? Ich traue seiner Empfänglichkeit noch immer das meiste zu." Aufschlussreich ist auch die Antwort des Nicht-Berliners Ruge an Rosenkranz, Mitte April 1842, Hundt, S. 1033: „Was man politisch u äußerlich erreichen kann ist entweder gar nichts oder das neue Princip, d. h. entweder dem dynastischen Egoismus sich unterwerfen oder ihn wie in Amerika u England unmöglich machen. Einen *Staat* hat man nicht eher, als bis man diesen Principienkampf siegreich bestanden. Wie viel Decennien die Historie dazu nöthig hat, das weiß ich nicht, daß es aber zu dem Kampf der Herrschaft u der Freiheit aus dem Princip des absoluten Humanismus heraus kommen und daß Jahrhunderte darin ihre Aufgabe haben werden, können wir bei dieser Lage des Geistes doch wohl nicht verkennen. Die eroberte Constitution ist die wirkliche, die geschenkte ist die falsche; denn bei der Voraussetzung eines Herren des Staates wird nie der Staat freigelassen u der Herr zurücktreten. Die Constitution des Staates ist, wenn sie eine wirkliche ist, allemal Republik u die Republik ist nie eine wirkliche, wenn nicht Democratie."

61 Vgl. Marx an Dagobert Oppenheim, etwa Mitte August bis zweite Hälfte September 1842, MEGA² III/1, S. 31/32.

hohe Anzahl von Beiträgen zeugt, die in dieser Zeit aus ihrer Mitte Eingang in die Zeitung fanden.[62] Für die Korrespondenzen aus Berlin ist gar ein Monopol der „Freien" zu konstatieren, was sich zum Beispiel darin zeigt, dass sich nach dem Bruch zwischen Marx und den „Freien" für einige Zeit keine Berliner Korrespondenzen in der *RhZ* finden.[63] Nach Marx' Übernahme der Redaktion am 15. Oktober 1842 sahen sich die „Freien" dann zusätzlich zur staatlichen Zensur noch einer Zensur durch Marx ausgesetzt.[64] Dies bezeugt eindeutig, dass der Eintritt von Marx in die Redaktion Teil eines Richtungskampfes innerhalb der *RhZ* gewesen ist, dass der 15. Oktober insofern den Übergang der *RhZ* von einem Organ der radikalen Fraktion um Bauer und die Berliner „Freien" hin zu einem Organ der gemäßigten Fraktion, die sich zusehends besser organisierte, um Feuerbach, Marx und bald dann auch Ruge markiert.

Es wird häufig darauf hin gewiesen, dass die *RhZ* erst nach Marx' Übernahme der Redaktion, also nachdem die gemäßigte Fraktion in der Redaktion die Oberhand gewann, die Anzahl ihrer Abonnenten beträchtlich steigern konnte und dass diese Steigerung ausschließlich auf die von Marx durchgesetzte Neuorientierung der Kritik – „die Religion mehr in der Kritik der politischen Zustände, als die politischen Zustände

---

62 Laut Wilhelm Klutentreter finden sich in der Zeit bis zur Marx'schen Übernahme der Redaktion von Bruno Bauer 22, von Edgar Bauer 37, von Ludwig Buhl 4, von Friedrich Engels 10, von Karl Friedrich Köppen 2, von Eduard Meyen 7, von Karl Nauwerck 8 und von Max Stirner 27 Artikel (insgesamt 107 in 9½ Monaten); von Marx finden sich in dieser Zeit 3 Artikel. Nach dem 15. Oktober finden sich von Bruno Bauer 0 (was jedoch vor allem auf seine Beschäftigung mit anderen Publikationen zurückzuführen sein dürfte), von Edgar Bauer 7 (keiner nach dem Bruch Anfang November), von Buhl 1, von Engels 5 (allesamt aus England), von Köppen 1, von Meyen 3 und von Nauwerck 5 Artikel (insgesamt 23 in 5½ Monaten); von Marx finden sich in dieser Zeit 18 Artikel. (Wilhelm Klutentreter: Die Rheinische Zeitung von 1842/43 in der politischen und geistigen Bewegung des Vormärz, 2. Teil (Dokumente), Dortmund 1967, S. 187-224; zur Frage eines weiteren, von Wolfgang Eßbach Stirner zugeschriebenen Artikels (Die Junghegelianer. Soziologie einer Intellektuellengruppe, München 1988, S. 242) siehe unten, Kapitel 4, Anm. 153.
63 Vgl. Ruge an Moritz Fleischer, 12. Dezember 1842, Hundt, S. 1179: „Seit drei Tagen bringt die Rheinische Zeitung keine Berliner Correspondenzen mehr. Sie scheint dort nur die Freien gehabt zu haben." Vgl. auch Moritz Fleischer an Georg Jung, 16. Dezember 1842, RBA, 1. Bd., S. 397: „Recht schlimm steht es mit unseren Berliner Korrespondenten; nachdem wir uns von den ‚Freien' etwas losgemacht, scheinen wir fast ganz verlassen zu sein. Das erste war gut, das zweite ist schlimm. Die Leipziger [Allgemeine Zeitung, UP], die überhaupt jetzt sehr ehrenwert zu werden beginnt, ist in Berlin gut versehen, und Berlin ist ein Punkt, von dem alle etwas wissen wollen. Wenn sich nur Köppen dazu bereitwillig fände; kann Nauwerck keine Korrespondenzen geben? Ruge klagt auch, daß jetzt Berlin so wenig vertreten sei; freilich mag auch die Zensur ein Obstaculum sein. Die Korrespondenten überhaupt bedürften einer großen Sichtung, aber ich glaube wohl, daß es schwer hält, tüchtigere zu finden."
64 Marx an Ruge, 30. November 1842, MEGA² III/1, S. 37: „Sie wissen schon, daß die Censur uns täglich schonungslos, so daß oft kaum die Zeitung erscheinen kann, zerfetzt. Dadurch fielen eine Masse Artikel der ‚Freien'. Ebensoviel, wie der Censor, erlaubte ich mir selbst zu annulieren, ..."

in der Religion zu critisiren"[65] – zurückzuführen sei.[66] Ohne den Marx'schen Einfluss und die Abneigung des rheinischen Bürgertums gegen atheistische Religionskritik zu leugnen, muss jedoch festgehalten werden, dass der absatzfördernde Ruf der *RhZ*, das radikalste unter den deutschen Oppositionsblättern zu sein,[67] nicht unter Marx' Leitung der Redaktion erworben wurde, sondern zu diesem Zeitpunkt bereits etabliert worden war.

Worauf darüber hinaus vergleichsweise selten hingewiesen wird, ist, dass Marx' Eintritt in die Redaktion erst zu einem Zeitpunkt geschah, als die *RhZ* die finanziellen Schwierigkeiten, aufgrund welcher der Oberpräsident der Rheinprovinz v. Schaper am 6. August und die drei Zensurminister noch am 13. September die Hoffnung geäußert hatten, die *RhZ* bedürfe keines Verbotes und werde von selbst eingehen,[68] bereits überwunden hatte.[69] Wenn es einen Grund für eine Umorientierung der *RhZ* weg von der radikalen, hin zur gemäßigten Variante der junghegelianischen Aufklärung gegeben hat, dann lag dieser nicht darin, das finanzielle Überleben der Zeitung überhaupt zu sichern, sondern vor dem Hintergrund der sich seit Anfang Oktober abzeichnenden Verschärfung der preußischen Zensur eine tiefere Verankerung der *RhZ* in Köln und der Rheinprovinz selbst zu erreichen. Denn die verbesserte finanzielle Situation war in erster Linie eine Konsequenz des Zugewinns von über ganz Preußen verteilten Postabonnenten und nicht einer Vergrößerung der Kölner Leserschaft.[70] Dies

---

65 Ebenda, S. 38.
66 Vgl. etwa MEGA² I/1, S. 972. So beziffern die Konfidentenberichte die Auflage im April 1842 auf 500, im Mai auf nahe 800 und im Juli auf nahe 1000 (Adler, Bd. 1, S. 134, 144 u. 151). MEGA² I/1, S. 972 gibt die Abonnentenzahl für August mit 885, für November mit 1820 und für Januar mit 3300 an.
67 Vgl. den Bericht des Konfidenten Beurmann, 26. Juni 1842, Adler, Bd. 1, S. 149/150.
68 RBA, 1. Bd., S. 368 Anm. 2 u. S. 353 Anm. 1.
69 Ludolf Camphausen an die Geranten der Rheinischen Zeitung, 17. Oktober 1842, RBA, 1. Bd., S. 368 Anm. 2: „Die mir über die finanzielle Lage Ihres Geschäftes gemachten mündlichen Mitteilungen begründen die Erwartung, daß Sie binnen kurzer Zeit zu einer Gleichstellung der Ausgaben und Einnahmen gelangen werden, und da von diesem Standpunkte aus der weitere Fortschritt bis zur Erzielung eines angemessenen Reingewinns nicht zweifelhaft ist, so nehme ich auf Ihren Wunsch keinen Anstand, meine Beteiligung zu verdoppeln." Am 28. Oktober schrieb Ludolf Camphausen dann an seinen Bruder Otto, ebenda, S. 368/369: „Den Geranten der Rheinischen Zeitung, welche mir neulich persönlich Aufschlüsse über ihre Finanzlage vorlegten, habe ich auf ihren Wunsch geschrieben, daß sie Aussicht hätten, bald mit gutem Erfolge zu arbeiten, und daß ich meine Aktienzahl zu verdoppeln bereit sei. Sie wollen den Brief benutzen, um im stillen und ohne Anrufung der Generalversammlung die ihnen nötigen Mittel beizuschaffen. Mit Marx, der sich augenblicklich mit Holzdiebstählen amüsiert, haben sie kürzlich einen festen Vertrag abgeschlossen."
70 Ludolf Camphausen teilte seinem Bruder Otto am 12. August 1842, also zwei Monate vor Marx' Eintritt in die Redaktion der *RhZ*, mit, „daß mit dem seit 1. Juli begonnenen neuen Quartal die Zahl der auswärtigen Abonnenten in einem Sprunge um 500 gestiegen ist. Die Kölner dagegen, welche die reinste Einnahme liefern, bleiben dem verwässernden Hermes und dem guten DuMont [Redakteur und Verleger der *Kölnischen Zeitung*, UP] treu." RBA, 1. Bd., S. 353/354. Am Ende des 2. Quartals

zeigt, dass die *RhZ* finanziell gesehen wohl auch ohne die Neuausrichtung ihrer Tendenz überlebensfähig gewesen wäre und widerspricht außerdem der Darstellung, Marx allein sei für die Auflagensteigerung der *RhZ* verantwortlich gewesen. Richtig ist vielmehr, dass die *RhZ* ab dem Sommer 1842 von der Eskalation des Konfliktes zwischen christlich-monarchischem Staat und junghegelianischer Aufklärung insofern profitieren konnte, als sie nicht nur diese Eskalation selbst tatkräftig vorantrieb, sondern auch mit Recht als einer der zentralen Schauplätze dieses Konfliktes betrachtet wurde.

Stellt man darüber hinaus in Rechnung, dass nicht nur von der Zensur verbotene Werke,[71] sondern auch mit ihrem Verbot kämpfende Periodika sich einer besonderen Aufmerksamkeit in der Öffentlichkeit erfreuen konnten, so erfährt die bisweilen geäußerte Verwunderung[72] Milderung, dass Rutenberg sich trotz der abfälligen Einschätzung seiner schriftstellerischen Fähigkeiten, wie sie auch von Marx über seinen Freund aus Berliner Tagen[73] und von Bruno Bauer über seinen Schwager geäußert wurde,[74] und trotz des Drucks der preußischen Obrigkeit bis weit in den November 1842 in der Redaktion halten konnte. Offenbar war auch die Kritik der „politischen Zustände in der Religion" als die unter Jungs und Rutenbergs Leitung maßgebliche Linie ein Faktor, welcher die Debatte des Jahres 1842 maßgeblich prägte und welcher

---

(30. Juni) hatte die *RhZ* 498 Postabonnenten, am Ende des 3. Quartals (30. September) zählte sie 1027 Postabonnenten (ebenda, S. 368 Anm. 2).

71 Für den kommerziellen Erfolg eines Werkes war ein Verbot durch die Zensur nicht unbedingt von Nachteil. Nicht nur bewarben viele Verleger Neuerscheinungen mit der Ankündigung eines in Bälde zu erwartenden Verbots (vgl. Anzeigen im *Börsenblatt für den Deutschen Buchhandel*), auch bedeutete ein Verbot mitnichten, dass ein Werk nicht mehr käuflich erworben werden konnte. (So äußerte etwa Herwegh in seinem Brief an Friedrich Wilhelm IV., der zum Verbot der *Leipziger Allgemeinen Zeitung (LAZ)* in Preußen führte: „Ew. Maj. Minister haben vor fünf Vierteljahren meine Gedichte verboten, und ich bin so glücklich, im Augenblick die fünfte Auflage derselben veranstalten zu können." (Zitiert nach: Adler, Bd. 1, S. 182.) Auch im *Börsenblatt für den Deutschen Buchhandel* wurde ein Artikel aus dem *Frankfurter Journal* zitiert, der Vergleichbares berichtet: „Als thatsächlich wahr wird nachgewiesen, daß die verbotenen Schriften von Strauß, Bauer u. s. w. gerade am meisten verbreitet und gelesen worden seyen und daß diese Verbreitung hauptsächliche Wirkung der Verbote gewesen. Verbote und Confiskationen rufen gerade das Gegentheil ihres Zweckes hervor." Börsenblatt für den Deutschen Buchhandel, 10. Jg. (1843), Nr. 54 vom 9. Juni, Sp. 1724.) In Preußen wurden die Verbote den einzelnen Buchhändlern durch zeitnah versandte Rundschreiben bekannt gemacht, was zur Folge hatte, dass neu eröffnete Buchhandlungen von den vor der Eröffnung erfolgten Verboten keine Kenntnis hatten und bei Verkauf verbotener Bücher in der Regel nicht belangt wurden (vgl. Börsenblatt für den Deutschen Buchhandel, 10. Jg. (1843), Nr. 14 vom 17. Februar, Sp. 412). Dieser Sachverhalt wurde erst im Zuge der Überarbeitung der Zensurverordnungen im Laufe des Jahres 1843 beseitigt.

72 So etwa Wilhelm Klutentreter: Die Rheinische Zeitung von 1842/43 in der politischen und geistigen Bewegung des Vormärz, 1. Teil, Dortmund 1966, S. 61/62.

73 Marx an Ruge, 9. Juli 1842, MEGA² III/1, S. 30: „Der Rutenberg beschwert mein Gewissen. Ich habe ihn an die Redaction der Rheinischen gebracht und er ist gänzlich impotent. Ueber kurz oder lang wird man ihm den Weg weisen."

74 Bruno Bauer an Marx, 30. März 1840, MEGA² III/1, S. 344.

der *RhZ* eine Abonnentenzahl bescherte, die von Ruges ebenfalls in täglicher Folge erscheinenden *DJb* bis zum Ende nicht erreicht wurde.

Erst nachdem sich die preußische Regierung ab Oktober 1842 dazu entschloss, den Freiraum publizistischer Tätigkeit wieder stärker einzuhegen – worin viele genau die Konsequenz des Versuchs der Eskalation erblickten, auf welche die radikale Fraktion um Bauer in der *RhZ* hingearbeitet hatten –, konnte die *RhZ* mit der nunmehr vorherrschenden „Kritik der Religion in der Kritik der politischen Zustände" nochmals deutlich an Abonnenten gewinnen. Die besonders hohe Zahl an Abonnenten, welche die *RhZ* dann zu Beginn des Jahres 1843 erreichen konnte, spiegelt wohl auch den Sachverhalt wider, dass sie nach dem am 28. Dezember 1842 erfolgten Verbot der *Leipziger Allgemeinen Zeitung (LAZ)* in Preußen und dem Verbot der *DJb* Anfang Januar 1843 das einzig verbliebene, das gesamte Spektrum junghegelianischer Kritik abdeckende, preußische Oppositionsorgan war, die einzige Zeitung also, in welcher man den Konflikt zwischen Opposition und Staatsgewalt noch direkt miterleben konnte.[75]

2.2 Verschärfung der Zensur und Spaltung der junghegelianischen Aufklärung

Nach diesen Ausführungen kann festgehalten werden, dass die junghegelianische Aufklärung spätestens mit dem März 1842 begonnen hatte, sich in zwei, zunehmend unterschiedliche Zielsetzungen verfolgende Richtungen auszudifferenzieren. Dabei war der Organisationsgrad der sich in Berlin konzentrierenden Gruppe wohl zu Beginn höher als bei den in der Peripherie befindlichen, oftmals mit nichtliterarischen oppositionellen Kräften in Kontakt stehenden Junghegelianern, wie dies etwa in den Ereignissen um die vermeintliche Gründung des „Vereins der Freien" zum Ausdruck kommt. Zum offenen Konflikt zwischen diesen beiden Richtungen kam es dann allerdings erst im Zuge der sich mit der *Ordre vom 4. Oktober 1842 betreffs der Preß-Gesetzgebung* erstmals öffentlich manifestierenden Verschärfung der zensorischen Repression, denn nun erhielt die Differenz der beiden verschiedenen Strategien zur Veränderung der gesellschaftlichen Verhältnisse, welche die Konturierung der beiden Fraktionen der Bewegung bestimmte, einen eminent praktischen Wert. Die Entschei-

---

[75] Die den Jahreswechsel 1842/43 unbeschadet überstehende *Königsberger Zeitung*, der für die liberale Bewegung des Jahres 1842 ebenfalls eine beträchtliche Wirkung bescheinigt werden kann, ist eher als Organ des spezifischen, ostpreußischen Liberalismus zu betrachten. Zwar war der Druck der Zensur in Königsberg in gewissem Sinne geringer als an anderen Orten des preußischen Herrschaftsbereichs, allerdings exponierte sich die *Königsberger Zeitung* nicht in gleicher Weise wie die *RhZ* oder die *Deutschen Jahrbücher*. Und die Veröffentlichung des von Stirner verfassten „Programms der Freien" (*Über die Verpflichtung der Staatsbürger zu irgendeinem Religionsbekenntnis*, siehe unten, Kapitel 4, Abschnitt 2) scheiterte auch in Königsberg.

dung, ob der Konflikt zwischen Opposition und Regierung in einer Situation, in welcher die Staatsgewalt zusehends weniger Skrupel bei der Anwendung offen repressiver Maßnahmen an den Tag legte, noch weiter verschärft werden sollte, oder ob statt dessen eher Zurückhaltung zu üben sei, zwang in der Konsequenz sämtliche Protagonisten der junghegelianischen Aufklärung zu einer eindeutigen Positionierung.

Dabei schien die von Friedrich Wilhelm IV. an das Staatsministerium gerichtete Ordre auf den ersten Blick eine Erleichterung der geltenden Zensur-Verordnungen zu bedeuten, bestimmte sie doch, „daß die in Meinen Staaten erscheinenden Bücher, deren Text mit Ausschluß der Beilagen 20 Druckbogen übersteigt, wenn sowohl der Verfasser als der Verleger auf dem Titel genannt ist, der Censur ferner nicht mehr unterworfen sein sollen".[76] Zwar bedeutet diese Befreiung eigentlich nicht mehr als die Übernahme geltender Bestimmungen des Deutschen Bundes für Preußen, für die Zeitgenossen war bei diesem Schritt jedoch keineswegs die Erleichterung der Zensur bedeutsam. Aufhorchen ließ vielmehr der Beginn der Ordre: „Indem ich eine Revision der für das Censur-Wesen in Meinen Staaten bestehenden Verordnungen und Verwaltungsformen angeordnet habe, will Ich, ohne die Beendigung dieser bei ihrer großen Wichtigkeit längere Vorbereitung und Zeit erfordernden Arbeit abzuwarten, schon jetzt die Presse von einer durch die Bundesgesetzgebung nicht geforderten Beschränkung befreien".[77] Die öffentliche Ankündigung einer Revision des preußischen Zensur-Wesens führte dem preußischen und deutschen Publikum unzweifelhaft vor Augen, dass die als Liberalisierung der Zensur begriffenen Maßnahmen wie das weihnachtliche Zensur-Edikt von 1841 und die Tolerierung offen oppositioneller Organe wie der *RhZ* keineswegs als Etappen auf dem Weg zur vollständigen Pressefreiheit in Preußen zu sehen waren.

Wie aus einem im Januar 1843 die Ereignisse des Jahres 1842 resümierenden Konfidentenbericht hervorgeht, war die allgemeine Erwartung der preußischen und deutschen Öffentlichkeit bis zum Wiederanziehen der zensorischen Zügel, dass die völlige Befreiung der Presse in Preußen nur noch eine Frage der Zeit wäre.[78] Mit der Ordre des Königs war jedoch offensichtlich geworden, dass das mit den Karlsbader Beschlüssen ursprünglich nur für die Dauer von fünf Jahren erlassene Zensur-Edikt von 1819, das die Zensur als eine außerordentliche Maßnahme bestimmte, die lediglich

---

[76] Ordre vom 4. October 1842 betreffs der Preß-Gesetzgebung. Zitiert nach: Organ des Deutschen Buchhandels oder Allgemeines Buchhändler-Börsentblatt, Berlin, 9. Jg. 1842, Nr. 45 vom 5. November, S. 353.
[77] Ebenda.
[78] Bericht des Mainzer Konfidenten Fischer, Januar 1843, Adler, Bd. 1, S. 188: „Durfte man nun nicht bei einer solchen freien Bewegung der Presse erwarten, daß in Preußen Preßfreiheit zum Prinzip erhoben werden würde? Mußte man nicht voraussetzen, daß eine Regierung, die unter Zensur alle Staatsverhältnisse in einer Weise besprechen ließ, die unter einer freien Presse kaum freier und ungebundener hätte sein können, sich längst für Preßfreiheit entschieden habe und nur eine Gelegenheit abwarte, um sie als Gesetz auszusprechen?"

spezifischen Umständen geschuldet war, seine Aufhebung nicht in der vollständigen Befreiung der Presse, sondern in einer, nunmehr auf Dauer gestellten, Zensur-Gesetzgebung finden sollte.[79] Und in welchem Geist diese überarbeitete Zensur-Gesetzgebung verfasst werden würde, darüber konnte nach der am 14. Oktober erlassenen Kabinettsordre betreffs der Tagespresse kein Zweifel bestehen. Es ist ein beredtes Zeugnis dafür, welche Bedeutung den oppositionellen Periodika auch und gerade von Seiten der Obrigkeit beigemessen wurde, dass der preußische Monarch die Bedeutung der von ihm geforderten „wohlwollenden Besprechung vaterländischer Angelegenheiten" in ihrem Falle gesondert und besonders scharf spezifizierte: „Je ernster es Mir am Herzen liegt, daß der edlen, loyalen, mit Würde freimüthigen Gesinnung, wo sie sich kund geben mag, die Freiheit des Wortes nicht verkümmert, der Wahrheit das Feld der öffentlichen Besprechungen so wenig als möglich beschränkt werde, desto unnachsichtiger muß der Geist, welcher Waffen der Lüge und Verführung gebraucht, danieder gehalten werden, auf daß die Freiheit des Wortes unter dem Mißbrauche derselben nicht um ihre Früchte und ihren Segen betrogen werden könne."[80]

Für jeden Zeitgenossen konnte es kein Geheimnis sein, dass diese Worte vor allem auf die so offen Kritik an den bestehenden Verhältnissen übende *RhZ* gemünzt waren (auch wenn der Sachverhalt, dass immer mehr Zeitungen – wie etwa die *Trier'sche* und die *Aachensche Zeitung* und selbst die eingeschworene Konkurrentin der *RhZ*, die *Kölnische Zeitung* – die radikale Tendenz des Kölner Blattes nachzuahmen begannen, den Anwendungsbereich der Kabinettsordre vom 14. Oktober rasch anschwellen lassen konnte). Von Seiten der Regierung war damit unmissverständlich dargelegt, dass Zeitungen wie die *RhZ* nunmehr in wesentlich schwierigeres Fahrwasser geraten würden. Auch hierin mag ein Grund gelegen haben, die Redaktion der *RhZ* jemandem zu überantworten, der die besonderes Missfallen erregenden, religionskritischen Angriffe einzudämmen gedachte und der dafür sorgen wollte, „daß die Rh. Zeitung nicht sowohl von ihren Mitarbeitern [die zu einem beträchtlichen Anteil „Freie" waren, UP] geleitet wird, als daß sie vielmehr umgekehrt ihre Mitarbeiter leitet", wie dies Marx in seinem Brief an Dagobert Oppenheim im August/September angeraten hatte.[81] Mit dem am 21. Oktober 1842 erfolgten Verbot des von Alexander

---

79 Es zeugt von der Hellsichtigkeit von Marx, dass dieser in seinen Anfang Februar 1842 verfassten *Bemerkungen über die neueste preußische Censurinstruction* (MEGA² I/1, S. 97-118), in welchen das weihnachtliche Zensur-Edikt von 1841 besprochen wurde, im Unterschied zur überwältigenden Mehrheit der Zeitgenossen bereits den Geist einer Perpetuierung der Zensur in Preußen zu erblicken vermochte. Der Gang der Ereignisse gab seiner im Februar 1843 in Ruges *Anekdota* erschienenen Schrift dann eine beeindruckende Aktualität.
80 Cabinetsordre vom 14. October 1842 betreffs der Tagespresse, zitiert nach: Börsenblatt für den Deutschen Buchhandel, 9. Jg. (1842), Nr. 102 vom 25. November, Sp. 2850.
81 MEGA² III/1, S. 31/32. In diesem Brief hatte Marx auch angeboten, die vom „Freien" Edgar Bauer verfasste Artikelserie „Das Juste Milieu" einer Kritik zu unterziehen.

Jung redigierten *Königsberger Literaturblattes* erlangte die Gefahr eines Verbots der *RhZ* darüber hinaus eine erneute Dringlichkeit.

Die Frage nach der Möglichkeit des Überlebens der oppositionellen Publikationsorgane unter sich verschärfender Zensur brachte die virulenten Spannungen innerhalb der Bewegung dann endgültig zum Ausbruch. Während die in der preußischen Peripherie befindlichen Redaktionen zwecks Vermeidung eines Verbots zu zeitweiliger Mäßigung durchaus bereits waren und vorerst auf die Erlangung vollständiger Pressefreiheit oder zumindest auf die Wahrung der gegenwärtigen Freiräume abzielten, sahen die Anhänger des radikalisierten Berliner Zentrums (Bauer und die „Freien") das Verbot der oppositionellen Organe als einen wichtigen Schritt, welcher die Eskalation des Konflikts entscheidend zu beschleunigen vermochte. Für die letzteren bedeutete die Mäßigung der Angriffe auf den christlich-monarchischen Staat und der Verzicht auf atheistische Religionskritik eine Konzession an die bestehenden Verhältnisse, welche die Bewegung als Ganze desavouieren musste. Von den drohenden Verboten erhofften sie sich hingegen einen Impuls, welcher der Passivität der deutschen Öffentlichkeit ein Ende bereiten würde.[82] Für die ersteren war demgegenüber mit einem Verbot der *RhZ* und der *DJb* nichts zu gewinnen, standen vielmehr die bereits erreichten Erfolge in Gefahr, kassiert zu werden.

Zur öffentlichen Manifestation dieser unüberbrückbar gewordenen Spaltung der junghegelianischen Aufklärung kam es dann in der Folge des Besuchs der beiden Brüder Arnold und Ludwig Ruge, Georg Herweghs und Otto Wigands in Berlin Anfang November 1842. Die Geschehnisse dieses denkwürdigen Abends in der Walburg'schen Weinstube sind für ein Verständnis der weiteren Entwicklung, welche die junghegelianische Aufklärung nehmen sollte, von zentraler Bedeutung, lassen sich aus dem Streit Ruges mit den „Freien" und dem sie „bis ins Tz" verteidigenden Bauer[83] doch die differierenden Positionen des radikalen und des gemäßigten Lagers in ihren elaboriertesten Formen rekonstruieren. Auch die nach der Enttäuschung von 1842/43 einsetzenden Versuche einer Neukonzeptionierung des gescheiterten klassisch-aufklärerischen Diskurses sind ohne eine Rekonstruktion dieser Auseinandersetzung kaum nachzuvollziehen. Vor diesem Hintergrund ist es zu bedauern, dass die Darstellungen, welche über den Verlauf des Abends in der Walburg'schen Weinstube überliefert sind, allesamt von Personen stammen, die dem nach Mäßigung der Kritik

---

82 Es ist diese Stimmung, die in dem Brief Bauers an Ruge vom 27. Oktober 1842, in welchem er auch die Tendenz der unter Marx' Einfluss geratenen *RhZ* kritisiert, zum Ausdruck kommt, Hundt, S. 1146/1147: „Nur Ein Heil gibt es, nur Eine Möglichkeit des Fortschritts: Der Bruch mit allem Halben und Illusorischen! Durchgehende Kritik. Je tiefer die Concentration und je schärfer die Zuspitzung, desto mehr Feinde haben wir, desto mehr schreiten wir vorwärts, desto klarer wird die Sache, desto beschämter, verblüffter und rathloser stehen die Freunde des Alten da, desto mehr ist es möglich, daß der Alles entscheidende Schlag eintrifft, desto mehr wirken wir auf das Volk und desto mehr und bessere Freunde bekommen wir."
83 So Ruge gegenüber Marx am 4. Dezember 1842, MEGA² III/1, S. 381.

verlangenden Lager zuzurechnen sind.⁸⁴ Einen knappen Überblick liefert eine der noch neutraleren Darstellungen, die der rückschauenden Betrachtung von Ruges Bruder Ludwig aus dem Jahre 1886 zu verdanken ist, der große Teile der Auseinandersetzung persönlich miterlebte:

> Auf Arnolds Wunsch [...] besuchten wir die Freien in ihrer Kneipe. Anfangs war es ziemlich stille, und er bildete den Mittelpunkt der Unterhaltung. Nach und nach befreiten sich einzelne aus der philiströsen Unterhaltung und verfielen in ihren alten, gewohnten Ton. Die freie Stimmung steigerte sich bis ins Unglaubliche. Man wollte den Philistern zeigen, was Freiheit sei. Ich sah, wie Arnold stumm und wie versteinert dasaß. Ein Sturm mußte ausbrechen, denn es kochte und siedete in ihm. Mit einem Male sprang er auf und rief: ‚Ihr wollt frei sein und merkt nicht, daß ihr bis über die Ohren im Schlamm steckt! Mit Schweinereien befreit man keine Menschen und Völker!'⁸⁵

Wenn sich aus diesen knappen Bemerkungen auch keine klare Charakteristik der unterschiedlichen Positionen destillieren lässt, so erlauben sie dennoch Rückschlüsse auf die Schärfe der geführten Auseinandersetzung. Besonders Ruge äußerte sich in der Folge schockiert über den Umgang der „Freien" untereinander und auch mit ihm.⁸⁶ Ruge ist jedoch derjenige, der die ausführlichste Beschreibung der Geschehnisse des fraglichen Abends gegeben hat. Aus seinen Briefen an Robert Prutz vom 18. November, an Marx vom 4. Dezember und an Moritz Fleischer vom 12. Dezember 1842 geht die Konfliktlage zwar tendenziös, aber eindeutig hervor. Ruge war mit der Absicht nach Berlin gefahren, die „Freien" „zur Auflösung ihrer Societät zu bewegen,

---

84 Die detailliertesten Darstellungen sind in drei Briefen Ruges an Robert Prutz vom 18. November 1842, an Marx vom 4. Dezember 1842 und an Moritz Fleischer vom 12. Dezember 1842 enthalten (Hundt, S. 1156-1158; MEGA² III/1, S. 381-383; Hundt, S. 1179/1180). Die anderen Briefe, in welchen auf den Abend bezug genommen wird, beschränken sich auf kurze Andeutungen. Auch der von Marx für die *RhZ* redigierte Brief Georg Herweghs vom 22. November 1842 (*Herweghs und Ruges Verhältnis zu den Freien, RhZ*, Nr. 333 vom 29. November 1842, MEGA² I/1, S. 371/372) beschränkt sich auf die bloße Konstatierung des Bruches.
85 Paul Nerrlich (Hrsg.): Arnold Ruges Briefwechsel und Tagebuchblätter aus den Jahren 1825-1880, 1. Bd., Berlin 1886, S. 286. John Henry Mackay: Max Stirner. Sein Leben und sein Werk, 3., völlig durchgearb. u. verm., mit einem Namen- u. Sach-Register vers. Aufl., Berlin 1914 (Reprint der Mackay-Gesellschaft, Freiburg/Br. 1977), S. 73 bringt dieses Zitat ohne Quellennachweis, aber am Ende mit dem zusätzlichen Satz „Reinigt Euch zuerst selbst, bevor Ihr an eine so große Aufgabe geht!". Der Wahrheitsgehalt dieses Satzes, wie auch der Beschreibung des Gegenstands des Gesprächs („Ruge hatte mit Bauer, Nauwerck und Köppen den Plan einer ‚freien Universität', unter den damaligen Umständen ein Ding der Unmöglichkeit, erörtert, und den Jüngeren, die erst still zugehört hatten, wurde die Sache langweilig und sie opponierten"), hängen ohne entsprechende andere Nachweise ausschließlich von der Vertrauenswürdigkeit ab, die man Mackays ungenannten Quellen zuzubilligen bereit ist.
86 Ruge an Robert Prutz, 18. November 1842, Hundt, S. 1157: „Sie schrieen, schimpften und prügelten sich in der Weinstube, u als ich nun fortging (Wigand und Ludwig hatten sich schon retirirt), fielen sie nahezu auch über mich her."

damit sie die gute Sache nicht compromittirten und sich selbst nach Gelegenheit blamirten".[87] Besonders Bauer, so fürchtete Ruge, müsste durch das Treiben der „Freien" Schaden nehmen.[88]

Es erfordert nicht viel Vorstellungskraft, um sich zu vergegenwärtigen, dass diese Aufforderung zur Selbstauflösung auf die „Freien", die sich mittlerweile über die in Ruges *DJb* vertretene Position hinaus wähnten, äußerst provokant wirken musste. Und es zeigt sich hier außerdem, dass Ruge trotz der großen Verbundenheit, die er gegenüber Bauer, diesem „Robespierre der Theologie",[89] empfand und die auch durch den Streit in der Walburg'schen Weinstube nicht geschmälert wurde, die Radikalisierung verkannte, welche Bauer seit dem Entzug seiner *licentia docendi* im März durchlaufen hatte. Gerade für Bauer musste die Mahnung zur Mäßigung und zur Rücksichtnahme auf die Befindlichkeiten der preußischen Regierung wie das Eingeständnis seiner Niederlage im Kampf gegen die preußischen Autoritäten wirken. Auch wenn aufgrund der Quellenlage vor allem Ruges Überraschung über den Sachverhalt bekannt ist, wie tief die Spaltung der junghegelianischen Aufklärung im November 1842 bereits ausgeprägt war, so ist eine ähnliche Überraschung auf Seiten Bauers und der „Freien" durchaus mit einiger Plausibilität anzunehmen.

Wie hatte es zu dieser Differenzierung der ehedem vereint streitenden Junghegelianer kommen können, einer Differenzierung, deren Dynamik die Ausprägung der beiden Varianten der philosophisch-aufklärerischen Kritik derart forciert hatte, dass eine Verständigung zwischen beiden Lagern zum Ende des Jahres 1842 nahezu ausgeschlossen schien? Der von Ruge wiederholt erhobene Vorwurf übermäßiger Frivolität, die die „Freien" in dieser Auseinandersetzung an den Tag gelegt hätten und die Ruge bei der Kritik von Theologie und Religion durchaus für berechtigt hielt, darf nicht darüber hinwegtäuschen, dass tiefe inhaltliche Differenzen den Streit motivierten.[90] Das, was Ruge unter dem Vorwurf übermäßiger Frivolität zu fassen versuchte, ist nämlich die Anwendung des argumentativen Instrumentariums der philosophischen Religionskritik, also des auf der Evidenz gelingender Begriffsentwicklung ru-

---

87 Ruge an Moritz Fleischer, 12. Dezember 1842, Hundt, S. 1179. Einen gewissen Erfolg bescheinigte sich Ruge in seinem Brief an Robert Prutz, 18. November 1842, Hundt, S. 1157: „Halb u halb hab' ich ihre Gesellschaft gesprengt; ..." Zumindest Karl Nauwerck und Karl Friedrich Köppen haben sich wohl von den „Freien" losgesagt, wie aus einem Brief Nauwercks an Ruge, 22. November 1842, Hundt, S. 1159, hervorgeht. Auch Ludwig Ruge äußerte sich dahingehend (Paul Nerrlich (Hrsg.): Arnold Ruges Briefwechsel und Tagebuchblätter aus den Jahren 1825-1880, 1. Bd., Berlin 1886, S. 286).
88 Ruge an Marx, 4. Dezember 1842, MEGA² III/1, S. 381.
89 Ruge an Ludwig Ruge, 26. September 1842, Hundt, S. 1138.
90 Der Vorwurf übermäßiger Frivolität, welche die „Freien", die von Ruge auch als „Frivolitätsnarren" bezeichnet wurden (Ruge an Marx, 4. Dezember 1842, MEGA² III/1, S. 381), an den Tag gelegt hätten, durchzieht sämtliche Briefe Ruges zu dieser Problematik (vgl. ebenda; Ruge an Adolf Stahr, 15. November 1842, Hundt, S. 1155; Ruge an Robert Prutz, 18. November 1842, Hundt, S. 1157; Ruge an Moritz Fleischer, 12. Dezember 1842, Hundt, S. 1180). Auch Georg Herwegh äußerte diesen Vorwurf in seinem Brief an die Redaktion der „Rheinischen Zeitung", 22. November 1842, MEGA² I/1, S. 371.

henden Aufzeigens von Widersprüchen, auf die Positionen des gemäßigten Lagers, sprich auf die Vorstellungen einer vernunftgemäßen, das Bestehende reformierenden Einrichtung der gesellschaftlichen Verhältnisse. Die „Freien" konterten diesen Vorwurf einer inhaltslosen, in bloßer „Renommiererei" bestehenden Kritik mit der Erklärung Ruges zum rückgratlosen Philister, der den Willen zum endgültigen Bruch mit dem Bestehenden und zur revolutionären Tat vermissen lasse.[91]

Um die Frage nach der Ursache der Spaltung der Bewegung einer Antwort zuzuführen, muss der Blick auf die zugrundeliegende Weise der argumentativen Evidenzproduktion gerichtet werden. Sowohl Feuerbach, als auch Bauer hatten für ihre Kritik der theologischen Evidenzproduktion auf die philosophische Evidenz gelingender Begriffsentwicklung rekurriert. Dieser klassisch-aufklärerische Rekurs auf die philosophische Evidenzproduktion zur Untergrabung der durch die theologische Evidenzproduktion hervorgerufenen Evidenzerfahrungen hatte in den Augen seiner junghegelianischen Protagonisten die Widersprüchlichkeit der überwiegenden Mehrzahl der theologischen Begriffe und Grundannahmen erwiesen. Darin waren sich beide Lager bei aller Verschiedenheit einig. Zu einer grundlegenden Differenz konnte es jedoch anlässlich der Frage kommen, inwieweit der Rekurs auf die philosophische Evidenzproduktion in die Lage versetzte, nicht nur in negativer Hinsicht die Plausibilität von Argumenten zu entkräften, sondern darüber hinaus die positive Geltung philosophischer Begriffe und Konzepte zu etablieren.

Vor allem der Unterschied zwischen der preußischen und der französischen Konfiguration des bewusstseinszentrierten Modells gesellschaftlicher Veränderung involviert eine differierende Bewertung dieser Frage. So verdankt sich ein Großteil der sich innerhalb der preußischen Konfiguration bewegenden junghegelianischen Aufklärung der unmittelbar von Hegel übernommenen Konzentration auf den Begriff „Staat", dessen vernunftgemäße Entwicklung mit dem Nachweis der Unhaltbarkeit der bestehenden Verhältnisse zugleich das Remedium zur Abhilfe dieses Zustands an die Hand geben sollte. Mit anderen Worten: wenn auch der „christliche Staat" einen aufzuhebenden Widerspruch darstellte, so lag die Lösung dieses Widerspruchs nicht im Verzicht auf den Begriff „Staat", sondern in seiner vernünftigen statt widervernünftigen, christlichen Bestimmung. Ja, eine den Maßgaben vernünftiger Reflexion genügende Einrichtung der gesellschaftlichen Verhältnisse konnte, so die weitgehend geteilte Überzeugung, auf den Begriff „Staat" in keinem Falle Verzicht leisten.[92]

---

91 Auch wenn keine unmittelbaren Darstellungen des Geschehens aus der Hand Bauers oder der „Freien" zur Verfügung stehen, so folgt dies aus dem Brief Ruges an Marx, 4. Dezember 1842, MEGA² III/1, S. 382, und aus der bereits zitierten Beschreibung Ludwig Ruges (Paul Nerrlich (Hrsg.): Arnold Ruges Briefwechsel und Tagebuchblätter aus den Jahren 1825-1880, 1. Bd., Berlin 1886, S. 286).
92 Ruge an Moritz Fleischer, 12. Dezember 1842, Hundt, S. 1180: „Der Staat wird immer die Form des bestimmten und zugleich gemeinsamen Willens und Wissens sein: die Gemeinsamkeit aufheben, heißt die Menschen in Bestien verwandeln, ..." Vgl. auch Ruge an Jakob Venedey, 21. Juni 1842, Hundt, S. 1079: „Auf der and. Seite hat die Theologie aus Hegel neue Kraft gesogen, u so lange wir

Und dass eine vernunftgemäße Einrichtung der gesellschaftlichen Verhältnisse auf eine philosophische Entwicklung des Begriffs „Staat" nicht verzichten könne, war sowohl für die Vertreter der preußischen Konfiguration des bewusstseinszentrierten Modells gesellschaftlicher Veränderung, als auch für die der gemäßigten Variante der junghegelianischen Aufklärung über alle Kritik erhaben.

Es wurde bereits dargestellt, dass in der radikaleren Variante der junghegelianischen Aufklärung, wie sie von Bauer und den „Freien" vertreten wurde, unter dem Einfluss der besonderen Berliner Verhältnisse früh dazu übergegangen worden war, die französische der preußischen Konfiguration des bewusstseinszentrierten Modells gesellschaftlicher Veränderung vorzuziehen. Als Teil ihres Versuchs, eine revolutionäre Erhebung in Preußen (und schließlich auch den anderen deutschen Ländern) durch eine rücksichtslose Eskalation des Konflikts zwischen junghegelianischer Aufklärung und preußischer Regierung hervorzurufen, gingen Bauer und die „Freien" dazu über, sämtliche theoretischen, eine Vermittlung gestattenden Glieder zwischen monarchischem Staat und preußischer Öffentlichkeit argumentativ zu beseitigen. Und der Ansatz, die argumentative Potenz von Begriffen durch das Aufzeigen ihrer stets zu Widersprüchen führenden Entwicklung zu entkräften, ist darüber hinaus keineswegs auf die Kritik theologischer Begriffe beschränkt, wie die Anhänger des radikalen Lagers zu zeigen sich anschickten. Sie waren, mit anderen Worten, davon überzeugt, dass alle Ansätze, welche noch eine Verständigung zwischen bestehender Gewalt und aufklärerischer Kritik und damit eine Reform der ersteren beabsichtigten, als die nötige Konsequenz ermangelnde, „reactionäre Halbheiten" zu betrachten wären,[93] von welchen allenfalls die bestehende Gewalt profitieren würde. Für die Kritik würde dies hingegen eine Abschwächung der von ihr entfalteten Dynamik bedeuten, und der augenblickliche Impuls des Jahres 1842 müsste verpuffen.

Es ist dieses Kalkül, welches sich hinter der Bauer'schen „Staatsauflösung (im Begriff, so daß die Menschheit ohne Staat existirte)" oder hinter seinem Ansatz verbirgt, „der Staat und die Religion müßten *im Begriff* aufgelös't werden, das Eigenthum und die Familie dazu".[94] Für Bauer (und die „Freien"), dies wird aus den Briefen Ruges ersichtlich, konnte die Kritik nunmehr nur noch negativ verfahren, denn „was positiv zu machen wäre, wisse man nicht, man wisse nur, daß alles zu negiren sei".[95] Für Ruge ergab sich aus dieser Position eine unannehmbare Konsequenz: „d. h. die Negativität der frivolen Welt zum Princip machen und alle Bestimmtheit, allen Charakter, alle Begeisterung für historische Aufgaben der Menschheit, die man sich nie

---

Philosophen ihr diesen Boden nicht unter den Füßen weggezogen, schien sie stark u gesund zu sein, zog die guten Köpfe an u verdarb sie. Jetzt dreht sich das Verhältniß um; das ist der Aerger u die Angst. Alles Interesse der Begabteren wirft sich nun auf den Staat u die metaphysische Freiheit wird zur politischen."
93 Von diesem Vorwurf berichtet Ruge an Marx, 4. Dezember 1842, MEGA² III/1, S. 382.
94 Ebenda, S. 383, und Ruge an Moritz Fleischer, 12. Dezember 1842, Hundt, S. 1179.
95 Ebenda.

anders als positiv denken kann und die das wahrhaft Positive wirklich sind, aufheben".[96] Und resümierend schließt Ruge:

> Ich wünsche, daß die ‚Freien' aufhören als diese Clique zu existiren, und bin der Meinung, daß wir sie nur desavouiren konnten, wie es auch geschehn ist. Denn diese Freiheit, die nur die des Witzes, des Gelächters, der hohlen Negativität ist, führt historisch und politisch nur dadurch weiter, daß sie aufgehoben wird. Die politische Freiheit ist das ernsthafte Pathos für eine bestimmte Gestaltung und Umgestaltung, nicht für die Revolution als solche. Die Frivolität hat aber die Bedeutung, daß alle umwälzenden Epochen die Umwälzung als solche für ganze Partheien zum Zweck machen und so aus der Geschichte in die logische Bewegung fallen, man könnte sagen aus der temperirten Bewegung *in* der Zeit zu der *ex*temporirten im abstracten Geist – wenn beide Worte dies zuließen.[97]

Zu dem Zeitpunkt, als Ruge diese Äußerung tätigte (12. Dezember 1842), war der Bruch wohl tatsächlich irreparabel geworden. In der Zeit zwischen dem Abend in der Walburg'schen Weinstube und dem Brief Ruges an Moritz Fleischer war auch der Kampf um die redaktionelle Hoheit bei der *RhZ* endgültig entschieden worden. Es muss dabei beinahe wie eine Ironie der Geschichte anmuten, dass der entscheidende Impuls zum schließlichen Wandel der *RhZ* von einer eher der radikalen Variante der junghegelianischen Aufklärung zuzurechnenden Zeitung zu einer die gemäßigte Variante vertretenden sich der Initiative der preußischen Regierung verdankte. Bereits am 7. November 1842 hatte der Oberpräsident der Rheinprovinz v. Schaper den Kölner Regierungspräsidenten v. Gerlach unter Bezugnahme auf das Reskript der drei Zensurminister vom 24. Juli 1842 aufgefordert, den Verleger Joseph Engelbert Renard protokollarisch zu verwarnen und Rutenbergs sofortige Entlassung sowie die Angabe eines neuen verantwortlichen Redakteurs zu fordern,[98] was v. Gerlach am 12. November ausführte.[99]

Das Antwortschreiben Renards, das von Marx zwischen dem 12. und dem 17. November formuliert wurde und das den mittlerweile erlangten Einfluss von Marx auf die Redaktion der *RhZ* eindeutig bezeugt, ist als Dokument für die erfolgte Neuausrichtung der *RhZ* als Organ des gemäßigten Lagers von großer Bedeutung. Marx verteidigte die Tendenz der *RhZ* unter Verweis auf die vom weihnachtlichen Zensur-Edikt erwünschte Entwicklung einer „unabhängigen, freisinnigen Presse" und bestimmte als ihre „Hauptaufgabe", „einen deutschen Liberalismus hervorzurufen".[100] Rutenbergs Entfernung wurde unter Verweis auf seine reine Übersetzertätigkeit abgelehnt und die Angabe eines verantwortlichen Redakteurs damit ausgeschlagen,

---

96 Ebenda, S. 1179/1180.
97 Ebenda, S. 1180.
98 RBA, Bd. 1, S. 375 Anm. 1.
99 Ebenda, S. 375.
100 Marx an Justus Wilhelm Eduard von Schaper, zwischen 12. und 17. November 1842, MEGA² III/1, S. 35 u. 34.

dass eine solche Forderung nur von den obersten Zensurbehörden und nicht von einem Oberpräsidenten gestellt werden könne.[101] Allerdings zeigte sich Marx auch zu einer Konzession an die preußischen Autoritäten bereit und erklärte den Willen der Redaktion, „wie es schon seit einiger Zeit geschehn ist, möglichst von allen kirchlichen und religiösen Gegenständen [zu] abstrahiren".[102] Es zeigt sich insofern, dass Marx zum Zeitpunkt der Abfassung des Renard'schen Antwortschreibens, als er von dem Zerwürfnis Ruges mit Bauer und den „Freien" noch keine unmittelbare Kenntnis hatte, mit der Preisgabe der Religionskritik in der *RhZ* bereits eindeutig Stellung zugunsten des gemäßigten Lagers bezogen hatte.

Am 19. November wurden die Marx'schen Einwände durch v. Schaper zurückgewiesen und darüber hinaus betont, dass die Erteilung der Konzession auch bei Erfüllung sämtlicher Forderungen suspendiert bleibe.[103] Der Aufsichtsrat der *RhZ* beugte sich am 23. November schließlich den Forderungen der preußischen Regierung, ernannte Bernhard Rave, der als ehemaliger Herausgeber und Redakteur der Vorgängerin der *RhZ* bei den preußischen Behörden einen guten Ruf genoss, zum verantwortlichen Redakteur und beschloss die endgültige Entfernung Rutenbergs aus der Redaktion, was letzterer mit der am 26. November in der *RhZ* erschienenen Erklärung, er werde Köln in den nächsten Tagen verlassen, zur Kenntnis der Öffentlichkeit brachte.[104] Mit dem Ausscheiden Rutenbergs aus der Redaktion der *RhZ* fand eine Mitwirkung ihr Ende, deren Ausmaß zwar nur begrenzt war, die sich aber ungeachtet des sofort einsetzenden Widerstands von Seiten der preußischen Regierung vom 3. Februar bis zum 23. November 1842 erstreckte. Und unabhängig von der Frage, wie der Rutenberg'sche Einfluss auf die Bestimmung der Tendenz der *RhZ* einzuschätzen ist, markiert seine Mitarbeit die Periode, in welcher die *RhZ* vorrangig das Publikationsorgan der radikalen Variante der junghegelianischen Aufklärung darstellte, was sich nicht zuletzt darin zeigt, dass Rutenberg sich nach seinem erzwungenen Ausscheiden als „*das exilirte Prinzip* der Rh. Z." gerieren konnte.[105] Dass von Seiten der Kogeranten Oppenheim und Jung bis zum letztmöglichen Zeitpunkt an Rutenberg festgehalten wurde, kann, neben strategischen Absichten, nur durch eine gewisse Sympathie für die Berliner radikale Variante der junghegelianischen Aufklärung erklärt werden.

Das endgültige Ausscheiden Rutenbergs geschah dann zu dem Zeitpunkt, als die Berliner Ereignisse auch die *RhZ* erreichten. Georg Herwegh sah sich durch eine Nachricht in den *Didaskalia* der *Elberfelder Zeitung*, in welcher von seinem angeblichen Besuch bei den „Freien" berichtet wurde, veranlasst, die Redaktion der *RhZ* am

---

101 Ebenda, S. 35/36.
102 Ebenda, S. 35.
103 Oberpräsident v. Schaper an Joseph Engelbert Renard, 19. November 1842, RBA, Bd. 1, S. 380-382.
104 Protokoll des Aufsichtsrats der Rheinischen Zeitung, 23. November 1842, RBA, Bd. 1, S. 384/385 u. 384 Anm. 4.
105 So berichtet Marx an Ruge, 30. November 1842, MEGA² III/1, S. 37.

22. November um die Veröffentlichung einer klärenden Notiz zu ersuchen, um sein Verhältnis zu den „Freien" klarzustellen.[106] Zwar sahen die „Freien" die dann von Marx ausgehend von Herweghs Brief redigierte, am 29. November in der *RhZ* publizierte Notiz als offensichtliche Parteinahme von Marx an, der Sachverhalt, dass Eduard Meyen von Marx aber bereits um den 26. November eine Stellungnahme bezüglich seiner Positionierung im Streit Ruges und Herweghs mit den „Freien" und Bauer, des neuen Redaktionsprinzips und seiner Stellung zur Regierung forderte, zeigt eindeutig, dass der Bruch mit Ruge zu diesem Zeitpunkt auch von den Berlinern forciert wurde und sie dabei immer noch hofften, die *RhZ* als Bündnispartnerin im Konflikt mit der gemäßigten Richtung zu gewinnen.[107] Marx wies diesen Wunsch nach einem Bündnis jedoch brüsk zurück und nutzte diese Gelegenheit für eine inhaltliche Abrechnung mit der radikalen Variante der junghegelianischen Aufklärung:

> Ich antwortete gleich und sprach offen meine Ansicht aus von den Mängeln ihrer Arbeiten, die mehr in einer licentiösen, sansküllotischen und dabei bequemen Form, als in *freiem*, d. h. selbstständigem und tiefem Gehalt, die Freiheit finden. Ich forderte auf, weniger vages Raisonnement, großklingende Phrasen, selbstgefällige Bespiegelungen und mehr Bestimmtheit, mehr Eingehn in die konkreten Zustände, mehr Sachkenntniß an den Tag zu fördern. Ich erklärte, daß ich das Einschmuggeln communistischer und socialistischer Dogmen, also einer neuen Weltanschauung, in beiläufigen Theaterkritiken etc. für unpassend, ja für unsittlich halte und eine ganz andere und gründlichere Besprechung des Communismus, wenn er einmal besprochen werden solle, verlange. Ich begehrte dann, die Religion mehr in der Kritik der politischen Zustände, als die politischen Zustände in der Religion zu criticiren, da diese Wendung mehr dem Wesen einer Zeitung und der Bildung des Publicums entspricht, da die Religion an sich Inhaltslos nicht vom Himmel, sondern von der Erde lebt, und mit der Auflösung der verkehrten Realität, deren *Theorie* sie ist, von selbst stürzt. Endlich wollte ich, daß, wenn einmal von Philo[sophie] gesprochen, weniger mit der *Firma*: ‚Atheismus' getändelt, (was den Kindern ähnlich sieht, die jedem, der's hören will, versichern, sie fürchteten sich nicht vor dem Bautzenmann) als vielmehr ihr Inhalt unter's Volk gebracht würde.[108]

Man kann sich leicht vorstellen, dass diese Antwort nicht die von Meyen erhoffte Reaktion darstellte. Letzterer hatte – ohne Kenntnis dieser Antwort – in seinem zweiten

---

106 Georg Herwegh an die Redaktion der „Rheinischen Zeitung", 22. November 1842, MEGA² I/1, S. 371/372.
107 Marx an Ruge, 30. November 1842, MEGA² III/1, S. 38. Dort heißt es: „Vor einigen Tagen erhielt ich einen Brief von dem kleinen Meyen, ..." Zieht man in Erwägung, dass Marx „gleich" antwortete, „gestern" (den 29. November) einen zweiten Brief von Meyen erhalten hatte, den Marx' Antwort auf den ersten noch nicht erreicht hatte, so ergibt sich der 26. November als wahrscheinlicher Zeitpunkt der Abfassung des ersten Briefes von Meyen. Auch das Verlangen nach Auskunft über das neue Redaktionsprinzip stützt diese Annahme, denn spätestens zu diesem Zeitpunkt musste die Nachricht von Rutenbergs Ausscheiden aus der Redaktion, welche wahrscheinlich mitursächlich für das Verlangen nach Auskunft war, mit der Nachricht in der *RhZ* vom 26. November zur Kenntnis der Berliner gekommen sein.
108 Ebenda.

Brief an Marx, der diesen am 29. November erreichte, die Forderungen noch einmal verschärft und auch die Autorität Bauers insofern in die Waagschale geworfen, als er die Auseinandersetzung nun als eine zwischen Ruge und Bauer bezeichnete.[109] Und schließlich erhob Meyen noch einmal eine der zentralen strategischen Forderungen der Vertreter der radikalen Variante der junghegelianischen Aufklärung: „die Zeitung dürfe nicht temperiren, sondern müsse das *Äusserste* thun, d. h. ruhig der Polizei und Censur weichen".[110] Es bedarf keiner besonderen Erwähnung, dass nach Ruge auch Marx eine solche Forderung abschlägig beschied. Für Marx und die Redaktion der *RhZ* war die unmittelbare Konsequenz dieses Schlagabtauschs mit den Berliner „Freien", dass die *RhZ* sämtliche Berliner Korrespondenten verlor.[111] War dieser Verlust für die Konkurrenz mit anderen Zeitungen vor dem Hintergrund der Bedeutung Berlins für die preußische Politik auch von Nachteil,[112] so traf es die „Freien" ungleich härter: binnen eines Monats verloren sie ihre beiden wichtigsten periodischen Publikationsmöglichkeiten und waren somit zu einem für ihre Eskalationsstrategie entscheidenden Zeitpunkt von der Beeinflussung der preußischen Öffentlichkeit nahezu gänzlich ausgeschlossen. Dass dieser Zustand nicht durch Akte der preußischen Regierung, sondern durch ehemalige Mitstreiter für eine gemeinsame Sache herbeigeführt wurde, stellt sicher einen der Gründe für die Intensität dar, mit welcher die Auseinandersetzungen innerhalb der deutschen vormärzlichen Aufklärer nach dem Scheitern der klassischen Form des aufklärerischen Diskurses um die Jahreswende 1842/43 geführt werden sollten.

Im Gegensatz zu Meyen begrüßte Ruge naturgemäß die Marx'sche Entscheidung, mit den „Freien" zu brechen, und hieß Marx neben Herwegh als den „Dritten in un-

---

109 Ebenda.
110 Ebenda.
111 Einige Korrespondenzen aus Berlin müssen noch „auf Halde" gelegen haben, denn von Ludwig Buhl erschien noch ein Artikel am 2. Dezember im Feuilleton und am 3. und 6. Dezember 1842 sogar noch eine Besprechung von Wilibald Alexis' *Der falsche Woldemar* von Meyen (Wilhelm Klutentreter: Die Rheinische Zeitung von 1842/43 in der politischen und geistigen Bewegung des Vormärz, 2. Teil (Dokumente), Dortmund 1967, S. 193 u. 216) Ruge bemerkte dann gegenüber Moritz Fleischer am 12. Dezember 1842, Hundt, S. 1179: „Seit drei Tagen bringt die Rheinische Zeitung keine Berliner Correspondenzen mehr. Sie scheint dort nur die Freien gehabt zu haben." Und Moritz Fleischer äußerte am 16. Dezember 1842 gegenüber Georg Jung, RBA, Bd. 1, S. 397: „Recht schlimm steht es mit unseren Berliner Korrespondenten; nachdem wir uns von den ‚Freien' etwas losgemacht, scheinen wir fast ganz verlassen zu sein." Eine Ausnahme bilden Karl Nauwerck und Karl Friedrich Köppen, von denen – wahrscheinlich aufgrund ihrer Lösung von den „Freien" (siehe Nauwerck an Ruge, 22. November 1842, und den Bericht von Ludwig Ruge) – unter Marx'scher Redaktion noch ein Artikel am 7. und 9. Februar 1843 (Nauwerck) und einer am 1., 3. und 5. Januar 1843 (Köppen) sowie einer am 26. März 1843 (Nauwerck), also nach dem Austritt von Marx, erschienen.
112 Moritz Fleischer an Georg Jung, RBA, Bd. 1, S. 397: „Die Leipziger [Allgemeine Zeitung, UP], die überhaupt jetzt sehr ehrenwert zu werden beginnt, ist in Berlin gut versehen, und Berlin ist ein Punkt, von dem alle etwas wissen wollen."

serm Bunde" willkommen.[113] Die drei zwischen dem 4. und dem 10. Dezember 1842 von Ruge an Marx gesandten Briefe sprechen noch wiederholt die Hoffnung aus, Bauer ließe sich überzeugen, sich von den „Freien" loszusagen und mit Marx und Ruge gemeinsame Sache zu machen.[114] Es lässt sich nicht mit endgültiger Sicherheit feststellen, ob Marx in diesem Behuf aktiv wurde und Bauer brieflich zu überzeugen versuchte, doch deuten einige Formulierungen in dem Brief Bauers an Marx vom 13. Dezember 1842 auf einen solchen Versuch hin.[115] Aber obwohl Bauer von Berlin aus die Mitarbeit an Ruges *DJb* fortführte, gab er Marx gegenüber unmissverständlich zu verstehen, wem seine Loyalität gehörte: „Das Recht der hiesigen ist unbestreitbar."[116] Das Verhältnis zwischen radikalem Berliner Zentrum und gemäßigter preußisch-deutscher Peripherie war im Dezember 1842 in einem Maße entfremdet, dass es auch in der Folge nie wieder zu einer Kooperation zwischen den Vertretern der beiden Lager kommen sollte. Und auch wenn sich die Vorzeichen, unter welchen die an der Auseinandersetzung beteiligten ihre Kritik formulierten, in den folgenden Jahren radikal wandeln sollten, so lassen sich die Nachwirkungen des Zerwürfnisses aus dem November/Dezember 1842 bis in die Manuskripte zur „Deutschen Ideologie" hinein verfolgen.

Vorerst wurde die Aufmerksamkeit der miteinander zerfallenen Junghegelianer aber von den Aktivitäten eines anderen Akteurs in Anspruch genommen. Nachdem Friedrich Wilhelm IV. Georg Herwegh bei einer Audienz am 19. November 1842 noch einer „ehrlichen Feindschaft" versichert hatte, musste letzterer bald erfahren, dass der Monarch die Betonung wohl eher auf das Substantiv als auf das Adjektiv gelegt hatte und es für mit der versprochenen Ehrlichkeit vereinbar achtete, den unter Herweghs Redaktion projektierten *Deutschen Boten aus der Schweiz*, welcher die Hoffnungen vieler Junghegelianer auf eine neue, zensurfreie Publikationsmöglichkeit bündelte, am 8. Dezember in Preußen zu verbieten, noch bevor dieses Organ sein Erscheinen überhaupt begonnen hatte. Überhaupt zeigte der preußische Staat sich gegen Ende 1842 befreit von den Skrupeln, welche der *RhZ* so lange das Überleben gesichert hatten, und entdeckte eine neue Vorliebe für das Instrument des Verbots in-

---

113 Ruge an Marx, 10. Dezember 1842, MEGA² III/1, S. 385.
114 So etwa Ruge an Marx, 6. Dezember 1842, MEGA² III/1, S. 384: „Nur 2 Worte, lieber Freund, und zwar die Nachricht, daß Meyen, wie ich gleich vermuthet, in Bezug auf B. Bauer sich mehr zurechtphantasirt, als er's Ursach hatte. Bauer fällt es nicht ein, aus den Disputen in Berlin einen ernstlichen Zwist und einen sachlichen Streit zu machen."
115 MEGA² III/1, S. 386: „Ob es hier eine Clique gibt, eine Clique, über die Du Dich viel zu sehr ereiferst, ob es eine Clique gibt und ich im Stande bin, einer Clique angehören zu wollen, solltest Du doch besser wissen sollen und würde sich unter den jetzigen bedeutenden Verhältnissen von selber zeigen, ohne daß Du es nöthig hättest, darüber zu verhandeln und Beschlüsse zu fassen."
116 Ebenda.

solenter Periodika. Nachdem die *LAZ*, für welche u. a. Stirner eifrig korrespondierte,[117] am 24. Dezember 1842 auf eigene Initiative einen Brief Herweghs an Friedrich Wilhelm IV. veröffentlicht hatte, folgte am 28. Dezember ihr Verbot in Preußen per Kabinettsordre und Herwegh wurde zur *persona non grata* erklärt.[118]

Bedeutsamer für die junghegelianische Aufklärung war dann jedoch ein Verbot, welches die sächsische Regierung, allerdings auf Betreiben Preußens, zum 1. Januar 1843 erließ. Auch die *DJb*, die seit dem Beginn ihres Erscheinens 1838 beständig Gegenstand zensorischer Eingriffe gewesen war, mussten sich schließlich geschlagen geben und ihr Erscheinen einstellen. Zwar waren die *DJb* im Laufe des Jahres 1842 im Hinblick auf ihre Breitenwirkung von der *RhZ* als wichtigstem Organ der junghegelianischen Aufklärung in den Schatten gestellt worden,[119] kein anderes Blatt hat jedoch, langfristig gesehen, die junghegelianische Aufklärung derart geprägt, wie die *DJb*. Bis auf wenige Ausnahmen – namentlich Stirner ist vor dem Hintergrund dieser Untersuchung zu nennen – haben sämtliche Junghegelianer in ihren Spalten veröffentlicht.[120] Vor allem den eher wissenschaftlich und philosophisch gefärbten Artikeln, in welchen wichtige Fragen der Kritik verhandelt wurden, bot sie eine Heimat.

Noch blieb die *RhZ*, und für die Frage ihres Überlebens schienen die Aussichten anfänglich gar nicht so düster. Nachdem der Aufsichtsrat am 23. November 1842 auf die Bedingungen der preußischen Regierung eingegangen war, Rutenberg entlassen und Rave als geforderten verantwortlichen Redakteur vorgeschlagen hatte, hatte letzterer am 1. Dezember erklärt, die Anforderungen der Regierung erfüllen zu wollen, woraufhin Oberpräsident v. Schaper den Zensurministern die Anerkennung Raves am 5. Dezember empfahl.[121] Und noch am 22. Dezember äußerten die Zensurminister gegenüber Friedrich Wilhelm IV. die Erwartung, dass die bezüglich der *RhZ* getroffenen Maßnahmen eine günstige Wirkung entfalten würden.[122] Doch schon am 29. Dezember beschwerten sie sich dann wieder bei v. Schaper über die Tendenz des Blattes.[123]

---

117 Dies blieb auch den Autoritäten nicht verborgen. So heißt es in dem Bericht eines Metternich-Konfidenten aus Berlin vom 25. Januar 1843 über „Dr. Schmidt" sogar: „der letztere schreibt die meisten polemischen Artikel für die ‚Leipziger Allgemeine Zeitung'" (Adler, Bd. 1, S. 198).
118 Die anderen Staaten des Deutschen Bundes folgten bald nach. Unter dem Titel *Deutsche Allgemeine Zeitung* erschien die Zeitung bei deutlich veränderter Tendenz dann weiter (RBA, Bd. 1, S. 401 Anm. 1).
119 Zum Zeitpunkt ihres Verbots zählten die *DJb* 660 Abonnenten (Hundt, S. 31). Zum Vergleich: die *RhZ* brachte es zu diesem Zeitpunkt bereits auf über 3000 (Ludolf Camphausen an seinen Bruder Otto, 25. Januar 1843, RBA, Bd. 1, S. 410).
120 So auch Marx und Engels.
121 RBA, Bd. 1, S. 384/385 u. 385 Anm. 1. Aufgrund der ausbleibenden Bestätigung durch die preußische Regierung trat Rave die Stelle jedoch bis zum Ende des Erscheinens nicht an (ebenda, S. 453).
122 RBA, Bd. 1, S. 385 Anm. 1.
123 Obwohl der „censor a non censendo" Dolleschall bereits am 9. Dezember durch den Polizeiassessor J. Wiethaus ersetzt worden war (RBA, Bd. 1, S. 385 Anm. 1), gab die Nachlässigkeit der Zensur

In einer Sitzung des Staatsministeriums unter Vorsitz Friedrich Wilhelm IV. wurde dann am 19. Januar 1843 der Beschluss gefasst, die *RhZ* zum 1. April zu verbieten. Der Verzicht auf ein sofortiges Verbot wurde zum einen aus Rücksicht auf die Aktionäre geübt, denen so die Chance gegeben werden sollte, einen Teil ihres investierten Kapitals zurückzuerhalten. Darüber hinaus hoffte die preußische Regierung, durch die Gewährung dieser Frist das Missfallen auf Seiten der Aktionäre so gering als möglich zu halten. Zum anderen sollte während dieser Frist der Beweis erbracht werden, dass die Zensur mit Erfolg gehandhabt werden könne.[124] Die Auflagen, unter welchen die *RhZ* in der verbleibenden Zeit erscheinen durfte, waren allerdings drakonisch und stellten auch unter den damaligen Verhältnissen eine Ausnahme dar: Dem Kölner Regierungspräsidenten v. Gerlach, der selbst einmal Aktien der *RhZ* gehalten hatte, wurde noch am selben Tage telegraphisch befohlen, die *RhZ* von nun an unter Doppelzensur zu stellen. Zusätzlich zu der üblichen Zensur durch den Zen-

---

bei den Kölnischen Zeitungen den Zensurministern weiterhin Anlass zur Klage. Besonderes Unverständnis erregte etwa, dass Wiethaus die Formulierung „Sicherlich liegt in der Zensur die tiefste Unsittlichkeit" passieren ließ. Vom preußischen Minister des Innern Graf v. Arnim ist die Äußerung überliefert, dass es „unerklärlich ist, wie ein preußischer Zensor so äußerst taktlos handeln kann" (ebenda, S. 402 Anm. 1). Für die Frage nach der besonderen Nachlässigkeit der rheinischen Zensoren ist ein Bericht des Aachener Polizeidirektors v. Lüdemann vom 31. Dezember 1842 an das Ministerium des Innern instruktiv (ebenda, S. 425 Anm. 2): „Übergriffe und Mißbräuche der Presse finden hier im Ganzen genommen wenigen Beifall, inzwischen setzt die Meinung von der völligen Unhaltbarkeit des jetzigen Zustandes der Zensur sich hier mehr und mehr fest. E. E. kann ich nicht verhehlen, daß auch meine Überzeugung sich dieser Ansicht anschließt, da es mehr und mehr selbst dem geschickten Zensor unmöglich wird, die älteren Zensurinstruktionen, auf welche er verwiesen wird, mit den notorischen Manifestationen des Allerhöchsten Willens stets oder auch nur meistens in Einklang zu bringen. Nachdem die Zensur einmal eine solche Stellung genommen hat, daß sie des Inhalts nicht mehr Herr ist, scheint es unpraktisch und vergeblich, die Form beherrschen und vorzeichnen zu wollen, da eine gewandte Feder stets Mittel findet, den Formverboten zu entgehen, wie sie auch gefaßt sein mögen. Die Stellung des Zensors ist dadurch, daß die für jedermann leicht erkennbaren Schranken weggefallen sind, so unangenehm und peinlich geworden und so sehr der bloßen Willkür verfallen, daß Charaktere, welche sich bei ihren Handlungen auf das Gesetz zu stützen wünschen, um vor Mißbilligung und Verkennung geschützt zu sein, dieser haltlosen Stellung um jeden Preis zu entgehen bemüht sein müssen. Die unvermeidliche Folge hiervon dürfte sein, daß die Zensur endlich nur ganz subalternen Geistern anheimfiele, welche sich an die ‚Negative' halten, obwohl klar ist, daß bei Beobachtung der älteren Instruktionen fast nichts von dem, was jetzt die öffentlichen Blätter füllt, hätte bestehen bleiben können. Bei diesen Umständen erscheint als eines der allerdringlichsten Bedürfnisse des Landes ein den neu entstandenen Verhältnissen angemessenes Preßstrafgesetz zu sein." Erst als die Zensurminister einen auswärtigen Zensor, v. Saint Paul, nach Köln beorderten, bekamen sie das Problem einigermaßen in den Griff.

124 RBA, Bd. 1, S. 409 Anm. 3. So wurde die Notwendigkeit des Verbots von unter Zensur erscheinenden Blättern von vielen Zeitgenossen als ein Versagen der Zensur aufgefasst, einer Zensur, die doch gerade gewährleisten sollte, dass keine gefährlichen Inhalte in die Zirkulation gelangen konnten. Wenn letzteres jedoch nun der Grund für das Verbot von Blättern war, die unter Zensur erschienen, so warf das ein schlechtes Licht auf jegliche Zensur.

sor der Kölner Zeitungen Julius Wiethaus musste das Blatt nun jeden Abend in druckfertiger Form dem Regierungspräsidenten vorgelegt werden, der, im Falle verbliebener zensurwidriger Inhalte, die Auslieferung der Zeitung am nächsten Tag zu verhindern hatte.

Es ist bemerkenswert, dass die Maßnahme der Doppelzensur, die selbst von den Zensurministern als „exzeptionell" betrachtet wurde und als nur durch die „exzeptionelle Art des Blattes selbst bedingt" erachtet wurde,[125] auch auf Seiten der ausführenden Beamten auf strikte Ablehnung stieß. Nachdem Regierungspräsident v. Gerlach die Redaktion am 24. Januar 1843 von dem Verbot und den besonderen Zensurmaßnahmen unterrichtet hatte, musste er ihr am 26. Januar mitteilen, dass der zuständige Zensor Wiethaus „plötzlich erkrankt ist und sich außer Stande befindet die Zensurgeschäfte wahrzunehmen".[126] Regierungspräsident v. Gerlach selbst äußerte gegenüber den Zensurministern, daß die Nachzensur den übelsten Eindruck machen werde, er durch sie in seiner sonstigen Wirksamkeit „komplett paralysiert" werde und bat erst um Befreiung von den Zensur-Aufgaben und schließlich um Entbindung von seinem Amt.[127] Seinen Bitten wurde nicht entsprochen, Wiethaus aber einstweilen durch den Regierungsgeistlichen und Schulrat Julius Werner Grashof ersetzt.[128] Am 30. Januar erreichte dann der von Berlin entsandte Zensor Wilhelm v. Saint Paul Köln und übernahm bis zum Ende des Erscheinens der *RhZ* die Zensurgeschäfte.[129]

In gewisser Hinsicht schien die Strategie des radikalen Lagers, die Verbote der oppositionellen Organe als Initialzündungen für eine breite Massenerhebung zu nutzen, durch die nach der Bekanntgabe des Verbots der *RhZ* eintretenden Ereignisse aufzugehen. Dass es der *RhZ*, die in Köln immer unter Absatzschwierigkeiten gelitten hatte und trotz der rasanten Zunahme der Abonnenten in der zweiten Jahreshälfte

---

[125] RBA, Bd. 1, S. 404 Anm. 1.
[126] RBA, Bd. 1, S. 409 Anm. 2. Bereits am 22. Januar hatten die drei Zensurminister dem Oberpräsidenten v. Schaper die Ersetzung von Wiethaus befohlen. Der gebündelte Druck von öffentlicher und behördlicher Ablehnung musste bei Wiethaus wohl den Willen, das Amt noch länger auszuführen, vollständig erlahmen lassen. Parallel zu Regierungspräsident v. Gerlach teilte er der Redaktion der *RhZ* ebenfalls am 26. Januar mit, dass er „sofort die weiteren Schritte zu meiner definitiven Entlassung tun" werde (ebenda).
[127] Am 26. und 29. Januar und am 6. Februar. RBA, Bd. 1, S. 404 Anm. 1.
[128] RBA, Bd. 1, S. 409 Anm. 2.
[129] RBA, Bd. 1, S. 418. Es ist bezeichnend für die Stimmung der Kölner Bürgerschaft und die damit verbundenen Unannehmlichkeiten des Kölner Zensoren-Amtes, dass selbst v. Saint Paul bereits seinem ersten Bericht an das Ministerium des Innern vom 31. Januar 1843 die Bitte beifügte: „... befreien Sie mich baldigst aus diesem Exile, ..." (ebenda, S. 421 Anm. 3). Über v. Saint Paul weiß Mackay zu berichten, dass er nach seiner schließlichen Rückkehr nach Berlin häufig mit den verbliebenen „Freien" in der Hippel'schen Weinstube verkehrte (John Henry Mackay: Max Stirner. Sein Leben und sein Werk, Reprint der 3., völlig durchgearb. u. verm., mit einem Namen- und Sach-Register vers. Aufl., Freiburg 1977 [Berlin 1914], S. 65).

1842 auch nicht annähernd die Auflagenzahlen der etablierten *Kölner Zeitung* erreichte, mit ihrem Verbot gelang, dass die Kölner Bürger sich endlich mit ihr identifizierten, wovon neben dem Druck, welchem die mit der Zensur beauftragten Beamten zu entgehen suchten, auch die Tatsache spricht, dass mit der öffentlichen Kenntnis der Verbots eine Bewegung zur Rettung der *RhZ* einsetzte, schien der Eskalationsstrategie des radikalen Berliner Zentrums recht zu geben. Am 30. Januar nahm eine Versammlung von etwa 100 Kölner Bürgern eine von Ignaz Bürgers, Mitglied des Aufsichtsrats der *RhZ*, verfasste Petition an, die in der Folge im Geheimen kursierte und bis zu ihrer Versendung an den preußischen König am 18. Februar 911 Unterzeichner fand.[130]

Flankiert wurde diese Bewegung der Kölner Bürgerschaft durch einen direkt von den Aktionären der *RhZ* ausgehenden Versuch zu ihrer Rettung. So beschloss der Aufsichtsrat am 9. Februar, eine, auf die das Verbot motivierenden Gründe eingehende Denkschrift gemeinsam mit einer Petition zum Erhalt der *RhZ* der außerordentlichen Generalversammlung vorzulegen. Diese verabschiedete die beiden Schriftstücke dann am 12. Februar, so dass Dagobert Oppenheim und Carl Friedrich Stucke am 19. Februar nach Berlin aufbrechen konnten, um sie dem König nach Möglichkeit persönlich vorzulegen. Friedrich Wilhelm IV. lehnte den Wunsch nach einer Audienz am 24. Februar zwar ab, aber die beiden Zensurminister v. Arnim-Boitzenburg (Minister des Innern) und Eichhorn (Kultusminister) empfingen Oppenheim und Stucke am 26. Februar und versprachen eine ernsthafte Prüfung der gegen das Verbot vorgebrachten Argumente.[131] Nach Hinterlegung der beiden Schriftstücke beim königlichen Zivilkabinett am 2. März reisten Oppenheim und Stucke mit der Hoffnung, eine Rücknahme des Verbots erreicht zu haben, am 14. März zurück nach Köln.

2.3 Die Enttäuschung von 1842/43

Doch sie täuschten sich. Friedrich Wilhelm IV. bestand am 21. März gegenüber den Zensurministern auf dem Verbot, und erst ging am 27. März die abschlägige Antwort der Zensurminister auf die Denkschrift ein, um am 31. März, dem letzten Erscheinungstag der *RhZ*, von der ebenfalls abschlägigen Antwort auf die Petition der Kölner Bürger gefolgt zu werden. Die *Rheinische Zeitung für Politik, Handel und Gewerbe* hatte mit dem 31. März 1843 aufgehört zu existieren. Die Enttäuschung über das schließliche Scheitern der Bemühungen um Rettung der „freisinnigsten" Zeitung Preußens – und auch Deutschlands – bei den Aktionären und noch mehr bei den an der Redaktion Beteiligten muss groß gewesen sein. Diese Enttäuschung ist sinnbild-

---

130 Petition Kölner Bürger um das Fortbestehen der „Rheinischen Zeitung", MEGA² I/1, S. 421/422 u. 1171; RBA, Bd. 1, S. 416 Anm. 1.
131 MEGA² I/1, S. 1173.

lich für eine weit größere, umfassendere Enttäuschung, welche die oppositionellen Kräfte und allen voran die junghegelianische Aufklärung um den Jahreswechsel 1842/43 zu erfassen begann und welche dann im Laufe der ersten Monate des Jahres 1843 ihr volles Ausmaß erreichte.

Ungeachtet der beschriebenen Fraktionierung der junghegelianischen Aufklärung im Laufe des Jahres 1842 war in beiden Lagern die Hoffnung präsent, dass die Verhältnisse sich in ihrem aktuellen Zustand nicht würden halten können. Gingen die Erwartungen bezüglich des Ausmaßes der sich anbahnenden Veränderung auch je nach Lager auseinander, erwarteten die Anhänger der radikaleren Variante der junghegelianischen Aufklärung etwa eine der Französischen Revolution vergleichbare Erhebung des deutschen Volkes, wohingegen die Anhänger des gemäßigten Lagers die Befreiung der Presse von der Zensur und schließlich die lang versprochene Konstitution erwarteten, so gleichen sich die Bekundungen dieser unterschiedlichen Erwartungen dennoch.

Schon zu Beginn des Konfliktes um den Entzug seiner Lehrbefugnis hatte Bauer gegenüber Ruge am 17. August 1841 die Erwartung einer nahenden Revolution geäußert,[132] und wenig später findet sich bereits das Leitmotiv der Französischen Revolution evoziert.[133] Im Juni 1842, kurz bevor der „Zeitungsversuch" über die „Freien" lanciert wurde, ahnte Bauer die kommende Verschärfung der Zensur in Preußen und begrüßte diese vor dem Hintergrund der von ihm und den „Freien" vertretenen Eskalationsstrategie.[134] Die gleiche Erwartung spricht auch aus einem Brief, in welchem Bauer zu dem von Ruge verfolgten Plan, die Redaktion der *DJb* wieder nach Berlin zu verlegen, Stellung nahm.[135] Und als schließlich die Verschärfung der Zensur

---

132 Hundt, S. 802: „Sie [die Mitglieder der Bonner theologischen Fakultät, UP] schreien auch hier alle über Revolution; sie merken, wie die Hunde, daß ein Gewitter kommt. Diese verrotteten Nester müssen ausgerottet werden."
133 Bauer an Ruge, 19. Oktober 1841, Hundt, S. 853: „Denken Sie an die Revolution, deren Geschichte nicht genug studiert werden kann, sie ist der Codex von allen Gesetzen der Bewegung in der Geschichte. Camille Desmoulins, die edelsten, reinsten und größten, selbst Danton mußte bluten, weil sie noch unfrei, unsittlich waren. Robespierre fiel auch augenblicklich, als er das Princip verleugnete, egoistisch wurde und sich als Hohepriester des höchsten Wesens überhob, d. h. sank. Das war sein Sturz. Bei uns wird es ebenso reißend schnell gehen."
134 Bauer an Ruge, 7. Juni 1842, Hundt, S. 1072: „In Preußen wird auf jeden Fall bald ein Zeitpunkt kommen, wo die Censur den Versuch machen wird, die Zügel anzuziehen, aber es wird ihr Nichts helfen, sie wird einsehen, daß die bisherige Erleichterung nicht Gnade von oben, sondern ein nothwendiges Factum, durch den Fortschritt des Bewußtseyn geboten, von der Kraft des allgemeinen Willens erreicht war und daß ein momentaner Druck nur eine um so größere Freiheit zur Folge haben wird. Aber der Druck muß kommen, damit das dumme, beschränkte Volk über die Gnade enttäuscht wird, über Concessionen zu jubeln aufhört und einsieht, daß es sich selbst Alles erobern muß."
135 Bauer an Ruge, 27. Juni 1842, Hundt, S. 1089: „Mag in Sachsen die Censur streng seyn, so ist sie es doch geradezu. Hier ist sie auch streng, aber der ganze Zustand ist noch schwankender, weil man den Schein der Freiheit heuchelt und selbst aus Furcht vor diesem Schein in kurzer Zeit zu Repressalien und Maaßregeln fortschreiten wird, die die bisherige Strenge fürchterlich verhöhnen werden. Der

eingetreten war, das erste Verbot bereits ausgesprochen war (des *Königsberger Literaturblattes*), sah Bauer sein Eintreten für bedingungslose Eskalation des Konflikts zwischen junghegelianischer Aufklärung und Staatsgewalt gerechtfertigt und erwartete von der anstehenden Zuspitzung des Konflikts das erhoffte Erwachen des deutschen Volkes.[136]

Aber auch von Ruge, dessen gewissenhafter Archivierung des redaktionellen Briefverkehrs der *DJb* die Bewahrung dieser Aussagen Bauers zu verdanken ist – was vor dem Hintergrund des ansonsten nahezu vollständigen Verlusts des Briefverkehrs, den die „Freien" untereinander und mit anderen unterhalten haben,[137] einen kaum zu schätzenden Gewinn bedeutet, da diese Briefe so die einzigen unmittelbaren Quellen für die auch unter ihnen verbreitete Erwartungshaltung darstellen –, sind Äußerungen überliefert, welche die Erwartung einer baldigen Veränderung des Bestehenden zum Ausdruck bringen. So befand Ruge im April 1842 gegenüber Karl Rosenkranz, dass die wahre Konstitution nur eine eroberte und keine geschenkte sein könne, dass aber vor dem Hintergrund der ungewissen Dauer, welche bis zur Erhebung des Volks verstreichen werde, die Hoffnungen dennoch auf Preußen zu richten seien, dessen jüngste Entwicklung von Ruge gar als Prozess der Demokratisierung bezeichnet wurde.[138] Und im Anschluss an den Entzug der Bauer'schen *licentia*

---

bloße Jesuitismus der Vergünstigten wird hier noch eine ungeheuerliche Reaction in seinem Gefolge haben, aber dann wird es anders und aus dem heuchlerischen Schein der Freiheit wirkliche Freiheit werden. Warum haben sie auch dem Publicum etwas vorgegaukelt, was dieses endlich einmal ernstlich besitzen will, zumal wenn man sogar nur den Schein betreiben will."

136 Bauer an Ruge, 27. Oktober 1842, Hundt, S. 1147: „Je tiefer die Concentration und je schärfer die Zuspitzung, desto mehr Feinde haben wir, desto mehr schreiten wir vorwärts, desto klarer wird die Sache, desto beschämter, verblüffter und rathloser stehen die Freunde des Alten da, desto mehr ist es möglich, daß der Alles entscheidende Schlag eintrifft, desto mehr wirken wir auf das Volk und desto mehr und bessere Freunde bekommen wir."

137 Natürlich spielt für das Fehlen eines Briefverkehrs untereinander auch der Sachverhalt des gemeinsamen Wohnorts eine Rolle, wie auch im Falle von Marx und Engels keine Briefe aus den Zeiträumen überliefert sind, in welchen sie am gleichen Ort weilten. Es ist jedoch zu bedauern, dass etwa keine Briefe an Rutenberg oder andere Mitarbeiter der *RhZ* aus dem Kreis der „Freien" überliefert sind. Auch Engels war nach seiner Abreise aus Berlin im Oktober 1842 ein potenzieller Briefpartner, und es ist auch für die Frage nach der Entwicklung Engels vom „Freien", der noch im Dezember 1842 eine Brochüre gemeinsam mit Edgar Bauer veröffentlichte (Die frech bedräute, jedoch wunderbar befreite Bibel. Oder: Der Triumph des Glaubens, MEGA² I/3, S. 387-422), zum Weggefährten Marx' zu bedauern, dass aus dem Zeitraum August 1842 bis Oktober 1844 keine Briefe an und von Engels überliefert sind.

138 Ruge an Rosenkranz, Mitte April 1842, Hundt, S. 1033: „Was man politisch u äußerlich erreichen kann ist entweder gar nichts oder das neue Princip, d. h. entweder dem dynastischen Egoismus sich unterwerfen oder ihn wie in Amerika u England unmöglich machen. Einen *Staat* hat man nicht eher, als bis man diesen Principienkampf siegreich bestanden. Wie viel Decennien die Historie dazu nöthig hat, das weiß ich nicht, daß es aber zu dem Kampf der Herrschaft u der Freiheit aus dem Princip des absoluten Humanismus heraus kommen und daß Jahrhunderte darin ihre Aufgabe haben werden, können wir bei dieser Lage des Geistes doch wohl nicht verkennen. Die eroberte Constitution ist die

docendi sah Ruge für Theologie und „Polizeistaat" ein gleiches und keineswegs günstiges Schicksal voraus.[139] Den Kampf der philosophischen Kritik gegen die Theologie sah Ruge dann im Juni 1842, zu diesem Zeitpunkt durchaus noch übereinstimmend mit Bauer und den „Freien", als „große geistige Revolution" und befand: „Bei uns ist Theologie jetzt Politik."[140]

Von besonderem Interesse für die Charakterisierung der Erwartungshaltung innerhalb der junghegelianischen Aufklärung des Jahres 1842 ist ein Brief Karl Nauwercks an Ruge, bezeugt er doch, neben dem Miteinander noch nicht ausdifferenzierter Elemente der beiden Varianten der junghegelianischen Aufklärung, wie bereits zu diesem Zeitpunkt strategische Optionen für die Weiterführung des Konflikts mit der preußischen Staatsgewalt diskutiert wurden. Nauwerck ist nicht zuletzt deswegen ein interessanter Gewährsmann, weil er neben Karl Friedrich Köppen der Einzige der „Freien" war, der sich von Ruge tatsächlich „zur Aufgabe ihrer Societät" bewegen

---

wirkliche, die geschenkte ist die falsche; denn bei der Voraussetzung eines Herren des Staates wird nie der Staat freigelassen u der Herr zurücktreten. Die Constitution des Staates ist, wenn sie eine wirkliche ist, allemal Republik u die Republik ist nie eine wirkliche, wenn nicht Democratie. Daß aber ein König nicht größer u nicht mächtiger werden könne, als wenn er selbst die vollkommenste Democratie einführt, beweis't die Regeneration Preußens, die nichts anders ist, als Democratisirung. Will der König von Preußen, statt Dynastiehaupt, heute Volkshaupt mit allen Consequenzen der Freiheit werden, so wird er unwiderruflich Herr der europäischen Geschichte, u je weniger er das alte Herrenthum beibehielte, desto unsterblicher würde sein Name, desto absoluter seine Macht. Was aber nach dem Bisherigen einem König noch übrig bleibt, als ein Demagog zu werden, das sehe ich nicht ein. Ohnehin sind ja die Könige die Demagogen von Gottes Gnaden; was ist zu thun, wenn nun der Gott die Vernunft u die Freiheit seine Gnade wird?"

139 Notizen auf dem Brief Wilhelm Wachsmuths [des Zensors der *DJb*, UP] vom 22. April 1842, etwa 23. April 1842, Hundt, S. 1040/1041: „Es ist jetzt ohne Scheu das Princip der römischen Kurie proclamirt, und die letzte Freiheit, auf die wir Deutschen froh waren, *die des Geistes* und der Wissenschaft, *diese tasten uns jetzt die Theologen an*. Weil sie unfähig sind, im offenen, ehrlichen Kampfe die Philosophie zu bestehen, so stecken sie sich hinter die Polizei. Sie erkennen, *daß ihr Loos und das Loos des Polizeistaates, des willkürlichen und präventiven Verfahrens nach subjectivem Ermessen, ein und dasselbe ist*. Arme Theologie: Gesetz und Freiheit sind die Devisen der Zukunft; die Willkür wird im Princip und überall aufgehoben werden: und du willst durch eben diese Willkür deine Zukunft sichern?"

140 Ruge an Jakob Venedey, 21. Juni 1842, Hundt, S. 1079: „Um dieses Resultat [die Welt von der theologischen Form der Wissenschaft befreit zu haben, UP] sicher zu haben, müssen wir diesen Weg nehmen, können also die Negation der Theologie, d. h. der jenseitigen Welt u der außerweltlichen Freiheit durch die wirkliche nicht entbehren. Man hat auch das Gefühl, daß hier eine große geistige Revolution – die Negation des ganzen christlichen Nonsens in der Abhängigkeit des Menschen von fremder Macht u Autorität – vor sich geht; u zugleich ist ‚das Christenthum' des Königs von Preußen das politische Mittel, um durch den Pöbel u die Pfaffen die neue Zeit zu unterdrücken; so müssen wir auch politisch gegen *diesen* Drachen der Unfreiheit, das Neuchristenthum, kämpfen. Bei uns ist Theologie jetzt Politik."

ließ.¹⁴¹ Mit Bezug auf die *DJb* schloss auch er im Mai 1842: „Es ist nicht möglich, daß sich die Preßzustände in dieser Künstlichkeit und Misère erhalten."¹⁴²

Dass diese Erwartung einer bevorstehenden Veränderung der bestehenden Verhältnisse, gleich ob als radikaler Umsturz oder als gemäßigte Reform des Bestehenden, keineswegs nur Ausdruck einer überschwänglichen, euphorisierten Selbstüberschätzung der Protagonisten der junghegelianischen Aufklärung ist, dass diese Erwartung vielmehr im preußischen und deutschen Raum weitgeteilt war, zeigt ein bereits angeführter Bericht des Mainzer Konfidenten Fischer aus dem Januar 1843, in welchem er für Metternich die Entwicklung des Jahres 1842 und die seit kurzem eingetretene Verschärfung der Zensur resümiert.¹⁴³ Nachdem Fischer zu Beginn mit einiger Verwunderung konstatiert hatte, dass die durchaus heterogenen Ereignisse der vergangenen Jahre „in Verbindung mit dem Wirken der ‚Deutschen Jahrbücher' dazu beigetragen [haben], den Lehren der Neuhegelianer, die man vor fünf oder sechs Jahren verlacht haben würde, Eingang zu verschaffen", beschrieb er die hauptsächliche Aktivität dieser „Neuhegelianer" als den Angriff auf das „verknöcherte Institut" der Kirche, „das schon um deswillen nicht mehr bestehen könne und sich überlebt habe, weil es die Kritik, das heißt die auf dem Gebiete der freien Forschung im Kampfe mit dem Zweifel errungene Wahrheit nicht vertragen könne".¹⁴⁴ Und in der scheinbaren Duldung solch offen oppositioneller Blätter wie der *RhZ* und der *Königsberger Zeitung* gewahrte der Konfident gar ein Einverständnis Friedrich Wilhelm IV. und seiner Regierung mit den in diesen Blättern vertretenen Lehren und eine Orientierung der preußischen Regierung an den Maximen Friedrichs des Großen.¹⁴⁵

Aus der Geschicklichkeit, mit welcher es den junghegelianischen Autoren gelang, ihre Artikel innerhalb der durch das weihnachtliche Zensur-Edikt gesteckten Schranken zu halten, und der Tatsache, dass die Korrespondenten über die ganzen deutschen Länder verteilt waren, schloss Fischer ferner, „daß die Grundsätze dieser philosophisch-liberalen Partei weit verbreitet sind und notwendigerweise in der kurzen Zeit, während welcher sie ziemlich ungehindert ans Licht treten konnten, zahl-

---

141 Karl Nauwerck an Ruge, 22. November 1842, Hundt, S. 1159: „Letzten Sonnabend war ich bei Wallburg. Meine alten Bekannten waren ziemlich kühl gegen mich. Der Ton leidlich, im Vergleich mit sonstigen Abenden; läßt aber noch manches zu wünschen übrig."
142 Karl Nauwerck an Ruge, 16.-24. Mai 1842, Hundt, S. 1058. Dort heißt es weiter: „Es giebt verzweifelte Zeiten, aber keine so verzweifelte, als wenn man selbst *abdankt*. So lange man einen Stumpf in der Hand hat, muß man kämpfen, und die absolute Nothwendigkeit nicht freiwillig wählen. Wie einige süddeutsche Oppositionsleute es gemacht haben, ist unmöglich zu billigen. Ja, wenn ein Rückzug in Masse die Wirkung hat, daß das Volk dadurch erregt wird und ein Einsehen nimmt, stellt sich die Sache anders. Aber so weit sind die guten Deutschen noch nicht. Es sind noch politische Kinder. Wie sollen sie aber ihre Erziehung durchmachen, wenn die Reiferen, die Wortführer sich der Entmuthigung hingeben, und mit dem verderblichen Wahn, der Kampf sei unnütz, abdanken?"
143 Adler, Bd. 1, S. 187-190.
144 Ebenda, S. 187.
145 Ebenda.

reiche Anhänger erworben haben müssen".¹⁴⁶ Schließlich schilderte der Konfident den bereits zitierten Eindruck, dass Preußen „sich längst für Preßfreiheit entschieden habe und nur eine Gelegenheit abwarte, um sie als Gesetz auszusprechen",¹⁴⁷ und bekundete die mit der Befreiung von Druckschriften über 20 Bogen einhergehende Enttäuschung dieser Erwartung, in deren Folge er die Reaktion voraussah, „die jetzt so schnell eingetreten ist, daß es kaum einen schrofferen Gegensatz gibt als den Übergang von 1842 zu 1843 im Vergleich zu dem von 1841 zu 1842".¹⁴⁸

Und auch wenn Fischer zum Zeitpunkt der Abfassung seines Berichts die gemäßigte Variante der junghegelianischen Aufklärung als maßgebliche bestimmt – in deren Forderung nach „vernunftgemäßem, gesetzlichen Fortschritt" statt radikaler Revolution er jedoch eine besondere Gefährlichkeit ausmachte –, so war ihm der mit den strategischen Überlegungen der Vertreter der radikalen Variante einhergehende Erwartungshorizont doch nicht fremd: „Will man da etwa noch zweifeln, daß sich in Deutschland, sollte die Reaktion gegen die Presse in Preußen noch einen Schritt weitergehen, nicht Tausende erheben werden, um sich als Verfechter der Wahrheit und durch sie als Verfechter deutscher Nationalität zu erheben?"¹⁴⁹ Der Konfident Fischer war jedenfalls der Ansicht, „daß alle Repressivmaßregeln gegen diese Bewegung dieselbe deshalb nicht aufhalten werden, weil sie, ganz verschieden vom Geschrei sogenannter Alltags-Liberaler, gleichsam in wissenschaftlichem Boden wurzelt, weil sie in die Lebenssäfte der heranwachsenden Generation übergegangen ist. Preußen hat diesen Sturm heraufbeschworen, es hat selbst der freien Bewegung die Bahn gebrochen, mag es zusehen, wie es die in momentaner Aufwallung ans Licht des Tages gelockten Geister wieder banne und ihnen Schweigen auferlege. Wir meinen, es wird schwer möglich sein."¹⁵⁰

---

146 Ebenda, S. 187/188.
147 Ebenda, S. 188. Vor dem Hintergrund dieser Aussage ist beachtenswert, dass der ob der nachlässigen Zensur der *RhZ* in Rechtfertigungszwang geratene Oberpräsident der Rheinprovinz v. Schaper am 26. Januar 1843 gegenüber den Zensurministern bemerkte, RBA, 1. Bd., S. 418 Anm. 4: „Es wird nur der bestimmten Weisung an den Zensor und den Regierungspräsidenten v. Gerlach bedürfen, jedem Artikel die Aufnahme zu verweigern, welcher auswärtige Regierungen verletzt oder die inneren Zustände in ungeeigneter Weise tadelnd bespricht, um die Presse in Köln von den bisher gerügten Mißbräuchen frei zu machen. Ich gestehe es offen, daß ich mich seither zur Erteilung einer solchen Anweisung nach dem Erscheinen der Instruktion vom 24. Dezember 1841 teils nicht für ermächtigt gehalten, teils aber auch deshalb nicht unterdrückend in die Verwaltung der Zensur eingegriffen habe, weil es mir von Interesse war, mir selbst und den höheren Behörden die Überzeugung zu verschaffen, was wir von einer größeren Befreiung der Presse, was wir namentlich von einer unbeschränkten Preßfreiheit zu erwarten haben würden. Die Erfahrungen, die wir auf diesem Gebiete gemacht, sind allerdings keine erfreulichen gewesen, indes ich hoffe, sie werden nicht verloren sein und bei den weiteren Verhandlungen über die Preßgesetzgebung ihre Früchte tragen."
148 Adler, Bd. 1, S. 188.
149 Ebenda, S. 189.
150 Ebenda.

Die ganzen vorangegangenen, sämtlich vor dem Verbot der *RhZ* getätigten Äußerungen legen den Schluss nahe, dass die Verbote der oppositionellen Periodika von verschiedenen Akteuren und Beobachtern als für die weitere Entwicklung überaus bedeutend angesehen wurden. Umso überraschender musste es, vor allem für die Junghegelianer sein, dass das Verbot der *RhZ* keineswegs die Initialzündung für eine breite Massenbewegung darstellte, dass es, wie oben beschrieben, zwar gewisse Initiativen für die Rettung des letzten verbliebenen junghegelianischen Periodikums gab, dass diese aber bei näherer Betrachtung kaum den hohen Erwartungen und Hoffnungen genügen konnten, welche von oppositioneller Seite gehegt worden waren. Aus Marx' Brief an Ruge vom 25. Januar 1843, in welchem letzterer von dem soeben ausgesprochenen Verbot der *RhZ* in Kenntnis gesetzt wurde, erhellt zwar, dass die für das Verbot vorgebrachten Gründe Marx nicht überraschten, über die mit dem Verbot einhergehende Resignation half ihm jedoch nur die Überzeugung hinweg, dass die „Unterdrückung der Rh. Z. einen *Fortschritt* des politischen Bewußtseins" bedeute.[151] Wie der evozierte „Fortschritt des politischen Bewusstseins" sich zu erkennen geben würde, darüber schwieg Marx.

Die von der Kölner Bürgerschaft veranlasste Petition zugunsten der Rettung der *RhZ* offenbarte nur bedingt einen solchen Fortschritt. Zwar erbrachte sie in den zweieinhalb Wochen ihrer geheimen Zirkulation 911 Unterschriften, die Schwierigkeiten, mit welchen die erhoffte Mobilisierung eines massenhaften Widerstandes zu kämpfen haben würde, zeigten sich jedoch bereits zu diesem frühen Zeitpunkt. Ein Korrespondent der *Mannheimer Abendzeitung* stellt in Nr. 33 vom 8. Februar 1843 fest, dass noch bedeutend mehr Bürger die Petition unterzeichnet hätten, „wenn nicht auf der einen Seite die katholische Geistlichkeit dagegen intriguirt hätte, und auf der andern bedeutende Häuser wie Schaafhausen, Jost und vor allen Dingen der so gern als Chef der Stadt sich vordrängende Hr. v. Wittgenstein die Unterschrift geweigert hätten. Sonderbarerweise sind diese Herren sämmtlich Aktionäre der Rhein. Zeit., aber der eine empfängt sämmtliche Lotteriegelder, der andere creditirt die Summe für eingehenden Zucker jährlich 500,000 Thlr., der dritte endlich hofft Bürgermeister zu werden".[152] Schon beim Versuch, eine bedeutende Anzahl der Kölner Bürger für ein Aufbegehren gegen die verabscheute Zensur zu gewinnen, offenbarte sich insofern, dass die Adressaten der junghegelianischen Aufklärung – die deutschen Bürger – sich in ihren Handlungen durchaus noch von anderen Motiven als einer philosophisch fundierten Wahrheitsliebe oder einer hohen Wertschätzung von Konstitution und Pressefreiheit bestimmen ließen. Der Egoismus und das Eigeninteresse, zwei der zentralen interpretativen Kategorien für die später einsetzenden Versuche, die

---

151 MEGA² III/1, S. 43. Im Übrigen zeigte er sich bereits zu diesem Zeitpunkt enttäuscht von den veränderten Möglichkeiten publizistischer Agitation, ebenda: „In Deutschland kann ich nichts mehr beginnen. Man verfälscht sich hier selbst."
152 Zitiert nach: MEGA² I/1, S. 1171.

Enttäuschung von 1842/43 nachträglich zu kompensieren, zeigten sich wesentlich mächtiger als die selbsterklärten Sieger über die theologische Evidenzproduktion angenommen hatten.

Überhaupt wurde nun ersichtlich, dass der Schluss von Abonnement oder Aktienbesitz auf Zugehörigkeit zu, oder zumindest Sympathie mit, der junghegelianischen Aufklärung weitaus prekärer war, als die Euphorie der rasant wachsenden Abonnentenzahlen oder die verbreitete Bereitschaft zur nichtspekulativen Investition in ein oppositionelles Tendenzblatt hatten vermuten lassen. In den Aufsichtsratssitzungen vom 7. bis 11. Februar 1843 und auf der außerordentlichen Generalversammlung der Rheinischen Zeitungsgesellschaft am 12. Februar wurde kontrovers über die Tendenz der *RhZ* diskutiert und der diese verteidigende dritte Abschnitt der von Marx verfassten Denkschrift, welche die von Regierungsseite vorgebrachten Gründe für ein Verbot entkräften sollte, erst vom Aufsichtsrat abgelehnt und diese entschärfte Fassung dann von der Generalversammlung mehrheitlich angenommen.[153] Offensichtlich war es der Redaktion und den Korrespondenten nicht einmal gelungen, die eigenen Aktionäre von der von ihnen vertretenen Richtung mehrheitlich zu überzeugen. In der angeführten Generalversammlung wurde sogar die Ansicht vertreten, dass eine oppositionelle Presse in einem Staat wie Preußen ihre Freiheiten ausschließlich der Gnade des Monarchen verdanke und dass sie dies in dem Gebrauch, welchen sie von diesen Freiheiten tätige, auch stets zum Ausdruck zu bringen habe. Eine oppositionelle Presse sei nur in einem konstitutionellen, nicht aber in einem monarchischen Staate denkbar und könne dementsprechend auch kein Recht auf eine Kritik der monarchischen Institutionen geltend machen.[154] Die Aktionäre der *RhZ* waren also trotz ihres finanziellen Engagements, welches die Existenz dieser Zeitung überhaupt erst ermöglicht hatte, nicht gewillt, ihr Verbot zur Prinzipienfrage zu erklären und die von der *RhZ* vertretenen Werte und Überzeugungen gegen staatlichen Widerstand durchzusetzen. Und dies, obwohl ihnen die Überlegenheit dieser Werte und Überzeugungen gegenüber den das Bestehende legitimierenden im Laufe des vergangenen Jahres unzählige Male demonstriert worden war, sie wiederholt den Wirkungen der philosophischen Evidenzproduktion – sei es in den Artikeln der *RhZ* oder der *DJb* oder gar in den umfangreichen Religionskritiken Feuerbachs und Bauers – ausgesetzt gewesen waren.

Dieser Sachverhalt eines nur sehr begrenzten Erfolgs bei der Überzeugung der eigenen Leserschaft erfährt auch keine Milderung, wenn der Blick weg von den Aktionären auf die Abonnenten gerichtet wird. Denn auch wenn man zu den Unterzeichnern der Kölner Petition noch diejenigen anderer, über verschiedene Lokalitäten des Rheinlandes verteilten Petitionen addiert, so bleibt der Wert derjenigen, die bereit waren, öffentlich für ein Überleben der *RhZ* einzutreten, weit hinter der damals er-

---

153 MEGA² I/1, S. 434-443, 1150/1151 u. 1173.
154 Vgl. das Votum von Herrn Kamp, ebenda, S. 436/437.

reichten Auflage zurück.¹⁵⁵ Selbst in Bezug auf die noch verhältnismäßig ungefährliche Teilnehmerschaft an Bittschriften an den preußischen König zeigten sich arge Schwierigkeiten bei der Mobilisierung einer kritischen oppositionellen Masse.

Zieht man darüber hinaus in Betracht, dass die Staatsgewalt sich keineswegs bemüht zeigte, den durch die verschiedenen Verbote erweckten Eindruck nunmehr wieder offen zutage tretender Repression durch eine anderweitig geübte Zurückhaltung zu mildern, sie vielmehr am 4. Februar 1843 auch noch das Ergebnis der seit dem Sommer 1842 andauernden Ausarbeitung eines neuen Zensurgesetzes veröffentlichte,¹⁵⁶ so fällt es nicht schwer, sich die Enttäuschung der seit über zwei Jahren auf die Aufklärung und Überzeugung des öffentlichen Bewusstseins wirkenden Junghegelianer zu vergegenwärtigen.¹⁵⁷ Dabei offenbarte sich in der Kabinetts-Order der scheinbar paradoxe Sachverhalt, dass die Staatsgewalt noch am ehesten bereit war, der junghegelianischen Aufklärung Wirkmächtigkeit zuzuerkennen, findet sich doch in der Order nicht nur ein umfangreicher Passus, der die Zensoren instruierte, den Druck solcher Schriften zu verhindern, „welche mit den Hauptgrundsätzen der Religion im Allgemeinen und des christlichen Glaubens insbesondere im Widerspruch stehen", sondern auch eine direkte Bezugnahme auf den Versuch einer Popularisierung des religionskritischen Projekts der vergangenen zwei Jahre: „In Schriften dieser Art [Zeitungen und Flugschriften, UP] ist auch dem jetzt vielfach hervortretenden, für den religiösen und moralischen Zustand des Volks verderblichen Bestreben nicht Raum zu geben, die religiösen Wahrheiten anzugreifen und durch die Ergebnisse philosophischer Deduktionen zu ersetzen."¹⁵⁸ Zumindest auf Seiten des preußischen

---

155 Außer in Köln wurden noch in Barmen (137 Unterzeichner), Bernkastel-Trarbach (52), Düsseldorf (175), Gütersloh (25), Lennep (104), Rheda (14), Ronsdorf (38), Trier (107) und Wesel (109) Petitionen zugunsten des Überlebens der *RhZ* eingereicht (RBA, Bd. 1, S. 464 Anm. 1). Dies ergibt insgesamt 1672 Unterschriften gegenüber 3300-3400 Abonnenten, ein Missverhältnis, das noch eklatanter wird, wenn berücksichtigt wird, dass ein Exemplar meistens von mehreren Personen gelesen wurde, die Zahl der regelmäßigen Leser also noch um Einiges höher gelegen haben muss, als die der Abonnenten.
156 Allerhöchste Kabinetsorder vom 4. Februar 1843, betreffend die Censur der Zeitungen und Flugschriften und die Genehmigung der vom Staatsministerium entworfenen Censur-Instruktion, in: Organ des Deutschen Buchhandels, 10. Jg. (1843), Nr. 9 vom 4. März, S. 65-67.
157 Allerdings ist darauf hinzuweisen, dass die Neuorganisation der preußischen Zensur-Behörden, welche am 23. Februar 1843 verordnet wurde, mit der Schaffung eines eindeutigen Rechtsweges für die Anfechtung zensorischer Entscheidungen, der auch eine Verkürzung des Zeitraumes bis zum endgültigen Urteil beinhaltete, zumindest den aus überwiegend kommerziellen Gründen für die Pressefreiheit eintretenden Buchhändlern und Verlegern Entgegenkommen signalisierte. Diese waren, wie die umfangreichen Diskussionen vor allem im *Börsenblatt für den Deutschen Buchhandel* (Leipzig) belegen, bis dahin vehement gegen die Zensur eingestellt.
158 Allerhöchste Kabinetsorder vom 4. Februar 1843, betreffend die Censur der Zeitungen und Flugschriften und die Genehmigung der vom Staatsministerium entworfenen Censur-Instruktion, in: Organ des Deutschen Buchhandels, 10. Jg. (1843), Nr. 9 vom 4. März, S. 66.

Staates war man offensichtlich von der potenziell überlegenen Überzeugungskraft der philosophischen Evidenzproduktion überzeugt.

Die eigentlichen Adressaten der junghegelianischen Aufklärung nahmen, sieht man von den angeführten Bittschriften ab, das Verstummen des philosophisch-aufklärerischen Diskurses nicht zum Anlass eines Aufbegehrens. Das deutsche Bürgertum blieb passiv. Weder war also das strategische Kalkül Bauers und der „Freien", die Publikationsorgane zugunsten einer revolutionären Umwälzung zu opfern, aufgegangen, noch war der Wunsch nach Einlösung des Verfassungsversprechens und Erhalt der Pressefreiheit so ausgeprägt, dass gegen das Zurückdrehen der Uhren auf die Zeit vor dem Regierungsantritt Friedrich Wilhelms IV. protestiert wurde. Die liberale Euphorie, welche mit der Feier des Regierungsjubiläums Friedrichs des Großen und den ersten Regierungsakten Friedrich Wilhelms IV. ihren Auftakt genommen hatte und in den Jahren 1841/42 eine immer größere Dynamik entfaltet hatte, war binnen des kurzen Zeitraums von Oktober 1842 bis März 1843 aufgrund einiger weniger repressiver Eingriffe verflogen und Preußen vom Hoffnungsträger einer Liberalisierung des europäischen Kontinents zum reaktionären Agenten eines Despotismus geworden, welcher sich den legitimen Wünschen nach vernunftgemäßer Einrichtung der gesellschaftlichen Verhältnisse mit aller Macht entgegenstemmte.

Marx, der, wie gezeigt, schon früh resignierte, gab die Redaktion der unter der Doppelzensur langsam verendenden *RhZ* am 17. März 1843 endgültig auf und tröstete sich mit der Aussicht auf eine nunmehr von jeglicher Rücksichtnahme befreite Fortführung des kritischen Kampfes von Orten aus, die außerhalb Preußens und des Deutschen Bundes und den Möglichkeiten ihrer Zensur-Behörden gelegen waren. In einem Brief an Ruge, der auf einer Reise durch Holland wohl um den 20. März 1843 verfasst worden war und in den *Deutsch-französischen Jahrbüchern (DfrJb)* veröffentlicht wurde, beurteilte Marx die eingetretene Situation noch ganz im Zeichen der erlittenen Enttäuschung:

> Der kleinste Holländer ist noch ein Staatsbürger gegen den größten Deutschen. Und die Urtheile der Ausländer über die preussische Regierung! Es herrscht eine erschreckende Uebereinstimmung, niemand täuscht sich mehr über dies System und seine einfache Natur. Etwas hat also doch die neue Schule genützt. Der Prunkmantel des Liberalismus ist gefallen und der widerwärtigste Despotismus steht in seiner ganzen Nacktheit vor aller Welt Augen. Das ist auch eine Offenbarung, wenn gleich eine umgekehrte.[159]

---

159 MEGA² III/1, S. 47, u., für die Datierung, Hundt, S. 1256. Zu dem „Briefwechsel", welcher in den *DfrJb* veröffentlicht wurde, ist wiederholt angemerkt worden, dass diese Briefe eine literarische Komposition Ruges und keine unmittelbaren Niederschriften der einzelnen Autoren darstellen, und etwa Engels sich 1890 gegenüber Wilhelm Liebknecht gegen ihre gemeinsame Veröffentlichung mit Marx' Artikeln aus den *DfrJb* aussprach (MEGA² I/2, S. 941). Bedenkt man jedoch, wie schwer sich sowohl der späte Marx, als auch der späte Engels allgemein taten, ihren im Kontext der junghegelianischen Debatte verfassten Schriften rückblickend etwas abzugewinnen, so muss man dieses Urteil relativie-

Unter Wahrung des mit dem bewusstseinszentrierten Modells gesellschaftlicher Veränderung gegebenen interpretativen Schemas versuchte Marx hier, dem Scheitern des philosophisch-aufklärerischen Diskurses eine hoffnungsvolle Wendung zu geben und den Verlust der Möglichkeit unmittelbarer Einwirkung auf das öffentliche Bewusstsein mit einem mittelbaren Erfolg zu kompensieren, einer Wendung, die doch stark an den strategischen Kalkül Bauers und der „Freien" erinnert.[160] Im Gegensatz zu letzteren war Marx über die Aussichten dieser Hoffnung jedoch noch keineswegs desillusioniert und vermeinte, unter Zuhilfenahme einer metaphorischen Beschreibung des preußischen Staates als eines unabhängig vom Willen seiner Besatzung Kurs haltenden Narrenschiffs, ein eindeutiges Schicksal des deutschen Volkes auszumachen: „Dieses Schicksal ist die Revolution, die uns bevorsteht."[161] Marx' Antwort auf das Scheitern der klassischen Form des aufklärerischen Diskurses bestand insofern in einer Radikalisierung der erhobenen Forderungen, also in einem späten, aber gleichwohl rigorosen Umschwenken auf die französische Konfiguration des bewusstseinszentrierten Modells gesellschaftlicher Veränderung. Wenn sich der preußische Staat resistent gegen den Versuch seiner vernunftgemäßen Reform zeigte, so galt es, ihn gründlich umzuwälzen.

Ruge, der gleich Marx seiner redaktionellen Tätigkeit enthoben war, geriet in dieser Situation zum quasi natürlichen Bündnispartner, und der zwischen ihnen Dank der Veröffentlichung in den *DfrJb* überlieferte Briefwechsel ist eines der eindrucksvollsten Zeugnisse für die Enttäuschung nach dem Scheitern des klassisch-aufklärerischen Diskurses. Im Gegensatz zu Marx war Ruge Ende März 1843 über die Aussichten der zukünftigen Entwicklung Deutschlands vollständig desillusioniert. Unter direkter Bezugnahme auf den soeben zitierten Brief von Marx schrieb er:

> Ihr Brief ist eine Illusion. Ihr Muth entmuthigt mich noch mehr. Wir werden eine politische Revolution erleben? *wir*, die Zeitgenossen dieser Deutschen? Mein Freund, Sie glauben was Sie wünschen. O, ich kenne das! Es ist sehr süss zu hoffen und sehr bitter, alle Täuschungen abzuthun. Es gehört mehr Muth zur Verzweiflung, als zur Hoffnung. Aber es ist der Muth der Vernunft, und wir sind auf dem Punkte angekommen, wo wir uns nicht mehr täuschen dürfen.[162]

Die Erwartungen, welche den strategischen Kalkül der Vertreter der radikaleren Variante der junghegelianischen Aufklärung motivierten und welche zumindest Marx

---

ren. Und da die *DfrJb* von Marx und Ruge gemeinsam redigiert wurden, scheint die Annahme, dass Marx eine völlige Entstellung der von ihm verfassten Briefe toleriert hätte, nicht besonders plausibel.
160 Bereits in seinem Brief an Ruge vom 13. März 1843, kurz vor seinem Austritt aus der Redaktion der *RhZ*, hatte Marx die Erwartung geäußert, dass die repressiven Maßnahmen die Dynamik der Eskalation weiter befeuern würden, MEGA², III/1, S. 46: „Es gilt so viel Löcher in den christlichen Staat zu stossen als möglich und das Vernünftige, so viel an uns, einzuschmuggeln. Das muß man wenigstens versuchen – und die *Erbitterung* wächst mit jeder Petition, die mit Protest abgewiesen wird."
161 Ebenda, S. 47.
162 MEGA² III/1, S. 402, u., für die Datierung, Hundt, S. 1257.

zu Beginn ermöglichten, die Enttäuschung zu kompensieren, hielt Ruge schließlich für fern jeder Hoffnung auf Realisierung und vermochte keinen „Fortschritt des politischen Bewusstseins", sondern allenfalls einen Erkenntnisgewinn auf Seiten der zu überzeugenden Öffentlichkeit ausmachen, der jedoch keineswegs die erhoffte Mobilisierung der Massen auszulösen in der Lage war:

> Sie sagen, die liberale Heuchelei ist entlarvt. Es ist wahr, es ist sogar noch mehr geschehn. Die Menschen fühlen sich verstimmt und beleidigt, man hört Freunde und Bekannte unter einander räsonniren, überall redet man hier von dem Schicksal der Stuarts und wer sich fürchtet, unvorsichtige Worte zu sagen, der schüttelt wenigstens den Kopf um anzuzeigen, dass eine gewisse Bewegung in ihm vorgeht. Aber alles redet und redet nur: ist auch nur Einer da, der seinem Unwillen zutraute, dass er allgemein sei? Ist ein Einziger so thörigt, unsre Spiessbürger und ihre unvergängliche Schaafsgeduld zu verkennen? – Fünfzig Jahre nach der französischen Revolution und die Erneuerung aller Unverschämtheiten des alten Despotismus, das haben wir erlebt. Sagen sie nicht, das neunzehnte Jahrhundert erträgt ihn nicht. Die Deutschen haben dieses Problem gelös't. Sie ertragen ihn nicht nur, sie ertragen ihn mit Patriotismus, und wir, die wir darüber eröthen, grade wir wissen, dass sie ihn verdienen. Wer hätte nicht gedacht, dieser schneidende Rückfall vom Reden ins Schweigen, vom Hoffen in die Hoffnungslosigkeit, von einem menschenähnlichen in einen völlig sklavischen Zustand würde alle Lebensgeister aufregen, jedem das Blut zum Herzen treiben und einen allgemeinen Schrei der Entrüstung hervorrufen![163]

Gemeinsam suchten sich Marx und Ruge mit der Überzeugung zu trösten, dass sie nun eine von der Rücksicht auf die Zensur befreite schriftstellerische Tätigkeit würden aufnehmen können, und projektierten unterschiedliche Varianten einer Fortführung der *DJb*, von denen nach beträchtlichen Anlaufschwierigkeiten – der anfängliche Versuch, die Finanzierung des neuen Periodikums wie bei der *RhZ* auf Aktienbasis zu bewerkstelligen, scheiterte am Unwillen des Kölner und Königsberger Bürgertums, sich an diesem Vorhaben zu beteiligen – schließlich, unter erheblicher finanzieller Beteiligung Ruges, die *DfrJb* realisiert wurden. Die in dem einzigen Doppelheft, das im Februar 1844 erschien, enthaltenen Schriften sind jedoch sämtlich bereits unter dem Eindruck des Scheiterns der klassischen Form des philosophisch-aufklärerischen Diskurses verfasst worden und gehören damit einer Phase der deutschen Spätaufklärung an, welche die Reflexion der Ursachen dieses Scheiterns in die Ausarbeitung alternativer Formen eines emanzipativen, aufklärerischen Diskurses integriert hatte. Der Bedeutung dieses Scheiterns für die Fortführung und Weiterentwicklung der junghegelianischen Aufklärung soll nun die Aufmerksamkeit gelten. Erste Konsequenzen dieses Scheiterns sollen dann anhand der Reaktionen Feuerbachs und Bauers auf die Enttäuschung von 1842/43, die Stirner, Marx und Engels dann zur Ausarbeitung eigener Kritikansätze veranlassten, aufgezeigt werden.

---

[163] MEGA² III/1, S. 403.

3 Die philosophische Aufklärung nach der Enttäuschung

Mit dem im vorigen Kapitel behandelten Scheitern des philosophisch-aufklärerischen Diskurses und der in diesem Scheitern sich zeigenden Diskrepanz zwischen den eigenen Erfahrungen von Evidenz und denen der Adressaten setzte eine die vormärzliche Spätaufklärung nachhaltig prägende Phase der Pluralisierung des aufklärerischen Diskurses ein. Zwar gelang es Feuerbach und Bauer, ihre zentrale Stellung noch eine Zeit lang nach der Enttäuschung von 1842/43 zu behaupten, doch die von ihnen zur Kompensation der Enttäuschung unternommenen Änderungen ihrer kritischen Ansätze bildeten schließlich den Ausgangspunkt, von welchem aus Stirner, Marx und Engels alternative Formen des aufklärerischen Diskurses konzipierten. Sowohl Feuerbach, als auch Bauer blieben, wenn auch auf je eigene Weise, innerhalb der philosophischen Gleise der klassischen Aufklärung. Vor dem Hintergrund der in der Enttäuschung offen zutage getretenen Ohnmacht der philosophischen Evidenzerfahrungen bei der Initiierung revolutionärer Massenbewegungen waren sie jedoch gezwungen, für die Wahrung der philosophischen Form des aufklärerischen Diskurses mit der Entpolitisierung dieses Diskurses zu zahlen. Es ist beiden zugute zu halten, dass sie die Notwendigkeit dieser Konsequenz selbst gesehen und explizit vertreten haben. Leisteten sie insofern beide Verzicht auf eine unmittelbare Überzeugungsleistung, so wurde deren zukünftiges Gelingen dafür umso vehementer behauptet. Nicht zuletzt die damit einhergegangene Aufforderung zum geduldigen Abwarten des Eintretens dieser (sehr fernen) Zukunft, deren unmittelbare Konsequenz die Zementierung der Hierarchie der kritischen Stimmen war, wie sie vor der Enttäuschung geherrscht hatte – also der besonderen Bedeutung Feuerbachs und Bauers –, sollte Stirner dann veranlassen, die philosophische Form des aufklärerischen Diskurses zugunsten seiner politischen Relevanz zu opfern.

Im Folgenden wird zuerst die Feuerbach'sche Reaktion auf die Enttäuschung mit ihrer Erklärung des Scheiterns aus der verfrühten Ausweitung der Religionskritik auf politische Gegenstände, ihrer stärkeren Gewichtung der sensualistischen Produktion von Evidenz und ihrer Verlagerung der Überzeugungsleistung in die Zukunft dargestellt (Abschnitt 1). Die Bauer'sche Reaktion mit der Einnahme einer äquidistanten Position zwischen Opposition und Reaktion, der Verabschiedung der Französischen Revolution als aufklärerischem Leitbild und der Konzipierung von „Kritik" und „Masse" als historischen Zentralkategorien erfährt danach ihre Behandlung (Abschnitt 2), und dieses Kapitel findet seinen Abschluss dann mit einer Darstellung des Dilemmas der enttäuschten Aufklärung im Vormärz (Abschnitt 3).

3.1 Ludwig Feuerbachs „neue" Philosophie

Das Scheitern der klassisch-philosophischen Form des aufklärerischen Diskurses und die mit diesem Scheitern einhergehende Enttäuschung auf Seiten seiner Protagonisten markiert eine entscheidende Zäsur für die Entwicklung der junghegelianischen Debatte, deren Bedeutung für die Weiterentwicklung, wie sie von Stirner, Marx und Engels in der Folge unternommen wurde, kaum überschätzt werden kann. Vor dem Hintergrund des nicht zuletzt durch die allgemeinen Hoffnungen auf eine Liberalisierung Preußens sekundierten, bewusstseinszentrierten Modells gesellschaftlicher Veränderung, das die Erwartungen bezüglich der Unhaltbarkeit der zeitgenössischen Verhältnisse mit der Qualität theoretischer Legitimität versah, musste der schließliche Erfolg der reaktionären Maßnahmen zur Unterdrückung der junghegelianischen Debatte denkbar mühelos erscheinen. Eine mehrjährige Überzeugungsarbeit war so durch ein paar einfache Verbote öffentlichkeitswirksamer Periodika zunichte gemacht, die unvermindert notwendige Kritik des Bestehenden in Publikationsformen vertrieben, die allenfalls noch von ein paar Eingeweihten rezipiert werden würden, und der Diskurs, um eine Hegel'sche Figur zu verwenden, von einem exoterischen in einen fast ausschließlich esoterischen verwandelt.

Der philosophisch-aufklärerische Diskurs, der von Feuerbach und Bauer in den vergangenen Jahren wieder aus der Hegel'schen Harmonisierung mit der theologischen Evidenzproduktion gelöst und zu letzterer in Frontstellung gebracht worden war, zeigte sich in der Überzeugung seiner Adressaten zur Auflehnung gegen das Bestehende enttäuschend ohnmächtig. Die Protagonisten der junghegelianischen Debatte sahen sich so mit der Situation konfrontiert, dass die philosophischen Evidenzen, deren Wirkmächtigkeit sie selbst erfahren hatten (und noch immer erfuhren), nicht in der Lage waren, die gleiche Überzeugungsleistung bei dem breiteren Publikum der *Deutschen Jahrbücher für Wissenschaft und Kunst (DJb)*, der *Rheinischen Zeitung für Politik, Handel und Gewerbe (RhZ)* und der Einzelpublikationen hervorzubringen. Der sang- und klanglose Untergang ihrer publizistischen Organe hatte somit eine Diskrepanz zwischen den eigenen und den fremden Evidenzerfahrungen zutage gefördert, welche nach der Überwindung des ersten Schocks verlangte, reflektiert und erklärt zu werden.

Im Unterschied zum Scheitern der preußischen Konfiguration des bewusstseinszentrierten Modells gesellschaftlicher Veränderung, das sich spätestens mit den Ereignissen um den Entzug der Bauer'schen *licentia docendi* zu manifestieren begann und das nicht zu einer Krise des Modells an sich führte, da diesem Scheitern mit dem Wechsel zur französischen Konfiguration Rechnung getragen werden konnte, bot sich nach dem Scheitern der letzteren kein einfacher, die Integrität des Modells wahrender Wechsel des Adressaten an.[1] Mit der Situation eines nicht vom Nachweis der Vernunftwidrigkeit der religiösen Bestimmtheit seines Bewusstseins zum Widerstand gegen eine monarchische Autokratie zu bewegenden Bürgertums betraten die vormärzlichen Spätaufklärer eine ihren Erfahrungshorizont übersteigende, historische *terra incognita*. Zwar hatte sich auch im Fall der Französischen Revolution ein Teil des Volks gegenüber den philosophischen Evidenzerfahrungen resistent gezeigt (man denke etwa an den blutig niedergeschlagenen Widerstand der Vendée oder die „Umwandlung" Lyons zur „Ville afranchie"), doch betraf diese Situation, wie der Verlauf der Französischen Revolution mit der Hinrichtung Ludwig XVI. eindeutig offenbarte, nur eine Minderheit, für deren Abweichung darüber hinaus, mit der Postulierung ihrer aus niederen Trieben und wider besseren Wissens geschehenden Leugnung der Vernunftgründe, eine die mehrheitliche Empfänglichkeit für ebensolche stützende Erklärung gefunden wurde. Beim Jahreswechsel 1842/43 war das Verhältnis von Minderheit und Mehrheit der Überzeugten jedoch eindeutig umgekehrt.

Es zeigte sich so in der Enttäuschung von 1842/43, dass das aus der interpretativen Aneignung des historischen Phänomens der Französischen Revolution gewonnene, bewusstseinszentrierte Modell gesellschaftlicher Veränderung zumindest bei seiner Anwendung auf die deutschen Verhältnisse der frühen 1840er Jahre keine befriedigenden Ergebnisse erzielte. Die Verunsicherung auf Seiten der junghegelianischen Aufklärer über die Möglichkeiten gesellschaftlicher Veränderung und über ihre eigene Rolle in einer solchen Veränderung führte in der Folge zu einer intensiven Reflexion dieses in eine Krise geratenen Modells und seiner einzelnen Elemente. Mit der erforderlich gewordenen, nunmehr grundlegenden Reflexion der Möglichkeiten einer Veränderung der gesellschaftlichen Verhältnisse, als deren Früchte auch Stirners *Der Einzige und sein Eigenthum* und Marx' und Engels' Manuskripte zur „Deutschen Ideologie" anzusehen sind, begann die eigentlich innovative Phase der deutschen Spätaufklärung. Die nach der Enttäuschung von 1842/43 einsetzende Phase der Weiterentwicklung des aufklärerischen Diskurses sollte sich dann von der Konzipierung unterschiedlicher Versuche, die Hoffnungen auf Veränderung des Bestehenden schließlich doch noch zu realisieren, geprägt zeigen, und es ist nicht immer eindeutig zu entscheiden, ob die Wahl verschiedener Optionen bei der Anpassung des bewusstseinszentrierten Modells gesellschaftlicher Veränderung die sich immer stärker ausprägende Fraktionierung befeuerte, oder ob, umgekehrt, der Zwang zur Ausdifferenzierung individuell unterscheidbarer Kritikansätze die Reichhaltigkeit der letzteren bedingte.

---

1 Nicht nur Feuerbach und Bauer versuchten in der Folge, die Integrität ihres Ansatzes über die Konzeptionierung eines neuen Adressaten des aufklärerischen Diskurses zu wahren (siehe folgend sowie den folgenden Abschnitt), auch die insbesondere von Marx propagierte Allianz von Philosophie und Proletariat lässt sich als ein Beispiel des Versuchs verstehen, dem Scheitern des philosophisch-aufklärerischen Diskurses in der Herbeiführung einer revolutionären Erhebung durch einen Wechsel des aufzuklärenden Adressaten zu begegnen (siehe unten, Kapitel 8, Abschnitt 1).

Von der Konzipierung etwa eines neuen Adressaten der kritischen Einsätze in Form eines erst in der Entstehung begriffenen Proletariats über die Emanzipation der argumentierenden Aufklärer vom Anspruch auf eine unmittelbare Überzeugung ihrer Adressaten oder von der Berücksichtigung von dem bezweckten Erkenntnisprozess fremden Interessen für Fragen der Motivation von Handlungen bis hin zu den Versuchen, den Erfolg der Überzeugungsleistung des aufklärerischen Diskurses durch Rekurs auf alternative, im Rahmen vergangener Aufklärung noch unbekannte Formen der Produktion von Evidenz zu gewährleisten, beinhaltete das Spektrum der Reaktionen auf die Enttäuschung unzählige Ansätze, einen Diskurs zu realisieren, der sich gegenüber der Rigidität der bestehenden Verhältnisse nicht so ohnmächtig zeigen würde, wie es der klassisch-aufklärerische Diskurs in der Enttäuschung von 1842/43 getan hatte. Vor dem Hintergrund dieser Reichhaltigkeit der Ansätze zur Weiterentwicklung des aufklärerischen Diskurses scheint es durchaus gerechtfertigt, für die Zeit nach 1842/43 von einer Pluralisierung dieses Diskurses zu sprechen. Im Folgenden sollen einige dieser Reaktionen – diejenigen Feuerbachs und Bauers, die ihre hervorgehobene Stellung unter den Protagonisten der junghegelianischen Debatte noch eine Zeit lang zu halten vermochten – thematisiert werden, um dann im nächsten Kapitel zur Darstellung eines der zweifellos innovativsten Ansätze überzugehen – Stirners argumentativer Ermächtigung des konkreten Individuums.

Bevor die Schriften Feuerbachs nach der Enttäuschung in den Fokus der Aufmerksamkeit gerückt werden, noch ein paar Bemerkungen zum bereits angeklungenen Verhältnis von Reflexion und Weiterentwicklung des aufklärerischen Diskurses auf der einen und Fraktionierung der junghegelianischen Aufklärung auf der anderen Seite. Wie im vergangenen Kapitel gezeigt, nahm die Fraktionierung der Bewegung ihren Ausgang von den differierenden Antworten auf die Frage, wie das, vor allem preußische, Volk dazu bewegt werden könnte, sich für eine Veränderung der bestehenden Verhältnisse einzusetzen. Wenn die Fraktionierung also keine Folge der Enttäuschung von 1842/43 war, so trug die letztere dennoch dazu bei, die Spaltung zu vertiefen und auf Dauer zu stellen.

Hatten die Angehörigen des jeweils anderen Lagers vor der Enttäuschung noch als Abweichler gelten können, deren Einfluss auf die Bestimmung des öffentlichen Bewusstseins zwar zurückzudrängen war, die sich aber vom vermeintlich abzusehenden Gang der Ereignisse schon wieder eines Besseren belehren lassen würden, so war die Verlockung anfänglich sowohl im gemäßigten, eher Feuerbach zuneigenden, als auch im radikalen, eher Bauer zuneigenden Lager groß, die Integrität des eigenen Ansatzes zu wahren und die Verantwortung für das schließliche Scheitern der jeweils anderen Seite aufzubürden. Aus dem radikalen Lager konnte etwa der Vorwurf erhoben werden, die Vertreter der gemäßigten Variante hätten durch ihr Zurückschrecken vor einer weiteren Eskalation des Konflikts die Akkommodation des Bürgertums mit den bestehenden Verhältnissen begünstigt (und hätten darüber hinaus den drohenden Ausschluss der junghegelianischen Stimmen aus der deutschen Öffentlichkeit – das hauptsächliche strategische Argument für eine Mäßigung der Kritik – nicht verhindern können), und die Vertreter der gemäßigten Variante konnten behaupten, die von radikaler Seite betriebene, bedingungslose Eskalation habe überhaupt erst die harsche Gegenwehr der bestehenden Mächte auf den Plan gerufen.

Zusätzlich zu diesen Versuchen, die eigene Enttäuschung durch Schuldzuweisungen zu kompensieren, perpetuierte die Spaltung außerdem, dass die nach dem Scheitern sich unmittelbar stellende Aufgabe, die junghegelianische Meinungsführerschaft über die – erwiesenermaßen überschaubaren – oppositionellen Kreise zu wahren, die Vertreter der sich immer stärker ausdifferenzierenden Kritikansätze zu erbitterten Konkurrenten um die Gunst dieses Publikums werden ließ. Nicht zuletzt die als Folge der Enttäuschung eingetretene Verunsicherung über die Überzeugungskraft der im Rahmen der junghegelianischen Aufklärung produzierten Evidenz bedingte, dass die Zustimmung derjenigen, welche sich überhaupt vom philosophisch-aufklärerischen Diskurs hatten bestimmen lassen, zu einem umkämpften Gut wurde, dessen Erhalt die notwendige Vergewisserung bezüglich der Überzeugungskraft des eigenen Kritikansatzes um einiges erleichtern konnte.

Schließlich darf der Sachverhalt nicht außer Acht gelassen werden, dass auch der Verlust geteilter Publikationsplattformen, die wie die *RhZ*, oder in geringerem Maße auch die *DJb*, beiden Richtungen eine Heimat geboten hatten, seinen Anteil an der Verabsolutierung der Differenzen der verschiedenen Ansätze hatte, denn im Zuge der erheblichen Schwierigkeiten, neue Plattformen für die Publikation oppositioneller Schriften in der Zeit nach den Verboten zu etablieren, war die Bereitschaft, die mühevoll erkämpften Publikationsmöglichkeiten auch den Vertretern abweichender Kritikansätze zugänglich zu machen, denkbar gering. Die (meist sehr kurzlebigen) Neugründungen der Zeit nach der Enttäuschung waren allesamt Richtungsorgane, die jeweils nur einen Teil des Spektrums der deutschen Spätaufklärung nach der Enttäuschung von 1842/43 zur Abbildung brachten.[2] Die Einigkeit der junghegelianischen Aufklärung, welche noch bis weit in das Jahr 1842 hinein bestanden hatte, war 1843 endgültig vorüber, und es ist nach der Enttäuschung geradezu zu einem Markenzeichen der ehemalig-junghegelianischen Kritikansätze geworden, dass diese nicht nur bemüht waren, einer Veränderung des Bestehenden das Wort zu reden, sondern darüber hinaus auch die Verfehltheit der konkurrierenden Kritikansätze zu erweisen. Kritik nach der Enttäuschung war somit stets auch Kritik der anderen Kritiker.

Noch vergleichsweise wenig berührt von den Veränderungen, welche das Scheitern des philosophisch-aufklärerischen Diskurses für die junghegelianische Aufklä-

---

[2] Beispielhaft für die Vielfalt der Richtungsorgane nach der Enttäuschung seien an dieser Stelle die in Berlin herausgegebene *Allgemeine Literatur-Zeitung* (12 Hefte), welche Bauer und den Anhängern seiner „reinen Kritik" zur Veröffentlichung ihrer Schriften diente, die in Mannheim erscheinende *Berliner Monatsschrift* (1 Heft), die von Ludwig Buhl herausgeben und von Stirner zur Publikation zweier Schriften genutzt wurde, und natürlich die in Paris herausgegebenen *Deutsch-französischen Jahrbücher* Ruges und Marx' (1 Doppellieferung) genannt.

rung hervorrief, zeigte sich Feuerbach. Da dieser an den Versuchen, auf die Kritik der christlichen Religion die aus ihr unmittelbar hervorgehende Kritik der deutschen politischen Zustände folgen zu lassen, nur einen verhältnismäßig geringen Anteil genommen hatte und sich im Unterschied zu der überwältigenden Mehrheit der Junghegelianer nicht am journalistischen Tagesgeschäft beteiligt hatte, war Feuerbach von der im Zuge der widerstandslos hingenommenen Verbote einsetzenden Enttäuschung nur in weit geringerem Maße betroffen. Zwar kann, wie bereits dargestellt,[3] über die auch von Feuerbach seiner Religionskritik zugedachte politische Dimension kein Zweifel bestehen, doch hatte er sich gegenüber der direkten Adressierung politischer Übelstände stets wesentlich reservierter gezeigt, als es selbst die anderen Vertreter des gemäßigten Lagers, wie etwa Marx in seinen Artikeln über das Holzdiebstahlsgesetz,[4] getan hatten. Dieser Zurückhaltung ist es zuzuschreiben, dass Feuerbach, obwohl ebenso vehement die Vernunftwidrigkeit der christlichen Religion und die Obsoletheit der überkommenen politischen Ordnung argumentierend, sich der entschiedenen politischen Radikalität Bauers oder der „Freien" enthielt und seine kritischen Angriffe weiterhin auf die theologische „Verunreinigung" der Philosophie konzentrierte. Offensichtlich war Feuerbach der Ansicht, dass der Kampf gegen die theologische Evidenzproduktion unter einer voreiligen Ausweitung auf die im engeren Sinne politischen Mächte leiden würde, der Sieg der Philosophie über die Theologie erst ein vollständiger sein müsse, bevor die Auseinandersetzung in das Feld der Politik getragen werden könne.[5]

Es ist als eine Ironie der Geschichte, die jedoch unter den Schicksalen junghegelianischer Schriften bei weitem nicht singulär ist, zu betrachten, dass diejenige Schrift, mit welcher Feuerbach maßgeblich auf die beginnende Verarbeitung der Enttäuschung einwirken sollte, eine Schrift war, die bereits verfasst war, als das Anziehen der zensorischen Zügel noch lange nicht abzusehen war. Wie die Marx'schen *Bemerkungen über die neueste preußische Censurinstruction* – und auch Bauers *Das entdeckte Christenthum* – kamen die *Vorläufigen Thesen zur Reformation der Philosophie* zu einem Zeitpunkt in die Hände der Öffentlichkeit, als die Aussichtslosigkeit des Versuchs, das deutsche Bürgertum von der Notwendigkeit einer Erhebung wider die be-

---

[3] Siehe oben, Kapitel 1, Abschnitt 3.
[4] Karl Marx: Verhandlungen des 6. Rheinischen Landtags. Dritter Artikel: Debatten über das Holzdiebstahlsgesetz, MEGA² I/1, S. 199-236.
[5] Diese Überzeugung spricht auch aus der folgenden Passage der *Vorläufigen Thesen zur Reformation der Philosophie*, welche darüber hinaus die Wahrung des politisch-aufklärerischen Anspruchs Feuerbachs belegt, LFGW, Bd. 9, S. 252: „Die Negation von Raum und Zeit in der Metaphysik, im Wesen der Dinge hat die verderblichsten praktischen Folgen. Nur wer *überall* auf dem Standpunkte der Zeit und des Raums steht, hat auch im Leben *Takt* und *praktischen Verstand*. Raum und Zeit sind die ersten Kriterien der Praxis. Ein Volk, welches aus seiner Metaphysik die Zeit ausschließt, die ewige, d. h. *abstrakte*, von der Zeit abgesonderte, Existenz vergöttert, das schließt konsequent auch aus seiner Politik die Zeit aus, vergöttert das rechts- und vernunftwidrige, antigeschichtliche Stabilitätsprinzip."

stehende Ordnung zu überzeugen, bereits kaum mehr zu leugnen war. Als Teil der Sammlung von Schriften und Artikeln, welche Ruge nicht durch die Zensur der *DJb* bringen konnte und unter dem Titel *Anekdota zur neuesten deutschen Philosophie und Publizistik* im der Reichweite deutscher Zensurbehörden enthobenen Verlag des literarischen Comptoirs in Zürich und Winterthur veröffentlichte, erschienen die auf den 28. Januar 1842 datierten *Thesen* gegen Ende Februar 1843.[6] Verdankten sie sich also auch der Bewusstseinslage einer Situation, die noch von der Hoffnung auf den nahenden Erfolg des philosophisch-aufklärerischen Diskurses geprägt war, so zeigte sich mit ihnen – auch hierin den Marx'schen *Bemerkungen* vergleichbar – das bemerkenswerte Phänomen, dass die Schriften, die von der vergleichsweise milden Zensur des Jahres 1842 „exiliert" wurden, durch die Verschärfung der Zensur um die Jahreswende 1842/43 gegen den Verlust ihrer Aktualität sicher gestellt worden waren.

Schließen die *Thesen* also auch unmittelbar an die oben skizzierte Position Feuerbachs an,[7] so erhielten sie durch die Verzögerung ihres Eintritts in die Zirkulationssphäre der öffentlichen Meinung im Februar 1843 die Qualität des Neuen, Unverbrauchten – insbesondere auf Marx, aber längst nicht nur auf ihn, sollten sie in der Folge großen Einfluss entfalten.[8] Neben einer Präzisierung der im *Wesen des Christenthums* entwickelten Gegnerschaft der neuen Philosophie gegenüber Theologie und alter, „theologisierter" Philosophie[9] war es besonders das vollständige Ausschlagen des Hegel'schen Erbes, auch in seiner Bauer'schen Sublimierung, welches der Schrift ihre Anschlussfähigkeit für die veränderte Situation des Frühjahrs 1843 sicherte. Die Hegel'sche Philosophie, die nicht nur die gemeinsame, von allen Junghegelianern durchlaufene „Schule der Kritik" abgab, sondern von Bauer – und zeitweilig auch Marx – für eine radikale Kritik des Bestehenden vereinnahmt wurde,[10] wurde von Feuerbach nun zum Ausdruck der zu überwindenden menschlichen Entfrem-

---

6 Ihr Erscheinen wurde im *Börsenblatt für den Deutschen Buchhandel* in Nr. 17 des 10. Jahrgangs vom 28. Februar 1843, Sp. 549, angezeigt.
7 Siehe oben, Kapitel 1, Abschnitt 3.
8 Für das Projekt einer Kritik der Hegel'schen Rechtsphilosophie, die Marx analog zur Feuerbach'schen Kritik der Hegel'schen Religionsphilosophie konzipierte, gaben sie den Anlass ab. Siehe zu dieser Thematik unten, Kapitel 8, Abschnitt 1.
9 So eröffnen die *Thesen* mit einer überaus prägnanten Formulierung der Quintessenz des *Wesens des Christentums*, LFGW, Bd. 9, S. 243: „Das Geheimnis der *Theologie* ist die *Anthropologie*, das Geheimnis aber der *spekulativen Philosophie* – die *Theologie* – die *spekulative* Theologie, welche sich dadurch von der *gemeinen* unterscheidet, daß sie das von dieser aus Furcht und Unverstand in das Jenseits entfernte göttliche Wesen ins Diesseits versetzt, d. h. *vergegenwärtigt, bestimmt, realisiert.*"
10 Es sei erinnert an Bauers *Die Posaune des jüngsten Gerichts über Hegel den Atheisten und Antichristen. Ein Ultimatum*, Leipzig 1841, und an die als zweiten Teil dieser Schrift, unter zeitweilig projektierter Mitarbeit von Marx, vorgesehene Schrift *Hegel's Lehre von der Religion und Kunst von dem Standpuncte des Glaubens aus beurtheilt*, Leipzig 1842. Siehe oben, Kapitel 1, Abschnitt 4.

dung erklärt[11] und ihre Anhänger samt und sonders dem gegnerischen Lager der Theologen zugesprochen: *„Wer die Hegelsche Philosophie nicht aufgibt, der gibt nicht die Theologie auf. [...] Die Hegelsche Philosophie ist der letzte Zufluchtsort, die letzte rationelle Stütze der Theologie."*[12] Und auch die Abgrenzung gegenüber Bauer, die Feuerbach zum Zeitpunkt der Abfassung der *Thesen* auch an anderer Stelle vornahm,[13] ist unzweideutig: „Wenn man den Namen der neuen Philosophie, den Namen ‚Mensch', mit ‚*Selbstbewußtsein*' übersetzt, so legt man die neue Philosophie im Sinne der alten aus, versetzt sie wieder auf den alten Standpunkt zurück, denn das Selbstbewußtsein der alten Philosophie, *als abgetrennt vom Menschen, ist eine Abstraktion ohne Realität*. Der Mensch *ist* das Selbstbewußtsein."[14]

An dieser Distanzierung von Bauer zeigt sich in bemerkenswerter Weise, welche Kraft die Feuerbach'schen Überlegungen im veränderten Kontext nach der Enttäuschung entfalten konnten. Geschah die Abgrenzung von Bauer um die Jahreswende 1841/42 vor allem vor dem Hintergrund einer Präzisierung des eigenen, im *Wesen* formulierten Kritikansatzes und der Zurückweisung des im Raum stehenden Verdachts einer Autorschaft Feuerbachs an der *Posaune*, konnte von einer veritablen Fraktionierung der junghegelianischen Aufklärung in ein Feuerbach- und ein Bauer-Lager zu diesem Zeitpunkt noch keine Rede sein, so gerieten die Feuerbach'schen Äußerungen nach der erfolgten Fraktionierung im Frühjahr 1843 zu argumentativen Instrumenten, die es erlaubten, den eingetretenen Bruch nunmehr auch auf theoretischer Ebene abzubilden. Mit anderen Worten: War das Verhältnis Feuerbachs und Bauers zu Hegel vor der Enttäuschung Ausdruck unterschiedlicher Antworten auf die Frage, ob dem philosophisch-aufklärerischen Diskurs am ehesten durch das Aufzeigen seiner Nähe zu Hegel oder durch die Kenntlichmachung seiner Differenz zu Hegel gedient sei, so markierte die Frage des Verhältnisses zu Hegel nach dem Scheitern des philosophisch-aufklärerischen Diskurses eine Trennscheide zwischen nunmehr unüberbrückbar gewordenen Differenzen. Nach der Enttäuschung zeigte sich dabei die Feuerbach'sche Option wesentlich anschlussfähiger, da das Verhältnis der Hegel'schen Philosophie zur Aufklärung trotz des Bauer'schen Versuchs ihrer Vereinnahmung als mindestens ambivalent erachtet wurde und nun die Nähe einer der Varianten des junghegelianischen aufklärerischen Diskurses zu Hegel mitursächlich für sein Scheitern angesehen werden konnte. Feuerbachs Ausschlagen des Hegel'schen Erbes und sein Votieren für eine Umkehrung der Hegel'schen Philosophie – der prägnante „Subjekt-Prädikat-Wechsel" – ließen Feuerbachs, eigentlich schon 1841/42 un-

---

11 Ludwig Feuerbach: Vorläufige Thesen zur Reformation der Philosophie, LFGW, Bd. 9, S. 247: „Abstrahieren heißt das *Wesen* der Natur *außer die Natur*, das *Wesen* des Menschen *außer den Menschen*, das *Wesen* des Denkens *außer den Denkakt* setzen. Die Hegelsche Philosophie hat den Menschen *sich selbst entfremdet*, indem ihr ganzes System auf diesen Abstraktionsakten beruht."
12 Ebenda, S. 258.
13 Siehe oben, Kapitel 1, Abschnitt 3.
14 Ludwig Feuerbach: Vorläufige Thesen zur Reformation der Philosophie, LFGW, Bd. 9, S. 261.

ternommene Konzipierung einer „neuen" Philosophie 1843 als Ausweg aus der Sackgasse erscheinen, in welche der philosophisch-aufklärerische Diskurs mit der Enttäuschung geraten war. Die „neue" Philosophie Feuerbachs wurde insofern, als Folge der dem zensorischen Verbot geschuldeten Verspätung ihrer Rezeption, nicht der gescheiterten Kritik des Jahres 1842 zugerechnet, sondern als Möglichkeit der Verarbeitung dieses Scheiterns gesehen.

Die aphoristische Form der Darstellung, auf welche Feuerbach sowohl in seinen *Thesen*, als auch in der späteren Schrift *Grundsätze der Philosophie der Zukunft* zurückgriff, verlieh seinen Überlegungen dabei programmatischen Charakter und tat ein Übriges, um diesen Überlegungen die Form einer Anleitung zu einer Art von Reflexion zu geben, welche die kritische Verarbeitung der Enttäuschung zu bewerkstelligen gestattete. Angefangen bei dem für Feuerbach typischen „Subjekt-Prädikat-Wechsel"[15] bis hin zur Formulierung eines „neuen" Gegenstands des Erkenntnisinteresses[16] entwarfen die *Thesen* ein Forschungsprogramm, das der Suche der verunsicherten Aufklärer nach neuer Orientierung Struktur zu geben vermochte: „*Die Philosophie muß sich wieder mit der Naturwissenschaft, die Naturwissenschaft mit der Philosophie verbinden. Diese auf gegenseitiges Bedürfnis, auf innere Notwendigkeit gegründete Verbindung wird dauerhafter, glücklicher und fruchtbarer sein als die bisherige Mesalliance zwischen der Philosophie und Theologie.*"[17]

Nicht wenig hat zu der größeren Anschlussfähigkeit der Feuerbach'schen Variante der junghegelianischen Aufklärung schließlich noch beigetragen, dass dieser in den *Thesen* die bereits im *Wesen* praktizierte Anreicherung der philosophischen Evidenz gelingender Begriffsentwicklung mit der Evidenz sinnlicher Gewissheit eingehend thematisierte, bot sie doch die Möglichkeit, die Schwäche des philosophisch-aufklärerischen Diskurses bei der Überzeugung seiner Adressaten durch eine stärkere Gewichtung nichtphilosophischer Evidenzerfahrungen zu kurieren. Die Konzentration auf das „vom Denken unterschiedene, unphilosophische, absolut *antischolastische* Wesen in uns", in welchem Feuerbach das „Prinzip des *Sensualismus*" entdeckte, war zwar ursprünglich zur Abwertung der Überzeugungskraft der Hegel'schen spekulativen Philosophie intendiert, im Lichte der Erfahrung eines an der Überzeugung seiner Adressaten scheiternden philosophisch-aufklärerischen Diskur-

---

15 Ebenda, S. 244: „Die Methode der reformatorischen Kritik der *spekulativen Philosophie überhaupt* unterscheidet sich nicht von der bereits in der *Religionsphilosophie* angewandten. Wir dürfen nur immer das *Prädikat* zum *Subjekt* und so als *Subjekt* zum *Objekt* und *Prinzip* machen – also die spekulative Philosophie nur *umkehren*, so haben wir die unverhüllte, die pure, blanke Wahrheit."
16 Ebenda, S. 251: „*Der bisherige Gang der spekulativen Philosophie vom Abstrakten zum Kronkreten, vom Idealen zum Realen ist ein verkehrter. Auf diesem Wege kommt man nie zur wahren, objektiven* Realität, sondern immer nur zur *Realisation seiner eignen Abstraktionen*, und ebendeswegen nie zur wahren *Freiheit* des Geistes; denn *nur die Anschauung der Dinge und Wesen in ihrer objektiven Wirklichkeit macht den Menschen frei und ledig aller Vorurteile*."
17 Ebenda, S. 262.

ses erhielt diese Position jedoch eine völlig neue Bedeutung. Die Sätze über die fehlende Evidenz der Hegel'schen Philosophie[18] und über die notwendigen Veränderungen, welche die „neue" Philosophie „zu einer *universalen, gegensatzlosen, unwiderleglichen, unwiderstehlichen Macht*" werden ließen – nämlich dass der „Philosoph [...] das im Menschen, was *nicht* philosophiert, was vielmehr *gegen* die Philosophie ist, dem abstrakten Denken *opponiert*, das also, was bei Hegel nur zur *Anmerkung* herabgesetzt ist, in den *Text* der Philosophie aufnehmen" müsse, und die „Philosophie [...] daher nicht *mit sich*, sondern mit ihrer *Antithese*, mit der *Nichtphilosophie*, zu beginnen" habe –, lesen sich vollends als seien sie auf die Verarbeitung der Erfahrung einer in der Überzeugung ihres Publikums scheiternden Philosophie, der Erfahrung der Enttäuschung, hin konzipiert worden.[19]

Diese Lektüre der *Thesen* Feuerbachs vor dem Hintergrund der erfolgten Enttäuschung zeigt, warum die Schrift bei den *Rezipienten* Feuerbachs die Verarbeitung der Enttäuschung und die Suche nach Lösungen für das Problem der Ohnmacht des aufklärerischen Diskurses strukturieren konnte. Für diesen Anschluss an die Feuerbach'sche Variante der junghegelianischen Aufklärung war, wie betont, die zeitliche Verzögerung zwischen Abfassung und Rezeption der *Thesen* von elementarer Bedeutung. Für Marx und die anderen Junghegelianer, welche die Erfahrung des Scheiterns im Anschluss an Feuerbach zu verarbeiten suchten, waren die *Thesen* eine Schrift, die auf die Situation des Frühjahrs 1843 „passte".

Fragt man jedoch nach Feuerbachs eigener Verarbeitung der Enttäuschung, so stellt sich die Situation etwas anders dar, waren die *Thesen* zum Zeitpunkt ihrer öffentlichen Wahrnehmung doch bereits über ein Jahr alt. Hätte dieser zeitliche Hiat auch den Anlass zu einer Überarbeitung der eigenen Positionen abgeben können, so entschied sich Feuerbach, wohl vor dem Hintergrund der Einschätzung, der unmittelbar politische Kampf des Jahres 1842 sei nicht sein eigener gewesen, dessen Scheitern also seiner „neuen" Philosophie nicht anzulasten, und wohl auch aufgrund der nun erst einsetzenden Entfaltung der Wirkmächtigkeit seiner *Thesen*, für die Postulierung eines sich in der Zukunft umso gewisser einstellenden Erfolges seiner „neuen" Philosophie. Auch wenn das Publikum sich nun schon seit bald zwei Jahren mit der im *Wesen* entwickelten Rückführung von Religion und Theologie auf die Anthropologie hatte vertraut machen können, sah Feuerbach keinen Grund, das unbeirrte Verharren des überwiegenden Teils der Bevölkerung im religiös bestimmten Bewusstsein als Makel seiner philosophischen Religionskritik zu nehmen. Vor die Wahl gestellt, die Verantwortung für die Diskrepanz zwischen den eigenen Evidenzerfahrungen und denen der übrigen Bevölkerung beim aufklärerischen Diskurs oder bei seinen Adressaten zu verorten, entschied sich Feuerbach – hierin, wie noch

---

18 Ebenda, S. 247: „Der Hegelschen Philosophie fehlt unmittelbare Einheit, unmittelbare Gewißheit, unmittelbare Wahrheit."
19 Ebenda, S. 254.

zu zeigen sein wird, durchaus Bauer gleichend – für die letztere Möglichkeit. War dieser Zug auch schon in den *Thesen* angelegt,[20] so sollte er in der Folge die von Feuerbach für die Verarbeitung der Enttäuschung durchweg bevorzugte Lösung darstellen.

Bereits im Vorwort zur zweiten Auflage des *Wesens des Christenthums*, das auf den 14. Februar 1843 datiert, finden sich Belege für diese Strategie, den von Feuerbach geführten philosophisch-aufklärerischen Diskurs gegen die Reaktionen des zeitgenössischen Publikums zu immunisieren. Nachdem Feuerbach seine Schrift vor dem Schaden zu bewahren gesucht hatte, welchen eine zu enge Inbeziehungsetzung mit den Entwicklungen des Jahres 1842 bedeutet hätte,[21] bezeichnete er seine eigene Schrift als einen „empörenden Anachronismus",[22] deren Zeit aber unzweifelhaft kommen werde: „ich mache hier die Schranken der Gegenwart und Vergangenheit nicht zu Schranken der Menschheit, der Zukunft, glaube vielmehr unerschütterlich, daß gar manches, jawohl, gar manches, was den kurzsichtigen, kleinmütigen Praktikern heute für Phantasie, für nie realisierbare Idee, ja für bloße Schimäre gilt, schon morgen, d. h. im nächsten Jahrhundert – Jahrhunderte im Sinne des einzelnen Menschen sind Tage im Sinne und Leben der Menschheit –, in voller Realität dastehen wird."[23]

Dieser postulierte Siegeszug der von Feuerbach entwickelten, „neuen" Philosophie[24] war ihm umso gewisser, als seiner Durchsetzung auch in der Gegenwart „nur

---

20 Ebenda, S. 260: „Aber die neue Philosophie buhlt nicht um die Gunst des Publikums. Ihrer selbst gewiß, verschmäht sie es, das zu *scheinen*, was sie ist, muß aber ebendeswegen unsrer Zeit, welcher in den wesentlichsten Interessen der Schein für Wesen, die Illusion für Realität, der Name für die Sache gilt, das *sein*, was sie *nicht* ist. So ergänzen sich die Gegensätze! Wo das *Nichts für etwas*, die *Lüge für Wahrheit* gilt, da muß konsequenterweise das *Etwas* für *nichts*, die *Wahrheit* für *Lüge* gelten. Und wo man – komischerweise gerade in dem Moment, wo die Philosophie in einem entscheidenden, universalen *Selbstenttäuschungsakt* begriffen ist – den bisher unerhörten Versuch macht, eine Philosophie lediglich auf die *Gunst* und *Meinung* des *Zeitungspublikums* zu gründen, da muß man auch ehrlicher- und christlicherweise philosophische Werke nur dadurch zu *widerlegen* suchen, daß man sie in der ‚Augsburger Allgemeinen Zeitung' beim Publikum *verleumdet*. Oh, wie ehrbar, wie sittlich sind doch die öffentlichen Zustände Deutschlands!"
21 Ludwig Feuerbach: Das Wesen des Christentums, 2., verm. Aufl., Leipzig 1843, LFGW, Bd. 5, S. 11: „Ich habe mir ferner durch die äußerst unpolitische, leider aber intellektuell und sittlich notwendige Aufklärung, die ich über das dunkle Wesen der Religion gegeben, selbst die Ungnade der Politiker zugezogen – sowohl der Politiker, welche die Religion als das politischste Mittel zur Unterwerfung und Unterdrückung des Menschen betrachten, als auch derjenigen, welche die Religion als das politisch gleichgültigste Ding ansehen und daher wohl auf dem Gebiete der Industrie und Politik Freunde, aber auf dem Gebiete der Religion sogar Feinde des Lichts und der Freiheit sind."
22 Ebenda, S. 14.
23 Ebenda, S. 15.
24 Ebenda, S. 15/16: „Als ein solcher – als ein geistiger Naturforscher also schrieb ich denn auch diese meine Schrift, die folglich nichts andres enthält als das Prinzip, und zwar bereits praktisch bewährte, d. h. in concreto, an einem besondern Gegenstande – einem Gegenstande übrigens von allgemeiner Bedeutung –, an der Religion, dargestellte, entwickelte und durchgeführte Prinzip einer neuen, von der bisherigen Philosophie wesentlich unterschiednen, dem wahren, wirklichen, ganzen Wesen des Menschen entsprechenden, aber freilich gerade ebendeswegen allen durch eine über-,

hohle, machtlose, dem wahren Wesen des Menschen widersprechende Illusionen und Vorurteile" entgegenstünden.[25] Dem mit diesen Worten konstatierten Gefälle zwischen von Feuerbach produzierter Evidenz und von den Gegnern entgegengesetzter Schein-Evidenz entsprach auch der argumentative Zug, zur Auseinandersetzung um die Geltung der Feuerbach'schen Überlegungen nur solche Argumente zuzulassen, die ihre Evidenz aus der nämlichen Quelle wie die Feuerbach'schen bezogen.[26] Und im Einklang mit der bereits dargestellten Abwertung der Hegel'schen Philosophie, bzw. der im Rahmen der Hegel'schen Philosophie oder der Theologie zur Anwendung kommenden Weisen der Produktion von Evidenz, bekannte sich Feuerbach schließlich dazu, zur Plausibilisierung des von ihm Argumentierten nicht nur auf die Evidenz gelingender Begriffsentwicklung zu rekurrieren, sondern seine Argumentation auf Entitäten zu gründen, welche den Rahmen gelingender Begriffsentwicklung antezedierten: „Die Gedanken meiner Schrift sind nur Konklusionen, Folgerungen aus Prämissen, welche nicht wieder Gedanken, sondern gegenständliche, entweder lebendige oder historische Tatsachen sind".[27]

Es zeigt sich somit, dass Feuerbach in der Produktion der von ihm zur Durchsetzung des philosophisch-aufklärerischen Diskurses gegen Theologie und Hegel'sche

---

d. h. widermenschliche, widernatürliche Religion und Spekulation verdorbenen und verkrüppelten Menschen widersprechenden Philosophie – einer Philosophie, welche nicht, wie ich mich schon anderwärts ausdrückte, den Gänsekiel für das einzige entsprechende Offenbarungsorgan der Wahrheit hält, sondern Augen und Ohren, Hände und Füße hat, nicht den Gedanken der Sache mit der Sache selbst identifiziert, um so die wirkliche Existenz durch den Kanal der Schreibfeder auf eine papierne Existenz zu reduzieren, sondern beide voneinander trennt, aber gerade durch diese Trennung zur Sache selbst kommt, nicht das Ding, wie es Gegenstand der abstrakten Vernunft, sondern wie es Gegenstand des wirklichen, ganzen Menschen, also selbst ein ganzes, wirkliches Ding ist, als das wahre Ding anerkennt – einer Philosophie, welche, weil sie sich nicht auf einen Verstand für sich selbst, auf einen absoluten, namenlosen Verstand, von dem man nicht weiß, wem er angehört, sondern auf den Verstand des – freilich nicht verspekulierten und verchristelten – Menschen stützt, auch die menschliche, nicht eine wesen- und namenlose Sprache spricht, ja, welche, wie der Sache, so der Sprache nach, gerade das Wesen der Philosophie in die Negation der Philosophie setzt, d. h. nur die in succum et sanguinem vertierte, die Fleisch und Blut, die Mensch gewordene Philosophie für die wahre Philosophie erklärt und daher ihren höchsten Triumph darin findet, daß sie allen plumpen und verschulten Köpfen, welche in den Schein der Philosophie das Wesen der Philosophie setzen, gar nicht Philosophie zu sein scheint."
25 Ebenda, S. 25.
26 Ebenda, S. 17: „Oder man beweise mir, daß sowohl die historischen als rationellen Argumente meiner Schrift falsch, unwahr sind – widerlege sie –, aber ich bitte mir aus: nicht mit juristischen Injurien oder theologischen Jeremiaden oder abgedroschenen spekulativen Phrasen oder namenlosen Miserabilitäten, sondern mit Gründen, und zwar solchen Gründen, die ich nicht selbst bereits gründlichst widerlegt habe."
27 Ebenda, S. 14. Bei aller späteren Distanzierung von Feuerbach sollten Marx und Engels in Bezug auf die Überzeugung, argumentative Erfolge durch einen Rekurs auf „Tatsachen" erzielen zu können, in den von Feuerbach gelegten argumentativen Gleisen verbleiben. Siehe unten, Kapitel 11, Abschnitt 2.

Philosophie und zur Erlangung der Kontrolle der zustandsrelevanten Bewusstseinsträger eingeführten Evidenz sinnlicher Gewissheit eine solche Virtuosität gewonnen hatte, ein solches Vertrauen in ihre Überzeugungskraft gewonnen hatte, dass er sie zum vorrangigen Bollwerk gegen die gegenaufklärerischen Angriffe der Reaktion erklären konnte. Schließlich wurde auch der von Feuerbach vertretene humanistische Universalismus, mit welchem der Anspruch einherging, trotz des eigentlich gelehrten Charakters seiner Schrift auch für den Laien verständlich und überzeugend zu schreiben, im Sinne einer argumentativen Absicherung genutzt, deren Wirkung eine doppelte sei.[28] So konnte zum einen bei ausbleibender Überzeugung der ungelehrten Leserschaft auf die zur Würdigung seines Werkes nötige Vorbildung verwiesen werden, und zum anderen konnten Gegenargumente gelehrter Provenienz durch Verweis auf ihre Zugehörigkeit zu Lehren zurückgewiesen werden, die ihren Ausgang nicht vom Wesen des Menschen nähmen. Es blieb allerdings in der Folge einer der bemerkenswerten Züge der Feuerbach'schen Reaktion auf die mit der Enttäuschung einhergehende argumentative Verunsicherung der junghegelianischen Aufklärer, dass er die Wahrung des Anspruchs, eine Argumentation zu führen, die jeden Menschen zu überzeugen in der Lage sei, mit der Abwertung der sich gegenüber der Feuerbach'schen kritischen Angriffe resistent zeigenden, zeitgenössischen Adressaten verband.

Diese Verbindung von postulierter argumentativer Überlegenheit und gleichzeitiger Abwertung der sich tatsächlich einstellenden, bzw. ausbleibenden Überzeugungserfolge brachte Feuerbach zu solchen Aussagen, wie sie in einem Brief an Ruge aus dem Juni 1843 überliefert sind, der wie die im vergangenen Kapitel zitierten Briefe von Marx und Ruge in den *Deutsch-französischen Jahrbüchern (DfrJb)* veröffentlicht

---

28 Im Zuge der Relativierung der Diskrepanz zwischen den eigenen und den Evidenzerfahrungen der Adressaten, für welche Feuerbach zwar auf den verständigen Gelehrten als eigentlichen Adressaten abhebt, erhebt er gleichsam den Anspruch, dass seine Schriften nicht nur für das Fachpublikum zugänglich seien – was natürlich eine Grundvoraussetzung jedes, auf Durchsetzung dringenden aufklärerischen Diskurses darstellt. Ludwig Feuerbach: Das Wesen des Christentums, 2., verm. Aufl., Leipzig 1843, LFGW, Bd. 5, S. 24: „Zwar habe ich von jeher nicht den Gelehrten, nicht den abstrakten und partikulären Fakultätsphilosophen, sondern den universellen Menschen mir zum Maßstab der wahren Lehr- und Schreibart genommen, überhaupt den Menschen – nicht diesen oder jenen Philosophen – als das Kriterium der Wahrheit betrachtet, von jeher die höchste Virtuosität des Philosophen in die Selbstverleugnung des Philosophen – darein gesetzt, daß er weder als Mensch noch als Schriftsteller den Philosophen zur Schau trägt, d. h. nur dem Wesen, aber nicht der Form nach, nur ein stiller, aber nicht lauter oder gar vorlauter Philosoph ist, und mir daher bei allen meinen Schriften, so auch bei dieser, die höchste Klarheit, Einfachheit und Bestimmtheit, die nur immer der Gegenstand erlaubt, zum Gesetz gemacht, so daß sie eigentlich jeder gebildete und denkende Mensch, wenigstens der Hauptsache nach, verstehen kann. Aber dessenungeachtet kann meine Schrift nur von dem Gelehrten – versteht sich nur von dem wahrheitsliebenden, urteilsfähigen, dem über die Gesinnungen und Vorurteile des gelehrten und ungelehrten Pöbels erhabnen Gelehrten – gewürdigt und vollständig verstanden werden; denn obwohl ein durchaus selbständiges Erzeugnis, ist sie doch zugleich nur eine notwendige Konsequenz der Geschichte."

wurde. Nach der resignierenden Verortung der Verantwortung für das Scheitern des aufklärerischen Diskurses bei seinen Adressaten[29] kam Feuerbach dort zu dem Schluss: „Wir kommen in Deutschland so bald auf keinen grünen Zweig. Es ist Alles in Grund und Boden hinein verdorben, das eine auf diese, das andre auf jene Weise. Neue Menschen brauchten wir."[30] Feuerbach nahm so zu der Überzeugung Zuflucht, dass die von ihm propagierte „neue" Philosophie zwar jeden vernunftbegabten Menschen, der sich nicht von religiösen Vorurteilen bestimmen ließe, überzeugen würde, dass die Existenz solcher Menschen aber der Zukunft angehöre. Feuerbach entschied sich also angesichts des Scheiterns zu einem ähnlichen Schritt, wie ihn später Marx und Engels mit der Hinwendung zum Proletariat unternehmen werden, und wahrte die Integrität seines kritischen Ansatzes und den Anspruch auf seine argumentative Überlegenheit durch die Postulierung eines erst in der Entstehung befindlichen Adressaten, der sich der Wahrheit des von Feuerbach Argumentierten nicht verschließen werde.

In besonderer Weise kommt diese Verlagerung der Überzeugungsleistung des „neuen" philosophisch-aufklärerischen Diskurses in die Zukunft in derjenigen Schrift zum Ausdruck, welche das eindrucksvollste Zeugnis der Feuerbach'schen Verarbeitung der Enttäuschung – bzw. der Sicherstellung seiner „neuen" Philosophie vor ihren Konsequenzen – bildet. Schon ihr Titel – *Grundsätze der Philosophie der Zukunft* – ist Index dieser Verlagerung, und das auf den 9. Juni 1843 datierte Vorwort motiviert seine Wahl folgendermaßen: „Grundsätze der Philosophie *der Zukunft* nannte ich sie deswegen, weil die Gegenwart im allgemeinen, als eine Zeit raffinierter Illusionen und vettelhafter Vorurteile, unfähig ist, *die einfachen Wahrheiten,* von welchen diese Grundsätze abstrahiert sind, eben wegen dieser ihrer Einfachheit zu kapieren, geschweige denn zu würdigen."[31] Im Einklang mit dem angeführten Zwiespalt zwischen postulierter universaler Überzeugung und Abwertung der tatsächlichen Reaktion der Rezipienten stellte er ferner fest: „Rein und wahrhaft menschlich zu denken, zu reden und handeln ist aber erst den kommenden Geschlechtern vergönnt. Gegenwärtig handelt es sich noch nicht darum, den Menschen *darzustellen*, sondern darum, ihn nur erst aus dem Morast, worein er versunken war, herauszuziehen."[32] Und

---

29 F[euerbach] an R[uge], Bruckberg, im Juni 1843, zitiert nach: MEGA² I/2, S. 485: „Der Untergang der deutschen Jahrbücher erinnert mich an den Untergang Polens. Die Anstrengungen weniger Menschen waren umsonst in dem allgemeinen Sumpf eines verfaulten Volkslebens."
30 Ebenda.
31 Ludwig Feuerbach: Grundsätze der Philosophie der Zukunft, Zürich und Winterthur 1843, LFGW, Bd. 9, S. 264. Es ist bemerkenswert, dass das Erscheinen dieser Schrift im Unterschied zu anderen Publikationen des Verlags des Literarischen Comptoirs in Zürich und Winterthur und etwa auch zur bei Wigand zeitgleich erscheinenden zweiten Auflage des *Wesens* nicht im *Börsenblatt des Deutschen Buchhandels* angezeigt wurde. Ob die Angst vor einem Verbot diese Entscheidung motivierte, muss Spekulation bleiben.
32 Ebenda, S. 264/265.

trotzig schloss er das Vorwort mit einer Verheißung, die wie eine Drohung anmutet und in welcher sich auch die Wut über die Ohnmacht und Impotenz des gescheiterten, philosophisch-aufklärerischen Diskurses Bahn brach: „Die Konsequenzen dieser Grundsätze werden nicht ausbleiben."[33]

Die mit dieser Verheißung, die aufgrund des von Feuerbach entworfenen, mehrere Jahrhunderte überspannenden, zeitlichen Erfüllungsrahmens kaum einer Enttäuschung – zumindest keiner empirisch verifizierbaren – fähig war, eingeleiteten *Grundsätze* sind trotz ihrer unmittelbaren zeitlichen Nähe zur Erfahrung des Scheiterns der hauptsächliche Beitrag Feuerbachs zur Reflexion der Bedingungen des Scheiterns und der Weiterentwicklung des klassisch-aufklärerischen Diskurses der junghegelianischen Aufklärung. In der Darstellung ihres für die verfolgte Fragestellung wesentlichen Gehalts wird sich zeigen, dass Feuerbach unter den Junghegelianern derjenige war, der sich von der Enttäuschung am wenigsten tangieren ließ und dessen Konsequenzen vergleichsweise gering ausfielen, was auch darin zum Ausdruck kommt, dass der überwiegende Teil der Positionierungen, welche Feuerbach in den *Grundsätzen* vornahm, bereits in den *Thesen* formuliert wurde. Die *Grundsätze* bildeten schließlich den maßgeblichen Referenzpunkt für die kritische Bezugnahme erst Stirners im *Einzigen* und schließlich auch Marx' und Engels' in den Manuskripten zur „Deutschen Ideologie".[34]

Die hauptsächliche Konsequenz, welche Feuerbach aus der Erfahrung des Scheiterns zog, war, wie bereits festgestellt, die Forderung nach einer dezidierten Entpolitisierung des aufklärerischen Diskurses. So kann es kaum überraschen, dass Feuerbach in der vermeintlich übermäßigen Politisierung der Kritik eine der zentralen Ursachen für das Scheitern des klassisch-aufklärerischen Diskurses erblickte – die verfrühte Ausweitung der Kritik der christlichen Religion und Theologie auf politische Gegenstände – und, in konsequenter Anwendung der im *Wesen* entwickelten Ontologie menschlicher Wesenskräfte, dieses Scheitern nicht auf einen Mangel an

---

33 Ebenda, S. 265.
34 Es versteht sich von selbst, dass die *Grundsätze* nicht den Abschluss der Feuerbach'schen Einsätze in die Debatte um die Weiterentwicklung des aufklärerischen Diskurses bilden. Von den Publikationen, welche Feuerbach nach den *Grundsätzen* realisierte, kann aber allenfalls noch der Schrift *Das Wesen des Glaubens im Sinne Luthers. Ein Beitrag zum „Wesen des Christentums"*, von der Auszüge, die mit großer Wahrscheinlichkeit von Marx ausgewählt wurden, zwischen August und Oktober 1844 im *Vorwärts. Pariser Deutsche Zeitung* erschienen, eine für diese Debatte relevante Wirkmächtigkeit beschieden werden. Für die Behandlung, die Feuerbach in Stirners *Einzigem* erfährt, gilt, dass die *Grundsätze* das letzte, von Stirner rezipierte Werk waren. (Für die sich an die im *Einzigen* an Feuerbach geübte Kritik geführte, anschließende öffentliche Auseinandersetzung zwischen Feuerbach und Stirner siehe unten, Kapitel 9, Abschnitt 1) Auch Marx und Engels haben sich in ihrer Auseinandersetzung mit Feuerbach im Wesentlichen auf die *Grundsätze* gestützt. Allerdings planten sie in die Kritik Feuerbachs im Rahmen der Manuskripte zur „Deutschen Ideologie" auch das 1846 publizierte *Wesen der Religion* einzubeziehen (siehe Engels an Marx, 19. August, 18. September und um den 18. Oktober 1846, MEGA² III/2, S. 27, 40 und 48).

den vom Herzen ausgehenden, republikanischen Leidenschaften, sondern auf die ungenügende, dem Kopf zuzurechnende Aufklärung des Verstandes zurückführte.[35] Mit dieser, die Notwendigkeit der Konzentration der kritischen Angriffe auf die weiterhin wirkmächtige, theologische Evidenzproduktion postulierenden Positionierung wurde Feuerbach zugleich einer der zentralen Bedingungen gerecht, welche die junghegelianische Aufklärung nach der Enttäuschung zu erfüllen hatte, denn das konstatierte Remedium für die Schwäche des klassisch-aufklärerischen Diskurses strukturierte auch die Erklärung, welche Feuerbach für sein Scheitern gab. Diese, bei Feuerbach noch vergleichsweise rudimentär ausgebildete Verquickung normativer und explikativer Perspektiven bildete eine Gemeinsamkeit bei allen, ansonsten stark differierenden Ansätzen der späten Phase der deutschen vormärzlichen Aufklärung, und sie wird im Falle der Bauer'schen, Stirner'schen und Marx-Engels'schen Weiterentwicklungen des aufklärerischen Diskurses noch zu verfolgen sein. Nach der Enttäuschung musste der modifizierte aufklärerische Diskurs stets auch Gründe für das Scheitern seiner ursprünglichen Form liefern.

Dass zwischen der Abfassung der *Thesen* und der *Grundsätze* immerhin anderthalb ereignisreiche Jahre lagen, zeigt sich darin, dass der zentrale Zug der Feuerbach'schen Religionskritik – die anthropologische Reduktion der Religion auf die *conditio humana* – zwar auch den Auftakt der *Grundsätze* bildet, er nunmehr aber nicht mehr im Präsens, sondern im Imperfekt, als bereits eingetretene Entwicklung formuliert wurde.[36] Die so konstatierte Abgeschlossenheit der Religionskritik, deren allgemeine Verbreitung aber, wie ausgeführt, durchaus noch einige Jahrhunderte in Anspruch nehmen konnte, befreite Feuerbach von der Notwendigkeit ihrer erneuten Extrapolation und gestattete ihm die Konzentration auf die Entwicklung und Konturierung seiner „neuen" Philosophie. Besonderen Platz nahm in dieser Entwicklung nunmehr die Abgrenzung von der Hegel'schen Philosophie und die Verortung der letzteren in einer auf die eigene, „neue" Philosophie zusteuernden Geschichte der Philosophie ein. So leugnete Feuerbach zwar nicht die Notwendigkeit eines historischen Durchgangs durch die Hegel'sche Philosophie, sah ihre Bedeutung für die Gegenwart aber in dieser historischen Etappe erschöpft.[37] Die intime Verbindung von Hegel'scher Philosophie und christlicher Theologie, welche, wie oben ausgeführt,

---

35 Ludwig Feuerbach: Grundsätze der Philosophie der Zukunft, Zürich und Winterthur 1843, LFGW, Bd. 9, S. 292/293: „Der Kopf, weil er die Dinge am gründlichsten nimmt, wird auch am spätesten frei. Die theoretische Freiheit ist, wenigstens in vielen Dingen, die letzte Freiheit. Wie viele sind Republikaner von Herzen, von Gesinnung, aber im Kopfe können sie nicht über die Monarchie hinaus; ihr republikanisches Herz scheitert an den Einwürfen und Schwierigkeiten, welche der Verstand macht."
36 Ebenda, S. 265: „Die Aufgabe der neueren Zeit war die Verwirklichung und Vermenschlichung Gottes – die *Verwandlung* und Auflösung der Theologie in die Anthropologie."
37 Ebenda, S. 295: „Die *Vollendung* der neueren Philosophie ist die *Hegel*sche Philosophie. Die *historische Notwendigkeit* und *Rechtfertigung* der neueren Philosophie knüpft sich daher hauptsächlich an die *Kritik Hegels*."

zwar die geschwächte theologische Evidenz durch ihre Anbindung an philosophische Evidenzen hatte stützen wollen, damit aber durchaus eine Unterordnung der ersteren unter die letzteren bedingte und die theologische Evidenz in ein Abhängigkeitsverhältnis gegenüber der philosophischen setzte, wurde nun als theologische Vereinnahmung einer bereits von der Religion emanzipierten Philosophie gedeutet,[38] und dieser Hegel'schen Operation zwar auch fortschrittliche, aber vor allem retardierende Konsequenzen für die Orientierung des Menschen in seiner Umwelt beschieden.[39]

Diesem Leitfaden einer durch die Kritik der Hegel'schen Philosophie von der theologischen Verunreinigung zu reinigenden Philosophie blieb Feuerbach dann im Laufe der *Grundsätze* treu und nutzte die theologische Indexierung von Instrumenten klassischer philosophischer Evidenzproduktion, um die im Rahmen seiner „neuen" Philosophie angestrebte Verbindung philosophischer und sensualistischer Evidenzproduktion – etwa durch die Priorisierung aposteriorischen, empirischen Wissens gegenüber apriorischem, spekulativem[40] – gegenüber der vorherrschenden Verbindung von philosophischer und theologischer Evidenzproduktion zu stärken. Der bereits wiederholt dargestellte Versuch Feuerbachs, der von ihm vertretenen Variante des aufklärerischen Diskurses durch den Rekurs auf eine sensualistische Evidenz sinnlicher Gewissheit einen entscheidenden Gewinn an Überzeugungskraft zu bescheren, wurde von ihm dabei so weit getrieben, dass die ursprünglich nur zur Stützung der von ihm produzierten philosophischen Evidenz gelingender Begriffsentwicklung in Anspruch genommene sensualistische Evidenz eine nunmehr zumindest gleichrangige Funktion erhielt.[41] Mit dieser, bis zur Konstatierung ihrer Gleichwertigkeit fortschreitenden Aufwertung einer nichtphilosophischen Form von Evidenz als Instrument für die Überzeugung der Adressaten des aufklärerischen Diskurses ging Feuerbach – um ein bekanntes Diktum zu variieren – soweit, wie ein Philosoph überhaupt gehen konnte, ohne aufzuhören, Philosoph zu sein. Den vollständigen Verzicht auf die philosophische Evidenz gelingender Begriffsentwicklung als zentralem Instrument der Überzeugung und die damit einhergehende Fortführung des aufkläreri-

---

38 Ebenda, S. 294: „Die neuere Philosophie ist von der Theologie ausgegangen – sie ist selbst nichts anderes als die in Philosophie aufgelöste und verwandelte Theologie." und S. 297: „Die Hegelsche Philosophie ist der letzte großartige Versuch, das verlorene, untergegangene Christentum durch die Philosophie wiederherzustellen, und zwar dadurch, daß, wie überhaupt in der neuern Zeit, die *Negation* des Christentums *mit dem Christentum selbst identifiziert* wird."

39 Ebenda, S. 303: „Die absolute Philosophie hat uns wohl das *Jenseits der Theologie* zum *Diesseits* gemacht, aber dafür hat sie uns das *Diesseits der wirklichen Welt* zum *Jenseits* gemacht."

40 Ebenda, S. 278: „Der Unterschied zwischen dem *Wissen* oder dem *Denken Gottes*, welches *als Urbild* den Dingen *vorausgeht*, sie *schafft*, und dem *Wissen des Menschen*, welches den Dingen *nachfolgt als Abbild* derselben, ist nichts anderes als der *Unterschied* zwischen dem *apriorischen* oder *spekulativen* und dem *aposteriorischen oder empirischen Wissen*."

41 Ebenda, S. 316: „Nur durch die *Sinne* wird ein *Gegenstand* im wahren Sinne gegeben – nicht durch das Denken *für sich selbst*. Das mit dem *Denken gegebne* oder *identische Objekt* ist *nur Gedanke*. Wo *kein Sinn*, ist kein Wesen, kein *wirklicher Gegenstand*."

schen Diskurses als einem nichtphilosophischen sollten dann allerdings erst Stirner und, mit gewissen Einschränkungen, Marx und Engels vornehmen.

Dass sich Feuerbach trotz der konstatierten Fortführung des aufklärerischen Diskurses innerhalb eines philosophischen Rahmens der besonderen Problematik bewusst war, welcher sich sämtliche Versuche der Weiterentwicklung des aufklärerischen Diskurses stellen mussten – die Steigerung seiner Überzeugungskraft durch das Erschließen alternativer Weisen der Produktion von Evidenz –, zeigt folgende längere Passage:

> Die neuere Philosophie suchte etwas *unmittelbar Gewisses*. Sie verwarf daher das *grund- und bodenlose* Denken der Scholastik, gründete die Philosophie auf das *Selbstbewußtsein*, d. h., sie setzte an die Stelle des *nur gedachten* Wesens, an die Stelle Gottes, des obersten, letzten Wesens der scholastischen Philosophie – das *denkende* Wesen, *das Ich*, den *selbstbewußten Geist*; denn das Denkende ist dem Denkenden *unendlich näher, gegenwärtiger, gewisser* als *das Gedachte*. Bezweifelbar ist die Existenz Gottes, bezweifelbar überhaupt das, was ich denke; aber unbezweifelbar ist, daß ich bin, ich, der ich denke, der ich zweifle. Allein das Selbstbewußtsein der neuern Philosophie ist selbst *wieder nur ein gedachtes, durch Abstraktion vermitteltes*, also *bezweifelbares Wesen*. Unbezweifelbar, unmittelbar gewiß ist nur, was *Objekt des Sinns, der Anschauung, der Empfindung* ist. *Wahr* und *göttlich* ist nur, was *keines Beweises bedarf, was unmittelbar durch sich selbst gewiß ist, unmittelbar für sich spricht und einnimmt,* unmittelbar die Affirmation, daß es ist, nach sich zieht – das *schlechthin Entschiedene, schlechthin Unzweifelhafte, das Sonnenklare*. Aber sonnenklar ist nur das Sinnliche; nur wo die *Sinnlichkeit anfängt, hört aller Zweifel und Streit auf*. Das Geheimnis des *unmittelbaren* Wissens ist die *Sinnlichkeit*.[42]

Aus dieser Passage geht eindeutig hervor, welche Funktion Feuerbach dem Rekurs auf die sensualistische Evidenz sinnlicher Gewissheit zugedachte. Im Zuge des Versuchs, der mit der Enttäuschung offenkundig gewordenen Schwäche der Überzeugungskraft des aufklärerischen Diskurses Abhilfe zu schaffen, verband sich für Feuerbach der selbst erfahrene Makel einer nur begrenzt überzeugenden Hegel'schen Philosophie – die zwar in der Suche nach dem „unmittelbar Gewissen" einige Erfolge hatte verbuchen können, letztlich jedoch aufgrund ihres nur instrumentellen Verhältnisses zu diesem „unmittelbar Gewissen", seiner Inanspruchnahme zur Stützung nichtphilosophischer Evidenzen, in einem gewissen Abstand verharren musste – mit dem am Verhalten der Adressaten sich zeigenden Makel einer nur begrenzt überzeugenden Aufklärung. Die Sinnlichkeit und die ihr entsprechende Evidenz sinnlicher Gewissheit schienen für Feuerbach die vielversprechendsten Kandidaten zur Behebung dieser beiden Makel.

Dass diese Verbindung von philosophischer und sensualistischer Evidenzproduktion jedoch unter der Hoheit der ersten vorgenommen wurde und dass Feuerbach die scheinbar voraussetzungslose Sinnlichkeit vor allem zur Unterfütterung einer weiterhin philosophisch gesteuerten Erkenntnisleistung zu nutzen beabsichtigte,

---

42 Ebenda, S. 320/321.

zeigt die nach der soeben zitierten Passage ausgesprochene Ablehnung eines unmittelbaren Bezugs auf sinnliche Erfahrungen, eines Bezugs, welcher quasi selbstständig zur Konvergenz der individuellen sinnlichen Erfahrungen führen würde: „Das *Sinnliche* ist *nicht* das *Unmittelbare in dem Sinne*, daß es das *Profane*, das *auf platter Hand Liegende*, das *Gedankenlose*, das *sich von selbst Verstehende* sei. Die unmittelbare, sinnliche Anschauung ist vielmehr *später* als die Vorstellung und Phantasie. Die *erste* Anschauung des Menschen ist selber nur die *Anschauung der Vorstellung und Phantasie*. Die Aufgabe der Philosophie, der Wissenschaft überhaupt besteht daher *nicht* darin, von den *sinnlichen*, d. i. wirklichen, Dingen *weg*, sondern *zu ihnen hin zu kommen* – nicht darin, die *Gegenstände* in *Gedanken* und *Vorstellungen* zu verwandeln, sondern darin, das den *gemeinen Augen Unsichtbare sichtbar*, d. i. *gegenständlich*, zu machen."[43] Auch für die von Feuerbach postulierte „Natürlichkeit" eines über die Sinne vermittelten Zugangs zur Welt, einer Natürlichkeit, die Feuerbach als weiteren argumentativen Hebel im Kampf mit Theologie und Hegel'scher Philosophie einsetzte, galt, dass sie Ergebnis eines Bildungsprozesses ist. Feuerbach blieb so bei einem Verständnis von Aufklärung, das die letztere auf die Vermittlung erlangten Wissens oder, der Sprache der Zeit angemessener, auf die den Aufklärern zufallende (Neu-)Bestimmung eines noch nicht aufgeklärten Bewusstseins vermittelst der Konfrontation der Bewusstseinsträger mit den argumentativ überlegenen Wahrheiten einer philosophischen Evidenzproduktion festlegte und die bereits im klassisch-aufklärerischen Diskurs angelegte Hierarchie zwischen Aufklärern und Aufzuklärenden wahrte. Es zeigt sich somit, dass Feuerbach auch nach dem Scheitern des klassisch-aufklärerischen Diskurses an dem ihn fundierenden bewusstseinszentrierten Modell gesellschaftlicher Veränderung festhielt.

Welche zusätzliche Kraft sich Feuerbach von der Verbindung von sensualistischer Philosophie und empirischen Naturwissenschaften auch und gerade gegenüber der unverändert das Ziel seiner kritischen Angriffe bildenden theologischen Evidenzproduktion versprach, erhellt aus der Überzeugung, dass eine solcherart strukturierte, „neue" Philosophie auf der bereits weitgehend etablierten Emanzipation der Naturwissenschaften von theologischer Gängelung aufbauen könne: „Die Aufgabe der neueren Philosophie war daher keine andere, als das *pathologische Urteil des Empirismus, daß es mit der Theologie nichts sei*, zu einem *theoretischen, objektiven Urteil* zu erheben – die indirekte, unbewußte, negative Negation der Theologie in eine direkte, positive, bewußte Negation zu verwandeln."[44] Der argumentative Mehrwert eines philosophisch-aufklärerischen Diskurses, der auf dem bereits errungenen Sieg einer empirisch-naturwissenschaftlichen Bestimmung des Bestehenden gegenüber seiner theologischen Bestimmung aufbauen konnte, würde, so Feuerbach, Rechnung

---

43 Ebenda, S. 325/326.
44 Ebenda, S. 288.

tragen, dass der „neue" philosophisch-aufklärerische Diskurs nicht das Schicksal seines gescheiterten Vorgängers teilen würde.

Die Beantwortung der Frage nach dem Erfolg des Feuerbach'schen Unterfangens liegt, nicht zuletzt vor dem Hintergrund des von ihm selbst gesteckten Rahmens einer auf Jahrhunderte gestreckten Verwirklichung, außerhalb des Problemhorizonts dieser Untersuchung. Für letzteren dagegen von entscheidender Bedeutung sind zwei Festlegungen Feuerbachs, welchen für die Stirner'sche und Marx-Engels'sche Weiterentwicklung des aufklärerischen Diskurses eine große Wirkmächtigkeit beschieden werden kann. Für diese beiden Stränge der Fortführung der junghegelianischen Debatte war zum einen bedeutsam, dass Feuerbach eine, wenn man so will, realistische „Erdung" des junghegelianisch-aufklärerischen Diskurses vornahm, an welche Marx und Engels, bei aller Kritik an Feuerbach, bis hin zur Entwicklung der „materialistischen Geschichtsauffassung" in den Manuskripten zur „Deutschen Ideologie" anknüpfen sollten: „Die *Dinge* dürfen *nicht anders gedacht* werden, als wie sie in der *Wirklichkeit vorkommen*. Was *in der Wirklichkeit getrennt* ist, soll auch *im Gedanken nicht identisch sein*. Die *Ausnahme* des Denkens, der Idee – der Intellektualwelt bei den Neuplatonikern – von den *Gesetzen der Wirklichkeit* ist das *Privilegium theologischer Willkür*. Die *Gesetze der Wirklichkeit* sind auch *Gesetze des Denkens*."⁴⁵ Diese Verschiebung der Aufmerksamkeit auf die, allererst zu leistende, Erkenntnis einer Wirklichkeit, wie sie unabhängig von den Versuchen ihrer Veränderung sich darstellt, und ihre Beschreibung in einem, wenn auch noch auf die individuelle Erfahrungswelt begrenzten, empirischen Vokabular ist sicher eine der folgenreichsten Weichenstellungen, welche Feuerbach für die Weiterentwicklung des aufklärerischen Diskurses nach der Enttäuschung von 1842/43, die nicht zuletzt als Konsequenz einer fehlgehenden Beschreibung des zu Verändernden gesehen werden konnte, vorgenommen hat.

Die andere, für die Stirner'sche Beschäftigung mit dem Problem der Etablierung eines nicht an der Überzeugung seiner Adressaten scheiternden aufklärerischen Diskurses folgenreiche Festlegung Feuerbachs ist in dem Anspruch zu sehen, seine „neue" Philosophie widerlege nicht nur die christliche Religion, sondern sie sei selbst Religion: „Die alte Philosophie hat eine *doppelte Wahrheit* – die Wahrheit *für sich selbst*, die sich nicht um den Menschen bekümmerte – *die Philosophie* –, und die Wahrheit *für den Menschen* – *die Religion*. Die neue Philosophie dagegen, als die Philosophie des Menschen, ist auch wesentlich die *Philosophie für den Menschen* – sie hat, unbeschadet der Würde und Selbständigkeit der Theorie, ja, im innigsten Einklang mit derselben, wesentlich eine *praktische*, und zwar im höchsten Sinne praktische, Tendenz; sie tritt an die Stelle der Religion, sie hat das *Wesen* der Religion in sich, sie ist in Wahrheit *selbst Religion*."⁴⁶ Intendierte Feuerbach mit diesem An-

---

45 Ebenda, S. 329.
46 Ebenda, S. 340.

spruch auch eine umso gründlichere Ersetzung der religiösen Bestimmtheit des Bewusstseins durch eine philosophische, die eben nicht nur argumentativ überlegen sei und den Menschen aus der Gefangenschaft seiner religiösen Vorurteile befreie, sondern die darüber hinaus in der Lage sei, sämtliche Bedürfnisse zu befriedigen, auf welche der Mensch mit der religiösen Entäußerung seines Wesens reagiert habe, so gab dieser Anspruch für Stirner den Anstoß, eine Variante des aufklärerischen Diskurses zu konzipieren, die nicht mehr nur auf die Emanzipation des Individuums von religiöser Gängelung abzielte, sondern das Individuum gleichfalls von den Imperativen einer philosophischen Bewusstseinsbestimmung zu befreien suchte, die also sowohl religiöse, als auch philosophische Bestimmung unter der gemeinsamen Rubrik einer durch Aufklärung zu beendenden Fremdbestimmung des Individuums ins Auge fasste.

Feuerbachs Reaktion auf diese Konsequenz Stirners wird anlässlich der Darstellung der Gründe für die besondere Aufmerksamkeit, welche Marx und Engels dem Ansatz Stirners widmeten, noch einmal interessieren. Augenblicklich gilt es jedoch, den Beitrag Feuerbachs zur nach der Enttäuschung von 1842/43 einsetzenden Reflexion der Bedingungen eines gelingenden aufklärerischen Diskurses zu bilanzieren. Wie gezeigt wurde, sah Feuerbach seine „neue" Philosophie von den Ereignissen des Jahreswechsels 1842/43 nur begrenzt tangiert. Der geringe Anteil, den Feuerbach an der politischen Publizistik des Jahres 1842 genommen hatte, und die Verzögerung der Rezeption seiner *Thesen* bestärkten ihn in der Annahme, dass sich seine Variante des aufklärerischen Diskurses im Laufe der Zeit schon durchsetzen werde, dass die Zukunft das wahre Ausmaß der Überzeugungskraft der „neuen" Philosophie schon an den Tag bringen werde. Was zur Beschleunigung dieses Erfolges getan werden konnte, beschränkte sich auf den Verzicht der vorzeitigen Ausweitung der kritischen Angriffe auf genuin politische Gegenstände – der zentrale Fehler des Jahres 1842. Not tue vielmehr eine dezidierte Entpolitisierung und Konzentration der aufklärerischen Angriffe auf die in ihrer Herrschaft über die Bestimmung des Bewusstseins kaum getroffene theologische Evidenzproduktion. Der nur geringe Veränderungsdruck, welchen Feuerbach nach der Enttäuschung konzessionierte, beschränkte sich auf eine noch stärkere Gewichtung seiner bereits im *Wesen des Christenthums* zur Anwendung gebrachten sensualistischen Evidenzproduktion, und die Geringfügigkeit dieser Konzession ermöglichte es Feuerbach, das emanzipatorische Projekt der junghegelianischen Aufklärung weiterhin vor dem Hintergrund der interpretativen Folie des bewusstseinszentrierten Modells gesellschaftlicher Veränderung fortzuführen. So konnte Feuerbach noch am 20. Juni 1843 gegenüber Ruge die Verfehltheit eines „auffallenden" Unternehmens wie den *DfrJb* behaupten und die „Stille" als das zu präferierende Medium aufklärerischer Kritik empfehlen.[47] Im Übrigen kristallisierte sich die Feuerbach'sche Verarbeitung der Enttäuschung in der Konstatierung einer stra-

---

47 Feuerbach an Ruge, 20. Juni 1843, LFGW, Bd. 18, S. 272.

tegischen Maxime, deren Validität bereits zu Beginn der junghegelianischen Aufklärung kaum hätte bestritten werden können: „Dazu müssen wir es noch bringen, nicht daß wir dozieren, sondern daß nach uns doziert wird".[48]

3.2 Bruno Bauers Dichotomie von „Kritik und Masse"

Lässt sich für Feuerbach konstatieren, dass sich die Enttäuschung von 1842/43 vor allem in einem Aufschub des Zutagetretens der unvermindert postulierten Überzeugungskraft einer in ihren wesentlichen Zügen bereits längere Zeit konturierten, „neuen" Philosophie und im Verschweigen der von ihr transportierten politischen Konsequenzen niederschlug, dass sich Feuerbach vom Scheitern der klassischen Form des aufklärerischen Diskurses insofern vergleichsweise unbeeindruckt zeigte, so gilt im Falle Bauers das Gegenteil. Nicht nur hatte Bauer sein persönliches Schicksal durch die Entscheidung für die rücksichtslose Eskalation in der Auseinandersetzung um den Entzug seiner Lehrbefugnis mit dem allgemeinen Schicksal der oppositionellen Bewegung des Jahres 1842 verknüpft, auch hatte Bauer im Laufe dieses Jahres im Verein mit den Berliner „Freien" nicht nur die radikalste Variante der junghegelianischen Aufklärung vertreten, sondern, wie unzählige briefliche Äußerungen belegen,[49] auch die größten Erwartungen bezüglich eines bevorstehenden radikalen Umsturzes der preußischen Verhältnisse gehegt. Für kaum einen anderen Junghegelianer muss die Enttäuschung über die völlige Passivität des erhofften Trägers einer deutschen revolutionären Erhebung so gravierend gewesen sein, wie für Bauer. Und es wird sich in der folgenden Darstellung zeigen, dass Bauer diese Radikalität auch in den aus dieser Enttäuschung gezogenen Konsequenzen zu wahren wusste.

Stellt sich die Frage nach den Spezifika der Bauer'schen Verarbeitung der Enttäuschung, so gilt als erstes festzuhalten, dass Bauer seine publizistische Tätigkeit bis auf wenige, verhältnismäßig kurz nach der Enttäuschung erschienene Schriften auf Charlottenburg bei Berlin konzentrierte. Im Zuge der sich für alle Protagonisten der junghegelianischen Debatte nach dem Verlust ihrer etablierten Publikationsorgane stellenden Aufgabe der Erschließung neuer Möglichkeiten der Veröffentlichung ihrer Schriften entschied Bauer sich dafür, seine Schriften im neugegründeten Verlag seines Bruders Egbert Bauer in Charlottenburg, also direkt unter den Augen der preußischen Zensur, zu veröffentlichen. Die Gründe, die Bauer zu diesem im Kreis der Junghegelianer singulären Akt bewogen haben, müssen vielfältig gewesen sein und sind aus heutiger Perspektive kaum mehr erschöpfend zu klären. So mag sicher eine gewisse, trotzige Selbstbehauptung, eine Weigerung, sich wie etwa Marx und Ruge

---

[48] Ebenda, S. 273.
[49] Siehe oben, Kapitel 2, Abschnitt 3.

von den repressiven Maßnahmen der preußischen Regierung ins Exil vertreiben zu lassen, eine Rolle gespielt haben. Nicht vernachlässigt werden darf außerdem der Sachverhalt, dass Bauer in Charlottenburg den familiären Rückhalt seiner beiden Brüder Edgar und Egbert sowie seiner Mutter genoss, was den Druck der finanziellen Verhältnisse des auf die Einnahmen aus seiner schriftstellerischen Tätigkeit Zurückgeworfenen erleichtert haben dürfte. Schließlich lassen sich auch inhaltliche Gründe anführen, ging Bauer doch, wie noch zu zeigen sein wird, im Zuge seiner Verarbeitung der Enttäuschung dazu über, sich von dem Ziel einer durch die junghegelianische Aufklärung zu erweckenden und zu steuernden Massenbewegung wider die bestehenden Verhältnisse zu distanzieren, eine Distanznahme, welche nicht zuletzt durch die geographische Verortung zum Ausdruck gebracht werden konnte.

Ein weiteres Spezifikum der Bauer'schen Verarbeitung der Enttäuschung ist darin zu sehen, dass Bauer nach dem Scheitern des klassisch-aufklärerischen Diskurses eine intensive Überarbeitung der eigenen Positionen unternahm. Es wurde schon anlässlich der Behandlung Feuerbachs festgehalten, dass der Bauer'sche Versuch einer Vereinnahmung Hegels für die junghegelianische Sache seine Variante der junghegelianischen Aufklärung einem weit größeren Veränderungsdruck aussetzte als es beim für das Ausschlagen des Hegel'schen Erbes plädierenden Feuerbach der Fall gewesen war. Das eingetretene Scheitern des klassisch-aufklärerischen Diskurses legte den Schluss nahe, dass die staatstragende Komponente der Hegel'schen Philosophie so mächtig war, dass jeder Versuch, ausgehend von Hegel für die Veränderung der bestehenden Verhältnisse zu streiten, zum Scheitern verurteilt sein musste. Bauer zumindest unterließ in der Folge jeden weiteren Versuch, unter direkter Anrufung Hegels für den gesellschaftlichen Fortschritt zu argumentieren.

Darüber hinaus unterscheidet sich Bauer von den anderen Junghegelianern durch das besondere Ausmaß seiner Enttäuschung, welches sich unter anderem darin zeigt, dass er im Zuge der Überarbeitung seiner früheren Positionen einen Ansatz entwickelte, welcher, in weit stärkerem Maße als dies bei Feuerbach geschehen war, die ausbleibende Überzeugung der Adressaten des aufklärerischen Diskurses nachgerade zu einem Moment der Bestätigung des eigenen Ansatzes erhob. Die von Bauer zunehmend feiner ausgearbeitete Dichotomie von „Kritik" und „Masse" mit den in aufklärerischen Kontexten unüblichen Zuschreibungen von retardierenden und vorantreibenden Momenten zeigt einen zutiefst verunsicherten Aufklärer, der, dies durchaus eine Gemeinsamkeit mit Stirner, dazu überging, nur noch den eigenen Evidenzerfahrungen zu vertrauen.

Doch den Anfang der Bauer'schen Verarbeitung der Enttäuschung und seiner Weiterentwicklung des aufklärerischen Diskurses bildete ein Werk, das die bereits vor der Enttäuschung beginnende Absetzung Bauers von bestimmten Trägerschichten der oppositionellen Bewegung des Jahres 1842 bezeugt. Bauers Beschäftigung mit der Judenfrage, unter welcher im damaligen Kontext die schon seit einiger Zeit debattierte Frage verstanden wurde, in welchem Ausmaß den Juden als Teil ihrer Eingliederung in die sich verstärkt auf ihr christliches Erbe besinnenden, reaktionären Staaten besondere Korporationsrechte zuerkannt werden konnten,[50] begann noch Ende 1842 und fand ihren ersten Niederschlag in der Veröffentlichung der ersten fünf Kapitel in den letzten Nummern von Ruges *DJb*.[51] Zwar lässt sich nicht bestreiten, dass die Frage der Behandlung der Juden in einem von seinen christlichen Wurzeln emanzipierten Vernunftstaat, wie er die Zielvorstellung der junghegelianischen Aufklärung vor der Enttäuschung abgab, auch vor dem Hintergrund theoretischer Konsequenz zu rechtfertigen war – und unter diesem Blickwinkel betrieb Bauer seine Erörterung dieser Frage –, doch ist es wohl mehr als ein bloßer Zufall, dass diese Beschäftigung von Bauer just zu einem Zeitpunkt forciert wurde, als der von ihm vertretenen, radikalen Variante junghegelianischer Aufklärung die Spalten der *RhZ*, an deren Herausgabe zu einem beträchtlichen Teil Juden oder konvertierte Juden beteiligt waren,[52] nicht mehr offen standen.

In der Artikelfolge sowie in der dann im Februar 1843 in Braunschweig erschienenen, um ein Kapitel erweiterten eigenständigen Publikation *Die Judenfrage*[53] brachte Bauer in Bezug auf die Kritik der aufklärerischen Forderung nach einer Emanzipation der Juden eine gedankliche Figur zur Anwendung, welche für die Bauer'sche Weiterentwicklung des aufklärerischen Diskurses eine große Bedeutung erlangen sollte. So vertrat Bauer die Ansicht, dass die Juden, um legitimer Weise ihre Emanzipation fordern zu können, sich im gleichen Zuge von ihrem Judentum zu emanzipieren hätten, ganz so, wie die Christen sich von ihrem Christentum zu emanzipieren hätten, um ihre Freiheit in einem nicht mehr christlichen, sondern menschlichen Staat erlangen zu können.[54] Bauer begann hier die Entwicklung einer argumentativen Strategie, welche in der Folge ihrer zunehmenden Verfeinerung einen immer größeren Teil der kritischen Energie auf die Kritik der intendierten Profiteure

---

50 Vgl. die Kabinettsorder vom 13. Dezember 1841, in welcher der Plan entwickelt wurde, die preußischen Juden in eigenen Gemeinden zusammenzufassen, deren Strukturen parallel zu den christlichen gehalten werden sollten.
51 Bruno Bauer: Die Juden-Frage, in: Deutsche Jahrbücher, Jg. 1842, Nr. 274-282 vom 17.-26. November, S. 1093-1126.
52 Die rege Beteiligung von Juden oder konvertierten Kuden an der *RhZ* wird in verschiedenen Konfidentenberichten thematisiert. Vgl. etwa den Bericht des Konfidenten Ebner vom April 1842, der sogar eine enge Verbindung von Hegelianern und Juden behauptet, Adler, Bd. 1, S. 140: „Die Tendenz der ‚Rheinischen Zeitung' ist offenbar destruktiver Art. Die an ihrer Spitze stehenden Hegelianer, getaufte und ungetaufte Juden, ..."
53 Ihr Erscheinen wurde im *Börsenblatt für den Deutschen Buchhandel*, 10. Jg. (1843), Nr. 12 vom 10. Februar, angezeigt.
54 Bruno Bauer: Die Judenfrage, Braunschweig 1843. Die antisemitische Komponente einer Schrift, welche die Emanzipation der Juden aufgrund ihrer vermeintlichen Rückständigkeit gegenüber den auf einer höheren geschichtlichen Stufe stehenden Christen als ungleich schwerer kennzeichnet und die Juden zur quasi-natürlichen Inkarnation eines mit dem Ständestaat zu beseitigenden Prinzips der Privilegierung von Minderheiten erklärt, kann bei diesem Schriftsteller, der in seinem weiteren Werdegang noch einen weitaus unverhohleneren Antisemitismus vertreten sollte, an dieser Stelle außer Acht gelassen werden.

emanzipativer Projekte verwandte. War diese Strategie einer Kennzeichnung von die Emanzipation behindernden Defiziten der zu emanzipierenden, wie beschrieben, zu Beginn wohl auch einer gewissen Invektive gegen die Herausgeber und Redakteure der *RhZ* geschuldet, so sollte sie sich im Zuge des Ausschlusses der junghegelianischen Stimmen aus der deutschen Öffentlichkeit auch zur Verarbeitung der Enttäuschung über die ausgebliebene Erhebung der Adressaten des aufklärerischen Diskurses eignen.

Vor dem Hintergrund dieser Untersuchung von größerem Gewicht als die Behandlung der Judenfrage, welche Bauer noch in den *21 Bogen aus der Schweiz* und in der von ihm herausgegebenen *Allgemeinen Literatur-Zeitung (ALZ)* fortführen und welche schließlich den Anlass und Auftakt der polemischen, Marx'schen Angriffe auf Bauer bilden sollte, ist eine Schrift, die wie die Feuerbach'schen *Thesen* und die Marx'schen *Bemerkungen* in den Strudel der Ereignisse der um sich greifenden zensorischen Repression geriet. Es ist ein Zeichen, das durchaus auf eine gewisse Sonderstellung Bauers unter den Protagonisten der junghegelianischen Debatte schließen lässt, dass es seinem noch um den Jahreswechsel 1842/43 verfassten Werk *Das entdeckte Christenthum*, dessen Vorrede auf den 3. Februar 1843 datiert,[55] trotz der von ihm ergriffenen Vorsichtsmaßnahmen verwehrt blieb, einen nennenswerten Einfluss auf die deutsche Öffentlichkeit zu entfalten. Zwar hatte Bauer in Voraussicht des Missfallens, welches seine Schrift bei den Obrigkeiten hervorrufen würde,[56] mit dem Fröbel'schen Verlag des literarischen Comptoirs in Zürich und Winterthur denjenigen Verlag gewählt, welcher sich unter den Junghegelianern als der Verlag der Wahl für die Veröffentlichung zensurwidriger Schriften einen Namen gemacht hatte – so erschienen dort etwa die von Ruge herausgegebenen *Anekdota* und Feuerbachs *Grundsätze*. Bauer hatte jedoch nicht vorausahnen können, dass sein Werk zum Spielball einer seit dem „Straußenputsch" von 1839 geführten Auseinandersetzung zwischen einem liberal-konservativen Lager um Johann Caspar Bluntschli und dem radikalen um Julius Fröbel werden sollte. Nachdem am 8. Juni 1843 bereits Wilhelm Weitlings Schrift *Das Evangelium eines armen Sünders* beschlagnahmt worden war, führte eine für die schweizer Verhältnisse bis dahin vollkommen unübliche Anwendung der Gesetze gegen Religionsstörung am 19. Juli 1843 zur Beschlagnahme nahezu der gesamten, zur Versendung bereit liegenden Ausgabe des *Entdeckten Christen-*

---

55 Bruno Bauer: Das entdeckte Christenthum. Eine Erinnerung an das achtzehnte Jahrhundert und ein Beitrag zur Krisis des neunzehnten. Zürich und Winterthur 1843 (Ernst Barnikol: Das entdeckte Christentum im Vormärz. Bruno Bauers Kampf gegen Religion und Christentum und Erstausgabe seiner Kampfschrift, 2., wesentl. erw. Aufl., bes. v. Ralf Ott, Aalen 1989, S. 194). Siehe zum Folgenden auch oben, Kapitel 1, Abschnitt 4.

56 So äußerte er, wie bereits angeführt wurde, hellsichtig in der Vorrede, ebenda: „Ob es meiner Arbeit möglich sein wird, unter den jetzigen Umständen, die ihre Abschließung in diesem Augenblicke bestimmt haben, ans Licht zu treten, weiß ich nicht. Welches ihr Schicksal vor der Inquisition sein wird, falls sie wirklich erscheint, läßt sich auch nicht vorher sagen."

thums durch die Zürcher Staatsanwaltschaft.[57] Bis auf etwa 100 Exemplare,[58] von denen einzelne Marx, Engels und wohl auch Stirner erreichten,[59] gelangte *Das entdeckte Christenthum* nicht in die öffentliche Zirkulation.

Auch wenn diesem Bauer'schen Werk über die Rezeption durch die ehemaligen Mitstreiter hinaus keine breite Wirkmächtigkeit beschieden war, so ist es im Rahmen dieser Untersuchung dennoch von einigem Interesse, denn in ihm unternimmt Bauer vor dem Hintergrund der bereits intensiv betriebenen Verbotspolitik der preußischen Regierung noch einen letzten, fast schon verzweifelten Versuch, die theologische Kontrolle der zustandsrelevanten Bewusstseinsträger mit dem Instrumentarium des klassisch-aufklärerischen Diskurses zu brechen. Bauer schrieb diesen Text unter Einfluss der Lektüre der französischen Materialisten des 18. Jahrhunderts und verband mit dieser Schrift zugleich die Absicht, den deutschen Aufklärer Johann Christian Edelmann, dessen Aktualität laut Bauer unvermindert gegeben wäre und der gegenüber den französischen Autoren darüber hinaus noch den Vorteil hätte, keine nationalistisch motivierte Ablehnung hervorrufen zu können, der deutschen Öffentlichkeit näher zu bringen.[60] *Das entdeckte Christenthum* ist dabei als derjenige Text zu betrachten, der von allen kritischen Einsätzen der junghegelianischen Phase der deutschen Spätaufklärung die größte systematische Durchdringung und die pointierteste Entgegensetzung von philosophischer und theologischer Evidenzproduktion aufweist. Und auch im Hinblick auf eine polemische Denunziation der Gegner, die auf jede noch so geringe Konzession Verzicht leistet und jede wie auch immer geartete Plausibilität gegnerischer Positionen bestreitet, antizipierte dieser Text den Stil der Ansätze der späteren Phase der deutschen Spätaufklärung.

---

57 Julius Fröbel: Das Verbrechen der Religionsstörung nach den Gesetzen des Kantons Zürich, Zürich und Winterthur 1844, S. 9. Siehe auch Ernst Barnikol: Das entdeckte Christentum im Vormärz. Bruno Bauers Kampf gegen Religion und Christentum und Erstausgabe seiner Kampfschrift, 2., wesentl. erw. Aufl. besorgt v. Ralf Ott, Aalen 1989, S. 11 und 27-29. Der aufgrund des Verlags dieses Werkes und der von Georg Herwegh herausgegebenen *21 Bogen aus der Schweiz* gegen Fröbel geführte Prozess wegen Religionsstörung, den Fröbel letztinstanzlich verlor, sollte das aufgrund finanzieller Spekulationen bereits in eine Schieflage geratene Literarische Comptoir schließlich in die Zahlungsunfähigkeit führen und bedeutete das Ende dieses für die junghegelianische Publizistik des Vormärz so überaus wichtigen Verlags.
58 Ebenda, S. 141 Anm. 30.
59 Ebenda, S. 49-62.
60 Bauer an Ruge, 27. Oktober 1842, Hundt, S. 1147: „Edelmann ist zu bedeutend, als daß er an irgend eine Schrift hätte angeknüpft werden dürfen. Diesen Winter denke ich mit einer Arbeit fertig zu werden, in welcher er den Glanzpunkt bildet und in der ich die Religion von einer ganz neuen Seite und von mehreren Seiten, die Feuerbach noch nicht gehörig betrachtet hat, darstellen werde." Dass Bauers Erklärung Edelmanns zum Exponenten einer atheistischen Aufklärung eine Verfälschung darstellt, hat Barnikol ausführlich dargelegt (Das entdeckte Christentum im Vormärz. Bruno Bauers Kampf gegen Religion und Christentum und Erstausgabe seiner Kampfschrift, a. a. O., S. 94-117).

Zweierlei ist gegenüber den früheren Schriften Bauers wie der *Kritik der evangelischen Geschichte der Synoptiker* oder der *Posaune* zu bemerken. Zum einen verzichtete Bauer im *Entdeckten Christenthum* auf den minutiösen Einzelnachweis der Widersprüche der *Heiligen Schrift*, wie er überhaupt auf das in seinen früheren, monographischen Werken extensiv betriebene Zitieren biblischer Stellen verzichtete. In der Folge entstand ein Text, der in wesentlich populärerer Form abgefasst ist, dessen Lektüre sich wesentlich flüssiger gestaltet – eine „Kampfschrift" (Ernst Barnikol) – und dessen argumentative Hauptlast auf all jenen Formen von Evidenz ruht (philosophisch, naturalistisch, sensualistisch), auf welche im Zuge der aufklärerischen Angriffe auf das religiöse Bewusstsein rekurriert wurde. Zum anderen markiert *Das entdeckte Christenthum* im Bauer'schen Schaffen den Moment größter Annäherung an Feuerbach, wurden die Begriffe „Mensch", „Gattung" und „Selbstbewusstsein" doch durchweg gemeinsam gegen die theologische Evidenzproduktion in Stellung gebracht.[61] In gewisser Weise ist *Das entdeckte Christenthum* insofern als eine Schrift zu betrachten, welche die aufgetretene Fraktionierung der Bewegung in ein radikales und ein gemäßigtes Lager zu mildern trachtete und welche unter dem Eindruck der sich verschärfenden Repression noch einmal sämtliche oppositionellen Kräfte des Jahres 1842 durch eine Form der Religionskritik zu einem gemeinsamen Angriff auf die Reaktion zu bündeln suchte, die sowohl für die Anhänger des Feuerbach'schen Ansatzes, als auch für die Anhänger des Bauer'schen Ansatzes Plausibilität entfalten sollte.

Diese Intention Bauers kommt bereits im Vorwort zum Ausdruck, wo Bauer die junghegelianische Aufklärung in eine historische Kontinuität mit der französischen, „atheistischen" Aufklärung des 18. Jahrhunderts stellte,[62] die Bauer dezidiert gegen die englische, „deistische" Aufklärung abgrenzte,[63] und wo er so über die Betonung

---

61 So bezeugen etwa die zwei folgenden Sätze ein gewisse Ähnlichkeit mit dem Denken Feuerbachs, auch wenn Differenzen natürlich bestehen bleiben, Bruno Bauer: Das entdeckte Christenthum, a. a. O., S. 189-270, hier S. 200: „Im Denken, im Schreiben, im feurigen Trieb der Kritik lebe ich nicht mehr für die Sekte und ihre beschränkten Voraussetzungen, sondern für die Gattung und ihre Freiheit. Das Denken ist der wahre Gattungsprozeß, welcher einen geistigen Menschen, ja erst die Menschheit selbst erzeugt." Und auf der selben Seite heißt es wenig später: „Die Furcht der Unfreiheit, das gedrückte Gefühl, welches der Menschheit, der Gattung und dem Selbstbewußtsein nicht etwa bloß mißtraut, sondern auch nicht einmal den Mut hat, sich zum Gedanken der Menschheit und der Allgemeinheit des Selbstbewußtseins zu erheben, das Leiden, welches dem Gesetzte der Natur und der Geschichte mißtraut, bilden das Wesen und den Ursprung der Religion."
62 Ebenda, S. 193: „Die atheistische Aufklärung des vorigen Jahrhunderts [...] ist ebenso merkwürdig durch die Art und Weise ihres Ursprungs und ihren Einfluß auf die politische Umgestaltung Europas wie durch ihren Untergang und ihre neuere Wiederbelebung, die es ihr möglich machen wird, ihre Aufgabe vollständig durchzuführen."
63 Ebenda: „Die englische deistische Aufklärung und die atheistische der Franzosen unterscheiden sich ebenso wie die englische und die französische Revolution. In jener, der englischen Revolution, war der religiöse Fanatismus der Hebel der Bewegung und suchte die Freiheit in der Vergangenheit,

der historischen Dimension der junghegelianischen Spätaufklärung die Gemeinsamkeit der Bewegung akzentuierte. Überhaupt glaubte Bauer im Atheismus das gemeinsame Merkmal der verschiedenen junghegelianischen Einsätze zu erkennen und traute diesem, wenn auch transitorischen Moment der Kritik zu, die Identität und das Selbstvertrauen der ob der staatlichen Repression verunsicherten Bewegung erneut zu stärken.[64]

Dass Bauer trotz der sich abzeichnenden Passivität der Adressaten der Kritik, über deren Finalität zum Zeitpunkt der Abfassung des *Entdeckten Christenthums* noch nicht endgültig entschieden war, am bewusstseinszentrierten Modell gesellschaftlicher Veränderung festhielt – also an der Überzeugung, dass das einmal aufgeklärte Bewusstsein eines Volkes notwendig auf die Abschaffung monarchischer Herrschaft wirke –, zeigt sich unter anderem in der Ansicht, dass selbst der „Untergang" der französischen Aufklärung in der Restauration eine Konsequenz des Willens der Völker gewesen sei, die sich in diesem Falle zwar von der „Furcht vor der Freiheit" bestimmen ließen, die jedoch im Umkehrschluss sich nur von dieser Furcht frei zu machen hätten, um diesmal die bestehenden Verhältnisse ihrem endgültigen Untergange zuzuführen.[65] Es braucht nicht viel Phantasie, um sich die Konsequenzen einer Übertragung dieser Ansichten auf die preußische Situation im Frühjahr 1843 zu vergegenwärtigen. Und es braucht wohl nicht betont zu werden, dass ausgehend von der von Bauer entwickelten Perspektive einzig irrationale Motive den Grund für die fehlende Bereitschaft zur Erhebung wider die bestehenden Verhältnisse abgeben konnten.

Bestand für Bauer also kein Zweifel, was das vernünftige Gebot der Stunde sei, so wappnete er sich allerdings gleichfalls für den Fall, dass irrationale Motive – die „Furcht vor der Freiheit" – auch im vormärzlichen Preußen die Oberhand behalten sollten. Denn ähnlich wie Feuerbach nahm auch Bauer zum Ende seines Vorworts

---

in vergilbten Pergamenten den Schutzbrief für ihre Rechte. In der französischen Revolution emanzipierte sich die Freiheit vom religiösen Jesuitismus und suchte sie ihre Rechte nicht in der Nacht der Vergangenheit, sondern in dem ewigen Recht, welches die Vergangenheit nur nicht kannte und erst die freie Forschung entdeckt hatte. Der Fortschritt der Geschichte aus der Heuchelei und dumpfen Befangenheit der englischen Revolution zur französischen Staatsumwälzung war der Übergang aus der Nacht in den Tag."

64 Ebenda, S. 231: „Wir nennen uns Atheisten; so lange wenigstens müssen wir uns auch diesen Namen der Verneinung beilegen, als es nottut, gegen die Aufdringlichkeit der Religion uns zu wehren, und als es noch nicht lächerlich geworden ist, gegen die Vergangenheit und die Gefangenschaft, die bisher als die Bestimmung der Menschheit galt, zu protestieren. Auch dieses Protestieren wird endlich nach vollbrachtem Kampfe überflüssig geworden sein."

65 Ebenda, S. 194: „Dennoch konnte es Robespierre wagen, das helle Tageslicht durch den Beschluß, daß es ein höchstes Wesen gäbe, zu dämpfen, dennoch konnte Napoleon das Konkordat mit dem Papste schließen, und gelang es der Restauration – freilich nur unter der Bedingung, daß es die Völker nicht anders haben wollten; also im Bunde mit der allgemeinen Furch vor der Freiheit – das Licht für einige Zeit gänzlich zu unterdrücken."

Zuflucht zu der Überzeugung, die drohende Niederlage der oppositionellen Bewegung sei nur vorübergehender Natur, und der Makel des klassisch-aufklärerischen Diskurses – das sich abzeichnende Scheitern im Hervorrufen einer revolutionären Erhebung – sowie der Sieg der zensorischen Repression würden vom Lauf der Geschichte behoben werden.[66] Zwar unterschieden sich Feuerbach und Bauer in der Wahl der angerufenen, den schließlichen Erfolg verbürgenden Instanz – Feuerbach beruhigte sich mit der Zukunft, Bauer mit der Geschichte –, doch war die grundlegende Tendenz dieselbe: die aus der Analyse der Französischen Revolution gewonnene Vorstellung der unbestreitbaren Überlegenheit philosophischer gegenüber theologischer Evidenz und ihrer umstürzenden Kraft wurde angesichts der ausbleibenden Überzeugung der vormärzlichen Adressaten unter Verweis auf ihr umso gewisseres, zukünftiges Eintreten beibehalten.

Doch zum Zeitpunkt der Abfassung des *Entdeckten Christenthums* war die Situation noch nicht so ausweglos, dass Bauer nicht noch einen letzten Versuch unternehmen konnte, den Lauf der Geschichte zu beschleunigen. Die Sprache, die Bauer hierfür wählte, ist eine deutliche und die Kritik der Religion und des von ihr gestützten Despotismus erfolgte nunmehr aus rein herrschaftskritischer Perspektive. Die Selbstgewissheit der philosophischen Aufklärer war nach den annähernd drei Jahren der Zirkulation ihrer Religionskritiken derart ausgeprägt, dass auf den inhaltlichen Nachweis der Unterlegenheit der theologischen Evidenz, deren bloßer Schein, überhaupt Evidenz zu sein, vielmehr erwiesen wurde, verzichtet werden konnte und stattdessen das Handeln der Gegner im Kampf um die Bestimmung der zustandsrelevanten Bewusstseinsträger aus reinem Machtkalkül erklärt werden konnte. Christliche Religion und Theologie wurden so auf eine Art und Weise porträtiert, welche die Verdunkelung und die Verhinderung vernünftigen Denkens zu von ihrer Entstehung an herrschenden Strukturmerkmalen, zu ihrer eigentlichen *raison d'être* werden ließ.[67] Und

---

66 Ebenda: „Aber das steht fest: die Wahrheit kann doch wie die Sybille sagen: unterdrückt, konfisziert, verbrennt, soviel ihr wollt, das letzte Blatt, das noch übrigbleibt – und *ein* Blatt wird immer noch übrig bleiben –, wird soviel kosten als die ganze zurückgewiesene und unterdrückte Literatur: eine neue Welt! Der Preis bleibt derselbe, und die Geschichte wird ihn zahlen."

67 Ebenda, S. 199/200: „Aber nicht nur die eine Sekte fordert von der andern den schuldigen Tribut zu den nötigen Menschenopfern, sondern jede bringt ihre eigenen Anhänger ihrem Prinzip als Opfer dar, indem sie ihnen befiehlt, dasjenige als Opfer preiszugeben, was sie zu Menschen macht – die Vernunft. Wer Mensch sein, frei sein will, begeht den höchsten Verrat an der Sekte, da er sich wahrhaft allgemein verhalten, also über die Prärogative der besondern Sekte und über ihre Beschränktheit hinausgehen will. Die Sekte muß daher wie ein Tyrann vor seinem inneren Feinde – die nächsten Hausgenossen können ja, ohne daß er es weiß, sich gegen ihn verschwören oder bereits verschworen haben – vor ihren eigenen Anhängern in beständiger Furcht stehen, sie ist nie vor Verrat – so nennt sie das Denken –, nie vor einer Verschwörung – so nennt sie das Studium der Wissenschaft –, nie vor einem verzweifelten Angriffe sicher. Alles Menschliche ist ihr verdächtig und muß bestraft werden. Vor einem heitern Antlitz zittert sie – denn es kann ja das Geschenk einer Seelenstimmung sein, die nicht dem Himmel, sondern der Welt verdankt wird –, der Melancholie selbst muß die Sekte miß-

vor dem Hintergrund dieser Darstellung war es nur folgerichtig, dass dem allererst zu verwirklichenden Humanismus der junghegelianischen Spätaufklärung wenig später das eigentliche historische Primat gegenüber religiös-theologischer Weltdeutung zugesprochen wurde,[68] oder, mit dem schönen, von Bauer bemühten Bild: „Der Grund-Widerspruch, in den es [das religiöse Bewusstsein, UP] verfällt, ist der, daß es das Licht in Säcke, den Geist ins Schweißtuch, das Selbstbewußtsein in Einen Lederband einschnürt und, indem es uns den Sack zeigt, eine Welt von Licht und eine erleuchtete Welt zu zeigen meint."[69]

Aufgrund der geschilderten Umstände, welche die Zirkulation dieses argumentativ wohl avanciertesten Dokuments der philosophisch-aufklärerischen Angriffe der junghegelianischen Phase der deutschen Spätaufklärung verhinderten, lässt sich nur mutmaßen, ob die von Bauer gegenüber seinen früheren Einsätzen vorgenommenen Veränderungen – also Verzicht auf Bibelzitate, Unterstellung einer absichtsvollen Verdunkelung der menschlichen Vernunft, Inanspruchnahme Feuerbach'scher argumentativer Strategien – dem *Entdeckten Christenthum* einen größeren Erfolg als den in die Zirkulation geratenen Schriften der junghegelianischen Aufklärer beschieden hätten und es dieser Schrift tatsächlich gelungen wäre, die Passivität des deutschen Bürgertums zu überwinden. Es darf bezweifelt werden. Die folgende Passage bringt aber noch einmal den ganzen Furor des aus der Hegel'schen Harmonisierung mit der Theologie befreiten, klassisch-aufklärerischen Diskurses zum Ausdruck. Zumindest hinsichtlich dieser Aufgabe – der Restitution der Autonomie philosophischer Diskurse – kann der junghegelianischen Debatte der Jahre 1840 bis 1843 ein Erfolg bescheinigt werden. Alle drei gegen die theologische Evidenz heiliger Autoritäten in Stellung gebrachten Formen von Evidenz finden sich in der folgenden Passage ein weiteres Mal evoziert – die „Anschaulichkeit" der Evidenz sinnlicher Gewissheit, die „Glaubwürdigkeit" der Evidenz historischer Plausibilität und der „innere Zusammenhang" der Evidenz gelingender Begriffsentwicklung –, und ihre Überlegenheit wird

---

trauen, da sie dem Mißvergnügen über ihre Tyrannei entsprungen sein kann. Den Verdächtigen ruft daher die Sekte ihr liebstes Stichwort zu: ihr seid Sünder, Sünder, Sünder! um den Frohsinn zu trüben, der Melancholie ihre richtige und einzige legitimierte Richtung zu geben, und für diejenigen, welche das Denken zur offenen Rebellion treibt, hat sie einen neuen Opfertod ersonnen – den Tod durch die Zensur."

68 Ebenda, S. 222: „Andere Religionen mögen auf die Verletzung, Beleidigung oder Verfälschung ihrer heiligen Grundbücher den Tod setzen: die christliche Religion übertrifft sie alle an Bosheit und Grausamkeit, da ihr Gebot, man solle in ihrem Grundbuche, in der Bibel, keinerlei Art Widersprüche, weder den Widerspruch mit der Wirklichkeit, Geschichte und Vernunft, noch den gegenseitigen Widerspruch ihrer eigenen Angaben finden, vielmehr überall Harmonie sehen, nichts anderes ist als das Gebot des Menschen-Opfers. Der Mensch muß zuvor in dem Gottes-Gelehrten erwürgt werden, ehe das theologische Bewußtsein die Vollendung erreicht, daß es jeden, auch den plattesten, den ekelhaftesten und rohesten Widerspruch als reine Harmonie betrachtet und gegen die Vernunft verteidigen kann."

69 Ebenda, S. 226.

besonders dadurch akzentuiert, dass selbst der in die Ecke gedrängte Theologe sich nicht mehr anders zu helfen weiß, als illegitimer Weise Anspruch auf sie zu erheben:

> Glaubt der heiligen Botschaft, donnert uns der Priester zu, oder ihr seid für ewig verdammt – als ob wir uns nicht in der Tat zur Unseligkeit verdammten, wenn wir uns von einer Drohung imponieren und zum Glauben an ein Faktum bewegen ließen, welches so schlecht verbürgt ist, daß der Glaube daran nur durch Drohungen bei schwachen Geistern erzwungen werden kann. Es gehört in der Tat eine besondere Verstocktheit dazu, lispelt der Theologe, an der Wahrheit einer Begebenheit zu zweifeln, über die wir Berichte haben, die an Anschaulichkeit, Glaubwürdigkeit, innerm Zusammenhang alles Ähnliche weit hinter sich lassen. Die Anschaulichkeit dieser Berichte, ihre innere Wahrheit ist so groß, ja sie ist so groß, so groß, daß – ja daß – daß nur ein ganz profaner Mensch, dem es zu schwer fällt, sich über das Irdische zu erheben – ja, daß nur der natürliche Mensch imstande ist, dem klarsten Zeugnisse des Heiligen Geistes zu widerstehen. Was aber groß, ja erstaunlich ist, das ist die Bosheit, die sich gegen die Kritik und die einfachsten Auseinandersetzungen sträubt und den Beweisen nichts als Drohungen entgegensetzt. Der Aufdringlichkeit gegenüber, die uns den Glauben an ein sinnliches Faktum, welches nicht schlicht genug verbürgt sein kann und selbst für den Glauben aus dem unbestimmten Dunst einer übersinnlichen und chimärischen Sinnlichkeit nie heraustreten sollte, aufdringen möchte, der Unverschämtheit gegenüber, die uns mit dem theologischen Trumpf der Anschaulichkeit der evangelischen Berichte einschüchtern will, hat der Kritiker ein Recht zu behaupten, daß, wenn man einmal von einem sinnlichen Faktum spricht, dasselbe nicht sinnlich und auffallend genug verbürgt sein könne. Wer die Chimäre nicht sinnlich genug haben und den Glauben an sie nicht köhlerhaft genug finden kann, darf sich nicht wundern und erfährt nur die Konsequenz seiner beschränkten Hartnäckigkeit, wenn an ihn die Forderung gestellt wird, er möge doch einmal das närrische und phantastische Ding öffentlich und untrüglich vorzeigen oder glaubwürdige Zeugen vorführen, die es mit eigenen Augen gesehen hätten.[70]

Doch, es ist bereits bekannt, auch dieser letzte, unter dem Eindruck der sich wehrenden Staatsgewalt getätigte Versuch, die Hoheit der theologischen Kontrolle über die Bestimmung des Bewusstseins des Volkes zu brechen, scheiterte und auch Bauer musste sich mit der Enttäuschung der gehegten Erwartungen auseinandersetzen. Der Fokus der Aufmerksamkeit verschob sich in der Folge weg von der Kritik theologischer Evidenzproduktion, die, wie gezeigt, im Selbstverständnis der zentralen Protagonisten der junghegelianischen Debatte zu einem Abschluss gebracht worden war und keine nähere Beschäftigung, sondern allenfalls Geduld ob ihrer langsamen Durchsetzung verlangte, hin zu einer Beschäftigung mit den konzeptionellen Grundlagen der eigenen, aufklärerischen Tätigkeit. Wenn der Wille des Volkes sowohl für den Umsturz der bestehenden Verhältnisse, als auch für die resignierende Beibehaltung dieser Verhältnisse ausschlaggebend war, so war das Scheitern möglicherweise dadurch zu erklären, dass sich die deutsche Bevölkerung über die tatsächliche Möglichkeit einer radikalen Umwandlung der Verhältnisse im Unklaren war.

Bauer erachtete in dieser Situation eine andere Art von Aufklärung vonnöten und war mit dieser Einschätzung nicht allein. Aus der Verbreitung der Hinwendung der

---

[70] Ebenda, S. 219/220.

von unmittelbar politischer Agitation befreiten Junghegelianer zum Studium des Ereignisses, dessen Wiederholung den Zielpunkt der Einsätze der vergangenen Jahre gebildet hatte – der Französischen Revolution –, lässt sich schließen, dass ihre Aufarbeitung nicht nur dem verständlichen Wunsch geschuldet war, dem deutschen Publikum das Beispiel einer gelungenen Erhebung gegen die bestehende Ordnung vorzuführen, sondern darüber hinaus der Selbstvergewisserung der verunsicherten Aufklärer bezüglich der Möglichkeit radikaler gesellschaftlicher Veränderungen diente. Wie dem auch sei, nicht nur Bauer und der sich zunehmend gegenüber äußeren Einflüssen abschließende Kreis Gleichgesinnter, zu denen etwa sein Bruder Edgar und Gustav Julius gehörten, auch Marx nahm im Laufe des Jahres 1843 die Beschäftigung mit der Französischen Revolution auf (deren Früchte sich in den sogenannten *Kreuznacher Heften* finden).[71]

Die bereits im *Entdeckten Christenthum* angekündigte „Arbeit, die sich mit der Geschichte der Entstehung, Entwicklung, Ausbreitung und des Verfalls der gesamten Aufklärung des achtzehnten Jahrhunderts beschäftigen wird,"[72] erschien zwar erst im April 1844,[73] ab November 1843 begann Bauer jedoch mit seinem Bruder Edgar und Gustav Julius eine anekdotenreiche Geschichte der Französischen Revolution zu veröffentlichen.[74] In der Einleitung zu *Bailly und die ersten Tage der Französischen Revolution*, die zwar von Edgar Bauer verfasst wurde, die jedoch die mit dieser Reihe verfolgte Absicht treffend zum Ausdruck bringt, wurde mit einigem Pathos einer der zentralen, sich vor dem Hintergrund der jüngst erlebten preußischen Gegenwart grell abzeichnenden Erfolge eines selbstbewusst die eigenen Interessen vertretenden Bürgertums formuliert (und es ist anzunehmen, dass der Großteil der Protagonisten der

---

71 Vgl. Karl Marx, Friedrich Engels: Exzerpte und Notizen 1843 bis Januar 1845, MEGA² IV/2.
72 Bruno Bauer: Das entdeckte Christenthum, a. a. O., S. 194.
73 Das Erscheinen des 1. Bandes der Schrift *Geschichte der Politik, Cultur und Aufklärung des 18. Jahrhunderts*, Charlottenburg 1844, wurde im *Börsenblatt für den Deutschen Buchhandel*, 11. Jg. (1844), Nr. 29 vom 9. April, Sp. 1001, angezeigt.
74 Denkwürdigkeiten zur Geschichte der neueren Zeit seit der Französischen Revolution. Nach den Quellen und Original-Memoiren bearb. u. hrsg. v. Bruno Bauer und Edgar Bauer, Charlottenburg 1843 u. 1844. Den Anfang bildeten *Bailly und die ersten Tage der Französischen Revolution*, Charlottenburg 1843, und *Bouillé und die Flucht Ludwig XVI.*, Charlottenburg 1843, (Erscheinen beider Werke angezeigt im Börsenblatt für den Deutschen Buchhandel, 10. Jg. (1843), Nr. 103 vom 28. November, Sp. 3659). Im Dezember folgte *Der 20. Juni und der 10. August 1792 oder der letzte Kampf des Königthums in Frankreich mit der Volksparthei*, Charlottenburg 1843 (Erscheinen angezeigt im Börsenblatt für den Deutschen Buchhandel, 10. Jg. (1843), Nr. 105 vom 5. Dezember, Sp. 3753), im Februar und Mai 1844 in 2 Abteilungen *Die Septembertage 1792 und die ersten Kämpfe der Partheyen der Republik in Frankreich*, Charlottenburg 1844 (Erscheinen angezeigt im Börsenblatt für den Deutschen Buchhandel, 11. Jg. (1844), Nr. 16 vom 23. Februar, Sp. 516, und Nr. 39 vom 3. Mai, Sp. 1261), und schließlich im September *Der Prozeß Ludwig XVI. und der 21. Januar 1793*, Charlottenburg 1844 (Erscheinen angezeigt im Börsenblatt für den Deutschen Buchhandel, 11. Jg. (1844), Nr. 82 vom 13. September, Sp. 2708).

junghegelianischen Aufklärung sich nicht geziert hätte, die Rolle eines deutschen Bailly zu übernehmen):

> Ein Mann, der keine anderen Titel hat, als die ihm seine Wissenschaft eingetragen; ein Mann ohne Ahnen, ohne ererbten Besitz, ohne einen durch Jahrhunderte fortgepflanzten Familienruhm präsidirt einer Versammlung, in welcher Prinzen von Geblüt und die angesehensten Kirchenfürsten Frankreichs sitzen. Ein Mann aus dem verachteten Bürgerstande nimmt es sich heraus, die Rechte der Nation zu erklären, die Würde der Nation in sich zu fühlen und alten, demüthigenden Gebräuchen gegenüber geltend zu machen. Ein Mann aus jener Menschenklasse, welche man bisher willenlosem Besitze gleich behandelt, tritt einem Könige stolz und aufrecht gegenüber: er wagt es, der bis dahin unumschränkten Königsgewalt Pflichten und Gesetze vorzuschreiben.
> Sieh, solch ein Mann war Bailly. Und die Erlebnisse dieses Bailly geben Dir ein Bild von den Erlebnissen einer ganzen Nation.
> Der Unterschied der Stände verwischt, die Vorrechte des Adels und der Geistlichkeit vor dem Willen der französischen Nation in Nichts aufgegangen: eine Versammlung, welche die Nation im Kleinen zu sein behauptet und welche die Freiheit als ein unveräußerliches Recht des Menschen in Anspruch nimmt: ein Volk, welches Achtung für seine Vertreter, Furcht vor seinem Zorne und vor seinem Freiheitswillen erkämpft; das Alles auf einen Zeitraum von wenigen Monaten zusammengedrängt. Sieh, welch ein Schauspiel. Dies Schauspiel giebt Dir Zeugniß von dem, was die französische Revolution durch ihre ersten Anstrengungen erreichte.[75]

Die in diesem und den folgenden Bänden der *Denkwürdigkeiten* unternommene Darstellung der Französischen Revolution bietet jedoch kaum mehr als wortreich ausgeschmückte Anekdoten und Erinnerungen von Akteuren und Zeitzeugen dieses den Erwartungshorizont der junghegelianischen Aufklärung so beherrschenden Ereignisses. Eine systematische Analyse, oder gar eine Untersuchung der Französischen Revolution nach Gründen, welche das Scheitern des eine Wiederholung der Leistung der französischen philosophischen Aufklärer des 18. Jahrhunderts anstrebenden aufklärerischen Diskurses, der im Selbstverständnis der junghegelianischen Aufklärer zugleich eine dem angenommenen deutschen Naturell entsprechendere, gründlichere Vertiefung der Religionskritik liefern sollte, in den deutschen Ländern der 1840er Jahre zu erklären vermochten, sucht man in diesen Bauer'schen Werken vergeblich. Es liegt der Verdacht nahe, dass die maßgeblichen Beteiligten dieses Projekts bereits nach kurzer Zeit eingesehen hatten, dass auch eine Darstellung der glorreichen und erfolgreichen Französischen Revolution das deutsche Bürgertum nicht aus seiner Passivität würde reißen können, und dass der Grund für die bis zum September 1844 weiterlaufende Veröffentlichung der *Denkwürdigkeiten* darin zu sehen ist, dass die harmlose, ein ausländisches Thema behandelnde und von der Zensur daher weitgehend unbehelligte Reihe vor allem zum Erhalt des noch jungen Verlags von Egbert

---

[75] Edgar Bauer: Bailly und die ersten Tage der Französischen Revolution, Charlottenburg 1843, S. 5/6.

Bauer und als Verdienstmöglichkeit der an ihr beteiligten Autoren weitergeführt wurde.

Eine tatsächliche Verarbeitung der Enttäuschung von 1842/43 findet sich dagegen in Artikelform in der nur einen Monat später begonnenen *ALZ*, die für den Zeitraum bis zum Ende ihres Erscheinens im Dezember 1844 den zentralen Publikationsort der Schriften Bauers bilden sollte. Die in ihr erschienenen Artikel sind als der hauptsächliche Beitrag Bauers zur Weiterentwicklung der junghegelianischen Debatte nach dem Scheitern des aufklärerischen Diskurses in seiner klassisch-philosophischen Form anzusehen und finden sich im Zentrum der kritischen Bezugnahmen sowohl Stirners, der seine Kritik Bauers im *Einzigen* nicht nur auf die Artikel der *ALZ* konzentrierte, sondern seinen bereits fertiggestellten Abschnitt über Bauer noch mit einem Nachtrag versah, um den letzten Entwicklungen des Bauer'schen Ansatzes Rechnung zu tragen,[76] als auch Marx' und Engels', welche der Kritik der *ALZ* ihr erstes Gemeinschaftswerk widmeten – *Die heilige Familie* –, das, ähnlich wie die spätere Kritik Stirners im Rahmen der Manuskripte zur „Deutschen Ideologie", dem kritisierten Werk in Bezug auf den Umfang nahezu gleichkommt.[77]

Der Sachverhalt, dass die Bauer'schen theoretischen Weiterungen die Form relativ kurz gehaltener Artikel haben, bedeutet zwar eine Erschwernis der systematischen, zusammenhängenden Ausarbeitung der neuen Positionierungen, dies wird jedoch dadurch aufgewogen, dass die Datierung der einzelnen, monatlich erscheinenden Hefte eine ziemlich genaue chronologische Abfolge der Bauer'schen Entwicklung zu zeichnen gestattet. Es zeigt sich dabei, dass die grundlegenden Koordinaten der reifen Position, bei welcher Bauer in seiner gegen Feuerbach und dessen zusehends mit französischen, frühsozialistischen Schriftstellern sympathisierenden Anhängern gerichteten Schrift *Die Gattung und die Masse* anlangte (September 1844) – nämlich „Kritik" und „Masse" –, in ihren wesentlichen Zügen bereits entwickelt waren, als Bauer die Herausgabe der *ALZ* begann. Dies lässt den Schluss zu, dass die gravierende Neupositionierung Bauers, die sich, wie dargestellt, in seiner *Judenfrage* antizipiert findet, wahrscheinlich in dem kurzen Zeitraum zwischen der Beschlagnahme des *Entdeckten Christenthums* im Juli und dem Erscheinen des ersten Heftes der *ALZ* im Dezember 1843 stattgefunden haben muss.

Die Ausweitung der kritischen Angriffe auch auf die nichtjüdischen, intendierten Profiteure des emanzipativen Projekts der junghegelianischen Phase der deutschen Spätaufklärung, welche sich schon im ersten, das im Dezember 1843 ausgegebene

---

[76] Vgl. die „Anmerkung" zu „Der humane Liberalismus", Max Stirner: Der Einzige und sein Eigenthum, Leipzig 1845 [1844], S. 191 [152]: „Die Kritik dringt aber rastlos vorwärts und macht es dadurch nothwendig, daß Ich jetzt, nachdem mein Buch zu Ende geschrieben ist, noch einmal auf sie zurückkommen und diese Schlußanmerkung einschieben muß. Ich habe das neuste, das achte Heft der Allgemeinen Literaturzeitung von Bruno Bauer vor mir."
[77] Friedrich Engels/Karl Marx: Die Heilige Familie oder Kritik der kritischen Kritik. Gegen Bruno Bauer & Consorten, Frankfurt a. M. 1845 (MEGA¹ I/3, Berlin 1932. S. 175-388).

Heft eröffnenden Rezensionsartikel *Neueste Schriften über die Judenfrage* zeigt,[78] verträgt sich nicht mit dem noch im *Entdeckten Christenthum* unternommenen Versuch einer letzten verzweifelten Aufrüttelung der intendierten Träger einer erhofften Erhebung durch eine radikale Reduktion der christlichen Religion und Theologie auf ihre herrschaftsstützende Funktion. Erst als sich für Bauer abzeichnete, dass es dieser radikalsten Schrift der junghegelianischen Phase der deutschen Spätaufklärung versagt sein wird, auf die deutsche Öffentlichkeit zu wirken, so ist anzunehmen, erreichte die Enttäuschung über das Scheitern des aufklärerischen Projekts und die Passivität der Adressaten seiner Kritik bei Bauer einen Grad, welcher sich dann in der Zuweisung der Verantwortung für dieses Scheitern an die Adressaten Bahn brach.

Während *Das entdeckte Christenthum* noch ein letztes Mal das gesamte Repertoire an argumentativen Zügen aufbot, mit welchen in den vorangegangenen Jahren die theologische Hoheit über die zustandsrelevanten Bewusstseinsträger attackiert wurde, und so ein größtmögliches Maß an Zustimmung des Publikums für die erstrebte Auflehnung gegen die bestehende Ordnung zu erlangen suchte, wurde dieses soeben noch umworbene Publikum nunmehr unter dem Begriff „Masse" zu den „gescheiterten Existenzen" der historischen Entwicklung seit der Französischen Revolution gerechnet und der einem Werk von der Masse geschenkte „Enthusiasmus" als „schlimmstes Zeugnis" gegen den Wert einen Werkes genannt.[79] Es ist ein Hinweis auf das Ausmaß, welches die Enttäuschung bei Bauer angenommen haben musste, dass dieser im Zeitraum noch nicht mal eines halben Jahres vom Erachten der Zustimmung der Adressaten als einem zu erstrebenden Gut, zu einem in jedem Fall zu vermeidenden Übel wechselte.

Es lohnt sich, bei diesem Wechsel einen Augenblick inne zu halten, denn diese Distanzierung Bauers vom bisher bei allen Einsätzen der Protagonisten der Debatte vorausgesetzten Resonanzkörper der junghegelianischen Stimmen – dem Volk –

---

[78] Bruno Bauer: Neueste Schriften über die Judenfrage, in: Allgemeine Literatur-Zeitung, H. 1 vom Dezember 1843, S. 1-17. Bauer motiviert seine Ausweitung der Kritik auf sämtliche Trägerschichten der erhofften Erhebung explizit durch die Behandlung, welche seine *Judenfrage* erfahren habe, ebenda, S. 3: „Die von mir veröffentlichte Behandlung der Judenfrage ist ein Beweis von der Hohlheit der Declamationen, mit denen die liberale Parthei eine Frage behandelt hatte, deren wahre und allgemeine Bedeutung sie nicht einmal zu ahnen wußte; die Aufnahme, die meine Arbeit gefunden hat, ist der Anfang des Beweises, daß gerade diejenigen, die bisher für Freiheit gesprochen haben und noch jetzt dafür reden, gegen den Geist am meisten sich auflehnen müssen und die Vertheidigung, die ich ihr jetzt widmen werde, wird den weiteren Beweis liefern, wie gedankenlos die Wortführer der Masse sind, die sich wunder wie groß damit wissen, daß sie für die Sache der Emancipation und für das Dogma von den ‚Menschenrechten' aufgetreten sind."
[79] Ebenda, S. 2: „Eine der ausgebreitetsten […] gescheiterten Existenzen ist die Masse – die Masse in jenem Sinne, in welchem das Wort auch die sogenannte gebildete Welt umfaßt – dieselbe Masse, deren Einfluß und Wirksamkeit dann am heilsamsten genannt werden müssen, wenn sie dazu beitragen, daß ein gediegenes Werk so gut wie nicht da ist. Das schlimmste Zeugniß gegen ein Werk ist der Enthusiasmus, den ihm diese Masse schenkt."

markierte die bis zu diesem Zeitpunkt radikalste Abkehr von dem Koordinatensystem, innerhalb dessen sich die junghegelianischen Angriffe auf die bestehende Ordnung bis dahin bewegt hatten. Zur Verdeutlichung der besonderen Brisanz dieser Reaktion auf das Scheitern des klassisch-aufklärerischen Diskurses sei noch einmal an die von Feuerbach gezeigte erinnert. Letzterer hatte die Ursache für das Scheitern des aufklärerischen Diskurses darin gesehen, dass man zu früh von der Kritik der Theologie zur Kritik der Politik übergegangen sei. In gewisser Hinsicht lässt sich insofern festhalten, dass Feuerbach, weit davon entfernt, die Verantwortung für das Scheitern ausschließlich bei den Adressaten zu verorten, seine junghegelianischen Weggefährten vielmehr mit dem Vorwurf konfrontierte, sie hätten die Adressaten mit der Vehemenz der Angriffe auf die politischen Verhältnisse des vormärzlichen Deutschlands schlicht überfordert. Zu viel, zu früh, wenn man so will. Erst wenn aus der vorherrschenden theologischen Bewusstseinsbestimmung eine aufgeklärt-philosophische geworden sei, könne man zur Kritik der politischen Verhältnisse voranschreiten.

Bauer hingegen konzipierte die ausgebliebene Überzeugung nicht als eine temporäre Überforderung des zeitgenössischen Publikums, sondern entwickelte ein Interpretationsschema der Ereignisse um den Jahreswechsel 1842/43, demzufolge das Scheitern des aufklärerischen Diskurses nicht einen Makel des letzteren, sondern vielmehr den prinzipiellen Makel der bisherigen Adressaten dieses Diskurses zutage gefordert hätte. Die Passivität des deutschen Publikums habe, so Bauer, gezeigt, dass die „Masse", weit davon entfernt der vermeintliche Verbündete der philosophischen Kritik zu sein, vielmehr als ihr größter Feind anzusehen sei. Ihre Eingenommenheit für die im Rahmen der junghegelianischen Aufklärung argumentierten Positionen sei stets nur eine oberflächliche gewesen, und in seiner Schilderung der Niederlage der oppositionellen Bewegung, welche, wie so viele der nach der Enttäuschung angestellten Reflexionen, immer auch wie eine uneingestandene Abrechnung mit den eigenen Hoffnungen und Erwartungen anmutet, führte er ausgerechnet die Empfänglichkeit des Publikums für die mit wenigen, aber kraftvollen argumentativen Zügen produzierte Evidenz als den Kardinalfehler des Publikums an, eine Empfänglichkeit, auf welche die junghegelianische Aufklärung stets als entscheidenden Faktor der zu bewerkstelligenden Veränderung der gesellschaftlichen Verhältnisse gebaut hatte.[80]

Nach der Erfahrung, dass es „nur eines unbedeutenden und ihr selber unerwarteten Schlages" bedurfte, um den Enthusiasmus der „Masse" der Adressaten für die ihr unzählige Male evident gemachten Wahrheiten einem Ende zuzuführen, kurz, dass es nur des „Mundtot-Machens" der kritischen Stimmen vermittelst des Verbotes ihrer Publikationsorgane bedurfte, um die Überzeugtheit der „Masse" von den Wahr-

---

[80] Ebenda: „Noch vor wenigen Monaten glaubte sich die Masse riesenstark und zu einer Weltherrschaft bestimmt, deren Nähe sie an den Fingern abzählen zu können meinte. War sie doch im Besitz so vieler Wahrheiten, die sich ihr so sehr von selbst verstanden, daß sie keines Beweises, keiner Prüfung, keines Studiums zu bedürfen schienen."

heiten des Fortschritts zu brechen, kam Bauer zu dem Schluss, dass nicht mehr einfache Zustimmung zu den von ihm argumentierten Positionen das Ziel seiner kritischen Einsätze bilden könne, sondern dass es vielmehr darauf ankäme, eine qualifizierte Zustimmung des Publikums zu erreichen, eine Zustimmung, die sich nicht einfach in der Konvergenz der Meinungen erschöpfe, sondern die sich darin äußere, dass die Überzeugten in der Lage seien, die Bauer'schen argumentativen Züge im Detail nachzuvollziehen: „Eine Wahrheit besitzt man aber – zumal in der Epoche, wo sie sich Bahn brechen und durchkämpfen soll – erst wirklich und vollständig, wenn man ihr durch ihre Beweise hindurchfolgt: die Masse besaß also nicht einmal Wahrheiten, die ihr hätten entrissen werden können."[81]

Nun könnte eine Kritik, die losgelöst von der Aufgabe vorgenommen wird, Verbündete durch Überzeugung zu gewinnen, als ein denkbar einsames und schwaches Unterfangen erscheinen, doch Bauer beugte diesem Eindruck insofern vor, als er seiner nunmehr von der Ausrichtung auf die „Masse" befreiten Kritik einen neuen, seiner Auffassung nach ungleich mächtigeren Verbündeten an die Seite stellte: die Geschichte. Dieses Subjekt, an welches sich Bauer mit seinen kritischen Einsätzen nunmehr adressierte, war allerdings eines, von dem sich, anders als im Fall der „Masse", nur schwer entscheiden ließ, ob die Versuche der Überzeugung erfolgreich sind oder nicht. Zwar hatte auch Feuerbach den Erfolg seiner „Philosophie der Zukunft" vom Erscheinen „neuer" Menschen abhängig gemacht, dabei aber stets betont, dass diese von den jetzigen hervorgebracht werden müssten, dass die wichtigste Unterstützung zur Hervorbringung des seinem Wesen nicht mehr entfremdeten Menschen die Aufklärung und Überzeugung der zeitgenössischen, religiös entfremdeten Menschen sei. Die Bauer'sche „Geschichte", deren Ausstattung mit den Attributen eines nach selbstgesetzten Maßgaben handelnden Subjekts Bauer später den entschiedenen Vorwurf einer „idealistischen Geschichtsauffassung" von Seiten Marx' und Engels' einbringen sollte, verlangte jedoch die Durchsetzung der – immer noch mit dem Instrumentarium philosophischer Evidenzproduktion erzeugten – Wahrheiten gerade *gegen* die zeitgenössischen Menschen.[82]

---

81 Ebenda.
82 Ebenda, S. 2/3: „Die Masse ist zwar bisher immer in ihrer Weise d. h. in oberflächlicher Weise von den Wahrheiten berührt worden, welche die Geschichte auf's Tapet gebracht hat; gesetzt aber den Fall, daß eine sehr entscheidende Wahrheit, die durchaus nicht oberflächlich gefaßt seyn will, die vielmehr bis ins Innerste der menschlichen Seele hineingezogen und durch und durch erfahren werden muß, auftritt: wird dann nicht das Verhältniß der Masse zum geschichtlichen Fortschritt ein anderes, als es bisher zum Theil der Fall war, ein völlig anderes, als es sich die Masse vor sehr kurzer Zeit selbst noch vorstellte? Ihre eigene Indolenz, Oberflächlichkeit und Selbstzufriedenheit, in der sie so eben noch sich an der Spitze des Fortschritts zu befinden glaubte, bedurfte nur eines unbedeutenden und ihr selber unerwarteten Schlages, um sich als den hauptsächlichsten Gegner des Fortschritts zu beweisen."

Der „Geist" als der sich in Hegel'scher Manier verwirklichende, eigentliche Agent des menschlichen Fortschritts musste in dieser Perspektive seinen Gegenpart – die „Masse" – nicht mehr „beseelen", sondern überwinden. Die Lehre, die Bauer aus der, bei ihm mit gewisser zeitlicher Verzögerung sich manifestierenden Enttäuschung von 1842/43 zog, bestand also darin, dass sich in der Enttäuschung gezeigt habe: „In der Masse – nicht anderwärts, wie ihre früheren liberalen Wortführer meinen – ist der wahre Feind des Geistes zu suchen. [...] Der Geist weiß jetzt, wo er seinen einzigen Widersacher zu suchen hat – in den Phrasen, in den Selbsttäuschungen und in der Kernlosigkeit der Masse."[83] Die bereits eingangs angeführte Oberflächlichkeit, mit welcher die „Masse" sich von den Evidenzen des aufklärerischen Diskurses hatte tangieren lassen, zeige im Rückschluss, dass den Erfahrungen von Evidenz, welche sich auf Seiten der Adressaten aufgrund ihrer Konfrontation mit den Ergebnissen aufklärerischer Evidenzproduktion eingestellt haben, nur ein zu vernachlässigender Wert beigemessen werden könne. Dies hatte zur Folge, dass den Erfahrungen von Evidenz, wie sie von der „Masse", eben dem Adressaten des klassisch-aufklärerischen Diskurses, gezeigt wurden, weder im Falle zustimmender, noch im Falle ablehnender Reaktionen Gewicht zukäme. Mit anderen Worten: wenn der Sachverhalt, dass die Zustimmung der „Masse" zu einer argumentierten Position diese entwerte, so konnte der Sachverhalt ausbleibender Zustimmung zu einer Position keineswegs gegen diese Position sprechen, und Bauer ging in der Folge dazu über, das Ausbleiben der Zustimmung durch das Publikum geradezu als Bestätigung seiner eigenen Positionen zu verstehen.[84] Es ist diese gedankliche Figur, welche es Bauer ermöglichte, die Integrität der junghegelianischen – und natürlich besonders seiner eigenen – Aufklärung gegen das Scheitern sicher zu stellen, bzw. das Scheitern von einer augenscheinlichen Niederlage in einen tatsächlichen Sieg der Kritik umzudeuten.

---

83 Ebenda, S. 3.
84 So in der *8. Correspondenz aus der Provinz* (Allgemeine Literatur-Zeitung, H. 6 vom Mai 1844, S. 35), in welcher Bauer auf die Erklärung des Korrespondenten („Doch muß ich gestehen, (worin auch meine Bekannten sämmtlich mit mir übereinstimmen) daß das erste Heft Ihrer Zeitung noch gar nicht befriedigt hat. Wir hätten doch etwas Anderes erwartet.") antwortet: „Daß es die Erwartungen nicht befriedigen würde, wußte ich im voraus, weil ich diese Erwartungen mir ziemlich leicht vorstellen konnte. Man ist so ermattet, daß man Alles auf einmal haben will. Alles? Nein! Wo möglich Alles und Nichts zugleich. Ein Alles, was keine Mühe macht, ein Alles, das man aufnehmen kann, ohne eine Entwickelung durchzumachen – ein Alles, das in Einem Worte da ist." Vgl. auch die Aussage des Korrespondenten der *9. Correspondenz aus der Provinz* (ebenda, S. 38): „Ihr seht daraus, daß die Literaturzeitung ihren Zweck erfüllt, d. h. daß sie keinen ‚Anklang' findet. Anklang könnte sie nur finden, wenn sie mit der Gedankenlosigkeit mitklingelte, wenn Ihr mit dem Schellenspiel von Redensarten einer ganzen Janitscharenmusik gangbarer Kategorieen stolz voranschrittet; das wäre doch noch für die Jungen ein köstlicher Anblick: wie könnt Ihr aber glauben, daß Ihr in Eurem einfachen Anzuge Gefallen erregt?" Marx und Engels hatten in der Folge ein Leichtes, das Wechselspiel zwischen den (von Bauer zum Teil wohl fingierten) Korrespondenten und den Herausgebern der *ALZ* in der *Heiligen Familie* zu persiflieren.

Es bleibt jedoch in gewissem Sinne ein Paradox der Bauer'schen Neupositionierung gegen Ende 1843, dass er bei aller Verachtung und Ablehnung, welche er in diesem und den folgenden Artikeln gegenüber der „Masse" zum Ausdruck brachte, den Sieg der von ihm vertretenen Form der Kritik dennoch als schließliche Verbreitung der argumentierten Wahrheiten unter den, wenn auch erst zukünftigen Menschen begriff. Auch wenn die Ausrichtung der Kritik an den Möglichkeiten der Gewinnung von Anhängern als Ursache ihres Scheiterns bestimmt wurde, so legen die von ihm gewählten Beispiele der Durchsetzung von Wahrheiten gegen die „Masse" den Schluss nahe, dass auch seine „reine" Kritik sich *à la fin de la journée* umfassender Zustimmung erfreuen werde. Diese Verbindung von Verachtung der ablehnenden Zeitgenossen und Postulierung einer zukünftigen umfassenden Verbreitung der von Bauer argumentierten Wahrheiten konnte Bauer nur deswegen behaupten, weil er mit einer der zentralen Grundannahmen des bewusstseinszentrierten Modells gesellschaftlicher Veränderung brach. Wurde die Verbreitung von Wahrheiten im Rahmen des letzteren auch von Bauer als simpler Prozess einer Konfrontation der Bewusstseinsträger mit der überlegenen Evidenz aufklärerisch-philosophischer Wahrheiten konzipiert, so heißt es nunmehr: „Wahrheiten, die sich am Ende von selbst verstehen, sind allerdings keine Kleinigkeit: die Geschichte hat ihre größten Anstrengungen darauf verwandt, sie geltend zu machen, und es sind im Ganzen genommen nur ein Paar solcher Wahrheiten, welche die Geschichte bis jetzt beschäftigt haben: aber welche ungeheueren Anstrengungen und welchen Aufwand von Geist und Kraft hat es gekostet, auch nur Eine dieser Wahrheiten – z. B. daß die Erde sich um die Sonne bewegt – für einen kleinen Theil der menschlichen Gesellschaft so weit sicher zu stellen, daß sie sich von selber versteht."[85]

Die Verschiebung weg von simpler Zirkulation überlegener Evidenzen, hin zu den „ungeheueren Anstrengungen", welche die Geschichte zur Etablierung der Selbstverständlichkeit einer Wahrheit aufzuwenden habe, ist bemerkenswert. Wie Feuerbach ging auch Bauer dazu über, die Überzeugungsleistung seiner kritischen Einsätze in die Zukunft zu verlagern. Im Gegensatz zu ersterem – und vielleicht als Folge des Versuchs einer Abgrenzung von ihm – konzipierte Bauer diesen Prozess aufgrund der Erfahrung der Enttäuschung aber nicht als reine Fortführung der klassisch-philosophischen Aufklärung der vergangenen drei Jahre, die einfach etwas mehr Konzentration auf den angemessenen Gegenstand der Kritik und etwas mehr Geduld bis zu ihrer schließlichen Durchsetzung erfordere, sondern überantwortete diesen Prozess den Entwicklungsgesetzen einer Instanz, deren einzelne Schritte zwar nicht, oder nur von wenigen und retrospektiv, gewusst werden konnten, deren schließliches Ziel jedoch umso zweifelsfreier festzustehen schien. Zwar gab sich auch Bauer ein paar Monate später große Mühe, das misslungene Bündnis von Kritik und

---

[85] Bruno Bauer: Neueste Schriften über die Judenfrage, in: Allgemeine Literatur-Zeitung, H. 1 vom Dezember 1843, S. 2.

Masse des Jahres 1842 als entwicklungsgeschichtlich notwendige Etappe zu erweisen,[86] dies ändert jedoch nichts daran, dass auch Bauer sich im Jahre 1842 um dieses Bündnis vehement bemühte.

Die im Juli 1844 publizierte Schrift *Was ist jetzt der Gegenstand der Kritik?*, aus welcher eben bereits zitiert wurde, zeigt schließlich, wie weit Bauer mit der Ausarbeitung der Dichotomie „Kritik und Masse" als hermeneutischem Schlüssel zur Interpretation von Vergangenheit und Gegenwart (und auch Zukunft) vorangeschritten war. So eröffnet dieser Text, der die elaborierteste Darstellung der Bauer'schen Weiterentwicklung des klassisch-aufklärerischen Diskurses enthält, mit einem Beispiel, wie die zu diesem Zeitpunkt bereits relativ weit vorangeschrittene Auseinandersetzung innerhalb der ehemals vereint streitenden junghegelianischen Aufklärung unter Anwendung der Bauer'schen Dichotomie gedeutet werden konnte.[87] Die Radikalität dieser Veränderung wird vollends offenbar, wenn in Rechnung gestellt wird, wie sich das Bauer'sche Verhältnis zur Französischen Revolution, deren vertiefende und konsequentere Wiederholung in den deutschen Ländern das erklärte Ziel der Bauer'schen Kritik im Jahre 1842 abgab, im Sommer 1844 gewandelt hatte. Nicht nur wurde die Französische Revolution nun als „Experiment" bezeichnet, „welches durchaus noch dem achtzehnten Jahrhundert angehörte", auch wurde ihr beschieden, dass „die Ideen, die sie hervorgetrieben hatten, [...] über den Zustand, den sie mit Gewalt aufheben wollte, nicht hinaus[führten]".[88]

Weit davon entfernt, Vorbildcharakter für die Überwindung der deutschen bestehenden Verhältnisse zu haben, wurde sie in der Interpretation Bauers von der Lösung zur Ursache der zeitgenössischen Problemlage. Die französische aufklärerische Lite-

---

[86] [Bruno Bauer:] Was ist jetzt der Gegenstand der Kritik?, in: Ebenda, H. 8 vom Juli 1844, S. 18-26, hier S. 22: „An diesem Punkte hätte die Kritik entweder stehen bleiben oder sogleich weiter vorschreiten, das ganze politische Wesen ihrer Prüfung unterwerfen und als ihren Gegner darstellen sollen, – wenn es nur möglich gewesen wäre, daß sie im damaligen Kampfe hätte stehen bleiben können, und wenn es nur auf der andern Seite nicht ein gar zu strenges geschichtliches Gesetz wäre, daß ein Princip, indem es sich mit seinem Gegensatze zum erstenmale mißt, sich von ihm herabdrücken lassen und die Forderung aufstellen muß, daß er mit seinen vorgegebenen Vorzügen Ernst machen solle. Das politische Wesen war so eben noch der Widerspruch gewesen, daß es allerdings durch die Beschränktheit seiner Formen den Egoismus der Partheien, der Stände und der Corporationen gezügelt hatte: war es also nicht eine nothwendige Consequenz, daß die Kritik die Forderung aufstellte, es solle sich zur vollkommenen Oeffentlichkeit und Freiheit entschließen?"
[87] Ebenda, S. 18: „Diejenigen, die in den öffentlichen Blättern der Entfremdung der Masse gegen eine Richtung, welche der gegenwärtigen Verstimmung Herr zu werden sucht, ein Paar abgebrochene Worte geliehen haben, konnten sich unmöglich eines Erfolgs erfreuen, der ihrer eigenen Stellung größere Sicherheit gegeben und ihnen eine begründetere Achtung gegen sich selbst eingeflößt hätte. Wie die Menge, deren Organ zu seyn, ihre tägliche Bemühung ist, mit der Entwickelung der letzten Jahre unbekannt, fühlen sie sich durch die neue Wendung der Dinge einfach nur befremdet: – sie sind also auch nur im Stande, diese für sie befremdende Ueberraschung mehr oder weniger naiv oder indolent oder mit einigem Poltern auszusprechen."
[88] Ebenda, S. 24.

ratur des 18. Jahrhunderts, von welcher Bauer noch im Sommer 1842 aussagte, „Manches bedarf bloß einer Uebersetzung in die moderne Sprache, so richtig ist es und stimmt es sogar mit den neuesten Entdeckungen und Sätzen überein",[89] und die „Ideen" eines Holbach, eines La Mettrie oder eines Boulanger,[90] auf welche er noch zur Jahreswende 1842/43 im *Entdeckten Christenthum* rekurrierte, um die Hoheit der theologischen Bestimmung der zustandsrelevanten Bewusstseinsträger zu brechen, bildeten nun den Hintergrund, ausgehend von welchem Bauer die Entstehung des Phänomens der „Masse" erklärte. Es kann in der Konsequenz auch nicht verwundern, dass es nun heißt, die frühere Begeisterung der Kritik hätte der Französischen Revolution „nicht genau und im prosaischen Sinne", sondern in ihrer Funktion als „Symbol", als „phantastischer Ausdruck für die Gestalten, die sie am Ende ihrer Arbeiten sah", gegolten.[91] Symbol sei sie gewesen und habe, wie es ebenfalls im Falle des „politischen Wesens" der erfolgreich veränderten zeitgenössischen deutschen Zustände zu erwarten gewesen wäre, durch ihre Aufhebung der „feudalistischen Abgrenzungen innerhalb des Volkslebens" erst die Menge der nunmehr ungehemmt ihren selbstsüchtigen, egoistischen Interessen folgenden Atome hervorgebracht, welche der Kritik nun als „Masse" gegenüberständen.[92] Für Bauer bedeutete insofern die von der Französischen Revolution erreichte und von (Teilen) der deutschen Opposition des Jahres 1842 beabsichtigte Aufhebung der Ständegesellschaft zwar immer noch einen Fortschritt, aber diese Bedeutung konnte ihr nur aus dem Grunde zukommen, dass mit ihr der eigentlich beherrschende Gegensatz der geschichtlichen Entwicklung – derjenige zwischen Kritik und Masse – zutage getreten sei.

In der Falllinie dieser Interpretation konnte Bauer dann auch, wie bereits angesprochen, die augenscheinliche Niederlage der junghegelianischen Aufklärung in einen Sieg der Kritik umdeuten, denn mit dem Scheitern des aufklärerischen Diskurses sei eben eine neue Frontlinie, ein neuer, zu überwindender Gegensatz auf die Bühne der Geschichte getreten, sei ein neues Kapitel der Menschheitsgeschichte aufgeschlagen worden. Der Preis für diese Wandlung vom historischen Verlierer zum geschichtlichen Sieger bestand allerdings darin, dass Bauers „reine" Kritik die mit der Anknüpfung an die Französische Revolution verbundene Verheißung und Strahlkraft emanzipativer Bewegungen einbüßte und er sämtliche Bindungen zu seinen ehemaligen Mitstreitern kappen musste, solange diese sich nicht seiner Position anzuschließen bereit wären – und wie sich zeigen sollte war außer einigen wenigen Bauer-Vertrauten niemand bereit, diesen Preis zu zahlen.

---

89 Bauer an Ruge, 17. August 1842, Hundt, S. 1121.
90 Ernst Barnikol: Das entdeckte Christentum im Vormärz. Bruno Bauers Kampf gegen Religion und Christentum und Erstausgabe seiner Kampfschrift, a. a. O., S. 94.
91 [Bruno Bauer:] Was ist jetzt der Gegenstand der Kritik?, a. a. O., S. 24.
92 Ebenda.

Bauers Position war nunmehr eine der Äquidistanz zu Opposition und Reaktion. War die bestimmende Entgegensetzung der Bauer'schen Kritik vor der Enttäuschung eben die Entgegensetzung von Opposition und Reaktion gewesen – die sich unter umgekehrten Vorzeichen, aber mit derselben Priorisierung der Französischen Revolution zur Deutung der Entwicklungen der Gegenwart bedienten –, so entwarf Bauer im Sommer 1844 eine Entgegensetzung, welche Opposition und Reaktion in der Gegenüberstellung zur „reinen" Kritik vereint: „Die Masse der Freunde und der Feinde war in gleicher Weise unfähig, dem Gange der Sache zu folgen: die Gegner waren von vorn herein mit ihr fertig, weil sie auf ebener Erde nicht gehen lernen wollten – die Freunde, weil sie immer schon am Ende standen: die Gegner gehörten der Innung der blinden Sehenden an – die Freunde sahen und wußten immer Alles, was die Theorie in einem gründlichen und langsamen Proceß hervorbringen muß, längst im Voraus."[93] Und er schloss: „Die Forschung hat nie einsamer gestanden, als in der Zeit, wo ihre Gegner die Furcht hegten, daß alle Welt für sie eingenommen sey."[94]

Dieses von Bauer soeben beschriebene, umfassende Missverständnis, dass sämtliche der von ihm für die jüngere Geschichte verantwortlich gemachten Akteure – gebildete Kritik, oppositionelle Masse und reaktionärer Staat – von einer intimen Verbindung von Kritik und Masse ausgegangen seien, dass also von staatlicher Seite die Kritik ob ihrer Fähigkeit, die Massen zu bewegen, als Bedrohung angesehen worden sei, dass die Masse die Annahme gehegt habe, die Kritik habe ihrem, praktisch zu führenden Kampf schon das theoretische Fundament geliefert, und dass die Kritik geglaubt habe, der Enthusiasmus der Masse speise sich aus demselben inneren Ringen um Erkenntnis wie ihr eigener, führte Bauer auf eine besondere Eigenheit der Deutschen zurück: „Man hat es schon oft bemerkt, belobt, bewundert und bespottet, daß der Bildungsgang der Deutschen, ihre bemerkenswerthesten Thaten, ihre revolutionären Aufregungen und Kämpfe literarisch waren."[95] In der Spezifizität des Jahres 1842 äußerte sich diese nationale Besonderheit der Deutschen, so fährt Bauer fort, in der maßlosen Überschätzung des Einflusses, welcher einzelnen literarischen Erzeugnissen zukäme:

> Die tiefe Kluft, die ein ‚Paar hochmüthige Egoisten' von der Menge scheidet, diese Kluft, von welcher sich jene Sprecher der Nation ‚mit Widerwillen abwenden' und welche die ‚Egoisten' zum Gegenstand eines anhaltenden Studiums machen, um ihre Bedeutung für die Zukunft kennen zu lernen und zugleich aufzuheben, ist zum Theil dadurch entstanden, daß die überwiegende Mehrzahl selbst derjenigen, die an der Entwicklung der letzten Jahre thätigen Antheil nahmen oder mit Enthusiasmus ihr folgten, in einzelnen literarischen Producten, also auch in einem einzelnen Werke, in einer Zeitung, in einer Zeitschrift – also auch wohl in einem einzelnen

---

93 Ebenda, S. 20.
94 Ebenda.
95 Ebenda, S. 19. Es stellt sicher eine der eher unvermuteten Koinzidenzen der Ideengeschichte dar, dass Marx und Engels Bauer in dieser Betonung deutscher Eigenheiten für die Erklärung des Scheiterns folgen sollten. Siehe unten, Kapitel 12, Abschnitt 4.

Aufsatze eine Entscheidung sahen, die unumstößlich, für alle Zeit ausreichend, also auch unfehlbar von einem nahen Siege begleitet seyn müsse. Man stand in demselben Irrthum, wie diejenigen, die der drohenden Entwicklung ein Ende gemacht zu haben meinten, indem sie die Gränzen der literarischen Verhandlungen enger zogen und eine Art von Literatur äußerlich abschlossen, die im Grunde auch innerlich abgeschlossen war und sich nicht einmal als Wiederholung derselben Wendungen fortsetzen konnte. [...] Auch die Aufregung und Bewegung der letztverflossenen drei Jahre gehörte dem Gebiet der Literatur an und daß man sie als eine solche auffaßte und mit Theilnahme begrüßte, war der erste Fehler, den man beging – der Fehler, der sich so schnell mit einer ungeheurn Erschlaffung und Ermattung selbst bestrafte. Es war hinreichend, daß die Literatur mit einem neuen Werke bereichert wurde, daß eine Zeitschrift mit einem gediegenen und originellen Aufsatz auftrat, um alle Enthusiasten mit der Hoffnung zu erfüllen, daß das Alte vor der Macht des Neuen sich unmöglich mehr lange halten könne. Les't, lest, rief man, gebt es Allen zu lesen und ihr werdet sehen, daß wir gewonnen haben.[96]

Allen Versuchen Bauers zum Trotz, die eigene Verwicklung in die soeben dargestellten Irrtümer der junghegelianischen Aufklärung vor der Enttäuschung kleinzuschreiben, muss festgehalten werden, dass diese Beschreibung natürlich auch eine Abrechnung mit Bauers eigenen Erwartungen und Hoffnungen darstellt, was im Übrigen in der retrospektiven Reflexion der damals beteiligten Junghegelianer auf das Scheitern kein singulärer Zug war – und wohl als Nebenprodukt einer durch die in der Verarbeitung gewonnenen Erkenntnisschritte gestützten Distanzierung von den vergangenen Ereignissen zu betrachten ist. Bemerkenswert an dieser Passage ist jedoch etwas anderes: Bauer unternahm in dieser Passage die erste tatsächliche Kritik des bewusstseinszentrierten Modells gesellschaftlicher Veränderung; wenn man so will, finden sich hier die ersten Züge einer von Marx und Engels später zur Vollendung getriebenen Ideologiekritik. Bauer demaskierte den Glauben an die weltumstürzende Kraft der Ergebnisse aufklärerisch-philosophischer Evidenzproduktion als Irrtum. Es könnte in dieser Passage so scheinen, als hätte Bauer darüber hinaus den Glauben an die Macht diskursiver Einsätze in der Herbeiführung radikaler gesellschaftlicher Wandlungen verloren und als trennte ihn vom grundlegenden materialistischen Zweifel an der Wirksamkeit philosophischer Aufklärungsversuche nur noch eine Haaresbreite. Dass Bauer jedoch trotz dieser Zweifel unter Zuhilfenahme seiner Unterscheidung von oberflächlicher und tiefgreifender Übernahme einer Wahrheit an einem, wenn auch um diesen Unterschied modifizierten, bewusstseinszentrierten Modell gesellschaftlicher Veränderung festhielt, zeigt sich in der wenig später folgenden Deklamation: „Spottet immerhin über eine Nation, deren geistiges Budget auf der Leipziger Ostermesse berechnet wird, lacht über den Thoren, der in wahnsinniger Selbstvergessenheit über neuen literarischen Arbeiten brütet und den Hochmuth hat, durch ein Paar Federzüge der Welt eine andere Gestalt zu geben, – nennt aber auch

---

96 [Bruno Bauer:] Was ist jetzt der Gegenstand der Kritik?, a. a. O., S. 19.

die einzige geschichtliche Epoche, die nicht von der Feder gebieterisch vorgezeichnet war und ihre Erschütterung mit einem Federstrich beschließen lassen mußte."[97]

Die „reine" Kritik Bauers blieb insofern ein Diskurs, der – wenn auch widerwillig und um die Vermeidung jedes noch so geringen Anscheins der Anbiederung bemüht – auf die Überzeugung seiner Adressaten mit dem Instrumentarium philosophischer Evidenzproduktion abzielte. Die Qualifizierung der gewonnenen Zustimmung in eine nur oberflächliche und eine unerschütterliche, tiefgreifende, die, wie bereits gezeigt, praktisch auf den Unterschied zwischen bedingungsloser Treue zu Bauer und nur zeitweiliger Assoziation reduziert werden kann, versetzte Bauer zwar in die Möglichkeit, Fragen bezüglich der Zugehörigkeit zum Kreis relevanter Adressaten selbst zu entscheiden und damit die Integrität seines kritischen Ansatzes gegenüber ablehnenden Reaktionen zu wahren, von einem politisch relevanten, weil um die Konstitution breitestmöglicher, emanzipativer Bewegungen bemühten, aufklärerischen Diskurs kann in diesem Falle jedoch nicht mehr gesprochen werden. Wenn Bauer zum Ende von *Was ist jetzt der Gegenstand der Kritik?* zusammenfassend ausführte, dass die Kritik „den Versuch machte, das Extrem der politischen Aufklärung des achtzehnten Jahrhunderts, die Revolution, einer neuen Prüfung zu unterwerfen", und folgerte, dass, wenn „die Kritik sich selbst und die politische Aufklärung zu ihrem Gegenstande macht, [...] die Masse [...] der Gegenstand ist, dem sie vorzugsweise ihr Studium widmen muß", so liegt der Schluss nahe, dass Bauer sich dieser Konsequenz bewusst gewesen sein musste.[98]

Der Bauer der „reinen" Kritik ist vor diesem Hintergrund nur noch begrenzt als Aufklärer zu betrachten, und in der Folge gewann ein Zug die Oberhand über die Bauer'sche Weiterentwicklung des auch von ihm einst mit Leidenschaft geführten klassisch-aufklärerischen Diskurses, der zwar zum Grundrepertoire der Debatte um die Weiterentwicklung des aufklärerischen Diskurses gehörte, aber von keinem anderen mit vergleichbarer Intensität betrieben wurde: der Versuch, über die Reduktion seiner ehemaligen Mitstreiter zu Faktoren einer nur von ihm angemessen erfassten Entwicklung die Hoheit in der Deutung des mit der Enttäuschung obsolet gewordenen Selbstverständnisses der deutschen Spätaufklärer zu erlangen. Vor diesem Hintergrund sollte es sich als äußerst fruchtbar erweisen, dass das Bauer'sche Konzept „Masse" bezüglich des Bildungsstands der sie ausmachenden, atomisierten Individuen indifferent war, sprich, dass Bauer seine zu Konkurrenten gewordenen, ehemaligen Mitstreiter aufgrund ihrer Entdeckung eines vermeintlich verlässlicheren Adressaten aufklärerischer Diskurse zur „Masse" rechnen konnte und sie so zum Gegenstande erklärte, dem die Kritik „vorzugsweise ihre Studium widmen muss": „Als die deutschen Aufklärer in ihren Hoffnungen vom Jahre 1842 sich plötzlich getäuscht sahen und in ihrer Verlegenheit nicht wußten, was nun anzufangen sey, kam ihnen

---

[97] Ebenda, S. 20.
[98] Ebenda, S. 25.

noch zur rechten Zeit die Kunde von den neueren französischen Systemen. Sie konnten nun von der Hebung der untern Volksklassen reden und um diesen Preis durften sie sich der Frage überheben, ob sie nicht selbst zu der Masse gehörten, die eben nicht nur in den untersten Schichten aufzusuchen ist."[99]

Diese Entscheidung Bauers, von diesem Moment an verstärkt Feuerbach und die sich auf ihn berufenden, mehr oder minder stark von französischen, frühsozialistischen Systemen beeinflussten zum bevorzugten Gegenstand der Kritik zu erheben, findet einen ersten Ausdruck in dem zwei Monate nach *Was ist jetzt der Gegenstand der Kritik?* ebenfalls in der *ALZ* veröffentlichten Text *Die Gattung und die Masse*.[100] Der Sachverhalt, dass Bauer sich in diesem Text bemühte, zentrale Begrifflichkeiten seiner Gegner in das Vokabular von „Kritik" und „Masse" einzuschreiben – etwa Proletariat mit „Masse" gleichsetzte[101] –, war dabei wohl eher Ausdruck des Versuchs, dem drohenden Bedeutungsverlust einer nur noch um sich selbst kreisenden „reinen" Kritik vorzubeugen, als Zeugnis der besonderen Anschlussfähigkeit und Fruchtbarkeit der Bauer'schen Dichotomie. Als weiterer Versuch, mit seiner zunehmend esoterisch werdenden „reinen" Kritik von der Aufmerksamkeit zu profitieren, welche die Mischung von Feuerbach'scher Anthropologie und französischem Sozialismus zu generieren in der Lage war, ist auch die, aufgrund der dezidierten Lossagung Feuerbachs von Hegel besonders provokante Unterordnung der Feuerbach'schen Kategorie der „Gattung" unter die Hegel'sche Organismusmetaphorik zu verstehen,[102] einer Unterordnung, in deren Konsequenz die Aufhebung der ehedem die egoistischen Interessen der Individuen in Schach haltenden, „feudalistischen Abgrenzungen" erst die nur noch diesen egoistischen Interessen folgenden Individuen der „Masse" hervorbrachte, die für die diskursiven Einsätze einer um die interesselose Erkenntnis der Wahrheit ringenden Kritik unzugänglich wurden.

Die in dieser Aberkennung der Fähigkeit, sich unter Ausblendung der egoistischen Interessen nur von dem Wunsch nach Erkenntnis bestimmen lassen zu können, zum Ausdruck kommende Verachtung der Adressaten des klassisch-aufklärerischen Diskurses der junghegelianischen Debatte ist wahrscheinlich die markanteste

---

99 Ebenda.
100 [Bruno Bauer:] Die Gattung und die Masse, in: Allgemeine Literatur-Zeitung, H. 10 vom September 1844, S. 42–48.
101 Ebenda, S. 42/43: „Die Masse in ihrer Bestimmtheit als Proletariat ist das Abbild und das Resultat vom Verfall des Gegensatzes, der ihr gegenübersteht – ihr unorganischer Haufe ist nur möglich, wenn die gemeinsamen Standesinteressen in das reine Interesse, in die Unendlichkeit der concurrirenden Interessen sich aufgelöst haben."
102 Ebenda, S. 43/44: „Die Masse als solche ist eine Erscheinung, die erst eintreten konnte, nachdem die specifischen Unterschiede, in welchen sich die Gattung bisher dargestellt hatte, erblaßt waren. Sie ist der Verfall der Gattung in die Menge der einzelnen Atome, die Auflösung der besondern Schranken, welche die Individuen bisher zwar trennten, aber auch verbanden und in eine mannigfaltige Beziehung setzten; sie ist ein bloß elementarischer Stoff, der Niederschlag einer zersetzten organischen Gestalt."

Trennscheide, welche Bauer von seinen weiterhin um die Emanzipation depravierter Bevölkerungsschichten bemühten, ehemaligen Weggefährten abhebt. Bauer war, streng dialektisch, der Auffassung, dass nicht die im Rahmen der französischen Systeme beabsichtigte Hebung,[103] sondern erst die von der Kritik zu leistende Aufhebung der Masse – wie auch immer diese vonstattengehen sollte – einen gesellschaftlichen Zustand herbeiführen werde, in welchem dem von der Konkurrenz egoistischer Interessen gereinigten Gemeinwohl Rechnung getragen werden könne. Und unter erneuter Bekräftigung des bereits dargestellten Zusammenfallens von oppositioneller Masse und reaktionärer Staatsgewalt in den einen Gegner der „reinen" Kritik[104] endete Bauer mit der Erklärung, den Kampf vorerst mit demjenigen Teil der Masse zu führen, der nicht über die Möglichkeiten verfügte, welche die Niederlage des klassisch-aufklärerischen Diskurses bedingt hatten, der vielmehr, so Bauers Hoffnung, sich zu einer Antwort provozieren ließe: „Alle diese Versuche [der Hebung der Masse, UP] endigen also in einem unausbleiblichen Krieg der Menge gegen den Geist und das Selbstbewußtsein, und die Bedeutung dieses Krieges ist keine geringere, als die, daß in ihm die Sache der Kritik gegen die Gattung entschieden wird."[105]

Zum Abschluss dieser Darstellung der Bauer'schen Verarbeitung der Enttäuschung von 1842/43 und seiner Weiterentwicklung des klassisch-aufklärerischen Diskurses kann konstatiert werden, dass Bauer im Zuge dieser Verarbeitung und Weiterentwicklung sich zunehmend aus dem aufklärerischen Kontext, in welchem die junghegelianische Debatte stets verortet war, verabschiedete und über die Etappen einer Abwertung des Gewichts der divergierenden Evidenzerfahrungen der im Übrigen für sein Scheitern verantwortlichen Adressaten des klassisch-aufklärerischen Diskurses, seiner offensiv betriebenen Entpolitisierung und der Konzipierung der diametral zum aufklärerischen Antagonismus von Opposition und Reaktion verlaufenden Dichotomie von Kritik und Masse schließlich dabei endete, diejenigen zu attackieren, welche nicht die gleiche Entfremdung vom emanzipativen Projekt der Aufklärung durchliefen, wie er selbst. Wenn man sich das Ausmaß der Kritik vor Augen führt, welche

---

103 Vgl. [Bruno Bauer:] Was ist jetzt der Gegenstand der Kritik?, a. a. O., S. 25: „Die Franzosen haben eine Reihe von Systemen aufgestellt, wie sie zu organisiren sey – sie haben aber phantasiren müssen, da sie die Masse, wie sie ist, als brauchbares Baumaterial ansahen."
104 [Bruno Bauer:] Die Gattung und die Masse, a. a. O., S. 47: „Die Kritik bringt die aufgeklärten Biedermänner, die bereits die ganze Welt erkannt hatten, also auch der Herrschaft vollkommen gewiß waren, um ihr illusorisches Selbstgefühl und sie ruft zugleich die Reaction hervor, die allgemein und umfassend werden muß, da sie sich durch die irre gewordenen Aufklärer verstärkt, welche die Kritik ihr in die Arme und zu Füßen wirft. Die Concurrenz führt zur einseitigen Ansammlung von Capitalien, die sich zuletzt einem einzigen werden unterwerfen müssen und, die Masse, die nichts Höheres kennt, als ihre sinnliche Existenz – wird sie zögern, sich dem Capital zu unterordnen, welches ihr Beschäftigung und das Leben sichert? Die Concurrenz ist dann vereinfacht – das Selbstbewußtseyn wird sich mit seinem concentrirten, specifischen Gegensatz, dem Vorrecht, der vollendeten Reaction ins Reine setzen. Die Sache nimmt dann eine neue, eine reine Wendung."
105 Ebenda, S. 48.

Bauer in der Folge durch Stirner, besonders aber durch Marx und Engels in der *Heiligen Familie* und in den Manuskripten zur „Deutschen Ideologie" erfahren sollte, so trog ihn zumindest der Instinkt nicht, dass die von ihm solcherart angegriffenen ehemaligen Weggefährten den hingeworfenen Fehdehandschuh nicht verschmähen würden. Zumindest in Bezug auf die Überzeugung von der Notwendigkeit einer Kritik der divergierenden Ansätze zur Weiterentwicklung des gescheiterten aufklärerischen Diskurses sollte die frühere Einigkeit der deutschen Spätaufklärer noch auf Jahre hinaus gewahrt bleiben.

3.3 Das Dilemma der enttäuschten Aufklärung

Zu konstatieren, dass Ludwig Feuerbach und Bruno Bauer die für die frühe Entwicklung des aufklärerischen Diskurses im Vormärz wichtigsten Impulse gegeben haben, sollte – erst recht nach den bisherigen Ausführungen – keine allzu überraschende Schlussfolgerung sein. Die Rückgewinnung der Autonomie des philosophisch-aufklärerischen Diskurses aus der Hegel'schen Harmonisierung mit den Ergebnissen theologischer Evidenzproduktion und die daraus resultierende Wiederaufnahme der Frontstellung von Philosophie und Theologie, die Neueröffnung des Kampfes um die Hoheit in der Bestimmung der zustandsrelevanten Bewusstseinsträger ist ohne den Einfluss der Schriften Feuerbachs und Bauers kaum zu denken. In Verbindung mit der Annahme des bewusstseinszentrierten Modells gesellschaftlicher Veränderung waren die Bedingungen für eine im Vergleich mit ihrem französischen Vorbild quasi in Zeitraffer ablaufende deutsche Spätaufklärung gegeben, welche den Erfolg der französischen Aufklärung des 18. Jahrhunderts sowohl in der Zurückdrängung des Einflusses der Theologie auf die Bestimmung des Bewusstseins der zustandsrelevanten Bewusstseinsträger als auch in der aus dieser Zurückdrängung folgenden Unterhöhlung der Akzeptanz monarchischer, bzw. despotischer Staatlichkeit in den vormärzlichen deutschen Ländern zu wiederholen suchte.

Die mit dem bewusstseinszentrierten Modell gesellschaftlicher Veränderung einhergehende Vorstellung, dass es allein am Willen der zustandsrelevanten Bewusstseinsträger (des Volks in der französischen, des Königs und seiner Beamten in der preußischen Konfiguration) hänge, ob die zeitgenössischen Verhältnisse Bestand hätten, oder ob sie dem Untergange geweiht seien, war zwar äußerst fruchtbar für die Reinstanziierung eines mit politischem Anspruch auf Veränderung verbundenen aufklärerischen Diskurses – insofern sie dem Glauben Nahrung gab, alles, was zum Umsturz der bestehenden Verhältnisse nötig wäre, sei die Formulierung überzeugender Religionskritiken und deren anschließende Zirkulation –, sie sollte sich jedoch vor dem Hintergrund der im Zuge der Reaktion von 1842/43 eingetretenen Enttäuschung als fatal erweisen. Dass die Erfolge der jahrelangen Aufklärungsarbeit über die den Despotismus autokratischer Herrscher legitimierenden Irrtümer von christlicher Religion und Theologie mit ein paar einfachen Verboten kassiert werden konnten, überstieg den Erwartungshorizont selbst der gemäßigsten unter den Junghegelianern. In der Passivität der adressierten Bewusstseinsträger, die, wie im Rahmen des bewusstseinszentrierten Modells gesellschaftlicher Veränderung vorgesehen, über mehrere Jahre mit den überlegen Wahrheiten philosophischer Evidenzproduktion konfrontiert worden waren, zeigte sich eine tief verstörende Ohnmacht des aus der Hegel'schen Harmonisierung befreiten philosophisch-aufklärerischen Diskurses bei der Herbeiführung einer radikalen Umwälzung der gesellschaftlichen Zustände. In der Folge sahen sich die junghegelianischen Aufklärer mit der Situation konfrontiert, dass eine oder mehrere der in das bewusstseinszentrierte Modell gesellschaftlicher Veränderung eingeflossenen Grundannahmen durch die Entwicklung in gewissem Sinne falsifiziert worden waren. Da jedoch an der prinzipiellen Möglichkeit radikaler gesellschaftlicher Veränderung aufgrund der Faktizität der Französischen Revolution kein Zweifel bestehen konnte, setzte nach dem Scheitern der klassischen Form des aufklärerischen Diskurses eine intensive Reflexion der Gründe dieses Scheiterns und der Bedingungen der Möglichkeit gesellschaftlicher Veränderung ein.

Diese Reflexion begründete das Dilemma, welches die Versuche der Weiterentwicklung des aufklärerischen Diskurses bestimmen sollte. Vor dem Hintergrund, dass es den Ergebnissen der philosophischen Evidenzproduktion nicht gelang, die Adressaten des aufklärerischen Diskurses zur Erhebung wider die bestehende Ordnung zu bewegen, boten sich nur zwei Möglichkeiten der Erklärung an: Entweder lag der Makel der Ohnmacht des aufklärerischen Diskurses auf Seiten der seine Überzeugungskraft begründenden philosophischen Evidenz gelingender Begriffsentwicklung, oder er lag auf Seiten der Adressaten dieses Diskurses, die (noch) nicht bereit waren, sich von den richtigen Evidenzerfahrungen bestimmen zu lassen. Im ersten Fall entschied man sich, die philosophische Form des aufklärerischen Diskurses infrage zu stellen, im zweiten musste man die Relevanz der sich bei den Adressaten einstellenden oder ausbleibenden Erfahrungen von Evidenz infrage stellen. Das die Debatte um die Weiterentwicklung des aufklärerischen Diskurses bestimmende Dilemma bestand insofern darin, entweder, im Bruch mit dem gehegten Selbstverständnis als überlegene Wahrheiten verbreitende Aufklärer, auf die Fähigkeit der unmittelbaren Beeinflussung „Noch-nicht-Aufgeklärter" zu verzichten, oder, im Widerspruch mit den eigenen Erfahrungen von Evidenz die Angemessenheit der philosophischen Evidenzproduktion für die Bestimmung der relevanten Bewusstseinsträger zu bezweifeln. Mit anderen Worten: nach der Enttäuschung von 1842/43 mussten sich die Protagonisten der junghegelianischen Debatte für Selbstgewissheit und den Verlust politischer Relevanz oder für politische Relevanz und den Verlust der Selbstgewissheit entscheiden.

Die im vergangenen Kapitel behandelten Ludwig Feuerbach und Bruno Bauer entschieden sich, wenn auch auf je eigene Weise, beide für die erste Variante: Beide gingen im Zuge ihrer Verarbeitung der Enttäuschung dazu über, die Relevanz der von den Adressaten gezeigten Reaktionen für die Frage der Geltung des philosophisch-aufklärerischen Diskurses zu bestreiten – Feuerbach, indem er die Passivität auf die verfrühte politische Inanspruchnahme der an sich überzeugenden antitheologischen Evidenzen zurückführte, Bauer, indem er die Passivität in der Ontologie der „Masse" verankerte –; beide verlagerten das Eintreten der ausgebliebenen Überzeugungsleistung in die Zukunft – Feuerbach auf die (noch Jahrhunderte bedürfende) Ankunft eines „neuen" Menschen, Bauer auf den (unbestimmten) Zeitpunkt der Überwindung der Masse durch die Kritik – und beide entschieden sich für die Entpolitisierung des aufklärerischen Diskurses, also für den Wandel des auf die Emanzipation breiter Bevölkerungsschichten zielenden Projekts der Aufklärung zu einem Projekt individueller oder bestenfalls minoritärer Selbstvergewisserung in Zeiten großer Umbrüche.

Für den anderen Weg, für die Aufgabe der philosophischen Form des aufklärerischen Diskurses zur Wahrung seiner politischen Relevanz entschieden sich diejenigen Autoren, denen der verbleibende Teil dieser Untersuchung gewidmet ist. Einen ersten Ausgangspunkt bildete dabei ein Ansatz zur Erklärung des Scheiterns, welcher von Bauer immerhin nicht vollständig ignoriert wurde, wenn er zwischen der nur oberflächlichen und der tiefgreifenden Übernahme der argumentierten Wahrheiten unterscheidet. Zugrunde liegt dieser Unterscheidung die Annahme einer von der junghegelianischen Debatte unterschätzten Wirkmächtigkeit von Interessen auf Seiten der Adressaten, welche nicht unmittelbar auf wahre Erkenntnis zielen. Unterwirft man den Bauer'schen Vorwurf einer nur oberflächlichen Übernahme von Wahrheiten, die ihre Überzeugungskraft aus der philosophischen Evidenzproduktion beziehen, durch eine Masse atomisierter Individuen, welche nach dem Wegfall der „feudalistischen Abgrenzungen" ungehemmt ihren Eigennutz verfolgen, einer genaueren Betrachtung, so nimmt dieser Vorwurf die Form an, dass die massenhaften Individuen sich in ihren Handlungen, trotz des von ihnen für die Wahrheiten der Aufklärer gezeigten Enthusiasmus, primär von anderen Interessen als dem Erkenntnisinteresse motivieren lassen.[106]

Bauer wusste mit dieser Erkenntnis nichts anzufangen, außer darauf zu beharren, dass die erkenntnisfremden Interessen im Zuge des Sieges der Kritik über die Masse ihre Wirksamkeit einbüßen würden. Stirner, Marx und Engels hingegen ließen sich in ihren Weiterentwicklungen des aufklärerischen Diskurses von dem Erklä-

---

106 Fragt man nach dem Grund für diese, wenn man so will, Blindheit gegenüber Handlungsanreizen, die ihren Ausgang nicht von der Suche nach wahrer Erkenntnis und größter Gewissheit nehmen, so scheint es plausibel, diesen Grund in der theologischen Herkunft der überwiegenden Mehrheit der Junghegelianer zu verorten. Für die radikal vom Glauben abgefallenen, ehemaligen Gläubigen ist die Aufgabe des Füllens der entstandenen metaphysischen „Lücke" eine persönliche Notwendigkeit gewesen, die ihnen die Suche nach einem Ausweg aus den religiösen Zweifeln als alles dominierenden Handlungsanreiz erscheinen ließ. In gewisser Hinsicht ließe sich insofern die Behauptung aufstellen, dass der aufklärerische Diskurs erst mit dem radikalen (auch erkenntnistheoretischen) Individualismus Stirners oder der, Religion und Philosophie zu Effekten einer materialistischen Grundlage erklärenden Ideologiekritik von Marx und Engels tatsächlich autonom gegenüber theologischen Kontexten wurde.

rungsansatz leiten, dieser sei in seiner philosophischen Form vor allem aus dem Grund gescheitert, weil er der größeren Wirkmächtigkeit erkenntnisfremder gegenüber auf Erkenntnis zielender Interessen keine Beachtung geschenkt habe. Stirners Apologie eines bewussten Egoismus und Marx'/Engels' Betonung der Zentralität von Fragen der Lebenserhaltung bei der Erklärung des geschichtlichen Verlaufs sind Versuche, einen aufklärerischen Diskurs zu begründen, der seine Überzeugungskraft aus Erfahrungen von Evidenz bezieht, welche seine Adressaten tatsächlich zur Erhebung wider die bestehende Ordnung motivieren. Wie im Folgenden zu sehen sein wird, brechen Stirner, Marx und Engels mit zentralen Gewissheiten der junghegelianischen Phase der deutschen Spätaufklärung und nehmen auf je eigene Weise die Anstrengungen des Prozesses einer radikalen Selbstvergewisserung auf sich, um, auch nach der Enttäuschung von 1842/43, einen aufklärerischen Diskurs instanziieren zu können, der für seinen Fortbestand nicht mit der Preisgabe seiner politischen Relevanz zahlen muss.

4 Max Stirner als Vertreter der philosophischen Aufklärung

Einer angemessenen Würdigung der Rolle Stirners in der deutschen Spätaufklärung steht häufig der singuläre Erfolg im Wege, welchen seine einzige, in Buchform erschienene Schrift *Der Einzige und sein Eigenthum* erzielen konnte. Über diesen Erfolg gerät häufig in Vergessenheit, dass Stirner mitnichten als „*vir unius libri*" zu betrachten ist, dessen schriftstellerisches Schaffen sich auf das eine Werk beschränkt, mit welchem der Name Stirner – vor allem in der Gegenwart – verbunden wird. Gerade in der Zeit vor der Enttäuschung 1842/43 konnte Stirner eine Anzahl an publizistischen Vorhaben realisieren, die den Vergleich mit den prominenteren Figuren wie Feuerbach, Bauer oder Marx nicht zu scheuen braucht. Angesichts der Bedeutung, die Stirner in der Debatte um die Weiterentwicklung des gescheiterten philosophisch-aufklärerischen Diskurses als demjenigen zukommt, der als erster bereit war, den philosophischen Referenzrahmen des aufklärerischen Diskurses infrage zu stellen, kann auf die Berücksichtigung der Schriften nicht verzichtet werden, mit denen er sich an dem junghegelianischen Versuch einer radikalen gesellschaftlichen Veränderung beteiligte. Es wird sich im Verlauf des folgenden Kapitels zeigen, dass Stirner die Klaviatur der philosophischen Evidenzproduktion, die er als erster zu transzendieren versuchte, in ähnlicher Weise beherrschte, wie die anderen Protagonisten der deutschen Spätaufklärung. Wenn Stirner die Philosophie im *Einzigen* dem „Anderen" der Aufklärung zuschlagen wird, so geschah dies nicht aus einer mangelnden Vertrautheit mit ihr.

Die Sonderbehandlung, die den Stirner'schen Schriften, Korrespondenzen und Artikeln der Zeit vor der Enttäuschung 1842/43 im folgenden Kapitel zuteilwerden wird, findet in den angeführten Gründen ihre Legitimation. Der erste Abschnitt wird mit der Untersuchung der Examensarbeit ein Schlaglicht auf die philosophische Erziehung werfen, welche Stirner genoss, und den Weg nachzeichnen, auf welchem er einen verspäteten und dafür umso brachialeren Eintritt in die junghegelianische Debatte nahm. Im anschließenden zweiten Abschnitt werden seine publizistischen Beiträge bis zur Agitation für die „Freien" im Sommer 1842 – einem ersten Höhepunkt im publizistischen Schaffen Stirners – vorgestellt, die ihn in zwei der wichtigsten oppositionellen Zeitungen der frühen 1840er veröffentlichen sahen. Den Abschluss bilden dann die von ihm nach dem Scheitern der Agitation für die „Freien" veröffentlichten Beiträge, in denen Stirner beginnt, mit verschiedenen Möglichkeiten der Generierung von Überzeugungsleistungen zu experimentieren.

4.1 Die Examensarbeit und erste publizistische Einsätze

Bevor die Untersuchung der Texte vorgenommen werden kann, mit welchen Stirner seinen Eintritt in die junghegelianische Debatte nahm, gilt es, einige Spezifika zu notieren, die ihn von den bisher behandelten Autoren abheben. Zuvorderst ist natürlich der naheliegendsten Besonderheit Rechnung zu tragen: Johann Caspar Schmidt ist unter den Protagonisten der junghegelianischen Debatte derjenige, der die Verschleierung der bürgerlichen Identität am konsequentesten von allen betrieben hat. Zwar wurden die verschiedenen Möglichkeiten einer Erschwernis der Identifizierung eines Autors vermittels der anonymen oder pseudonymen Veröffentlichung von Schriften vor dem Hintergrund der vormärzlichen Zensur beileibe nicht nur von Stirner genutzt – so veröffentlichte etwa Bauer die *Posaune* und andere seiner radikaleren Schriften anonym, griff Engels für seine frühen Veröffentlichungen auf das Pseudonym „Friedrich Oswald" zurück und bildete der jüngere Bruder Bauers, Edgar, aus seinem Vornamen das Anagramm „Dr. Radge" –, kein anderer hat dies jedoch so entschieden betrieben wie Johann Caspar Schmidt, der der Nachwelt dann auch unter dem gewählten Pseudonym Max Stirner in Erinnerung geblieben ist.

Photographien oder autorisierte Portraitzeichnungen von Stirner sind nicht überliefert,[1] es besteht jedoch kein Grund, an der Aussage Mackays zu zweifeln, dass Johann Caspar Schmidt schon „von seinen Kommilitonen seiner auffallend hohen Stirn wegen" Max Stirner genannt wurde.[2] Die näheren Umstände, welche die Entscheidung für die Aufnahme einer ausschließlich pseudonymen publizistischen Tätigkeit motiviert haben, dürften in der Anstellung an der privaten „Lehr- und

---

[1] Die Profilzeichnung Stirners, welche die gebräuchlichsten Ausgaben des *Einzigen* ziert und auf Bitten John Henry Mackays 1892 vom späten Engels aus einer 50 Jahre überspannenden Erinnerung gefertigt wurde, sieht Stirner nach Aussage Mackays, der sie anderen Personen, die, wie die Baronesse von der Goltz, Stirner noch persönlich kannten, vorgelegt hat, „nicht ähnlich" (John Henry Mackay: Max Stirner. Sein Leben und sein Werk, 3., völlig durchgearb. u. verm., mit einem Namen- u. Sach-Register vers. Aufl., Berlin 1914 (Reprint der Mackay-Gesellschaft, Freiburg/Br. 1977), S. 222 u. XIII). Das andere Bildnis Stirners, das Teil der ebenfalls aus der Hand von Engels stammenden Karikatur „Ruge bei den Berliner ‚Freien'" ist, ist zwar zeitgenössisch, jedoch zu ungenau, um Rückschlüsse auf Stirners Physiognomie zu erlauben (abgedruckt in der ersten MEGA^1 I/2, Berlin 1930, Tafel VI zwischen den S. 276/277).

[2] John Henry Mackay: Max Stirner, a. a. O., S. 85. Dieses Werk Mackays, dessen dritte und letzte zu seinen Lebzeiten besorgte Ausgabe bereits mehr als ein Jahrhundert alt ist, ist trotz dieses Alters bis heute die reichhaltigste Quelle zum Leben Stirners. Es ist zu bedauern, dass Mackay, wie es im Vorwort zur zweiten Auflage heißt, dem „Wunsche, einer neuen Auflage die Quellen meiner Arbeit anzufügen, [...] auch diesmal nicht entsprechen" konnte (S. XVI). Vor diesem Hintergrund ist der Wahrheitsgehalt der Ausführungen Mackays, der doch an einigen Stellen fragwürdig scheint, nicht mehr zu prüfen. In Ermangelung anderer Quellen bleibt allerdings häufig keine andere Möglichkeit, als Mackays Ausführungen zu folgen. Dass die Physiognomie Stirners ausschlaggebend für die Wahl des Pseudonyms war, berichtet auch Engels: „... der Spitzname Stirner kam von [sei]ner merkwürdig hohen Stirn" (Engels an Max Hildebrandt, 22. Oktober 1889, MEGA^2 III/30, S. 30).

Erziehungs-Anstalt für höhere Töchter" der Frau Gropius zu finden sein,[3] denn offenbar wollte Stirner seine Position als Lehrer nicht durch seine oppositionellen Schriften gefährdet sehen. Diese Anstellung, die ihm vom 1. Oktober 1839 an den Lebensunterhalt ermöglichte, sollte er bis zum Zeitpunkt des absehbaren Erscheinens von *Der Einzige und sein Eigenthum* Ende Oktober 1844 inne haben, danach hatte er sich wohl erhofft, von den Tantiemen des *Einzigen* und seiner ebenfalls Ende 1844 aufgenommenen Tätigkeit eines Übersetzers klassischer Texte der Nationalökonomie ein Auskommen zu haben, wahrscheinlich aufgebessert durch die Mitgift seiner am 21. Oktober 1843 geehelichten Frau Marie Dähnhardt. Ein weiterer Grund dafür, dass Stirner sein Pseudonym auch nach der Beendigung seiner Lehrtätigkeit weitergeführt hat, könnte darin liegen, dass dem Pseudonym nach 1842, dem Jahr der höchsten Publikationsdichte seines Lebens, eine gewisse Reputation anhaftete, auf die Stirner nicht verzichten wollte. Schließlich darf auch nicht außer Acht gelassen werden, dass das Tragen eines selbstgewählten Namens auf einen Denker, der wie kein zweiter der Ermächtigung des Individuums zu freier Selbstbestimmung das Wort geredet hat, einen besonderen Reiz ausgeübt haben muss.[4]

Wie dem auch sei, Johann Caspar Schmidt ist als Publizist gegenüber seiner Umwelt und der Nachwelt nur unter einem Pseudonym in Erscheinung getreten.[5] Vor diesem Hintergrund kann es nicht überraschen, dass der einzige Text, der unter dem Namen Johann Caspar Schmidt überliefert ist, die zu Lebzeiten unveröffentlichte Examensarbeit *Ueber Schulgesetze* ist, die Stirner am 29. November 1834 zwecks Erhalt der *facultas docendi* an der Berliner Universität einreichte.[6] Auch wenn Stirner seine Prüfung, als deren Teil er noch eine „lateinische Uebersetzung nebst grammatischem und exegetischem Commentar über Thucydides VII, 78-87" einzureichen, drei Probe-

---

3 John Henry Mackay: Max Stirner, a. a. O., S. 51.
4 Nicht zuletzt aus diesem Grund soll zur Vermeidung von Missverständnissen auch im Rahmen dieser Untersuchung der Name „Stirner" genutzt werden. In Anwendung des von Stirner betonten Zweiklangs von Schöpfer und Geschöpf, welcher ein freies, selbstbestimmtes Individuum auszeichne (siehe unten, Kapitel 6, Abschnitt 1), ließe sich auch formulieren, „Johann Caspar Schmidt" bezeichne Stirner in seiner Eigenschaft als Geschöpf und „Max Stirner" bezeichne Schmidt in seiner Eigenschaft als Schöpfer.
5 Wenn Marx später in der Kritik Stirners im Rahmen der Manuskripte zur „Deutschen Ideologie" das Pseudonym stets in An- und Abführungszeichen setzt, so ist dies wohl nicht nur als Übernahme der von Stirner selbst in seiner Antwort auf die Kritiken, welche der *Einzige* von Feuerbach, Heß und Szeliga erfahren hatte, praktizierte Eigenheit zu verstehen – eine Eigenheit, die Stirner im Übrigen wiederum von Feuerbach übernommen hatte. Der Schluss liegt vielmehr nahe, dass Marx mit diesem Setzen von An- und Abführungszeichen auch auf die Diskrepanz hinweisen wollte, welche zwischen dem im *Einzigen* formulierten, radikalen Anspruch eines rücksichtslosen Egoismus und dem Sachverhalt bestand, dass der Autor dieser Schrift nur unter Pseudonym zu veröffentlichen bereit war.
6 Max Stirner: Ueber Schulgesetze. Mit einer Einführung von Rolf Engert. Neue Beiträge zur Stirnerforschung. Hrsg. von Dr. Rolf Engert – *Erstes Heft*. (Verlag des dritten Reiches.) Dresden Im Jahre 76 nach Stirners Einzigem [1920].

lektionen (Horatius Epist. I, 14, „Ueber Huss und die Hussiten" und über „Begriff und Gebrauch der deutschen Conjunctionen") zu halten sowie verschiedene mündliche Prüfungen zu bestehen hatte, am 29. April 1835 nur mit der Erteilung einer bedingten *facultas docendi* abschloss, so liegt der Grund für diese Einschränkung der Lehrbefugnis nicht in einem etwaigen oppositionellen Charakter der Ausführungen über Schulgesetze.[7] Stirner zeigt sich in diesem frühesten überlieferten Text vielmehr als strenger Hegelianer, der die Lösung der ihm gestellten Aufgabe vermittelst einer Entwicklung der Begriffe „Gesetz", „Lehrer" und „Schüler" betrieb.

Wenn dieser Text dennoch im Rahmen dieser Untersuchung thematisiert werden soll, so aus drei Gründen. Zum einen lässt sich anhand dieses Textes zeigen, inwiefern Stirner die von ihm später so vehement kritisierte Produktion der philosophischen Evidenz gelingender Begriffsentwicklung selbst mit einiger Virtuosität beherrschte. Zum anderen wird mit ihm ersichtlich, dass eine der zentralen Besonderheiten des Stirner'schen Beitrags zur junghegelianischen Aufklärung – die Einnahme einer pädagogischen Perspektive auf die dem aufklärerischen Diskurs sich stellenden Probleme – sein Denken schon von einem sehr frühen Zeitpunkt an strukturierte. Und schließlich liest sich dieser Text in gewisser Weise wie eine obrigkeitsfreundliche Kontrastfolie zu der später so intensiv argumentierten Befreiung des Individuums von den Zwängen des Staats und der Gesellschaft. Auch wenn dieser Text also aufgrund der verfolgten Absicht, eine staatliche Lehrbefugnis zu erlangen, kaum als aufrichtiger Ausdruck des Denkens seines Autors gelten kann – die innere Zensur bei diesem Text in gewisser Weise die Feder führte –, so ist er gleichwohl aufschlussreich für die Kennzeichnung eines Problemfeldes, dessen sich Stirner bis weit nach dem *Einzigen* annehmen sollte.

Stirner beginnt seine Examensarbeit mit einer Entwicklung des Begriffes „Gesetz", die den Hegel'schen Einfluss unzweifelhaft erkennen lässt und die sich dabei denkbar weit entfernt zeigt von der später postulierten Allmacht des in seiner Eigenschaft als Schöpfer gefassten Individuums bei der Beschreibung der Welt:

> Alles Gesetz nämlich ist weder willkührlich noch zufällig, sondern in der Natur des Gegenstandes, für welchen es ist, begründet und gleichsam eingehüllt. Denn jegliches Seiende, sei es in der Welt der Erscheinungen oder des Geistes, ist, wie es sich als ein Einfaches in dieser oder jener eigenen Gestalt darstellt, so auch und eben darum ein in sich Erfülltes, Inhaltreiches, durch Unterschiede, in die es sich innerhalb seiner selbst zersetzt, mannigfaltig Getheiltes. Werden diese Unterschiede hervorgehoben und wird an ihnen aufgezeigt, wie und in welcher Beziehung und durch welche Art der Verschmelzung sie zu jener Einfachheit des Gegenstandes nothwendig gehören, so liegt in diesen Auseinandersetzungen der Gegenstand selbst so vor, wie er in seiner

---

[7] John Henry Mackay: Max Stirner, a. a. O., S. 40–46. Die Einschränkung der Lehrbefugnis hat sicher ihren Teil dazu beigetragen, dass es Stirner in der Folge nicht gelang, eine Anstellung an einer öffentlichen Schule zu finden. Dass er dennoch über ein gewisses pädagogisches Geschick verfügte, davon zeugt die schließliche fünfjährige Anstellung an der bereits angeführten privaten „Lehr- und Erziehungs-Anstalt für höhere Töchter", die nur auf Stirners Initiative hin beendet wurde.

gehalts- und unterschiedsreichen Einheit gesetzt ist, und sie selber geben, wie sie der auseinandergesetzte Gegenstand sind, so diesen in seinen Auseinandersetzungen oder *Gesetzen*. Kein Gesetz, geht hieraus hervor, ist seinem Gegenstande von außen her gegeben: die Gesetze der Schwere sind der auseinandergesetzte Inhalt des Begriffes der Schwere selbst; die Gesetze des jüdischen Volkes sind nicht etwa aus des einzelnen Gesetzgebers Geiste geschöpft und gegeben, sondern aus dem Volksgeiste entnommen und sind dieser selbst, dessen Begriff sie in der entfalteten Fülle seines Inhaltes wiedergeben.[8]

Vor dem Hintergrund einer Anreicherung dieser Entwicklung des Begriffes „Gesetz" um seine Relevanz für die Intentionalität von Handlungsstrukturen nimmt Stirner dann eine Bestimmung des Verhältnisses zwischen denjenigen, die die Erkenntnis von maßgeblichen Gesetzmäßigkeiten und Eigenschaften einer Entität bereits vollzogen haben, und denjenigen vor, die die Fähigkeit zu solchen Erkenntnisleistungen noch auszubilden haben, – eine Bestimmung, welche die für ihn später so zentrale Frage nach der in diesem Verhältnis inhärenten Herrschaftsstruktur vollständig ausblendet:

Wenn wir einen Gegenstand, oder deutlicher, einen Begriff zum Ziele unseres Strebens machen, wenn wir ihn uns als Zweck vorsetzen, so legen wir uns, was in ihm liegt, zuvor auseinander, und gewinnen durch solche Auseinandersetzung des Inhalts die Gesetze, nach welchen jener besteht. Zugleich, da die Verwirklichung jenes Zweckes nur durch die Ausführung seines Inhaltes möglich und diese selber ist, sind jene Gesetze Forderungen an den, der den Zweck zu erfüllen trachtet. Was also der Zweck als sein eigenes Gesetz in sich trägt, das legt er auch dem, der sich ihn zur Aufgabe gemacht, durch die Enthüllung seines Inhaltes als Gesetz vor und auf; er bindet den Strebenden an sich, bannt ihn in seinem Umkreise und *gebietet* ihm, nach keiner Seite aus demselben hinauszutreten. Des Zweckes Gesetz ist für den, der ihn will, *Gebot*, und jede Abweichung *Verbot*. – Daß diejenigen uns diese Gesetze geben, die den Begriff oder Zweck bereits besser kennen als wir, darin handeln sie nur als die bewußten Sprecher desselben, die uns nichts von dem Ihrigen gebieten, sondern allein das, was sie von jenem haben.[9]

Brisanz erhält diese herrschaftsblinde Bestimmung vor allem dadurch, dass die in der Examensarbeit vorgenommene Identifizierung der Leitenden als Lehrer und der Angeleiteten als Schüler vergleichsweise einfach in die beiden Gruppen der Aufklärenden und der Noch-nicht-Aufgeklärten überführt werden kann, in die beiden Gruppen also, welche elementarer Bestandteil der vom bewusstseinszentrierten Modell gesellschaftlicher Veränderung instanziierten Ontologie sind. Die Beschreibung der Lehrer/Aufklärer als ausschließlich Erkenntnisinteressen Folgende, die in ihrem Handeln durch keinerlei erkenntnisfremde Interessen bestimmt werden, bildet einen der zentralen Grundpfeiler des Selbstverständnisses der Protagonisten der philosophischen Form des aufklärerischen Diskurses und wird, wie im letzten Kapitel dargestellt wurde, von Feuerbach und Bauer auch nach dem Scheitern dieser philosophischen

---

[8] Max Stirner: Ueber Schulgesetze, a. a. O., S. 11/12.
[9] Ebenda, S. 12/13.

Form nicht preisgegeben. Es erscheint insofern wahrscheinlich, dass der Sachverhalt, dass Stirner seine Kritik der philosophischen Form des aufklärerischen Diskurses aus der Infragestellung der ausschließlichen Ausrichtung der die Bewusstseinsbestimmung Anleitenden an Erkenntnisinteressen motiviert, eine Folge der besonders ausgeprägten Sensibilität ist, die Stirner für die Position der Bewusstseinsbestimmenden schon zu diesem frühen Zeitpunkt zeigte und von der sich weitere Beispiele bei der Behandlung seiner späteren Texte finden werden.

In der Examensarbeit geht Stirner nach dieser einführenden Begriffsentwicklung nun zum eigentlichen Gegenstand seiner Untersuchung, der Entwicklung des Begriffes „Schüler", über: „Nach dieser Erörterung des Grundbegriffes wenden wir uns zu unserer Aufgabe mit der Frage, was sind Schulgesetze in dem oben bestimmten Sinne, als Gesetze für die Schüler? und geben sofort die einfache Antwort: sie sind der auseinandergesetzte Inhalt des Begriffes *Schüler*. In seiner Darstellung und Gliederung liegt das Ziel unserer Untersuchung."[10] Es folgt eine Darstellung der verschiedenen Entwicklungsstufen, welche ein Mensch durchläuft, bis er das Stadium eines Schülers erreicht. In der Bestimmung des Begriffs „Lehrer" zeigt sich dann, dass Stirner das Verhältnis von Schüler und Lehrer bereits zu diesem Zeitpunkt nicht völlig frei von jeder Machtausübung versteht, einer Ausübung, die jedoch in einer Examensarbeit und aufgrund der vorausgesetzten ausschließlichen Ausrichtung des Lehrers an Erkenntnisinteressen keinen Anlass zu kritischer Reflexion von Seiten des Prüflings gebietet:

> Die allgemeinste Bestimmung, in welche das Wesen des Lehrers zusammengefaßt werden muß, ist die, daß er *für den Schüler* ist. Sie enthält gegen den letzteren zunächst die Forderung, daß er diese Bestimmung des Lehrers nicht störe oder ihr eigene Störrigkeit und Unzugänglichkeit entgegenstelle: das Verbot der *Widersetzlichkeit*. Diesem schließt sich aber ebendamit zweitens die Forderung an den Schüler an, gleichwie der Lehrer für ihn ist, so für jenen zu sein: das Gebot der *Ergebenheit*, der Zugänglichkeit, Offenheit, oder wie man es sonst nenne. Beide, jenes Verbot und dieses Gebot vereinigen sich in dem Gesetze des *Gehorsams*.[11]

Eine Konsequenz dieser Ausblendung herrschaftskritischer Aspekte des Verhältnisses von Lehrendem und Lernendem zeigt sich darin, dass der zur Zeit der späteren philosophisch-atheistischen Aufklärung der frühen 40er Jahre so überaus bedeutsame Unterschied zwischen philosophischer und theologischer Evidenzproduktion für den jungen Stirner nicht existiert, ja, dass dieser sogar so weit geht, sämtliche

---

10 Ebenda, S. 13.
11 Ebenda, S. 17. Jedem, der auch nur ein wenig mit dem *Einzigen* vertraut ist, muss die Diskrepanz eines „Gesetzes des Gehorsams" zu den späteren Überzeugungen Stirners ins Auge springen. Wenn es auch von einigem Interesse wäre, ob diese im Alter von 28 Jahren getätigte Aussage eine tatsächliche Überzeugung ihres Urhebers widerspiegelt, oder ob sie allein der Notwendigkeit geschuldet war, den Erhalt der *facultas docendi* nicht zu gefährden, so lässt sich die Frage doch aufgrund der äußerst dürftigen Quellenlage zu diesem Lebensabschnitt Stirners nicht mehr klären.

Formen dem Schüler zu vermittelnder Bildung in einer Autorität des Lehrers zu verankern, welche der im Rahmen der theologischen Evidenzproduktion vorausgesetzten Autorität des Argumentierenden doch stark ähnelt. Wenn die Junghegelianer – und mit ihnen auch Stirner – später die Differenz von wissenschaftlicher und philosophischer Wahrheit auf der einen und religiösem Glauben auf der anderen Seite kaum einer Überzeichnung für fähig halten, so lässt der junge Stirner ihre Legitimität aus derselben Quelle folgen – der unhinterfragbaren Autorität des Lehrers. Mit dem Evozieren eines Gleichklangs von Religion und Wissenschaft in der Hervorbringung eines die Maximen der Sittlichkeit zum Ausdruck bringenden Willens, einer Harmonie, die später nur noch von theologischer und staatlicher Seite behauptet wird, formuliert Stirner schließlich:

> Wie in sich, so ist der Lehrer auch für den Schüler ein fühlender, wissender und wollender und wird durch die Aufnahme dieser drei Seiten von demselben erschöpfend erfaßt. Als fühlender nämlich ist er der gläubige, als wissender der wissenschaftliche und als wollender der sittliche Mensch. Wer ihn hierin erstrebt, der bildet seinen Glauben, seine Wissenschaft und Sittlichkeit in sich hinein und wird – denn hier, auf der Stufe des Schüler-Bewußtseins, steht die Voraussetzung fest, daß in dem Lehrer wahrhaft Religion, Wissenschaft und Sittlichkeit vorhanden und individuell ausgeprägt sei – dasjenige sicher erlangen, was religiöse, wissenschaftliche und sittliche Bildung genannt und als das Ziel alles Strebens innerhalb der Schule angesehen wird.[12]

Diese Harmonie der gleichsam als Wesenskräfte im Menschen verankerten Religion, Wissenschaft und Sittlichkeit in der Bildung, deren gewünschter Aneignung durch den Schüler Stirner den Willen zu ihrer Vermittlung im Lehrer entsprechen lässt, findet ihren Ausdruck in einem Gesetz des sittlichen Handelns, auf welches die Bildung der Schüler abzielt:

> Als wollender ist der Lehrer ein solcher, der dem Begriffe der Sittlichkeit nach, als in welcher allein erst der Wille ein wahrhaftes Dasein hat, durch handelndes Wollen die Wahrheiten, die Religion und Wissenschaft ihm zeigen, verwirklicht und ins Leben übersetzt. Diesem Verwirklichen und Vollbringen der durch Religion gesetzten und durch Wissenschaft erkannten Wahrheit entspricht von Seiten des Schülers die gleiche Thätigkeit des Vollbringens der von dem gläubigen Lehrer gebotenen und von dem wissenden vermittelten Forderungen des wollenden Lehrers; das Gesetz aber muß hier als Gesetz des *sittlichen Handelns* ausgesprochen werden.[13]

Der Schluss, bei welchem Stirner anlangt, ist somit ganz im Sinne der traditionellen Arbeitsteilung von Staat und Kirche in der Kontrolle der zustandsrelevanten Bewusstseinsträger, und er empfiehlt sich so als Lehrer, dem die Verantwortung für die Bestimmung des Bewusstseins der Schüler durchaus zu übertragen ist. Von dem Stirner, der später das Wohlergehen des Individuums nur noch jenseits der bestehenden Formen von Staat und Kirche konzipieren wird, ist dieser Text denkbar weit entfernt.

---

12 Ebenda, S. 17/18.
13 Ebenda, S. 19.

Dass Stirner seine Prüfung dennoch nur mit einer bedingten *facultas docendi* abschloss, findet seinen Grund denn auch nicht in einem mangelnden Vertrauen in seine Loyalität gegenüber den stützenden Institutionen der preußischen Monarchie, sondern ist wohl eher eine Folge der nur mäßig gelungenen, mündlichen Prüfungen.[14]

Am Ende der Behandlung des frühesten von Stirner überlieferten Textes gilt es, einige Ergebnisse festzuhalten. Natürlich darf der Schluss von den in der Examensarbeit geäußerten Überzeugungen auf ihr tatsächliches Vorhandensein bei Stirner aufgrund des Charakters einer Examensarbeit nicht überstrapaziert werden. Die mit diesem Text verbundene Absicht ist nicht die Überzeugung oppositioneller Adressaten aufklärerischer Diskurse, wie sie Stirner bei seinen späteren Texten verfolgt hat. Was diesen Text vor dem Hintergrund der späteren Entwicklung Stirners interessant macht, ist nicht die Frage, ob sich Stirner im Jahre 1834 tatsächlich affirmativ zur bestehenden Ordnung positionierte. Hervorgehoben werden muss vielmehr ein anderer Aspekt dieses frühesten Textes des Autors des *Einzigen*, nämlich dass Stirner bereits zu diesem frühen Zeitpunkt über eine pädagogische Situationsbeschreibung verfügt, welche zwar noch auf das Verhältnis Lehrer/Schüler ausgerichtet ist, welche jedoch nur einiger geringfügiger Modifikationen bedarf – namentlich der Substitution des Verhältnisses Aufklärer/Noch-nicht-Aufgeklärter und der Anreicherung der Motivation des Bewusstseinsbestimmenden mit erkenntnisfremden Interessen –, um ihm das theoretische Rüstzeug an die Hand zu geben, welches die Beschreibung des bewusstseinszentrierten Modells gesellschaftlicher Veränderung als ein Instrument der Fremdbestimmung erlaubt, einer Beschreibung, die ihn dann wiederum in die Lage versetzt, das Scheitern des philosophisch-aufklärerischen Diskurses aus seiner strukturellen Gleichheit mit anderen, etwa christlich-religiösen Versuchen der Fremdbestimmung von Individuen zu erklären.

Bis es zu diesem Beitrag Stirners zur Debatte um die Weiterentwicklung des aufklärerischen Diskurses kommt, dessen Konsequenz die erstmalige Formulierung eines nichtphilosophischen aufklärerischen Diskurses sein wird – des Hintergrundes für die Legitimität der Rede von der Originalität Stirners –, sollte jedoch noch nahezu ein Jahrzehnt vergehen. Die Jahre bis zum Eintritt in die junghegelianische Debatte sind für Stirner keine einfachen gewesen.[15] Sowohl beruflich, als vor allem auch persönlich musste Stirner einige Schicksalsschläge verkraften. Nach dem Erhalt seiner bedingten *facultas docendi* absolvierte er sein pädagogisches Probejahr an der Königlichen Realschule zu Berlin, das er freiwillig und unter Lohnverzicht um ein halbes Jahr verlängerte. Der anschließende Versuch, eine Anstellung an einem Gymnasium zu erlangen, scheiterte im März 1837, und zu den beruflichen Schwierigkeiten kamen nun auch noch familiäre Probleme hinzu. Nachdem am 19. Juli 1837 Stirners Stiefva-

---

14 John Henry Mackay: Max Stirner, a. a. O., S. 43-46.
15 Vgl. zum Folgenden ebenda, S. 47-51.

ter in Kulm verstarb, oblag ihm die Pflege der psychisch kranken Mutter, die er zu diesem Zeitpunkt endgültig nach Berlin holte und in der Privatirrenheilanstalt Schönhauser Allee 9 der Frau Dr. Klinsmann unterbrachte. Die Ehe, die dann am 12. Dezember 1837 mit Agnes Clara Kunigunde Burtz geschlossen wurde, stand ebenfalls unter keinem guten Stern, starb doch letztere schon am 29. August 1838 an einer zu frühen Entbindung im Kindbett. Erst mit der bereits angesprochenen Anstellung an der privaten „Lehr- und Erziehungsanstalt für höhere Töchter" am 1. Oktober 1839 sollten Stirners Verhältnisse eine Besserung erfahren.

Die geschilderten Ereignisse trugen sicher ihren Teil dazu bei, dass Stirner im Vergleich zu den in den vorigen Kapiteln behandelten Feuerbach und Bauer seinen Eintritt in die junghegelianische Debatte zu einem vergleichsweise späten Zeitpunkt nimmt. Die erste publizierte Schrift, die nachzuweisen ist, ist die Rezension des Werkes *Deutschlands Beruf in der Gegenwart* von Theodor Rohmer, die Ende Dezember 1841 in *Die Eisenbahn. Ein Unterhaltungsblatt für die gebildete Welt* in Leipzig erschien.[16] Aufgrund des vollständigen Verlustes seines Nachlasses und des nahezu vollständigen Fehlens überlieferter Briefe lässt sich sowohl über den genauen Zeitpunkt, als auch über die Motivation der Aufnahme der publizistischen Tätigkeit nur spekulieren.[17] Die Annahme scheint jedoch plausibel, dass der Aufnahme einer publizistischen Tätigkeit die Politisierung Stirners durch den Kreis der ehemaligen Angehörigen des Doktorklubs in Berlin, der späteren „Freien", voranging. Für die genauere Bestimmung des Zeitpunkts der Kontaktaufnahme ist ein Brief eines der damals wohl engsten Freunde Stirners von Bedeutung, eines „Duzbruders", der, obwohl nicht immer absichtlich, wohl wie kaum ein anderer für die Sicherung der spärlichen biographischen Daten „der guten Haut" Stirner verantwortlich zeichnet – Friedrich Engels.[18] Aus diesem Brief, der mehr als viereinhalb Jahrzehnte nach den hier interessierenden Ereignissen verfasst wurde, lässt sich über den Umweg der (besser) gesicherten biographischen Daten von Marx und Engels folgender Ablauf rekonstruieren: Da Stirner und Marx sich nicht persönlich kannten, ersterer aber zum Zeitpunkt der Engels'schen Bekanntschaft mit dem Kreis Berliner Junghegelianer Anfang 1842 be-

---

16 [Max] Stirner: [Rezension zu:] Theodor Rohmer, Deutschlands Beruf in der Gegenwart. Zürich und Winterthur. Verlag des literarischen Comptoirs 1841, in: Die Eisenbahn. Ein Unterhaltungsblatt für die gebildete Welt, Neue Folge, IV. Jg. 1841, No. 77 vom Dienstag den 28. Dezember, S. 307/308, u. No. 78 vom Donnerstag den 30. Dezember, S. 310-312.
17 Mackay berichtet, dass der Nachlass nach Stirners Tod am 25. Juni 1856 in den Besitz Ludwig Buhls übergegangen ist und wohl nach dessen Ableben 1880 gemeinsam mit Buhls eigenem Nachlass verloren ging (John Henry Mackay: Max Stirner, a. a. O., S. 206 u. 210). Die Anzahl der nachgelassenen Briefe gibt Mackay mit zwei an, die er im Anhang reproduziert (ebenda, S. 226/227). Auch jüngere Briefeditionen, wie die von Martin Hundt besorgte Herausgabe des Redaktionsbriefwechsels der Hallischen, Deutschen und Deutsch-Französischen Jahrbücher, Berlin 2010, konnten den Bestand nicht erweitern. Kurt W. Fleming bietet in seinem „Max-Stirner-Archiv" zwei weitere Briefe aus den 1850er Jahren (http://www.max-stirner-archiv-leipzig.de/max_stirner.html, Zugriff am 08.01.2015).
18 Engels an Max Hildebrandt, 22. Oktober 1889, MEGA² III/30, S. 30.

reits zu diesem gehörte, so muss Stirner zwischen der Marx'schen Abreise und dem Engels'schen Eintritt mit dem Kreis in Verbindung getreten sein.[19] Marx' Abreise aus Berlin ist im April/Mai 1841 erfolgt,[20] so dass sich dieser Zeitraum mit einiger Wahrscheinlichkeit auf die zweite Jahreshälfte 1841 eingrenzen lässt.

Welche substanziellen Gründe Stirner nun tatsächlich bewogen haben, seiner ruhigen Privatexistenz ein Ende zu bereiten und im Dezember 1841 den Schritt in die Öffentlichkeit zu wagen, entzieht sich der rückblickenden Betrachtung. In Ermangelung von Quellen, die eine fundierte Antwort auf die Frage ermöglichten, kommt der schon geäußerten Ansicht die größte Plausibilität zu, erst die Teilnahme an den Diskussionen bei Stehely oder bei Hippel und den diversen anderen, abendlich aufgesuchten Bier- und Weinlokalen, welche in der damaligen Zeit von den Berliner Junghegelianern frequentiert wurden, habe Stirner zu diesem Schritt bewogen. Als jemand, der den gleichen akademischen Sozialisationsprozess durchlaufen hatte, wie die sich bereits umfassend an den öffentlichen Debatten beteiligenden, anderen Junghegelianer, dürfte ihm der Eintritt in diesen Kreis nicht sonderlich schwer gefallen sein.[21] Vermutlich holte er, der von Mackay als eher ruhiger, zurückhaltender Diskutant beschrieben wird,[22] bei diesen Anlässen das Selbstvertrauen und die nötigen Kontakte, um die, freilich unter Pseudonym verfassten, Beiträge verschiedenen Redakteuren und Verlegern anzubieten.

Anfänglich scheint besonders der Leipziger Verleger und Redakteur Robert Binder, neben Otto Wigand einer derjenigen, die die sich bietenden Räume oppositionellen Schrifttums unter den Bedingungen der Zensur am weitesten auszuschreiten versuchten, bereit gewesen zu sein, Stirners Schriften zu veröffentlichen. In der von ihm redigierten Zeitschrift *Die Eisenbahn. Ein Unterhaltungsblatt für die gebildete Welt* erschien nicht nur die bereits angeführte, erste Publikation Stirners, sondern bis zum 12. April 1842 noch drei Korrespondenzen und eine Rezension über Jachmanns *Sabath und Sonntag, oder Die christliche Sonntagsfeier* – einer „Zeitfrage", zu welcher Stirner mit dem anonym veröffentlichen *Gegenwort eines Mitgliedes der Berliner Gemeinde wider die Schrift der sieben und funfzig Berliner Geistlichen: Die christliche Sonntagsfeier. Ein Wort der Liebe an unsere Gemeinen*, das ebenfalls von Robert Binder verlegt wurde, einen eigenen Beitrag geleistet hatte. Korrespondenzen und Rezensionen bil-

---

19 Ebenda.
20 Die Eckdaten dieser Datierung werden durch die beiden im Rahmen der Übersendung der Dissertation aus Berlin an Karl Friedrich Bachmann, 6. April 1841, und Oskar Ludwig Bernhard Wolff, 7. April 1841, und den Brief Bauers an Marx, 12. April 1841, sowie den Brief Karl Friedrich Köppens an Marx vom 3. Juni 1841 gesetzt. Im Falle der ersteren befand Marx sich noch in Berlin, der letzte wurde dann bereits nach Trier adressiert.
21 So hatte Stirner nicht nur bei Hegel selbst, sondern etwa auch bei Marheineke und Michelet gehört (John Henry Mackay: Max Stirner, a. a. O., S. 37–40). Mackay vermutet darüber hinaus, dass Stirner und Bauer bereits in Studientagen Bekanntschaft geschlossen hatten (ebenda, S. 90).
22 Ebenda, S. 91.

den, neben zwei längeren, eigenständigen Beiträgen, die beiden zentralen Textgattungen der Stirner'schen Publizistik des Jahres 1842, der sich ab März dann auch die Spalten der *RhZ* und ab Mai die der *Leipziger Allgemeinen Zeitung (LAZ)* öffnen sollten.

Der Eintritt Stirners in die Arena öffentlicher Auseinandersetzungen beginnt mit einem Paukenschlag. Der eigentlichen Rezension von Theodor Rohmers *Deutschlands Beruf in der Gegenwart* stellt Stirner eigene Bemerkungen und Deklamationen voran, die von einer auch im Vergleich mit den Artikeln der *RhZ* seltenen Radikalität sind. Offensichtlich traf der Wille Stirners, sich vermittelst eines besonders radikalen Tons schnell einen Namen unter den oppositionellen deutschen Federn zu machen, auf einen Redakteur, der bereit war, die sich ankündigenden Spielräume einer ob des weihnachtlichen Zensur-Edikts zusehends verunsicherten preußischen Zensur rasch zu vermessen. Rohmer zitierend erklärt Stirner bezüglich der vermeintlichen Segnungen der letzteren und des radikalen Umsturzes als alleinigem Remedium dieser deutschen Zensur-Verhältnisse:

> ‚Die Nation hat die klarste Einsicht!' Woher soll sie die denn nehmen? Wie viele lesen z. B. in ganz Preußen mehr als die Staats- und andere privilegirte Zeitungen des Inlandes, in denen nur Festlichkeiten und keine anderen Gräuel besprochen werden, als die das – gemeine Volk begeht. Wann werden hier die großen Gedanken der Neuzeit, wie Preßfreiheit, Oeffentlichkeit, Mündigkeit u. s. w. anders zur Diskussion gebracht als wenn sie uns unmittelbar Nichts angehen, weil sie nur in auswärtigen Kammern verhandelt werden? Man gehe in die Provinzen und lerne erstaunen über den unaussprechlichen Nutzen der Censur. So massenhafte Dummheit in Beziehung auf alle heiligen und unheiligen Fragen des Staatslebens findet man nicht leicht wieder; und sie sitzt so fest, diese Dummheit, daß kein leiser Strahl der Aufklärung in diese Urwaldfinsterniß jemals einzudringen vermag, und nur *der* zündende Blitz Erleuchtung bringen wird, welcher ein Feuer entflammt, von dem Alles, Alles ergriffen wird. Ich sehe schon ein Wölkchen am tiefen Horizonte aufschauern, zwar noch unscheinbar und verzagt, – es sehen es aber doch schon viele mit mir, obgleich es nur für die Augen der Sonntagskinder sichtbar ist –; es kann ein hübsches Gewitterchen geben nach den schwülen Tagen.[23]

Direkt im Anschluss hält Stirner dem Autor vor, den sich aufgrund des schweizer Verlagsortes bietenden zensorischen Freiraum nicht zu nutzen und bei der Behandlung der Frage nach Deutschlands „Beruf" hinter Jacobys *Vier Fragen* zurückzufallen,[24] anstatt über diese hinauszugehen, und bietet dem Leser eine Kostprobe, wie ein solches Hinausgehen sich darstellen könnte:

---

23 [Max] Stirner: [Rezension zu:] Theodor Rohmer, Deutschlands Beruf in der Gegenwart. Zürich und Winterthur. Verlag des literarischen Comptoirs 1841, in: Die Eisenbahn. Ein Unterhaltungsblatt für die gebildete Welt, Neue Folge, IV. Jg. 1841, No. 77 vom Dienstag den 28. Dezember, S. 307/308, u. No. 78 vom Donnerstag den 30. Dezember, S. 310-312, hier S. 307.
24 [Johann Jacoby:] Vier Fragen beantwortet von einem Ostpreußen, Mannheim 1841.

> Ein Buch, im preßfreien Lande der Schweiz erschienen, das sollte nicht wegschleichen über unsere Schande, sondern den scheinheiligen Pfaffenrock der Wolfsseele abreißen. Nicht Tiraden, nicht Ermahnungen, nicht langweilige Auseinandersetzungen greifen in Herz und Nieren ein, sondern Aufdeckung und Entblößung, so schonungslose Entblößung, daß dem nackten Menschenkinde im schneidenden Winterfrost die Zähne klappern und die Glieder erstarren, bis es, vom Geiste der Besinnung getrieben endlich ein Laufen beginnt und ein rastloses Hülfe erjagen, daß der rettende Schweiß niedertrieft und die neue, schützende Behausung erreicht wird.[25]

Stirner, der bereits zu diesem Zeitpunkt zeigt, dass jegliche Aufforderung zur Akkommodation mit dem Bestehenden auf seine vehemente Ablehnung treffen wird, und eine Position formuliert, die etwa bei Bauer erst ein gutes Jahr später zu belegen ist („denn nichts ist gut, als das Radicale, weil alles Andere eine Halbheit bleibt"),[26] Stirner ruft die oppositionellen Kräfte – allen voran die aufklärenden Junghegelianer – auf, sich auf eine antireligiöse Mission zu begeben, um die noch im religiösen Schlummer befindliche Bevölkerung zur gewaltsamen Erhebung anzustacheln:

> Allerdings wird der Paraklet kommen, aber nicht eher als bis seine Zeit erfüllet ist. Und erfüllt sie sich etwa von selbst? *Wir* müssen sie erfüllen und zuvor Buße thun in Sack und Asche. Ziehet durch's Land, ihr Bußprediger, dringet ein in jede Hütte, predigt Zwietracht und das Schwert, nicht matte Einigkeit und confortable Zufriedenheit, geißelt die schläfrigen Seelen, nicht mit den Fliegenwedeln trostreicher Hoffnungen, nein mit der Zuchtruthe der Aufklärung über alle die Gräuel, die im Verborgenen geschehen, ohne daß die vertrauensvollen Gläubigen sie zu ahnen vermögen.[27]

Wie sehr sich Stirner wohl von dem Erwachen seiner oppositionellen Regungen und dem Griff zur Feder hat enthusiasmieren lassen, und wie ausgeprägt der Nachholbedarf des erst spät seine Stimme Erhebenden gewesen sein muss, zeigt schließlich eine Passage, deren sprachliche Radikalität und Bedingungslosigkeit im Aufruf zur Erhebung weder von seinen eigenen, späteren Schriften, noch von denen seiner radikalen Weggefährten im Verlauf der junghegelianischen Debatte kaum je wieder erreicht werden sollten:

> Reißt unseren *willenlosen* Menschen in Stücke und die blutenden Herzen werden voll des *einigen* Geistes sein. Zeigt die Blöße aller jener durch Menschensatzung aufgestellten Autoritäten auf, die in den weichen Gemüthern, wo das Edelste Wohnung fassen könnte, sich eingenistet haben, verlöscht ihren blendenden angemaßten Nimbus, daß er dem freien Menschen nicht mehr imponire, stoßt alle Stützen um, woran seine schwachmüthige Bedürftigkeit sich anlehnt, thut das

---

25 [Max] Stirner: [Rezension zu:] Theodor Rohmer, Deutschlands Beruf in der Gegenwart. Zürich und Winterthur. Verlag des literarischen Comptoirs 1841, a. a. O., S. 307.
26 Ebenda, S. 311. Vgl. Bauer an Ruge, 27. Oktober 1842, Hundt, S. 1146: „Nur Ein Heil gibt es, nur Eine Möglichkeit des Fortschritts: Der Bruch mit allem Halben und Illusorischen! Durchgehende Kritik."
27 [Max] Stirner: [Rezension zu:] Theodor Rohmer, Deutschlands Beruf in der Gegenwart. Zürich und Winterthur. Verlag des literarischen Comptoirs 1841, a. a. O., S. 308.

> kindische Wesen dar von all jener langmüthigen Treue, jenem trägen, hingebenden Vertrauen, jener angestammten Verehrung, kurz untergrabt jeden Glauben, der nicht ein Glaube des Geistes an den Geist ist, jedes Abhängigkeitsgefühl. Erst wenn der Mensch sich wieder bloß und verlassen sieht, kehrt er zu sich zurück und *ermannt* sich, eine Riesenkraft spannt dann seine Muskeln, der Muth schwillt an und der Mensch erkennt sich selbst und seine Allmacht. Darum entkleidet frisch und muthig, reißt die Lappen des blinden Glaubens und der feigen Treue nieder; nur den Nackten erquickt das Bad im Morgenthau der Freiheit. Habt nur den Muth, destructiv zu sein, und Ihr werdet bald sehen, welch' herrliche Blume der Eintracht aus der fruchtbaren Asche aufschießt.[28]

Es mutet auch heute noch seltsam an, dass ein solcher Beitrag wie der Stirner'sche die Zensur passieren konnte, selbst wenn es sich „nur" um die vergleichsweise liberale, sächsische Zensur handelte. Wenn die Umstände, welche aus Stirners Perspektive nur als glücklich zu bezeichnen sind, aus der Rückschau auch nicht mehr eindeutig aufzulösen sind, so wird gleichsam offenkundig, dass Stirner seine Radikalisierung bei seinem Eintritt in die junghegelianische Debatte bereits abgeschlossen hatte. Während Bauer im schwelenden Konflikt um die bereits provisorisch entzogene Lehrbefugnis nur den vollständigen Sieg eines Verbleibens in der theologischen Fakultät oder den völligen Ausschluss von der Universität akzeptieren wollte, sekundierte Stirner getreu der Maxime, dass nur das Radikale gut und jede vermittelnde Halbheit abzulehnen sei, wie dies auch in der nächsten Publikation, die Stirner realisieren konnte, zum Ausdruck kommt.

Die Anfang Januar 1842 publizierte Rezension *Über B. Bauer's Posaune des jüngsten Gerichts*, die im *Telegraph für Deutschland* erschien, ist ein weiterer Beitrag, welcher auf die Eskalation der Auseinandersetzung abzielt, die ja bereits Ziel der Bauer'schen, gerade einmal zwei Monate zuvor erschienenen *Posaune* gewesen war.[29] Zweierlei ist vorab zu bemerken: Zum einen lässt der Sachverhalt aufmerken, dass der Beitrag bereits im Titel die Auflösung der damals vieldiskutierten Frage bezüglich der Autorschaft dieser radikalen, Hegel für die junghegelianische Sache zu vereinnahmen trachtenden Schrift betreibt.[30] Nun liegt die Vermutung nahe, dass Stirner mit der Preisgabe der Autorschaft nicht nur überhaupt die Aufnahme in den *TfD* erleichtern wollte, sondern gleichfalls das Interesse an seiner Rezension erhöhen wollte, indem er den (zutreffenden) Eindruck erweckte, sie sei von jemandem aus dem inneren Kreis der Kritiker verfasst worden. Gegen diese Vermutung einer beabsichtigten Preisgabe der Autorschaft durch Stirner spricht jedoch, dass sich Stirner im Text der Rezension bemüht, die Autorschaft geheim zu halten, nirgendwo findet

---

28 Ebenda, S. 310.
29 Siehe oben, Kapitel 1, Abschnitt 4.
30 So hatte Feuerbach noch im Februar 1842 eine Stellungnahme zu einer in der Augsburger *Allgemeinen Zeitung* abgedruckten, anonymen Korrespondenten-Notiz, in welcher er der Autorschaft an der *Posaune* verdächtigt wurde, in den *Deutschen Jahrbüchern für Wissenschaft und Kunst (DJb)* veröffentlicht. Siehe oben, Kapitel 1, Abschnitt 3.

sich im Text selbst die Auflösung der anonymen Autorschaft, nirgendwo wird Bauer als Autor der *Posaune* genannt. Vor diesem Hintergrund ist weit eher anzunehmen, dass der Titel der Rezension gar nicht von Stirner selbst, sondern etwa vom Redakteur des *TfD*, Karl Gutzkow, stammt, der auch aus anderer Quelle erfahren haben könnte, wer der Autor der *Posaune* gewesen ist.[31] Nicht zuletzt der Sachverhalt, dass diese Rezension Stirners einziger Beitrag für den *TfD* geblieben ist, könnte außerdem dafür sprechen, dass Stirner die Indiskretion der Titelei nicht besonders schätzte.

Zum anderen erhebt sich mit Stirners Rezension die Frage, ob nicht Engels, der zwischen März 1839 und Dezember 1841 viele Beiträge für den *TfD* verfasste und damals nach eigener Aussage ein enger Freund Stirners war,[32] den Kontakt zu Gutzkow hergestellt haben könnte. Gutzkows *TfD* galt zu der damaligen Zeit nicht mehr als erste Adresse für die Veröffentlichung radikaler Schriften, da sich der Eindruck verfestigt hatte, Gutzkow sei auf dem Standpunkt des Jungen Deutschland verblieben, ein Standpunkt, der aus der Perspektive der auf Eskalation zielenden, radikalen Junghegelianer unter das Verdikt „reaktionäre Halbheiten" fallen musste. Zwar äußert Engels in dem bereits angeführten Brief an Max Hildebrandt, dass er Stirner erst „Anfang 1842" kennen gelernt habe,[33] es wäre jedoch durchaus denkbar, dass die Erinnerung des alten Engels an die Chronologie der annähernd ein halbes Jahrhundert zurückliegenden Ereignisse nicht mehr ganz korrekt war. Die Annahme einer Vermittlung Engels' würde es hingegen ermöglichen, die Umstände dieser zweiten Veröffentlichung Stirners, der einzigen im *TfD*, weitgehend zu klären.

Stirner zeigt sich in der Rezension erneut als Verfechter einer Strategie der Eskalation. Diese Strategie bettet er nunmehr in eine Periodisierung der jüngeren Vergangenheit ein, die einen elementaren Bestandteil des Selbstverständnisses der junghegelianischen Aufklärer bildet und die die bereits in den vergangenen Kapiteln dargestellte Situationsbeschreibung einer aus der Hegel'schen, theologischen Verunreinigung zu befreienden Philosophie variiert:

> Wie stand es jedoch mit dem *Glauben*? Sollte der etwa dem Denken weichen? Bewahre! Die sonstige Freiheit des Denkens und Wissens in allen Ehren, so durfte ja doch keine Feindschaft angenommen werden zwischen dem Glauben und Wissen! Der Inhalt des Glaubens und der des Wissens ist der eine und selbige Inhalt, und wer den Glauben verletzte, der verstände sich selbst nicht und wäre kein wahrer Philosoph! Machte es denn nicht Hegel selbst zum ‚Zweck seiner religiös-philosophischen Vorlesungen, die Vernunft mit der Religion zu versöhnen' (Phil. d. Rel. II. 355) und wir, seine Jünger, sollten dem Glauben etwas entziehen wollen? Das sey ferne von uns! Wisset, Ihr gläubigen Herzen, daß wir ganz einverstanden sind mit Euch in dem Inhalte des Glaubens, und daß wir uns nur noch die schöne Aufgabe gestellt haben, Euren so verkannten

---

[31] Diese Annahme wird auch dadurch gestützt, dass eine frühere, wesentlich kürzere Besprechung der *Posaune* in der Rubrik „Vermischte Schriften" (*TfD*, Dezember 1841, No. 208, S. 829) mit der folgenden redaktionellen Bemerkung endet: „Der Verfasser dieser Posaune soll *Bruno Bauer* seyn."
[32] Engels an Max Hildebrandt, 22. Oktober 1889, MEGA² III/30, S. 30.
[33] Ebenda.

> und angefochtenen Glauben zu vertheidigen. Oder zweifelt Ihr etwa noch daran? Sehet zu, wie wir uns vor Euch rechtfertigen, leset unsere versöhnlichen Schriften über ‚Glauben und Wissen' und über die ‚Pietät der Philosophie gegen die christliche Religion' und ein Dutzend ähnlicher, und Ihr werdet kein Arg mehr haben gegen Eure besten Freunde! So stürzte sich der gutherzige, friedliche Philosoph in die Arme des Glaubens. Wer ist so rein von dieser Sünde, daß er den ersten Stein aufheben könnte gegen den armen philosophischen Sünder? Die somnambüle Schlafperiode voll Selbstbetrug und Täuschung war so allgemein, der Zug und Drang nach Versöhnlichkeit so durchgängig, daß nur Wenige sich davon frei erhielten und diese Wenigen vielleicht ohne die wahre Berechtigung. Es war dies die *Friedenszeit der Diplomatie*.³⁴

Vor dem Hintergrund der Verfehltheit dieser mit dem Namen Hegel verbundenen „Friedenszeit der Diplomatie" zwischen Philosophie und Theologie und dem Bestreben der Junghegelianer, die aufklärerische Frontstellung von Philosophie und Theologie zu restituieren, liefert Stirner in der Folge eine Erklärung für die Entscheidung Bauers, die *Posaune* aus der Perspektive eines vermeintlichen Pietisten zu verfassen. Im Zuge dieser Erklärung scheint dabei eine Gemeinsamkeit zwischen Pietismus und radikal-atheistischer Philosophie auf, die auf den ersten Blick befremdlich wirken mag, die ihren Grund jedoch in der beiderseitigen Ablehnung jeder „Versöhnung" von Philosophie und Theologie findet:

> Es ist dies unverkennbar ein vortrefflicher Griff des Verfassers, daß er einem entschiedenen *Knechte Gottes* den radicalen Angriff auf Hegel in den Mund legt. Diese Knechte haben das Verdienst, daß sie sich nie blenden ließen, sondern aus richtigem Instinct in Hegel ihren Erzfeind und den Antichristen ihres Christus witterten. Nicht wie jene ‚Wohlgesinnten', die es weder mit ihrem Glauben, noch mit ihrem Wissen verderben mochten, gaben sie sich zu einem leichtgläubigen Vertrauen her, sondern mit inquisitorischer Strenge behielten sie stets den Ketzer im Auge, bis sie ihn fingen. Sie ließen sich nicht täuschen, – wie denn die Dümmsten gewöhnlich die Pfiffigsten sind – und können deshalb mit Recht fordern, als die besten Kenner der *gefährlichen Seiten* des Hegelschen Systems gepriesen zu werden.³⁵

Wenn auch unter umgekehrten Vorzeichen, so lehnen in den frühen 1840er Jahren sowohl Pietisten, als auch radikal-atheistische Philosophen die Hegel'sche Harmonisierung von theologischer und philosophischer Evidenzproduktion ab – die ersten, da sie zu der nicht besonders zahlreichen Menge derjenigen gehören, die die Überzeugungskraft der theologischen Evidenz trotz der revolutionären Umwälzungen der vorangegangenen 50 Jahre ungeschmälert sehen,³⁶ die letzteren, da sie zu der Meinung gelangt sind, die Stützung der theologischen Evidenz durch die philosophische verlängere nur den Prozess des Absterbens einer Form von Evidenz, die von der Ge-

---

34 [Max] Stirner: Über B. Bauer's Posaune des jüngsten Gerichts, in: Telegraph für Deutschland, Hamburg, Januar 1842, No. 6, S. 22-24, No. 7, S. 25-28 u. No. 8, S. 30/31, hier No. 6, S. 23.
35 Ebenda, S. 24.
36 Diese Überzeugung wird, wie die verschiedenen Zensurmaßnahmen der preußischen Regierung belegen, im Widerspruch mit der staatlicherseits geführten Rhetorik „unbestreitbarer Wahrheiten der Offenbarung" zum damaligen Zeitpunkt sonst kaum noch gehegt.

schichte überholt worden sei. Im Interesse einer restituierten Frontstellung von Philosophie und Theologie kommen die Vertreter der radikalen Variante der junghegelianischen Aufklärung zu dem Ergebnis, dass die Überführung des aufklärerischen Kampfes mit der Theologie in eine Auseinandersetzung mit den antiphilosophischen Pietisten bereits einen Teilsieg bedeuten würde, da dann rein philosophisch argumentierende Aufklärer rein theologisch argumentierenden Religiösen gegenüberstünden, die Frontstellung von Philosophie und Theologie also wiederhergestellt worden wäre. Stirner versucht diese Strategie zu unterstützen, indem er auf die Seite einwirkt, welcher er eine größere Empfänglichkeit gegenüber seinen Argumenten zuschreibt, und argumentiert für eine nun auch philosophische Aufkündigung der „Friedenszeit der Diplomatie":

> Wohl uns, das finstere Jahrzehend der diplomatischen Barbarei ist vorüber. Es hatte sein Gutes und war – unvermeidlich. Wir mußten uns selbst erst abklären und die ganze Schwäche des Alten in uns aufnehmen, um es so als unser Eigenthum und unser eignes Selbst recht energisch – verachten zu lernen. Aus dem Schlammbade der Erniedrigung, worin wir mit der Unreinigkeit der Stabilität jeder Art besudelt werden, steigen wir gestärkt hervor und rufen neubelebt: Zerrissen sey das Band zwischen Euch und Uns! Krieg auf Tod und Leben! – Wer jetzt noch diplomatisch vermitteln, wer noch immer den ‚Frieden um jeden Preis' will, der sehe sich vor, daß er nicht zwischen die Schwerdter der Fechtenden gerathe und ein blutiges Opfer seiner ‚wohlmeinenden' Halbheit werde. Die Zeit der Aussöhnung und der Sophistik gegen Andere und uns selbst ist vorüber.[37]

Die Konsequenz dieser Aufkündigung ist dann die bedingungslose Eskalation, welche auch Bauer im Streit um den Entzug seiner Lehrbefugnis verfolgt und welche in eine Situation mündet, in der die Parteinahme unvermeidlich ist. Diese Situation seit längerem antizipiert zu haben, ist das Verdienst der „gottesfürchtigen Zeloten", die jedoch, so hegt Stirner keinen Zweifel, mit dem Verzicht auf die Hegel'sche Unterstützung nur ihren unvermeidlichen Untergang beschleunigt haben:

> Wenn die Welt in Waffen steht gegen Gott und der brüllende Donner der Schlacht gegen den Olympier selbst und seine Heerschaaren losbricht: dann können nur die Todten schlafen; die Lebendigen ergreifen Partei. Wir wollen keine Vermittlung, keine Ausgleichung; kein diplomatisches ‚Quängeln' mehr, wollen in geschiedenen Feldlagern einander gegenüber stehen, wollen die Gottlosen seyn Stirn gegen Stirn solchen Gottesfürchtigen, wollen wissen lassen, wie wir mit einander daran sind. Und hierin, ich wiederhole es, in dieser Entschiedenheit der Feindschaft gebührt den gottesfürchtigen Zeloten der Vorrang; sie haben aus richtigem Instinkte nie Freundschaft geschlossen. Unter einer geschickteren und zugleich gerechteren Form konnte daher die Enthüllung der Erzketzerei Hegels nicht eingeleitet werden, als es der Verfasser gethan hat, in-

---

37 [Max] Stirner: Über B. Bauer's Posaune des jüngsten Gerichts, in: Telegraph für Deutschland, Hamburg, Januar 1842, No. 6, S. 22-24, No. 7, S. 25-28 u. No. 8, S. 30/31, hier No. 7, S. 26.

dem er im gläubigen Zelotismus die Posaune des Weltgerichts ertönen läßt. Sie wollen keinen ‚Vergleich der Billigkeit', sie wollen den *Vernichtungskrieg*. Dies Recht soll ihnen werden.[38]

Es zeigt sich in den angeführten Beispielen der Rezension, dass Stirner zu diesem Zeitpunkt fest auf dem Boden der von Bauer und Feuerbach bestimmten junghegelianischen Aufklärung steht und es noch ein sehr weiter Weg bis zur Entwicklung einer antiphilosophischen Position ist, die dann den *Einzigen* prägen sollte. Wie groß diese Distanz damals noch war, wird auch durch eine Aussage offensichtlich, die den soeben konstatierten Befund einer eindeutigen Parteinahme Stirners für die atheistisch-philosophische Aufklärung zwar nicht substanziell erweitert, die jedoch eine Position zum Ausdruck bringt, für welche Stirner zweieinhalb Jahre später nur noch Hohn und Spott übrig haben wird. Wenn Stirner im *Einzigen* die Rede vom „Beruf" kollektiver Subjekte nur noch als ein weiteres Instrument der Fremdbestimmung konkreter Individuen ansieht und aufgrund der in dieser Rede transportierten Forderung nach Zurückstellung individueller Interessen das Vorhandensein jeglicher Form überindividueller Berufe zurückweist,[39] so zögert er in dieser, um den Jahreswechsel 1841/42 verfassten Rezension nicht, dem Deutschen „den weltgeschichtlichen Beruf des *Radikalismus*" zuzuschreiben, welcher „*Gott* fallen und eine *Welt* vergehen" lassen müsse.[40]

Schließlich, und damit soll die Behandlung dieser Schrift beendet werden, zeigt sich an dieser Rezension noch ein Sachverhalt, der einen Hinweis zu geben vermag, warum der Textgattung der Rezensionen und Besprechungen, die auch einen Großteil der Stirner'schen Publizistik des Jahres 1842 ausmacht, in den vormärzlichen deutschen Ländern eine herausgehobene Bedeutung zukam. Zum Zeitpunkt als die Rezension von Bauers *Posaune* erschien, also Anfang Januar 1842, war das rezensierte Werk bereits von der preußischen Zensur verboten und konfisziert worden.[41] Rezensionen und Besprechungen boten in diesen Fällen die Möglichkeit, den Inhalt

---

38 Ebenda, S. 27.
39 Siehe unten, Kapitel 6, Abschnitte 1 und 3. Marx und Engels verwenden in ihrer Kritik Stirners dann große Mühe darauf, „Beruf" als ein in aufklärerischen Kontexten fruchtbares Konzept gegen den Angriff Stirners zu verteidigen, siehe unten, Kapitel 11, Abschnitt 3.
40 [Max] Stirner: Über B. Bauer's Posaune des jüngsten Gerichts, in: Telegraph für Deutschland, Hamburg, Januar 1842, No. 6, S. 22-24, No. 7, S. 25-28 u. No. 8, S. 30/31, hier No. 7, S. 27: „Der Deutsche erst und er allein bekundet den weltgeschichtlichen Beruf des *Radikalismus*; nur Er allein ist radikal und Er allein ist es – ohne Unrecht. So unerbittlich und rücksichtslos wie er ist Keiner; denn er stürzt nicht allein die bestehende Welt, um selber stehen zu bleiben; er stürzt – sich selbst. Wo der Deutsche umreißt, da muß ein *Gott* fallen und eine *Welt* vergehen. Bei dem Deutschen ist das Vernichten – Schaffen und das Zermalmen des Zeitlichen – seine Ewigkeit."
41 Dieses Verbot einschließlich der sofortigen Konfiszierung erfolgte am 15. Dezember 1841 (Bauer an Marx, 26. Januar 1842, MEGA² III/1, S. 369). Zur Kenntnis der buchhändlerischen Öffentlichkeit gelangte das Verbot durch Bekanntgabe im Börsenblatt für den Deutschen Buchhandel, 9. Jg. (1842), Nr. 1 vom 4. Januar.

und einzelne, zitierte Passagen eines verbotenen Werkes in Publikationsformen weiter in der Öffentlichkeit zirkulieren zu lassen, die, wie etwa Monatsschriften, nicht in gleicher Weise der Zensur unterworfen waren wie eigenständige Werke. Auch war es stets einen Versuch wert, ob dem jeweilig zuständigen Zensor die zu inkriminierenden Passagen tatsächlich auffielen. Mit dem folgenden, dritten Text von Stirner, welcher das Licht der Öffentlichkeit erblickte, sollte Stirner selbst von dieser Möglichkeit profitieren.

Die beiden bisher behandelten Schriften Stirners waren Besprechungen der Werke anderer Autoren, in die Stirner zwar eigenständige Überlegungen einzuflechten verstand, die jedoch kaum in der Lage waren, großes Aufsehen in der Öffentlichkeit zu erregen oder ihm unter den junghegelianischen Mitstreitern einen Ruf zu begründen. Das anonym veröffentlichte *Gegenwort eines Mitgliedes der Berliner Gemeinde wider die Schrift der sieben und funfzig Berliner Geistlichen: Die christliche Sonntagsfeier, ein Wort der Liebe an unsere Gemeinen*, dessen Verlag der Herausgeber der *Eisenbahn*, Robert Binder, übernahm und dessen Erscheinen am 18. Januar 1842 in einer auf den 12. Januar datierten Anzeige angekündigt wurde,[42] war dagegen schon eher in der Lage, ihn als eine der radikaleren Federn unter den Junghegelianern zu etablieren. Hat sich schon an den beiden behandelten Rezensionen gezeigt, dass Stirner einen für die damaligen Verhältnisse sehr radikalen Stil pflegte, so scheint er diesen Stil im *Gegenwort* ursprünglich beibehalten zu haben. Mackay berichtet, dass die erste Fassung die sächsische Zensur nicht passieren konnte und Stirner „seine Arbeit innerhalb weniger Tage und in aller Hast nochmals durcharbeiten" musste.[43] Die schließliche, abgemilderte Fassung, in welcher der Text heute vorliegt, stieß zwar offensichtlich nicht mehr auf Bedenken der sächsischen Zensur, die preußische, die aufgrund der Ausrichtung der Schrift an die Adressaten der von 57 Berliner Geistlichen unterzeichneten Schrift *Die christliche Sonntagsfeier, ein Wort der Liebe an unsere Gemeinen* unmittelbar betroffen war, sah sich durch die Milderung des Tons jedoch in keiner Weise beruhigt und sprach bereits am 3. Februar, also knapp drei Wochen nach Erscheinen, das Verbot aus.[44] Stirner war es gelungen, gleich mit der ersten eigenständigen Schrift auf den Index zu gelangen; die Entscheidung für eine anonyme Veröffentlichungsform war vor dem Hintergrund seiner Lehrtätigkeit also gerechtfertigt gewesen.

Die Schrift ist von Stirner als Antwort auf die Aufforderung der Berliner Geistlichen zur Rückkehr zu einer würdigen, die überkommenen christlichen Gebräuche wieder achtenden Sonntagsfeier verfasst worden und ist in ihrer Form offenkundig

---

42 „In wenigen Tagen erscheint ..." Börsenblatt für den Deutschen Buchhandel, 9. Jg. (1842), Nr. 5 vom 18. Januar, S. 119.
43 John Henry Mackay: Max Stirner, a. a. O., S. 96.
44 Börsenblatt für den Deutschen Buchhandel, 10. Jg. (1843), Nr. 14 vom 17. Februar, Sp. 413. Zur Kenntnis der Buchhändler wurde dieses Verbot bereits am 11. Februar 1842 gebracht (Börsenblatt für den Deutschen Buchhandel, 9. Jg. (1842), Nr. 12, S. 302).

an die Bauer'sche *Posaune* angelehnt, da Stirner den Eindruck erwecken möchte, als sei der Autor der Schrift ein unbescholtenes „Mitglied der Berliner Gemeinde". Das *Gegenwort* ist dabei zum einen getragen von dem Versuch, die von den größtenteils selbst theologisch geschulten Junghegelianern gemachte Erfahrung des Gerinnens der theologischen Evidenz heiliger Autoritäten zu einer bloßen Schein-Evidenz, die nicht mehr in der Lage war, bei ihnen wirkliche Erfahrungen von Evidenz hervorzurufen,⁴⁵ zum Hintergrund des von den Geistlichen beklagten Rückgangs des sonntäglichen Kirchenbesuchs zu erklären und diese „junghegelianische Erfahrung" als eine weit verbreitete darzustellen. Zum anderen ist mit dieser Schrift die sehr politische Absicht verbunden, in die Auseinandersetzung um die bereits suspendierte Bauer'sche Lehrbefugnis einzugreifen und die Anzahl der für eine „unveräußerliche Lehrfreiheit" eintretenden, von welcher dann auch Bauer profitieren würde, bedeutend zu vergrößern.

Eine Eigenheit des *Gegenwortes* besteht in der, wenn man so will, Verdopplung des Adressaten, denn Stirner wendet sich aus der Position des „Mitgliedes der Berliner Gemeinde" sowohl an die anderen Berliner Gemeinen, als auch an die Geistlichen selbst, auch hierin lassen sich Ähnlichkeiten zu Bauers *Posaune* feststellen. Der Text zeichnet sich dabei nicht durch eine besonders stringente Argumentationsführung aus – eine Eigenart, für die Stirner später die Formel prägen wird, er gehe nicht „am Schnürchen"⁴⁶ –, sondern präsentiert die einzelnen Argumente häufig mehrfach und unter wechselnder Ausrichtung auf die Gemeinen oder Geistlichen. Zwar ist die Verdoppelung des Adressaten wohl als rhetorischer Kniff einzuschätzen und wird Stirner wohl kaum auf eine tatsächliche Überzeugung der Geistlichen gehofft haben, der entstehende Eindruck ist jedoch der eines Willens zur Reform der bestehenden Institutionen, nicht zu ihrer Abschaffung. Stirner beginnt seine Schrift mit einer durchaus originellen Schlussfolgerung aus dem Umstand, dass die Geistlichen sich zur Abfassung des „Wortes der Liebe" veranlasst sahen, und fordert die Leser zu einer unvoreingenommenen Betrachtung der Sonntagsfrage auf:

> So werden wir von sieben und funfzig unserer evangelischen Geistlichen, deren Namen am Schlusse unterzeichnet sind, unverhohlen mit dem ‚*Verfall der Kirche*' bekannt gemacht und eines unkirchlichen Sinnes und Treibens angeklagt. Wer es bis jetzt noch nicht hat glauben wollen, daß der Andächtigen immer weniger werden und die christlichen Kirchen immer leerer, der erfährt die unwiderlegliche Thatsache nun von Denen, welche ohne Zweifel die beste Auskunft darüber zu geben vermögen. Sie rufen uns zurück in die verlassenen Sitze, mit väterlicher Freundlichkeit die ungerathenen Kinder wieder zu sich winkend; wir aber haben die gebannten

---

45 Der wohl eindrücklichste Fall ist Bauer, der im Zuge seiner *Kritik der evangelischen Geschichte des Johannes* und der *Kritik der evangelischen Geschichte der Synoptiker* dazu kam, die ursprünglich zur Stützung der theologischen Evidenz eingesetzte philosophische Evidenz gelingender Begriffsentwicklung als die einzig wahre Quelle von Evidenzerfahrungen anzusehen und der theologischen Evidenz jegliche Überzeugungskraft abzusprechen. Siehe oben, Kapitel 1, Abschnitt 4.
46 Siehe unten, Kapitel 7, Abschnitt 1.

Räume der Kirche und die Grenzen andächtigen Glaubens unbewußt überschritten und werden erst jetzt durch den mahnenden Zuruf unserer unwillkührlichen Flucht gewahr. Laßt uns denn unseres jetzigen Zustandes recht inne werden, und das inhaltsschwere Wort, daß ‚der Verfall der Kirche sich offenbare', nach allen Seiten gründlich erwägen, ohne vor seinem Eingeständnisse zurückzubeben. Es nützet uns nichts so sehr, als Offenheit gegen uns selbst, und schadet uns nichts mehr, als wenn wir aus Angst eine unbestreitbare Thatsache vor uns selbst verbergen, und von dem nichts wissen wollen, was wir doch nicht ableugnen oder ändern können. Sammelt, Ihr Lieben, dazu Euern Geist und vor Allem Euern Muth!"[47]

Die Konsequenz, die Stirner aus der Klage der Berliner Geistlichen zieht, besteht darin, den beklagten Sachverhalt – die mangelnde christliche Gesinnung der Berliner Bevölkerung – nicht wie die Geistlichen als einen Verfall, sondern vielmehr als einen Fortschritt zu deuten, die beklagte Situation der Entchristlichung somit nicht als einen, eine Rückkehr erfordernden, sondern als einen eine Erkenntnis- und Bewusstseinsleistung verlangenden Zustand zu beschreiben.[48] Vor diesem Hintergrund ist Stirner dann bestrebt, die notwendige Bewusstseinsänderung bei den Adressaten seines *Gegenwortes* herbeizuführen, welche sich auf Seiten der Gemeinen in dem Eingeständnis niederschlagen müsse, dass die von den Geistlichen produzierte Evidenz schlichtweg nicht mehr überzeugend sei. Woran die Evidenz heiliger Autoritäten Mangel leide, sei die Fähigkeit, Begeisterung bei den Zuhörern zu wecken: „Was in aller Welt macht uns denn so kalt und gleichgültig, was fehlt uns denn? Eine Begeisterung fehlt uns, die den ganzen Menschen durchglüht, die alle Zweifel des Gedankens und alle Verführungen der Sinne in ihrer reinen Flamme aufzehrt, die den Tod zur Auferstehung erklärt! Nach einer solchen Begeisterung sehnen wir uns!"[49] In der Fähigkeit zu begeistern verortet Stirner, ganz im Einklang mit den zu dieser Zeit von den Junghegelianern gehegten Überzeugungen, somit einen der fundamentalen Unterschiede zwischen der theologischen Evidenz heiliger Autoritäten, aus welcher die Predigten ihre Überzeugungskraft beziehen, und der philosophischen Evidenz gelin-

---

47 [Max Stirner:] Gegenwort eines Mitgliedes der Berliner Gemeinde wider die Schrift der sieben und funfzig Berliner Geistlichen: Die christliche Sonntagsfeier, ein Wort der Liebe an unsere Gemeinen, Leipzig 1842, S. 3/4. Vgl. auch die wenig später geäußerte, drastischere Formulierung dieses Sachverhalts, ebenda, S. 10: „Ihr schlendert noch so in der alten Gewohnheit hin und meint gute Christen zu sein; nehmt aber das Wort Eurer Geistlichen Euch zu Herzen und lasset es nicht ungehört und unbeachtet verhallen: sie, die Eure berufenen Lehrer sind, verkündigen es Euch, daß Ihr schlechte Christen seid. Ja, kommt dadurch zur Erkenntniß und bekennet es frei: Wir sind keine Gläubigen mehr! Wir glauben nicht ernstlich mehr an den alten Herrgott, und wenn wir nur wüßten, wie ohne ihn die Welt hätte entstehen und bestehen können, so würden wir dieser ganzen unbegründeten Voraussetzung nicht mehr bedürfen."
48 Ebenda, S. 4: „Die uns zur Umkehr ermuntern, die erinnern uns erst daran, daß wir wirklich schon über die alte Heimath hinaus und in der Fremde sind. Dank ihnen, daß sie uns über unsern Fortschritt, an dessen Wirklichkeit zu glauben wir uns noch nicht einmal getrauten, gründlich belehren. Sie rufen uns zu: Ihr seid nicht mehr kirchlich gesinnt!"
49 Ebenda, S. 5.

gender Begriffsentwicklung, welche den atheistischen Religionskritiken zugrunde liegt. Wahre Begeisterung, wirklichen Enthusiasmus kann laut junghegelianischem Verständnis nur noch die der philosophischen Wahrheit verpflichtete Aufklärung hervorrufen.

Mit dieser Konzentration auf die in den Adressaten hervorgerufenen Wirkungen rückt der Autor des *Gegenwortes* die Frage nach der Überzeugungskraft der Predigten ins Zentrum der Aufmerksamkeit und bereitet das Feld, auf welchem die Schlacht zwischen theologischer und philosophischer Evidenz geschlagen werden soll und auf welchem sich die Junghegelianer aufgrund ihrer eigenen Erfahrungen weit überlegen wähnen – das individuelle Bewusstsein der Adressaten. Vor dem Hintergrund der von den Junghegelianern persönlich erfahrenen Überlegenheit der philosophischen gegenüber der theologischen Evidenz verspricht sich Stirner den Erfolg seiner Bemühungen davon, dass die Gemeinen ihren eigenen Erfahrungen von Evidenz vertrauen. Er inszeniert so einen Gegensatz zwischen den christlich-religiösen (Glaubens-)Wahrheiten, deren Geltung ausschließlich durch die Autorität des sie Äußernden verbürgt sei und die also keine eigenen Erfahrungen von Evidenz bei den gemeinen Adressaten auslösten, und den atheistisch-philosophischen Wahrheiten, deren Geltung eben davon abhänge, ob sie bei den Adressaten Erfahrungen von Evidenz hervorriefen. Der erste Zug in der Stirner'schen Argumentation besteht, wie dargestellt, in der Aufforderung der Adressaten, die konkurrierenden Wahrheitsansprüche ihrem eigenen Urteil zu unterwerfen:

> Lasset nun den Lehrer mir gegenüber stehen und seine gewichtigen Worte an mich richten; ich werde ihnen folgen und, soweit sie mich überzeugen, sie zu meinem Eigenthum machen. Soweit sie mich aber nicht überzeugen, werden sie mir auch nicht ein *Glaubensartikel* sein. Ich werde mich von nichts abhängig machen, was ich nicht selbst bin oder wovon ich nicht bis ins Innerste durchdrungen bin. Ist nun der Prediger gehalten, mir Glaubensartikel einzuprägen, oder ist es sein Beruf, mich zu überzeugen, mich über mich selbst, über den Geist, der in mir wohnt und göttlichen Ursprunges ist, dessen ich mir nur bewußt zu werden brauche, zu belehren? Jener ist der Pfaffe, der gebieterisch meinen Glauben verlangt, dieser der Mitbruder und Mensch, der mich nur zu mir selbst führt, dessen gewiß, daß ich nie wieder von mir selbst lassen werde, wenn ich mich einmal gewonnen und inne habe.[50]

Stirner ist jedoch nicht nur bemüht, die gemeinen Adressaten des *Gegenwortes* davon zu überzeugen, dass sie statt auf die Autorität eines Geistlichen auf ihre eigenen Erfahrungen von Evidenz vertrauen sollen. Er schließt außerdem die Unterscheidung zwischen den beiden konkurrierenden Weisen der Produktion von Evidenz mit der Unterscheidung zwischen zwei Arten der pädagogischen Vermittlung von Inhalten kurz, deren erste auf die bloße Übernahme verbürgten Wissens zielt, während die

---

50 Ebenda, S. 8. Vgl. auch ebenda, S. 9: „Lasset Euch durch Eure Lehrer zu *Euch selbst* führen und entwöhnt sie der abgebrauchten Redensart, als ob sie Euch *zu Gott* führen wollten, und Ihr werdet sie mit Liebe hören."

zweite darauf abhebt, Akte des Verstehens beinhaltende Erkenntnisprozesse hervorzurufen.[51] Durch diese Bündelung von autoritärer Evidenzproduktion, der die Fähigkeit, Begeisterung bei ihren Adressaten auszulösen, abgeht, und autoritärer Wissensvermittlung, die darauf verzichtet, Erkenntnisprozesse anzustoßen, kann Stirner eine Figur in die Diskussion einführen, auf welche der argumentative Einsatz Stirners abzielt und deren gesteigerte Wertschätzung bei seinen Adressaten schließlich in einer Parteinahme für Bruno Bauer ihren Ausdruck finden soll. Es ist dies die Figur des „freien Lehrers":

> Bedeutet es das Amt [des göttlichen Wortes, UP], uns zu lehren Alles, was sie als wahr erkennen, fühlen und denken, uns sich selbst und die Wahrheiten zu offenbaren, welche sie im ernsten Bemühen um die ewige Wahrheit gefunden haben, oder ist es das Amt, die Bibel buchstäblich, treu und ohne Einmischung eines Urtheiles zu erklären, und das Bibelwort als das göttliche Wort zu verehren? Niemand unter Euch kann zweifeln, daß ein christlicher Prediger allein auf das letztere angewiesen ist. Aber auch nicht leicht wird Einer unter Euch anzutreffen sein, dessen andächtiges Gefühl nicht schon von mancher Predigt aufs tiefste verletzt worden wäre, in welcher ein sklavischer ‚Diener am göttlichen Worte' durch alle möglichen Kunststücke des Scharfsinnes so lange am Bibelworte drehte und deutelte, bis ein leidlicher Sinn herauskam. O, es ist widerwärtig, dieses Deuteln an dem, was geschrieben steht, an dem nicht gerückt werden soll, bloß weil es geschrieben steht; das der Seelsorger nur darum loben soll, nicht tadeln. Er ‚soll', wie es im Schriftchen selbst heißt, ‚unseren Kindern das dritte Gebot einschärfen'; er *soll*! Seid Ihr, das fragt Euch selbst, seid Ihr damit zufrieden, daß man Euch sagt: So steht es geschrieben! – seid Ihr beruhigt über Eure Zweifel, sobald Ihr wisset, so und so laute die Bibel; gilt Euch etwas darum schon für wahr, weil Ihr's im Testamente leset, und wollt Ihr nur die Schrift auslegen hören oder verlangt Ihr nach – der ewigen Wahrheit? Und wenn Ihr darnach verlangt, genügt Euch da ein ‚Diener des göttlichen Wortes', der auf die Bibel geschworen hat, geschworen, Euch nur biblische Lehren beizubringen, geschworen, Euch seine abweichende Ansicht und seine Einwürfe zu verschweigen, – oder seht Ihr Euch nicht vielmehr nach einem *freien Lehrer* um?[52]

Nach den bisherigen Ausführungen kann über den Bauer'schen Einfluss auf diese Schrift Stirners kaum ein Zweifel bestehen. Die argumentative Struktur – ein mangelhafter Kirchenbesuch, der von der Überlebtheit der theologischen Evidenzproduktion zeugt und dem nur durch die Einsetzung „freier Lehrer", die wie Bauer auf eine Form von Evidenz rekurrieren, welche die Zuhörer noch zu enthusiasmieren vermag, Abhilfe geschaffen werden kann – zeugt eindrucksvoll von der Absicht, welche Stirner mit dem *Gegenwort* im Januar 1842 verbunden hat. Wenn sich die Kirchen wieder mit begeisterten Anhängern füllen sollen, so Stirners Rat an die Geistlichen, dann bedarf die christliche Religion Lehrer vom Schlage Bauers. Die christlichen Kirchen können ihr Überleben nur um den Preis einer Wandlung von Tempeln der Religion zu Tem-

---

51 Dies ist ein weiterer Fall, in welchem sich die besondere, pädagogische Erfahrung Stirners in seinen Schriften niederschlägt.
52 [Max Stirner:] Gegenwort, a. a. O., S. 10/11.

peln der Aufklärung sichern, und der in ihnen zu haltende „Gottesdienst der Vernunft" kann nur von Lehrern gehalten werden, welche sich der Entfaltung der Maximen der Vernunft ohne Rücksichtnahme auf hergebrachte christliche Dogmen widmen können. Wie gleich gezeigt werden wird, bewegt sich diese, von Stirner im *Gegenwort* argumentierte Aufklärung allerdings nicht im französischen, atheistischen, sondern eher im englischen, deistischen Fahrwasser.[53] Das *Gegenwort* ist, so lässt sich an dieser Stelle festhalten, nicht nur der erste eigenständige Text Stirners, es offenbart darüber hinaus auch erstmals eine Rolle, die Stirner in der Folge noch häufiger einzunehmen sucht: die Rolle des Agitators für die junghegelianische Sache und des Popularisierers der stärker theoretisch gehaltenen und darum nur einem eingeschränkteren Leserkreis zugänglichen Religionskritiken Bauers und Feuerbachs.

Dass Stirner nämlich neben dem eher die politische Richtung seiner Schrift bestimmenden Einfluss Bauers, wie er sich in der Agitation für die von Bauer in der Auseinandersetzung um die Suspendierung, bzw. den sich abzeichnenden endgültigen Entzug seiner *licentia docendi* angestrebte Lehrfreiheit äußert, ebenfalls stark von Feuerbach beeinflusst wurde, zeigt sich, wenn die Passagen des *Gegenwortes* in Rechnung gestellt werden, in welchen Stirner ausführt, wie die vakant gewordene Stelle der christlichen Religion in der Bestimmung des Bewusstseins der zustandsrelevanten Bewusstseinsträger zu füllen sei. Diese Instanz ist nicht etwa das von Bauer zu dieser Zeit präferierte „Selbstbewusstsein", sondern der „Mensch", den Feuerbach in seinem *Wesen des Christenthums* als das wahre Fundament der christlichen Religion entwickelt hatte und den Stirner nun mit der umkämpften Lehrfreiheit kurzschließt:

> Laßt die Lehrer, die man Prediger nennt, Euch sagen dürfen, was des *Menschen* Werth ausmacht, ohne daß sie sich gebunden sehen, nur in althergebrachter Weise Euch vorzutragen, was den *Christen* ziert, und Ihr werdet ihre Kirchen mit Eifer und Freude besuchen. Der Grundsatz der **Lehrfreiheit** sei ausgesprochen, und jeder *freie Lehrer* wird willige und unermüdliche Zuhörer in Menge um sich versammeln![54]

Und wenig später zeigt sich noch eindrücklicher, dass Stirner dem „Menschen" Feuerbachs und der „Religion der Menschlichkeit" zutraut, die Verbindung zwischen der zu einer Begeisterung befähigenden, philosophischen Evidenz, dem Appell, dem eigenen Urteil und den eigenen Erfahrungen von Evidenz zu trauen, und der Anleitung durch „freie Lehrer" zu ermöglichen:

> Lehret uns die Religion der Menschlichkeit! Müssen aber, diese Frage entsteht uns hierbei sogleich, müssen die Prediger dieser erhabensten Religion, gleich den heutigen Predigern der christlichen Confessionen, verpflichtet werden auf ein Symbol? Müssen sie in eine Vorschrift eingezwängt werden? Was hätten wir da gewonnen, wenn uns auch diese Religion um den *freien Lehrer* betröge? Nein, das Menschliche ist nicht Das, was Andere erkannt haben und ich ihnen

---

53 Vgl. oben, Kapitel 3, Abschnitt 2.
54 [Max Stirner:] Gegenwort, a. a. O., S. 6/7.

glauben soll, sondern Das, was ich mit ganzer Seele erfasse und mein eigen nenne. Ich bin kein ganzer, kein voller Mensch, wenn ich Andern nur glaube, was sie mir von meinem eigenen innersten Wesen, von meinem Berufe und von dem Gotte, der in mir selbst wohnt, erzählen und versichern; ich bin es nur, wenn ich es selbst erkenne, wenn ich davon durchdrungen und überzeugt bin.[55]

Stirner ist, so wird in diesen beiden Passagen offensichtlich, noch weit davon entfernt, die Legitimität einer religiösen Sphäre *per se* zu bestreiten. Nicht die völlige Abkehr von der Religion ist das erklärte Ziel des *Gegenwortes*, sondern die Überführung der christlichen in eine „menschliche" Religion, und hierin zeigt sich Stirner eindeutig den Feuerbach'schen Positionen des *Wesens des Christenthums* verpflichtet. Vor diesem Hintergrund einer Lösung der Sonntagsfrage durch die Überführung des (protestantischen) Christentums in eine, wenn man so will, „humanistische" Religion ist es gerechtfertigt, das Ziel des *Gegenwortes* als die Reform der bestehenden kirchlichen Institutionen zu bestimmen. Mit der gleichzeitigen Adressierung sowohl der Gemeinen, als auch der Geistlichen lässt Stirner die, wenn auch sehr unwahrscheinliche, Möglichkeit offen, dass die gemeinen und geistlichen Christen, diese Stütze der preußischen Monarchie, sich von selbst der überwältigenden Überzeugungskraft der philosophischen Evidenz gelingender Begriffsentwicklung anheim geben und sich einer Religiosität öffnen, die nicht mehr im Widerspruch, sondern vielmehr im Einklang mit der Vernunft gelebt werden kann.

Nach dem bisherigen gilt es festzuhalten, dass die in diesem frühen Text zum Ausdruck gelangende Positionierung Stirners eine interessante Gemengelage innerhalb der junghegelianischen Debatte vor der Enttäuschung darstellt. Zwar teilt Stirner in Bezug auf seine politische Positionierung eindeutig die Radikalität des um den Erhalt seiner uneingeschränkten Lehrbefugnis kämpfenden Bauer (und auch die dokumentierte Radikalität seiner Äußerungen in den beiden besprochenen Rezensionen verfestigt diesen Eindruck), wenn es um die dieser radikalen Position zugrunde liegende theoretische Verankerung geht, so zeigt sich Stirner jedoch unzweifelhaft als Anhänger Feuerbachs,[56] der, wie bereits dargestellt wurde,[57] seine politischen Überzeugungen in ein wesentlich gemäßigteres Gewand kleidete. Es zeigt sich mit dem *Gegenwort* insofern, dass der erst spät in die Debatte eingetretene Stirner sich in der jeweiligen Übernahme einzelner Elemente der beiden zentralen Protagonisten

---

55 Ebenda, S. 7/8.
56 Auch Mackay überliefert eine Äußerung aus dem Bekanntenkreis Stirners, die letzteren als Anhänger Feuerbachs charakterisiert: „Er [Stirner, UP] soll ungern philosophiert haben, sagt der Eine; wenn er es that, geschah es sicherlich über Feuerbach, sagt der Andere." (John Henry Mackay: Max Stirner, a. a. O., S. 91.)
57 Siehe oben, Kapitel 1, Abschnitt 3.

der junghegelianischen Phase der deutschen Spätaufklärung eine gewisse Eigenständigkeit zu bewahren wusste.[58]

Diese Eigenständigkeit Stirners kommt auch in der bereits zur Sprache gebrachten, besonderen Sensibilität für pädagogische Perspektiven und Fragestellungen zum Ausdruck. Mit der Charakterisierung der angegriffenen Prediger als Lehrer wird offenkundig, dass Stirner begonnen hat, die Prozesse der sonntäglichen Bewusstseinsbestimmung der Gemeinen durch die Geistlichen, deren Relevanz für den Bestand der gesellschaftlichen Verhältnisse keinen kleinen Anteil daran hatte, dass der Sonntagsfrage aus aufklärerischer Perspektive große Bedeutung beigemessen wurde, den ihm vertrauten Prozessen der Bewusstseinsbestimmung von Schülern durch Lehrern anzugleichen. Die Forderung nach Lehrfreiheit bei dieser Bewusstseinsbestimmung schließlich zeigt, dass für Stirner zu diesem Zeitpunkt keineswegs die Institution einer die Bestimmung erleichternden Einrichtung zur Frage steht, sondern dass von dieser Institution nur ein anderer Gebrauch zu tätigen wäre, um eine die Entfremdung des Menschen fördernde Einrichtung in eine ihn zu sich selbst führende zu verwandeln.[59] In einem der bemerkenswerten Wechsel der Adressaten, die Stirner im *Ge-*

---

58 Dies unterscheidet ihn etwa von Marx, der nach anfänglich sehr enger und nahezu ausschließlicher Kooperation mit Bauer zu einem eingeschworenen Anhänger Feuerbachs wurde und in der Folge als „Consequenz" Feuerbachs bezeichnet werden konnte ([Bruno Bauer:] Charakteristik Ludwig Feuerbachs, in: Wigand's Vierteljahrsschrift, 1845, 3. Bd., S. 86-146, hier S. 123).

59 Aus dieser inhaltlichen Position Stirners folgt m. E., dass eine Autorschaft an dem in No. 9 vom 12. Januar 1842 der *DJb* erschienenen Artikel *Christenthum und Antichristenthum* sehr zweifelhaft ist. Zu dieser Thematik folgender kleiner Exkurs: Die Autorschaftsbestimmung des mit „Ein Philosoph" gezeichneten Artikels geht auf Gustav Mayer zurück (Die Anfänge des politischen Radikalismus im vormärzlichen Preußen, in: Zeitschrift für Politik, 6. Bd, Berlin 1913, S. 1-113, hier S. 110). Mayer stützt sich dabei auf eine briefliche Aussage Eduard Flottwells gegenüber Johann Jacoby vom 12. März 1842, wonach „Stirner auch für die Deutschen Jahrbücher ‚vortreffliche Aufsätze' geliefert hätte" (ebenda). Nach Durchsicht der *DJb* schien Mayer dieser Artikel „möglicherweise" infrage zu kommen (wobei Mayer es für „nicht sehr wesentlich" hielt, ob der Artikel von Stirner „oder einem anderen Mitglied des Kreises verfaßt" wurde, ebenda). Die Annahme einer Autorschaft Stirners scheint durch den Sachverhalt gestützt zu werden, dass dieser in einer Korrespondenz für die *LAZ* vom 6. Mai 1842 auf diesen Artikel Bezug nimmt ([Rezension zu:] Ueber die Anstellung der Theologen an den deutschen Universitäten. Theologisches Votum, Berlin 1842, in: Leipziger Allgemeine Zeitung, Nr. 126 vom 6. Mai 1842). Das zentrale Argument Mayers für eine mögliche Autorschaft Stirners ist dann die in diesem Artikel wohl erstmals im Kontext der junghegelianischen Debatte erhobene Forderung nach einem Austritt aus der Kirche (Die Anfänge des politischen Radikalismus im vormärzlichen Preußen, a. a. O., S. 110). Diese Forderung ist auch von Stirner im Sommer 1842 im Kontext der Agitation für die „Freien" belegt (vgl. den folgenden Abschnitt). Während David Rjazanov, der Herausgeber der ersten *MEGA*, der Mayer'schen Autorschaftsbestimmung folgte (MEGA¹ I/1, Frankfurt a. M. 1927, 1. Hbd., S. XLI), spricht John Henry Mackay im Vorwort der 3. Ausg. von *Max Stirner. Sein Leben und sein Werk* davon, dass „die Mitarbeit Stirner's an den ‚Deutschen Jahrbüchern' [...] sich leider in Bezug auf bestimmte Artikel nur auf Vermuthungen stützen [kann] und [sich] nicht mit der durchaus nöthigen Sicherheit feststellen" lässt (S. VI). Eine jüngere Autorschaftsbestimmung weist den Artikel Friedrich Wilhelm Carové

genwort wiederholt vornimmt, wendet er sich zum Schluss noch einmal an die Geistlichen, um ihnen seine Lösung der Sonntagsfrage ans Herz zu legen:

> Erkämpft Euch, Ihr Prediger des göttlichen Wortes, die *Freiheit der Rede*, und wir finden uns mit Freuden bei Euch ein; thut zu allererst ab den eigenen Knechtessinn, dann könnt Ihr freie Menschen zu Euch einladen; opfert die elende Furcht auf dem Altare des Heldenmuths, und Ihr sollt unsere geliebten Führer sein; feiert den festlichen Tag der errungenen *Lehrfreiheit*, so feiern wir Alle gerne mit Euch den Sonntag. Dann werden Eure Kirchen voll sein, und um jeden Helden des freien Wortes werden sich lernbegierige Schaaren sammeln.[60]

4.2 Intensive publizistische Betätigung und Agitation für die „Freien"

Die 57 Berliner Geistlichen gingen auf den Vorschlag Stirners, wie zu erwarten, nicht ein und auch die zahlreicheren Berliner Gemeinen konnten mit dem *Gegenwort* nicht dahin gebracht werden, sich für die Bauer'sche, oder gar eine allgemeine Lehrfreiheit einzusetzen. Sollte Stirner tatsächlich diesbezügliche Hoffnungen gehegt haben, so wurden diese enttäuscht. Einer anderen Absicht, die Stirner mit dem Text verfolgte – die Aufnahme in den Kreis der radikalen junghegelianischen Schriftsteller –, muss jedoch Erfolg bescheinigt werden, denn schon bald nach der Übernahme der Redak-

---

zu (Hundt, App.-Bd., S. 203, dort unter dem Titel „Zwei Vota über das Zerwürfniß zwischen Kirche und Wissenschaft", das andere Votum wird Bruno Bauer zugesprochen).
Gegen eine Autorschaft Stirners sprechen verschiedene Gründe: Zum einen ist die angeführte Aussage Eduard Flottwells der einzige Hinweis auf eine Mitarbeit Stirners an den *DJb*, weder von Stirner selbst, noch von anderen Autoren ist ein Hinweis auf eine solche Mitarbeit überliefert. Die von Martin Hundt besorgte Edition des Redaktionsbriefwechsels der *DJb* weist keinen Beitrag Stirners und auch keinen Brief von oder an Stirner nach. Zum anderen widerspricht die Unterschrift „Ein Philosoph" der sonstigen Praxis Stirners, Schriften entweder mit seinem vollständigen oder abgekürzten Pseudonym zu zeichnen oder anonym zu veröffentlichen. Der infrage stehende Artikel wäre das einzige Vorkommnis einer Abweichung von dieser Praxis. Die gewichtigsten Gründe, welche gegen eine Autorschaft Stirners sprechen, sind jedoch inhaltlicher Natur. Wie soeben gezeigt wurde, spricht sich das *Gegenwort* nicht für einen Austritt aus der Kirche aus, sondern versucht mit der ihm eigenen „doppelten" Adressierung sowohl Geistliche, als auch Gemeine von den Vorzügen einer „unveräußerlichen Lehrfreiheit" *innerhalb* der bestehenden Institutionen zu überzeugen. Die Abfassung zweier Schriften, welche nahezu zeitgleich erschienen sind (Mitte Januar 1842) und sich in dieser zentralen Frage widersprechen, durch denselben Autor, scheint doch eher unwahrscheinlich. Auch lässt sich allein aus dem Sachverhalt, dass Stirner sich der Forderung nach dem Austritt aus der Kirche einige Monate später anschließt, nicht folgern, dass diese Forderung auch bei ihrer ersten Formulierung von Stirner erhoben worden sein muss. Schließlich sprechen noch weitere inhaltliche Positionierungen des Artikels gegen eine Autorschaft Stirners, so etwa die Besprechung der Strauß'schen Behandlung von Hegels Form-Inhalt-Problematik oder die dezidiert pejorative Verwendung von „Gedankenlosigkeit", der von Stirner zum Ziel seiner Ausführungen im *Einzigen* erhobenen Vorstellung.
60 [Max Stirner:] Gegenwort, a. a. O., S. 21.

tion der *RhZ* durch Adolf Rutenberg am 3. Februar 1842 eröffnete sich für Stirner eine neue Publikationsmöglichkeit, von der er bis in den Oktober 1842, genauer, bis zur Übernahme der Redaktion durch Marx, der die Mitarbeit der radikalen Berliner der Hoffnung auf ein Überleben des Blattes opferte, regen Gebrauch tätigte, wovon 29 Beiträge in knapp 10 Monaten Mitarbeit zeugen. In Bezug auf die Aufnahme der Korrespondententätigkeit liefert ein von Mackay aufgefundener Brief von Stirner an Rutenberg vom 1. März 1842 Aufschluss.[61] Die von Stirner in diesem Brief geäußerte Frage: „Ist Euch das Recht, dass man Euch Correspondenzen zuschickt, von so kurzem oder noch kürzerem Umfang, wenn Neues passirt?",[62] scheint ein positives Echo gefunden zu haben, und die mit dem Brief übersandte Korrespondenz „Von der Spree, 2. März" erschien am 7. März in der Rubrik „Deutschland" der *RhZ*.[63]

Die Aufnahme der Korrespondententätigkeit für die *RhZ*, und wenig später auch für die *LAZ*, konnte insofern das Ende der Mitarbeit an der *Eisenbahn* im April 1842 mehr als kompensieren und auch wenn, wie noch zu zeigen sein wird, die Korrespondententätigkeit für die *LAZ* sich noch um einiges umfangreicher gestaltete, so konnte Stirner im Beiblatt der *RhZ* über die, das Gros seiner Beiträge bildenden Korrespondenzen und Rezensionen hinausgehende, eigenständige Publikationen realisieren. Dieser Mitarbeit sind zwei der wichtigsten Schriften für die Rekonstruktion der Entwicklung zu verdanken, die Stirner im Laufe des Jahres 1842 genommen hat.

In der ersten dieser beiden Schriften, der vom 10. bis 19. April 1842 erschienenen Abhandlung *Das unwahre Prinzip unserer Erziehung oder der Humanismus und Realismus*,[64] unternimmt Stirner eine Kritik der beiden zum damaligen Zeitpunkt vorherrschenden Bildungskonzeptionen und entwirft eine eigene, die aufgedeckten Defizite von Humanismus und Realismus vermeidende Konzeption, deren Ziel die Ausbildung eines „sittlichen Willens" bei den Schülern ist. Die in dieser Schrift zum Ausdruck gelangende Absicht einer grundsätzlichen Erörterung der Frage nach einer der Zeit angemessenen Bildungskonzeption stellt wohl auch eine Reaktion auf den einen Monat zuvor erfolgten, endgültigen Entzug der Bauer'schen Lehrbefugnis dar, also auf die mit diesem Akt offenkundig gewordene Ablehnung, welche der preußische Staat der von Stirner noch im *Gegenwort* argumentierten „unveräußerlichen Lehrfreiheit" entgegenbrachte. Die in *Das unwahre Prinzip unserer Erziehung* entwickelte Argumentation trägt insofern dem Umstand Rechnung, dass dem *Gegenwort* der er-

---

61 John Henry Mackay: Max Stirner, a. a. O., S. 227.
62 Ebenda.
63 Max Stirner: Von der Spree, 2. März, in: Rheinische Zeitung, Nr. 66 vom 7. März 1842 (Max Stirner's kleinere Schriften und seine Entgegnungen auf die Kritik seines Werkes: „Der Einzige und sein Eigenthum" aus den Jahren 1842-1848, hrsg. v. John Henry Mackay, Zweite, durchges. u. sehr verm. Aufl., Treptow bei Berlin 1914, S. 51/52).
64 Max Stirner: Das unwahre Prinzip unserer Erziehung oder der Humanismus und Realismus, in: Rheinische Zeitung, Nr. 100 vom 10. April, Beibl., 102 vom 12. April, Beibl., 104 vom 14. April, Beibl., u. 109 vom 19. April 1842, Beibl. (Max Stirner's kleinere Schriften, a. a. O., S. 237-257).

wünschte Erfolg sowohl bei den Regierenden, dem zustandsrelevanten Bewusstseinsträger der preußischen Konfiguration des bewusstseinszentrierten Modells gesellschaftlicher Veränderung, als auch beim Volk, dem zustandsrelevanten Bewusstseinsträger der französischen Konfiguration, versagt geblieben war. Allem Anschein nach hatte Stirner aus diesem Sachverhalt den Schluss gezogen, dass diejenigen, die ihre Bildung innerhalb der beiden vorherrschenden Bildungssysteme erhalten hatten, den Wert einer „unveräußerlichen Lehrfreiheit" nicht zu würdigen wussten – der Vorwurf, die bisherigen Bildungskonzeptionen brächten nur Philister hervor, spielt im Folgenden eine sehr wichtige Rolle. Vor dem Hintergrund, dass die junghegelianische Aufklärung zu diesem Zeitpunkt noch weit von der Enttäuschung, welche sie um den Jahreswechsel 1842/43 erfassen sollte, entfernt war, mag diese Einschätzung etwas überraschen. Offensichtlich war Stirner dennoch überzeugt – wie nicht zuletzt die später darzustellende Agitation für den Verein der „Freien" zeigt –, dass es eine ausreichende Menge an Adressaten gebe, welche sich von den Argumenten der Kritik eines Besseren belehren ließen.

Stirner gliedert seinen Text in zwei Abschnitte, zuerst stellt er die Geschichte der Bildung seit der Reformation dar, um schließlich die seines Erachtens notwendige, alternative Konzeption zu entwickeln. Vor dem Hintergrund der weiteren Entwicklung Stirners ist von besonderem Interesse, dass er in dieser Schrift das Verhältnis von Gebildeten und Ungebildeten vor allem als Machtverhältnis analysiert, Bildung insofern erstmalig als Herrschaftsinstrument betrachtet. Diese herrschaftskritische Analyse von Bildungsprozessen stellt in gewisser Weise bereits die Weichen für die später im *Einzigen* ausgearbeitete Kritik an der philosophischen Form des aufklärerischen Diskurses, wie er vor der Enttäuschung die junghegelianische Debatte prägte.

Nachdem Stirner die Frage nach der Erziehung durch ihre Herleitung aus der die Gegenwart bestimmenden Suche nach dem Wort, womit die Zeit „ihren Geist ausspreche", als eine gleichermaßen drängende Zeitfrage eingeleitet hat,[65] gibt er einen kurzen historischen Abriss der Entwicklung dieser Frage vor dem Hintergrund der Geschichte seit der Reformation, wobei er ein besonderes Augenmerk auf die Rolle der Bildung in der Begründung oder Unterhöhlung von Machtpositionen legt:

---

65 Ebenda, S. 237: „Weil unsere Zeit nach dem Worte ringt, womit sie ihren Geist ausspreche, so treten viele Namen in den Vordergrund und machen alle Anspruch darauf, der rechte Name zu sein. Auf allen Seiten zeigt unsere Gegenwart das bunteste Parteiengewühl, und um den verwesenden Nachlass der Vergangenheit sammeln sich die Adler des Augenblicks. [...] Ohne unser Zuthun bringt die Zeit das rechte Wort nicht zu Tage; wir müssen Alle daran mitarbeiten. Wenn aber auf uns dabei so viel ankommt, so fragen wir billig, was man aus uns gemacht hat und zu machen gedenkt; wir fragen nach der Erziehung, durch die man uns zu befähigen sucht, die Schöpfer jenes Wortes zu werden. Bildet man unsere Anlage, *Schöpfer* zu werden, gewissenhaft aus, oder behandelt man uns nur als *Geschöpfe*, deren Natur blos eine Dressur zulässt?" Dies ist allem Anschein nach das früheste Vorkommnis des Gegensatzpaares „Schöpfer/Geschöpf", das für den späteren Autor des *Einzigen* eine eminent wichtige Bedeutung erlangen sollte. Siehe unten, Kapitel 6, Abschnitt 1.

> Die Periode zwischen der Reformation und Revolution ist – was ich hier ohne Begründung nur behaupten will, weil ich es bei einer andern Gelegenheit ausführlicher darzustellen gedenke – die des Verhältnisses zwischen Mündigen und Unmündigen, zwischen Herrschenden und Dienenden, Gewaltigen und Machtlosen, kurz die Unterthänigkeitsperiode. Abgesehen von jedem anderen Grunde, der zu einer Ueberlegenheit berechtigen mochte, hob die *Bildung*, als eine Macht, Den, der sie besass, über den Ohnmächtigen, der ihrer entbehrte, empor, und der Gebildete galt in seinem Kreise, so gross oder klein derselbe war, als der Mächtige, der Gewaltige, der Imponirende: denn er war eine *Autorität*. Nicht Alle konnten zu dieser Herrschaft und Autorität berufen sein; darum war auch die Bildung nicht für Alle und eine allgemeine Bildung widersprach jenem Prinzipe. Die Bildung verschafft Ueberlegenheit und macht zum Herrn: so war sie in jenem Herrn-Zeitalter *Mittel* zur Herrschaft. Allein die Revolution durchbrach die Herrn- und Diener-Wirthschaft, und der Grundsatz trat in's Leben: Jeder sei *sein eigener Herr*. Damit war die nothwendige Folge verknüpft, dass die Bildung, die ja zum Herrn macht, forthin eine *universelle* werden musste, und die Aufgabe stellte sich von selbst ein, nunmehr die wahrhaft universelle Bildung zu finden. Der Drang nach universeller, Allen zugänglicher Bildung musste zum Kampfe gegen die hartnäckig behauptete exklusive anrücken, und die Revolution musste auch auf diesem Felde gegen das Herrentum der Reformationsperiode das Schwert zücken. Der Gedanke der *allgemeinen* Bildung stiess zusammen mit der *ausschliesslichen*, und durch manche Phasen und unter allerhand Namen zog sich Krieg und Schlacht bis in den heutigen Tag herein.⁶⁶

Es fällt auf, dass Stirner den Wunsch nach Bildung in diesem kurzen Abriss aus dem Willen zur Macht motiviert, dass die Bildung also von vornherein als ein Instrument eingeführt wird, das es dem, der sie erlangt, erlaubt, in der „Unterthänigkeitsperiode" seinen Platz auf der Seite der „Mündigen", „Herrschenden" und „Gewaltigen" einzunehmen. Schon zu diesem frühen Zeitpunkt, knapp zwei Jahre vor der Arbeit am *Einzigen*, in welchem Stirner eine durchweg relativistische, nur noch individuellen Nützlichkeitserwägungen gehorchende Auffassung von „Wahrheit" vertritt, bestimmt er das Aufkommen der von ihm wenig später als humanistisch bezeichneten Bildung nicht als Ergebnis eines philosophischen Erkenntnisinteresses – einer Suche nach Wahrheit –, sondern als Ergebnis des Wunsches, eine Fähigkeit zu erlangen, welche die Distinktion von denjenigen erlaubt, denen diese Fähigkeit nicht, oder nur in geringerem Maße eignet. Dieses Verständnis von Bildung als quasi quantitativer, nicht aus einem substanziellen Wissen, sondern aus einem Mehr an „geistiger Gewandtheit" resultierender Überlegenheit der Gebildeten über die Ungebildeten wird in der folgenden Passage dezidiert entwickelt und ist in dieser Radikalität wohl singulär in der junghegelianischen Debatte:

> Mit der Bildung wurde ihr Besitzer ein *Herr* der Ungebildeten. Eine volksthümliche Bildung würde dem entgegen gewesen sein, weil das Volk den *gelehrten Herrn* gegenüber im *Laienstande* verharren und die fremde Herrlichkeit nur anstaunen und verehren sollte. So setzte sich der *Romanismus* in der Gelehrsamkeit fort, und seine Stützen sind Latein und Griechisch. Ferner konnte es nicht fehlen, dass diese Bildung durchgehends eine *formelle* blieb, sowohl deshalb, weil von dem verstorbenen und längst begrabenen Alterthum ja nur die Formen, gleichsam die

---

66 Ebenda, S. 238/239.

Schemen der Literatur und Kunst, sich zu erhalten im Stande waren, als besonders deshalb, weil Herrschaft über Menschen gerade durch formelles Uebergewicht erworben und behauptet wird: es bedarf nur eines gewissen Grades von geistiger Gewandtheit zur Ueberlegenheit über die Ungewandten.[67]

Zwar geht aus dieser Passage hervor, warum die humanistische Bildung der Periode zwischen Reformation und Revolution nur als eine formelle und nicht als substanzielle Bildung zu gelten hat – sie beschäftigt sich ausschließlich mit den Ergebnissen vergangener Weltbewältigung –, die Frage jedoch, wie Stirner zu dem Resultat gelangt ist, dass „Herrschaft über Menschen gerade durch formelles Uebergewicht erworben" werde, und dies ist die vor dem Hintergrund dieser Untersuchung ungleich interessantere Fragestellung, erfährt auch in der Folge keine Aufklärung. Die letztgenannte Fragestellung ist deshalb von besonderem Interesse, weil in ihr, so soll im weiteren Verlauf gezeigt werden, der Schlüssel für das Verständnis der von Stirner erstmalig im Kontext der junghegelianischen Debatte betriebenen Verabschiedung der Philosophie als Leitmedium des aufklärerischen Diskurses zu finden ist. Doch im Frühjahr 1842 ist auch Stirner noch weit davon entfernt, den philosophischen Rahmen der junghegelianischen Aufklärung zu transzendieren.

Im Kontext von *Das unwahre Prinzip unserer Erziehung* interessiert Stirner das Formelle der humanistischen Bildung noch vor allem aufgrund der mit der Aufklärung des 18. Jahrhunderts und dem epochalen Einschnitt der Französischen Revolution gegen sie einsetzenden Abgrenzungsbewegung. Analog zur Herleitung der auf Exklusivität und Distinktion bedachten humanistischen Bildung wird auch die Entstehung der von Stirner mit den Idealen der Aufklärung kurzgeschlossenen, realistischen Bildungskonzeption auf ein zugrundeliegendes und die Konzeption strukturierendes Machtgefüge zurückgeführt, diesmal jedoch ausgerichtet auf das Ziel einer nicht exklusiven, sondern allgemeinen Bildung. Und wie das Bürgertum in der Französischen Revolution die politischen Privilegien der Ständegesellschaft abzuschaffen sich bestrebte, so suchte die realistische Bildungskonzeption mit der Exklusivität und den Privilegien der herrschaftsbegründenden humanistischen Bildungskonzeption zu brechen:

Indessen richtete sich allgemach aus der Aufklärung ein Geist des Widerspruchs gegen diesen Formalismus auf, und zu der Anerkennung unverlierbarer und allgemeiner Menschenrechte gesellte sich die Forderung einer Alle umfassenden, einer menschlichen Bildung. Der Mangel einer reellen und in das Leben eingreifenden Belehrung war an der bisherigen Verfahrensweise der Humanisten einleuchtend und erzeugte die Forderung einer praktischen Ausbildung. Fortan sollte alles Wissen Leben, das Wissen gelebt werden; denn erst die Realität des Wissens ist seine Vollendung. Gelang es, den Stoff des Lebens in die Schule einzuführen, durch ihn etwas Allen Brauchbares zu bieten, und eben darum Alle für diese Vorbereitung aufs Leben zu gewinnen und der Schule zuzuwenden, so beneidete man die gelehrten *Herren* nicht mehr um ihr *abson-*

---

[67] Ebenda, S. 240/241.

derliches Wissen, und das Volk beendete seinen *Laienstand*. Den Priesterstand der Gelehrten und den Laienstand des Volkes aufzuheben, ist das Streben des Realismus, und darum muß er den Humanismus überflügeln. Aneignung der klassischen Formen des Alterthums begann zurückgedrängt zu werden, und mit ihr verlor die *Autoritäts-Herrschaft* ihren Nimbus. Die Zeit sträubte sich gegen den althergebrachten *Respekt* vor der Gelehrsamkeit, wie sie denn überhaupt gegen jeden Respekt sich auflehnt. Der *wesentliche* Vorzug der Gelehrten, die *allgemeine Bildung*, sollte Allen zu Gute kommen.[68]

Nach dieser historischen Verortung und Anbindung der beiden von Stirner ausgemachten zeitgenössischen Bildungskonzeptionen an eine Geschichte der Herrschaftsverhältnisse wendet er sich der gegenwärtigen Situation zu, und es mag bei aller Begeisterung der Junghegelianer für die Französische Revolution überraschen, aber er findet sowohl bei der Bildungskonzeption der „Unterthänigkeitsperiode", als auch bei derjenigen, die durch die Revolutionsperiode inauguriert wurde, Defizite und Mängel, welche in seinen Augen die Notwendigkeit einer zeitgemäßen alternativen Bildungskonzeption begründen. Die erste Formulierung dieser Defizite offenbart dann ein weiteres Mal die Stirner'sche Orientierung an Feuerbach'schen Gedanken und Vorstellungen (und zu einem geringeren Teil auch an Bauer'schen Positionen), denn was Humanismus und Realismus beide nicht zu leisten in der Lage seien, ist die Aussöhnung des „zeitlichen" mit dem „ewigen" Menschen, also die Vermittlung zwischen dem gegenwärtigen, menschlichen Individuum und der überindividuellen und überzeitlichen, menschlichen Gattung. Insbesondere der Realismus, der sich mit seinem Versuch einer Ausrichtung der Bildung an der Freiheit und Gleichheit der Individuen zwar auf dem richten Weg befinde, scheitere daran, dass es ihm nicht gelänge, der Fremdbestimmung der Individuen ein Ende zu setzen und diesen eine auch positive, wirkliche Selbstbestimmung zu ermöglichen:

> Indess das Vergangene zu fassen, wie der Humanismus lehrt, und das Gegenwärtige zu ergreifen, worauf es der Realismus absieht, führt beides nur zur Macht über das *Zeitliche. Ewig* ist nur der Geist, welcher *sich* erfasst. Deshalb empfingen Gleichheit und Freiheit auch nur ein untergeordnetes Dasein. Man konnte wohl Andern gleich, und von ihrer Autorität emancipirt werden; von der *Gleichheit mit sich selbst*, von der Ausgleichung und Versöhnung unseres zeitlichen und ewigen Menschen, von der Verklärung unserer Natürlichkeit zur Geistigkeit, kurz von der Einheit und der Allmacht unseres Ich's, das sich selbst genügt, weil es ausser ihm nichts Fremdes stehen lässt –: Davon liess sich in jenem Princip kaum eine Ahnung erkennen. Und die *Freiheit* erschien wohl als Unabhängigkeit von Autoritäten, war aber noch leer an Selbstbestimmung

---

68 Ebenda, S. 241/242. Zur Stirner'schen Anbindung der realistischen Bildungskonzeption an die Ideale der Aufklärung, ebenda, S. 242: „Die Grundsätze der Menschenrechte gewannen in dieser Weise auf dem pädagogischen Gebiete Leben und Realität: die *Gleichheit*, weil jene Bildung Alle umfasste, und die *Freiheit*, da man in dem, was man brauchte, bewandert, mithin unabhängig und selbstständig wurde."

und lieferte noch keine Thaten eines *in sich freien* Menschen, Selbstoffenbarungen eines *rücksichtslosen*, d. h. eines aus dem Fluctuiren der Reflexion erretteten Geistes.[69]

Neben den soeben angeführten Defiziten einer Vermittlung von zeitlichem und ewigem Menschen und einer mangelhaften Befähigung zur Selbstbestimmung erhebt Stirner einen Vorwurf, der nach Anlage der Charakterisierung der beiden Bildungskonzeptionen – eines formellen Humanismus und eines inhaltsreichen Realismus – nicht unerwartet kommt, wirft er doch dem Humanismus den fehlenden Gegenwartsbezug und dem Realismus die fehlende Ausrichtung auf die formelle Bildung als höchstrangigem, zu vermittelndem Gut vor, erhebt er also die jeweilige Stärke der einen zur Schwäche der anderen Konzeption.[70] Ein weiterer Vorwurf, den Stirner allerdings explizit auf den Realismus bezieht, ist von besonderem Interesse, da dieser Vorwurf ein, wenn auch vorerst nur negatives, Bekenntnis zur (nachhegelschen) Philosophie zum Ausdruck bringt, ein Bekenntnis, das zeigt, welch hoher Wertschätzung sich die später von ihm verabschiedete Philosophie zu diesem Zeitpunkt noch erfreut: „Weshalb zeigen sich denn die Realisten der Philosophie so abhold? Weil sie ihren eigenen Beruf verkennen und mit aller Gewalt beschränkt bleiben wollen, statt unumschränkt zu werden! Warum hassen sie die Abstraktion? Weil sie selbst abstrakt sind, weil sie von der Vollendung ihrer selbst, von dem Aufschwung zur erlösenden Wahrheit abstrahiren!"[71]

In der sich anschließenden Entwicklung seiner eigenen Konzeption zeigt sich dann noch eindrücklicher, welche besondere Aufgabe Stirner den Philosophen bei der Erziehung eines sittlichen Willens zugedenkt. Und es zeigt sich darüber hinaus, dass er zu diesem Zeitpunkt den Überzeugungen der Verfechter einer „Philosophie der Tat" sehr nahe steht, wenn er die Auffassung vertritt, dass die Aufgabe, nicht nur der Erziehung, sondern der Zeit allgemein, darin bestünde, von der (nunmehr abge-

---

69 Ebenda, S. 242/243. Zur Motivierung und Grundlegung der Stirner'schen Kritik an Humanismus und Realismus durch Feuerbach'sche Konzepte vgl. auch ebenda, S. 249/250: „Jede Art entsprechender Eitelkeit und jede Art der Gewinnsucht, Aemtergier, mechanischer und serviler Dienstbeflissenheit, Achselträgerei u. s. w. verbindet sich sowohl mit dem ausgebreiteten Wissen, als mit der eleganten, klassischen Bildung, und da dieser ganze Unterricht keinerlei Einfluss auf unser sittliches Handeln ausübt, so verfällt er häufig dem Loose, so weit vergessen zu werden, als er nicht *gebraucht* wird: man schüttelt den Schulstaub ab. Und dies Alles darum, weil die Bildung nur im Formellen oder im Materiellen, höchstens in Beiden gesucht wird, nicht in der Wahrheit, in der Erziehung des *wahren* Menschen."
70 Ebenda, S. 244: „Die Humanisten haben darin Recht, dass es vornehmlich auf die formelle Bildung ankommt – darin Unrecht, dass sie diese nicht in der Bewältigung *jedes* Stoffes finden; die Realisten verlangen das Richtige darin, dass *jeder* Stoff auf der Schule angefangen werden müsse, das Unrichtige dann, wenn sie nicht die formelle Bildung als hauptsächlichen Zweck ansehen wollen. Der Realismus kann, wenn er die rechte Selbstverläugnung übt und sich nicht den materialistischen Verführungen hingiebt, zu dieser Ueberwindung seines Widersachers und zugleich zur Versöhnung mit ihm kommen."
71 Ebenda, S. 246.

schlossenen) Erkenntnis der Wahrheit zu ihrer Verwirklichung fortzuschreiten, was Stirner in einer Sprache zum Ausdruck bringt, die ausgiebig von christlich-religiöser Metaphorik Gebrauch macht:

> Wollen wir etwa die Pädagogik den Philosophen in die Hände spielen? Nichts weniger als das! sie würden sich ungeschickt genug benehmen. Denen allein werde sie anvertraut, die mehr sind, als Philosophen, darum aber auch unendlich mehr, als Humanisten oder Realisten. Die letzteren haben den richtigen Geruch, dass auch die Philosophen untergehen müssen, aber keine Ahnung davon, dass ihrem Untergange eine Auferstehung folgt: sie abstrahiren von der Philosophie, um ohne sie in den Himmel ihrer Zwecke zu gelangen, sie überspringen sie und – fallen in den Abgrund eigener Leerheit, sie sind, gleich dem ewigen Juden, *unsterblich*, nicht *ewig*. Nur die Philosophen können sterben und finden im Tode ihr eigentliches Selbst; mit ihnen stirbt die Reformations-Periode, das Zeitalter des Wissens. Ja, so ist es, das *Wissen* selbst muß sterben, um im Tode wieder aufzublühen als *Wille*; die Denk-, Glaubens- und Gewissensfreiheit, diese herrlichen Blumen dreier Jahrhunderte, werden in den Mutterschooss der Erde zurücksinken, damit eine neue Freiheit, die des Willens, von ihren edelsten Säften sich nähre. Das Wissen und seine Freiheit war das Ideal jener Zeit, das auf der Höhe der Philosophie endlich erreicht worden ist: hier wird der Heros sich selbst den Scheiterhaufen erbauen und sein ewiges Theil in den Olymp retten. Mit der Philosophie schliesst unsere Vergangenheit ab, und die Philosophen sind die Raphaele der Denk-Periode, an welchen das alte Prinzip in leuchtender Farbenpracht sich vollendet und durch Verjüngung aus einem zeitlichen ein ewiges wird. Wer hinfort das Wissen bewahren will, der wird es verlieren; wer es aber aufgibt, der wird es gewinnen. Die Philosophen allein sind berufen zu diesem Aufgeben und diesem Gewinste: sie stehen vor dem flammenden Feuer und müssen, wie der sterbende Heros, ihre irdische Hülle verbrennen, wenn der unvergängliche Geist frei werden soll.[72]

Wenn sich in gewisser Weise schon in dieser Passage eine Distanzierung gegenüber der Philosophie offenbart, so ist diese aufgrund der besonderen Aufgabe, welche nur die Philosophen zu vollbringen in der Lage sind, nur sehr gering ausgeprägt. Die Distanzierung erstreckt sich nur auf eine Philosophie, der es ausschließlich um die Erkenntnis und das Wissen zu tun ist, und es sind eben weiterhin die (von und an Hegel geschulten) Philosophen, denen Stirner allein zutraut, den notwendigen Fortschritt zu einem, vom Wissen instruierten Willen zu nehmen. Die letztgenannte Verbindung von Wissen und Willen ist dabei von eminenter Bedeutung, denn Stirner wehrt sich explizit gegen die, von ihm dem Realismus zugeschriebene Vorstellung, man könne den Durchgang durch das Wissen abkürzen und unmittelbar beim sittlichen Willen anlangen. Ähnlich wie Feuerbach in seinen über ein Jahr später verfassten *Grundsätzen für die Philosophie der Zukunft* für die Aufwertung sinnlicher Erfahrungen plädiert, die trotz allem eines philosophisch geschulten Blickes nicht entbehren könnten, und die Notwendigkeit eines Durchgangs durch die Hegel'sche Philosophie postuliert, obwohl diese von theologischen Irrtümern durchsetzt sei,[73] sieht Stirner das

---

[72] Ebenda, S. 246/247.
[73] Siehe oben, Kapitel 3, Abschnitt 1.

"Wissenwollen" der "Reformations-Periode", dem "Zeitalter des Wissens", als eine nichtverzichtbare Voraussetzung an, um den sittlichen Willen zu entwickeln.[74]

Es kann nach diesen Ausführungen kaum überraschen, dass die Stirner'sche Argumentation für das "Praktisch-Werden" der Philosophie das Versprechen beinhaltet, in der Erziehung praktische Konsequenzen zu zeitigen. Während er unter Rekurs auf die Differenz zwischen Verstand und Vernunft den beiden überkommenen Bildungskonzeptionen vorwirft, auf je eigene Art "unterwürfige" Menschen, sprich "Philister", hervorzubringen,[75] reklamiert er als Ergebnis der Verwirklichung seiner eigenen Bildungskonzeption einen gänzlich anderen Typ von Mensch:

> Ist es der Drang unserer Zeit, nachdem die *Denkfreiheit* errungen, diese bis zu jener Vollendung zu verfolgen, durch welche sie in die *Willensfreiheit* umschlägt, um die letztere als das Princip einer neuen Epoche zu verwirklichen, so kann auch das letzte Ziel der Erziehung nicht mehr das *Wissen* sein, sondern das aus dem Wissen geborene *Wollen*, und der sprechende Ausdruck dessen, was sie zu erstreben hat, ist: der *persönliche* oder *freie Mensch*. Die Wahrheit selbst besteht in nichts Anderem, als in dem Offenbaren seiner selbst, und dazu gehört das Auffinden seiner selbst, die Befreiung von allem Fremden, die äusserste Abstraktion oder Entledigung von aller Autorität, die wiedergewonnene Naivetät.[76]

In den "persönlichen" oder "freien" Menschen, die eine Bildung hervorbringt, welche das Wissen nicht als Endzweck, sondern nur als *conditio sine qua non* für die Entwicklung eines freien, sittlichen Willens betrachtet, findet sich in weiten Zügen bereits die Figur antizipiert, welche Stirner später unter dem Namen "Der Einzige" zu fassen versucht. Es ist bezeichnend für die Entwicklung, welche Stirner im Verlauf der junghegelianischen Debatte genommen hat, dass, wie auch im Falle der Doppelfigur

---

[74] [Max] Stirner: Das unwahre Prinzip unserer Erziehung oder der Humanismus und Realismus, a. a. O., S. 248: "Das ist das Ende und zugleich die Unvergänglichkeit, die Ewigkeit des Wissens: das Wissen, das wieder einfach und unmittelbar geworden, als Wille *sich* (das Wissen) in jeder Handlung von neuem und in neuer Gestalt setzt und offenbart. Nicht der Wille ist von Haus aus das Rechte, wie uns die Praktischen gerne versichern möchten, nicht überspringen darf man das Wissenwollen, um gleich im Willen zu stehen, sondern das Wissen vollendet sich selbst zum Willen, wenn es sich entsinnlicht und als Geist ‚der sich den Körper baut', sich selbst erschafft."

[75] Ebenda, S. 250/251: "Im Gegentheil, *verständige* Leute zu erziehen, das soll genügen; auf *vernünftige* Menschen ist's nicht eigentlich abgesehen; Dinge und Gegebenes zu verstehen, dabei hat's sein Bewenden, – *sich* zu *vernehmen*, scheint nicht Jedermanns Sache zu sein. So fördert man den Sinn für das Positive, sei es nach seiner formellen oder zugleich nach seiner materiellen Seite, und lehrt: sich in das Positive schicken. Wie in gewissen anderen Sphären, so lässt man auch in der pädagogischen die Freiheit nicht zum Durchbruch, die Kraft der *Opposition* nicht zu Worte kommen: man will *Unterwürfigkeit*. Nur ein formelles und materielles Abrichten wird bezweckt, und nur Gelehrte gehen aus den Menagerien der Humanisten, nur ‚brauchbare Bürger' aus denen der Realisten hervor, die doch beide nichts als *unterwürfige* Menschen sind. Unser guter Fond von Ungezogenheit wird gewaltsam erstickt und mit ihm die Entwicklung des Wissens zum freien Willen. Resultat des Schullebens ist dann das Philisterthum."

[76] Ebenda, S. 249.

„Schöpfer/Geschöpf", viele der zentralen Begrifflichkeiten der spezifisch Stirner'schen Reaktion auf die Enttäuschung von 1842/43 sich in seinen Schriften des Jahres 1842 bereits weitgehend entwickelt finden. Selbst die Einstellung, die 1844 dann den argumentationsstrategischen Kern seiner radikalen Ermächtigung des konkreten Individuums bilden wird – die Weigerung, den Konventionen rationalen Argumentierens Folge zu leisten –, klingt in *Das unwahre Prinzip unserer Erziehung* schon an, wenn Stirner die Menschen, welche ihren Überzeugungen die Treue wahren, mit den Menschen kontrastiert, „in welchen die Festigkeit nur in dem unablässigen Fluthen ihrer stündlichen Selbstschöpfung besteht".[77] Bei all diesen Antizipationen späteren Denkens darf jedoch nicht außer Acht gelassen werden, dass zwischen den Positionen des Jahres 1842 und denen des Jahres 1844 ein fundamentaler Unterschied besteht, sozusagen ein Unterschied „ums Ganze" – im Jahre 1842 erwartet sich Stirner die Erfüllung seiner Hoffnungen und Forderungen noch von einem aufklärerischen Diskurs, der nach Selbstverständnis und nach der Art und Weise, wie Überzeugung ermöglichende Evidenz produziert wird, ein philosophischer ist. Wie sehr Stirner im Jahre 1842 noch in dem die junghegelianische Aufklärung einigenden Bekenntnis zur Philosophie als Fundament einer Kritik der bestehenden Verhältnisse verhaftet bleibt, zeigt sich nicht zuletzt in dem Namen, welchen er seiner alternativen Bildungskonzeption beilegt: „Man kann, wenn man einen Namen will, über die Humanisten und Realisten die *Sittlichen* (ein deutsches Wort) stellen, da ihr Endzweck die sittliche Bildung ist."[78]

Die Erziehung zur philosophisch bestimmten Sittlichkeit und ihre Realisierung durch die aus dieser Erziehung hervorgehenden freien Menschen, denen ein Wille eignet, der über die bloße Vorstufe eines „Willens zum Wissen" hinaus ist und nunmehr auf die Ausrichtung der bestehenden Verhältnisse an den erkannten Maximen der Sittlichkeit abzielt – so ließe sich das von Stirner entfaltete Bildungsprogramm zusammenfassen. Es ist damit offenkundig, dass Stirner sich im Frühjahr 1842 die er-

---

[77] Ebenda, S.252/253: „Jene Intention, ‚fürs praktische Leben zu erziehen', bringt nur *Leute von Grundsätzen* hervor, die nach *Maximen* handeln und denken, keine *principiellen* Menschen; *legale* Geister nicht *freie*. Etwas ganz anderes aber sind Menschen, in denen die Totalität ihres Denkens und Handelns in steter Bewegung und Verjüngung wogt, und etwas anderes solche, die ihren Ueberzeugungen *treu* sind: die Ueberzeugungen selbst bleiben unerschüttert, pulsiren nicht als stets erneutes Arterienblut durch das Herz, erstarren gleichsam als feste Körper und sind, wenn auch erworben und nicht eingelernt, doch etwas Positives und gelten noch obenein als etwas Heiliges. So mag die realistische Erziehung wohl feste, tüchtige, gesunde Charaktere erzielen, unerschütterliche Menschen, treue Herzen, und das ist für unser schleppenträgerisches Geschlecht ein unschätzbarer Gewinn; allein die *ewigen* Charaktere, in welchen die Festigkeit nur in dem unablässigen Fluthen ihrer stündlichen Selbstschöpfung besteht, und die darum ewig sind, weil sie sich in jedem Augenblicke selbst machen, weil sie die *Zeitlichkeit* ihrer jedesmaligen Erscheinung aus der nie welkenden und alternden Frische und Schöpfungsthätigkeit ihres ewigen Geistes setzen – Die gehen nicht aus jener Erziehung hervor."

[78] Ebenda, S. 256.

sehnte Veränderung der gesellschaftlichen Verhältnisse von einer philosophisch instruierten Aufklärung erhoffte und dieser die Macht zuschrieb, die religiöse Bewusstseinsbestimmung zu brechen. Mit der an Feuerbach gemahnenden Verankerung der Differenz zwischen philosophischer und religiöser Bewusstseinsbestimmung in den menschlichen Vermögen Vernunft und Verstand, mit welcher die respektive Zuschreibung einer schöpferischen Neugestaltung der bestehenden Verhältnisse oder einer bloß das positiv Gegebene anerkennenden Anpassung an diese Verhältnisse einhergeht, gelingt es Stirner, die im Frühjahr 1842 weitgehend restituierte Frontstellung von Philosophie und Theologie oder Aufklärung und christlicher Religion treffend zum Ausdruck zu bringen. Das Vertrauen in die Vernunft und in die sich diesem Vermögen verdankende philosophische Aufklärung als überlegenen Kontrahenten um die Bestimmung des Bewusstseins der zustandsrelevanten Bewusstseinsträger eint zu diesem Zeitpunkt sämtliche Protagonisten der junghegelianischen Debatte, gleich welchem der sich zusehends ausprägenden Lager sie sich zugehörig fühlen.

Es lässt sich somit konstatieren, dass Stirner zu dem Zeitpunkt, als die Strategie einer bedingungslosen Eskalation der Auseinandersetzung zwischen Opposition und Regierung mit dem „Versuch" der „Freien" einen vorläufigen Höhepunkt zu erreichen beginnt, mit seinen Überzeugungen und Positionierungen als nahezu mustergültiger Vertreter der junghegelianischen Aufklärung gelten kann. Die von ihm seit Dezember 1841 realisierten Veröffentlichungen zeugen von der erfolgten Politisierung des spät in den Kreis der Junghegelianer Vorgestoßenen und haben ihn im Frühjahr 1842 als einen stimmgewaltigen Teilnehmer der Debatte etabliert, der regelmäßig in den für die politische Agitation zentralen Tageszeitungen publiziert. Es wird sich im Folgenden zeigen, dass Stirner diese erlangte Position in den Dienst der Sache der „Freien" stellen wird und dass seine Stimme erst mit der Exilierung des junghegelianischen Diskurses in Werke über 20 Bogen für eine gewisse Zeit aus der Öffentlichkeit verschwinden wird.

Nahezu zeitgleich mit dem von unbekannter Seite lancierten „Zeitungsversuch" über die Vereinsgründung der „Freien" am 12. Juni 1842 erscheint Stirners zweiter eigenständiger Beitrag im Beiblatt der *RhZ*.[79] Bei der *Kunst und Religion* betitelten Abhandlung handelt es sich im Wesentlichen um eine Erweiterung des von Feuerbach entwickelten, „naturalistischen" Erklärungsansatzes für die Entstehung von Religionen,[80] die erneut den Einfluss Feuerbachs auf die Entwicklung Stirners bezeugt. Unter Zuhilfenahme der auf Hegel zurückgehenden Lehre von der konstitutiven Rolle der Kunst bei der Entstehung von Religionen beschreibt Stirner jedoch nicht nur die Wichtigkeit des künstlerischen Genies, ohne dessen kreativen Schöpfungsakt die religiöse Verehrung eines zu verehrenden Gegenstands oder Ideals ermangeln müsse,

---

79 Max Stirner: Kunst und Religion, in: Rheinische Zeitung, Köln, Nr. 165 vom 14. Juni 1842, Beibl. (Max Stirner's kleinere Schriften, a. a. O., S. 258–268).
80 Siehe oben, Kapitel 1, Abschnitt 3.

sondern, für die Debatte weit folgenreicher, auch die Rolle, welche einer besonderen Kunstform bei der Auflösung und Vernichtung der im Laufe der Zeit leer gewordenen religiösen Formen und Gegenstände zukomme. Den Auftakt zu der Stirner'schen Erweiterung des „naturalistischen" Erklärungsmodells bildet eine um die Figur des künstlerischen Genies ergänzte Darstellung des von Feuerbach als fundamental für die Entstehung von Religionen beschriebenen Aktes der Entäußerung des menschlichen Wesens:

> Sobald die Ahnung erwacht, dass der Mensch in sich selbst ein Jenseits habe, d. h. dass er im thierischen und natürlichen Zustande sich nicht genüge, sondern ein *anderer* werden müsse (und für den *gegenwärtigen* Menschen ist doch wohl der *andere*, der er werden soll, ein zukünftiger, der erst jenseits seines dermaligen Befindens erwartet werden muss, – ein *jenseitiger*: so ist ja der Jüngling die Zukunft und das Jenseits des Knaben, in welches er erst hineinwachsen muss, und so ist der sittliche Mensch das Jenseits des bloss – unschuldigen Kindes): sobald jene Ahnung in dem Menschen erwacht und er darauf hindrängt, sich zu theilen und zu entzweien in das, was er *ist*, und das, was er *werden* soll, so strebt er sehnsüchtig nach dem letzteren, nach diesem zweiten und anderen Menschen, und rastet nicht eher, als bis er die *Gestalt* dieses jenseitigen Menschen vor sich sieht. Lange wogt es in ihm hin und her; er fühlt nur, dass sich eine Lichtgestalt in der Finsterniss seines Innern erheben wolle, aber die sicheren Contouren und die feste Form fehlen ihr noch. Mit dem im Dunkel ungewiss tappenden Volke tappt auch der künstlerische Genius eine Zeit lang nach dem Bilde ihrer Ahnung suchend umher; was aber Keinem gelingt, ihm gelingt es: er gibt der Ahnung Form, er findet die Gestalt, er erschafft das – *Ideal*.[81]

Religion beginnt laut Stirner dann mit dem Anblicken dieses, vom künstlerischen Genie geschaffenen Ideals, und im Zuge der anblickenden Verinnerlichung des veräußerlichten „Ichs" des Künstlers komme es, ganz im Sinne Feuerbachs, zu einer Verfestigung des seine Existenz ursprünglich einem menschlichen Schöpfungsakte verdankenden Objektes zu einem von diesem Schöpfungsakt losgelösten Gegenstand, zu einem Gegebenen.[82] Unter Rekurs auf die bereits in *Das unwahre Prinzip unserer Erziehung* entwickelte Unterscheidung zwischen den beiden menschlichen Vermögen des Verstandes einerseits, der sich mit positiv Gegebenem beschäftige, und der Vernunft andererseits, welche nur den schaffenden Geist und keine unabhängig von diesem existierenden Gegenstände anerkenne, ist es Stirner dann ein Leichtes, die

---

[81] Max Stirner: Kunst und Religion, a. a. O., S. 258/259. Man beachte, dass dies das erste Vorkommen der Analogisierung der individuellen Entwicklungsstadien mit denen der gesamten Menschheit ist. Diese Analogisierung wird dem Stirner'schen geschichtlichen Abriss im *Einzigen* zugrunde liegen und eine vehemente Kritik von Marx und Engels in den Manuskripten zur „Deutschen Ideologie" hervorrufen.

[82] Ebenda, S. 259/260: „Die Kunst schafft Entzweiung, indem sie dem Menschen das Ideal entgegenstellt, der Anblick des Ideales aber, der so lange dauert, bis vom unverwandten, gierigen Auge das Ideal wieder eingesogen und verschlungen worden, heisst Religion. Darum, weil sie ein Anblicken ist, bedarf sie eines Gegenstandes oder Objectes, und der Mensch verhält sich als Religiöser zu dem durch die Kunstschöpfung hinausgeworfenen Ideal, zu seinem zweiten, äusserlich gewordenen Ich, als zu einem *Objecte*."

sich dem Anblicken eines Objektes verschreibende Religion zu einer Sache des Verstandes zu erklären:

> Die religiöse Welt lebt in den Freuden und Leiden, die sie von diesem Objecte erfährt, sie lebt in der Entzweiung ihrer selbst, und ihr geistiges Dasein ist nicht ein vernünftiges, sondern ein *verständiges*. Die Religion ist eine **Verstandes-Sache!** So hart, als das Object, das kein Frommer ganz für sich gewinnen kann, dem er sich vielmehr unterwerfen muss, so spröde ist auch sein eigener Geist, diesem Objekte gegenüber: er ist *Verstand*. [...] Und die Sache eines solchen Verstandes, der nur unerschütterlich ist, weil sein Object (2 mal 2 = 4 u. s. w.) sich nicht erschüttern lässt, die Sache eines solchen Verstandes sollte die Religion sein? Ja, sie ist es. Auch sie hat ein unerschütterliches Object, dem sie verfallen ist: der Künstler hat es ihr erschaffen, nur der Künstler könnte ihr's wieder nehmen.[83]

Auch wenn die Auszeichnung der Religion als dem Verstand zugehörig in Stirners kaum verhüllt pejorativer Verwendung dieses menschlichen Vermögens bereits ausreichen würde, um die Religion in das Betätigungsfeld der unfreien und fortschrittsfeindlichen Philister zu verweisen (und sie damit als unter der Würde der sich ihrer Vernunft bedienenden, mit einem freien Willen ausgestatteten „Personalisten" von *Das unwahre Prinzip unserer Erziehung*[84] zu befinden), erweitert er seine Charakterisierung des religiösen Verhältnisses zur Schöpfung eines künstlerischen Genies noch um einen weiteren Zustand des Verfalls und der Entfremdung: „Ist aber dem Verstande ein Object nothwendig, so hört seine Wirksamkeit immer da auf, wo er ein Object so ausgenossen hat, dass er nichts mehr daran zu thun findet und damit fertig ist. Mit seiner Thätigkeit erlischt sein Antheil an der Sache, weil, soll er sich liebend hingeben und ihr alle Kräfte widmen, sie ihm ein – *Mysterium* sein muss."[85]

Der Effekt dieser Erklärung des Objekts der religiösen Verehrung zu einem „Mysterium" in der Argumentation Stirners ist ein zweifacher. Nicht nur markiert Stirner damit den größtmöglichen Abstand zwischen Religion und Philosophie, denn das Verhältnis der Philosophie, wie im übrigen auch der Wissenschaft, zu einem Mysterium ist eines der Aufklärung, der Auflösung des Mysteriums, nicht eines des Bewahrens und der Stützung, wie im Falle der Hegel'schen Harmonisierung von theologischer und philosophischer Evidenz; auch bereitet er damit der schließlichen Auflösung des ursprünglich durch ein künstlerisches Genie geschaffenen, im Zuge des verständigen Anblickens „leer" gewordenen Objektes durch die nämliche Form menschlicher Tätigkeit, welcher es seine Existenz allererst verdankt. Die Bestimmung der spezifischen Kunstform, welcher die Auflösung des „ausgeleerten" Objektes obliege, liefert neben der Vervollständigung der Stirner'schen Darstellung des Verhält-

---

83 Ebenda, S. 260/261.
84 [Max] Stirner: Das unwahre Prinzip unserer Erziehung oder der Humanismus und Realismus, a. a. O., S. 257: „Will man diejenigen, welche diesem Principe [der *persönlichen* Erziehung, UP] folgen, wieder -isten nennen, so nenne man sie meinetwegen *Personalisten*."
85 [Max] Stirner: Kunst und Religion, a. a. O., S. 263.

nisses von Kunst und Religion einen Anhaltspunkt für die Frage nach dem Hintergrund der Differenzen, die während der endgültigen Fraktionierung der junghegelianischen Aufklärung ab November 1842 eine zentrale Rolle spielen sollten:

> Endlich aber steht die Kunst auch am Ende einer Religion. Heiteren Muthes nimmt sie ihr Gebilde wieder in Anspruch, und als das ihrige es behauptend raubt sie ihm die Objectivität, erlöst es aus der Jenseitigkeit, in welche es die Zeit der Religion hindurch verfallen war, und verschönert es nicht mehr bloss, sondern vernichtet es gänzlich. Ihr Geschöpf, die Religion, zurückfordernd erscheint die Kunst beim Untergange einer Religion, und indem sie tändelnd die ganze Ernsthaftigkeit des alten Glaubens darum, weil er den Ernst des Inhalts, den er an den fröhlichen Dichter zurückgeben musste, eingebüsst hat, als eine lachende *Komödie* aufstellt, hat sie sich selbst und damit neue Schöpfungskraft wiedergefunden. Denn – erlassen wir ihr den Vorwurf ihrer Grausamkeit nicht! – so grausam als sie in der Komödie vernichtet, so unerbittlich stellt sie wieder her, was sie von neuem zu vernichten gedenkt. Sie schafft ein neues Ideal, ein neues Object und eine neue Religion.[86]

Zwar ist, wie die letzten beiden Sätze der angeführten Passage verdeutlichen, Stirner zu diesem Zeitpunkt noch ein ganzes Stück entfernt von der ausschließlich auf die auflösende Negativität der Kritik festgelegten Position, welche etwa Bauer Ende 1842 äußern und Ruge den „Freien" nach dem Bruch im November vorwerfen sollte, die von Ruge ebenfalls wiederholt bemängelte, übermäßige und keine Grenzen wahrende Frivolität, die die „Freien" nicht zuletzt ihm selbst gegenüber an den Tag gelegt hätten,[87] scheint allerdings durch die von Stirner der Komödie zugeschriebene Funktion in der Überwindung einer überlebten Religion quasi theoretisch fundiert und legitimiert. Wenn die stark radikalisierten Berliner „Freien" allen sittlichen Ernst und alles Festhalten an positiv bestimmten Werten in ihren abendlichen Treffen in Berliner Wein- und Bierstuben der Lächerlichkeit preisgeben, so erfüllen sie exakt die Funktion, welche Stirner im Juni 1842 der Komödie in der Auflösung der Religion zuschreibt.

Für die seit dem 12. Juni zunehmend die öffentliche Auseinandersetzung beherrschende Debatte über die vermeintliche Vereinsgründung der „Freien", die mit den Konsequenzen der Feuerbach'schen und Bauer'schen Religionskritiken ernst machen und die „Ausgeleertheit" des religiösen Mysteriums „Gott" mit ihrem Austritt aus der Kirche und dem Übertritt in freie, atheistische Gemeinden, bzw. Vereine manifestieren wollten, ist schließlich noch der Schluss der Stirner'schen Abhandlung von Bedeutung, bekennt Stirner doch in ihm das Vertrauen in die Macht und Überlegenheit einer atheistisch-philosophischen Aufklärung mit einer Vehemenz, wie sie sich bei dem späteren Autor des *Einzigen* an keiner anderen Stelle findet. Es zeigt sich in der folgenden Passage außerdem, dass die Begriffe Atheismus, Freiheit und Vernunft für ihn zu diesem Zeitpunkt noch in der Ordnung eines philosophischen Sys-

---

[86] Ebenda, S. 266.
[87] Siehe oben, Kapitel 2, Abschnitt 2.

tems stehen, dessen Frontstellung zur theologisch fundierten, religiösen Bewusstseinsbestimmung endgültig etabliert ist und dessen Kohärenz über alle Zweifel erhaben ist und für den sicheren Eintritt der erwarteten Überzeugung der Adressaten der junghegelianischen Aufklärung bürgt:

> Macht die Kunst das Object und lebt die Religion nur in der Ankettung an das Object, so unterscheidet sich die Philosophie von beiden sehr deutlich. Ihr steht weder ein Object gegenüber, wie der Religion, noch macht sie eines, wie die Kunst, sondern sie legt vielmehr ebensowohl auf alle Objectmacherei als auf die ganze Objectivität selbst die zermalmende Hand und athmet die *Freiheit*. Die Vernunft, der Geist der Philosophie, beschäftigt sich nur mit sich selbst, und kümmert sich um kein Object. Dem Philosophen ist Gott so gleichgültig, als ein Stein: er ist der ausgemachteste Atheist. Wenn er sich mit Gott beschäftigt, so ist das keine Verehrung desselben, sondern eine Verwerfung: es sucht dann nur die *Vernunft* nach dem Funken von *Vernunft*, der sich in jene Form verborgen hat; denn die Vernunft sucht nur sich selbst, bekümmert sich nur um sich selbst, liebt nur sich selbst, oder liebt sich eigentlich nicht, da sie an ihr kein Object hat, sondern sie selbst ist.[88]

Von diesem Vertrauen in die Überzeugungskraft des philosophisch-aufklärerischen Diskurses getragen, greift Stirner schon bald in die von allen Seiten mit großer Intensität geführte Auseinandersetzung um die „Freien" ein. Von großer Bedeutung für die Behandlung der Stirner'schen Beteiligung an der Agitation für die „Freien" ist ein Text, dem ein Erscheinen zu Lebzeiten Stirners zwar versagt blieb, der jedoch wie kein zweiter zeigt, wie tief Stirner in den Versuch der radikalen Berliner Junghegelianer involviert war, die Früchte einer nahezu zweijährigen, antireligiösen Aufklärungsarbeit zu ernten und die oppositionellen Kräfte zum Angriff auf die bestehende Ordnung zu sammeln. In diesem Text, der den Titel *Über die Verpflichtung der Staatsbürger zu irgendeinem Religionsbekenntnis* trägt und von der Königsberger Zensur verboten wurde,[89] formuliert Stirner das Anliegen der „Freien", das „Staatsbürgerthum"

---

88 [Max] Stirner: Kunst und Religion, a. a. O., S. 268. Dass Stirner in der Überzeugung von der vollständigen Unvereinbarkeit von Philosophie und Religion sogar den sich wiederholt mit viel Emphase zur Philosophie bekennenden Feuerbach übertraf und dass Stirner trotz allen Einflusses des letzteren auf seine Entwicklung durchaus eigenständige Positionen zu entwickeln verstand, zeigt sich in einer weiteren Passage von *Kunst und Religion*, ebenda, S. 264/265: „Wenn die Kunst in ihrer ganzen Energie auftritt, so erschafft sie eine Religion und steht am Anfange derselben: niemals ist die Philosophie Schöpferin einer Religion, denn nie erzeugt sie eine Gestalt, die dem Verstande als *Object* dienen könnte, sie erzeugt überhaupt keine *Gestalt*, und ihre bildlosen Ideen lassen sich nicht im religiösen Cultus anbetend verehren." Feuerbach sollte seine, als Reaktion auf die Enttäuschung von 1842/43 formulierte, „neue" Philosophie als vollständiges Substitut der christlichen Religion konzipieren und war der Auffassung, dass diese „neue" Philosophie mit vollem Recht als Religion betrachtet werden könne: die Philosophie „tritt an die Stelle der Religion, sie hat das *Wesen* der Religion in sich, sie ist in Wahrheit *selbst Religion*." (Ludwig Feuerbach: Grundsätze der Philosophie der Zukunft, Zürich und Winterthur 1843, LFGW, Bd. 9, S. 340.)
89 Am Rande des Manuskriptes, das „Berlin, 4. Juli" datiert ist, steht die Bemerkung des Zensors *„darf nicht abgedruckt werden K. 6. Juli. Abegg"*. Gustav Mayer veröffentlichte eine Transkription die-

nicht länger davon abhängig zu machen, dass die Staatsbürger ein religiöses Bekenntnis abzulegen bereit sind, auf eine Art und Weise, die noch weitgehend unberührt von dem massiven Gegenwind ist, der den „Freien" bereits kurz nach der Veröffentlichung des auslösenden Artikels in der *Königsberger Zeitung* entgegenschlug. Zwar griff Stirner noch mit weiteren Artikeln in die Auseinandersetzung ein, diese tragen jedoch alle bereits den Stempel einer in die Defensive geratenen Agitation, welche den verheerenden Eindruck der Forderung nach einem Austritt aus der Kirche zu mildern suchte.

Schon die sich unmittelbar an die in *Kunst und Religion* entwickelten Positionen anschließende Kontrastierung einer Religion, die der physischen Gewalt zu ihrer Durchsetzung bedürfe, und einer Philosophie, welcher die – beinahe christlich anmutende – „edlere Stelle" der Unterdrückten und Verfolgten beschieden wird, ist von einer sprachlichen Radikalität, wie sie von Stirner bis dahin sonst wohl nur in seinen ersten Texten an den Tag gelegt wurde.[90] Und nur wenige Zeilen später wird den Gegnern der Aufklärung zwar konzediert, dass sie sich in ihren Maßnahmen gemäßigt hätten, doch wird ihnen gleichzeitig beschieden, die Auseinandersetzung durch die Unterstellung, die philosophisch motivierte Lossagung von Gott bedeute auch die Aufkündigung der Konventionen sittlichen Verhaltens, immer noch auf eine unredliche Art und Weise zu führen:

> Allerdings haben die Zeiten sich etwas gebessert: man steinigt nicht mehr, man kreuzigt nicht mehr, man verbrennt nicht mehr; – aber man hat noch andere, nicht weniger probate Mittel: man vertreibt die Lehrenden von Amt und Brot, man verjagt diejenigen, welche ihrem alten Glauben treu bleiben, aus der Heimat, man verdächtigt diejenigen, welche die Vernunft als einzige und ausschließliche Norm ihres Lebens und Handelns anerkennen, man ruft gegen sie die Leidenschaften des Pöbels auf. Man sagt nicht: steinigt die Verruchten! aber man meint mit einer versteckten argumentatio ad hominem, der gesunde Sinn der Mitbürger werde solches Treiben nicht dulden. Vielleicht wirkt's; wo nicht, so versucht man's anders. Oder man deutet auf eine sehr verständliche Weise an, daß Leute, die eine freie Gesinnung haben, Halunken, Mörder, Banditen sein müssen.[91]

Den Vorwurf der Unsittlichkeit, der bei der deutschen Öffentlichkeit wesentlich besser verfing, als alle gegenteiligen Beteuerungen der junghegelianischen Aufklärer, und der vor dem Hintergrund der, auch vom Autor dieses Textes wiederholt geäußer-

---

ses Manuskripts (Die Anfänge des politischen Radikalismus im vormärzlichen Preußen, in: Zeitschrift für Politik, 6. Bd, Berlin 1913, S. 111-113, hier S. 111).
90 Ebenda: „Überdies wissen wir wohl, daß im Namen Gottes und der Religion Scheiterhaufen errichtet, Dolche gezückt, Verfolgungen verhängt worden sind; der größte Bogen, der je aus Englands Papierfabriken hervorgegangen ist, würde nicht genügen, um eine vollständige Martyrologie der Schlachtopfer der Religion aufzunehmen. Von der Philosophie ist nichts dergleichen bekannt; sie ist nur immer die Unterdrückte und Verfolgte gewesen und wird diese edlere Stelle auch schwerlich gegen die der Verfolgung vertauschen wollen."
91 Ebenda.

ten Überzeugung, dass der Philosophie die eigentliche Autorität bei Fragen der Sittlichkeit zukäme, besonders perfide anmuten musste, kontert Stirner mit der Infragestellung der Lauterkeit der den Argumenten der reaktionären Gegner zugrundeliegenden Motive. Es ist ein Reflex der von den Junghegelianern selbst erfahrenen Überzeugungskraft der philosophischen Evidenz gelingender Begriffsentwicklung, deren besondere Wucht nicht zuletzt als eine Folge der ausschließlichen Berücksichtigung von Erkenntnisinteressen bei der Suche nach Wahrheit angesehen wurde, und bildet darüber hinaus eine Konstante der aufklärerischen Versuche der Erringung der Kontrolle über die Bewusstseinsbestimmung, wenn Stirner in der Zurückweisung des Vorwurfs der Unsittlichkeit den Gegnern der „Freien" unterstellt, sich in ihren argumentativen Einsätzen von wesentlich profaneren Interessen bestimmen zu lassen, wenn er ihnen also unterstellt, es sei ihnen nur der eigene Machterhalt und nicht die vorurteilsfreie Klärung der sich stellenden Zeitfragen angelegen:

> Indes vertraut nur der Polizei, vor allen Dingen mißtraut aber denen, welche nicht müde werden, Euch zu sagen, daß die Religion die Bedingung der Moral und der Sittlichkeit sei. Seid überzeugt, daß wo Ihr diese Redensart hört, immer im Trüben gefischt wird. Freilich haben uns unsere Seelsorger versichert, daß man nicht guter Mensch sein könne, ohne guter Christ zu sein. Ja, wohl, so haben sie gesagt, aber wer hat's ihnen geglaubt? In dem Interesse ihrer Kaste mag es liegen, daß das Christentum als der einzige Quell aller Tugenden erscheine, denn sie sind dessen Verweser; in ihrem Interesse mag es liegen, von einem jenseitigen Gott zu sprechen, denn sie sind seine Leibgarde, seine Söldlinge, seine Hofschranzen, welche aus guten Gründen die Entfremdung zwischen ihm und uns so viel wie möglich zu erweitern suchen. Aber wir? wir sollten glauben, daß es ohne Religion, besonders ohne Christentum, keine Tugend, keine Moral, keine Sittlichkeit gebe. Mit solchen Märchen äfft man Kinder. Wir wissen, wo wir das Rechte und Gute zu suchen haben, und werden uns wohl hüten, es aus zweiter Hand zu nehmen, da wir leider nur zu gewiß sind, daß wir es nicht rein und unverfälscht aus derselben erhalten. Wer wahrhafter Mensch sein will, der greife in seinen Busen, der suche das Edle und Große in der Menschennatur und in der Geschichte der Menschheit, und wem das nicht genügt, der betrachte das als ein Kennzeichen, daß er der Freiheit nicht wert ist, und daß ihm wahre Menschenwürde fehlt. Nein, Ihr Pharisäer, das werdet Ihr uns nicht vorreden, daß es außerhalb des Christentums keine Moral und keine Sittlichkeit gibt. Dieses hat vielmehr beiden Begriffen den Stempel des Eigennutzes aufgedrückt, indem es die Lehre der Vergeltung und der Belohnung einführte. Seien wir edler und tuen wir das Gute nicht im Hinblick auf das Jenseits und den jenseitigen Lohn, sondern weil es unserer und der menschlichen Natur würdig ist.[92]

Es wird sich bei der Behandlung von *Der Einzige und sein Eigenthum* zeigen, dass Stirner später, im Lichte des Scheiterns des klassisch-aufklärerischen Diskurses, als einer

---

[92] Ebenda, S. 112. Den Vorwurf einer nur taktischen Erwägungen folgenden Aufnahme der Bekanntmachung der Vereinsabsichten der „Freien" erhebt Stirner bereits zum Auftakt seiner Schrift, ebenda, S. 111: „Aber es sollte ja die Religion verteidigt, es sollte die freie durch die christliche Gesinnung bekämpft werden; das gibt der Sache freilich ein anderes Ansehen, und was zunächst als Unverstand erscheint, ist vielleicht wohlberechnete, durch alle bisherigen Präzedentien und durch die Heiligkeit der Sache berechtigte Taktik."

der ersten aus dem Kreis der Junghegelianer dazu übergehen wird, der zutage getretenen Ohnmacht der philosophischen Evidenzproduktion vermittelst einer stärkeren Berücksichtigung erkenntnisfremder Interessen zu begegnen – worin ihm Marx und Engels dann folgen werden –, zum Zeitpunkt der Agitation für die „Freien" ist sein Vertrauen in die von jedem Eigeninteresse freie Wahrheitssuche als wirkungsvollstem Anreiz zur Initiierung oppositioneller Bewegungen jedoch noch gänzlich ungetrübt. Von diesem Vertrauen in die makellose Reinheit der eigenen Motive bei der Kritik der gesellschaftlichen Zustände, die sich – dies ebenfalls eine Konstante im aufklärerischen Bestreben um die Erringung der Hoheit in der Bewusstseinsbestimmung – den Anschein gibt, die angestrebte Veränderung nicht aus einem Willen zur Macht, sondern allein aus einer Verpflichtung gegenüber den erkannten Wahrheiten zu bezwecken, ist auch die Darstellung dessen getragen, was die „Freien" denn nun tatsächlich wollen. Es ist dabei bezeichnend für die Stellung Stirners innerhalb der Berliner „Freien", dass die öffentliche Manifestation ihrer Absichten, der aufgrund der ungeklärten Verfasserschaft des Artikels in der *Königsberger Zeitung* vom 12. Juni 1842 der höchste Grad an Authentizität in Bezug auf die Bestimmung der Ziele der „Freien" bescheinigt werden kann, Stirner oblag. Die Annahme scheint insofern gerechtfertigt, dass der Sommer 1842 den Zeitpunkt markiert, zu welchem der spätere Verfechter eines ausschließlich die Maßgaben des eigenen Willens berücksichtigenden Individualismus die stärkste Beteiligung an einer breit aufgestellten Bewegung nahm. Einer umfassenden Anschlussfähigkeit des, wenn man so will, „Programms" der „Freien" galt sicher auch die in der folgenden Passage vorgenommene Anbindung der Vereinsabsichten an die beiden zur damaligen Zeit wirkmächtigsten Stränge junghegelianischer Aufklärung, wie sie in der Reduktion des christlichen Gottes auf den „Gott im Menschen und in der Geschichte" zum Ausdruck kommt:

> Was wollen denn nun die ‚Freien', was so lächerliche Anklagen hervorrufen konnte? Die Antwort ist einfach: sie wollen eben frei sein, frei von *allem* Glauben, *aller* Überlieferung und Autorität, weil diese unmenschlich sind. Sie wollen *keine* Religion, weil alle Religion nur äußerlich fixiert und als Fremdes dem Menschen vorführt, was in seiner eigenen Brust lebt. Es ist daher lächerlich, ihnen die Vernunftreligion oder die Vernunftgöttin unterzuschieben. Von Vernunftreligion konnte nur da die Rede sein, wo man die Kette zwar zersprengt, aber noch nicht abgeworfen hatte. Die ‚Freien' kennen keinen jenseitigen, in nebelhafter Ungewißheit schwebenden Gott, keinen geoffenbarten, kein être suprême, oder wie es sonst heißen möge, sondern nur den Gott im Menschen und in der Geschichte, wenn man diesen noch so nennen will. Sie allein sind bei ihm, weil er in ihnen ist. Alle anderen Stufen des Bewußtseins haben nur ein trügerisches Spiegelbild, eine leere Fantasmagorie. Für sie gibt es natürlich keine Offenbarung, denn dem Menschen kann sein eigenes Wesen nicht geoffenbart, sondern nur zum Bewußtsein gebracht werden; für sie gibt es nicht die gemeine Vorstellung der persönlichen Unsterblichkeit, weil sie wissen, daß der Geist allein unsterblich ist, für sie nicht so viele andere entwürdigende Vorstel-

lungen, welche nur darauf hinausgehen, das Endliche zu verunendlichen und den Geist durch rohe Versinnlichung zu schänden."[93]

Auch dem Autor dieser Passage muss bewusst gewesen sein, dass die Aussicht vergleichbarer Äußerungen, das Imprimatur eines Zensors zu erlangen, selbst wenn es sich wie in diesem Fall um den für preußische Verhältnisse noch recht liberalen Königsberger handelt, nicht besonders groß gewesen sein konnte. Nicht zuletzt der Absicht einer Milderung zensorischer Bedenken verdankt sich wohl auch das emphatische Bekenntnis zum Staat, der nur seinen christlichen Charakter abzulegen hätte, um die „Freien" als seine „Donner-Legion" betrachten zu dürfen.[94] Der sich an dieses Bekenntnis zum (nichtchristlichen) Staat anschließende Versuch, den Eindruck zu erwecken, als beabsichtigten die „Freien" ausschließlich die Herbeiführung einer klaren Trennung zwischen Staat und Kirche und als richte sich ihr Angriff nicht gegen den preußischen Staat, sondern nur gegen die von ihm verlangte Unterwerfung unter „gewisse religiöse Formen",[95] konnte nicht wirklich darauf hoffen, einen ob der atheistischen Ausrichtung alarmierten Zensor zu besänftigen.

Dass Stirner es dennoch unternahm, diesen Text innerhalb Preußens zu publizieren, hat seinen Grund mit großer Wahrscheinlichkeit darin, dass die *Königsberger Zeitung* bereits den, die Debatte eröffnenden Artikel vom 12. Juni in ihre Spalten gebracht hatte, der, wie etwa die Existenz des Stirner'schen Textes bezeugt, aus Sicht der „Freien" noch einiges an Klarstellung erforderte. Die *RhZ* als alternative Publikationsmöglichkeit fiel aus, weil diese wegen der „Freien" bereits heftig von der *Kölnischen Zeitung* attackiert wurde und, so Marx Anfang Juli gegenüber Ruge, die „religiöse Parthie [...] am Rhein die gefährlichste" war, da die „Opposition [...] sich lezter Zeit zu sehr gewöhnt [habe], innerhalb der Kirche zu opponiren".[96] Die Forderung nach einem Austritt aus der Kirche und der Gründung atheistisch-philosophischer

---

93 Ebenda, S. 111/112.
94 Ebenda, S. 113: „Die ‚Freien' ehren den Staat, nur nicht den christlichen; sie sind ihm mit Leib und Seele ergeben, sie werden Gut und Blut opfern, wenn seine Zwecke erheischen, und wollen fürs erste wenigstens seine Donner-Legion sein."
95 Ebenda: „Aber sie wollen nichts mit der Kirche zu schaffen haben und werden suchen, den unvermeidlichen Scheidungsproceß zwischen Kirche und Staat nach Kräften zu beschleunigen. Sie erkennen das Christentum nicht an, aber da der Staat gewisse religiöse Formen zur Bestätigung bürgerlicher Akte adoptiert hat, so müssen sie sich diesen unterwerfen, sie *müssen* sich taufen, einsegnen, trauen lassen usw. Sie können nicht ins Leben treten, dasselbe nicht verlassen, keine wichtige Handlung begehen, ohne mit der Kirche in Kollision zu kommen; ja sie müssen selbst den Namen eines Gottes, den sie nicht kennen, als Zeugnis der Wahrheit anrufen. Das ist ein unleidlicher Zustand für sie, dem sie sich um jeden Preis entziehen wollen."
96 Marx an Ruge, 9. Juli 1842, MEGA² III/1, S. 29. Im gleichen Brief äußerte Marx auch die Befürchtung, „Hermes [der Redakteur der *Kölnischen Zeitung*, UP] wird mir auch mit den ‚Freien' auf den Hals rücken" (ebenda). Auf die bereits erfolgten Angriffe nahm auch Stirner zu Beginn seiner Schrift bezug (Max Stirner: Über die Verpflichtung der Staatsbürger zu irgend einem Religionsbekenntnis, a. a. O., S. 111).

Vereine, die die „Freien" schon in den protestantischen Gebieten Preußens in die Defensive brachte, musste in der katholischen Rheinprovinz erst recht eine heftige Gegenwehr hervorrufen.

Wie sich anhand der späteren Beiträge in Verteidigung der „Freien" zeigen sollte, wäre die *LAZ* wohl noch der aussichtsreichste Kandidat für eine Veröffentlichung des „Programms" der „Freien" gewesen. Es bleibt dennoch fraglich, ob eine Schrift, die in den folgenden, radikalen Forderungen kulminierte, überhaupt darauf hoffen durfte, das Imprimatur eines deutschen Zensors, auch unter den besonderen Bedingungen des Jahres 1842, zu erhalten: „Das ist alles, was sie fordern; sie wollen Bürger sein dürfen, ohne eine Religion zu haben. Und das scheint nicht zuviel verlangt. Wo die Unvernunft in so vielen Formen herrscht, da wird doch auch der Vernunft eine Existenz vergönnt werden können. Also keine Religion! Austritt aus der Kirche! Aber Moral, Sittlichkeit, Pflichten gegen Familie, bürgerliche Gesellschaft und Staat. Kein Götzendienst, aber Verehrung der sittlichen Mächte und alles wahrhaft Menschlichen."[97]

Zu dem Zeitpunkt, als die Veröffentlichung von *Über die Verpflichtung der Staatsbürger zu irgendeinem Religionsbekenntnis* scheiterte, war die Agitation der „Freien" mit ihren Forderungen nach einer Abkehr von der christlichen Religion und einem, diese Abkehr öffentlich manifestierenden Austritt aus der Kirche in sehr schwieriges Fahrwasser geraten. Die Schwierigkeiten, auf welche sie im katholischen Rheinland stießen, wurden bereits zur Sprache gebracht, aber auch innerhalb der protestantischen Bevölkerung Preußens hatten sich die „Freien" mit ihren radikalen Forderungen ins Abseits gestellt. In der Folge nutzte Stirner vor allem die *LAZ*, um weiter für die Sache der „Freien" zu agitieren. Bevor diese Beiträge thematisiert werden, sind ein paar Bemerkungen zu Stirners Mitarbeit an dieser Zeitung, der meistgelesenen „auswärtigen" Zeitung Preußens, angebracht.

Es ist aus heutiger Perspektive nicht mehr zu klären, wie es zur Aufnahme der Korrespondententätigkeit im Mai 1842 gekommen ist, aber dass Stirner über Kontakte nach Leipzig verfügte, bezeugt bereits die Zusammenarbeit mit Robert Binder, dem Redakteur der *Eisenbahn* und Verleger des *Gegenwortes*. Wie dem auch sei, der erste Beitrag Stirners datiert auf den 3. Mai 1842 und ist eine Besprechung der Schrift *Ueber die Anstellung der Theologen an den deutschen Universitäten. Theologisches Votum*, in welcher der anonyme Verfasser unter anderem die Forderung nach einem Austritt aus der Kirche behandelt, deren Aufkommen von Stirner auf einen Beitrag in den *Deutschen Jahrbüchern für Wissenschaft und Kunst (DJb)* zurückgeführt wird.[98] Stirner weist einen der von dem Verfasser der Schrift vorgebrachten Gründe gegen einen solchen

---

[97] Ebenda, S. 113.
[98] Max Stirner: Berlin, 3. Mai, in: Leipziger Allgemeine Zeitung, Nr. 126 vom 6. Mai 1842 (Max Stirner's kleinere Schriften, a. a. O., S. 97-100). Zu einer möglichen Autorschaft an dem Beitrag in den *DJb* siehe oben, Anm. 59.

Austritt zurück und verweist auf weitere, „triftigere" Gründe, für welche der Leser aber auf die besprochene Schrift verwiesen wird.[99] Mit diesem Beitrag begann die umfangreichste Mitarbeit, die Stirner je an einem Periodikum getätigt hat. Diese Mitarbeit erstreckte sich, im Gegensatz zu derjenigen an der *RhZ*, bis zum Verbot der Zeitung in Preußen zum 31. Dezember 1842, nachdem diese am 24. Dezember 1842, wohl eigenmächtig, den Brief Georg Herweghs an Friedrich Wilhelm IV. veröffentlicht hatte,[100] und Stirner gelang es, in dieser Zeit 33, zum Teil sehr umfangreiche Beiträge zu platzieren.[101] Im Vergleich zur Mitarbeit an der *RhZ*, die sich zwar auch auf 29, bis auf die zwei behandelten Beiträge im Beiblatt jedoch wesentlich weniger umfangreiche Beiträge belief und bereits mit der Übernahme der Redaktion durch Marx am 15. Oktober 1842 ihr Ende fand,[102] lässt sich zum einen festhalten, dass Stirner nicht nur für Korrespondenzen aus Berlin, sondern ebenfalls für Korrespondenzen aus Königsberg verantwortlich zeichnete, wobei er wahrscheinlich auf Kontakte zurückgreifen konnte, die er in der Zeit seines dortigen Studien-Aufenthalts geknüpft hatte.[103] Zum anderen ist zu bemerken, dass im Falle der Behandlung gleicher Gegenstände – etwa Besprechungen von Schriften – die Beiträge durchweg zuerst in der *LAZ* und dann, in überarbeiteter Form, in der *RhZ* erschienen.[104] Darüber, welche Gründe ausschlaggebend für diese Differenzen waren, lassen sich nur Vermutungen anstellen – etwa ob das Durchlaufen der preußischen Zensur zeitaufwendiger war, als das der sächsischen, oder ob die *LAZ*, deren Honorar sicher höher lag, als das der *RhZ*, sich die Erstbesprechungen ausbedungen hatte usw. –, fest steht jedoch, dass die *LAZ* in der für die Eskalationsstrategie der radikalen Berliner Junghegelianer entscheidenden Phase den zentralen Publikationsort für die Versuche Stirners abgab, die Auseinandersetzung zwischen Opposition und Regierung im Sinne der ersteren zu beeinflussen.

---

99 [Max Stirner:] Berlin, 3. Mai, a. a. O., S. 99/100.
100 Siehe oben, Kapitel 2, Abschnitt 2.
101 Der letzte Beitrag Stirners, *Berlin, 28. Dec.*, erschien in Nr. 365 vom 31. Dezember 1842, dem letzten Erscheinungstag, bevor die Zeitung aufgrund des preußischen Verbots unter neuem Namen und gänzlich anderer Tendenz neu aufgelegt wurde.
102 Siehe unten, Anm. 153.
103 John Henry Mackay: Max Stirner, a. a. O., S. 38/39.
104 Dies gilt etwa für die Rezensionen von Ueber die Anstellung der Theologen an den deutschen Universitäten. Theologisches Votum, Berlin 1842 (LAZ, Nr. 126 vom 6. Mai 1842; RhZ, Nr. 135 vom 15. Mai 1842), von Ludwig Walesrode: Glossen und Randzeichnungen zu Texten aus unserer Zeit. Vier Vorlesungen gehalten zu Königsberg, Königsberg 1842 (LAZ, Nr. 137 vom 17. Mai 1842; RhZ, Nr. 150 vom 30. Mai 1842) und von Die juristische Fakultät der Universität zu Berlin, seit der Berufung des Hrn. v. Savigny bis zur Niederlegung seines akademischen Amtes, und deren erforderliche Umgestaltung (LAZ, Nr. 141 vom 21. Mai 1842; RhZ, Nr. 158 vom 7. Juni 1842). Eine gewisse Ausnahme bildet die Rezension von Karl Rosenkranz' Königsberger Skizzen, deren Vorwort Stirner bereits vor dem Erscheinen des zweibändigen Werkes in der RhZ (Nr. 132 vom 12. Mai 1842) besprach. Die Besprechung des vollständigen Werkes erfolgte dann nur in der LAZ (Nr. 201 vom 20. Juli 1842).

Diese Feststellung erfährt Bestätigung, wenn der Blick auf die weiteren Einsätze Stirners gerichtet wird, mit welchen er die Sache der „Freien" im Juli 1842 befördern wollte. In einem Beitrag für die *LAZ*, der auf den 6. Juli, also nur zwei Tage nach der Abfassung von *Über die Verpflichtung der Staatsbürger zu irgendeinem Religionsbekenntnis* datiert ist, sieht er sich bereits gezwungen, dem Bericht eines anderen Berliner Korrespondenten der *LAZ* entgegenzutreten, in welchem die Existenz eines Vereins der „Freien" selbst in Berlin bestritten wurde.[105] Allerdings ist Stirner zu diesem Zeitpunkt schon gezwungen, die Existenz dieses Vereins ins Klandestine zu verlegen:

> Allerdings aber ist es ein Verein, dem man im materiellen Sinne diesen Namen streitig machen kann; es ist ein geistiger, kein bürgerlich constituirter, kein statutenmäßiger, ein Verein, von dem sich nicht sagen läßt, er sei hier oder dort; seine Mitglieder sind aller Orten, und ich stehe nicht dafür, daß, wenn ich mich in die nächste beste Gesellschaft begebe, ich mich nicht in der Mitte von Vereinsmitgliedern befinde. Eine Handhabe für die Polizei fehlt ihnen, und wenn ihrer zwanzig beisammensitzen und zusammenwirken, so würden sie doch einem Häscher, der sie hier gewiß zu fassen meinte, unter den Händen in ein Phantom zerrinnen, und an einem andern Ort gleich wieder, vielleicht um einige Dutzend vermehrt, die Köpfe zusammenstecken und noch ein Stündchen traulich über die Autonomie des Geistes verplaudern.[106]

Von der ursprünglich vorgesehenen, öffentlichen Manifestation eines Austritts aus der Kirche und der Gründung atheistischer „Gemeinden" ist nun keine Rede mehr. Der postulierte, klandestine Charakter zeitigte jedoch einige Vorteile, denn nicht nur war die Gefahr gebannt, dass die Mitgliederlisten zu Subskriptionslisten gerieten, welche die Arbeit der Geheimen Polizei und der Agenten Metternichs sicher um einiges erleichtert hätten, auch, und vor dem Hintergrund der Hoffnung auf eine möglichst rasante und weit um sich greifende Verbreitung der „Freien" noch wichtiger, war es nicht mehr möglich, sich über das tatsächliche Ausmaß des Zulaufs der „Freien" Klarheit zu verschaffen. Insofern bedeutete der Verzicht auf die Öffentlichkeit der Teilhabe zwar, dass die intendierte Herausforderung des preußischen Staates durch ein massenhaftes Aufbegehren, welches die Eskalation des Konfliktes enorm beschleunigt hätte, gegen die verlangte Erfüllung „gewisser religiöser Formen" vorerst entfiel – aber eben nur vorerst, denn mit der Heimlichkeit der Aktivitäten der Vereinsmitglieder konnte es nicht ausgeschlossen werden, dass die Bewegung im Untergrund eine große Verbreitung erlangen und zum Zeitpunkt ihres öffentlichen Hervortretens dann mit umso größerer Wucht die Fundamente des Bestehenden erschüttern würde. Mit der Verlagerung der Aktivitäten der „Freien" in die Heimlichkeit einer

---

105 Max Stirner: Berlin, 6. Juli, in: Leipziger Allgemeine Zeitung, Nr. 190 vom 9. Juli 1842 (Max Stirner's kleinere Schriften, a. a. O., S. 129-131). Dort heißt es, S. 130: „Ich kann dem Φ-Correspondenten aber auch die Gegenversicherung machen, daß ich mich persönlich von dem Dasein eines solchen Vereins zu überzeugen Gelegenheit hatte."
106 Ebenda.

geheimbundähnlichen Organisation[107] konnte so im Interesse sowohl der Agitatoren für die Sache der „Freien", als auch der im Zuge der Agitation gewonnenen Sympathisanten der Eindruck des Erfolges gemildert werden, welcher die Gegenseite mit dem Vorwurf der Unsittlichkeit allen atheistischen Verhaltens erzielt hatte.

Etwa um den Zeitpunkt des Erscheinens der Korrespondenz *Berlin, 6. Juli* am 9. Juli 1842 muss Stirner die Nachricht erreicht haben, dass das von ihm verfasste „Programm" der „Freien" nicht durch die Königsberger Zensur gekommen war. Der umfangreiche Beitrag, der unter dem Titel *Die Freien* dann am 14. Juli in der *LAZ* erscheint, ist mit großer Sicherheit eine Reaktion auf die ausgebliebene Veröffentlichung von *Über die Verpflichtung der Staatsbürger zu irgendeinem Religionsbekenntnis*.[108] Geschrieben aus einer defensiveren Grundhaltung und wesentlich zurückhaltender formuliert, finden sich in *Die Freien* dennoch nahezu sämtliche Aspekte, die Stirner in der „Programmschrift" bereits ausgeführt hatte. Der zurückhaltendere Ton ist zum einen wohl dem Sachverhalt geschuldet, dass Stirner nach der gescheiterten Veröffentlichung der radikaleren Version diesmal sicher gehen wollte, dass der Text die Zensur passieren konnte. Zum anderen spielt aber wahrscheinlich ebenfalls eine Rolle, dass, wie bereits die Korrespondenz *Berlin, 6. Juli* andeutet, man sich im Kreise der „Freien" zunehmend darüber klar geworden war, dass die Radikalität von Forderungen wie dem Austritt aus der Kirche eher den Gegnern der Opposition in die Hände gespielt hatte. Ganz im Sinne der früher gegebenen Charakterisierung der aufklärerischen Philosophie als einer „Verfolgten" und „Unterdrückten" beginnt Stirner seine Schrift diesmal mit dem Zitieren eines der heftigeren Angriffe der reaktionären Presse auf die „Freien":

> Mit wüthendem Sturme brachen die meisten Zeitungen gegen die ‚Freien' vor, an der Spitze die Spener'sche mit dem Schreckensrufe: ‚Die Autonomie des Geistes sei die Frucht knabenhafter Selbstüberhebung und sündlicher Verkennung der Schranke menschlicher Erkenntniß, und die christliche Gemeinde, in deren Schoos eine solche Propaganda des Unglaubens sich erzeugen könnte, würde sich selbst das Urtheil tiefer Entartung sprechen'; sie läutet die Sturmglocke gegen die Ketzer und weist deutlich genug auf die Knüttel der Berliner hin, womit sie die schöne Pöbelscene der Züricher gegen Strauß auch auf unserm Markt aufführen sollen: ‚Sicher würde Jedem, der sich in unserer Stadt zu einer Lehre offen bekennen wollte, welche anstatt des Gottesdienstes eine Anbetung (!) des menschlichen Geistes proclamirt, die tiefste Verachtung seiner

---

107 Eine solche geheimbundähnliche Organisation stellt etwa der „Bund der Gerechten" dar, der Vorgänger des unter Beteiligung von Marx und Engels umbenannten „Bundes der Kommunisten".
108 Max Stirner: Die Freien, in: Leipziger Allgemeine Zeitung, Nr. 195 vom 14. Juli 1842 (Max Stirner's kleinere Schriften, a. a. O., S. 132-141). Stellt man in Rechnung, dass das auf dem Manuskript von *Über die Verpflichtung der Staatsbürger zu irgend einem Religionsbekenntnis* vermerkte Druckverbot auf den 6. Juli datiert (Max Stirner: Über die Verpflichtung der Staatsbürger zu irgend einem Religionsbekenntnis, a. a. O., S. 111), Stirner also um den 7./8. Juli von dem Verbot erfahren haben dürfte, und dass zwischen Stirners Datierung und dem Erscheinen seiner Korrespondenzen in der *LAZ* üblicherweise drei Tage liegen, so ergibt sich der Zeitraum vom 9. bis 11. Juli als der wahrscheinliche Zeitpunkt der Niederschrift des am 14. Juli erschienenen Artikels *Die Freien*.

> Mitbürger treffen, welche in ihrer Mitte das Treiben einer Gesellschaft nicht dulden würden, deren Ansichten nur dazu dienen könnten, alle sittlichen Grundlagen der bürgerlichen Gesellschaft zu untergraben, der gesetzlosesten Willkür Thor und Thür zu öffnen und Grundsätzen Eingang zu verschaffen, vor deren praktischen Folgen es gerathen sein müßte, Panzerhemden unter den Kleidern anzulegen und Haus und Familie vollständig zu verschließen.'[109]

Vor dem Hintergrund der Intensität eines solchen Angriffes ist es Stirner ein Leichtes, für Besonnenheit bei der Beurteilung der Frage nach der Legitimität der Forderungen der „Freien" zu plädieren[110] und den Eindruck zu erwecken, als sei die von den Gegnern gezeigte Reaktion angesichts der tatsächlichen Forderungen maßlos überzogen, ja, als beruhe sie in erster Linie auf einem mangelnden Verständnis dessen, was die „Freien" eigentlich wollten.[111] Das zentrale Anliegen der „Freien" wird nun als ein sehr bescheidenes dargestellt:

> Sehen wir aber hiernach selbst zu, was die Freien denn eigentlich wollen. ‚Ihre Grundsätze äußerlich geltend machen.' Zunächst, worin bestehen diese Grundsätze? Darin, ‚die Autonomie des Geistes als Fahne zu erheben und die Grundüberzeugung der modernen Philosophie aus der begrenzten Sphäre der Wissenschaft auch in die weitern Kreise des Lebens einzuführen und daselbst geltend zu machen'. Es ist hier gewiß nicht der Ort, diese Grundüberzeugung zu prüfen, und sie schlechtweg anzuerkennen oder zu verwerfen. Sie liegt in den wissenschaftlichen Werken der modernen Philosophie vor und wird ihre Gegner auf diesem Felde finden und siegen oder unterliegen. Zuvörderst ist es eine ‚Ueberzeugung', zu der sich zu bekennen Niemandem das Recht streitig gemacht werden kann, und wenn die ‚Freien' sie zu vertreten sich anheischig machen, so wird man sie deshalb nicht tadeln oder gar verdammen, sondern einzig mit den Waffen der Ueberzeugung bekämpfen dürfen. Allein sie wollen diese Ueberzeugung auch ‚in die weiteren Kreise des Lebens einführen', und dies scheint der nächste Sinn des ‚äußerlich Geltendmachens' zu sein. Wiederum läßt sich nicht einsehen, was dagegen einzuwenden wäre, wenn Leute, die selbst eine bestimmte Ueberzeugung gewonnen haben, auch Andere mit ihr vertraut machen, sie möglichst Allen mittheilen und entgegenstehende Ueberzeugungen, wenn sie der Kraft, sich zu halten, ermangeln, stürzen wollen.[112]

Diese vorsichtige, sich geradezu harmlos gebende Formulierung der junghegelianischen Vorstellung von der Art und Weise, wie die bereits seit einigen Jahren betriebene philosophische Aufklärung gesellschaftliche Veränderung bewirken könne –

---

109 Max Stirner: Die Freien, a. a. O., S. 132/133.
110 Ebenda, S. 133: „Nein, wer über das Leben und gar über den Werth geistiger Bewegungen seiner Zeit ein öffentliches Wort sich erlauben zu dürfen glaubt, der sollte wenigstens in seiner Haltung ein ebenes Maß von Bildung, in seinen Aussprüchen die Würde eines gereiften Gedankens, in seiner Kritik die Spuren eines mindestens versuchten Eindringens in die Sache verrathen."
111 Ebenda, S. 134: „Daß und in welcher Weise ein Verein der Freien wirklich besteht, haben Sie unlängst schon berichtet, und ich überführe mich von Tag zu Tag mehr davon und will hier nur noch hinzusetzen, daß die Mehrzahl und, wie das denn so kommt, auch die Stimmführer sich die unsinnigsten Vorstellungen von demselben bilden und durch sein Dasein um ihr Liebstes gebracht zu werden fürchten."
112 Ebenda, S. 134/135.

nämlich die Hoheit in der Bestimmung der zustandsrelevanten Bewusstseinsträger durch die Konfrontation einer überlegenen mit einer weniger kraftvollen Weise der Erzeugung argumentativer Evidenz zu erringen –, markiert in gewissem Sinne die Rückkehr zu einer Etappe der Auseinandersetzung, deren vermeintliche Abgeschlossenheit gerade den Grund dafür abgab, dass die „Freien" glauben konnten, mit dem Aufruf zum Austritt aus der Kirche und zur Gründung atheistischer Vereine die nächste Stufe in der Eskalation herbeiführen zu können. Vor diesem Hintergrund bedeutet die von Stirner unter dem Druck der ablehnenden Reaktionen[113] betriebene Reduzierung des Anspruchs der „Freien" – nicht mehr massenhafte Kirchenaustritte, sondern unvoreingenommene Konfrontation der zustandsrelevanten Bewusstseinsträger mit den jeweilig produzierten Evidenzen – das Eingeständnis, dass der Versuch, mit den Vereinsgründungen die „Ernte" der Anstrengungen der vergangenen Jahre einzufahren und die vom aufklärerischen Diskurs bereits ihres religiös bestimmten Bewusstseins Entledigten zur Fahne zu rufen, verfrüht unternommen wurde.[114] In der Leichtigkeit, mit welcher sich die Öffentlichkeit von den „unsittlichen" Konsequenzen einer von den „Freien" bezweckten „Autonomie des Geistes" überzeugen ließ, trat schmerzhaft zutage, dass die radikalen Berliner Junghegelianer sich von der Kraft ihrer eigenen Evidenzerfahrungen über das Ausmaß hatten täuschen lassen, in welchem diese Evidenzerfahrungen bereits Allgemeingut geworden waren. Im Juni/Juli 1842 war die Zeit offensichtlich noch nicht reif für das Unterfangen atheistisch freier Vereinsgründungen.

Wenn diese frühe Enttäuschung auf Seiten Stirners und der „Freien" auch noch durch die Hoffnung kompensiert werden konnte, dass mit den oppositionellen Presseorganen die Mittel zu einer Fortführung der Aufklärung zu dieser Zeit noch unge-

---

113 Ebenda, S. 137: „Und doch hat grade dieses verunglückte Wort [vom Austritt aus der Kirche, UP] ihnen so viel Haß und Feindschaft zugezogen. Man denkt, sie wollen sich durch ihren Austritt zu Feinden aller Derer machen, welche einen kirchlichen Sinn bewahren und einen christlichen Wandel fortführen zu müssen glauben; man denkt, sie wollten die Kirche vernichten, die jeder Christgläubige braucht, sie wollten den Christen das Unentbehrliche rauben."

114 Die Vermutung liegt nahe, dass die Überzeugung, die oppositionelle Bewegung bedürfe eines besonderen Ereignisses wie des Verbots der fortschrittlichen Presse – der Gegenstand des zentralen Dissenses zwischen radikalem und gemäßigtem Lager zum Ende des Jahres 1842 –, um den entscheidenden Impuls zur Erhebung zu erhalten, aufgrund der Erfahrungen mit der Agitation der „Freien" gebildet wurde. Auch in den Reaktionen Feuerbachs und Bauers auf die Enttäuschung von 1842/43 zeigt sich dann eine unterschiedliche Bewertung dieser Überzeugung, ist der erste doch der Meinung, der Grund für das Scheitern des aufklärerischen Projekts liege in seiner verfrühten Erweiterung auf politische Gegenstände – dem Prozess der Konfrontation der verschieden mächtigen Evidenzen sei noch nicht ausreichend Zeit gegeben worden –, wohingegen der zweite den Schluss zieht, dass das Scheitern des aufklärerischen Projekts einen prinzipiellen Mangel der Adressaten des kritischen Diskurses an den Tag gebracht hätte, bzw. dass die geschichtliche Notwendigkeit des spätaufklärerischen Diskurses nicht in der Initiierung einer Erhebung, sondern im Aufdecken der Verfehltheit eines Bündnisses von philosophischen Aufklärern und aufzuklärender Masse zu sehen sei. Siehe oben, Kapitel 3.

schmälert zur Verfügung standen und dass, wie nicht zuletzt die Nachrichten über die in Arbeit befindliche, gesetzliche Neuregelung der Zensur erwarten ließen, auch von Seiten des Staates mit einer Eskalation des Konfliktes zu rechnen war, dass also die Bedingungen einer, wenn auch geheim erfolgenden Verbreitung der Aufklärung der zustandsrelevanten Bewusstseinsträger weiterhin gegeben waren, so sah Stirner sich in der Folge dieser Schwierigkeiten gezwungen, sowohl die noch eine knappe Woche zuvor in *Über die Verpflichtung der Staatsbürger zu irgendeinem Religionsbekenntnis* erhobene Forderung nach einem Austritt aus der Kirche nunmehr in wesentlich abgeschwächterer Form zu präsentieren, als auch das Beispiel von Personen zu evozieren, die sich trotz ihres „unkirchlichen" Betragens allgemeiner Achtung erfreuen, und schließlich die Feindschaft der „Freien" gegenüber der Kirche gar zu einem reinen Missverständnis zu erklären:

> Indess scheinen die Freien durch einen zweiten Grund bewogen zu werden, zu einem Verein zusammenzutreten. ‚Der Verein will versuchen, seinen Austritt aus der Kirche öffentlich und mit der Namensunterschrift aller seiner Mitglieder zu erklären.' Hier wird wol ein Mißverständniß obwalten. Die Kirche, wenigstens die protestantische bei uns, ist ja keine Macht mehr, die dem Einzelnen irgend einen Zwang auferlegte; die Kirche zwingt nicht zur Taufe, Confirmation, Trauung etc. Zwänge sie, so würde ihr Zwang sich durch Kirchenstrafen zu erkennen geben. So aber hat Derjenige, der z. B. sich nicht confirmiren ließe, nur die bürgerliche Strafe zu erwarten, daß er jedes bürgerlichen Rechtes verlustig geht. Wo der Staat nicht durch Polizeigewalt die Einzelnen zu den kirchlichen Handlungen anhält, da sieht sich die Kirche verlassen, und wenn Jemand, außer zur Taufe und Confirmation, sein Lebtage nicht mehr in die Kirche wandert, so kann die Kirche doch ihm keine Buße auflegen, ja, was noch mehr ist, Leute, die so unkirchlich leben, werden darum nicht um ein Haar weniger geachtet, wie unter Andern Jean Paul beweist, der sich nach der Versicherung seiner baireuther Mitbürger um Kirchenbesuch und Abendmahlsgenuß nicht im entferntesten bekümmerte.[115]

Anstelle des schonungslos die Vernunftwidrigkeit und Gewalttätigkeit von christlicher Religion und Kirche aufdeckenden Aufklärers kleidet sich Stirner nun in das Gewand eines bloß um die Trennung von Kirche und Staat Bemühten und glaubt in diesem Anliegen eine größere Anzahl an Unterstützern, wie etwa die um ihre Emanzipation bemühten Juden, hinter sich zu wissen.[116] Mit diesem Wechsel des kritischen Gewandes geht auch ein Wechsel der argumentativen Strategie einher, der, vermittelst der Erklärung der Frage nach der konfessionellen Zugehörigkeit zu einer rein

---

[115] Max Stirner: Die Freien, a. a. O., S. 136.
[116] Ebenda, S. 139: „Was das Verlangen der Freien betrifft, der Staat solle das Staatsbürgerthum nicht länger an ein religiöses Bekenntniß knüpfen, so ist das gar nicht einmal mehr die Stimme Weniger. Die Juden können, wenn sie ihren Wunsch nach Emancipation auf die letzte Basis zurückführen, nichts Anderes als eben diese Trennung des Religionsbekenntnisses von dem Staatsbürgerthum begehren. Es laufen überhaupt in diesem von den Freien unverdeckt aufgestellten Punkte die wichtigsten Fragen des gegenwärtigen Staatslebens zusammen, und in letzter Instanz dreht sich Alles um die Alternative, ob der moderne europäische Staat ein ‚christlicher' sei oder ein ‚humaner'."

persönlichen, das religiöse Bekenntnis eines Staatsbürgers als jeden Angriffs, damit aber auch jeder Verteidigung enthoben charakterisiert.[117] Kam in *Über die Verpflichtung eines Staatsbürgers zu irgendeinem Religionsbekenntnis* noch die Absicht zum Ausdruck, den Einfluss des Christentums auf das Staatsleben als der Vernunft widersprechend in allen seinen Facetten zu verwerfen, so bemüht sich Stirner nun um den Nachweis, dass das Christentum in Bezug auf die Belange des Staates völlig indifferent sei und die eigentliche Grundlage des Staates in der Bildung zu suchen sei,[118] einer Bildung, die, so fügt er abschwächend hinzu, im noch unvollendeten Prozess ihres Werdens dem Glauben, wie er dem Christentum zugrunde liege, durchaus einen Platz ließe:

> Auf die Bildung aber, auf die Schule sind alle unsere gegenwärtigen Verhältnisse, unser gesammtes Staatsleben gegründet, und das falsche Axiom muß sich in folgendes umwandeln: ‚Unsere europäischen Staaten haben sämmtlich die Bildung zur Grundlage.' Das aber muß zugegeben werden, obwol es ohne weitere, hier nicht zulässige Ausführungen schwerlich von Allen richtig verstanden werden wird, daß die ‚werdende' Bildung sich an ihrer ergänzenden Stütze, dem Glauben, emporrankt: ihr bleibt ja, so lange sie wird, immer etwas übrig, was sie nur glauben kann. Die gediegene, volle Bildung dagegen besteht in einem freien Wissen und Wollen, und der wahrhaft Gebildete ist ein freier Geist, ein Freigeist in der reinsten Bedeutung des Wortes.[119]

Und auch wenn der Schluss der soeben angeführten Passage wieder an die Ausführungen von *Das unwahre Prinzip unserer Erziehung oder der Humanismus und Realismus* mit ihren Preisungen eines freien, nur der Vernunft unterworfenen Willens gemahnt, so lässt sich abschließend doch konstatieren, dass sich Stirner mit dem Artikel sehr bemüht zeigt, die im Zuge der Agitation der „Freien" zutage getretene Differenz zwischen radikaler junghegelianischer Aufklärung und einer Opposition, die (noch) nicht bereit ist, der christlichen Religion in gleicher Weise zu entsagen, wie die von der Theologie zur Philosophie abgefallenen Junghegelianer, nicht zu einer vollständigen Entfremdung geraten zu lassen. Wie weit dieses Bemühen um die Aufrechterhaltung der Anschlussfähigkeit auch weniger radikaler Kreise an die junghegelianische Aufklärung geht, zeigt sich, wenn das Ende von *Die Freien* mit dem Ende

---

117 Ebenda, S. 136: „Man fühlt es, daß die Kirchlichkeit eine innerliche Sache des Menschen ist, die Jeder mit sich abzumachen und vor Niemandem zu verantworten hat. Gegen eine so harmlose und zwangsfreie Sache, wie die Kirche ist, geharnischt in die Schranken treten zu wollen, wäre zwecklos und mit Recht gehässig."
118 Ebenda, S. 140: „Der Staat ruht vielmehr auf dem Princip der ‚Bildung, der Civilisation'. Der Staat ruht auf dem Princip der ‚Weltlichkeit', das Christenthum auf dem des ‚Himmelreichs' (‚Mein Reich ist nicht von dieser Welt'). Gegen Alles, was im Staate von großer Bedeutung ist, verhält sich das Christenthum völlig gleichgültig; ihm erscheint Alles unwesentlich, selbst die Freiheit."
119 Ebenda, S. 140/141.

von *Über die Verpflichtung der Staatsbürger zu irgend einem Religionsbekenntnis*[120] kontrastiert wird: „Was nun schließlich die Freien betrifft, so haben sie ihre reelle Bedeutung nicht der Kirche, sondern dem Staate gegenüber, und ihre Opposition gegen eine seiner Institutionen ist eine loyale, so loyal als z. B. die Opposition Derer, welche gegen die Censur sprechen und diese Ueberzeugung geltend zu machen suchen: es ist eine ‚gesetzliche Opposition'."[121]

Letztendlich konnte jedoch auch dieser Versuch, die verunglückte Agitation der „Freien" wieder zurück in das Fahrwasser einer gemäßigteren, „gesetzlichen Opposition" – wie derjenigen, die sich für Pressefreiheit einsetzte – zu lenken, das von Marx als bloßen „Zeitungsversuch" verunkte Unterfangen der versuchten Initiation eines öffentlichen Hervortretens der bereits aufgeklärten zustandsrelevanten Bewusstseinsträger nicht vor dem Scheitern bewahren. Die Vergeblichkeit sah wohl auch Stirner ein und unterließ in der Folge jede weitere Agitation für die „Freien". Nur ein einziges Mal noch äußerte er sich in der *LAZ* in einer Korrespondenz vom 27. Juli 1842 und auch hier beschränkte sich sein Einsatz auf die Zurückweisung einer vermeintlichen Urheberschaft der „Freien" an einem in der Presse zirkulierenden „Glaubensbekenntniß der Freien".[122] Es war Stirner und den anderen „Freien" trotz verschiedener diskursiver Einsätze nicht in nennenswerter Weise gelungen, die Mitgliedschaft im „Verein der Freien" über die Anzahl der sich regelmäßig in Berliner Wein- oder Bierstuben versammelnden Junghegelianer zu vergrößern.

4.3 Die Publizistik nach der Agitation für die „Freien"

Auch nach der gescheiterten Agitation für die „Freien" beteiligte sich Stirner an der junghegelianischen Debatte, allerdings hatte er aus den Erfahrungen mit dem „Zei-

---

120 Max Stirner: Über die Verpflichtung der Staatsbürger zu irgend einem Religionsbekenntnis, a. a. O., S. 113: „Und nun, Du furchtsamer Mann, der Du von Mord und Dolchen träumst, wird auch wohl Deine Angst gestillt sein. Oder nicht? So wollen wir Dir beim engeren Ausschuß der ‚Freien' eine Sicherheitskarte für Dich und Deine Familie und eine sauve garde für Dein Haus erwirken, damit Du siehst, daß sich ‚Freie' edel rächen. Und dann, si fractus illabatur orbis, Du bist geborgen!"
121 Max Stirner: Die Freien, a. a. O., S. 141.
122 Max Stirner: Berlin, 24. Jul., in: Leipziger Allgemeine Zeitung, Nr. 208 vom 27. Juli 1842 (Max Stirner's kleinere Schriften, a. a. O., S. 148-150, hier S. 149/150: „Das in Ihrer Zeitung (Nr. 194) mitgetheilte, dem Frankfurter Journal entnommene ‚Glaubensbekenntniß der Freien' ist in der That das lächerlichste Product von der Welt. Daß dergleichen Cruditäten den ‚Freien' auch nicht im Traume einfallen, dieser Versicherung bedarf es kaum für Diejenigen, welche die Gegenwart kennen. Für Leichtgläubige will ich aber die Versicherung hersetzen, daß ich eine Anzahl ‚Freier' über diese Mystification in fröhlicher Gesellschaft herzlich lachen hörte; sie waren Alle darüber völlig unbesorgt, daß irgend ein Mensch den Unsinn des Correspondenten im Frankfurter Journal, welcher ‚sich durch Zufall im Besitze des sogenannten Glaubensbekentnißes seiner Sektirer' zu befinden vorgibt, für Sinn halten könnte, und meinten, es sei schon verkehrt genug, bei den Freien nur überhaupt von einem ‚Glaubensbekenntniß' zu reden, und man werde daran leicht die ganze Fabel erkennen."

tungsversuch" der „Freien" wohl den Schluss gezogen, dass die Zeit für das Einfahren der „Ernte" der Aufklärungsarbeit der vergangenen Jahre vorerst noch nicht reif sei. Aufgrund des völligen Fehlens von brieflichen oder sonstigen Aussagen über Stirners Einschätzungen der Situation nach dem Juli 1842 lässt sich über die Frage, ob die gemäßigtere Tendenz, die zu Beginn der für die vom radikalen Lager weiterhin verfolgte Eskalationsstrategie zentralen Zeit in den realisierten Publikationen Stirners zum Ausdruck kommt, einem tatsächlichen Sinneswandel hin zu einer gemäßigteren Position oder einfach den Bedingungen des Publizierens unter Zensur geschuldet war. Auf jeden Fall zeigt sich Stirner in seinen Beiträgen nach der Agitation für die „Freien" bemüht, das Spektrum argumentativer Instrumente für die Überzeugung der Adressaten von der Notwendigkeit der Veränderung der gesellschaftlichen Zustände über die bloße Konfrontation mit den Ergebnissen der überlegenen philosophischen Evidenzproduktion hinaus zu erweitern.

So veröffentlicht er schon Ende Juli 1842 in den Beilagen der *LAZ* eine mit langen Auszügen aus der Verteidigungsschrift versehene Dokumentation des von der preußischen Obrigkeit gegen Johann Jacoby angestrengten Prozesses wegen Hochverrats, Majestätsbeleidigung, frechen, unehrerbietigen Tadels, Verspottung der Landesgesetze und Erregung von Missvergnügen.[123] Ziel der Dokumentation dieses Prozesses, in welchem Johann Jacoby aller Vergehen bis auf dasjenige des Hochverrats schuldig gesprochen worden war, war wohl, die Wahrnehmung Preußens als eines Unrechtsstaates zu fördern. In diesem Sinne verließ Stirner hier die gewohnten Gleise atheistisch-philosophischer Religionskritik und bemühte sich, das Vertrauen in die preußische Monarchie auf eine Weise zu untergraben, die es gestattete, den Umfang der oppositionellen Bewegung auch unabhängig von der jeweiligen konfessionellen Positionierung der Adressaten zu vergrößern.

Der Wahrung der Anschlussfähigkeit der junghegelianischen Aufklärung für gemäßigtere Kreise war auch die Thematisierung der Zensurproblematik dienlich, mit welcher Stirner bereits seinen Einsatz für die „Freien" in der *LAZ* hatte enden lassen. Die Frage nach dem Schicksal der Zensur in Preußen, die, wie bereits ausgeführt,[124] auf die Debatte seit dem Spätsommer immer größeren Einfluss auszuüben begann und die wohl am ehesten in die Lage versetzte, gemäßigte und radikale oppositionelle Kräfte gleichermaßen zu mobilisieren, sprach Stirner dann auch in einer Korrespondenz für die *RhZ* an, in welcher er die Problematik, die vor allem vor dem Hintergrund der Einschränkung der Ausdrucksmöglichkeiten – und insofern als „Redefreiheit" – behandelt wurde, um die Perspektive der „Hörer" erweiterte, die davon überzeugt

---
123 Max Stirner: Der Proceß des Dr. Jacoby, in: Leipziger Allgemeine Zeitung, Nr. 209-211 vom 28.-30. Juli 1842, Beil. (Max Stirner's kleinere Schriften, a. a. O., S. 150-168).
124 Siehe oben, Kapitel 2, Abschnitt 2.

werden sollten, eine „Hörfreiheit" einzufordern.[125] Unter Aufnahme des Räsonnements, welches das weihnachtliche Zensur-Edikt von 1841 motiviert hatte,[126] macht Stirner den Fürsten als hauptsächlichen Leidtragenden der Einschränkung der Hörfreiheit aus,[127] nur um sich zum Ende der vergleichsweise kurzen Korrespondenz an alle „Hörenden" zu wenden:

> Nein, der Hörer ist so gut ein Mündel des Censors, als der Sprecher: beiden gewährt er von ihrem unermeßlichen Kapital jährlich nur so viel Zinsen, als er nicht lieber für – sich behalten will. Darum wird es um die Preßfreiheit so lange nicht besser stehen, als nur die *Redenden* die Unehre der Bevormundung empfinden. Erst wenn auch die *Hörenden* zum Gefühl ihrer Ehre kommen, wenn auch sie es nicht länger tragen wollen, daß ein Anderer ihre *Hörfreiheit* ihnen entziehe: erst dann wird die *Preßfreiheit*, sie, die sowohl Hör- als Redefreiheit ist, über die Censur siegen.[128]

Am 2. Oktober 1842 berichtete Stirner dann in der *LAZ* über den bedauernswerten Zustand der Berliner Tagespresse und das endgültige Scheitern der Versuche einer Wiederbelebung des zum Ende des vorigen Jahres verbotenen *Athenäums*, dem bei Benennung eines „qualificirten Redacteurs" die Aussicht auf eine Fortsetzung eröffnet worden war – Eduard Meyen, der frühere „factische" Redakteur und späteres Sprachrohr der „Freien" gegenüber Marx in der Auseinandersetzung nach dem Bruch Anfang November, und Karl Nauwerck erfüllten diese Bedingung aus Sicht der drei Zensurminister nicht, wobei die mangelnde wissenschaftliche Qualifikation des im Antrag missverständlich als Herausgeber bezeichneten Verlegers als Grund für die Versagung der Fortsetzung herhalten musste.[129] Religiöse Gegenstände spricht Stirner in dieser Zeit nur verhältnismäßig zurückhaltend an, so wenn er anlässlich der Veröffentlichung eines Entwurfs „zu einer zeitgemäßen Verfassung der Juden in Preußen" das Diktum des Herrn v. Savigny, dass „unsere Zeit" keine Gesetze machen könne, dahingehend auslegt, dass eine Zeit, „die von der Liebe lebt", die Stirner mit dem Christentum, der „Religion der Liebe" gleichsetzt, die Frage der Juden-Emanzipation nicht klären könne,[130] oder wenn er den Vorwurf eines anderen Korresponden-

---

125 Max Stirner: Die Hörfreiheit, in: Rheinische Zeitung, Nr. 263 vom 20. September 1842 (Max Stirner's kleinere Schriften, a. a. O., S. 94/95).
126 Siehe oben, Kapitel 1, Abschnitt 1.
127 Max Stirner: Die Hörfreiheit, a. a. O., S. 94: „Die Censur legt nicht bloß der Redefreiheit das Joch auf, sondern bringt auch die Hörfreiheit um's Leben. Ja, während sie in der Unterdrückung der Redefreiheit nicht alle Redenden um ihre Freiheit bringt, sondern namentlich den Regierenden zu sagen gestattet, was sie nur irgend sagen wollen, so übt sie als Beherrscherin der Hörfreiheit eine unerbittliche Gewalt gegen die Fürsten selbst. Der Fürst hat nicht die Freiheit, zu hören, was *er will*, sondern das Wenige, was der *Censor* und dessen Vorgesetzte wollen."
128 Ebenda, S. 95.
129 Max Stirner: Berlin, 28. Sept., in: Leipziger Allgemeine Zeitung, Nr. 275 vom 2. Oktober 1842 (Max Stirner's kleinere Schriften, a. a. O., S. 176/177).
130 Max Stirner: Aus Preußen, 8. Sept., in: Leipziger Allgemeine Zeitung, Nr. 257 vom 14. September 1842 (Max Stirner's kleinere Schriften, a. a. O., S. 172/173).

ten der *LAZ*, dass eine Karikatur, „welche den Umsturz des Kreuzes vorstellt", „etwas Heiliges dem Spotte preisgebe", vor dem Hintergrund zurückweist, dass etwas, das nicht nur gesetzmäßig, sondern darüber hinaus vernünftig sei, den Spott zu ertragen wisse.[131]

Nach der Fortsetzung der Dokumentation des zweitinstanzlichen Prozesses gegen Johann Jacoby in den Beilagen vom 9. bis 11. Oktober 1842[132] nimmt Stirner dann eine besonders interessante Variation seiner kritischen Einsätze in einem Beitrag vor, der am 16. Oktober 1842 in einer Beilage der *LAZ* erschienen ist.[133] Mit diesem Beitrag, der den gleichen Titel wie die Schrift des ehemaligen Staatsministers und Oberpräsidenten der Provinz Preußen v. Schön *Woher und Wohin?* trägt, deren Zitate auch den überwiegenden Teil des Beitrags bilden, setzt eine Phase ein, in welcher Stirner die zuvor geübte Zurückhaltung aufzugeben beginnt und erneut die Eskalation der Auseinandersetzung zwischen Opposition und Regierung zu befeuern sucht. *Woher und Wohin?* von Stirner ist dabei von besonderem Interesse, weil er den kritischen Angriff dezidiert gegen den preußischen Staat richtet und die „Loyalität" der Opposition nur noch dadurch gewahrt bleibt, dass die Wucht des Angriffs auf die Bevormundung des preußischen Volkes durch das preußische Beamtentum von einem ehemaligen Beamten vorgetragen wird. Der von v. Schön formulierte Vorwurf, „daß diese Bevormundung mündiger Menschen, im Geiste der Beamten-Hierarchie geführt", die v. Schön mit der katholischen Kirche gleichsetzt,[134] „das Gefühl der Selbständigkeit des mündigen Theils des Volks tief und schmerzlich verletzte",[135] wird von Stirner zum einen in den Kontext „des stets neuen Kampfes" zwischen „vererbter Gewalt" und „menschenrechtlicher Freiheit" und zum anderen in den Kontext eines allegorischen Konflikts zwischen einem „Hauswirth" und dessen Sohn gestellt.[136] Diese etwas län-

---

131 Max Stirner: Berlin, 24. Sept., in: Leipziger Allgemeine Zeitung, Nr. 270 vom 27. September 1842 (Max Stirner's kleinere Schriften, a. a. O., S. 175/176).
132 Max Stirner: Dr. Jacoby's weitere Vertheidigung, in: Leipziger Allgemeine Zeitung, Nr. 282-284 vom 9.-11. Oktober 1842, Beil. (Max Stirner's kleinere Schriften, a. a. O., S. 178-198).
133 Max Stirner: Woher und Wohin?, in: Leipziger Allgemeine Zeitung, Nr. 289 vom 16. Oktober 1842, Beil. (Max Stirner's kleinere Schriften, a. a. O., S. 203-212).
134 Ebenda, S. 206/207: „,*Woher* der Ruf: Allgemeine Stände?' so beginnt Hr. v. Schön. Friedrich II. ist der eigentliche Gründer der preußischen Beamtenwelt; allein nach und nach ‚erreichte das preußische Beamtentreiben den Höhepunkt, von welchem Strauß gegen Streckfuß richtig sagt: daß die preußische Beamtenwelt wie im Sinne der katholischen Kirche handele; denn wie der Geistliche dort nur für sich, ohne Beziehung und Rücksicht auf die Gemeinde den Gottesdienst verrichte, so wähne der preußische Beamte, besonders der dem Volke fernstehende, daß der Staatsdienst nur für ihn, und daß er nicht für das Volk, sondern das Volk für ihn da sei.'"
135 Ebenda, S. 207.
136 Ebenda, S. 203: „Wer kennt nicht Engel's ‚Lorenz Stark', worin der Streit zwischen der väterlichen Gewalt und der kindlichen Freiheit so derb und anschaulich gezeichnet wird, daß das Eine Beispiel für alle Zeiten gelten kann, und wo doch wieder, weil es ein deutsches Werk ist, die Spannung der Gegensätze nicht zu einem tragischen Ausgange führt, sondern in der gemüthlichsten Versöhnung endet? Es wird dieser stets neue Kampf der ‚vererbten Gewalt' und der ‚menschenrechtlichen

gere „Hausgeschichte", die ein weiteres eindrucksvolles Zeugnis von der besonderen Sensibilität Stirners für Fragen der Generierung von Überzeugungsleistungen darstellt, schildert eine vermeintlich familiäre Auseinandersetzung, deren tatsächlich gemeinte Akteure keinem Zeitgenossen ein Geheimnis gewesen sein können:

> Weil man am Kleinen das Große lernt und an einer Thierfabel das Menschenwesen erkennt, so will ich meine Hausgeschichte zum Besten geben. Er selbst, mein Hauswirth, ist unter strengem väterlichen Regimente groß geworden und hat wol niemals einen herzhaften Versuch gemacht, sich von ihm loszuwinden. Daher fodert er den gleichen, unbedingten Gehorsam von seinem eignen Sohn, und wenn er hier und da in der Welt ein unfolgsames Kind erblickt, so gilt ihm das eben für ein Zeichen, daß es gar nicht mehr überall so zugeht, wie es zugehen sollte: in seinem eignen Hause wenigstens soll ihm eine solche Zuchtlosigkeit nicht vorkommen. Er liebt seinen einzigen Sohn aufs innigste, sorgt für ihn auf alle Weise und gestattet ihm gern jedes ‚anständige' Vergnügen, nur muß der Sohn den Vater auch allein sorgen und machen lassen, denn nur der Vater weiß ihm die besten, die zuträglichsten, die angemessensten Freuden auszusuchen. Die Jugend versteht sich nicht selbst auf Das, was ihr gut ist, und bringt bei ihrer ‚beschränkten Einsicht' nur Unheil zu Wege; sie muß sich, damit sie den schönen Kreis der Ehrbarkeit nie überschreite, den väterlichen Anordnungen bescheiden überlassen, ohne jemals ‚in dünkelhaftem Uebermuthe sich ein Urtheil über dieselben anzumaßen'. So ungefähr denkt mein Hausherr, und man kann sich danach sein Erstaunen vorstellen, als eines Tages der Sohn mit der Bitte vor ihn trat, ihm, dem Mündigen, nun einen selbständigen Antheil am Geschäfte zu gewähren. Hätte er nicht, was er oftmals bitter beklagte, so manches Beispiel eines trotzigen Sohnes schon in seiner Nachbarschaft gesehen, gesehen, bis zu welcher Verhärtung Kinder in ihrer Halsstarrigkeit gehen können: er würde gewiß den eigenen Sohn über die vorlaute Zumuthung sehr barsch angelassen haben. So aber faßte er sich und erwiderte mit liebevollen Worten: Unser Geschäft, das kannst Du selbst einsehen, erfodert Einheit und Einen Willen: das muß so bleiben; aber weil Du jetzt doch ein erwachsener Mensch bist und Deinem Vater Ehre machen mußt, so will ich Dir ein gewisses Einkommen sichern, womit Du die Würde unsers Hauses behaupten kannst. Ich hoffe, daß Du nie durch Ueberhebung Dir dieses Geschenk und meine Liebe verscherzen wirst! Der gute Sohn zeigte sich aufs tiefste gerührt von dieser Güte und entsagte dem Anspruch auf eine eigne freie Stellung in der Welt: er hat bei dieser Resignation die friedlichsten Tage verlebt. Neuerdings aber ist die Stimme der Natur und Freiheit zum zweiten Male laut geworden. Seit längerer Zeit trägt er ein Mädchen im Herzen, die an Glücksgütern arm, an Vorzügen des Geistes unendlich reich ist. Diese Liebe gab ihm den Muth, noch einmal vor seinen Vater zu treten und ihm den Entschluß anzukündigen, daß er Freia zum Weibe zu nehmen gedenke. Da riß dem Vater die Geduld, denn er hatte längst ein anderes Mädchen für den Sohn ausgesucht, und er fuhr diesen an: Bei meiner Ungnade befehle ich Dir, Deiner Grille Dich zu entschlagen! Ich werde für Deine Verheirathung sorgen, wenn es Zeit ist, und Du sollst eine Frau haben, die Deinem Vater gefällt, nicht jene ideale Schwärmerin, die mir verhaßt ist. Der Gescholtene schwieg, und Vater und Sohn leben seitdem im alten Frieden neben einander, als ob nichts vorgefallen wäre. Man

---

Freiheit' nicht immer so friedlich schließen können, weil weder alle Väter so gut und stark sind als Lorenz Stark, noch alle Söhne so sanft als Lorenzens Sohn; Derjenige, der einst das weltgeschichtliche Aneinanderrennen jener beiden Mächte zu schildern hat, wird oft mit blutiger Dinte schreiben müssen. Aber auch noch andere Bilder werden auf diesem Schlachtfeld erscheinen, Bilder der widerlichsten Feigheit und Unterwürfigkeit. Ich fürchte zuweilen ganz in meiner Nähe, an meinem Hauswirth, ein Beispiel dieser ekelhaften Art zu erleben."

merkt es dem Erstern jedoch an, daß er seit jenem Tage den Sohn zu begütigen strebt: er erweist ihm allerlei kleine Liebesdienste und herzt ihn oft so zärtlich, daß man an das beste Vernehmen glauben könnte. Allein ‚man merkt die Absicht und man ist verstimmt'! Wie diese gegenseitige Heuchelei der Liebe enden wird, ich weiß es nicht. Wehe aber dem Sohne, wenn er ein Wicht ist und das aufgedrungene Mädchen heimführt. Wer von Beiden trägt dann die größere Schuld? Gewiß der Sohn, der es sich gefallen läßt, daß sein unveräußerliches Menschenrecht, die Freiheit der Selbstbestimmung, mit Füßen getreten wird. Der Vater handelt unschuldiger, denn – er kennt es nicht anders: ergraut in der Gewohnheit der ‚Pietät', kennt er die ‚Freiheit' nicht.[137]

Es ist bezeichnend und verrät die Absicht des Autors dieser „Hausgeschichte", dass die letztere mit einer Schuldzuweisung an den Sohn, i. e. das Volk, für den Fall endet, dass dieser seines Rechtes auf „Selbstbestimmung" und der geliebten „Freia" entsagen sollte. Stirner übersetzt die Frage nach der immer noch ausstehenden Einlösung des Verfassungsversprechens, die die eher gemäßigten oppositionellen Kreise der Eskalationsstrategie zugänglich machen soll und die auch v. Schön thematisiert und im Sinne einer stärkeren Beteiligung des Volkes zum Nachteil der Beamten beantwortet,[138] in eine Frage, die später auch den Ansatz zu seiner Kritik des philosophisch-aufklärerischen Diskurses strukturieren sollte, in die Frage nämlich, ob der Zustand der bevormundenden Abhängigkeit von Personen, die in einem hierarchischen System – gleich welchen strukturierenden Merkmals – höher positioniert sind, zeitlich begrenzt oder dauerhaft sein soll. Die Kleidung dieser Frage in das quasi-natürliche Gewand der Emanzipation eines Sohnes von der Vormundschaft des Vaters dient vor diesem Hintergrund einer Erleichterung der Entscheidungsfindung der Adressaten bezüglich der Ausgestaltung des Verhältnisses zwischen Volk und Monarch.

Es zeigt sich darüber hinaus mit diesem Beitrag unzweifelhaft, dass die Hoffnung unter den radikalen Berliner Junghegelianern zum Zeitpunkt der Abfassung des Beitrags, Mitte Oktober 1842, die ersehnte Veränderung der gesellschaftlichen Verhältnisse noch innerhalb der preußischen Konfiguration des bewusstseinszentrierten Modells gesellschaftlicher Veränderung zu erreichen, eine nicht mehr gehegte ist. Und vor dem Hintergrund der sich abzeichnenden Verschärfung der Zensur – war doch zwei Tage vor dem Erscheinen des Stirner'schen Beitrags die *Cabinetsordre betreffs der Tagespresse* erlassen worden[139] – galt es nun, mit vermehrten Anstrengungen den Gegendruck durch die preußische Öffentlichkeit zu erhöhen. Stirner ist in seiner Beantwortung der beiden Fragen dann auch eindeutig und setzt die Selbstbestimmung als den Inhalt sowohl des „Woher?", im Sinne der „Civilisation" als Nährboden der Selbstbestimmung, als auch des „Wohin?", im Sinne der erstrebten „vollkommenen Freiheit".[140]

---

137 Ebenda, S. 203-205.
138 Ebenda, S. 209.
139 Siehe oben, Kapitel 2, Abschnitt 2.
140 Max Stirner: Woher und Wohin?, a. a. O., S. 205/206: „Woher vorzugsweise in der neuern Zeit diese Doppelwilligkeit im Familienleben? ‚Woher?' Aus jenem Geiste, der in Peter dem Großen Fleisch

Dass die Zurückhaltung und die Skrupel, welche Stirner nach dem Scheitern der Agitation für die „Freien" für einige Zeit an den Tag gelegt hatte, vor dem Hintergrund der nunmehr entscheidenden Phase, in welche die Auseinandersetzung zwischen Opposition und preußischer Regierung geraten war, abgelegt wurden, zeigt der nächste Beitrag in der Beilage der *LAZ* vom 5. November 1842.[141] Unter dem Titel *Die Lebenslustigen* bespricht Stirner die auf Geheiß des preußischen Kultusministers erstellten und nur wenige Tage zuvor veröffentlichten Gutachten der theologischen Fakultäten bezüglich der Frage, ob Bruno Bauer eine weitere Lehrtätigkeit in einer theologischen Fakultät zugestanden werden könne. Zwar war der Ausgang dieser Begutachtung schon seit dem endgültigen Entzug der Bauer'schen Lehrbefugnis am 29. März 1842 kein Geheimnis mehr, bis auf das selbstständig von Marheineke veröffentlichte Separatvotum waren die in den Gutachten vorgebrachten Argumente aber der Öffentlichkeit unbekannt. Vor dem Hintergrund des auf junghegelianischer Seite gehegten Vertrauens in die Überlegenheit ihrer philosophischen Argumentationen bot eine Kritik der Gutachten in der Phase der Zuspitzung des Konfliktes zwischen Opposition und Obrigkeit die Chance, diese Überlegenheit auch der breiten Öffentlichkeit ein weiteres Mal zu demonstrieren. Einer solchen Chance wollte man sich keinesfalls begeben, und so erschienen verschiedenste Schriften mit einer erneuten Thematisierung der Auseinandersetzung zwischen dem „Robespierre der Theologie" und den theologischen Ordinarien – Bruno Bauers *Die gute Sache der Freiheit und meine eigene Angelegenheit*, Edgar Bauers *Bruno Bauer und seine Gegner* und eben Stirners *Die Lebenslustigen*, um nur einige zu nennen.[142]

Das Ausmaß, welches der Glauben an die eigene argumentative Überlegenheit mittlerweile erreicht hatte, wird dann etwa in der von Stirner eingangs seines Beitrags aufgestellten Aufforderung offenkundig, dass die theologischen Fakultäten eher in Ehre „sterben" sollten, als um den Preis ihrer Ehre zu überleben.[143] Stirner nimmt in-

---

wurde! Er, der Gründer der Civilisation im Osten, der Selbstherrscher, gab – wie wunderbar! – zuerst das Gesetz, daß die Aeltern nicht mehr ohne die Einwilligung der Kinder über deren Ehen beschließen sollten. Die Civilisation ist das ‚Woher' der Selbstbestimmung, ihre Mutter. Und wohin soll das führen? ‚Wohin?' Zur vollkommenen Freiheit soll es führen, die sich nicht aufgibt einem Andern ‚zu Liebe'. Die Liebe, die keinen eignen Willen hat, wird dem Eigenwillen weichen, der seine Freiheit an Keinen verschenkt."

141 Max Stirner: Die Lebenslustigen, in: Leipziger Allgemeine Zeitung, Nr. 309 vom 5. November 1842, Beil. (Max Stirner's kleinere Schriften, a. a. O., S. 212-221).

142 Bruno Bauer: Die gute Sache der Freiheit und meine eigene Angelegenheit, Zürich u. Winterthur 1842; Edgar Bauer: Bruno Bauer und seine Gegner, Berlin 1842.

143 Max Stirner: Die Lebenslustigen, a. a. O., S. 212/213: „‚Das Leben ist der Güter höchstes nicht!' Es ist etwas Großes um einen Menschen, der zu sterben weiß. Und wiederum ist es etwas Großes um ein Princip, das willig von der Hand eines höhern Princips den Todesstreich empfängt: das Leben erlischt, aber die Ehre bleibt. Und etwas Großes wäre es auch um eine theologische Facultät, wenn sie den Muth zu sterben zeigte. Unendlich widerlich aber ist ein abgelebter Mensch, der vor dem letzten Stündlein zittert, ein welkes Princip, das schwache Herzen bethört, ihm sein Leben zu sichern, eine

sofern die Auseinandersetzung zwischen christlicher Theologie und kritischer Philosophie in einer Radikalität wieder auf, wie er sie schon lange nicht mehr an den Tag gelegt hatte. Offensichtlich war er gewillt, die nach Marx' Übernahme der Redaktion der *RhZ*[144] einzig ihm verbliebene Publikationsplattform ohne weitere Rücksichtnahme zu nutzen, solange sie sich ihm noch bot, und offensichtlich war man auch auf Seiten der *LAZ* gewillt, Beiträge aufzunehmen, die das Verhältnis des Leipziger Blattes zur preußischen Regierung stark belasten mussten.[145]

Die Beiträge Stirners im November 1842 – allesamt Besprechungen von Neuerscheinungen[146] – bieten in Ermangelung anderer Quellen[147] auch die verlässlichsten Anhaltspunkte bezüglich der Rolle, die Stirner bei der Spaltung der junghegelianischen Aufklärung Anfang November in der Walburg'schen Weinstube gespielt hat.

---

theologische Facultät, die den Bibelspruch vergessen hat, daß ‚wer sein Leben behalten will, der wird es verlieren'. Wer für die Ehre kämpft, der achtet des Lebens nicht; wer aber für sein Leben kämpft, der achtet der Ehre nicht. Ehre verloren, Alles verloren! Armer Schelm, der du nichts Anderes mehr hast, wofür du freudig deine Lanze einlegen könntest, als dein Bischen Leben. Wirst du dem Gegner mit offener Brust entgegentreten zu ehrlichem Zweikampfe? Nein, einen siebenfachen Harnisch wirst du umthun und Häscher hinter jenen stellen, um seine Streiche abzuhalten. Du willst ja dein Leben nicht für die Ehre in die Schanze schlagen, sondern die Ehre für das – Leben."

144 Es ist nicht ganz einfach, das von Marx zur Beschreibung der vorgesehenen Tendenz seiner Redaktion geäußerte Diktum, „die Religion mehr in der Kritik der politischen Zustände, als die politischen Zustände in der Religion zu criticiren" (Marx an Ruge, 30. November 1842, MEGA² III/1, S. 38), auf die Beiträge Stirners zur *RhZ* zu beziehen. Mit Ausnahme von *Kunst und Religion* (siehe oben, Kapitel 4, Abschnitt 2) äußerte er sich in seinen Beiträgen eher zurückhaltend in religiösen Fragen, so dass, bei Berücksichtigung des Sachverhalts, dass Stirner und Marx sich nie persönlich kennen gelernt haben, davon auszugehen ist, dass Marx die Korrespondententätigkeit Stirners vor allem aufgrund der Berliner Verankerung des letzteren einstellte.

145 Auf die Entscheidung von seiten der Redaktion der *LAZ*, die Rücksichtnahme auf Belange der preußischen Regierung zum Ende des Jahres 1842 deutlich einzuschränken, deuten auch die Aussage Moritz Fleischers gegenüber Georg Jung vom 16. Dezember 1842 (RBA, Bd. 1, S. 397: „Die Leipziger [Allgemeine Zeitung, UP], die überhaupt jetzt sehr ehrenwert zu werden beginnt ...") und die eigenmächtige Veröffentlichung des Briefes von Georg Herwegh an Friedrich Wilhelm IV. am 24. Dezember 1842 (siehe oben, Kapitel 2, Abschnitt 2) hin.

146 Neben der bereits angeführten Besprechung *Die Lebenslustigen* erschienen noch Besprechungen zweier Beiträge des 3. und 4. Heftes des von Ludwig Buhl herausgegebenen *Patrioten* (Max Stirner: Politische Ephemeriden, in: Leipziger Allgemeine Zeitung, Nr. 313 u. 314 vom 9. u. 10. November 1842, Beil. (Max Stirner's kleinere Schriften, a. a. O., S. 221-225) und eine Besprechung von Edgar Bauers *Bruno Bauer und seine Gegner*, Berlin 1842 (Max Stirner: Zeitcontroverse, in: Leipziger Allgemeine Zeitung, Nr. 318 vom 14. November 1842, Beil. (Max Stirner's kleinere Schriften, a. a. O., S. 225-228).

147 Zwar wird Stirner von den einschlägigen Quellen zu den Geschehnissen des Abends in der Walburg'schen Weinstube stets den „Freien" zugerechnet (vgl. die brieflichen Äußerungen Arnold Ruges und den Bericht, welchen Ludwig Ruge Paul Nerrlich von diesem Abend gab), und auch die Karikatur *Ruge bei den Berliner „Freien"* von Engels, der an diesem Abend selbst nicht zugegen war, zeigt Stirner inmitten der anderen „Freien" MEGA¹ I/2, Berlin 1930, Tafel VI zwischen den S. 276/277), in den sich nach dem Streit entspinnenden Auseinandersetzungen kam Stirner den überlieferten Quellen zufolge jedoch keine prominente Rolle zu.

Besonders die Sympathie bekundenden, einleitenden Worte der Besprechung der Schrift von Edgar Bauer, der einer der Radikalsten unter den radikalen Berliner Junghegelianern war und dessen *Bruno Bauer und seine Gegner* die Entfremdung zwischen radikaler und gemäßigter Opposition enorm verstärkte, zeugen von einer, auch inhaltlich festen Verankerung Stirners in den Reihen der „Freien":

> Hat die berliner Presse je zuvor ein Buch in die Welt geschickt, wie das soeben erschienene ‚Bruno Bauer und seine Gegner, von Edgar Bauer'? So kühn, so ‚zeitgemäss' und ‚ohne Falsch'! Was soll ich über das Buch noch weiter sagen? Nichts! Und über die Leser desselben? Der Verfasser bestimmt selbst über sie in der kleinen Vorrede: ‚Dieses Buch will nicht schön sein, aber deutlich, nicht ausweichend, sondern gerade aus, nicht für eine aristokratische Gelehrtenkaste, sondern für Jeden, der lesen kann.' [...] Die Schrift setzt keineswegs Leser der Bruno Bauer'schen Werke voraus, sondern eben nur Leute, die ‚lesen können'; hieraus wird Jeder leicht entnehmen, dass Bruno Bauer nur den Ausgangspunkt bildet für die Behandlung der verschiedensten Zeitfragen. Und diese Zeitfragen – wahrhafte Zeitfragen sind stets ewige Ideen – werden hier nicht mit leiser Zimperlichkeit und feigen Umschweifen behandelt, sondern muthig, frei. Doch was hilft alle Beschreibung? Man muss das Buch lesen.[148]

Zusätzlich zu diesen klaren Worten untermauert schließlich der Sachverhalt die Zugehörigkeit Stirners zu den radikalen Berliner Junghegelianern, dass die von den „Freien" an den Tag gelegte „Frivolität" – neben der ausschließlichen Negativität ihrer Kritik der von Ruge wiederholt erhobene Vorwurf[149] – in Stirners *Kunst und Religion* mit der Rolle, welche, wie bereits gezeigt, die Komödie bei der Überwindung „leer gewordener" religiöser Formen zu spielen habe, quasi als theoretisches Fundament des Verhaltens der „Freien" in der Walburg'schen Weinstube gelten kann.[150] Auch wenn Stirner diesen Ausführungen zufolge nicht zu den herausragenden Protagonisten des Bruches zwischen den radikalen Berlinern und den gemäßigten „Provinzlern" gehörte – hier wären eher Bauer und Meyen auf der einen sowie Ruge und Marx auf der anderen Seite zu nennen –, so kann über seine Verankerung bei den Berlinern kein Zweifel bestehen. Der Sachverhalt, dass er in den Auseinandersetzungen um das Ende des weitgehend gemeinsamen Kampfes um die Veränderung der gesellschaftlichen Verhältnisse keine prominentere Rolle gespielt hat, mag neben dem von Mackay hervorgehobenen, zurückhaltenden Charakter[151] auch darin seinen Grund haben, dass Stirner zwar aktiv an den Versuchen der Popularisierung und Agitation der junghegelianischen Aufklärung beteiligt war, dass jedoch weder seine eigenständigen Beiträge zur Debatte, trotz ihrer durchaus gegebenen Originalität, ihrem Einfluss nach mit den, die Debatte strukturierenden Werken Feuerbachs und Bauers mithalten konnten, noch dass er zum entscheidenden Zeitpunkt der Ausei-

---

148 Max Stirner: Zeitcontroverse, a. a. O., S. 225/226.
149 Siehe oben, Kapitel 2, Abschnitt 2.
150 Siehe oben, Kapitel 4, Abschnitt 2.
151 John Henry Mackay: Max Stirner, a. a. O., S. 86–89 u. 91.

nandersetzung über eine vergleichbare institutionelle Machtposition verfügte, wie sie Marx mit der Redaktion der *RhZ* oder Ruge mit den *DJb* inne hatte.

Nach den angeführten Parteinahmen im Rahmen der Rezensionen in den Beiblättern der *LAZ* des Monats November finden sich nur noch drei relativ kurze Korrespondenzen vom 1., 14. und 31. Dezember 1842,[152] die an oppositionellem Einsatz kaum den Beiträgen von Oktober/November gleichkommen. Die Gründe für eine solche Zurückhaltung zu diesem entscheidenden Zeitpunkt der Auseinandersetzung lassen sich aus heutiger Perspektive nicht mehr rekonstruieren. Dass Stirner seinen Hang zu radikalen Äußerungen, wie er schon in seinen ersten Beiträgen in der *Eisenbahn* zum Ausdruck kam und wie er sich in den Beiträgen von Oktober/November findet, ausgerechnet zu einem Zeitpunkt, der die Auseinandersetzung um die Pressefreiheit, die die Opposition wie kaum eine zweite Forderung zu einen in der Lage war, einer Entscheidung zuführen würde – einem Zeitpunkt, auf welchen im Zuge der auch von Stirner verfolgten Eskalationsstrategie seit langem hingearbeitet worden war –, und in einem Blatt zügelte, das, wie die Veröffentlichung des Briefes Georg Herweghs an Friedrich Wilhelm IV. zeigt, in dieser Auseinandersetzung großes Risiko einzugehen bereit war, muss eine der ungeklärten Fragen der Entwicklung Stirners bis zur Enttäuschung von 1842/43 bleiben. Am ehesten kann wohl noch eine Erklärung Plausibilität beanspruchen, welche die erfolgte Desillusionierung um die Möglichkeiten radikaler Agitation anlässlich der „freien" Vereinsgründungen in ihr Zentrum stellt. Wie dem auch sei, die Zurückhaltung Stirners im für lange Zeit letzten Monat eines möglichen Einwirkens auf die Öffentlichkeit bleibt eine schwer zu erklärende Tatsache.

Mit dem preußischen Verbot der *LAZ* am 31. Dezember 1842 verliert Stirner dann die letzte ihm verbliebene Publikationsplattform und verschwindet für mehr als anderthalb Jahre vollständig aus der deutschen Öffentlichkeit.[153] Es wäre allerdings ver-

---

152 Max Stirner: Berlin, 29. Nov., in: Leipziger Allgemeine Zeitung, Nr. 335 vom 1. Dezember 1842 (Max Stirner's kleinere Schriften, a. a. O., S. 228/229); Max Stirner: Berlin, 11. Dec., in: Leipziger Allgemeine Zeitung, Nr. 348 vom 14. Dezember 1842 (Max Stirner's kleinere Schriften, a. a. O., S. 229/230) und Max Stirner: Berlin, 28. Dec., in: Leipziger Allgemeine Zeitung, Nr. 365 vom 31. Dezember 1842 (Max Stirner's kleinere Schriften, a. a. O., S. 230-232).
153 Wolfgang Eßbach schreibt in *Die Junghegelianer* (S. 242) Stirner noch einen Beitrag mit dem Titel *Betrachtungen über Liberalismus und Censur* (RhZ, Nr. 24 vom 24. Januar 1843, Beibl., S. 1) zu. Die Zuschreibung dieses Textes, der mit „S." unterzeichnet ist, zum Werk Stirners ist m. E. jedoch sehr problematisch. Nachdem Eßbach festgestellt hat, dass John Henry Mackay und Wilhelm Klutentreter Stirners Mitarbeit an der *RhZ* mit der Korrespondenz *Gervinus sagt ...* in Nr. 286 vom 13. Oktober 1842 (S. 2) enden lassen (also unmittelbar vor der Marx'schen Übernahme der Redaktion und vor dem Bruch der Bewegung im November 1842), stellt er aufgrund seiner Autorschaftsbestimmung nur lapidar fest: „Das heißt, Stirner war auch nach der Spaltung der Partei [...] weiter regelmäßiger Mitarbeiter in der RhZ." (Die Junghegelianer. Soziologie einer Intellektuellengruppe, München 1988, S. 242). An dieser Aussage ist zweierlei problematisch. Nicht nur schließt Eßbach etwas vorschnell von seiner Zuschreibung auf den stark erklärungsbedürftigen Sachverhalt, dass Stirner, als Einziger der Berliner

fehlt, dieses Schweigen zu einem willentlichen zu erklären. Die beiden Texte, die Stirner im Laufe des Jahres 1843 verfasst hat und die im nächsten Abschnitt eingehend thematisiert werden, erblickten das Licht der Öffentlichkeit erst mit zum Teil über einjähriger Verspätung. Mit der Wahl einer neuen Publikationsplattform hatte Stirner noch weniger Glück, als etwa Bauer oder Marx und Ruge, die mit der *Allgemeinen Literatur-Zeitung (ALZ)* und den *Deutsch-französischen Jahrbüchern (DfrJb)* zwar eher kurzlebige, aber ein vergleichsweise zeitnahes Erscheinen ermöglichende Publikationsplattformen realisieren konnten. Eine Mitarbeit an den von Marx und Ruge in Paris herausgegebenen *DfrJb* stand aufgrund der Differenzen, die zum Bruch im November 1842 geführt hatten, nie zur Debatte. Dass Stirner aber auch nicht bei der Bauer'schen *ALZ* mitgewirkt hat, die ihr Erscheinen im Dezember 1843 aufnahm,

---

Junghegelianer, nach dem Bruch noch Mitarbeiter der *RhZ* war, er behauptet im gleichen Zuge die „Regelmäßigkeit" dieser Mitarbeit. Nun wäre es an Eßbach gewesen, diese Regelmäßigkeit durch weitere Beiträge zu belegen und nicht nur festzustellen: „In dem Zeitraum bis zur letzten Ausgabe der RhZ (31.3.1843) findet sich kein mit ,S.' unterzeichneter Beitrag, der diesem vergleichbar wäre.", was die Erklärungsbedürftigkeit der Zuschreibung nicht mindert, sondern verstärkt. Die Beweislast bürdet Eßbach dann auch den „stilistischen und inhaltlichen Charakteristika" des Artikels auf. Er erwähnt jedoch nicht, dass nicht nur die Sigle „S." ansonsten nie von Stirner gebraucht wurde, sondern darüber hinaus auch von keinem anderen der „Freien" nach dem endgültigen Bruch eine weitere Zusammenarbeit bekannt ist. Die Artikel von Ludwig Buhl und Eduard Meyen vom 2. sowie 3. und 6. Dezember lagen zum Zeitpunkt des Bruchs von Marx mit den „Freien" wahrscheinlich schon in Köln vor, danach ist von keinem (!) der Berliner Junghegelianer eine Mitwirkung belegt, nicht einmal von Karl Nauwerck, der aufgrund der Tatsache, dass es Ruge wohl gelungen war, ihn von den „Freien" „loszueisen" (Nauwerck an Ruge, 22. November 1842, Hundt, S. 1159), noch am ehesten infrage gekommen wäre. Dass Marx die Stellungnahme zum Verbot der *DJb*, an welchen keine Mitarbeit Stirners bekannt ist, nun ausgerechnet Stirner überlassen habe und dass Marx darüber hinaus eine solch delikate Angelegenheit wie einen Angriff auf das liberale Bürgertum, dessen Unterstützung schließlich durch den Bruch mit dem radikalen junghegelianischen Lager erhalten werden sollte – einer Unterstützung die zur Zeit des sich abzeichnenden Verbots der *RhZ* (von welchem die Redaktion just an dem Tag in Kenntnis gesetzt wurde, als der fragliche Artikel erschien) nur um so wertvoller geworden war –, einem derjenigen überlassen haben soll, welcher durch seine Beteiligung an der Agitation für die Vereinsgründungen der „Freien" den Zusammenhalt der Opposition überhaupt erst so brüchig hatte werden lassen, erscheint doch sehr fragwürdig. Auch die Überlegung, dass Stirner den Beitrag ursprünglich für die *LAZ* verfasst hätte und dann auf die *RhZ* ausgewichen wäre, lässt sich mit der Chronologie der Ereignisse nicht in Einklang bringen (zum Zeitpunkt des Verbots der *DJb* war die *LAZ* in Preußen bereits verboten worden und stand zu diesem Zeitpunkt einer weiteren Zusammenarbeit mit den Berliner Radikalen mit großer Wahrscheinlichkeit eher ablehnend gegenüber).
Zu den stilistischen und inhaltlichen Kriterien für eine Autorschaft Stirners ist schließlich anzumerken, dass das Argument, die Notwendigkeit des Verbots eines unter Zensur erscheinenden Blattes sei ein Beweis für die Unwirksamkeit der Zensur, in der damaligen Zeit Gemeinplatz war. Und auch in anderer Hinsicht (etwa der Vorwurf des Egoismus an die Adresse der Liberalen, eines Egoismus, welcher verhindere, dass der Liberalismus „Zeit fürs Allgemeine" habe) ist die Folge einer Autorschaft Stirners nur, dass der inhaltliche Abstand der damaligen Position Stirners zum *Einzigen* dann noch weit größer erscheint, als im Falle einer Nichtzuschreibung. Dies alles macht eine Autorschaft Stirners an diesem Beitrag sehr unwahrscheinlich.

zeigt, dass Stirner trotz der räumlichen Nähe eine inhaltliche Distanz zum Kritiker der „Masse" entwickelte. Der Preis der von Stirner dagegen eingegangenen Mitarbeit an Ludwig Buhls *Berliner Monatsschrift* war jedoch, dass die Veröffentlichung der beiden Schriften des Jahres 1843 in den Strudel der Zensurprobleme der Buhl'schen Zeitschrift geriet und erst im Juli 1844, nach dem Ausweichen Buhls nach Mannheim und der Veröffentlichung im Selbstverlag, der Öffentlichkeit zugänglich wurden.

5 Die Konturierung einer nichtphilosophischen Aufklärung – Max Stirners Schriften nach der Enttäuschung von 1842/43

Wenn der mit dem Scheitern des aufklärerischen Diskurses einhergehende biographische Einschnitt für Max Stirner aufgrund seiner Anstellung als Lehrer an der „Privaten Lehranstalt für höhere Töchter" auch wesentlich weniger bedeutend ausfiel als für andere Beteiligte der junghegelianischen Debatte – allen voran Marx –, so waren die Konsequenzen in Hinsicht auf seine Möglichkeiten der Publikation von Schriften für ihn besonders gravierend. In der Zeit nach dem Verlust der Möglichkeiten, welche die zentralen Periodika der junghegelianischen Aufklärung geboten hatten, bis zum Erscheinen von *Der Einzige und sein Eigenthum* konnte Stirner gerade einmal zwei Veröffentlichungen in der von Ludwig Buhl herausgegebenen *Berliner Monatsschrift (BM)* realisieren. Vor dem Hintergrund der Bedeutsamkeit der von Stirner in dieser Zeit vollzogenen Distanzierung von der Philosophie als präferiertem Medium der aufklärerischen Agitation sind die beiden Schriften *Einiges Vorläufige vom Liebesstaate* und *Die Mysterien von Paris* gleichwohl von großem Gewicht für die Rekonstruktion der Debatte um die Weiterentwicklung des aufklärerischen Diskurses. Wie mit ihrer im folgenden Kapitel vorgenommenen Datierung erkenntlich wird, markieren diese beiden Texte den Beginn und das Ende der Stirner'schen Verarbeitung des Scheiterns der philosophischen Form des aufklärerischen Diskurses. Wird ferner in Rechnung gestellt, dass bedeutende Teile seines Hauptwerkes *Der Einzige und sein Eigenthum* wohl ebenfalls in diesem Zeitraum als Schriften für die Veröffentlichung in einem Periodikum verfasst wurden, dann kann über die Relevanz dieser Periode für Stirners Konzipierung eines alternativen aufklärerischen Diskurses kein Zweifel bestehen.

Die Analyse von *Einiges Vorläufige vom Liebesstaate*, die im ersten Abschnitt unternommen wird, wirft ein Licht auf die Art und Weise, wie Stirner die Ohnmacht des philosophisch-aufklärerischen Diskurses in der Initiierung eines radikalen Umsturzes der gesellschaftlichen Verhältnisse durch eine Neubewertung der preußischen Reform-Ära zu erklären versucht. Der zweite Abschnitt zeichnet dann die sich in *Die Mysterien von Paris* erstmals schriftlich manifestierende Distanzierung Stirners von der Philosophie nach und offenbart so einen Denker, der mit seiner Vernunftkritik eine singuläre Position unter den Protagonisten der Debatte um die Weiterentwicklung des aufklärerischen Diskurses bekleidet. Im abschließenden dritten Abschnitt folgt eine Rekonstruktion des Abfassungsprozesses von *Der Einzige und sein Eigenthum*, welche die Grundlage für die im folgenden Kapitel dargestellte Kritik der philosophischen Form des aufklärerischen Diskurses legt.

5.1 Erste Problematisierungen des philosophisch-aufklärerischen Diskurses – *Einiges Vorläufige vom Liebesstaate*

Vor dem Hintergrund der bedeutenden Differenzen zwischen der inhaltlichen Positionierung vor der Enttäuschung von 1842/43, wie sie im vorangegangenen Kapitel vorgestellt wurde, und der des *Einzigen* macht sich die schon wiederholt mit Bedauern konstatierte, äußerst dünne Quellenlage für die Entwicklung Stirners besonders eklatant bemerkbar. Für die Zeit zwischen der letzten Korrespondenz in der *Leipziger Allgemeinen Zeitung (LAZ)* am 31. Dezember 1842 und dem Erscheinen des *Einzigen* in den letzten Oktober-Tagen des Jahres 1844 liegen nur zwei Dokumente vor, welche das Nachzeichnen der Entwicklung von einem typischen Vertreter der philosophisch fundierten, antireligiösen Spätaufklärung hin zu demjenigen zu erleichtern vermögen, der als erster aus dem Kreis der Junghegelianer einen aufklärerischen Diskurs jenseits eines philosophischen Rahmens und unter Rekurs auf eine nichtphilosophische Ressource argumentativer Evidenzproduktion konzipieren sollte.

Wie gezeigt wurde, nahm Stirner seinen Eintritt in die junghegelianische Debatte zu einem verhältnismäßig späten Zeitpunkt und versuchte dies anfänglich mit einer besonderen Radikalität seiner schriftlichen Äußerungen zu kompensieren. Die Schriften der ersten Jahreshälfte 1842 zeugen dann von der spezifisch pädagogischen Perspektive, um welche Stirner die junghegelianische Aufklärung bereicherte. Sowohl das *Gegenwort*, als auch *Das unwahre Prinzip unserer Erziehung* sind auf ihre je eigene Weise von dem Bemühen getragen, den Kampf um die Hoheit in der Bewusstseinsbestimmung um die Frage zu ergänzen, was die Einnahme einer aufgeklärten Position für Bildung und Erziehung bedeute – der erste Text durch die Agitation für die Freiheit, in der universitären Lehre auch kritische, vernunftbasierte Überzeugungen zum Tragen bringen zu können, der zweite durch die, eher grundsätzlich gehaltene Erörterung der Frage nach einer Bildung, die zur Freiheit erzieht. Die besondere Sensibilität Stirners für die Verbindung von Macht- und Bildungsfragen, die Stirner über den *Einzigen* hinaus beschäftigen wird, findet in diesen Texten ihre erste Ausprägung. Im Sommer engagiert er sich dann in der Auseinandersetzung um die Gründung „freier" Vereine, nimmt also in prägender Rolle Teil an dem ersten Versuch, politische Konsequenzen aus der argumentativen Überlegenheit der von Feuerbach und Bauer verfassten Religionskritiken zu ziehen. Das Scheitern dieses Versuchs bewirkt bei Stirner ein erstes, noch zaghaftes Experimentieren mit alternativen Weisen der Produktion von Evidenz, bevor er im Oktober/November die besonders von den Brüdern Bauer vertretene Eskalationsstrategie unterstützt.

Das schließliche Scheitern der junghegelianischen Aufklärung in den ersten Monaten des Jahres 1843 und die zutage tretende Ohnmacht der philosophischen Evidenzproduktion in der Initiation von oppositionellen Massenbewegungen war für Stirner, anders als für Ruge, Marx und auch Bauer, nicht von einem biographischen

Einschnitt begleitet. Der Sachverhalt, dass alle Veröffentlichungen des Zeitraums 1841/42 entweder anonym, oder unter Pseudonym erfolgten und dass es den Berliner Zensurbehörden nicht gelang, eine Verbindung zwischen „Max Stirner" und Johann Caspar Schmidt zu etablieren, was ihm auch die Fortführung seiner Lehrtätigkeit an der privaten „Lehr- und Erziehungs-Anstalt für höhere Töchter" – und damit eine finanzielle Absicherung – erlaubte, bewahrten ihn vor der Notwendigkeit eines Exils. Der zu entrichtende Preis für diese Freiheit von staatlicher Verfolgung bestand allerdings in einer Erschwernis, dem sämtliche junghegelianische Aufklärer erfassenden Reflexionsdruck bezüglich der Bedingungen aufklärerisch-emanzipativen Handelns öffentlichkeitswirksam nachgeben zu können. Wie nicht zuletzt mit der Bauer'schen *Allgemeinen Literatur-Zeitung (ALZ)* offenkundig wird, war das Publizieren unter preußischer Zensur nach dem Ausschalten der inländischen oppositionellen Presse und der Neuregelung der Zensurgesetzgebung nur möglich, wenn dem Reflexionsdruck auf eine Weise nachgegeben wurde, die den preußischen Staat nicht mehr als zu lösenden Hemmschuh auf den Gleisen des Fortschritts behandelte. Dass Stirner diesen Druck allerdings trotz des Fehlens der persönlichen Komponente, welche Marx und Ruge im Pariser Exil die Feder zusätzlich spitzte, in gleicher Weise empfand, zeigt sich in den beiden erhaltenen Schriften des Jahres 1843.

Auch wenn *Einiges Vorläufige vom Liebesstaate* und *Die Mysterien von Paris* zeitgleich das Licht der Öffentlichkeit erblickten – beide sind im „ersten und einzigen Heft" der von Ludwig Buhl herausgegebenen *BM* enthalten,[1] deren Erscheinen am 2. Juli 1844 angezeigt wurde[2] –, so sprechen sowohl inhaltliche, als auch formelle Gründe dafür, dass zwischen der jeweiligen Abfassung mindestens einige Monate, eventuell sogar fast ein Jahr, liegen. Um die letztgenannte Kategorie von Gründen zu eruieren, ist es nötig, näher auf die Zensurprobleme der *BM* einzugehen. Diese sind umso verwickelter, als, auch nach der am 30. Juni 1843 erfolgten Ergänzung der Verordnung vom 23. Februar 1843, monatlich erscheinende Zeitschriften von der Zensur befreit waren.[3] Dass es dennoch zu einer Versagung der Druckerlaubnis durch den Berliner Zensor kam, hat seinen Grund darin, dass der von Buhl auserkorene Buchdrucker, wohl um dem finanziellen Schaden eines eventuellen, nachträglichen Verbots vorzubeugen, den *Prospektus* und die ersten drei geplanten Aufsätze auf Eigeninitiative der Zensur vorlegte, die nach Kenntnisnahme ihres Inhalts die Zensurwidrigkeit auch trotz ihres geplanten Erscheinens in einer Monatsschrift feststellte und den Buchdrucker damit in seinem Verdacht bestätigte. Auf diese „Versetzung der

---

1 [Max] Stirner: Einiges Vorläufige vom Liebesstaate, in: Berliner Monatsschrift, hrsg. v. Ludwig Buhl, 1. u. einziges H., Mannheim 1844, S. 34-49; Max Schmidt [d. i. Stirner]: Die Mysterien von Paris. Von Eugene *Sue*, in: ebenda, S. 302-332.
2 Börsenblatt für den Deutschen Buchhandel, 11. Jg. (1844), Nr. 61 vom 2. Juli, Sp. 1908.
3 § 20 der Verordnung vom 30. Juni 1843 betreffs Ergänzung der Verordnung vom 23. Februar 1843, zitiert nach: Börsenblatt für den Deutschen Buchhandel, 10. Jg. (1843), Nr. 64 vom 14. Juli, Sp. 2081-2086, hier Sp. 2085/2086.

Druckerlaubniß", die am 21./22. Juli 1843 erfolgte, reichte Buhl am 28. Juli Beschwerde beim im Zuge der Neuordnung der Zensurbehörden nach den Erfahrungen des Jahres 1842 geschaffenen Ober-Zensurgericht ein, das in seinem Urteil vom 13. September 1843 die Beschwerde zurückwies und die Zensurwidrigkeit der eingereichten Schriften bestätigte.[4] Auch die Beschwerde vom 14. August auf die am 28. Juli erfolgte Versagung der Druckerlaubnis von drei weiteren, von Buhl eingereichten Aufsätzen wurde in einem Urteil vom 24. September 1843 zurückgewiesen.[5]

Wenn diese Urteile auch dokumentieren, dass die mit der Neuordnung der Zensurbehörden beabsichtigte, größere Verlässlichkeit und schnellere Abwicklung von Druckverboten durchaus erreicht wurden – und die Befriedung der häufig aufgrund merkantiler Interessen für die Pressefreiheit eintretenden Buchhändler und -drucker, wie dieser Fall zeigt, weitgehend von Erfolg gekrönt war –, so interessiert das Schicksal der BM an dieser Stelle vor allem aufgrund der Schlüsse, welche für die beiden Schriften Stirners gezogen werden können. Für eine Datierung der ersten Schrift, *Einiges Vorläufige vom Liebesstaate*, ist bedeutsam, dass diese Schrift Teil der ersten vier geplanten Beiträge war, denen die Druckerlaubnis am 21./22. Juli versagt worden war.[6] Aufgrund dieses Sachverhalts lässt sich ein Zeitpunkt bestimmen, vor dem die Schrift bereits fertig gestellt worden sein muss. Wie die inhaltliche Analyse der Schrift zeigen wird, unternimmt Stirner in ihr einen ersten Versuch, die Enttäuschung von 1842/43 zu erklären, was auf einen Entstehungszeitraum zwischen frühestens Februar/März und eben einige Tage vor dem 21. Juli 1843 schließen lässt.

Im Falle der zweiten Schrift, *Die Mysterien von Paris*, ist eine Datierung der Abfassung ein ganzes Stück schwieriger. Da diese Schrift weder Teil der Aufsätze war, denen am 21./22. Juli die Druckerlaubnis versagt worden war, noch zu der zweiten Gruppe gehörte, deren Veröffentlichung am 28. Juli untersagt worden war, so lässt sich festhalten, dass diese zweite Schrift aller Wahrscheinlichkeit erst nach dem 28. Juli verfasst wurde. Stellt man darüber hinaus in Rechnung, dass die Formulierung „Kein Wunder, daß die Mysterien so großen Anklang *fanden*."[7] darauf schließen lässt, dass die Veröffentlichung des Fortsetzungsromans von Eugène Sue bereits ab-

---

4 [Ludwig Buhl:] Die Urtheile des Ober-Censurgerichts, in: Berliner Monatsschrift, a. a. O., S. 15-28, hier S. 15-21.
5 Ebenda, S. 22-28.
6 Zwar befand dass Ober-Zensurgericht, dass die Stirner'sche Schrift „an sich, mit Weglassung oder Aenderung mehrerer Stellen zum Drucke würde verstattet werden können", vor dem Hintergrund der „Ansicht des Verfassers, von der reinen Freiheit und absoluten Selbstbestimmung", die der Autor „nicht allein mit dem bestehenden Staatsprincipe, sondern auch mit der Liebe und Treue, worauf es ruht, für unverträglich" erkläre, habe er sich jedoch „selbst das Urtheil gesprochen". Ebenda, S. 18/19.
7 Max Schmidt [d. i. Stirner]: Die Mysterien von Paris. Von Eugene *Sue*, a. a. O., S. 330. [Hervorhebung nicht im Original.]

geschlossen war – was im französischen Original am 15. Oktober 1843 geschah[8] –, und dass die Texte in der *BM*, soweit nachvollziehbar, in chronologischer Reihenfolge angeordnet sind, wobei die Stirner'sche Schrift den Abschluss bildet,[9] so lässt sich die zweite Oktober-Hälfte als wahrscheinlich frühester Zeitpunkt der Abfassung bestimmen. Im Hinblick auf die Bestimmung des letzten Zeitpunkts einer möglichen Niederschrift sind außer dem endgültigen Ende einige Wochen vor dem Erscheinen in den letzten Juni-Tagen 1844 inhaltliche Gesichtspunkte maßgeblich, die sich nicht unabhängig von einer Bestimmung des Zeitraums der Abfassung von *Der Einzige und sein Eigenthum* entwickeln lassen. Dieser Bestimmung vorgreifend[10] scheint es plausibel, das Ende einer möglichen Niederschrift mit den ersten Monaten des Jahres 1844 anzusetzen.

Es lässt sich nach diesen Ausführungen zu den Datierungen der Niederschrift der beiden Stirner'schen Schriften festhalten, dass der erste Text aller Wahrscheinlichkeit nach in der ersten Jahreshälfte 1843 verfasst wurde und der zweite gegen Ende 1843/Anfang 1844. Diese grobe Datierung wird schließlich auch durch die nun folgende inhaltliche Analyse der beiden Schriften gestützt. Mit dem ersten der beiden Texte, *Einiges Vorläufige vom Liebesstaate*, verfolgt Stirner zwei Absichten, deren Gegebenheit bereits die strukturelle Grundvoraussetzung aller kritischen Versuche nach der Enttäuschung zum Ausdruck bringt und die den Text somit eindeutig der Debatte um die Weiterentwicklung des aufklärerischen Diskurses zuweisen. Zum einen unternimmt er es, eine Erklärung des Scheiterns der junghegelianischen Aufklärung zu liefern – dies ist die erste Absicht, welche alle Ansätze der Junghegelianer nach der Enttäuschung eint und welche auch bei den Ansätzen Feuerbachs und Bauers nachgewiesen wurde[11] –, zum anderen unternimmt er es, ausgehend von dieser Erklärung einen modifizierten kritischen Ansatz zu entwickeln, welcher es gestattet, die Fehler der junghegelianischen Phase der deutschen Spätaufklärung zu vermeiden – dies die zweite Absicht, welche die zweite Phase der deutschen Spätaufklärung bestimmt.

---

8 Die letzte Folge erschien, begleitet von einem auf den gleichen Tag datierten Dankesbrief von Eugène Sue im *Journal des débats politiques et littéraires*, 15. Oktober 1843, S. 1-3.
9 Die Aufsätze sind mit den Ziffern 1-10 versehen. Die drei Aufsätze, deren Druck zusammen mit dem Prospektus am 21./22. Juli 1843 untersagt wurde, haben die Ziffern 1-3, die Aufsätze der zweiten Gruppe, denen der Druck am 28. Juli 1843 untersagt wurde, die Ziffern 5-7 (Berliner Monatsschrift, a. a. O., S. III/IV u. 15-28). Die Aufsätze 4, 8, 9 und 10 wurden der Zensur offensichtlich nicht vorgelegt, und es lässt sich vermuten, dass diese erst zu einem Zeitpunkt verfasst wurden, als Buhl sich entschieden hatte, nur ein einziges Heft seiner *BM* zu veröffentlichen, das dann einen Umfang von mehr als 20 Bogen erreichen musste, um von der Zensur befreit zu sein. Schließlich lässt sich in der Anordnung der Aufsätze, deren erster und letzter von Stirner verfasst wurden, kein anderes Kriterium ausmachen, als eben die vermutliche Chronologie ihrer Fertigstellung.
10 Siehe unten, Abschnitt 3.
11 Siehe oben, Kapitel 3, Abschnitte 1 und 2.

Stirners Erklärungsansatz für das Scheitern der junghegelianischen Aufklärung in der Herbeiführung einer massenhaften Erhebung des preußischen Bürgertums, auf welchem der Großteil der Hoffnungen der junghegelianischen Aufklärer geruht hatte, zielt darauf ab, die weit verbreitete Auffassung, die nach dem Sieg über Napoleon einsetzende Reaktion habe die Versprechen der preußischen Reform-Ära kassiert, als Irrtum zu erweisen und zu zeigen, dass nicht nur die Reaktion, sondern auch die Entwicklungen der Regierungszeit Friedrich Wilhelms IV. bis hin zur Niederschlagung der oppositionellen Bestrebungen keinen Bruch mit der Reform-Ära bedeuten, sondern vielmehr in Kontinuität mit der letzteren stehen. Den Nachweis dieser Thesen möchte Stirner durch eine Kritik des „Sendschreibens" des Freiherrn vom Stein führen, das er als prägnanteste Formulierung der Prinzipien und Werte der Reform-Ära betrachtet.[12]

Kern des Stirner'schen Erklärungsansatzes ist ein Vergleich der beiden Werte „Freiheit" und „Gleichheit", zum einen wie sie in der Französischen Revolution verstanden wurden und zum anderen wie sie in dem Sendschreiben des Freiherrn vom Stein vor dem Hintergrund gedeutet werden, ihrer gewaltsamen Realisierung „von unten" durch die behutsame Einführung „von oben" gegenzusteuern. Stirner beginnt mit einer Extrapolation der Stein'schen Gleichheit:

> Was zunächst die *Gleichheit* betrifft, so erkannte er [Freiherr vom Stein, UP], daß die Uebermacht der um ihres *Standes* willen Bevorzugten, der *Privilegirten*, gebrochen werden, und an die Stelle der Vielherrschaft eine vollständige *Centralisation* treten müsse. Daher sollte diejenige ‚Erbunterthänigkeit', welche über die Unterthanen des einen Herrn, des Königs, noch viele kleinere Herren herrschen ließ, ein Ende nehmen; nur die *Eine Erbunterthänigkeit Aller* sollte bleiben und gerade durch die Entsetzung der vielen Herren gestärkt werden. Gleicher Weise sollte die ‚Polizeigewalt' Einzelner verschwinden, damit *Eine Polizei* über alle Unterthanen wache. Die ‚Patrimonialgerichtsbarkeit', wenigen durch alte Gerechtsame Bevorzugten gehörig, sollte durch Eine *monarchische Justiz* abgelöst werden, und die Richter allein ‚von der höchsten Gewalt abhängen'. Durch diese Centralisation wird das *Interesse Aller* auf *Einen* Punkt hingezogen, auf den König: man ist fortan nur ihm unterthan, ohne sonstige Erbunterthänigkeit gegen andere Unterthanen des Königs; man steht nur unter Seiner Polizeigewalt; man empfängt nur von fürstli-

---

12 [Max] Stirner: Einiges Vorläufige vom Liebesstaate, a. a. O., S. 34/35: „Allbekannt ist das sogenannte Sendschreiben des Freiherrn von Stein. Man hat daraus die Meinung gefaßt, daß die später eintretende Reactionsperiode sich den im Sendschreiben ausgesprochenen Grundsätzen entfremdet und einer andern Sinnesart zugewendet habe, so daß der Liberalismus vom Jahre 1808 nach kurzer Dauer in einen bis auf unsere Tage hinausgezogenen Schlaf gesunken sei. An dem angeblichen Verkennen jener Principien läßt sich jedoch zweifeln, und es müßte auch schon äußerlich sehr auffallend erscheinen, daß dieselben kraftvollen Menschen, welche wenige Jahre zuvor unter den stürmischesten Umständen eine freisinnige Ansicht aufstellten, kurz darauf so ohne weiteres von ihr abgefallen sein sollten, um einen entgegengesetzten Weg einzuschlagen. Hat man es doch endlich erkannt, daß die langgehegte Meinung, die französische Revolution sei durch das Umschlagen der Napoleonischen Kaiserherrschaft sich selbst untreu geworden, auf einem Urtheil und oberflächlichen Urtheil beruhe; warum sollte nun nicht zwischen dem Stein'schen Liberalismus und der spätern, sogenannten Reaction ein ähnlicher Zusammenhang stattfinden?"

cher Justiz den Rechtsspruch; man hängt nicht mehr vom Willen der ‚höher Geborenen' ab, sondern allein von dem der ‚höher Gestellten' d. h. derer, welche der König um seinen Willen zu vollziehen, an Seiner Statt einsetzt und über diejenigen stellt, für welche sie in Seinem Namen zu sorgen haben, der – Beamten. – Die Lehre von der *Gleichheit*, wie sie in dem Sendschreiben vorliegt, kommt also darauf hinaus, Alle auf das *gleiche* Niveau der Unterthänigkeit zu bringen. Kein Unterthan des *Königs* sei in Zukunft zugleich der Unterthan eines *Unterthanen*; die Standesdifferenzen der Abhängigkeit seien ausgeglichen, und Eine Abhängigkeit die allgemeine.[13]

Nach dieser Kennzeichnung der preußischen Gleichheit als eine Gleichheit in der „Unterthänigkeit" ist es Stirner ein leichtes, die Differenz zur französischen Gleichheit hervorzuheben, die eben eine „Gleichheit der *Bürger*" gewesen sei und keine „Gleichheit der Unterthanen", was sich Stirner zufolge auch darin zeige, dass die französischen Bürger einen „Willen" formulierten, während die preußischen Untertanen nur „Wünsche" zum Ausdruck brächten.[14] Eine ähnliche Umformulierung wie bei der Gleichheit findet auch bei demjenigen Wert statt, dem Stirner – nach den Ausführungen der vergangenen zwei Abschnitte kaum eine Überraschung – noch größere Bedeutung als der Gleichheit zumisst:

> Zweitens will aber das Sendschreiben nicht blos die Gleichheit, es will auch die *Freiheit* Aller. Daher der Aufruf: ‚Sorget, daß *Jeder*,' (mit diesem Worte wird die *Gleichheit* der Unterthanen ausgedrückt) ‚seine Kräfte *frei* in moralischer Richtung entwickeln könne'. In moralischer Richtung? Was soll das heißen? Als Gegensatz kann die physische Richtung nicht gedacht werden, da das Sendschreiben ein ‚physisch und moralisch kräftigeres Geschlecht erzielen will'. Auch die intellektuelle Richtung wollte man wohl schwerlich von der moralischen ausschließen, da man die Wissenschaft ja möglichst begünstigte. Am einfachsten bleibt als Gegensatz der moralischen die unmoralische Richtung übrig. Unmoralisch ist aber ein Unterthan, wenn er aus dem Kreise seiner Unterthanen-Eigenschaften hinausgeht. Ein Unterthan, der im Staatsleben, in der Politik sich einen ‚Willen' anmaßte, statt des ‚Wunsches', der wäre offenbar unmoralisch; denn in der Unterthänigkeit besteht allein der moralische Werth des Unterthanen: im Gehorsam, nicht in der Selbstbestimmung. So scheint also die ‚moralische Richtung' sich für unvereinbar mit der ‚spontanen Richtung', der Richtung auf den freien Willen, auf Selbstständigkeit und Souverainetät des Willens zu erklären, und da das Wort ‚moralisch' auf die *Verpflichtung* hindeutet, so wird man wohl eine Erweckung des Pflichtgefühls gewollt und dieß unter ‚freier Kraftentwicklung' verstanden haben. Ihr seid *frei*, wenn ihr eure *Pflicht* thut! ist der Sinn der moralischen Richtung. Worin besteht aber die Pflicht? Das Sendschreiben drückt sie klar und bestimmt mit den zur Devise gewordenen Worten aus: ‚In der Liebe zu Gott, König und Vaterland!' *Frei* in moralischer Richtung entwickelt sich, wer sich zu dieser Liebe entwickelt; der Erziehung war

---

13 Ebenda, S. 35-37.
14 Ebenda, S. 37: „Diesen Grundsatz der Gleichheit kann man unmöglich mit dem der französischen Revolution verwechseln. Die letztere verlangte eine Gleichheit der *Bürger*, die des Sendschreibens eine Gleichheit der *Unterthanen*, eine *gleiche Unterthänigkeit*. Einen geeigneten Ausdruck findet jener Unterschied auch darin, daß die im Sendschreiben verlangte ‚Nationalrepräsentation' die ‚Wünsche' der nivellirten Unterthanen vor den Thron bringen soll, während in Frankreich die *Bürger* mittelst ihrer Repräsentanten einen ‚Willen', freilich nur einen Bürgerwillen, keinen freien, haben. Der ‚Unterthan' darf mit Recht nur ‚wünschen'."

dadurch ihr bestimmtes Ziel gesteckt, sie war von Stund' an eine *moralische* oder *loyale*, eine Erziehung des *Pflichtgefühls*, wohin natürlich auch die religiöse Erziehung gerechnet werden muß, weil auch sie die *Pflicht* gegen Gott einprägend, nichts anderes als eine moralische Erziehung ist. Und allerdings ist man moralisch frei, sobald man seine Pflicht erfüllt; das Gewissen, diese Gewalt der Moralität über die Immoralität, die Gebieterin des moralischen Menschen, sagt dem pflichtgetreuen Menschen, daß er recht gehandelt habe: ‚mein Gewissen sagt mirs!' Darüber freilich, ob die befolgte Pflicht wirklich – Pflicht sei, sagt das Gewissen nichts; es spricht nur, wenn das, was für Pflicht gilt, verletzt wird. Daher empfiehlt das Sendschreiben, das Gewissen zu wecken, die Pflicht ‚gegen Gott, König und Vaterland' einzuschärfen, ‚den religiösen Sinn des Volkes zu beleben und die Erziehung und den Unterricht der Jugend zu pflegen'. – Dieß ist die Freiheit, mit welcher nach dem Sendschreiben das Volk beglückt werden soll: die Freiheit in der Pflichterfüllung, die *moralische Freiheit*.[15]

Es liegt auf der Hand, dass auch dieses Verständnis von Freiheit weit davon entfernt ist, mit dem der Französischen Revolution deckungsgleich zu sein, denn wie im Falle der Gleichheit bezeichnet die französische „Freiheit" die Freiheit des souveränen Bürgers, wohingegen die preußische „Freiheit" die Freiheit des Untertanen bezeichnet, sich in moralischer Hinsicht zu entwickeln.[16] Stirner unternimmt es insofern, den Glauben, dass es in Preußen eine Strömung unter den staatlichen Funktionären gegeben habe, welche sich einer Liberalisierung der preußischen Verhältnisse verschrieben hätten, als Opfer eines Etikettenschwindels zu entlarven, der an die Stelle der revolutionären Werte obrigkeitsdienliche Surrogate gesetzt habe. In Preußen habe man es, auch auf Seiten der vermeintlichen Reformer, von jeher nur auf eine Förderung von Pflichtgefühl und Gehorsam und nicht auf die Stärkung der bürgerlichen Tugenden abgesehen, die, so unterlässt er nicht zu betonen, auch noch nicht denjenigen eines wirklich selbstbestimmten Menschen entsprechen. Von dieser Diskreditierung des preußischen Liberalismus ist es dann nur noch ein kleiner Schritt zu der Konstatierung, dass auch der vielgerühmte Befreiungskampf gegen die Napoleonische Unterdrückung kein Ausdruck eines politischen Freiheitswillens des deutschen Volkes gewesen sei, sondern dass auch auf Seiten des Volkes der Impetus auf der Abwehr der revolutionären Werte zugunsten der Aufrechterhaltung der christlichen Werte gelegen habe:

> Und dieß Princip der Gleichheit und Freiheit als – Unterthanengleichheit und moralische Freiheit war nicht etwa nur der Sinn jenes Sendschreibens und seiner Verfasser, sondern es war das herrschende Gefühl des gesammten Volkes, war das neue begeisternde *Princip* selbst, mit welchem es gegen die Napoleonische Uebermacht anstürmte: es war die revolutionäre Freiheit und Gleichheit, umgewandelt zur *christlichen* Freiheit und Gleichheit. Es war mit einem Worte das Princip des deutschen und insbesondere des preußischen Volkes von seiner Erhebung gegen die

---

15 Ebenda, S. 37–40.
16 Ebenda, S. 40: „Frei ist der souveraine Bürger des souverainen Volkes – so lehrte die Revolution; frei ist, wer Gott, König und Vaterland liebt – so lehrt das Sendschreiben: dort ist der souveraine Bürger frei, hier der liebevolle Unterthan, dort *bürgerliche* Freiheit, hier *moralische*."

> Fremdherrschaft an, durch die sogenannte Reactions- oder Restaurationsperiode hindurch bis – nun bis es ein Ende hat. Deshalb muß man die Meinung, als hätte ein *politischer* Freiheitsdrang, dem revolutionären ähnlich, das Volk zum Siege über Napoleon geführt, als irrig verwerfen. Wäre sein Prinzip das *politische* gewesen, es würde dasselbe nicht aufgegeben oder in seine Verkümmerung gewilligt haben. Man thut der Regierung Unrecht, wenn man glaubt, sie habe dem Volke etwas entzogen, wonach dieses mit Bewußtsein trachtete. Abgesehen von der Unmöglichkeit solcher Entziehung, so waren Regierung und Volk wirklich einhellig in der Abwehr der politischen Freiheit, dieser ‚Ausgeburt der Revolution'.[17]

Stirner trägt, so wird mit der zitierten Passage offenkundig, der Enttäuschung der junghegelianischen Aufklärer dadurch Rechnung, dass er sie aus dem Irrglauben erklärt, es habe in Preußen überhaupt je eine veritable politische Bewegung des Bürgertums, des erhofften Verbündeten der junghegelianischen Aufklärung, gegeben. Aus der Stirner'schen Argumentation folgt vielmehr, dass Volk und monarchische Funktionsträger in Preußen, die beiden zustandsrelevanten Bewusstseinsträger des bewusstseinszentrierten Modells gesellschaftlicher Veränderung, Freiheit und Gleichheit selbst in ihren emphatischen Bekenntnissen stets nur in ihrer christlichen Sublimierung verstanden hätten, dass die Bedingungen für eine, an die Ideale der Französischen Revolution anknüpfende und von der philosophischen Aufklärung befeuerte Oppositionsbewegung tatsächlich nie gegeben waren. Diese, zwangsläufig auch selbstkritische Desillusionierung beinhaltet eine erste Distanzierung von dem bis zur Enttäuschung den kritischen Einsätzen zugrunde liegenden, bewusstseinszentrierten Modell gesellschaftlicher Veränderung, denn Stirner entzieht mit der Behauptung, es gebe kein politisiertes preußisches Bürgertum, eben auch der französischen Konfiguration des Modells, welche bereits die Ernüchterung über die Chancen einer gesellschaftlichen Veränderung entlang der Linien der preußischen Konfiguration aufgefangen hatte[18] und welche die Grundlage der Hoffnungen gerade der radikalen Berliner Junghegelianer auf eine der Französischen Revolution vergleichbare Erhebung in Preußen gebildet hatte, den Boden. Für die Deutung der Ereignisse der jüngsten Vergangenheit heißt dies, dass, wenn die junghegelianischen Aufklärer sich in ihren kritischen Einsätzen durch deren enthusiastische Aufnahme in der Öffentlichkeit bestätigt glaubten, in Wirklichkeit ein Missverständnis obwaltet habe, denn Aufklärer und Adressaten der aufklärerischen Einsätze hätten unter den philosophisch argumentierten Werten Freiheit und Gleichheit zum einen die revolutionäre, zum anderen die christliche Variante verstanden und sich so für jeweils konträre Vorstellungen begeistert. Zutage getreten sei dieses Missverständnis dann als der preußische Staat begann, die Entfaltungsmöglichkeiten der Kritik zu beschneiden und die

---

17 Ebenda, S. 40/41.
18 Vgl. zur preußischen und französischen Konfiguration des bewusstseinszentrierten Modells gesellschaftlicher Veränderung oben, Kapitel 1, Abschnitt 2.

preußischen Bürger darin (mehrheitlich) keinen Konflikt mit den von ihnen gehegten Vorstellungen von Freiheit und Gleichheit gewahrten.

Wenn Stirner also bestimmte Elemente des bewusstseinszentrierten Modells gesellschaftlicher Veränderung bereits zu diesem Zeitpunkt infrage stellt, so ist er jedoch noch weit von einer vollständigen Verabschiedung dieses Modells entfernt. In gewisser Weise gleicht die Reaktion Stirners auf die Enttäuschung derjenigen Feuerbachs, hatte doch letzterer den Grund für das Scheitern der junghegelianischen Aufklärung in einer zu frühen Ausweitung der Kritik auf politische Gegenstände gesehen und lief auch Stirners Erklärung des Scheiterns auf das Feststellung hinaus, das preußische Bürgertum sei für eine wirklich politische Bewegung gar nicht vorbereitet gewesen. Und dass auch Stirner zum Zeitpunkt der Abfassung von *Einiges Vorläufige vom Liebesstaate* noch immer auf mit philosophisch produzierter Evidenz versehene Vernunftwahrheiten als entscheidende Instrumente zur Herbeiführung der notwendigen Bewusstseinsänderung setzt – darin sowohl Feuerbach, als auch Bauer vergleichbar –, zeigt sich, wenn die Konsequenzen thematisiert werden, die Stirner aus der festgestellten Kontinuität von preußischer Reform und Reaktion zieht.

Nach der Offenlegung der preußischen Ausdeutungen von Freiheit und Gleichheit als „moralische Freiheit" und „Gleichheit in der Unterthänigkeit", also nach der Fokussierung auf die in moralischer Hinsicht geforderte Pflichterfüllung als Instrument zur Sicherung des Bestehenden, stellt Stirner eine Verbindung zwischen moralischer Freiheit und Christentum her, welche nicht nur das Ausmaß der soeben konstatierten Ähnlichkeiten zu Feuerbachs Reaktion auf das Scheitern des philosophisch-aufklärerischen Diskurses bedeutend schmälert, sondern welche darüber hinaus den bisher auf die christliche Religion konzentrierten aufklärerischen Angriffen ein neues, säkularisiertes Ziel bietet:

> Den Mittelpunkt der moralischen Freiheit bildet, wie wir sehen, die Pflicht der – *Liebe*. Wie ohne Widerspruch zugegeben zu werden pflegt, ist das Christenthum seinem innersten Wesen nach die Religion der Liebe. Darum wird denn auch die moralische Freiheit, die sich in dem Einen Gebote der Liebe concentrirt, die reinste und bewußteste Erfüllung des Christenthums sein. Wer nichts als Liebe ist, der hat das Höchste erreicht, der ist wahrhaft frei! – so lautet das Evangelium der moralischen Freiheit.[19]

Die Liebe, die in Feuerbachs anthropologischer Reduktion den Ausgangspunkt des seinem Ursprung entfremdeten Wesens des Christentums bildet und die bei Feuerbach nach der Enttäuschung immer mehr ins Zentrum der Bemühungen um eine Ersetzung der Religion durch die „neue" Philosophie rückt – einer „neuen" Philosophie, die von Feuerbach ungefähr zur selben Zeit, zu welcher Stirner *Einiges Vorläufige vom Liebesstaate* niederschreibt, selbst zur Religion erklärt wird[20] –, wird von

---

19 [Max] Stirner: Einiges Vorläufige vom Liebesstaate, a. a. O., S. 42.
20 Siehe oben, Kapitel 3, Abschnitt 1.

Stirner nun zum Garanten des Bestehenden erklärt und zum notwendigen Ziel der modifizierten aufklärerischen Angriffe bestimmt. Und in dieser neuen Zielsetzung offenbart sich auch zum ersten Mal eine zunehmende Distanzierung Stirners von der Französischen Revolution als Leitmotiv der auch in Preußen und Deutschland anzustrebenden Entwicklung, oder, wenn man so will, eine Öffnung des Erwartungshorizontes der deutschen Spätaufklärung in dem Sinne, dass die Hoffnungen und Bestrebungen der Kritik sich nunmehr auf einen gesellschaftlichen Zustand zu richten beginnen, der etwas genuin neues, etwas noch nie dagewesenes darstellt. Denn die Liebe wird von ihm nicht nur als säkularisiertes, und darum weit mächtigeres, weil mit der Kraft der Täuschung der Aufklärer über ihre tatsächlich konservative Natur ausgestattetes, Residuum des Christentums benannt, sie wird von ihm auch als diejenige Macht bestimmt, welcher sich schließlich auch die Französische Revolution zu beugen hatte:

> Als diese Ueberzeugung in den Herzen erwachte, und sie mit der Seeligkeit einer triumphirenden Wahrheit erfüllte, da mußte die Kraft des Despoten zu klein sein gegen die Gewalt eines solchen Gefühls, und das Christenthum in seiner verklärtesten Gestalt, als Liebe, die Völker entzündend, rückte mit Siegesgewißheit heran gegen den Geist der Revolution. Dieser hatte das Christenthum von der Erde vertilgen wollen, aber es raffte sich auf mit der ganzen Kraft seiner Natur, es trat als – Liebe gegen ihn in die Schranken, und es siegte, siegte über einen Geist, der zwar viel an ihm zu erdrücken vermogt hatte, aber das Eine nicht erdrücken konnte, – Die Liebe. Denn wie viel des Christlichen auch gefallen war unter den Streichen der Revolution, die Liebe – sein innerstes Wesen, – war in dem Bußen der revolutionairen Freiheit stecken geblieben. Sie hegte die Feindin in sich selbst, darum mußte sie vor der Feindin, als diese von Außen heranzog, erliegen.[21]

Im Einklang mit der von Stirner postulierten Kontinuität zwischen preußischer Reform-Ära und Restaurationsperiode wird nun auch die Französische Revolution als noch einer Entität huldigend beschrieben, welche von Stirner als der vorrangige und mächtigste Garant der bestehenden Ordnung beschrieben wird und welche dem eigentlichen Kind der Französischen Revolution, der revolutionären Freiheit, den Durchbruch versagte. Mit dieser Neuausrichtung der Kritik auf die Liebe in all ihren Formen – wie sich zeigen wird, begreift Stirner Liebe in erster Linie nicht als romantisches Verhältnis zweier Menschen, sondern als Bestimmung des Individuums durch etwas Fremdes – steht Stirner unter den Junghegelianern allein. Und es zeigt sich mit dieser Wendung, dass Stirner schon sehr bald nach der Enttäuschung begann, eigene Wege in ihrer Verarbeitung zu beschreiten. Weder sah er wie Feuerbach die Restitution der religiös entfremdeten menschlichen Vermögen zu ihrer ursprünglichen Gestalt menschlicher Wesenskräfte und ihre kognitive Berücksichtigung in Form eines Geltendmachens der Sinnlichkeit als Remedium der gesellschaftlichen Verhältnisse an, noch stimmte er in Bauers Verachtung der sich als unzuverlässiger Verbündeter

---

21 [Max] Stirner: Einiges Vorläufige vom Liebesstaate, a. a. O., S. 42/43.

erwiesenen „Masse" ein. Statt dessen entwickelt er ein dreistufiges Modell unterschiedlicher Stadien der individuellen Selbstbestimmung, das, unter Rückgriff auf Gedanken, die in *Das unwahre Prinzip unserer Erziehung* entwickelt wurden, das Erscheinen eines wahrhaft selbstbestimmten, und damit freien, Menschen – der Feuerbach'sche Gattungssingular ist Stirner zu diesem Zeitpunkt durchaus noch geläufig – von der Realisierung einer bisher unrealisierten Form von Autonomie abhängig macht.

Als eine erste Stufe seines Modells bestimmt Stirner die noch unter der im Sendschreiben geforderten moralischen Freiheit stehende Selbstsucht als den „natürlichen" Gegensatz der Liebe.[22] Er setzt damit den von Religion und philosophischen Aufklärern gleichermaßen verabscheuten Egoismus, den er in dieser Form später als „Egoismus im gewöhnlichen Verstande" bezeichnen wird,[23] als niedrigsten und von der wahren Selbstbestimmung am weitesten entfernten Zustand an, in dem ein Mensch sich befinden kann, und konzediert den traditionellen und „säkularisierten" Christen, den Advokaten der Liebe als Prinzip des menschlichen Handelns, die Überlegenheit der Liebe gegenüber diesem Zustand, wenn auch vor dem Hintergrund, dass der Liebende im Gegensatz zum Selbstsüchtigen beginne, „etwas aus sich" zu machen, sprich, sich als Schöpfer seiner selbst zu verhalten.[24] In gewisser Hinsicht gesteht Stirner den „Liebenden" insofern zu, einige entscheidende Schritte auf dem Weg zur freien Selbstbestimmung genommen zu haben, allerdings, und hier setzt die Kritik Stirners an, bestimmen sie sich noch nach einem Anderen, nach einem Fremden. Wenn man so will, könnte man diese Stufe des Stirner'schen Modells nach der

---

22 Ebenda, S. 43/44: „Man pflegt der Liebe die Selbstsucht gegenüber zu stellen, weil es die Natur der Letzteren mit sich bringt, daß, wer ihr folgt, *ohne Rücksicht auf den Andern*, oder *unbarmherzig* verfährt. Setzen wir nun den Werth des Menschen in die *Selbstbestimmung* d. h. darin, daß nicht eine Sache oder eine andre Person ihn bestimmen, sondern er selbst der Schöpfer seiner selbst, mithin Schöpfer und Geschöpf in Einem sei, so wird der Selbstsüchtige wahrscheinlich am weitesten hinter diesem Ziele zurückbleiben. Sein Grundsatz lautet so: die Dinge und die Menschen sind *für mich* da! Vermöchte er hinzuzusetzen: ich bin auch für sie da, – so wäre er eben der Selbstsüchtige nicht mehr. Er geht nur darauf aus, den Gegenstand seiner Begierde zu haschen, läuft z. B. in der Brunst einem Mädchen nach, um dieß allerliebste ‚Ding' (denn für mehr als ein Ding gilt es ihm nicht) zu – verführen u. s. w. Um dieses Mädchens willen ein anderer Mensch zu werden, selbst etwas aus sich zu machen, um sie dadurch zu *verdienen*: das fällt ihm nicht ein, wie er ist, so ist er. Das eben macht ihn so verächtlich, daß keine Selbstgestaltung und Selbstbestimmung an ihm zu entdecken ist."
23 Siehe unten, Kapitel 6, Abschnitt 1.
24 [Max] Stirner: Einiges Vorläufige vom Liebesstaate, a. a. O., S. 44/45: „Ganz anders der Liebende. Die Selbstsucht ändert den Menschen nicht, die Liebe macht einen andern Menschen aus ihm. ‚Seit er liebt, ist er [ein] ganz andrer Mensch geworden' pflegt man zu sagen. Aber er macht als Liebender auch wirklich *selbst* etwas aus sich, indem er Alles an sich tilgt, was dem Geliebten widerspricht; willig und hingebend *läßt* er sich bestimmen, und durch die Passion der Liebe umgewandelt, *richtet er sich nach dem Andern*. Sind in der Selbstsucht die Gegenstände nur *für mich* da, so bin ich in der Liebe auch *für sie*: wir sind *für einander*."

reinen Fremdbestimmung des Selbstsüchtigen als fremdbestimmte Selbstbestimmung bezeichnen.

Die Bezeichnung, welche Stirner dann für die höchste Stufe seines Modells – die freie oder selbstbestimmte Selbstbestimmung – wählt, zeigt unzweifelhaft, dass sich auch die von ihm vorgenommene Modifikation des aufklärerischen Diskurses noch innerhalb eines philosophischen Rahmens bewegt, dass auch er sich den Austritt aus der religiösen Bestimmtheit des Bewusstseins im Frühjahr 1843 immer noch von der Konfrontation der Aufzuklärenden mit Wahrheiten verspricht, deren Überzeugungskraft auf der überlegenen philosophischen Evidenz gelingender Begriffsentwicklung ruht. Allerdings schwingt in der Anweisung an die „Vernünftigen", sich selbst zu vernehmen, schon ein wenig die Aufforderung mit, ausschließlich den eigenen Erfahrungen von Evidenz zu vertrauen, welche später den *Einzigen* prägen soll:

> Ueberlassen wir jedoch die Selbstsucht ihrem Schicksal und vergleichen wir lieber die Liebe mit der Selbstbestimmung oder Freiheit. In der Liebe bestimmt sich der Mensch, gibt sich ein gewisses Gepräge, wird zum Schöpfer seiner selbst. Allein er thut das Alles um eines *Andern*, nicht um *seinetwillen*. Die Selbstbestimmung ist noch abhängig von dem Andern: sie ist zugleich Bestimmung durch den Andern, ist – Passion: der Liebende *läßt* sich bestimmen, bestimmen durch den Geliebten.
> Der freie Mensch dagegen bestimmt sich weder durch noch für einen Andern, sondern rein aus sich; er vernimmt sich und findet in diesem Selbstvernehmen den Antrieb zur Selbstbestimmung: nur sich vernehmend, handelt er vernünftig und frei. Es ist ein Unterschied, ob man durch einen *Andern* oder durch sich bestimmt wird, ob man ein *Liebevoller* ist oder ein *Vernünftiger*. Die Liebe lebt von dem Grundsatze, daß Jeder, was er thut, um des *Andern willen* thue, die Freiheit von dem, daß er es um *seinetwillen* thue; dort treibt mich die Rücksicht auf den *Andern*, hier treibe *ich* mich. Der Liebevolle handelt um *Gottes* willen, um der *Brüder* willen u. s. w. und hat überhaupt keinen eignen *Willen*: ‚nicht mein Wille, sondern dein Wille geschehe' – das ist sein Wahlspruch; der Vernünftige will keinen andern Willen verwirklichen als den seinen, und achtet auch Denjenigen, der seinen eignen Willen hat, nicht den, der den Willen eines Andern befolgt.[25]

In diesen drei Stufen – „Selbstsüchtiger", „Liebevoller" und „Vernünftiger" – kristallisiert sich die Konsequenz, welche Stirner aus dem Scheitern des aufklärerischen Diskurses 1842/43 zieht. Der Ansetzung des „Selbstsüchtigen" auf der niedrigsten Stufe entspricht dabei die weitgeteilte Verachtung eines Egoismus, der von den verschiedenen Ausprägungen, welche das Verhältnis des „Liebevollen" zu den ihn bestimmenden Entitäten annehmen kann, überwunden wird. Auf der Stufe des Liebevollen stehen zu bleiben, bedeutet laut Stirner jedoch, das eigene menschliche Potenzial nicht zu realisieren, kein wirklich freier Mensch mit einem eigenen Willen zu werden.[26] So zeigt sich denn zum Ende von *Einiges Vorläufige vom Liebesstaate* die

---

25 Ebenda, S. 45/46.
26 Ebenda, S. 46/47: „So hat die *Liebe* wohl Recht gegen die *Selbstsucht*, da es edler ist, den Willen eines Andern zu dem seinigen zu machen, und auszuführen, als willenlos von der durch irgend ein

Überzeugung Stirners, dass der Erfolg einer zukünftigen oppositionellen Bewegung davon abhänge, ob die preußischen Bürger sich zu vernünftigen und selbstbestimmten Menschen entwickeln können, deren freier, nicht in irgendwelchen Liebesbeziehungen gefangener Wille dann Gewähr leisten werde, dass sich das Schicksal der junghegelianischen Aufklärer nicht wiederhole, als „lieblose Ruhestörer" von den in liebevoller Eintracht vereinten Völkern und Fürsten ausgestoßen zu werden.[27] Zum Zeitpunkt der Niederschrift von *Einiges Vorläufige vom Liebesstaate* kann Stirner allerdings weiter nur darauf setzen, dass der Zustand eines aufgeklärten, vernünftigen Menschen, der sich im Einklang mit den philosophisch verbürgten Wahrheiten befindet, genug Anziehungskraft ausübt, um zumindest die Leser seiner Schrift, die er trotz der in der Enttäuschung zutage getretenen Ohnmacht des philosophisch-aufklärerischen Diskurses weiterhin vor allem durch ein Interesse an wahrer Erkenntnis motiviert sieht, von der Aufgabe ihrer Liebesverhältnisse gegenüber „Gott, König und Vaterland" zu überzeugen.

5.2 Erste Distanzierungen vom philosophischen Referenzrahmen des aufklärerischen Diskurses – *Die Mysterien von Paris*

Allerdings wird sich erweisen, wenn der Fokus der Aufmerksamkeit jetzt auf den bedeutend später entstandenen Text *Die Mysterien von Paris* gelenkt wird, dass die in der vorigen Schrift aufgezeigten Kontinuitäten zur junghegelianischen Aufklärung vor der Enttäuschung rasch weniger werden. So stellt *Einiges Vorläufige vom Liebesstaate* den letzten diskursiven Einsatz Stirners dar, in welchem „Vernunft" in positiver Konnotation verwendet und die Philosophie als Hoffnungsträger des menschli-

---

Ding angeregten Begierde gestachelt zu werden, edler, sich nach einem Andern zu bestimmen, als sich gar nicht zu bestimmen, sondern sich gehen zu lassen; gegen die *Freiheit* aber hat die Liebe nicht Recht, weil in der Freiheit erst die Selbstbestimmung zur Wahrheit wird. Die Liebe ist zwar die letzte und schönste *Unterdrückung* seiner selbst, die glorreichste Weise der Selbstvernichtung und Aufopferung der wonnereichste Sieg über die Selbstsucht; aber indem sie den Eigenwillen bricht, der nur Eigensinn und Begierde heißen dürfte, läßt sie auch zugleich den Willen nicht aufkommen, der dem Menschen erst die Würde des freien Menschen verleiht." Vgl. auch ebenda, S. 48: „Denn was den Menschen erst zum Menschen macht, der freie Wille, das schmettert die Liebe, ihr Reich für das alleinseligmachende erklärend, von ihrem souveranen Throne aus, donnernd nieder, und auf Sklaven-Schultern hoch emporgehoben, proclamirt sie die Alleinherrschaft der – *Willenlosigkeit*."
27 Ebenda, S. 49: „In den Armen der Liebe ruht und schläft der Wille, und nur die Wünsche, die Petitionen, wachen. *Ein* Kampf durchzieht allerdings auch diese Zeit des Liebesregimentes: es ist der Kampf gegen die *Lieblosen*. Da Einmüthigkeit das Wesen der Liebe ist, da Fürsten und Völker in Liebe verbunden sind, so müssen sie ausscheiden, was den Liebesbund lockern will: die *Unzufriedenen* (Demagogen, Carbonari's, Cortes in Spanien, Adel in Rußland und Polen u. s. w.). Sie stören das Vertrauen, die Hingebung, die Eintracht, die Liebe; ‚unruhige Köpfe' rühren die Ruhe des Vertrauens auf, und – Ruhe ist die erste Bürgerpflicht!"

chen Fortschritts erachtet wird. Bevor es jedoch zu der expliziten Distanzierung kommt, wie Stirner sie in *Der Einzige und sein Eigenthum* dann vornimmt, wird als Zwischenschritt der noch während der Agitation für die „Freien" im Sommer 1842 vehement argumentierte Nexus von Sittlichkeit und freiem Willen gelöst. In seiner Besprechung von Eugène Sues *Les Mystères de Paris* – des Fortsetzungsromans, der sich in den vorangegangenen knapp zwei Jahren eines bis dahin ungekannten Erfolges beim allgemeinen Publikum erfreut hatte und der, nicht zuletzt aufgrund der gewährten Einblicke in das dem Bürgertum fremde Pariser Unterschichtenmilieu, auch von den junghegelianischen Aufklärern mit großem Interesse gelesen worden war[28] – entwickelt Stirner eine rein funktionale Sichtweise auf die Sittlichkeit, die ihm nun, nach dem dreistufigen Modell von *Einiges Vorläufige vom Liebesstaate* nicht überraschend, nahezu ausschließlich als Instrument der Zähmung und Unterdrückung eines freien Willens erscheint.

Wenn über die spezifische Natur der Einflüsse, welche Stirner zwischen der Abfassung der beiden Schriften der *BM* zur Weiterentwicklung seines Ansatzes veranlassten, auch nur spekuliert werden kann, so zeigt sich doch, dass er mit *Die Mysterien von Paris* die, wenn man so will, Mikroperspektive auf die Bedingungen autokratischer Herrschaft noch weiter vertieft, die er mit dem dreistufigen Modell unterschiedlicher Ausprägungen der Selbstbestimmung aufgenommen hatte. Getreu der im Zuge der Kompensation der Enttäuschung entwickelten Auffassung, dass die preußischen Reformer die eine Entwicklung des freien Willens begünstigenden, revolutionären Werte „Freiheit" und „Gleichheit" in Untertanentugenden verwandelt hätten und dass die sich für diese „christianisierte" Variante begeisternden, preußischen Liberalen sich in der Folge nur zur Sittlichkeit und nicht zu einem freien Willen zu erheben vermochten, sieht Stirner den Erfolg der *Mystères de Paris* vor allem darin begründet, dass Eugène Sue den sich Einiges auf die eigene Sittlichkeit zugutetenden, philisterhaften Bürgern einen „tugendhaften Schauder" verschaffe.[29] Stirner

---

[28] Stirner ist bei weitem nicht der Einzige, der versuchte, bei der Verbreitung eigener Überzeugungen von der Popularität des Sue'schen Werkes zu profitieren. So erschien etwa eine umfangreiche Besprechung von Szeliga in Bauers *ALZ* und auch Marx und Engels bedienten sich seiner bei der Kritik von Bauer und den anderen Autoren der *ALZ* in *Die heilige Familie* (Szeliga [d. i. Franz Zychlin von Zychlinsky]: Eugen Sue: Die Geheimnisse von Paris. Kritik, in: Allgemeine Literatur-Zeitung, H. 7 vom Juni 1844, S. 4-48; Friedrich Engels/Karl Marx: Die Heilige Familie oder Kritik der kritischen Kritik. Gegen Bruno Bauer & Consorten, Frankfurt a. M. 1845, MEGA[1] I/3, Berlin 1932, S. 173-388). Eine Erklärung für diese Versuche der Exposition der eigenen Ansätze im Gerüst der *Mystères de Paris* könnte, neben dem Sachverhalt, dass den Roman ob seines Blickes in das Unterschichtenmilieu der Ruch umgab, durch die Berührung der sozialen Frage eine fortschrittliche Tendenz zu bekunden, darin zu finden sein, dass der beispiellose Erfolg dieses Werkes auf die wegen der zutage getretenen Ohnmacht des philosophischen Diskurses verunsicherten Aufklärer eine große Anziehungskraft ausüben musste.

[29] Max Schmidt [d. i. Stirner]: Die Mysterien von Paris, a. a. O., S. 302/303: „Die Mysterien haben großes Aufsehen in der Welt gemacht, und schon drängen sich die Nachahmungen in Masse. Man

unternimmt es in seiner Besprechung, die in Sues Roman erzählte Läuterungsgeschichte von Fleur-de-Marie als Geschichte der Unterwerfung eines mit der Veranlagung zu einem freien Willen ausgestatteten Menschen zu zeichnen. Der zentrale Handlungsstrang des sich in der Entwicklung unzähliger Nebenstränge gefallenden Werkes ist schnell erzählt: Fleur-de-Marie (Marien-Blume) wurde als vermeintliche Waise unverschuldet in die Niederungen der Pariser Gesellschaft geworfen und musste deshalb das lasterhafte Leben eines Freudenmädchens führen, bevor sie vom Fürsten Rudolph von Gerolstein, ihrem, wie sich zum Ende herausstellt, Vater, auf den Pfad der Tugend zurückgeführt wird, auf welchem sie dann mit solcher Sicherheit zu wandeln versteht, dass sie ihr Leben in einem Kloster beendet. Der Fürst von Gerolstein, der die Läuterung Fleur-de-Maries anleitet, personifiziert laut Stirner die tätige Sittlichkeit, nach welcher sich auch der Autor der *Mystères* selbst richtet:

> Obwohl der Großherzog von Gerolstein nicht als der Held des Romans gelten kann, so wird doch nicht allein das ganze Getriebe desselben durch ihn in Bewegung gesetzt, sondern er repräsentirt auch die Höhe der Anschauungen und Gedanken, zu welcher der Dichter selbst sich emporschwingt. Diese Höhe ist aber keine andere, als die Idee der Sittlichkeit, und an jeden Gedanken und jede That wird ein für allemal dasselbe Ellenmaaß angelegt: das der Sittlichkeit. Wir haben also ein dichterisches Kunstwerk vor uns, das, ganz von dem Standpunkte der Sittlichkeit aus gearbeitet, zeigen wird, welcherlei Menschen dieser Standpunkt erzeugt, und was überhaupt unter der Herrschaft dieses Princips zu Tage kommt.[30]

Die Selbstverständlichkeit, mit welcher Sue seine zentralen Figuren die Forderungen der Sittlichkeit als höchste zu erstrebende Güter betrachten lässt, die, wie Stirner betont, auch des Anklangs beim lesenden Publikum gewiss sein können, muss den zum Gegner der Sittlichkeit gewordenen Stirner natürlich herausfordern. Eines seiner zentralen Anliegen, das ganz in der Konsequenz der Erklärung des Scheiterns in *Einiges Vorläufige vom Liebesstaate* ist, besteht in dem Aufbrechen genau dieser Selbstverständlichkeit, und das rein funktionale Verständnis der Rolle von Sittlichkeitsma-

---

will den verborgenen Grund, die ‚unterste Schicht' der Gesellschaft kennen lernen, und neugierig blickt man sich in den finsteren, grauenvollen Winkeln um. Aber mit welchen Augen schaut man hinein? Mit dem Auge der gesicherten Sittsamkeit, des tugendhaften Schauders. ‚Welch' ein Abgrund des Verderbens, welche Gräuel, welche Tiefe des Lasters! Herr Gott, wie darf es in deiner Welt so ruchlos zugehen!' Aber bald erwacht die christliche Liebe und rüstet sich zu allen Werken des Mitleids und der thätigen Hülfe. ‚Hier muß gerettet, hier muß der List des Satans entgegengearbeitet werden; o gewiß, hier ist viel zu retten, und dem Reiche des Guten manche Seele zu gewinnen!'"
30 Ebenda, S. 307. Vgl. auch ebenda, S. 303/304: „Welches Uebel will man denn heben? das Laster, die Sündenlust! Ihm sollen die Quellen durch nützliche Reformen abgeschnitten, die verführten Seelen entrissen und zur Lust an der Sittlichkeit bewogen werden. Und wer will dieß große Werk, die Sünde um ihre Opfer und Diener zu bringen, verrichten? Wer anders als diejenigen, welche die Tugend lieben und einen sittlichen Lebenswandel für den wahren Beruf des Menschen erkennen! Also die Tugendhaften wollen die Lasterhaften auf den rechten Weg bringen, die Diener im Reiche des Guten wollen das Reich des Bösen zerstören."

ximen bei der Charakterbildung oder, im Sinne Stirners, Konditionierung von Menschen ermöglicht es ihm, Fragen zu stellen, die im damaligen Kontext der Debatte den Horizont der meisten anderen Junghegelianer überschreiten:

> Seid ihr nicht Alle damit einverstanden, daß es nichts Größeres und Edleres geben könne, als die Verherrlichung des Guten, und habt ihr wohl etwas anderes an euch zu tadeln und zu bereuen, als daß ihr nur allzuoft noch vom Wege des Guten abweicht und ‚sündiget'? Fällt es einem von Euch jemals ein, zu fragen, ob das Gute wohl werth sei, daß man danach strebe, und ob das Gute wirklich dasjenige sei, was der Mensch durch sein Leben zu verwirklichen suchen müsse? Ihr zweifelt eben so wenig daran, als die Lasterhaften und Gottvergessenen etwas Gründliches dagegen einzuwenden wissen, wenn sie auch noch so viel dagegen – sündigen. Ihr, die ihr die Sünder bekehren und bessern wollt, ihr seid ja selbst unbekehrbar und unverbesserlich. Ihr laßt den Zweifel gar nicht an euch kommen, ob das Gute nicht eben ein – leerer Wahn sei, und wenn ihr auch eingestehen müßt, daß ihr selbst es gleich den Philosophen, die auch nur ‚Liebhaber der Weisheit' bleiben, niemals erreicht, ihr meint doch, die Sünder müßten zum Guten vermocht und dahin gebracht werden, ‚gut zu thun'. Ihr wollt die Sünder bekehren von der Lust am Bösen, möcht ihr euch vielleicht nicht selbst von der Lust am Guten bekehren? Fragt euch nicht, was das Gute sei, sondern ob es überhaupt sei, oder wollt ihr durchaus wissen, was es sei, so fragt euch zu allererst, ob es nicht euere – Einbildung sei.[31]

Mit dieser Passage wird der zeitliche Abstand, der zwischen den beiden Schriften der *BM* gelegen haben muss, offensichtlich. Neben der erstmalig vorgenommenen Distanzierung gegenüber den Philosophen, die Stirner nunmehr auf der zweiten Stufe seines Modells verortet, die er also – in Antizipation der im *Einzigen* so gern geübten Verwendung etymologischer Deutungen als Argumente – nun zu „Liebhabern der Weisheit" und damit eines freien Willens unfähig erklärt, ist an dieser Passage vor allem der Versuch bemerkenswert, die Praxis der Infragestellung von Handlungsgründen, die bis dahin nahezu ausschließlich als Teil einer *Bekehrung* von Lasterhaften zu Tugendhaften Wirkungen zeitigte, nun auch auf die Gebote der Sittlichkeit anzuwenden, also eine Praxis, die bisher inhaltsabhängig geübt werden musste, in eine inhaltsunabhängige Praxis zu verwandeln. Zu dieser Erweiterung des Bereichs einer in der Einschränkung ihrer Anwendung bislang weitgehend unhinterfragten Praxis – einer Erweiterung, die Erinnerungen an die Ruge tief treffende Ausweitung der radikalen Kritik auf die Positionen des gemäßigten Lagers im November 1842 wachruft – kommt Stirner, da er die Erziehung zur Sittlichkeit, welche Sue im Roman an Fleur-de-Marie exemplarisch durchexerziert, im Lichte der verheerenden Wirkungen, welche die Vorwürfe der Unsittlichkeit für die oppositionelle Bewegung im Jahr 1842 entfaltet hatten, als einen Konditionierungsprozess betrachtet, der aus potenziell freien Menschen „willenlose" Untertanen mache. Er konzipiert die Geschichte von Fleur-de-Marie als diejenige eines Mädchens, dem es bis zum Kennenlernen Rudolphs gelungen war, sich den Versuchungen des Lasters, der ihre Umgebung sie aussetzte, zu

---

31 Ebenda, S. 304/305.

erwehren, nicht zu „fallen", und das diese Unabhängigkeit und Stärke erst verliert, als sie den „Versprechungen und Verlockungen" der Tugend ausgesetzt wird.³² War sie vorher in der Lage, sich ihren eigenen Willen zu bewahren, so zählen nach der Bekehrung zur Tugend nur noch „Treue und Gehorsam" im „Dienst der Sittlichkeit".³³

Vor dem Hintergrund des auf die Sittlichkeit beschränkten Standpunkts, welcher Sue zugeschrieben wird, ist es laut Stirner jedoch gar nicht möglich, dass die Geschichte einen anderen Verlauf hätte nehmen können. Dabei hätte Fleur-de-Marie genau die Veranlagung gehabt, deren freie Entwicklung sie zu einem Menschen gemacht hätte, wie ihn sich die um eine Massenerhebung bemühten Aufklärer während des Konflikts mit der preußischen Staatsgewalt nur hätten wünschen können:

> Legte der Dichter an Marie nicht das Richtscheit der Tugend und Sittlichkeit, sondern mäße sie nach ihr selbst als ihrem eigenen Maaße, wie man gescheidter thäte, wenn man den Löwen nicht nach einer menschlichen Eigenschaft, der Großmuth, beurtheilte, sondern nach der thierischen Löwennatur, so käme vielleicht das wunderbare Resultat zum Vorschein, daß Marie erst von dem Augenblick an ein elendes, verlornes Kind wurde, wo sie die Tugend kennen lernte und ihrem Dienste sich weihte, während sie in der Zeit ihres unehrlichen Wandels ein gesunder, freier und hoffnungsvoller Mensch gewesen war. Dieß soll nicht etwa nur den oberflächlichen Sinn haben, daß die mit der Tugend zusammenhängende Reue das arme Mädchen unglücklich stimmte und um seinen Frohsinn brachte, sondern den schärferen, daß sie eine gedrückte Sklavin werden *mußte*, sobald sie in die sittliche Welt eintrat und ihren Pflichten sich zu unterwerfen begann. Als der Würgengel der Bekehrung es einmal erfaßt hatte, da war es um dieß zarte Kind geschehen. Unter dem Druck der Verhältnisse, in welche ihr Schicksal sie geworfen hatte, hätte der offene sinnige Geist dieser Bajadere das starke Zornfeuer ansammeln können, das dazu gehört, um die lastende Erdwucht einer erstarrten Gesellschaft zu durchbrechen, und aus dem Stande der Erniedrigung heraus sich zu – empören.³⁴

Neben dem Sachverhalt, dass die Mikroperspektive auf die Effekte autokratischer Herrschaft von Stirner bereits soweit verinnerlicht wurde, dass selbst der Zielpunkt seiner Agitation mittlerweile nicht mehr die allgemeine Erhebung gegen die bestehenden Verhältnisse im Sinne einer Revolution, sondern nurmehr die später auch im *Einzigen* propagierte, individuell zu leistende Empörung ist, zeigt sich in der soeben zitierten Passage eindrucksvoll, welches funktionale Verständnis von Sittlichkeit

---

32 Ebenda, S. 309: „So findet sie [Fleur-de-Marie, UP] Rudolph, und was das Laster an ihr nicht zu leisten vermocht hatte, das versucht jetzt die Tugend: sie versucht das arme Kind, das eine Beute des Lasters zu werden droht, zur Tugend zu führen. Rudolph bietet alle Versprechungen und Verlockungen auf, durch die er die leicht erregbare Phantasie des Mädchens zu bestechen hoffen darf. Sie, die mitten in einem taumelnden Lasterleben nicht ‚gefallen' war, sie widersteht den einschmeichelnden Verheißungen des Tugendwerbers nicht und – fällt."
33 Ebenda, S. 310/311: „Marie, die von Rudolph für den Dienst der Sittlichkeit angeworben wurde, wird darin fortan in Treue und Gehorsam, als ein ergebener und folgsamer Dienstbote verharren, und welche Geschichte auch ihr nun folgendes Leben aufzeigen möge, sie wird immer nur die Schickungen enthalten, welche der strenge Dienst ihrer Gottheit über Marien, die treue Magd, verhängt."
34 Ebenda, S. 320/321.

Stirner zum Zeitpunkt der Abfassung der *Mysterien* bereits entwickelt hat. Für den ehemaligen Verfechter einer intimen Verbindung von freiem Willen und sittlicher Handlungsdisposition ist die letztere nicht mehr die Konsequenz des ersteren, sondern nur noch dasjenige Instrument, welches dafür verantwortlich ist, dass die überwiegende Mehrheit der Zeitgenossen entweder überhaupt nie einen freien Willen entwickeln konnte, oder, im Falle solcher Schicksale wie desjenigen von Fleur-de-Marie, ihren trotz unvorteilhafter Einflüsse entwickelten freien Willen wieder verloren. Für Stirner symbolisiert die von Sue dargebotene Erzählung dann auch nicht die gelingende Erhebung einer „Gefallenen" zu einer beständig um Büßung der (unverschuldeten) lasterhaften Lebensführung Bemühten, sondern die Umerziehung eines Individuums, das sich trotz widrigster Lebensumstände die Unabhängigkeit und Freiheit seines Willens zu bewahren vermochte. Und zur Heldin gerät Stirner nicht die Fleur-de-Marie, die durch die Makellosigkeit und Vollkommenheit ihrer Bekehrung glänzt, zur Heldin gerät ihm die ursprüngliche Fleur-de-Marie, deren Verhältnis zu den Verrichtungen des Lasters, welche ihr von ihrer Umwelt auferlegt werden, er mit dem „einer Atheistin" vergleicht, „welche die kirchlichen Gebräuche zwangsweise erfüllt".[35]

Vor dem Hintergrund dieser Identifizierung des Schicksals von Fleur-de-Marie mit dem Schicksal der atheistischen „Freien", die beide, wenn auch auf je eigene Weise, zu Opfern der Sittlichkeit wurden, ist es nur folgerichtig, wenn Stirner in seinem Urteil über den Bekehrer Mariens zur Sittlichkeit, Fürst Rudolph von Gerolstein, und den Autor, als dessen „Abbild" Stirner den Fürsten fasst, nur Verachtung übrig hat.[36] Und es bedarf keiner besonderen Fähigkeit zur Empathie, um sich die ganze

---

35 Ebenda, S. 321/322: „Aber ein *E. Sue* kennt kein anderes Glück als das der ehrlichen Leute, keine andere Größe als die der Sittlichkeit, keinen andern menschlichen Werth als den der Tugendhaftigkeit und Gottergebenheit. Ein Menschenkind, aus dem ein freier Mensch werden konnte, mußte zum Tugenddienste verführt, ein noch unverdorbenes Gemüth mußte mit dem Wahn der ‚guten Menschen' vergiftet und verderbt werden. Wenn ein Dichter darzustellen vermag, wie seine Heldin, die mitten im Gewühl der schmutzigsten Laster ihr Leben führen und selbst die Blüthe ihres Leibes ihnen zur Beute lassen muß, nicht gleich der Chouette oder dem Schulmeister, oder auch ihren weiblichen Altersgenossen zu einer Dienerin des Lasters wird, sondern ähnlich einer Atheistin, welche die kirchlichen Gebräuche zwangsweise erfüllt, völlig frei bleibt: sollte man da nicht meinen, er müßte sie auch über den Einfluß der Tugend erhaben halten können? Aber nein, der schwächliche, vom Ideale des ‚rechten Bürgerthums und wahren Staates' träumende Poet macht aus ihr, statt eines gestählten Charakters, ein sentimentales, vom Wahne des ‚Guten' leicht berückbares Gemüth, macht dasselbe Mädchen, das sich gegen das Laster behauptete, zu einem schwachen, kraftlosen Geschöpf, das sich mit Leib und Seele in die Sklaverei der Tugend anheim giebt."

36 Ebenda, S. 326/327: „Der gute Fürst hat bei seiner Bußfahrt ‚nichts gelernt und nichts vergessen'. Als Mensch ohne Entwicklung und Selbstschöpfung erfährt er nur die harten Schicksale, welche der Dienst der Tugend ihren Gläubigen bereitet: er macht nur theologische Erfahrungen, keine menschlichen. Oder unterwirft er jemals den Herrn, welchem er dient, der Kritik, und fällt es ihm auch nur einmal ein, die Ideen der Sittlichkeit, Religiosität, Ehrlichkeit u. s. w., für deren Dienst er wirbt, nach ihrem Kern zu fragen? An ihnen steht ihm, als an festen Grenzen, der Verstand still, und jede weitere

angestaute Wut des enttäuschten Aufklärers zu vergegenwärtigen, wenn derjenige, der Fleur-de-Marie zu einer „Sklavin" der Sittlichkeit umerzog, anlässlich des scheiternden Versuchs, der nunmehr Tugendhaften den Eintritt ins Kloster auszureden, schließlich selbst mit Bedauern ob der Vollständigkeit des Erfolges seiner Bekehrung bemerkt, dass „,alle Vernunftgründe zu ohnmächtig sind gegen eine so unüberwindliche Ueberzeugung, die aus einem edlen und erhabenen Gefühle herstammt'"[37] – wenn Sue also seinem Helden Rudolph die treffende Beschreibung der Erfahrung in den Mund legt, deren Schmerzlichkeit den in der Überzeugung der Öffentlichkeit gescheiterten Aufklärern auch nach einem Jahr noch äußerst präsent gewesen sein muss. Für Stirner, der diese Erfahrung nicht nur angelegentlich der „großen" Enttäuschung von 1842/43 machen musste, sondern bereits mit seinem *Gegenwort* und der Agitation für die „Freien" seine Erfahrungen bezüglich der „Unüberwindlichkeit" der Überzeugung, „die aus einem edlen und erhabenen Gefühle herstammt", sammeln durfte, muss die von Sue seinem Helden zugeschriebene Einschätzung, dass sich in „dieser unbeugsamen, vollendeten Sittlichkeit seiner Tochter" eine „‚Züchtigung' Gottes" offenbare, „der ihm diese Erhabenheit seines Kindes zur ‚Strafe' schicke",[38] vollends wie ein wahrhaftiger *circulus vitiosus* gewirkt haben, der die jeder Vernunft hohnsprechende Abgeschlossenheit eines der Sittlichkeit verschriebenen Weltbildes an den Tag brachte, eines Weltbildes, das erst die Versklavung eines freien Willens im Namen Gottes forderte, um die verheerenden Konsequenzen dieser Versklavung dann als eine Strafe des nämlichen Gottes zu fassen. Im Lichte der Reichhaltigkeit der Erfahrungen, die Stirner selbst mit der Resistenz von Adressaten gegenüber Vernunftgründen zu sammeln Gelegenheit hatte, gerät die Identifikation von Rudolph/Sue mit dem preußischen liberalen Bürgertum zu einem nahezu zwangsläufigen Schluss: „Wahrlich, man kann das feige Juste-milieu unserer liberalen Zeit nicht grausamer, nicht hohnlachender zeichnen, als ein weichmüthiger Anhänger desselben es unfreiwillig hier selber gethan hat."[39]

Ein weiteres Zeugnis für den interpretativen Mehrwert, den die funktionale Analyse der Sittlichkeit als Instrument zur Erzeugung untertäniger Subjekte Stirner erbringt, ist in der Konsequenz zu sehen, mit welcher Stirner in der Folge zu einer ob ihrer funktionalen Wirkungen auf die Unabhängigkeit individueller Handlungsdispositionen konstatierten Gleichheit von Tugend und Laster kommt. Wenn der freie Wille nunmehr zum vollkommenen Gegenteil eines sittlichen Willens wird, so kann das naturgemäß nicht ohne Folgen für das Verhältnis zu denjenigen Willen bleiben,

---

Erhebung, jede Erlösung und Befreiung von diesem absoluten Herrn ist dem von diesem Punkte an urtheilsvollen Fürsten unmöglich. So scharfsinnig er sich auch erweisen mag, als sittlicher Mensch, so durchaus geistlos ist er im Urtheil *über* den Menschen, ein treues Abbild seines tugendpriesterlichen, armseligen Dichters."
37 Ebenda, S. 325/326.
38 Ebenda, S. 326.
39 Ebenda.

die sich dem Laster verschrieben haben. Musste der dem Laster verschriebene Wille früher auch als Gegenstück zum freien, mit dem sittlichen noch identischen Willen gelten – war der Weg zum freien Willen auch ein Weg hin zur Tugend und weg vom Laster –, so zeigte sich bereits anlässlich des Stirner'schen Dreistufen-Modells unterschiedlicher Grade von Selbstbestimmung, dass der, wirkliche Selbstbestimmung erlaubende freie Wille sowohl die Überwindung des lasterhaften, ausschließlich der Realisierung von Begierden verschriebenen Willens, als auch diejenige des sittlichen Willens voraussetzte, der sich dem liebevollen Dienst an einem positiv Gegebenen verschrieben hat. In *Die Mysterien von Paris* geht Stirner nun noch einen Schritt weiter und kommt, unter Notierung der in beiden Fällen gegebenen Instanziierung einer Struktur zur Domestizierung freier Willensäußerungen und unter Einführung eines der zentralen Topoi des *Einzigen*, zur Feststellung einer funktionalen Gleichheit der Ausrichtung an der Tugend und der Ausrichtung am Laster:

> Im entgegengesetzten Glauben eingekerkert und mit Fanatismus ihm ergeben, ist die Mutter Martial. Auch das Verbrechen hat und muß seine Fanatiker haben, die daran glauben, und es zu Ehren bringen wollen: die Mutter Martial ist eine – Lasterheldin. Sie lebt und stirbt für ihr Ideal, das Verbrechen. Wie die Tugendgläubigen, so ist auch sie, die Lastergläubige von einer *fixen Idee* um alle Entwicklung und Schöpfung ihrer selbst gebracht; sie muß untergehen mit diesem Pathos, weil sie nicht heraus kann. Auch für sie gilt jenes ‚Hier steh ich, ich kann nicht anders.' Erstarrt und ergraut in ihrem Glauben, ist sie der Kritik, der einzigen Erlösung von jedem bis zur unnahbaren Heiligkeit anschwellenden Wahne so unfähig, wie irgend ein anderer Gläubiger; ja alle Gründe, welche sie daraus erretten könnten, dienen ihr vielmehr, wie es bei Wahnsinnigen der Fall ist, zur Bestärkung. Für sie giebt es keine andere Erfahrung, als die der Schickungen, welche der Wahn, der ihr Leben abspinnt und zu realisiren sucht, auf sie hereinbrechen läßt: sie macht nur unsittliche und heillose Erfahrungen, wie ihre Gegenfüßler nur sittliche und fromme machen.[40]

Die „fixe Idee", welche die Individuen laut Stirner dazu bringt, sich ihres Daseins als „Schöpfer" zu begeben und sich ausschließlich als „Geschöpf" zu verhalten, wird von ihm als eine inhaltsindifferente Instanz bestimmt, welche die Individuen um eine freie Bestimmung ihrer selbst bringt. In gewisser Hinsicht stellt dieses Konzept „fixe Idee", das für die Stirner'sche Gleichsetzung philosophischer und religiöser Bewusstseinsbestimmung als Modi individueller Fremdbestimmung im *Einzigen* von zentraler Bedeutung ist, eine Weiterentwicklung der Feuerbach'schen anthropologischen Reduktion der christlichen Religion dar. Hatte Feuerbach das im Rahmen religiöser Weltdeutung notwendig konstituierte Abhängigkeitsverhältnis von Schöpfer und Geschöpf auf den Kopf gestellt und den Menschen zum Schöpfer Gottes erklärt, so erweitert Stirner den Anwendungsbereich dieser Neuverteilung der Eigenschaften „Schöpfer" und „Geschöpf" auf sämtliche Ergebnisse menschlicher Geistestätigkeit. Und so wie diejenigen, die sich der Feuerbach'schen Umkehrung verweigern, weiter-

---

[40] Ebenda, S. 327/328.

hin „Geschöpfe Gottes" bleiben und an der Existenz Gottes eine Grenze des Einflussbereichs reflexiver Prozesse finden, so verhalten sich diejenigen, die an der Existenz bestimmter Ideen, etwa den Ausdifferenzierungen des Begriffes „Sittlichkeit", ihre Grenze finden, wie „Geschöpfe" dieser Ideen. Wenn Stirner also gewisse Ideen als „fix" bezeichnet, so möchte er damit den Sachverhalt zum Ausdruck bringen, dass mit dieser Ausgrenzung von Ideen aus dem Bereich des von Menschen Geschaffenen, und daher auch weiterhin der menschlichen Verfügungsgewalt Unterworfenen, Entitäten geschaffen werden, deren Enthobenheit einer menschlichen Verfügungsgewalt, ebenso wie ihre erstmalige Konzipierung, einen Akt menschlicher Schöpfung darstellen, dass also die Weigerung, die „eigene schöpferische Allmacht" gegenüber Ideen wahrzunehmen, ein quasi religiöses Verhältnis begründet. Die Wahl des Attributs „fix" für diesen Sachverhalt erklärt sich darüber hinaus aus dem einfachen Tatbestand, dass es die Vorstellung einer wahnhaften Ausgeliefertheit der an diese „fixen Ideen" Glaubenden transportiert.

Wird er im *Einzigen* die von diesem Konzept transportierte Grammatik auch noch umfassender differenzieren, so zeigt sich doch schon in dieser Passage, dass ihm die mit diesem Konzept einhergehende Fassung des Verhältnisses von Individuen zu vergangenen Produkten der eigenen oder fremden Geistestätigkeit die Einnahme eines Standpunktes ermöglicht, der nicht nur die Opposition zu den, das Bestehende legitimierenden Formen der Bewusstseinsbestimmung wahrt, sondern der ihn darüber hinaus auch konträr zu allen Versuchen seiner ehemaligen Weggefährten positioniert, den gescheiterten philosophisch-aufklärerischen Diskurs weiterzuentwickeln. Stirner kommt so zu einem Schluss, der, bei aller kritischen Distanz, welche Bauer, Feuerbach und auch Marx und Engels gegenüber den herrschenden Moralvorstellungen an den Tag legen, zu diesem Zeitpunkt wohl von keinem anderen Protagonisten der junghegelianischen Debatte formuliert worden wäre: „Ist die Majestät der Tugend eine wesentlich andere, als die Majestät des Lasters, und die eine feste Satzung erträglicher, als die andere?"[41]

Vor diesem Hintergrund einer bei allen Charakteren des Sue'schen Romans gegebenen Abhängigkeit von „Ideen", die, so Stirner, stets Produkte menschlicher Geistestätigkeit und somit auch der weiteren geistigen Modifikation bis hin zu ihrer Negation unterworfen sind, kann er konstatieren: „Auch nicht Eine Person findet sich in dem ganzen Romane, die man einen *selbstgeschaffenen* Menschen nennen könnte, einen Menschen, der, rücksichtslos sowohl gegen seine Triebe als gegen den Antrieb eines Glaubens (Glaube an Tugend, Sittlichkeit u. s. w. und Glaube an das Laster) sich kraft der eigenen schöpferischen Allmacht selbst erschüfe."[42] Dabei bestünde genau in dieser Kenntnisnahme und Anwendung der „eigenen schöpferischen Allmacht" die Chance zu einer wirklichen Befreiung für Fleur-de-Marie und zwar nicht nur von

---

41 Ebenda, S. 328/329.
42 Ebenda, S. 322/323.

den Verlockungen des Lasters, sondern eben auch von den Diktaten der Tugend.[43] Es ist dabei beachtenswert und ein Index der zeitlichen Differenz zwischen den beiden Schriften der *BM*, dass Stirner in dem soeben angeführten Satz die Gleichsetzung von Tugend und Laster so weit vorantreibt, dass nunmehr auch die Ausrichtung des Willens am Laster, die, wenngleich nicht explizit, im Dreistufen-Modell doch der ersten Stufe einer reinen und weitgehend unreflektierten Befriedigung von Begierden zugehörig betrachtet wurde, der zweiten Stufe eines liebevollen Dienstes an einem Fremden, einer selbstbestimmten Fremdbestimmung zugeordnet wird. In dieser Gleichsetzung zeigt sich das Ausmaß, welches die auf funktionale Aspekte der Bewusstseinsbestimmung ausgerichtete Analyse Stirners in den *Mysterien* erreicht hat. Und es zeigt sich darüber hinaus, dass er zum Zeitpunkt der Abfassung der *Mysterien* bei der konzeptionellen Weiterentwicklung des aufklärerischen Diskurses eben nur noch ein Kriterium gelten lässt, nämlich die Frage, ob die mit einem aufklärerischen Diskurs betriebene Bewusstseinsbestimmung seiner Adressaten einer Steigerung der Möglichkeiten individueller Selbstbestimmung zuträglich ist, oder ob sie stattdessen nur eine raffiniertere Form der für die religiöse Bewusstseinsbestimmung konstitutiven Reduktion der Menschen auf ihren Status als „Geschöpfe" darstellt. In gewisser Hinsicht lässt sich das Ziel, welches sich Stirner mit der Abfassung des *Einzigen* setzt und welches darin besteht, einen aufklärerischen Diskurs zu konzipieren, der mit einem freien Willen ausgestattete Individuen schafft, welche die Doppelnatur von „Schöpfer und Geschöpf" zu realisieren in der Lage sind, insofern bereits auf die Weichenstellungen zurückverfolgen, die er in den *Mysterien* vorgenommen hat.

Schon in *Einiges Vorläufige vom Liebesstaate* hatte Stirner das Fehlen von zum freien Willen dispositionierten Menschen als Grund für das Scheitern der junghegelianischen Aufklärung ausgemacht. Mit einem vergleichbaren Bezug auf die Gegenwart lässt Stirner auch seine Besprechung der *Mystères de Paris* enden, was ihm in diesem Falle nicht besonders schwer fällt, hatte er doch schon zu Beginn seiner Schrift festgestellt, dass der Grund für den großen Anklang, welchen das Sue'sche Werk fand, darin zu finden sei, dass der Autor mit seiner Läuterungsgeschichte genau den Nerv des philisterhaften Bürgertums treffe. Aufgrund dieser intimen Verbindung zwischen der Sue'schen Erzählung und den Einstellungen des Bürgertums impliziert die Kritik der sittlichen Beglückungsphantasien des Eugène Sue eben auch eine Kritik des liberalen deutschen Bürgertums:

> Kein Wunder, daß die Mysterien so großen Anklang fanden. Die sittliche Welt empfängt ja an ihnen die gelungendste Ausgeburt der Philisterhaftigkeit, das getreue Abbild ihrer eigenen Menschenfreundlichkeit, das volle Echo derselben Klagen, in welche auch sie ausbricht, die gleiche Reformsucht in Dingen, an denen so wenig mehr zu reformiren ist, als am Türkenthum. Mah-

---

[43] Ebenda, S. 319: „Wer sich selbst bindet, der ist gebunden, und wer sich selbst löset, der ist gelöst. Was sie [Fleur-de-Marie, UP] selbst sich zu leisten vermöchte, das sucht sie außer sich zu erflehen; aber sie wäre eben weder sittlich noch fromm, wenn sie anders verführe."

mud II. war nicht der einzige wohlwollende und unnütze Reformator unserer Zeit; der gesammte Liberalismus – und wer wäre heute nicht, er stehe hoch oder niedrig, liberal! – veredelt unter großen Hoffnungen ein Türkenthum. ‚Unsere Zeit ist krank!' so redet betrübten Blickes der Freund den Freund an, und alsbald machen beide einen botanischen Streifzug, um unter den lieblichen Kräutern des Landes das ‚rechte Heilmittel' zu suchen. Ihr Freunde, eure Zeit ist nicht krank, sie ist abgelebt; darum quält sie nicht mit Heilversuchen, sondern erleichtert ihr letztes Stündlein durch Beschleunigung und laßt sie – genesen, kann sie nicht mehr – laßt sie *sterben*.[44]

Mit diesen drastischen Worten und einer Forderung, deren Radikalität sowohl an die frühesten diskursiven Einsätze Stirners erinnern, als auch bereits den Ton seines Hauptwerkes vorgeben, an welchem er vermutlich bereits kurz nach der Niederschrift dieser Zeilen zu arbeiten begann, zeigt sich eindrucksvoll, wie wenig Stirner auch nach der Enttäuschung und trotz einer vergleichsweise gesicherten Existenz zur Akkommodation mit dem Bestehenden bereit war. Zumindest aus der Perspektive, mit welcher Stirner sein eigenes Tun beschreibt, ist er Welten entfernt von jenem Konservatismus, dessen ihn Marx und Engels im Zuge ihrer Kritik zeihen werden. Bevor die Frucht dieses prometheischen Dissidententums eine eingehendere Behandlung erfahren kann – eines Dissidententums, das selbst der Zeit das Sterben anempfehlen zu können meint und das, wie die Zeit bei Shakespeares *Hamlet*, insofern selbst etwas „out of joint" ist[45] –, gilt es noch zwei Aspekten argumentativer Praktiken Rechnung zu tragen, die Stirner in den *Mysterien* zwar zum ersten Mal thematisiert, die er zu diesem Zeitpunkt jedoch beide noch eher dem argumentativen Repertoire der Gegenseite zurechnet und deren umwandelnde Aneignung und Aufnahme in die eigenen argumentativen Strategien im *Einzigen* von der immer noch fortlaufenden Reflexionsarbeit zeugt, welche den Hiat zwischen den kleineren Schriften und dem Hauptwerk markiert.

Der erste dieser beiden, zu beleuchtenden Aspekte betrifft die Korrellierung von moralischem und ökonomischem Diskurs, die im Vergleich zum ungleich systematischeren Ansatz, mit welchem Marx und Engels diese Verbindung in den Manuskripten zur „Deutschen Ideologie" bestimmen werden, zwar sehr unterkomplex anmuten muss, die jedoch ein weiteres Zeugnis von den Früchten des auf das Feststellen funktionaler Ähnlichkeiten und Differenzen zielenden Ansatzes Stirners ablegt. So ist Stirner einerseits weit davon entfernt, wie Marx und Engels auf die ökonomische Sphäre

---

[44] Ebenda, S. 330/331. In diesem Sinne sieht sich Stirner auch eines Eingehens auf Sues Vorschläge zur Abhilfe der sozialen Übelstände enthoben, ebenda, S. 332: „Soll man schließlich noch ein Wort verlieren über die vortrefflichen Einrichtungen des Fürsten aus dem Wohlthäterorden und die philanthropischen Vorschläge des Romanschreibers selber? Sie laufen ja alle darauf hinaus, die Menschen durch Belohnung oder Bestrafung so lange zu ‚treten', bis sie die Tugend zu ihrer Herrin machen! Es sind Anträge zu Staatsverbesserungen, wie man vor der Reformation deren unzählige zur Kirchenverbesserung machte: Verbesserungen, wo nichts mehr zu verbessern ist."
[45] Vgl. Jacques Derrida: Marx' Gespenster. Der Staat der Schuld, die Trauerarbeit und die neue Internationale, Frankfurt a. M. 1995, S. 34-49.

als explikatives Fundament moralischer Maximen zu rekurrieren, und die von ihm im Rahmen der *Mysterien* konstatierte Ähnlichkeit ist eher Ausdruck der Absicht, die in oppositionellen Kreisen weit verbreitete Abneigung gegenüber dem „Schachergeist" eines seine ökonomischen Interessen selbstbewusst vertretenden Bürgertums auf die Ergebnisse der Einnahme einer sittlichen Perspektive zu übertragen. Die in der folgenden Passage festgehaltenen Ähnlichkeiten bezeugen andererseits jedoch eindrucksvoll, dass Stirner Ende 1843/Anfang 1844 die Gleichsetzung von materiellen und geistigen „Gütern", die ihm im *Einzigen* einige beachtenswerte Analogieschlüsse vom einen auf den anderen Diskurs erlauben – etwa die Übertragung des Verhaltens in ökonomischen Konkurrenzbeziehungen auf den Umgang selbstbestimmter Individuen mit konkurrierenden Überzeugungen[46] –, bereits weitgehend ausgearbeitet hat. Nachdem Stirner die Existenz von „Gütern" auch in der „Welt des Guten" postuliert hat,[47] kommt er zu folgender Analogie zwischen ökonomischer und moralischer Bewertung menschlicher „Güte":

> Wir müssen aber doch fragen, was in dem sittlichen Urtheil der Welt denn eigentlich Geltung habe, ob der Mensch als solcher oder – seine Güter. Es ist nicht ohne den innigsten Zusammenhang, daß gerade die Zeit des Liberalismus und der Bourgeoisie so viel auf Sittlichkeit hält: ein Banquier und ein Sittlicher beurtheilen den Menschen aus ein und demselben Gesichtspunkte, nämlich nicht nach dem, was er durch sich ist, sondern nach dem was er durch seinen Besitz ist. ‚Hat er Geld?' Mit dieser Frage läuft die andere parallel: ‚Hat er Tugenden?' Wer kein Geld hat, mit dem befaßt sich der Banquier nicht: er ‚macht ihm Schande'; wer die Tugenden eines ehrbaren Bürgers nicht ‚besitzt', der muß ihm nicht zu nahe kommen. Nach Gütern mißt der eine wie der andere, und der Mangel eines Gutes ist und bleibt ein Mangel.[48]

Es ist bemerkenswert, dass Stirner in dieser Passage noch den Humanismus eines „Menschen als solchem" zur Grundlage der Kritikwürdigkeit sowohl des ökonomischen, als auch des moralischen Diskurses voraussetzt. Insofern lässt sich für die *Mysterien* der seltsam anmutende Sachverhalt konstatieren, dass Stirner in dieser Schrift seine Kritik der Sittlichkeitsforderungen eines liberalen Bürgertums ausgehend von einem Humanismus unternimmt, welchem er im *Einzigen* nur noch mit Ablehnung begegnet und welchen er später vielmehr als das normative Fundament aller Sittlichkeitsmaximen ausmacht. Wenn man so will, markiert diese Position eines

---

46 Siehe unten, Kapitel 7, Abschnitt 1.
47 Max Schmidt [d. i. Stirner]: Die Mysterien von Paris, a. a. O., S. 314/315: „Die Welt des Guten könnte nicht bestehen, wenn sie nicht ‚Güter' hätte, und unter diesen Gütern ist die Keuschheit ein Gut, dessen Einbuße sie keinem – Weibe verzeiht. Eine nachfolgende dauernde Züchtigkeit kann die ursprünglich, der sittlichen Ehre, geschlagene Wunde vernarben lassen, aber den Schandfleck der Narbe wäscht keine Zeit ab. Die Welt, welche an die Sittlichkeit und ihre Güter glaubt, kann – nicht vergessen; für sie haben diese Güter einen Werth, und sie mag es anstellen, wie sie will, die Empfindung eines Mangels und Gebrechens kann sie da, wo eines dieser Güter, an denen ihr Wahn klebt, verloren gegangen ist, nicht gänzlich unterdrücken."
48 Ebenda, S. 315/316.

schwachen Humanismus, auf den hauptsächlich aus dem Grund rekurriert wird, dass sich mit ihm eine Diskrepanz zwischen Anspruch und Realität des normativen Gerüsts des liberalen Bürgertums zum Vorschein bringen lässt, einen Zeitpunkt, zu welchem sich noch eine weitgehende Ähnlichkeit zwischen Stirners und Marx'/Engels' Weiterentwicklungen des aufklärerischen Diskurses konstatieren lässt: Wie Stirner unternehmen auch die letzteren beiden ihre Kritik des Bestehenden ausgehend von einem, wenn im Vergleich etwa zu Feuerbach allerdings nur rudimentären Humanismus, dessen Funktion sich im Wesentlichen darauf beschränkt, die Notwendigkeit einer Überwindung der bestehenden Verhältnisse durch Aufzeigen der Differenz zwischen Wesen und Existenz der meisten Menschen zu untermauern.[49] Was Stirner dazu veranlasst, sich dieses Fundamentes einer Kritik der bestehenden Verhältnisse zu begeben, wird im folgenden Kapitel eine eingehendere Betrachtung erfahren.

Zu Marx' und Engels' Missfallen wird Stirner die in der zitierten Passage erstmals gezogene Analogie zwischen geistigen und materiellen Gütern im *Einzigen* in einer Weise ausbauen, die vor allem darauf zielt, die bereits umfassend etablierte, kaum Einschränkungen unterworfene Verfügungsgewalt von Privateigentümern über ihre materiellen Güter den selbstbestimmten Individuen als Modell des Umgangs mit geistigen Gütern zu empfehlen und so nicht etwa die Existenz ökonomischen Privateigentums anzuprangern und als dem tatsächlichen Interesse der Adressaten aufklärerischer Diskurse zuwider laufend zu kennzeichnen, sondern diesen Adressaten statt dessen die Behandlung ihrer Überzeugungen und Dispositionen im Sinne eines Privateigentums anzuempfehlen, also die Verfügungsgewalt der Privateigentümer nicht etwa einzuschränken, sondern vielmehr auszuweiten. Die in den *Mysterien* noch vergleichsweise rudimentär entwickelte Inbeziehungsetzung von ökonomischem und moralischem Diskurs, die noch vor dem Hintergrund einer Diskreditierung des letzteren vorgenommene Gleichsetzung materieller und geistiger Güter gehört so in den

---

[49] Bezeichnenderweise veranschaulichen Marx und Engels die kritischen Potenziale der von ihnen aufrecht gehaltenen Form des Humanismus in einer der wenigen Passagen der Manuskripte zur „Deutschen Ideologie", die tatsächlich in dezidierter Auseinandersetzung mit Feuerbach geschrieben wurden und die hier zur Kontrastierung mit Stirners Auffassung angeführt wird, [Konvolut zu Feuerbach] (**H⁵**), MEGA² I/5, S. 16-123, hier Ms-S. 28/29 (S. 57/58): „Als Beispiel von der Anerkennung & zugleich Verkennung des Bestehenden, die Feuerbach noch immer mit unsern Gegnern theilt, erinnern wir an die Stelle der Philosophie der Zukunft, wo er entwickelt, daß das Sein eines Dinges oder Menschen zugleich sein Wesen sei, daß die bestimmten Existenzverhältnisse Lebensweise & Thätigkeit eines thierischen oder menschlichen Individuums dasjenige sei, worin sein ‚Wesen' sich befriedigt fühle. Hier wird ausdrücklich jede Ausnahme als ein unglücklicher Zufall, als eine Abnormität die nicht zu ändern ist, aufgefaßt. Wenn also Millionen von Proletariern sich in ihren Lebensverhältnissen keineswegs befriedigt fühlen, wenn ihr ‚Sein' ihrem ‚Wesen' nicht im Entferntesten entspricht, so wäre dies n[ach] der erwähnten Stelle ein unvermeidliches Unglück, das man ruhig ertragen müsse. Diese Millionen Proletarier oder Kommunisten denken indeß ganz anders, & werden dies ihrer Zeit beweisen, wenn sie ihr ‚Sein' mit ihrem ‚Wesen' praktisch, durch eine Revolution, in Einklang bringen werden."

Bereich derjenigen Positionierungen Stirners, deren Ablehnung durch Marx und Engels aufgrund einer vermeintlichen Ähnlichkeit mit ihren eigenen Positionierungen besonders harsch ausfiel.[50]

Von noch größerer Bedeutung für eine Rekonstruktion der Stirner'schen Entwicklung hin zum *Einzigen* ist jedoch der andere, zu beleuchtende Aspekt, betrifft dieser doch den innovativsten Beitrag Stirners zu einer Weiterentwicklung und Fortführung des aufklärerischen Diskurses. So findet sich in den *Mysterien* der erste Beleg für die Stirner'sche Hinwendung zu einer alternativen Form von Evidenz, einer Form, welche Stirner zum Hintergrund der Überzeugungskraft seiner Argumentation im *Einzigen* wählen wird. Wenn diese Evidenz alltagssprachlicher Vertrautheit auch noch als Teil der argumentativen Strategie der Gegner Stirners, der Verfechter einer Ausrichtung an Sittlichkeitsmaximen als Remedium der Probleme der Gegenwart, präsentiert wird, so zeigen sich in der folgenden Zusammenstellung vermeintlich unkontroverser Aussagen doch bereits die Vorteile eines Verzichts auf die im Rahmen der philosophischen Evidenzproduktion unentbehrliche Kohärenz systematischer Begriffsentwicklungen: „Doch ihr seid schlagend mit eueren Beweisen, indem ihr ja nur auf Beispiele hinzuweisen braucht: ‚die Lüge ist böse, die Aufrichtigkeit aber ist gut, die Unbußfertigkeit ist böse, die Bußfertigkeit und Reue ist gut, die Unkeuschheit eine Sünde, die Keuschheit eine Tugend u. s. w.'"[51]

Diese lose Aneinanderreihung von Sätzen, die für die Entfaltung ihrer Überzeugungskraft nicht der Anbindung an widerspruchsfreie Begriffsentwicklungen bedürfen, die also nicht erst Teil einer aufwendigen und erschöpfenden, systematischen Organisation der teils inkohärenten Verwendungen der in ihnen gebrauchten Begriffe sein müssen, die vielmehr gerade aufgrund ihrer Herauslösung aus einem konkreten Verwendungszusammenhang, aufgrund ihrer kontextunabhängigen, bloßen Nennung sich einer umfassenden Zustimmung auf Seiten der Adressaten erfreuen können, diese lose Aneinanderreihung von Sätzen, die sich quasi selbst beglaubigen und die Stirner in den *Mysterien* als Grund dafür anführt, dass den Verfechtern einer allgemeinen Ausrichtung an den das Bestehende festigenden Sittlichkeitsmaximen von Seiten der aufklärerischen Kritiker bisher argumentativ nicht beizukommen war, birgt den ersten Keim der Erkenntnis, dass es erfolgversprechendere Weisen des Argumentierens gibt, als die bisher im Rahmen der junghegelianischen Debatte zur Anwendung gebrachten. Dass sich diese Erkenntnis bei Stirner im Anschluss an die Abfassung der *Mysterien* verfestigte, davon zeugt der umfassende Gebrauch, den er dann selbst im *Einzigen* von dieser Art der Produktion von Evidenz tätigt. Da dieser Gebrauch im Rahmen der Behandlung des *Einzigen* noch intensiv erörtert wird,[52] kann an dieser Stelle auf eine weitere Darstellung der Konsequenzen dieser folgen-

---

50 Vgl. hierzu unten, Kapitel 12, Abschnitt 3.
51 Max Schmidt [d. i. Stirner]: Die Mysterien von Paris, a. a. O., S. 305.
52 Siehe unten, Kapitel 7, Abschnitt 1.

reichen Entdeckung Stirners verzichtet und sich mit der Feststellung begnügt werden, dass Stirner die Macht der von ihm selbst in der Folge perfektionierten Form der Produktion von Evidenz zuerst aus der Perspektive ihrer versuchten argumentativen Desavouierung kennen gelernt hat.

Wie mit der Darstellung der beiden Aspekte argumentativer Praktiken offenkundig geworden ist, waren wichtige Elemente der spezifisch Stirner'schen Weiterentwicklung und Fortführung des aufklärerischen Diskurses mit der Abfassung von *Die Mysterien von Paris* bereits in Ansätzen entwickelt. Mit der nun abgeschlossenen Darstellung der beiden Schriften der *BM* sind die überlieferten Quellen für eine Rekonstruktion der Stirner'schen Entwicklung hin zum *Einzigen* erschöpft. Und obwohl die Quellenlage im Vergleich mit den anderen zentralen Protagonisten der junghegelianischen Debatte wie Feuerbach, Bauer und auch Marx und Engels bei Stirner eher dünn ist, so konnte in den vergangenen Abschnitten doch gezeigt werden, dass er an den Ereignissen, welche den Verlauf der junghegelianischen Debatte geprägt haben, einen, zum Teil beträchtlichen Anteil genommen hat. Wenn er seinen Eintritt im Dezember 1841 auch zu einem vergleichsweise späten Zeitpunkt genommen hat, so versuchte er dieses Manko anfangs durch eine besondere Radikalität in Form und Inhalt seiner Einsätze wett zu machen. Und wenn Stirner auch weit davon entfernt blieb, einen ähnlich prägenden Einfluss wie Feuerbach und Bauer auf die junghegelianische Aufklärung vor der Enttäuschung zu entfalten, so wäre es gleichwohl ein Fehler, den Stirner'schen Einfluss zu gering zu veranschlagen.[53]

Abgesehen von den beiden, im Beiblatt der *RhZ* veröffentlichten Beiträgen *Das unwahre Prinzip unserer Erziehung* und *Kunst und Religion* hat sich dieser Einfluss zwar kaum in einer theoretischen Vertiefung der Kritik geäußert, vor dem Hintergrund seiner umfangreichen Korrespondententätigkeit für zwei der zentralen oppositionellen Blätter des Jahres 1842 ist Stirner jedoch zweifellos zu den bedeutendsten Agitatoren sowohl allgemein für die junghegelianische, als auch besonders für die Sache der „Freien" zu zählen. Die besonders intensiven, wenn auch durchweg enttäuschenden Erfahrungen, welche er bei den vielen Versuchen sammeln konnte, die Öffentlichkeit von einem Engagement für die Anliegen der junghegelianischen Aufklärung zu überzeugen – es sei etwa an die Agitation für den Erhalt der Bauer'schen *licentia docendi* im *Gegenwort*, an die Agitation für den Austritt aus der Kirche und die Beteiligung an der Gründung „freier Vereine" in den Korrespondenzen des Juli 1842 oder an die verschiedenen Versuche erinnert, die Eskalation der Auseinandersetzung zwischen Opposition und preußischem Staat in den Korrespondenzen vom

---

53 Wie in Kapitel 4 gezeigt, erstreckte sich dieser Einfluss vor allem auf die Popularisierung der Positionen Feuerbachs und Bauers. Wenn Stirner so auch nicht zu denjenigen zu zählen ist, die mit der Restitution der Autonomie des philosophisch-aufklärerischen Diskurses die Grundlagen für die junghegelianische Phase der deutschen Spätaufklärung legten, so kann er mit seinen publizistischen Einsätzen durchaus zu den exemplarischen Protagonisten der deutschen Spätaufklärung gerechnet werden.

Herbst 1842 zu befeuern –, trafen bei ihm auf eine besondere Sensibilität für pädagogische Fragestellungen, denen er sich nicht nur in theoretischer Hinsicht annahm, wovon etwa bereits seine Examensarbeit *Ueber Schulgesetze*, aber auch die wesentlich reifere Schrift *Das unwahre Prinzip unserer Erziehung* Zeugnis ablegen, sondern denen er sich ebenfalls vor dem Hintergrund der Erfahrungen seiner praktischen Lehrtätigkeit widmen konnte. Das Aufeinandertreffen dieser beiden Spezifika – die besonders intensive Teilnahme an den Versuchen, den empfundenen argumentativen Sieg der philosophischen Aufklärung in politische Erfolge zu übersetzen, und der pädagogische Blick auf das Problem der Herbeiführung einer im Rahmen des bewusstseinszentrierten Modells gesellschaftlicher Veränderung notwendigen Bewusstseinsänderung – ist wohl vor allem dafür verantwortlich, dass Stirner in der Verarbeitung der Enttäuschung der Hoffnungen auf eine massenhafte Erhebung und dem damit offensichtlich werdenden Scheitern des philosophisch-aufklärerischen Diskurses eine Richtung einschlug, deren Eigenheit anlässlich der Behandlung der beiden Schriften der *BM* hervorgehoben wurde.

Eine gewisse Originalität kommt auch darin zum Ausdruck, dass Stirner sich in seinen Beiträgen zur junghegelianischen Debatte in theoretischer Hinsicht enger an Feuerbach, in Bezug auf die Frage politischer Radikalität allerdings eher an Bauer anlehnte, dass er sich insofern, anders als etwa Marx, einer exklusiven Zugehörigkeit zu einem der beiden Lager entzog. Die relative Leichtigkeit, mit welcher Stirner nach der Enttäuschung begann, eigene Wege einzuschlagen, findet in dieser Zurückhaltung gegenüber eindeutigen Positionierungen zugunsten eines der beiden Stränge der junghegelianischen Aufklärung, wie sie Marx erst als engster Vertrauter Bauers, dann als „Konsequenz Feuerbachs" vornahm, sicher einen ihrer Gründe.

Es hat sich darüber hinaus gezeigt, dass viele Elemente des im *Einzigen* artikulierten Ansatzes bereits in den frühen, kleineren Schriften Stirners antizipiert wurden, dass das Stirner'sche Hauptwerk also mitnichten *ex nihilo* entstanden ist, und es wird sich schließlich im folgenden Kapitel zeigen, inwieweit das, wenn man so will, reife Werk Stirners die bereits früher gesponnenen Fäden aufnimmt. Sei es, um nur einige dieser Elemente zu nennen, die für Stirner so wichtige Dichotomie von Schöpfer und Geschöpf, die den freien Willen unterjochende „fixe Idee" oder auch die von Marx und Engels in der Folge heftigst kritisierte Drapierung der Geschichte der Menschheit im Gewand individueller Lebensalter, sie alle finden sich, wenn auch in rudimentärer Form, in den frühen Schriften Stirners. Mit dieser Feststellung soll keineswegs negiert werden, dass der *Einzige* in vielen Aspekten über die frühen Schriften hinausgeht – etwa wenn es um die endgültige Verabschiedung von der Vorstellung geht, die erwünschte Veränderung der gesellschaftlichen Verhältnisse sei durch Apelle an ein allgemein menschliches Vernunftvermögen zu erreichen, oder um das konsequente Ausschlagen eines wie auch immer gearteten Humanismus –, es soll jedoch betont werden, dass es Kontinuitäten gibt, welche das Stirner'sche Hauptwerk mit der junghegelianischen Aufklärung in Beziehung setzen. Trotz aller Brüche, welche Stirner gegenüber dem noch der klassischen Aufklärung des 18. Jahrhunderts verpflichteten, philosophischen Diskurs der junghegelianischen Phase der deutschen Spätaufklärung vollzog, *Der Einzige und sein Eigenthum*, wie im Übrigen auch die Manuskripte zur „Deutschen Ideologie", verdankt seine Existenz den im Rahmen des gescheiterten Versuchs der Initiierung einer revolutionären Massenerhebung gemachten Erfahrungen und ist ein Kind der junghegelianischen Debatte.

5.3 Die unveröffentlichten Schriften des Jahres 1843 – Zur Entstehung von *Der Einzige und sein Eigenthum*

Bereits im vergangenen Kapitel wurde wiederholt auf den Sachverhalt hingewiesen, dass die Quellenlage für die Rekonstruktion der Entwicklung Stirners hin zum *Einzigen* eine sehr spärliche ist, und dieser Sachverhalt gilt in noch stärkerem Maße für die Umstände, welche die Abfassung dieses zentralen Werkes Stirners betreffen. Wenn im Folgenden dennoch der Versuch unternommen werden soll, den komplexen Prozess dieser Abfassung eingehend zu beleuchten, so vor dem Hintergrund, dass dieser Prozess für Struktur und Charakter des Stirner'schen Werkes von nicht zu vernachlässigender Bedeutung ist. Die mitunter überraschende Originalität etwa des Verzichts auf die Kohärenz seiner Ausführungen wie auch ihrer Darstellung – die plakative Weigerung, „nach dem [logischen, UP] Schnürchen zu gehen"[54] –, eines Verzichts, welcher der Charakterisierung Stirners als eines Postmodernen *avant la lettre* einigen Vorschub geleistet hat, erfährt durch die Klärung der Entstehung des Stirner'schen Textes ihre notwendige und gebotene ideengeschichtliche Einordnung. Denn es wird sich in der Folge zeigen, dass der Abfassung keineswegs ein systematischer Entwurf vorausging, sondern dass im Zuge des Versuchs einer systematischen

---

54 Max Stirner: Der Einzige und sein Eigenthum, Leipzig 1845 [1844], S. 45. Wenn im Folgenden nach der Originalausgabe von 1845 zitiert wird, so sollen damit keineswegs die durchaus gegebenen Verdienste neuerer Ausgaben wie derjenigen von Bernd Kast verschwiegen werden (Max Stirner: Der Einzige und sein Eigentum. Ausführlich kommentierte Studienausgabe, Freiburg/München 2009; das Zitat dort S. 43). Es ist vorbehaltlos zu begrüßen, dass das Studium des *Einzigen* durch umfangreiche Kommentierungen des für den heutigen Leser nicht immer eingängigen Textes erleichtert wird. Aus der Perspektive ideengeschichtlicher Rekonstruktion ist jedoch zu bedauern, dass der Herausgeber offensichtlich der Meinung war, die Relevanz Stirners für heutige Rezipienten durch eine besondere Hervorhebung der Möglichkeiten gegenwärtiger Bezugnahmen etablieren zu müssen. Zwar ist dieser Zug vor dem Hintergrund des Schattendaseins, welches Stirner im Vergleich zu seinen Zeitgenossen in der akademischen Rezeption führte, in gewisser Hinsicht nachzuvollziehen, einer zum mindesten gleichermaßen verdienten Wertschätzung Stirners aufgrund seiner Rolle in der europäischen Geistesgeschichte des 19. Jahrhunderts wird durch diese übermäßige Aktualisierung, die sich etwa auch in der Modernisierung der Orthographie – einem der sichersten Indikatoren historischer Distanz – zeigt, jedoch nicht gedient. Nicht zuletzt aus diesem Grund wird in der Folge nach der Originalausgabe zitiert, auf die Ausgabe von Kast zur Erleichterung des Zugriffs aber verwiesen.

Anordnung des Stoffes, von welchem etwa die Unterteilung in die beiden Abteilungen „Der Mensch" und „Ich" zeugt, Texte zu Einheiten zusammengefasst wurden, die zu unterschiedlichsten Zeitpunkten des nahezu ein Jahr umfassenden Zeitraums der Abfassung niedergeschrieben worden waren.

Als einer der wenigen Fixpunkte jeder rekonstruktiven Näherung an den Prozess der Abfassung lässt sich der Zeitpunkt des Erscheinens des *Einzigen* bestimmen. So lässt sich das auf dem Titelblatt der Originalausgabe genannte Erscheinungsjahr 1845 als der verlegerischen Intention geschuldet erweisen, dem tatsächlich Ende Oktober 1844 erschienenen Werk noch auf längere Zeit den Novitätenstatus zu erhalten. Nachdem einige, dem Verleger Otto Wigand bekannte Personen wohl bereits zu einem früheren Zeitpunkt die Aushängebogen erhalten hatten, welche etwa Engels eine erste Kenntnisnahme des Werkes ermöglichten,[55] wurde das Erscheinen der buchhändlerischen Öffentlichkeit am 29. Oktober 1844 bekannt gegeben,[56] was bedeutet, dass das Werk zwischen dem 24. und 26. Oktober der J. C. Hinrichs'schen Buchhandlung in Leipzig zugegangen sein muss, welche dem Redakteur des *Börsenblattes*, Joseph de Marle, die erschienenen Neuigkeiten anzeigte.[57] In Verbindung mit der Tatsache, dass der *Einzige* der Königlich Sächsischen Kreis-Direktion am 26. Oktober zur Zensur vorgelegt wurde[58] (obwohl das umfangreiche Werk die für die Befreiung von den Zensurbestimmungen des Deutschen Bundes notwendige Anzahl von 20 Druckbogen weit überstieg, musste es der sächsischen Zensur, die zwar liberaler als die preußische war, die jedoch generell eine Nachzensur aller für den Vertrieb vorgesehenen Bücher verlangte, vorgelegt werden), lässt sich schließen, dass das tatsächliche Erscheinungsdatum der 26. Oktober 1844 war.

Die Anekdote, welche sich mit der Entscheidung der Königlich Sächsischen Kreis-Direktion verbindet, hat aufgrund ihres, sich zu einer knappen, ersten Charakterisierung des Werkes anbietenden Gehalts Eingang in nahezu jede spätere Ausgabe des *Einzigen* gefunden: Nachdem am 28. Oktober der Vertrieb des Werkes zunächst verboten worden war, hob der sächsische Minister des Innern v. Falkenstein dieses Verbot bereits am 2. November wieder auf. Ob diese Rücknahme des Vertriebsverbots auf Initiative des Verlegers Otto Wigand erfolgte, lässt sich aus der heutigen Perspektive nicht mehr klären, die Begründung, welche für die Rücknahme gegeben wurde (und welche von Auguste Cornu referiert wird), ist jedoch aufschlussreich:

---

55 Engels an Marx, 19. November 1844, MEGA² III/1, S. 251. Engels stand zu diesem Zeitpunkt mit dem Verleger des *Einzigen*, Otto Wigand, aufgrund des Verlages seiner Schrift *Die Lage der arbeitenden Klasse in England* in Kontakt.
56 Börsenblatt für den Deutschen Buchhandel, 11. Jg. (1844), Nr. 95 vom 29. Oktober, Sp. 3280.
57 In Nr. 95 vom 29. Oktober wurden die Neuerscheinungen angezeigt, welche der J. C. Hinrichs'schen Buchhandlung zwischen dem 24. und 26. Oktober zugegangen waren, ebenda, Sp. 3274.
58 Die diesbezüglichen Akten wurden ausgewertet von Auguste Cornu: Karl Marx und Friedrich Engels. Leben und Werk, 3. Bd., Berlin u. Weimar 1968, S. 321, Fn. 17.

Zwar könne, so wird in der Verfügung erklärt, die Schrift nach den bestehenden Gesetzen verboten werden, aber außer ‚der Frage der *rechtlichen* Begründung' komme auch die der ‚Zweckmäßigkeit und wirklichen Nothwendigkeit im Sinne der öffentlichen Wohlfahrt' in Betracht. Von dem Buch sei wahrhaftig keine nachteilige Wirkung auf die Leser zu erwarten, vielmehr zeige es die beklagenswerten Resultate der Philosophie, die der Verfasser selbst anwende, und es werde auf Abscheu stoßen. Die ‚religiös-sittliche Ansicht des Lebens' könne kaum wirksamer gefördert werden als durch Bekanntmachung dieses niedrigen und beschränkten Standpunktes.[59]

Zwar herrschte unter den deutschen Zensurbehörden keineswegs Einigkeit bezüglich dieser Einschätzung des *Einzigen* – in Preußen, Kurhessen und Mecklenburg-Schwerin etwa war man sich seiner sittlichkeitsfördernden Wirkung weniger sicher, fürchtete doch eher Unbill für die „religiös-sittliche Ansicht des Lebens" und verbot den *Einzigen* (in Preußen bereits am 7. November[60]), worüber die buchhändlerische Öffentlichkeit am 24. Dezember 1844 informiert wurde[61] –, mit der Vertriebserlaubnis der Königlich Sächsischen Kreis-Direktion war jedoch die entscheidende Hürde genommen und der *Einzige* konnte in die Zirkulationssphäre der öffentlichen Meinung treten.[62] Es zeigte sich insofern, dass der über reichlich Erfahrungen bezüglich des Vertriebs potenziell zensurwidriger Schriften verfügende Otto Wigand, der das bereits gedruckte Werk zeitgleich anzeigen und der Zensur vorlegen ließ, das Risiko eines Vertriebsverbotes richtig eingeschätzt hatte. Der *Einzige* konnte im Winter 1844/45 gelesen werden und wurde es auch, nimmt man die überlieferten Reaktionen der Protagonisten der junghegelianischen Debatte als Maßstab.[63]

Lässt sich also der Zeitpunkt des Erscheinens noch mit einiger Sicherheit bestimmen, so schwindet diese Sicherheit zunehmend, je weiter man von diesem Datum zurück zum eigentlichen Prozess der Abfassung schreitet. Da bedauerlicher Weise nicht nur der Stirner'sche Briefwechsel, sondern auch das Geschäftsarchiv des Wigand'schen Verlages nicht überliefert sind, lässt sich bereits in Bezug auf den Zeitpunkt der Einreichung der Druckvorlagen und die damit verbundene Fertigstellung

---

59 Ebenda.
60 Vgl. Karl Marx/Friedrich Engels/Joseph Weydemeyer: Die deutsche Ideologie. Artikel, Druckvorlagen, Entwürfe, Reinschriftfragmente und Notizen zu I. Feuerbach und II. Sankt Bruno, Marx-Engels-Jahrbuch 2003, Berlin 2004, S. 377.
61 Börsenblatt für den Deutschen Buchhandel, 11. Jg. (1844), Nr. 111 vom 24. Dezember, Sp. 3922. Wie bereits ausgeführt, bedeutete das Verbot eines Werkes keineswegs den vollständigen Ausschluss vom Handel, ein solches Verbot konnte vielmehr durchaus positive Auswirkungen auf den Absatz eines Werkes haben (siehe oben, Kapitel 2, Abschnitt 1).
62 Der Debit des *Einzigen* wurde in Preußen erst am 26. August 1845 untersagt. Vgl. Karl Marx/Friedrich Engels/Joseph Weydemeyer: Die deutsche Ideologie. Artikel, Druckvorlagen, Entwürfe, Reinschriftfragmente und Notizen zu I. Feuerbach und II. Sankt Bruno, a. a. O., S. 377.
63 Auch über diesen Kreis hinaus stieß Stirners Werk – zumindest unter Gebildeten – auf Anklang. Siehe Bert Andréas/Wolfgang Mönke: Neue Daten zur „Deutschen Ideologie". Mit einem unbekannten Brief von Karl Marx und anderen Dokumenten, (Archiv für Sozialgeschichte, Bd. VIII), Bonn 1968, S. 23.

des Werkes nur spekulieren. Und beim Versuch der Rekonstruktion dieses Zeitpunkts lässt sich darüber hinaus auch schon ein allgemeines Charakteristikum aller folgenden Angaben zur Chronologie der einzelnen Abschnitte des *Einzigen* konstatieren, denn die einzigen Anhaltspunkte für eine chronologische Anordnung bieten die Erscheinungsdaten der von Stirner zitierten Schriften anderer Autoren.[64] Es liegt in der Natur solcher Rekonstruktionen, dass stets nur *termini post quem* erschlossen werden können, dass also stets nur angegeben werden kann, *nach* welchem Zeitpunkt ein Abschnitt von Stirner verfasst worden sein muss.[65]

Instruktiv für den Versuch einer Eingrenzung des Zeitpunkts der Fertigstellung ist der Absatz, welcher die an den Abschnitt über den „humanen Liberalismus" angehängte Anmerkung einleitet. Dort heißt es:

> Vorstehende Beurtheilung der ‚freien menschlichen Kritik' war, wie auch dasjenige, was anderwärts noch sich auf Schriften dieser Richtung bezieht, unmittelbar nach dem Erscheinen der betreffenden Bücher bruchstückweise niedergeschrieben worden, und Ich that wenig mehr, als daß Ich die Fragmente zusammentrug. Die Kritik dringt aber rastlos vorwärts und macht es dadurch nothwendig, daß Ich jetzt, nachdem mein Buch zu Ende geschrieben ist, noch einmal auf sie zurückkommen und diese Schlußanmerkung einschieben muß. Ich habe das neuste, das achte Heft der Allgemeinen Literaturzeitung von Bruno Bauer vor Mir.[66]

Für die Rekonstruktion der Abfassung des *Einzigen* ist diese Passage in verschiedener Hinsicht aufschlussreich: Zum einen klingt in ihr der bereits angeführte Sachverhalt

---

[64] Die folgende Auswertung der Erscheinungsdaten der zitierten Literatur konnte von der Herausgebertätigkeit Kasts profitieren, der, wenn auch mit kleineren Ungenauigkeiten durchsetzt, den Fundus nachgewiesener Zitate um einiges vergrößern konnte; die von Stirner selbst gegebenen Nachweise erfassen – wie damals üblich – längst nicht alle Zitate.

[65] Bei der folgenden Rekonstruktion des Abfassungsprozesses anhand der in den Abschnitten zitierten Literatur wird davon ausgegangen, dass die einzelnen Abschnitte – im Gegensatz zum Werk als Ganzem – distinkte und in sich geschlossene Einheiten darstellen, deren Abfassung bis auf geringfügige, spätere Überarbeitungen „in einem Guss" erfolgte. Es wird also vorausgesetzt, dass diese Texteinheiten zu einem Zeitpunkt in Gänze niedergeschrieben wurden, der nach dem jeweils zuletzt erschienenen Werk gelegen haben muss, auf welches Bezug genommen wird. Diese Annahme wird nicht zuletzt durch die Zitationspraxis Stirners untermauert, der Zitate nahezu ausnahmslos in den eigenen Text integrierte und in den beigefügten Fußnoten stets nur die bibliographischen Angaben brachte – eine Praxis, welche eine nachträgliche Berücksichtigung eines Werkes in einem bereits geschriebenen Abschnitt um einiges erschwert und sehr unwahrscheinlich macht. Die wenigen Fälle, in welchen Stirner von dieser Praxis abweicht betreffen namentlich zwei Zitate aus französischen Quellen (Louis Blancs *Histoire de dix ans* und Pierre-Joseph Proudhons *De la création de l'ordre dans l'humanité*), und der einzige Fall, in welchem ein bibliographischer Verweis mit großer Wahrscheinlichkeit erst nachträglich eingefügt wurde, betrifft den im Rahmen dieser Untersuchung besonders interessanten Verweis auf *Zur Judenfrage* von Karl Marx, welche Stirner als Beispiel für die Forderung anführt, „Ich müsse ein ‚wirkliches Gattungswesen' werden" (Max Stirner: Der Einzige und sein Eigenthum, Leipzig 1845 [1844], S. 230 [182]).

[66] Ebenda, S. 190/191 [151/152].

an, dass Stirner die einzelnen Abschnitte relativ zeitnah zum Erscheinen der besprochenen Schriften verfasste, ein Sachverhalt, der zwar im Kontext der Auseinandersetzung mit der von Bauer und seinen Anhängern vertretenen Richtung, die Stirner unter der Bezeichnung „humaner Liberalismus" fasst, konstatiert wird, der allerdings auch für die anderen Themenkomplexe gelten dürfte. Zum anderen erlaubt die Angabe des achten Heftes der *ALZ*, in welchem sich die für die Bauer'sche Richtung überaus wichtige Schrift *Was ist jetzt der Gegenstand der Kritik?* mit ihrer Fokussierung der Kritik auf die „Masse" findet, eine – wenn auch nur leidlich genaue – Datierung, denn dieses Heft wurde „Ausgegeben im Juli 1844".[67]

Unter Berücksichtigung dieser Angaben Stirners scheint es, als sei der *Einzige* im Juli 1844 weitgehend abgeschlossen gewesen. Es lässt sich jedoch vergleichsweise einfach zeigen, dass der erweckte Eindruck täuscht, das Werk habe zu diesem Zeitpunkt vollständig vorgelegen und sei von Stirner nur noch um die angeführte Anmerkung ergänzt worden. Da die betreffende Schrift von Bauer auch noch in einem Abschnitt zitiert wird, der Teil des mit Abstand umfangreichsten Kapitels *Mein Verkehr* ist,[68] und sich also schließen lässt, dass auch dieser Abschnitt frühestens im Juli 1844 verfasst worden sein kann, wird offensichtlich, dass Stirner auch im Juli noch mit der Abfassung „regulärer", nicht als „Anmerkung" gekennzeichneter Abschnitte beschäftigt war. Über einen langen Zeitraum können sich diese abschließenden Arbeiten allerdings nicht mehr erstreckt haben, da sonst der Erscheinungstermin Ende Oktober 1844 kaum zu realisieren gewesen wäre.

Aus dem soeben geschilderten Sachverhalt, dass sich Bezugnahmen auf die jüngste im Werk berücksichtigte Schrift auch im regulären Text finden, wird darüber hinaus eines der zentralen Charakteristika des Stirner'schen Werkes ersichtlich, denn es kann mit ziemlicher Sicherheit ausgeschlossen werden, dass Stirner die auf den angeführten Abschnitt im Kapitel *Mein Verkehr* folgenden Textteile tatsächlich nach diesem Abschnitt verfasst haben könnte, dass Stirner den Text also in der Reihenfolge seiner schließlichen Anordnung verfasst hätte. Es ist dies eines der gewichtigsten Argumente, welche gegen die Annahme einer chronologischen Abfassung des *Einzigen* sprechen. Betrachtet man den Aufbau des *Einzigen* etwas genauer, so zeigt sich vielmehr, dass die einzelnen Kapitel nahezu sämtlich aus mehreren, in der Erstausgabe durch Abschnittsstriche voneinander abgesetzten Abschnitten bestehen, aus Abschnitten, die jeweils relativ abgeschlossene Themenkomplexe behandeln. Wird dieser Befund außerdem um die Erscheinungsdaten der in den Abschnitten zitierten Schriften ergänzt, so wird offensichtlich, dass die systematische Anordnung, welche

---

67 [Bruno Bauer:] Was ist jetzt der Gegenstand der Kritik?, in: Allgemeine Literatur-Zeitung, H. 8 vom Juli 1844, S. 18-26. Siehe oben, Kapitel 3, Abschnitt 2.
68 Es handelt sich um den fünften Abschnitt des insgesamt aus zehn Abschnitten bestehenden Kapitels, der sich auf den S. 319-332 [246-255] befindet, das Zitat aus Bauers Schrift findet sich auf S. 321 [247].

Stirner im *Einzigen* mehr versucht als erreicht hat, als ein eher loses Gerüst anzusehen ist, das zu unterschiedlichen Zeitpunkten und in unterschiedlichen Kontexten verfasste Texte zu einem – nach eigener Aussage nur leidlich – kohärenten Ganzen verbinden soll, dass also die Weigerung, „am Schnürchen zu gehen", eben auch der Tatsache geschuldet war, dass viele der Abschnitte eher als Ergebnis selbstständiger, spontaner Reflexionsprozesse zu betrachten sind, denn als umsichtig auf ihre Position im Gesamtgerüst abgestimmte Textbausteine.[69]

Wenn die Blaupause zu diesem Gerüst auch nicht von vornherein vorhanden war, so lässt sich gleichfalls ausschließen, dass sie erst ganz zum Schluss gezeichnet worden ist. Es ist vielmehr davon auszugehen, dass Stirner die Entscheidung für ein umfassendes Werk zu dem Zeitpunkt getroffen hat, als absehbar wurde, dass eine Bündelung der ursprünglich mit großer Wahrscheinlichkeit separat verfassten Texte es erlauben würde, die für die Zensur so überaus wichtige 20-Bogen-Grenze zu überschreiten. Am plausibelsten scheint die Annahme, dass der Grundstock der im *Einzigen* enthaltenen Texte sich der gleichen Intention verdankt, welche bei der Abfassung von *Einiges Vorläufige vom Liebesstaate* und *Die Mysterien von Paris* Pate stand: kürzere Texte zu verfassen, welche in einem der zahlreichen, wenn auch richtungsgebundenen Publikationsprojekte veröffentlicht werden sollten, die die Veröffentlichungspraxis der Zeit nach der Enttäuschung von 1842/43 prägten.[70]

Mit dem im Falle der *BM* bereits im Laufe des Sommers 1843 offenkundig werdenden Scheitern ihrer periodischen Erscheinungsform und der damit einhergehenden Unsicherheit, ob die bereits verfassten Artikel überhaupt das Licht der Öffentlichkeit würden erblicken können, ermangelte Stirner allerdings einer vergleichbaren Publikationsplattform, wie sie etwa der Gruppe um Bauer mit der *ALZ* oder, wenn auch nur in geringerem Maße, Marx und Ruge mit den *Deutsch-französischen Jahrbüchern* zu Gebote standen. Stirner mag im Spätsommer/Herbst 1843 noch die Hoffnung auf eine weitere, alternative Publikationsmöglichkeit gehegt haben, wovon etwa die wahrscheinlich in diesem Zeitraum entstandenen *Mysterien* zeugen,[71] nach der endgültigen Zerschlagung dieser Hoffnung muss er dann jedoch die Entscheidung getroffen

---

[69] Vor dem Hintergrund der Bedeutung der Unterteilung des *Einzigen* in Abschnitte, die sich thematisch und chronologisch voneinander abheben, offenbart sich eine Schwäche der von Kast besorgten Studienausgabe, stimmt doch die Wiedergabe der einzelnen Abschnitte nicht immer mit dem Befund der Erstausgabe überein. So hat Kast in fünf Fällen Abschnittsunterteilungen, die in der Erstausgabe vorhanden sind, nicht wiedergegeben (Max Stirner: Der Einzige und sein Eigenthum, Leipzig 1845 [1844], S. 108 [91], 165 [133], 314 [242], 345 [265] u. 478 [360]), wodurch zwei distinkte Abschnitte zu einem vereinigt werden, und in zwei Fällen Abschnittsunterteilungen vorgenommen, die in der Erstausgabe nicht vorhanden sind (S. 407 [309] u. 428 [324]). Es verdient an dieser Stelle noch einmal betont zu werden, dass die Erstausgabe die einzige, zu Lebzeiten Stirners erschienene Ausgabe darstellt und dass die in ihr gegebenen Abschnittsunterteilungen somit die einzigen sind, von welchen mit Sicherheit angenommen werden kann, dass sie in Stirner ihren Urheber finden.
[70] Vgl. dazu oben, Kapitel 3, Abschnitt 1.
[71] Siehe oben, Abschnitt 2.

haben, die verschiedenen, bereits verfassten Schriften zu einem umfassenden Komplex zu bündeln. Der *BM* hätte er dieser Deutung zufolge dann, neben der bereits zum ursprünglichen Projekt gehörenden Schrift *Einiges Vorläufige vom Liebesstaate*,[72] nur noch diejenige Schrift überlassen, die sich in das Buchprojekt nicht einfügen ließ – eben die Besprechung der Sue'schen *Mystères de Paris*. Vergegenwärtigt man sich also das Schicksal, welches die Stirner in dieser Zeit allein zugängliche Publikationsplattform mit ihren Zensurschwierigkeiten und dem daraus folgenden, um ein Jahr verzögerten Erscheinen erfuhr,[73] so wird verständlich, woher der Antrieb zu einer eigenständigen Publikation bei einem Autor seinen Ausgang nahm, der in der Vergangenheit ausschließlich mit kleineren, journalistischen Arbeiten an die Öffentlichkeit getreten war.

Unterstützung erhält diese Vermutung auch durch die Erwägungen, welche hinsichtlich des am schwierigsten zu bestimmenden Zeitpunkts des Prozesses der Abfassung anzustellen sind: des Zeitpunkts der Aufnahme der Arbeit am *Einzigen*, bzw. an den frühesten Textabschnitten, welche dann Eingang in den *Einzigen* gefunden haben. Naturgemäß liefern die bisherigen, zur Rekonstruktion der Abfassung des *Einzigen* herangezogenen Informationen, die Erscheinungsdaten der zitierten Schriften, keine Anhaltspunkte zur Beantwortung dieser Frage, denn nicht nur gibt es Abschnitte, in welchen das Erscheinungsdatum der jüngsten, zitierten Schrift lange vor jedem mit Plausibilität zu vertretenden Anfangszeitpunkt liegt, auch sind Abschnitte vorhanden, die sich aufgrund des vollständigen Fehlens zitierter Schriften einer solcherart vorgenommenen Datierung völlig entziehen. Der einzige Anhaltspunkt, der sich für die Bestimmung der Aufnahme der Arbeit am *Einzigen*, bzw. seiner frühesten Textteile vor der Entscheidung zu einer systematischen Anordnung bietet, ist ein inhaltlicher, der sich wiederum auf die vergleichsweise sichere Datierung von *Einiges Vorläufige vom Liebesstaate* stützen kann.

Ohne der folgenden Darstellung der inhaltlichen Aspekte des *Einzigen* allzu sehr vorzugreifen, lässt sich bereits an dieser Stelle eine zentrale Differenz zwischen dem am 21./22. Juli 1843 der Berliner Zensur vorgelegten Text *Einiges Vorläufige vom Liebesstaate* und sämtlichen, dem *Einzigen* zugeordneten Texten benennen. Diese Differenz betrifft das Verhältnis Stirners zur Vernunft als dem Fundament einer Kritik des Bestehenden und der Hoffnung auf das Gelingen emanzipativer Projekte. Erfuhr die Vernunft in der Schrift vom Sommer 1843 noch eine Wertschätzung als dasjenige menschliche Vermögen, welchem es obliege, dem Individuum das Erreichen der höchsten Stufe des dreigliedrigen Modells zunehmender Selbstbestimmung zu ermöglichen, wurde die Vernunft dort noch als der Garant eines Austritts aus den fremdbestimmenden Liebesverhältnissen gepriesen,[74] so findet sich die Vernunft im

---

72 Siehe oben, Abschnitt 1.
73 Vgl. oben, Abschnitt 1.
74 Siehe oben, Abschnitt 1.

Einzigen (und auch in den *Mysterien*) ausschließlich negativ konnotiert. Diesem Umschlag der Stirner'schen Positionierung zur Vernunft von einem Instrument der Befreiung zu einem Instrument der Unterdrückung, oder von einem Mittel zum Aufbrechen von Herrschaftsverhältnissen hin zu einem Mittel der Konstituierung von Herrschaftsverhältnissen, ist umso mehr Bedeutung beizumessen, als dieses Verhältnis zur Vernunft von den in nicht geringer Anzahl vorhandenen und meist offensiv vertretenen Inkohärenzen im *Einzigen* nicht tangiert wird, sondern vielmehr eine Konstante des Stirner'schen Denkens im *Einzigen* darstellt. Und auch wenn die Manuskripte und/oder Druckvorlagen des *Einzigen* nicht erhalten sind, was es unmöglich macht, das tatsächliche Ausmaß eventueller Überarbeitungen früherer Fassungen zu bestimmen, bietet dieser Aspekt die verlässlichste Trennscheide zwischen dem Stirner vor, bzw. kurz nach der Enttäuschung von 1842/43 und dem Stirner, der die Erfahrung der Ohnmacht des philosophisch-aufklärerischen Diskurses unter Preisgabe seines einleitenden Attributs zu verarbeiten sucht. Die Fundamentalität dieser Differenz macht es sehr unwahrscheinlich, dass Bestandteile des *Einzigen* bereits vor dem 21./22. Juli 1843 verfasst wurden.[75]

Diese von Stirner im Zuge der Abfassung des *Einzigen* entwickelte Umwertung der Vernunft bezeichnet außerdem ein Alleinstellungsmerkmal unter den junghegelianischen Aufklärern. Dass sowohl Feuerbach, als auch Bauer bei ihren weiterhin philosophisch fundierten Versuchen einer Kompensation der Enttäuschung von 1842/43 dem Vernunftvermögen noch eine zentrale Funktion beimessen, kann nicht überraschen. Aber auch für die innovativeren Köpfe unter den ehemaligen Junghegelianern, die bei der Weiterentwicklung des aufklärerischen Diskurses nicht auf bereits weitgehend entwickelte, theoretische Positionen und auf ein etabliertes Renommee zurückgreifen konnten, ist eine Preisgabe des Nexus von politischer Aufklärung und erkenntnisleitender Vernunft zu diesem Zeitpunkt undenkbar. Diese Singularität Stirners geht sogar so weit, dass es zu einer seltsam anmutenden Diskrepanz zwischen dem „Offenen Bekenntniß", das Ludwig Buhl dem ersten und einzigen Heft der *BM* zum Geleit gab und das die Schwierigkeiten mit der preußischen Zensur abschließend reflektiert und daher mit einiger Sicherheit erst zeitnah vor dem Erscheinen verfasst wurde, und den in diesem Heft enthaltenen *Mysterien* Stirners kommt. Bei aller mit Stirner geteilten Ablehnung des Bestehenden und allem Bekenntnis zu einer Kritik, die rein negativ zu verfahren habe, bildet der Anspruch auf die Vernunftgemäßheit der gegen das Bestehende streitenden Kritik für Buhl eine ihrer Grundkonstanten, einer Vernunftgemäßheit, die, im Gegensatz zu Stirners Ausführungen im

---

75 Wenn es auch nicht vollkommen auszuschließen ist, dass Stirner einzelne Abschnitte des *Einzigen* bereits vor dem 21./22. Juli 1843 verfasst hat, so müssten diese Abschnitte in der Folge allerdings einer solch umfangreichen Überarbeitung unterzogen worden sein, dass diese ersten Fassungen, wenn es sie denn gegeben haben soll, kaum dem Ansatz zugerechnet werden könnten, welcher sich später mit dem Titel *Der Einzige und sein Eigenthum* verbindet.

zum anzunehmenden Zeitpunkt der Niederschrift des „Offenen Bekenntnisses" bereits weit fortgeschrittenen *Einzigen*, gerade nicht selbst Gegenstand kritischer Reflexion wird:

> Jeder sei Souverain, Jeder sei Staat, Jeder sei sein Gesetz, das ist die absolute Forderung. Mag die Erfüllung derselben möglich oder unmöglich sein, nahe oder fern liegen, das zu entscheiden ist nicht unsere Sache, da wir keine Wahrscheinlichkeitsrechnungen anstellen und nur zu fragen haben, was vernünftig ist.[76]

Man muss dieses Bekenntnis zur Vernunft nur mit den Ausführungen Stirners in den *Mysterien* vergleichen,[77] um einen Eindruck davon zu erlangen, wie weit sich Stirner im Sommer 1844 schon von denjenigen entfernt hatte, die, wie Buhl, noch am ehesten als seine intellektuellen Weggefährten gelten konnten. In der gleich folgenden Darstellung der substanziellen Dimensionen des Stirner'schen Ansatzes wird sich dieser Eindruck noch verstärken.

Neben den inhaltlichen Erwägungen, welche für die Annahme eines Beginns der Arbeit an den frühesten Passagen des *Einzigen* nach dem 21./22. Juli 1843 sprechen, erfährt die vorgeschlagene Datierung außerdem noch durch eine der eher spärlichen Bezugnahmen auf unmittelbar zeitgenössische Ereignisse Unterstützung. Zum Ende des Abschnitts, der den Auftakt des umfangreichsten Kapitels des *Einzigen*, *Mein Verkehr*, bildet, heißt es: „Horch, eben da Ich dieß schreibe, fangen die Glocken an zu läuten, um für den morgenden Tag die Feier des tausendjährigen Bestandes unseres lieben Deutschlands einzuklingeln."[78] Zieht man neben dem Sachverhalt, dass der

---

76 [Ludwig Buhl:] Offenes Bekenntnis, in: Berliner Monatsschrift, hrsg. v. Ludwig Buhl, 1. u. einziges H., Mannheim 1844, S. 1-14, hier S. 10. Vgl. auch ebenda, S. 13/14: „Ist aber dieser [durch das Ober-Zensurgericht vertretenen Ordnung, UP] nicht das Urtheil gesprochen, wenn offiziell constatirt wird, daß das Recht der Selbstbestimmung in ihr keinen Platz findet, daß die Liebe und das Vertrauen, welches ihre Grundlage bilden, keine Untersuchung vertragen, daß der Atheismus, welcher doch eine unzweifelhafte Thatsache ist, nicht einmal als solche ausgesprochen werden darf, wenn überhaupt jede unbefangene, voraussetzungslose, ohne Rücksicht auf bestehende Einrichtungen in Kirche und Staat vorgehende Kritik, als unvereinbar mit ihr erklärt wird? Das Ober-Censurgericht hat also nur von seinem Standpunkte ausgesprochen, was auch wir von dem unserigen aus behaupten: die Unverträglichkeit der Kritik und der Vernunft mit den bestehenden Zuständen."
77 Siehe oben, Abschnitt 2.
78 Max Stirner: Der Einzige und sein Eigenthum, Leipzig 1845 [1844], S. 285 [221]. Dort heißt es weiter: „Läutet, läutet seinen Grabgesang! Ihr klingt ja feierlich genug, als bewegte eure Zunge die Ahnung, daß sie einem Todten das Geleit gebe. Deutsches Volk und deutsche Völker haben eine Geschichte von tausend Jahren hinter sich: welch langes Leben! Geht denn ein zur Ruhe, zum Nimmerauferstehen, auf daß Alle frei werden, die Ihr so lange in Fesseln hieltet. – Todt ist das *Volk*. – Wohlauf *Ich*!" Zwar lässt sich nicht mit völliger Sicherheit ausschließen, dass die Bezugnahme auf das tausendjährige Jubiläum „unseres lieben Deutschlands" ein nachträglich verfasstes dramatisches Element darstellt, in Verbindung mit den im Folgenden ausgeführten Sachverhalten scheint diese Annahme jedoch wenig wahrscheinlich.

zugehörige Abschnitt[79] den Anfang des Kapitels bildet, außerdem in Betracht, dass zum einen das Fehlen von Zitaten zeitgenössisch-aktueller Literatur und zum anderen die inhaltliche Nähe der im Abschnitt behandelten Problematik zu den Ausführungen in *Einiges Vorläufige vom Liebesstaate* (die vermeintlich geschichtsprägende Rolle kollektiver Subjekte wie des deutschen Volkes, dessen historische Rolle Stirner, wie bei der Bewertung des Befreiungskampfes gegen die Napoleonische Fremdherrschaft,[80] als der Ausweitung individueller Freiheit abträglich erachtet) dafür sprechen, dass dieser Abschnitt zu den frühesten Textschichten des *Einzigen* gehört, so erfährt die Annahme, dass Stirner die Arbeit am *Einzigen* um den August 1843 aufgenommen hat, weitere Bestätigung.

Bei der Frage nach der Datierung der Aufnahme der Arbeit am *Einzigen* darf schließlich nicht vernachlässigt werden, dass Stirner sämtliche Belegstellen aus Feuerbachs *Wesen des Christenthums* der zweiten Auflage entnimmt, die am 11. Juli 1843 erschien.[81] Stellt man in Rechnung, dass diese zweite Auflage neben einem im Winter\frühjahr 1843 verfassten Vorwort[82] zum Teil substanzielle Überarbeitungen der ersten Auflage enthält, so ergibt sich ein weiterer Anhaltspunkt, welcher für die Annahme spricht, dass Stirner die Arbeit am *Einzigen* im August 1843 aufnahm, nämlich nach der Rezeption der Reaktionen Feuerbachs auf die Enttäuschung von 1842/43.[83] Wie sich in der Folge zeigen wird, nimmt die kritische Reflexion der „neuen" Philosophie Feuerbachs den, wenn auch nicht immer durch nachgewiesene Belegstellen oder gar durch ein eigens Feuerbach gewidmetes Kapitel abgesteckten, so doch weitaus größten Raum in der Auseinandersetzung mit den ehemaligen junghegelianischen Weggefährten ein. Das Fehlen eines dezidiert der Kritik Feuerbachs gewidmeten Kapitels ist, so wird sich zeigen, vielmehr als Ausdruck der besonderen Wert-

---

Ein kleine Nebenbemerkung sei an dieser Stelle erlaubt: Es sind nicht zuletzt Passagen wie diese, welche die von Hans G Helms (Die Ideologie der anonymen Gesellschaft, Köln 1966) argumentierte Verortung Stirners als eines intellektuellen Wegbereiters der nationalsozialistischen Ideologie so wenig plausibel erscheinen lassen. Für die Vorstellung, dass Stirner, der so vehement gegen die Herrschaft der ihm geläufigen Kollektivsingulare stritt, sich ausgerechnet bei den Kollektivsingularen „Volk" oder „Rasse" hätte beruhigen sollen, finden sich schlicht keine Belege im *Einzigen*.

79 Max Stirner: Der Einzige und sein Eigenthum, Leipzig 1845 [1844], S. 276-286 [215-222].
80 Siehe oben, Abschnitt 1.
81 Börsenblatt für den Deutschen Buchhandel, 10. Jg. (1843), Nr. 63 vom 11. Juli, Sp. 2080. Vorab wurde das Erscheinen angekündigt im „Monatlichen alphabetischen Verzeichniß der im deutschen Buchhandel erschienenen Neuigkeiten", 1843, Nr. 6 vom Juni, S. 40. Dass Stirner ursprünglich auf die erste Auflage von 1841 verwiesen hätte und diese Verweise später ersetzt habe, ist vor dem Hintergrund des damit einhergehenden Arbeitsaufwandes auszuschließen.
82 Das Vorwort zur zweiten Auflage datiert auf den 14. Februar, die zwei Postscripta auf den 31. März und 1. April 1843. Siehe oben, Kapitel 3, Abschnitt 1.
83 Neben der zweiten Auflage von *Das Wesen des Christenthums* erschienen in den Sommermonaten des Jahres 1843 auch die *Grundsätze der Philosophie der Zukunft*, deren Vorwort auf den 9. Juni 1843 datiert, dem zentralen Werk Feuerbachs für die Verarbeitung der Enttäuschung von 1842/43 (siehe oben, Kapitel 3, Abschnitt 1).

schätzung, welche Stirner dem Denken Feuerbachs entgegen brachte, anzusehen, einer Wertschätzung, die, wie nicht zuletzt die veröffentlichte Reaktion Feuerbachs auf den *Einzigen* bezeugt, in gewissem Grade durchaus reziprok war.[84]

Nach diesen längeren Ausführungen zum Prozess der Abfassung des *Einzigen* ergibt sich unter Einbeziehung einer weiteren Auswertung der Erscheinungsdaten der zitierten Literatur folgendes Schema dieses Abfassungsprozesses, das natürlich nur eine grobe Näherung darstellen kann. Zu beachten bleibt bei der folgenden Darstellung, dass Stirner während des gesamten Zeitraums der Abfassung des 491 Druckseiten umfassenden *Einzigen* noch seinen Lehrverpflichtungen an der „Lehr- und Erziehungs-Anstalt für höhere Töchter" nachzukommen hatte, dass sich Stirners schriftstellerische Tätigkeit – im Unterschied etwa zu Feuerbach, Bauer und Marx – auf die freie Zeit beschränkte, welche er neben seinem Broterwerb zu erübrigen vermochte.[85]

Zu den vermutlich am frühesten verfassten Teilen gehören große Bereiche der ersten Hälfte der zweiten Abteilung *Ich*, sowie der Großteil der Abschnitte von *1. Die Alten* und *2. Die Neuen*, die vor allem von der Auseinandersetzung mit Hegel und Feuerbachs *Wesen des Christenthums* zeugen. Mit ihrer Fertigstellung war, so ist anzunehmen, der Zeitpunkt erreicht, zu welchem absehbar wurde, dass Einzelpublikationen nicht zu realisieren waren, dass mit einer Bündelung der einzelnen Schriften jedoch ein Umfang von 20 Druckbogen zu erreichen wäre – der Zeitpunkt also, zu welchem Stirner die systematische Struktur eines umfassenden Werkes konzipierte. Viele Abschnitte haben zur Voraussetzung ihrer Abfassung eine zumindest rudimentäre Gliederung des Materials entlang der groben Linien einer Unterteilung in eine Kritik des Humanismus (1. Abteilung) und in die Entwicklung der Konzeption eines alternativen aufklärerischen Diskurses (2. Abteilung). Nach der Konzipierung dieser Entscheidung scheint Stirner parallel an beiden Abteilungen weiter gearbeitet zu haben und zu den vergleichsweise spät verfassten Abschnitten gehören dann die letzten Abschnitte der zweiten Abteilung und das Kapitel *3. Die Freien* der ersten Abteilung, in welchem Stirner die zeitgenössischen Ausdifferenzierungen des aufklärerischen Diskurses einer Kritik unterzieht. Den Abschluss der Niederschrift des *Einzigen* müssen schließlich einzelne Abschnitte der zweiten Abteilung und die *Anmerkung* im Anschluss an *Der humane Liberalismus* gebildet haben, wofür neben den Erscheinungsdaten der zitierten Literatur auch noch der Sachverhalt spricht, dass sich die Zielvorstellung eines Zustands der „Gedankenlosigkeit", welchen Stirner seinen Lesern als Instrument zur Sicherung gegen diskursive Machtausübung anempfiehlt,[86] nur im

---

[84] Vgl. hierzu (und zu dem Eindruck, den die Reziprozität dieser Wertschätzung auf Marx machte) unten, Kapitel 9, Abschnitt 1.
[85] Auch vor diesem Hintergrund begrenzter zeitlicher Ressourcen erscheint eine umfangreiche Überarbeitung einmal niedergeschriebener Texte nicht besonders wahrscheinlich.
[86] Siehe unten, Kapitel 7, Abschnitt 1.

letzten Abschnitt von *3. Mein Selbstgenuß*, dem vorletzten Abschnitt des gesamten Werkes, und in der schon häufig genannten *Anmerkung* findet.[87]

Aus dieser Rekonstruktion des Abfassungsprozesses des *Einzigen* geht hervor, dass die nachweisbaren Inkohärenzen, aber auch die den Charakter der Schrift nicht minder prägenden Redundanzen, die beide von Marx und Engels im Rahmen ihrer Kritik in der „Deutschen Ideologie" minutiös verzeichnet wurden, sich nicht nur der Intention des Autors verdanken, mit der philosophischen Produktion von Evidenz und ihrer hohen Wertschätzung widerspruchsfreier Argumentketten zu brechen, sondern eben auch eine Folge des Sachverhalts sind, dass sich der Prozess der Abfassung über ein Jahr erstreckte, innerhalb dessen der Stirner'sche Ansatz selbst in vielerlei Hinsicht eine Veränderung erfuhr. Wenn im Folgenden eine Darstellung dieses Ansatzes unternommen wird, so liegt es in der Natur einer solchen Darstellung, dass Vereindeutigungen vorgenommen werden müssen, dass insofern mit einem zentralen Charakteristikum des Stirner'schen Textes gebrochen werden muss, denn es ist sicher Teil jeder Lektüreerfahrung des *Einzigen*, dass der Verzicht auf das „am Schnürchen-Gehen" den Leser immer in einer gewissen Unklarheit über den Fortgang der Stirner'schen Rede lässt, dass das Mäandernde dieser Rede unterhalb der groben Gliederung des Stoffes immer wieder Überraschungen bereit hält. Je nach Naturell des Rezipienten ist dieser Charakter der Schrift geeignet, starke Zustimmung oder vehemente Ablehnung hervorzurufen – stellvertretend sei hier an die anfänglich sehr wohlwollende Aufnahme durch Engels und die von Beginn an kritische Aufnahme durch Marx erinnert.[88]

---

[87] Max Stirner: Der Einzige und sein Eigenthum, Leipzig 1845 [1844], S. 196 [156], 452 [342], 462 [349], 463 [350] u. 467 [352]. Über die Datierung der *Anmerkung*, aus welcher die erste Befundstelle stammt, auf den Juli 1844 wurde schon wiederholt gesprochen. Der 2. Abschnitt von *3. Mein Selbstgenuß*, aus welchem die anderen Befundstellen stammen, kann, da dort die Rede des damaligen französischen Erziehungsministers François Guizot vom 25. April 1844 zitiert wird, nur nach diesem Datum, wahrscheinlich frühestens Anfang Mai 1844, abgefasst worden sein.

[88] Diese Wirkung des Textes kann bis in die Gegenwart beobachtet werden; sie wird besonders augenfällig, wenn der Blick auf die Aufarbeitungen der Marx-Engels'schen Beschäftigungen mit Stirner gerichtet wird. Je nach intellektueller Affiliation des Autors einer solchen Aufarbeitung wird dem *Einzigen* dann eine kaum je von anderen Texten erreichte Überzeugungskraft oder ein bloßes Feuerwerk an Scheinevidenz zugeschrieben. Bis auf einige wenige Ausnahmen duplizieren alle späteren Rezipienten der Auseinandersetzung zwischen Stirner, Marx und Engels die Stimmung der zu keiner wie auch immer geringen Konzedierung sich hergebenden Polemik der beiden letzteren, und selbst Wolfgang Eßbach, der sich wie kaum ein anderer um die Aufarbeitung der „Kontroverse" zwischen Stirner und Marx verdient gemacht hat, zeigt gegenüber marxistisch gefärbten Wertungen mitunter „Beißreflexe", die sich nur vor dem Hintergrund einer jahrzehntelangen diskursiven Dominanz der marxistischen Beschäftigung mit den Ausdifferenzierungen des junghegelianischen Diskurses verstehen lassen (vgl. etwa Wolfgang Eßbach: Max Stirner – Geburtshelfer und böse Fee an der Wiege des Marxismus, in: Karl Marx/Friedrich Engels: Die deutsche Ideologie, hrsg. v. Harald Bluhm, (Klassiker Auslegen Bd. 36), Berlin 2010, S. 165-183).

6 Die Kritik des philosophisch-aufklärerischen Diskurses in *Der Einzige und sein Eigenthum*

Die bisherige Behandlung der diskursiven Einsätze der deutschen Spätaufklärung brachte, bei allen aufgezeigten Differenzen der jeweiligen Ansätze, eine grundlegende Gemeinsamkeit zum Vorschein: in den Versuchen, die Adressaten ihrer Kritik von der Notwendigkeit einer umfassenden Veränderung der gesellschaftlichen Verhältnisse zu überzeugen, wurde stets auf eine bestimmte Form der Produktion argumentativer Evidenz rekurriert. Unabhängig davon, ob die Angriffe auf die theologische Hoheit in der Kontrolle der Bewusstseinsbestimmung nun von Feuerbach, Bauer, Stirner oder anderen vorgetragen wurden, sie alle waren sich einig darin, dass die philosophische Form des von ihnen instanziierten aufklärerischen Diskurses eine *conditio sine qua non* jeglicher Hoffnung auf einen erfolgreichen Bruch mit dem Bestehenden war. Ausgehend von dem aus der Betrachtung der Französischen Revolution gewonnenen bewusstseinszentrierten Modell gesellschaftlicher Veränderung schien allein die philosophische Evidenz gelingender Begriffsentwicklung in der Lage, das christliche Fundament der preußischen und anderer deutscher Monarchien zu unterminieren und so den Boden für die erhoffte gesellschaftliche Modernisierung zu bereiten.

Dass Stirner der erste war, der nach den unbefriedigenden Erfahrungen im Zuge der Enttäuschung von 1842/43 und dem weitgehenden Beharren der beiden zentralen Protagonisten der junghegelianischen Aufklärung auf dem philosophischen Rahmen ihrer Ansätze den Schluss zog, einen aufklärerischen Diskurs außerhalb dieses Rahmens und unter Rekurs auf eine alternative Form der Produktion von Evidenz zu konzipieren, mag aufgrund der habituellen Verortung Stirners im philosophischen Diskursuniversum überraschen. Besonders die auf Moses Heß zurückgehende, von Marx und Engels in den Manuskripten zur „Deutschen Ideologie" aufgegriffene Beiordnung Stirners zu den sich unverändert offen zur Philosophie bekennenden Feuerbach und Bauer ist in dieser Hinsicht wirkmächtig gewesen.

In dem folgenden ersten Teil der Behandlung von Stirners *Der Einzige und sein Eigenthum* wird dargelegt, inwiefern diese Charakterisierung Stirners als Philosoph eine interpretative Schieflage begründet und es nicht erlaubt, dem spezifischen Beitrag Stirners zur Debatte um die Weiterentwicklung des aufklärerischen Diskurses Rechnung zu tragen. So thematisiert der erste Abschnitt zentrale Grundzüge dieses Beitrags, wie etwa die Neukonzipierung des „Anderen" der Aufklärung und die von Stirner ausgemachten Grundlagen diskursiver Herrschaft. Im Anschluss an diese Darstellung wird dann nachgezeichnet, wie Stirner den beiden Bedingungen Rechnung trägt, denen sämtliche aufklärerischen Einsätze nach der Enttäuschung von 1842/43 gerecht werden mussten. Der zweite Abschnitt stellt dabei den Erklärungsansatz Stirners für das Scheitern des philosophisch-aufklärerischen Diskurses dar, vertieft also die bereits im vorangegangenen Kapitel begonnene Problemanalyse Stirners, welche in der philosophischen Verfasstheit des aufklärerischen Diskurses einen bedeutenden Grund seines Scheiterns ausmachte. Der dritte Abschnitt ist schließlich der Erfüllung der zweiten Bedingung gewidmet und veranschaulicht die Erklärung, welche Stirner für die Verfehltheit der konkurrierenden, weiterhin philosophisch fundierten Ansätze zur Weiterentwicklung des aufklärerischen Diskurses bot.

6.1 Grundzüge der Kritik des philosophisch-aufklärerischen Diskurses

Wie in den vorangegangenen Kapiteln dargestellt wurde, hatte der philosophisch-aufklärerische Diskurs, der die junghegelianische Phase der deutschen Spätaufklärung geprägt hatte, mit der Enttäuschung von 1842/43 Schiffbruch erlitten. Um dieses Vehikel einer ersehnten Veränderung der gesellschaftlichen Verhältnisse wieder flott zu machen und um den emanzipativen Impuls der Kritik der Jahre 1840-1843 vor dem vollständigen Versinken in die Bedeutungslosigkeit zu bewahren, war es unerlässlich, gewisse Änderungen an der sich als ungeeignet erwiesenen Konstruktion vorzunehmen. Neben den mehr oder minder ausgeprägten Versuchen einer grundlegenden Kurskorrektur zeigte sich die veränderte Gemengelage des aufklärerischen Einwirkens auf die gesellschaftlichen Zustände nach der Enttäuschung vor allem in der Notwendigkeit, bei der Fortführung des aufklärerischen Diskurses zwei Bedingungen Rechnung zu tragen. Nicht nur musste eine Erklärung gegeben werden, wie es zu der Enttäuschung hatte kommen können, mussten Gründe angeführt werden, welche das Erschrecken über die Ohnmacht der philosophischen Evidenz gelingender Begriffsentwicklung bei der Herbeiführung einer revolutionären, oder auch nur das Verlangen nach einer Reform manifestierenden Erhebung zu mindern vermochten – die erste Bedingung –, auch musste nach dem Verlust der ob der Hoffnung auf den bevorstehenden Erfolg lange gewahrten, weitgehenden Einheit der junghegelianischen Aufklärung und der mit diesem Verlust einhergehenden Forcierung der Ausdifferenzierung der kritischen Ansätze aufgezeigt werden, weshalb der jeweilig propagierte Ansatz als einziger in die Lage versetze, das aufklärerische Versprechen eines baldigen Endes despotischer Herrschaft trotz der eingetretenen Entwicklung halten zu können – die zweite Bedingung. Wenn man so will, hatte die Konkurrenz – die den Zeitgenossen die prägende Erscheinung der Zeit war – auch die Sphäre der Gesellschaftskritik erfasst.

Feuerbach, der, wie bereits ausgeführt, die seiner Ansicht nach verfrühte politische Aufladung des aufklärerischen Diskurses durch das radikale Lager um Bauer für sein Scheitern verantwortlich machte,[1] hatte Dank der Schnelligkeit seiner Reaktion auf die Enttäuschung (einer Schnelligkeit, die ihm nicht zuletzt aufgrund der nur ge-

---

[1] Siehe oben, Kapitel 3, Abschnitt 1.

ringfügigen Änderungen an seiner bereits vor der Enttäuschung konzipierten, „neuen" Philosophie möglich war) auf den Nachweis der Verfehltheit der konkurrierenden Ansätze verzichten können und sollte sich auch in der Folge sehr zurückhaltend in der Bezugnahme auf alternative Ansätze zur Fortführung und Weiterentwicklung des aufklärerischen Diskurses zeigen.[2] Bauer hingegen hatte mit der Aufdeckung eines bei allen Konfliktparteien ausgemachten Missverständnisses über die radikale Veränderungen erheischende Qualität der Verbindung von „Kritik und Masse" den Schlüssel gefunden, welcher ihm nicht nur eine Erklärung des Scheiterns des philosophisch-aufklärerischen Diskurses gestattete, sondern welche ihm darüber hinaus die Disqualifikation derjenigen Ansätze ermöglichte, die von der Fruchtbarkeit dieser Verbindung auch nach der Enttäuschung überzeugt waren.[3] Beide hatten jedoch, die Integrität des eigenen Ansatzes vor allem dadurch zu wahren gewusst, dass sie das Scheitern ihrer aufklärerischen Bemühungen der von der Geschichte zu behebenden Ungeeignetheit der zeitgenössischen Adressaten angelastet hatten und dass sie ihre weiterhin auf der philosophischen Evidenz gelingender Begriffsentwicklung ruhenden Ansätze des Anspruchs auf eine zeitnahe Entfaltung politischer Relevanz entkleideten.

Im Folgenden werden die Stirner'schen Ansätze zu einer Erklärung des Scheiterns des philosophisch-aufklärerischen Diskurses und des Nachweises einer Verfehltheit der konkurrierenden Reaktionen auf die Enttäuschung dargestellt.[4] Es wird sich dabei zeigen, dass die von Stirner entwickelte Erklärung auf einer Analyse der Strukturen der für den Erhalt, bzw. die Veränderung der gesellschaftlichen Verhältnisse als maßgeblich erachteten Weisen der Bewusstseinsbestimmung – theologisch und philosophisch – ruht, Weisen, die er vor allem als Instrumente zur Aufrechterhaltung und/oder Konstituierung von Herrschaftsverhältnissen betrachtet. Diese Analyse erfolgt zum einen unter besonderer Berücksichtigung der im Rahmen des philosophisch-aufklärerischen Diskurses instanziierten, herrschaftsrelevanten Strukturen – also unter Erörterung der Frage, inwieweit ein dem Selbstverständnis

---

2 Erst die im *Einzigen* geübte Kritik veranlasste ihn, in die Auseinandersetzung zwischen den ehemaligen Weggefährten einzugreifen – eine Zurückhaltung, die sicher ihren Teil dazu beigetragen hat, dass die gegen Feuerbach gerichteten Angriffe des einer Reaktion harrenden Bauer mit der Zeit immer mehr an Heftigkeit zunahmen. Siehe oben, Kapitel 3, Abschnitt 2, und unten, Kapitel 9, Abschnitt 1.
3 Siehe oben, Kapitel 3, Abschnitt 2.
4 Eine Anmerkung zu der im Folgenden praktizierten Auswahl der Belegstellen: Auch wenn die Einteilung des *Einzigen* in die beiden Abteilungen *Der Mensch* und *Ich* grob mit der im Rahmen dieser Untersuchung vorgenommenen Unterteilung des Stirner'schen Ansatzes in einen, das Scheitern des philosophisch-aufklärerischen Diskurses erklärenden Teil und einen Teil, der die Entwicklung eines alternativen aufklärerischen Diskurses beinhaltet, übereinstimmt, so schlägt sich diese Übereinstimmung bei der Auswahl der Belegstellen gleichwohl nur in geringem Maße nieder. Neben dem geschilderten Entstehungs- und Abfassungsprozess des *Einzigen* ist für diesen Sachverhalt auf die unsystematische und zu Redundanzen neigende Arbeitsweise Stirners zu verweisen. Die Auswahl der Belegstellen erfolgt aufgrund dieses Sachverhalts nach sachlichen Kriterien.

nach herrschaftskritischer Diskurs, der für die Generierung von Überzeugungsleistungen auf die philosophische Evidenz gelingender Begriffsentwicklung rekurriert, für seine Durchsetzung selbst auf die Instanziierung von Machtverhältnissen angewiesen ist – und zum anderen ausgehend von der Frage, welche motivationalen Anreize den Adressaten eines aufklärerischen Diskurses geboten werden, um sie zur Übernahme einer alternativen Hierarchisierung der verschiedenen Quellen argumentativer Evidenzerfahrungen zu bewegen, die Frage also, wie sie motiviert werden können, den Evidenzerfahrungen, die von der im Rahmen eines aufklärerischen Diskurses bevorzugten Quelle herrühren, den Primat gegenüber anderen möglichen Quellen argumentativer Evidenzerfahrungen einzuräumen. Zielt die erste Richtung der Analyse auf den Nachweis, dass auch die philosophische Weise der Bewusstseinsbestimmung am grundlegenden Makel einer Fremdbestimmung der Individuen nichts zu ändern vermag, so führt die zweite zu der Frage, ob eine Fokussierung auf die materiellen Interessen der Adressaten nicht erfolgversprechender sei als die Fokussierung auf ihr Erkenntnisinteresse. Es stellt dabei keine Besonderheit Stirners dar, sondern gehört vielmehr zu den, auch von Feuerbach und Bauer erfüllten Bedingungen einer Fortführung des aufklärerischen Diskurses nach der Enttäuschung, dass, Stirner der Meinung ist, mit dem von ihm entwickelten Ansatz zur Ermöglichung einer argumentativen Selbstermächtigung der konkreten Individuen eine Form des aufklärerischen Diskurses zu entwickeln, welche den von ihm nachgewiesenen Gründen des Scheiterns von 1842/43 Rechnung trägt, welcher es also gelingen soll, den aufgezeigten Fallstricken zu entgehen, die den philosophisch-aufklärerischen Diskurs zum Straucheln gebracht hatten.

Das Ausmaß des Einschnittes, welcher das Scheitern des philosophisch-aufklärerischen Diskurses in der Enttäuschung von 1842/43 für die aufklärerische Agitation Stirners bedeutete, wird schon daran offenkundig, dass Stirner nicht zögert, gleich zu Beginn seiner Erklärung eine der zentralen Errungenschaften der junghegelianischen Aufklärung zu kassieren. War die Restitution der aufklärerischen Frontstellung von Philosophie und Theologie nach ihrer von Hegel forcierten Harmonisierung eines der Unterfangen, auf welches gerade Feuerbach und Bauer große Mühe verwendet hatten[5] und welche auch von Stirner vor der Enttäuschung vehement argumentiert worden war, so bestand die grundlegende Reaktion Stirners auf die veränderte Gemengelage nach der Enttäuschung darin, die mühevoll erstrittene Autonomie des philosophisch-aufklärerischen Diskurses vor dem Hintergrund einer erneuten Gleichsetzung von Philosophie und Religion preiszugeben. So entwirft Stirner einen sich an Hegel orientierenden Entwicklungszusammenhang zwischen neuerer Philosophie und Christentum, welcher die erstere als eine konsequente Verwirklichung der bereits im letzteren angelegten Tendenzen zu entlarven strebt:

---

5 Siehe oben, Kapitel 1, Abschnitte 3 und 4.

Erst die neuere Philosophie seit Cartesius hat Ernst damit gemacht, das Christenthum zu vollendeter Wirksamkeit zu bringen, indem sie das ‚wissenschaftliche Bewusstsein' zum allein wahren und geltenden erhob. Daher beginnt sie mit dem absoluten *Zweifel*, dem dubitare, mit der ‚Zerknirschung' des gemeinen Bewusstseins, mit der Abwendung von Allem, was nicht durch den ‚Geist', das ‚Denken' legitimirt wird. Nichts gilt ihr die *Natur*, nichts die Meinung der Menschen, ihre ‚Menschensatzungen', und sie ruht nicht, bis sie in Alles Vernunft gebracht hat und sagen kann ‚das Wirkliche ist das Vernünftige und nur das Vernünftige ist das Wirkliche'. So hat sie endlich den Geist, die Vernunft zum Siege geführt, und Alles ist Geist, weil Alles vernünftig ist.[6]

Ließe sich bei dieser Passage noch argumentieren, dass Vergleichbares auch von Feuerbach in seinen gegen die Hegel'sche Philosophie gerichteten Schriften hätte geäußert werden können, so gibt es nicht wenige Stellen, aus welchen hervorgeht, dass selbst Feuerbachs „neue", auf dem „Wesen des Menschen" ruhende Philosophie unter das geäußerte Verdikt einer Vollendung des Christentums fällt.[7] Es lohnt sich, an dieser Stelle einen Augenblick inne zu halten, um die Tragweite dieser Aufkündigung eines, wenn nicht sogar des zentralen Konsenses zwischen sämtlichen an der junghegelianischen Debatte vor der Enttäuschung beteiligten Personen zu ermessen. Zwar hatte bereits Feuerbach seine *Grundsätze der Philosophie der Zukunft* mit der Aussage enden lassen, die „neue Philosophie [...] ist in Wahrheit *selbst Religion*",[8] diese Identifizierung geschah jedoch vor dem Hintergrund der Überzeugung, seine „neue" Philosophie mache die Religion obsolet, da sie den gleichen (und darüber hinaus weiteren) Bedürfnissen Rechnung trage, für deren Erfüllung die Menschen bis dato die christliche Religion nötig gehabt hätten. Bei Stirner erfolgt die Gleichsetzung nun unter umgekehrten Vorzeichen: Wenn die Religion, und speziell die christliche Religion, ein Instrument der Unterdrückung, der Aufrechterhaltung despotischer Herrschaft ist (wie im Rahmen des den aufklärerischen Einsätzen der Junghegelianer zugrunde liegenden, bewusstseinszentrierten Modells gesellschaftlicher Veränderung vorausgesetzt), so bedeutet die Gleichsetzung von Philosophie und Religion, oder auch nur die Postulierung ihres erschöpfend substitutiven Charakters, dass die Philosophie gleichfalls zum Ziel aufklärerischer Einsätze avancieren müsse. Im Unterschied zur Hegel'schen Harmonisierung von philosophischer und theologischer Evidenzproduktion – einer Harmonisierung, welche den Primat der ersteren zu wahren wusste –, kommt der Stirner'schen Gleichsetzung eher der Charakter einer Ver-

---

6 Max Stirner: Der Einzige und sein Eigenthum, Leipzig 1845 [1844], S. 111/112 [93/94].
7 Etwa ebenda, S. 241 [189]: „Aber sei ein – Mensch, dann hast Du alles; das Menschliche sieh' als deinen Beruf an. Nun weiß Ich, was Ich soll, und der neue Katechismus kann abgefaßt werden. Wieder ist das Subject dem Prädicate unterworfen, der Einzelne dem Allgemeinen; wieder ist einer *Idee* die Herrschaft gesichert und zu einer neuen *Religion* der Grund gelegt. Es ist dieß ein *Fortschritt* im religiösen, und speciell im christlichen Gebiete, kein Schritt über dasselbe hinaus." Vgl. auch ebenda, S. 203 [162].
8 Ludwig Feuerbach: Grundsätze der Philosophie der Zukunft, Zürich und Winterthur 1843, LFGW, Bd. 9, S. 340.

schmelzung der beiden Weisen der Produktion argumentativer Evidenz zu – einer Verschmelzung, die vor allem vor dem Hintergrund der Vergleichbarkeit ihrer funktionalen Aspekte argumentiert wird.[9]

Steht die Darstellung der von Stirner gebotenen Rechtfertigung dieser zum Nachteil der Philosophie gereichenden Gleichsetzung auch noch aus, so lässt sich bereits zu diesem Zeitpunkt erkennen, dass der Stirner'sche Ansatz zur Weiterentwicklung des emanzipativen Projekts der Aufklärung fundamental mit den bisherigen Bedingungen aufklärerischen Handelns bricht. Als erste Konsequenz dieses Bruchs ist zu konstatieren, dass der von Stirner inaugurierte Angriff auf die philosophische Bewusstseinsbestimmung und auf die ihr zugrunde liegende Evidenz gelingender Begriffsentwicklung im Kontext des Vormärz ohne jeden Vorläufer ist. Zwar hatte es natürlich Versuche von theologischer Seite gegeben, die philosophischen Angriffe auf die theologische Hoheit in der Bewusstseinsbestimmung zu parieren, und waren nicht wenige Schriften erschienen, welche die Festigung der überkommenen Hierarchisierung von theologischer Evidenz heiliger Autoritäten und philosophischer Evidenz gelingender Begriffsentwicklung unternahmen, diese diskursiven Einsätze glichen in den Augen der philosophischen Aufklärer jedoch eher den verzweifelten Rückzugsgefechten eines Gegners, der sich seiner tatsächlichen Unterlegenheit sehr wohl bewusst war.

Für Stirner bestand die naheliegendste, praktische Folge der Verschmelzung der beiden erbitterten Kontrahenten der Jahre 1840-1843 allerdings zuerst darin, dass der von ihm begründete, aufklärerische Diskurs es mit nur einem, statt zwei Gegnern zu tun haben würde. Auch wenn in der Konsequenz der Stirner'schen Aufklärung eine Pluralisierung und Individualisierung des aufklärerischen Handelns zu gewärtigen ist, so beschreibt Stirner die von ihm erstrebte Emanzipation der konkreten Individuen stets als einen Austritt aus der Herrschaft *einer* hegemonialen Form von Bewusstseinsbestimmung. Aus argumentationsstrategischer Hinsicht ist es dabei unerheblich, ob diese Entscheidung für die Bündelung des Angriffs auf die philosophische und auf die theologische Form der Evidenzproduktion, und gegen die Konzentration des Angriffs auf die erstere, getroffen wurde, um etwa dem Eindruck vorzubeugen, Stirner beabsichtige mit seiner Unterhöhlung der philosophischen Evidenz eine Stärkung der theologischen, oder um durch die Beibehaltung der religionskritischen Tendenz die Kontinuität mit der traditionellen Aufklärung zu wahren oder, schließlich, um die argumentative Position seiner philosophischen Gegner dadurch zu schwächen, dass er sie in die Nähe der in aufklärerischen Kreisen denkbar schlecht beleumundeten Religion rückt.

Die Entscheidung zur Verschmelzung von philosophischer und theologischer Evidenzproduktion führt in der Konsequenz zu einer bedeutenden Erweiterung der argumentativen Möglichkeiten des von Stirner begründeten aufklärerischen Diskur-

---

9 Siehe zu dieser Thematik auch unten, Kapitel 7, Abschnitt 2.

ses. So kann er zum einen ausloten, inwieweit die Überzeugungskraft von bisher nur gegen die eine der beiden Formen von Evidenz eingesetzten Argumente auch gegen die andere trägt, und zum anderen die Menge ihm zu Gebote stehender, gelingender argumentativer Züge durch eine Kombination von solchen, die gegen die eine Erfolg haben, mit solchen, die gegen die andere Erfolg haben beträchtlich vergrößern. Darüber hinaus zeigt sich in dieser Konzentration des aufklärerischen Angriffs auf nur einen Gegner das Fortwirken einer der zentralen, strukturellen Positionierungen der klassischen Aufklärung, und das Ausmaß der Wirkmächtigkeit dieses Erbes lässt sich nicht zuletzt daran ermessen, dass auch Marx und Engels den von ihnen ins Leben gerufenen, materialistischen aufklärerischen Diskurs in der Gegnerschaft zu *einer* herrschenden „Ideologie" konzipieren.

Die Erklärung der philosophischen Argumentation zu einem Annex, zu einer raffinierten Weiterentwicklung der religiösen Bewusstseinsbestimmung äußert sich in der Folge dann darin, dass es Stirner möglich wird, argumentative Strategien, welche von der philosophischen Aufklärung gegen die religiöse Form der Evidenzproduktion zum Einsatz gebracht wurden, aus ihrer vormaligen Einbettung zu lösen und gegen diejenige Form der Produktion von Evidenz zum Einsatz zu bringen, die ursprünglich von ihnen zu profitieren wusste. In besonderem Maße zeigt sich dies in einer der von Stirner bevorzugt eingenommen Haltungen, in der Haltung eines Streiters wider den Aberglauben, wider den Glauben an die Existenz von Geistern, Gespenstern, Spuk und anderen übersinnlichen, und vor allem leiblosen Erscheinungen. Hatte die Gleichsetzung von religiösem Glauben und Aberglauben zu den bevorzugten Strategien im Repertoire der philosophischen Aufklärung gezählt – ein Analogieschluss, der in besonderem Maße von den fortschreitenden, explikativen Erfolgen der naturwissenschaftlichen Weltdeutung profitieren konnte –, so rückt Stirner nun das Vertrauen in die spukbannende Kraft der menschlichen Vernunft selbst in die Nähe eines zu überwindenden Aberglaubens. Erleichtert wird dieser strategische Kniff dabei durch verschiedene begriffliche Überschneidungen, welche Stirner zwischen dem Vokabular des Aberglaubens, des religiösen Glaubens und des Vernunftglaubens ausmacht (etwa des in allen dreien vorkommenden „Geist"), und die er so weit treibt, dass auch die für die philosophische Evidenzproduktion so eminent wichtigen „Wesen" zu übersinnlichen Erscheinungen geraten und von Stirner auf eine Stufe mit Geistern und Gespenstern gestellt werden:

> Hast Du schon einen Geist gesehen? ‚Nein, Ich nicht, aber Meine Großmutter.' Siehst Du, so geht Mir's auch: Ich selbst habe keinen gesehen, aber Meiner Großmutter liefen sie aller Wege zwischen die Beine, und aus Vertrauen zur Ehrlichkeit Unserer Großmutter glauben Wir an die Existenz von Geistern. Aber hatten Wir denn keine Großväter, und zuckten die nicht jederzeit die Achseln, so oft die Großmutter von ihren Gespenstern erzählte? Ja, es waren das ungläubige Männer und die Unserer guten Religion viel geschadet haben, diese Aufklärer! Wir werden das empfinden! Was läge denn dem warmen Gespensterglauben zu Grunde, wenn nicht der Glaube an das ‚Dasein geistiger Wesen überhaupt', und wird nicht dieser letztere selbst in ein unseliges Wanken gebracht, wenn man gestattet, daß freche Verstandesmenschen an jenem rütteln dür-

fen? Welch einen Stoß der Gottesglaube selbst durch die Ablegung des Geister- oder Gespensterglaubens erlitt, das fühlten die Romantiker sehr wohl, und suchten den unheilvollen Folgen nicht bloß durch ihre wiedererweckte Märchenwelt abzuhelfen, sondern zuletzt besonders durch das ‚Hereinragen einer höheren Welt', durch ihre Somnambulen, Seherinnen von Prevorst u. s. w. Die guten Gläubigen und Kirchenväter ahnten nicht, daß mit dem Gespensterglauben der Religion ihr Boden entzogen werde, und daß sie seitdem in der Luft schwebe. Wer an kein Gespenst mehr glaubt, der braucht auch nur in seinem Unglauben consequent fortzuwandeln, um einzusehen, daß überhaupt hinter den Dingen kein apartes Wesen stecke, kein Gespenst oder – was naiver Weise auch dem Worte nach für gleichbedeutend gilt – kein ‚Geist'.[10]

Zeigt sich in der Zurückweisung übersinnlicher Erscheinungen auch deutlich der Einfluss der Feuerbach'schen Aufwertung der Sinnlichkeit zu einer sekundierenden Ressource für die Produktion philosophischer Evidenz, so lässt die konsequente Zuordnung „geistiger Wesen überhaupt" in den Bereich des Übersinnlichen die zu diesem Zeitpunkt eingetretene Distanz zwischen Feuerbachs „neuer" Philosophie und Stirners antiphilosophischer Aufklärung offen zutage treten. Mit dieser Ausweitung des Betätigungsfeldes des ursprünglichen aufklärerischen Furors gegen die aus philosophischer Perspektive nur unzureichend verbürgte Existenz der für die religiöse Evidenzproduktion zentralen Konzepte auf die für die philosophische Evidenzproduktion selbst nicht minder zentralen Konzepte wie „Geist" und „Wesen" gelingt es Stirner, den aufklärerischen Duktus beizubehalten, der stets Zeichen des selbstbewussten Vertrauens in die Überlegenheit der eigenen Evidenzproduktion gewesen war und der die besondere Souveränität zum Ausdruck zu bringen vermochte, welche das Signum einer sich überlegen wissenden Form der Produktion argumentativer Evidenz gegenüber den von ihr vorgefundenen Formen war. Der argumentationsstrategische Wert der Einnahme einer solchen, den Adressaten des eigenen Diskurses die Befreiung von den Irrtümern der Vorväter suggerierenden Position zeigt sich darüber hinaus darin, dass auch Marx und Engels später nicht bereit sein werden, sich dieses strategischen Vorteils zu begeben, und vom aufklärerischen Duktus ihrerseits reichlich Gebrauch machen werden.

Zur Untermauerung der betriebenen Verschmelzung philosophischer und religiöser Evidenzproduktion greift Stirner allerdings nicht nur auf das Aufzeigen begrifflicher Überschneidungen, auf das Vorkommen gleichlautender Konzepte zurück. Den eigentlichen Nachweis der Legitimität der Rede von der Identität von Religion

---

10 Max Stirner: Der Einzige und sein Eigenthum, Leipzig 1845 [1844], S. 45/46 [44]. Vgl. auch ebenda, S. 93 [80]: „Wer an einen Spuk glaubt, nimmt nicht mehr das ‚Hereinragen einer höhern Welt' an, als wer an den Geist glaubt, und beide suchen hinter der sinnlichen Welt eine übersinnliche, kurz sie erzeugen und glauben eine *andere* Welt, und diese andere *Welt*, das *Erzeugniß ihres Geistes*, ist eine geistige Welt: ihre Sinne fassen und wissen ja nichts von einer anderen, unsinnlichen Welt, nur ihr Geist lebt darin. Der Fortgang von diesem mongolischen Glauben an das *Dasein geistiger Wesen* dahin, daß auch des Menschen *eigentliches Wesen* sein *Geist* sei, und daß auf diesen allein, auf sein ‚Seelenheil' alle Sorgfalt gerichtet werden müsse, ist nicht schwer."

und Philosophie führt Stirner unter Rekurs auf die Analyse funktionaler Strukturen. Ein erstes Ergebnis dieser Analyse kommt in der Angleichung der Akteure der jeweiligen Bewusstseinsbestimmung zum Ausdruck, etwa wenn Stirner die (philosophischen) „Schulmeister" mit den (religiösen) „Pfaffen" eng führt, wenn er die Anhänger von Christentum und idealistischer Philosophie als beide der Herrschaft der Idee verpflichtet charakterisiert:

> Wer für eine große Idee, eine gute Sache, eine Lehre, ein System, einen erhabenen Beruf lebt, der darf kein weltliches Gelüste, kein selbstsüchtiges Interesse in sich aufkommen lassen. Hier haben Wir den Begriff des *Pfaffenthums*, oder wie es in seiner pädagogischen Wirksamkeit auch genannt werden kann, der Schulmeisterlichkeit; denn die Idealen schulmeistern Uns. Der Geistliche ist recht eigentlich berufen, der Idee zu leben und für die Idee, die wahrhaft gute Sache, zu wirken. Deshalb fühlt das Volk, wie wenig es ihm anstehe, einen weltlichen Hochmuth zu zeigen, ein Wohlleben zu begehren, Vergnügen, wie Tanz und Spiel, mitzumachen, kurz ein anderes als ein ‚heiliges Interesse' zu haben. Daher schreibt sich auch wohl die dürftige Besoldung der Lehrer, die sich allein durch die Heiligkeit ihres Berufes belohnt fühlen und sonstigen Genüssen ‚entsagen' sollen.[11]

Das Ausmaß, bis zu welchem Stirner die angesprochene Gleichsetzung treibt, erhellt, wenn man sich vor Augen führt, dass etwa die herausragenden Charaktere der Französischen Revolution, deren Namen vor der Enttäuschung sich noch im Sinne einer Verehrung atheistischer Ahnen als Ehrbezeichnungen gegenseitig beigelegt wurden,[12] nun in diese Kategorie gerechnet werden,[13] oder wenn die von der Herrschaft der „Denkenden" geprägte Gegenwart als „Pfaffen- oder Schulmeister-Zeit" charakterisiert wird.[14] Diese Identität der Agenten der jeweiligen Bewusstseinsbestimmung führt Stirner, in Anwendung seiner auf funktionale Aspekte zielenden Analyse, darauf zurück, dass sowohl der Verweis auf die göttlichen Offenbarungen, als auch derjenige auf den Begriff „*der* Mensch" in erster Linie der Etablierung von diskursiven Hierarchien bei der Bewusstseinsbestimmung dienen:

> *Der* Mensch greift über jeden einzelnen Menschen hinaus und ist, obgleich ‚sein Wesen', in der That doch nicht *sein* Wesen, welches vielmehr so einzig wäre als er, der Einzelne, selber, sondern

---

11 Max Stirner: Der Einzige und sein Eigenthum, Leipzig 1845 [1844], S. 100 [85]. Zumindest die „dürftige Besoldung der Lehrer" muss Stirner aus eigener Anschauung durchaus bekannt gewesen sein.
12 Man denke etwa an ihre Anrufung in dem von Engels und Edgar Bauer gemeinsam verfassten „christlichen Heldengedicht" *Die frech bedräute, jedoch wunderbar befreite Bibel. Oder: Der Triumph des Glaubens*, Neumünster bei Zürich 1842 (MEGA² I/3, Berlin 1985, S. 387-422), oder an Ruges Bezeichnung Bauers als „Robespierre der Theologie" (Ruge an Ludwig Ruge, 26. September 1842, Hundt, S. 1138).
13 Max Stirner: Der Einzige und sein Eigenthum, Leipzig 1845 [1844], S. 105 [89]: „Weil die revolutionären Pfaffen oder Schulmeister *dem* Menschen dienten, darum schnitten sie *den* Menschen die Hälse ab."
14 Ebenda, S. 442 [334].

> ein allgemeines und ‚höheres', ja für die Atheisten ‚das höchste Wesen'. Und wie die göttlichen Offenbarungen nicht von Gott eigenhändig niedergeschrieben, sondern durch die ‚Rüstzeuge des Herrn' veröffentlicht wurden, so schreibt auch das neue höchste Wesen seine Offenbarungen nicht selbst auf, sondern läßt sie durch ‚wahre Menschen' zu unserer Kunde gelangen.[15]

Stirner hebt mit dieser Passage auf den Sachverhalt ab, dass beide Weisen der Bewusstseinsbestimmung die entscheidenden Akte der Explikation und Aktualisierung ihrer basalen Entitäten, sprich: ihrer Anpassung an und ihrer Beziehung auf gegenwärtige, handlungsrelevante Kontexte, zentralisieren, dass sie also, praktisch betrachtet, die Entscheidungskompetenz bezüglich der Bestimmung angemessener handlungsleitender Maximen und Imperative auf einige wenige Individuen beschränken. Es zeigt sich hier bereits einer der Gründe, welche es Stirner ermöglichen, die religiöse und philosophische Bewusstseinsbestimmung vor dem Hintergrund der in ihnen jeweils praktizierten Fremdbestimmung des individuellen Bewusstseins gleichzusetzen. Wenn es sich auch in dem einen Fall um die Auslegung der vermeintlich göttlichen Offenbarungen und in dem anderen um die Entwicklung des alle Individuen wie ein „zwangloses Band" verbindenden Gattungsbegriffs „*der* Mensch" handelt, so gleichen sich doch beide Fälle darin, dass sie die möglichen, individuellen Varianzen einer solchen Auslegung oder Entwicklung durch die Konstituierung eindeutiger und verbindlicher Entscheidungshierarchien zu bannen suchen. Pfaffen und Schulmeister geraten so zu institutionalisierten Experten der jeweiligen, die Handlungen aller Individuen beeinflussenden Bewusstseinsbestimmung.

Die soeben beschriebene, funktionale Analogie zwischen den Trägern der religiösen und der philosophischen Bewusstseinsbestimmung stellt beileibe keinen Einzelfall im *Einzigen* dar, vielmehr wird sich in der weiteren Extrapolation des Stirner'schen Ansatzes zeigen, dass sich die aus der Analyse der herrschenden Praxis der Bestimmung des Bewusstseins der konkreten Individuen gewonnenen Resultate bis auf wenige Ausnahmen gleichermaßen auf ihre religiöse wie auf ihre philosophische Form erstrecken. Ein weiteres Beispiel des Aufzeigens gemeinsamer Strukturmerkmale zeigt sich in der Konturierung der so heftig geführten Auseinandersetzung zwischen Philosophie und Theologie vor der Enttäuschung als eines bloßen Streites um die Besetzung der Position des Gegenstands höchster Anbetung und Verehrung:

> Was als das höchste Wesen verehrt wird, darüber kann begreiflicher Weise nur so lange der Streit bedeutungsvoll sein, als selbst die erbittertsten Gegner einander den Hauptsatz einräumen, daß es ein höchstes Wesen gebe, dem Cultus oder Dienst gebühre. Lächelte Einer mitleidig über den ganzen Kampf um ein höchstes Wesen, wie etwa ein Christ bei dem Wortgefecht eines Schiiten mit einem Sunniten oder eines Brahminen mit einem Buddhisten, so gälte ihm die Hypothese von einem höchsten Wesen für nichtig und der Streit auf dieser Basis für eitles Spiel. Ob dann der einige oder dreieinige Gott, ob der luthersche Gott oder das être suprême oder Gott gar nicht, sondern ‚der Mensch' das höchste Wesen vorstellen mag, das macht für den durchaus keinen

---

[15] Ebenda, S. 51 [48].

Unterschied, der das höchste Wesen selbst negirt, denn in seinen Augen sind jene Diener eines höchsten Wesens insgesammt – fromme Leute: der wüthende Atheist nicht weniger als der gläubigste Christ.[16]

Bereits an dieser Stelle lässt sich nicht nur das explikative Potenzial erahnen, welches sich Stirner bei der Erklärung des Scheiterns von 1842/43 durch die Engführung von philosophischer und religiöser Bewusstseinsbestimmung eröffnet, es lässt ebenfalls erahnen, welcher Art die entwickelte Gegenposition sein wird. Die Einordnung der philosophischen Aufklärer in die Klasse der „frommen Leute" weist dabei eine der Richtungen, in welcher Stirner seine Angriffe auf die philosophische Form des aufklärerischen Diskurses vornimmt. Die ursprünglich aus dem notwendigen Nachweis der Möglichkeit einer umfassenden Substitution der religiösen Bewusstseinsbestimmung durch die philosophische entwickelte Strategie der philosophischen Aufklärer der Vergangenheit, eine möglichst große Menge von Elementen der theologischen Produktion von Evidenz mit philosophischen Gegenstücken zu ersetzen, gibt vor dem Hintergrund der Stirner'schen Gleichsetzung von Philosophie und Religion nun zu dem Vorwurf Anlass, die philosophische Form der Bewusstseinsbestimmung übernehme mit der Orientierung an der religiösen vor allem auch deren Schwächen:

> So kann hier beiläufig der aufklärenden Richtung gedacht werden, die, nachdem die Theologen lange darauf bestanden hatten, nur der Glaube sei fähig, die Religionswahrheiten zu fassen, nur den Gläubigen offenbare sich Gott u. s. w., also nur das Herz, Gefühl, die gläubige Phantasie sei religiös, mit der Behauptung hervorbrach, daß auch der ‚natürliche Verstand', die menschliche Vernunft fähig sei, Gott zu erkennen. Was heißt das anders, als daß auch die Vernunft darauf Anspruch machte, dieselbe Phantastin zu sein wie die Phantasie.[17]

Stirner zögert nicht, der philosophischen Aufklärung einen Erfolg bei dem Angriff auf die religiöse Bewusstseinsbestimmung zu konzedieren – zumindest auf dieser Ebene wahrt er die Kontinuität zu den aufklärerischen Bemühungen vor der Enttäuschung und zu der damals unter den Junghegelianern ausnahmslos verbreiteten Überzeugung bezüglich der Überlegenheit der philosophischen Evidenzproduktion –, das Konzedieren dieses Erfolges ist jedoch ein vergiftetes Kompliment. Denn der philosophisch-aufklärerische Diskurs verliert mit diesem Erfolg seine kritische Potenz; er erscheint im Lichte der Erfahrung von 1842/43 eben nicht mehr geeignet, die ersehnte radikale Veränderung der gesellschaftlichen Verhältnisse herbeizuführen, in deren Namen er in den Jahren 1840-1843 aufgetreten war.

Die Verschmelzung von Philosophie und Religion wird von Stirner noch vor dem Hintergrund unzähliger weiterer Gemeinsamkeiten argumentiert. Einen besonderen Platz im gebündelten Angriff auf die religiöse und philosophische Evidenzproduktion nimmt die Kritik der von beiden geübten Ächtung des Egoismus ein, also einer Be-

---

16 Ebenda, S. 52 [49].
17 Ebenda, S. 64 [58].

zunahme auf die persönlichen Interessen, welche diesen den Primat gegenüber den verschiedenen Ideen einräumt, deren allgemeine und umfassende Realisierung stets im Rahmen fremdbestimmender Bewusstseinsbestimmung gefordert wird:

> Gesetzt aber auch, Zweifel, im Laufe der Zeit gegen die christlichen Glaubenssätze erhoben, haben Dich längst des Glaubens an die Unsterblichkeit Deines Geistes beraubt: Einen Satz hast Du dennoch ungerüttelt gelassen, und der Einen Wahrheit hängst Du immer noch unbefangen an, daß der Geist Dein besser Theil sei, und daß das Geistige größere Ansprüche an Dich habe, als alles andere. Du stimmst trotz all Deines Atheismus mit dem Unsterblichkeitsgläubigen im Eifer gegen den *Egoismus* zusammen.[18]

Wenn die Entwicklung des positiven Gehalts, welchen Stirner mit dem Konzept „Egoismus" verbindet – den er dezidiert gegen die verbreitete Vorstellung eines „Egoismus im gewöhnlichen Verstande" abgrenzt[19] –, auch in die im nächsten Kapitel vorgenommene Darstellung des alternativen aufklärerischen Diskurses gehört, so lässt sich der kritische Einsatz dieses Konzeptes in der Auseinandersetzung mit philosophischer und religiöser Bewusstseinsbestimmung doch bereits zu diesem Zeitpunkt skizzieren. Denn Stirner flankiert seine Denunziation der Ächtung des Egoismus mit dem Vorwurf, dass diese Ächtung aus rein strategischer Absicht erfolge. Die Ächtung des Egoismus habe vor allem zum Ziel, die konkreten Individuen von der Wahrnehmung ihrer eigenen, persönlichen Interessen abzuhalten und sie stattdessen dem Einfluss eines anderen Egoismus zugänglich zu machen: des Egoismus von Ideen, die zu diesem Zweck als „moralische Personen" im Sinne leibhaftiger Individuen behandelt werden, deren Bedürfnis nach einem ihre Verwirklichung gestattenden Leib sie in der Stirner'schen Terminologie jedoch auf eine Stufe mit Gespenstern, Geistern und Spuk stellt.[20] Die Konstatierung eines Gefälles zwischen einem geächteten Egoismus der leibhaftigen Individuen und einem an seiner Statt, wenn auch nicht unter diesem Namen propagierten Egoismus geistiger, leibbedürftiger Entitäten gehört zu den zentralen argumentativen Zügen Stirners und findet seinen Ausdruck auch in

---

18 Ebenda, S. 40 [40].
19 Ebenda, S. 99 [84]. Diese Unterscheidung zwischen einem „Egoismus im gewöhnlichen Verstande" und dem von Stirner intendierten, „bewussten Egoismus" ist von Wichtigkeit. In der Charakterisierung Stirners als Apologet des Egoismus wird die Bedeutungsverschiebung, bzw. -schöpfung, die vor dem Hintergrund „unserer christlichen Sprache" zu den bevorzugten Instrumenten Stirners gehört und die er stets mit Bedacht vornimmt (siehe unten, Kapitel 7, Abschnitt 1), häufig ignoriert. Wird diese Bedeutungsverschiebung jedoch verschwiegen, kann der von Stirner geleisteten, innovativen Analyse der Strukturen fremdbestimmter Bewusstseinsbestimmung nicht Rechnung getragen werden. Nicht zuletzt Marx und Engels haben im Rahmen ihrer polemischen Angriffe einer solchen Interpretation Stirners Vorschub geleistet.
20 Vgl. zu dieser Terminologie etwa ebenda, S. 301 [233]: „Die Sache ist die, daß eine moralische Person, heiße sie Volkspartei oder Volk oder auch ‚der Herr', in keiner Weise eine Person ist, sondern ein Spuk." Vgl. auch anlässlich einer Kritik Proudhons ebenda, S. 331 [254]: So weit kommt man mit dem Spuk der Societät als einer *moralischen Person*."

der, den Feuerbach'schen Rekurs auf die Sinnlichkeit radikalisierenden Aufforderung, den eigenen Leib gegen den allgemeinen Geist zur Geltung zu bringen.

Nicht von ungefähr bildet die Konstatierung dieses Gefälles den Auftakt des gesamten Werkes in der Einleitung *Ich hab' Mein Sach' auf Nichts gestellt*. Nachdem er im eröffnenden Paragraphen bereits ein Panorama der geläufigsten, zeitgenössischen „moralischen Personen" gezeichnet hat und die Ächtung des Egoismus im Interesse ihrer zu ermöglichenden Durchsetzung angeführt hat,[21] zögert er nicht, den beiden mächtigsten unter ihnen ein rein egoistisches Handeln zu bescheiden:

> Ihr wißt von Gott viel Gründliches zu verkünden und habt Jahrtausende lang ‚die Tiefen der Gottheit erforscht' und ihr ins Herz geschaut, so daß Ihr Uns wohl sagen könnt, wie Gott die ‚Sache Gottes', der Wir zu dienen berufen sind, selber betreibt. Und Ihr verhehlt es auch nicht, das Treiben des Herrn. Was ist nun seine Sache? Hat er, wie es *Uns* zugemuthet wird, eine fremde Sache, hat er die Sache der Wahrheit, der Liebe zu seinigen gemacht? Euch empört dieß Mißverständniß und Ihr belehrt Uns, daß Gottes Sache allerdings die Sache der Wahrheit und Liebe sei, daß aber diese Sache keine ihm fremde genannt werden könne, weil Gott ja selbst die Wahrheit und Liebe sei; Euch empört die Annahme, daß Gott Uns armen Würmern gleichen könnte, indem er eine fremde Sache als eigene beförderte. ‚Gott soll der Sache der Wahrheit sich annehmen, wenn er nicht selbst die Wahrheit wäre'? Er sorgt nur für *seine* Sache, aber weil er Alles in Allem ist, darum ist auch alles *seine* Sache! Wir aber, Wir sind nicht Alles in Allem, und unsere Sache ist gar klein und verächtlich; darum müssen Wir einer ‚höheren Sache dienen'. – Nun, es ist klar, Gott bekümmert sich nur um's Seine, beschäftigt sich nur mit sich, denkt nur an sich und hat nur sich im Auge; wehe Allem, was *ihm* nicht wohlgefällig ist. Er dient keinem Höheren und befriedigt nur sich. Seine Sache ist eine – rein egoistische Sache.
> Wie steht es mit der Menschheit, deren Sache Wir zur unsrigen machen sollen? Ist ihre Sache etwa die eines Andern und dient die Menschheit einer höheren Sache? Nein, die Menschheit sieht nur auf sich, die Menschheit will nur die Menschheit fördern, die Menschheit ist sich selber ihre Sache. Damit sie sich entwickle, läßt sie Völker und Individuen in ihrem Dienste sich abquälen, und wenn diese geleistet haben, was die Menschheit braucht, dann werden sie von ihr aus Dankbarkeit auf den Mist der Geschichte geworfen. Ist die Sache der Menschheit nicht eine – rein egoistische Sache?[22]

Die allgemein verbreitete Ächtung des Egoismus fasst Stirner vor allem als Instrument der Disziplinierung, welches die Einflussnahme der Experten der jeweiligen Bewusstseinsbestimmung – „Pfaffen" und „Schulmeister" – auf die Subjekte dieser Bestimmung – Laien und Schüler – erheblich erleichtern soll. Dabei ist der Anwendungsbereich dieses Instruments beträchtlich, vermittelt Stirner doch den Eindruck, dass nahezu jede Form der Fremdbestimmung durch die Einforderung eines Dienstes

---

21 Ebenda, S. 5 [13]: „Was soll nicht alles Meine Sache sein! Vor allem die gute Sache, dann die Sache Gottes, die Sache der Menschheit, der Wahrheit, der Freiheit, der Humanität, der Gerechtigkeit; ferner die Sache Meines Volkes, Meines Fürsten, Meines Vaterlandes; endlich gar die Sache des Geistes und tausend andere Sachen. Nur *Meine* Sache soll niemals Meine Sache sein. ‚Pfui über den Egoisten, der nur an sich denkt!'"
22 Ebenda, S. 5/6 [13/14].

an einer Idee mehr oder weniger explizit von ihm Gebrauch macht. Allerdings kommt dieses Instrument vor allem in solchen Fällen zum Einsatz, in denen die einfache Produktion von Evidenz – das Argumentieren für eine bestimmte Position – nicht ausreicht, um die Subjekte der Bewusstseinsbestimmung zur Orientierung ihres Handelns an religiösen oder philosophischen Maximen zu bewegen. Der Bezichtigung des Egoismus kommt insofern die Funktion eines Sanktionsmechanismus für die sich gegenüber den gängigen Produktionen argumentativer Evidenz resistent zeigenden, konkreten Individuen zu, und ihre Wirkung wird, so kann Stirner im Zuge seiner Verschmelzung von Religion und Philosophie zeigen, durch die weite Verbreitung der Ächtung sogar noch gefördert, stimmen doch nahezu alle Zeitgenossen unabhängig von ihren jeweiligen Präferenzen bezüglich der maßgeblichen Quelle argumentativer Evidenz in der Ablehnung des Egoismus überein.[23] Die Art und Weise, wie eine solche Disziplinierung von Individuen vonstattengeht, exemplifiziert Stirner dann am Beispiel der Einforderung eines Dienstes am Vaterland:

> Wen aber denkst Du Dir unter dem Egoisten? Einen Menschen, der, anstatt einer Idee, d. h. einem Geistigen zu leben, und ihr seinen persönlichen Vortheil zu opfern, dem letzteren dient. Ein guter Patriot z. B. trägt seine Opfer auf den Altar des Vaterlandes; daß aber das Vaterland eine Idee sei, läßt sich nicht bestreiten, da es für geistesunfähige Thiere oder noch geistlose Kinder kein Vaterland und keinen Patriotismus giebt. Bewährt sich nun Jemand nicht als einen guten Patrioten, so verräth er in Bezug auf's Vaterland seinen Egoismus. Und so verhält sich's in unzähligen anderen Fällen: wer in der menschlichen Gesellschaft ein Vorrecht sich zu nutze macht, der sün-

---

23 Einer der Gegenbegriffe zu „Egoismus" ist dann auch die „Sittlichkeit", und es zeigt sich hier ein Fortwirken der bitteren Enttäuschung, welche für Stirner die Vergeblichkeit der Agitation für die „Freien" bedeutet hat, deren von der Gegenseite unterstellte Unsittlichkeit bei breiten Kreisen der Bevölkerung verfing, ebenda, S. 68/69 [61/62]: „Warum wollen gewisse *Oppositionen* nicht gedeihen? Lediglich aus dem Grunde, weil sie die Bahn der Sittlichkeit oder Gesetzlichkeit nicht verlassen wollen. Daher die maßlose Heuchelei von Ergebenheit, Liebe u. s. w., an deren Widerwärtigkeit man sich täglich den gründlichsten Ekel vor diesem verdorbenen und heuchlerischen Verhältniß einer ‚gesetzlichen Opposition' holen kann. – In dem *sittlichen* Verhältniß der Liebe und Treue kann ein zwiespältiger, ein entgegengesetzter Wille nicht stattfinden; das schöne Verhältniß ist gestört, wenn der Eine dieß und der Andere das Umgekehrte will. Nun soll aber nach der bisherigen Praxis und dem alten Vorurtheil der Opposition das sittliche Verhältniß vor Allem bewahrt werden. Was bleibt da der Opposition übrig? Etwa dieß, eine Freiheit zu wollen, wenn der Geliebte sie abzuschlagen für gut findet? Mit nichten! *Wollen* darf sie die Freiheit nicht; sie kann sie nur *wünschen*, darum ‚petitioniren', ein ‚Bitte, bitte!' lallen. Was sollte daraus werden, wenn die Opposition wirklich *wollte*, wollte mit der vollen Energie des Willens? Nein, sie muß auf den *Willen* Verzicht leisten, um der *Liebe* zu leben, auf die Freiheit – der Sittlichkeit zu Liebe. Sie darf nie ‚als ein Recht in Anspruch nehmen', was ihr nur ‚als Gunst zu erbitten' erlaubt ist." Siehe zur Problematik der Sittlichkeit während der Agitation für die „Freien" oben, Kapitel 4, Abschnitt 2. Dass man sich auch auf Seiten der Regierenden des mäßigenden und befriedenden Einflusses des Verlangens der Untertanen nach Sittlichkeit bewusst war, zeigt sich nicht zuletzt darin, dass die sächsische Kreis-Direktion das ursprüngliche Verbot des *Einzigen* unter expliziter Bezugnahme auf seine zu erwartende fördernde Wirkung auf die „religiös-sittliche Ansicht des Lebens" aufgehoben wurde. Siehe oben, Kapitel 5, Abschnitt 3.

digt egoistisch gegen die Idee der Gleichheit; wer Herrschaft übt, den schilt man einen Egoisten gegen die Idee der Freiheit u. s. w.[24]

Das von Stirner formulierte Verständnis des „Egoismus" stellt aufgrund seiner Kontrastierung mit sämtlichen Ergebnissen der auf die Verpflichtung der konkreten Individuen auf den Dienst an allgemeingültigen, geistigen Entitäten wie Ideen zielenden Formen der Bewusstseinsbestimmung eine weitere Rechtfertigung der praktizierten Verschmelzung von philosophischer und religiöser Evidenzproduktion dar. Die funktionalen Aspekte dieses Verständnisses zeitigen jedoch Konsequenzen für den Stirner'schen Ansatz, welche über die Aufdeckung der sanktionierenden Kraft des Vorwurfs egoistischen Handelns hinausweisen. Stirner kann mit dem Vergleich zwischen konkreten Individuen, denen die Orientierung auf ihre persönlichen Interessen zum handfesten Nachteil gereicht, und geistigen Entitäten, bei denen die Abgeschlossenheit und Ausschließlichkeit der bei der Formulierung von Maximen und Imperativen zur Anwendung kommenden Normen, also die Unabhängigkeit von anderen geistigen oder konkreten Entitäten, als Nachweis ihrer Güte gilt, Licht auf ein zentrales Moment seines Angriffs auf die fremdbestimmenden Weisen der Bewusstseinsbestimmung werfen. Wenn Stirner konstatiert, dass der Egoismus der konkreten Individuen stets einem Egoismus geistiger Entitäten weichen müsse, so weist er darauf hin, dass die geistigen Entitäten die Normierung der individuellen Handlungen nur zu leisten vermögen, weil sie im Zuge ihrer Verortung in der Struktur eines intentionalen Vokabulars den Charakter von „moralischen Personen" annehmen. Als „moralische Personen" qualifizieren sie sich, da ihnen zwar zum einen Intentionen, Interessen, ein Sollen und ein Wollen usw. zugeschrieben werden – „Gott verlangt ...", „das Interesse der Menschheit heischt ..." –, sie für die Realisierung dieser Intentionen jedoch gleich Geistern und Gespenstern stets eines leibhaftigen Individuums bedürfen. Die menschliche Geschichte sieht Stirner folglich als einen Kampf zwischen leibhaftigen und moralischen Personen, einen Kampf, der bis zur Gegenwart immer zugunsten der letzteren ausging, wie Stirner etwa bei Gelegenheit des Verhältnisses von Staat und Individuum ausführt:

> Darin besteht die Art der Cultur und Bildung, welche Mir der Staat zu geben vermag: er erzieht Mich zu einem ‚brauchbaren Werkzeug', einem ‚brauchbaren Gliede der Gesellschaft'. Das muß jeder Staat thun, der Volksstaat so gut wie der absolute oder constitutionelle. Er muß es thun, so lange Wir in dem Irrthum stecken, er sei ein *Ich*, als welches er sich denn den Namen einer ‚moralischen, mystischen oder staatlichen Person' beilegt. Diese Löwenhaut des Ichs muß Ich, der Ich wirklich Ich bin, dem stolzirenden Distelfresser abziehen. Welchen mannigfachen Raub habe Ich in der Weltgeschichte Mir nicht gefallen lassen. Da ließ Ich Sonne, Mond und Sternen, Katzen und Krokodilen die Ehre widerfahren, als Ich zu gelten; da kam Jehova, Allah und Unser Vater und wurden mit dem Ich beschenkt; da kamen Familien, Stämme, Völker und endlich gar die Menschheit, und wurden als Iche honorirt; da kam der Staat, die Kirche mit der Prätension,

---

[24] Max Stirner: Der Einzige und sein Eigenthum, Leipzig 1845 [1844], S. 40 [40].

Ich zu sein, und Ich sah allem ruhig zu. Was Wunder, wenn dann immer auch ein wirklich Ich dazu trat und Mir ins Gesicht behauptete, es sei nicht mein *Du*, sondern mein eigenes *Ich*. Hatte das Gleiche doch *der* Menschensohn par excellence gethan, warum sollte es nicht auch *ein* Menschensohn thun? So sah Ich denn mein Ich immer über und außer Mir und konnte niemals wirklich zu Mir kommen.[25]

In der philosophischen Bewusstseinsbestimmung sieht Stirner nun die letzte und am weitesten fortgeschrittene Form individueller Fremdbestimmung in der Geschichte erreicht. Dabei greife sie zwar auch auf die Investitur geistiger Entitäten mit personalen Eigenschaften zurück, allerdings sind die im Zuge ihrer Entfaltung im intentionalen Vokabular verorteten Entitäten besonderer Natur, denn im Unterschied zum Großteil der in der soeben zitierten Passage angeführten Entitäten zeichnen sich die der philosophischen Bewusstseinsbestimmung zugrunde liegenden dadurch aus, dass die Menge der sich für personale Analogieschlüsse anbietenden Eigenschaften wesentlich geringer ist, als etwa im Falle nichtmenschlicher Lebewesen oder als bei Gegenständen, die zumindest der sinnlichen Wahrnehmung zugänglich sind. Stirner sieht im Aufkommen dieser neuen „moralischen Personen" denn auch eine Reaktion auf den Sachverhalt, dass es den „moralischen Personen" der Vergangenheit nur unter zunehmenden Schwierigkeiten gelingt, ihre notwendige Funktion innerhalb der Strukturen individueller Fremdbestimmung zu erfüllen. Anders als zu erwarten wäre, gereicht diesen philosophischen, „moralischen Personen" die Verminderung der Anknüpfungspunkte für Analogieschlüsse zu tatsächlichen Personen jedoch nicht zum Nachteil, sondern steigert ihre Wirksamkeit vielmehr:

> Nicht anders verhält es sich mit der neueren Zeit. Sie verwandelte nur die *existirenden* Objecte, den wirklichen Gewalthaber u. s. w. in *vorgestellte*, d. h. in *Begriffe*, vor denen der alte Respect sich nicht nur nicht verlor, sondern an Intensität zunahm. Schlug man auch Gott und dem Teufel in ihrer vormaligen crassen Wirklichkeit ein Schnippchen, so widmete man nur um so größere Aufmerksamkeit ihren Begriffen.[26]

Wenn in dieser Passage „Gott" als Beispiel der stattgefundenen Entwicklung gewählt wird, so dient auch diese „Transsubstantiation" eines „Objectes" in einen „Begriff" der von Stirner forcierten Verschmelzung von philosophischer und religiöser Bewusstseinsbestimmung und bezeugt ein weiteres Mal die Preisgabe der mit großem Aufwand restituierten aufklärerischen Frontstellung zugunsten einer Rückkehr zur Hegel'schen Harmonisierung (wobei diese letztere bei Stirner natürlich nicht zur Stützung der theologischen, sondern zur Unterhöhlung der philosophischen Evidenzproduktion unternommen wird). Zugleich belegt diese Passage jedoch die Überzeugung bezüglich des Wandels in der Hierarchisierung der beiden im Rahmen der klassischaufklärerischen Konfiguration konkurrierenden Quellen der Produktion argumenta-

---

25 Ebenda, S. 295 [228/229].
26 Ebenda, S. 114 [95].

tiver Evidenz, wie sie bereits in der Hegel'schen Harmonisierung zum Ausdruck kam und wie sie bis zur Enttäuschung unter den Junghegelianern vorherrschend blieb, denn die Explikation oder Entwicklung von Begriffen, welche in der zitierten Passage anklingt, bezeichnet das ureigene Hoheitsgebiet der Produzenten philosophischer Evidenz – und zwar, so muss betont werden, unabhängig von der Natur des jeweiligen Referenten. Die konstatierte Verwandlung von „Objecten" in „Begriffe" leitet dann auch zum von Stirner argumentierten, über eine Priorisierung der Begriffe vermittelten Anspruch der Philosophie auf Ablösung der theologischen Hoheit in der Bewusstseinsbestimmung über und erneuert den Vorwurf, hinter diesem Anspruch verberge sich die Realisierung einer Tendenz, welche bereits von je her in der christlichen Religion angelegt gewesen sei:

> Die ‚Natur der Sache', der ‚Begriff des Verhältnisses' soll Mich in der Behandlung derselben oder Schließung desselben leiten. Als ob ein Begriff der Sache für sich existirte und nicht vielmehr der Begriff wäre, welchen man sich von der Sache macht! Als ob ein Verhältniß, welches Wir eingehen, nicht durch die Einzigkeit der Eingehenden selbst einzig wäre! Als ob es davon abhinge, wie Andere es rubriciren! Wie man aber das ‚Wesen des Menschen' vom wirklichen Menschen trennte und diesen nach jenem beurtheilte, so trennt man auch seine Handlung von ihm und veranschlagt sie nach dem ‚menschlichen Werthe'. *Begriffe* sollen überall entscheiden, Begriffe das Leben regeln, Begriffe *herrschen*. [...] Nach Begriffen wird Alles abgeleitet, und der wirkliche Mensch, d. h. Ich werde nach diesen Begriffsgesetzen zu leben gezwungen. Kann es eine ärgere Geistesherrschaft geben, und hat nicht das Christenthum gleich im Beginne zugestanden, daß es die Gesetzesherrschaft des Judenthums nur schärfer anziehen wolle? [...] Durch den Liberalismus wurden nur andere Begriffe aufs Tapet gebracht, nämlich statt der göttlichen menschliche, statt der kirchlichen staatliche, statt der gläubigen ‚wissenschaftliche' oder allgemeiner statt der ‚rohen Sätze' und Satzungen wirkliche Begriffe und ewige Gesetze. Jetzt herrscht in der Welt nichts als der Geist.[27]

Nach diesen längeren Zitaten ist es möglich, die Art des Stirner'schen Angriffs auf die philosophische Evidenzproduktion eingehender zu charakterisieren, denn es wird nun offensichtlich, dass Stirner die Produktion der philosophischen Evidenz gelingender Begriffsentwicklung als einen besonderen Fall der für die Fremdbestimmung des Bewusstseins konkreter Individuen zentralen Schöpfung von „moralischen Personen" betrachtet. Wenn im Rahmen der philosophischen Evidenzproduktion also nicht mehr „Katzen und Krokodile" oder „Sonne, Mond und Sterne" zu Trägern der für das menschliche Handeln maßgeblichen Intentionen erklärt werden, so erheben die mit einem Anspruch auf Allgemeinverbindlichkeit und weitgehende Kontextinvarianz ausgestatteten Begriffe wie „Wesen des Menschen" u. ä. einen nicht minder umfassenden Anspruch auf die Normierung individueller Handlungen. Die Entwicklung eines mit kritischer Potenz versehenen Begriffs wie „Wesen des Menschen" bedeutet diesem Verständnis zufolge also nicht nur die Formulierung von grammatika-

---

27 Ebenda, S. 126/127 [104/105].

lischen Gebrauchsregeln, welche etwa die Kompatibilität bzw. Inkompatibilität mit anderen Begriffen festlegen oder Kontexte seiner Anwendung bestimmen, sondern ebenso die Formulierung von Handlungsimperativen, welche die Konformität oder Nonkonformität von Handlungen mit den Bedingungen seiner Realisierung bestimmen. Stirner zufolge beinhaltet die Produktion philosophischer Evidenz somit weit mehr als den reinen Versuch, Überzeugungsleistungen zu erbringen. Im Zuge der Produktion philosophischer Evidenz würden stets auch geistige Entitäten geschaffen, welche die Individuen dazu anhalten sollen, ihre persönlichen Interessen zugunsten einer Verwirklichung der mit dem Begriff entwickelten Intentionen dieser Entitäten zurückzustellen.

Es zeigt sich darüber hinaus, dass die im Rahmen der philosophischen Evidenzproduktion geschaffenen Entitäten – die Begriffe – einen besonderen Vorteil gegenüber denjenigen genießen, die im Rahmen der religiös-theologischen Evidenzproduktion geschaffen werden – allen voran natürlich „Gott". Verdanken sich die von den Entitäten der letzteren verbürgten Handlungsmaximen vor allem den institutionell privilegierten Interlokutoren heiliger Autoritäten und werden diese dadurch eben eindeutig an die Autorität der ausgezeichneten Individuen rückgebunden – ist ihre Evidenz also zu einem beträchtlichen Teil Ausdruck des Sachverhalts, dass sie von bestimmten Personen vertreten werden –, so gilt die Spezifizität der Individuen, welche die von den Entitäten der philosophischen Evidenzproduktion verbürgten Handlungsmaximen äußern, hingegen als kontingent. Die philosophische Evidenz gelingender Begriffsentwicklung zieht vielmehr einen Großteil ihrer Überzeugungskraft aus der (postulierten) Unabhängigkeit von der jeweiligen Person, welche sie produziert. Sowohl für ihre Produzenten, wie auch für ihre Rezipienten gilt das Vorhandensein eines weitgehend störungsfreien Vernunftvermögens als nahezu einzige Voraussetzung der Erfahrbarkeit philosophischer Evidenz. Die im Rahmen philosophischer Evidenzproduktion geschaffenen Entitäten oder „moralischen Personen" scheinen in der Folge der Möglichkeit einer Usurpation durch die in ihrem Namen Sprechenden, also der Instrumentalisierung im Zuge der Durchsetzung individuellpersönlicher Interessen, wesentlich unverdächtiger als die vergangenen und zum Teil noch in der Gegenwart herrschenden „moralischen Personen", deren Panorama Stirner in der obigen Passage gezeichnet hat.

Der Zweifel an dieser vermeintlichen Neutralität und Indifferenz der philosophischen, „moralischen Personen" gegenüber den Interessen der die Begriffsentwicklungen vornehmenden Personen bildet, wie aus den angeführten Passagen bereits ersichtlich wurde, nun eine der hauptsächlichen Stoßrichtungen des Stirner'schen Angriffs auf die philosophische Form der Fremdbestimmung des Bewusstseins der konkreten Individuen. Wenn Stirner die Überzeugung äußert, dass der Verweis auf die „Natur der Sache" oder auf den „Begriff der Verhältnisse" keinen Automatismus bei der Inbeziehungsetzung von „Begriff" und „Sache" begründe, dass letztere weit eher eine Frage des „Machens" als eine Frage des „Herleitens" oder „Schließens" sei,[28] so öffnet dies den Weg für eine radikale Reevaluation der Art und Weise, wie philosophische Evidenz produziert wird. Es scheint in der Folge weit weniger offensichtlich, dass, zum einen, den Entwicklungen etwa der Begriffe „Wesen des Menschen" oder „Kritik" die Objektivität und Indifferenz gegenüber persönlichen Interessen eigne, welche von den die Entwicklung Vornehmenden gemeinhin behauptet wird, oder dass, zum anderen, die auf solchen Begriffen ruhende Bewusstseinsbestimmung und die aus solchen Begriffen abgeleiteten Handlungsmaximen ihren Erfolg allein der zufällig von diesen bestimmten Personen vorgenommenen Ausübung eines allen Menschen im Großen und Ganzen gleichermaßen zur Verfügung stehenden Vernunftvermögens verdankten.

Vor diesem Hintergrund lohnt es sich, die Aufmerksamkeit erneut auf eine bereits zitierte Passage zu lenken, in welcher Stirner eine Analogie zwischen der Notwendigkeit einer Auslegung der „göttlichen Offenbarungen", welche der Produktion der theologischen Evidenz heiliger Autoritäten zugrunde liegen, und der in gleicher Weise gegebenen Notwendigkeit einer Auslegung der „Offenbarungen" etwa des „Wesen des Menschen" zieht, welche der Produktion der philosophischen Evidenz gelingender Begriffsentwicklung zugrunde liegen.[29] Da Stirner, wie gesehen, mit der Annahme der Determiniertheit und Zwangsläufigkeit der Entwicklung von Begriffen bricht, also die Bedeutung der die Begriffsentwicklung vornehmenden Person analog zur Bedeutung der institutionell privilegierten Personen bei der Produktion der Evidenz heiliger Autoritäten konzipiert – die „Schulmeister" den „Pfaffen" an die Seite gesellt –, ergibt sich in der Folge nicht nur die Arbitrarität der philosophischen Evidenzproduktion, sondern auch die Einteilung der konkreten Individuen in zwei „Klassen", von welchen die eine für die Bestimmung des Bewusstseins zuständig ist, während die Mitglieder der anderen zu bloßen Subjekten dieser Bestimmung werden. Stirner kann mit dieser Einteilung an Positionen anknüpfen, die er bereits in früheren Schriften entwickelt hat – allen voran *Das unwahre Prinzip unserer Erziehung* aus dem April 1842.[30] Im Zeitraum 1843/44 dient ihm die Differenz zwischen „Gebildeten" und „Ungebildeten" dann zur näheren Charakterisierung der Grundlage diskursiver Herrschaft, nämlich des Anspruchs auf eine „Herrschaft des Geistes":

> Man theilt mitunter die Menschen in zwei Klassen, in *Gebildete* und *Ungebildete*. Die ersteren beschäftigten sich, so weit sie ihres Namens würdig waren, mit Gedanken, mit dem Geiste, und forderten, weil sie in der nachchristlichen Zeit, deren Princip eben der Gedanke ist, die Herrschenden waren, für die von ihnen anerkannten Gedanken einen unterwürfigen Respect. Staat,

---

28 Ebenda, S. 126 [104].
29 Ebenda, S. 51 [48]: „Und wie die göttlichen Offenbarungen nicht von Gott eigenhändig niedergeschrieben, sondern durch die ‚Rüstzeuge des Herrn' veröffentlicht wurden, so schreibt auch das neue höchste Wesen seine Offenbarungen nicht selbst auf, sondern läßt sie durch ‚wahre Menschen' zu unserer Kunde gelangen."
30 Siehe oben, Kapitel 4, Abschnitt 2.

> Kaiser, Kirche, Gott, Sittlichkeit, Ordnung u. s. w. sind solche Gedanken oder Geister, die nur für den Geist sind. Ein bloß lebendiges Wesen, ein Thier, kümmert sich um sie so wenig als ein Kind. Allein die Ungebildeten sind wirklich nichts als Kinder, und wer nur seinen Lebensbedürfnissen nachhängt, ist gleichgültig gegen jene Geister; weil er aber auch schwach gegen dieselben ist, so unterliegt er ihrer Macht, und wird beherrscht von – Gedanken. Dies ist der Sinn der Hierarchie. *Hierarchie ist Gedankenherrschaft, Herrschaft des Geistes!* Hierarchisch sind Wir bis auf den heutigen Tag, unterdrückt von denen, welche sich auf Gedanken stützen. Gedanken sind das Heilige.[31]

In Verbindung mit der Stirner'schen Vorstellung einer im Laufe der Geschichte zunehmenden Perfektionierung der Fremdbestimmung konkreter Individuen durch die Schöpfung immer mächtigerer „moralischer Personen", deren auf allgemeine Verbindlichkeit Anspruch erhebende Intentionen den Bewusstseinsträgern stets von einem exklusiven Kreis von Interlokutoren zu eröffnen waren und, so Stirner, noch immer sind, und der schon in *Das unwahre Prinzip unserer Erziehung* entwickelten Überzeugung, dass der Unterteilung in „Gebildete" und „Ungebildete" ein bloß „formelles Uebergewicht" im „Grade geistiger Gewandtheit" zugrunde liegt, gewinnt die Auffassung Stirners über die Bedeutung und Natur diskursiver Herrschaft schärfere Konturen. Religiöse und philosophische Bewusstseinsbestimmung erscheinen vor dem Hintergrund dieses funktionalen Modells als Formen der Fremdbestimmung, die in Bezug auf die Art und Weise, wie die zur Bestimmung des Bewusstseins notwendigen Überzeugungsleistungen erbracht werden und wie der exklusive Kreis der die Bestimmung Vornehmenden bestimmt wird, zwar differieren, die jedoch in gleichem Maße auf der Postulierung einer „Herrschaft des Geistes" ruhen. Die Fremdbestimmung beschreibt im Verständnis Stirners so den komplexen Sachverhalt der Implementierung von Intentionen im Bewusstsein konkreter Individuen unter Rekurs auf verschiedene Weisen der Produktion argumentativer Evidenz. Wird darüber hinaus die Bedeutung in Rechnung gestellt, welche Stirner den Willensentscheidungen und Intentionen der konkreten Individuen für ihr Handeln beimisst – für Stirner gibt es grundsätzlich keinen Unterschied zwischen Verhalten und intentionalem Handeln –, so wird verständlich, aus welchem Grund Stirner seine Kritik auf diskursive Herrschaftsstrukturen fokussiert.

Die soeben angeführte Passage erlaubt schließlich noch eine weitergehende Präzisierung der Stirner'schen Analyse diskursiver Herrschaftsstrukturen, denn an der dort angeklungenen „Heiligsprechung" von Gedanken, welche Stirner als Grundlage der Herrschaft des Geistes, bzw. der Gebildeten voraussetzt, zeigt sich nicht nur, wie weit Stirner in der Verschmelzung von philosophischer und religiös-theologischer Evidenzproduktion durch die Übertragung von Konzepten der einen Evidenzproduktion auf die andere zu gehen bereit ist, es zeigen sich darüber hinaus ein weiteres Mal die Möglichkeiten, welche sich Stirner durch seine auf funktionale Aspekte der Be-

---

[31] Max Stirner: Der Einzige und sein Eigenthum, Leipzig 1845 [1844], S. 96/97 [82/83].

wusstseinsbestimmung zielende Analyse bieten. Denn die Wahl des Begriffes „das Heilige", den Stirner aus seinem strikt religiösen Kontext löst und zu einem der zentralen Konzepte innerhalb seines Angriffs auf die philosophische Fremdbestimmung erklärt, verdankt sich nicht der Überzeugung, die philosophische Evidenzproduktion greife auf vergleichbare institutionelle Praktiken zurück wie sie etwa das komplexe Verfahren einer Heiligsprechung innerhalb der katholischen Kirche darstellt. Den Begriff „das Heilige" wählt Stirner vor dem Hintergrund seiner funktionalen Konnotationen, beabsichtigt er doch den Nachweis, dass die zentrale Position, welche Begriffen innerhalb der philosophischen Evidenzproduktion zugeschrieben wird, den einmal etablierten Begriffen wie „Wesen des Menschen", „Selbstbewusstsein", „Kritik" etc. eine Stellung sichert, wie sie etwa „Gott" im Rahmen der theologischen Beschäftigung zukommt. Die „Heiligsprechung" geistiger Entitäten gleich welcher spezifischen Prägung beschreibt für Stirner so den Sachverhalt, dass sich das Handeln der konkreten Individuen gegenüber den heiliggesprochenen Entitäten wandelt:

> Der Mensch ist nun nicht mehr schaffend, sondern *lernend* (wissend, forschend u. s. w.), d. h. beschäftigt mit einem festen *Gegenstande*, sich vertiefend in ihn, ohne Rückkehr zu sich selber. Das Verhältniß zu diesem Gegenstande ist aber das des Wissens, des Ergründens und Begründens u. s. w., nicht das des *Auflösens* (Abschaffens u. s. w.).[32]

Wenn eine von Menschen geschaffene, geistige Entität im Stirner'schen Sinne heiliggesprochen wird, so zeigt sich hier, dann verengt sich der mögliche Zugriff der konkreten Individuen auf diese Entität darauf, ihre näheren Bestimmungen zu explizieren oder, mit anderen Worten, dieser Entität im Status eines Subjektes eine Menge von Prädikaten beizulegen. Was mit einer solchen „Heiligsprechung" hingegen ausgeschlossen wird, ist die Infragestellung der Existenz dieser auf die vergangenen Taten von Individuen zurückgehenden, von diesen also geschaffenen Entitäten. In einer Begrifflichkeit, welche den von Stirner gebrauchten näherkommt, ließe sich formulieren, dass die „Heiligsprechung" geistiger Entitäten und die Anerkennung dieser Heiligsprechung die Individuen auf ihren Status als „Geschöpfe" reduziert, auf „Geschöpfe", die sich, ob bewusst oder unbewusst, ihres Status' als „Schöpfer" begeben. Stirner begreift seinen Ansatz denn auch als Plädoyer dafür, dass seine Adressaten sich wieder des Innehabens beider dieser eminent wichtigen, sich gegenseitig ergänzenden Eigenschaften, deren Bedeutung für das Denken Stirners bereits weit in die Zeit vor der Enttäuschung zurückreicht,[33] bewusst werden.[34] Es zeigt sich in diesem Ansinnen Stirners erneut der Einfluss Feuerbachs, der im Zuge seiner anthropologischen Reduktion des Christentums das überkommene Verhältnis von „Gott" als „Schöpfer" und den Menschen als „Geschöpfen" auf den Kopf gestellt hatte. Es ist

---

32 Ebenda, S. 95/96 [82].
33 Siehe oben, Kapitel 4, Abschnitte 1 und 2.
34 Max Stirner: Der Einzige und sein Eigenthum, Leipzig 1845 [1844], S. 200 [159].

das Gewahrwerden dieses Ursprungs der für die religiöse Fremdbestimmung zentralen Entität im Handeln vergangener Individuen, auf welches Stirner mit der Aufforderung abzielt, gegenüber den geistigen Entitäten die Haltung des „Schöpfers" einzunehmen, eines „Schöpfers", der eben frei über die Existenz sämtlicher „moralischer Personen" verfügen kann.

In dieser Erweiterung des Feuerbach'schen Moments auf die Entitäten, welche, wie „Begriffe" oder „Gedanken", für die philosophische Fremdbestimmung zentral sind, kommt das bereits angeführte Absetzen Stirners von der „neuen" Philosophie Feuerbachs zum Ausdruck. Denn Stirner sieht das nämliche Verhältnis, welches bei der religiös-theologischen Evidenzproduktion obwaltet, auch im Falle der philosophischen, für „heilig" erklärten Entitäten gegeben, für welche Stirner auch den Terminus „fixe Idee" verwendet,[35] um – nicht zum einzigen Mal im *Einzigen* – das Festhalten an einmal geschaffenen geistigen Entitäten in die Nähe behandlungswürdiger psychischer Dispositionen zu rücken. Stirner ist insofern der Meinung, dass der emanzipative Impuls der Feuerbach'schen anthropologischen Reduktion vor dem Hintergrund der Konstituierung neuer Abhängigkeitsverhältnisse gegenüber den Produkten menschlicher Tätigkeit weitestgehend verloren ging, dass der philosophisch-aufklärerische Diskurs also nur einen Vorgang repetiert, der in der Geschichte bereits unzählige Male stattgefunden hat – die Ersetzung von „moralischen Personen", welche die Implementierung von handlungsleitenden Intentionen nur noch eingeschränkt zu leisten vermögen („Katzen", „Krokodile", „Sonne, Mond und Sterne", „Gott" usw.), durch „moralische Personen", welche diese Leistung ohne Einschränkung zu erbringen versprechen („Wesen des Menschen", „Kritik" usw.).

6.2 Die Erklärung des Scheiterns des philosophisch-aufklärerischen Diskurses 1842/43

Nach diesen Ausführungen wird verständlich, welcher Art die Erklärung ist, die Stirner für das Scheitern des philosophisch-aufklärerischen Diskurses gibt, also auf wel-

---

35 Etwa ebenda, S. 57 [53]: „Mensch, es spukt in Deinem Kopfe; Du hast einen Sparren zu viel! Du bildest Dir große Dinge ein und malst Dir eine ganze Götterwelt aus, die für Dich da sei, ein Geisterreich, zu welchem Du berufen seist, ein Ideal, das Dir winkt. Du hast eine fixe Idee! Denke nicht, daß Ich scherze oder bildlich rede, wenn Ich die am Höheren hangenden Menschen, und weil die ungeheure Mehrzahl hierher gehört, fast die ganze Menschenwelt für veritable Narren, Narren im Tollhause ansehe. Was nennt man denn eine ‚fixe Idee'? Eine Idee, die den Menschen sich unterworfen hat. Erkennt Ihr an einer solchen fixen Idee, daß sie eine Narrheit sei, so sperrt Ihr den Sklaven derselben in eine Irrenanstalt. Und ist etwa die Glaubenswahrheit, an welcher man nicht zweifeln, die Majestät z. B. des Volkes, an der man nicht rütteln (wer es thut, ist ein – Majestätsverbrecher), die Tugend, gegen welche der Censor kein Wörtchen durchlassen soll, damit die Sittlichkeit rein erhalten werde u. s. w., sind dieß nicht ‚fixe Ideen'" Vgl. auch ebenda, S. 463 [349]: „Die Sprache oder ‚das Wort' tyrannisirt Uns am ärgsten, weil sie ein ganzes Heer von *fixen Ideen* gegen uns aufführt."

che Art und Weise er der ersten Bedingung der Fortführung des aufklärerischen Diskurses nach der Enttäuschung von 1842/43 gerecht zu werden versucht. Vor dem Hintergrund der Gleichbehandlung von religiös-theologischer und philosophischer Evidenzproduktion als Instrumenten zur Fremdbestimmung konkreter Individuen kann er konstatieren, dass die junghegelianischen Aufklärer in Bezug auf die befreiende Wirkung und emanzipative Potenz des von ihnen instanziierten Diskurses einer (Selbst-)Täuschung unterlagen. Im Glauben, ihre Adressaten unter Rekurs auf eine überlegene Quelle argumentativer Evidenz dem Einfluss einer Form der Bewusstseinsbestimmung zu entziehen, welche auf die Stützung der bestehenden, despotischen Herrschaftsverhältnisse abzielte, stritten sie für eine Form der Bewusstseinsbestimmung, deren fremdbestimmende Effekte die angegriffene Form noch weit übertreffen. Weit davon entfernt, mit der religiösen Hoheit in der Bestimmung des Bewusstseins zu brechen, ersannen sie eine Form der Bewusstseinsbestimmung, welche die Tendenzen der religiösen erst ihrer Vollendung zuführte. Selbst wenn die junghegelianischen Aufklärer sich mit ihrem Angriff auf die religiöse Hoheit in der Bewusstseinsbestimmung durchgesetzt hätten, so wäre in der Konsequenz, folgt man Stirner, nur eine Festigung der Fremdbestimmung der konkreten Individuen zu gewahren gewesen. Als ein erstes Ergebnis lässt sich für die Stirner'sche Erklärung des Scheiterns des philosophisch-aufklärerischen Diskurses schließlich festhalten, dass der aufklärerische Angriff der Junghegelianer laut Stirner eher einer Veränderung wie der Reformation gleiche, die schließlich ebenfalls zu einer Festigung der fragwürdig gewordenen, religiös-theologischen Evidenz heiliger Autoritäten durch eine Anreicherung mit der philosophischen Evidenz gelingender Begriffsentwicklung geführt hätte, als dass mit ihm tatsächlich ein Bruch mit der etablierten Form individueller Fremdbestimmung eingetreten wäre. Der philosophische Atheismus à la Feuerbach oder Bauer ist, so Stirner, ein religiöses Unterfangen.

Vermag dieser Erklärungsansatz auch der Enttäuschung auf Seiten der Protagonisten des junghegelianischen Diskurses Rechnung zu tragen, also die mit der religiösen Hoheit in der Bewusstseinsbestimmung brechen Wollenden darüber aufzuklären, dass sie keineswegs der Mehrung individueller Freiheit und Selbstbestimmung gedient hätten, so reicht diese Erklärung jedoch nicht hin, Gründe für die Ohnmacht des philosophisch-aufklärerischen Diskurses bei der Generierung von Überzeugungsleistungen auf Seiten seiner Adressaten auszumachen. Zwar ist Stirner im Gegensatz zu der von Feuerbach und Bauer betriebenen Verlagerung des Erfolgs ihrer Überzeugungsleistungen in die Zukunft durchaus der Überzeugung, dass das Ende individueller Fremdbestimmung und der „Herrschaft des Geistes" oder der „Gebildeten" über die „Ungebildeten" für ihn und seine Zeitgenossen mehr als nur ein kühner Traum sei, dass die Gegenwart vielmehr eine Epochenschwelle bedeute, eine vergleichbare Auffassung kann jedoch denen nicht unterstellt werden, die sich gegenüber den philosophischen Evidenzen indifferent gezeigt hatten. Wäre letzteres der Fall gewesen, hätten die Adressaten sich des philosophisch-aufklärerischen Diskurses also aufgrund der von ihm realisierten Vervollkommnung individueller Fremdbestimmung verweigert, so hätten sie sich wohl schwerlich gegenüber den Versuchen der religiösen Fremdbestimmung weiterhin offen gezeigt, deren Instrumente zur Generierung von Überzeugungsleistungen weit weniger zwingend waren als diejenigen der philosophischen Fremdbestimmung.

Während Stirner der Gegenwart also durchaus die Diagnose stellen würde, dass die Epoche der Fremdbestimmung vermittelst der „Heiligsprechung" geistiger Entitäten ihrem Ende entgegen schreite, so konnte er dennoch nicht der Überzeugung sein, dass das Scheitern des philosophisch-aufklärerischen Diskurses eine Folge der bewussten Ablehnung fremdbestimmender Bewusstseinsbestimmung sei.[36] Stirner musste seine Erklärung des Scheiterns insofern um einen weiteren Aspekt bereichern, einen Aspekt, der nicht nur in die Lage versetzt, der Indifferenz und dem Beharren der Adressaten Rechnung zu tragen, sondern der darüber hinaus den Weg weist, wie ein alternativer aufklärerischer Diskurs den Fallstricken entgehen kann, welche die junghegelianische Aufklärung zum Straucheln gebracht hatten. Dieser Aspekt betrifft die motivationalen Anreize, welche die verschiedenen Weisen der Produktion von Evidenz den Individuen über die konkrete Erfahrung von Evidenz hinaus bieten, oder, mit anderen Worten, welcher Art die Interessen sind, deren Befriedigung im Falle der individuellen Bereitschaft zur Priorisierung der jeweiligen Form von Evidenzproduktion versprochen wird.

Im Falle der philosophischen Evidenzproduktion handelt es sich, dies liegt auf der Hand, um die Befriedigung des Erkenntnisinteresses der Adressaten. Wenn die Korrespondenz von philosophischer Evidenzproduktion und Befriedigung des Erkenntnisinteresses auch kaum einer eingehenderen Explikation bedarf, so gründet die Wertschätzung dieser Art von Interessen – einer Wertschätzung, deren besonderes Ausmaß die Frage nach der Berücksichtigung andersgearteter Interessen nahezu obsolet erscheinen ließ – bei den Junghegelianern darüber hinaus in einer biographischen Spezifik. Wie insbesondere in Bauers Fall gezeigt wurde,[37] gingen der Konzentration auf die philosophische Evidenz gelingender Begriffsentwicklung als maßgeblicher, allen anderen überlegene Form argumentativer Evidenz Phasen im Leben der junghegelianischen Aufklärer voraus, die von einem erheblichen Zweifel an der anfänglich priorisierten, theologischen Evidenz heiliger Autoritäten geprägt waren. Es ist sicher kein Zufall, dass die beiden zentralen Protagonisten der junghegelianischen Aufklärung vor der Enttäuschung, Feuerbach und Bauer, beide ihren Werdegang als Theologen begannen und erst in Folge einer als mangelhaft empfundenen Gewissheit der religiös-theologischen Evidenzen zu einer atheistischen Philosophie konvertierten. Diese eigene Konversionserfahrung strukturierte die Versuche, die theologische

---

[36] In diesem Falle hätte es auch wohl kaum einen Anlass gegeben, das Bewusstsein über die verschiedenen Weisen der individuellen Fremdbestimmung mithilfe des *Einzigen* zu fördern.

[37] Siehe oben, Kapitel 1, Abschnitt 3. Für Feuerbach lässt sich eine vergleichbare Entwicklung nachweisen.

Hoheit in der Bestimmung des Bewusstseins zu brechen und die Bewusstseinsbestimmung auf den nämlichen Evidenzen zu gründen, welche ihnen selbst die Überwindung ihres Zweifels ermöglicht hatte. Die Vollständigkeit und Irreversibilität ihrer Konversion taten wohl ihr Übriges, um die Fokussierung auf das Erkenntnisinteresse ihrer Adressaten als den vielversprechendsten Hebel für die Unterhöhlung der theologischen Hegemonie in der Bewusstseinsbestimmung erscheinen zu lassen.[38] Und nicht zuletzt die Tatsache, dass Feuerbach und Bauer auch nach der Enttäuschung von 1842/43 nicht bereit waren, die Angemessenheit der philosophischen Evidenzproduktion und der Fokussierung auf das Erkenntnisinteresse der Adressaten als Instrumente aufklärerischen Handelns in Zweifel zu ziehen, bezeugt eindrucksvoll die Intensität ihrer Konversionserfahrung. Auch Stirner scheint diese Diagnose für zutreffend gehalten zu haben, wenn er an die Adresse der Bauer'schen „Kritik" gerichtet äußert:

> Die Kritik bleibt in der ‚Freiheit des Erkennens', der Geistesfreiheit stecken, und der Geist gewinnt seine rechte Freiheit dann, wenn er sich mit der reinen, wahren Idee erfüllt; das ist die Denkfreiheit, die nicht ohne Gedanken sein kann. Es schlägt die Kritik eine Idee nur durch eine andere, z. B. die des Privilegiums durch die der Menschheit, oder die des Egoismus durch die der Uneigennützigkeit.[39]

Nun ist Stirner, der, wie gezeigt, in der Zeit vor der Enttäuschung selbst die Ausrichtung auf das Erkenntnisinteresse der Adressaten des philosophisch-aufklärerischen Diskurses für den vielversprechendsten Hebel des Angriffs auf die religiös-theologische Hoheit in der Bewusstseinsbestimmung erachtete, weit davon entfernt, den Erfolg der junghegelianischen Aufklärung vor diesem Hintergrund infrage zu stellen – der einleitende Absatz der zweiten Abteilung des *Einzigen* ist in dieser Hinsicht unzweideutig.[40] Es bleibt jedoch die Tatsache, dass der politische oder gesellschaftliche

---

38 Es spricht einiges für die Annahme, dass die junghegelianische Konzentration auf das Erkenntnisinteresse ihrer Adressaten Ergebnis der spezifischen Konstellation war, welche die, insbesondere im Rahmen der theologischen und Hegel'schen Formen der Evidenzproduktion betriebene Anreicherung und Mischung von religiös-theologischer und philosophischer Evidenz zur Voraussetzung hatte, und welche den junghegelianischen Aufklärern sowohl die Fragwürdigkeit der ersteren, als auch die Überlegenheit der letzteren erfahrbar machte. Die endgültige Entscheidung für die philosophische Evidenz gelingender Begriffsentwicklung wäre dann Ausdruck der Willens, der philosophischen Evidenzproduktion nicht mehr eine nur unterstützende, sondern vielmehr die allein tragende Funktion zuzuweisen. Vgl. oben, Kapitel 1, Abschnitt 1.
39 Max Stirner: Der Einzige und sein Eigenthum, Leipzig 1845 [1844], S. 477/478 [360].
40 Ebenda, S. 203 [162]: „An dem Eingange der neuen Zeit steht der ‚Gottmensch'. Wird sich an ihrem Ausgange nur der Gott am Gottmenschen verflüchtigen, und kann der Gottmensch wirklich sterben, wenn nur der Gott an ihm stirbt? Man hat an diese Frage nicht gedacht und fertig zu sein gemeint, als man das Werk der Aufklärung, die Ueberwindung Gottes, in unsern Tagen zu einem siegreichen Ende führte; man hat nicht gemerkt, daß der Mensch den Gott getödtet hat, um nun – ‚alleiniger Gott in der Höhe' zu werden. Das *Jenseits außer Uns* ist allerdings weggefegt, und das große Unternehmen der

Niederschlag dieses „siegreichen Endes" der (Spät-)Aufklärung ausgeblieben ist und dass der Grund für dieses Ausbleiben eben nicht darin gesehen werden kann, dass dem Erkenntnisinteresse der Adressaten nicht ausreichend Genüge getan wurde. Vielmehr offenbarte die Passivität der überwältigenden Mehrheit der Adressaten, wie sie sich in der Enttäuschung von 1842/43 zeigte, für Stirner, dass das Ansprechen des Erkenntnisinteresses nicht der geeignete Hebel gewesen war, welchen die junghegelianischen Aufklärer in ihm gesehen hatten. Unter Einbeziehung der Stirner'schen Auffassung, die philosophische Aufklärung stelle lediglich die Vollendung der bereits im Christentum angelegten Tendenzen zur Vervollkommnung der individuellen Fremdbestimmung dar, kann dieser Tatbestand kaum ein Gegenstand der Verwunderung sein, bedeutet der Erfolg der philosophischen Aufklärung aus Stirners Perspektive doch nur, dass aus verunsicherten, christlichen Anhängern einer Herrschaft des Geistes gefestigte philosophische Anhänger wurden, oder, in Stirners eigenen Worten, dass aus religiösen „Besessenen" philosophische „Besessene" wurden. Mit einer Fokussierung auf das Erkenntnisinteresse der Adressaten lässt sich, so kann Stirner schließen, nur ein kleiner, für eine radikale Veränderung der gesellschaftlichen Verhältnisse unzureichender Kreis der preußischen, bzw. deutschen Bevölkerung erreichen.

Es mag vor dem Hintergrund der Wirkmächtigkeit der von Marx und Engels konzipierten materialistischen Geschichtsauffassung und ihrer Kanonisierung im Historischen Materialismus überraschen, aber es ist der Rekurs auf die materialistischen Interessen der Adressaten eines aufklärerischen Diskurses, dem Stirner zutraut, dem von ihm entwickelten, alternativen aufklärerischen Diskurs dort zum Durchbruch zu verhelfen, wo der philosophische scheiterte. Betont er bereits zum Auftakt des *Einzigen*, in *Ein Menschenleben*, die Unterscheidung zwischen dem „Jüngling", der die Welt „nach seinem Ideale modeln" wolle, und dem „Mann", der mit „der Welt nach seinem Interesse" verfahre,[41] so zeigt sich wenig später, dass sich für Stirner die Fokussierung auf die „persönlichen, profanen Interessen" und die Aufforderung zum bewusst egoistischen Handeln gegenseitig bedingen:

Aufklärer vollbracht; allein das *Jenseits in Uns* ist ein neuer Himmel geworden und ruft Uns zu erneutem Himmelsstürmen auf: der Gott hat Platz machen müssen, aber nicht Uns, sondern – dem Menschen. Wie mögt Ihr glauben, daß der Gottmensch gestorben sei, ehe an ihm außer dem Gott auch der Mensch gestorben ist?" Dass Michel Foucault mehr als hundert Jahre später zwar das seitherige Überleben des Menschen konzedieren musste, ihm im Übrigen jedoch ein vergleichbares Schicksal diagnostizierte und die Wette einzugehen bereit war, „daß der Mensch verschwindet wie am Meeresufer ein Gesicht im Sand" (Die Ordnung der Dinge, Frankfurt a. M. 1974, S. 462), ist ein beredtes Zeichen für eine Relevanz des Stirner'schen Beitrags zur Weiterentwicklung des aufklärerischen Diskurses, deren Dauerhaftigkeit den engen Rahmen des 19. Jahrhunderts durchaus zu sprengen in der Lage ist.

41 Ebenda, S. 18 [22]: „Den Mann scheidet es vom Jünglinge, daß er die Welt nimmt, wie sie ist, statt sie überall im Argen zu wähnen und verbessern, d. h. nach seinem Ideale modeln zu wollen; in ihm befestigt sich die Ansicht, daß man mit der Welt nach seinem Interesse verfahren müsse, nicht nach seinen *Idealen*."

Diesen Vertretern idealer oder heiliger Interessen steht nun eine Welt zahlloser ‚persönlicher' profaner Interessen gegenüber. Keine Idee, kein System, keine heilige Sache ist so groß, daß sie nie von diesen persönlichen Interessen überboten und modificirt werden sollte. Wenn sie auch augenblicklich und in Zeiten der Rage und des Fanatismus schweigen, so kommen sie doch durch ‚den gesunden Sinn des Volkes' bald wieder obenauf. Jene Ideen siegen erst dann vollkommen, wenn sie nicht mehr gegen die persönlichen Interessen feindlich sind, d. h. wenn sie den Egoismus befriedigen.[42]

Zwar zeigt sich in der soeben angeführten Passage sogleich eine Schwäche des Ansatzes, die Fokussierung auf das Erkenntnisinteresse der Adressaten zu einem der Gründe zu erklären, weshalb der philosophisch-aufklärerische Diskurs in der Überzeugung seiner Adressaten gescheitert ist, muss Stirner doch den „augenblicklichen" Zustand einer weitgehend widerstandslosen Akzeptanz theologischer Bewusstseinsbestimmung und despotischer Herrschaft zu einer Ausnahme von der Regel erklären, muss also seine eigenen Ausführungen über die bereits „Jahrtausende" während Herrschaft des Geistes und der individuellen Fremdbestimmung mit einer, noch dazu kontrafaktischen Behauptung konterkarieren. Bezüglich der Notwendigkeit einer Fokussierung auf die persönlichen, egoistischen oder eben materiellen Interessen seiner Adressaten zur Aufhebung dieses Zustands – also zur Erfüllung der aufklärerischen Hoffnung auf eine radikale Umwälzung der gesellschaftlichen Verhältnisse und zum schließlichen Austritt aus der individuellen Fremdbestimmung – ist er jedoch denkbar explizit, wie in seinen Ausführungen über die vielfältigen Versuche zum Ausdruck kommt, der politischen Indifferenz und Passivität der preußischen,

---

42 Ebenda, S. 101 [85/86]. Da Stirner weit häufiger von „persönlichen" anstelle von „materiellen" Interessen spricht, so scheint eine Bemerkung zur Nomenklatur an dieser Stelle angebracht. Es bezeichnet eine Gemeinsamkeit der Ansätze Stirners, Marx' und Engels', dass die Versuche der Transzendierung des philosophischen Rahmens des aufklärerischen Diskurses eher tastend erfolgten und dass die Suche nach den Begrifflichkeiten eines alternativen aufklärerischen Diskurses eine nur langsam voranschreitende war. Gerade in Stirners Fall, der nicht in gleicher Weise wie Marx und Engels auf das begriffliche Repertoire bereits etablierter Wissenschaften zurückgriff, gilt, dass die (Neu-)Fassung der behandelten Sachverhalte häufig unter Rekurs auf überkommene Begrifflichkeiten erfolgte. Lässt sich dieser Prozess der Begriffsschöpfung im Falle Marx' und Engels' aufgrund der editorischen Aufarbeitung der im Gegensatz zum *Einzigen* weitgehend linear verfassten Manuskripte zur „Deutschen Ideologie" genauer nachzeichnen (etwa für „Ideologie" und „Kleinbürger", siehe unten, Kapitel 12), so gilt auch für Stirner, dass viele der entwickelten Begriffe erst im Zuge der sich über mindestens ein Jahr erstreckenden Abfassung des *Einzigen* ihre volle Ausprägung erhielten – ein Sachverhalt, dessen Rekonstruktion durch den Umstand, dass die Reihenfolge der Abschnitte des *Einzigen* nicht die ihrer Niederschrift ist, erheblich erschwert wird. Vor diesem Hintergrund darf der Variabilität der von Stirner verwendeten Begriffe keine allzu große Bedeutung beigemessen werden. Wenn im Rahmen dieser Untersuchung von der Stirner'schen Fokussierung auf die materiellen Interessen seiner Adressaten die Rede ist, dann bedeutet dies auch den Versuch, den von Stirner vorgenommenen, aber nicht in allen Textteilen konsequent durchgeführten Prozess der Anwendung der neukonzipierten Begrifflichkeiten zu vervollständigen.

bzw. deutschen Bevölkerung durch ihre Motivierung zu einer „Beschäftigung mit dem Staatswesen" entgegen zu wirken:

> Die ‚heilige Pflicht' wird nun und nimmermehr die Leute dazu bringen, über den Staat nachzudenken, so wenig als sie aus ‚heiliger Pflicht' Jünger der Wissenschaft, Künstler u. s. w. werden. Der Egoismus allein kann sie dazu antreiben, und er wird es, sobald es viel schlechter geworden ist. Zeigtet Ihr den Leuten, daß ihr Egoismus die Beschäftigung mit dem Staatswesen fordere, so würdet Ihr sie nicht lange aufzurufen haben; appellirt Ihr hingegen an ihre Vaterlandsliebe u. dergl., so werdet Ihr lange zu diesem ‚Liebesdienste' tauben Herzen predigen.[43]

Und nur wenig später äußert Stirner seine Überzeugung bezüglich der sich mit einer Fokussierung auf die persönlichen Interessen der Adressaten eröffnenden strategischen Dimensionen eines aufklärerischen Diskurses in einer Weise, die nicht nur von seinem Verständnis für das entscheidende Problem der aufklärerischen Agitation vor der Enttäuschung zeugt, sondern auch den Stellenwert belegt, welchen Stirner im *Einzigen* der Problematik der Konstituierung eines alternativen aufklärerischen Diskurses beimisst, eines aufklärerischen Diskurses, dem es tatsächlich gelänge, politische Relevanz zu entfalten:

> Wenn statt der ‚heiligen Pflicht', der ‚Bestimmung des Menschen', des ‚Berufes zum vollen Menschenthum' und ähnlicher Gebote den Leuten vorgehalten würde, daß ihr *Eigennutz* verkümmert werde, wenn sie im Staate Alles gehen lassen wie's geht, so würden sie ohne Tiraden so angeredet, wie man sie im entscheidenden Augenblicke wird anreden müssen, wenn man seinen Zweck erreichen will.[44]

In diesen Zeilen findet sich die Ernüchterung der großen Hoffnungen des philosophisch-aufklärerischen Diskurses ob seiner Ohnmacht in der Agitation für eine Erhebung wider die bestehenden gesellschaftlichen Zustände kondensiert und wird die Distanz ersichtlich, welche den Stirner nach der Enttäuschung von demjenigen vor der Enttäuschung trennt, hatte sich der letztere doch selbst wiederholt bemüht, das vor allem preußische Bürgertum mit dem Instrumentarium der philosophischen Evidenzproduktion zu mobilisieren. Diese Distanznahme gegenüber den vor der Enttäuschung vertretenen Positionen zeigt sich dann ebenso eindrücklich in der Behandlung, welche Stirner dem vormals den politischen Erwartungshorizont determinierenden Großereignis Französische Revolution angesichts der Frage nach der Bedeutung materieller Interessen angedeihen lässt, der Französischen Revolution, die bereits kurz nach der Enttäuschung eine umfassende Neubewertung durch Stirner erfahren hatte[45] und deren Verlauf ihm nun als Beweis der postulierten Wirkmächtigkeit von persönlichen Interessen und Egoismus dient: „Ich verdenke es der

---

43 Ebenda, S. 308 [238].
44 Ebenda, S. 309 [239].
45 Siehe oben, Kapitel 5, Abschnitt 1.

Bürgerklasse nicht, daß sie sich durch Robespierre nicht um ihre Zwecke bringen lassen mochte, d. h. daß sie bei ihrem Egoismus anfragte, wie weit sie der revolutionären Idee Raum geben dürfe."[46] Um den Abstand zu ermessen, welcher diese Äußerung von den Positionen der aufklärerischen Agitation vor der Enttäuschung trennt, genügt es, sie als Situationsbeschreibung der Ereignisse im Preußen des Jahreswechsels 1842/43, eines Zeitpunkts, zu welchem die Sehnsucht nach einer der Französischen Revolution vergleichbaren Erhebung unter den junghegelianischen Spätaufklärern ubiquitär war, zu imaginieren und die genannten französischen Akteure durch preußische zu ersetzen.

Zwar bleibt die seltsam anmutende Diskrepanz – Marx und Engels würden schärfer von einem Widerspruch sprechen – zwischen einer von Stirner aufgedeckten, „Jahrtausende" währenden und zur Uneigennützigkeit anhaltenden Herrschaft des Geistes einerseits und der von ihm gleichzeitig postulierten Vergeblichkeit der Versuche andererseits, die Adressaten der eigenen diskursiven Einsätze mit Appellen an die nämliche Uneigennützigkeit zum aufklärerischen Handeln zu motivieren, über die Erfolgsaussichten eines Rekurses auf den Egoismus als den gesuchten Hebel zur Motivierung der Adressaten ist Stirner jedoch alles andere als ambivalent:

> Nein, man fordere die Leute nicht auf, für das allgemeine Wohl ihr besonderes zu opfern, denn man kommt mit diesem christlichen Anspruch nicht durch; die entgegengesetzte Mahnung, ihr *eigenes* Wohl sich durch Niemand entreißen zu lassen, sondern es dauernd zu gründen, werden sie besser verstehen. Sie werden dann von selbst darauf geführt, daß sie am besten für ihr Wohl sorgen, wenn sie sich mit Andern zu diesem Zwecke *verbinden*, d. h. ‚einen Theil ihrer Freiheit opfern', aber nicht dem Wohle Aller, sondern ihrem eigenen. Eine Appellation an die aufopfernde Gesinnung und die selbstverleugnende Liebe der Menschen sollte endlich ihren verführerischen Schein verloren haben, nachdem sie hinter einer Wirksamkeit von Jahrtausenden nichts zurückgelassen als die heutige – Misere.[47]

---

46 Max Stirner: Der Einzige und sein Eigenthum, Leipzig 1845 [1844], S. 105 [88]. Vor dem Hintergrund des von Marx und Engels im Zuge der Verarbeitung der Enttäuschung von 1842/43 vollzogenen Adressatenwechsels vom Bürgertum zum Proletariat ist es von einigem Interesse, dass sich Stirner in dem gleichem Absatz, aus welchem der soeben angeführte Satz stammt, Gedanken über die Möglichkeit macht, wie die Proletarier für einen aufklärerischen Diskurs zu gewinnen wären. August Beckers *Die Volksphilosophie unserer Tage*, Neumünster bei Zürich 1843, S. 22 u. 32 zitierend, heißt es ebenda: „Aber denen könnte man's verdenken (wenn überhaupt ein Verdenken hier angebracht wäre), die durch die Interessen der Bürgerklasse sich um ihre eigenen bringen ließen. Indeß werden sie sich nicht über kurz oder lang gleichfalls auf ihren Vortheil verstehen lernen? August Becker sagt: ‚Die Producenten (Proletarier) zu gewinnen, genügt eine Negation der hergebrachten Rechtsbegriffe keineswegs. Die Leute kümmern sich leider wenig um den theoretischen Sieg der Idee. Man muß ihnen ad oculos demonstriren, wie dieser Sieg praktisch für's Leben benutzt werden könne.' Und S. 32: ‚Ihr müßt die Leute bei ihren wirklichen Interessen anpacken, wenn Ihr auf sie wirken wollt.' Gleich darauf zeigt er, wie unter unsern Bauern schon eine recht artige Sittenlosigkeit um sich greift, weil sie ihr wirkliches Interesse lieber verfolgen, als die Gebote der Sittlichkeit."
47 Ebenda, S. 412/413 [313].

Nach diesen Passagen, welche schließlich auch die intime Verbindung einer Fokussierung auf die materiellen Interessen der Adressaten und eines Plädoyers für das bewusste Vertreten egoistischer Positionen bezeugen, wird das Zusammenspiel der beiden Momente der Stirner'schen Erklärung des Scheiterns der junghegelianischen Aufklärung verständlich. Wenn die philosophische Form der Bewusstseinsbestimmung nur die Vervollkommnung der religiösen Fremdbestimmung der konkreten Individuen darstellt, also nur die überkommenen „moralischen Personen" durch neue, mächtigere ersetzt, und wenn beide Formen der Bewusstseinsbestimmung für die Durchsetzung der von den „moralischen Personen" transportierten, handlungsleitenden Intentionen auf die Ächtung der persönlichen, materiellen Interessen der Subjekte der Bewusstseinsbestimmung zugunsten einer Beachtung ihres Erkenntnisinteresses,[48] also auf die Ächtung des Egoismus angewiesen sind, so bedeutet die philosophische Kritik der religiösen Bewusstseinsbestimmung eben nicht den radikalen Bruch mit dem Bestehenden, welchen die junghegelianischen Aufklärer vor der Enttäuschung in ihren diskursiven Einsätzen auszumachen vermeinten. Weit davon entfernt, eine Selbstbestimmung ermöglichende Alternative zum religiösen Fundament despotischer Herrschaft darzustellen, entpuppt sich das Unterfangen, die Produktion der philosophischen Evidenz gelingender Begriffsentwicklung zur gesellschaftlich maßgeblichen Form der Produktion argumentativer Evidenz und zur Grundlage der gesellschaftlichen Bewusstseinsbestimmung zu erheben, in der Stirner'schen Analyse vielmehr als Versuch einer Selbstvergewisserung – einer Selbstvergewisserung unternommen von „Besessenen", denen die Unabhängigkeit ihrer religiösen „fixen Ideen" von menschlichen Schöpfungsakten so fraglich geworden war, dass sie sich auf die Suche nach neuen, besser verbürgten geistigen Entitäten begaben. Attraktivität und Überzeugungskraft konnte ein solcherart gedeuteter philosophischer Diskurs dann nur gegenüber denjenigen entfalten, deren Wunsch nach einem uneigennützigen Dienst an einem „Heiligen" ihren Zweifel an der religiösen Evidenz überlebt hatte, kurz, gegenüber „frommen Atheisten".[49]

Der philosophisch-aufklärerische Diskurs, wie er von der junghegelianischen Aufklärung vor der Enttäuschung instanziiert wurde, hatte, so lässt sich nun feststellen, aus einer von Stirner auch noch nach 1843 als durchaus richtig erachteten Situationsbeschreibung – der zunehmenden Brüchigkeit der überkommenen Formen fremdbestimmender Bewusstseinsbestimmung, allen voran der christlichen – die falschen Schlussfolgerungen gezogen: der diskursive Machtverlust und die damit einhergehende Fragwürdigkeit der religiösen, „moralischen Personen" und der ihrer

---

48 Erkenntnisinteresse in einem weiten Sinne, in welchem auch im Falle religiöser Bewusstseinsbestimmung von seiner Befriedigung gesprochen werden kann – etwa wenn Fragen individueller Lebensführung eine „gottgefällige" Antwort erhalten.
49 Max Stirner: Der Einzige und sein Eigenthum, Leipzig 1845 [1844], S. 243 [191]: „Unsere Atheisten sind fromme Leute."

Durchsetzung zugrunde liegenden Evidenz heiliger Autoritäten begründeten keineswegs die Notwendigkeit, unter Rekurs auf eine überlegene Quelle argumentativer Evidenzerfahrungen alternative „moralische Personen" an die Stelle der alten zu setzen und deren Intentionen nun durch „Schulmeister" und nicht mehr durch „Pfaffen" verkünden zu lassen. Diese Schlussfolgerung war vielmehr die Konsequenz aus einer fehlgeleiteten Verallgemeinerung der von den Protagonisten des philosophisch-aufklärerischen Diskurses selbst gemachten Erfahrung einer ungenügenden Überzeugungskraft religiöser Evidenzen. Die zu ihrer Ersetzung produzierten philosophischen Evidenzen versetzten zwar in die Lage, die verlorengegangene Gewissheit zurückzuerlangen und das Interesse nach wahrer Erkenntnis zu befriedigen, dieser Ansatz bedeutete jedoch nicht die Überwindung oder – um ein zeitgenössisches Wort zur Geltung zu bringen – die Aufhebung der ursächlichen Situation, sondern allein die Wiederherstellung des Zustandes vor dem Brüchig-Werden der religiösen Bewusstseinsbestimmung, oder, im Vokabular Stirners, die Absicherung der Hierarchie, der Herrschaft des Geistes, sprich: den uneigennützigen Dienst an den jeweils präferierten „moralischen Personen".

Vor diesem Hintergrund gelingt Stirner eine vergleichbare Umwertung des (auch eigenen) Scheiterns in der Überzeugung der Adressaten des junghegelianischen Diskurses, wie sie von Bauer im Rahmen seiner Reaktion auf die Enttäuschung vorgenommen worden war, denn der Sachverhalt einer sich gegenüber den produzierten Evidenzen resistent zeigenden Masse bedeutet nun nicht mehr eine Niederlage im Kampf um die radikale Veränderung der gesellschaftlichen Verhältnisse, sondern stellt sich vielmehr als Voraussetzung dafür dar, dass dieser Kampf überhaupt erfolgreich geführt werden kann. Hatte Bauer das Scheitern als notwendig für die Aufdeckung des entwicklungshemmenden Missverständnisses bezüglich der Fruchtbarkeit einer Verbindung von „Kritik und Masse" uminterpretiert, so sieht Stirner in diesem Scheitern nunmehr die Chance, dass der „seit Jahrtausenden" vonstattengehende Prozess der Vervollkommnung individueller Fremdbestimmung durch die fortwährende Schöpfung immer mächtigerer „moralischer Personen" tatsächlich und auf Dauer unterbrochen werden könnte. Mit dem Scheitern der Ersetzung „Gottes" durch „*den* Menschen", so der Gedankengang Stirners, biete sich die historische Möglichkeit, mit der Fremdbestimmung des Bewusstseins der konkreten Individuen zu brechen und stattdessen der Selbstbestimmung und der Möglichkeit, die eigenen, persönlichen Interessen zu vertreten, zum Durchbruch zu verhelfen.

In der Stirner'schen Erklärung des Scheiterns des philosophisch-aufklärerischen Diskurses offenbaren sich insofern die Vorteile seines auf funktionale Aspekte fokussierenden Analyseansatzes, denn diese öffnen den Blick für diejenigen Strukturmerkmale der beiden Formen fremdbestimmender Bewusstseinsbestimmung, die bei allen, von beiden Konfliktparteien im Kampf um die Hoheit in der Bestimmung des Bewusstseins mit großer Vehemenz betonten Differenzen identisch sind – etwa die Ausblendung des Ursprungs geistiger Entitäten in menschlichen Schöpfungsakten, die Verortung dieser Entitäten in intentionalen Kontexten, sprich: ihre Erklärung zu

„moralischen Personen", oder die Notwendigkeit der Institutionalisierung eines Personenkreises, denen als „Pfaffen" oder „Schulmeistern" die beständige Aktualisierung der überkommenen Intentionen der „moralischen Personen", der Maximen und Imperative religiöser oder philosophischer Moral, obliegt.

Vor dem Hintergrund dieser strukturellen Analogien zwischen religiöser und philosophischer Bewusstseinsbestimmung bedeutet die Indifferenz der preußischen, bzw. deutschen Bevölkerung gegenüber den diskursiven Einsätzen der junghegelianischen Spätaufklärer eben nicht, dass der Impuls für eine radikale Veränderung der gesellschaftlichen Verhältnisse an der Verstocktheit der Masse abprallte, sondern vielmehr, dass der Versuch der Gründung einer neuen Religion,[50] einer neuen Form der Verehrung eines „Heiligen", nur eine vergleichsweise geringe Anzahl neuer Adepten zu gewinnen vermochte und dass die Instrumente individueller Fremdbestimmung die Herrschaft des Geistes und seiner Ausdifferenzierungen, der „moralischen Personen", nicht mehr in gleicher Weise zu sichern in der Lage waren wie in der Vergangenheit. Die Gegenwart verlange, so die Hoffnung Stirners, nicht mehr nach einer Refundierung individueller Fremdbestimmung, sondern nach einer schonungslosen Aufklärung über den rein willkürlichen Charakter der Forderungen vermeintlich unabhängig von menschlichen Schöpfungsakten existierender geistiger Entitäten. Nach den Jahrtausenden der Herrschaft von Aufopferung verlangenden „moralischen Personen" sollen nunmehr die tatsächlichen Personen herrschen und ihre eigenen Interessen egoistisch durchsetzen. Dies zu ermöglichen und die konkreten Individuen dabei gleichzeitig gegen die Versuche ihrer erneuten Unterwerfung unter die Herrschaft eines „Heiligen" zu wappnen, ist das Anliegen, welchem dann die zweite Abteilung des *Einzigen – Ich –* gewidmet ist.

6.3 Die Erklärung der Verfehltheit der konkurrierenden Ansätze zur Weiterentwicklung des aufklärerischen Diskurses

Mit der Darstellung der Stirner'schen Erklärung des Scheiterns des philosophisch-aufklärerischen Diskurses hat sich gezeigt, auf welche Art und Weise Stirner der ersten Bedingung der Fortführung des emanzipativen Projekts der Aufklärung nach der Enttäuschung von 1842/43 gerecht wird. Bevor jedoch zur Darstellung des von Stirner als Alternative zum philosophischen entwickelten aufklärerischen Diskurs übergegangen werden kann, gilt es festzuhalten, inwiefern er der zweiten Bedingung des aufklärerischen Handelns nach der Enttäuschung – des Aufzeigens der Verfehltheit der konkurrierenden Ansätze zur Fortführung des aufklärerischen Diskurses – Rechnung trägt. Es wird sich im Zuge dieser Darstellung zeigen, dass Stirner mit dem im

---

50 Ludwig Feuerbach: Grundsätze der Philosophie der Zukunft, Zürich, Winterthur 1843, S. 340: „Die neue Philosophie ... ist in Wahrheit *selbst Religion.*"

Rahmen seiner Erklärung des Scheiterns bereitgestellten explikativen Instrumentarium zwar auch dieser zweiten Bedingung gerecht zu werden versteht, dass die Anwendung dieses Instrumentariums auf die Ansätze seiner ehemaligen Weggefährten allerdings auch ein Schlaglicht auf gewisse explikative Defizite seines Ansatzes wirft, welche Stirner weder im *Einzigen*, noch in der Antwort auf die drei Kritiken von Szeliga, Moses Heß und Feuerbach[51] zu beheben versteht und welche erst im Rahmen des materialistischen Ansatzes von Marx und Engels eine eingehende und angemessene Behandlung erfahren werden.

So drängt sich bereits aufgrund der von Stirner betriebenen radikalen Rückbindung aller geistigen Entitäten an menschliche Schöpfungsakte eine Frage auf, welche das Verhältnis der Schöpfer, bzw. Bewahrer dieser geistigen Entitäten zu ihren eigenen, „persönlichen" Interessen betrifft. Diese Frage verdient besondere Aufmerksamkeit, da die Stirner'sche Analyse diskursiver Machstrukturen von Beginn an darauf zielt, die Ausübung diskursiver Macht oder die Durchsetzung einer argumentativen Position durch einen „Gebildeten" gegenüber einem „Ungebildeten" nicht dem Sachverhalt überlegener „wahrer Erkenntnis", sondern vielmehr dem „formellen" Übergewicht in der Produktion argumentativer Evidenz zuzuschreiben.[52] Abgesehen von einigen Fällen erfolgreicher Selbsttäuschung auf Seiten der „Gebildeten" unterstellt Stirner insofern ein weitgehend instrumentelles Verhältnis der „Pfaffen" oder „Schulmeister" zu den Bedingungen der argumentativen Evidenzproduktion. Es stellt sich daher die Frage, vor welchem Hintergrund oder aufgrund welcher Kriterien die Ausstattung der geschaffenen geistigen Entitäten mit ihren, das individuelle Verhalten normierenden Intentionen erfolgt, oder, mit anderen Worten, die Frage, wer von dem Egoismus der „moralischen Personen" profitiert. Stirner führt diese Frage zwar keiner systematischen Lösung zu, es gibt jedoch Passagen, aus welchen hervorgeht, dass er diesen Hintergrund in den persönlichen Interessen der „Pfaffen" und „Schulmeister" vermutet:

> Die Revolutionsmänner sprachen oft von der ‚gerechten Rache' des Volkes als seinem ‚Rechte'. Rache und Recht fallen hier zusammen. Ist dieß ein Verhalten eines Ich's zum Ich? Das Volk schreit, die Gegenpartei habe gegen dasselbe ‚Verbrechen' begangen. Kann Ich annehmen, daß Einer gegen Mich ein Verbrechen begehe, ohne anzunehmen, daß er handeln müsse, wie Ich's für gut finde? Und dieses Handeln nenne Ich das rechte, gute u. s. w.; das abweichende ein Verbrechen. Mithin denke Ich, die andern müßten auf *dasselbe* Ziel mit Mir losgehen, d. h. Ich behandele sie nicht als Einzige, die ihr Gesetz in sich selbst tragen und darnach leben, sondern als Wesen, die irgend einem ‚vernünftigen' Gesetze gehorchen sollen. Ich stelle auf, was ‚der

---

51 M[ax] St[irner]: Recensenten Stirners, in: Wigand's Vierteljahrsschrift, 1845, Bd. 3, Leipzig 1845, S. 147-194.
52 So bereits in *Das unwahre Prinzip unserer Erziehung*. Siehe oben, Kapitel 4, Abschnitt 2.

Mensch' sei, und was ‚wahrhaft menschlich' handeln heiße, und fordere von Jedem, daß ihm dieß Gesetz Norm und Ideal werde, widrigenfalls er sich als ‚Sünder und Verbrecher' ausweise.[53]

Wenn diese Passage auch nahelegt, dass die Intentionen der „moralischen Personen" einen Niederschlag der persönlichen (und damit immer auch materiellen) Interessen der in ihrem Namen Sprechenden darstellen (in diesem Falle derjenigen, die im Namen des „Volkes" sprechen), und wenn auch die Fassung des Dienstes an einem „Heiligen", welcher sowohl der religiösen, als auch der philosophischen Fremdbestimmung des individuellen Bewusstseins zugrunde liege, vermuten lässt, dass Stirner den Rekurs auf die „moralischen Personen" im Sinne eines Herrschaftsinstrumentes zur Durchsetzung der Interessen der sich eines „formellen" Übergewichts erfreuenden „Gebildeten" deutet, so muss dennoch konstatiert werden, dass Stirner seine Angriffe bis auf einige wenige Ausnahmen einzig auf die „moralischen Personen" münzt, welche dem Egoismus der konkreten Individuen im Wege stehen, wie etwa auch aus dem folgenden Zitat hervorgeht, in welchem Stirner die Forderung der Liberalen nach Dienst am „Gemeinwohl" zwar als „Thorheit" bezeichnet, aber keineswegs als Instrument zur Durchsetzung materieller Interessen kritisiert:

> Was aber kümmert Mich das Gemeinwohl? Das Gemeinwohl als solches ist nicht *mein Wohl*, sondern nur die äußerste Spitze der *Selbstverleugnung*. Das Gemeinwohl kann laut jubeln, während Ich ‚kuschen' muß, der Staat glänzen, indeß Ich darbe. Worin anders liegt die Thorheit der politischen Liberalen, als darin, daß sie das Volk der Regierung entgegensetzen und von Volksrechten sprechen? Da soll denn das Volk mündig sein u. s. w. Als könnte mündig sein, wer keinen Mund hat. [...] *Volks*freiheit ist nicht *meine* Freiheit![54]

Mag das Missverhältnis zwischen Rückführung der geistigen Entitäten auf die Schöpfungsakte konkreter Individuen und dem nahezu ausschließlichen Fokus, der auf die Widerlegung der Relevanz dieser Entitäten für das individuelle Handeln gelegt wird, aus der heutigen Perspektive und vor dem Hintergrund einer sich im Zuge von 170 Jahren etablierten Gewöhnung an die Ideologiekritik Marx-Engels'scher Prägung auch seltsam anmuten, so kann Stirner für seine Position durchaus eine gewisse Konsequenz behaupten. Entfaltet der Vorwurf eines nur instrumentellen Verhältnisses zu den Entitäten, deren Berücksichtigung unter Preisgabe eigener, persönlicher Interessen gefordert wird, seine kritische Potenz erst unter Voraussetzung einer Diskrepanz zwischen dem Eigennutz derjenigen, die den Dienst an dieser Entität fordern, und der Uneigennützigkeit derjenigen, die diesen Dienst zu leisten haben, so gereicht der Eigennutz oder das ausschließlich auf die eigenen Interessen gerichtete Verhalten den im Namen der „moralischen Personen" Sprechenden aus Stirners Perspektive nicht zum Vorwurf. Vielmehr bildet das Überzeugen seiner Adressaten, sich in ihrem Handeln ausschließlich von ihren persönlichen Interessen leiten zu lassen und einen „be-

---

[53] Max Stirner: Der Einzige und sein Eigenthum, Leipzig 1845 [1844], S. 267/268 [209].
[54] Ebenda, S. 280/281 [218].

wussten Egoismus" zu vertreten, das erklärte Ziel des *Einzigen*. Wenn die geheiligten „moralischen Personen" ihre Existenz also dem Egoismus ihrer findigen Schöpfer verdanken, so sieht Stirner in diesem Sachverhalt keinen Anlass zur Kritik.

In der Folge entsteht die paradox anmutende Situation, dass Stirner mit großer Vehemenz gegen den Dienst an einem „Heiligen", gegen das Aufopfern der eigenen materiellen Interessen zugunsten der vermeintlichen Interessen von „moralischen Personen" argumentiert, ohne in der Schöpfung dieser geistigen Entitäten zur Durchsetzung eigener Interessen selbst etwas Verwerfliches zu sehen. Stirner greift die Herrschaft des Geistes, also die Hierarchie, das muss an dieser Stelle betont werden, eben nicht im Namen einer mit ihrer Hilfe der wahren Erkenntnis entzogenen Wirklichkeit an, also nicht aufgrund des Sachverhalts, dass sie zu ihrer Sicherung Illusionen erzeuge und den nützlichen Glauben an diese „Täuschungen" befördere – eine Strategie, derer sich eher Marx und Engels bedienen werden –, er verspricht sich von dem Ende der Hierarchie vielmehr eine Freisetzung der dann selbstbestimmten Individuen zur Durchsetzung ihrer eigenen, persönlichen Interessen. Wenn man so will, bezweckt Stirner mit der ihm eigenen Form von Aufklärung insofern nicht das Ersetzen von illusionären durch wahre Weltdeutungen, sondern das Ende der Klassifizierung individueller Weltdeutungen anhand dieses klassisch-aufklärerischen Schemas. Auch erhebt Stirner nicht die Schöpfung geistiger Entitäten zur Durchsetzung eigener Interessen zum Vorwurf, sondern die Exklusivität, mit welcher diese Akte nur von einigen wenigen Individuen vorgenommen werden können. Mit einer gewissen Überzeichnung der Stirner'schen Position ließe sich formulieren, dass Stirner nicht prinzipiell gegen den Dienst an von Menschen geschaffenen „moralischen Personen" streitet, solange jedes Individuum nur den eigenen „moralischen Personen" diene und diesen gegenüber stets seinen Status als Schöpfer wahre und sich nicht zum Geschöpf vereinseitige.

Die Antwort auf die noch ausstehende Frage, auf welche Art und Weise Stirner der zweiten Bedingung der Fortführung des aufklärerischen Diskurses nach der Enttäuschung gerecht wird, bedarf nach den soeben getätigten Ausführungen kaum noch einer besonderen Herleitung, denn der Grundzug des Nachweises der Verfehltheit der konkurrierenden Ansätze, angemessen auf die Enttäuschung zu reagieren, besteht naturgemäß in dem von Stirner formulierten Vorwurf, dass die drei von ihm ausgemachten Varianten des „Liberalismus" sich in die Logik der Kreation neuer „moralischer Personen", der Aufforderung zum Dienst an einem neuen „Heiligen" einschreiben. Demgegenüber verdient der strategische Kniff, das Spektrum konkurrierender Ansätze sämtlich unter der Rubrik „Liberalismus" zu fassen – und damit einen dem heutigen Verständnis doch arg zuwiderlaufenden Gebrauch dieses Begriffes zu tätigen –, durchaus einige Aufmerksamkeit, offenbart sich in der Wahl dieses „Gattungsbegriffes" doch der pejorative Kontext, innerhalb dessen die liberale Bewegung – vor der Enttäuschung noch hoffnungsvoll als vorrangiger Resonanzboden der philosophischen Evidenzproduktion hofiert – von den Protagonisten des philosophisch-aufklärerischen Diskurses nach der gezeigten Indifferenz gegenüber dem

Schicksal der junghegelianischen Aufklärung verortet wurde. Die Unterscheidung in einen „politischen", „sozialen" und „humanen" Liberalismus rechtfertigt Stirner nun seinerseits unter Zuhilfenahme der von ihm entwickelten Geschichte der Vervollkommnung individueller Fremdbestimmung und die Reihenfolge ihrer Behandlung ist dabei durchaus als Indikator des jeweiligen Grades an erreichter Vervollkommnung anzusehen.[55] Gemäß der Auffassung Stirners, dass die philosophische Bewusstseinsbestimmung der religiösen zwar überlegen ist und insofern einen Fortschritt gegenüber der letzteren darstellt, dieser Fortschritt sich aber auch in dem gesteigerten Grad an individueller Fremdbestimmung äußert, bedeutet die Rangfolge der drei Liberalismen jedoch nicht nur eine Anerkennung, sondern begründet auch einen Vorwurf.

In der Behandlung des „politischen Liberalismus", der noch am ehesten dem auch heute geläufigen Verständnis von „Liberalismus" gleichkommt, kann Stirner auf einige bereits entwickelte Ansätze zurückgreifen, hatte er doch bereits kurz nach der Enttäuschung in *Einiges Vorläufige vom Liebesstaate* den preußischen Liberalismus der Reform-Ära vor dem Hintergrund seiner Ausrichtung auf eine Stärkung der moralischen Untertanentugenden umgedeutet und kritisiert.[56] Wenn zu dem damaligen Zeitpunkt die Französische Revolution noch als Kontrastfolie der preußischen Entwicklung gedient hatte, so wurde bereits präzisiert, dass die Französische Revolution im Zuge der Ausarbeitung des *Einzigen* von einem die umstürzlerischen Sehnsüchte der junghegelianischen Radikalen bündelnden Referenzpunkt zu einer weiteren Etappe in der Vervollkommnung individueller Fremdbestimmung und der Ausweitung der Hierarchie avancierte – und hier also die bereits bei der Bauer'schen Reaktion auf die Enttäuschung konstatierte Wandlung der Französischen Revolution von einer Lösung der zeitgenössischen Probleme zu ihrer Ursache wiederholt. In der Kritik des „politischen Liberalismus" geht Stirner nun noch einen Schritt weiter und bezeichnet nicht nur die Reaktion als den eigentlichen Inhalt der Revolution,[57] sondern bringt darüber hinaus seine Überzeugung zum Ausdruck, dass eine Revolution überhaupt nicht in die Lage versetze, die angestrebte radikale Umwälzung der gesellschaftlichen Zustände zu erreichen:

> Die Revolution war nicht gegen *das Bestehende* gerichtet, sondern gegen *dieses Bestehende*, gegen einen *bestimmten* Bestand. Sie schaffte *diesen* Herrscher ab, nicht *den* Herrscher, im Gegentheil wurden die Franzosen auf's unerbittlichste beherrscht; sie tödtete die alten Lasterhaften, wollte aber den Tugendhaften ein sicheres Bestehen gewähren, d. h. sie setzte an die Stelle des

---

55 Etwa ebenda, S. 180/181 [144] u. 189/190 [151].
56 Siehe oben, Kapitel 5, Abschnitt 1.
57 Max Stirner: Der Einzige und sein Eigenthum, Leipzig 1845 [1844], S. 144/145 [118]: „Verlief sich die Revolution in eine Reaction, so kam dadurch nur zu Tage, was die Revolution *eigentlich* war. Denn jedes Streben gelangt dann in die Reaction, wenn es zur *Besinnung* kommt, und stürmt nur so lange in die ursprüngliche Action vorwärts, als es ein *Rausch*, eine ‚Unbesonnenheit' ist."

> Lasters nur die Tugend. [...] Bis auf den heutigen Tag ist das Revolutionsprincip dabei geblieben, nur gegen *dieses* und *jenes* Bestehende anzukämpfen, d. h. *reformatorisch* zu sein. So viel auch *verbessert*, so stark auch der ‚besonnene Fortschritt' eingehalten werden mag: immer wird nur ein *neuer Herr* an die Stelle des alten gesetzt, und der Umsturz ist ein – Aufbau.[58]

Getreu der Stirner'schen Überzeugung, dass die bisherige Geschichte nur aus der Abfolge immer raffinierter herrschender „moralischer Personen" bestanden habe, wird als vorrangige Leistung des in der Französischen Revolution zum Durchbruch gelangenden „politischen Liberalismus" die Schöpfung der „moralischen Personen" „Staat" und „Nation", bzw. „Volk" hervorgehoben.[59] Stirner zeigt sich dabei in seiner Deutung als bereits mit Begrifflichkeiten hantierend, welche sowohl der Feuerbach'schen, als auch der Bauer'schen Umwertung der Französischen Revolution nach der Enttäuschung fehlen, und entwickelt nicht nur mit der Engführung von sozialem Träger und politischer Lehre, sondern mehr noch mit den Konsequenzen dieser Engführung eine Darstellung, welche durch das relative Überschneidungspotenzial mit den eigenen Ansichten Marx und Engels zu einer besonderen Entgegnung herausfordern wird:

> Mit der Zeit der Bourgeoisie beginnt die des *Liberalismus*. Man will überall das ‚Vernünftige', das ‚Zeitgemäße' u. s. w. hergestellt sehen. Folgende Definition des Liberalismus, die ihm zu Ehren gesagt sein soll, bezeichnet ihn vollständig: ‚Der Liberalismus ist nichts anders, als die Vernunfterkenntniß angewandt auf unsere bestehenden Verhältnisse.' Sein Ziel ist eine ‚vernünftige Ordnung', ein ‚sittliches Verhalten', eine ‚beschränkte Freiheit', nicht die Anarchie, die Gesetzlosigkeit, die Eigenheit. Herrscht aber die Vernunft so unterliegt die *Person*. [...] Man will nicht eine freie Bewegung und Geltung der Person oder Meiner, sondern der Vernunft, d. h. eine Vernunftherrschaft, eine Herrschaft. Die Liberalen sind *Eiferer*, nicht gerade für den Glauben, für Gott u. s. w., wohl aber für die *Vernunft*, ihre Herrin. Sie vertragen keine Ungezogenheit und darum keine Selbstentwicklung und Selbstbestimmung: sie *bevormunden* trotz den absolutesten Herrschern.[60]

Die Kritik eines auf Vernunft basierten Herrschaftsanspruchs, die wie kaum ein zweites Merkmal geeignet ist, die Differenz zwischen Stirner und seinen ehemaligen Weggefährten zu markieren, und deren erstes Aufkommen bereits anlässlich der Behand-

---

58 Ebenda, S. 145/146 [119].
59 Ebenda, S. 146 [119]: „In der Revolution handelte nicht der *Einzelne* weltgeschichtlich, sondern ein *Volk*: die *Nation*, die souveraine, wollte alles bewirken. Ein eingebildetes Ich, eine Idee, wie die Nation ist, tritt handelnd auf, d. h. die Einzelnen geben sich zu Werkzeugen dieser Idee her und handeln als ‚Bürger'."
60 Ebenda, S. 139 [114/115]. Stirner zitiert [Karl Reinhold Jachmann:] Preußen seit der Einsetzung Arndt's bis zur Absetzung Bauers, in: Einundzwanzig Bogen aus der Schweiz, hrsg. v. Georg Herwegh, Zürich und Winterthur 1843, S. 1-32, hier S. 12/13: „Denn der Liberalismus, über dessen Wesen sich so viele Staatsmänner den Kopf zerbrechen, ist – um das große Geheimniß jetzt zu verrathen – nichts anderes, als *die Vernunfterkenntniß angewandt auf unsere bestehenden Verhältnisse*, mögen diese politischer oder kirchlicher Natur sein."

lung der Stirner'schen Beiträge zur Buhl'schen *Berliner Monatsschrift* konstatiert wurde, offenbart, dass Stirner mit der philosophischen Evidenzproduktion auch das korrespondierende menschliche Vermögen preiszugeben bereit ist. Ausgehend von der nun formulierten, radikaleren Position eines völligen Verzichts auf die Ansprüche dieses Vermögens, dessen anthropologische Verankerung stets auch vor dem Hintergrund ihres argumentationsstrategischen Werts durch die Ausdehnung des Geltungsanspruchs der auf dieses Vermögen zurückgeführten Überzeugungen auf seine sämtlichen Träger vorgenommen wurde, lässt sich die Entfernung ermessen, welche Stirner mit dem *Einzigen* von den beiden zentralen Protagonisten der junghegelianischen Aufklärung trennt. In starkem Kontrast zu Feuerbach und Bauer, die auf die schmerzvoll erfahrene Ohnmacht bei der Überzeugung der Adressaten des philosophisch-aufklärerischen Diskurses mit einer weitgehenden Aberkennung des für die Würdigung ihrer Argumente nötigen Reifegrades dieses Vermögens auf Seiten der Adressaten reagierten, leistet Stirner Verzicht auf diese Möglichkeit, den eigenen Ansatz vor der Enttäuschung sicher zu stellen. Mit der stattdessen vorgenommenen, doppelten Absetzung von beiden bestimmenden Kräften der oppositionellen Bewegung der Jahre 1840-43 (Liberalismus und philosophisch-aufklärerische Kritik) verlässt Stirner in der Verarbeitung der Enttäuschung die gewohnten Gleise der bisher gezeigten Reaktionen und geht damit so weit, wie noch keiner der früheren Protagonisten des philosophisch-aufklärerischen Diskurses zu gehen bereit war (und auch kaum einer nach ihm bereit ist). Werden die argumentationsstrategischen Konsequenzen der Einreihung der Vernunft in die Menge der „moralischen Personen", also der in einem intentionalen Vokabular verorteten, geistigen Entitäten, für die Weiterentwicklung des aufklärerischen Diskurses in der Darstellung der von Stirner entwickelten Variante dieses alternativen aufklärerischen Diskurses im nächsten Kapitel noch thematisiert, so gilt es doch, die Implikationen einer geradezu postmodern anmutenden Vernunftkritik für die Frage des Nachweises der Verfehltheit der konkurrierenden Ansätze bereits zu diesem Zeitpunkt festzuhalten.

Bei der Behandlung des „politischen Liberalismus" kommt der Konstatierung der Verbindung von Liberalismus und Vernunft vor allem die Funktion zu, den von Stirner als zentrales Charakteristikum dieses liberalen Ansatzes erachteten Zug zur Entpersonalisierung der Herrschaftsbeziehungen zu illustrieren. Der dem Bürgertum zugesprochene Wunsch nach einem „unpersönlichen Herrscher" oder auch nach einer Versachlichung der Herrschaftsbeziehungen wird, so führt Stirner aus, durch den Wechsel von einer eher personale Konnotationen evozierenden „moralischen Person" wie „Gott" – der maßgeblichen Legitimationsinstanz ständischer und absoluter Herrschaft – zu einer weniger personal konnotierten „moralischen Person" wie „Vernunft" gefördert:

> Was will das Bürgerthum damit, daß es gegen jeden persönlichen, d. h. nicht in der ‚Sache', der ‚Vernunft' u. s. w. begründeten Befehl eifert? Es kämpft eben nur im Interesse der ‚Sache' gegen

die Herrschaft der ‚Personen'! Sache des Geistes ist aber das Vernünftige, Gute, Gesetzliche u. s. w.; das ist die ‚gute Sache'. Das Bürgerthum will einen *unpersönlichen* Herrscher.[61]

Mit der Behauptung einer größeren Machtfülle von „moralischen Personen", deren personaler Charakter vordergründig weniger offensichtlich ist, befindet sich Stirner im Einklang mit seinen Ausführungen bezüglich des Wechsels von religiöser zu philosophischer Bewusstseinsbestimmung, eines Wechsels, dem aus der Perspektive des konkreten Individuums vor allem ein Zuwachs der Möglichkeiten individueller Fremdbestimmung korrespondiert. Die im Zuge des *Einzigen* argumentierte Entsprechung zwischen der Organisationsform der politischen Herrschaft und dem Charakter des jeweiligen Dienst heischenden „Heiligen" findet dabei auch in der Behandlung der politischen Wünsche des Bürgertums seinen Niederschlag, denn der nämliche Zug einer „Entpersonalisierung" der „moralischen Personen" wird von Stirner auch dem Bestreben der Überführung der absoluten in eine konstitutionelle Monarchie unterstellt, eines Bestrebens, wie es namentlich für die gemäßigten Kreise der oppositionellen Bewegung des Jahres 1842 vorherrschend war oder wie es sich in der französischen Juli-Monarchie Bahn gebrochen hatte:

> Die ‚individuelle Freiheit', über welche der bürgerliche Liberalismus eifersüchtig wacht, bedeutet keineswegs eine vollkommen freie Selbstbestimmung, wodurch die Handlungen ganz die *Meinigen* werden, sondern nur Unabhängigkeit von *Personen*. Individuell frei ist, wer keinem *Menschen* verantwortlich ist. [...] Daher mußte der constitutionelle Fürst selbst aller Persönlichkeit entkleidet, alles individuellen Beschließens beraubt werden, um nicht als Person, als *individueller Mensch*, die ‚individuelle Freiheit' Anderer zu verletzen. Der *persönliche Herrscherwille* ist im constitutionellen Fürsten verschwunden; mit richtigen Gefühl wehren sich daher die absoluten dagegen.[62]

Es zeigt sich in der Stirner'schen Kritik des „politischen Liberalismus" insofern ein weiteres Mal, wie weit er sich von dem klassisch-aufklärerischen Kontext entfernt hat, der seine diskursiven Einsätze vor der Enttäuschung geprägt hatte. Galt ihm die philosophische Religionskritik vor dem Hintergrund des bewusstseinszentrierten Modells gesellschaftlicher Veränderung damals als entscheidender Hebel, um nach dem Ende der religiös-theologischen Hoheit in der Bewusstseinsbestimmung eine der Französischen Revolution vergleichbare Erhebung in den deutschen Ländern anzustoßen, und sah Stirner damals das klassisch-aufklärerische Handeln in direkter Opposition zur christlichen Herrschaft über das Bewusstsein und zur monarchischen Herrschaft über die konkreten Individuen, so kann er nun im Einklang mit der angeführten Entsprechung von politischer Herrschaftsform und Form des Dienstes an einem „Heiligen" behaupten, dass die Konstitutionalisierung der monarchischen Herrschaft in gleicher Weise die konsequente Durchführung des Christentums bedeute,

---

[61] Max Stirner: Der Einzige und sein Eigenthum, Leipzig 1845 [1844], S. 143 [117].
[62] Ebenda, S. 141/142 [116].

wie die vornehmlich von Feuerbach und Bauer forcierte Restitution der philosophischen Autonomie gegenüber ihrer auf Hegel zurückgehenden Harmonisierung mit den Ergebnissen der theologischen Evidenzproduktion:

> Der constitutionelle König ist der wahrhaft *christliche* König, die ächte Consequenz des christlichen Princips. In der constitutionellen Monarchie hat die individuelle Herrschaft, d. h. ein wirklich *wollender* Herrscher, sein Ende gefunden; darum waltet hier die *individuelle Freiheit*, Unabhängigkeit von jedem individuellen Gebieter, von Jedem, der Mir mit einem tel est notre plaisir gebieten könnte. Sie ist das vollendete christliche Staatsleben, ein vergeistigtes Leben.[63]

Mit der dargestellten Würdigung des „politischen Liberalismus" als auf die Herstellung einer Herrschaft der Vernunft, auf die Versachlichung, bzw. Entpersonalisierung von Herrschaftsbeziehungen und auf die konsequente Realisierung des „christlichen Princips" zielend unternimmt Stirner neben der nachholenden Erklärung des Scheiterns von 1842/43 auch eine Disqualifizierung jeder zukünftigen Hoffnung auf ein weiteres fruchtbares Zusammengehen der aufklärerisch Handelnden mit dem Bürgertum. Dies muss betont werden, da es vor dem Hintergrund der Stirner'schen Apologie des Egoismus auch denkbar gewesen wäre, das Bürgertum, dessen egoistisches Handeln unter den ehemaligen Junghegelianern allseits vorausgesetzt und als verantwortlich für die aktuelle gesellschaftliche Misere angesehen wurde, als quasi natürlichen Bundesgenossen einer umfassenden Durchsetzung seines „bewussten Egoismus" zu hofieren.[64] In der Behandlung des „politischen Liberalismus" tritt insofern eine Differenz zwischen Stirner und dem Großteil seiner ehemaligen Weggefährten zutage, denn wenn beide Seiten sich auch bezüglich der Vergeblichkeit des Hoffens auf einen von dieser sozialen Schicht seinen Ausgang nehmenden Impuls zu einer radikalen Umwälzung der gesellschaftlichen Verhältnisse einig sind, so unterscheiden sie sich doch fundamental in der Spezifizierung des Grundes für diese Vergeblichkeit. Stirner sieht diesen Grund eben gerade nicht in der Disposition zu egoistischem Handeln – das in Stirners Terminologie auch nur als „egoistisch im gewöhnlichen Verstande" charakterisiert wird –, sondern vielmehr darin, dass das Bürgertum, wie sich bereits bei der Agitation für die „Freien" im Sommer 1842 gezeigt hatte, im Zweifel dem Dienst an verschiedenen Formen des „Heiligen", etwa der „Sittlichkeit", den Vorzug vor einem konsequent egoistischen Handeln geben würde. Der „politische Liberalismus" beabsichtige eben keineswegs, das Gemeinwohl dem egoistischen Interesse zu opfern, sondern strebe, wie gesehen, auch und gerade mit seinen Initiativen zur Veränderung des Bestehenden nur die Verwirklichung der „äch-

---

63 Ebenda.
64 Dass die Verbindung zwischen Egoismus und Bürgertum, bzw. egoistischem Handeln und bürgerlicher Gesellschaft weithin als intime angesehen wurde, zeigen nicht zuletzt Marx und Engels, die Stirner, bevor sie ihn zum „ideologisierenden Kleinbürger" erklärten, als Fürsprecher der Interessen der Bourgeoisie behandelten. Siehe unten, Kapitel 12, Abschnitt 4.

ten Consequenz des christlichen Princips" an. Egoismus des Bürgertums hin oder her, vom Bürgertum als sozialer Schicht oder sogar Klasse erhofft sich Stirner nichts außer ihre Auflösung in selbstbestimmte Einzige.

Bevor mit der Darstellung der anderen beiden Formen des Liberalismus fortgefahren werden kann, müssen noch zwei Dinge festgehalten werden. Zum einen wird mit der Charakterisierung des „politischen Liberalismus" als der Realisierung des „christlichen Princips" verpflichtet ersichtlich, inwiefern sich Stirner trotz seiner doppelten Absetzung gegenüber den beiden maßgeblichen Kräften der klassischen Aufklärung – antireligiöse Philosophie und aufstrebendes Bürgertum – weiterhin in einem aufklärerischen Kontext bewegt. Nach dem Scheitern der deutschen philosophischen Spätaufklärung in einer Konstellation, die als derjenigen Frankreichs vor Ausbruch der Revolution von 1789 identisch angesehen wurde, verabschiedet sich Stirner zwar aus dem klassisch-aufklärerischen Kontext, dieser Abschied ist ihm jedoch nur um den Preis möglich, Philosophie und politischen Liberalismus nunmehr zu Emanationen des „christlichen Princips" zu erklären. So ändern sich in der Folge zwar die Formen des angegriffenen Gegenstands – statt Theologie und Monarchismus nun Philosophie und Liberalismus –, sein Inhalt bleibt jedoch derselbe – das mit dem Christentum identifizierte Prinzip individueller Fremdbestimmung.

Zum anderen zeigt sich mit der Behandlung des „politischen Liberalismus", welcher Art der argumentationsstrategische Gewinn ist, den Stirner aus dem Spiel mit liberalen „Familienähnlichkeiten" zu ziehen beabsichtigt, denn es liegt auf der Hand, dass der „politische Liberalismus" natürlich auch von Stirner nur in sehr begrenztem Maße als konkurrierender Ansatz bei der angemessenen Verarbeitung der Enttäuschung von 1842/43 gesehen wird. Seine Behandlung im Verbund mit den Ansätzen, welche tatsächlich Anschlüsse an das Scheitern des philosophisch-aufklärerischen Diskurses ermöglichen – wie etwa frühsozialistische und kommunistische Bestrebungen oder auch die „reine Kritik" Bauers –, dient Stirner dann auch eher der Plausibilisierung des eigenen Erklärungsansatzes durch das Bereitstellen von Gründen, welche nicht nur die Passivität des deutschen Bürgertums in der Enttäuschung nachvollziehbar machen (dem es eben nur um die Ausweitung der Hierarchie, der Herrschaft des Geistes, also letztendlich des Christentums gegangen sei), sondern auch eine Rechtfertigung der unter den enttäuschten Radikalen weitverbreiteten Ablehnung liberaler Affiliationen gestatten – schließlich wollte keiner der ehemaligen Junghegelianer nach der Enttäuschung im Ruch stehen, Sympathie für den Liberalismus zu hegen, und Stirner möchte diesen, vergleichsweise neuen antiliberalen Impuls mit dem überkommenen antichristlichen Impuls kurz schließen.[65] Der Eröffnung

---

[65] Darauf spielen auch Marx und Engels in ihrer Stirner-Kritik an, III. Sankt Max • Schluss des Leipziger Konzils (**H**[11]), MEGA² I/5, Ms-S. [30c] (S. 259): „Sankt Max nennt den Kommunismus den ‚sozialen Liberalismus', weil er wohl weiß in welchem schlechten Geruch das Wort Liberalismus bei den Radicalen von 1842 & bei den am weitesten gegangenen Berliner Freigeistern steht."

der Kritik der Liberalismen mit dem politischen kommt insofern auch die Funktion zu, das Feld für die Kritik der anderen beiden „Liberalismen" in negativer Hinsicht zu bereiten. Wie die Reaktionen der kritisierten Konkurrenten Stirners zeigen, kann die Provokation, welche mit dieser Präsentation intendiert war, durchaus als gelungen gelten.

Das Bestreben, die pejorative Konnotation von „Liberalismus" für die Disqualifikation konkurrierender Ansätze fruchtbar zu machen, zeigt sich dann erstmals in vollem Ausmaße bei der Qualifizierung des vor allem von Frankreich seine Verbreitung nehmenden, frühsozialistischen Gedankenguts als „soziale" Spielart des nunmehr weithin abgelehnten Liberalismus. Den Auftakt der Kritik des „sozialen Liberalismus" bildet seine Herleitung aus dem „politischen", wodurch Stirner nicht nur eine Milderung des „Novitätenstatus" des ersteren unternimmt, sondern zugleich seine Rede von den drei Liberalismen zu rechtfertigen sucht. Ausgehend von der Auszeichnung der Entpersonalisierung der Herrschaftsbeziehungen als bestimmender Tendenz des politischen Liberalismus präsentiert Stirner den sozialen Liberalismus als seinen Ausgang von einer Ausweitung dieses Prinzips nehmend:

> Unserer Freiheit von der Person des Andern fehlt noch die Freiheit von dem, worüber die Person des Andern gebieten kann, von dem, was sie in ihrer persönlichen Macht hat, kurz von dem ‚persönlichen Eigenthum'. Schaffen Wir also das *persönliche Eigenthum* ab. Keiner habe mehr etwas, jeder sei ein – Lump. Das Eigenthum sei *unpersönlich*, es gehöre der – *Gesellschaft*.[66]

In gleicher Weise, wie der „politische Liberalismus" mit der personalen Verankerung von Herrschaft breche und an die Position eines souveränen Individuums (etwa des Monarchen) die unpersönlichen, sich geistigen Schöpfungsakten verdankenden Entitäten wie „Staat", „Nation" oder „Volk" setze, strebe der „soziale Liberalismus" die Ersetzung des persönlichen Eigentümers durch eine unpersönliche, geistige Entität an – die „Gesellschaft" –, die dann wieder, wie bei „moralischen Personen" üblich, in einem intentionalen Kontext verortet werde und in der Folge die „Schulmeister" auf den Plan rufe, welche die entsprechenden Interlokutionen des Willens der „Gesellschaft" zu übermitteln haben. Stirner fokussiert seine Kritik des „sozialen Liberalismus" zwar in besonderem Maße auf das von den „Sozialen" an die Stelle des in der bürgerlichen Gesellschaft wirkenden Prinzips der „Konkurrenz" oder des „Glücks"[67] zu setzenden „Princips der Arbeit", greift den „sozialen Liberalismus" im Großen und Ganzen jedoch wie jede andere Form des Versuchs an, die Herrschaft des Geistes vermittelst des Schaffens neuer „moralischer Personen" zu sichern und zu erweitern:

---

[66] Max Stirner: Der Einzige und sein Eigenthum, Leipzig 1845 [1844], S. 154/155 [125].
[67] Vgl. ebenda, S. 160 [129]: „Eigentlich gilt der Unmuth aber nicht den Glücklichen, sondern dem *Glücke*, diesem faulen Fleck des Bürgerthums."

> Durch das Princip der Arbeit wird allerdings das des Glückes oder der Concurrenz überboten. Zugleich aber hält sich der Arbeiter in seinem Bewußtsein, daß das Wesentliche an ihm ‚der Arbeiter' sei, vom Egoismus fern und unterwirft sich der Oberhoheit einer Arbeitergesellschaft, wie der Bürger mit Hingebung am Concurrenz-Staate hing. Der schöne Traum von einer ‚Socialpflicht' wird noch fortgeträumt. Man meint wieder, die Gesellschaft *gebe*, was Wir brauchen, und Wir seien ihr deshalb *verpflichtet*, seien ihr alles schuldig. Man bleibt dabei, einem ‚höchsten Geber alles Guten' dienen zu wollen. Daß die Gesellschaft gar kein Ich ist, das geben, verleihen oder gewähren könnte, sondern ein Instrument oder Mittel, aus dem Wir Nutzen ziehen mögen, daß Wir keine gesellschaftlichen Pflichten, sondern lediglich Interessen haben, zu deren Verfolgung Uns die Gesellschaft dienen müsse, daß Wir der Gesellschaft keine Opfer schuldig sind, sondern, opfern Wir etwas, es Uns opfern: daran denken die Socialen nicht, weil sie – als Liberale – im religiösen Princip gefangen sitzen und eifrig trachten nach einer, wie es der Staat bisher war, – heiligen Gesellschaft![68]

In der im Rahmen des „sozialen Liberalismus" erfolgenden Ausweitung der Tendenz der Entpersonalisierung zeigt sich die von Stirner unterstellte Dynamik der sich beim Fortschritt von einem Liberalismus zum nächsten intensivierenden Fremdbestimmung der konkreten Individuen, denn Stirner ist der Überzeugung, dass die Entpersonalisierung des Eigentums unter Wahrung der Entpersonalisierung der Herrschaft vorgenommen wird und die konkreten Individuen daher eine weitere Einschränkung des ihrer Selbstbestimmung zugänglichen Handlungsspielraums zu gewärtigen haben. Wie nicht zuletzt in der Wahl des Titels zum Ausdruck kommt und wie bei der Darstellung der Instrumente von Stirners argumentativer Ermächtigung der konkreten Individuen im nächsten Abschnitt gezeigt werden wird, wählt Stirner im Umgang mit der Eigentumskonzeption einen diametral entgegengesetzten Ansatz, der nicht in der Zurückdrängung, bzw. Abschaffung des persönlichen oder privaten Eigentums besteht, sondern vielmehr die größtmögliche Ausweitung der Verfügungsgewalt privater Eigentümer über ihr (nicht nur materielles) Eigentum anstrebt. Es bleibt einer der bemerkenswerten Züge seines Ansatzes, dass Stirner, wie sich insbesondere im Abschnitt *Der Verein*, dem längsten des ganzen Werkes, zeigt, unter Rekurs auf das gegensätzliche Mittel im Großen und Ganzen das gleiche Ziel zu erreichen beabsichtigt, wie die Vertreter der frühsozialistischen, bzw. kommunistischen Ansätze, einschließlich desjenigen Marx' und Engels'.

Vielleicht als Folge der Ähnlichkeiten zwischen seinem „Verein" und der „kommunistischen Gesellschaft" widmet Stirner der Frage nach den disziplinatorischen Elementen kommunistischer Vergesellschaftung besondere Aufmerksamkeit, wenn

---

[68] Ebenda, S. 162/163 [130/131]. Vgl. auch ebenda, S. 159 [128]: „Von Befehl und Willkühr Einzelner befreite das Bürgerthum. Allein jene Willkühr blieb übrig, welche aus der Conjunctur der Verhältnisse entspringt und die Zufälligkeit der Umstände genannt werden kann; es blieben das begünstigende *Glück* und die ‚vom Glück Begünstigten' übrig. [...] Aendern Wir denn die Verhältnisse, aber ändern Wir sie durchgreifend und so, daß ihre Zufälligkeit ohnmächtig wird und ein *Gesetz*! Seien Wir nicht länger Sklaven des Zufalls! Schaffen Wir eine neue Ordnung, die den *Schwankungen* ein Ende macht. Diese Ordnung sei dann heilig."

er etwa die Wirkung der Ausrichtung des menschlichen Zusammenlebens am „Princip der Arbeit" vor dem Hintergrund kritisiert, dass dessen Implementierung große strukturelle Ähnlichkeiten mit der religiösen oder moralischen Gängelung konkreter Individuen aufweise und selbst den „Glauben" an einen „Beruf" des Menschen verlange:

> Daß der Communist in Dir den Menschen, den Bruder erblickt, das ist nur die sonntägliche Seite des Communismus. Nach der werkeltätigen nimmt er Dich keineswegs als Menschen schlechthin, sondern als menschlichen Arbeiter oder arbeitenden Menschen. Das liberale Princip steckt in der ersten Anschauung, in die zweite verbirgt sich die Illiberalität. Wärest Du ein ‚Faulenzer', so würde er zwar den Menschen in Dir nicht verkennen, aber als einen ‚faulen Menschen' ihn von der Faulheit zu reinigen und Dich zu dem *Glauben* zu bekehren streben, daß das Arbeiten des Menschen ‚Bestimmung und Beruf' sei.[69]

Gerade an der Unterstellung Stirners, die Kommunisten würden den konkreten Individuen den „Beruf zu arbeiten" aufdrängen, wird sich ein Großteil der Polemik von Marx und Engels entzünden und das Vorhandensein der wechselseitigen Bezichtigung, den Adressaten des eigenen, alternativen aufklärerischen Diskurses eine neue Moral zu predigen, offenbart, wie empfindlich die beiden um die Errungenschaft der Verabschiedung der Philosophie streitenden Ansätze auf das Fortwirken moralischer Forderungen zur Zügelung der persönlichen, materiellen Interessen reagierten. Es sind Züge wie diese, die es Stirner (nicht ganz zu Unrecht, wie selbst Marx und Engels konzedieren[70]) erlauben, die frühsozialistischen und kommunistischen Strömungen

---

[69] Ebenda, S. 161 [129/130].
[70] Dass Marx und Engels für eine Veranschaulichung dieses Zuges auf eigene Schriften zurückgreifen, darin kann durchaus noch eine gewisse Zurückhaltung bei der vollständigen Distanzierung von ihren sozialistischen Weggefährten gesehen werden – Weggefährten, denen Marx und Engels im Laufe der Ausarbeitung der Stirner-Kritik zunehmend absprechen, auf das gleich Ziel zuzusteuern, III. Sankt Max • Schluss des Leipziger Konzils (**H**[11]), MEGA² I/5, Ms-S. [41a]/[41b] (S. 291): „Indem Feuerbach die religiöse Welt als die Illusion der bei ihm selbst nur noch als *Phrase* vorkommenden irdischen Welt aufzeigte, ergab sich von selbst auch für die deutsche Theorie die, von ihm nicht beantwortete Frage: Wie kam es, daß die Menschen sich diese Illusionen ‚in den Kopf setzten'? Diese Frage bahnte selbst für die deutschen Theoretiker den Weg zur materialistischen, *nicht voraussetzungslosen*, sondern die wirklichen materiellen Voraussetzungen als solche empirisch beobachtenden & darum erst *wirklich* kritischen Anschauung der Welt. Dieser Gang war schon angedeutet in den deutschfranz. Jahrb. in der ‚Einleitung zur Kritik der Heg. Rechtsph.' u. ‚zur Judenfrage'. Da dies damals noch in philosophischer Phraseologie geschah, so gaben die hier traditionell unterlaufenden philosophischen Ausdrücke wie ‚menschliches Wesen', ‚Gattung' pp den deutschen Theoretikern die erwünschte Veranlassung, die wirkliche Entwicklung zu mißverstehen & zu glauben, es handle sich hier wieder nur um eine neue Wendung ihrer abgetragenen theoretischen Röcke". Eine weniger konziliante Erklärung für den Rückgriff auf eigene Schriften könnte jedoch der Sachverhalt bieten, dass Marx von Stirner mit der Aussage zitiert wird, „Ich müsse ein ‚wirkliches Gattungswesen' werden." (Der Einzige und sein Eigenthum, Leipzig 1845 [1844], S. 230 [182]), wofür Stirner auf *Zur Judenfrage* verweist.

als weiter dem Dienst an einem „Heiligen", an einer „moralischen Person" verpflichtet zu skizzieren. Stirner setzt den erklärten Versuch der – in der Kritik des „sozialen Liberalismus" nicht an einzelnen Personen festgemachten – Eindämmung des Egoismus zugunsten einer Gesellschaft gleicher Individuen in Kontinuität mit den Sittlichkeitsmaximen, welche er bereits für das Scheitern der Agitation für die „Freien" im Sommer 1842 verantwortlich gemacht hatte, ja, sieht in den Forderungen des „sozialen Liberalismus" eben nur eine weitere Steigerung des „christlichen Prinzips", die die konkreten Individuen mithilfe ihrer Denunzierung als Egoisten der Fremdbestimmung zugänglich machen sollen, die Stirner als Haupthindernis ihrer freien Entfaltung sieht.

Wenn die Erklärung kommunistischer Ansätze zu Emanationen des „christlichen Prinzips" nach den Erfahrungen des „Kampfes der Systeme" des 20. Jahrhunderts eher zu Rückschlüssen auf die intellektuelle Verortung desjenigen einzuladen scheint, der sie formuliert, und vor diesem Hintergrund kaum den Status einer um die neutrale Konstatierung von Fakten bemühten Deskription beanspruchen kann, so verlangt ihre Würdigung im vormärzlichen Kontext einen Dispens dieser (oftmals zutreffenden) Einschätzung. Richtet man die Aufmerksamkeit auf die zeitgenössischen sozialistischen Ansätze, dann zeigen sie sich fast alle dem Versuch verpflichtet, die Vergrößerung ihrer Anhängerschaft durch den Nachweis ihrer Verwurzelung in biblischen Kontexten zu bewerkstelligen – seien die Bezugnahmen nun solcherart, dass die zentralen Prinzipien der frühsozialistischen Ansätze als notwendige Konsequenzen biblischer Glaubenssätze präsentiert werden, oder solcherart, dass die Rolle des Agitators in Kongruenz zu derjenigen des Predigers konzipiert wird.[71] Es bleibt für die Darstellung der Stirner'schen Behandlung des „sozialen Liberalismus" insofern abschließend festzuhalten, dass seinem Vorwurf, die Vertreter frühsozialistischer und kommunistischer Ansätze konzipierten die Veränderung der gesellschaftlichen Verhältnisse als (quasi-)religiösen Dienst an einem Heiligen, im zeitgenössischen Kontext des Vormärzes weit mehr Gewicht zukommt, als die seitherige Geschichte dieses Vorwurfs vermuten lässt.

---

71 Die Überzeugung von der Fruchtbarkeit einer Verbindung von Christentum und Sozialismus ist – insbesondere vor der Marx-Engels'schen Denunziation eines spezifisch deutschen, „wahren" Sozialismus, welchem die Preisgabe des eigentlichen emanzipativen Impulses sozialistischer Bewegungen vorgeworfen wird – im Vormärz nahezu ubiquitär und es macht in dieser Beziehung keinen Unterschied, ob man sich dabei Wilhelm Weitlings *Evangelium eines armen Sünders*, Hermann Krieges Agitation in seinem *Volkstribun* oder etwa Georg Kuhlmanns *Die Neue Welt oder das Reich des Geistes auf Erden. Verkündigung* vor Augen führt. Und ist der Marx-Engels'schen Ächtung dieser Verbindung und der Festlegung des Sozialismus auf den Atheismus aus der Retrospektive auch ein umfassender Erfolg zu bescheinigen, so offenbart der Kontrast zwischen den großen anfänglichen Schwierigkeiten, das Proletariat für den „wissenschaftlichen Sozialismus" zu begeistern, und dem vergleichsweise großen Einfluss der vorgenannten, „wahren" Sozialisten auf die frühe Arbeiterbewegung, dass die Legitimität dieser Verbindung zumindest aus agitatorischer Perspektive nicht ganz von der Hand zu weisen ist. Siehe zu dieser Problematik auch unten, Kapitel 9, Abschnitt 3.

Wenn diesem Vorwurf immerhin eine Geschichte eignet, so lässt sich selbiges von der von Stirner abschließend behandelten Form des Liberalismus – dem „humanen Liberalismus" – kaum behaupten, selbst wenn Stirner ihn als die Kulmination des Liberalismus schlechthin betrachtet.[72] Dieser, sich mit dem Wirken Bauers und seiner Anhänger vor allem in der *Allgemeinen Literatur-Zeitung (ALZ)* verbindenden Ausprägung ist im Kontrast zu den Stirner'schen Ausführungen und im Vergleich mit der durchaus gegebenen Langlebigkeit des „politischen" und des „sozialen Liberalismus" vielmehr eine nur sehr kurze Lebensdauer beschieden gewesen, wurde sie doch selbst von ihren eigenen Protagonisten bereits zu Lebzeiten verworfen. Zeigt sich in diesem Sachverhalt auch ein allgemeiner Zug der historischen Indexikalität von Ereignissen und Prognosen, so ist eine Behandlung dieser, dem heutigen Betrachter wohl am wenigsten geläufigen Form Stirner'scher Liberalismen vor dem Hintergrund der Stirner'schen Weiterentwicklung des aufklärerischen Diskurses gleichwohl geboten.

In der Charakterisierung des „humanen Liberalismus" bündeln sich verschiedene Tendenzen, welche von Stirner bereits als für die Herleitung des „politischen" und des „sozialen Liberalismus" maßgeblich gekennzeichnet wurden. Mit dem „humanen Liberalismus", der, Stirner zufolge, der „sich kritisirende, der ‚kritische' Liberalismus" ist, ist, wenn man so will, der Liberalismus „selbstreflexiv" geworden und richtet den kritischen Impuls weg vom Staat (wie noch der „politische"), weg von der Gesellschaft (wie noch der „soziale") hin zu sich selbst. Im „humanen Liberalismus" findet sich demzufolge auch die extreme Ausprägung des Zuges zur Verallgemeinerung, sprich zum Versuch, eine Explikation „des Menschen" zu liefern, welche ausschließlich Merkmale allgemeiner, von jeder Besonderheit gereinigten Natur zutage fördert:

> In der ‚menschlichen Gesellschaft', welche der Humane verheißt, soll überhaupt nichts Anerkennung finden, was einer oder der Andere ‚Besonderes' hat, nichts Werth haben, was den Charakter des ‚Privaten' trägt. Auf diese Weise rundet sich der Kreis des Liberalismus, der an dem Menschen und der menschlichen Freiheit sein gutes, an dem Egoisten und allem Privaten sein böses Princip, an jenem seinen Gott, an diesem seinen Teufel hat, vollständig ab, und verlor im ‚Staate' die besondere oder private Person ihren Werth (kein persönliches Vorrecht), büßt in der ‚Arbeiter- oder Lumpen-Gesellschaft' das besondere (private) Eigenthum seine Anerkennung ein, so wird in der ‚menschlichen Gesellschaft' alles Besondere oder Private außer Betracht kommen, und wenn die ‚reine Kritik' ihre schwere Arbeit vollführt haben wird, dann wird man wis-

---

[72] Max Stirner: Der Einzige und sein Eigenthum, Leipzig 1845 [1844], S. 163 [131]: „Da in dem sich kritisirenden, dem ‚kritischen' Liberalismus, wobei der Kritiker ein Liberaler bleibt und über das Princip des Liberalismus, den Menschen, nicht hinausgeht, der Liberalismus sich vollendet, so mag er vorzugsweise nach dem Menschen benannt werden und der ‚humane' heißen."

sen, was alles privat ist, und was man ‚in seines Nichts durchbohrendem Gefühle' wird – stehen lassen müssen.[73]

Es wird mit dieser Passage verständlich, inwiefern Stirner den „humanen Liberalismus" als Kulmination des Liberalismus bezeichnen kann, denn dieser zeigt sich als die Konsequenz einer an Rigorosität nicht mehr zu überbietenden Anwendung der grundlegenden Prinzipien, welche – in weniger rigoroser Anwendung – bereits die anderen beiden Formen des Liberalismus bedingt hatten. Mit dem von Bauer selbst als „reine" Kritik gefassten Ansatz sieht Stirner die Vollendung der Möglichkeiten diskursiver Herrschaft über konkrete Individuen erreicht, wird mit ihm doch jedes, sich zur Adressierung einzelner, konkreter Individuen eignende Kriterium als nicht dem Test möglicher Verallgemeinerung genügend verworfen. Wenn unter dieser Voraussetzung schließlich tatsächlich nur noch diejenigen Wesenszüge Geltung im Rahmen eines kritischen Diskurses beanspruchen können, die allen Exemplaren der Gattung eignen, so verschwinden die konkreten Individuen aus dem auf solche Weise modifizierten aufklärerischen Diskurs und so wird aus einem Diskurs, der um die Ermöglichung einer freien Entfaltung der Fähigkeiten Aller geführt worden war, ein Diskurs, dem nur noch die Realisierung eines aus der Abstraktion von allen konkret existierenden Individuen gewonnenen Begriffes angelegen ist.

In das für Stirner zentrale Vokabular von Fremd- und Selbstbestimmung übertragen, bedeutet der Bauer'sche Ausschluss jedes nur einzelnen oder einigen zugehörigen, nicht verallgemeinerbaren Merkmals die umfassendste Fremdbestimmung, die im Rahmen der menschlichen Geschichte jemals unternommen wurde: Ein den Imperativen des „humanen Liberalismus" Folge leistendes Individuum müsse sich in der Bestimmung seines Selbst von sämtlichen, nicht auch allen anderen Individuen eignenden Eigenschaften zu reinigen bestreben, werde also nach dem Durchlaufen dieses Prozesses keinerlei Eigenheiten mehr besitzen, sondern sich ausschließlich in Gattungseigenschaften zu adressieren verstehen. Von einem starken, emphatischen Selbst im Stirner'schen Sinne, das sich gerade in Abgrenzung zu anderen Individuen bestimmt, kann in diesem Fall keine Rede mehr sein und es wird nachvollziehbar, vor welchem Hintergrund Stirner wiederholt die Homologie zwischen dem christlichen Ideal der Sündenreinheit und der human-liberalen Forderung nach Reinigung von allem Unmenschlichen betont. Mit anderen Worten: für Stirner besitzt ein Individuum, das sich von allem Unmenschlichen gereinigt hat und nur noch allgemeinmenschliche Eigenschaften sein eigen nennt, schlicht kein eigenes Selbst mehr. Oder, noch anders gefasst, im Falle des „humanen Liberalismus" kommt es zu einer Identität von Selbst- und Fremdbestimmung, einer Identität allerdings, die nur um den Preis eines völligen Verzichts auf die erstere zu erlangen ist.

---

73 Ebenda, S. 168/169 [135].

Mit der Fokussierung auf diesen Zug der Bauer'schen Weiterentwicklung des klassisch-aufklärerischen Diskurses beschreibt Stirner schließlich auch die weitestmögliche Steigerung der spezifisch philosophischen Form der Generierung von Überzeugungsleistungen, die im Rahmen aufklärerischer Diskurse zu erreichen ist. Der „humane Liberalismus" Bauer'scher Prägung verändert das in den vorangegangenen Instanziierungen des aufklärerischen Diskurses stets gewahrte, instrumentelle Verhältnis zwischen den inhaltlichen, substanziellen Forderungen eines aufklärerischen Diskurses und den zu seiner Durchsetzung erschlossenen Ressourcen der Evidenzproduktion. Die „reine" Kritik Bauers stellt, so ließe sich in der Falllinie dieser Interpretation formulieren, insofern den ersten Versuch eines (ehemaligen) Junghegelianers dar, die inhaltlich-substanziellen Gehalte eines Diskurses an das Instrument seiner Verbreitung zu binden, also die im Rahmen eines Diskurses transportierten Normen ganz von den Möglichkeiten ihrer argumentativen Durchsetzung abhängig zu machen.[74] In diesem Wechsel von der Priorisierung substanzieller Gehalte, die von einer überlegenen Form der Evidenzproduktion verbreitet werden sollen (klassisch-aufklärerischer Diskurs), zur Priorisierung einer bestimmten Form der Evidenzproduktion, welche auch über die Legitimität der zu verbreitenden substanziellen Gehalte zu befinden hat, wird Stirner – wenn auch unter gänzlich anderen Vorzeichen – Bauer folgen. Es zeigt sich in dieser Ausschließlichkeit der Ausrichtung des eigenen aufklärerischen Handelns an der Notwendigkeit der Generation von Überzeugungsleistungen erneut die tiefe Verunsicherung, welche die vormärzlichen Protagonisten des aufklärerischen Diskurses nach 1842/43 erfasste.

Der Rigorosität in der Anwendung allgemein-menschlicher Wesensmerkmale korrespondiert auf der motivationalen Ebene die Ausschließlichkeit des Rekurses auf das Erkenntnisinteresse der Adressaten des „humanen Liberalismus", eines Rekurses, der, so Stirner, schließlich in der Forderung nach einem gänzlich „uninteressierten Handeln" kulminiert:

> Das Bürgerthum hat, weil es *den Menschen* nur seiner Geburt nach für frei ausgab, ihn im Uebrigen in den Klauen des Unmenschen (Egoisten) lassen müssen. Daher hat der Egoismus unter dem Regiment des politischen Liberalismus ein ungeheures Feld zu freier Benutzung. Wie der Bürger den Staat, so wird der Arbeiter die Gesellschaft *benutzen* für seine *egoistischen* Zwecke. Du hast doch nur einen egoistischen Zweck, deine Wohlfahrt! wirft der Humane dem Socialen vor. Fasse ein *rein menschliches Interesse*, dann will Ich dein Gefährte sein. ‚Dazu gehört aber ein stärkeres, ein umfassenderes, als ein *Arbeiterbewußtsein*.' ‚Der Arbeiter macht Nichts, drum hat er Nichts: er macht aber Nichts, weil seine Arbeit stets eine einzeln bleibende, auf sein ei-

---

[74] Diese Feststellung behält ihre Gültigkeit, auch wenn die Verwandtschaft mit der Hegel'schen Form-Substanz-Problematik natürlich auf der Hand liegt. Im Gegensatz zu Hegel, der mit dem Sachverhalt einer nicht aufzulösenden Verbindung von Form und Inhalt einen grundlegenden Zug der Entwicklung des Geistes fasst, zielt Bauer auf einen genuin politischen Kontext, wenn er die Weiterentwicklung des klassisch-aufklärerischen Diskurses ausgehend von seiner Entwicklung des Begriffes „Mensch" unternimmt.

genstes Bedürfniß berechnete, tägliche ist.' Man kann sich dem entgegen etwa Folgendes denken: die Arbeit Guttenbergs blieb nicht einzeln, sondern erzeugte unzählige Kinder und lebt bis heute noch, sie war eine ewige, unvergängliche. [...] Soll aber dem Egoismus jede Thür verriegelt werden, so müßte ein völlig ‚uninteressirtes' Handeln erstrebt werden, die *gänzliche* Uninteressirtheit. Dies ist allein menschlich, weil nur der Mensch uninteressirt ist; der Egoist immer interessirt.[75]

Unter Wahrung der grundlegenden Konstellation seiner Kritik am „humanen Liberalismus" – der Konzeptionierung von „humanem Liberalismus" und Egoismus als den Extremen des Spektrums von individueller Fremd- und Selbstbestimmung – bestimmt Stirner das Verhältnis von aufklärerischem Diskurs und den persönlichen (materiellen) Interessen seiner Adressaten, wie es im Rahmen des „humanen Liberalismus" gefasst wird, als ein dem eigenen Ansatz diametral entgegengesetztes. In deutlichem Gegensatz zu den eigenen Schlussfolgerungen aus dem Scheitern des philosophisch-aufklärerischen Diskurses, bestehe der „humane Liberalismus" darauf, dass nicht die nur mangelhafte Berücksichtigung persönlicher Interessen ursächlich für die Ohnmacht der philosophischen Evidenzproduktion sei (wie Stirner dies festgestellt hat[76]), sondern dass vielmehr die nicht ausreichende Reinigung der Appellation an das Erkenntnisinteresse der Adressaten von Elementen egoistischer Motivierung verantwortlich für die Lethargie dieser Adressaten gewesen sei.[77] In Übereinstimmung mit der in der vorgenommenen Analyse der Bauer'schen Weiterentwicklung des aufklärerischen Diskurses getroffenen Feststellung, dass Bauer sich bei der Wahl, das Scheitern dem philosophisch-aufklärerischen Diskurs selbst oder seinen Adressaten anzulasten, für die letztere Option entscheidet, betont auch Stirner die Differenz zwischen seinem Ansatz, der motivationalen Defizienz der junghegelianischen Agitation mit einer Konzentration auf die aus „liberaler" Perspektive verwerflichen Eigeninteressen Abhilfe zu schaffen, und dem human-liberalen Ansatz, der auf diese Defizienz mit der Forderung an die Adressaten reagiert, sie mögen sich bei der Bestimmung ihres Bewusstseins ausschließlich vom Interesse nach wahrer Erkenntnis leiten lassen und ihre egoistischen Privatinteressen hintanstellen. Wie gesehen, pointiert Stirner diesen Gegensatz in der Folge sogar soweit, dass er den „humanen Liberalen" unterstellt, ihnen schwebe als Ideal ein gänzlich „uninteressiertes Handeln" vor, ein Handeln also, mit welchem keinerlei Zwecke mehr verfolgt würden.[78]

---

75 Max Stirner: Der Einzige und sein Eigenthum, Leipzig 1845 [1844], S. 163-165 [132/133].
76 Siehe den vorhergehenden Abschnitt.
77 Wie im Rahmen der Darstellung der Bauer'schen Weiterentwicklung des aufklärerischen Diskurses gezeigt wurde, wurde das Vorhandensein einer Vermengung von Eigen- und Erkenntnisinteresse auf Seiten der Adressaten von Bauer jedoch für noch weit gravierender angesehen, als auf Seiten der Protagonisten der junghegelianischen Aufklärung vor 1842/43.
78 Es sei an dieser Stelle an die Bedeutung erinnert, welche Stirner den Intentionen zuschreibt, die mit dem Handeln der Individuen realisiert werden sollen. Siehe unten, Kapitel 7, Abschnitt 2.

Die Schlussfolgerung, zu welcher Stirner in der Kontrastierung von „humanem Liberalismus" und Egoismus gelangt, dürfte nach diesen Ausführungen kaum überraschen, denn in Anlehnung an die beiden bereits behandelten Spielarten des Liberalismus, die sich jeweils gegen bestimmte Aspekte eines egoistisch motivierten Handelns wendeten, strebe der „humane Liberalismus" die vollständige und endgültige Vernichtung des Egoismus durch die seinem Status als der am weitesten entwickelten Form des Liberalismus – und folglich auch des Christentums – entsprechende Konzentration auf sein grundlegendstes Fundament an:

> Unter den Socialtheorien ist unstreitig die Kritik die vollendetste, weil sie Alles entfernt und entwerthet, was den Menschen vom Menschen *trennt*: alle Vorrechte bis auf das Vorrecht des Glaubens. In ihr kommt das Liebesprincip des Christenthums, das wahre Socialprincip, zum reinsten Vollzug, und es wird das letzte mögliche Experiment gemacht, die Ausschließlichkeit und das Abstoßen den Menschen zu benehmen: ein Kampf gegen den Egoismus in seiner einfachsten und darum härtesten Form, in der Form der Einzigkeit, der Ausschließlichkeit, selber.[79]

Es kann darüber hinaus kaum überraschen, dass der von Stirner im Laufe des gesamten ersten Teils seiner Schrift vorbereitete Kulminationspunkt seiner Weltgeschichte, welcher der bestimmende Konflikt zwischen individualistischem Egoismus und gemeinnützigem Humanismus spätestens seit dem Aufkommen des Christentums eingeschrieben sei, gleichzeitig den Wendepunkt dieser Geschichte markiert. Die Versuche einer Eindämmung des Egoismus und einer Verpflichtung der Individuen auf einen Dienst an geheiligten „moralischen Personen" haben, so Stirner, mit dem „humanen Liberalismus" schließlich einen Punkt erreicht, an welchem ihre weitere Vervollkommnung nur noch um den Preis der „Existenz" der einzelnen Individuen zu haben sei.[80] Beachtenswert an dieser Position ist sicher nicht die Verklärung der eigenen Gegenwart zum weltgeschichtlichen Dreh- und Angelpunkt – diesen Zug teilt er sowohl mit Bauer, als auch mit Feuerbach (und Marx und Engels werden einige Mühe haben, ihren frühsozialistischen Weggefährten, und auch sich selbst,[81] diese Überzeugung unplausibel zu machen) –, beachtenswert ist vielmehr, dass Stirner den bisherigen Gang der Geschichte sich an einem Punkt brechen lässt, der von keinem seiner ehemaligen Mitaufklärer als Garant der allseits ersehnten, emanzipativen Wendung erachtet wurde. Für Stirner bietet gerade der irreduzible Rest egoistischer Disposition bei den Individuen, den er in „der Form der Einzigkeit, der Ausschließ-

---

[79] Max Stirner: Der Einzige und sein Eigenthum, Leipzig 1845 [1844], S. 177 [142].
[80] Wenn auch die Vorstellung einer Gefährdung der physischen Existenz der einzelnen, konkreten Individuen durch ihre „Vermenschlichung" kaum plausibel scheint, so kann, nach den vorangegangenen Ausführungen, das Gleiche nicht von der Gefährdung ihrer „diskursiven" Existenz gelten.
[81] Man denke etwa an den Brief George Julian Harneys an Engels vom 30. März 1846, in welchem dieser die von Engels geäußerte Überzeugung zurückwies, die Abschaffung des Privateigentums werde in England in den nächsten drei Jahren erfolgen (MEGA² III/1, S. 523).

lichkeit, selber", also in ihrer Existenz als voneinander getrennte Individuen verortet, die Gewähr eines nahen Endes individueller Fremdbestimmung.

Die Unhintergehbarkeit der Disposition zu egoistischem Handeln weist Stirner in der Folge gerade an dem seines Erachtens weitestgehenden Angriff auf diese Disposition nach, in dem er zeigt, dass selbst die von den Vertretern des „humanen Liberalismus" propagierte Ausschließlichkeit ihres Rekurses auf das Erkenntnisinteresse ihrer Adressaten auf einem letztendlich egoistischen Fundament ruht, dass insofern auch die als Remedium der Situation von 1842/43 empfohlene Konfrontation der Adressaten mit wahren Erkenntnissen dem Verdikt egoistischer Motiviertheit anheimfällt:

> Für's Erste nun weiß der Entdecker einer großen Wahrheit wohl, daß sie den andern Menschen nützlich sein könne, und da ihm ein neidisches Vorenthalten keinen Genuß verschafft, so theilt er sie allen mit; aber wenn er auch das Bewußtsein hat, daß seine Mittheilung für die Andern höchst werthvoll sei, so hat er doch seine Wahrheit keinesfalls um der Andern willen gesucht und gefunden, sondern um seinetwillen, weil ihn selbst danach verlangte, weil ihm das Dunkel und der Wahn keine Ruhe ließ, bis er nach seinen besten Kräften sich Licht und Aufklärung verschafft hat. Er arbeitete also um seinetwillen und zur Befriedigung *seines* Bedürfnisses. Daß er damit auch Andern, ja der Nachwelt nützlich war, nimmt seiner Arbeit den *egoistischen* Charakter nicht.[82]

Ließe sich vermuten, dass Stirner mit dieser Argumentation dem „humanen Liberalismus" bereits einen entscheidenden Schlag versetzt zu haben meint, so begnügt er sich zur Disqualifikation dieses Ansatzes jedoch keineswegs mit dem Nachweis egoistischer Motiviertheit auf Seiten der im Sinne des „humanen Liberalismus" Handelnden. Stirner geht in der Folge noch einen Schritt weiter und unterstellt, dass selbst der zentrale Begriff der human-liberalen Weiterentwicklung des aufklärerischen Diskurses – „der Mensch" – der propagierten Abstraktion von jeglicher individuellen Besonderheit zuwiderläuft. In einer Passage, welche nicht nur den entscheidenden Baustein zur Disqualifikation des „humanen Liberalismus" enthält, sondern darüber hinaus Stirners eigenen zentralen Begriff – „der Einzige" – als Konsequenz der Versuche einer Realisierung „des Menschen" zu etablieren sucht, heißt es:

> Du sagst freilich, Du offenbarest den Menschen. Allein der Mensch, den Du offenbarst, bist Du; Du offenbarst nur Dich, jedoch mit dem Unterschiede vom Handwerker, daß dieser sich nicht in Eine Arbeit zusammenzupressen versteht, sondern, um als er selbst erkannt zu werden, in seinen sonstigen Lebensbeziehungen aufgesucht werden muß, und daß dein Bedürfniß, durch dessen Befriedigung jenes Werk zu Stande kam, ein – theoretisches war. Aber Du wirst erwidern, daß Du einen ganz andern, einen würdigern, höheren, größeren Menschen offenbarest, einen Menschen, der mehr Mensch sei, als jener Andere. Ich will annehmen, daß Du das Menschenmögliche vollführest, daß Du zu Stande bringest, was keinem Andern gelingt. Worin besteht denn deine Größe? Gerade darin, daß Du mehr bist als andere Menschen (die ‚Masse'), mehr bist,

---

[82] Max Stirner: Der Einzige und sein Eigenthum, Leipzig 1845 [1844], S. 174/175 [140].

als *Menschen* gewöhnlich sind, mehr als ‚gewöhnliche Menschen', gerade in deiner Erhabenheit über den Menschen. Vor andern Menschen zeichnest Du Dich nicht dadurch aus, daß Du Mensch bist, sondern weil Du ein ‚einziger' Mensch bist. Du zeigst wohl, was ein Mensch leisten kann, aber weil Du, ein Mensch das leistest, darum können Andere, auch Menschen, es noch keineswegs leisten: Du hast es nur als *einziger* Mensch verrichtet und bist darin einzig.[83]

Wie sich hier zeigt, beschränkt Stirner sich nicht darauf, den „humanen Liberalismus" als Vollendung der auf Fremdbestimmung der konkreten Individuen zielenden Versuche der Bewusstseinsbestimmung zu zeichnen. Es genügt ihm nicht, die Unhaltbarkeit des „humanen Liberalismus" zu demonstrieren, sondern er zeigt sich vielmehr bestrebt, die Überzeugungskraft, welche human-liberalen Argumenten zuzukommen scheint, auf Potenziale der von ihm selbst präferierten Form der Überzeugungsgeneration zurückzuführen. Mit anderen Worten: das, was an den Argumenten der humanen Liberalen überzeugend zu sein scheint, bezieht, so Stirner, seine Überzeugungskraft aus einer „Umetikettierung" des argumentativen Potenzials des Stirner'schen „Einzigen". Wenn Bauer und seine Anhänger auf die Leistungen herausragender Menschen verweisen, um das Ideal eines auf die ausschließliche Befriedigung des Erkenntnisinteresses zielenden Handelnden zu zeichnen, so sieht Stirner in diesen Beispielen dagegen Belege für die von ihm argumentierte Konsequenz aus dem Scheitern von 1842/43. Unter Berücksichtigung des bereits angeführten Arguments, dass auch die Produzenten bedeutender Erkenntnisse in letzter Instanz nur dem Antrieb ihres Eigeninteresses nachgaben, kann Stirner auch den „Menschen" des „humanen Liberalismus" in das von ihm entwickelte, explikative Vokabular der „moralischen Personen" einordnen, kann also auch den letzten und hartnäckigsten Gegner seines egoistischen „Einzigen" als ein Instrument porträtieren, das allein der Durchsetzung der Eigeninteressen der für den „Menschen" Streitenden diene. Wie bereits oben ausgeführt, bedeutet dies aus Stirners Perspektive zwar keinen Vorwurf, letzteres gilt allerdings nur unter der Bedingung, dass die Prämisse der ausschließlichen Wirkmächtigkeit persönlicher (materieller) Interessen für die Motivierung von Handlungen akzeptiert wird. Wie sich nun an dieser Stelle zeigt, kann der von human-liberaler Seite betriebene Geniekult, der in der Bauer'schen Apotheose des „Kritikers" als des allein kausalmächtigen Agenten menschlicher Geschichte seinen Ausdruck findet,[84] von Stirner vergleichsweise friktionslos in die eigene Konzeption des von den Kausalitäten menschlicher Geschichte emanzipierten „Einzigen" überführt werden. Die Distanz, welche den Bauer'schen, geschichtsbestimmenden „Kritiker" vom Stir-

---

[83] Ebenda, S. 175/176 [140/141].
[84] Dass sich schließlich noch eine weitere, von Stirner zwar nicht gewählte, mitunter jedoch naheliegendere Strategie anbietet, das argumentative Potenzial des Bauer'schen Loblieds auf die Leistungen herausragender „uninteressierter" Menschen zu unterminieren – die Behandlung dieser Eloge als Selbstüberhebung ihres Urhebers –, zeigen Marx und Engels in ihrer weit weniger *ad rem* gehaltenen Kritik Bauers in den Manuskripten zur „Deutschen Ideologie". Vgl. II. Sankt Bruno (**H¹⁰**), MEGA² I/5, S. 144-164.

ner'schen, über die Geschichte erhabenen „Einzigen" trennt, ist in Bezug auf die Abhängigkeit von geschichtlichen Entwicklungslinien eine denkbar geringe, in Bezug auf den transportierten Geltungsanspruch der Ergebnisse ihres Tuns trennen diese beiden Figuren jedoch Welten. Es wird sich in der näheren Entwicklung des Gehalts des „Einzigen" zeigen, dass Stirner die, auch im Rahmen des „humanen Liberalismus" so weit als möglich gefasste, individuelle Machtfülle eben nur noch unter Preisgabe der für klassisch-aufklärerische Projekte konstitutiven Repräsentierbarkeit von Evidenzerfahrungen wahren zu können glaubt, die Bauer für seinen „Kritiker" unvermindert reklamiert. Zwar sieht Stirner jedes Individuum als potenziell mit der Machtfülle eines solchen, Bauer'schen „Kritikers" ausgestattet an, die Ergebnisse einer Ausübung dieser Macht sind jedoch nicht in der Lage, den individuellen Horizont, welchem sie entstammen, zu transzendieren.

Die letzte Forderung, welche sich als Konsequenz der Stirner'schen Strategie einer egoistisch-individualistischen „Unterfütterung" des „humanen Liberalismus" ergibt, ist die Forderung nach einem Verzicht auf die weitere Verwendung von „Mensch" als Element emanzipativer Diskurse, eine Forderung, die Stirner dadurch bekräftigt, dass er den „Menschen" als das letzte verbliebene Refugium, als die letzte und zugleich passendste Existenzform einer Entität kennzeichnet, deren beabsichtigte Desavouierung die Instanziierung aufklärerischer Diskurse seit Anbeginn begleitete. Eingebettet findet sich diese Forderung in ein Resümee der Stirner'schen Liberalismuskritik, das noch einmal die gegen die einzelnen Spielarten erhobenen Vorwürfe bündelt und ein letztes Mal den argumentativen Wert der Stirner'schen „Liberalisierung" der konkurrierenden Ansätze zur Weiterentwicklung des klassisch-aufklärerischen Diskurses veranschaulicht:

> Der politische Liberalismus hob die Ungleichheit der Herren und Diener auf, er machte *herrenlos*, anarchisch. Der Herr wurde nun vom Einzelnen, dem ‚Egoisten' entfernt, um ein Gespenst zu werden: das Gesetz oder der Staat. Der sociale Liberalismus hebt die Ungleichheit des Besitzes, der Armen und Reichen auf, und macht *besitzlos* oder eigenthumslos. Das Eigenthum wird dem Einzelnen entzogen und der gespenstischen Gesellschaft überantwortet. Der humane Liberalismus macht *gottlos*, atheistisch. Deshalb muß der Gott des Einzelnen, ‚mein Gott', abgeschafft werden. Nun ist zwar die Herrenlosigkeit zugleich Dienstlosigkeit, Besitzlosigkeit zugleich Sorglosigkeit, und Gottlosigkeit zugleich Vorurtheilslosigkeit, denn mit dem Herrn fällt der Diener weg, mit dem Besitz die Sorge um ihn, mit dem festgewurzelten Gott das Vorurtheil; da aber der Herr als Staat wieder aufersteht, so erscheint der Diener im Unterthan wieder, da der Besitz zum Eigenthum der Gesellschaft wird, so erzeugt sich die Sorge von neuem als Arbeit, und da der Gott als Mensch zum Vorurtheil wird, so ersteht ein neuer Glaube, der Glaube an die Menschheit oder Freiheit. Für den Gott des Einzelnen ist nun der Gott Aller, nämlich ‚der Mensch' erhöht worden: ‚es ist ja Unser Aller Höchstes, Mensch zu sein'. Da aber Niemand ganz das werden kann, was die Idee ‚Mensch' besagt, so bleibt der Mensch dem Einzelnen ein erhabenes Jenseits, ein unerreichtes höchstes Wesen, ein Gott. Zugleich aber ist dies der ‚wahre Gott',

weil er Uns völlig adäquat, nämlich Unser eigenes „*Selbst*' ist: Wir selbst, aber von Uns getrennt und über Uns erhaben.[85]

Mit der Rückführung des „Menschen" auf „Gott", mit der, wenn man so will, Entsäkularisierung des Bauer'schen Strangs der auf die Enttäuschung von 1842/43 reagierenden Weiterentwicklung des junghegelianischen, aufklärerischen Diskurses endet die Stirner'sche Kritik der verschiedenen Ausprägungen des Liberalismus, also des von Stirner vorgefundenen Spektrums von Versuchen, der Ohnmacht der philosophischen Evidenzproduktion in der Herbeiführung einer breiten Massenbewegung zu begegnen. Es ist dabei kein Zufall, dass diese Kritik der konkurrierenden Ansätze in den Vorwurf mündet, letzteren sei keineswegs die Emanzipation von der religiösen Bewusstseinsbestimmung gelungen, die seit Beginn der junghegelianischen Aufklärung von allen ihren Protagonisten reklamiert worden war. Wenn Stirner demgegenüber behauptet, die „politischen", „sozialen" und „humanen" Liberalismen hätten vielmehr zu einer Perpetuierung und Refundierung dieser Form der Bewusstseinsbestimmung geführt, so bringt er damit eine argumentative Strategie zur Anwendung, die bereits Teil des argumentativen Repertoires seiner Vorgänger war. Es zeigt sich hier das Fortwirken des klassisch-aufklärerischen Antagonismus von Religion und Philosophie, dessen konstitutive Rolle für das aufklärerische Handeln im Vormärz schließlich dadurch belegt wird, dass auch Marx und Engels sich seines argumentativen Potenzials zur Schmälerung der Überzeugungskraft ihrer diskursiven Gegner bedienen und dann auch Stirner dem Vorwurf aussetzen, letztendlich die religiöse Bewusstseinsbestimmung nicht überwunden, sondern ihr nur ein neues Gewand verliehen zu haben. Die Ubiquität dieses Vorwurfs und das in dieser Ubiquität zum Ausdruck kommende Wissen um die Unerträglichkeit dieser Bezichtigung verweist dabei erneut auf den gemeinsamen Ursprung der konkurrierenden Ansätze zur Kompensation der Ohnmacht der philosophischen Evidenzproduktion in dem klassisch-aufklärerischen Diskurs, wie er in den Jahren 1840-1843 von allen Protagonisten gemeinsam instanziiert wurde. Zumindest in der Zurückweisung jeglicher Ähnlichkeit des eigenen, aufklärerischen Tuns mit den überkommenen Formen religiöser Bewusstseinsbestimmung herrschte unter den (ehemaligen) Junghegelianern auch nach der Enttäuschung große Einigkeit.

Trotz dieser Einigkeit in der gegenseitigen Bezichtigung als weiterhin der religiösen Bewusstseinsbestimmung verhaftet, unterscheidet sich die Stirner'sche Verwendung dieses argumentativen Instruments erheblich von derjenigen seiner unmittelbaren Vorgänger, ist Stirner doch als erster bereit, den argumentativen Referenzrahmen preiszugeben, innerhalb dessen der Antagonismus von Religion und Philosophie überhaupt erst seine Wirkung entfalten konnte. Es stellt ein Spezifikum der Stirner'schen Gleichsetzung von Religion und Philosophie dar, dass diese Gleich-

---

[85] Max Stirner: Der Einzige und sein Eigenthum, Leipzig 1845 [1844], S. 189/190 [151].

setzung die grundlegend antagonistische Struktur der aufklärerischen Generierung von Überzeugung bewahrt, allerdings mit der Folge, dass, da Religion und Philosophie sich nun auf einer Seite des Antagonismus vereint finden, die bis dahin von der philosophischen Bewusstseinsbestimmung eingenommene Position vakant wird. Die zweite, mit „Ich" betitelte Abteilung von *Der Einzige und sein Eigenthum* – und der abschließende Abschnitt der Behandlung der Stirner'schen Weiterentwicklung des aufklärerischen Diskurses – beinhaltet den Versuch Stirners, diese Vakanz mit einer alternativen Form der Bewusstseinsbestimmung zu füllen, welche sich auf ähnliche Weise den verschmolzenen Formen der religiösen und philosophischen Evidenzproduktion überlegen zeigen soll, wie es in der junghegelianischen Wahrnehmung bis 1843 die philosophische gegenüber der religiösen getan hatte.

Neben dieser weitreichenden Konsequenz der Stirner'schen Erklärung des Scheiterns von 1842/43 zeitigte die Gleichsetzung von Religion und Philosophie allerdings noch eine weitere, die zumindest kurzfristig die Bedingungen der Auseinandersetzungen innerhalb der junghegelianischen Debatte bedeutend beeinflussen sollte. In der, die zweite Phase der deutschen Spätaufklärung prägenden Spirale beständiger gegenseitiger Überbietung gelang Stirner mit der Verschmelzung von religiöser und philosophischer Bewusstseinsbestimmung ein Coup, der ihm, wenn auch nur für den zeittypisch kurzen Intervall, einen argumentativen Vorsprung gegenüber seinen Konkurrenten einbrachte. Denn aus argumentationsstrategischer Perspektive bedeutete die Gleichsetzung von Philosophie und Religion, dass Stirner zu einem Zeitpunkt als alle seine Konkurrenten noch auf die philosophische Evidenz gelingender Begriffsentwicklung rekurrierten, um ihren Argumenten Überzeugungskraft zu verleihen, eben diese Argumente durch den schlichten Nachweis ihrer philosophischen Fundierung zu entkräften oder zumindest zu untergraben vermochte. Mehr noch als im Angriff auf die bereits formulierten Positionen Feuerbachs und Bauers musste sich dieser argumentationsstrategische Vorteil in der Zurückweisung von Argumenten entfalten, die als Reaktion auf den *Einzigen* vorgebracht wurden, und die relative Leichtigkeit, mit welcher Stirner den Kritiken Feuerbachs, Szeligas und Heß' in seiner Antwort *Recensenten Stirners* begegnen konnte, ist in dieser Hinsicht aufschlussreich.[86] Es ist nicht zuletzt diese Schwierigkeit, Stirner mit dem Instrumentarium philosophischer Evidenzproduktion zu begegnen, die Marx und Engels in der Folge veranlassen sollte, ihrerseits auf bisher unerschlossene Formen der Evidenzproduktion

---

[86] M[ax] St[irner]: Recensenten Stirners, in: Wigand's Vierteljahrsschrift, 1845, Bd. 3, Leipzig 1845, S. 147-194. Dass auch die Zeitgenossen zu einer ähnlichen Einschätzung gelangten, zeigt sich nicht nur in der intensiven Überarbeitung, welcher Feuerbach seine Kritik für den Wiederabdruck im 1846 veröffentlichten 1. Band seiner *Sämtlichen Werke* unterzog ([Ludwig Feuerbach:] Ueber das „Wesen des Christenthums" in Beziehung auf den „Einzigen und sein Eigenthum", in: Ludwig Feuerbach: Sämtliche Werke, Bd. I, Leipzig 1846, S. 342-359, LFGW, Bd. 9, S. 427-441). Auch die große Mühe, welche Marx und Engels sich mit seiner Kritik gaben, offenbart, dass sie die Stirner'schen Auffassungen für noch nicht ausreichend widerlegt ansahen.

zurückzugreifen, obwohl insbesondere Marx in den Manuskripten zur „Deutschen Ideologie" noch große Mühe auf den Nachweis verwandte, dass Stirner auch mit dem hergebrachten Instrumentarium philosophischer Evidenzproduktion zu bezwingen sei.[87] Die Dynamik des fortwährenden gegenseitigen Überbietens bedingte eben, dass jeder argumentative Vorteil, der von einem der Protagonisten realisiert werden konnte, gleichsam als Herausforderung wahrgenommen wurde, eine Position zu formulieren, welche diesen Vorteil zu kassieren gestattete.

Zum Abschluss der Behandlung der Stirner'schen Disqualifikation konkurrierender Ansätze muss noch die Abwesenheit eines Ansatzes im Stirner'schen System der Liberalismen thematisiert werden, dessen Fehlen vor dem Hintergrund seines prägenden Einflusses sowohl auf Stirner, als auch auf Marx und Engels befremdlich scheinen mag – und dies umso mehr, als insbesondere das Verdienst der argumentativen Überwindung dieses Ansatzes zu den am härtesten umkämpften Gütern der aufklärerischen Debatte nach der Enttäuschung zählt. Es stellt sich mit anderen Worten die Frage nach dem Ort Feuerbachs in der von Stirner im ersten Teil seines Werkes behandelten Geschichte beständig zunehmender, individueller Fremdbestimmung. Zwar finden sich im Laufe der Darstellung verschiedene, gegen Feuerbach formulierte Argumente, im Gegensatz zu den anderen konkurrierenden Ansätzen findet sich jedoch keine gebündelte Kritik der Feuerbach'schen „neuen" Philosophie. Diese Abwesenheit ist umso erstaunlicher, als die zeitgenössischen Rezipienten, und allen voran Feuerbach selbst, den *Einzigen* durchaus als ernstzunehmende Kritik der „neuen" Philosophie verstanden, Feuerbach diesen Angriff sogar im Gegensatz etwa zu den mit wesentlich mehr Vehemenz vorgetragenen Angriffen Bauers mit einer Antwort bedachte.

Der Grund für diese Abwesenheit ist ein vergleichsweise einfacher, der jedoch vor dem Hintergrund der immer wieder behaupteten, besonderen Nähe Stirners zu Bauer und seinen Anhängern eine besondere Hervorhebung verdient: Ähnlich wie im Falle von Marx war das intellektuelle Verhältnis Stirners zu Feuerbach von einer solchen Intimität, dass die Bruchstellen des von Stirner entwickelten Ansatzes mit den von Feuerbach abgesteckten Koordinaten vormärzlich-aufklärerischen Denkens erst im Zuge der zunehmenden Präzisierung des eigenen Ansatzes zutage traten. Es lässt sich insofern eine weitere Ähnlichkeit zwischen der Marx-Engels'schen und der Stir-

---

[87] Vor dem Hintergrund des nahezu vollständigen Fehlens von positiven Aussagen von Marx und Engels, aus welchen die Notwendigkeit der großen Aufmerksamkeit erhellt, die sie der Kritik Stirners in den Manuskripten zur „Deutschen Ideologie" widmeten, kommt mit diesem, einen Großteil der Polemik einnehmenden Unterfangen auch die Einschätzung zum Ausdruck, dass es bis zur Niederschrift von *III. Sankt Max* keine befriedigende philosophische Kritik Stirners gegeben hat. Ohne Berücksichtigung dieses Sachverhalts sind die umfangreichen Begriffsklärungen und die anderen philosophischen Argumentationsansätze in *III. Sankt Max*, also in einer Schrift, welche unter anderem die Ungeeignetheit der Philosophie als Medium emanzipativer Diskurse erweisen sollte, kaum nachzuvollziehen. Siehe unten, Kapitel 10, Abschnitt 3.

ner'schen Weiterentwicklung des klassisch-aufklärerischen Diskurses feststellen, denn ganz so, wie Marx und Engels erst im Laufe der Auseinandersetzung mit anderen Ansätzen zu einer kritischen Distanznahme gegenüber Feuerbach sich gezwungen sahen, gewann auch die Distanzierung Stirners gegenüber Feuerbach erst allmählich an Konturen. Wie in der Rekonstruktion der Abfassung des *Einzigen* ausgeführt wurde, ist das Werk Stirners – auch hierin den Manuskripten zur „Deutschen Ideologie" vergleichbar – eher als Protokoll eines Prozesses denn als systematische Ausarbeitung bereits erreichter Ergebnisse anzusehen. Im Unterschied zu den beiden Autoren der Manuskripte zur „Deutschen Ideologie", von deren Ergebnissen ihrer Emanzipation von Feuerbach die Öffentlichkeit erst postum Kenntnis erlangte, nutzte Stirner jedoch die sich bietende Gelegenheit der Reaktion Feuerbachs auf den *Einzigen* zu einer Replik, welche die Differenzen zwischen der „neuen" Philosophie Feuerbachs und seinem radikal-individualistischen Ansatz der Öffentlichkeit in kondensierter Form darbot.[88]

Nicht zuletzt diese, im Unterschied zu den Marx-Engels'schen Einsätzen tatsächlich vor den Augen der Öffentlichkeit ausgefochtene Kontroverse zwischen Stirner und Feuerbach bezeugt, dass die Reaktion Stirners auf die Enttäuschung von 1842/43 nicht nur einen idiosynkratischen Nerv traf. Was auch immer man von den Ausführungen über die Geschichte „des Menschen" im ersten Teil des *Einzigen* halten mag, die Konzipierung der vorangegangenen, knapp zwei Jahrtausende als eine Entwicklungsperiode zunehmend erfolgreicherer Formen individueller Fremdbestimmung und als eine Periode der Schöpfung immer mächtigerer „moralischer Personen" zur Determinierung der von den Individuen zu realisierenden Intentionen war eine gleichsam radikale und produktive Reaktion auf die Verunsicherung infolge der Ohnmacht der philosophischen Evidenzproduktion.

Die Entscheidung, einen aufklärerischen Diskurs jenseits des traditionellen Instrumentariums seiner argumentativen Durchsetzung zu konzipieren, sich vielmehr in Opposition zu diesem Instrumentarium zu positionieren, bedeutet zweifelsohne eine der originellsten Antworten auf die Krise des klassisch-aufklärerischen Diskurses im deutschen Vormärz. Die Aufgabe, die Stirner aus dem Scheitern von 1842/43 herleitete, war dem selbst formulierten Anspruch nach keine geringe: einen Diskurs zu konzipieren, der einen Ausweg aus dem aufgezeigten, letztendlich für religiös erklärten *circulus vitiosus* zu weisen vermochte, der also nicht nur die brüchig gewordene Fremdbestimmung vermittelst überkommener „moralischer Personen" durch die Schaffung neuer, mächtigerer auf eine neue Stufe zu heben gestattete und der sich darüber hinaus den argumentativen Möglichkeiten der religiösen und philosophischen Produktion von Evidenz überlegen zeigen würde. Die Lösung, so wird sich

---

88 Dass auch Feuerbach den von Stirner in dem Artikel *Recensenten Stirners* vorgebrachten Argumenten Gewicht zollte, zeigt die erneute, intensive Überarbeitung seiner Kritik am *Einzigen* für die *Sämtlichen Werke*.

im folgenden Kapitel zeigen, versprach Stirner sich von der Aufforderung zu einer argumentativen Selbstermächtigung, einer Selbstermächtigung, zu deren Absicherung er den Rekurs auf eine Weise der Produktion von Evidenz empfahl, deren Beherrschung einem weit weniger exklusiven Kreis gegeben war, als im Falle der Evidenz heiliger Autoritäten oder der Evidenz gelingender Begriffsentwicklung: den Rekurs auf die Evidenz alltagssprachlicher Vertrautheit, die von jedem durchschnittlich kompetenten Sprecher produziert werden kann.

7 Max Stirners Entwurf eines individualistisch-aufklärerischen Diskurses

Wurde im vorhergehenden Kapitel die Kritik veranschaulicht, welche Stirner an der philosophischen Verfasstheit des aufklärerischen Diskurses in seinem Hauptwerk *Der Einzige und sein Eigenthum* geübt hat, so wird in diesem Kapitel der noch ausstehende, positive Beitrag Stirners zur Weiterentwicklung des aufklärerischen Diskurses thematisiert. Wie bereits aus der von Stirner vorgenommenen Engführung von Religion und Philosophie folgt, kann die Überzeugungskraft seiner Variante des aufklärerischen Diskurses nicht mehr auf den beiden, die philosophische Phase der deutschen Spätaufklärung prägenden argumentativen Evidenzen (der theologischen Evidenz heiliger Autoritäten und der philosophischen Evidenz gelingender Begriffsentwicklung) gründen. Die Entscheidung Stirners, gegen diese beiden Evidenzen die im aufklärerischen Kontext bis dahin unerschlossene Evidenz alltagssprachlicher Vertrautheit als Grundlage seines individualistisch-aufklärerischen Diskurses in Stellung zu bringen, zeigt sich dabei im Einklang mit seiner Diagnose, dass die philosophische Form der Bewusstseinsbestimmung als bloße Steigerung der religiösen zu betrachten sei. Die beiden letzteren werden von Stirner stets als Formen diskursiver Machtausübung porträtiert, welche die Selbstbestimmung der konkreten Individuen verhinderten, da sie den Prozess der Bewusstseinsbestimmung als eine von Experten vorzunehmende Praxis betrachteten. Gegen diese Macht der Experten versucht Stirner unter Rekurs auf die Evidenz alltagssprachlicher Vertrautheit einen aufklärerischen Diskurs zu begründen, welcher die „Laien" der Bewusstseinsbestimmung in die Lage versetzen soll, der diskursiven Macht der Experten zu widerstehen.

In der Folge plädiert Stirner für eine argumentative Selbstermächtigung der konkreten Individuen, die in der Bestimmung ihres Bewusstseins nur noch solchen Argumenten Folge leisten sollen, deren Überzeugungskraft sie mit Hilfe der Evidenz alltagssprachlicher Vertrautheit selbst erfahren haben. Die argumentativen Instrumente, welche Stirner den Adressaten seines diskursiven Einsatzes an die Hand gibt, um der Macht der Experten argumentativer Evidenzproduktion zu widerstehen, werden im ersten Abschnitt vorgestellt. Im anschließenden, zweiten Abschnitt wird der Stirner gewidmete Teil dieser Untersuchung dann mit einer Würdigung seiner Bedeutung für die Transformation des aufklärerischen Diskurses im Vormärz beschlossen.

7.1 Die Instrumente für eine argumentative Selbstermächtigung der konkreten Individuen

Der Ansatz Stirners, die Erklärung des Scheiterns der junghegelianischen Aufklärung mit der Einschätzung zu verbinden, dass auch die von den zentralen Protagonisten dieser frühen Phase gezeigten Reaktionen nicht in die Lage versetzten, der zutage getretenen Ohnmacht der philosophischen Evidenzproduktion bei der Initiation einer breiten Massenbewegung Abhilfe zu schaffen, diente über diese zeitgeschichtliche Diagnose hinaus vor allem der Bereitung des Bodens einer alternativen Form des aufklärerischen Diskurses. Wie im Folgenden entwickelt wird, zog Stirner aus dem Scheitern die radikalsten Konsequenzen, die bis dahin vom Kreis der ehemaligen Protagonisten der junghegelianischen Debatte gezogen worden waren. Mit der Verabschiedung des philosophischen Rahmens, in welchen bis weit in den Vormärz hinein die um Aufklärung bemühten Diskurse stets eingebettet gewesen waren, wählte Stirner eine Option der Modifizierung des gescheiterten Diskurses, deren Bedeutung für die Fortführung und Weiterentwicklung des emanzipativen Projekts der Aufklärung im 19. Jahrhundert kaum zu hoch veranschlagt werden kann. Seine Entscheidung, den zutage getretenen Mangel der philosophischen Evidenzproduktion in der Überzeugung der Adressaten des aufklärerischen Diskurses nicht nur der fehlenden Eignung dieser Adressaten anzulasten, sondern den Mangel vielmehr in der Natur der produzierten Evidenz zu verorten, bezeichnet einen Punkt, hinter welchen auch Marx und Engels – trotz all ihrer demonstrativ zur Schau getragenen Abneigung gegenüber Stirners Ansatz – nicht mehr zurückzugehen bereit waren.

Der grundlegende Zug des Stirner'schen Ansatzes ist dabei ein vergleichsweise einfacher. Wenn die junghegelianischen, philosophischen Aufklärer nicht in der Lage waren, Evidenzen zu produzieren, welche bei den mit diesen Evidenzen Konfrontierten eine Bewusstseinsänderung hervorriefen, so lag die Lösung dieses Problems vielleicht darin, mit der Zentralisierung der Produktion von Anspruch auf Verbindlichkeit erhebenden Evidenzen zu brechen, und die Erzeugung von Verbindlichkeit auf diejenigen zu übertragen, denen gegenüber die Verbindlichkeit bestehen sollte. Wenn es also den repräsentativen Produzenten philosophischer Evidenz in gleicher Weise wie den Produzenten theologisch-religiöser Evidenz nicht oder nur sehr eingeschränkt gelang, Verbindlichkeit erzeugende und individuelles Verhalten normierende Evidenzen hervorzubringen, so galt es vielleicht eher, diese bisher zentral organisierte Funktion zu dezentralisieren. Es ist diese Intuition, die sich hinter der von Stirner beabsichtigten, diskursiven Ermächtigung der konkreten Individuen verbirgt.

Nun läge es vor dem Hintergrund der Diagnose Stirners, dass das Scheitern von 1842/43 gleichsam als Zeichen des Niedergangs der Jahrtausende währenden Fremdbestimmung der Individuen zu werten sei, nahe, diesen Prozess des Niedergangs und die mit ihm einhergehenden Möglichkeiten zunehmender individueller Selbstbestimmung als einen eigenständigen, keine besondere Förderung erfordernden zu betrachten. Wenn es der junghegelianischen, philosophischen Aufklärung – der Stirner zufolge avanciertesten Form individueller Fremdbestimmung im Vormärz – nicht mehr gelingt, das Verhalten der konkreten Individuen auf die Art und Weise zu bestimmen, wie es den früheren, weniger avancierten Formen der Fremdbestimmung – wie etwa dem Christentum – gelang, so ließe sich folgern, dass der schließliche Durchbruch individueller Selbstbestimmung nur noch eine Frage der Zeit sei, dass das Unterfangen Stirners, einen alternativen aufklärerischen Diskurs zu begründen, ein unnötiges sei. Doch ist dies, wie die zweite Abteilung des *Einzigen* zeigt, keineswegs die von Stirner vertretene Auffassung.

Eine Bereitstellung argumentativer Instrumente, welche es den konkreten Individuen erleichtert, sich in der Bestimmung ihrer selbst der Wirkung philosophischer und theologischer Argumente zu entziehen, ist nicht zuletzt aus dem Grund vonnöten, dass sämtliche Versuche, den brüchig gewordenen Einfluss der überkommenen, religiösen Bewusstseinsbestimmung vor dem Hintergrund der ersehnten, umfassenden Veränderung der gesellschaftlichen Verhältnisse durch alternative Formen kollektiver Bewusstseinsbestimmung zu ersetzen, Stirner zufolge nur auf die Schaffung neuer, überlegener „moralischer Personen" abzielen, welche die sich zunehmend bietenden Möglichkeiten individueller Selbstbestimmung wieder kassieren. Diesem, selbst die antireligiösen kritischen Einsätze der junghegelianischen Aufklärung prägenden Prozess einer fortwährenden Konzeptionierung neuer und mächtigerer „moralischer Personen" ist, wie das Scheitern von 1842/43 erwies, zwar nicht mehr der reibungslose Ablauf beschieden, welchen Stirner in der Geschichte der Menschheit seit dem Aufkommen des Christentums nachzuweisen sucht, von Stirners ehemaligen junghegelianischen Weggefährten ist dieser Mangel an Reibungslosigkeit jedoch stets als zu behebendes Übel und nicht als förderungswürdiger Fortschritt betrachtet worden. Die bisherigen Versuche, auf die spätestens seit der Französischen Revolution manifeste Schwäche der religiösen Bewusstseinsbestimmung zu reagieren, beschränkten sich insofern stets darauf, die sich abzeichnende Emanzipation der Individuen von gesellschaftlich organisierter Fremdbestimmung in Bahnen zu lenken, welche der Bewusstseinsbestimmung den Charakter eines kollektiven und dezidiert nicht individuellen Unterfangens bewahren. Und dies gilt eben in besonderem Maße für die vermeintlich fortschrittlichen Ansätze solch kritischer Denker wie Feuerbach und Bauer.

Eingedenk dieser Situation wird verständlich, weshalb Stirner seine argumentativen Instrumente vor allem zur Abwehr der philosophischen Weise der Erzeugung argumentativer Evidenz konzipiert. Wie bereits ausgeführt, ist Stirner durchaus der Meinung, dass die philosophische der religiös-theologischen Produktion von Evidenz überlegen ist.[1] Den Bezugnahmen auf die letztere kommt im *Einzigen* denn auch in erster Linie die Funktion zu, die Schwächen der religiös-theologischen durch Analo-

---

1 Siehe oben, Kapitel 6, Abschnitt 1.

gieschluss auf die philosophische Evidenzproduktion zu übertragen, also die argumentativen Möglichkeiten der Entwicklung von Begriffen der nur noch geringe argumentative Kraft entfaltenden Interlokution des Willens eines vermeintlich existierenden göttlichen Wesens anzugleichen. Die Entwicklung von Begriffen stellt hingegen nicht nur die avancierteste Form der Schöpfung neuer „moralischer Personen" dar, sie birgt darüber hinaus in besonderem Maße die Gefahr, die einsetzende Bewegung bei der Emanzipation der konkreten Individuen von der gesellschaftlich organisierten Fremdbestimmung erneut in Richtung Fremdbestimmung zu kanalisieren.

Wie Stirner in der ersten Abteilung ausgeführt hat, instanziiert die philosophische Evidenzproduktion mit ihrer Privilegierung einzelner, allgemeinverbindlicher Entwicklungen vermeintlich selbstexplikativer Begriffe wie „der Mensch" oder „die Kritik" eine hierarchische Struktur bei der Bewusstseinsbestimmung, welche sich nur in geringem Maße von derjenigen der religiös-theologischen unterscheidet. Um eine mittlerweile vertraute rhetorische Figur Stirners aufzugreifen, zeigt sich diese Strukturähnlichkeit in der Analogie des Verhältnisses von Pfaffen/Laien und Schulmeistern/Schülern. Beide Weisen der Produktion argumentativer Evidenz tendieren dazu, Fragen, die nach Auffassung Stirners *per se* eine Vielzahl von Antworten zulassen, auf eine autoritative Antwort festzulegen. Beide tendieren insofern dazu, die maßgeblichen Prozesse bei der Bestimmung des Bewusstseins einzelnen Personen zu überantworten, welche diese Prozesse dann stellvertretend für alle zu bestimmenden Individuen ausführen. Wenn sich die philosophische Bewusstseinsbestimmung nun der religiös-theologischen überlegen zeigt, so beruht diese Überlegenheit in großem Maße darauf, dass die erstere diese notwendige Instanziierung hierarchischer Strukturen im Gegensatz zur letzteren mit dem Verweis zu kaschieren versteht, dass die Einnahme der entscheidenden, höchsten Positionen prinzipiell jedem vernunftbegabten Individuum offen stehe. Diese Überzeugung, die Stirner, wie gesehen, dadurch zu entkräften versucht, dass er als Kriterium der Verteilung der hierarchisch abgestuften Positionen ausschließlich die „formelle" Bildung der Individuen gelten lässt (die als Kriterium einer Gewichtung der „substanziellen" Ansprüche der Individuen denkbar ungeeignet ist), begründet insofern eine Situation, die mit dem vermeintlich emanzipativen Rekurs auf zu entwickelnde Begriffe nur der Bewahrung einer Struktur der Bestimmung des Bewusstseins der Individuen dient, welche seit je her die Grundlage der zentralisierten Fremdbestimmung dieses Bewusstseins bildet.

Nach diesen Ausführungen dürfte die grundlegende Bedingung, welche die von Stirner in Anschlag gebrachte Quelle von Evidenzerfahrungen zu erfüllen hat, auf der Hand liegen. Der von Stirner konzipierte, alternative aufklärerische Diskurs muss für die Generierung von Überzeugungsleistungen auf eine Quelle von Evidenzerfahrungen rekurrieren, die nicht in gleicher Weise die Instanziierung hierarchischer Strukturen unter den Individuen bedingt, wie es bei der philosophischen und der religiös-theologischen der Fall ist. Mit anderen Worten: um die Zunahme der Möglichkeiten individueller Selbstbestimmung zu unterstützen und zu fördern, bedarf es einer Form der Produktion von Evidenz, die von allen Individuen gleichermaßen beherrscht wird, die also nicht auf eine Trennung von Experten und Laien oder, in Stirners Worten, Gebildeten und Ungebildeten hinausläuft. Diese Quelle glaubt Stirner in der Evidenz alltagssprachlicher Vertrautheit gefunden zu haben, also in dem Rekurs auf Sätze, bzw. Argumente, deren Äußerung gemeinhin Zustimmung hervorruft, ohne dass diese Argumente Teil eines umfassenden Systems von Sätzen sind oder ihren Status der Tatsache verdanken, dass sie von bestimmten Personen geäußert werden. Stirner wird für diese Form von Argumenten in seiner Replik auf die Kritiken Feuerbachs, Szeligas und Heß' einen Begriff wählen, dem, ähnlich wie dem Begriff „Egoismus", im zeitgenössischen Kontext eine eher pejorative Konnotation eignet, der jedoch eine denkbar niedrige Schwelle für das Formulieren von Argumenten setzt: die „Phrase".²

Während es nahezu einen Gemeinplatz unter der überwältigenden Mehrheit der sich auch nach dem Scheitern von 1842/43 kritisch auf die bestehenden Verhältnisse Beziehenden darstellt, die Allgegenwart des Bekenntnisses zu Überzeugungen zu beklagen, die ihre umfassende Anerkennung nur ihrer Isolierung aus spezifischen Kontexten verdanken – Kontexten, die überhaupt erst die Unterscheidung sinnvoller von sinnlosen Verwendungen gestatten –, erklärt Stirner die „Phrasenhaftigkeit" einer Überzeugung zum zentralen Merkmal ihrer Eignung als Element einer selbstbestimmten Bestimmung des individuellen Bewusstseins. Vor dem Hintergrund dieser besonderen Wertschätzung der „Phrase" erklärt sich auch das auf den ersten Blick befremdliche, überaus häufige Anführen von Bibel-Zitaten³ und geläufigen Sprichworten, sind dies doch die beiden Formen von Sätzen, die, so die Beobachtung Stirners, in der Lage sind, Zustimmung ohne Einbettung in einen umfassenden, systematischen Kontext hervorzurufen.

Es ist dabei gerade der Sachverhalt, dass die „Phrasen" von jedem konkreten Individuum ohne besondere Qualifikation geäußert werden können und dass das phrasenhafte Sprechen insofern die Unterscheidung von Experten und Laien unterläuft, der Stirner den Rekurs auf „unterkomplexe" Überzeugungen als das geeignete Mittel erscheinen lässt, den im Rahmen der anderen Formen der Produktion argumentativer Evidenz stets konstituierten Hierarchien der Individuen entgegenzuwirken. Wenn man so will, betreibt Stirner mit der Privilegierung solch „unterkomplexer" Überzeugungen als maßgeblichen Instanzen der Generierung von Überzeugungsleistungen eine Demokratisierung der philosophischen Evidenzproduktion, denn nicht nur das

---

2 M[ax] St[irner]: Recensenten Stirners, in: Wigand's Vierteljahrsschrift, 1845, Bd. 3, Leipzig 1845, S. 147-194, hier S. 151: „Der Mensch, der Geist, das wahre Individuum, die Persönlichkeit u. s. f. sind Aussagen oder Prädicate, welche von einer Fülle des Inhalts strotzen, Phrasen mit höchstem Gedankenreichthum; der Einzige ist, gegenüber jenen heiligen und erhabenen Phrasen, die leere, anspruchslose und ganz gemeine Phrase."
3 In 23 von 50 Abschnitten, in welche das Stirner'sche Werk in der Originalausgabe eingeteilt ist, finden sich Bibelzitate. Aus keiner anderen Schrift zitiert Stirner auch nur mit annähernd vergleichbarer Häufigkeit.

Äußern, auch die Zustimmung oder Ablehnung einer Phrase ist ein Akt, der keine besondere Qualifizierung des Agierenden voraussetzt. Stirner stärkt somit tendenziell die argumentative Position derjenigen, denen die „formelle" Bildung der Experten in der Produktion der Evidenz gelingender Begriffsentwicklung abgeht.

Allerdings gilt für den Rekurs auf die Evidenz alltagssprachlicher Vertrautheit die gleiche Einschränkung, die bereits im Falle der zunehmenden Möglichkeiten individueller Selbstbestimmung vor dem Hintergrund einer immer stärker zutage tretenden Brüchigkeit der etablierten, fremdbestimmten Formen der Bewusstseinsbestimmung konstatiert wurde. Zwar eignet dem Rekurs auf die Evidenz alltagssprachlicher Vertrautheit das Potenzial, die diskursive Macht der philosophischen oder religiös-theologischen Evidenz zu brechen, die Realisierung dieses Potenzials stellt jedoch keineswegs einen Selbstläufer dar. Allein die Aufforderung zum Rekurs auf die Evidenz alltagssprachlicher Vertrautheit leistet noch keine Gewähr, dass die „formell Ungebildeten" sich in der Bestimmung ihres Bewusstseins der Macht der „formell Gebildeten" entziehen können. Dies ist der Grund, weshalb Stirner in der zweiten Abteilung des *Einzigen*, „Ich", eine Anzahl argumentativer Instrumente entwickelt, welche es den „Ungebildeten" erleichtern sollen, sich dem Einfluss der philosophischen „Schulmeister" (und der religiös-theologischen „Pfaffen") zu entziehen.

Es kann nach diesen Bemerkungen kaum überraschen, dass die grundlegende Tendenz der Stirner'schen argumentativen Ermächtigung der konkreten Individuen nicht darin bestehen kann, eine Menge substanzieller Inhalte zu formulieren, die dem Zugriff diskursiver Machtausübung enthoben wären und deren Aneignung die Adressaten des alternativen aufklärerischen Diskurses vor den Wirkungen der Evidenz gelingender Begriffsentwicklung sicher stellen würden. Wenn es Stirner auch nicht in jedem Falle gelungen ist, den Versuchungen einer substanziellen Ausgestaltung der Konturen einer selbstbestimmten Existenz zu entgehen (man denke etwa an einige der Ausführungen zum „Verein"), so hat er sich doch, anders als es Marx und Engels suggerieren, der Gefahr enthalten, eine neue, allen bisherigen überlegene „moralische Person" zu schaffen. Stirner konzentriert sich in der Konzipierung der Instrumente zur argumentativen Ermächtigung der konkreten Individuen dann auch auf die Frage nach der Generierung von Verbindlichkeit, also auf das Problem, wem die letzte Entscheidung bezüglich der Klärung der Frage zukommt, ob ein Argument evident oder nur scheinbar evident ist. In der besonderen Konzentration auf diese Frage offenbart sich eine grundlegende Differenz Stirners zu Feuerbach und Bauer, die beide im Lichte der Erfahrung des Scheiterns von 1842/43 dazu übergingen, die Entscheidungshoheit bezüglich der Evidenz der in der junghegelianischen Debatte vorgebrachten Argumente letztendlich für sich selbst zu reklamieren, sprich den Adressaten die Kompetenz in dieser Frage abzusprechen und die von ihnen realisierten Instanziierungen des klassisch-aufklärerischen Diskurses gegenüber den Reaktionen ihrer Adressaten zu immunisieren.

Stirner hingegen optiert für die andere, sich bietende Möglichkeit und versucht, die Entscheidungshoheit über die Frage, ob ein Argument Evidenz oder bloße Schein-

Evidenz besitzt, bei den Adressaten des aufklärerischen Diskurses zu verankern. Nun ließe sich einwenden, dass die Entscheidung der Frage, ob ein Argument für überzeugend oder nicht erachtet wird, eine quasi natürliche Reaktion eines jeden Individuums darstellt, dass es also kaum eines besonderen argumentativen Instrumentariums bedürfe, um die Individuen in die Lage zu versetzen, ein solches Urteil zu fällen. So zutreffend diese Einschätzung auch sein mag, so geht es Stirner mit seinem alternativen aufklärerischen Diskurs doch um etwas Anderes. Die von Stirner konzipierten argumentativen Instrumente sollen die Individuen vielmehr in die Lage versetzen, ihrem ursprünglichen Urteil bezüglich der Überzeugungskraft eines Argumentes auch dann noch treu bleiben zu können, wenn sie in den diskursiven Raum des Austauschs von Argumenten eintreten, wenn sie sich also mit der Situation konfrontiert sehen, ihr ursprüngliches Urteil gegenüber jemandem verteidigen zu müssen, der über größere Fähigkeiten in der Produktion argumentativer Evidenz, besonders natürlich der Evidenz gelingender Begriffsentwicklung, verfügt als sie selbst. Das Stirner'sche argumentative Instrumentarium soll es also denen, die im Zuge der hierarchische Strukturen konstituierenden Formen der Evidenzproduktion in subalterne Positionen gedrängt werden, gestatten, sich der „Enteignung" der Entscheidungskompetenz bezüglich der Überzeugungskraft von Argumenten zu erwehren. Vor dem Hintergrund der von Feuerbach und Bauer nach der Enttäuschung gewählten Option, diese Entscheidungskompetenz den Adressaten der junghegelianischen Aufklärung in Gänze abzusprechen, lässt sich der Impuls des Stirner'schen Unterfangens insofern als Reaktion auf die mit dieser Aberkennung einhergehende Entmündigung der Adressaten philosophischer Evidenzproduktion verstehen.

Bevor die von Stirner zu diesem Zweck konzipierten Instrumente vorgestellt werden, sei noch auf einen letzten Unterschied zwischen den Ansätzen Feuerbachs und Bauers auf der einen und Stirners auf der anderen Seite verwiesen. Dieser Unterschied betrifft die, wenn man so will, Transitivität der entwickelten, argumentativen Strategien. Anders als im Falle Feuerbachs und Bauers können die von Stirner konzipierten Instrumente nämlich nicht nur gegen die argumentativen Gegner zur Anwendung gebracht werden, sondern auch gegen den Entwickler dieser Instrumente selbst. Mit anderen Worten: Führt eine Konversion zu Positionen, die mithilfe von Formen der argumentativen Evidenzproduktion vertreten werden, die hierarchische Strukturen instanziieren, stets zur Privilegierung des ursprünglichen Produzenten der betreffenden Evidenz – im konkreten Falle zur Anerkennung Feuerbachs oder Bauers als den privilegierten Entwicklern der Begriffe „Mensch" und „Kritik" –, so gilt gleiches nicht im Falle Stirners. Im Falle des letzteren lassen sich die bereitgestellten Instrumente selbst gegen die von Stirner produzierten Evidenzen in Anschlag bringen. Stirner gelingt es somit, die Konstituierung einer neuen Klasse von Experten zu verhindern, welche dann wiederum die Zentralisierung der Entscheidungshoheit bezüglich der Überzeugungskraft von Argumenten betreiben könnten. Wenn Stirner also die von ihm entwickelten, argumentativen Instrumente gegen die philosophische Evidenzproduktion zum Einsatz bringt, das sei an dieser Stelle noch einmal betont, so kommt darin nicht die Absicht zum Ausdruck, eine neue, substanzielle und Anspruch auf Allgemeinverbindlichkeit erhebende Position zu formulieren, sondern zu demonstrieren, wie sich mit diesen Instrumenten der Macht der philosophischen Evidenzproduktion entgehen lässt. Wie sich zeigen wird, zielt die Entwicklung dieser Instrumente folglich darauf ab, den diese Instrumente Einsetzenden die Möglichkeit zu eröffnen, eine substanzielle Position zu formulieren, deren Verbindlichkeit allein dadurch gewährleistet wird, dass der Einsetzende diese Position für sich für verbindlich erachtet.

Eines der ersten und zugleich zentralen Instrumente, welches Stirner zur Anwendung bringt, ist die Weigerung, „nach dem [logischen, UP] Schnürchen zu gehen", also dem Gebot der Kohärenz der eigenen Argumentation Folge zu leisten.[4] Mag die Souveränität, mit welcher sich Stirner über diese wohl etablierte Konvention argumentativer Evidenzproduktion hinwegsetzt, auch zu einem nicht geringen Teil dem bereits ausgeführten Sachverhalt geschuldet sein, dass eine kohärente Anordnung des ursprünglich in unterschiedlichen Kontexten und zu verschiedenen Zwecken entstandenen Materials des *Einzigen* kaum zu bewerkstelligen gewesen wäre, so kehrt das Thema einer Weigerung, bereits getätigten Äußerungen eine bindende Wirkung auf gegenwärtige und zukünftige Äußerungen einzuräumen, an verschiedenen Stellen des Stirner'schen Werkes wieder.[5] In besonderer Prägnanz kommt diese Weigerung in einer Passage zum Ausdruck, in welcher Stirner sich gegen die bindende Kraft vergangener, politischer Willensbekundungen ausspricht und unter Zuhilfenahme des Schöpfer-Geschöpf-Dualismus die Anerkennung solch einer bindenden Kraft zum Ausdruck einer Vereinseitigung des Doppelcharakters zugunsten des Geschöpfes erklärt:

> Dächte man sich auch selbst den Fall, daß jeder Einzelne im Volke den gleichen Willen ausgesprochen hätte und hiedurch ein vollkommener ‚Gesammtwille' zu Stande gekommen wäre: die Sache bliebe dennoch dieselbe. Wäre Ich nicht an meinen gestrigen Willen heute und ferner gebunden? Mein Wille in diesem Falle wäre *erstarrt*. Die leidige *Stabilität*! Mein Geschöpf, nämlich ein bestimmter Willensausdruck, wäre mein Gebieter geworden. Ich aber in meinem Willen, Ich,

---

4 Max Stirner: Der Einzige und sein Eigenthum, Leipzig 1845 [1844], S. 45 [43].
5 Vgl. etwa ebenda, S. 49/50 [47]: „Bist Du an Deine vergangene Stunde gebunden, mußt Du heute plappern, weil Du gestern geplappert hast, kannst Du nicht jeden Augenblick Dich umwandeln: so fühlst Du Dich in Sklavenfesseln und erstarrt. Darum winkt Dir über jede Minute Deines Daseins hinaus eine frische Minute der Zukunft, und, Dich entwickelnd, kommst Du ‚von Dir', d. h. dem jeweiligen Du, los. Wie Du in jedem Augenblicke bist, so bist Du Dein Geschöpf, und eben an dieses ‚Geschöpf' magst Du Dich, den Schöpfer nicht verlieren."
Aussagekräftig ist in dieser Hinsicht auch ein Zitat aus Goethes *Venezianischen Epigrammen*, das Stirner an dieser Stelle anführt:
„Wie sie klingeln, die Pfaffen, wie angelegen sie's machen,
Daß man komme, nur ja plappre, wie gestern, so heut.
Scheltet mir nicht die Pfaffen! Sie kennen des Menschen Bedürfniß:
Denn wie ist er beglückt, plappert er morgen, wie heut."

der Schöpfer, wäre in meinem Flusse und meiner Auflösung gehemmt. Weil ich gestern ein Narr war, müßte Ich's zeitlebens bleiben. [...] Weil Ich gestern ein Wollender war, bin Ich heute ein Willenloser, gestern freiwillig, heute unfreiwillig.[6]

Die ganze Tragweite dieser Weigerung, „nach dem Schnürchen zu gehen", zeigt sich, wenn man sich die Rolle vergegenwärtigt, welche dem Aufzeigen von Widersprüchen im Rahmen der philosophischen Evidenzproduktion zukommt. Wie bereits bei der Darstellung des klassisch-aufklärerischen Diskurses der frühen Phase ausgeführt, kommt diesem Aufzeigen der Widersprüchlichkeit der Ergebnisse der Produktion der Evidenz heiliger Autoritäten eine zentrale Funktion in der Etablierung der Überlegenheit der philosophischen gegenüber der religiös-theologischen Evidenzproduktion zu. Dieses Aufzeigen von Widersprüchen in kritisierten Argumentationen stellt, so ist festzuhalten, eine der Kernkompetenzen der Experten der philosophischen Evidenzproduktion dar. Wenn Stirner sich nun weigert, dem argumentativen Gebot der Kohärenz Folge zu leisten, so setzt er eine der erfolgreichsten argumentativen Strategien der philosophischen Evidenzproduktion außer Kraft. Als Konsequenz kann er sich dem Vorwurf mangelnder Kohärenz des von ihm im Rahmen seines alternativen aufklärerischen Diskurses Argumentierten stets durch den Hinweis entziehen, dass er in seinen Ausführungen gar nicht auf Widerspruchsfreiheit abhebe. Selbst wenn also der Nachweis widersprüchlicher Äußerungen im Rahmen der philosophischen Evidenzproduktion gelingt, so kann Stirner diesen Sachverhalt einräumen, ohne eine Schwächung seiner argumentativen Position in Kauf nehmen zu müssen. Es bedarf keiner besonderen Einbildungskraft, um sich vorzustellen, welche Provokation diese Überzeugung für einen stringenten Logiker wie Marx bedeuten musste.

Dies gelingt ihm im Gegensatz zur religiös-theologischen Evidenzproduktion, die sich von Seiten der philosophischen Aufklärer ebenfalls dem Vorwurf mangelnder Kohärenz ausgesetzt sah und diesem Vorwurf häufig nur unter Verweis auf die, über den Nachweis von Widersprüchlichkeit erhabene Interlokution eines göttlichen Willens zu begegnen wusste, da Stirner diesem Vorwurf mit bedeutend mehr Souveränität entgegentreten kann. Anders als die Proponenten der religiös-theologischen Bewusstseinsbestimmung verzichtet Stirner auf den Anspruch der Allgemeinverbindlichkeit des von ihm Argumentierten. Da eines der vorrangigen Ziele seines alternativen aufklärerischen Diskurses in der Verankerung der Erzeugung argumentativer Verbindlichkeit bei den einzelnen, konkreten Individuen besteht, so stellt die unterschiedliche Haltung in der Frage nach der angemessenen Gewichtung der Widerspruchsfreiheit in argumentativer Evidenzproduktion eine Möglichkeit dar, die den Rahmen der individualistischen Evidenzproduktion durchaus nicht sprengt. Mag das eine Individuum die Widerspruchsfreiheit argumentativer Positionen auch für ei-

---

6 Ebenda, S. 258 [201/202].

nen hohen Wert halten, so kommt dieser Einstellung in der Stirner'schen Konzeption keine bindende Wirkung für die anderen Individuen zu.

Mit der Weigerung, dem Gebot argumentativer Kohärenz Folge zu leisten, steht ein weiteres Instrument der individualistischen Evidenzproduktion in engem Zusammenhang. Wie bereits in der zitierten Passage über die Irrelevanz vergangener für gegenwärtige und zukünftige Willensbekundungen angeklungen ist, misst Stirner der zeitlichen Indexierung von Evidenzen einen hohen Wert zu. Im Einklang mit dieser Wertschätzung konzentriert Stirner sich im *Einzigen* eher auf die Produktion vergänglicher „ad hoc"-Evidenzen, also auf das Formulieren von Argumenten, die ihre Wirkung nicht vor dem Hintergrund einer auf die größtmögliche Beständigkeit zielenden Suche nach wahrer Erkenntnis, sondern vielmehr vor dem Hintergrund augenblicklicher Effekte entfalten. Auch wenn es häufig den Anschein erwecken mag, als formuliere Stirner Aussagen mit dauerhaftem Geltungsanspruch, so sind diese Aussagen in der überwiegenden Mehrzahl auf einen spezifischen Kontext hin konzipiert. Mit dem Wandel dieses Kontextes verändert sich stets auch der Stellenwert der von Stirner formulierten Aussagen.

Wenn Stirner etwa Aussagen über die vermeintliche etymologische Herkunft von Begriffen wie „Gesellschaft" tätigt[7] – dessen Zurückführung auf den „Sal", der eine Menge von Individuen „einschließe", Marx und Engels auf das Heftigste widersprechen werden[8] –, so ist der Hintergrund dieser etymologischen Herleitung nicht die Überzeugung, einen Beitrag zur etymologischen Erschließung des Deutschen geleistet zu haben, sondern die Absicht, mit dieser Herleitung den Zwangscharakter der Vergesellschaftung der konkreten Individuen zu untermauern (und sich in Gegnerschaft zum „sozialen Liberalismus" zu positionieren, innerhalb dessen dem Begriff „Gesellschaft" ein hoher explikativer Wert beigemessen wurde). Eine vergleichbare

---

7 Ebenda, S. 286 [222]: „Das Wort ‚Gesellschaft' hat seinen Ursprung in dem Worte ‚Sal'. Schließt ein Saal viele Menschen ein, so macht's der Saal, daß diese Menschen in Gesellschaft sind. Sie *sind* in Gesellschaft und machen höchstens eine Salon-Gesellschaft aus, indem sie in den herkömmlichen Salon-Redensarten sprechen. Wenn es zu wirklichem *Verkehr* kommt, so ist dieser als von der Gesellschaft unabhängig zu betrachten, der eintreten oder fehlen kann, ohne die Natur dessen, was Gesellschaft heißt, zu alterieren. Eine Gesellschaft sind die im Saale Befindlichen auch als stumme Personen, oder wenn sie sich lediglich in leeren Höflichkeitsphrasen abspeisen."

8 Karl Marx/Friedrich Engels: III. Sankt Max • Schluss des Leipziger Konzils (**H**[11]), MEGA² I/5, Ms-S. 55b (S. 332): „Weil ‚das Wort „Gesellschaft" in „Sal" seinen Ursprung hat' (was beiläufig gesagt nicht wahr ist, da die *ursprünglichen* Wurzeln aller Wörter *Zeitwörter* sind) so muß ‚Sal' = ‚Saal' sein. Sal heißt aber im Althochdeutschen ein *Gebäude*, Kisello, Geselle, wovon Gesellschaft herkommt, ein *Hausgenosse*, und daher kommt der ‚Saal' ganz willkührlich herein. Aber das thut nicht; der ‚Saal' wird sogleich in einen ‚Salon' verwandelt, als ob zwischen dem althochdeutschen [‚]Sal' u. dem neufranzösischen ‚Salon' nicht eine Zwischenstufe von circa tausend Jahren u. so und so viel Meilen läge. So ist die Gesellschaft in eine Salon-Gesellschaft verwandelt, in der nach deutsch-spießbürgerlicher Vorstell[ung] nur ein Phrasenverkehr stattfindet & von der aller wirkliche Verkehr ausgeschlossen ist."

Funktion kommt auch der bereits im vergangenen Abschnitt behandelten, individualistischen Geschichtsauffassung zu, die sich eben vor allem der Intention verdankt, die gegenwärtigen Individuen aus dem Korsett eines gesetzmäßigen, historischen Entwicklungszusammenhangs zu befreien und nicht eine, wissenschaftlichen Ansprüchen genügende Darstellung der menschlichen Geschichte zu liefern. Ziel ist in diesem Fall gerade nicht der Gewinn fundierter Erkenntnisse über die Geschichte der Gattung, sondern eine Vergrößerung der Möglichkeiten individueller Selbstbestimmung – einer Selbstbestimmung, die Stirner eben von der vermeintlich notwendigen Berücksichtigung überindividueller Entwicklungstendenzen befreien möchte. Wie sich in der Behandlung der Kritik Stirners durch Marx und Engels zeigen wird, war es letzteren unmöglich, diesem, quasi „spielerischen" und nahezu ausschließlich pragmatischen Erwägungen folgenden Umgang mit empirisch konstatierbaren Tatsachen eine, wie gering auch immer geartete Legitimität zu bescheinigen.

Ein weiteres, zentrales Instrument, welches Stirner zur Verankerung der Verbindlichkeitserzeugung im konkreten Individuum zum Einsatz bringt, ist die Ausweitung des Anwendungsbereichs einer Konzeption, die sich zur gleichen Zeit im Zentrum der kritischen Beschäftigung derjenigen befindet, die Stirner unter dem Etikett des „sozialen Liberalismus" zu fassen sucht. Wenn die intensive Aufmerksamkeit, welcher sich die Konzeption des „(Privat-)Eigentums" bei Stirner und den „sozialen Liberalen" erfreut, auch eine Gemeinsamkeit zwischen diesen beiden Ansätzen darstellt, so könnte das Ergebnis der jeweiligen Beschäftigung kaum unterschiedlicher ausfallen. Wo die Einen in seiner Abschaffung das zentrale Remedium der gesellschaftlichen Misere erblicken, erhofft Stirner sich gerade von der Ausweitung des Anwendungsbereichs dieser Konzeption große emanzipative Fortschritte.

Der Hintergrund, vor welchem Stirner die Konzeption des „Eigentums" für die individuelle Selbstbestimmung fruchtbar zu machen sucht, ist die Gleichsetzung der Sphäre der „materiellen Güter", in welcher die Bedeutung dieser Konzeption bereits feste Konturen gewonnen hat, mit der Sphäre der „geistigen Güter", die Stirner für die von ihm beabsichtigte Befreiung der konkreten Individuen von Fremdbestimmung als zentral erachtet. Der grundlegende Zug dieser Gleichsetzung besteht dabei in der Konstatierung von Homologien zwischen der Sphäre der „materiellen Güter" und der Sphäre der „geistigen Güter", wie sie sich zum Beispiel findet, wenn Stirner das Prinzip der Konkurrenz sowohl in der ersteren, wie auch in der letzteren als wirkmächtig bestimmt:

> Was der Mensch als solcher an körperlichen Gütern nicht behaupten kann, dürfen Wir ihm nehmen: dieß der Sinn der Concurrenz, der Gewerbefreiheit. Was er an geistigen Gütern nicht behaupten kann, verfällt Uns gleichfalls: so weit geht die Freiheit der Discussion, der Wissenschaft, der Kritik.[9]

---

[9] Max Stirner: Der Einzige und sein Eigenthum, Leipzig 1845 [1844], S. 325 [250].

Mit dieser Konstatierung von Homologien zwischen den beiden Sphären geht jedoch keineswegs die Absicht einher, die weitverbreitete Verurteilung etwa der Konkurrenz in der materiellen Sphäre zur Grundlage einer Verurteilung der Wirkungen dieses Prinzips in der geistigen Sphäre zu nutzen. Die Intention, welche mit der Gleichsetzung der beiden Sphären einhergeht, zielt vielmehr darauf, die etablierten Praktiken der materiellen Sphäre im Sinne einer Befreiung der konkreten Individuen von der Macht der philosophischen (und religiös-theologischen) Evidenzproduktion auf den Umgang mit geistigen Gütern zu übertragen, ein Vorhaben, das schließlich in dem Ausspruch gipfelt: „Der Zukunft sind die Worte vorbehalten: Ich bin Eigner der Welt der Dinge, und Ich bin Eigner der Welt des Geistes."[10]

Die große Aufmerksamkeit, die Stirner der Konzeption des „Eigentums" widmet und die – selbstverständlich unter gänzlich anderen Vorzeichen – auch von Marx und Engels dieser Konzeption entgegengebracht wird, findet ihren Grund darin, dass Stirner glaubt, mit der Übertragung der Praxis der Privateigentümer auf den Umgang mit den Ergebnissen zentralisierender Evidenzproduktion die für ihn zentrale Verankerung der Kompetenz zur Erzeugung der Verbindlichkeit dieser Ergebnisse im konkreten Individuum fördern zu können. Es kann daher nicht überraschen, dass die nähere Bestimmung des Gehaltes des Begriffes „Eigentum" in besonderem Maße auf die Unumschränktheit der Verfügungsgewalt handelnder Individuen abhebt: „Dennoch ist Eigenthum der Ausdruck für die *unumschränkte Herrschaft* über Etwas (Ding, Thier, Mensch), womit ‚Ich schalten und walten kann nach Gutdünken'."[11] Es ist diese Vorstellung einer durch nichts eingeschränkten Machtvollkommenheit im Umgang mit dem eigenen Eigentum, die Stirner auch im Umgang mit den von ihm zum Eigentum des jeweilgen konkreten Individuums erklärten geistigen Gütern zu etablieren sucht und die ihn an ihrer vorgefundenen nationalökonomischen Ausprägung faszinieren musste.

Das Ausmaß der Bedeutung, die dieser Konzeption in der Stirner'schen Weiterentwicklung des aufklärerischen Diskurses zukommt, zeigt sich dann nicht nur darin, dass sie neben der eigentlichen begrifflichen Innovation Stirners, „dem Einzigen", titelgebend für sein Werk wurde, sondern vor allem auch darin, dass Stirner der beschriebenen Ausweitung ihres Anwendungsbereichs auf „geistige Güter" zutraut, den Ausbruch aus dem beschriebenen, bisher die menschliche Geschichte prägenden Kreislauf der beständigen Schöpfung von „moralischen Personen" zu ermöglichen. Sie bildet insofern, zusammen mit „der Einzige", die Gewähr, dass Stirner im Unterschied zu Feuerbach und Bauer nicht nur einen neuen Begriff formuliert, für dessen Entwicklung er dann, wie Feuerbach für „der Mensch" und Bauer für „die Kritik", die höchste Kompetenz beanspruchen kann, sondern dass die Lektüre seines Werkes tatsächlich einen qualitativen Unterschied im Umgang der Adressaten des Stirner'schen

---

10 Ebenda, S. 88 [76].
11 Ebenda, S. 332/333 [256].

Diskurses mit den Instrumenten der zentralisierenden Evidenzproduktion und der durch sie gesicherten Fremdbestimmung der Individuen begründen kann:

> Fast zweitausend Jahre arbeiten Wir daran, den heiligen Geist Uns zu unterwerfen, und manches Stück Heiligkeit haben Wir allgemach losgerissen und unter die Füße getreten; aber der riesige Gegner erhebt sich immer von Neuem unter veränderter Gestalt und Namen. Der Geist ist noch nicht entgöttert, entheiligt, entweiht. Zwar flattert er längst nicht mehr als eine Taube über unsern Häuptern, zwar beglückt er nicht allein mehr seine Heiligen, sondern läßt sich auch von den Laien fangen u. s. w., aber als Geist der Menschheit, als Menschengeist, d. h. Geist *des* Menschen, bleibt er Mir, Dir, immer noch ein *fremder* Geist, noch fern davon, Unser unbeschränktes *Eigenthum* zu werden, mit welchem Wir schalten und walten nach Unserm Wohlgefallen.[12]

Es ist dabei bezeichnend, dass Stirner sich zwar für die Bestimmung des Gehalts seiner Eigentumskonzeption an der materiellen Sphäre orientiert, dass er aber keineswegs der Überzeugung ist, die unumschränkte Verfügungsgewalt des Eigentümers sei in dieser Sphäre in vollem Ausmaß realisiert. Wenn Stirner den Staat als den eigentlichen Eigentümer aller materiellen Güter bestimmt, so wird er sich damit nicht nur den vehementen Widerspruch Marx' und Engels' zuziehen, sondern er wird die jedem Individuum zu Gebote stehende Realisierung dieser unumschränkten Verfügungsgewalt über den eigenen Besitz für erst im Umgang mit den geistigen Gütern möglich feststellen. Sieht Stirner insofern also die materielle Sphäre als den Grund der Vorstellung einer unumschränkten Verfügungsgewalt der konkreten Individuen, so sieht er ihre Realisierung in dieser Sphäre als abhängig von ihrer Realisierung in der geistigen Sphäre an. Erst wenn die konkreten Individuen ihre geistigen Güter als ihr Eigentum betrachten und mit ihren Gedanken und Überzeugungen nach ihrem „Gutdünken" verfahren, sieht Stirner auch die Möglichkeit, die Macht des Staates über die konkreten Individuen zu brechen:

> Im Staate giebt es kein – Eigenthum, d. h. kein Eigenthum des Einzelnen, sondern nur Staatseigenthum. Nur durch den Staat habe Ich, was Ich habe, wie Ich nur durch ihn bin, was Ich bin. Mein Privateigenthum ist nur dasjenige, was der Staat Mir von dem *Seinigen* überläßt, indem er andere Staatsglieder darum *verkürzt* (privirt): es ist Staatseigenthum. Im Gegensatze aber zum Staate, fühle Ich immer deutlicher, daß Mir noch eine große Gewalt übrig bleibt, die Gewalt über Mich selbst, d. h. über alles, was nur Mir eignet und nur *ist*, indem es mein eigen ist. Was fange Ich an, wenn meine Wege nicht mehr seine Wege, meine Gedanken nicht mehr seine Gedanken sind? Ich halte auf Mich, und frage nichts nach ihm! An *meinen* Gedanken, die Ich durch keine Beistimmung, Gewährung oder Gnade sanctioniren lasse, habe Ich mein wirkliches Eigenthum, ein Eigenthum, mit dem Ich Handel treiben kann. Denn als das Meine sind sie meine *Geschöpfe*, und Ich bin im Stande, sie wegzugeben gegen *andere* Gedanken: Ich gebe sie auf und tausche andere für sie ein, die dann mein neues erkauftes Eigenthum sind. Was ist also *mein* Eigenthum? Nichts als was in meiner *Gewalt* ist! Zu welchem Eigenthum bin Ich berechtigt? Zu jedem, zu

---

12 Ebenda, S. 124/125 [103].

welchem Ich Mich – *ermächtige*. Das Eigenthums-Recht gebe Ich Mir, indem Ich Mir Eigenthum nehme, oder Mir die *Macht* des Eigenthümers, die Vollmacht, die Ermächtigung gebe.[13]

Nach diesen Ausführungen kann über die zentrale Bedeutung und die im Kontext der kritischen Debatte nach 1842/43 durchaus originelle Bezugnahme Stirners auf die emanzipativen Qualitäten der zeitgenössischen Eigentumskonzeption kein Zweifel mehr bestehen. Mit der Hinwendung zu nationalökonomischen Themenfeldern steht Stirner im Kreis der ehemaligen Protagonisten der junghegelianischen Debatte zwar nicht allein, wie nicht zuletzt die ungefähr zur selben Zeit erfolgende Marx'sche Erschließung dieser Themenbereiche bezeugt (Engels' bereits etwas früher vonstattengehende Aneignung ist wohl als Folge einer gewissen *déformation professionelle* anzusehen), der Versuch, die emanzipativen Potenziale der nationalökonomischen Eigentumskonzeption im Sinne einer Befreiung der Individuen von fremdbestimmender Bewusstseinsbestimmung zu erschließen, ist dennoch singulär. Dass jedoch auch Stirner sich nicht bloß affirmativ auf solche nationalökonomischen Themenfelder zu beziehen beabsichtigte, zeigt das unmittelbar an die Veröffentlichung des *Einzigen* anschließende Projekt einer Übersetzung von Jean-Baptiste Say und Adam Smith, einer Übersetzung, die Stirner mit umfangreichen Anmerkungen versehen wollte. Dass diese Anmerkungen nie das Licht der Öffentlichkeit erblickten, obwohl die Übersetzungen in acht Bänden bis in das Jahr 1847 erschienen, ist ein eindeutiger Hinweis, dass diese, im ersten Band angekündigten Anmerkungen nicht bloß erläuternder Natur sein sollten.[14] In Anbetracht der geläufigen Reduzierung Stirners auf einen *vir unius libri* und erst recht im Wissen um die Vergessenheit, in welche Stirners Beitrag zur Weiterentwicklung des emanzipativen Projekts der Aufklärung im 19. Jahrhundert bereits kurz nach dem Erscheinen des *Einzigen* fiel, ist der Verlust dieser Anmerkungen, die aller Wahrscheinlichkeit nach mit dem Rest des Stirner'schen Nachlasses nach dem Freitode Ludwig Buhls von dessen katholischen Verwandten vernichtet wurden,[15] sehr zu bedauern. Es wäre zweifellos von großem Interesse, nicht nur die Marx-Engels'sche Kritik des klassisch-aufklärerischen Diskurses in einem Stirner'schen Pendant kontrastiert zu finden, sondern ein vergleichbar kontrastierendes Dokument zur Marx'schen Ökonomie-Kritik zu besitzen.

Vor dem Hintergrund der mit dem *Einzigen* intendierten argumentativen Ermächtigung seiner Adressaten verdient noch ein anderer Aspekt, der in der letztzitierten Passage anklingt, hervorgehoben zu werden. Dieser Aspekt betrifft einen Sachverhalt, dessen Gewahrwerden wohl Teil jeder Lektüre-Erfahrung des *Einzigen* ist: der

---

[13] Ebenda, S. 339 [260/261].
[14] Über die Bedeutung dieser anvisierten, wenn man so will, „Kritik der Nationalökonomie" für die intensive Auseinandersetzung von besonders Marx, der mit dem Verleger C. W. Leske am 1. Februar 1845 einen Kontrakt über eine „Kritik der Politik und Nationalökonomie" geschlossen hatte und nachweislich von dem Vorhaben Stirners wusste, mit Stirner, siehe unten, Kapitel 8, Abschnitt 2.
[15] John Henry Mackay: Max Stirner, a. a. O., S. 206 u. 210.

ubiquitäre Gebrauch von Personal- und Possessivpronomina. „Ich", „Du", „Wir", „Mein", „Dein", „Unser" (bis auf wenige Ausnahmen stets mit Großbuchstaben geschrieben) gehören wohl zu den am häufigsten vorkommenden Wörtern im Stirner'schen Werk. Neben dem eher dramaturgischen Effekt, der durch die direkte, persönliche Ansprache des Lesers erzielt wird,[16] eignet diesem Gebrauch auch eine pragmatische Komponente, die in besonderer Weise die Selbstermächtigung der Adressaten des Stirner'schen Diskurses erleichtern soll.

Dreierlei möchte Stirner mit diesem Gebrauch erreichen. Zum einen sollen die Possessivpronomina, im Sinne der Ausweitung des Anwendungsbereichs der von Stirner vertretenen Eigentumskonzeption, die Umwandlung der Beziehung der konkreten Individuen zu den Gütern (Dinge und Gedanken), mit denen sie Umgang pflegen, in Eigentumsbeziehungen fördern, soll der häufige Gebrauch besitzanzeigender Fürwörter die, in Stirners Worten, Einnahme der Position eines machtvollkommenen Schöpfers gegenüber seinen Geschöpfen erleichtern. Stirner erhofft sich von der durch Possessivpronomina gesteuerten Bezugnahme auf die „Dinge" und auf den „Geist", dass seine Adressaten sich zusehends als Eigner dieser Entitäten begreifen und verhalten und so ihre Scheu vor dem „Heiligen", vor dem zu respektierenden ablegen.

Zum anderen soll durch die direkte Ansprache und die Präsentierung vieler Sachverhalte in mit Personalpronomina gesättigten grammatischen Formen das dezisionistische Element in der Bezugnahme eines konkreten Individuums auf die Welt gestärkt werden, soll der Eindruck erweckt werden, als bedürfe es allein persönlicher Entscheidungen, wie „Ich" und „Du" sie fällen können, um aus dem gegenwärtigen Zustand auszutreten. In dieser dezisionistischen Grundhaltung zeigt sich vielleicht am Stärksten das Fortwirken des bewusstseinszentrierten Modells gesellschaftlicher Veränderung im Stirner'schen Ansatz, hatte dieses Modell doch die Veränderung der gesellschaftlichen Verhältnisse insofern arbeitsteilig konzipiert, als es eine Trennung zwischen den Produzenten der mächtigen, philosophischen Evidenzen auf der einen und den Rezipienten dieser Evidenzproduktion auf der anderen Seite voraussetzt und insofern den Anteil der letzteren an der gesellschaftlichen Veränderung auf das Fällen der Entscheidung reduziert, die ihnen als überlegen demonstrierten Positionen umzusetzen. Wie im Rahmen des ersten Kapitels ausgeführt wurde, wurde vor 1842/43 davon ausgegangen, dass es eben nur noch einer Entscheidung zur Umset-

---

[16] Vor dem Hintergrund, dass die „politische" Phase der junghegelianischen Debatte – also die Phase, in welcher die diskursiven Einsätze der Junghegelianer zunehmend mit dem Ziel politischer Wirkungen vorgenommen wurden – mit der Feier des 100. Jubiläums der Thronbesteigung Friedrichs des Großen einsetzte, ist der Sachverhalt bemerkenswert, dass dieser Monarch seinen Untertanen das Duzen gestattete (Reinhart Koselleck: Begriffsgeschichten, Frankfurt a. M. 2010, S. 296). Zieht man darüber hinaus in Betracht, dass, wie Koselleck ebenfalls berichtet (ebenda, S. 294), Friedrich II. bereits zu Lebzeiten mit dem Beinamen „der Einzige" belegt wurde, so lassen einen die Zufälle dieser Übereinstimmungen zwischen dem preußischen Monarchen und der Stirner'schen Figur wundern.

zung bedürfe, wenn die Wahrheit, bzw. argumentative Überlegenheit der Ergebnisse der philosophischen Evidenzproduktion erst einmal etabliert waren. Zumindest in dieser Hinsicht steht Stirner, bei aller ansonsten zu konstatierenden Differenz, in klarer Kontinuität zum philosophisch-aufklärerischen Diskurs der junghegelianischen Aufklärung.

Schließlich, und nicht der geringste Anlass, ist der häufige Gebrauch von Personalpronomina auch Teil der Strategie, die Autorität über die Erzeugung von argumentativer Verbindlichkeit in den konkreten Individuen zu verankern, da gerade Sätze, in denen die Position des Subjekts von Personalpronomina, und besonders von „Ich", eingenommen wird, die Autorität eines Sprechenden ohne Berücksichtigung seiner Position in der Hierarchie „formeller" Bildung begründen. Wenn etwa zur Debatte steht, welche Intention mit einer Handlung realisiert werden sollte oder welche Bedeutung bei der Verwendung eines Wortes „gemeint" war, so kommt die Autorität in solch intentionalen Fragen demjenigen zu, der eine Handlung ausführt oder eine Äußerung tätigt, und zwar, dies ist der große, von Stirner gesehene Vorteil, unabhängig davon, ob jemand in der Produktion philosophischer Evidenz einen Experten- oder einen Laienstatus genießt. Wenn es Stirner also gelingt, seine Adressaten zu überzeugen, die Frage, ob ein Argument evident, nicht evident oder nur schein-evident ist, als intentionale Frage zu behandeln, also nicht mehr zu fragen, ob ein Argument wahr sei, sondern stattdessen nach dem Grund zu fragen, aus welchem ein Argument von dem Anspruch auf allgemeine Verbindlichkeit begleitet wird, so bedeutet dies einen großen Schritt für die Verankerung der Verbindlichkeitserzeugung in den konkreten Individuen. In gewissem Sinne verdankt sich der so augenfällige Gebrauch von Personalpronomina insofern der Absicht Stirners, bei der Bewertung der Überzeugungskraft von Argumenten nicht mehr den Maßstab ihrer Wahrheit anzulegen, sondern stets zu fragen, welcher Intention sich die Äußerung eines Argumentes verdankt.

Diese Absicht kommt auch in der Stirner'schen Behandlung von Aussagen zum Vorschein, die mit dem Anspruch auf Objektivität getätigt werden. Auch dieses direkt auf die Erzeugung allgemeiner Verbindlichkeit abhebende Sprechen möchte Stirner in einen handlungsbezogenen Kontext eingeordnet wissen, etwa wenn er die Frage danach, was die Bibel sei, an den jeweiligen Gebrauch knüpft, den man von ihr macht, und diese Haltung mit derjenigen des Christentums kontrastiert, dem Paradigma individueller Fremdbestimmung schlechthin:

> Es hat Jeder ein Verhältniß zu den Objecten, und zwar verhält sich Jeder anders zu denselben. Wählen Wir als Beispiel jenes Buch, zu welchem Millionen Menschen zweier Jahrtausende ein Verhältniß hatten, die Bibel. Was ist, was war sie einem Jeden? Durchaus nur das, was er *aus ihr machte!* Wer sich gar nichts aus ihr macht, für den ist sie gar nichts; wer sie als Amulet gebraucht, für den hat sie lediglich den Werth, die Bedeutung eines Zaubermittels; wer, wie Kinder, damit spielt, für den ist sie nichts als ein Spielzeug. Nun verlangt das Christenthum, daß sie für *Alle dasselbe sein* soll, etwa das heilige Buch oder die ‚heilige Schrift'. Dieß heißt soviel als daß die Ansicht des Christen auch die der andern Menschen sein soll, und daß Niemand sich anders

zu jenem Object verhalten dürfe. Damit wird denn die Eigenheit des Verhaltens zerstört, und Ein Sinn, Eine Gesinnung, als der ‚wahre‘, der ‚allein wahre‘ festgesetzt.[17]

Der kontextualisierende, den jeweiligen Gebrauch zum maßgeblichen Kriterium erhebende Zugriff, den Stirner an die Stelle eines um weitgehende Kontextunabhängigkeit bemühten, auf die Erfassung der Strukturen der Realität zielenden Zugriffs setzen möchte, bedeutet einen radikalen Bruch mit den bis dahin die Grundlage des junghegelianischen, aufklärerischen Handelns bildenden Usancen der argumentativen Evidenzproduktion. Besondere Kraft zieht dieser Stirner'sche Angriff auf die philosophische Evidenzproduktion dabei aus dem Sachverhalt, dass Stirner dem um Wahrheit bemühten Sprechen keineswegs in Gänze die Legitimität abspricht, sondern dass er dieses Sprechen als nur *eine* unter vielen möglichen, gleichermaßen gerechtfertigten Weisen der Bezugnahme auf „Dinge" und den „Geist" gelten lässt. Ähnlich wie Feuerbach in seiner Naturalisierung des religiösen Irrtums der Objektivierung des menschlichen Wesens vermeidet Stirner es so, der angegriffenen Weise der Produktion von Evidenz jegliches Gelingen absprechen zu müssen. Für Stirners Unterfangen der Verankerung der Erzeugung argumentativer Verbindlichkeit in den konkreten Individuen ist es völlig ausreichend, der philosophischen Evidenzproduktion ihre privilegierte Stellung bei der Bewusstseinsbestimmung zu nehmen. In diesem Sinne hat die philosophische Kritik Feuerbachs und Bauers durchaus ihre Berechtigung, allerdings ist der Preis, der für diese Berechtigung entrichtet werden muss, kein geringer, denn Stirner bestimmt als Kriterium der Gegebenheit einer solchen Berechtigung die individuelle Willkür:

> In der That urtheilt das Kind, welches sie zerfetzt oder damit spielt, der Inka Atahualpa, der sein Ohr daran legt und sie verächtlich wegwirft, als sie stumm bleibt, eben so richtig über die Bibel, als der Pfaffe, welcher in ihr das ‚Wort Gottes‘ anpreist, oder der Kritiker, der sie ein Machwerk von Menschenhänden nennt. Denn wie Wir mit den Dingen umspringen, das ist die Sache unseres *Beliebens*, unserer *Willkühr*.[18]

Dieser Preis ist deshalb kein geringer, weil im Falle der Akzeptanz dieses Kriteriums kein Weg mehr daran vorbei führt, Fragen der argumentativen Evidenzproduktion als intentionale Frage zu behandeln, also als Fragen, welche die höchste Autorität für die Verbindlichkeit einer produzierten Evidenz bei demjenigen verankern, der den jeweiligen Gebrauch tätigt. Eines der für Stirner elementarsten Anliegen seines alternativen aufklärerischen Diskurses, die Überzeugung seiner Adressaten, sich gegenüber den Produkten vergangener menschlicher Tätigkeit wie ein Schöpfer gegenüber seinen Geschöpfen zu verhalten und die Bestimmung des eigenen Bewusstseins nicht länger an die Experten einer bestimmten Art der Evidenzproduktion zu delegieren,

---

17 Max Stirner: Der Einzige und sein Eigenthum, Leipzig 1845 [1844], S. 448 [338/339].
18 Ebenda, S. 449 [339].

wäre erreicht, wenn die Produktion argumentativer Evidenz nicht mehr als die Suche nach der allein maßgeblichen Beschreibung, sondern als Ausdruck individueller Willensausübung angesehen würde:

> Was ein Mensch ist, das macht er aus den Dingen; ‚wie Du die Welt anschaust, so schaut sie Dich wieder an'. Da läßt sich denn gleich der weise Rath vernehmen: Du mußt sie nur ‚recht, unbefangen' u. s. w. anschauen. Als ob das Kind die Bibel nicht ‚recht und unbefangen' anschaute, wenn es dieselbe zum Spielzeug macht. Jene kluge Weisung giebt Uns z. B. Feuerbach. Die Dinge schaut man eben recht an, wenn man aus ihnen macht, was man *will* (unter Dingen sind hier Objecte, Gegenstände überhaupt verstanden, wie Gott, unsere Mitmenschen, ein Liebchen, ein Buch, ein Thier u. s. w.). Und darum sind die Dinge und ihre Anschauung nicht das Erste, sondern Ich bin's, mein Wille ist's. Man *will* Gedanken aus den Dingen herausbringen, *will* Vernunft in der Welt entdecken, *will* Heiligkeit in ihr haben: daher wird man sie finden. ‚Suchet, so werdet Ihr finden.' *Was* Ich suchen will, das bestimme *Ich*: Ich will Mir z. B. aus der Bibel Erbauung holen: sie ist zu finden; Ich will die Bibel gründlich lesen und prüfen: es wird Mir eine gründliche Belehrung und Kritik entstehen – nach meinen Kräften. Ich erkiese Mir das, wonach mein Sinn steht, und erkiesend beweise Ich Mich – – willkührlich. Hieran knüpft sich die Einsicht, daß jedes Urtheil, welches Ich über ein Object fälle, das *Geschöpf* meines Willens ist, und wiederum leitet Mich jene Einsicht dahin, daß Ich Mich nicht an das *Geschöpf*, das Urtheil, verliere, sondern der *Schöpfer* bleibe, der Urtheilende, der stets von neuem schafft. Alle Prädicate von den Gegenständen sind meine Aussagen, meine Urtheile, meine – Geschöpfe.[19]

Mit der Stirner'schen Einbindung von Aussagen, die mit einem Anspruch auf Objektivität getätigt werden, in den Kontext konkreter Handlungen ist die Darstellung der argumentativen Ermächtigung der Individuen abgeschlossen. Wie die vergangenen Ausführungen gezeigt haben, bietet Stirner eine Reihe von Instrumenten auf, um die Macht der philosophischen Evidenzproduktion in Argumentationen zu brechen. Alle der bisher dargestellten Instrumente haben zum Ziel, die argumentative Macht derjenigen zu stärken, die in den beiden zentralisierenden und hierarchisierenden Formen der Evidenzproduktion subalterne Positionen einnehmen. Diese Leistung können sie erbringen, da sie es den sie zur Anwendung Bringenden gestatten, sich der Etablierung repräsentativer Evidenzerfahrungen durch die Experten der philosophischen (und religiös-theologischen) Evidenzproduktion zu erwehren. Allerdings sind die bisher dargestellten Instrumente vorrangig defensiver Natur, da sie es ihren Anwendern vor allem erlauben, ihre ursprünglichen Erfahrungen von Evidenz gegenüber den Versuchen zu verteidigen, die Legitimität dieser Erfahrungen vermittelst einer Entwicklung der Begriffe, mit denen diese Erfahrungen artikuliert werden, zu untergraben. Wenn man so will, verhindern die bisher dargestellten Instrumente, dass die Strategien der fremdbestimmenden Bewusstseinsbestimmung bei den konkreten Individuen Anknüpfungspunkte zu ihrer Entfaltung finden.

Wie bereits festgestellt wurde, verbindet sich mit dem Ziel der argumentativen Ermächtigung der konkreten Individuen, das Stirner mit der Entwicklung seines al-

---

19 Ebenda, S. 450 [339/340].

ternativen aufklärerischen Diskurses verbindet, jedoch ein umfassenderer Anspruch. Nicht nur soll der Fremdbestimmung der konkreten Individuen ein Riegel vorgeschoben werden, auch soll den Individuen die Möglichkeit erschlossen werden, Selbstbestimmung an die Stelle der Fremdbestimmung treten zu lassen. Ihnen soll also nicht nur die Bewahrung ihres gegebenen Bewusstseins ermöglicht werden, sondern vor allem auch die selbstgesteuerte Bearbeitung und Veränderung ihres eigenen Bewusstseins. Zu diesem, umfassenderen Zweck hat Stirner ein Instrument konzipiert, das es den Laien der philosophischen Evidenzproduktion nicht nur gestattet, den mit der Entwicklung von Begriffen produzierten Evidenzen Stand zu halten, sondern diesen mit dem Anspruch auf allgemeine Verbindlichkeit vorgenommenen Entwicklungen eigene entgegenzusetzen: den Begriff „der Einzige".

Hinter diesem, neben dem bereits behandelten „Eigentum", zweiten titelgebenden Begriff verbirgt sich das weitaus mächtigste Instrument, das Stirner seinen Adressaten für ihre argumentative Selbstermächtigung zur Verfügung stellt. Bei „der Einzige" handelt es sich um einen Begriff, der zwar, wie die Begriffe der Evidenz gelingender Begriffsentwicklung, einer Entwicklung fähig ist, dessen Entwicklung sich jedoch fundamental von der Entwicklung von Begriffen in der philosophischen Evidenzproduktion unterscheidet. Im Unterschied zu der letzteren, welche die Entwicklung von Begriffen als ein objektives Unterfangen versteht, das zwar von nur wenigen Personen ausgeführt wird, dessen Resultate jedoch bis zu einer, nach den gleichen Regeln zu erfolgenden Widerlegung allgemeine Verbindlichkeit beanspruchen, beschränkt Stirner den mit der Entwicklung von „der Einzige" verbundenen Geltungsanspruch auf das die Entwicklung vornehmende Individuum. Stirner konzipiert insofern einen Begriff, der auf den ersten Blick den üblichen Regeln der philosophischen Evidenzproduktion unterworfen zu sein scheint (und ermöglicht es den konkreten Individuen insofern, sich als „Begriffsentwickler" zu verstehen), der jedoch im Unterschied zu den Begriffen der philosophischen Evidenzproduktion so viele zutreffende Entwicklungen hat, als es Entwickelnde gibt.

Jedes Individuum bestimmt so einen eigenen Gehalt des Stirner'schen Begriffes, denn, wie vor dem Hintergrund der von Stirner beabsichtigten Verankerung der Erzeugung argumentativer Verbindlichkeit in den konkreten Individuen ersichtlich wird, kann über die Adäquatheit einer Bestimmung seines Gehalts nur der Entwickelnde selbst entscheiden (aus diesem Grund ließe sich von einer Demokratisierung der privilegierten Position des „Entwicklers von Begriffen", also des Philosophen sprechen). Statt „der Mensch" – Eigentum Feuerbachs – und statt „die Kritik" – Eigentum Bauers – hat nun jeder einen Begriff zum Eigentum, über den er die alleinige Entscheidungskompetenz besitzt. Stirner betont, dass die von ihm gegebene Entwicklung des Begriffes „der Einzige" nur seine eigene ist und ihr keine bindende Wirkung gegenüber den anderen Individuen zukommt.[20]

---

20 Ebenda, S. 483 [364].

Nun ist sich auch Stirner im Klaren darüber, dass ein Begriff, der völlig bar jeder allgemeinen Bedeutungskomponenten ist, ein rein idiosynkratischer Begriff ist, mithin ein Begriff, der nicht mehr zum Mittel einer Kommunikation taugt. Die Notwendigkeit einer, wie gering auch immer ausfallenden, dennoch allgemeinen Bedeutungskomponente folgt bereits aus der intersubjektiven Struktur sprachlicher Kommunikation. Ohne allgemeine, intersubjektiv gültige Gebrauchsregeln unterscheidet sich ein Begriff nicht mehr von einem einfachen Laut, dessen Äußerung keinerlei verlässliche Reaktion beim Kommunikationspartner hervorruft. Stirner hat für dieses Problem eine vergleichsweise einfache Lösung: er beschränkt die allgemeine, für alle Individuen verbindliche Gebrauchsregel von „der Einzige" auf die Herstellung eines referenziellen Verweises auf das den Gebrauch tätigende Individuum:

> Das Ideal ‚der Mensch' ist *realisirt*, wenn die christliche Anschauung umschlägt in den Satz: ‚Ich, dieser Einzige, bin der Mensch'. Die Begriffsfrage: ‚was ist der Mensch?' – hat sich dann in die persönliche umgesetzt: ‚wer ist der Mensch?' Bei ‚was' suchte man einen Begriff, um ihn zu realisiren; bei ‚wer' ist's überhaupt keine Frage mehr, sondern die Antwort im Fragenden gleich persönlich vorhanden: die Frage beantwortet sich von selbst.[21]

Um es noch einmal zu betonen, Stirner stipuliert nicht, dass der Begriff „der Einzige" keiner Entwicklung fähig sei, er sperrt sich jedoch gegen die Tendenzen einer Zentralisierung und Hierarchisierung seiner Entwicklung, wie sie der Entwicklung von Begriffen im Rahmen der philosophischen Evidenzproduktion eignen. Insofern ließe sich streiten, ob „der Einzige" noch als Begriff klassifiziert, und Stirner selbst scheint sich in dieser Frage nicht endgültig entschieden zu haben. Das grundlegende, sprachliche Problem jedoch, das Stirner mit „der Einzige" zu lösen beabsichtigte, ist weniger zweideutig – ein sprachliches Instrument zu schaffen, mit welchem es, anders als etwa mit „der Mensch", möglich ist, alle konkreten Individuen zu adressieren, ohne die so adressierten der diskursiven Macht der Experten einer bestimmten Form der Produktion argumentativer Evidenz zu unterwerfen, ein sprachliches Instrument also, das sich durch eine Trennung deskriptiver und normativer Verwendung und nicht durch eine Vermischung dieser beiden auszeichnet. Vor diesem Hintergrund wird ersichtlich, inwiefern Stirner glauben kann, mit dem von ihm entwickelten, alternativen aufklärerischen Diskurs die Grundlage für eine argumentative Selbstermächtigung der konkreten Individuen gelegt zu haben, und aus welchem Grund er sein Werk damit enden lassen kann, den „Einzigen" als Überwindung „Gottes" und „des Menschen" zu feiern:

> Man sagt von Gott: ‚Namen nennen Dich nicht'. Das gilt von Mir: kein *Begriff* drückt Mich aus, nichts, was man als mein Wesen angiebt, erschöpft Mich; es sind nur Namen. Gleichfalls sagt man von Gott, er sei vollkommen und habe keinen Beruf, nach Vollkommenheit zu streben. Auch das gilt allein von Mir. *Eigner* bin Ich meiner Gewalt, und Ich bin es dann, wenn Ich Mich

---

21 Ebenda, S. 491 [369].

als *Einzigen* weiß. Im *Einzigen* kehrt selbst der Eigner in sein schöpferisches Nichts zurück, aus welchem er geboren wird. Jedes höhere Wesen über Mir, sei es Gott, sei es der Mensch, schwächt das Gefühl meiner Einzigkeit und erbleicht erst vor der Sonne dieses Bewußtseins. Stell' Ich auf Mich, den Einzigen, meine Sache, dann steht sie auf dem Vergänglichen, dem sterblichen Schöpfer seiner, der sich selbst verzehrt, und Ich darf sagen: Ich hab' mein' Sach' auf Nichts gestellt.[22]

An dieser Stelle hätte Stirner die Entwicklung seines alternativen, aufklärerischen Diskurses enden lassen können. Dass dem nicht so ist, dass Stirner vielmehr noch ein weiteres, letztes argumentatives Instrument zur Desavouierung der philosophischen Evidenzproduktion konzipiert hat, wirft ein Licht auf die Anstrengung, die Stirner darauf verwendet hat, der diskursiven Herrschaft über die konkreten Individuen ein Ende zu bereiten. Dieses letzte Instrument, das, legt man die vorgenommene Rekonstruktion des Abfassungsprozesses des *Einzigen* zu Grunde, auch erst kurz vor Abschluss der Arbeit an seinem Werk entwickelt worden ist, weist eine weitere, diesmal finale Möglichkeit aus, sich der diskursiven Herrschaft zu entziehen. Der „Gedankenlosigkeit", die Stirner zum Ende der 2. Abteilung und als Teil der Anmerkung zur 1. Abteilung behandelt, die nach eigener Aussage erst „nachdem mein Buch zu Ende geschrieben ist" abgefasst wurde, wird zum einen zugeschrieben, das einzig wirksame Mittel gegen den Zustand der „Besessenheit" zu sein, dem laut Stirner diejenigen unterliegen, die unter dem Einfluss der religiös-theologischen oder der philosophischen Evidenzproduktion stehen:

> Die Kritik ist der Kampf des Besessenen gegen die Besessenheit als solche, gegen alle Besessenheit, ein Kampf, der in dem Bewußtsein begründet ist, daß überall Besessenheit oder, wie es der Kritiker nennt, religiöses und theologisches Verhältniß vorhanden ist. Er weiß, daß man nicht bloß gegen Gott, sondern ebenso gegen andere Ideen, wie Recht, Staat, Gesetz u. s. w. sich religiös oder gläubig verhält, d. h. er erkennt die Besessenheit aller Orten. So will er durch das Denken die Gedanken auflösen, Ich aber sage, nur die Gedankenlosigkeit rettet Mich wirklich vor den Gedanken. Nicht das Denken, sondern meine Gedankenlosigkeit oder Ich, der Undenkbare, Unbegreifliche befreie mich aus der Besessenheit. Ein Ruck thut Mir die Dienste des sorglichsten Denkens, ein Recken der Glieder schüttelt die Qual der Gedanken ab, ein Aufspringen schleudert den Alp der religiösen Welt von der Brust, ein aufjauchzendes Juchhe wirft jahrelange Lasten ab. Aber die ungeheure Bedeutung des gedankenlosen Jauchzens konnte in der langen Nacht des Denkens und Glaubens nicht erkannt werden.[23]

Zum anderen – und dies zeigt noch ein weiteres Mal den sich letztendlich gegen jeden Versuch, seinem Ansatz Kohärenz zu verleihen, sperrenden Stirner – wird die Gedankenlosigkeit als der Zustand gefasst, der den eigentlichen Zielpunkt jedes aufklärerischen Handelns bildet, das Ende der religiösen Bestimmtheit des Bewusstseins:

---

22 Ebenda.
23 Ebenda, S. 196/197 [156].

> Durch das ‚Reich der Gedanken' hat das Christenthum sich vollendet, der Gedanke ist jene Innerlichkeit, in welcher alle Lichter der Welt erlöschen, alle Existenz existenzlos wird, der innerliche Mensch (das Herz, der Kopf) Alles in Allem ist. Dieß Reich der Gedanken harret seiner Erlösung, harret gleich der Sphinx des ödipischen Räthselwortes, damit es endlich eingehe in seinen Tod. Ich bin der Vernichter seines Bestandes, denn im Reiche des Schöpfers bildet es kein eigenes Reich mehr, keinen Staat im Staate, sondern ein Geschöpf meiner schaffenden – Gedankenlosigkeit. Nur zugleich und zusammen mit der erstarrten, *denkenden* Welt kann die Christenwelt, das Christenthum und die Religion selbst, zu Grunde gehen; nur wenn die Gedanken ausgehen, giebt es keine Gläubigen mehr.[24]

So bleibt es einer der nicht aufzulösenden Widersprüche im Stirner'schen Beitrag zur Weiterentwicklung des aufklärerischen Diskurses im 19. Jahrhundert, dass Stirner zum einen Wege aufzeigt, wie aus dem Zustand der Fremdbestimmung zu einem Zustand der Selbstbestimmung zu gelangen sei, zum anderen aber allein die völlige Abwesenheit jeder Bestimmung des Bewusstseins als Emanzipation der konkreten Individuen von der diskursiven Herrschaft bestimmt.

7.2 Die Bedeutung Stirners für die Transformation des aufklärerischen Diskurses im Vormärz

Wie die Darstellung seiner Beiträge zur junghegelianischen Debatte vor der Enttäuschung gezeigt hat, beteiligte sich Stirner mit großem Eifer an dem Versuch einer Popularisierung des philosophisch-aufklärerischen Diskurses, und es wurde auch darauf hingewiesen, dass die Erfahrung eines nur sehr begrenzten Gelingens der Überzeugung der Adressaten dieses Diskurses bereits von einem frühen Zeitpunkt an das Stirner'sche Engagement für die religionskritische Aufklärung begleitete. Schon die Resonanz auf das im Januar 1842 erschienene *Gegenwort* bot Stirner, dessen agitatorische Beiträge im Vergleich zu Feuerbach und selbst zu Bauer ungleich praktischere Zielsetzungen verfolgten und aufgrund ihres insofern konkreteren Charakters auch im Hinblick auf die Eindeutigkeit ihres Erfolges oder Scheiterns geringeren interpretativen Spielraum ließen, eine erste Veranlassung, die Eignung der philosophischen Evidenz gelingender Begriffsentwicklung für die Herbeiführung einer revolutionären Massenerhebung zu problematisieren und zu reflektieren. Konnte sich vor allem Feuerbach mit dem Vertrauen in die langfristige Wirksamkeit seiner tiefgreifenden Angriffe auf das christliche Fundament autokratischer Herrschaft über ihre zeitweilig geringen, praktischen Konsequenzen beruhigen, so war das Scheitern der Einsätze Stirners etwa für die Bauer'sche Lehrfreiheit oder die Gründung atheistischer Vereine unter der Fahne der „Freien" nicht durch einen vergleichbaren Aufschub der schließlichen Manifestation intendierter Überzeugungsleistungen zu kompensieren. Die all-

---

24 Ebenda, S. 452/453 [341/342].

gemeine Enttäuschung von 1842/43 traf in Stirner dann auf jemanden, der bereits in der vorausgehenden Eskalationsphase des Herbstes 1842 auf verschiedene Art und Weise versucht hatte, das argumentative Repertoire politischer Agitation zu erweitern.[25] Die ob der nahezu vollständigen Widerstandslosigkeit, mit welcher das Verdrängen der junghegelianischen Stimmen aus der öffentlichen Sphäre hingenommen wurde, nicht mehr zu leugnende Ohnmacht des philosophisch-aufklärerischen Diskurses fand in Stirner somit einen Beobachter, der für die Frage der Evaluation der unterschiedlichen Überzeugungspotenziale argumentativer Evidenzen bereits eine besondere Sensibilität entwickelt hatte.

Für die Radikalität und Grundsätzlichkeit dieser Evaluation der Bedingungen aufklärerischer Agitation nach den Erfahrungen der Enttäuschung von 1842/43 war bei Stirner neben dieser besonderen Sensibilität noch ein Sachverhalt ausschlaggebend, der eine Gemeinsamkeit mit Marx und Engels und eine Differenz zu Feuerbach und Bauer begründet und der in der Behandlung der Reaktionen der letzteren beiden auf die Enttäuschung bereits anklang. Im Unterschied zu diesen beiden prägenden Protagonisten der junghegelianischen Aufklärung vor der Enttäuschung stand den in dieser Zeit eher sekundierenden Personen wie Stirner, Marx und Engels keine vergleichbare Reputation zu Gebote, konnten die letzteren nicht auf einen bereits etablierten Markt für den Absatz nunmehr auch von ihnen zu verfassender, umfangreicher Werke bauen. Als Personen, die in der Öffentlichkeit vorrangig als Autoren journalistischer Arbeiten in Erscheinung getreten waren, fiel ihnen nicht nur die Umstellung auf Werke über 20 Bogen schwerer, auch waren die anfänglichen Absatzmöglichkeiten geringer und die Verhandlungsposition gegenüber potenziellen Verlegern dementsprechend schlechter.[26] Die hier vor allem interessierende Kehrseite dieses Sachverhalts ist jedoch darin zu sehen, dass die reflexiven Anstrengungen und die Bereitschaft zur Entwicklung alternativer, die jüngsten Erfahrungen verarbeitender Ansätze bei diesem Personenkreis ungleich umfassender ausfielen. Es ist dies sicher nicht der einzige, aber ein gleichwohl kaum zu vernachlässigender Grund dafür, dass die entscheidenden Impulse zur Weiterentwicklung des aufklärerischen Diskurses nach der Enttäuschung von Personen wie Stirner, Marx und Engels ausgingen.

Nicht ohne Zusammenhang mit diesem Sachverhalt ist darüber hinaus eine weitere Besonderheit der kritischen Einsätze der vormals sekundierenden Personen, allen voran Stirners. Wie bereits anlässlich der Behandlung der Reaktionen Feuerbachs und Bauers auf die Enttäuschung gezeigt, suchten diese die Integrität ihres Ansatzes

---
25 Siehe oben, Kapitel 4, Abschnitt 3.
26 Diese Schwierigkeiten stellen sich noch gravierender dar, wenn der Sachverhalt in Rechnung gestellt wird, dass die Gefahr eines Verbotes für die Werke der ehemaligen Protagonisten der junghegelianischen Debatte im repressiven Klima der Zeit nach der Enttäuschung trotz eines Umfangs von über 20 Druckbogen in besonderer Weise gegeben war. Es liegt auf der Hand, dass die Verleger eher bereit waren, dieses, mitunter erhebliche finanzielle Risiko bei bereits namhaften Autoren einzugehen als bei Autoren, die sich ihr Renommée erst noch verdienen mussten.

gegen seine Infragestellung durch die offensichtlichen Defizite in der Herstellung von Überzeugungsleistungen dadurch zu wahren, dass sie die Legitimität der von den Adressaten gezeigten (oder, was in diesem Falle keine Differenz begründet, nicht gezeigten) Erfahrungen von Evidenz bestritten. Die Verlagerung der schließlichen Manifestation der unvermindert postulierten, argumentativen Überlegenheit der philosophischen Evidenz gelingender Begriffsentwicklung gegenüber der theologischen Evidenz heiliger Autoritäten in die Zukunft ging einher mit der entsprechenden Abwertung der Evidenzerfahrungen der zeitgenössischen Rezipienten des philosophisch-aufklärerischen Diskurses, und diese Abwertung bedeutete in gewisser Hinsicht einen Bruch mit einem zentralen Charakteristikum sowohl der klassischen, als auch der die Jahre 1840-43 prägenden Instanziierungen des aufklärerischen Diskurses.

Zum elementaren Bestand der das aufklärerische Selbstverständnis prägenden Überzeugungen hatte die Annahme gehört, dass der philosophisch-aufklärerische Diskurs nicht nur die Überlegenheit einzelner Argumente zu beweisen in der Lage wäre, sondern dass er darüber hinaus die grundsätzliche Überlegenheit einer bestimmten Form argumentativer Evidenz demonstrieren könne. Letzteres hatte seinen Grund darin, dass die diesen Diskurs instanziierenden Protagonisten die Situation ihrer politischen Agitation als eine ansahen, in welcher die Adressaten ihrer diskursiven Einsätze den Primat bei der Bestimmung ihres Bewusstseins noch einer anderen als der philosophischen Form argumentativer Evidenz zuerkannten. Vor diesem Hintergrund bedeutete das mit einem politischen Anspruch verbundene, philosophische Argumentieren stets auch ein Argumentieren für die Überlegenheit der philosophischen Evidenz gegenüber der religiös-theologischen. Mit anderen Worten: dem philosophisch-aufklärerischen Diskurs vor der Enttäuschung war stets die Aufgabe zugeschrieben worden, seine Adressaten von der Überlegenheit der in ihm selbst zur Anwendung gebrachten philosophischen Weise der Produktion von Evidenz zu überzeugen.

Die Reaktionen Feuerbachs und Bauers auf die Enttäuschung bedeuteten einen Bruch mit diesem Charakteristikum, indem nun mehr (Bauer) oder weniger (Feuerbach) explizit auf die Überzeugung von den noch unter Einfluss einer konkurrierenden Quelle von Evidenz Stehenden verzichtet und die, für die Durchsetzung ihrer antireligiösen Aufklärung allerdings unverzichtbare Verbreitung einer allgemeinen Anerkennung der Überlegenheit der philosophischen Evidenz einer Instanz überantwortet wurde, die in dem notwendigen Gang ihrer Entwicklung als vollkommen unabhängig von den Handlungen diskursiv zu beeinflussender Individuen konzipiert wurde – der Geschichte. Der von Stirner im *Einzigen* entwickelte Ansatz zur Fortführung eines politisch relevanten aufklärerischen Diskurses positionierte sich demgegenüber wieder in der ursprünglichen, aufklärerischen Situation und war insofern von dem Anspruch geprägt, die Adressaten des aufklärerischen Diskurses auch von der Überlegenheit der in ihm zur Anwendung gebrachten Evidenz überzeugen zu können. Stirner unternahm es, eine Form von Evidenz zu produzieren, die auch und gerade diejenigen zu überzeugen in der Lage wäre, die sich von der philosophischen Evidenz gelingender Begriffsentwicklung nicht hatten erreichen lassen, die dem gewaltsam herbeigeführten Schweigen der philosophischen Stimmen mit Indifferenz begegnet waren und die von Feuerbach und Bauer der Geschichte zur Entsorgung anheim gegeben worden waren.

Mag es auch paradox scheinen, aber um die politische Relevanz des aufklärerischen Diskurses wiederzubeleben und um ihn in Kontinuität mit der ursprünglichen aufklärerischen Situation fortzuführen, war Stirner gezwungen, mit seiner philosophischen Form zu brechen. In der Situation nach der Enttäuschung von 1842/43 war die Kontinuität mit dem emanzipativen Gehalt des klassisch-aufklärerischen Projekts somit nur um den Preis einer Diskontinuität zu wahren – entweder Wahrung der philosophischen Weise der Produktion von Evidenz und Bruch mit dem doppelten Anspruch auf politische Relevanz einerseits und auf aktive Etablierung einer neuen Hierarchie der Quellen von Evidenzerfahrungen andererseits, oder Wahrung des Anspruchs und Bruch mit seiner Form.[27] Diese im Rahmen der Debatte um die Weiterentwicklung des aufklärerischen Diskurses erstmals getroffene Entscheidung für die Wahrung der Kontinuität der politischen Relevanz dieses Diskurses stellt je-

---

27 Vor dem Hintergrund der aufgeworfenen Frage nach der Kontinuität oder Diskontinuität des Stirner'schen Ansatzes mit dem emanzipativen Projekt der Aufklärung scheint es opportun, an dieser Stelle eine Bemerkung zu den ablehnenden Äußerungen zu machen, welche Stirner im *Einzigen* anlässlich des Konzeptes „Emanzipation" formuliert (Max Stirner: Der Einzige und sein Eigenthum, Leipzig 1845 [1844], S. 221 [175/176]): „Hier liegt der Unterschied zwischen Selbstbefreiung und Emancipation (Freisprechung, Freilassung). Wer heutigen Tages ‚in der Opposition steht', der lechzt und schreit nach ‚Freilassung'. Die Fürsten sollen ihre Völker für ‚mündig erklären', d. h. emancipiren! Betragt Euch als mündig, so seid Ihr's ohne jene Mündigsprechung, und betragt Ihr Euch nicht darnach, so seid Ihr's nicht werth, und wäret auch durch Mündigsprechung nimmermehr mündig. [...] Der Freigegebene ist eben nichts als ein Freigelassener, ein libertinus, ein Hund, der ein Stück Kette mitschleppt: er ist ein Unfreier im Gewande der Freiheit, wie der Esel in der Löwenhaut." Wie in der zitierten Passage offensichtlich wird, bezieht Stirner sich bei seinem Verständnis von „Emanzipation" auf den Bedeutungsstrang, der von dem alten römischen Rechtsinstitut der durch den Vater vorzunehmenden Entlassung des Sohnes aus der väterlichen Gewalt seinen Ausgang nimmt (was auch der Kontext verdeutlicht, in welchem sich diese Passage im *Einzigen* findet – Stirner hatte im vorherigen Absatz die Unterscheidung zwischen gegebener und genommener Freiheit hervorgehoben). Wenn im Rahmen dieser Untersuchung die Frage nach der Kontinuität des Stirner'schen Ansatzes mit dem emanzipativen Projekt der Aufklärung erörtert wird, so wird im Gegensatz zu Stirner dabei an den neuzeitlichen Gebrauch dieses Begriffes angeknüpft, dessen, von Stirner nicht thematisierte, reflexive Verbform („sich emanzipieren") von der Bedeutung her der von Stirner präferierten „Selbstbefreiung" sehr nahe kommt, so dass auch der auf die „Selbstermächtigung" des konkreten Individuums zielende Ansatz Stirners als in Kontinuität mit den emanzipativen Bestrebungen der Aufklärung anzusehen ist. Es lässt sich vermuten, dass Stirner mit der Ausblendung des zweiten Bedeutungsstranges und der negativen Konnotierung des Begriffes „Emanzipation", dessen Gebrauch besonders in der Zeit nach 1830 einen konjunkturellen Höhepunkt erfuhr, eine ähnliche Strategie verfolgte, wie mit seiner Umwertung des Denunziationsbegriffs „Egoismus". Vgl. zum Begriff „Emanzipation" Reinhart Koselleck: Begriffsgeschichten, Frankfurt a. M. 2010, S. 329.

doch nicht die einzige Übereinstimmung mit dem klassisch-aufklärerischen Projekt dar. Auch in anderen Aspekten wahrt Stirner die Kontinuität mit dem klassisch-aufklärerischen Projekt, wie die folgende Darstellung aufzeigt.

Fundamentaler Bestandteil seines aufklärerischen Tuns blieb für Stirner das Aufdecken von Herrschaftsverhältnissen als Machtbeziehungen, die ihren Bestand und ihre Rigidität unbewussten und stets aufs Neue vollzogenen Akten der Unterwerfung durch die in der Hierarchie tiefer Positionierten verdanken. Die von Stirner mit den klassischen Aufklärern des 18. Jahrhunderts – und auch den deutschen Spätaufklärern des Vormärz vor der Enttäuschung – geteilte Überzeugung, dass die herrschenden Machtverhältnisse Folge von unter Annahme ihrer vermeintlichen Notwendigkeit eingegangenen Beziehungen seien, die jedoch aufgrund ihrer tatsächlichen Arbitrarität und Willkür, wie sie mit dem Instrumentarium einer anderen Regeln gehorchenden Evidenzproduktion augenscheinlich gemacht werden könnten, letztendlich freiwillig eingegangen würden, bleibt für den im *Einzigen* entwickelten Ansatz prägend. Der hohe Stellenwert, den die Problematik der fortwährenden Neukonstitution von Herrschaftsverhältnissen bei Stirner einnimmt, offenbart etwa der Sachverhalt, dass die Herr-Untertan-Dichotomie in dem Kapitel *Ein Menschenleben*, das den Auftakt der ersten Abteilung bildet, als zentrale anthropologische Grundkonstante in den Entwicklungsgang eines menschlichen Individuums eingeschrieben wird:

> Von dem Augenblicke an, wo er das Licht der Welt erblickt, sucht ein Mensch aus ihrem Wirrwarr, in welchem auch er mit allem Andern bunt durcheinander herumgewürfelt wird, *sich* herauszufinden und *sich* zu gewinnen. Doch wehrt sich wiederum Alles, was mit dem Kinde in Berührung kommt, gegen dessen Eingriffe und behauptet sein eigenes Bestehen. Mithin ist, weil Jegliches *auf sich hält*, und zugleich mit Anderem in stete Collision geräth, der *Kampf* der Selbstbehauptung unvermeidlich. *Siegen* oder *Unterliegen*, – zwischen beiden Wechselfällen schwankt das Kampfgeschick. Der Sieger wird der *Herr*, der Unterliegende der *Unterthan*: jener übt die *Hoheit* und ‚Hoheitsrechte‘, dieser erfüllt in Ehrfurcht und Respect die ‚Unterthanenpflichten‘.[28]

Auch wenn Aussagen über allgemeinmenschliche Charakteristika bei Stirner stets mit Vorsicht zu genießen sind, so zeigt die angeführte Passage, dass die Notwendigkeit der Positionierung in einem Herr-Untertanen-Gefüge für Stirner von derart zentraler Natur ist, dass er sie nicht nur als einen Wesenszug der zwischenmenschlichen Beziehungen vorstellt, vermittelt über welche sie ihren Eingang in die menschliche Erfahrungswelt nehme, sondern dass laut Stirner bereits das Verhältnis gegenüber der nichtmenschlichen Umwelt im Vokabular der Konstatierung von Herrschaftsverhältnissen seinen adäquaten Ausdruck findet. Stirner postulierte so gleich zu Beginn seines Werkes die Unentrinnbarkeit dieser Problematik und damit die nicht zu hin-

---

[28] Max Stirner: Der Einzige und sein Eigenthum, Leipzig 1845 [1844], S. 13 [19].

tergehende Notwendigkeit einer Analyse individuellen Weltbezugs anhand des für politisch relevante aufklärerische Diskurse fundamentalen Gefüges von Machtbeziehungen.

Es bedarf keiner besonderen Betonung, dass das Aufdecken der Arbitrarität und Willkür bestehender Herrschaftsverhältnisse selbstverständlich stets mit dem Versprechen einhergeht, die konstituierenden Bedingungen der demonstrierten Verhältnisse wieder der individuellen Verfügungsgewalt zugänglich zu machen, welcher diese Verhältnisse ihre Existenz überhaupt erst verdankten. Auch mit diesem Zug zeigt sich Stirner in Kontinuität mit den aufklärerischen Bemühungen insbesondere der vormärzlichen Spätaufklärer, die einen nicht geringen Teil ihrer schriftstellerischen Energie in den Nachweis investierten, dass die vermeintliche „Gottgewolltheit" der bestehenden Verhältnisse „in Wahrheit" kaschierendes Signum einer sehr menschlichen Willkür sei.[29] Die Wahrung dieses traditionell aufklärerischen Versprechens eines erneuten „Verfügbar-Machens" der sich ursprünglich menschlicher Akte verdankenden Herrschaftsbeziehungen bezeichnet eines der Momente, welche die Rede von der von Stirner betriebenen Wiederbelebung der politischen Relevanz des aufklärerischen Diskurses rechtfertigen, hatten doch Feuerbach und Bauer für das Gegenteil optiert, nämlich dafür, der individuellen Verfügungsgewalt keinerlei Einfluss bei den Veränderungen der bestehenden Verhältnisse einzuräumen.

Das Stirner'sche Versprechen einer Befähigung seiner Adressaten zur bewussten Einflussnahme auf die von ihm aufgezeigten Herrschaftsverhältnisse weist den Weg zu einer weiteren Eigenschaft der ihm eigenen Beleuchtung hierarchischer Machtbeziehungen, einer Eigenschaft, an welcher sich später ein Großteil der von Marx und Engels formulierten Kritik entzünden wird: Für Stirner sind sämtliche Herrschaftsverhältnisse diskursiv begründet, sprich durch sprachliche Prozesse konstituiert.[30] Zeigt sich bereits in diesem Zug des Stirner'schen Ansatzes ein Residuum des bewusstseinszentrierten Modells gesellschaftlicher Veränderung, welches das Erlangen der Hoheit in der gesellschaftlichen Bestimmung des individuellen Bewusstseins zum entscheidenden Ziel aufklärerischen Handelns bestimmt, so bleibt Stirner noch einer weiteren Vorstellung verhaftet, welche Bestandteil dieses für die Einsätze der junghegelianischen Spätaufklärer zentralen Modells ist. Wie auch im Rahmen dieses Mo-

---

[29] So etwa Bauer bereits mit der schon in der *Kritik der evangelischen Geschichte der Synoptiker* vertretenen These, die in der Bibel gebotene Offenbarungsgeschichte sei auf die kompositorischen Akte menschlicher Schriftsteller zurückzuführen, und besonders vehement dann im *Entdeckten Christenthum*, das diese These um eine Beschreibung der den Verfälschungen der Wahrheit zugrundeliegenden, erkenntnisfremden Interessen erweiterte.

[30] Max Stirner: Der Einzige und sein Eigenthum, Leipzig 1845 [1844], S. 463 [349]: „Die Sprache oder ‚das Wort' tyrannisirt Uns am ärgsten, weil sie ein ganzes Heer von *fixen Ideen* gegen uns aufführt." Die besondere Macht diskursiver Strukturen kommt auch in der Rede von „unserer *christlichen* Sprache" (ebenda, S. 391 [297]) zum Ausdruck, wenn Stirner die bewusstseinsprägende Kraft der zeitgenössischen, begrifflichen Ökonomie beklagt.

dells vorausgesetzt, sind für Stirner die sowohl für die Entstehung, als auch für die Aufrechterhaltung der gesellschaftlichen Verhältnisse gleichermaßen verantwortlichen Entitäten ausschließlich die Handlungen menschlicher Individuen. Mag diese Vorstellung auf den ersten Blick auch harmlos anmuten, so zeitigt sie Konsequenzen, die für den Ausdifferenzierungsprozess des junghegelianischen Diskurses nach der Enttäuschung von kaum zu überschätzender Bedeutung sind, denn an den von dieser Vorstellung implizierten Konsequenzen wird sich eine der fundamentalen Differenzen zwischen der Stirner'schen, individualistischen und der Marx-Engels'schen, materialistischen Variante der Weiterentwicklung des aufklärerischen Diskurses herauskristallisieren.

Die Bestimmung der Handlungen menschlicher Individuen als maßgebliche Konstituenzien der zeitgenössischen gesellschaftlichen Verhältnisse führt dazu, dass die Prozesse der Aufrechterhaltung, wie der Veränderung dieser Verhältnisse im Vokabular menschlicher Handlungen zu adressieren sind, und dies wiederum weist den Intentionen (oder, in der Sprache der Zeit, Zwecken), deren Vorhandensein die Differenz zwischen bloßem Verhalten und veritablen Handlungen markiert, zentrale Bedeutung zu.[31] Um es noch einmal zu betonen, da dieser Punkt für das Verständnis des Stirner'schen Ansatzes elementar ist: wenn nicht nur das erstmalige Ent-, sondern auch das fortwährende Bestehen der kritikwürdigen Verhältnisse eine Konsequenz des Handelns konkreter menschlicher Individuen ist, und wenn diese Handlungen Folge der Intentionen der Handelnden sind, so kommt dem aufklärerischen Einwirken auf diese Intentionen der allergrößte Stellenwert zu. Das diskursive Beeinflussen der Individuen oder, in der Sprache der Zeit, die Bestimmung ihres Bewusstseins als dem Untergrund, auf welchem die Wahl der jeweiligen Intentionen ruht, wird so zum Schlüssel einer Veränderung der bestehenden gesellschaftlichen Verhältnisse, und die diskursiven Machtbeziehungen, welche dieses Beeinflussen oder Bestimmen regeln, zur einzig relevanten Form von Herrschaft.

Wie in der vergangenen Untersuchung gezeigt wurde, verankerte Stirner den Unterschied zwischen den Intentionen, welche die bestehende Ordnung aufrechterhalten, und denjenigen, die zur Überwindung der bestehenden Ordnung führen, in der Frage nach der Gebundenheit, bzw. Unabhängigkeit der diese Intentionen festlegenden Instanz. Im Einklang mit der aufklärerischen Tradition und seinen Ausführungen in früheren Schriften wie *Das unwahre Prinzip unserer Erziehung* und *Einiges Vorläufige vom Liebesstaat*[32] erachtete Stirner dabei den Unterschied zwischen einem selbst- und einem fremdbestimmten Willen als ausschlaggebend dafür, ob die Individuen

---

31 Wenn Stirner diese grundlegende Voraussetzung seines Ansatzes auch nicht explizit formuliert, so kommt sie doch in vielen Aussagen zum Ausdruck, etwa anlässlich der Behandlung der Frage nach der Möglichkeit, uneigennützige Zwecke zu verfolgen, ebenda, S. 79-81 [70/71], besonders S. 80 [70]: „Ob er [O'Connell, UP] aber Geldgewinn oder Volksbefreiung erzielen mag, daß er einem Zwecke, und zwar *seinem* Zwecke zustrebt, bleibt doch im einen wie im andern Falle gewiß".
32 Siehe oben, Kapitel 4, Abschnitt 2, und Kapitel 5, Abschnitt 1.

Intentionen zu realisieren streben, welche zur Aufrechterhaltung der bestehenden, despotischen Verhältnisse führen, oder ob sie solche zu verwirklichen suchen, mit denen der Fortbestand dieser Verhältnisse unvereinbar ist. Durchaus in Kontinuität mit den klassischen aufklärerischen Ansätzen betrieb Stirner insofern Aufklärung im Sinne einer Befähigung zur Selbstbestimmung und versuchte vor diesem Hintergrund, die diskursiven Instrumente zu desavouieren, welche der Fremdbestimmtheit des Willens eines Großteils der Individuen zugrunde lagen.

Zeigt sich mit dieser Fokussierung auf den Unterschied zwischen Selbstbestimmtheit und Fremdbestimmtheit des Willens der Individuen eine weitere Kontinuität zu traditionellen aufklärerischen Ansätzen, so muss an dieser Stelle allerdings einschränkend hervorgehoben werden, dass das Stirner'sche Verständnis dieses Unterschieds gegenüber den traditionellen Vorstellungen insofern differiert, als der Unterschied zwischen einer Selbst- und einer Fremdbestimmung des eigenen Willens sich bei Stirner auf die Frage nach dem Ausmaß der Berücksichtigung der eigenen Erfahrungen von Evidenz reduziert. Er konkretisierte die Differenz zwischen selbst- und fremdbestimmtem Willen somit dahingehend, dass sich ihr Anwendungsbereich auf den Sachverhalt erstreckt, ob die Auswahl des zu realisierenden Zweckes Folge einer bewussten, auf eigenen Evidenzerfahrungen ruhenden Entscheidung ist, oder ob sie Folge der Übernahme der Ergebnisse einer Entscheidung anderer Individuen und ihrer jeweiligen Evidenzerfahrungen ist, oder, anders gefasst, ob im Prozess der Bestimmung des eigenen Willens den eigenen oder den fremden Erfahrungen von Evidenz der Primat eingeräumt wird.

Für Stirner galt es darüber hinaus als ausgemacht, dass jede Realisierung des eigenen Willens, gleich ob dieser selbst- oder fremdbestimmte Zwecke zu realisieren sucht, einen nur vom handlungstragenden Individuum selbst vorzunehmenden Akt der Setzung involviert, der die in der Handlung zu realisierende Intention bestimmt und der selbst in den krassesten Fällen einer Fremdbestimmtheit von Intentionen unverzichtbarer Bestandteil einer jeden Handlung ist. Diese Konkretisierung der Differenz zwischen Selbst- und Fremdbestimmtheit des eigenen Willens zeitigte erhebliche argumentationsstrategische Konsequenzen, denn Stirner war damit in der Lage, diese Differenz in das Gewand des Unterschiedes zwischen einer bewussten oder unbewussten Selbstbestimmung zu kleiden – im Falle der Fremdbestimmung des eigenen Willens mag die Auswahl des zu realisierenden Zweckes zwar unbewusst erfolgen und im Falle der Selbstbestimmung bewusst, einer individuellen Setzung bedarf es jedoch in beiden Fällen.[33]

---

33 Es sei an dieser Stelle an die in *Einiges Voläufige vom Liebesstaat* entwickelte Unterscheidung zwischen einer „fremdbestimmten Selbstbestimmung" – wie in der Liebe exemplifiziert – und einer „selbstbestimmten Selbstbestimmung" – der eigentlich freien Selbstbestimmung – erinnert. Siehe oben, Kapitel 5, Abschnitt 1.

Dies erlaubte Stirner, die von ihm beabsichtigte Befähigung des konkreten Individuums zu unbeeinträchtigter Selbstbestimmung so zu porträtieren, als käme es nur darauf an, eine bereits gegebene, beständig geübte und von jedem unabhängig von seinem Bildungsstand beherrschte Praxis einer bewussten Einflussnahme durch das handelnde Individuum zugänglich zu machen und nicht eine neue, noch nie dagewesene Praxis zu etablieren. Die im Rahmen des *Einzigen* intendierte Befähigung zur Selbstbestimmung verlangt von den Adressaten daher keine umfassende „Neuerfindung", keine Formulierung einer „neuen" Philosophie, keine Begründung einer „neuen" Menschheit, sondern eben lediglich, eine bereits von jedem Individuum geübte Praxis vollständig unter die je eigene Kontrolle zu nehmen. Diese Absicht bildet das intentionale Rückgrat der von Stirner im Rahmen seiner Weiterentwicklung des aufklärerischen Diskurses angestrebten, argumentativen Ermächtigung des konkreten Individuums.

Die genannte Absicht berührt darüber hinaus ein weiteres Element, das den Stirner'schen Ansatz von allen vorangegangenen Instanziierungen des aufklärerischen Diskurses unterscheidet. Durch die besondere Fokussierung auf die Frage nach der Gebundenheit oder Unabhängigkeit des Prozesses individueller Willensbestimmung, welcher die Auswahl der zu realisierenden Intention bestimmt, und durch die jederlei Konzessionen ausschließende Radikalität des Versuchs zur Etablierung einer vollständigen Unabhängigkeit und Selbstbestimmtheit individueller Willensentscheide, innerhalb welchen jeder Ausrichtung an den, der individuellen Verfügungsgewalt enthobenen Entitäten der Kampf angesagt wird, veränderte sich auch das Ziel des von Stirner an den Tag gelegten aufklärerischen Handelns. Für Stirner gewann die Beschneidung jeglichen Einflusses von Instanzen, die nicht identisch mit dem handelnden Individuum selbst sind, bei der Bestimmung seines Willens die allergrößte Priorität. Glaubte Stirner den klassisch-aufklärerischen Diskurs noch von der Absicht getragen, ein allgemeinmenschliches Vernunftvermögen an die Stelle eines sich auserwählten Personen offenbarenden Gottes zu setzen, also eine, die individuelle Willensfreiheit beschränkende Entität durch eine andere, diese Freiheit zwar auf andere Weise, aber letztlich gleichermaßen einschränkende Entität zu ersetzen, so zeigte er sich nun bestrebt, die Vakanz dieser Stelle auf Dauer und seine Adressaten gegen Versuche sicher zu stellen, den individuellen Willen erneut unter den Einfluss überindividueller Entitäten („moralischer Personen") zu zwingen.

Mit dieser Ausrichtung seiner Weiterentwicklung des aufklärerischen Diskurses stellte sich Stirner in einen Gegensatz zu sämtlichen, in seiner ferneren und näheren Vergangenheit praktizierten Formen der Bewusstseinsbestimmung, und ein Großteil der ersten Abteilung des *Einzigen* ist von der Absicht gekennzeichnet, sowohl das individual-, als auch das menschheitsgeschichtliche Panorama dieser vergangenen und gegenwärtigen Formen zu zeichnen.[34] Es muss dabei an dieser Stelle noch einmal betont werden, dass bei Stirner nicht nur die, grob schematisierten, Epochen der „Alten" und der „Neuen" unter das Verdikt der Fremdbestimmung der Individuen fallen, sondern dass er insbesondere Bauers „Selbstbewusstsein" und Feuerbachs „Wesen des Menschen", also die beiden für die junghegelianische Aufklärung vor der Enttäuschung zentralen Entitäten, als besonders raffinierte Formen individueller Fremdbestimmung fasste. Weit davon entfernt, den „Einzigen" als einen Konkurrenten dieser Entitäten zu konzipieren, versuchte Stirner mit seiner begrifflichen Innovation vielmehr, die vollständige individuelle Selbstbestimmung innerhalb der Parameter der auf Bewusstseinsbestimmung zielenden Diskurse zu etablieren.

Diese Ausgangssituation der Weiterentwicklung des aufklärerischen Diskurses bedingte, dass Stirner die substanziellen Aspekte von Prozessen der Bewusstseinsbestimmung zugunsten ihrer funktionalen Aspekte vollständig ausblendete.[35] Der spezifische Inhalt einer Bestimmung des Bewusstseins wurde für ihn so zur vernachlässigbaren Nebensache, wohingegen die Art und Weise, wie dieser Inhalt zum bevorzugten Inhalt eines individuellen Willens wird, zur zentralen Frage emanzipativer Diskurse avancierte. Ihm gelang mit dieser ausschließlichen Fokussierung auf die funktionalen Aspekte der Bewusstseinsbestimmung die Einnahme eines Standpunktes, welcher die Auszeichnung von Differenzen und Gemeinsamkeiten zwischen den verschiedenen Strategien der Beeinflussung individueller Bewusstseinsträger gestattet – Differenzen und Gemeinsamkeiten, deren Auszeichnung vor dem Hintergrund der zeitgenössischen Kritikansätze eine Originalität eignet, wie sie wohl erst wieder von den Ergebnissen der von Marx und Engels betriebenen Weiterentwicklung des aufklärerischen Diskurses erreicht wurde.

Bezeichnet diese Originalität in der Konzentration auf die funktionalen Aspekte der Bewusstseinsbestimmung auch einen fundamentalen Unterschied zu seinen ehemaligen junghegelianischen Weggefährten, so handelt es sich bei dieser bedeutenden Innovation Stirners gleichwohl nicht um eine *creatio ex nihilo*. In gewisser Weise bedeutet sie eine Erweiterung des Feuerbach'schen „Moments", wie es sich in der anthropologischen Reduktion des Christentums gezeigt hatte. Hatte Feuerbach den christlichen Gott zu einer menschlichen Schöpfung erklärt und damit die göttlichen

---

34 So beginnt Stirner sein Werk mit einer Schilderung der drei von ihm bisher durchlaufenen Lebensalter (Der Einzige und sein Eigenthum, Leipzig 1845 [1844], S. 13-20 [19-24]). Die Darstellung der Geschichte unter Zugrundelegung der drei Lebensalter bildet dann den Inhalt eines großen Teils der 1. Abteilung des Stirner'schen Werkes (ebenda, S. 21-128 [25-106]).
35 Als Beispiele für diese, auf den Vergleich funktionaler Effekte zielenden Analysen Stirners seien an dieser Stelle etwa der Vergleich zwischen „Christen" und „Sittlichen" in Bezug auf den „Glauben" (ebenda, S. 60 [55]), zwischen dem „Heiligen" und dem „Unheiligen" in Bezug auf die „Selbstverleugnung" (ebenda, S. 78/79 [69]), zwischen den „Begierden" und dem „Geist" in Bezug auf die anzustrebende Unabhängigkeit von ihnen (ebenda, S. 82/83 [72/73]) und zwischen dem „Handel" und dem „Denken" in Bezug auf die „Speculation" (ebenda, S. 406 [308]) genannt.

Gebote des Anscheins eines vorpolitischen Ursprungs und der Unabhängigkeit von menschlichen Interessen beraubt, so weitete Stirner den Anwendungsbereich der Klassifizierung „menschliche Schöpfung" und die damit einhergehende individuelle Emanzipation von den Imperativen vermeintlich überindividueller Existenzen auf sämtliche geistige Entitäten aus, denen die Individuen sich in ihren Willensbestimmungen unterworfen sehen, kehrte also, wenn man so will, Feuerbach, der die vom Christentum befreiten Individuen im Zuge des Aktes der Befreiung sogleich den Imperativen seiner „neuen" Philosophie unterworfen sah, gegen sich selbst. Hatte Feuerbach die Ausrichtung des eigenen Willens der Individuen an einer bestimmten geistigen Entität kritisiert und stattdessen die Ausrichtung an anderen gefordert, so kritisierte Stirner die Ausrichtung an geistigen Entitäten *per se*, lenkte die Aufmerksamkeit also auf die funktionalen Aspekte einer sich selbst Grenzen auferlegenden Bestimmung des eigenen Bewusstseins.

Dieses Resümee der Kritik Stirners an Feuerbach leitet schließlich zu dem letzten, zu konstatierenden Aspekt der Überstimmung des Stirner'schen Ansatzes mit dem klassisch-aufklärerischen Projekt über. Vor dem Hintergrund des großen Einflusses, welcher dem Denken Feuerbachs auf die Entwicklung Stirners beschieden werden kann, scheint die Gleichsetzung des Verhältnisses zwischen Stirner und Feuerbach mit dem Verhältnis, welches zwischen einem Schüler und seinem Lehrer obwaltet, nicht völlig bar jeder Plausibilität. Die von Stirner betriebene Ausweitung des Feuerbach'schen „Moments" – die Wendung des emanzipativen Gehalts der Feuerbach'schen Religionskritik gegen ihren Autor – bezeichnete so einen sehr persönlichen Akt der Emanzipation Stirners. Unter Berücksichtigung der Bedeutung, welche der Einnahme eines pädagogischen Blickwinkels in seinen früheren Schriften zukommt, und unter Einbeziehung der Erfahrung, welche Stirner mit diesem, die Problematik der Bewusstseinsbestimmung mit derjenigen der Ausübung diskursiver Macht verbindenden Verhältnis im Rahmen seiner eigenen Lehrtätigkeit sammeln konnte, kann es kaum überraschen, dass die Reflexion des Zusammenhangs von emanzipativer Aufklärung und funktionalem Rekurs auf Lehrer-Schüler-Verhältnisse in Stirners Weiterentwicklung des aufklärerischen Diskurses breiten Raum einnahm.

Es hat sich in der vergangenen Darstellung gezeigt, dass in der für Stirner spezifischen Reflexion dieses Verhältnisses ein Schlüssel nicht nur für die Motivation zur Weiterentwicklung des philosophisch-aufklärerischen Diskurses, sondern auch für die Stirner eigene Ablehnung der philosophischen Evidenz gelingender Begriffsentwicklung zu finden war. Einer der hauptsächlichen Kritikpunkte, welche von Stirner gegen die philosophische Form des aufklärerischen Diskurses formuliert wurden, besteht darin, das im Rahmen philosophischer Aufklärung stets erhobene Versprechen nicht einlösen zu können, ihre Adressaten nach dem absolvierten Bildungsprozess in die uneingeschränkte Mündigkeit zu entlassen. Stirner zeigte sich demgegenüber bemüht, einen aufklärerischen Diskurs zu konzipieren, der sich nicht an den missionarischen Erfolgen christlicher Bewusstseinsbestimmung orientiert, sondern der vielmehr Individuen hervorbringt, welche den Prozess der Bewusstseinsbestimmung als einen individuellen, nur der eigenen Entscheidungshoheit unterworfenen betrachten.

Eine besondere Affinität zur pädagogischen Perspektive, eine unter Ausweitung des Feuerbach'schen „Moments" vollzogene Konzentration auf die funktionalen Aspekte von Versuchen der Bewusstseinsbestimmung, auf die traditionell-aufklärerische Unterscheidung von Selbst- und Fremdbestimmung des eigenen Willens, auf die Kritik diskursiv konstituierter Herrschaftsverhältnisse und schließlich eine besondere Sensibilität für die Problematik des Scheiterns diskursiver Einsätze, handlungswirksame Überzeugungsleistungen zu generieren – dies sind die grundlegenden Aspekte des Stirner'schen Ansatzes, die Enttäuschung von 1842/43 zu kompensieren und der Ohnmacht des aufklärerischen Diskurses in seiner philosophischen Form durch die Fruchtbarmachung einer bis dato im Rahmen aufklärerischer Projekte unerschlossenen Quelle von Evidenzerfahrungen zu begegnen. Die Darstellung des Prozesses der Abfassung von *Der Einzige und sein Eigenthum* hat gezeigt, dass die Ausarbeitung dieses Ansatzes bei Beginn der Abfassung bei weitem nicht abgeschlossen war, dass die frühesten Textteile mit großer Wahrscheinlichkeit als eigenständige Schriften konzipiert wurden, dass nach der Entscheidung für ein umfassendes Werk diese frühen Textteile einem eher groben Schema folgend arrangiert wurden und dass der Autor sich bemüht zeigte, den aktuellen Ausdifferenzierungen des junghegelianischen Diskurses zeitnah Rechnung zu tragen. In der Konsequenz entstand eine Schrift, die der Weiterentwicklung des aufklärerischen Projektes durch die ehemaligen Junghegelianer eine völlig neue Richtung gab und deren Bereicherung des Repertoires argumentativer Strategien der Agitation für eine Veränderung gesellschaftlicher Verhältnisse um eine neue Art des Generierens von Überzeugungsleistungen nicht nur aufgrund der reflexiven Arbeit, die sie Marx und Engels abverlangte, bis heute bemerkenswert ist.

8 Eine kritische Neuausrichtung – Karl Marx und Friedrich Engels nach der Enttäuschung von 1842/43

Während Engels zum Zeitpunkt des für die junghegelianische Phase der deutschen Spätaufklärung so bedeutsamen Scheiterns des philosophisch-aufklärerischen Diskurses bereits im hochindustrialisierten Manchester weilte und seine Erfahrung der Enttäuschung daher von Eindrücken überlagert wurde, deren veranschaulichende Verarbeitung in *Die Lage der arbeitenden Klasse in England* ihm allgemeine Anerkennung einbringen sollte, erfuhr Marx die Konsequenzen des Scheiterns in besonders gravierender Weise. Nicht nur bedeutete das Verbot der *Rheinischen Zeitung für Politik, Handel und Gewerbe (RhZ)* für Marx neben dem Verlust von Publikationsmöglichkeiten den Verlust seiner Anstellung als Redakteur, auch sah sich Marx aufgrund der Passivität des deutschen Bürgertums – des Adressaten der philosophisch-aufklärerischen Einsätze – und des erfolgten Bruchs mit Bruno Bauer – einem seiner damals engsten Freunde – in besonderer Weise von der Verunsicherung der deutschen Spätaufklärer erfasst. Führte ihn die Freisetzung von seinen Tätigkeiten bei der *RhZ* schließlich ins Pariser Exil, so bot ihm die „neue" Philosophie Feuerbachs eine neue geistige Heimat.

Die mit diesem Übertritt ins Lager Feuerbachs gefundene Gewissheit und Sicherheit bei der Neupositionierung zeigte sich dann von einer solchen Stärke, dass sie nicht nur Marx' eigenständige Arbeiten wie die „Ökonomisch-philosophischen Manuskripte" prägte, sondern Marx außerdem veranlasste, gemeinsam mit Engels eine umfangreiche Verteidigungsschrift gegen die Angriffe Bauers auf Feuerbach zu verfassen *(Die heilige Familie)*. Das Marx'sche Vertrauen in die Angemessenheit des Feuerbach'schen „realen Humanismus" für die Fortsetzung des emanzipativen Projekts der Aufklärung war in der Folge dann weder durch die eigene Lektüre von Stirners Kritik an Feuerbach, noch durch die von Engels im Anschluss an die Rezeption des *Einzigen* formulierte Kritik zu erschüttern. Zu einer solchen Erschütterung kam es erst infolge der Vertiefung der eigenen Kenntnisse ökonomischer Schriften sowie der mündlichen Auseinandersetzungen mit dem Feuerbach-Intimus Hermann Kriege im Brüsseler Exil des Frühjahrs 1845. Der erste schriftliche Niederschlag dieser Erschütterung, die bekannten „Thesen ad Feuerbach", stand dann allerdings unter dem Zeichen einer erneuten Beschäftigung mit Stirner – dessen Kritik Marx und Engels so viel Zeit und Mühe widmen sollten, wie keinem anderen ihrer ehemaligen junghegelianischen Weggefährten.

Thematisiert der erste Abschnitt dieses Kapitels die Hinwendung zu Feuerbach und die erste Rezeption des *Einzigen*, in deren Folge sich die im sommerlichen Paris begründete Freundschaft von Marx und Engels wesentlich prekärer zeigen sollte als die retrospektiven Darstellungen der beiden Autoren der Manuskripte zur „Deutschen Ideologie" vermuten lassen, so unternimmt der zweite Abschnitt eine Rekonstruktion der Diskussionen im Frühjahr 1845, die Marx erstmals Schwierigkeiten bei der Verteidigung Feuerbachs bescherten. Der abschließende, dritte Abschnitt widmet sich dann dem Beginn der tatsächlichen Distanzierung von Feuerbach, wie er sich in den „Thesen ad Feuerbach" manifestiert.

8.1 Die Hinwendung zu Feuerbach und die erste Rezeption Stirners

Wie im Laufe der Untersuchung bereits anklang, war der Grad der Exposition der beiden Denker, deren Schicksal später so eng mit dem des jeweils anderen verbunden sein sollte, dass man einen vergleichbaren Fall in der europäischen Geistesgeschichte wohl vergeblich suchen würde, gegenüber den Erfahrungen des Scheiterns um den Jahreswechsel 1842/43 äußerst unterschiedlich. Während Engels sich in dieser für die junghegelianische Aufklärung entscheidenden Phase bereits in Manchester mit der Lebenswirklichkeit der zukünftig als Hoffnungsträger revolutionärer Veränderungen ausgemachten Klasse vertraut machen konnte – wenn auch aus vergleichsweise komfortabler Beobachterposition –, war Marx zu dieser Zeit intensiv in den Überlebenskampf der *RhZ* involviert. Auch das erste Treffen der beiden in Köln während der Engels'schen Durchreise nach England verlief so frostig, dass an eine Verquickung der beiden Lebenswege zu diesem Zeitpunkt wohl kaum zu denken war.[1] Für Marx gehörte Engels damals zweifelsohne zu den „Berlinern", die seines Erachtens für einen Großteil der Probleme verantwortlich zeichneten, mit denen er in seiner Funktion als Redakteur der radikalsten oppositionellen Zeitung zu kämpfen hatte. Und auf Engels, der nach Aussage von Moses Heß bereits zu diesem frühen Zeitpunkt zum Kommunismus übergetreten war,[2] muss der sich um diese Zeit noch um die Unterstützung des rheinischen Bürgertums für die *RhZ* bemühende Marx wie der Exponent einer Klasse gewirkt haben, die aus kommunistischer Perspektive eher als Teil des Problems denn als Teil der Lösung anzusehen war.

Marx suchte in der Folge einen Großteil seiner Enttäuschung ob der Ungerührtheit, mit welcher das preußische und generell deutsche Bürgertum die Entfernung der kritischen, junghegelianischen Stimmen aus der Öffentlichkeit hingenommen

---

[1] Vgl. Gustav Maier: Friedrich Engels. Eine Biographie, 2, verb. Aufl., 1. Bd., Berlin 1932, S. 117/118.
[2] Moses Heß an Berthold Auerbach, 19. Juni 1843, Moses Heß: Briefwechsel, hrsg. v. Edmund Silberner, 'S-Gravenhage 1959, S. 103: „Im vorigen Jahre nämlich, als ich im Begriffe war, nach Paris zu reisen, kam er [Engels, UP] von Berlin durch Köln; wir sprachen über die Zeitfragen und er, ein Anno I Revolutionär, schied von mir als allereifrigster Kommunist." Laut Gustav Maier: Friedrich Engels. Eine Biographie, a. a. O., S. 103, „besitzen wir aus dem November 1843 das ausdrückliche Geständnis [von Engels, UP], daß Heß der erste gewesen sei, der ihm und seinem Kreise den Kommunismus als die notwendige Weiterentwicklung der junghegelschen Doktrin plausibel machte".

hatte, mit einer Verlagerung des Ursprungs seiner Erkenntnisgewinne in die Schriften Feuerbachs zu kompensieren. Im Zuge dieses Kompensationsversuchs, den Marx während der Vorbereitung seiner Hochzeit mit Jenny von Westphalen in Kreuznach unternahm und der die konkrete Form einer Wiederholung der Feuerbach'schen anthropologischen Reduktion der Hegel'schen Religions- und Geistesphilosophie für die Hegel'sche Rechtsphilosophie annahm, entstanden die sogenannten „Kreuznacher Hefte" mit Exzerpten zur Politik und Geschichte sowie das Manuskript „Zur Kritik der Hegelschen Rechtsphilosophie".[3]

Neben diesen in die Tiefen der theoretischen Auseinandersetzung zielenden Beschäftigungen suchte Marx, auch dies ist allgemein bekannt, in Gemeinschaft mit Arnold Ruge eine neue Publikationsplattform zu etablieren, deren Ansiedlung außerhalb Preußens und des Deutschen Bundes gewährleisten sollte, dass die Behandlung zensurwidriger Themen nicht den Streichungen eines Zensors zum Opfer fallen würde. Für diese *Deutsch-französischen Jahrbücher (DfrJb)* versuchte Marx mit seinem Brief vom 3. Oktober 1843 auch Feuerbach als Autor zu gewinnen,[4] der sich in seinem mehrfach begonnenen Antwortbrief vom 25. Oktober 1843 einer Mitarbeit zwar nicht generell versagte, eine solche jedoch für den Augenblick ausschloss.[5] Diese Absage, die Marx in Paris erreichte, wohin er um den 11./12. Oktober 1843 Heß und Ruge gefolgt war, die ihr dortiges Domizil bereits am 9. August 1843 genommen hatten, sollte sich nicht nur bei späteren Aufforderungen Feuerbachs zu publizistischen Kooperationen wiederholen, sie sollte sich auch als schlechtes Omen für die Akquirierung weiterer Autoren erweisen. Vor allem die aufgrund der Konzeption des Projektes als deutsch-französische Kollaboration – wobei die Hoffnung wohl dahin ging, die vielbesungene deutsche Tiefgründigkeit mit der französischen Leidenschaft für politische Erhebungen zu vereinen, um aus dieser Verbindung eine Bewegung hervorgehen zu lassen, die die Mängel der jeweils anderen Seite zu vermeiden half – unverzichtbare Teilnahme französischer Autoren erwies sich als große Hürde bei der Realisierung dieses allein auf deutsche Initiativen zurückgehenden Projektes. Wie Ruge in seinem Brief an Marx vom 1. Dezember 1843 berichtete,[6] gestaltete sich die Suche nach teilnahmebereiten französischen Autoren äußerst schwierig und wurde schließlich ganz aufgegeben.

Auf lange Sicht folgenreicher als die Ablehnung der Mitarbeit von Seiten Feuerbachs und der französischen Autoren sollte sich jedoch die Kollaboration eines Autors erweisen, der in die Monotonie seiner kaufmännischen Tätigkeit in der Baumwollspinnerei Ermen & Engels mit der Fortführung seiner noch für die *RhZ* aufgenom-

---

[3] Karl Marx: Historisch-politische Notizen (Kreuznacher Hefte 1-5), MEGA² IV/2, S. 9-278; Karl Marx: Zur Kritik der Hegelschen Rechtsphilosophie. Einleitung, MEGA² I/2, S. 170-183.
[4] Marx an Feuerbach, 3. Oktober 1843, MEGA² III/1, S. 58-60.
[5] Feuerbach an Marx, 25. Oktober 1843, MEGA² III/1, S. 419/420. Der erste Entwurf eines Briefes an Marx, ebenda, S. 413/417; der zweite, ebenda, S. 418.
[6] Arnold Ruge an Marx, 1. Dezember 1843, MEGA² III/I, S. 422.

menen Korrespondententätigkeit sowie mit der Aufnahme ökonomischer Studien wohl etwas Abwechslung zu bringen hoffte. Aufgrund des vollständigen Fehlens Engels'scher Briefe aus seiner Zeit in Manchester kann über die Frage, auf wessen Initiative hin Engels zur Kollaboration an den *DfrJb* aufgefordert wurde, also ob Ruge oder Marx Engels zur Mitarbeit einluden, nur spekuliert werden. Legt man die vor dieser Zeit bestehenden Beziehungen zwischen den beiden Herausgebern und Engels zugrunde, so ist die Wahrscheinlichkeit jedoch um Einiges größer, dass Ruge für diesen für das Verhältnis von Marx und Engels so folgenschweren Schritt verantwortlich zeichnet.

Wenn von den beiden Beiträgen, mit welchen Engels sich an den *DfrJb* beteiligte, auch derjenige über Thomas Carlyles *Past and Present* in der damaligen Situation mehr Breitenwirkung entfaltete,[7] so trug der andere jedoch maßgeblich dazu bei, den ersten, schlechten Eindruck zu korrigieren, den Engels auf Marx 1842 im spätherbstlichen Köln gemacht hatte. Die Anerkennung, welche Marx, der mit der Übersiedlung nach Paris ebenfalls das Studium nationalökonomischer Schriften begonnen hatte, den Engels'schen *Umrissen zu einer Kritik der Nationalökonomie* noch Jahre später zollte,[8] begünstigte den Beginn einer Freundschaft, die, wie es so schön heißt, ein Leben halten sollte.

Und es war nicht so, dass Marx, dessen, wie Arnold Ruge in der retrospektiven Darstellung ihrer Zusammenarbeit in Paris formulieren sollte, „auflösendes, sophistisches Naturell" mehr und mehr zur Entfaltung drängte,[9] keinen Bedarf an neuen Freunden hatte. War der in *Zur Judenfrage*, einem der beiden Marx'schen Beiträge zu den *DfrJb*, noch vergleichsweise zaghaft vorgetragene Angriff auf Bruno Bauer auch nicht mehr als die öffentliche Manifestation einer Entfremdung, die nach dem Bruch Ruges mit den „Freien" im November 1842 auch die ehemals eng verbundenen Freunde Marx und Bauer erfasst hatte, so sollte auch die Freundschaft, die Marx und Ruge miteinander verband und die maßgeblich für das Gelingen der Gründung der neuen Publikationsplattform gewesen war, das Erscheinen des ersten und einzigen Bandes der *DfrJb* nur um ein Kurzes überdauern. Nachdem dieser Band am 29. Februar 1844 erschienen war, erfolgte der Bruch zwischen Ruge und Marx bereits Ende März, und man dürfte in der Annahme nicht fehlgehen, dass dieser Bruch auch eine Folge der zunehmenden Radikalisierung von Marx war, der, wohl unter Einfluss von

---

7 Engels an Marx, Anfang Oktober 1844, MEGA² III/1, S. 244: „Mein Artikel über Carlyle hat mir bei der ‚Masse' ein enormes Renommée verschafft, ..."
8 Friedrich Engels: Umrisse zu einer Kritik der Nationalökonomie, MEGA² I/3, S. 467-494; Karl Marx: Zur Kritik der Politischen Ökonomie. Erstes Heft, Berlin 1859, MEGA² II/2, S. 101: „Friedrich Engels, mit dem ich seit dem Erscheinen seiner genialen Skizze zur Kritik der ökonomischen Kategorien (in den Deutsch-Französischen Jahrbüchern) einen steten Ideenaustausch unterhielt, ..."
9 Arnold Ruge: Zwei Jahre in Paris. Studien und Erinnerungen, 1. Th., Leipzig 1846, S. 139. Heß griff auf diese Charakterisierung zurück, als es zwischen Marx und ihm anderthalb Jahre später ebenfalls zum Bruch kam (Heß an Marx, 29. Mai 1846, MEGA² III/2, S. 211).

Moses Heß, seine Hoffnungen zu dieser Zeit mehr und mehr auf eine Verbindung von Philosophie und Proletariat zu gründen begann, wie sich nicht zuletzt in dem zweiten Beitrag zu den *DfrJb, Zur Kritik der Hegelschen Rechtsphilosophie. Einleitung*, zeigt.[10]

Nach der Geburt seiner ersten Tochter Jenny am 1. Mai 1844 fand Marx dann die Zeit und Muße, die beiden maßgeblichen Einflüsse auf seine damalige geistige Entwicklung in einem Ansatz zu bündeln, dessen Anspruch einer Kritik, bzw. Widerlegung der Nationalökonomie ihn auf lange Zeit in den Bann schlagen sollte. Wenn die spätere Distanzierung von Feuerbach auch zu einem großen Teil aus der Beschäftigung mit nationalökonomischen Schriften resultieren sollte, so sah Marx im Sommer 1844 den Feuerbach'schen Humanismus noch als die erfolgversprechendste Grundlage einer Kritik, welche die gesellschaftlichen Missstände als Folge einer Entfremdung des Menschen von seinem Wesen betrachtete, wie Feuerbach sie gleichermaßen in der Sphäre der Religion beschrieben hatte. Mit der, der Nachwelt als „Ökonomisch-philosophische Manuskripte" bekannt gewordenen Schrift nahm ein Vorhaben zum ersten Mal Gestalt an, dessen Versprechen einer Realisierung ihm zwar einen vergleichsweise lukrativen Vorschuss nach dem Abschluss eines Vertrages mit dem Verleger Carl Friedrich Julius Leske einbringen sollte, dessen Fertigstellung jedoch aufgrund der mit der Zunahme an ökonomischen Kenntnissen gleichermaßen wachsenden Ansprüche und Erwartungen an die Fundiertheit einer solchen Kritik immer wieder aufgeschoben wurde. Vor dem Hintergrund dieses sich beständig wandelnden Vorhabens einer „Kritik der Politik und Nationalökonomie" ist es von Bedeutung festzuhalten, dass diese Kritik ursprünglich auf einem philosophischen Fundament ruhen sollte, dass also die Kritik der Nationalökonomie von Marx zu diesem Zeitpunkt mithilfe argumentativer Instrumente vorgenommen wurde, die ihre Überzeugungskraft aus der Evidenz gelingender Begriffsentwicklung beziehen sollten.

Die Verbundenheit mit der „neuen" Philosophie Feuerbachs kam im Sommer 1844 jedoch auch in anderer Beziehung zum Ausdruck. Nachdem Marx mit dem Artikel *Zur Judenfrage* die eingetretene Gegnerschaft zu Bauer öffentlich gemacht und sich als Anhänger Feuerbachs zu erkennen gegeben hatte, musste auch er sich durch die von Bauer in dessen *Allgemeiner Literatur-Zeitung (ALZ)* vorgetragenen Angriffe gegen Feuerbach[11] herausgefordert fühlen. Zwar lässt sich der Zeitpunkt, zu welchem Marx die Entscheidung zu einer umfassenden Kritik Bauers und seiner Anhänger traf, nicht exakt bestimmen, es gibt jedoch einige Anhaltspunkte, die eine nähere Eingrenzung ermöglichen. Dass dieses Thema im Kreis der Familie Marx schon eine gewisse Zeit vor dem Sommer 1844 präsent gewesen sein muss, zeigt sich etwa mit einem Brief, den Marx' Frau Jenny ihm um den 21. Juni 1844 aus Trier schrieb, wohin sie um den 13. Juni 1844 mit der kleinen Tochter gereist war, um die Genesung des kränkeln-

---

10 Karl Marx: Zur Kritik der Hegelschen Rechtsphilosophie. Einleitung, MEGA² I/2, S. 170-183.
11 Siehe oben, Kapitel 3, Abschnitt 2.

den Kindes zu beschleunigen. Von dort berichtet sie an Marx die Einschätzung des Arztes Robert Schleicher, dass es an der Zeit sei, „daß Du den Bauer angriffst".[12]

Marx scheint seine Überlegungen bezüglich einer expliziten Kritik Bauers dann in verschiedenen Briefen an Georg Jung und Heß, der seit dem 7. März 1844 wieder nach Köln übergesiedelt war, mitgeteilt zu haben, jedenfalls schrieb der erstere Marx in einem Brief, mit welchem er am 31. Juli 1844 die Hefte 5, 6 und 7 der Bauer'schen *ALZ* übersandte: „Ihre Bemerkungen über Bauer sind gewiß richtig, nur scheint es mir, daß es gut wäre, wenn Sie dieses zu einer Kritik für irgend ein deutsches Blatt ausarbeiten, und zwar hauptsächlich um Bauer aus seinem geheimnißvollen Hinterhalt hervorzulocken. [...] Schreiben Sie mir gleich was Sie für gut halten zu thun gegen Bauer, wenn Sie durchaus keine Zeit dran wenden mögen, wollen Hess und ich Ihre Briefe zu einem Zeitungsartikel zurichten."[13]

Marx war zu diesem Zeitpunkt insofern nicht nur von verschiedener Seite über die Verbreitung der Einschätzung unterrichtet, dass eine Kritik Bauers und seiner Anhänger für notwendig oder zumindest wünschenswert erachtet wurde, auch war er durch Jung in den Besitz neuer Materialien gelangt, welche Stoff für eine solche Kritik boten. So fand sich etwa in Heft 5 der *ALZ* Bauers Rezension zum zweiten Band der *Politischen Vorlesungen* von Hinrichs, in welcher Bauer zum einen seine Umdeutung der jüngsten Geschichte in einen sich nun unverstellt zeigenden „Kampf der Masse mit dem Geist" vornahm – einen Kampf, den er darüber hinaus als „Ziel der ganzen bisherigen Geschichte" darstellte.[14] Zum anderen, und für Marx vor dem Hintergrund der von ihm jüngst angeeigneten Vorstellung einer Arbeitsteilung zwischen theoretisch kämpfender Philosophie und praktisch kämpfendem Proletariat noch weit provozierender, äußerte sich Bauer über das Verhältnis der von ihm gleichermaßen verachteten Masse und der Philosophen: „Die Philosophen waren dazu prädestinirt, den Herzenswunsch der Masse zu erfüllen. Sie geben ihr einfache Begriffe und Redensarten, bis es der Masse auch vor diesen ekelt und das reine Nichts der Erbärmlichkeit einen andern Ausdruck erhält. Der Triumph ihrer Wortführer ist immer nur ein augenblicklicher – er ist jetzt schon zu Ende; die Auflösung dieser Materie, in welche die ganze bisherige Geschichte zusammengefallen ist, geht reißend schnell vor sich."[15]

Es gab also sowohl ausreichend Grund, als auch ausreichend Gelegenheit, die in *Zur Judenfrage* noch vergleichsweise zaghaft begonnene, kritische Distanzierung von Bauer Anfang August 1844 zu forcieren. Mit dem am 31. Juli 1844 fertig gestellten Artikel *Kritische Randglossen zu dem Artikel „Der König von Preußen und die Sozialre-*

---
12 MEGA² III/1, S. 430.
13 Ebenda, S. 436/437
14 Bruno Bauer: [Rezension zu:] Hinrichs, politische Vorlesungen. Zweiter Band. Halle, 1843. 489 S., in: Allgemeine Literatur-Zeitung, Monatsschrift, hrsg. v. Bruno Bauer, H. 5 vom April 1844, Charlottenburg, S. 23-25, hier S. 24.
15 Ebenda.

form. Von einem Preußen", der am 7. und 10. August 1844 in dem Marx damals zugänglichsten Periodikum – dem von deutschen Exilanten in Paris herausgegebenen *Vorwärts!* – erschien, war zudem der Bruch mit Ruge nunmehr auch theoretisch fundiert der Öffentlichkeit zur Kenntnis gebracht, so dass auch von dieser Seite einer Konzentration auf eine Fundamentalkritik Bauers nichts mehr im Wege stand.[16] Dies alles stützt die Vermutung, dass Marx, der zu dieser Zeit aufgrund der Abwesenheit seiner Frau und Tochter aus Paris auch der familiären Pflichten enthoben war, den August bereits für die Arbeit an der Kritik Bauers und seiner Anhänger nutzte, so dass er am 23. August 1844, als Engels auf der Durchreise von England nach Barmen Station in Paris machte, diesen zur Mitarbeit an einem bereits begonnenen Projekt auffordern konnte.

Wenn auch nicht mit Sicherheit auszuschließen ist, dass die Entscheidung von Engels, von England aus nicht direkt nach Barmen zurückzureisen, sondern dabei den Umweg über Paris zu nehmen, auf eine Einladung Ruges und nicht Marx' zurückzuführen ist, so stand sein Aufenthalt in Paris doch eindeutig unter dem Stern des letzteren.[17] Hatte bereits die Hochachtung für die Kontributionen des jeweils anderen zu den *DfrJb* für Tauwetter in dem ehemals frostigen Verhältnis der beiden gesorgt, so ist davon auszugehen, dass die Vereinigung zum Zwecke der Desavouierung Bauers, der sich von Seiten Engels' nie einer ähnlich großen Wertschätzung wie von Seiten Marx' erfreut hatte, auch die letzten Reste an Frost zum Schmelzen brachte. In der überlieferten, bald nach dem Engels'schen Aufenthalt einsetzenden Korrespondenz erscheinen die zehn, gemeinsam in Paris verlebten Tage jedenfalls in einer außerordentlichen Wärme, die durchaus darauf schließen lässt, dass die beiden unabhängig voneinander zu ähnlichen Positionierungen gelangt waren und dass dieser theoretische Gleichklang sich dann in die besondere Sympathie für einander übersetzte, von welcher die Vertrautheit der im Anschluss einsetzenden Korrespondenz zeugt.[18] Es ist

---

16 Karl Marx: Kritische Randglossen zu dem Artikel „Der König von Preußen und die Socialreform. Von einem Preußen", MEGA² I/2, S. 445–463.

17 Über den genauen Zeitpunkt der Aufnahme der Korrespondenz zwischen Marx und Engels gibt es keine verlässlichen Quellenangaben. Der Sachverhalt, dass Engels seine Briefe an Marx anfänglich nummerierte und dass der erste überlieferte Brief auch der erste in der Engels'schen Zählung ist (vgl. den zweiten Brief an Marx vom 19. November 1844, MEGA² III/1, S. 250), macht es jedoch wahrscheinlich, dass vor Engels' Paris-Aufenthalt noch keine umfangreiche Korrespondenz zwischen den beiden etabliert war. Es ist ferner durchaus möglich, dass Engels die Marx'sche Abrechnung mit Ruge im *Vorwärts!* bereits vor seiner Ankunft in Paris rezipiert hatte und so bereits darauf vorbereitet war, dass die beiden Herausgeber seiner Artikel für die *DfrJb* sich miteinander überworfen hatten. Im Hinblick auf die inhaltlichen Positionierungen standen sich die beiden Autoren der Manuskripte zur „Deutschen Ideologie" bereits im August 1844 näher, als der bekennende Kommunist Engels und der Demokrat Ruge.

18 So schrieb Engels in seinem ersten Brief an Marx über die gemeinsame Zeit in Paris, Anfang Oktober 1844; MEGA² III/1, S. 246: „Ich bin seitdem doch nicht wieder so heiter und menschlich gestimmt gewesen als ich die zehn Tage war, die ich bei Dir zubrachte."

davon auszugehen, dass in dieser kurzen gemeinsamen Zeit die Grundlage auch für die weit engere und längere Kooperation gelegt wurde, deren Ergebnis sich dann in den gemeinsam verfassten Manuskripten zur „Deutschen Ideologie" zeigt.

Engels schrieb seine Beiträge zu der von den Verlegern später mit dem Titel *Die heilige Familie* versehenen „Kritik der kritischen Kritik" (i. e. Bauers und seiner Anhänger) in der kurzen Zeit seines Aufenthaltes in Paris. Wenn Marx an seinen, wesentlich umfangreicheren Beiträgen zur *Heiligen Familie* noch bis Ende November 1844 arbeitete und mit den unzähligen Korrekturen, die aufgrund der schweren Lesbarkeit seiner Handschrift anfielen, bis in den Januar 1845 hinein beschäftigt war,[19] so ist die frühe Fertigstellung seiner Beiträge nicht das Einzige, was Engels Marx zu dieser Zeit voraus hatte. Zieht man in Betracht, dass in den August 1844 auch die erste nachweisbare Rezeption Stirners durch Marx fiel, so war Engels mit seinem „Duz-Freund" Stirner bereits aus Berliner Tagen vertraut.[20]

Zu dieser ersten Rezeption Stirners durch Marx kam es, da Georg Jung Marx zusätzlich zu den erwähnten Heften der Bauer'schen *ALZ*, in welchen sich auch eine Besprechung der Sue'schen *Mystères de Paris* von Szeliga findet, den Aufsatz Stirners über das gleiche Sujet aus der Buhl'schen *Berliner Monatsschrift* übersandte und in

---

19 Zacharias Löwenthal an Marx, 15. Januar 1845, MEGA² III/1, S. 448: „Übrigens habe ich jedesmal bei der Korrektur meine liebe Noth mit dem Unverstand des Abschreibers Ihres Manuskripts; denn es kommen ganz zerrissene, oft halbe Sätze vor, die ich stets mit der größten Vorsicht ändern muß, wenn das Buch hie und da nicht ganz unverständlich bleiben soll. Ich mache deßhalb auch die Correctur selbst, da ein pedantischer und *zu* gewissenhafter Correctur nur auf die *Buchstaben*fehler sieht. Übrigens dürfen Sie von meiner Sorgfalt für die Sache gründlich überzeugt sein!" Die schwere Lesbarkeit der Marx'schen Handschrift ist für die Frage der Autorschaft an den Manuskripten zur „Deutschen Ideologie", die nahezu sämtlichst in der Handschrift von Engels oder Weydemeyer vorliegen, von großer Relevanz, siehe unten, Kapitel 9, Abschnitt 3.
20 Siehe Kapitel 4, Abschnitt 1. Aufgrund des vollständigen Fehlens Engels'scher Briefe aus der von Ende 1842 bis August 1844 verbrachten Zeit in England lässt sich die Frage, ob Engels den Kontakt zu Stirner auch nach seiner Abreise aus Berlin aufrecht gehalten hat, nicht mehr klären. Dass Engels die Aushängebogen von Stirners *Einzigem* von dem gemeinsamen Verleger Otto Wigand erhielt, scheint zumindest nicht gegen die Annahme einer Fortführung des Kontaktes zu sprechen (so ist es etwa denkbar, dass Engels Wigand von Stirner als möglicher Rezensent seines Werkes empfohlen worden war und ihm aus diesem Grund die Lektüre des Werkes schon vor seinem Erscheinen ermöglicht werden sollte).
Für Marx gilt nichts Vergleichbares. Wenn es auch nicht völlig auszuschließen ist, dass Marx bereits zu seiner Zeit als Redakteur der *RhZ* in brieflichem Kontakt mit dem aus Berlin korrespondierenden Stirner stand, so ist dies aufgrund des völligen Fehlens Stirner'scher Korrespondenzen in der *RhZ* nach der Übernahme der Redaktion durch Marx doch sehr wenig wahrscheinlich. Auch der Sachverhalt, dass Engels Marx in seinem Brief vom 19. November 1844, in welchem er seine erste Lektüre-Erfahrung des *Einzigen* mitteilt, Stirner als den Autor der Rezension über die Sue'schen *Mystères* in der Buhl'schen *Berliner Monatsschrift* in Erinnerung ruft, spricht dafür, dass Stirner Marx vorher noch kein Begriff gewesen war.

dem Begleitbrief um Aufklärung über den Wert der jeweiligen Behandlung bat.[21] Wenn über die aus Marx' Feder stammende Aufklärung aufgrund des Verlustes des Marx'schen Antwort-Briefes auch nichts bekannt ist, so ist doch der Sachverhalt von einigem Interesse, dass Marx die Besprechung von Szeliga zwar intensiv in der *Heiligen Familie* kritisierte, dabei jedoch mit keinem Wort auf diejenige Stirners (bzw. Schmidts) einging.[22] Wenn sich insofern auch keine Anhaltspunkte für die Art dieser ersten nachweisbaren Rezeption Stirners durch Marx finden lassen, so belegt der Sachverhalt, dass Engels drei Monate später Marx den Autor des *Einzigen* mit den Worten in Erinnerung rief, „Du kennst den Berliner Schmidt, der in der Buhlschen Sammlung über die mystères schrieb", dass die Stirner'sche Besprechung in den Pariser Unterhaltungen zwischen Marx und Engels thematisiert worden sein muss.[23]

Während Marx die Zeit nach Engels' Abreise am 2. September 1844 damit verbrachte, die Widerlegung Bauers und seiner in der *ALZ* schreibenden Anhänger ausgehend von einem Feuerbach'schen Fundament auf einen Umfang auszudehnen, den Engels später als der eigenen Sache wenig zuträglich bezeichnen sollte,[24] war letzterer über die weiteren Stationen Köln und Düsseldorf zurück nach Barmen gereist. Die Schilderung des dortigen Fortschritts der kommunistischen Bewegung in dem ersten überlieferten Brief an Marx vom Anfang Oktober 1844 vermittelt einen gu-

---

21 Georg Jung an Marx, 31. Juli 1844, MEGA² III/1, S. 437: „Ich lege Ihnen noch eine Kritik der mystères de Paris aus Buhls Monatsschrift bei, die ich in vieler Beziehung für ausgezeichnet halte, einen merkwürdigen Contrast bildet mit derselben die Kritik der B. Litteraturzeitung, welche auch manches Gute enthält. – Es wäre mir sehr lieb, wenn Sie mir über diese beiden Aufsätze Ihre Ansicht und einige Belehrung zukommen lassen wollten. – Es scheint mir Schmidt [d. i. Stirner, UP] Unrecht zu haben wenn er E. Sue als bloßen Vertreter der alten unmenschlichen Moral und Sittlichkeit hinstellt, denn in die unteren Parthien seines Gemäldes steigt er doch mit dem Maaßstabe des Menschen hinab, hingegen kann man gewiß nicht mit der Litteraturzeitung in Rudolph und besonders in dem Verdammten Pfarrer von Bouqueval überall wahre Menschlichkeit finden. – Was die Litteraturzeitung von der Einheit in Kunstwerken, als einer alten Fessel sagt, ist in dieser abstrakt hingeworfenen Weise gewiß Unsinn, dem unmenschlichen Zustande der Gesellschaft den Sue malt, muß er doch in Rudolph etc. die reine Menschheit entgegensetzen, und das wollte er auch, allein den bezeichnet Schmidt gewiß mit Recht als einen Flickschneider des Juste milieu."
22 Marx (und Engels) scheinen über die Identität Szeligas, der seinen Eintritt in die Berliner junghegelianischen Kreise erst nahm, nachdem Marx und Engels Berlin bereits wieder verlassen hatten, im Unklaren gewesen zu sein. Einige Passagen aus der Stirner-Kritik *Sankt Max*, in welcher Szeliga sehr prominent figuriert, scheinen den Verdacht nahe zu legen, dass Marx Stirner und Szeliga für zwei Pseudonyme eines Autors hielt. Siehe zur Rolle von Szeliga in der Kritik Stirners unten, Kapitel 10, Abschnitt 2.
23 Engels an Marx, 19. November 1844, MEGA² III/1, S. 251.
24 Engels an Marx, 17. März 1845, ebenda, S. 271: „Die Kritische Kritik – ich glaube ich schrieb Dir schon daß sie angekommen ist – ist ganz famos. Deine Auseinandersetzungen über Judenfrage, Geschichte des Materialismus und mystères sind prächtig und werden von ausgezeichneter Wirkung sein. Aber bei alledem ist das Ding zu groß. Die souveräne Verachtung mit der wir Beide gegen die Lit. Z. auftreten, bildet einen argen Gegensatz gegen die 22 Bogen, die wir ihr dediziren."

ten Eindruck von der Euphorie, welche insbesondere Engels im Anschluss an die festgestellte Übereinstimmung in theoretischen Fragen erfasst haben musste.[25] Die Inklusivität der damaligen Verwendung der Bezeichnung „Kommunisten" bildet dabei einen starken Kontrast zu der zunehmend exklusiveren Bestimmung der Zugehörigkeit zum Kreis der Kommunisten, wie sie in der späteren Phase der „Sichtung der Philosophie vom Kommunismus" unter Federführung von Marx, aber mit maßgeblicher Beteiligung auch Engels' entwickelt wurde. Während sich für den Zeitraum Spätsommer/Herbst 1844 aufgrund der brieflichen Aussagen von Engels der Eindruck einstellt, die kommunistische Bewegung (oder Partei) könne in Preußen und Deutschland schon auf eine große Anhängerschaft zählen, so sollte diese Anhängerschaft nach Marx' und Engels' spätestens mit dem Frühjahr 1846 nachweisbarer Ansicht nur mehr die Ränge der „wahren Sozialisten" und nicht der veritablen Kommunisten füllen.

Es verdient in diesem Zusammenhang hervorgehoben zu werden, dass das tatsächliche Proletariat bei aller damals bereits formulierten theoretischen Wertschätzung als dem Nährboden, auf welchem die Hoffnung auf eine zukünftige, tatsächlich erfolgende, revolutionäre Erhebung keimen sollte, von der von Engels als überaus erfolgreich beschriebenen, kommunistischen Agitation zu dieser Zeit vollkommen unberührt blieb.[26] Somit zeigt sich hier ein Phänomen, das die diskursiven Einsätze von Marx und Engels bis weit über die Abfassung der Manuskripte zur „Deutschen Ideologie" hinaus begleiten sollte und das gewisse Ähnlichkeiten mit der Reaktionen Feuerbachs und Bauers auf das Scheitern des philosophisch-aufklärerischen Diskurses mit ihrer Konzeptionierung eines alternativen Adressaten aufweist: wenn auf theoretischer Ebene auch ein Wechsel des Adressaten vom oppositionellen Bürgertum zum Proletariat von Marx und Engels durchaus früh vollzogen wurde, so gelang die Berücksichtigung dieser theoretischen Neupositionierung und die tatsächliche Ausrichtung auf diesen neuen Adressaten erst mit dem zum Ende 1847/Anfang 1848 ver-

---

25 Engels an Marx, Anfang Oktober 1844, ebenda, S. 245: „Seit ich das Vorhergehende schrieb, war ich in Elberfeld und bin wieder auf ein Paar mir früher total unbekannte Kommunisten gestoßen. Man mag sich hindrehen und hinwenden wohin man will, man stolpert über Kommunisten."
26 Ebenda, S. 244: „Könnten wir unmittelbar aufs Volk wirken, so wären wir bald obendrauf, aber das ist so gut wie unmöglich, besonders da wir Schreibenden uns still halten müssen um nicht gefasst zu werden."; vgl. auch die Schilderung der Zusammensetzung des Publikums der von Engels in Elberfeld gehaltenen Reden, einer Schilderung, in welcher sich die beschriebene Euphorie über die Fortschritte des Kommunismus in Deutschland noch ungebrochen erhalten hat, Engels an Marx, 22. Februar – 7. März 1845, ebenda, S. 267: „Ganz Elberfeld und Barmen von der Geldaristokratie bis zur épicerie, nur das Proletariat ausgeschlossen, war vertreten." sowie die schon etwas resignativer klingende Formulierung in Engels an Marx, 17. März 1845, ebenda, S. 273: „Im Übrigen ist hier nichts Neues. Die Bourgeoisie politisirt und geht in die Kirche, das Proletariat thut, wir wissen nicht was, und können's auch kaum wissen."

fassten *Manifest der kommunistischen Partei*.[27] Für die infrage stehende Zeit und besonders für den Zeitraum vor dem Beginn der „Sichtung der Philosophie vom Kommunismus" ist hingegen zu konstatieren, dass, auch für Marx und Engels, die doppelte Zugehörigkeit zum Bürgertum einerseits und zur kommunistischen Bewegung andererseits nicht nur nicht die Ausnahme, sondern, zumal in Deutschland, vielmehr die Regel darstellte.

Das inklusive Verständnis der Zugehörigkeit zum Kommunismus zeigt sich auf Seiten Engels' in leicht abgewandelter Form auch in der Art und Weise, wie Engels den *Einzigen* Stirners anfänglich aufnahm. Bevor der in dieser Hinsicht besonders aussagekräftige Brief an Marx vom 19. November 1844, in welchem die im Vergleich zur rein ablehnenden Kritik von *Sankt Max* äußerst wohlwollende Aufnahme des *Einzigen* durch Engels dokumentiert ist, eingehend thematisiert wird, sind ein paar Bemerkungen über den Umstand angebracht, dass Engels wohl zu den allerersten Rezipienten des *Einzigen* zu zählen ist. Zwar sind über den Sachverhalt hinaus, dass Engels die Aushängebogen des *Einzigen* von dem Verleger Otto Wigand erhielt und diese zum Zeitpunkt der Niederschrift seines Briefes vom 19. November 1844 bereits bei Heß in Köln gelassen hatte,[28] kaum sichere Angaben über die Rahmenbedingungen der ursprünglichen Engels'schen Rezeption zu treffen, es lassen sich jedoch einige Überlegungen anstellen, welche die näheren Umstände zu erhellen erlauben.

Die Frage nach dem Zeitpunkt, zu welchem Engels die Aushängebogen erhielt, lässt sich noch vergleichsweise einfach klären, lassen sich doch einige Eckdaten festhalten, welche seine nähere Eingrenzung erlauben. So ist nicht nur auszuschließen, dass Engels die Bogen vor dem 2. September 1844 – dem Zeitpunkt seiner Abreise aus Paris – erhielt, auch ist es wenig wahrscheinlich, dass Engels die Bogen vor seinem Brief an Marx von Anfang Oktober 1844 in den Händen hielt. Vor dem Hintergrund des großen Eindrucks, den, wie die ausführliche Besprechung im Brief vom 19. November 1844 zeigt, der *Einzige* auf Engels bei seiner ersten Lektüre gemacht hat, wäre es merkwürdig, dass Engels in seinem Brief von Anfang Oktober 1844 nichts von dieser Lektüre verlauten ließ. Stellt man darüber hinaus in Rechnung, dass für die Zusendung der Aushängebogen – also der Bogen, die normaler Weise für den Zweck der abschließenden Prüfung eines gesetzten Werkes versandt wurden, bevor es in den Druck ging – nach dem Erscheinen des *Einzigen* zwischen dem 24. und 26. Oktober

---

[27] Karl Marx/Friedrich Engels: Manifest der Kommunistischen Partei, MEGA¹ I/6, Berlin 1932, S. 523-557. Praktische Erfahrungen in der Adressierung einer proletarischen Zuhörerschaft konnte Marx bereits kurz zuvor in einigen Vorlesungen sammeln, die er Ende Dezember 1847 im Brüsseler Deutschen Arbeiterverein hielt. Ausgehend von den diesen Vorlesungen zugrundeliegenden Manuskripten entstand dann die Artikelfolge, die Marx im April 1849 in der *Neuen Rheinischen Zeitung* veröffentlichte (Karl Marx: Lohnarbeit und Kapital, MEGA¹ I/6, Berlin 1932, S. 473-499).

[28] Engels an Marx, 19. November 1844, MEGA² III/1, S. 251: „Du wirst von dem Stirnerschen Buch: Der Einzige und sein Eigenthum gehört haben, wenn es noch nicht da ist. Wigand schickte mir die Aushängebogen die ich mit nach Köln nahm und bei Heß ließ."

1844 kaum ein Anlass denkbar ist, dass schließlich Engels die Bogen zum Zeitpunkt der Niederschrift des Briefes an Marx vom 19. November 1844, den er in Barmen verfasste, bereits einige Zeit vorher bei seinem Besuch bei Heß in Köln gelassen hatte, so ergibt sich der Zeitraum von Anfang bis um den 24. Oktober als der Zeitraum, in welchem die erste Lektüre des *Einzigen* durch Engels anzusetzen ist. Für eine, über diese ungefähren Angaben hinausgehende Eingrenzung des Zeitraums ist eine Erörterung der Gründe vonnöten, aus welchen Engels die Aushängebogen von Wigand erhielt.

Dass Engels überhaupt die Aushängebogen von Wigand erhielt, ist ein Umstand, der weniger überraschend wirkt, wenn in Rechnung gestellt wird, dass Wigand damals nicht nur der Verleger von Stirners *Einzigem* war, sondern sich ebenfalls den Verlag der noch in Arbeit befindlichen Schrift von Engels, die Ende Mai 1845 unter dem Titel *Die Lage der arbeitenden Klasse in England* erscheinen sollte, gesichert hatte. Dies bedeutet, dass die Initiative zur Sendung der Aushängebogen an Engels auch von Wigand selbst ausgegangen sein kann und nicht etwa nur Stirner als Urheber dieser Handlung infrage kommt. Zwar sind keine Briefe der Korrespondenz zwischen Engels und Wigand überliefert, im Gegensatz zu der Frage nach der Aufrechterhaltung des brieflichen Kontakts zwischen Engels und Stirner ist die Existenz einer solchen Korrespondenz aber als sicher anzunehmen.

Vor diesem Hintergrund lassen sich folgende Varianten einer Beantwortung der Frage vorstellen, aus welchem Grund Engels die Aushängebogen des *Einzigen* erhielt. Unter Voraussetzung eines noch bestehenden brieflichen Kontakts zwischen Engels und Stirner[29] könnte Engels über die Arbeit am *Einzigen* auf dem Laufenden gewesen sein und so etwa selbst um die Zusendung der Aushängebogen gebeten haben. Mit vergleichsweise großer Sicherheit kann hingegen ausgeschlossen werden, dass Engels die Bogen aus dem Grund zugesandt bekam, aus welchem Aushängebogen damals überhaupt versandt wurden, also der Prüfung des gesetzten Textes auf Fehler, denn in diesem Falle hätte er die Bogen wohl zurück an Wigand senden müssen und kaum bei Heß in Köln zurücklassen können.

Weit eher vorstellbar ist, dass Wigand die Bogen nach bereits erfolgter Prüfung Engels zukommen ließ, um ihm eine Lektüre vor dem Erscheinen des Werkes mithilfe

---

29 Für die Annahme eines weiterhin bestehenden Kontakts zwischen Engels und Stirner – oder zumindest für das Weiterbestehen einer gewissen Sympathie – spricht auch die Tatsache, dass die Bezugnahmen von Engels auf Stirner in der Zeit vor der Abfassung von *Sankt Max* wesentlich weniger abwertend ausfallen, als nach der unter maßgeblichem Einfluss von Marx vorgenommenen Kritik. Vgl. etwa die zwar leicht ironisierende, aber im Vergleich mit *Sankt Max* geradezu freundliche Bemerkung über Stirner in *Die Lage der arbeitenden Klasse in England*, MEGA[1] I/4, Berlin 1932, S. 30: „Daher kommt es denn auch, daß der soziale Krieg, der Krieg Aller gegen Alle, hier offen erklärt ist. Wie Freund Stirner, sehen die Leute einander nur für brauchbare Subjekte an; ..."; u. ebenda, S. 263: „Die freie Konkurrenz will keine Beschränkung, keine Staatsaufsicht, der ganze Staat ist ihr zur Last, sie wäre am vollkommensten in einem ganz staatenlosen Zustande, wo jeder den andern nach Herzenslust ausbeuten kann, wie z. B. in Freund Stirners ‚Verein'."

der für den Prozess der Drucklegung nicht mehr benötigten Bogen zu ermöglichen. Ob dies auf Wunsch Stirners hin erfolgte, oder ob Wigand für diese Entscheidung verantwortlich zeichnete, muss dahin gestellt bleiben. Eine interessante Spekulation stellt die Überlegung dar, ob Engels die Aushängebogen in Verbindung mit der Aufforderung erhielt, eine Rezension des *Einzigen* zu verfassen. Ein solcher Wunsch nach einer Rezension durch einen (zumindest ehemals) befreundeten Autor, der in diesem Fall noch dazu vom gleichen Verleger verlegt wurde, war damals keine Seltenheit, wie etwa durch den Sachverhalt ersichtlich wird, dass Joseph Weydemeyer eine 29 Seiten umfassende Rezension der *Lage der arbeitenden Klasse in England* in dem von Otto Lüning herausgegebenen Jahrbuch *Dies Buch gehört dem Volke* veröffentlichte.[30] Für die Annahme einer solchen Aufforderung nach einer Rezension des *Einzigen* durch Engels würde auch der Umfang der Bemerkungen über den *Einzigen* in dem Brief an Marx vom 19. November 1844 sprechen, die Engels nach eigener Aussage niederschrieb, nachdem er die Aushängebogen bereits bei Heß in Köln gelassen hatte, und die also entstanden, ohne dass Engels das Stirner'sche Werk zur Hand hatte. Die Tatsache, dass Engels von dem Vorhaben einer Rezension Abstand nahm, könnte dann unmittelbar mit der harschen Reaktion von Marx zusammenhängen, der, wie die weiteren Briefe von Engels zeigen, dem wohlwollenden Urteil von Engels keineswegs zuzustimmen bereit war. Dass Heß, wie Engels sich in seinem Brief an Marx vom 20. Januar 1845 ausdrückt, in der Beurteilung des *Einzigen* „nach einigen Meinungsschwankungen ebendahin gekommen" sei wie Marx,[31] legt die Vermutung nahe, dass Engels, so er eine Besprechung des Stirner'schen Werkes geplant hatte, entschied, diese nach der vollständigen Ablehnung Stirners sowohl durch Marx, als auch durch Heß dem letzteren zu überlassen, der sie dann in Verbindung mit einer Kritik Feuerbachs und Bauers in seiner Schrift *Die letzten Philosophen* vornahm.[32]

Die Bemerkungen, welche Engels Marx bezüglich seiner ersten Lektüre des *Einzigen* gegenüber äußert, sind vor dem Hintergrund der ansonsten vorherrschenden, rein negativen Rezeption des als unverblümter Vertreter des Egoismus wahrgenommenen Stirner von besonderem Interesse. In ihnen zeigt sich, dass die in den retrospektiven Bezugnahmen von Marx und Engels stets betonte, völlige Übereinstimmung zwischen den beiden Klassikern des 19. Jahrhunderts in der Zeit nach dem gemeinsamen Aufenthalt in Paris noch weitaus prekärer war, als im Nachhinein behauptet wurde. Schon in dem einleitenden Teil der Bemerkungen über das Werk, dessen bereits erfolgte Kenntnisnahme durch Marx Engels vermutet,[33] offenbart sich

---

30 J[oseph] Weydemeyer: [Rezension zu:] Die Lage der arbeitenden Klasse in England. Nach eigener Anschauung und authentischen Quellen von *Friedrich Engels*, in: Dies Buch gehört dem Volke, hrsg. v. Otto Lüning, 2. Jg., Bielefeld 1845, S. 66-94.
31 MEGA² III/1, S. 259.
32 Moses Heß: Die letzten Philosophen, Darmstadt 1845.
33 Engels an Marx, 19. November 1844, MEGA² III/1, S. 251: „Du wirst von dem Stirnerschen Buch: Der Einzige und sein Eigenthum gehört haben, wenn es noch nicht da ist."

die vergleichsweise differenzierte Beurteilung, die Engels dem Stirner'schen Werk angedeihen lässt. Die Inbeziehungsetzung des Stirner'schen Egoismus mit den Positionen Jeremy Benthams ist im Kontext der zu dieser Zeit sowohl von Engels, als auch von Marx betriebenen Aneignung nationalökonomischer Klassiker durchaus als gewisse Anerkennung zu verstehen, bedeutet sie doch die Konstatierung einer Anschlussfähigkeit der Stirner'schen Ausführungen aus nationalökonomischer Perspektive, was dem zur gleichen Zeit in der *Heiligen Familie* heftigst angegriffen Bauer in keinem Falle konzediert worden wäre:

> Das Prinzip des edlen Stirner – Du kennst den Berliner Schmidt, der in der Buhlschen Sammlung über die mystères schrieb – ist der Egoismus Benthams, nur nach der einen Seite hin consequenter, nach der andern weniger consequent durchgeführt. Consequenter, weil St. den Einzelnen als Atheist auch über Gott stellt, oder vielmehr als Allerletztes hinstellt, während Bentham den Gott noch in nebliger Ferne drüber bestehen läßt, kurz weil St. auf den Schultern des deutschen Idealismus steht, in Materialismus und Empirismus umgeschlagener Idealist, wo Bentham einfacher Empiriker ist. Weniger consequent ist St. weil er die Reconstruirung der in Atome aufgelösten Gesellschaft, die B. bewerkstelligt, vermeiden möchte, aber es doch nicht kann.[34]

Auch das Motiv der atheistischen Grundhaltung Stirners, die von Engels im Vergleich mit Bentham hervorgehoben wird, offenbart eine Gemeinsamkeit zwischen den ehedem vereint gegen die theologische Bestimmung des Bewusstseins zu Felde Ziehenden, wie sie etwa innerhalb der sozialistischen oder kommunistischen Bewegung in der damaligen Zeit keineswegs Gemeinplatz war. Die Frage, ob die kommunistische Agitation erfolgreicher in Abgrenzung zur christlichen Religion oder unter Rückführung des Kommunismus auf diese Religion zu betreiben wäre, sollte in der späteren Phase der Differenzierung eines „wissenschaftlichen" von einem „wahren" Sozialismus eine kaum zu überschätzende Bedeutung erlangen. Wenn Engels schließlich Stirner als Materialisten und Empiristen bezeichnet, so klingt in dieser Charakterisierung eine intellektuelle Verortung Stirners mit, welche Stirner zum eher Feuerbach'schen Strang der früheren junghegelianischen Debatte rechnet, könnte das Umschlagen vom Idealismus in Materialismus und Empirismus doch mit gleichem Recht Feuerbach (oder eben auch Marx) zugesprochen werden.

Es kann nach diesen Bemerkungen nicht überraschen, dass Engels bei aller Kritik an den Stirner'schen Ausführungen eine doppelte Anschlussfähigkeit des *Einzigen* konstatiert, denn in Ablehnung des Heß'schen Urteils mangelnder Relevanz des Stirner'schen Werkes sieht Engels selbst in dem zu kritisierenden Egoismus des *Einzigen* eine Grundlage, von welcher aus für die Verbreitung kommunistischer Positionen argumentiert werden könne. Zwar klingt in der folgenden Passage das bereits beschriebene, stark inklusive Moment des damaligen, Engels'schen Verständnisses über die Zugehörigkeit zum Kommunismus an – ließe sich insofern eine Kontinuität zwischen

---

[34] Ebenda, S. 251/252.

wahrgenommener Ubiquität der Zugehörigkeit zum Kommunismus und der Stirner zugeschriebenen, unfreiwilligen Schützenhilfe bei seiner weiteren Verbreitung konstatieren –, dies nimmt der von Engels geäußerten Überzeugung bezüglich eines „Ineinandergreifens" von Egoismus und Kommunismus jedoch nicht ihre Singularität. Zu einem Zeitpunkt, als der Egoismus der Individuen unter Sozialisten und Kommunisten nahezu ausschließlich als die bedeutendste Ursache der gesellschaftlichen Misere angesehen wird (wie es etwa Heß tut), steht Engels mit der Schlussfolgerung, dass die Stirner'schen Individuen aus Egoismus Kommunisten werden müssten, weitgehend allein[35]:

> Dieser Egoismus ist nur das zum Bewußtsein gebrachte Wesen der jetzigen Gesellschaft und des jetzigen Menschen, das Letzte was die jetzige Gesellschaft gegen uns sagen kann, die Spitze aller Theorie innerhalb der bestehenden Dummheit. Darum ist das Ding aber wichtig, wichtiger als Heß z. B. es dafür ansieht. Wir müssen es nicht bei Seit werfen, sondern eben als vollkommenen Ausdruck der bestehenden Tollheit ausbeuten und *indem wir es umkehren*, darauf fortbauen. Dieser Egoismus ist so auf die Spitze getrieben, so toll und zugleich so selbstbewußt, daß er in seiner Einseitigkeit sich nicht einen Augenblick halten kann, sondern gleich in Communismus umschlagen muß. Erstens ist es Kleinigkeit, dem St. zu beweisen, daß seine egoistischen Menschen nothwendig aus lauter Egoismus Kommunisten werden müssen. Das muß dem Kerl erwiedert werden. Zweitens muß ihm gesagt werden, daß das menschliche Herz schon von vorn herein, unmittelbar, in seinem Egoismus uneigennützig und aufopfernd ist, und er also doch wieder auf das hinauskommt, wogegen er ankämpft. Mit diesen paar Trivialitäten kann man die *Einseitigkeit* zurückweisen.[36]

Wenn Engels zum Ende der soeben angeführten Passage auch noch ein Versatzstück der Feuerbach'schen Konzeption menschlicher Wesenskräfte anführt („das menschliche Herz", das „uneigennützig und aufopfernd ist"), um den Egoismus der Stirner'schen Individuen ein Stück weit zu bändigen, so mag er damit zwar die Auffassung bezeugen, dass sich bei aller Kritik Stirners an Feuerbach weiterhin mit Feuerbach gegen Stirner argumentieren lässt, wie begrenzt Engels diese Möglichkeit einschätzt, zeigt sich jedoch in der unmittelbar anschließenden Passage. Wenn Marx, der zum Zeitpunkt der Niederschrift des Briefes von Engels gerade mit den abschließenden Arbeiten an der *Heiligen Familie* beschäftigt war, sich schon an der vorge-

---

[35] Dass diese Schlussfolgerung allerdings auch von anderen für naheliegend erachtet wurde, geht aus einem Brief, den Roland Daniels gemeinsam mit Heinrich Bürgers am 17. Juli 1846 an Marx schrieb, hervor, MEGA² III/2, S. 246: „So lesen wir z. B. in der angeführten Uebersetzung des Dezamy von Weller in einer Anmerkung folgendes: ‚Jüngst hat auch die Stirner'sche Lehre *consequenterweise* ihren Uebergang in den Socialismus bewerkstelligt, siehe Köppen und Fränkel „Berliner Skizzen"; Szeliga „Die Universalreform und der Egoismus"; u. A.' Es wäre sehr interessant die Stirnersche Consequenz als Sozialismus dargestellt zu sehen." Die Anmerkung bei Th[eodor] Dezamy: Der Sieg des Sozialismus über den Jesuitismus oder die Constitutionen der Jesuiten und ihre geheimen Verhaltungsbefehle verglichen mit einem Entwurf über die Organisation der Arbeit, aus d. Franz. mit einem Nachw. v. E[mil] Weller, Leipzig 1846, S. 332.
[36] Engels an Marx, 19. November 1844, MEGA² III/1, S. 252.

nommenen Einordnung Stirners in die materialistischen und empiristischen Ränge gestört haben muss, so muss die folgende Konsequenz, die Engels aus dem *Einzigen* ziehen zu können meint – der, wenn man so will, positive Anschluss an Stirner –, Marx in besonderem Maße zum Widerspruch gereizt haben:

> Aber was an dem Prinzip wahr ist, müssen wir auch aufnehmen. Und wahr ist daran allerdings das, daß wir erst eine Sache zu unsrer eignen, egoistischen Sache machen müssen, ehe wir etwas dafür thun können – daß wir also in diesem Sinne, auch abgesehen von etwaigen materiellen Hoffnungen, auch aus Egoismus Kommunisten sind, aus Egoismus *Menschen* sein wollen, nicht bloße Individuen. Oder um mich anders auszudrücken: St. hat Recht, wenn er ‚den Menschen' Feuerbachs wenigstens des Wesens des Christenthums verwirft; der F'sche ‚Mensch' ist von Gott abgeleitet, F. ist von Gott auf den ‚Menschen' gekommen und so ist ‚der Mensch' allerdings noch mit einem theologischen Heiligenschein der Abstraktion bekränzt. Der wahre Weg, zum ‚Menschen' zu kommen, ist der Umgekehrte. Wir müssen vom Ich, vom empirischen, leibhaftigen Individuum ausgehen um nicht wie Stirn. drin stecken zu bleiben, sondern uns von da aus zu ‚dem Menschen' zu erheben. ‚Der Mensch' ist immer eine Spukgestalt, solange er nicht an dem empirischen Menschen seine Basis hat. Kurz wir müssen vom Empirismus und Materialismus ausgehen, wenn unsre Gedanken und namentlich unser ‚Mensch' etwas Wahres sein sollen; wir müssen das Allgemeine vom Einzelnen ableiten, nicht aus sich selbst oder aus der Luft à la Hegel.[37]

Nicht nur akzeptiert Engels hier die von Stirner argumentierte Überlegenheit egoistischer Motivierung der Adressaten aufklärerischer, auf die Veränderung der gesellschaftlichen Verhältnisse zielender Diskurse – dies hätte wohl noch die Zustimmung von Marx finden können. Aber darüber hinaus, und das ist vor dem Hintergrund des auf Feuerbachs „neuer" Philosophie gründenden, Marx'schen Anti-Bauer, der *Heiligen Familie*, noch weit gewichtiger, bekennt er sich zu dem für Stirners Ansatz zentralen Angriff auf „den Menschen" Feuerbachs – und zwar bis hin zur Übernahme spezifisch Stirner'scher Begrifflichkeiten wie „Spukgestalt". Wenn Engels hier also zwar bereits grundlegende Züge der gemeinsamen späteren Kritik des Feuerbach'schen Humanismus, wie sie im Zuge der Abfassung der Manuskripte zur „Deutschen Ideologie" formuliert werden sollte, vorweg nimmt und für eine materialistische und empiristische Fundierung dieses Humanismus plädiert, so war Marx zu diesem Zeitpunkt noch von der Notwendigkeit einer humanistischen Grundlage sozialistischer und kommunistischer Standpunkte überzeugt, eine Überzeugung, die, das mag überraschen, im Frühjahr 1846 zum zentralen Wesenszug des „wahren" Sozialismus erklärt werden sollte. Wie konträr im November 1844, nach der Engels'schen Rezeption des *Einzigen* und während der Marx'schen Abfassung seiner Teile der *Heiligen Familie*, die Standpunkte in Bezug auf Feuerbach waren, wird ersichtlich, wenn der soeben angeführten Passage zwei Passagen aus dem Abschnitt der *Heiligen Fami-*

---

[37] Ebenda, S. 252/253.

lie gegenüber gestellt wird, in welchem Marx die geschichtliche Bedeutung Feuerbachs fixiert:

> Erst *Feuerbach,* der den *Hegel auf Hegelschem Standpunkt* vollendete und kritisirte, indem er den metaphysischen *absoluten* Geist in den ‚*wirklichen Menschen auf der Grundlage der Natur*' auflöste, vollendete die *Kritik der Religion,* indem er zugleich zur *Kritik der Hegelschen Spekulation* und daher *aller Metaphysik* die großen und meisterhaften *Grundzüge* entwarf.[38]
>
> Die *Metaphysik* des 17. Jahrhunderts, welche von der französischen Aufklärung und namentlich von dem *französischen Materialismus* des 18. Jahrhunderts aus dem Felde geschlagen war, erlebte ihre *siegreiche und gehaltvolle Restauration* in der *deutschen Philosophie* und namentlich in der *spekulativen deutschen Philosophie* des 19. Jahrhunderts. Nachdem *Hegel* sie auf eine geniale Weise mit aller seitherigen Metaphysik und dem deutschen Idealismus vereint und ein metaphysisches Universalreich gegründet hatte, entsprach wieder, wie im 18. Jahrhundert, dem Angriff auf die Theologie der Angriff auf die *spekulative Metaphysik* und auf *alle Metaphysik.* Sie wird für immer dem nun mit dem *Humanismus* zusammenfallenden *Materialismus* erliegen. Wie aber *Feuerbach* auf *theoretischem* Gebiete, stellte der französische und englische *Sozialismus* und *Kommunismus* auf *praktischem* Gebiete den mit dem *Humanismus* zusammenfallenden *Materialismus* dar.[39]

Bereits aus der Tatsache, dass Feuerbach in der ersten Passage als „Vollender" der Kritik der Religion charakterisiert wird, erhellt der Abstand zwischen den nahezu zeitgleich formulierten Positionierungen Stirners zu Feuerbach.[40] Und die vollstän-

---

38 MEGA¹ I/3, Berlin 1932, S. 316.
39 Ebenda, S. 301.
40 Es stellt vor dem Hintergrund der Engels'schen Übernahme von Stirners Kritik am Feuerbach'schen Gattungssingular eine bemerkenswerten Sachverhalt dar, dass das weitaus stärkste Bekenntnis zu Feuerbach, das sich in der *Heiligen Familie* findet, aus Engels' Feder stammt, ebenda, S. 264/265: „Taumelnd von ihren Siegertaten bricht die absolute Kritik in eine *pythische* Raserei gegen die Philosophie aus. Der verborgene Feuerkessel, dessen Dämpfe das siegestrunkene Haupt der absoluten Kritik zur Raserei begeistert, ist *Feuerbachs ‚Philosophie der Zukunft'.* Im Monat März hatte sie Feuerbachs Schrift gelesen. Die Frucht dieser Lektüre, zugleich das Kriterium des Ernstes, womit sie betrieben wurde, ist der Artikel No. II gegen den Prof. Hinrichs. Die absolute Kritik, die nie aus dem Käfig der Hegelschen Anschauungsweise herausgekommen ist, tobt hier gegen die Eisenstange und Wände des Gefängnisses. Der ‚einfache Begriff', die Terminologie, die ganze Denkweise der Philosophie, ja alle Philosophie wird mit Abscheu zurückgestoßen. An ihre Stelle treten plötzlich ‚*der wirkliche Reichtum der menschlichen Verhältnisse*', der ‚*ungeheure Inhalt der Geschichte*', ‚*die Bedeutung des Menschen*' etc. ‚*Das Geheimnis des Systems*' wird für ‚*aufgedeckt*' erklärt. Aber wer hat denn das Geheimnis des ‚Systems' aufgedeckt? *Feuerbach.* Wer hat die Dialektik der Begriffe, den Götterkrieg, den die Philosophen allein kannten, vernichtet? *Feuerbach.* Wer hat, zwar nicht ‚*die Bedeutung des Menschen*' – als ob der Mensch noch eine andere Bedeutung habe, als die, daß er Mensch ist! – aber doch ‚*den Menschen*' an die Stelle des alten Plunders, auch des ‚unendlichen Selbstbewußtseins' gesetzt? *Feuerbach* und nur *Feuerbach.* Er hat noch mehr getan. Er hat dieselben Kategorien, womit *die* ‚Kritik' jetzt um sich wirft, den ‚wirklichen Reichtum der menschlichen Verhältnisse, den ungeheuern Inhalt der Geschichte, den Kampf der Geschichte, den Kampf der Masse mit dem Geiste' etc. etc. längst vernichtet. Nachdem der Mensch einmal als das Wesen, als die Basis aller menschlichen Tätigkeit und Zustände erkannt ist, kann nur noch *die* ‚Kritik' *neue Kategorien* erfinden, und den *Men-*

dige Ungebrochenheit, mit welcher Marx den Feuerbach'schen Gattungssingular, den „*wirklichen Menschen auf der Grundlage der Natur*", und den Feuerbach'schen „Humanismus" zur Spitze der theoretischen Entwicklung erklärt bringt die Verbundenheit zum Ausdruck, welche Marx zu diesem Zeitpunkt gegenüber den Positionen Feuerbachs hegt.[41] Es liegt somit auf der Hand, dass Marx das Engels'sche Bekenntnis zu Stirners Humanismus-Kritik, die eben eine Infragestellung der von Marx beschriebenen Stellung Feuerbachs bedeutet, nicht goutieren konnte. An der Bedeutsamkeit der Differenz, welche die Positionen von Marx und Engels trennt, konnte auch der vergleichsweise versöhnliche Schluss der Engels'schen Ausführungen über seine Stirner-Lektüre kaum etwas ändern:

> Das sind alles Trivialitäten, die sich von selbst verstehen, und die von Feuerb. schon einzeln gesagt sind, und die ich nicht wiederholen würde wenn Heß nicht – wir mir scheint aus alter idealistischer Anhänglichkeit – den Empirismus, namentlich Feuerb. und jetzt Stirner so scheußlich heruntermachte. Heß hat in vielem was er über Feuerb. sagt, Recht, aber auf der andern Seite scheint er noch einige idealistische Flausen zu haben – wenn er auf theoretische Dinge zu sprechen kommt, geht es immer in Kategorien voran und daher kann er auch nicht populär schreiben weil er viel zu abstrakt ist. Daher haßt er auch allen und jeden Egoismus, und predigt Menschenliebe usw., was wieder auf die christliche Aufopferung herauskommt. Wenn aber das leibhaftige Individuum die wahre Basis, der wahre Ausgangspunkt ist für unsren ‚Menschen', so ist auch selbstredend der Egoismus – natürlich nicht der Stirnersche Verstandesegoismus *allein*, sondern auch der *Egoismus des Herzens* – Ausgangspunkt für unsre Menschenliebe, sonst schwebt sie in der Luft.[42]

Es bleibt im Anschluss an die Darstellung der Engels'schen Bemerkungen zu konstatieren, dass die üblicherweise praktizierte Unterscheidung zwischen dem theoretischen Schwergewicht Marx und dem nicht zu einer vergleichbaren Tiefe der Reflexion

---

schen selbst, wie sie es eben tut, wieder in eine Kategorie und in das Prinzip einer ganzen Kategorienreihe verwandeln, womit sie allerdings den letzten Rettungsweg einschlägt, der der geängsteten und verfolgten *theologischen* Unmenschlichkeit noch übrig bleibt. *Die Geschichte tut nichts*, sie ‚besitzt *keinen* ungeheuren Reichtum', sie ‚*kämpft keine* Kämpfe'! Es ist vielmehr *der Mensch*, der wirkliche, lebendige Mensch, der das alles tut, besitzt und kämpft; es ist nicht etwa die ‚Geschichte', die den Menschen zum Mittel braucht, um *ihre* – als ob sie eine aparte Person wäre – Zwecke durchzuarbeiten, sondern sie ist *nichts* als die Tätigkeit des seine Zwecke verfolgenden Menschen." Die Apodiktik dieses nur etwa zwei Monate vor der Niederschrift der von Engels aus dem *Einzigen* gezogenen Konsequenzen gegebenen Bekenntnisses zu Feuerbach ist eine aussagekräftige Kontrastfolie, mit welcher sich der Eindruck ermessen lässt, den Stirners Feuerbach-Kritik auf Engels gemacht haben muss.

41 Diese Verbundenheit bezeichnete Marx später als „Feuerbachkultus" (Marx an Engels, 24. April 1867, Karl Marx/Friedrich Engels: Briefe. Oktober 1864 – Dezember 1867, Marx-Engels-Werke, Bd. 31, Berlin 1965, S. 290: „Hier fand ich auch die ‚Heilige Familie' wieder, die er [Kugelmann, UP] mir geschenkt hat und wovon er Dir ein Exemplar schicken wird. Ich war angenehm überrascht, zu finden, daß wir uns der Arbeit nicht zu schämen haben, obgleich der Feuerbachkultus jetzt sehr humoristisch auf einen wirkt.").
42 Engels an Marx, 19. November 1844, MEGA² III/1, S. 251-255.

fähigen Engels vor dem Hintergrund der frühen Stirner-Rezeption nach einer Differenzierung verlangt. Nicht nur veranlasste die Lektüre des *Einzigen* Engels zu einer ersten, noch vorsichtigen Distanzierung von Feuerbach und zu dem Versuch, den von Stirner propagierten Rekurs auf die persönlichen Interessen der Adressaten zur Handlungsmotivierung für die kommunistische Agitation zu erschließen, auch, und noch schwerwiegender, kündigen sich vor diesem Hintergrund erste Fissuren in der damals noch geschlossenen sozialistischen, bzw. kommunistischen Bewegung an. Wenn Engels bei Heß noch „einige idealistische Flausen" ausmacht, so zeigt sich hier bereits die spätere, von Engels und Marx geteilte Auffassung, dass die deutschen, „wahren" Sozialisten noch in dem Irrglauben an die Macht der Ideen gefangen seien, also Opfer der gleichen Illusion wären, welche alle oppositionellen Bewegungen bis zur Entwicklung der materialistischen Geschichtsauffassung und der mit ihr verbundenen Ideologiekritik teilen.

Von solchen Einschätzungen war Marx im November 1844 allerdings noch weit entfernt. Wenn die inhaltliche Kritik, die Marx an den Engels'schen Bemerkungen übte, auch nur indirekt erschlossen werden kann, so muss die direkte Antwort auf den Brief von Engels sehr harsch ausgefallen sein. Es ist anzunehmen, dass eine der unmittelbaren Reaktionen in dem Vorhaben einer Kritik Stirners bestand, die im Probeexemplar des im Zuge repressiver Maßnahmen des französischen Staates seine Erscheinungsfrequenz von mehrmals die Woche auf einmal im Monat verändernden *Vorwärts!* erscheinen sollte. Auch von dieser Kritik ist kaum mehr als die Absicht ihrer Niederschrift bekannt, die aus einem Brief an den Herausgeber des *Vorwärts!*, Heinrich Börnstein, ersichtlich wird. So teilte Marx Börnstein am 2. Dezember 1844 mit: „Es ist mir unmöglich vor der nächsten Woche Ihnen die Kritik Stirners zu liefern. Lassen Sie also das Probeexemplar ohne meinen Beitrag abgeben".[43] Aus dem Sachverhalt, dass Marx in diesem Brief die Zusage eines Beitrags zum Probeexemplar des *Vorwärts!* zurückzieht, wird offenkundig, dass der Entschluss, kurz nach Erscheinen des *Einzigen* eine Kritik zu formulieren, bereits einige Zeit vor dem 2. Dezember getroffen worden sein muss. So liegt die Vermutung nahe, dass dieser Entschluss maßgeblich durch die wohlwollende Aufnahme des *Einzigen* durch Engels beeinflusst wurde.[44] Es ist eine interessante, aber heute wohl nicht mehr zu klärende Frage, ob

---

43 MEGA² III/1, S. 257. Für die Datierung siehe Ergänzende Materialien zum Briefwechsel von Marx und Engels bis April 1846 (zu MEGA² III/1), in: Marx-Engels-Jahrbuch 3, Berlin 1980, S. 295-306, hier S. 299/300.
44 Dafür, dass die Engels'sche Wertung des *Einzigen* mitursächlich für die Absicht einer Kritik des Stirner'schen Werkes im Probeexemplar des *Vorwärts!* war, spricht auch der Sachverhalt, dass Engels die lange Dauer seiner Reaktion auf den Marx'schen Antwortbrief mit dem Warten „auf das von Dir versprochene Vorwärts" begründet (Engels an Marx, um den 20. Januar 1845, MEGA² III/1, S. 259). Da es zu dieser Zeit keinen Hinweis auf andere Beiträge von Marx für den *Vorwärts!* gibt, legt dies die Vermutung nahe, dass Marx seine Besprechung des *Einzigen* in seiner Reaktion auf Engels' Brief vom

Marx auch ohne die Konfrontation mit den Engels'schen Konsequenzen seiner Stirner-Lektüre diesen Entschluss gefasst hätte. In jedem Fall belegt dieses nicht realisierte Vorhaben sowohl, dass Marx den *Einzigen* bereits kurz nach seinem Erscheinen einer Kritik unterziehen wollte, als auch, dass die Frage, ob in der Formulierung materialistischer und empiristischer Positionen über Feuerbach hinauszugehen sei, von Marx und Engels im November 1844 unterschiedlich beantwortet wurde.

Wenn der Verlust der damaligen Briefe von Marx an Engels auch generell zu beklagen ist, so ist der Verlust in diesem Falle besonders eklatant, wäre es doch von großem Interesse für die Rekonstruktion der intellektuellen Entwicklung gerade von Marx gewesen, den Standpunkt, von welchem aus die Kritik im November 1844 erfolgt wäre, mit dem Standpunkt zu vergleichen, ausgehend von welchem Stirner in den Manuskripten zur „Deutschen Ideologie" kritisiert wird. So kann die unmittelbare Reaktion von Marx auf den *Einzigen* und auf die Engels'schen Schlussfolgerungen nur indirekt über Briefe von Heß und Engels an Marx sowie über die Heß'sche Stirner-Kritik, wie sie sich in seiner im Juni 1845 veröffentlichen Broschüre *Die letzten Philosophen* findet, erschlossen werden.

Dass Engels von Marx' Antwort in einem an Verletztheit grenzenden Maße getroffen wurde, zeigt sich schon allein daran, dass bis zur Abfassung seines nächsten Briefes, des dritten in der von Engels vorgeschlagenen Zählung, volle zwei Monate vergingen. Die Verunsicherung, die Engels ob der nun, nur drei Monate nach der in Paris festgestellten Übereinstimmung, geäußerten Zurechtweisung von Marx empfand, spricht jedoch nicht minder deutlich aus den Worten, mit denen Engels seine Position vom 19. November 1844 räumt:

> Was den Stirner betrifft so bin ich durchaus mit Dir einverstanden. Als ich Dir schrieb war ich noch zu sehr unter dem unmittelbaren Eindruck des Buchs befangen, seitdem ich es hab liegen lassen und mehr durchdenken können, find ich dasselbe was Du findest. Heß, der noch immer hier ist und den ich vor 14 Tagen in Bonn sprach, ist nach einigen Meinungsschwankungen ebendahin gekommen wie Du; er las mir einen Artikel über das Buch vor, den er bald drucken lassen wird, worin er, ohne Deinen Brief gelesen zu haben, dasselbe sagt. Ich hab ihm Deinen Brief dagelassen weil er noch Einiges benutzen wollte, und muß ihn daher aus dem Gedächtniß beantworten.[45]

Neben dem an sich schon bemerkenswerten Sachverhalt, dass Marx mit Heß um die Jahreswende 1844/45 offensichtlich mehr inhaltliche Berührungspunkte hatte als mit Engels, verdienen vor allem die Formeln hervorgehoben zu werden, in welche Engels seine Konversion kleidet. Nicht nur das „durchaus", mit welchem Engels sein Einverständnis begleitet, auch das Betonen sowohl des eigenen „Durchdenkens", als auch der Heß'schen „Meinungsschwankungen" bezeugen eindeutig, wie schwer Engels

---

19. November 1844 ankündigte und Engels aus diesem Grund den Erhalt des *Vorwärts!* für eine Stellungnahme abwartete.
45 Engels an Marx, um den 20. Januar 1845, MEGA² III/1, S. 259.

das Umschwenken auf den Marx'schen (und Heß'schen) Standpunkt gefallen sein muss. Dass die Übereinstimmung mit Marx in der damaligen Situation ein hohes Gut darstellte, für welches Engels bereit war, die eigenen Schlussfolgerungen aus Stirners *Einzigem* preis zu geben, und als solches nicht nur von Engels geschätzt wurde, zeigt der triumphierende Ton, mit dem Heß Marx bereits einige Tage vor Engels von ihrer Übereinstimmung bezüglich der Bewertung des *Einzigen* in Kenntnis setzte:

> Als Engels mir Ihren Brief zeigte, hatte ich gerade eine Beurtheilung Stirners zu Ende gebracht et j'avais la satisfaction de voir, daß Sie den Einzigen ganz von demselben Gesichtspunkte aus ansehen. Er hat das *Ideal* der bürgerlichen Gesellschaft im Kopfe, und bildet sich ein, mit seinem idealistischen ‚Unsinn' den *Staat* zu verachten, wie B. Bauer, der das *Ideal* des Staates im Kopfe hat, sich einbildet, mit *diesem* ‚Unsinn' die *bürgerliche Gesellschaft* zu vernichten. Ich komme in meiner Arbeit nebenbei auch auf Feuerbachs ‚Philosophie der Zukunft' zu sprechen, die ich als *Philosophie der Gegenwart* (einer Gegenwart aber, die in Deutschland noch als Zukunft erscheint) betrachte und womit ich den Prozeß der Religion und Philosophie für abgeschlossen erkläre. Das Ganze führt den Titel: *Die letzten Philosophen*.[46]

Da, wie aus Engels' Brief um den 20. Januar 1845 hervorgeht, eine Reihe von Diskussionen zwischen ihm und Heß stattfanden, die kurz nach dem Jahreswechsel 1844/45 in Bonn begonnen und bis zum Zeitpunkt der Abfassung der Briefe von Heß und Engels an Marx fortgeführt wurden und in deren Verlauf Engels wohl endgültig seine Position bezüglich einer Aufnahme Stirner'scher Impulse zur Kritik des Feuerbach'schen Humanismus räumte, so ergibt sich ein weiteres Indiz für die Mühen, die es Engels kostete, die seiner Ansicht nach berechtigte Kritik an Feuerbachs „Menschen" als verfehlt zu betrachten. Denn offensichtlich trug Engels nach Erhalt der Marx'schen Antwort noch einige Zeit Bedenken,[47] zu Stirner die gleiche Stellung einzunehmen wie zu Bauer, und war dazu erst bereit, als ihm die Isoliertheit seiner Überzeugung eines „Ineinandergreifens" von Egoismus und Kommunismus in den Gesprächen mit Heß bewusst wurde. Dass Marx in seiner Replik nicht nur Stirner und Bauer auf eine Stufe gestellt zu haben scheint, sondern dies auch noch auf eine Art und Weise getan zu haben scheint, die den von Engels an die Adresse von Heß gerichteten Vorwurf, „wenn er auf theoretische Dinge zu sprechen kommt, geht es im-

---

[46] Heß an Marx, 17. Januar 1845, MEGA² III/1, S. 450. Die Anführungszeichen, mit welchen Heß das Wort „Unsinn" verwendet und die sich ebenfalls in seiner Schrift *Die letzten Philosophen* finden (Darmstadt 1845, S. IV), legen die Vermutung nahe, dass es sich hier um ein Wort handelt, dass Marx zur Charakterisierung des Stirner'schen Ansatzes verwandte.

[47] Da Engels sich zu Beginn seines Briefes für die lange Dauer einer Antwort entschuldigt („Wenn ich Dir nicht früher geantwortet habe ...", MEGA² III/1, S. 259), so muss die Marx'sche Reaktion auf den Engels'schen Brief vom 19. November 1844 ziemlich schnell erfolgt sein. Auch liegt die Vermutung nahe, dass Engels' Entschluss, am 20. Januar 1845 schließlich auf den Brief von Marx zu antworten, auch durch den kurz zuvor von Heß an Marx geschriebenen Brief beschleunigt wurde, da letzterer Marx bereits über die Diskussionen um den Umgang mit Stirner in Kenntnis setzte.

mer in Kategorien voran",⁴⁸ zurückweist (wie aus der Reduktion Stirners und Bauers auf die „Ideale" von „bürgerlicher Gesellschaft" und „Staat" ersichtlich wird), muss Engels die Preisgabe seiner Schlussfolgerungen nicht gerade erleichtert haben. Genauso wenig dürfte die Rehabilitation Feuerbachs zum Philosophen „einer Gegenwart, die in Deutschland noch als Zukunft erscheint", zu diesem Zeitpunkt nach Engels Geschmack gewesen sein.⁴⁹

Wie dem auch sei, mit seinem Brief um den 20. Januar 1845 hatte Engels Positionen geräumt, die erst einige Monate später, und auch dann nicht unter Herleitung von Stirner, wieder aktuell werden sollten und die dann allerdings auch Marx sich zu eigen machen sollte. Bevor es jedoch zu diesem wichtigen Schritt in der intellektuellen Entwicklung von Marx – der ersten zu belegenden Marx'schen Distanzierung von Feuerbach, die noch auf die Seiten eines rein zum privaten Gebrauch geführten Notizbuches geschrieben wurden – kommen sollte, wurde Marx mit der Notwendigkeit einer sehr physischen Veränderung konfrontiert. Nachdem Karl Ludwig Bernays bereits am 13. Dezember 1844 als verantwortlicher Herausgeber des *Vorwärts!* wegen der Nicht-Hinterlegung einer Kaution, die in Frankreich für die Herausgabe einer Zeitung politischen Inhalts verlangt wurde, zu zwei Monaten Gefängnis, 300 Francs Strafe und der Zahlung der Gerichtskosten verurteilt worden war, ging die französische Regierung auf Betreiben der preußischen Anfang Januar 1845 mit Ausweisungsbefehlen auch gegen andere Mitarbeiter des *Vorwärts!*, unter ihnen Marx und Ruge, vor. Marx erhielt in der Folge am 25. Januar 1845 die Aufforderung, Paris binnen acht Tagen zu verlassen – eine Frist, die er allem Anschein nach ausschöpfte, datiert doch der mit Leske noch in Paris über den Verlag der in Arbeit befindlichen „Kritik der Politik und Nationalökonomie" geschlossene Vertrag auf den 1. Februar 1845. Wenn dieser Vertrag über die nie fertig gestellte Schrift Marx aufgrund der schließlichen Rückforderung des Ende Juni 1845 von Leske ausgezahlten Vorschusses über 1500 Franken⁵⁰ auf lange Sicht das Leben erschweren sollte, so ermöglichte der Vorschuss nicht nur die für den weiteren intellektuellen Werdegang von Marx und Engels eminent wichtige Reise nach England im Juli/August 1845, sondern milderte wohl auch die

---

48 Engels an Marx, 19. November 1844, MEGA² III/1, S. 255.
49 Auch diese Formel findet sich fast wortwörtlich in Heß' Schrift *Die letzten Philosophen* (a. a. O., S. 7).
50 Der Wechsel über die 1500 Franken datierte auf den 28. Juni 1845 (Carl Friedrich Julius Leske an Marx, 2. Februar 1847, MEGA² III/2, S. 329). Neben der angesprochenen Reise nach England ermöglichte der Vorschuss Marx und seiner Familie wohl für eine längere Zeit das Führen eines eigenen Haushalts. Dass dieser am 7. Mai 1846 wieder aufgegeben werden musste (Bert Andréas/Jacques Grandjonc/Hans Pelger: Karl Marx' Ausweisung aus Paris und die Niederlassung von Marx und Friedrich Engels in Brüssel im Frühjahr 1845, in: Studien zu Marx' erstem Paris-Aufenthalt und zur Entstehung der *Deutschen Ideologie*, (Schriften aus dem Karl-Marx Haus Trier, Nr. 43), Trier 1990, S. 213-243, hier S. 242), lässt darauf schließen, dass der Vorschuss zu diesem Zeitpunkt aufgebraucht war.

bereits vorhandene finanzielle Not, die durch die erforderliche Umsiedlung der gesamten Familie Marx nach Brüssel noch erheblich gesteigert worden war.

8.2 Erste Schwierigkeiten in der Verteidigung Feuerbachs

Marx entschloss sich, der Gefahr, das Schicksal von Bernays zu teilen, zu entgehen, und verließ Paris in Begleitung Heinrich Bürgers' am 1. Februar 1845 Richtung Brüssel. Die Residenznahme in Brüssel, die Marx schließlich unter der Zusicherung, in Belgien nicht über Tagespolitik zu publizieren, auf unbestimmte Zeit gestattet wurde,[51] gestaltete sich zwar schwierig, die größten Widrigkeiten wurden jedoch durch nicht unerhebliche Spenden abgemildert, die von verschiedenen Freunden wie Engels und Daniels beim sympathisierenden, deutschen Bürgertum eingeworben wurden. Auch für diese Spenden gilt, dass für die durch sie verschaffte, kurzfristige Linderung der finanziellen Not zu einem späteren Zeitpunkt ein Preis zu entrichten war. Und wenn dieser auch nicht in finanzieller Form erfolgte, so war doch vor dem Hintergrund ihrer Annahme die Zurückweisung vergleichbarer Zuwendungen den Spendern im Frühjahr 1846 nur schwer zu vermitteln.

Während Marx mit der Niederlassung in Brüssel beschäftigt war, wohin seine Frau und Tochter im Laufe des Zeitraums Februar/März 1845 mit dem Pariser Mobiliar folgten, festigte sich bei Engels der Entschluss, der familiär gewünschten Existenz als Fabrikant in Barmen zu entfliehen und sich ebenfalls nach Brüssel zu exilieren. Bestärkt haben muss ihn in diesem Vorhaben die gemeinsam mit Heß gemachte Erfahrung der direkten Agitation unter dem Elberfelder und Barmer Bürgertum, die sich in drei Versammlungen in Elberfeld zwischen dem 8. und 22. Februar 1845 realisierte, deren Teilnehmerzahl nach Engels' Angabe von anfangs 40 auf schließlich 200 hochschnellte. Über diese Erfahrung äußerte Engels in seinem Brief an Marx, der im Zeitraum zwischen dem 22. Februar und dem 7. März 1845 abgefasst wurde: „Es ist übrigens doch ein ganz anderes Ding, da vor den wirklichen leibhaftigen Menschen zu stehen und ihnen direkt, sinnlich, unverhohlen zu predigen, als dies verfluchte abstrakte Schreiberthum, mit seinem abstrakten Publikum vor den ‚Augen des Geistes', zu treiben."[52]

In diesem Brief, dessen langer Zeitraum der Niederschrift durch den Umstand zu erklären ist, dass es Engels einige Mühen kostete, eine, noch dazu sichere Anschrift von Marx in Brüssel zu erhalten (letzteres sollte ihm, wie er schreibt, nicht gelingen), zeigt Engels sich der Verstimmung über die geteilten Auffassungen bezüglich des Umgangs mit Stirners *Einzigem* weitgehend enthoben. Und die von ihm gemeinsam mit Heß gemachten Erfahrungen direkter Agitation scheinen ihn darüber hinaus

---

51 Ebenda, S. 220.
52 Engels an Marx, 22. Februar – 7. März 1845, MEGA² III/1, S. 267.

nicht nur in der bereits beschriebenen Auffassung bestärkt zu haben, dass der Kommunismus die Zahl seiner Anhänger mit der richtigen Strategie rasch zu vergrößern in der Lage sei, sondern ihm ebenfalls die Verunsicherung genommen zu haben, die sich im Zuge der so stark gegenüber derjenigen von Marx und Heß variierenden Würdigung Stirners eingestellt hatte. Im Übrigen spielten sich Fragen wie diejenige nach dem „Ineinandergreifen" von Egoismus und Kommunismus auf einer Abstraktionsebene ab, die im Zuge des Gewinnens neuer Anhänger nur selten erreicht zu werden pflegte.

Für den weiteren intellektuellen Entwicklungsgang der beiden bald darauf in Brüssel Wiedervereinigten sind jedoch andere Informationen, die sich dem Brief von Engels entnehmen lassen, von besonderer Relevanz. So finden sich in dem Brief zwei Angaben, welche für den Beginn der, diesmal auch von Marx forcierten, Distanzierung von Feuerbach aufschlussreich sind. Zum einen teilte Engels das Scheitern eines erneuten Versuchs mit, Feuerbach dazu zu bewegen, sich in schriftlicher, öffentlicher Form zum Kommunismus zu bekennen.[53] Diese zweite Zurückweisung einer Einladung von Marx oder Engels zur Mitarbeit an von ihnen betriebenen Publikationen (die erste betraf die von Marx formulierte Einladung zur Mitarbeit an den *DfrJb*) durch denjenigen Denker, der unter den damaligen Sozialisten als Garant ihrer theoretischen Überlegenheit angesehen wurde, muss auf Dauer zu einer gewissen Verstimmung auf Seiten von Marx und Engels geführt haben, waren die beiden doch, ganz im Gegensatz zu Feuerbach, bereit, für die Aussicht auf eine radikale Veränderung der gesellschaftlichen Verhältnisse ihre bürgerlichen Existenzen in die Waagschale zu werfen.[54] Zumindest aus dem Brief von Engels, in welchem er die Zurückweisung mitteilt, spricht jedoch noch keine Enttäuschung über die Entscheidung Feuerbachs, sich zu diesem Zeitpunkt nicht öffentlich zum Kommunismus zu bekennen.[55]

Zum anderen – und für den Prozess der Distanzierung wohl von noch wesentlich größerer Bedeutung – enthält der Brief die Information, dass Hermann Kriege, von dem Engels damals noch schwärmt, „Der Kerl ist ein famoser Agitator.", mit seiner wahrscheinlichen Ankunft Mitte Februar 1845 zu den ersten Besuchern gehörte, die

---

53 Ebenda, S. 266/267: „F[euerbach, UP] sagt er müsse erst den religiösen Dreck gründlich vernichtet haben eh' er sich so mit dem Kommunismus beschäftigen könne daß er ihn schriftstellerisch vertrete. Auch sei er in Baiern zu sehr von dem ganzen Leben abgeschlossen als daß er dazu kommen könne. Übrigens sei er Kommunist und es handle sich für ihn nur um das Wie der Ausführung."
54 Die Rolle, welche diese Weigerung Feuerbachs, sich öffentlich zum Kommunismus zu bekennen, bei der bald eintretenden Distanzierung gespielt haben könnte, wird auch von den Herausgebern von MEGA² IV/3, S. 475-477, betont.
55 Die Art und Weise, wie Engels sich nicht nur jeglichen Kommentars bezüglich der Ablehnung Feuerbachs enthält, sondern auch über die Reisepläne Feuerbachs berichtet, vermittelt vielmehr den Eindruck, als sei er entweder tatsächlich wieder vollständig auf die Feuerbach-freundliche Linie von Marx eingeschwenkt, oder halte sich zu diesem Zeitpunkt zumindest Marx gegenüber mit Feuerbach-kritischen Äußerungen bedeckt, siehe Fn 47 u. MEGA² III/1, S. 267: „Wo möglich kommt er diesen Sommer an den Rhein, und dann soll er auch na[ch] Brüssel, das wollen wir ihm schon beibringen."

Marx in Brüssel ihre Aufwartung machten.[56] Kriege, so geht nicht zuletzt ebenfalls aus dem Brief von Engels hervor, erfreute sich eines besonders engen Kontaktes mit Feuerbach, den er erst kurz zuvor in Bruckberg besucht hatte („Er wird Dir von Feuerbach Viel erzählen …").[57] Dass Kriege sich darüber hinaus bei Engels in Barmen bereits mit einem Empfehlungsschreiben von Julius Meyer ausgestattet präsentieren konnte,[58] zeigt die besonders gute Vernetzung, über welche der „famose Agitator" im Frühjahr 1845 verfügte.

In der Wertschätzung Krieges durch Engels zeigt sich natürlich zuallererst ein weiteres Mal der Unterschied zwischen dem inklusiven Verständnis einer Zugehörigkeit zum Kommunismus, wie es die Periode bis zum Beginn der „Sichtung der Philosophie vom Kommunismus" prägt, und dem späteren, exklusiven Verständnis aus der Zeit der Kritik des „wahren" Sozialismus, dessen erste, öffentliche Manifestation dann zweifellos das im Mai 1846 abgefasste „Zirkular gegen Kriege" darstellt.[59] Zwar lassen verschiedene, im Sommer 1845 getätigte Äußerungen Krieges in Briefen an Marx den Schluss zu, dass die Bereitschaft zur Anerkennung der vielfältigen Formen, in welchen die Agitation für den Kommunismus in diesen frühen Tagen betrieben wurde, bei Marx von vornherein nicht so ausgeprägt war wie bei Engels, scheint sich Kriege von Seiten Marx' doch den Vorwurf der „Langweiligkeit" zugezogen zu haben.[60] Nichtsdestotrotz zeugen diese Briefe ebenfalls von der Bereitschaft von Marx, die in Brüssel mit Kriege begonnenen Diskussionen auch nach dessen Weiterreise nach London, von wo aus Kriege die Übersiedlung in die USA beabsichtigte, weiterzuführen.[61] Diese Briefe Krieges an Marx aus dem Juni 1845 und mehr noch der un-

---

56 Ebenda, S. 266. Die Datierung der Ankunft Krieges in Brüssel ergibt sich aus der von Engels in dem Teil des Briefes, der am 22. Februar 1844 verfasst wurde, geäußerten Vermutung, „Kriege wird bei Ankunft dieses schon bei Dir sein."
57 Ebenda. Vgl. auch die Beschreibung in der zweiten der drei Korrespondenzen der Serie „Communism in Germany", welche Engels zwischen Dezember 1844 und Mai 1845 für die New Moral World schrieb, MEGA¹ I/4, Berlin 1932, S. 344. „A friend of ours lately visited him [Feuerbach, UP] in his retired country seat, in a remote corner of Bavaria, and to him he declared his full conviction that Communism was only a necessary consequence of the principles he had proclaimed, and that Communism was, in fact, only the *practice* of what he had proclaimed long before theoretically." Die besondere Nähe zwischen Kriege und Feuerbach erhellt schließlich auch aus ihrer Korrespondenz, einer Korrespondenz, deren Umfang und Frequenz diejenige von Marx oder Engels mit Feuerbach deutlich übersteigt.
58 Siehe MEGA² III/1, S. 837.
59 Karl Marx/Friedrich Engels: Beschlüsse über das New-Yorker deutsche Blatt Der Volkstribun, redigiert von Hermann Kriege, nebst deren Begründung, MEGA¹ I/6, Berlin 1932, S. 1-21.
60 Kriege an Marx, 6. Juni 1845, MEGA² III/1, S. 468; Kriege an Marx, 9. Juni 1845, ebenda, S. 470.
61 Siehe Kriege an Marx, 6. Juni 1845, MEGA² III/1, S. 467/468. Für diese Bereitschaft von Marx, den Kontakt zu Personen aufrecht zu halten, mit denen er sich überworfen hatte, gibt es unzählige weitere Beispiele, unter denen auch solche nicht selten sind, bei denen es sogar zu einer finanziellen Unterstützung durch Marx kam. Dies mag das in der oben angeführten, von Arnold Ruge gegebenen und

mittelbar nach der Abreise Krieges aus Brüssel an Feuerbach geschriebene Brief sind von kaum zu überschätzendem Wert, wenn es darum geht, die Entwicklung der an Zeugnissen vergleichsweise armen Zeit zu rekonstruieren, innerhalb welcher sich Marx von einem eingeschworenen Verteidiger Feuerbachs zu einem Kritiker wandelte. Für den Zeitraum zwischen dem Erscheinen der *Heiligen Familie* und der Niederschrift der „Thesen ad Feuerbach" stellen sie die nahezu einzigen Quellen dar, welche Aufschlüsse über die damalige inhaltliche Positionierung von Marx erlauben.[62]

Vor dem Hintergrund der in diesen Briefen enthaltenen Informationen muss dem etwa zwei Monate währenden Aufenthalt Krieges in Brüssel von Mitte Februar bis zum 16. April 1845 eine entscheidende Bedeutung für die Frage nach der nun auch von Marx vollzogenen Distanzierung zugesprochen werden.[63] Wenn zu Beginn wohl noch die beidseitige Wertschätzung Feuerbachs, die in Marx' Fall durch die kurz vor dem 24. Februar 1845, also unmittelbar nach der wahrscheinlichen Ankunft Krieges, erschienene *Heilige Familie* auch der Öffentlichkeit in vollem Ausmaß zur Kenntnis kam, und der unter „Kommunisten" gleichermaßen gegebene Wunsch nach einer radikalen Veränderung der gesellschaftlichen Verhältnisse für ein gutes Einvernehmen gesorgt haben werden, so muss es bereits nach kurzer Zeit zu ersten Differenzen gekommen sein. Dass Kriege dabei durchaus mit großen Hoffnungen zu Marx nach Brüssel gekommen war und zumindest zu Anfang seines Aufenthaltes eine geradezu überschwängliche Bewunderung für Marx hegte, kommt in der retrospektiven Rechtfertigung gegenüber dem von Marx formulierten Vorwurf der „Langweiligkeit" zum Ausdruck.[64] Wie aus den Briefen Krieges an Feuerbach und an Marx ersichtlich wird,

---

von Heß aufgegriffenen Charakterisierung enthaltene Urteil über Marx' „auflösendes, sophistisches Naturell" etwas mildern.

[62] Die überlieferten Exzerpthefte vom Ende des Pariser und Beginn des Brüsseler Exils sind nur sehr vage zu datieren und enthalten darüber hinaus kaum inhaltliche Wertungen von Marx. In Engels' Fall ist die Situation aufgrund der Veröffentlichung der *Elberfelder Reden* und der, wenn auch nur sporadischen, Fortführung seiner Korrespondenttätigkeit etwas besser, angesichts des bereits gescheiterten Versuchs von Engels, das Verhältnis zu Feuerbach als Konsequenz seiner Stirner-Lektüre zu problematisieren, kann über den Marx'schen argumentativen Primat in dieser Frage jedoch kaum ein Zweifel bestehen.

[63] Vgl. zum Folgenden MEGA² IV/3, S. 474-477. Dort wird die Ankunft Krieges auf „um den 20. Februar" datiert, ebenda, S. 474.

[64] Kriege an Marx, 9. Juni 1845, MEGA² III/1, S. 471: „Aber Dir sage ich es, es waren die Schlußworte Deines Aufsatzes über die Rechtsphilosophie, die mich in Liebe zu Dir gefangen nahmen. Nicht die Kunst der Rede, nicht die scharfe Dialektik, das heiße Herzblut, das durch diese Buchstaben strömt, setzte mich mit Dir in Verbindung, es lief mir in den Leib, und lange Zeit gebar ich nur Deine Kinder. Vollends gar, als Du das Pech hattest, da war ich rein wie wahnsinnig, frag meine Bekannten in Westfalen, – ich wäre mit Dir gegangen, wohin Du gewollt, ich kam nach Brüssel, und ich fand Dich, wie ich Dich wußte, dachte aber nicht daran, daß Du mich und meine Liebe nicht kanntest, daher meine Albernheiten, die nachher durche einige Briefe so langweilig wurden." Dieser Hang zur Überschwenglichkeit spricht nicht nur aus den Briefen Krieges an Marx und, mehr noch, an Feuerbach, er

steigerte sich die Intensität der Diskussion mit der Ankunft von Engels dann sicher noch einmal erheblich.

Engels war es nach verschiedenen Anläufen gelungen, sich der geforderten Übernahme einer kaufmännischen Tätigkeit in dem familiären Betrieb zu entziehen, wobei der Preis für die Erlaubnis seines Vaters, sich nach Brüssel zu Marx zu begeben, wohl die Aufgabe der preußischen Staatsangehörigkeit war. Wie es scheint, war dies der Kompromiss, auf welchen sich Engels mit seinem Vater einigte, um die Familie vor den von preußischer Seite zu erwartenden Repressalien für Engels' radikal-oppositionelle Tätigkeit zu schützen. Zumindest erreichte dieser, wohl in Begleitung seines nach England weiterreisenden Vaters, um den 14. April 1845 Brüssel, wohin ihm der am 25. April 1845 in Düsseldorf bewilligte Auswanderungsschein nachgesandt wurde.[65]

Es ist anzunehmen, dass die wahrscheinlich bereits virulenten Differenzen zwischen Marx und Kriege, von denen Kriege an Feuerbach berichtet, sich dann im kurzen Zeitraum des gemeinsamen Aufenthaltes von Engels und Kriege in Brüssel (Engels kam um den 14. April in Brüssel an, Kriege verließ Brüssel am 16. April 1845) in besonderem Maße verstärkt haben müssen, referiert Kriege in seinem Brief an Marx vom 9. Juni 1845 doch auch Positionen von Engels und spricht er gegenüber Feuerbach wiederholt von „Freunden", mit denen es Meinungsverschiedenheiten gegeben hätte.[66] Und es ist gleichfalls zu vermuten, dass die Unterstützung, die Marx von Engels in den Auseinandersetzungen bekam, nicht völlig ohne Einfluss auf die baldige Abreise von Kriege war, denn der Brief an Feuerbach vom 18./19. April 1845 vermittelt nicht den Eindruck, Kriege habe Brüssel aufgrund anderer Termine oder Verpflichtungen verlassen. Das Frohlocken ob der Ruhe des Aufenthaltes in Blankenberg an der Nordsee, eine Ruhe, die Kriege mit der Hektik und den Anstrengungen des Brüsseler Lebens kontrastiert,[67] verleiht vielmehr der Annahme Plausibilität, dass die Ver-

---

wird von Kriege auch noch in seinen Beiträgen zum *Volkstribun* gepflegt, den Kriege nach der Übersiedelung nach New York herausgab und der im Mai 1846 den Anlass zum berühmten „Zirkular" abgab.

65 Es stellt eine von der Forschung selten reflektierte Tatsache dar, dass dem weithin bekannten Marx'schen Verzicht auf die preußische Staatsangehörigkeit derjenige von Engels um mehr als ein halbes Jahr voraus ging. Wenn es im Falle von Marx mit der Befürchtung einer Wiederholung der Pariser Exilierung auch konkrete Gründe für den Verzicht gab, so darf die Vorbildfunktion des Engels'schen Verzichts bei der Herbeiführung dieser Entscheidung nicht unterschätzt werden.

66 Neben Engels ist namentlich Heinrich Bürgers hervorzuheben. Letzterer begleitete Marx Anfang Februar 1845 bei seiner Übersiedlung von Paris nach Brüssel und blieb dort bis zum Herbst. Dass er während seines Aufenthalts intensiv an den Debatten der Brüsseler Exilanten teilnahm, lässt sich nicht zuletzt aus dem Sachverhalt schließen, dass er – wohl in Absprache mit Marx – in dieser Zeit an einer Kritik Stirners arbeitete. Siehe den folgenden Abschnitt.

67 Kriege an Feuerbach, 18./19. April 1845, LFGW, Bd. 19, Berlin 1993, S. 18/19: „Endlich hab' ich, was ich so lange gesucht, endlich hab' ich Ruhe vor dem trostlosen Geklapper der Alltagswelt, sie hat mich niederträchtig mitgenommen, bald als Polizei, bald als Familie, bald als pfäffisch bürgerliche

doppelung der argumentativen Gegnerschaft, der sich Kriege nach der Ankunft von Engels wohl unmittelbar ausgesetzt sah, ihm sehr zugesetzt haben muss. Die Heftigkeit der Diskussionen muss ein solches Ausmaß angenommen haben, dass Kriege sich nicht mehr sicher zu sein schien, ob er Marx und Engels noch weiterhin zu seinen „Freunden" zu zählen vermöge:

> Und dann das blasierte Wesen so mancher Freunde (?): die einzige Lüge ihres Lebens, ihre echt theologische Zerrissenheit in Wort und Schrift, Leib und Seele, Bestie und Denker, Egoisten und Kommunisten – sieht man dergleichen täglich vor Augen, kann man da nicht leicht mutlos werden, kann man da nicht leicht in eine skeptische Laune geraten gegen jeden Erfolg unserer humanistischen Bestrebungen, ist man da nicht täglich der Gefahr ausgesetzt, sich selbst zu zerreißen oder zum Teufel zu laufen, ehe es nötig ist?[68]

Wie sich schon in diesen wenigen Zeilen zeigt, muss Kriege einigermaßen befremdet gewesen sein, dass der noch direkt vor seinem Brüsseler Aufenthalt erfahrene Zusammenhalt unter den sich als Kommunisten oder Sozialisten Verstehenden in Brüssel keine Fortsetzung erfuhr. Nicht nur der Kontakt mit Feuerbach, der sich zumindest *privatim* zum Kommunismus bekannte und dessen Schriften außerdem weithin als theoretische Grundlage aller Versuche einer Agitation für den Kommunismus anerkannt waren, auch die Erfahrungen in Westfalen, von wo aus Julius Meyer ihm den Zutritt zu anderen kommunistischen Kreisen vermittelst eines Empfehlungsschreibens erleichtert hatte, und, nicht zu vergessen, der Aufenthalt bei Engels in Barmen, dessen Charakterisierung Krieges als „famoser Agitator" noch im Februar keine Differenzen zwischen den beiden erkennen lässt, mussten Kriege eine Fortsetzung des einvernehmlichen Miteinanders erwarten lassen. Zu ernsthaften Differenzen scheint es dann jedoch bei der – offensichtlich bereits von Feuerbach problematisierten –

Dummheit, bald als sublime Kritik. Ja, mein lieber Ludwig, Du hast recht, der Stimme der Natur in sich muß man lauschen, ehe man sein Leben losreißt von dem Boden, dran es sich großgesogen. Das war ein Wort zur guten Zeit, das Wort eines Menschen, der sich auf Menschen versteht, Dank, tausend Dank Dir dafür, Du hast ein neues großes Recht auf meine Liebe gewonnen. [...] Seit vorgestern hab' ich mich losgetrennt von dem Marktgeschrei der Industrie, der Zwangsjacke der Konvenienz und der Nörgelei der Kritik, ich habe Brüssel mit all seinen Herrlichkeiten im Rücken und sitze hier in Blankenberg in einer stillen, einfachen Stube, umrauscht von den Wogen der Nordsee, durchfiebert von den Geisterschauern der Revolution. Als ich heut' morgen so am Ozean entlangging, als die Stürme auf dem Meere mich gewaltsam hineinzogen in das Zittern der allösenden Natur, da wurde es in mir so klar, so ruhig, so liebend wie noch nie – die große Natur da draußen trieb mich hinein in meine eigene Natur, und diese meine eigene Natur, sie löste sich ganz auf in eine große menschliche Liebe. – Ich fühlte mich in Harmonie, in vollkommener Harmonie mit der Natur und mit der Menschheit – o Ludwig, ich bin es noch, komm, komm an mein schlagendes Herz, Du bist der einzige Mensch, den ich in diesem Augenblick umfassen könnte, fühle mein quellendes Blut, es eile hinein in das Deine – laß ihm freien Lauf, daß es mich nicht zersprenge!"
68 Ebenda, S. 18. Es dürfte keineswegs verfehlt sein, aus dem Vorkommen des Begriffes „Egoismus" in dieser Passage auf die Thematisierung auch Stirner'scher Positionen zu schließen.

Frage gekommen zu sein, auf welche Weise sich der Übertritt in die sozialistische Gesellschaft am ehesten bewerkstelligen ließe:

> Du polemisierst gegen die Mittel der Sozialisten zur Durchführung ihrer Idee und denkst, das sei mir langweilig, ich fände das lächerlich? Mein lieber Ludwig, und wenn ich mich ebenso festgeritten hätte wie Cabet und Konsorten, wenn ich mir ebensolche Nebelgebilde zum Kampfplatz ausersehen hätte, denn Gedanken würden mich mindestens stutzig machen, ich würde mich mindestens noch einmal umsehen, ob ich auch gute Erde unter den Füßen hätte, ja wahrhaftig, das würde ich, und wenn meine ganze Umgebung mich einen Feigling schälte. Doch wozu das alles? Weit entfernt, hierüber mit Dir irgend auseinanderzufallen, kann ich Dir sogar sagen, daß ich dieselben Gedanken fast täglich unsern sanguinischen Freunden entgegengehalten habe. Ich gab ihnen zu, daß die nationalökonomischen Verhältnisse im Bunde mit der großartigen Entwicklung der Industrie mit der Zeit notwendig zur Auflösung des Privateigentums drängten, ich gab ihnen ferner zu, daß die theoretische Aufklärung den Bruch bedeutend beschleunigen könnte und würde, ich gab ihnen endlich noch zu, daß Mißwuchs, Krankheiten, wichtige Todesfälle etc. uns sehr unterstützen könnten, das alles aber hielt mich nicht ab, gegen ihre *politischen* Räsonnements über eine nahe bevorstehende Gesellschaftsrevolution anzukämpfen, das alles konnte mich nicht bestimmen, mein Leben totzuschlagen und darauf zu verzichten, jenseits des Meeres mir auf eigene Faust ein Leben zurechtzuzimmern, menschlicher und erhebender als alle Bücher, die *ich* hier zusammenschmieren könnte.[69]

Insbesondere ob seiner Entscheidung, nach Amerika auszuwandern und von dort aus die sozialistische Sache zu befördern, anstatt mit Marx und Engels der von ihnen in naher Zukunft erwarteten „Gesellschaftsrevolution" zu harren, scheint Krieges unter Druck geraten zu sein: „Man behauptete, ich habe mich in Illusionen festgeritten, ich wolle desertieren etc."[70] Diese Erwartung einer unmittelbar bevorstehenden „sozialen Revolution", in deren Kontext Krieges Absicht, nach Amerika auszuwandern, in den Ruch einer Fahnenflucht kommen konnte, lässt sich insbesondere bei Engels belegen, der nahezu seine gesamte zweite *Elberfelder Rede* um den Beweis aufbaute, dass eine solche „soziale Revolution" die notwendige Konsequenz der sozio-ökonomischen Situation Deutschlands wäre und zwar, wie Engels detailliert ausführt, völlig unabhängig von den zu ihrer möglichen Vermeidung eingesetzten Mitteln wie Schutzzöllen und dergleichen.[71] Kriege wiederum scheint sich an dem nationalöko-

---

69 Ebenda, S. 19.
70 Ebenda.
71 Friedrich Engels: Zwei Reden in Elberfeld, MEGA¹ I/4, Berlin 1932, S. 388: „Sie sehen also, m[eine] H[erren], im einzelnen das bestätigt, was ich im Anfange allgemein, von der Konkurrenz überhaupt ausgehend, entwickelte, – nämlich, daß die unvermeidliche Folge unserer bestehenden sozialen Verhältnisse unter allen Bedingungen und in allen Fällen eine *soziale Revolution* sein wird. Mit derselben Sicherheit, mit der wir aus gegebenen mathematischen Grundsätzen einen neuen Satz entwickeln können, mit derselben Sicherheit können wir aus den bestehenden ökonomischen Verhältnissen und den Prinzipien der Nationalökonomie auf eine bevorstehende soziale Revolution schließen." Für die Bedeutung dieser Problematik bei den Auseinandersetzungen spricht auch der Stellenwert, welcher

nomisch instruierten Blick auf die zeitgenössischen Verhältnisse gestört zu haben, der Marx und Engels die Notwendigkeit einer Berücksichtigung materieller Abhängigkeiten bei der Agitation erkennen ließ, wo Kriege allein die zu seiner Verwirklichung anhaltende Beschreibung des von Feuerbach aufgedeckten, menschlichen Wesens für notwendig erachtete:

> Sieh einmal, lieber Ludwig, so sind die meisten Sozialisten, echte Theologen, echte Politiker durch und durch, sie haben sich nicht allein ein bestimmtes System, sondern sogar einen bestimmten Schlachtplan voraus gemacht, ohne die geringste Rücksichtnahme auf die individuellen Verhältnisse des Terrains und der Menschen darin. Sie wollen Humanisten sein, sie eifern gegen die Verwandlung der Proletarier in Maschinen und haben trotzdem eine so kleinlich materielle Anschauung vom Menschen, daß sie es auch nirgends über sich gewinnen können, ihn als solchen gelten zu lassen.[72]

Wie aus dieser Passage eindeutig hervorgeht, waren die Differenzen über die Frage, auf welche Art und Weise die Träger der erwarteten revolutionären Erhebung angesprochen werden sollten, erheblich. Der Schluss liegt nahe, dass diese Differenzen entlang der Trennscheide einer solchen Motivierung der Adressaten aufklärerischen Handelns, welche die Zurückdrängung des Einflusses persönlicher Interessen auf das Handeln der Individuen als Lösung ansah (die unter den frühen Sozialisten, wie etwa auch Heß, verbreitete Auffassung), und einer solchen verliefen, welche ganz im Gegenteil die Aufklärung über die tatsächlichen persönlichen Interessen der handelnden Individuen ins Zentrum eines auf Veränderung der bestehenden gesellschaftlichen Verhältnisse zielenden Diskurses zu rücken beabsichtigte. Oder, um es mit anderen Worten zu fassen, einer Unterscheidung hinsichtlich der Frage, ob der kommunistischen bzw. sozialistischen Agitation eher mit einem Appell zur Einhegung des Egoismus oder mit dessen Verbreitung gedient sei. Die Propagierung selbstloser Liebe als Remedium einer durch den Egoismus hervorgebrachten, sozialen Welt, wie sie dabei aller Wahrscheinlichkeit nach von Kriege betrieben wurde, muss insbesondere Marx in die denkwürdige Situation gebracht haben, mit Argumenten gegen Kriege vorzugehen, welche den Stirner'schen Argumenten gegen den „sozialen Liberalismus" doch sehr ähnlich gewesen sein müssen. Bemerkenswert ist diese Situation vor allem aufgrund des Sachverhalts, dass Heß in seiner Schrift *Die letzten Philosophen*, die laut Engels und Heß der frühen Kritik von Marx an Stirner gleicht, den Egoismus noch zu einem zentralen Kritikpunkt des *Einzigen* erhebt.[73]

Zumindest in dieser Hinsicht muss bei Marx zwischen dem Jahreswechsel 1844/45 und dem Frühjahr 1845 eine theoretische Verschiebung stattgefunden haben. Wie Kriege an Feuerbach berichtet, sieht Marx schon im April 1845 seine ur-

---

dem Konzept der „revolutionären Praxis" in den „Thesen ad Feuerbach" zukommt. Siehe den folgenden Abschnitt.
72 Kriege an Feuerbach, 18./19. April 1845, LFGW, Bd. 19, Berlin 1993, S. 19.
73 Moses Heß: Die letzten Philosophen, Darmstadt 1845, S. 10-17.

sprünglich in Anlehnung an Feuerbachs Rückführung der religiösen auf die weltliche Sphäre konzipierte Kritik der in der weltlichen Grundlage selbst aufzudeckenden Widersprüche, deren Form er kurz darauf in den „Thesen ad Feuerbach" skizzieren wird, nicht mehr als Ergänzung des Feuerbach'schen Ansatzes, sondern vielmehr als Abkürzung und Ersetzung der von Feuerbach (und eben auch Kriege) unvermindert als zentral erachteten Religionskritik:

> Marx hebt alle religiösen Verhältnisse in wirkliche Verhältnisse auf, die unsichtbare Kirche in die sichtbare, den Staat und [in?, UP] die bürgerliche Gesellschaft, den geistigen Gott in den materiellen, das Geld. Er behauptet geradezu, daß die geistige Selbstentfremdung der materiellen längst Platz gemacht habe, macht darum den Kampf gegen das Eigentum zum ersten und will von der Übersetzung des Atheismus in den Humanismus nichts wissen. Seine Parole ist: Klärt die Leute über ihre leibliche Not und deren Gründe auf, und der religiöse Dreck fällt von selbst.[74]

Während Marx (und ihm folgend sicher auch Engels) zu diesem Zeitpunkt und vor dem Hintergrund der Erfahrung des Scheiterns des philosophisch-aufklärerischen Diskurses 1842/43 der Annahme, dass nach einer erfolgreichen Kritik der Religion die despotische Verfasstheit der politischen Ordnung dem unvermeidlichen Untergang geweiht sei, keine Plausibilität mehr zusprechen, zeigt sich im bedingungslosen Festhalten Krieges an der Notwendigkeit einer solchen Religionskritik[75] ein folgenreiches Erbe des Umstands, dass Feuerbach sich entschied, der Enttäuschung von 1842/43 mit der Verlagerung der Überzeugungsleistung seiner „neuen" Philosophie in die Zukunft zu begegnen. Mit der Postulierung eines bloß aufgeschobenen, aber dennoch gewissen Erfolges des von Feuerbach instanziierten aufklärerischen Diskurses legte dieser die sich an ihm orientierenden deutschen Sozialisten dauerhaft auf das bereits der junghegelianischen Aufklärung zugrundeliegende, bewusstseinszentrierte Modell gesellschaftlicher Veränderung fest. Nicht zuletzt dieser Festlegung ist es geschuldet, dass Marx und Engels in der Folge mehr und mehr gezwungen waren, ihren Ansatz zu einer Weiterentwicklung des aufklärerischen Diskurses *gegen* die sich in

---

74 Kriege an Feuerbach, 18./19. April 1845, LFGW, Bd. 19, Berlin 1993, S. 20.
75 Ebenda, S. 20/21: „Ich drehe den Satz total um: Nehmt den Leuten die Religion, und nichts wird ihnen mehr heilig sein, sie sehen mit klaren Augen die Welt und richten sie ein nach Gefallen. Allerdings konnte ohne die Verderbtheit der wirklichen Gesellschaft, ohne die Blasiertheit über die Familie und namentlich ohne den Schrecken von der krassen Selbstentfremdung im Gesetz, ohne die unseligen Qualen unter dem Joch des Buchstabens und der Massengewalt, die Flucht aus der Welt der Wirklichkeit in die Welt des Traums keinen Anfang finden, das hindert uns aber nicht im mindesten, durch Verstopfung dieser Flucht die Menschen in sich selbst zurückzuwerfen und so die ganze bisherige Energie der Abstraktion geradewegs in die Energie der Revolution zu verkehren. Mich wenigstens hat der Atheismus zum Kommunismus gebracht, und mit derselben Wut, mit der jener mich zu seiner Konsequenz forttrieb, drängte er alle vorwärts, mit denen ich verkehrte. Ziehe ich den Menschen heraus aus dem religiösen Quark, wasche ich seine Augen im Wasser der natürlichen Vernunft, so brauche ich nicht vor Rückfällen bange sein. Der Himmel ist die erste Negation des Eigentums und der Familie; wenn ich ihn zerstöre, wird die Negation vernichtet oder weiter getrieben werden!"

gleicher Weise wie sie unter dem Banner des Kommunismus sammelnden deutschen Sozialisten durchzusetzen.

Wenn sie sich insofern in Hinsicht auf den Glauben an die Notwendigkeit einer Kritik der Religion zur Initialisierung einer Massenbewegung von der überwiegenden Mehrheit der anderen deutschen Sozialisten zu unterscheiden begannen, so spricht eine weitere Aussage Krieges dafür, dass Marx und Engels an einem anderen Glauben gleichwohl festhielten: „Wahrhaftig, wenn B. Bauer sich zum unendlichen Selbstbewußtsein und die ‚Literatur-Zeitung' zur Weltgeschichte macht, so hat er ebenso recht wie manche Kommunisten, die von dem Erscheinen eines Buchs das Heil der Welt erwarten."[76] Diese, durchaus noch am schriftlich zu beeinflussenden Bewusstsein als zentralem Angriffspunkt aufklärerischen Handelns festhaltende Auffassung, welche von Marx und Engels zumindest implizit auch noch im Zuge der wesentlich reiferen Ausformulierung ihrer materialistischen Geschichtsauffassung im Rahmen der Arbeit an den Manuskripten zur „Deutschen Ideologie" vertreten werden sollte, wird zu der damaligen Zeit selbstverständlich nicht nur von Marx und Engels vertreten. Das Vertrauen in die Macht des geschriebenen Wortes, das selbst von Kriege durch die Unterscheidung des „weltrevolutionierenden Genies" vom „Renommisten" aufrecht gehalten wird (als Beispiel des ersten nennt er, wenig überraschend, Feuerbach, die Position des zweiten bleibt zwar unbesetzt, der Kontext lässt jedoch schließen, dass Marx durchaus ein Kandidat für diese Position hätte sein können), stellt vielmehr den kleinsten gemeinsamen Nenner all derjenigen dar, die nach dem Scheitern des klassisch-aufklärerischen Diskurses 1842/43 mit seiner Modifizierung beschäftigt sind. Dennoch lässt sich dieser kurzen Angabe Krieges entnehmen, dass die Erwartungen, welche Marx (und auch Engels) zu diesem Zeitpunkt in das Erscheinen der „Kritik der Politik und Nationalökonomie" setzten – denn nur um dieses „Buch" kann es sich bei der Aussage Krieges handeln –, bereits ein Ausmaß angenommen hatten, das für die Fertigstellung dieses oftmals angekündigten und vielfach erwarteten Werkes keineswegs förderlich sein konnte.[77]

Auf Erwartungen anderer Art, die von Marx und Engels im April 1845 gehegt wurden, lässt schließlich der Brief von Kriege an Marx vom 9. Juni 1845 schließen. In der ihm eigenen Form konfrontiert er Marx mit den Eindrücken, die er in London von der dortigen sozialistischen Bewegung gewann, und nutzt ihre Darstellung, um noch einmal auf den Disput über die Frage zurückzukommen, ob die Übersiedelung nach Amerika angesichts der erwarteten, europäischen „Gesellschaftsrevolution" einer Fahnenflucht gleichkäme:

---

76 Ebenda, S. 19/20.
77 Dass auch Kriege bei all seinen Vorbehalten gegenüber dem Ansatz von Marx und Engels von dieser Erwartungshaltung angesteckt wurde, zeigt das Ende der überlieferten Teile seines Briefes an Feuerbach, ebenda, S. 21: „Übrigens ist der Marx ein prächtiger Mensch, er wird uns nächstens ausgezeichnete Arbeiten liefern, und mag er immer von seiten der Nationalökonomie den Hebel ansetzen, wenn der Ballast nur fällt, kann es uns einerlei sein."

> Du sprachst im Gegensatz zu Amerika immer von einer europäischen Bewegung, – ich war ein Skeptiker und sah keine. Du rühmtest die Franzosen, Engels die Engländer, – ich zweifelte, nahm aber vorläufig Alles an, weil ich die Geschichten nicht kannte. Man strich endlich die Pariser und Londoner Communisten heraus im Gegensatz zu Weitling, in dem man einen Deisten sah, – ich hörte zu, konnte aber nicht Alles glauben, weil ich den W. liebte. – Mein lieber Marx, wo sind diese englischen Arbeiter, für die der Engels so schwärmt? Ich habe Gelegenheit gehabt, mit den Häuptern der hiesigen Sozialisten bekannt zu werden, ich sage Dir, die scheelsten Philister, die man sehen kann. Und dann, wie wenig sind dieser Sozialisten gegen die zahllose Massen der Arbeiter? Wenn Du diese willst kennen lernen, da sieh sie Dir an, wenn der Reichthum Old Englands zu der most gracious Queen Ball fährt. Da stehen sie mit den abgearbeiteten Cadavern, jauchzen über den Glanz ihrer Nation und verhöhnen voll Verachtung den Fremden, der es sich herausnimmt, die Pracht auch mit anzusehen. Und dann diese durchgehende Heuchelei zur Verbergung der Armuth, lieber acht Tage keinen Bissen Brod, als eine Stunde ohne Hut! [...] Einen eigentlich revolutionären Kerl habe ich noch nicht verspürt. England ist das Land der Propaganda, der freien Presse, man redet, schmiert, lies't und säuft Thee. Da erfährt man, wie recht der Babeuf in seinem Kampf gegen die Propagandaschwärmerei hat. – Die hiesigen Franzosen sehen in England so Wenig, als in Frankreich, sie setzen alle Hoffnung auf Deutschland, von dem unsere guten Landsleute ihnen entsetzlich viel vorschwärmen –, sieh, so macht der Eine dem Andern etwas weiß, und Alles schläft ruhig.[78]

Wie aus dieser Passage hervorgeht, setzten Marx und Engels Mitte April 1845 große Hoffnungen und Erwartungen in das Proletariat des Landes, das sie jeweils kennen gelernt hatten.[79] Wenn dieses „Schwärmen" für ein englisches oder ein französisches Proletariat, das Marx und Engels während ihrer Aufenthalte in Paris und Manchester wahrscheinlich ähnlich fremd geblieben war, wie Engels das deutsche während der Zeit seiner Elberfelder Agitation, auch zum Komplement der humanistischen Schwärmerei Krieges hätte geraten können, so ist allerdings davon auszugehen, dass die Schwärmereien Krieges, die dieser sicher mit Feuerbachs Lehren im Einklang befindlich sah, Marx nicht nur als Ausdruck einer für Kriege spezifischen charakterlichen Disposition galten, sondern ganz grundsätzlich die Frage nach der Fruchtbarkeit einer sozialistischen Fundamentalisierung Feuerbachs aufwarfen. Im Unterschied zu den beiden vorhergehenden, argumentativen Auseinandersetzungen – mit Bauer und seinen Anhängern in der *Heiligen Familie*, mit Stirner in dem Brief an Engels – sah sich Marx in diesem Fall allerdings gezwungen, eine argumentative Strategie zur Anwendung zu bringen, die nicht in gleicher Weise auf Feuerbach Bezug nehmen

---

[78] Kriege an Marx, 9. Juni 1845, MEGA² III/1, S. 470/471.
[79] Dass sie diese Hoffnungen auch angesichts solch pessimistischer Schilderungen wie derjenigen Krieges nicht fahren ließen, zeigt sich etwa in einem Brief George Julian Harneys an Engels vom 30. März 1846, MEGA² III/1, S. 523: „Your speculations as to the speedy coming of a revolution in England, I doubt. Revolutionary changes in Germany I think certain and likely to come soon. [...] Your prediction that we will get the Charter in the course of the present year, and the abolition of private property within three years will certainly not be realized; – indeed as regards the latter, although it may and I hope will come, it is my belief that neither you nor I will see it."

konnte, war Kriege mit einer auf Feuerbach gründenden Argumentation doch nur schwer beizukommen.

Zum einen wird es kein einfaches Unterfangen gewesen sein, die Autorität in der Deutung Feuerbach'scher Schriften gegen jemanden durchzusetzen, der im Unterschied zu Marx auf die Erfahrung persönlicher Unterredungen mit Feuerbach zurückgreifen konnte, der also im Falle argumentativer Unterlegenheit stets auf vermeintliche Klarstellungen Feuerbachs rekurrieren konnte. Insofern ist anzunehmen, dass Marx in den Diskussionen mit Kriege zum ersten Mal mit der Erfahrung konfrontiert wurde, gegen Positionen argumentieren zu müssen, die von seinem Kontrahenten als genuin Feuerbach'sche Positionen behauptet wurden. Nicht immer wird Marx sich dabei der Anstrengung unterzogen haben, den in diesem Fall nur schwer zu führenden Nachweis eines fehlerhaften Verständnisses Feuerbachs zu erbringen, sondern wird Kriege in einigen Fällen die Feuerbach'sche Provenienz seiner Argumente geschenkt haben, um direkt gegen das Argument vorzugehen. In der Dynamik dieser zweimonatigen, mitunter heftigen Auseinandersetzung muss Marx zunehmend die Eigenständigkeit und Unabhängigkeit seines Standpunktes realisiert haben und so wird es Marx schließlich leichter gefallen sein, von Feuerbach divergierende Überzeugungen auch als solche zu thematisieren.

Zum anderen stellte die bedingungslose Verteidigung Feuerbach'scher Auffassungen im Frühjahr 1845 beileibe keinen Gemeinplatz mehr unter den sich kritisch zum Bestehenden Positionierenden dar. Auch Marx muss es mit der Zeit zu denken gegeben haben, dass die Zahl der unkritischen Feuerbach-Anhänger, vor allem unter den ernstzunehmenden Protagonisten des aufklärerischen Diskurses, im Schwinden begriffen war. Hatte die Kritik Bauers an Feuerbach noch Anlass gegeben, die Position Feuerbachs als des theoretisch avanciertesten deutschen Denkers zu festigen und hatte dieses bedingungslose Bekenntnis zur „neuen" Philosophie in Marx' Fall auch noch die erste Lektüre von Stirners *Einzigem* überdauert, so schickte sich nicht nur Engels, sondern seit dem Jahreswechsel 1844/45 auch Heß an, in Feuerbach auch noch etwas anderes als die Spitze sozialistischer Theorie zu erblicken. Die nämliche Broschüre – *Die letzten Philosophen* –, in welcher Heß seine, von Marx damals geteilte, Kritik an Stirner formulierte und deren weiterer Inhalt Marx sicher vor ihrem Erscheinen im Juni 1845 zur Kenntnis gelangte, enthielt schließlich auch Passagen, in denen Feuerbach als Philosoph – wenn auch als allerletzter – charakterisiert wird. Feuerbach wird dort zwar das zweifelhafte Verdienst zugeschrieben, mit seinem Ansatz die Irrtümer Bauers und Stirners zu bündeln, es wird ihm jedoch gleichfalls beschieden, mit seinem zwischen dem selbstsüchtigen Egoismus der Praxis und dem gemeinwohlorientierten Humanismus der Theorie changierenden „Mensch als Gattungswesen" ein Phänomen der zu überwindenden Gegenwart darzustellen.[80] Auch

---

80 Moses Heß: Die letzten Philosophen, Darmstadt 1845, S. 6/7: „Die letzten deutschen Philosophen haben sich nur deshalb entzweit, weil der Eine [Bauer, UP] das Staatsprincip ohne bürgerliche Gedie Konfrontation mit dieser zunehmenden Bereitschaft seiner engsten Mitstreiter, über Feuerbach hinaus zu gehen, und die Kontrastierung dieser Bereitschaft mit den humanistischen Schwärmereien Krieges müssen Marx zu einer Reevaluation seiner Positionierung gegenüber Feuerbach bewogen haben.

Vor dem Hintergrund der geschilderten Schwierigkeiten, die Engels die Preisgabe seiner Feuerbach-kritischen Schlussfolgerungen aus dem *Einzigen* bereitet hatte, muss die aufkommende Bereitschaft von Marx, Feuerbach'sche Positionen angesichts ihrer Kriege'schen Verwendung infrage zu stellen und mitunter gar direkt gegen Feuerbach zu argumentieren, Engels eine gewisse Genugtuung bereitet haben. So kann angenommen werden, dass Engels einige seiner Schlussfolgerungen im Medium der mündlichen Diskussion erneut vorbrachte und dass es Marx dabei zunehmend schwerer gefallen sein muss, den Feuerbach'schen Humanismus ohne Abstriche, und ohne in Kriege'sche Argumentationsmuster zu verfallen, zu verteidigen. Vor allem die von Seiten Krieges anzunehmende Verdammung der Motivierung der Adressaten aufklärerischer Diskurse durch das Appellieren an ihre persönlichen Interessen – die nicht zuletzt auch von Heß an den Tag gelegte vollständige Ächtung des Egoismus Stirners – im Gegensatz zur in sozialistischen Kreisen gängigen Ermahnung, sich das Prinzip der „Liebe" zur Richtschnur des eigenen Handelns zu wählen, ist hier als möglicher Kandidat einer Marx'schen Entfremdung von Positionen Feuerbachs zu nennen. Im Kontext der, wie die Pariser und Brüsseler Exzerpthefte bezeugen, stetig fortschreitenden Kenntnis einer nationalökonomischen, auf Nutzenmaximierung ausgelegten Perspektive müssen Marx die moralischen Imperative, auf welche die frühsozialistische Agitation zur Beeinflussung ihrer Adressaten größtenteils rekurrierte und welche auch die Grundlage einer Verwirklichung des Feuerbach'schen Humanismus bildeten, zunehmend befremdet haben. Es ist insofern

---

sellschaft, der Andere [Stirner, UP] das Princip der bürgerlichen Gesellschaft ohne Staat *consequent* – und der Dritte [Feuerbach, UP] endlich das Ganze, also den *Widerspruch* zwischen Staat und bürgerlicher Gesellschaft principiell vertritt. Die Feuerbach'sche ‚Philosophie der Zukunft' ist nichts, als eine *Philosophie der Gegenwart*, aber einer Gegenwart, die dem Deutschen noch als Zukunft, als Ideal erscheint. Was in England, Frankreich, Nordamerika und anderwärts gegenwärtige Wirklichkeit ist, der moderne Staat mit der ihm gegenüber stehenden, ihn ergänzenden bürgerlichen Gesellschaft, das wird in den ‚Grundsätzen zur Philosophie der Zukunft' philosophisch, theoretisch ausgesprochen. Feuerbach spricht es z. B. aus, daß die Philosophie als solche überwunden, negirt, verwirklicht werden müsse. Aber wie? – Ueber das Wie ist er, wie der moderne Staat, mit sich selbst im *Widerspruche*. Einmal versteht er unter dem ‚wirklichen' Menschen den vereinzelten Menschen der bürgerlichen Gesellschaft, unter der ‚Wirklichkeit' die ‚schlechte Wirklichkeit', mit *ihrem* Rechte, mit *ihrer* Ehe, mit *ihrem* Eigenthum – einmal huldigt er dem bornirten Individualismus – dem praktischen Egoismus – ein anderes Mal anticipirt er dagegen den Gesellschaftsmenschen, den ‚Gattungsmenschen', das ‚Wesen des Menschen' und nimmt an, daß dieses Wesen im einzelnen Menschen, der es eben erkennt, steckte – was philosophischer Schwindel und moderne Staatsweisheit ist, da der Gattungsmensch doch nur wirklich ist in einer Gesellschaft, in welcher alle Menschen sich ausbilden und auswirken oder sich bethätigen können."

durchaus denkbar, dass Marx nach zwei Monaten heftiger Diskussionen mit einem gleichfalls dem „Feuerbach-Kultus" Verfallenen einige der von Stirner gegen den Feuerbach'schen Humanismus vorgebrachten und von Engels erneut formulierten Argumente in einem neuen Licht erschienen.

Für eine erneute Beschäftigung mit dem Stirner'schen Ansatz gab es zum Zeitpunkt der Diskussionen zwischen Kriege, Engels und Marx Mitte April 1845 allerdings noch von anderer Richtung her Anlass. Spätestens mit dem Brief Georg Jungs an Marx vom 7. April 1845 wurde dieser von einer interessanten Neuerscheinung in Kenntnis gesetzt: „So eben erscheint: Die Nationalökonomen der Franzosen und Engländer, Herausgegeben von Max Stirner, Erste Folge: Ausführliches Lehrb. der praktischen Nat. Oe. von J. B. Say, deutsch mit *Anmerkungen von Max Stirner! dem Einzigen!*"[81] Dass Stirner sich nach seiner Kritik Feuerbachs und Bauers und dem Versuch, einen aufklärerischen Diskurs außerhalb eines philosophischen Rahmens zu begründen, nun ebenfalls der Nationalökonomie zugewandt hatte (und diese, wie die Ankündigung von „Anmerkungen" verdeutlicht, auch zu kritisieren, oder zumindest zu bewerten, beabsichtigte)[82], musste Engels das Plädieren für eine Aufnahme dessen, „was an dem Prinzip [des Egoismus, UP] wahr ist", um Einiges erleichtern.

In gewisser Weise bestand in dieser Situation die Chance, das „Ineinandergreifen" von Egoismus und Kommunismus auch auf einem anderen Felde zur Geltung zu bringen, denn so wie Stirner als Vertreter des Egoismus sich nun an die Übersetzung der Lehrbücher der klassischen Nationalökonomie begab, planten Marx und Engels als Vertreter der kommunistischen „Partei" seit Anfang März die Herausgabe einer „Bibliothek der vorzüglichsten sozialistischen Schriftsteller des Auslandes".[83] Vor dem Hintergrund des von Marx weiterhin zu dieser Zeit betriebenen Projekts einer „Kritik der Politik und Nationalökonomie" bestand allerdings nicht nur die Gelegenheit zu einer Komplementarität, sondern vor allem auch die Aussicht auf eine Konkurrenz.

---

81 MEGA² III/1. S. 460. Wenn auch nicht mit Sicherheit ausgeschlossen werden kann, dass Marx bereits vor dem Erscheinen des ersten Bandes der Say-Übersetzung von dem neuen Fokus der Aufmerksamkeit Stirners Kenntnis erhalten hatte – etwa über Engels, dessen *Lage der arbeitenden Klasse in England* ebenfalls von Otto Wigand verlegt wurde –, so spricht doch sowohl das Fehlen eines solchen Hinweises in den Briefen von Engels an Marx (der eine solche Information wohl kaum verschwiegen hätte), als auch der von Jungs Nachricht vermittelte Eindruck, etwas unerwartetes mitzuteilen, gegen diese Annahme.
82 Dafür, dass diese „Anmerkungen" keinen rein erläuternden Charakter haben sollten, spricht der Sachverhalt, dass Stirner auf ihre Veröffentlichung schließlich verzichtete. Siehe oben, Kapitel 7, Abschnitt 2.
83 Engels hatte Marx in dem Teil des Briefes vom 22. Februar – 7. März 1845, der am 7. März verfasst wurde, zur Teilnahme an der Herausgabe dieser „Bibliothek" aufgefordert (MEGA² III/1, S. 269). Wie die Überlegungen zum Inhalt dieser „Bibliothek" in Marx' Notizbuch aus den Jahren 1844-1847 (MEGA² IV/3, S. 14 u. 487/488) und der Brief von Engels an Marx vom 17. März 1845 (MEGA² III/1, S. 270/271) zeigen, stand Marx diesem Vorhaben keineswegs ablehnend gegenüber.

Wenn die jeweilige Kritik, welcher Marx und Stirner die Autoren der Nationalökonomie unterziehen wollten, auch aller Wahrscheinlichkeit nach erheblich differiert hätte, so stellt der Sachverhalt der beidseitigen Hinwendung zur Nationalökonomie doch einen Faktor dar, der bei der ideengeschichtlichen Verortung der Stirner-Kritik von Marx und Engels bisher kaum berücksichtigt wurde. Nicht nur hatte Marx seit der Abfassung seiner Beiträge für *Die Heilige Familie* und dem damaligen, vollständig ablehnenden Urteil über den *Einzigen* selbst Anlass gefunden, Feuerbachs „neue" Philosophie nicht mehr als über jeden Zweifel erhaben anzusehen, auch musste er feststellen, dass Engels und ihm mit der Schlussfolgerung, von der Kritik der Religion erst zur Kritik der Philosophie und dann zur Kritik der Nationalökonomie überzugehen, keineswegs ein alleinstellendes Merkmal zukam. Wenn man schließlich berücksichtigt, wie schwer sich die überwiegende Mehrzahl der Protagonisten der junghegelianischen Debatte und sogar die meisten deutschen Sozialisten mit einer, selbst nur geringen Verlagerung der Aufmerksamkeit von der Philosophie hin zu anderen, stärker erfahrungswissenschaftlich fundierten Disziplinen wie der Nationalökonomie taten, so erscheint diese Gemeinsamkeit zwischen dem Autor des *Einzigen* und den beiden Brüsseler Exilanten als etwas sehr außergewöhnliches. Solche Gemeinsamkeiten gilt es insbesondere vor dem Hintergrund der späteren, vollständigen Ablehnung und Unvereinbarkeit der beiden Ansätze, wie sie im Rahmen der Arbeit an den Manuskripten zur „Deutschen Ideologie" konstatiert wird, nicht aus den Augen zu verlieren.

Stellt man die im Zeitraum vom 14. bis 16. April 1845 zusammentreffenden Faktoren in Rechnung – also die Weigerung Feuerbachs, öffentlich für den Kommunismus einzutreten, die erste Gelegenheit für Engels, seine Feuerbach-kritischen Schlussfolgerungen Marx gegenüber mündlich vorzubringen, die Anwesenheit eines anerkannten „Agitators", der seine sentimental-moralischen Auffassungen bezüglich der notwendigen Schritte für eine radikale Veränderung der gesellschaftlichen Verhältnisse ebenfalls auf Feuerbach gründete, und das aufgrund der umfassenden ökonomischen Studien von Marx sich vertiefende Verständnis für die theoretischen Schwächen des Feuerbach'schen Humanismus –, stellt man diese Faktoren in Rechnung, so erhält man eine Vorstellung der Gemengelage, welche Marx im Frühjahr 1845 dazu brachte, zu dem noch bis zum Jahreswechsel 1844/45 selbst gegenüber Engels vehement verteidigten Feuerbach auf Distanz zu gehen.[84] Das erste Dokument dieser Dis-

---

84 Die Korrektur der Druckfahnen der *Heiligen Familie* zog sich, wie aus dem Brief des Verlegers Zacharias Löwenthal vom 15. Januar 1845 hervorgeht, bis in den Januar 1845 hin. Dass Marx im Zuge dieser Korrektur die in der *Heiligen Familie* enthaltenen Bekenntnisse zu Feuerbach abgeschwächt hätte – was auf einen früheren Zeitpunkt des Beginns der Distanzierung von Feuerbach hätte schließen lassen –, ist aufgrund der verbliebenen Passagen unwahrscheinlich. Nicht zuletzt aus dem Sachverhalt, dass Marx den Namen Engels trotz des großen Unterschieds im Umfang der beigesteuerten Beiträge als ersten Autor nennen ließ – und so die Absicht dokumentierte, Engels in vorteilhaftem Licht erscheinen zu lassen –, lässt vermuten, dass Marx im Falle einer bereits erfolgten Distanzierung

tanzierung, die „Thesen ad Feuerbach", die von den Herausgebern des *MEGA*-Bandes IV/3 auf April bis spätestens Anfang Juni 1845 datiert werden,[85] sind so als Versuch von Marx zu verstehen, eine erste Bestimmung des eigenen Standortes vorzunehmen, nachdem sich in den Auseinandersetzungen mit Kriege gezeigt hatte, dass Marx Auffassungen sein eigen nannte, deren Vertretung ihm unabhängig von ihrer Vereinbarkeit mit Feuerbach'schen Positionen ein Bedürfnis war.

8.3 Die Wiederaufnahme der Beschäftigung mit Stirner und die beginnende Distanzierung von Feuerbach

Bevor die einzelnen Punkte, welche den Beginn der Distanzierung bedingten, thematisiert werden, gilt es jedoch auf einen Unterschied hinzuweisen, welcher diese bedeutsame theoretische Konversion von derjenigen trennt, die ziemlich genau zwei Jahre zuvor erfolgte und die Marx überhaupt erst zum dezidierten Anhänger Feuerbachs werden ließ. Es mag wohl vor allem der zunehmenden theoretischen Reife von Marx – oder vielleicht auch nur einer aus der Erfahrung geborenen Vorsicht – geschuldet sein, aber Marx beginnt die Lösung von der „neuen" Philosophie Feuerbachs im Frühjahr 1845 ohne einen vergleichbaren Beitritt zur Anhängerschaft eines anderen, bereits anerkannteren Theoretikers. Dieser Sachverhalt ist insofern von Bedeutung, als Marx sich einsetzend mit der, in den *Thesen* noch erst tentativ, in den Manuskripten zur „Deutschen Ideologie" dann konsequent kritischen Positionierung zu Feuerbach bemüht zeigt, jeglichen Einfluss von Schriften anderer Autoren auf die Genese dieser Distanzierung – und, damit zunehmend einhergehend, auf die Genese von materialistischer Geschichtsauffassung und Ideologiekritik – auszublenden.

Es mag nicht verfehlt sein, in dieser Ausblendung einen Versuch zur Vermeidung zukünftiger Situationen zu sehen, in welchen Marx sich gezwungen sehen könnte, einen sich weiterhin des öffentlichen Bekenntnisses zum Kommunismus enthaltenden Feuerbach oder gar, noch gravierender, einen sich zum Kommunismus bekennenden Schwärmer wie Kriege zu verteidigen. Worin auch immer die tatsächliche Ursache für diese Zurückhaltung gelegen haben mag, ihre argumentationsstrategische Konsequenz ist in erster Linie darin zu sehen, dass Marx in Zukunft nur noch für die Verteidigung der eigenen Positionen verantwortlich war und dass er sich insofern gegenüber der Gefahr absicherte, sich durch öffentliches Eintreten für die Position eines Anderen von dessen theoretischer Weiterentwicklung abhängig zu machen. Und schließlich mag es Zufall sein, aber diese Formulierung eines eigenständigen und zu-

---

von Feuerbach die oben angeführte, Engels'sche Verteidigung Feuerbachs gegen die absolute Kritik Bauers abgeschwächt hätte. Auch die vollständige Zurückweisung der Stirner'schen, gegen Feuerbachs Gattungssingular vorgebrachten Argumente, wie sie aus den Briefen von Engels und Heß spricht, macht eine Distanzierung zu diesem Zeitpunkt unwahrscheinlich.
85 MEGA² IV/3, S. 478.

nehmend einzigartigen Standpunktes fällt in die Zeit der fortgeführten Auseinandersetzung mit einer argumentativen Figur, bei deren Konzeptionierung das Motiv größtmöglicher individueller Selbstbestimmung Pate stand.

Dass der Stirner'sche Ansatz zur Weiterentwicklung des philosophisch-aufklärerischen Diskurses und zur Kritik von Feuerbachs Humanismus durchaus zu den Themenbereichen gehörte, welche die Debatte zwischen den Brüsseler Exilanten im Frühjahr 1845 prägten, dafür sprechen neben der bereits angeführten Vermutung, dass Engels sich die Chance, die von ihm aus der Lektüre des *Einzigen* gezogenen Konsequenzen Marx gegenüber noch einmal in mündlicher Form vorzubringen, kaum entgangen haben lassen wird, noch weitere Gründe. Wurde auf die Marx'sche Intention einer Kritik des *Einzigen* im Pariser *Vorwärts!* auch bereits hingewiesen, so lässt sich zeigen, dass die Notwendigkeit, den Stirner'schen Ansatz einer gesonderten und, so ist anzunehmen, von Heß unabhängigen Kritik zu unterziehen, von Marx auch nach der Übersiedlung nach Brüssel unvermindert gesehen wurde. Zwar lässt sich in dieser Zeit kein Vorhaben nachweisen, dass aus einer unmittelbaren Autorschaft von Marx hervorgehen sollte, diese Zurückhaltung scheint jedoch weniger Ausdruck einer Geringschätzung der Relevanz dieser Aufgabe, als dem Umstand geschuldet, dass Marx zu diesem Zeitpunkt seine Kräfte auf die Arbeit an der „Kritik der Politik und Nationalökonomie" bündelte.[86] Wie sich schließlich aus der Engels'schen Korrespondenz für die *New Moral World* vom 10. Mai 1845 ergibt, war die Aufgabe der Abfassung einer zusätzlich zu Heß' *Die letzten Philosophen* vorzunehmenden Stirner-Kritik in diesem Zeitraum an Heinrich Bürgers delegiert worden, der Marx bei der Übersiedlung von Paris nach Brüssel begleitet hatte und noch bis in den Herbst 1845 in Brüssel verweilen sollte: „Hess and Bürgers are engaged in refuting the theory of M. Stirner".[87]

Dass Marx auf diese Stirner-Kritik von Bürgers einen aller Wahrscheinlichkeit nach nicht geringen Einfluss zu nehmen beabsichtigte und dass diese Kritik sich somit nur zu einem geringen Grad der Eigeninitiative Bürgers' verdankte, erhält zum einen durch den Sachverhalt Plausibilität, dass Weydemeyer, als er Marx ein Jahr später von der auf seiner Reise von Brüssel nach Westfalen kennengelernten, weitverbreiteten Einschätzung berichtet, der Kritik Stirners werde keine besondere Relevanz beigemessen, insbesondere auf Bürgers als Kronzeugen dieser Einschätzung verweist.[88] Es ist wohl kaum anzunehmen, dass dieser Gesinnungswandel von Bürgers Folge einer Desillusionierung war, die ihn im Zuge des Abbruchs des durch den Engels'schen Artikel belegten Vorhabens ereilte.

---

86 Von dieser Arbeit zeugen etwa die umfangreichen Exzerpte der sechs Hefte, die Marx in der ersten Jahreshälfte 1845 anlegte. Siehe MEGA² IV/3.
87 Friedrich Engels: Communism in Germany, MEGA¹ I/4, Berlin 1932, S. 347.
88 Weydemeyer an Marx, 30. April 1846, MEGA² III/1, S. 532: „Auf die Behauptung, von der Du sprachst, daß es überflüssig sei, den ‚Stirner' zu kritisieren, bin ich schon bei Einigen gestoßen, habe mich besonders mit Bürgers lange deshalb herumgestritten."

Zum anderen – und noch gewichtiger – spricht eine Aufzählung von vier Aspekten, die Marx in seinem Notizbuch unmittelbar vor den „Thesen ad Feuerbach" festhielt, für die weiterhin andauernde Beschäftigung mit den Gedanken Stirners.[89] Diese vier Aspekte, deren Bezug auf den Stirner'schen Ansatz sich geradezu aufdrängt, verweisen allesamt auf Passagen der *Heiligen Familie*, die zu den von Marx verfassten Teilen gehören. Dies legt die Vermutung nahe, dass mit diesen Aspekten die Grundzüge einer Kritik Stirners skizziert wurden und dass diese Angaben Bürgers bei der Abfassung seiner Kritik Orientierung geben sollten. Ist die Verbindung zu den Auffassungen Stirners beim ersten Aspekt („*Der göttliche Egoist im Gegensatz zum egoistischen Menschen.*"[90]) eine besonders offensichtliche, so verweisen auch die beiden Aspekte, die sich auf die Französische Revolution und ihre Bedeutung für die Entstehung des modernen Staates beziehen, auf Probleme, welche schließlich im Zuge der Stirner-Kritik der Manuskripte zur „Deutschen Ideologie" ausführlich behandelt werden sollten, etwa auf das Verhältnis von bürgerlicher Gesellschaft und modernem Staat. Der vierte Aspekt schließlich („*Der ‚Begriff' u. die ‚Substanz'.*") lässt an eine der zentralen Differenzen zwischen der Antwort von Stirner auf das Scheitern des philosophisch-aufklärerischen Diskurses und derjenigen von Marx und Engels denken, nämlich an die Frage, ob der Impetus eines modifizierten aufklärerischen Diskurses eher auf die Kritik diskursiver Machtmechanismen gelegt werden solle, oder auf das Geltendmachen einer unabhängig von diesen Mechanismen existierenden, materiellen Grundlage.

Wenn der Ort ihrer Niederschrift unmittelbar vor den „Thesen ad Feuerbach" bereits einen ersten Anhaltspunkt für die Aufwertung dieser bisher kaum im Rahmen der Versuche einer Rekonstruktion der Genese von materialistischer Geschichtsauffassung und Ideologiekritik beachteten, vier kurzen Sätze abgibt, so wird ihre Bedeutung und Wichtigkeit für diese Genese – oder, besser, die Bedeutung und Wichtigkeit der entsprechenden Passagen der *Heiligen Familie* – noch um einiges klarer, wenn die *Thesen* auf ihren Beitrag zu einer solchen Genese hin untersucht werden. Wenn im Folgenden nun der Stand dargestellt werden soll, welchen Marx (und schließlich auch Engels) in der Ausarbeitung ihres Beitrags zur Fortführung des emanzipativen

---

[89] MEGA² IV/3, S. 19. Die sich an Listen mit Literatur für die „Bibliothek der vorzüglichsten sozialistischen Schriftsteller des Auslandes" und eine aus Thompsons *Politischer Ökonomie* festgehaltene Passage über Ricardos Rententheorie anschließenden vier Aspekte sind: „*Der göttliche Egoist im Gegensatz zum egoistischen Menschen. Die Täuschung in der Revolution über das antike Staatswesen. Der ‚Begriff' u. die ‚Substanz'. Die Revolution = Entstehungsgeschichte des modernen Staats.*" Die Herausgeber von MEGA² IV/3 datieren die Niederschrift dieser vier Sätze, die den oberen Bereich der Seite einnehmen, auf welcher die erste der Thesen niedergeschrieben ist, auf den gleichen Zeitraum wie die „Thesen ad Feuerbach" (also nach Engels' Ankunft Mitte April 1845) und äußern die Vermutung, „die vier notierten Gedanken [stünden, UP] mit Marx' Absicht in Verbindung, eine Kritik von Max Stirners [...] Buch ‚Der Einzige und sein Eigenthum' zu schreiben" (ebenda, S. 490).
[90] Ebenda, S. 19.

Projekts der Aufklärung vor dem Beginn der Abfassung der Manuskripte zur „Deutschen Ideologie" erreicht hatten – also vor der „intensivsten Einzelauseinandersetzung, welche Marx und Engels je mit einem Denker geführt haben" –, so wird sich zeigen, dass die *Thesen* allein über nur begrenzte Aussagekraft in dieser Frage verfügen, dass also bereits zu diesem Zeitpunkt einer ersten, intellektuellen Distanznahme von Marx gegenüber Feuerbach der Eindruck korrigiert oder zumindest relativiert werden muss, der Kritik Feuerbachs komme das alles entscheidende Gewicht in der Konzipierung der Marx-Engels'schen Weiterentwicklung des aufklärerischen Diskurses zu.

Zur Etablierung der ideengeschichtlichen Schieflage, welche in dieser Einschätzung zum Ausdruck kommt, haben, dies muss an dieser Stelle ausdrücklich betont werden, die beiden Autoren einen erheblichen Teil beigetragen. Nahezu ausnahmslos attestieren ihre retrospektiven Bezugnahmen auf die Formulierung des originären Standpunktes ihrer Kritik demjenigen Denker den maßgeblichen Einfluss auf ihre Entwicklung, der von den dreien, die einmal das Dreigestirn der „Kritik der neuesten deutschen Philosophie" abgeben sollten, zum Zeitpunkt der Tätigung dieser Bezugnahmen die größte Anerkennung im Publikum genoss. Gilt dieser Sachverhalt auch allgemein für die Aussagen, welche Marx und Engels über die Zeit der Erarbeitung eines eigenständigen Standpunktes äußerten, so doch in besonderem Maße im Falle der „Thesen ad Feuerbach", die von Engels in der ihm im fortgeschrittenen Alter eigenen Ausdrucksweise zum „genialen Keim der neuen Weltanschauung" überhöht wurden.[91]

Nun gibt es zwar durchaus gewichtige Gründe, der sich in den *Thesen* erstmals manifestierenden, Marx'schen Distanznahme zu Feuerbach im Frühjahr 1845 einiges Gewicht bei der Genese des Beitrags von Marx und Engels zum emanzipativen Projekt der Aufklärung beizumessen, doch würde der Versuch einer Untermauerung des Engels'schen Diktums sein Gelingen nur um den Preis einer Vereinseitigung finden. Dieser Vereinseitigung lässt sich allerdings begegnen, wenn man zur Bestimmung des erreichten Standes in der Konzipierung von materialistischer Geschichtsauffassung und Ideologiekritik nicht nur die *Thesen* heranzieht, sondern zusätzlich die Passagen der *Heiligen Familie* hinzuzieht, auf welche die im Kontext der Vorbereitung einer Stirner-Kritik festgehaltenen vier Aspekte verweisen. Es wird sich dann erweisen und wird im Folgenden gezeigt werden, dass die *Thesen* in Bezug auf das eine Moment der Marx-Engels'schen Weiterentwicklung des aufklärerischen Diskurses, nämlich der Ideologiekritik, durchaus von zentraler Bedeutung sind, dass sie für die Bestimmung des anderen Moments, der materialistischen Geschichtsauffassung, hingegen kaum Anhaltspunkte liefern.

---

91 Friedrich Engels: Vorbemerkung zu „Ludwig Feuerbach und der Ausgang der klassischen deutschen Philosophie", MEGA² I/31, S. 123.

In Bezug auf die Rekonstruktion der Auseinandersetzungen, wie sie im Brüssel der ersten Monate des Jahres 1845 geführt wurden, bedeutet dies, dass das Ungenügende von Feuerbachs „neuer" Philosophie vor dem Hintergrund dessen, was später die Bezeichnung „Ideologiekritik" erhalten sollte, in den Marx'schen Fokus der Aufmerksamkeit geriet, dass hingegen die Vereinbarkeit von materialistischer Geschichtsauffassung und „neuer" Philosophie zu diesem Zeitpunkt von Marx noch nicht problematisiert wurde, dass also die Grundzüge der materialistischen Geschichtsauffassung, welche, wie gleich gezeigt werden wird, vielmehr in Verteidigung der „neuen" Philosophie entwickelt wurden, vor allem zur Strukturierung einer Kritik Stirners herangezogen wurden. Wie weit diese Grundzüge dabei noch entfernt waren, Gemeingut einer sich formierenden kommunistischen „Partei" zu sein, zeigt der Sachverhalt, dass im Frühjahr 1845 selbst der Koautor der Schrift, in welcher sie entwickelt wurden, noch von ihrer Validität überzeugt werden musste.

Zwar geht aus Engels' Brief an Marx vom 17. März 1845 hervor, dass ersterer um Mitte März in den Besitz der *Heiligen Familie* gelangt war und insofern nun auch die Marx'schen Texte rezipieren konnte, die erst nach Engels' Abreise aus Paris verfasst wurden, es scheint jedoch zu diesem Zeitpunkt noch keine intensive Auseinandersetzung von Engels mit diesen Schriften von Marx stattgefunden zu haben. So hatte Marx dort nicht nur bereits die in ihrer weitestgehenden Prägung vor allem von Bauer und seinen Anhängern vertretene Auffassung bezüglich der geschichtsbildenden Kraft von Ideen zugunsten des Einflusses profanerer Entitäten bestritten,[92] und insofern schon einen der Grundpfeiler des junghegelianischen Geschichtsverständnisses angesägt. Von noch weit größerer Bedeutung für die intellektuelle Entwicklung der beiden Autoren der Manuskripte zur „Deutschen Ideologie" sollte jedoch ein anderer Aspekt werden, und es ist dieser Aspekt, der auch die Vermessung der weltanschaulichen Distanz gestattet, die vor der Residenznahme von Engels in Brüssel zwischen den beiden obwaltete. Mit der von Marx in der *Heiligen Familie* erstmals praktizierten Umkehrung des Abhängigkeitsverhältnisses von bürgerlicher Gesellschaft und politischem Staat zugunsten der ersteren, ist der Zeitpunkt erreicht, zu welchem Marx zum ersten Mal eine Position bezieht, die ihn von allen damaligen, frühsozialistischen oder auch kommunistischen Weggefährten abhob. So heißt es in einer Passage, auf welche der erste der vier kurzen Sätze vor den *Thesen* verweist:

> Genau und im prosaischen Sinne zu reden, sind die Mitglieder der bürgerlichen Gesellschaft keine *Atome*. Die *charakteristische Eigenschaft* des Atoms besteht darin, *keine* Eigenschaften und darum keine durch seine eigne *Naturnotwendigkeit* bedingte Beziehung zu andern Wesen außer ihm zu haben. Das Atom ist *bedürfnislos, selbstgenügsam*; die Welt außer ihm ist die absolute *Leere*, d. h. sie ist inhaltslos, sinnlos, nichtssagend, eben weil es *alle Fülle* in sich selbst besitzt.

---

92 MEGA¹ I/3, Berlin 1932, S. 294/295: „*Ideen* können nie über einen alten Weltzustand, sondern immer nur über die Ideen des alten Weltzustandes hinausführen. Ideen können überhaupt *nichts ausführen*. Zum Ausführen der Ideen bedarf es der Menschen, welche eine praktische Gewalt aufbieten."

Das egoistische Individuum der bürgerlichen Gesellschaft mag sich in seiner unsinnlichen Vorstellung und unlebendigen Abstraktion zum *Atom* aufblähen, d. h. zu einem beziehungslosen, selbstgenügsamen, bedürfnislosen, *absolut vollen*, seligen Wesen. Die unselige *sinnliche Wirklichkeit* kümmert sich nicht um seine Einbildung, jeder seiner Sinne zwingt es, an den Sinn der Welt und der Individuen außer ihm zu glauben, und selbst sein *profaner* Magen erinnert es täglich daran, daß die Welt *außer* ihm nicht *leer*, sondern das eigentlich *Erfüllende* ist. Jede seiner Wesenstätigkeiten und Eigenschaften, jeder seiner Lebenstriebe wird zum *Bedürfnis*, zur *Not*, die seine *Selbstsucht* zur Sucht nach andern Dingen und Menschen außer ihm macht. Da aber das Bedürfnis des einen Individuums keinen sich von selbst verstehenden Sinn für das andere egoistische Individuum, das die Mittel, jenes Bedürfnis zu befriedigen, besitzt, also keinen unmittelbaren Zusammenhang mit der Befriedigung hat, so muß jedes Individuum diesen Zusammenhang schaffen, indem es gleichfalls zum Kuppler zwischen dem fremden Bedürfnis und den Gegenständen dieses Bedürfnisses wird. Die *Naturnotwendigkeit* also, die *menschlichen Wesenseigenschaften*, so entfremdet sie auch erscheinen mögen, das *Interesse*, halten die Mitglieder der bürgerlichen Gesellschaft zusammen, das *bürgerliche* und nicht das *politische* Leben ist ihr *reales* Band. Nicht also der *Staat* hält die *Atome* der bürgerlichen Gesellschaft zusammen, sondern dies, daß sie *Atome* nur in der *Vorstellung* sind, im *Himmel* ihrer Einbildung – in der *Wirklichkeit* aber gewaltig von den Atomen unterschiedene Wesen, nämlich keine *göttliche Egoisten*, sondern *egoistische Menschen*. Nur der *politische Aberglaube* bildet sich heutzutage ein, daß das bürgerliche Leben vom Staat zusammengehalten werden müsse, während umgekehrt in der Wirklichkeit der Staat von dem bürgerlichen Leben zusammengehalten wird.[93]

Diese Neubestimmung[94] des Abhängigkeitsverhältnisses von bürgerlicher Gesellschaft und politischem Staat ist schon allein darum auffällig, als etwa Heß, bei aller

---

93 Ebenda, S. 296.
94 Marx selbst gibt 1859 im Vorwort von *Zur Kritik der politischen Ökonomie. Erstes Heft* zwar an, den Gedanken, „daß Rechtsverhältnisse wie Staatsformen weder aus sich selbst zu begreifen sind, noch aus der sogenannten allgemeinen Entwicklung des menschlichen Geistes, sondern vielmehr in den materiellen Lebensverhältnissen wurzeln", bereits in *Zur Kritik der Hegel'schen Rechts-Philosophie. Einleitung* entwickelt zu haben (MEGA² II/2, S. 100), eine Analyse dieser Schrift von Ende 1843 lässt den Wahrheitsgehalt dieser Angabe jedoch zweifelhaft erscheinen. Wenn Marx auch betont, „Die Revolutionen bedürfen nämlich eines *passiven* Elementes, einer *materiellen* Grundlage. Die Theorie wird in einem Volke nur so weit verwirklicht, als sie die Verwirklichung seiner Bedürfnisse ist." (MEGA² I/2, S. 178), so zeigt das Résumé am Ende der Schrift doch, wie tief Marx damals noch in den Bahnen einer „Philosophie der Tat" dachte: „Die einzig *praktisch* mögliche Befreiung Deutschlands ist die Befreiung auf dem Standpunkt *der* Theorie, welche den Menschen für das höchste Wesen des Menschen erklärt. [...] Die *Emancipation des Deutschen* ist die *Emancipation des Menschen*. Der *Kopf* dieser Emancipation ist die *Philosophie*, ihr *Herz* das *Proletariat*. Die Philosophie kann sich nicht verwirklichen ohne die Aufhebung des Proletariats, das Proletariat kann sich nicht aufheben ohne die Verwirklichung der Philosophie." (ebenda, S. 182/183). Die Frage nach dem Zeitpunkt, ab welchem die Rede von einer „materialistischen Geschichtsauffassung" legitim ist, ist zu gewissen Teilen sicher eine Definitionsfrage. M. E. sollte jedoch eine Unterscheidung zwischen Ansätzen wie der in sozialistischen Kreisen auf Heß zurückgehenden „Philosophie der Tat" und der von Marx und Engels entwickelten „materialistischen Geschichtsauffassung" aufrecht gehalten werden. Nimmt man die von Marx selbst im Vorwort von *Zur Kritik der politischen Ökonomie. Erstes Heft* gegebene Definition zum Maßstab (MEGA² II/2, S. 100/101), so scheint erst mit der *Heiligen Familie* ein Entwicklungsstand erreicht, welcher diese Bezeichnung zu rechtfertigen vermag.

von ihm und Engels behaupteten Ähnlichkeit seiner Stirner-Kritik mit derjenigen von Marx, sich in seinem, im Juni 1845 erschienenen *Die letzten Philosophen* weit entfernt von der Konstatierung einer solchen Einseitigkeit des Verhältnisses von bürgerlicher Gesellschaft und Staat zeigt und die drei „letzten" Philosophen Bauer, Stirner und Feuerbach vielmehr als Vertreter entweder des „Princips" der bürgerlichen Gesellschaft (Stirner) und des Staates (Bauer) oder des zwischen ihnen obwaltenden Widerspruchs (Feuerbach) charakterisiert. Die Lösung dieses Widerspruchs sieht er dann auch nicht wie Marx in der Konzentration auf die tatsächlich die Wirklichkeit bestimmende Grundlage, sondern im Sozialismus, „der mit der Verwirklichung und Negation der Philosophie Ernst macht".[95] Vor dem Hintergrund des später so oft betonten Gleichklangs ist allerdings der bereits angeklungene Abstand zu den von Engels zu dieser Zeit vertretenen Auffassungen noch um einiges bemerkenswerter. So bestimmt Engels in den just in dem Zeitraum seiner ersten Rezeption der Marx'schen Passagen der *Heiligen Familie* für eine Veröffentlichung redigierten Reden, die er im Laufe des Februar 1845 in Elberfeld gehalten hatte, das Verhältnis von Staat und bürgerlicher Gesellschaft auf die unter den ehemaligen Junghegelianern traditionelle Weise, etwa wenn er den Staat aufgrund seiner Kompetenz zur Erhebung von Steuern zum einzigen, wahren Eigentümer erklärt:

> Ist doch im Grunde das Prinzip der Besteuerung ein rein kommunistisches, da das Recht der Steuererhebung in allen Ländern aus dem sogenannten Nationaleigentume abgeleitet wird. Denn entweder ist das Privateigentum heilig, so gibt es kein Nationaleigentum, und der Staat hat nicht das Recht, Steuern zu erheben; oder der Staat hat dies Recht, dann ist das Privateigentum nicht heilig, dann steht das Nationaleigentum über dem Privateigentume, und der Staat ist der wahre Eigentümer. Dies letztere Prinzip ist das allgemein anerkannte – nun gut, m[eine] H[erren], wir verlangen vorderhand ja nur, daß einmal Ernst mit diesem Prinzip gemacht werde, daß der Staat sich zum allgemeinen Eigentümer erkläre und als solcher das öffentliche Eigentum zum öffentlichen Besten verwalte – und daß er als ersten Schritt hierzu einen Modus der Besteuerung einführe, der sich nur nach der Fähigkeit eines jeden zur Steuerzahlung und nach dem wirklichen öffentlichen Besten richte.[96]

Der Erfolg der Marx'schen Überzeugungsversuche lässt sich etwa an dem Sachverhalt ablesen, dass eine vergleichbare Auffassung bei Engels nach seiner Übersiedlung nach Brüssel nicht mehr zu belegen ist. Zu einem gewissen Maß wird dabei sicher die relative Simplizität der bloßen Umkehrung des Abhängigkeitsverhältnisses Engels die Konversion zu dieser Position erleichtert haben, Marx hatte sich jedoch in der *Hei-*

---

95 Moses Heß: Die letzten Philosophen, a. a. O., S. 7/8.
96 MEGA¹ I/4, Berlin 1932, S. 381. Die Auffassung, den Staat zum wahren Eigentümer zu erklären, bildet später einen der zentralen Angriffspunkte der Marx-Engels'schen Stirner-Kritik und die Ausarbeitung der Abhandlung, welche Marx und Engels der Kritik dieser Auffassung widmeten, brachte die beiden Autoren der Manuskripte zur „Deutschen Ideologie" zu der Entscheidung, die Darstellung ihrer eigenen Geschichtsauffassung mit einer eigenständigen Kritik Feuerbachs den Kritiken Bauers und Stirners voranzustellen. Siehe unten, Kapitel 9, Abschnitt 3.

ligen Familie nicht damit begnügt, diese Neuordnung der Beziehungen der Abhängigkeit zu konstatieren, er hatte darüber hinaus erste Anwendungen dieser neuen, materialistischen Geschichtsauffassung getätigt. Den explikativen Gewinn dieser Auffassung, die, so lässt sich vermuten, anlässlich der Diskussionen unter den Brüsseler Exilanten dann eine weitergehende Konturierung erfuhr, demonstrierte Marx bereits in der *Heiligen Familie* an dem historischen Großereignis, das wie kein zweites den Erwartungshorizont der vormärzlichen Zeitgenossen prägte. Seit dem Scheitern der junghegelianischen Bemühungen, die Französische Revolution auf deutschem, speziell preußischem Boden zu repetieren, und des mit diesem Scheitern einsetzenden explikativen Drucks bildete die Neubewertung dieser Revolution einen Bestandteil aller Versuche, die Enttäuschung ob der Ohnmacht des philosophisch-aufklärerischen Diskurses zu kompensieren.

So hatte, wie bereits ausgeführt wurde, Bauer die Bedeutung der Französischen Revolution in seinen Schriften der *ALZ* nurmehr in der Radikalisierung des Gegensatzes von „Geist" oder „Kritik" und „Masse" veranschlagt und hatte Stirner gar in geradezu an Alexis de Tocqueville gemahnender Manier die Kontinuitäten zwischen *Ancien Régime* und Revolution gegenüber den Brüchen betont und die erstere so als einen im Großen und Ganzen gelungenen Versuch zur Festigung der individuellen Fremdbestimmung beschrieben. Fast könnte es scheinen, als hätten die Junghegelianer sich *vor* dem Scheitern des philosophisch-aufklärerischen Diskurses der französischen Geschichte bedient, um die Sinnhaftigkeit der preußisch/deutschen Gegenwart sicherzustellen, nur um *nach* dem Scheitern die französische Geschichte ausgehend von den preußisch/deutschen Erfahrungen umzudeuten. Es kann vor diesem Hintergrund kaum überraschen, dass auch Marx sich für die Demonstration der explikativen Möglichkeiten der materialistischen Geschichtsauffassung der Französischen Revolution zuwendet. Und es zeigt sich hier sogleich, dass die Umkehrung des Abhängigkeitsverhältnisses zugunsten der bürgerlichen Gesellschaft es auch Marx gestattet, die Französische Revolution, besonders unter Einbeziehung der Juli-Revolution, als ein im Sinne der Durchsetzung der bürgerlichen Gesellschaft erfolgreiches Unterfangen darzustellen. Vor allem Marx' Erklärung der Notwendigkeit, mit welcher die Protagonisten der radikalsten Phase der Französischen Revolution, die von den Junghegelianern noch als Ahnen imaginiert wurden, angesichts ihrer Illusionen über die Natur der bürgerlichen Gesellschaft zum Scheitern verurteilt waren, liest sich, als wäre sie nicht nur im Hinblick auf die Diagnostik der entfernteren, sondern ebenso sehr der jüngsten Vergangenheit formuliert worden:

> Robespierre, St.-Just und ihre Partei gingen unter, weil sie das antike, *realistisch-demokratische Gemeinwesen*, welches auf der Grundlage des *wirklichen Sklaventums* ruhte, mit dem *modernen spiritualistisch-demokratischen Repräsentativstaat*, welcher auf dem *emanzipierten Sklaventum*, der *bürgerlichen Gesellschaft* beruht, verwechselten. Welche kolossale Täuschung, die moderne bürgerliche Gesellschaft, die Gesellschaft der Industrie, der allgemeinen Konkurrenz, der frei ihre Zwecke verfolgenden Privatinteressen, der Anarchie, der sich selbst entfremdeten natürlichen und geistigen Individualität – in den *Menschenrechten* anerkennen und sanktionieren zu

müssen, und zugleich die *Lebensäußerungen* dieser Gesellschaft hinterher an einzelnen Individuen annullieren, und zugleich den *politischen Kopf* dieser Gesellschaft in *antiker* Weise bilden zu wollen! Tragisch erscheint diese Täuschung, wenn St.-Just am Tage seiner Hinrichtung auf die im Saale der Conciergerie hängende große Tabelle der *Menschenrechte* hinwies und mit stolzem Selbstgefühl äußerte: ‚C'est pourtant moi qui ai fait cela.' Eben diese Tabelle proklamierte das *Recht* eines *Menschen*, der nicht der Mensch des antiken Gemeinwesens sein kann, so wenig als seine *nationalökonomischen* und *industriellen* Verhältnisse die *antiken* sind.[97]

Napoleon kommt in dieser „materialistischen" Geschichte das Verdienst zu, den letzten, zumindest zeitweise erfolgreichen Versuch einer Reetablierung des vormodernen Abhängigkeitsverhältnisses unternommen zu haben, ein Versuch, der jedoch letztendlich an der zunehmend selbstbewusster auftretenden Bourgeoisie scheitern musste.[98] Mit der Juli-Revolution von 1830 schließlich sei dann in Frankreich endgültig der Primat der bürgerlichen Gesellschaft über den Staat etabliert worden.[99] Wenn Marx in der *Heiligen Familie* auch noch nicht so weit geht, eine Diagnostik der preußisch/deutschen Gegenwart mit dem methodischen Instrumentarium der „materialistischen Geschichtsauffassung" zu unternehmen – diese Entgrenzung des ur-

---

[97] Friedrich Engels/Karl Marx: Die Heilige Familie oder Kritik der kritischen Kritik. Gegen Bruno Bauer & Consorten, Frankfurt a. M. 1845, MEGA¹ I/3, Berlin 1932, S. 298.

[98] Ebenda, S. 299: „*Napoleon* war der letzte Kampf des *revolutionären Terrorismus* gegen die gleichfalls durch die Revolution proklamierte *bürgerliche Gesellschaft* und deren Politik. Napoleon besaß allerdings schon die Einsicht in das Wesen des *modernen Staats*, daß derselbe auf der ungehinderten Entwickelung der bürgerlichen Gesellschaft, auf der freien Bewegung der Privatinteressen etc., als seiner Grundlage ruhte. Er entschloß sich, diese Grundlage anzuerkennen und zu beschützen. Er war kein schwärmerischer Terrorist. Aber Napoleon betrachtete zugleich noch den *Staat* als *Selbstzweck* und das bürgerliche Leben nur als Schatzmeister und als seinen *Subalternen*, der keinen *Eigenwillen* haben dürfe. Er *vollzog* den *Terrorismus*, indem er an die Stelle der *permanenten Revolution* den *permanenten Krieg* setzte. Er befriedigte bis zur vollen Sättigung den Egoismus der französischen Nationalität, aber er verlangte auch das Opfer der bürgerlichen Geschäfte, Genusses, Reichtums etc., so oft es der politische Zweck der Eroberung erheischte. Wenn er den Liberalismus der bürgerlichen Gesellschaft – den politischen Idealismus ihrer alltäglichen Praxis – despotisch unterdrückte, so schonte er nicht mehr ihre wesentlichsten *materiellen* Interessen, Handel und Industrie, so oft sie mit seinen politischen Interessen in Konflikt gerieten. Seine Verachtung der industriellen hommes d'affaires war die Ergänzung zu seiner Verachtung der *Ideologen*. Auch nach innen hin bekämpfte er in der bürgerlichen Gesellschaft den Gegner des in ihm noch als absoluter Selbstzweck geltenden Staats. So erklärte er im Staatsrat, er werde nicht dulden, daß der Besitzer umfangreicher Ländereien sie nach Belieben bebaue oder nicht bebaue. So faßte er den Plan, durch Aneignung der *Roulage* den Handel dem Staat zu unterwerfen."

[99] Ebenda, S. 300: „Wie der liberalen Bourgeoisie in Napoleon noch einmal der revolutionäre Terrorismus gegenübertrat, so trat ihr in der Restauration, in den Bourbonen, noch einmal die Kontrerevolution gegenüber. Endlich verwirklichte sie in dem Jahre 1830 ihre Wünsche vom Jahre 1789, nur mit dem Unterschied, daß ihre *politische Aufklärung* nun *vollendet* war, daß sie in dem konstitutionellen Repräsentativstaat nicht mehr das Ideal des Staates, nicht mehr das Heil der Welt und allgemein menschliche Zwecke zu erstreben meinte, sondern ihn vielmehr als den *offiziellen* Ausdruck ihrer *ausschließlichen* Macht und als die *politische* Anerkennung ihres *besondern* Interesses erkannt hatte."

sprünglichen Anwendungsbereichs sollte den Manuskripten zur „Deutschen Ideologie" vorbehalten bleiben –, so bringt er dieses Instrumentarium gleichwohl bereits in einem Fall zur Anwendung, der auch die ehedem als eigenständigen Entwicklungsgesetzen gehorchend angesehene Geistesgeschichte zu einer Emanation der materialistischen Geschichte erklärt:

> So kann man den Sturz der Metaphysik des 17. Jahrhunderts nur insofern aus der materialistischen Theorie des 18. Jahrhunderts erklären, als man diese theoretische Bewegung selbst aus der praktischen Gestaltung des damaligen französischen Lebens erklärt. Dieses Leben war auf die unmittelbare Gegenwart, auf den weltlichen Genuß und die weltlichen Interessen, auf die *irdische* Welt gerichtet. Seiner antitheologischen, antimetaphysischen, seiner materialistischen Praxis mußten antitheologische, antimetaphysische, materialistische Theorien entsprechen. Die Metaphysik hatte *praktisch* allen Kredit verloren.[100]

In dieser Passage klingt bereits das Leitmotiv des späteren Umgangs mit Stirners Versuch einer Weiterführung des emanzipativen Projekts der Aufklärung an, wird die Explikation geistiger Erzeugnisse durch Phänomene, die dem Bereich der Erfahrungswissenschaften zugehören bereits in rudimentärer Form durchexerziert. Es sind argumentative Instrumente wie dieses, welche, so ist anzunehmen, den humanistischen Schwärmer Kriege dazu bewegt haben, Feuerbach gegenüber von der „kleinlich materiellen Anschauung vom Menschen" zu sprechen, die von den Brüsselern vertreten werde.[101] Wenn die ganzen soeben angeführten Passagen schon hinreichen mögen, Zweifel ob der Adäquatheit der von Marx und Engels retrospektiv kolportierten Darstellungen ihres intellektuellen Entwicklungsganges zu sähen, und vielmehr zu bestätigen scheinen, dass die „materialistische Geschichtsanschauung" in ihren Grundzügen von Marx – und von Marx allein – noch in Paris entwickelt wurde und dass die gemeinsam in Brüssel verbrachten Monate das Einschwören von Engels auf die bereits von Marx entwickelten Positionen bedeutete und eben nicht die Feststellung, auf unterschiedlichem Wege zu gleichen Ergebnissen gelangt zu sein, so zeigt die letzte Passage, auf die hier eingegangen werden soll, dass selbst die so überaus emblematische Kontrastierung von „Bewußtsein und Sein" ihre Antizipation in der *Heiligen Familie* besitzt:

> Weil die ,*religiöse Welt als religiöse Welt*' nur als die Welt des *Selbstbewußtseins* existiert, so kann der kritische Kritiker – Theologe ex professo – gar nicht auf den Gedanken geraten, daß es eine Welt gibt, worin *Bewußtsein* und *Sein* unterschieden sind, eine Welt, die nach wie vor stehenbleibt, wenn ich bloß ihr Gedankendasein, ihr Dasein als Kategorie, als Standpunkt aufhebe, d. h. wenn ich mein eignes subjektives Bewußtsein modifiziere, ohne die gegenständliche Wirk-

---

100 Ebenda, S. 302/303.
101 Kriege an Feuerbach, 18./19. April 1845, LFGW 19, S. 19.

lichkeit auf wirklich gegenständliche Weise zu verändern, d. h. ohne meine eigne *gegenständliche* Wirklichkeit zu verändern, meine eigne und die der andern Menschen.[102]

Wenn die Tendenz der vergangenen Ausführungen darin bestand, die weitgehende Existenz der Grundzüge der „materialistischen Geschichtsauffassung" für den Zeitraum unmittelbar vor und während der Niederschrift der „Thesen ad Feuerbach" zu belegen, so soll damit keineswegs die Originalität in Abrede gestellt werden, welche diesen Positionen zum Zeitpunkt des Erscheinens der *Heiligen Familie* eignete. Für die anderen Brüsseler Exilanten wie Kriege, Engels und wohl auch Bürgers – obwohl dieser aufgrund seines durchgängigen Kontakts noch am ehesten Kenntnis der Marx'schen Gedanken gehabt haben dürfte – waren diese Überlegungen, wie für das breitere Publikum, theoretische *terra incognita*. Die so stark differierenden Reaktionen, welche Kriege und Engels nach der Konfrontation mit ihnen an den Tag legten, obwohl ihr Aufeinandertreffen im Februar noch solcherart gewesen sein muss, dass Engels sich nur in den wohlwollendsten Tönen über Kriege äußerte, offenbaren das Spektrum möglicher Positionierungen und lassen darüber hinaus schließen, dass mit der Entscheidung für oder wider, neben den bloß inhaltlichen, auch Konsequenzen einhergingen, welche das etablierte hierarchische Gefüge unter den ehemaligen Junghegelianern betrafen.

Auch wenn die „materialistische Geschichtsauffassung" ihrer Intention nach nicht gegen die „neue" Philosophie Feuerbachs gerichtet war, so wurde im Laufe der Auseinandersetzungen in Brüssel wohl offensichtlich, dass der Übertritt zum Marx'schen Materialismus, den Engels in dieser Zeit vollzog und den Kriege nicht vorzunehmen bereit war, auch die etablierten Hierarchien unter den deutschen Spätaufklärern infrage stellte. Der Dualismus zwischen den Bauer- und Feuerbach-Lagern, der den aufklärerischen Diskurs spätestens seit dem November 1842 bestimmt hatte und der bereits mit der von Stirner in seinem *Einzigen* vollzogenen doppelten Absetzungsbewegung eine erste Einschränkung erfahren hatte, wurde mit der Marx'schen Entscheidung, seine Fähigkeiten bei der Produktion argumentativer Evidenz nicht mehr bedingungslos in den Dienst Feuerbachs zu stellen, endgültig zu einer Erscheinung der jüngeren Vergangenheit. Mochte einer der beiden Aspekte der Marx'schen Neupositionierung, die für die Möglichkeit der Einnahme einer eigenständigen Position von fundamentaler Bedeutung waren, auch noch in der Phase der Zugehörigkeit zum Feuerbach-Lager konzipiert worden sein, und mochte die in den *Thesen* erstmals praktizierte Distanzierung auch noch fern des Lichts der Öffentlichkeit erfolgen, so bleibt gleichwohl festzuhalten, dass mit dieser Marx'schen Distanzierung der aufklärerische Diskurs endgültig das Stadium einer Pluralität kritischer Ansätze erreicht hatte. So spricht Einiges für die Auffassung, dass bedeutende Schritte der Fortfüh-

---

102 Friedrich Engels/Karl Marx: Die Heilige Familie oder Kritik der kritischen Kritik. Gegen Bruno Bauer & Consorten, Frankfurt a. M. 1845, MEGA¹ I/3, Berlin 1932, S. 371.

rung und Weiterentwicklung des emanzipativen Projekts der Aufklärung bereits auf das Jahr 1844 datieren, als Stirner seinen Versuch zur argumentativen Ermächtigung der konkreten Individuen veröffentlichte und Marx eine neue „Weltanschauung" konzipierte, deren Legitimität sich aus anderen Ressourcen speiste, als der überkommene philosophisch-aufklärerische Diskurs.

Der Sachverhalt, dass die für diese neue „Weltanschauung" entscheidenden Passagen der *Heiligen Familie* im wahrscheinlichen Kontext einer von Bürgers auszuführenden Stirner-Kritik im Marx'schen Notizheft festgehalten wurden, plausibilisiert dabei die Vermutung, dass bereits zu diesem Zeitpunkt das Potenzial ihrer Verwendung für die Widerlegung von Stirners Versuch einer radikalindividualistischen Emanzipation aus historischen Entwicklungszusammenhängen gesehen wurde, Zusammenhänge, die je nach Standpunkt als notwendig oder nur vermeintlich notwendig erachtet wurden. Soweit scheint Engels bereit gewesen zu sein, sich von seiner wohlwollenden Stirner-Rezeption zu distanzieren. Die „Thesen ad Feuerbach", deren kritischer Impuls ein gänzlich anderer ist, vermitteln dann jedoch den Eindruck, dass diese Bereitschaft im Falle von Stirners Kritik an Feuerbachs Humanismus weniger stark ausgeprägt war.

Wenn die bisher behandelten Passagen der *Heiligen Familie* einen in die Vergangenheit gerichteten Blick zu instruieren unternehmen, so ist als eine der ersten Charakteristiken der elf Thesen festzuhalten, dass man diese Blickrichtung in ihnen nahezu vergeblich sucht. Das Bedürfnis zu einer Distanzierung von Feuerbach hat bei Marx seinen Ausgang, so scheint es, insofern von derselben Ursache genommen, welche Marx überhaupt erst zu einem Anhänger Feuerbachs werden ließ. Zur Erinnerung: Marx entdeckte die Schriften Feuerbachs zu einer Zeit, als bei ihm die Desillusionierung ob der vergeblichen Hoffnungen, welche die Junghegelianer in die Potenziale eines auf philosophische Weise Evidenz produzierenden Diskurses gesetzt hatten, ihren Höhepunkt erreicht hatte. Feuerbachs Apotheose einer bis dahin unter den philosophischen Kritikern als Grundlage ernstzunehmender Argumente weitgehend abgelehnten Sinnlichkeit, die allein aufgrund der Fährnisse zensorischer Verfahren vom Ruch des Scheiterns ausgenommen blieb, in welchen der Großteil der anderen junghegelianischen Schriften nach 1842/43 gerieten,[103] schien für Marx damals geeignet, den offensichtlich defizitären Blick der philosophischen Kritik auf die preußisch/deutsche Gegenwart zu schärfen. Der Marx'sche Wechsel zu Feuerbach wurde insofern von der Hoffnung getragen, etwas in den Blick zu bekommen, dessen selbstversichernde Wahrnehmung damals so schmerzlich vermisst wurde: die Wirklichkeit.

Zwei Jahre später war zwar nicht das Interesse verflogen, welches Marx die Orientierung an den Feuerbach'schen Kategorien wie „Sinnlichkeit" und „der Mensch" als ein lohnenswertes Unterfangen hatte erscheinen lassen, allerdings hatte zu die-

---

103 Siehe oben, Kapitel 3, Abschnitt 1.

sem Zeitpunkt die Kenntnisnahme von vor allem ökonomischen Schriften die Vorstellung davon verändert, was sich mit dem Feuerbach'schen begrifflichen Apparat fassen lassen sollte. Wenn man so will, war Marx durch seine Arbeit an der „Kritik der Politik und Nationalökonomie" in den Besitz eines Instrumentariums zur Bestimmung dessen gelangt, was die Feuerbach'schen Begrifflichkeiten ihn überhaupt erst hatten sehen lassen sollen. Für die Erfahrung schließlich, dass die Begrifflichkeiten Feuerbachs die Konturen dieser Bestimmtheiten nicht nur nicht sichtbar werden ließen, sondern vielmehr noch verdunkelten, waren dann zum einen sicher die Auseinandersetzungen mit Kriege – also mit jemandem, der zwar über den Feuerbach'schen begrifflichen Apparat verfügte, aber die von Marx ausgemachten, wirklichkeitskonstitutiven Entitäten nicht zu sehen vermochte – und zum anderen mit Engels verantwortlich – also mit jemandem, der die Adäquatheit des Feuerbach'schen begrifflichen Apparats zwar aus den falschen Gründen bestreiten mochte (nämlich ausgehend von Stirner), der diesen Widerstand jedoch mit der Bereitschaft verband, den von Marx zur Sichtbarkeit gebrachten Entitäten eine wirklichkeitserschließende Kraft zuzusprechen. Die Sehnsucht nach einem gelingenden Zugriff auf die Wirklichkeit war somit nicht nur für die ursprüngliche Annäherung von Marx an Feuerbach verantwortlich, sondern sollte schließlich auch für die sich zwei Jahre später vollziehende Distanzierung verantwortlich sein.

Es mag bei aller Betonung der Originalität der „Thesen ad Feuerbach" – von den Autoren selbst, wie von den Nachgeborenen – überraschen, aber der grundlegende Zug, den Marx in ihrer Formulierung tätigt, ist einer, der zum basalen Repertoire aufklärerischen Handelns gehört. Wie bereits der religionskritische, philosophisch-aufklärerische Diskurs, wie ihn etwa Feuerbach im *Wesen des Christenthums* instanziierte, darauf abhob, seinen Adressaten den Zugriff auf Entitäten zu ermöglichen, die einem solchen Zugriff vermeintlich enthoben wären, so zeigt sich auch Marx bemüht, Entitäten in den Bereich möglicher menschlicher Einflussnahme zu bringen, die trotz ihrer wirklichkeitskonstitutiven Rolle einer solchen Einflussnahme bisher als nicht zugänglich erachtet wurden. Wenn dieser Zug somit auch zum Repertoire sämtlicher Versuche einer Fortführung und Weiterentwicklung des emanzipativen Projekts der Aufklärung gehört – Stirner etwa hatte es im Rahmen des *Einzigen* unternommen, die handlungsrelevanten Intentionen zum Gegenstand eines bewussten Entscheidungsprozesses auf Seiten der konkreten Individuen zu machen –, so kommt der spezifisch Marx'schen Form seiner Ausführung dennoch eine bemerkenswerte Novität zu. Marx bricht in der Wahl der Entitäten, deren Zugriff er in den Bereich des Möglichen zu holen sich anschickt, mit einer der zentralen Annahmen des bewusstseinszentrierten Modells gesellschaftlicher Veränderung, das bis zu diesem Zeitpunkt allen Ansätzen zur Fortführung und Weiterentwicklung des aufklärerischen Diskurses zugrunde gelegen hatte: Er bricht mit der Vorstellung, die bestehenden gesellschaftlichen Verhältnisse seien eine Konsequenz des bewussten Handelns der Menschen, so dass die Konzentration auf das Bewusstsein der handelnden Akteure eine *conditio sine qua non* jeglichen Versuchs der Veränderung dieser Verhältnisse sein müsse.

Wenn Marx gegenüber Feuerbach gleich in der ersten These den Vorwurf erhebt, er fasse den „Gegenstand, die Wirklichkeit, Sinnlichkeit nur unter der Form des *Objekts od. der Anschauung*" und betrachte „daher im Wesen des Christenthums nur das theoretische Verhalten als das echt menschliche, während die Praxis nur in ihrer schmutzig jüdischen Erscheinungsform gefaßt u. fixirt wird",[104] so schwingt in diesem Vorwurf – jenseits allen Theorie- und Praxis-Dualismus einer „Philosophie der Tat" – die Überzeugung mit, dass gerade dem nicht bewusst gesteuerten Verhalten der Menschen die eigentliche Bedeutung in der Herbeiführung und Aufrechterhaltung der bestehenden gesellschaftlichen Verhältnisse zukäme und nicht dem bewusst gesteuerten Handeln. Dieser Unterschied gegenüber allen anderen ehemaligen Junghegelianern ist von fundamentaler Natur und kann in seiner Bedeutung kaum überschätzt werden, denn er zeitigt Konsequenzen, welche die gesamte Struktur des spezifisch Marx'schen aufklärerischen Diskurses betreffen.

Mit der Hinwendung zu Aspekten des menschlichen Tuns, die keine Folge einer bewussten Entscheidung darstellen, ja, die bislang nicht einmal als zu beachtende Faktoren aufklärerischen Tuns galten, unternimmt Marx den Versuch, einen aufklärerischen Diskurs zu entwerfen, dem der Zugriff auf nichtdiskursive Entitäten gelingen soll, einen Diskurs also, der seine Adressaten in die Lage versetzen soll, tatsächlich eine Veränderung der gesellschaftlichen Verhältnisse zu bewerkstelligen. Wenn es in der achten These heißt: „Alles gesellschaftliche Leben ist wesentlich *praktisch*. Alle Mysterien, welche die Theorie zum Mysticism veranlassen, finden ihre rationelle Lösung in der menschlichen Praxis u. in dem Begreifen dieser Praxis.",[105] so rekurriert Marx damit auf eines der grundlegenden Momente, aus welchen aufklärerische Diskurse in der Vergangenheit ihre Macht und Durchsetzungsfähigkeit bezogen – auf eine Aufklärung im wahren Sinne des Wortes. Die Instanziierungen der verschiedenen aufklärerischen Diskurse der Vergangenheit hatten stets von dem doppelten Versprechen her ihre Wirksamkeit entfaltet, nicht nur den Bereich des Sehbaren, sondern gleichfalls den Bereich des Beeinflussbaren zu erweitern, wie nicht zuletzt in besonderer Klarheit in der von Stirner gewählten Rede vom „Schöpfer" und „Geschöpf" zum Ausdruck kommt, mit welcher Stirner seine Adressaten nicht nur von der Existenz des „Geschöpfes" in Kenntnis setzt, sondern im gleichen Zuge ein Verhältnis der Abhängigkeit zwischen erkennendem „Schöpfer" und erkanntem „Geschöpf" konstatiert.

Marx versucht in den *Thesen* zwar ein vergleichbares Unterfangen, allerdings sind die Unterschiede kaum zu übersehen. Im Unterschied zu Stirner zielt Marx nicht darauf ab, die erkennbar gemachten Entitäten der völligen Verfügbarkeit der erkennenden Individuen zu unterwerfen, sondern die drohende, von Stirner für besonders erhaltenswert erachtete Beliebigkeit der „neuen" Entitäten durch die Auszeichnung

---

104 MEGA² IV/3, S. 19.
105 Ebenda, S. 21.

einer privilegierten Perspektive zu bändigen. So kommt in verschiedenen Thesen der Versuch zum Vorschein, die fragwürdig gewordenen Kategorien Feuerbachs durch ihre Anbindung an einen Diskurs aufzulösen, der auf erfahrungswissenschaftliche Weisen der Produktion von Evidenz rekurriert, etwa wenn Marx, wie in These 6, das „menschliche Wesen" in „das ensemble der gesellschaftlichen Verhältnisse" übersetzt, oder wenn er, wie in These 2, betont:

> Die Frage, ob dem menschlichen Denken – gegenständliche Wahrheit zukomme – ist keine Frage der Theorie, sondern eine *praktische* Frage. In der Praxis muß der Mensch die Wahrheit i. e. Wirklichkeit u. Macht, Diesseitigkeit seines Denkens beweisen. Der Streit über die Wirklichkeit od. Nichtwirklichkeit des Denkens – das von der Praxis isolirt ist, – ist eine rein *scholastische* Frage.[106]

Von dieser vollständigen Rückbindung des „menschlichen Denkens" an die „Praxis" als dem Kriterium seiner Wahrheit, von dieser Inbeziehungsetzung gerade des Feuerbach'schen Denkens mit einer Gegenwart, die bei dieser Art des Zugriffs vor allem ihre Beständigkeit offenbart hat, ist es nicht mehr weit zu einem Vorwurf, der unter den ehemaligen Junghegelianer so ubiquitär ist, dass er sich geradezu als ein neues, kennzeichnendes Merkmal der sich auch nach dem Scheitern von 1842/43 noch mit der Veränderung der gesellschaftlichen Verhältnisse Beschäftigenden anbietet. Kaum einer unter den ehemaligen Weggefährten, der in seiner Bezugnahme auf die anderen sich der Bezichtigung des Konservatismus, des letztendlichen Dienstes am Bestehenden, enthalten hätte. Wenn Marx etwa betont, dass der „anschauende Materialismus", also der Materialismus Feuerbachs, höchstens zur „Anschauung der einzelnen Individuen u. der bürgerlichen Gesellschaft" komme (These 9),[107] dass Feuerbach zwar die „irdische Familie als das Geheimniß der heiligen Familie entdeckt" habe, dann aber den Schluss versäume, dass die Kritikwürdigkeit der letzteren auch die Aufhebung der ersteren verlange (These 4),[108] oder schließlich, dass das „abstrakte Individuum, das er analysirt" – also das Wesen des Menschen – „einer bestimmten Gesellschaftsform" angehöre (These 7),[109] so besteht der gemeinsame Gehalt dieser Kritikpunkte stets in dem Vorwurf, dass es Feuerbach nicht nur nicht gelinge, sich über den gegebenen gesellschaftlichen Zustand zu erheben, sondern, was noch schwerer wiegt, dass eine solche, bloß dem Anschein nach kritische Beschäftigung mit der Gegenwart diese in ihrem Bestand nur erhalte.

Der Vorwurf des Konservatismus an die ehemaligen Weggefährten, mit welchem Marx und Engels später auch dezidiert Stirner belegen werden,[110] der im *Einzigen* be-

---

106 Ebenda, S. 20.
107 Ebenda, S. 21.
108 Ebenda, S. 20.
109 Ebenda, S. 21.
110 Etwa Karl Marx/Friedrich Engels: III. Sankt Max • Schluss des Leipziger Konzils (**H**¹¹), MEGA² I/5, Ms-S. 60b (S. 348): „Wir haben jetzt die hauptsächlichsten logischen Kunststücke aufgezeigt, vermit-

reits den gesamten philosophisch-aufklärerischen Diskurs mit seiner Perfektionierung individueller Fremdbestimmung in die Kontinuität christlicher Bewusstseinsbestimmung gestellt hatte, ist nicht die einzige Gemeinsamkeit, die sich zwischen der Marx'schen und der Stirner'schen Feuerbach-Kritik konstatieren lässt. Die im Kontext der anderen Thesen etwas abseits stehende dritte These, welche dem Gedanken einer aufklärerischen Avantgarde, der die Führung der noch nicht Aufgeklärten obliege, eine Absage erteilt, erinnert so stark an die Stirner'sche Kritik einer Herrschaft der Gebildeten über die Ungebildeten und ist in seinem konkreten Gehalt so unspezifisch, dass man sich des Eindrucks nicht erwehren kann, der von Marx gezogene Schluss, das „Aendern der Umstände" und die „menschliche Thätigkeit od. Selbstveränderung" müsse zusammenfallen,[111] verdanke sich vor allem der Absicht, die Vertreter der „neuen Weltanschauung" gegen den Vorwurf sicher zu stellen, sie erhöben Anspruch auf die Position der aufklärerischen Avantgarde. Wenn auch diese These die Rolle erahnen lässt, welche Stirner in den Brüsseler Auseinandersetzungen des Frühjahrs 1845 gespielt haben muss, so gibt sie zu diesem Zeitpunkt dennoch nicht mehr als einen Vorgeschmack auf die überaus große Mühe, welche sich Marx und Engels später in den Manuskripten zur „Deutschen Ideologie" geben werden, ihren eigenen Ansatz mit einer argumentativen Überzeugungskraft auszustatten, gegen welche die von Stirner zur Verfügung gestellten Instrumente zur argumentativen Selbstermächtigung nichts auszurichten vermögen.

Das Ziel der Marx'schen Orientierung weg von Feuerbach, das in der schließenden und wohl berühmtesten These pointiert wird[112] und das in den Manuskripten zur „Deutschen Ideologie" dann auch dezidiert als Versprechen formuliert werden wird, lässt sich damit bereits zu diesem Zeitpunkt bestimmen: Ausbruch aus den fortwährenden Versuchen, überkommene diskursive Hierarchien durch neue zu ersetzen (Bauers und Feuerbachs philosophische Religionskritik), allerdings ohne dabei den Weg einzuschlagen, den Stirner wählte, der diese Versuche durch den Versuch ersetzen wollte, die Konstituierung diskursiver Hierarchien gleich gänzlich unmöglich zu machen. Mit anderen Worten: Schluss mit den beständig neuen Wendungen der dis-

---

telst deren Sankt Sancho die bestehende Welt kanonisirt & damit kritisirt & verzehrt. Er verzehrt wirklich nur das Heilige an der Welt, ohne sie selbst nur anzurühren. Daß er sich daher praktisch ganz konservativ verhalten muß, versteht sich von selbst." Vgl. auch die zu einem späteren Zeitpunkt gegebene, allgemeine Charakterisierung ihrer ehemaligen, junghegelianischen Weggefährten, Karl Marx/Friedrich Engels: I. Feuerbach. A. Die Ideologie überhaupt, namentlich die deutsche (**H²**), MEGA² I/5, Ms-S. [3] (S. 7): „Die junghegelschen Ideologen sind trotz ihrer angeblich ‚welterschütternden' Phrasen die größten Konservativen."

111 Karl Marx: Thesen ad Feuerbach, MEGA² IV/3, S. 20. Das Bezeichnen dieses Zusammenfallens als „*revolutionaire Praxis*" ist kaum dazu geeignet, der mangelnden Spezifizität dieser Aussage Abhilfe zu schaffen.

112 Ebenda, S. 21: „Die Philosophen haben die Welt nur verschieden *interpretiert*, es kömmt drauf an sie zu *verändern*."

kursiven Spirale, deren Einfluss auf die kritische Debatte jeweils nur solange dauert, bis ein neuer Kandidat die anderen alt aussehen lässt.

Bei aller Anerkennung, welche dieser Marx'schen Innovation – der Erweiterung des Bereichs menschlicher Einflussnahme – zu zollen ist, darf jedoch nicht verschwiegen werden, dass das von Marx gegebene Versprechen, die Illusionen seiner im diskursiven Überbietungswettbewerb gefangenen Konkurrenten aufzuklären, ebenfalls von einer, man könnte sagen, konstitutiven Illusion profitiert: der Marx'sche (und wenig später auch Engels'sche) Beitrag zur Weiterentwicklung und Fortführung des emanzipativen Projekts der Aufklärung, ihr Versuch, das von Bauer und Feuerbach gebrachte Opfer einer Entpolitisierung des aufklärerischen Diskurses wieder zu kassieren, bezieht seinen kritischen Impuls aus der Annahme, man könne dem aufklärerischen Diskurs seine politische Relevanz gerade dadurch zurückgeben, dass man ihn an eine allgemeine, sprachunabhängig gegebene Wirklichkeit rückbinde.

Die Illusion, von der dieser Ansatz profitiert, besteht dabei in der Annahme, den Akt der Übersetzung nichtsprachlicher Strukturzusammenhänge der Wirklichkeit in sprachliche Strukturzusammenhänge – und die im Falle ihres Gelingens einhergehende Evidenz von Beobachtungs- oder Erfahrungssätzen – für politisch relevante Diskurse fruchtbar machen zu können. Oder, anders formuliert, die Marx-Engels'sche Ideologiekritik profitiert von dem Anschein als setzten ihre Autoren nicht nur sprachliche mit sprachlichen Entitäten in Beziehung – die diskursive Spirale, welcher ihre aufklärerischen Kontrahenten bis hin zu Stirner nicht entgehen können –, sondern als setzten sie sprachliche mit nichtsprachlichen Entitäten in Beziehung. Diesen Anschein können sie erwecken, da sie eine Trennung zwischen verschiedenen diskursiven Formationen postulieren, von denen einige, wie die von ihnen eifrig studierte Ökonomie, einen Zugriff auf die Wirklichkeit tatsächlich ermöglichen, während andere, wie die von ihnen kritisierte Philosophie, diesen Zugriff nur behaupten.[113] Marx (und Engels) gelingt es dadurch, die von ihnen getätigten Inbeziehungsetzungen von Feuerbach'schen, philosophischen Kategorien, wie „der Mensch", mit den von ihnen zur Anwendung gebrachten sozio-ökonomischen, wie „das ensemble der gesellschaftlichen Verhältnisse", nicht als weitere Wendung der diskursiven Spirale zu präsentieren, sondern als Operationen, die den Austritt aus dieser Spirale erlaubten.

Dass die Überzeugung, dieses Versprechen auch einlösen zu können, zum Zeitpunkt der Niederschrift der elf Thesen in das Notizbuch von Marx noch eine allenfalls tentative war, davon zeugen nicht nur die in der Folge andauernden ökonomischen Studien, welche die Möglichkeiten des Zugriffs auf die Wirklichkeit vervielfältigen

---

113 Dabei spielt es im Rahmen dieser Untersuchung keine Rolle, ob die beiden Brüsseler Exilanten um den argumentationsstrategischen Mehrwert dieser Trennung wussten und sie bewusst einsetzten, oder ob sie, quasi als Gefangene ihrer eigenen Evidenzerfahrungen, sich von der Macht dieser Erfahrungen treiben ließen.

sollten und die mit der Reise nach Manchester im Juli/August noch einmal intensiviert wurden, sondern vor allem auch die Arbeit, welche Marx und Engels dann ab Herbst 1845 in die Kritik desjenigen investieren sollten, der im Vormärz wie kein zweiter für den Versuch steht, sich den stets folgenden Wendungen der diskursiven Spirale mit einem reinen Willensakt zu entziehen, und der als letzte Zuflucht vor den diskursiven Zumutungen den vollständigen Verzicht auf Gedanken, also die Gedankenlosigkeit propagierte. Die Aufgabe, die sich Marx und Engels in der Folge stellte, war somit eine zweifache: der Spirale eine lineare Fortführung geben und die von ihren Drehungen aus der Bahn Geworfenen wieder auf die Gleise zu setzen.

9 Die Materialität der Kritik – Zum Abfassungskontext der philosophie-kritischen Manuskripte zur „Deutschen Ideologie"

Das dreiviertel Jahr zwischen Herbst 1845 und Sommer 1846 zählt zweifellos zu den produktivsten Perioden im Leben von Marx und Engels. Allein für die Vierteljahrsschrift, deren Finanzierung im November 1845 durch zwei westfälische, mit dem Sozialismus sympathisierende Industrielle zugesichert worden war, verfassten die beiden Brüsseler Exilanten Manuskripte mit einem Gesamtumfang von über 600 Seiten – und diese Zählung berücksichtigt nur die überlieferten Manuskripte. Vor dem Hintergrund dieser intensiven Arbeit ist der Impuls von Marx nur allzu verständlich, im April 1847 von einer zwei Bände umfassenden „Schrift" zu sprechen, deren verhindertes Erscheinen ausschließlich den „zeitweiligen Preßzuständen in Deutschland" anzulasten sei, und den stark variierenden Grad der Abgeschlossenheit der Manuskripte mit einem Titel zu kaschieren, der die Existenz eines fertigen, von Marx und Engels verfassten Werkes „über ‚*die deutsche Ideologie*' (Kritik der neuesten deutschen Philosophie in ihren Repräsentanten, Feuerbach, B. Bauer und Stirner, und *des deutschen Socialismus* in seinen verschiedenen Propheten)" suggeriert. Wenn die zeitgenössische Wirkung dieser „Erklärung vom 3. April 1847" auch sehr überschaubar blieb, so war die Wirkung auf die editorischen Rekonstruktionen des 20. Jahrhunderts hingegen gewaltig, verschob sie doch das Gewicht von der tatsächlich betriebenen Auseinandersetzung mit dem Denken Stirners auf den vermeintlich bedeutenderen Denker Feuerbach.

Es soll in der folgenden Darstellung des Abfassungsprozesses der Manuskripte zur „Deutschen Ideologie" nicht bestritten werden, dass der Einfluss Feuerbachs auf den intellektuellen Werdegang von Marx (und auch Engels) bedeutend war. Es soll jedoch mit der lange kanonischen Darstellung gebrochen werden, dass die Manuskripte zur „Deutschen Ideologie" bloß als Ausformulierung eines Programms zu betrachten seien, das Marx bereits in den „Thesen ad Feuerbach" entwickelt hätte. Wenn erste Schritte zu einer Distanzierung von Feuerbach und zur Ausarbeitung einer eigenständigen Position mit den genannten „Thesen" im Sommer 1845 auch bereits genommen worden waren, so stand die von Marx seit dem Februar betriebene Arbeit an der „Kritik der Politik und Nationalökonomie" vorläufig einer weiteren Entfaltung dieses „genialen Keims einer neuen Weltanschauung" (Engels) im Wege. Kann diese Störung im weiten Sinne als eine materialistische gelten – Marx erhielt gegen Ende Juni 1845 eine Vorauszahlung für die „Kritik" vom Verleger Leske, die Engels und ihm eine mehrwöchige Reise nach England gestattete –, so gelang es den beiden zurückgekehrten Brüsseler Exilanten dennoch nur für eine kurze Zeit, sich den Verlockungen der „idealistischen" Philosophie zu entziehen. Bereits zwei Monate nach der Rückkehr aus England sahen sie sich mit neuen Beiträgen Bauers und

Stirners zur Debatte um die Weiterentwicklung des aufklärerischen Diskurses konfrontiert, welche ihnen die Konzentration auf rein ökonomische Gegenstände unmöglich machte. Als es schließlich Heß im November 1845 gelang, die Finanzierung für die seit langem ersehnte Vierteljahrsschrift zu sichern, nahmen Marx und Engels eine Änderung ihrer kritischen Prioritäten vor, die sie allerdings nicht die Kritik Feuerbachs aufnehmen ließ. Stattdessen widmeten sie sich der Kritik Stirners, die sie nahezu ein halbes Jahr in Anspruch nehmen sollte.

Im folgenden Kapitel werden die im weiteren Sinne ereignisgeschichtlichen Umstände der Abfassung der philosophie-kritischen Manuskripte zur „Deutschen Ideologie" beleuchtet. Wirft der erste Abschnitt Licht auf die Monate zwischen der Niederschrift der „Thesen ad Feuerbach" und der Abfassung des ersten Manuskriptes, welches dem Kontext der Manuskripte zur „Deutschen Ideologie" zuzurechnen ist, so stellt der folgende, zweite Abschnitt die Hintergründe des Projektes einer eigenen Vierteljahrsschrift – des tatsächlichen publizistischen Rahmens der Manuskripte zur „Deutschen Ideologie" – in den Mittelpunkt. Im dritten Abschnitt wird dann der Prozess der Abfassung der Manuskripte rekonstruiert.

9.1 Die publizistischen Vorhaben des Sommers 1845 und der Beginn der Abfassung der Manuskripte zur „Deutschen Ideologie"

Mit den „Thesen ad Feuerbach" fand eine Phase in der intellektuellen Entwicklung von Marx und Engels ihren Abschluss, deren tiefgreifende Ergebnisse im vorangegangenen Kapitel dargelegt wurden. Die Auseinandersetzungen des Frühjahrs 1845 hatten die erste Ausformulierung eines eigenständigen Standpunktes zur Folge gehabt, eines Standpunktes, dessen Grundzüge von Marx noch in Verteidigung Feuerbachs im Pariser Exil formuliert worden waren und dessen zunehmend selbstständige und Feuerbach-kritische Positionierung erstmals die Rede eines gemeinsamen Standpunktes von Marx und Engels tatsächlich gerechtfertigt sein lässt. Zwar zeigen nicht zuletzt die Briefe aus dem Frühjahr 1846, dass die Harmonie der beiden auch weiterhin von Dissonanzen begleitet werden sollte, die gemeinsame Distanzierung von Feuerbach und seinem schwärmerischen Anhänger Kriege begründete jedoch ein Verhältnis, dass beide für so belastbar erachteten, dass es die Strapazen einer gemeinsamen Reise nach England überdauern würde. Die Gründe, weshalb Marx und Engels einige Tage vor dem 12. Juli 1845 von Brüssel nach England aufbrachen,[1] mögen zwar

---

1 So berichtet die *Trier'sche Zeitung* in ihrer Nr. 197 vom 16. Juli 1845, S. 2: „*Brüssel*, 12. Juli. Die Herren Carl Marx und Friedrich Engels haben in diesen Tagen eine Reise nach England angetreten, um die für ihre Arbeiten nöthigen Untersuchungen an Ort und Stelle zu vervollständigen. Wie es heißt, werden sie binnen Kurzem ein Werk über Nationalökonomie dem Publicum übergeben."

etwas vielfältiger sein, als in den gängigen Darstellungen gemeinhin angegeben, doch zumindest im Falle von Marx spricht nichts gegen die Annahme, dass es tatsächlich der Wunsch nach einer Vertiefung seiner ökonomischen Studien war, der ihn zum ersten Mal in das Land führte, das sich wie kein zweites anbot, um die bürgerliche Gesellschaft in Theorie und Praxis zu studieren.[2] Das Übergewicht der neun, von Marx im Rahmen dieser Reise angefertigten Exzerpthefte gegenüber den dreien, die Engels in der gleichen Zeit verfertigte, lässt den Marx'schen Bildungswillen doch um einiges größer als denjenigen von Engels erscheinen.[3]

Die Natur der von Marx hauptsächlich in verschiedenen Bibliotheken von Manchester rezipierten Werke zeigt, dass er damals tatsächlich mit der Arbeit an der „Kritik der Politik und Nationalökonomie" beschäftigt war, dass also die Ausformulierung und Veröffentlichung des neuen Standpunktes, der seinen Niederschlag in den kurz vor der Reise nach England niedergeschriebenen „Thesen ad Feuerbach" gefunden hatte, zu diesem Zeitpunkt noch nicht auf seiner Agenda stand. Dabei hätte es durchaus Grund gegeben, die Auseinandersetzung mit den ehemaligen, junghegelianischen Weggefährten bereits im Juli 1845 zu forcieren, war doch zwischen dem 25. und 28. Juni der zweite Band des Jahrgangs 1845 von *Wigand's Vierteljahrsschrift* erschienen.[4] In diesem Band findet sich mit *Der Streit der sichtbaren mit der unsichtbaren Menschenkirche oder Kritik der Kritik der kritischen Kritik* eine lang erwartete Reaktion auf *Die heilige Familie*, wenn auch nur aus der Feder von Gustav Julius und nicht von Bruno Bauer selbst.[5] Wenn dies also auch nicht die erhoffte, eigene Stellungnahme Bauers zur Kritik seines ehedem engen Freundes Marx war, so zeigte sich mit dieser Schrift gleichwohl, dass Bauer *Die heilige Familie* durchaus zur Kenntnis genommen hatte. Vor dem Hintergrund, dass Bauer die Erwiderung einem seiner Anhänger übertragen hatte – was eine beeindruckend abgeklärte Reaktion auf den Furor darstellt, mit welchem Marx und Engels ihre Kritik formuliert hatten –, verbot sich

---

2 Der Sachverhalt, dass Gustav Mayer im 1. Band seiner Engels-Biographie von 1920 (2., verb. Aufl. 1932) als für lange Zeit letzter die Vermutung äußern konnte (S. 221), Engels' hauptsächliches Anliegen bei der Reise sei es gewesen, Mary Burns zu sich nach Brüssel zu holen – was vor dem Hintergrund der mittlerweile verfügbaren Informationen über den Lebenswandel des damals 24-Jährigen nicht die unplausibelste Annahme darstellt –, zeigt auf deutliche Weise die Folgen der zunehmenden Politisierung der Biographien der beiden „Begründer des wissenschaftlichen Kommunismus" im aufkommenden Kampf der Systeme. Aus heutiger Perspektive – und mehr noch vor dem Hintergrund der von Marx und Engels in der damaligen Zeit zur Schau gestellten Ablehnung jeglicher Form moralischer Motivierung – mutet das vehemente Beharren auf den intellektuellen und moralisch integren Motiven der Lebensführung von Marx und Engels seltsam an. Zumindest erscheint heute nicht mehr einsichtig, aus welchem Grund das Verfolgen altersgemäßer Interessen den intellektuellen Leistungen der beiden Denker Abbruch tun sollte.
3 Friedrich Engels: Manchester-Hefte 1845, MEGA² IV/4, S. 359-542. Vgl. auch ebenda, S. 555.
4 Börsenblatt für den Deutschen Buchhandel, 12. Jg. (1845), Nr. 60 vom 1. Juli.
5 G[ustav] Julius: Der Streit der sichtbaren mit der unsichtbaren Menschenkirche oder Kritik der Kritik der kritischen Kritik, in: Wigand's Vierteljahrsschrift, 1845, 2. Band, S. 326-333.

natürlich ein Eingehen von Seiten Marx' und Engels' auf diese Kritik ihrer Kritik. Marx und Engels sahen die Falle, sich in Debatten mit den kleineren Lichtern des Bauer-Lagers zu verstricken, und bedachten Gustav Julius' Kritik mit der gleichen Reaktion, mit welcher Bauer ihre Kritik bis dahin bedacht hatte: Schweigen.

Von weit größerer Relevanz für die Auseinandersetzung unter den ehemaligen Junghegelianern war eh ein anderer, in diesem Band von *Wigand's Vierteljahrsschrift* veröffentlichter Beitrag. Mit *Ueber das „Wesen des Christenthums" in Beziehung auf den „Einzigen und sein Eigenthum"* griff nach einer zweijährigen Abstinenz, die nur durch die, aller Wahrscheinlichkeit von Marx betriebene Veröffentlichung einiger Auszüge aus einer umfassenderen Schrift im *Vorwärts!* unterbrochen worden war,[6] Feuerbach wieder in schriftlicher Form in die Debatte um die Weiterentwicklung des aufklärerischen Diskurses im Vormärz ein.[7] Wenn dieser Beitrag auch anonym veröffentlicht wurde, so kann den Protagonisten und Rezipienten der damaligen Auseinandersetzungen die tatsächliche Autorschaft dennoch kein Geheimnis gewesen sein.

Gerade im Kontrast zum Schweigen, mit welchem Bauer die auf ihn gemünzten Angriffe von Marx und Engels quittierte, lässt sich die Anerkennung ermessen, die dieses Eingehen Feuerbachs auf die Kritik Stirners bedeutete. Sowohl Bauer, als auch Feuerbach hatten sich in der Vergangenheit stets geweigert, mit den „kleineren" Lichtern, bzw. der zweiten Reihe der ehemaligen Junghegelianer in eine öffentliche Auseinandersetzung zu treten (und insofern bedeutete der Feuerbach'sche Verzicht auf eine öffentliche Polemik mit Bauer in gewisser Weise eine Abwertung des letzteren). Wenn Feuerbach nun mit Stirner in eine solche Polemik eintrat, so kam dies einer Beförderung Stirners in die erste Reihe der ehemaligen junghegelianischen Denker gleich. Vor diesem Hintergrund wird verständlich, inwiefern allein schon der Tatbestand, dass Feuerbach Stirners Kritik einer Antwort für wert befand, dem *Einzigen* in der öffentlichen Wahrnehmung einen Bedeutungszuwachs bescheren musste.

Angesichts der randständigen Existenz, welche dem *Einzigen* nach dem Vormärz beschieden sein sollte, muss an dieser Stelle noch einmal das Ausmaß der Aufmerksamkeit betont werden, welches diesem Werk in den zwei Jahren nach seinem Erscheinen, vor allem unter den radikalen Kräften, gewidmet wurde. Es scheint in der Folge auch nicht völlig bar jeder Plausibilität, in dieser Anerkennung des *Einzigen* durch den für die deutschen Sozialisten damals wichtigsten Denker einen der Gründe zu sehen, die Marx bewogen haben mögen, die noch einige Wochen zuvor Heinrich Bürgers übertragene Aufgabe einer Kritik Stirners wieder zur Chefsache zu erklären. Doch damit nicht genug, gab es noch einen weiteren Grund, weshalb dieser Beitrag Feuerbachs zur Debatte um die Weiterentwicklung des aufklärerischen Dis-

---

[6] Es handelt sich um Auszüge aus Feuerbachs *Das Wesen des Glaubens im Sinne Luthers*.

[7] [Ludwig Feuerbach:] Ueber das „Wesen des Christenthums" in Beziehung auf den „Einzigen und sein Eigenthum", in: Wigand's Vierteljahrsschrift, 1845, 2. Band, S. 193-205.

kurses für die Brüsseler Exilanten von großem Interesse sein musste, nutzte Feuerbach seine Replik auf die Kritik Stirners doch nicht nur zum Brechen seines langen Schweigens. Er legte in ihm darüber hinaus ein öffentliches Bekenntnis ab, auf welches Marx und Engels lange gewartet und zu welchem sie Feuerbach wiederholt persönlich gedrängt hatten: „Also weder Materialist, noch Idealist, noch Identitätsphilosoph ist F[euerbach]. Nun was denn? Er ist mit Gedanken, was er der That nach, im Geiste, was er im Fleische, im Wesen, was er in den Sinnen ist – Mensch; oder vielmehr, da F. nur in die Gemeinschaft das Wesen des Menschen versetzt –: Gemeinmensch, *Communist*."[8] Dieses Bekenntnis zum Kommunismus war von Feuerbach also nun zwar endlich öffentlich abgelegt worden, es kam jedoch zu einem Zeitpunkt, als Marx (und Engels) bereits zu der Erkenntnis gelangt waren, dass der Kommunismus eines anderen Fundamentes als des Feuerbach'schen Humanismus bedürfe.

Der unmittelbare Effekt der Verknüpfung einer Erwiderung auf die Kritik Stirners mit dem Bekenntnis zum Kommunismus musste natürlich darin bestehen, dass die Art und Weise, wie Feuerbach der von Stirner formulierten Kritik begegnen zu können glaubte, in den Augen der Öffentlichkeit, mehr noch als die ebenfalls im Juni 1845 veröffentlichte Reaktion von Heß in seinem *Die letzten Philosophen*, zur aus kommunistischer Perspektive maßgeblichen Antwort auf Stirners Schrift avancieren musste. Dies bedeutete in der Folge jedoch nicht nur die Gefahr, dass die argumentative Schwäche[9] von Feuerbachs Erwiderung auf den *Einzigen* in der Öffentlichkeit den Eindruck einer Validität der von Stirner gegen den Kommunismus (bzw. „sozialen Liberalismus") formulierten Argumente hätte festigen können, sondern mehr noch, dass die Verbindung zwischen materialistischer Weltanschauung und kommunistischer Organisation der Gesellschaft, von deren Notwendigkeit Marx sich im Laufe des vergangenen Jahres zunehmend hatte überzeugen können, der Öffentlichkeit weit

---

8 Ebenda, S. 205. Angesichts der zu diesem Zeitpunkt von Marx und Engels bereits begonnenen Distanzierung von Feuerbach ist es eine durchaus bemerkenswerte Koinzidenz, wenn Feuerbach in seiner Erwiderung auf die Kritik Stirners zu vergleichbaren Schlüssen kommt, wie Engels in seiner ersten Reaktion auf den *Einzigen* im Brief an Marx vom 19. November 1844. So heißt es bei Feuerbach, S. 198: „Individuum seyn heißt zwar allerdings ‚Egoist' seyn, es heißt aber auch zugleich und zwar nolens volens *Communist* seyn." Auch Engels hatte gegenüber Marx das Ineinandergreifen von Egoismus und Kommunismus betont, siehe oben, Kapitel 8, Abschnitt 1.

9 Das hauptsächliche Vorgehen Feuerbachs bestand in der einfachen Negierung der Argumente Stirners, wie sich in der Erwiderung auf den Vorwurf zeigt, Feuerbach habe zwar „Gott, das *Subjekt*," aufgehoben, aber die göttlichen Prädikate bestehen lassen – was Feuerbach mit dem erneuten Hinweis zu parieren versucht, dass die Prädikate bei ihm nicht mehr göttlich seien, da er sie zu Prädikaten des Menschen erkläre ([Ludwig Feuerbach:] Ueber das „Wesen des Christenthums" in Beziehung auf den „Einzigen und sein Eigenthum", a. a. O., S. 194). Führt man sich den Umfang der Zusätze vor Augen, mit welchen Feuerbach die 1846 erfolgende, erneute Veröffentlichung seiner Erwiderung in der Ausgabe seiner *Sämtlichen Werken* versah, kann man sich des Eindrucks kaum erwehren, dass auch Feuerbach seinen Argumenten eine nur bedingte Überzeugungskraft beimaß (vgl. hierzu LFGW, Bd. 9, S. XIV u. 427-441).

weniger zwangsläufig als ihm erscheinen musste. Und wenn Feuerbach im schließenden Absatz seiner Erwiderung, der auch das soeben angeführte Bekenntnis enthält, sich eindeutig vom Materialismus distanzierte,[10] so war dies außerdem Wasser auf die Mühlen derjenigen, die in moralischen Appellen zur Ausrichtung des eigenen Handelns an der, auch von Feuerbach in Reaktion auf Stirners „Egoismus" erneut propagierten „Liebe" die stärkste Waffe im Kampf gegen das Bestehende sahen. Wie sich mit dieser Darstellung zeigt, gab es nach dem Erscheinen der Repliken von Feuerbach und Heß im Juni 1845, die beide als Repliken aus kommunistischer Perspektive gelten konnten, für Marx (und Engels) eher mehr als weniger Grund, das Vorhaben einer eigenen Stirner-Kritik weiterzuverfolgen.

Dass Marx (und Engels) sich auch nach der um den 24. August 1845 erfolgten Rückkehr aus England nicht unmittelbar an die Realisierung dieses Vorhabens begaben, mag neben der für sie damals im besonderen Maße gegebenen Schwierigkeit, vergleichbare Schriften bei einem Verleger unterzubringen, vor allem damit zusammenhängen, dass die Frische der in England gewonnenen, nationalökonomischen Kenntnisse wohl vermittelst ihrer unmittelbaren Anwendung vor ihrem raschen Verfall bewahrt werden sollte. Wenn sich der Zeitpunkt der Niederschrift des Manuskriptes gegen Friedrich List, das unter den vom jungen Marx nachgelassenen Manuskripten sicher zu den ideengeschichtlich am schwierigsten einzuordnenden gehört, auch nicht mit abschließender Sicherheit datieren lässt[11] – und die Vielfalt der in diesem Manuskript vorgenommenen Positionierungen sogar der Vermutung Wahrscheinlichkeit verleiht, dass Marx an diesem Manuskript zu unterschiedlichen Zeitpunkten seiner intellektuellen Entwicklung arbeitete –, so spricht doch einiges dafür, dass der überwiegende Teil des Manuskriptes vor der Niederschrift der „Thesen ad Feuerbach" und vor dem Beginn der Niederschrift der Manuskripte zur „Deutschen Ideologie" entstanden ist. Friedrich Lists *Das nationale System der politischen Ökonomie* war 1841 veröffentlich worden[12] und stellte aufgrund seines Erfolges beim deutschen Publikum – und jenseits der Frage nach dem Eintreten seines Autors für Schutzzölle zum Aufbau der deutschen Industrie – einen idealen Angriffspunkt für Autoren dar, die sich wie Marx überhaupt erst einen Namen als ernstzunehmende Autorität in ökonomischen Fragen zu machen gedachten.

---

10 [Ludwig Feuerbach:] Ueber das „Wesen des Christenthums" in Beziehung auf den „Einzigen und sein Eigenthum", a. a. O., S. 204/205: „‚F[euerbach] bekleidet seinen Materialismus mit dem Eigenthum des Idealismus.' O wie aus der Luft gegriffen ist diese Behauptung! F. ‚Einziger' ist weder Idealist, noch Materialist. Dem F. sind Gott, Geist, Seele, Ich bloße Abstractionen, aber eben so gut sind ihm der Leib, die Materie, der Körper bloße Abstractionen. Wahrheit, Wesen, Wirklichkeit ist ihm nur die Sinnlichkeit. Hast du aber je einen Leib, eine Materie gefühlt, gesehen? [...] Also weder Materialist, noch Idealist, noch Identitätsphilosoph ist F."
11 Der entsprechende Band der MEGA² (I/4) ist noch in Arbeit befindlich.
12 Friedrich List: Das nationale System der politischen Oekonomie, Stuttgart und Tübingen 1841.

Wenn sich der Entschluss zu einer Polemik gegen Friedrich List auch bereits mit Engels' Brief vom 7. März 1845 belegen lässt (als eine Veröffentlichung in Hermann Püttmanns *Rheinischen Jahrbüchern* vorgesehen war) und wenn auch einige inhaltliche Aspekte des überlieferten Manuskriptes für eine Aufnahme der Arbeit im Frühjahr 1845 sprechen, so scheint Marx nach der Wiederkehr aus England und mit dem dort gesammelten Material weiter an dem Manuskript gearbeitet zu haben. Zum einen spricht für die Fortführung dieser Arbeit, dass Marx in den überlieferten Passagen des *List-Manuskriptes* auf John Francis Bray verweist, dessen Schriften er nachweislich erst während seiner England-Reise rezipierte.[13] Zum anderen zeigt ein Brief, den Engels am 14. Oktober 1845 an den Hamburger Verleger Julius Campe schrieb, dass Marx und er zu diesem Zeitpunkt auf der Suche nach einem Verleger für eine Schrift waren, in welcher sie „keineswegs die Schutzzölle, ebenso wenig wie die Handelsfreiheit zu verteidigen, sondern beide Systeme von unserm Standpunkte aus zu kritisieren" beabsichtigten und deren Zensurvorlage sie ausschlossen.[14] Wenn auch die gemeinsame Autorschaft stutzen lässt, so ist dennoch keine andere Schrift bekannt – auch nicht der Absicht nach –, zu der diese Beschreibung in ähnlicher Weise passen würde, wie zu dem Marx'schen Manuskript über List.[15]

Unabhängig von der Frage nach der genauen Datierung dieses Manuskriptes ist aufgrund verschiedener inhaltlicher Positionierungen eine Abfassung nach oder während der Arbeit an den Manuskripten zur „Deutschen Ideologie" sehr unwahrscheinlich. Nicht nur rekurriert Marx wiederholt in einer Weise auf den Feuerbach'schen Gattungssingular „*der* Mensch", die bereits schwer mit der erfolgten Distanzierung in den „Thesen ad Feuerbach" in Einklang zu bringen ist.[16] Auch wirken

---

13 Karl Marx: Über Friedrich Lists Buch „Das nationale System der politischen Ökonomie", in: Beiträge zur Geschichte der Arbeiterbewegung, 14. Jg., Berlin 1972, H. 3, S. 425-446. Marx verweist etwa auf S. 24 des Manuskriptes (ebenda, S. 442): „(siehe z. B. Bray)". Die Exzerpte aus den Schriften von Bray gehören zu den umfangreichsten der „Manchester-Hefte" (siehe MEGA² IV/5, S. 5-59).
14 Engels an Julius Campe, 14. Oktober 1845, MEGA² III/1, S. 278.
15 Vor dem Hintergrund dieses Versuchs, einen Hamburger Verleger wie Campe für den Verlag der Schrift zu gewinnen, ergibt sich ein weiteres Indiz für eine Fortführung der Abfassung des Manuskriptes nach der England-Reise. Wie in der Marx-Forschung seit einiger Zeit bekannt, unternahm Marx im Zeitraum zwischen dem 28. April bis zum 3. Mai 1845 eine Reise nach Hamburg (aufgrund des preußischen Haftbefehls vermutlich auf dem Seeweg), die sich durch eine Übernachtung in Hamburg belegen lässt (Bert Andréas/Jacques Grandjonc/Hans Pelger: Karl Marx' Ausweisung aus Paris und die Niederlassung von Marx und Friedrich Engels in Brüssel im Frühjahr 1845, a. a. O., S. 223/224). Da diese Reise mit aller Wahrscheinlichkeit Verlagsbemühungen zu ihrem Anlass hatte, wäre es unwahrscheinlich, wenn Marx diese Gelegenheit nicht genutzt hätte, um für ein zumindest absehbar fertiges Manuskript über List einen Verleger zu finden.
16 Vgl. etwa den Abschnitt über die „menschliche" Betrachtung der Industrie, Karl Marx: Über Friedrich Lists Buch „Das nationale System der politischen Ökonomie", a. a. O., S. 437: „Es ist allerdings möglich, die Industrie unter einem ganz andern Gesichtspunkt zu betrachten, als unter dem Gesichtspunkt des schmutzigen Schacherinteresses, worunter sie nicht nur der einzelne Kaufmann, der einzelne Fabrikant, sondern die farbrizierenden und handelnden Nationen heutzutage wechselseitig be-

einige Passagen angesichts der Ausführungen in den Manuskripten zur „Deutschen Ideologie" geradezu befremdlich, wie etwa diejenige, in der Marx List vorwirft, den Menschen als Produktivkraft zu behandeln.[17] Wenn Marx in diesem Manuskript andererseits ausführt, dass die Konsequenzen von Lists „‚sozialistischen' Phrasen" kommunistisch seien, so gemahnt dies zwar schon an die Unterscheidung zwischen einem „wahren Sozialismus" und einem wissenschaftlichen Kommunismus,[18] vergleichbare Unterscheidungen sind jedoch bei Engels schon im Mai 1845 zu belegen.[19] Für einen weit vor der Arbeit an den Manuskripten zur „Deutschen Ideologie" liegenden Zeitraum der Abfassung der grundlegenden Passagen spricht ebenfalls, dass die vorgenommenen inhaltlichen Positionierungen weit eher in dem Geist einer undifferenzierten Ablehnung nationalökonomischer Theorien gehalten sind, wie er auch im ersten Pariser Exzerptheft (zwischen Sommer 1844 und Anfang 1845) zum Ausdruck kommt, etwa wenn Marx angelegentlich der Say'schen Erklärung des Zustandekommens von Überproduktion feststellt: „Says Lehre ist wie alle nationalökonomischen Lehren falsch."[20] Schließlich zeigt auch die Art und Weise der Charakterisierung des erhofften Erbens der ehedem revolutionären Bourgeoisie, dass die von Marx in diesem Manuskript praktizierte Hinwendung zum Proletariat noch weit eher Ausdruck der Suche nach einem neuen Träger eines radikalen gesellschaftlichen Umsturzes

---

trachten. Man kann sie betrachten als die große Werkstätte, worin der Mensch sich selbst, seine eignen und die Naturkräfte erst aneignet, sich vergegenständlicht, sich die Bedingungen zu einem menschlichen Leben geschaffen hat. Wenn man sie so betrachtet, so *abstrahiert* man von den *Umständen*, innerhalb deren heute die Industrie tätig ist, innerhalb deren sie *als Industrie* existiert, man steht *nicht* in der industriellen Epoche, man steht *über* ihr, man betrachtet sie nicht nach dem, was sie heute für den *Menschen* ist, sondern nach dem, was der heutige Mensch für die *Menschengeschichte*, was er geschichtlich ist, man erkennt nicht die *Industrie* als solche, ihre heutige *Existenz* an, man erkennt vielmehr in ihr die ohne ihr Bewußtsein und wider ihren Willen liegende Macht an, die sie *vernichtet* und die Grundlage für eine *menschliche* Existenz bildet".
17 Ebenda, S. 441: „Wenn ich den Menschen als ‚Tauschwert' bezeichne, so liegt schon im Ausdruck, daß die gesellschaftlichen Zustände ihn in eine ‚Sache' verwandelt haben. Behandle ich ihn [als] ‚Produktivkraft', so setze ich an die Stelle des wirklichen Subjekts ein andres Subjekt, ich schiebe ihm eine andre Person unter, er existiert nur mehr als Ursache des Reichtums."
18 Ebenda, S. 433: „Charakteristisch ist es endlich für Herrn Lists Theorie, wie für das ganze deutsche Bürgertum, daß sie zur Verteidigung ihrer Exploitationswünsche überall genötigt ist, zu ‚sozialistischen' Phrasen ihre Zuflucht zu nehmen, also gewaltsam eine Täuschung festzuhalten, die längst widerlegt ist. Wir werden stellenweise zeigen, daß Herrn Lists Phrasen, wenn die Konsequenzen gezogen werden, *kommunistisch* sind."
19 So heißt es in dem letzten Artikel der Engels'schen Artikelserie „Communism in Germany" für die *New Moral World* vom 10. Mai 1845, MEGA[1] I/4, Berlin 1932, S. 347: „Bauer and Stirner being the representatives of the ultimate consequences of *abstract* German philosophy, and therefore the only important philosophical opponents of Socialism – or rather Communism, as in this country the word Socialism means nothing but the different vague, undefined, and undefinable imaginations of those who see that something must be done, and who yet cannot make up their minds to go the whole length of the Community system."
20 MEGA[2] IV/3, S. 54.

ist – eines Trägers, dessen materielle Lage so schlecht sein muss, dass sein revolutionärer Elan durch keinerlei Furcht vor einer Verschlechterung dieser Lage gebremst werden kann –, als Ausdruck eines erworbenen Wissens um den von den erkannten Gesetzmäßigkeiten der geschichtlichen Entwicklung verbürgten „Beruf" derjenigen, die nichts als ihre Arbeitskraft haben:

> Die Nationalität des Arbeiters ist nicht französisch, nicht englisch, nicht deutsch, sie ist die *Arbeit*, das *freie Sklaventum*, die *Selbstverschacherung*. Seine Regierung ist nicht französisch, nicht englisch, nicht deutsch, sie ist das *Kapital*. Seine heimatliche Luft ist nicht die französische, nicht die deutsche, nicht die englische Luft, sie ist die *Fabrikluft*. Der ihm gehörige Boden ist nicht der französische, nicht der englische, nicht der deutsche Boden, er ist einige Fuß *unter der Erde*.[21]

Es wäre sehr aufschlussreich zu wissen, ob Marx diese, von der zunehmend wertgeschätzten Empirie noch relativ wenig tangierte Vorstellung des Proletariats – eine Vorstellung, die Kriege, wie er Marx am 9. Juni 1845 schrieb, bei aller Mühe eben nicht mit den real-existierenden englischen Arbeitern zusammenzubringen wusste[22] – nach seinem eigenen Aufenthalt in London und Manchester auf ähnliche Art formuliert haben würde. Zumindest sah sich diese idealisierende Vorstellung von Marx bereits wenig später einer schweren Prüfung ausgesetzt, sollte sich das Zusammenleben mit Mary Burns – der irisch-englischen Proletarierin, die mit Engels zusammen am 26. August 1845 unmittelbar neben dem Wohnhaus der Familie Marx ihr Domizil nahm – doch alles andere als harmonisch gestalten. Ungeachtet dieser Schwierigkeiten auf persönlicher Ebene, welche sich erst mit einer gewissen Verzögerung in dem zeitgenössischen Briefverkehr niedergeschlagen haben, war mit dem Zuzug von Moses Heß und seiner Frau von Elberfeld nach Brüssel, die sich ebenfalls in unmittelbarer Nachbarschaft einrichteten,[23] die personelle Konstellation gegeben, aus deren häufig äußerst kontroverser Interaktion der Marx-Engels'sche Beitrag zur Weiterentwicklung des aufklärerischen Diskurses hervorgehen sollte.

Den nächsten und sicher wichtigsten Anlass zur Verlagerung des Fokus der intellektuellen Beschäftigung weg von den Problemen einer „Kritik der Politik und Nationalökonomie" und einer Kritik Friedrich Lists, hin zu der Auseinandersetzung mit

---

21 Karl Marx: Über Friedrich Lists Buch „Das nationale System der politischen Ökonomie", a. a. O., S. 437.
22 Kriege an Marx, 9. Juni 1845, MEGA² III/1, S. 470/471.
23 Marx wohnte mit Frau, Kind – den beiden Jennys – und der Haushälterin Helene Demuth (die im April 1845 zur Erleichterung der häuslichen Belastungen von Jenny Marx, die zu dieser Zeit mit dem zweiten Kind Laura, das am 26. September 1845 das Licht der Welt erblickte, schwanger war, zu der Familie stieß), in der Rue de l'Alliance, Nr. 5, Engels mit Mary Burns in der Nr. 7 und Heß mit seiner kürzlich geehelichten Frau in der Nr. 3 (Bert Andréas/Jacques Grandjonc/Hans Pelger: Karl Marx' Ausweisung aus Paris und die Niederlassung von Marx und Friedrich Engels in Brüssel im Frühjahr 1845, a. a. O., S. 241).

den ehemaligen, junghegelianischen Weggefährten gab dann das Erscheinen des dritten Bandes des Jahrgangs 1845 von *Wigand's Vierteljahrsschrift*. In diesem Band, dessen Rezeption der Öffentlichkeit zwischen dem 16. und 18. Oktober 1845 möglich wurde, sind zwei Beiträge enthalten, die – jeder auf seine Art – Marx und Engels zur Beschäftigung mit den bis dato erfolgten Reaktionen auf das Scheitern des philosophisch-aufklärerischen Diskurses anhielten: Bauers *Charakteristik Ludwig Feuerbachs* und Stirners anonym publizierte Schrift *Recensenten Stirners*.[24] Zu diesem Zeitpunkt verdient vor allem der erste Beitrag Beachtung, stellt er nicht nur den bisher direktesten Angriff Bauers auf Feuerbach dar, sondern – aus der Perspektive der Brüsseler noch weit wichtiger – enthält auch die erste öffentliche Reaktion Bauers auf die Angriffe, die Marx und Engels in der *Heiligen Familie* gegen ihn formuliert hatten. Wenn die Behandlung von Marx und Engels als „Consequenzen" Feuerbachs[25] für Bauer vor dem Hintergrund seines bisherigen Schweigens auch konsequent gewesen sein mag, da die Aufwertung von Personen, die einer Antwort nicht für würdig befunden wurden, zu Personen, die bloß als Fußnoten zum Werk eines eigentlich aufmerksamkeitswürdigen Denkers betrachtet werden, eine vergleichsweise geringe ist, so konnten und wollten Marx und Engels sich diese Chance, endlich in die ersehnte Polemik mit Bauer treten zu können, nicht entgehen lassen. Eine Reaktion auf die Angriffe Bauers war dabei umso notwendiger, als das Verhältnis von Marx und Engels zu Feuerbach seit dem vergangenen Frühjahr weit weniger apologetisch war, als noch in der Schrift, auf welche Bauer sich in seiner Replik bezog.

Vermittelst einer detaillierten Analyse versucht Bauer in seiner *Charakteristik Ludwig Feuerbachs* die sich vermeintlich durch sämtliche Schriften durchziehende Religiosität desjenigen Autors zu etablieren, der wie kein zweiter unter den ehemaligen Junghegelianern für die reduktive Verankerung der Religion in der Anthropologie steht. Dieser Nachweis einer vermeintlichen Zugehörigkeit der früheren Mitstreiter beim Kampf um die diskursive Hegemonie in der Bestimmung der zustandsrelevanten Bewusstseinsträger zum Lager der religiösen Gegner stellt in der Folge des Scheiterns des philosophisch-aufklärerischen Diskurses zwar alles andere als ein Spezifikum des Bauer'schen argumentativen Arsenals dar, ausgerechnet den Autor des *Wesens des Christenthums* dieses Vergehens zu bezichtigen, zeigt jedoch das Ausmaß der bei Bauer ob des beharrlichen Schweigens von Feuerbach angestauten Frustration. In gewisser Weise ließe sich formulieren, dass sich in der Art des Umgangs, den Feuerbach gegenüber den Bauer'schen Angriffen an den Tag legte, ein Vorläufer des Umgangs finden lässt, den Bauer mit der Kritik von Marx und Engels pflegen sollte. Und ähnlich wie Marx und Engels sich bemüht hatten, Bauer mit dem Nachweis seiner jenseits allen kritischen „Flitters" weiterhin gegebenen religiösen Veran-

---

24 [Bruno Bauer:] Charakteristik Ludwig Feuerbachs, in: Wigand's Vierteljahrsschrift, 1845, 3. Bd., S. 86-146; M[ax] St[irner]: Recensenten Stirners, in: ebenda, S. 147-194.
25 [Bruno Bauer:] Charakteristik Ludwig Feuerbachs, in: ebenda, S. 123.

kerung aus der Reserve zu locken, entschied sich auch Bauer für den Versuch, Feuerbach mit dem Vorwurf eines nur scheinbar vollzogen Bruchs mit der von nahezu allen ehemaligen Junghegelianern durchlaufenen theologischen Lebensphase zu einer Reaktion zu reizen.[26] Vor diesem Hintergrund eines ubiquitären Denunzierens vermeintlicher Agenten einer weiterhin religiösen Bewusstseinsbestimmung könnte man den Eindruck gewinnen, als habe die Erfahrung der Ohnmacht der philosophischen Evidenzproduktion mit der Wiederentdeckung der Macht und des Einflusses der religiös-theologischen Evidenzproduktion kompensiert werden müssen – einer Macht und eines Einflusses, deren Ausmaß sich schon allein dadurch manifestierte, dass man sie bei allen seinen diskursiven Gegnern am Werke sah.

Die Antwort auf Bauers Angriffe, deren Abfassung, so ist aufgrund der bereits geschilderten Ungeduld anzunehmen, von Marx und Engels mehr oder minder unmittelbar nach der Kenntnisnahme des dritten Bandes von *Wigand's Vierteljahrsschrift* begonnen worden sein muss, musste insofern zwei Anforderungen gerecht werden. Nicht nur musste der (nicht sehr umfangreichen) Kritik Bauers an der *Heiligen Familie* begegnet werden, auch mussten die Angriffe Bauers auf Feuerbach pariert werden, ohne die allerdings mittlerweile aufgetretenen Differenzen zwischen ihrer eigenen Position und der von Feuerbach auszublenden. Dass von Bauer auch Heß, der als einziger der Brüsseler Exilanten bereits öffentlich auf eine gewisse Distanz zu Feuerbach und seiner „Philosophie der Zukunft", die in Deutschland eine „Philosophie der Gegenwart" sei, gegangen war, unter die „Konsequenzen" Feuerbachs eingereiht worden war, wird dem Zusammenhalt der drei damals in Brüssel Versammelten sicher nicht abträglich gewesen sein.[27] Es ist daher anzunehmen, dass die Arbeit an der nur

---

26 Auch hier macht sich das Fortwirken eines zentralen Gegensatzes des klassisch-aufklärerischen Diskurses bemerkbar. Wie hartnäckig sich das Paradigma der Inszenierung eines Kampfes gegen die religiöse Hoheit in der Bewusstseinsbestimmung auch in der späten Phase der Weiterentwicklung des aufklärerischen Diskurses hielt – und zwar selbst zu einem Zeitpunkt hielt, als man sich von verschiedener Seite bereits anschickte, die philosophische Struktur der aufklärerischen Einsätze, also die eine Seite des klassischen Gegensatzes, zu transzendieren –, offenbart nicht zuletzt Stirner mit seinem *Einzigen*, der sich der Macht der philosophischen Evidenzproduktion gerade durch ihre Erklärung zu einer fortgeschritteneren Form der letztlich religiösen Fremdbestimmung zu entziehen suchte, wie auch Marx und Engels mit ihrer Konzeptionierung einer Ideologiekritik, die den Habitus der antireligiösen Aufklärung durch die Erklärung aller nicht erfahrungswissenschaftlich fundierten Formen der Evidenzproduktion zu reinen diskursiven Herrschaftsinstrumenten zu bewahren suchten.

27 Vor diesem Hintergrund verdient der Sachverhalt Aufmerksamkeit, dass die Replik auf Bauers Artikel in *Wigand's Vierteljahrsschrift* nur von Marx und Engels und nicht auch von Heß verfasst wurde. Eine Erklärung für diesen Sachverhalt könnte darin bestehen, dass sich hier bereits erste Differenzen in der Frage des Umgangs mit den ehemaligen Junghegelianern ankündigen. Es wäre allerdings auch die vergleichsweise profane Erklärung denkbar, dass der Zeitpunkt, zu welchem Heß von Brüssel zu der Reise aufbrach, von welcher er mit einer Finanzierungszusage für das publizistische Projekt zurückkehrte, das später als *Deutsche Ideologie* bekannt werden sollte, vor dem Beginn der

in Teilen überlieferten und nicht publikationsreif fertig gestellten, ersten Fassung des späteren *II. Sankt Bruno* gegen Mitte/Ende Oktober 1845 begonnen wurde, obwohl Marx und Engels zu dieser Zeit über nur sehr eingeschränkte Möglichkeiten der Veröffentlichung von Schriften verfügten.

9.2 Das Projekt einer eigenen Vierteljahrsschrift

Dass diese Situation schon kurz darauf eine Änderung erfuhr, dass sich Marx, Engels und Heß vielmehr bald im Besitz der Ressourcen wähnen konnten, die ihnen nicht nur die Veröffentlichung von eigenen, sondern ebenfalls die Publikation von Schriften anderer, von ihnen selbst auszuwählender Autoren gestatten würden, ist ein Sachverhalt, der jenseits aller theoretischen Voraussetzungen für die Formulierung ihres Beitrags zur Weiterentwicklung des aufklärerischen Diskurses von bedeutendem Gewicht war. Wie an anderer Stelle bereits ausgeführt wurde,[28] war die Situation, in welcher sich Marx, Engels und Heß ab November 1845 mit der ihnen überantworteten Redaktion einer Vierteljahrsschrift befanden, deren erste zwei Bände über eine, wie sie glaubten, garantierte Finanzierung verfügten, unter den Bedingungen, die in Preußen und dem deutschen Bund nach dem Anziehen der zensorischen Zügel um den Jahreswechsel 1842/43 vorherrschten, eine äußerst seltene. Und die Macht, darüber befinden zu können, wessen Schriften die Einflussnahme auf die öffentliche Meinung zu gestatten sei, war schließlich ein Instrument in der Auseinandersetzung um die Vorherrschaft in der kommunistischen Bewegung, das Marx und Engels, wie der spätere Verlauf der Ereignisse zeigen sollte, durchaus zu ihren Gunsten einzusetzen wussten.

Das Vorhaben eines eigenen „Organs", „in dem kleinere Arbeiten ohne Zensur erscheinen können",[29] war eines, das von Marx (und Engels) schon seit längerer Zeit verfolgt worden war. Wenn der Zugang zu einem Publikationsorgan seit Frühjahr 1843 auch ein unter den ehemaligen Protagonisten der junghegelianischen Debatte allgemein hochgeschätztes Gut war, so gehen die Anfänge zu einem eigenen Vorhaben wahrscheinlich noch in die Spätphase von Marx' Pariser Exil zurück, als ersichtlich wurde, dass die Überführung des *Vorwärts!*, dessen Erscheinungsverbot der Ausweisung von Marx und, unter anderen, Ruge aus Paris voranging, in eine der Zensur nur noch eingeschränkt unterworfene Monatsschrift misslingen würde. Auch die bereits angesprochene, um den 30. April/1. Mai 1845 unternommene Reise von Marx nach Hamburg lässt sich im Kontext dieses Vorhabens verorten, und es lässt sich

---

Abfassung der Marx-Engels'schen Replik lag. Die genauen Daten dieser, in Kürze eingehend zu behandelnden Reise, sind nicht bekannt.
28 Siehe zu den Schwierigkeiten des Publizierens nach dem Scheitern des philosophisch-aufklärerischen Diskurses oben, Kapitel 5, Abschnitt 3.
29 So Weydemeyer gegenüber Marx am 28. Juni 1846, MEGA² III/2, S. 234.

durchaus die Frage stellen, ob der Befund einer an Veröffentlichungen vergleichsweise armen Zeit zwischen der *Heiligen Familie* und dem Beginn der Arbeit an den Manuskripten zur „Deutschen Ideologie" nicht ein anderer gewesen wäre, wenn Marx zu dieser Zeit über bessere Publikationsmöglichkeiten verfügt hätte.

Über die Faktoren, welche schließlich zur Übereinkunft mit den westfälischen Unternehmern Julius Meyer und Rudolph Rempel bezüglich der Übernahme einer Garantie für den ersten, bzw. die ersten beiden Bände – über den genauen Umfang der vereinbarten Garantie gibt es stark divergierende Aussagen der kontraktierenden Parteien[30] – führen sollten, lassen sich verschiedene Erwägungen anstellen, die jedoch alle nur mit dem Anspruch auf Wahrscheinlichkeit und nicht auf Sicherheit formuliert werden können. So lässt sich etwa vermuten, dass der ursprüngliche Kontakt zwischen den Brüsselern und den sich gegenüber den sozialen Bewegungen interessiert zeigenden, finanziell potenten Westfalen durch Joseph Weydemeyer hergestellt wurde. Nicht nur stammte dieser selbst aus Westfalen, auch stand er über seine damalige Tätigkeit als „Hülfs-Redakteur" der *Trier'schen Zeitung (TZ)* mit den Brüsselern in Kontakt, wurden die in der *TZ* veröffentlichten, Brüsseler Korrespondenzen doch aller Wahrscheinlichkeit von Marx' Schwager Edgar von Westphalen verfasst,[31] und befand sich nicht zuletzt Marx' Frau Jenny den Sommer 1845 über in Trier, wo sie, wie etwa ihr Brief an Marx von um den 24. August 1845 zeigt, mit Weydemeyer Kontakt gepflegt haben muss.[32] Weydemeyer selbst befand sich seit Ende September

---

30 Siehe für die Auffassung von Meyer und Rempel: Meyer an Marx und Engels, 9. Juli 1846, MEGA² III/2, S. 243, und Rempel an Marx, 11. Juli 1846, MEGA² III/2, S. 245; für die Auffassung von Heß: Heß an Marx und Engels, 17. Juli 1846, MEGA² III/2, S. 248/249.
31 So informierte die *TZ* etwa am 16. Juli 1845 über die bevorstehende Reise von Marx und Engels nach England: „*Brüssel*, 12. Juli. Die Herren Carl Marx und Friedrich Engels haben in diesen Tagen eine Reise nach England angetreten, um die für ihre Arbeiten nöthigen Untersuchungen an Ort und Stelle zu vervollständigen. Wie es heißt, werden sie binnen Kurzem ein Werk über Nationalökonomie dem Publicum übergeben." (Brüssel, 12. Juli, in: Trier'sche Zeitung, Nr. 197 vom 16. Juli 1845, S. 2.)
32 Wie aus der Passage hervorgeht, in welcher Jenny Marx in Voraussicht des baldigen Brüsseler Zusammenlebens von Marx, Engels, Heß und jeweiligem Anhang berichtet, kann Weydemeyer auch Marx zu diesem Zeitpunkt kein Unbekannter gewesen sein: „Ich werde wohl so nach der Mitte September abreisen. Vielleicht reist Weydemeyer bis Cöln mit, [...] Was wird das in Brüssel für eine Pauper Colonie werden! Ist Engels solo mit heimgekehrt oder à deux? Heß hat Weydemeyer geschrieben er würde heirathen." (MEGA² III/1, S. 480.) Neben der wahrscheinlichen Korrespondententätigkeit von Edgar von Westphalen stellt der Sachverhalt einen weiteren Berührungspunkt zwischen den Brüsselern und Weydemeyer dar, dass letzterer Engels' *Die Lage der arbeitenden Klasse in England* im 2. Band von Otto Lünings *Dies Buch gehört dem Volke* rezensierte. Eine Passage in einer Korrespondenz, die Engels über seine Rückreise von England über Paris nach Elberfeld im August 1844 für *The New Moral World* schrieb, legt die Vermutung nahe, dass Engels und Weydemeyer sich bereits zu diesem Zeitpunkt in Köln kennenlernten, Continental Socialism, MEGA¹ I/4, Berlin 1932, S. 338: „The Cologne folks have made enormous progress. When we assembled in a public house we filled a good room with our company, mostly lawyers, medical men, artists etc., also three or four lieutenants in the artillery, one of whom is a very clever fellow." Dieser „very clever fellow" wird häufig mit Wey-

1845 auf einer Reise, die ihn von Trier über Köln nach Westfalen führte und von welcher er frühestens Ende Oktober 1845 zurückkehrte.[33] Zu diesem Zeitpunkt war es bereits wiederholt zu Differenzen zwischen Friedrich Walthr, dem Herausgeber der *TZ*, und Weydemeyer bezüglich der zu verfolgenden Tendenz des Blattes gekommen, und es ist vor diesem Hintergrund keineswegs auszuschließen, dass Weydemeyer Julius Meyer und Rudolph Rempel die Notwendigkeit einer radikalen, kommunistischen Vierteljahrsschrift überzeugend auseinandersetzte.[34]

Wie es auch um die Einflussnahme Weydemeyers auf die westfälischen Finanziers bestellt gewesen sein mag, fest steht, dass die Verhandlungen mit Meyer und Rempel über die Anschubfinanzierung eines von Marx, Engels und Heß zu redigierenden Periodikums vom letzteren geführt wurden. Dass Heß die Verhandlungen auf Brüsseler Seite übernahm – was in der Herbeiführung des für alle Beteiligten schmerzvollen Schicksals, welches dieses Periodikum im Sommer 1846 erleiden sollte, eine kaum anders als fatal zu bezeichnende Rolle spielen sollte –, hatte im November 1845 den schlichten Grund, dass Heß der Einzige der drei vorgesehenen Redakteure war, der überhaupt noch zum Zwecke der Verhandlungen nach Preußen einreisen konnte. Engels hatte seine preußische Staatsangehörigkeit bereits im April 1845 aufgegeben[35] und Marx, der noch dazu in Preußen mit Haftbefehl gesucht wurde, war dessen Beispiel just Mitte Oktober 1845 gefolgt (sein Auswanderungsschein und seine Entlassung aus dem preußischen Untertanenverbande datieren dann auf den 1. Dezember 1845).[36] So war Heß der Einzige, der sich im November 1845

---

demeyer identifiziert (etwa Karl Obermann: Joseph Weydemeyer. Ein Lebensbild 1818-1866, Berlin 1968, S. 18).

33 Der Herausgeber und frühere Redakteur der *TZ*, Friedrich Walthr, beschwerte sich noch am 16. Oktober 1845 bei Weydemeyer über das Ausbleiben der Kölner und westfälischen Korrespondenzen und über Weydemeyers Versäumnis, die Zeitung während seiner Reise mit eigenen Korrespondenzen zu versorgen (Zeitgenossen von Marx und Engels. Ausgewählte Briefe aus den Jahren 1844 bis 1852, hrsg. u. annotiert v. Kurt Koszyk u. Karl Obermann, Quellen und Untersuchungen zur Geschichte der deutschen und österreichischen Arbeiterbewegung, N. F., Bd. 6, Assen, Amsterdam 1975, S. 63).

34 Wenn die Rolle Weydemeyers in der Anbahnung des Projekts der Vierteljahrsschrift nur spekulativ erschlossen werden kann, so ist seine spätere, zwischen Meyer und Rempel sowie Marx und Engels vermittelnde Tätigkeit brieflich gut zu belegen. Vor dem Hintergrund des schließlichen Scheiterns des Projekts Anfang Juli 1846 kam es dann auch zu Spannungen zwischen Marx und Weydemeyer (siehe Weydemeyer an Marx, 28. Juni 1846, MEGA² III/2, S. 233-235, u. besonders Weydemeyer an Marx, 29. Juli 1846, MEGA² III/2, S. 272/273).

35 Siehe oben, Kapitel 8, Abschnitt 2. Engels hatte bereits im Mai 1845 vergeblich versucht, einen belgischen Pass zu bekommen, um zur Hochzeit seiner Schwester Marie nach Preußen einzureisen (Engels an Marie Engels, 31. Mai 1845, MEGA² III/1, S. 276/277).

36 Der Antrag auf die Erstellung eines Auswanderungsscheins datiert auf den 17. Oktober 1846 (Marx an Franz Damian Görtz, 17. Oktober 1846, MEGA² III/1, S. 279). Nachdem der Trierer Polizeikommissar Müller am 26. Oktober die Erstellung des Auswanderungsscheins befürwortete (ebenda, S. 713/714), wurde der Schein am 1. Dezember 1846 ausgestellt (das Dokument wiedergegeben bei: Bert An-

gefahrlos nach Westfalen begeben konnte, um sich dort mit Meyer und Rempel bezüglich der Finanzierung der Vierteljahrsschrift zu verständigen. Wenn auch nicht von dem konkreten Ergebnis, so doch von dem glücklichen Ausgang dieser Verhandlungen erfuhr die Öffentlichkeit am 29. November 1845 in einer auf den 24. November datierten Korrespondenz aus Elberfeld, die bezeichnenderweise in der damals noch von Weydemeyer[37] redigierten *TZ* erschien: „In den letztverflossenen Tagen hatten wir das Vergnügen den Herausgeber des ‚Gesellschaftsspiegels' M. *Heß* in unserer Mitte zu sehen, der auf einer literarischen Geschäftsreise hier durchkam und in dieser Beziehung sehr angenehme Nachrichten mitbrachte."[38]

Aus dem Wortlaut dieser Mitteilung erschließt sich, dass die eigentlichen Verhandlungen zwischen Heß, Meyer und Rempel etwa Mitte November 1845 stattgefunden haben müssen.[39] Neben diesem Anhaltspunkt für die Datierung des Abschlusses der Verhandlungen gibt es jedoch noch einen weiteren Hinweis, welcher dieser Datierung Plausibilität verleiht und welcher darüber hinaus bereits zu der Erklärung überleitet, aus welchem Grund diesen Verhandlungen über die Finanzierung einer *Vierteljahrsschrift* ein solches Gewicht bei der Behandlung der Manuskripte zur „Deutschen Ideologie" zukommt: Im Januar-Heft des Jahrgangs 1846 des von Heß redigierten *Gesellschaftsspiegels* erschien ein anonymer Beitrag, der auf „*Brüssel*, 20. November" datiert und der von den Herausgebern der Vorabveröffentlichung einiger Manuskripte zur „Deutschen Ideologie" im Marx-Engels-Jahrbuch 2003 mit dem redaktionellen Titel *Gegen Bruno Bauer* versehen wurde.[40]

Gegenstand dieses wahrscheinlich von Marx und Engels gemeinsam verfassten Beitrags ist die von Bauer in seiner *Charakteristik Ludwig Feuerbachs* geäußerte Kritik an der *Heiligen Familie*, allerdings nicht in Form einer inhaltlichen Auseinandersetzung mit den von Bauer vorgebrachten Argumenten – wie sie von Marx und Engels dann im Rahmen der Manuskripte zur „Deutschen Ideologie" vorgenommen wird –, sondern ein auf die Formalia der Bauer'schen Bezugnahmen auf *Die heilige Familie* beschränkter Nachweis der wissenschaftlichen Maßstäben nicht genügenden Ar-

---

dréas/Jacques Grandjonc/Hans Pelger: Karl Marx' Ausweisung aus Paris und die Niederlassung von Marx und Friedrich Engels in Brüssel im Frühjahr 1845, in: Studien zu Marx' erstem Paris-Aufenthalt und zur Entstehung der *Deutschen Ideologie*, (Schriften aus dem Karl-Marx Haus Trier, Nr. 43), Trier 1990, S. 213-243, hier S. 234/235).

37 Walthr beendete die Anstellung Weydemeyers am 22. Dezember 1845 (Zeitgenossen von Marx und Engels. Ausgewählte Briefe aus den Jahren 1844 bis 1852, a. a. O., S. 68/69).
38 Elberfeld, 24. Nov., in: Trier'sche Zeitung, Nr. 333 vom 29. November 1845, S. 1.
39 Da in der auf den 24. November datierten Korrespondenz von den „letztverflossenen Tagen", in welchen Heß durch Elberfeld gekommen sei, die Rede ist, muss er Meyer und Rempel einige Tage zuvor verlassen haben.
40 Karl Marx: Gegen Bruno Bauer, in: Karl Marx/Friedrich Engels/Joseph Weydemeyer: Die deutsche Ideologie. Artikel, Druckvorlagen, Entwürfe, Reinschriftfragmente und Notizen zu I. Feuerbach und II. Sankt Bruno, Marx-Engels-Jahrbuch 2003, Berlin 2004, S. 3-5. Die dort vorgenommene Autorschaftsbestimmung ist allerdings um Friedrich Engels zu erweitern.

beitsweise Bauers. So weisen Marx und Engels Bauer in diesem Beitrag nach, seine vermeintlich der *Heiligen Familie* entnommenen Zitate nicht aus dem Werk von Marx und Engels, sondern aus einer Rezension dieses Werkes im Mai-Heft des *Westphälischen Dampfbootes* bezogen zu haben.[41] Diese Polemik, die auf die Disqualifikation Bauers als den Gepflogenheiten wissenschaftlicher Kritik nicht entsprechender „Kritiker" zielt, ist zwar arm an inhaltlichen Argumenten und meilenweit entfernt von der materialistischen Reduzierung Bauers auf seine Lebensumstände, wie sie dann in den Manuskripten zur „Deutschen Ideologie" betrieben wird, aber genau aus diesem Grund für die Rekonstruktion der Aufnahme der Arbeit an dem Marx-Engels'schen Beitrag zur Weiterentwicklung des aufklärerischen Diskurses von großer Bedeutung.

Berücksichtigt man nämlich den Ort der Veröffentlichung – der unter preußischer Zensur in Elberfeld erscheinende *Gesellschaftsspiegel* –, ihre Datierung auf den 20. November 1845 und die nahezu vollständige Abwesenheit einer inhaltlich relevanten Auseinandersetzung mit Bauer, so spricht einiges dafür, dass diese Veröffentlichung eine direkte Reaktion von Marx und Engels auf die (briefliche) Nachricht von Heß darstellt, dass die Finanzierung einer eigenen Vierteljahrsschrift gesichert sei. Mit einiger Wahrscheinlichkeit stellt sich vor dem Hintergrund dieser Sachverhalte der folgende Gang der Ereignisse als plausibel dar: Mit der Rezeption von Bauers *Charakteristik Ludwig Feuerbachs* entstand bei Marx und Engels der Entschluss zu einer Replik, die sie in unmittelbarer Folge des Erscheinens des 3. Bandes von *Wigand's Vierteljahrsschrift*, also noch Ende Oktober/Anfang November 1845 – und noch ohne bereits gesicherte Möglichkeit einer Veröffentlichung – in Angriff nahmen. Nach Erhalt der Heß'schen Nachricht vom Zustandekommen der Anschubfinanzierung einer eigenen Vierteljahrsschrift Mitte November 1845 entschieden sie sich, den sich auf die Arbeitsweise Bauers beschränkenden, von der Zensur nicht zu beanstandenden Teil von der inhaltlichen Auseinandersetzung zu trennen und diesen Teil schnellstmöglich in einem der wenigen, ihnen zur Verfügung stehenden Periodika zu veröffentlichen.[42] Für die inhaltliche Entgegnung planten sie dann auf die von ihnen selbst

---

41 Die heilige Familie oder Kritik der kritischen Kritik. Gegen Br. Bauer und Consorten von F. Engels und K. Marx. Frankfurt 1845, in: Das Westphälische Dampfboot, 1. Jg. Bielefeld 1845, H. vom Mai, S. 206-214. Über die Autorschaft dieser Rezension herrscht Unklarheit. Die Herausgeber der Vorabpublikation der Manuskripte zur „Deutschen Ideologie" weisen Otto Lüning als Autor aus (Karl Marx/Friedrich Engels/Joseph Weydemeyer: Die deutsche Ideologie. Artikel, Druckvorlagen, Entwürfe, Reinschriftfragmente und Notizen zu I. Feuerbach und II. Sankt Bruno, Marx-Engels-Jahrbuch 2003, Berlin 2004, S. 160).

42 Leider lässt sich der Grad der Plausibilität dieser Annahme aufgrund des umfangreichen Verlustes von Manuskriptseiten der ursprünglichen Fassung von *II. Sankt Bruno* nicht über den Rang einer Vermutung hinaus steigern. Im Unterschied zu den Passagen, die per Abschrift wieder dem Kontext ihrer Entstehung zugeführt wurden, gibt es auf den überlieferten Seiten des Manuskriptes keine, dem Artikel *Gegen Bruno Bauer* vergleichbare Abrechnung mit der unwissenschaftlichen Zitier- und Arbeitsweise Bauers. Da von den ersten fünf Bogen der ursprünglichen Fassung von *II. Sankt Bruno* nur ein Blatt überliefert ist und diese Fassung auf dem 11. Bogen mitten im Text abbricht, ist es durchaus

redigierte Vierteljahrsschrift zurückzugreifen, für welche die Bestimmungen der Zensur erheblich weniger restriktiv waren.

Für die Rekonstruktion der Genese des Marx-Engels'schen Beitrags zur Weiterentwicklung des aufklärerischen Diskurses ist dieser Gang der Ereignisse vor allem deshalb von Bedeutung, weil sich mit ihm nicht nur der Beginn der Abfassung der Manuskripte zur „Deutschen Ideologie" bestimmen lässt – unmittelbar vor oder sogar erst am 20. November 1845 –, sondern weil mit ihm ersichtlich wird, dass die retrospektive Verengung der gemeinsamen Absetzung von den ehemaligen junghegelianischen Weggefährten auf die Auseinandersetzung mit Feuerbach weit mehr der Nachhaltigkeit des Ruhms des letzteren als der zeitgenössischen, tatsächlichen Rolle der kritisierten Autoren bei der Ausdifferenzierung der materialistischen Geschichtsauffassung und der Konzipierung der Ideologiekritik geschuldet ist. Mit anderen Worten: Nicht die Distanzierung von Feuerbach stand Pate bei dem Beginn der Arbeit an den Manuskripten, die von späteren Editoren zu einem zweibändigen Werk *Die deutsche Ideologie* verdichtet wurden, sondern die Reaktion auf die Angriffe Bauers und, wie die gleich näher zu beschreibende Anordnung der Manuskripte zeigt, die Realisierung des von Marx bereits seit Ende 1844 beabsichtigten Vorhabens einer Kritik des *Einzigen*.

Neben dieser Korrektur des von den Autoren im Rückblick gezeichneten Bildes von der vermeintlichen Ursache der Abfassung der „Kritik der neuesten deutschen Philosophie" zwingt diese Darstellung jedoch zu einer weiteren, nicht minder grundlegenden Korrektur. Denn ebenso, wie die Arbeit an den Manuskripten ursächlich nicht der Distanzierung von Feuerbach geschuldet war, ist mit einem weiteren, hartnäckigen Fehlurteil der Editionsarbeiten des vergangenen Jahrhunderts aufzuräumen: Die Ausdifferenzierung der materialistischen Geschichtsauffassung und die Konzipierung der Ideologiekritik wurden mitnichten in einem geschlossenen zweibändigen Werk mit dem Titel *Die deutsche Ideologie* unternommen. Die Manuskripte, in denen diese beiden Elemente der Weiterentwicklung des aufklärerischen Diskurses ihre Präzisierung erfuhren und die im Zuge ihrer Abfassung die Entscheidung zu einer eigenständigen Feuerbach-Kritik bedingen sollten, wurden ursprünglich – und darüber hinaus für die überwiegende Dauer der Versuche, sie der Öffentlichkeit zugänglich zu machen – im Rahmen einer Veröffentlichung in einer Vierteljahrsschrift abgefasst. Dies bei der Rekonstruktion des Marx-Engels'schen Beitrages zur Weiterentwicklung des aufklärerischen Diskurses kenntlich zu machen, also mit einer Darstellung zu brechen, laut welcher Marx und Engels in den Manuskripten zur „Deutschen Ideologie" nur ausbuchstabiert hätten, was sie bereits unabhängig von ihren

---

denkbar, dass eine solche Abrechnung Teil der ursprünglichen Fassung von *II. Sankt Bruno* gewesen ist und die Seiten, auf welchen sie sich befand, nach ihrer Abschrift für *Gegen Bruno Bauer* vernichtet, bzw. der Überlieferung entzogen wurden. In der abschließenden Fassung *II. Sankt Bruno* findet sich eine eine vergleichbare Abrechnung (MEGA² I/5, Ms-S. [7b]-[8a] (S. 160-162).

konkreten Gegenständen in den „Thesen ad Feuerbach" vorformuliert hätten, bedeutet, der Genese dieses Beitrages eine Offenheit und Unbestimmtheit zurückzugeben, die, wie alle zeitgenössischen Quellen zeigen, elementarer Bestandteil der Marx-Engels'schen Transzendierung des philosophischen Rahmens des emanzipativen Projekts der Aufklärung war.

Wenn an dieser Stelle also betont werden muss, dass die Manuskripte zur „Deutschen Ideologie" ursprünglich als Beiträge zu einer Vierteljahrsschrift abgefasst wurden und dass die Struktur, die derjenige Titel nahezulegen scheint, unter welchem die Manuskripte heutzutage bekannt sind – *Die deutsche Ideologie. Kritik der neuesten deutschen Philosophie in ihren Repräsentanten Feuerbach, B. Bauer und Stirner und des deutschen Sozialismus in seinen verschiedenen Propheten* – sich einer Erklärung von Marx verdankt, die dieser am 3. April 1847 verfasste[43] und die weit eher den Abschied von der Hoffnung auf eine Veröffentlichung markiert, als die Anzeige eines kurz vor der Veröffentlichung stehenden Werkes, wenn also hervorgehoben werden muss, dass der Charakter des Werkes, in welchem sich die verschiedenen Ansätze bündeln, die Marx und Engels in der Zeit von Herbst 1845 bis in das Frühjahr 1847 verfolgten, in steter Veränderung begriffen war, so gilt es dennoch auf einige Kontinuitäten hinzuweisen, die sich von der Aufnahme der Arbeit bis zu ihrem schließlichen Abbruch durchziehen. Die Einteilung der Manuskripte in eine Kritik der neuesten deutschen Philosophie einerseits und des deutschen, „wahren Sozialismus" andererseits, die später als Grundlage einer zweibändigen Veröffentlichung in Anspruch genommen wurde, diese Einteilung, die sich in gewisser Hinsicht mit den geplanten ersten beiden Bänden der Vierteljahrsschrift zu überschneiden scheint, findet tatsächlich in einer der frühesten Aussagen ihre Bestätigung, die über die beabsichtigten Arbeiten von Marx, Engels und Heß in der von ihnen redigierten Vierteljahrsschrift informieren. So liest sich eine Stelle in einem von Heß verfassten Beitrag für den *Gesellschaftsspiegel*, der nach dem erfolgreichen Abschluss der Verhandlungen mit den Westfalen verfasst wurde, wie eine Ankündigung einer in Arbeit befindlichen Kritik Bauers, Stirners sowie einiger namentlich genannter deutscher Sozialisten.[44]

---

[43] Inge Taubert/Hans Pelger/Jacques Grandjonc: Marx' Erklärung vom 3. April 1847, in: MEGA-Studien (hrsg. v. d. Internationalen Marx-Engels-Stiftung Amsterdam), Amsterdam, 1997/2, S. 154-161. Der Titel findet sich auf S. 160.

[44] [Moses Heß:] Umtriebe der kommunistischen Propheten, in: Gesellschaftsspiegel, Bd. 1 (1845), H. 6, S. 94-96, hier S. 95: „Es ist hier nicht der Ort dazu, das Wesen der heiligen Männer und ihrer Sippe näher zu beleuchten; wir werden dies, wie gesagt, an passender Stelle ausführen." Vgl. auch ebenda, S. 96: „Die deutsche Nation z. B. ist, bei all' ihrer theoretischen Gelehrsamkeit, in *praktischer* Hinsicht nicht nur *realiter*, sondern auch idealiter, *wissenschaftlich* im Rückstande, und wir wundern uns daher gar nicht, wenn ein B. Bauer, ein Max Stirner, ein Friedr. Rohmer, ein Georg Kuhlmann endlich bei den deutschen Gelehrten nicht nur, sondern auch bei deutschen Handwerkern – bei der deutschen Bourgeoisie nicht allein, sondern auch bei deutschen Proletariern Anklang fanden."

Dies zeigt, dass die Stoßrichtung der Ende November 1845 aufgenommenen Arbeit von vornherein eine zweifache war, wobei allerdings unklar ist, ob die Vereinigung dieser beiden Aspekte sich bereits zu diesem frühen Zeitpunkt der in den Manuskripten dann explizierten Verbindung von philosophischem und wahrsozialistischem Glauben an die Macht von Ideen verdankt, oder ob sie bloß eine Konsequenz der Möglichkeiten darstellt, die eine Vierteljahrsschrift durch die Vereinigung ansonsten disparaten Materials in einer Publikation bietet. Während der Reifegrad, den Marx und Engels bereits im Sommer 1845 in der Formulierung der materialistischen Geschichtsauffassung erreicht hatten, für die erste Variante zu sprechen scheint, weisen die Anstrengungen, welche Marx und Engels bereits kurz nach Erhalt der Nachricht von der gesicherten Finanzierung bei der Werbung weiterer Autoren unternahmen – der erste zu belegende Kontakt ist Georg Weerth, der bereits am 18. Dezember 1845 die Zusendung eines Manuskriptes ankündigte[45] –, auf die zweite Variante hin. Wenn sich diese Frage auch nicht abschließend klären lässt, so offenbart sich hier gleichwohl, welch eine beflügelnde Wirkung die Überzeugung auf Marx und Engels ausübte, nun über ein eigenes Publikationsorgan zu verfügen. Eine der ersten Konsequenzen dieser Aussicht auf eine eigene Vierteljahrsschrift war die Zurückstellung der Marx'schen „Kritik der Politik und Nationalökonomie", die sich von diesem Schlag nie mehr erholen sollte und die, wenn man so will, zum ersten, wenn auch unbeabsichtigten, Opfer der polemischen Auseinandersetzung mit den ehemaligen junghegelianischen Weggefährten wurde.

9.3 Der Verlauf der Abfassung von *III. Sankt Max* und die „Sichtung der Philosophie vom Kommunismus"

Wie bereits ausgeführt wurde, ist es sehr wahrscheinlich, dass Marx und Engels mit der Abfassung des ersten Textes, welcher dem Komplex der „Kritik der neuesten deutschen Philosophie" zuzuschreiben ist, bereits begonnen hatten, als sie die Nachricht von der westfälischen Unterstützung erreichte. Diese erste Fassung[46] der Replik auf Bruno Bauers *Charakteristik Ludwig Feuerbachs*, die von Marx später mit zwei Abschnitten aus der Stirner-Kritik zu einem Konvolut zur Vorbereitung eines Feuerbach-Kapitels zusammengeführt wurde,[47] weist bereits die Struktur der polemischen Re-

---

[45] Georg Weerth an Marx, 18. Dezember 1845, MEGA² III/1, S. 493: „Engels kannst Du wohl sagen, daß ich am nächsten Dienstag per Steamer über Hull und Antwerpen ein M. S. ‚Preiss' für Eure Zeitschrift abschicken werde."
[46] Die überlieferten Manuskriptteile geben keinen Aufschluss über den beabsichtigten Titel dieser Fassung. Es ist jedoch wenig wahrscheinlich, dass bereits diese Fassung mit *Sankt Bruno* betitelt war.
[47] Sie erhielt in der Marx'schen Zusammenstellung mit den beiden Passagen aus *III. Sankt Max* die Seitenzahlen 1-29, wobei die Seiten 3-7 Textverlust sind (Karl Marx/Friedrich Engels: [Konvolut zu Feuerbach] (**H⁵**), MEGA² I/5, S. 16-59).

pliken auf, mit welcher Marx und Engels in den Manuskripten zur „Deutschen Ideologie" auf die Schriften der kritisierten Autoren reagierten, und sucht den Text Bauers Seite für Seite zu widerlegen. Und auch in Hinsicht auf eine der spezifischen Besonderheiten der überwiegenden Mehrheit der Manuskripte zur „Deutschen Ideologie", der nur sehr eingeschränkt gegebenen Möglichkeit, von der Handschrift auf den Urheber des Textes zu schließen, zeigt sich dieser erste Text des Komplexes „Kritik der neuesten deutschen Philosophie" im Einklang mit den späteren Manuskripten. Aufgrund der mitunter schweren Lesbarkeit von Marx' Handschrift, die bereits einen hohen Korrektur-Aufwand bei der *Heiligen Familie* bedingt hatte,[48] beschränkt sich der handschriftliche Anteil von Marx in den Manuskripten – bis auf eine Ausnahme[49] – auf Überarbeitungen der in Engels' oder Weydemeyers Handschrift vorliegenden Grundschichten, wobei Weydemeyer sich in *III. Sankt Max* sogar die Mühe machte, Marx'sche Überarbeitungen für den Setzer sauber abzuschreiben.

Dies führt zu der bemerkenswerten Situation, dass sich nur im Falle von Textteilen, die in Marx' Handschrift vorliegen, von der Handschrift auf den tatsächlichen Autor der festgehaltenen Gedanken schließen lässt (eine Analyse des Manuskriptes zeigt sogar, dass viele der Überarbeitungen und Textvarianten Spuren einer gemeinsamen Abfassung aufweisen, Varianten etwa, bei denen die Tilgungen von verworfenen Textpassagen von Marx vorgenommen wurde, der ersetzende Text hingegen von Engels oder Weydemeyer niedergeschrieben wurde u. Ä.). Wenn es im Falle der in Weydemeyers Handschrift vorliegenden Passagen eindeutig ist, dass er seine Hand hier den Gedanken eines anderen lieh, kann bei Texten in Engels' Handschrift – die die überwiegende Mehrheit der Manuskripte zur „Deutschen Ideologie" bilden – die tatsächliche Autorschaft nicht ausgehend von der Handschrift bestimmt werden.

In diesem Sachverhalt einer Dissoziation von handschriftlichem Autor und gedanklichem Urheber liegt die letztlich unüberschreitbare Grenze aller Versuche, die gemeinsame Autorschaft von Marx und Engels bei den Manuskripten zur „Deutschen Ideologie" aufzulösen und den jeweiligen Anteil genau zu bestimmen. Wenn es während des Brüsseler Exils, wie die zeitgenössischen Briefe zeigen, durchaus auch zwischen Marx und Engels zu zum Teil erheblichen Differenzen und Auseinandersetzungen gekommen ist und wenn es auch einige Hinweise inhaltlicher wie brieflicher Natur für die Bestimmung der jeweiligen Anteile gibt, so kann durch die Gemeinsamkeit

---

48 Siehe oben, Kapitel 8, Abschnitt 1.
49 Das von Marx verfasste, Fragment gebliebene Vorwort zum Komplex „Kritik der neuesten deutschen Philosophie". Der Sachverhalt, dass dieses Manuskript, das als Reinschrift begonnen wurde und zunehmend Entwurfscharakter annahm, in Marx' Handschrift überliefert ist, ist bereits Indiz für seine Datierung auf die Zeit, als Engels Brüssel bereits Richtung Paris verlassen hatte. In den anderen, zumindest zeitweise als Druckvorlage gedachten Manuskripten findet sich nur ein einziger Fall, in welchem die Grundschicht in Marx' Handschrift vorliegt (Karl Marx/Friedrich Engels: [Konvolut zu Feuerbach] (**H⁵**), MEGA² I/5, S. 25 (48)). Und selbst in diesem Fall fand der Wechsel zurück zur Engels'schen Handschrift nach sechs, von Marx geschriebenen Zeilen mitten in einem Satz statt.

der Ausarbeitung ihres Beitrags zur Weiterentwicklung des aufklärerischen Diskurses in keinem Fall gekürzt werden. Bei aller Notwendigkeit also, die retrospektiv getätigten Aussagen der beiden Autoren auf ihre Vereinbarkeit mit den zeitgenössischen Quellen zu prüfen – und so etwa den Widerspruch nachzuweisen, welcher zwischen der Aussage, Marx und Engels seien unabhängig voneinander zur materialistischen Geschichtsauffassung gelangt und hätten bei der Ankunft des letzteren im Frühjahr 1845 in Brüssel nur noch die Gemeinsamkeit ihrer Anschauungen feststellen müssen, und den in Briefen und Publikationen festgehaltenen, zeitgenössischen Aussagen der beiden herrscht[50] –, belegen die in den Manuskripten hinterlassenen Spuren des Abfassungsprozesses eindeutig die, auch brieflich zu bezeugende,[51] Gemeinsamkeit der Abfassung der Manuskripte des Komplexes „Kritik der neuesten deutschen Philosophie". Unabhängig von allen Fragen etwa nach dem besonderen Interesse, welches Marx an der Kritik Bauers und Stirners (und auch Feuerbachs) nahm, nach der eher Marx' Naturell entsprechenden Neigung, sich bei polemischen Auseinandersetzungen regelrecht in den angegriffenen Autor zu verbeißen, oder gar nach eventuellen Vorarbeiten von Marx, die Engels dann bloß abgeschrieben habe, spricht der handschriftliche Befund der Manuskripte des Komplexes „Kritik der neuesten deutschen Philosophie" dafür, dass Engels' Anteil an den zu Papier gebrachten Gedanken nicht nur der eines „unbeholfenen Kopisten" war.[52] Unzählige der in den Manuskripten vorhandenen Textvarianten, in denen Marx und Engels den Verlauf eines Satzes abbrachen und neu ansetzten, sind Ergebnis eines Ringens um die richtige Formulierung und zeugen von einer Unabgeschlossenheit des Textes, wie man sie bei Entwürfen, jedoch kaum bei Druckvorlagen findet. So spricht einiges dafür, dass die beiden fertig gestellten Kritiken des ersten Komplexes – die von Bauer und Stirner – tatsächlich das Resultat einer gemeinsamen Lektüreerfahrung sind, dessen schriftliche Fixierung dann Engels aufgrund der besseren Lesbarkeit seiner Handschrift oblag (gerade weil man sich dadurch die Notwendigkeit einer Reinschrift für den Setzer ersparen zu können glaubte).

Da dieser Sachverhalt einer in Engels' Handschrift abgefassten Grundschicht und Überarbeitungen in beiden Handschriften eben auch im Fall der ersten Fassung der

---

50 Karl Marx: Zur Kritik der Politischen Ökonomie. Erstes Heft, Berlin 1859, MEGA² II/2, S. 101: „Friedrich Engels, mit dem ich seit dem Erscheinen seiner genialen Skizze zur Kritik der ökonomischen Kategorien (in den Deutsch-Französischen Jahrbüchern) einen steten schriftlichen Ideenaustausch unterhielt, war auf anderm Wege (vergleiche seine Lage der arbeitenden Klassen in England) mit mir zu demselben Resultat gelangt und als er sich im Frühling 1845 ebenfalls in Brüssel niederließ, ..."
51 So bezog sich George Julian Harney in seiner Antwort auf Briefe von Engels vom 30. März 1846 auf „your very philosophical system of writing in couples till 3 or 4 o'clock in the morning" – eine Vorstellung, die bei seiner Frau Missfallen und Widerspruch erregt habe (George Julian Harney an Engels, 30. März 1846, MEGA² III/1, S. 523).
52 Über die spezifische Bedeutung der autorschaftlichen Kollegialität bei der Produktion argumentativer Evidenz siehe unten, Kapitel 11, Abschnitt 2.

Replik auf Bauers *Charakteristik Ludwig Feuerbachs* gegeben ist, kann zweifelsohne davon ausgegangen werden, dass bereits diese frühe Fassung für eine Veröffentlichung bestimmt war. Ob diese Fassung tatsächlich abgeschlossen wurde und die Schrift Bauers in ihrer Vollständigkeit behandelt wurde, lässt sich zwar aufgrund der eingetretenen Textverluste nicht mehr klären (der überlieferte Text endet mitten im Satz auf der letzten Seite des 11. Bogens), die überlieferten Seiten erlauben es jedoch, mit Sicherheit auszuschließen, dass der Text in der überlieferten Form hätte veröffentlicht werden können. Es kommt, wie die späteren Ausführungen zeigen werden, nicht von ungefähr, dass der Fluss des Textes auf Seite 19 der Marx'schen Paginierung mit einer Aufzählung auszuarbeitender Aspekte just in dem Moment unterbrochen wird, als die beiden Autoren auf einen der tatsächlich originellen Beiträge zu sprechen kommen, welchen sie zur Weiterentwicklung des aufklärerischen Diskurses geleistet haben:

> Bisher haben wir hauptsächlich nur die eine Seite der menschlichen Thätigkeit, die *Bearbeitung der Natur* durch die Menschen betrachtet. Die andre Seite, die *Bearbeitung der Menschen* durch *die Menschen* – –
> Ursprung des Staats & Verhältniß des Staats zur Bürgerlichen Gesellschaft.[53]

Und es kommt in gleicher Weise nicht von ungefähr, dass sich an diese für den Marx-Engels'schen Ansatz zentrale Frage auf der folgenden Seite ein Exkurs zur materialistischen Geschichtsauffassung anschließt, der sich vollständig von den zuvor kritisierten Bauer und Feuerbach löst und in dem eine eigenständige Entwicklung der aus materialistischer Perspektive tatsächlich geschichtsbildenden Faktoren vorgenommen wird.[54] Ob diese Unterbrechung der Kritik des eigentlichen Gegenstands ihrer Polemik mit eigenständigen Entwicklungen und Ausführungen, einer Eigenheit des Abfassungsprozesses von Marx und Engels, der ein geradezu stilbildender Charakter für die Stirner-Kritik bescheinigt werden kann, eine Folge des Erhalts der Nachricht von der gesicherten Finanzierung einer eigenen Vierteljahrsschrift darstellt und sie nun weiter auszuholen beabsichtigten, ist jedoch eine Frage, deren Antwort keinen höheren Status als den einer ungesicherten Vermutung beanspruchen kann.

Weit weniger zweifelhaft ist hingegen der Sachverhalt, dass Marx und Engels nach dem Erhalt der Nachricht von Heß einen Abschnitt konzipierten, der bis zum Schluss die einzigen von ihnen fertig gestellten Druckvorlagen des Komplexes „Kritik der neuesten deutschen Philosophie" umfassen sollte: *Das Leipziger Konzil*. Mit dieser expositorischen Klammer, welche Marx und Engels um die Kritiken von Bauer und Stirner – und anfänglich eventuell auch noch um Heß' *Dottore Graziano* (eine Kritik von Arnold Ruges *Zwei Jahre in Paris*) – spannten, wird nicht nur verballhornend auf

---

[53] Karl Marx/Friedrich Engels: [Konvolut zu Feuerbach] (**H⁵**), MEGA² I/5, Ms-S. 19 (S. 39/40).
[54] Für die Frage nach dem Zusammenspiel von Kritik und eigenständiger Ausarbeitung in den Manuskripten zur „Deutschen Ideologie" siehe unten, Kapitel 11, Abschnitt 1.

den Sachverhalt angespielt, dass beide beim Leipziger Verleger Otto Wigand, dem Herausgeber des *Einzigen* und der nach ihm benannten Vierteljahrsschrift, die den zentralen Ort der philosophischen Auseinandersetzung um die Fortführung des aufklärerischen Diskurses bildete, verlegt wurden, sondern vor allem die auch in den Manuskripten weidlich ausgeschlachtete Analogie der, in ihren Augen, im philosophischen Rahmen verharrenden Auseinandersetzung mit den Disputen von Kirchenvätern pointiert. Diese „Heiligsprechung" von Bruno Bauer und Max Stirner zu „Sankt Bruno" und „Sankt Max" und ihre Darstellung als Teilnehmer eines kirchlichen Konzils bildet selbstverständlich die Marx-Engels'sche Adaption eines argumentativen Instruments, das damals noch von jedem zum Einsatz gebracht worden war, der sich kritisch auf die anderen ehemaligen Protagonisten des antireligiösen, philosophisch-aufklärerischen Diskurses von vor der Enttäuschung bezog. Und wenn die Bezichtigungen auch mit jeder neuen Drehung der diskursiven Spirale an Schärfe gewannen – Stirners Erklärung alles Geistigen zum „Heiligen" stellt sicher den bis dahin erreichten Kulminationspunkt dieser argumentativen Gewohnheit dar –, so eignet dem Marx-Engels'schen Einsatz dieses Instrumentes doch eine Schärfe, die dem Vorwurf, Handlanger der religiösen Bewusstseinsbestimmung, wenn auch wider Willen, zu sein, eine neue Qualität verleiht. Bei ihnen erhält dieser Vorwurf eine persönliche Dimension, die er bei keinem ihrer Vorgänger der Versuche einer Weiterentwicklung des aufklärerischen Diskurses erlangt hatte. Marx und Engels, das muss an dieser Stelle betont werden, hat diese, von ihnen stets auch in ihrer Schärfe verteidigte, *ad hominem*-Argumentation das Überzeugen ihrer Adressaten nicht immer erleichtert.[55]

Neben diesen naheliegenden Aspekten der Konzipierung eines Kirchenkonzils zur Kritik vermeintlich religionskritischer Denker, die im Rahmen der Darstellung der speziell auf Stirner gemünzten argumentativen Instrumente noch eingehender thematisiert werden, interessiert an dieser Stelle jedoch eine andere Information, die sich aus dem Sachverhalt der Konzipierung von *Das Leipziger Konzil* gewinnen lässt. Vor dem Hintergrund, dass die Manuskripte, welche aufgrund ihres editorischen Arrangements in den 20er Jahren des vorigen Jahrhunderts den interessierten Rezipienten nur als Bestandteile eines – dem Anspruch der Herausgeber nach – in sich geschlossenen, zweibändigen Werkes bekannt wurden, ursprünglich im Rahmen einer Vierteljahrsschrift erscheinen sollten und dass der Titel *Die deutsche Ideologie* einer Erklärung entstammt, die Marx zu einem Zeitpunkt veröffentlichte, als die Hoffnung auf eine vollständige Veröffentlichung der Manuskripte nur noch gering war,[56] wird

---

[55] Das Unverständnis ob dieser direkt auf die Person der kritisierten Autoren zielenden Angriffe tritt in den Briefen wiederholt zutage. So etwa Weydemeyer an Marx, 14. Mai 1846, MEGA² III/2, S. 193. Siehe unten, Anm. 82.

[56] In der Erklärung kündigte Marx die separate Veröffentlichung der Kritik an Karl Grün an (Karl Marx/Friedrich Engels: IV. Karl Grün: Die soziale Bewegung in Frankreich u. Belgien (Darmstadt 1845), oder: die Geschichtsschreibung des wahren Sozialismus (**H¹³**), MEGA² I/5, Berlin 2017). Wie der

mit der Gruppierung der Bauer- und Stirner-Manuskripte unter dem Titel *Das Leipziger Konzil* zum ersten Mal die Entscheidung fassbar, den zur Verfügung stehenden Raum in einem ersten Band der eigenen Vierteljahrsschrift zur Kritik der alternativen Ansätze zur Weiterführung des aufklärerischen Diskurses zu nutzen, also zur Kritik desjenigen kritischen Mediums, in welchem sämtliche Teilnehmer der junghegelianischen Debatte sozialisiert worden waren.[57] Und es verdient an dieser Stelle noch einmal ausdrücklich betont zu werden, diese Entscheidung sah zu diesem Zeitpunkt noch keine eigenständige Feuerbach-Kritik vor, sondern beabsichtigte lediglich, in die Kritiken der Feuerbach-Kritiker Bauer und Stirner einige distanzierende Bemerkungen einzuflechten.

Mit anderen Worten: Zu dem Zeitpunkt als für Marx und Engels absehbar wurde, dass sie für die Auseinandersetzung mit ihren ehemaligen junghegelianischen Weggefährten weit mehr publizistischen Raum zur Verfügung haben würden, als ihnen im Rahmen anderer Möglichkeiten einer Veröffentlichung gegeben sein konnte, entschieden sie sich nicht, die bereits in Arbeit befindliche Bauer-Kritik um eine eigene Feuerbach-Kritik zu erweitern. Sie entschieden sich vielmehr, nun die Kritik Stirners in Angriff zu nehmen, also ein Vorhaben zu realisieren, das Marx schon seit dem Erscheinen des *Einzigen* vor über einem Jahr gefasst hatte und das er – mit unterschiedlicher Intensität – das gesamte Jahr über im Auge behalten hatte. Wenn es auch unklar ist, ob diese Kritik Stirners – des einzigen, dessen Angriffe Feuerbach bisher mit einer Antwort gewürdigt hatte – von Beginn an in dem Umfang konzipiert wurde, welchen das hinterlassene Manuskript angenommen hat (430 Seiten, zusätzlich über 22 Seiten, die Textverlust sind[58]), so bleibt der Sachverhalt bestehen, dass sie sich mit der Konzipierung von *Das Leipziger Konzil* entschieden, die neuen Möglichkeiten ei-

---

gesamte Wortlaut der Erklärung zeigt, war Marx zu diesem Zeitpunkt bemüht, die bis dahin gescheiterte Veröffentlichung externen Faktoren anzulasten, und versuchte deshalb den Eindruck zu erwecken, es handele sich bei „der Schrift" um ein vollständig abgeschlossenes Werk. Versuche, die beiden ersten Bände der gescheiterten Vierteljahrsschrift und mit ihnen die Manuskripte zur „Deutschen Ideologie" als eine zweibändige Publikation zu veröffentlichen, lassen sich noch bis in den September 1847 nachweisen (siehe MEGA² I/5, S. 779). Erst mit dem Brief von Marx an Pawel Wassiljewitsch Annenkow vom 9. Dezember 1847 lässt sich der endgültige Verzicht auf die Veröffentlichung der beiden ehemaligen Bände der Vierteljahrsschrift nachweisen, MEGA² III/2, S. 125: „Die deutschen Manuscripte werden nicht gedruckt im Ganzen. Was gedruckt wird davon, gebe ich gratis, um es nur in die Welt zu schicken." Auch Einzelpublikationen der Manuskripte ließen sich in der Folge nicht realisieren.

57 Es kommt insofern nicht von ungefähr, wenn mitunter die Überzeugung geäußert wurde, *Die deutsche Ideologie* habe zuerst unter dem Titel *Das Leipziger Konzil* veröffentlicht werden sollen (Bert Andréas/Wolfgang Mönke: Neue Daten zur „Deutschen Ideologie". Mit einem unbekannten Brief von Karl Marx und anderen Dokumenten, (Archiv für Sozialgeschichte, Bd. VIII), Bonn 1968, S. 26).

58 Als Textverluste müssen gelten: das zweite Blatt des Bogens 28^{II}, der Bogen 31, der Übergang zwischen den Bogen 45 und 46, die Bogen 77-79 und der Bogen 87 von III. Sankt Max • Schluss des Leipziger Konzils (**H^{11}**), MEGA² I/5, Berlin 2017.

ner Veröffentlichung eigener Schriften neben der bereits vorher begonnenen Replik auf Bauer vor allem für die Kritik Stirners zu nutzen. Abgesehen also von der Beseitigung einer, wenn man so will, Altlast ihrer kritischen Beschäftigung mit den Versuchen einer Weiterentwicklung des gescheiterten aufklärerischen Diskurses war das Neue, dem sie sich nach Erhalt der Nachricht von der gesicherten Finanzierung ihrer eigenen Vierteljahrsschrift widmeten, die Kritik Stirners.

Dafür, dass mit der Konzipierung von *Das Leipziger Konzil* tatsächlich ein neuer Ansatz im Rahmen ihrer Auseinandersetzung mit ihren ehemaligen Weggefährten aufgenommen wurde, sprechen zusätzlich zu den bisherigen Erwägungen auch noch einige Anhaltspunkte, die sich aus den hinterlassenen Manuskripten gewinnen lassen. So ist etwa aussagekräftig, dass sich die Namensformen „Sankt Bruno" und „Sankt Max", den beiden im Manuskripte ausgewiesenen „Teilnehmern" des „Leipziger Konzils", zwar bereits in den frühesten Schichten von *III. Sankt Max* finden, man sie in der ersten Fassung der Replik auf Bauers *Charakteristik Ludwig Feuerbachs* jedoch vergeblich sucht. Auch dort werden Bauer und Stirner zwar schon als „Heilige" bezeichnet und ist etwa von „der heilige Max Stirner" die Rede,[59] diese Praxis zeigt sich jedoch eher als eine vergleichsweise unoriginelle Übernahme des von Stirner mit an Maßlosigkeit grenzender Häufigkeit genutzten argumentativen Instruments einer Erklärung all desjenigen zum „Heiligen", das nicht der direkten Verfügungsgewalt des konkreten Individuums unterworfen ist, das diese Verfügungsgewalt vielmehr zu beschränken scheint.[60]

Mit dem Erhalt der Nachricht von der finanziellen Unterstützung durch die westfälischen Unternehmer Meyer und Rempel um den 20. November 1845, der folgenden Konzipierung von *Das Leipziger Konzil* und dem Beginn der Arbeit an dem Manuskript, das in seiner endgültigen Fassung den Titel *III. Sankt Max* tragen sollte, ist, so folgt aus den vorhergehenden Bemerkungen, der eigentliche Beginn der Arbeit an den Manuskripten anzusetzen, welche der Nachwelt unter dem Titel *Die deutsche Ide-*

---

59 Karl Marx/Friedrich Engels: [Konvolut zu Feuerbach] (**H⁵**), MEGA² I/5, Ms-S. 26 (S. 51). Die Vorkommen auf den Ms-S. 28/29 (S. 57-59) finden sich in einer Textpassage, die wahrscheinlich erst zu einem Zeitpunkt niedergeschrieben wurde, als Marx und Engels im Zuge der Abfassung der Kritik Stirners die Entscheidung für ein eigenständiges Kapitel „I. Feuerbach getroffen hatten.
60 Es ist vor diesem Hintergrund durchaus von Interesse, dass Marx und Engels bei allen Vorarbeiten und allen Ansätzen zur Abfassung eines Kapitels „I. Feuerbach" nie von einem „Sankt Ludwig" sprechen. Auch kann es als erwiesen gelten, dass das Kapitel mit der eigenständigen Auseinandersetzung mit Ludwig Feuerbach, auf dessen Konzipierung im Zuge der Abfassung von *III. Sankt Max* noch eingegangen wird, nie als Teil von *Das Leipziger Konzil* vorgesehen war, vielmehr diesem Komplex vorgeordnet werden sollte. Es zeigt sich hier bei aller bereits erfolgten und im Zuge der Arbeit an den Manuskripten zur „Deutschen Ideologie" sich weiter vertiefenden Distanzierung gegenüber den theoretischen Positionen Feuerbachs eine Differenz in der Behandlung des ehemaligen Stichwortgebers der Marx'schen Entdeckung des Materialismus, die sicher ihren Teil zu der retrospektiven Verengung beigetragen hat, von welcher die Marx-Engels'sche Darstellung der Zeit der Ausarbeitung ihres Beitrags zur Weiterentwicklung des aufklärerischen Diskurses später gezeichnet sein sollte.

ologie bekannt geworden sind. Da die ersten fünf der insgesamt 117 Bogen des Stirner-Manuskriptes nur in der Weydemeyer'schen Abschrift erhalten sind – was Zeichen ihrer besonders intensiven Überarbeitung ist[61] –, lassen sich keine genauen Aussagen über den ursprünglich gewählten Beginn für die Kritik des *Einzigen* und der Stirner'schen Replik auf seine Kritiker (*Recensenten Stirners*) treffen. So wäre die Information durchaus von Interesse, ob Marx und Engels die Stirner-Kritik von Beginn an auf die Länge hin konzipierten, die sie am Ende erhalten sollte. Diese schließlich erreichte Länge der Auseinandersetzung mit Stirner ist nicht nur als Gradmesser der Aufmerksamkeit, die Marx und Engels der Kritik des Stirner'schen Ansatzes zu widmen bereit waren, von Interesse, sondern auch aus Gründen, die auf den ersten Blick eher nebensächlich scheinen mögen. Ob beabsichtigt oder nicht, der sich bis Mitte April 1846 hinziehende Prozess der Niederschrift ist aufgrund des nahezu vollständigen Mangels anderer Hinweise für eine Datierung der verschiedenen, zum Komplex „Deutsche Ideologie" gehörigen Manuskripte das verlässlichste Instrument zu ihrer, immerhin relativen Chronologie.

Nicht zuletzt aufgrund der Länge von *III. Sankt Max* ist davon auszugehen, dass Marx und Engels mit der Niederschrift dieses Manuskripts über den gesamten Zeitraum von Ende November 1845 bis Mitte April 1846 – dem Zeitpunkt als Weydemeyer das Manuskript bei seiner Abreise aus Brüssel mit nach Westfalen nahm, was, bis auf wenige Ausnahmen, den verlässlichen Endpunkt der Abfassung und Überarbeitung darstellt – beschäftigt waren. Die mit der Entzifferung dieses Manuskripts und der Verzeichnung seiner Textvarianten gegebenen Möglichkeiten der Bestimmung einer zeitlichen Abfolge verschiedener Etappen der Ausdifferenzierung der materialistischen Geschichtsauffassung und der Ideologiekritik geben insofern nicht nur Aufschluss über die manuskriptinhärenten Entwicklungen, sondern unter Berücksichtigung der vergleichsweise häufigen Bezugnahmen auf andere, im Rahmen der Manuskripte zur „Deutschen Ideologie" kritisierten Autoren und Positionen auch über die zeitliche Abfolge dieser anderen Arbeiten. Insbesondere für die Bestimmung des Zeitpunkts der Entscheidung für ein eigenständiges Feuerbach-Kapitel bietet das Manu-

---

61 Vor dem Hintergrund der nahezu im gesamten Manuskript vorgenommenen intensiven Überarbeitung und der großen Probleme, die sich beim Satz von *Die heilige Familie* ergeben hatten, kann der Sachverhalt, dass Marx und Engels *III. Sankt Max* als Druckvorlage zum Satz einzureichen beabsichtigten, Anlass zur Verwunderung geben. Stellt man in Rechnung, dass sich trotz der 56 Seiten umfassenden Abschriften Weydemeyers noch unzählige Seiten in dem Manuskript finden, die einer Abschrift würdig wären, berücksichtigt man ferner den Sachverhalt, dass die Abschriften Weydemeyers in den überwiegenden Fällen Textabschnitte betreffen, denen entweder aus inhaltlichen oder aus expositorischen Gründe eine besondere Relevanz zukommt, und zieht man schließlich die briefliche Aussage Weydemeyers vom 30. April 1846 hinzu, dass „die ganz umgeschriebenen Theile bei weitem die bestgeschriebenen" seien (MEGA² III/1, S. 533), so ergibt sich der Schluss, dass die von Weydemeyer abgeschriebenen Textteile eine besonders intensive Überarbeitung erfahren haben müssen.

skript *III. Sankt Max* die verlässlichsten Anhaltspunkte, wie die folgende Analyse zeigen wird.

Da das Manuskript, in welchem Marx und Engels den Stirner'schen Ansatz zur Weiterentwicklung des aufklärerischen Diskurses kritisieren, in der bisherigen Rezeption im Vergleich mit dem, von den Herausgebern der ersten *MEGA* konstituierten „Feuerbach-Kapitel" eine eher randständige Existenz geführt hat, seien an dieser Stelle noch einige Fakten hervorgehoben, welche den besonderen Wert dokumentieren, den Marx und Engels der Auseinandersetzung mit Stirner im Zeitraum 1845 bis Anfang 1847 dokumentieren: Nicht nur stellt es von seinem Umfang her eine Ausnahmeerscheinung unter den einzelnen Schriften dar, die Marx und Engels bis zum Sommer 1846 für ihre Vierteljahrsschrift verfassten,[62] auch weist es, wie bereits anklang, eine Dichte der Überarbeitung auf, die in dieser Form nur von dem „Konvolut zu Feuerbach" (einer Zusammenstellung der ersten Fassung einer Replik auf Bauers *Charakteristik Ludwig Feuerbachs* mit zwei Ausgliederungen aus *III. Sankt Max*, die Marx vermittelst einer durchgängigen Paginierung zu einer Einheit konstituierte und die den mit Abstand größten Teil des sogenannten „Feuerbach-Kapitels" bildet) und vielleicht noch dem Marx'schen Entwurf zu einem Vorwort zum Komplex „Kritik der neuesten deutschen Philosophie" erreicht wird. Diese Dichte der Überarbeitung zeigt sich auch noch daran, dass an der Abfassung dieses Manuskripts nicht nur Engels, in dessen Handschrift nahezu sämtliche als Druckvorlagen gedachten Manuskripte abgefasst sind, und Marx beteiligt waren, sondern eben auch Weydemeyer.[63] Und auch wenn die Änderungen des letzteren nach allem Ermessen nur marginaler Natur waren, findet sich kein anderes Manuskript aus dem Komplex „Deutsche Ideologie", in welchem alle drei Personen gemeinsam handschriftliche Spuren hinterlassen haben. Wie aus dem Briefverkehr nach der Abreise Weydemeyers aus Brüssel Mitte April 1846 hervorgeht, stellt das Stirner-Manuskript – trotz seiner Länge – außerdem das-

---

62 Diese Besonderheit seines Umfangs lässt sich unabhängig vom gewählten Bezugsrahmen konstatieren. Gleich ob man sein Verhältnis zu den Manuskripten bestimmt, die im ersten Band der Vierteljahrsschrift erscheinen sollten, zu den von Marx und Engels insgesamt für den Komplex „Deutsche Ideologie" verfassten Manuskripten oder zu der Gesamtmenge der Manuskripte auch anderer Autoren, welche in den ersten beiden Bänden der Vierteljahrsschrift erscheinen sollten, stets sticht das Stirner-Manuskript mit seinen über 450 Seiten heraus.

63 In der Handschrift Weydemeyers, die von Eduard Bernstein, der die erste, auszugsweise Veröffentlichung von *III. Sankt Max* herausgab (unter wechselndem Titel in Bd. 3 und 4 der *Dokumente des Sozialismus*, Stuttgart 1903/1904), für die Handschrift von Heß gehalten wurde (ebenda, Bd. 3, S. 17/18), liegt sonst nur noch das von Heß verfasste Manuskript *„Der Dr. Georg Kuhlman aus Holstein" oder Die Prophetie des wahren Sozialismus. Die neue Welt oder das Reich des Geistes auf Erden. Verkündigung* (**H¹⁴**), MEGA² I/5, S. 590-601, das dem Komplex „Kritik des deutschen Sozialismus" zugehört, als Abschrift vor. Darüber hinaus findet sich die Handschrift Weydemeyers in keinem anderen der für die Vierteljahrsschrift bestimmten Manuskripte von Marx und Engels.

jenige Manuskript dar, das als erstes von Marx und Engels fertig gestellt wurde.[64] Stellt man schließlich noch in Rechnung, dass Marx eine Kürzung dieses Manuskriptes auch dann nur sehr zögerlich ins Auge fasste, als sich der Umfang der Manuskripte bei der Suche nach neuen Verlegern nach dem Scheitern des Projektes einer Vierteljahrsschrift im Sommer 1846 als großer Hemmschuh ihrer Veröffentlichung erweisen sollte, so erhellt bereits aus diesen Fakten die besondere Bedeutung, welche dieses Manuskript für Marx (und Engels) in der damaligen Zeit gehabt haben muss.

Bedauerlicherweise sind die Anhaltspunkte, welche eine genauere Bestimmung des konkreten Abfassungsprozesses dieses für die Ausdifferenzierung der materialistischen Geschichtsauffassung und die Konzipierung der Ideologiekritik zentralen Manuskriptes erlauben, nur sehr spärlich gesät. Geht es etwa um die Datierung des Beginns der Arbeit an *III. Sankt Max*, so ist anzunehmen, dass sich der Charakter der wahrscheinlich bereits Ende Oktober 1845 aufgenommenen Arbeiten an der ersten Fassung der Replik auf Bauers *Charakteristik Ludwig Feuerbachs* mit oder kurz nach dem Erhalt der Finanzierungszusage Ende November veränderte und Marx und Engels in der Folge auf die Abfassung eines druckfertigen Textes zugunsten eines Textes verzichteten, der stärker auf den Gewinn konzeptioneller Fortschritte abzielte. Mit dieser Deutung im Einklang ist, dass, wie bereits angeführt, das überlieferte Manuskript dieses frühesten Textes des Komplexes „Deutsche Ideologie" einen Bruch im Textfluss aufweist und in weiten Teilen eher den Charakter eines Entwurfs als den einer Druckvorlage hat. Ob die umfangreichen Ausarbeitungen in der, üblicherweise für die Überarbeitung eines Textes frei gelassenen, rechten Spalte der Manuskriptseiten bereits zu diesem frühen Zeitpunkt vorgenommen wurden, lässt sich nicht mit ausreichender Sicherheit klären; ihre inhaltliche Reife spricht jedoch eher für einen späteren Zeitpunkt, einen Zeitpunkt, zu welchem bedeutende theoretische Weichen-

---

64 Die anderen fertig gestellten Manuskripte des Komplexes „Kritik der neuesten deutschen Philosophie", *Das Leipziger Konzil* (**H⁹**) und *II. Sankt Bruno* (**H¹⁰**) (der Text *Schluss des Leipziger Konzils* wurde auf die letzten beiden Seiten des 117. Bogens des Stirner-Manuskriptes geschrieben), sind, obwohl vom Umfang her wesentlich kürzer (1 Bogen und 8½ Bogen), offensichtlich erst nach *III. Sankt Max* (**H¹¹**) niedergeschrieben worden. Nicht nur handelt es sich bei ihnen um tatsächliche Reinschriften, die im Vergleich zum Stirner-Manuskript nur sehr geringe Spuren einer Überarbeitung aufweisen, auch lässt sich die Angabe aus dem Brief von Marx an Weydemeyer vom 14.-um den 16. Mai 1846, in welchem Marx die baldige Ankunft der „Manuscripte für den ersten Band" (der Vierteljahrsschrift) ankündigt (MEGA² III/2, S. 9), nur auf die beiden genannten Manuskripte und eventuell noch Heß' *Dottore Graziano* beziehen, da *III. Sankt Max* sich bereits nachweislich in den Händen Weydemeyers befand und von *I. Feuerbach* nicht mehr als ein paar Entwürfe und Reinschriftenfragmente vorlagen. (Dass der unfertige Charakter einer Schrift Marx, wie das Beispiel der „Kritik der Politik und Nationalökonomie" zeigt, kaum davon abhielt, ihre baldige Versendung anzukündigen und dass sich die Briefstelle insofern auch auf das noch in Arbeit befindliche Feuerbach-Manuskript beziehen könnte, ist hier ohne Relevanz, da aufgrund des von Marx gebrauchten Plurals in jedem Fall weitere Manuskripte hätten versendet werden sollen – und dies konnten nach Allem, was bekannt ist, nur die beiden genannten Manuskripte sein.)

stellungen, wie sie von Marx und Engels in *III. Sankt Max* vorgenommen wurde, bereits erfolgt waren, und es ist somit sehr wahrscheinlich, dass in diesem Manuskript mehrere, sich über mehr als ein halbes Jahr erstreckende Arbeitsphasen ihren Niederschlag gefunden haben.

In Bezug auf die Frage nach dem Beginn der Abfassung von *III. Sankt Max* bedeutet dies, dass Marx und Engels spätestens Anfang Dezember den Plan zu einer Einbettung der Replik auf Bauer in den umfassenderen Kontext von *Das Leipziger Konzil* fassten und die Arbeit an der Stirner-Kritik, dem zentralen Bestandteil dieses Komplexes, aufnahmen. Es ist darüber hinaus anzunehmen, dass sie relativ bald in den Rhythmus nächtlicher gemeinsamer Arbeit verfielen, von welchem etwa der bereits angeführte Brief George Julian Harneys kündet,[65] und so über den Dezember und den Jahreswechsel zügig mit der Abfassung voran schritten.

Einen weiteren Anhaltspunkt für die Rekonstruktion des Prozesses, an dessen Ende gegen Mitte April 1846 das Manuskript *III. Sankt Max* seine schließlich Gestalt angenommen hatte, liefert die Ankunft Weydemeyers in Brüssel um den 15. Januar 1846. Wenn auch keine Dokumente überliefert sind, aus welchen die Motive Weydemeyers für diesen Schritt zweifelsfrei erhellen, lassen sich die Gründe doch mit einiger Wahrscheinlichkeit rekonstruieren. Wie aus dem Briefwechsel Weydemeyers mit dem verantwortlichen Redakteur der *TZ*, Walthr, hervorgeht, nahmen die bereits vor der Reise Weydemeyers nach Westfalen vorhandenen Differenzen bezüglich der im Blatt zu verfolgenden Tendenz nach der Rückkehr von Weydemeyer noch erheblich an Virulenz zu. Mitte Dezember 1845 hatten sie dann ein solches Ausmaß erreicht, dass der auf Mäßigung der Tendenz drängende Walthr sich berechtigt sah, von der vertraglich vereinbarten Möglichkeit einer vorzeitigen Auflösung der auf ein Jahr angesetzten Anstellung Gebrauch zu machen, und Weydemeyer am 22. Dezember kündigte.[66] Der Schwierigkeit, sich in Trier ohne neue Einkommensquellen zu halten,

---

[65] George Julian Harney an Engels, 30. März 1846, MEGA² III/1, S. 523: „When I informed my wife of your very philosophical system of writing in couples till 3 or 4 o'clock in the morning, ..."

[66] Zeitgenossen von Marx und Engels. Ausgewählte Briefe aus den Jahren 1844 bis 1852, a. a. O., S. 68/69. Wenn das Motiv, welches Walthr mit der Entlassung Weydemeyers verwirklichen wollte, die Entspannung des Verhältnisses mit der preußischen Zensur gewesen war, so kann dieses Vorhaben nur als gelungen gelten, wie aus dem Schreiben des Zensors der *TZ*, Rudolph, an den Oberpräsidenten Eichmann vom 12. Februar 1846 hervorgeht: „Daß es dem Redakteur Walthr mit der Annahme einer gemäßigten Tendenz und mit der Umstimmung des oppositionellen Tons der ‚Trier'schen Zeitung' wirklich ernst sei, schließe ich aus der kürzlich erfolgten Entlassung seines Hülfs-Redakteurs, des Artillerieleutnant a. D. Weydemeyer, die vor Ablauf der einjährigen Kontraktszeit und deshalb mit einem namhaften Geldopfer geschehen sein soll. Der Walthr konnte unmöglich länger den nachteiligen Einfluß des Weydemeyer verkennen, der in seiner kommunistischen oder doch ganz radikalsozialistischen Richtung allzusehr in die Extreme hinausging und wohl zumeist die Übelstände verschuldete, die während des zweiten Semesters 1845 mir die hiesige Lokalzensur-Verwaltung im höchsten Grade verleideten. Seit der Entfernung des Weydemeyer geht es wesentlich besser ...", zitiert nach: Karl Obermann: Joseph Weydemeyer. Ein Lebensbild 1818-1866, Berlin 1968, S. 56/57.

gesellte sich in der Folge eine weitere Schwierigkeit zu, hatte Weydemeyer sich doch seit längerem – der Bericht des Regierungspräsidenten von Trier an den preußischen Innenminister von Bodelschwingh spricht von „sechs oder sieben Wochen"[67] – in prominenter Form an den Versammlungen aufgrund der anstehenden Gemeinderatswahlen beteiligt. Am 12. Januar 1846 kam es dann zur gewaltsamen Auflösung einer Versammlung, an welcher Weydemeyer mitwirkte, und es drängt sich der Verdacht auf, dass Weydemeyers „besondere Beteiligung"[68] an dieser Veranstaltung der unter vormärzlichen Radikalen weitverbreiteten Praxis geschuldet war, sich einen – aus welchen Gründen auch immer – bereits beschlossenen Abschied durch einen Konflikt mit der Staatsgewalt zu „versüßen".[69]

In Weydemeyers Fall entsprach die Staatsgewalt seinem Ansinnen und erhob gegen ihn und drei Mitveranstalter Anklage, so dass er sich zwischen dem 13. und 15. Januar 1846 zwar ärmer an finanziellen Mitteln, aber reicher an radikaler Reputation aus Trier verabschieden konnte.[70] Brüssel eignete sich dann aus zweierlei Gründen als vorläufiger Aufenthaltsort: nicht nur hatte sich die Gruppe um Marx, Engels und Heß unter den radikalen Kräften bereits einen Namen gemacht und musste die – vermutlich unter tätiger Mitwirkung Weydemeyers zustande gekommene – Vierteljahrsschrift mit der Möglichkeit zensurfreier Publizistik eine große Anziehungskraft auf den geschassten Redakteur ausüben, auch würde der unter Anklage stehende Weydemeyer bei den beiden aus dem preußischen Untertanenverbande entlassenen Marx und Engels in guter Gesellschaft sein, hatte doch nicht zuletzt auch Marx sich nach Brüssel gewandt, um der preußischen Justiz zu entgehen. Schließlich lag die Entscheidung für Brüssel auch aufgrund der spätestens im Sommer 1845 geschlossenen Bekanntschaft Weydemeyers mit Jenny Marx, welche die Zeit der Marx-Engels'schen Reise nach England schwanger bei ihrer Mutter ebenfalls in Trier verbrachte, und der wahrscheinlichen Korrespondententätigkeit Edgar von Westphalens, des Bruders von Jenny, nahe.

Wenn das genaue Abreisedatum aus Trier auch nicht bekannt ist, so kann mit Sicherheit geschlossen werden, dass sich Weydemeyer am 18. Januar 1846 bereits in

---

67 Ebenda, S. 58/59.
68 Ebenda, S. 58.
69 Auch Engels hatte ein vergleichbares Vorgehen in seinem Brief an Marx vom 20. Januar 1845 angekündigt (MEGA² III/1, S. 262): „Ich hatte natürlich darauf gerechnet, nur solange im Schacher zu bleiben als mir paßte und dann irgend etwas Polizeiwidriges zu schreiben um mich mit guter Manier über die Gränze drücken zu können, ..."
70 Wenn die Identifizierung Weydemeyers mit einem der Offiziere, welche Engels bei seinen Zusammenkünften in Köln auf der Rückreise von Paris nach Elberfeld kennen lernte (Friedrich Engels: Continental Socialism, MEGA¹ I/4, Berlin 1932, S. 338), zutreffend ist, so könnte sich Weydemeyer in der Orchestrierung seines Abgangs aus Trier durchaus an Engels orientiert haben, hatte doch auch dieser sich eine gewisse radikale Reputation zugelegt, bevor er sich von Elberfeld nach Brüssel exilierte.

Brüssel befand, denn auf diesen Tag datiert eine von Marx verfasste und in der *TZ* am 26. Januar veröffentlichte Erklärung, in welcher Marx dem Gerücht einer Mitarbeit an dieser Zeitung entgegentritt und verlautbart, „daß ich *nie* **eine** Zeile für dieses Blatt geschrieben habe, dessen bürgerlich-philanthropische, keineswegs kommunistische Tendenzen mir durchaus fremd sind".[71] Es fällt schwer, in dieser Erklärung und in der in ihr zum Ausdruck gebrachten Geringschätzung keine Reaktion auf die Entlassung Weydemeyers zu sehen, auch wenn Marx selbst diese Erklärung durch eine Notiz im *Rheinischen Beobachter* motiviert sein lässt.[72] Wenn man so will, entzog Marx mit dieser Verlautbarung dem Blatt seine Unterstützung, das kurz zuvor noch als eines der radikalsten Organe der preußischen Presselandschaft angesehen werden konnte und dessen verbliebener Redakteur Walthr mit der fingierten Mitarbeit von Marx und anderen radikalen Korrespondenten wohl der Gefahr eines Verlustes des radikaleren Teils der Leserschaft nach Bekanntwerden des Ausscheidens Weydemeyers vorbeugen wollte. In der Euphorie des Jahreswechsels 1845/46 mit der Aussicht auf eine eigene Vierteljahrsschrift, in welcher weitgehend ohne Rücksichtnahme auf zensorische Kontrolle geschrieben werden konnte, war Marx wohl nicht der Einzige, der auf ein Organ wie die *TZ* verzichten zu können glaubte.

Für die Rekonstruktion der Abfassung von *III. Sankt Max* sind diese Ereignisse insofern von Bedeutung, als sie einen *terminus post quem* des Niederschlags der Weydemeyer'schen Spuren im Manuskript zu bestimmen erlauben. Wie sich in der näheren Analyse einzelner Textpassagen noch zeigen wird, wurde die Überarbeitung des Manuskriptes von den drei beteiligten Personen häufig gemeinsam ausgeführt, und es finden sich also nicht nur Fälle, in welchen der eine die Überarbeitungen des andern geprüft und zum Teil erneut überarbeitet hat. Die vorherrschende Form der Arbeitsteilung bei der Abfassung der Stirner-Kritik – besonders bei den umfangreichen und langen Textersetzungen oder -ergänzungen – sah Engels oder Weydemeyer die Niederschrift und Marx die Zuordnung des neuen und Tilgung des verworfenen Textes vornehmen. Führt man sich vor Augen, dass die handschriftlichen Einträge Weydemeyers sich so nicht nur auf die Abschriften von stark überarbeiteten Bogen beschränken, sondern dass Weydemeyer darüber hinaus an einzelnen, mittelbar oder unmittelbar von Marx verfassten Überarbeitungen des Textes beteiligt war, so lässt sich der chronologische Wert einer Datierung von Weydemeyers Aufenthalt in Brüssel bei der Rekonstruktion des Abfassungsprozesses von *III. Sankt Max* und der Entwicklung des Gedankenganges von Marx und Engels ermessen.

Von besonderer Relevanz ist die Mitarbeit Weydemeyers dann für die Problematik der Konstituierung eines eigenständigen Feuerbach-Kapitels. Wie die jüngere Edi-

---

71 Karl Marx: Erklärung [vom 18. Januar 1846], Marx-Engels-Werke, Bd. 2, Berlin 1957, S. 625.
72 Ebenda.

tionsarbeit zweifelsfrei zeigen konnte,[73] handelt es sich bei den Texten, die von den Editoren in den 20er/30er Jahren des vorigen Jahrhunderts zu einem Kapitel verdichtet wurden, überwiegend um Textteile, die im Kontext der Auseinandersetzung mit Bauer oder Stirner verfasst wurden und die von Marx (und Engels) dann aus diesem Kontext ausgegliedert und dem Feuerbach-Komplex zugeordnet wurden. Da es Weydemeyer oblag, einzelne Passagen des ersten der beiden Abschnitte, die von Marx und Engels aus *III. Sankt Max* ausgegliedert und dem Feuerbach-Komplex zugeordnet wurden – die für die Konzipierung ihrer Ideologiekritik zentrale Behandlung des Stirner'schen Konzepts der geistigen Hierarchie –, per Abschrift wieder ihrem ursprünglichen Kontext zuzuordnen, so lässt sich aus der Verbindung des Zeitpunkts von Weydemeyers Ankunft in Brüssel und seiner Rolle bei der Konstituierung eines Feuerbach-Kapitels folgern, dass die Entscheidung zu einer eigenständigen Kritik Feuerbachs nicht vor Mitte Januar 1846 getroffen worden sein kann.[74] Außerdem gestattet der Sachverhalt, dass Weydemeyer sich drei Monate von Mitte Januar bis Mitte April 1846 in Brüssel aufhielt, den Schluss, dass in dieser Zeit intensiv an der Kritik Stirners gearbeitet wurde, ja, aufgrund brieflicher Äußerungen Weydemeyers gegenüber seiner Verlobten Luise Lüning lässt sich sogar zeigen, dass der sich immer wieder verzögernde Zeitpunkt der Abreise Weydemeyers aus Brüssel zu einem nicht geringen Teil den Verzögerungen beim Abschluss des Manuskriptes *III. Sankt Max* geschuldet war.[75] Angesichts der großen Gefahren, die ein Transport dieses, inklusive der nicht überlieferten Seiten über 450 Seiten starken Manuskriptes von Brüssel zum Verleger nach Westfalen bedeutete, war ein verlässlicher Kurier wie Weydemeyer, der noch dazu nach Einstellung der gegen ihn angestrengten Klage auch aus anderem

---

73 Karl Marx/Friedrich Engels/Joseph Weydemeyer: Die deutsche Ideologie. Artikel, Druckvorlagen, Entwürfe, Reinschriftfragmente und Notizen zu I. Feuerbach und II. Sankt Bruno, Marx-Engels-Jahrbuch 2003, Berlin 2004. Siehe auch Inge Taubert: Manuskripte und Drucke der „Deutschen Ideologie" (November 1845 bis Juni 1846). Probleme und Ergebnisse, in: MEGA-Studien, 1997/2, S. 5-31.

74 Der Abfassungsprozess von *III. Sankt Max* legt vielmehr nahe, dass diese Entscheidung im Zeitraum Mitte Februar bis Mitte März 1846 getroffen wurde, als Marx und Engels eine Kritik der Stirner'schen Auffassung des Verhältnisses von Privateigentum, Staat und Recht niederschrieben. Diese Kritik nahm schnell einen solchen Umfang an, dass Marx und Engels sich entschieden, sie gemeinsam mit einer eigenständigen Kritik Feuerbachs den beiden polemischeren Kritiken Bauers und Stirners voranzustellen.

75 So entschuldigt sich Weydemeyer in seinem Brief an Luise Lüning vom 21. Februar 1846 dafür, dass die offensichtlich bereits zu einem früheren Zeitpunkt geplante Abreise aus Brüssel sich noch verzögere, Zeitgenossen von Marx und Engels. Ausgewählte Briefe aus den Jahren 1844 bis 1852, a. a. O., S. 75/76: „Unser Leben ist hier plötzlich durch einen unangenehmen Vorfall gestört, der zugleich leider meine Abreise noch weiter hinausgeschoben hat."). Des Weiteren zeigt der Brief, dass Marx das entscheidende Gewicht bei der Bestimmung der Dauer des weiteren Aufenthalts zukam, ebenda, S. 77: „Marx hat mir angekündigt, daß ich noch unbedingt 1½ Wochen hierbleiben müßte." Statt des aus dieser Angabe zu errechnenden Zeitpunkts Anfang März sollte Weydemeyer schließlich bis Mitte April 1846 in Brüssel bleiben, so dass er auf seiner Rückreise nach Westfalen die fertig gestellte Stirner-Kritik mitnehmen konnte.

Grunde zurück nach Westfalen zu seiner Verlobten zu reisen beabsichtigte und auf dieser Reise das Manuskript über die preußische Grenze würde schmuggeln können, ein Glücksfall, den sich die Herausgeber der Vierteljahrsschrift nicht entgehen lassen konnten.

Schließlich gehört zu der Charakterisierung der Bedeutung Weydemeyers für die Rekonstruktion des Abfassungsprozesses von *III. Sankt Max* noch die Feststellung, dass dieser ehemalige preußische Offizier die einzige Quelle darstellt, welche Aufschlüsse über die äußerst seltenen, zeitgenössischen Rezeptionserfahrungen der Marx-Engels'schen Stirner-Kritik erlaubt. Nicht nur äußert er sich selbst über das Manuskript – wie etwa mit der bereits angeführten Aussage, dass „die ganz umgeschriebenen Theile bei weitem die bestgeschriebenen" seien[76] –, auch berichtet er von dem Gefallen, welches seine Verlobte Luise Lüning an dem Manuskript gefunden hätte[77] und mit welchem einer der beiden Finanziers der Vierteljahrsschrift, Julius Meyer, den Abschnitt über Stirners Kapitel „Der politische Liberalismus" aufgenommen habe.[78] Wenn der Umfang dieses Rezipientenkreises auch in eklatantem Missverhältnis zu den hohen Erwartungen steht, welche insbesondere von Marx, aber auch von Engels in Bezug auf die Breitenwirkung vor allem der Stirner-Kritik gehegt wurden,[79] so kommt den Urteilen dieser drei Personen – Weydemeyer, Luise Lüning und Julius Meyer – als den einzigen Zeitgenossen, die das Manuskript (wenn auch nur teilweise) gelesen haben, dennoch eine kaum zu unterschätzende Bedeutung zu.[80]

---

76 Weydemeyer an Marx, 30. April 1846, MEGA² III/1, S. 533.
77 Ebenda.
78 Weydemeyer an Marx, 14. Mai 1846, MEGA² III/2, S. 193.
79 Diese Erwartungshaltung spiegelt sich nicht nur im Briefwechsel (vgl. die angeführten Briefe von Weydemeyer an Marx) und im Festhalten am dem umfangreichsten der Manuskripte zur „Deutschen Ideologie" zu einem Zeitpunkt als die von Engels angegebenen „50 Druckbogen" die Suche nach neuen Verlegern erheblich erschwerte, Engels an Marx, um den 18. Oktober 1846, MEGA² III/2, S. 51: „Die Versuche mit den Schweizer Buchhändlern werde ich machen. Ich glaube aber schwerlich daß ich unterkomme. Die Kerls haben alle kein Geld um 50 Bogen zu drucken. Ich bin der Ansicht, daß wir nichts gedruckt kriegen, wenn wir die Sachen nicht *trennen* und die Bände einzeln unterzubringen suchen, zuerst die philosophische Geschichte, die pressirt am meisten, und dann das Andre. 50 Bogen auf Einmal ist so gefährlich groß, daß viele Buchhändler es schon deßwegen nicht nehmen, weil sie es nicht können." Der Wert, den insbesondere Marx der Kritik Stirners beimaß, lässt sich außerdem an dem Versuch einer Überarbeitung von *III. Sankt Max* ablesen, der in den umfangreichen Randanstreichungen zum Ausdruck kommt, die im Band I/5 der MEGA² zum ersten Mal wiedergegeben werden.
80 Anzunehmen ist darüber hinaus, dass Heß und eventuell andere Brüsseler Exilanten Teile des Manuskriptes gelesen haben. Ansonsten ändert an der verschwindend geringen Zahl von Personen, welche tatsächlich Teile des Stirner-Manuskriptes gelesen haben, auch eine Vergrößerung des relevanten Zeitraums auf die gesamte Lebenszeit der beiden Autoren kaum etwas. Selbst wenn man die in einem Brief von Engels an Marx' Tochter Laura Lafargue vom 2. Juni 1883 genannten Nim (Helene Demuth, langjährige Haushälterin der Familie Marx) und Tussy (Eleanor Marx, jüngste Tocher) mitzählt („Among Mohr's papers I have found a whole lot of Ms, our common work, of before 1848. Some

Von Weydemeyer stammen darüber hinaus auch Hinweise, welche erahnen lassen, dass die Kritik Stirners, trotz der soeben angeführten, durchweg wohlwollenden Urteile, im Falle ihrer Veröffentlichung auf keine leichte Aufnahme beim Publikum hätte hoffen können, bestätigt er doch nicht nur die von Marx erwartete Behauptung, „daß es überflüssig sei, den ‚Stirner' zu kritisiren",[81] sondern berichtet auch von einer allgemeinen Abneigung gegen die sehr persönlich gehaltenen, polemischen Angriffe, die den Stil der damaligen Auseinandersetzung von Marx und Engels mit ihren ehemaligen Weggefährten prägten:

> Im Allgemeinen wird es sonst sehr bedauert, daß Ihr Euch wieder in eine solche Polemik eingelassen habt; es existirt hier wirklich selbst bei den tüchtigsten Kerls eine solche Sympathie für alles Volk, das mal irgend einen Namen erworben hat, wie z. B. die Bauers, Stirner, Ruge, daß es Einem ganz unwohl dabei zu Muthe wird. Sie möchten ihnen Allen die Hand über den Rücken halten, um sie gegen Prügel zu schützen, und wenn dieser Schutz sich zu unwirksam erzeigt hat, machen sie dem Exekutor ein gar ingrimmiges Gesicht. Vor einigen Tagen bin ich bei einer Landparthie deshalb noch mit Mehreren, unter Andern auch mit Rempel ziemlich heftig aneinander gerathen; es betraf besonders die drei oben angeführten Koryphäen. Dann soll aber vor Allem in den Angriffen Alles hübsch rein wissenschaftlich gehalten werden, ganz sine ira, wie ein Magister vom Katheder herab, bei Leibe keine Ironie und Satyre, denn einen Mann lächerlich machen, der ein Buch über 21 Bogen geschrieben, das ist ein Verbrechen, was nach dem Hochverrath zunächst bestraft zu werden verdient. Ich freue mich in der That recht herzlich auf den lauten Schrei des Unwillens, den Euere Kritiken in den deutschen Gauen hervorrufen wird. [...] Das Schlimme ist, daß der Kampf der Parteien bei uns bis jezt nur ein literarischer ist, es existiren noch keine Parteileidenschaften, wenigstens nur bei sehr Wenigen; mit solchen würde auch das gewaltige Zartgefühl bald schwinden. Der empfindlichste Punkt ist die Persönlichkeit, wird auch nur die Persönlichkeit eines Schriftstellers angegriffen, wie sie sich in seinen veröffentlichten Schriften zeigt, so ist das ein gewaltiges Unrecht; werden aber gar seine Privatverhältnisse hineingezogen, und geschähe es auch nur, weil sie zur Charakteristik einer öffentlichen Persönlichkeit wesentlich beitragen, so ist vollends der Teufel los. Selbst Meyer, der sonst nicht an diesen kleinlichen Rücksichten laborirt, der überhaupt von allen hiesigen Kommunisten, so weit ich sie kenne, bei Weitem der Tüchtigste ist, kann es Heine nicht vergessen, daß er Börne's Verhältniß zur Mad. Wohl so schonungslos aufgedeckt hat.[82]

---

of these I shall soon publish. There is one I shall read to you when you are here, you will crack your sides with laughing. When I read it to Nim and Tussy, Nim said: jetzt weiß ich auch, warum Sie Zwei damals in Brüssel des Nachts so gelacht haben, daß kein Mensch im Hause davor schlafen konnte.", Bert Andréas/Wolfgang Mönke: Neue Daten zur „Deutschen Ideologie", a. a. O., S. 118), und selbst wenn man davon ausgeht, dass Engels Laura Lafarque tatsächlich aus dem Manuskript, bei dem es sich nur um *III. Sankt Max* handeln kann, vorgelesen hat, so beträgt die Anzahl der Personen, welche die Stirner-Kritik zu Lebzeiten ihrer Autoren lasen, kaum mehr als ein Dutzend.
81 Weydemeyer an Marx, 30. April 1846, MEGA² III/1, S. 532.
82 Weydemeyer an Marx, 14. Mai 1846, MEGA² III/2, S. 193/194. Dass insbesondere Meyer und Rempel, welche für die Veröffentlichung der Manuskripte zur „Deutschen Ideologie" die finanziellen Garantien übernommen hatten, sich an der auch vor persönlichen Angriffen nicht zurückschreckenden Form der Kritik störten, musste bereits ein schlechtes Licht auf das weitere Schicksal des westfäli-

Vor dem Hintergrund der erwartbaren, weitverbreiteten Ablehnung, auf welche das von Marx und Engels *in extenso* praktizierte „Hineinziehen" der Privatverhältnisse der von ihnen kritisierten Autoren in der deutschen Öffentlichkeit stoßen würde, scheint Marx sich im Übrigen durchaus grundlegendere Gedanken über eine Verteidigung dieser Form der Kritik gemacht zu haben. So kann es wohl kaum ein Zufall sein, dass Marx, wie er in einem von Pawel W. Annenkow überbrachten Brief an Heine vom Anfang April 1846 ausführte, den Plan gefasst hatte, „eine ausführliche Kritik Ihres Buchs über Börne" zu schreiben, also über die Auseinandersetzung, die wie keine zweite als Paradigma für die beim deutschen Publikum so gering geachtete *ad-hominem*-Kritik stand und die in gewisser Hinsicht als Vorläufer von Marx eigener, die persönlichen Lebensverhältnisse der kritisierten Autoren berücksichtigenden Kritikform zu betrachten ist.[83] Und es muss wohl als weiteres Beispiel für die besondere Gabe von Marx angesehen werden, Überzeugungsleistungen im Medium mündlicher Diskussion zu erbringen, dass Weydemeyer auch angesichts dieser weitverbreiteten Ablehnung der Marx-Engels'schen Kritikform durch die ihm schon länger bekannten und eigentlich näher stehenden Westfalen und auch bei den zum Teil erheblichen Belastungen, welchen sein Verhältnis zu Marx ab dem Zeitpunkt ausgesetzt war, als das Scheitern der westfälischen Verlagsbemühungen offensichtlich wurde, der Position von Marx keineswegs die Gefolgschaft aufkündigte – ein Umstand, der umso höher einzuschätzen ist, als es nicht viele persönliche Verhältnisse im Umfeld von Marx gab, welche die „Sichtung der Philosophie vom Kommunismus" unbeschadet überstanden.

Mitte April 1846, als Weydemeyer aus Brüssel abreiste, war die Zahl derjenigen Personen, über deren Zugehörigkeit zur kommunistischen Bewegung im Kontext des inklusiven Verständnisses von „Kommunist", wie es insbesondere von Engels bis weit in das Frühjahr 1845 gepflegt worden war, keinerlei Zweifel obwaltet hätte, die aber im Prozess der „Sichtung" für nicht mehr im eigentlichen Sinne „kommunistisch", sondern höchstens noch „philosophisch" befunden wurden, keine geringe mehr. Von dieser Säuberung, welcher vor allem Marx die bis dahin weitgehend im Glauben an die Gemeinsamkeit ihrer Ziele streitende kommunistische, bzw. sozialis-

---

schen Publikationsvorhabens werfen. Vor dem Hintergrund solcher Aussagen ist die Legitimität von Deutungen kaum zu bestreiten, welche die Verantwortung für die Rücknahme der Finanzierungszusage durch Meyer und Rempel im Juni 1846 nicht nur bei den von ihnen geltend gemachten finanziellen Schwierigkeiten, sondern auch und vor allem bei der theoretischen Entfremdung zwischen Autoren und Verlegern verorten. Ein Problem, das sich mit der „Kritik des deutschen Sozialismus", die im zweiten Band der Vierteljahrsschrift unternommen werden sollte und deren kritisierte Autoren den westfälischen Unternehmern noch um Einiges näher standen, noch bedeutend verschärft haben muss.

83 Marx an Heine, Anfang April 1846, MEGA² III/1, S. 284. Sollte Marx dieses Vorhaben in die Tat umgesetzt haben, so konnte diese Schrift bisher nicht aufgefunden werden. Es wäre in der damaligen Zeit allerdings nicht das einzige Vorhaben, dessen Existenz eine nur intendierte blieb.

tische Bewegung unterzog und von welcher kaum eine ihrer bereits etablierten Größen unbehelligt blieb, blieb auch der Personenkreis der das Brüsseler Exil von Marx und Engels Teilenden, wie etwa Heß und Weitling, nicht verschont. Und selbst Engels, der wie kein Zweiter an der Konzipierung und Ausdifferenzierung der materialistischen Geschichtsauffassung beteiligt war, lief, wie die zeitgenössischen Briefe zeigen, eine Zeitlang Gefahr, von Marx „gesichtet" zu werden. Wenn im Folgenden auf einige dieser Differenzen und Brüche eingegangen werden soll, dann vor dem Hintergrund, dass in den Jahren 1845-47, als die für Marx und Engels spezifische Form eines kommunistischen und erfahrungswissenschaftlich fundierten, aufklärerischen Diskurses konzipiert wurde, persönliche Animosität und theoretische Differenz sich oftmals gegenseitig bedingten, dass in dieser Zeit also häufig die theoretischen infolge persönlicher Differenzen „entdeckt" wurden, oder dass das „Unvermögen", die Überlegenheit der von Marx und Engels entwickelten Positionen zu sehen, Anlass für das Zutagetreten persönlicher Abneigung abgab.

Ein besonderer Einfluss auf das Aufbrechen von Differenzen muss dabei den Umständen des im weiteren Sinne familiären Zusammenlebens beschieden werden. Wie bereits ausgeführt wurde, war die räumliche Nähe der Marx'schen Familie zu Engels und Heß und ihren beiden Frauen solcherart, dass die doch sehr divergierenden Vorstellungen bezüglich der richtigen Form, welche dem modernen Zusammenleben von Mann und Frau zugrunde liegen sollte, wiederholt Gelegenheit zu heftigen Auseinandersetzungen boten. Besonders zwischen Jenny Marx und Mary Burns scheint es zu intensiv geführten Streits gekommen zu sein, und es ist wohl nicht verfehlt, in diesem Konflikt auch einen Wiederhall der nationalen, kulturellen und sozialen Unterschiede zwischen der amtsadligen Advokatentochter, geb. von Westphalen, und der irisch-stämmigen, wahrhaftigen Proletarierin aus Manchester, dem zeitgenössischen „Hochofen" der Industrialisierung, zu sehen. Für die letztere muss die Erfahrung, allein unter exilierten Deutschen, deren Sprache sie genauso wenig wie die der ortsansässigen Bevölkerung beherrschte und die zwar alle das Interesse der Proletarier im Munde führten, deren Ansichten jedoch noch weit mehr von ihrer bürgerlichen Herkunft als von den Lebensbedingungen der erhofften Trägerschicht einer neuen revolutionären Erhebung geprägt waren, eine besondere Herausforderung dargestellt haben.

Dass es bei den Auseinandersetzungen aber stets um mehr als nur Differenzen über eine angemessene Haushaltsführung ging,[84] dass in diesen Auseinandersetzungen stets auch die bürgerliche Konvention der Ehe zum Gegenstand des Disputes er-

---

[84] Die jedoch offensichtlich auch Thema der Auseinandersetzungen war, Roland Daniels an Marx, 7. März 1846, MEGA² III/1, S. 513: „Der ami des proletaires par excellence [Engels, UP] kommt noch so weit – ich habe ähnliche gekannt – feine Wäsche, gute Kleider und dergl. auf die ‚Schlechtigkeit der heutigen Gesellschaft' zu schieben. ‚Wenn ihr nicht werdet wie jene Proletarier, so könnt ihr nicht eingehen ins Himmelreich.'"

hoben wurde, erschließt sich aus den Briefen, mit welchen Roland Daniels und Heinrich Bürgers auf die nicht überlieferten Briefe reagierten, in denen Marx im Februar/März 1846 seinem Ärger über die beiden Mitherausgeber der Vierteljahrsschrift Luft verschaffte. So wird dort etwa auf Engels'sche Aussagen Bezug genommen, denen zufolge die Marx'sche Einstellung zur Ehe ein bloßer Reflex seines Status' als konventionell verheirateter Ehemann sei, dass er jedoch ohne diese eingegangene Verpflichtung nicht anstünde, Engels gleich sein Glück auf der „Weide der ‚freien' Geschlechtsverbindung" zu suchen.[85]

Aus den angeführten Briefen wird allerdings nicht nur dieser, eher persönliche Charakter der Auseinandersetzungen zwischen den Brüsseler Exilanten ersichtlich, der für sich genommen zwar kaum der Erwähnung wert wäre, der jedoch in Betracht gezogen werden muss, wenn der beträchtlichen Schärfe, mit welcher auch und gerade die inhaltlichen Auseinandersetzungen im Brüssel des Frühjahrs 1846 geführt wurden, Rechnung getragen werden soll. Zu den Zwistigkeiten des familiären Zusammenlebens in der Rue de l'Alliance, die mit den seit Anfang des Jahres 1846 vermehrt auftretenden finanziellen Schwierigkeiten der sich zunehmend auch von den Erwerbsquellen exiliert Findenden sicher noch eine Steigerung erfuhren, gesellten sich im Laufe der Arbeit an *III. Sankt Max* eben durchaus ernstzunehmende inhaltliche Differenzen zwischen den drei vorgesehenen Herausgebern, die noch wenige Monate zuvor die wechselnde redaktionelle Leitung einer richtungsgebundenen Vierteljahrsschrift beschlossen hatten. So hat insbesondere Marx sich über die Zusammenarbeit mit Engels und Heß, sowie über die mitunter mangelnde Einsicht der beiden in den Wert komplexer, theoretischer Auseinandersetzungen oder in die Notwendigkeit einer minutiösen Entkräftung der Ergebnisse philosophischer Evidenzproduktion beschwert.

Heß, der von Marx Daniels gegenüber als „Schwamm" charakterisiert wurde – eine Bezeichnung, mit welcher Marx die ihm zufolge oft nur oberflächliche Übernahme der mit erheblichem Aufwand argumentierten Positionen durch Heß zu persiflieren trachtete und die von Daniels für überaus treffend erachtet wurde[86] –, suchte sich den dauernden argumentativen Angriffen mit dem Instrumentarium der materialistischen Geschichtsauffassung und Ideologiekritik und der Preisgabe seines, lange

---

[85] Heinrich Bürgers an Marx, Ende Februar 1846, MEGA² III/1, S. 506. Wenn das Thema hier auch nicht vertieft werden kann, so ist an dieser Stelle dennoch zu fragen, inwieweit die von Engels goutierte „freie Geschlechtsverbindung" nicht bloß die Idealisierung eines kaum die Kriterien emanzipativer Neugestaltung überkommener Verhältnisse erfüllenden Sachverhalts darstellt – ob also das von Engels als Vorbild einer modernen Mann-Frau-Beziehung entworfene Verhältnis nicht einfach nur eine ideologisierende Beschreibung eines Ausbeutungsverhältnisses zwischen einem Fabrikantensohn und einer Arbeitertochter charakterisiert. Zumindest gegenüber seinen radikalen bürgerlichen Standesgenossen muss das „Weiden" ihm so einigen Prestigegewinn beschert haben.
[86] Roland Daniels an Marx, 7. März 1846, MEGA² III/1, S. 513: „Ueber H[eß] schreibst Du wenig; Du nennst ihn sehr bezeichnend einen ‚Schwamm'. Der Ausdruck gefällt mir ungemein."

Zeit vor der Aufnahme eines intellektuellen Austauschs mit Marx und Engels erarbeiteten Standpunktes wohl dadurch zu entziehen, dass er die Notwendigkeit der mündlichen Propaganda, also des direkten Einwirkens auf den proletarischen Adressaten – die große Schwäche der „kommunistischen Bourgeois"[87] Marx und Engels – betonte.[88] Nicht zuletzt die am 22. Februar 1846 von polnischen Aufständischen in Krakau gebildete provisorische Nationalregierung galt ihm wohl als Zeichen dafür, dass die Zeit des Abfassens theoretischer Traktate vorerst vorüber sei und es nun um die Aufnahme des polnischen Impulses und die Herbeiführung vergleichbarer Erhebungen in Deutschland zu tun sei.[89]

Heß legte mit dieser Rückbesinnung auf die Ursprünge der kommunistischen Propaganda[90], die weit eher im Medium mündlich vorgetragener Reden und Diskus-

---

[87] Mit der Bezeichnung „kommunistische Bourgeoisie" bezog sich Weitling in einem Brief an Kriege vom 16. Mai 1846, der Marx in Form einer von Weydemeyer angefertigten Abschrift am 8. Januar 1847 erreichte, auf die mit Marx und Engels in Korrespondenz stehenden bürgerlichen Unterstützer der kommunistischen „Partei", insbesondere natürlich der publizistischen Projekte wie der Vierteljahrsschrift und der „Bibliothek der vorzüglichsten sozialistischen Schriftsteller des Auslandes", von deren Realisierung zum Zeitpunkt der Abfassung des Briefes von Weitling unter den Brüsseler Exilanten noch allgemein ausgegangen wurde. (MEGA² III/2, S. 871). In einer vergleichbaren Bedeutung benutzen auch Marx und Engels diesen Begriff in *III. Sankt Max*, beziehen sich mit ihm allerdings explizit auf einen französischen Kontext (MEGA² I/5, Ms-S. [38a] (S. 281)).
Im Sinne einer begrifflichen Abgrenzung der von Marx und Engels inaugurierten Strömung von den bereits etablierten Vertretern eines „Handwerkerkommunismus" (etwa Weitling) und eines „philosophischen Kommunismus" (etwa Heß) soll der Begriff der „kommunistischen Bourgeoisie" im Rahmen dieser Untersuchung weiter gefasst werden und so auch Marx, Engels und andere, nur über beschränkte Mittel verfügende Radikale bürgerlicher Herkunft und Bildung bezeichnen. Gemein ist allen drei Begriffen, dass sie ursprünglich zur Denunziation gegnerischer Strömungen konzipiert wurden, in der Folge jedoch große deskriptive Potenziale offenbaren. Für den Zusammenhang dieser Problematik mit der Konzipierung der sozio-ökonomischen Position des „Kleinbürgers" siehe unten, Kapitel 12, Abschnitt 4.
[88] Heinrich Bürgers an Marx, Ende Februar 1846, MEGA² III/1, S. 507: „Wie Stirner alle Prahlereien der Philosophen für baare Wahrheit nimmt, unbekümmert um ihre reale Lebenslage, so beurtheilt auch H[eß] die Menschen nach ihren Worten. Daher ist er denn auch wohl neuerdings wieder auf die theoretische Praxis verfallen, sich Hals über Kopf in die *mündliche* Propaganda zu stürzen, und wer nicht auf das neue Schiboleth schwört, der wird gesichtet."
[89] Diese Position von Heß findet sich referiert in Jenny Marx an Marx, 24. März 1846, MEGA² III/1, S. 518.
[90] Wenn man dem Bericht Weitlings in seinem Brief an Heß vom 31. März 1846 über die Sitzung des Brüsseler Kommunistischen Korrespondenzkomitees am 30. März Glauben schenken kann, so beinhaltete die von Marx (und Engels) in der Auseinandersetzung vertretene Position auch die explizite Aufforderung, die „Propaganda" unter den deutschen Arbeitern und Handwerkern bis zum vorläufigen Sieg der Bourgeoisie in Deutschland vollständig einzustellen: „...keine mündliche Propaganda, keine Konstituierung von geheimer Propaganda, überhaupt das Wort Propaganda auch in Zukunft nicht mehr [zu] gebrauchen." (Der Bund der Kommunisten. Dokumente und Materialien, Bd. 1 (1836-1849), Berlin 1970, S. 307.) Laut den Ausführungen Weitlings gewahrte Marx in einem Aufstacheln

sionen unter exilierten Handwerkern (und zunehmend auch Arbeitern) betrieben wurde, als in den verschriftlichten, komplexen Traktaten eines aufklärerischen Diskurses, mit welchen Angehörige des Bürgertums wie Marx und Engels ihre Standesgenossen zu beeinflussen trachteten, den Finger in die Wunde der Protagonisten eines neuen, kommunistisch-aufklärerischen Diskurses, wie er von Marx (und Engels) in dieser Zeit des Brüsseler Exils konzipiert wurde. Mit dieser Aufforderung, die eigenen Ansätze zur Produktion argumentativer Evidenz erneut in den Kontext einer Überzeugung nichtbürgerlicher Schichten einzubetten, deckte er einen der Widersprüche der Marx-Engels'schen Konzipierung eines erfahrungswissenschaftlich fundierten aufklärerischen Diskurses auf, eines Diskurses, der, bei aller Betonung einer geschichtlich zu erschließenden Rolle des Proletariats, Evidenz auf eine Art und Weise produzierte, die nahezu ausschließlich auf die exklusiven argumentativen Gewohnheiten eines gebildeten Bürgertums zugeschnitten war. Wenn es hingegen darum ging, den eigentlichen Träger einer, auch von Marx und Engels erhofften revolutionären Erhebung zu überzeugen, so verfügte nicht nur Heß, sondern mehr noch Weitling, Kriege oder der im Rahmen der „wahren Sozialisten" kritisierte Kuhlmann über weit mehr Erfahrung, als die beiden Autoren der Kritiken Bauers, Stirners und Feuerbachs. Dieser Unterschied kristallisierte sich vor allem im Umgang mit der Frage, inwieweit es gestattet sein konnte, beim Erbringen von Überzeugungsleistungen Anleihen bei der religiös-theologischen Form der Evidenzproduktion vorzunehmen – Anleihen, die für diejenigen, die im geistigen Klima des philosophisch-aufklärerischen Diskurses der junghegelianischen Aufklärung sozialisiert worden waren, vollkommen indiskutabel waren, von deren Wert für die Bestimmung des Bewusstseins der Proletarier sich die „wahren Sozialisten" jedoch ein ums andere Mal hatten überzeugen können.

Im Unterschied zu Marx vertrat Heß die Überzeugung, dass die Vielfalt der – im Rahmen eines weitgefassten Verständnisses – kommunistischen Bewegung vor dem Hintergrund der bei aller Verschiedenheit gegebenen Einigkeit bezüglich des zu verwirklichenden Zieles zu tolerieren sei,[91] und war mit dieser Überzeugung, wie etwa die Korrespondenz des Brüsseler mit dem Londoner Kommunistischen Korrespondenzkomitee zeigt, durchaus nicht allein.[92] Es ist bezeichnend für die Situation der vor allem von Marx betriebenen Engführung von kommunistischer Bewegung und aufklärerischem Diskurs zu Beginn des Jahres 1846, dass dieser Konflikt zwischen den bereits etablierten Agitatoren einer unter den Bedingungen der Verborgenheit

---

der deutschen Proletarier in der zeitgenössischen gesellschaftlichen Situation ausschließlich Nachteile für die kommunistische Bewegung.
91 Siehe etwa Heß an Marx, 29. Mai 1846, MEGA² III/2, S. 211. Vgl. auch Heinrich Bürgers an Marx, Ende Februar 1846, MEGA² III/1, S. 507, und Weydemeyer an Engels und Philippe-Charles Gigot, 13. Mai 1846, MEGA² III/2, S. 189.
92 Das Kommunistische Korrespondenzkomitee in London an das Kommunistische Korrespondenzkomitee in Brüssel, 17. Juli 1846, MEGA² III/2, S. 252-254.

operierenden Bewegung (die, wie der „Bund der Gerechten", verstärkt auf orale Kommunikationswege setzen mussten) und den neuen, in den publizistischen Auseinandersetzungen einer bürgerlichen Öffentlichkeit geschulten Personen aufgrund der größeren Übung im Umgang mit der Produktion und Entwertung argumentativer Evidenz, wie sie den letzteren eignete, von den ersteren in die Frage nach der intrinsischen Berechtigung vielfältiger Ansätze zur Verwirklichung der kommunistischen Gesellschaft gekleidet wurde. Das Betonen einer solchen, intrinsischen Berechtigung kam nicht nur einem Rückzugsgefecht im Kampf um die argumentative Hoheit in der kommunistischen Bewegung gleich, es bedeutete in gleichem Maße das Eingeständnis argumentativer Unterlegenheit und wurde von Marx auch dementsprechend gedeutet. Wie sich in der folgenden Analyse von *III. Sankt Max* zeigen wird, war das Feld, in welchem Marx die grundlegenden argumentativen Züge zur Desavouierung seiner „innerparteilichen" Gegner erprobte, Stirners Versuch einer argumentativen Ermächtigung des konkreten Individuums, und es ist nicht zuletzt dieser Sachverhalt, die Überlegenheit dieser neuen Form der Evidenzproduktion an Stirner vorexerziert zu haben, welcher der Dauerhaftigkeit der Marx'schen Versuche einer Veröffentlichung dieser Kritik zugrunde liegt.

Während die Differenzen zwischen Marx und Heß, wie ausgeführt, vor allem der unterschiedlichen Positionierung bezüglich der Frage geschuldet waren, ob der kommunistischen Bewegung eher durch die Tolerierung abweichender Ansätze oder durch ihre argumentative Entfernung gedient sei – und dieser Unterschied sich schließlich als so fundamental und unüberwindbar erweisen sollte, dass es zwischen dem 22. und 29. März 1846 zum veritablen Bruch und zur sehr physischen Entfernung von Heß aus Brüssel mit seiner Umsiedlung nach Verviers kam –, lag der Fall bei Engels anders. Wenn Marx sich auch bei Daniels und Bürgers in Köln und bei Jenny Marx in Trier über Engels' nur geringes Verständnis für den von Marx betriebenen Aufwand bei der Kritik der Ergebnisse der „philosophischen" Ansätze Bauers, Stirners und Feuerbachs beschwert zu haben scheint,[93] so scheint diese Verstimmung sich kaum außerhalb des vertraulichen Rahmens dieser brieflichen Kommunikation

---

[93] Heinrich Bürgers an Marx, Ende Februar 1846, MEGA² III/1, S. 507: „Dein Urtheil über E[ngels]'s geistigen Zustand hat mich weniger in Erstaunen gesetzt, als sein sonstiges Treiben. Seine Abneigung gegen Philosophie und Spekulation ist viel weniger aus einer Einsicht in ihr Wesen hervorgegangen, als aus der Unbequemlichkeit, die sie seinem wenig ausdauernden Geiste verursachen mußte. Als der Augenblick gekommen war, die Last vom Halse zu werfen, mag er sich vorgenommen haben, sich künftig durch den Exorcismus der Verachtung dagegen zu schützen. An ihre Stelle hat er nun einige, mehr oder weniger unkritisch aufgenommene Kathegorien gesetzt, und diese genügten auch bisher vollständig, weil die Aufgabe, die er sich gestellt, eine vorherrschend descriptive war. Jetzt möchte der Augenblick gekommen sein, wo er mit seinem leichten Darstellungstalente ebensowenig weiter kann, als Heß mit seinen scheinbar tiefsinnigen Meditationen. Da mußt Du denn aushelfen und neuen Stoff für die *Anwendung* liefern." Vgl. auch Roland Daniels an Marx, 7. März 1846, ebenda, S. 514: „E[ngels] ist dagegen, wenn nicht Philosoph, doch wohl auch nicht zu gebrauchen, um die Philosophie zu kritisiren."

niedergeschlagen zu haben. Zwar lässt ein Brief, den Wolfgang Müller von Königswinter am 28. März 1846 an Julius Meyer schrieb, vermuten, dass zu einem Zeitpunkt nicht nur die Übersiedlung von Heß nach Verviers, sondern auch die von Engels nach Maastricht und von Marx nach Lüttich geplant war[94] – was in Verbindung mit der drastischen Formulierung, mit welcher Jenny Marx sich auf die Marx'sche Schilderung der Auseinandersetzungen zu Beginn der zweiten März-Hälfte bezieht („Bei Euch ist ja Mord und Todtschlag ausgebrochen!"[95]), einen Eindruck von der Heftigkeit der damals zwischen den drei vorgesehenen Herausgebern der Vierteljahrsschrift geführten Auseinandersetzung vermittelt –, über den Status der Planung hinaus scheint dieses Vorhaben im Falle von Marx und Engels jedoch nicht betrieben worden zu sein.[96]

In den Berichten über die denkwürdige Sitzung des Brüsseler Kommunistischen Korrespondenzkomitees vom 30. März 1846, auf welcher es zum Bruch zwischen Marx und Weitling kam, ist von einer Verstimmung zwischen Marx und Engels nicht nur nichts zu bemerken, vielmehr streiten die beiden in engster Eintracht gegen den Anspruch Weitlings, die westfälischen Gelder zum Drucke auch seiner Schriften zu verwenden.[97] Wenn es bei Heß so gewesen zu sein scheint, dass die inhaltlichen Differenzen die familiären Zwistigkeiten überlagert haben, so scheinen bei Engels die Zwistigkeiten des familiären Zusammenlebens etwaige inhaltliche Differenzen überlagert zu haben. Zumindest waren die letzteren, nach allem was sich den Quellen entnehmen lässt, nur vorübergehender Natur und scheint der Engels'sche Übertritt zur materialistischen Geschichtsauffassung ein vollständiger und sein Beitrag zum ge-

---

94 Dies geht hervor aus Wolfgang Müller von Königswinter an Julius Meyer, 28. März 1846, Zeitgenossen von Marx und Engels. Ausgewählte Briefe aus den Jahren 1844 bis 1852, hrsg. u. annotiert v. Kurt Koszyk u. Karl Obermann, Quellen und Untersuchungen zur Geschichte der deutschen und österreichischen Arbeiterbewegung, N. F., Bd. 6, Assen, Amsterdam 1975, S. 78/79: „Wie ist es doch, daß die Brüsseler so wenige Lebenszeichen in die Welt senden? Man hört immer läuten, aber der Festmorgen will noch immer nicht anbrechen? Vor einigen Tagen besuchte mich ein Reisender, der sie in Brüssel besucht hatte. Ich hörte zu meiner großen Verwunderung, Marx gehe nach Lüttich, Engels nach Maastricht und Heß nach Verviers. Zu welchem Zwecke mag das nur geschehen? Mich dünkt, ein gemeinsamer Fokus gäbe mehr Licht und Anregung!"
95 Jenny Marx an Marx, 24. März 1846, MEGA² III/1, S. 517.
96 Ende April/Anfang Mai 1846 ist eine gemeinsame Reise von Marx und seiner Familie nach Lüttich zu belegen. Zu diesem Zeitpunkt scheinen jedoch eher gesundheitliche Gründe im Vordergrund gestanden zu haben (Marx erhoffte sich wohl eine Besserung des Gesundheitszustandes seiner Frau, Roland Daniels an Marx, 7. März 1846, MEGA² III/1, S. 514: „Wenn Du die Bibliothek in Brüssel nicht mehr nöthig hast, so ziehe doch nach Lüttich. Die Umgegend ist ein Paradies und wird auf den Gesundheitszustand Deiner Frau den wohlthätigsten Einfluß haben.") Siehe auch Marx an Weydemeyer, 14.-um den 16. Mai 1846, MEGA² III/2, S. 9: „Ich wollte Dir nach Verabredung schon von Lüttich aus schreiben."
97 Wilhelm Weitling an Heß, 31. März 1846, Der Bund der Kommunisten. Dokumente und Materialien, Bd. 1 (1836–1849), Berlin 1970, S. 307/308. Vgl. auch Engels an August Bebel, 25. Oktober 1888, Marx-Engels-Werke, Bd. 37, Berlin 1967, S. 118.

meinsamen Ansatz der Fortführung und Weiterentwicklung des aufklärerischen Diskurses ein durchgängiger und dauerhafter gewesen zu sein.[98] Ausschlaggebend für das Fehlen von Belegen, welche auf eine tiefgehendere Meinungsverschiedenheit als die bereits geschilderte Differenz bezüglich der Notwendigkeit einer minutiösen Widerlegung konkurrierender, „philosophischer" Ansätze schließen ließen, ist wohl nicht zuletzt die Intimität der gemeinsamen Abfassung der Manuskripte des Komplexes „Kritik der neuesten deutschen Philosophie", in deren Verlauf Marx und Engels quasi gezwungen waren, ihre Positionen engstens auf einander abzustimmen. So ist zu vermuten, dass die auftretenden Differenzen im vertraulichen Rahmen der gemeinsamen Textkonzipierung ausdiskutiert wurden und dass ihr Umfeld von diesen Differenzen nicht mehr erfuhr, als den Briefen von Daniels, Bürgers und Jenny Marx zu entnehmen ist.

Wenn auch hervorgehoben werden muss, dass die angeführten Differenzen zwischen den vorgesehenen Herausgebern der Vierteljahrsschrift keine dauerhaften Konsequenzen zeitigten – auch Marx und Heß pflegten nach der Übersiedlung des letzteren einen durchaus als eng zu bezeichnenden Kontakt (und selbst der Bruch mit Weitling, der wohl der tiefgehendste und dauerhafteste der verschiedenen Verwerfungen des Versuchs einer organisatorischen Straffung der kommunistischen Bewegung war, erstreckte sich, wie Heß gegenüber Marx formulierte, „nicht bis zum hermetischen Verschluß Deines Geldbeutels"[99]) –, so bezeugen sie nichtsdestotrotz die Aufgeladenheit der Atmosphäre zur Zeit der „Sichtung der Philosophie vom Kommunismus".

Die besondere Dynamik dieses Prozesses ist, um es noch einmal zu betonen, kaum zu erschließen, wenn sie unabhängig von dem Prozess der Abfassung der Stirner-Kritik betrachtet wird. Wenn, wie bereits ausgeführt, der Plan einer Kritik sowohl der Ansätze ihrer ehemaligen, junghegelianischen Weggefährten, als auch einiger vermeintlicher Weggefährten neueren Datums bereits zu Beginn der Arbeit an den Manuskripten der Vierteljahrsschrift im November 1845 stand, so ist die besondere Härte, mit welcher Marx und Engels im Februar/März 1846 gegen die, wenn man so will, arrivierten Größen der Bewegung vorgingen, nur vor dem Hintergrund zu verstehen, dass sie bezüglich ihrer eigenen Position im Zuge der sich über ein halbes Jahr erstreckenden Arbeit an *III. Sankt Max* einen Grad an Gewissheit erreicht hatten,

---

[98] Versuche, aus dem Sachverhalt eines Nebeneinanders von Engels'schen und Marx'schen handschriftlichen Überarbeitungen auf ernstzunehmende inhaltliche Differenzen zu schließen (so zuletzt Terrell Carver: *The German Ideology* Never Took Place, in: History of Political Thought, Vol. XXXI, Issue 1, Spring 2010, S. 107-127, hier S. 123-126), sind aus diesem Grunde und aus der bereits geschilderten Problematik, vom Autor einer Handschrift auf den Urheber des transportierten Gedankens zu schließen, als verfehlt anzusehen.
[99] Heß an Marx, 6. Mai 1846, MEGA² III/2, S. 186.

der ihre Bereitschaft zu Konzessionsentscheidungen denkbar gering werden ließ.[100] Ja, in gewisser Weise lässt sich gerade an der Kompromisslosigkeit und Härte der „Sichtung der Philosophie vom Kommunismus" die Größe des Erfolges ermessen, den sich die beiden Autoren von der baldigen Veröffentlichung der Weydemeyer Mitte April 1846 übergebenen Arbeit versprachen. Aus dieser Perspektive betrachtet gingen Marx und Engels mit ihrer faktischen Aufkündigung der Heß'schen Mitherausgeberschaft an der Vierteljahrsschrift und dem Bruch mit Weitling (dem bald darauf der öffentliche Bannspruch Krieges folgen sollte[101]) nur in Vorleistung. Der von ihnen ausgestellte „Wechsel" auf die Legitimität ihrer „Sichtung" würde sich, wenn die Stirner-Kritik erst einmal der Öffentlichkeit zugänglich sein würde, schon als gedeckt herausstellen.

Die Bedingungen dieses parallel zur Abfassung von *III. Sankt Max* betriebenen Prozesses, der den anderen Größen der Bewegung nur die Entscheidung überließ, die materialistische Geschichtsauffassung und die zugehörige Ideologiekritik mit all ihren Konsequenzen entweder als Basis des kommunistischen Handelns anzuerkennen oder gegen Marx und Engels um den Preis der eigenen Ächtung den Beweis ihrer Verfehltheit zu führen – also entweder zu Anhängern oder zu Gegnern des Brüsseler und der angeschlossenen Kommunistischen Korrespondenzkomitees zu werden –, gilt es stets im Auge zu behalten, wenn im Folgenden der für Marx und Engels spezifische Beitrag zur Weiterentwicklung des aufklärerischen Diskurses dargestellt wird. Die Engführung von kommunistischer Bewegung und aufklärerischem Diskurs, von kompromisslos revolutionärer Arbeiterschaft und überlegen argumentierendem Bürgertum oder von zu unverfälschter Erfahrung fähigem Adressaten und zur Fassung eines tatsächlich allgemeinen Interesses fähigem Produzenten von Evidenz, diese Engführung, die eine Masse ohne diskursiv abgesicherte Führung und eine diskursiv abgesicherte Führung ohne Masse zusammenzuführen trachtete, bedurfte für ihr Gelingen sowohl der Ausschaltung störender Einflüsse – wie sie in der „Sichtung der Philosophie vom Kommunismus" betrieben wurde –, als auch der Begründung einer neuen diskursiven Hierarchie – wie sie im Rahmen der „Kritik der neuesten deutschen Philosophie" unternommen wurde.

---

100 Einen Eindruck von der Interdependenz von Stirner-Kritik und „Sichtung der Philosophie vom Kommunismus" vermittelt etwa die Inbeziehungsetzung von Stirner und Heß, wie sie von Heinrich Bürgers in seiner Antwort auf einen nichtüberlieferten Brief an Marx vom Ende Februar 1846 vorgenommen wird, MEGA² III/1, S. 507: „Wie Stirner alle Prahlereien der Philosophen für baare Wahrheit nimmt, unbekümmert um ihre reale Lebenslage, so beurtheilt auch H[eß] die Menschen nach ihren Worten."
101 Das „Zirkular gegen Kriege", das dem in den Bann Geschlagenen zur Veröffentlichung in dem von ihm in New York redigierten *Volkstribun* zugesandt wurde, datiert auf den 11. Mai 1846 (Karl Marx/Friedrich Engels: Beschlüsse über das New-Yorker deutsche Blatt Der Volkstribun, redigiert von Hermann Kriege, nebst deren Begründung, MEGA¹ I/6, Berlin 1932, S. 5).

10 Die Kritik von Stirners individualistisch-aufklärerischem Diskurs in den Manuskripten zur „Deutschen Ideologie"

Die Auseinandersetzung, die Marx und Engels in den Manuskripten zur „Deutschen Ideologie" mit Max Stirner geführt haben, zählt zweifellos zu den von der Rezeption stark vernachlässigten. Neben dem Schweigen, mit welchem die beiden Autoren diese „intensivste Einzelauseinandersetzung, die Marx und Engels je mit einem Denker geführt haben" (Sloterdijk) in der Folge bedacht haben, haben zu dieser Situation mit Sicherheit die im Manuskript *III. Sankt Max* mit großer Ausdauer zur Schau getragene Geringschätzung des Autors des *Einzigen*, aber auch der Sachverhalt beigetragen, dass die Kritik Stirners zu den voraussetzungsreicheren Texten des Marx-Engels'schen Œuvres gehört. In gewisser Weise kann darüber hinaus von einer Interdependenz dieser beiden Charakteristika der Stirner-Kritik ausgegangen werden, hat der Grad der Polemik die Mühen einer Einarbeitung in die zeitgenössische Debatte um die Weiterentwicklung des aufklärerischen Diskurses vergeblich erscheinen lassen und hat die mangelnde Kenntnis des zeitgeschichtlichen Kontextes die Nachvollziehbarkeit der Polemik erschwert. Aufgrund dieser Sachverhalte wurde die Bedeutung in der Vergangenheit nur selten gesehen, welche der Kritik desjenigen in der Genese der materialistischen Geschichtsauffassung zukommt, der als erster einen aufklärerischen Diskurs außerhalb des philosophischen Referenzrahmens konstituierte.

Eine erste Korrektur dieser Schieflage lässt sich mit der in diesem Kapitel vorgenommenen Darstellung der Vielfalt der argumentativen Strategien bewerkstelligen, welche Marx und Engels zur Widerlegung des Stirner'schen Ansatzes zur Weiterentwicklung des aufklärerischen Diskurses zur Anwendung gebracht haben. Schon dieser Überblick offenbart, dass Marx und Engels Stirner ernster genommen haben, als es den Anschein erweckt. Beleuchtet der erste Abschnitt grundlegende Züge der Kritik an Stirner, so veranschaulichen die anderen beiden die doppelte Ausrichtung der Auseinandersetzung mit Stirner. Nicht nur unternehmen Marx und Engels den Versuch, den Autor des *Einzigen* mit einer Strategie der „Ridikulisierung" zu desavouieren (Abschnitt 2), auch betreiben die beiden Autoren der Manuskripte zur „Deutschen Ideologie" eine unmittelbare Deplausibilisierung der von Stirner für die Generierung von Überzeugungsleistungen in Anspruch genommenen, argumentativen Evidenz alltagssprachlicher Vertrautheit (Abschnitt 3).

10.1 Grundzüge der Kritik Stirners

Mit der Skizzierung des ereignisgeschichtlichen Kontextes, innerhalb dessen die grundlegenden Weichenstellungen für die Formulierung des Marx-Engels'schen Beitrages zur Fortführung und Weiterentwicklung des aufklärerischen Diskurses zwischen Ende Oktober 1845 und Mitte April 1846 erfolgten, und der Konstatierung der Interdependenz zwischen der „Sichtung der Philosophie vom Kommunismus" und der Konzipierung eines nicht-philosophischen aufklärerischen Diskurses lässt sich das Ausmaß ermessen, in welchem die Arbeit an den Manuskripten der Vierteljahrsschrift – also an den beiden Komplexen „Kritik der neuesten deutschen Philosophie" und „Kritik des wahren Sozialismus" – unter dem Einfluss der zeitgenössischen Entwicklungen der emanzipativen Bewegungen des Vormärz stand. Die Manuskripte, welche die Nachwelt unter dem Titel *Die deutsche Ideologie* kennen gelernt hat, sind, so zeigte sich, mitnichten als Ergebnis der Befriedigung eines reinen Erkenntnisinteresses zu betrachten, wie es gemeinhin Denkern vom Schlage eines „Lehnstuhlphilosophen" unterstellt wird. Die Marx-Engels'schen Manuskripte der Vierteljahrsschrift – und allen voran die Stirner-Kritik in *III. Sankt Max* – sind Texte, die ausgehend von einer bestimmten Erwartung und für ein bestimmtes Publikum abgefasst wurden. Sie wurden nicht daraufhin konzipiert, endgültige Lösungen für die zeitlosen Probleme einer *conditio humana* zu finden, sondern sollten in der Zeit und für die Zeit wirken. Sie waren, dies wurde im vergangenen Abschnitt ausgeführt, *nicht* für eine zweibändige Monographie, sondern für das Publikum einer Vierteljahrsschrift bestimmt, und sollten durch ihre Bündelung mit den Texten anderer Autoren zu Bänden über 20 Bogen den zensorischen Zugriff auf die Propagierung der radikalen Konsequenzen des Marx-Engels'schen Beitrags zur Weiterentwicklung des aufklärerischen Diskurses erschweren.

Es darf bezweifelt werden, ob die Entscheidung, die Ausarbeitung dieses Beitrags in der Form minutiöser Kritiken der Beiträge anderer Protagonisten der deutschen Spätaufklärung vorzunehmen, eine von Marx (und Engels) bewusst getroffene war.[1]

---

1 Mit der Konzentrierung auf Marx bei der Frage nach den Gründen für die spezifische Form, in welche Marx und Engels ihren Beitrag zur Weiterentwicklung des aufklärerischen Diskurses kleideten, soll der Einfluss von Engels keineswegs negiert werden. Es stellt jedoch eines der Ergebnisse dieser Untersuchung dar, dass die Aussagen über die Unabhängigkeit des beiderseitigen Übertritts zur materialistischen Geschichtsauffassung, wie sie im Nachhinein von Marx und Engels formuliert wurden, einer Korrektur bedürfen. Ohne Engels zum tumben Nachbeter Marx'scher Eingebungen degradieren zu wollen, muss dennoch betont werden, dass in den Fällen, wo sich Differenzen zwischen den beiden intellektuellen Entwicklungsgängen feststellen lassen, die Quellen stets Marx als denjenigen offenbaren, der sich durchzusetzen wusste – so bei den Meinungsverschiedenheiten über die Kompatibilität von Kommunismus und Stirners Egoismus Ende 1844, bei der Marx'schen Neubestimmung des Abhängigkeitsverhältnisses von bürgerlicher Gesellschaft und Staat im Frühjahr 1845 oder bei der Frage nach der Bedeutung tiefgreifender Widerlegungen philosophischer Ansätze Anfang 1846. Außerdem muss selbstverständlich festgehalten werden, dass der Prozess der Ausdifferenzierung der

Wenn man das Augenmerk auf die Marx'schen Arbeiten aus der Zeit vor dem Brüsseler Exil richtet, scheint es vielmehr so, als sei die Kritik anderer Ansätze und Positionen schlicht die von ihm bei Texten, die zur Publikation vorgesehen waren, bevorzugte Form. Vor diesem Hintergrund bedeutet die Kritik der Beiträge Bauers, Stirners und später auch Feuerbachs nicht mehr als ein weiteres Glied in den unterschiedlichen Kritiken, die Marx mit seinen Arbeiten für die *Deutsch-französischen Jahrbücher (DfrJb)* begonnen hatte und die er auch auf anderem Gebiete – es sei nur an die offiziell während der gesamten Zeit der Abfassung der Manuskripte zur „Deutschen Ideologie" in Arbeit befindliche „Kritik der Politik und Nationalökonomie" erinnert – zu unternehmen beabsichtigte.

Wenn insofern der Entscheidung, den sich bietenden Platz in der eigenen Vierteljahrsschrift vor allem für die Kritik seiner ehemaligen junghegelianischen Weggefährten zu nutzen, eine gewisse Folgerichtigkeit eignet, so scheint über jeden Zweifel erhaben, dass der Auseinandersetzung mit dem Ansatz Stirners eine herausgehobene Bedeutung in dieser allgemeinen Auseinandersetzung zukommt. Am eindrücklichsten verdeutlichen dies die bereits im vergangenen Abschnitt angeklungenen Beziehungen zwischen den Manuskripten des Komplexes „Kritik der neuesten deutschen Philosophie". Wenn dort auch der chronologische Primat der ersten Fassung der Replik auf Bauers *Charakteristik Ludwig Feuerbachs* gegenüber den anderen Manuskripten hervorgehoben wurde, so offenbart der noch nicht erschöpfend dargestellte, intime Zusammenhang der Texte, die von den Editoren der ersten *MEGA* zu einem Feuerbach-Kapitel verdichtet wurden, mit *III. Sankt Max* die besondere Bedeutung der Auseinandersetzung mit Stirner. Ersichtlich wird dieser Zusammenhang etwa, wenn die chronologische Reihenfolge der Abfassung der einzelnen Manuskripte und Manuskript-Teile bestimmt wird. Nach der Arbeit an der ersten Fassung der Replik auf Bauers *Charakteristik Ludwig Feuerbachs* begannen Marx und Engels mit der Abfassung von *III. Sankt Max*, dessen erste Bogen nur noch in der Weydemeyer'schen Abschrift überliefert sind, was stets einen hohen Grad an Überarbeitung der abgeschriebenen Textteile vermuten lässt.

Die Arbeit an *III. Sankt Max* wurde dann bis weit in das letzte Drittel der überlieferten Bogen vorangetrieben, bis Marx und Engels die anlässlich einer Berichtigung der Stirner'schen Ausführungen ausgearbeitete, eigenständige Abhandlung über die Geschichte des Verhältnisses von Privateigentum und Staat – also über einen zentralen Aspekt der Marx'schen Neubestimmung des Abhängigkeitsverhältnisses von bürgerlicher Gesellschaft und Staat – zu einer Länge geriet, die den Rahmen der üblichen, eigenständigen Abhandlungen des Stirner-Manuskriptes bei Weitem über-

---

materialistischen Geschichtsauffassung und der Konzipierung der Ideologiekritik, wie im Folgenden noch eingehend dargestellt, kaum unabhängig von der Kritik des Stirner'schen Ansatzes zu denken ist, dass er insofern eher als ein „Nebenprodukt" der beständigen Korrektur Stirner'scher Positionen, denn als ein eigenständig betriebener, systematischer Ausarbeitungsprozess zu betrachten ist.

schreitet.² Zu einem nicht mehr exakt zu bestimmenden Zeitpunkt der Abfassung dieser Abhandlung trafen Marx und Engels dann die Entscheidung, die bei Abschluss der Abfassung neun Bogen und zwei Blätter (also 40 Seiten) umfassende Abhandlung aus dem Kontext der Stirner-Kritik auszusondern und mit einem weiteren, fünf Bogen (20 Seiten) umfassenden Abschnitt aus *III. Sankt Max* sowie mit der ersten Fassung der Replik auf Bauers *Charakteristik Ludwig Feuerbachs* zu einem Konvolut zusammenzufassen, dessen von Marx stammende, durchgängige Paginierung den Beginn der Arbeit an einem eigenständigen Feuerbach-Kapitel markiert.³

Nach der Ausgliederung dieser zwei Passagen beendeten sie aller Wahrscheinlichkeit nach das Manuskript *III. Sankt Max*, das sie nach seiner Fertigstellung Weydemeyer zum Transport nach Westfalen übergaben, bevor sie die beiden anderen, einem Abschluss zugeführten Manuskripte des Komplexes „Kritik der neuesten deutschen Philosophie" fertig stellten – *Das Leipziger Konzil* und die endgültige Fassung von *II. Sankt Bruno* –, die in einer von Engels verfertigten Reinschrift überliefert sind und die, so ist anzunehmen, zu den Manuskripten gehörten, die über Georg Weerth und andere Mittelsmänner Anfang Juni nach Westfalen expediert wurden. Erst nach der Fertigstellung dieser Manuskripte – also dem gesamten Themenkomplex „Das Leipziger Konzil" – begannen sie dann mit der Arbeit an dem vorgesehenen Feuerbach-Kapitel, dem letzten Gegenstand des Komplexes „Kritik der neuesten deutschen Philosophie".

Da von dem Vorhaben der Ausarbeitung einer eigenständigen Feuerbach-Kritik nur drei abgebrochene Kapitelanfänge und drei Fragmente überliefert sind, sahen sich die Editoren der ersten *MEGA*, die die erste, nahezu vollständige Edition der Manuskripte zur „Deutschen Ideologie" besorgten, angesichts der retrospektiven Aussagen von Marx und Engels (und der zeitgenössischen Maßgabe, ein, die philosophische Grundlage des Marxismus bildendes Werk zu rekonstruieren) veranlasst, aus den abgebrochenen Kapitelanfängen, den Fragmenten und den zu einem Konvolut

---

2 Marx und Engels scheinen bereits im Zuge der Niederschrift den Entschluss gefasst zu haben, diese Abhandlung aus dem Kontext der Stirner-Kritik auszugliedern, denn der überlieferte Text gleicht mit zunehmender Länge immer stärker einem Entwurf und endet mit einer Sammlung von Textfragmenten zur weiteren Ausarbeitung des Themas ([Konvolut zu Feuerbach] (**H⁵**), MEGA² I/5, Ms-S. 40-72 (S. 69-120)). Dass Marx und Engels bei der Abfassung der Abhandlung trotz des eindeutigen Entwurfscharakters die Bogen-Zählung von *III. Sankt Max* beibehielten, stellt einen der wichtigsten Hinweise für den Sachverhalt dar, dass es zu diesem Zeitpunkt noch kein eigenständiges Feuerbach-Kapitel gab (zu dem diese Abhandlung vielmehr erst den Anlass gab).

3 Dass der Akt der Marx'schen Paginierung tatsächlich vor dem Hintergrund einer Verwertung dieser Passagen in einem noch zu verfassenden Feuerbach-Kapitel vorgenommen wurde, wird durch den Sachverhalt eindeutig belegt, dass die Teile der ersten Fassung der Replik auf Bauers *Charakteristik Ludwig Feuerbachs* ([Konvolut zu Feuerbach] (**H⁵**), MEGA² I/5, Ms-S. 1-29 (S. 16-59)), die nach ihrer Zusammenlegung mit den ausgegliederten Abschnitten von *III. Sankt Max* nicht der endgültigen Fassung von *II. Sankt Bruno* zugeordnet wurden, in der rechten Spalte häufig mit „Feuerbach" oder „F." markiert sind (ebenda, Ms-S. 1 u. 8-10 (S. 16 u. 19-25)).

zusammengefassten Texten der Bauer- und Stirner-Kritik ein Kapitel zu schaffen, dass es in dieser Form nicht nur nicht gegeben hat, sondern das darüber hinaus mit an Sicherheit grenzender Wahrscheinlichkeit nicht der Form entspricht, die Marx und Engels diesem Kapitel gegeben hätten.[4] Es ist dabei durchaus als eine Ironie der Geschichte zu betrachten, dass der übermächtige Wunsch, den retrospektiven Aussagen von Marx und Engels über die Bedeutung Feuerbachs bei der Genese eines „historischen Materialismus" Legitimität zu verleihen, dazu geführt hat, dass der Großteil dessen, was den Rezipienten des 20. Jahrhunderts als die Marx-Engels'sche Feuerbach-Kritik bekannt geworden ist, eigentlich eine Auseinandersetzung mit den von marxistischer Seite für vergleichsweise unbedeutend gehaltenen Stirner und Bauer darstellt.[5]

Nun ließe sich, nicht völlig ohne jede Berechtigung, einwenden, dass Marx und Engels auch im Rahmen einer Stirner- oder Bauer-Kritik an einzelnen Stellen eine Kritik Feuerbachs hätten vornehmen können und diese Stellen dann durch Ausgliederung gebündelt werden sollten. Diese Annahme verkennt jedoch den Charakter der polemischen Auseinandersetzungen, welche vor allem Marx in der damaligen Zeit verfasste. Wie soeben bereits erwähnt wurde, verfuhr Marx wie schon im Falle von *Die heilige Familie* auch bei den beiden fertig gestellten Kritiken des Komplexes „Kritik der neuesten deutschen Philosophie" und folgte in seiner Kritik dem Verlauf eines Textes des kritisierten Autors Seite für Seite. So zeigen die überlieferten Seiten der ersten Fassung der Replik auf Bauers *Charakteristik Ludwig Feuerbachs*, dass Marx und Engels die von Bauer in seinem Artikel formulierten Argumente und Kritikpunkte in der Reihenfolge, in welcher Bauer sie in seinem Artikel angeordnet hatte, zu entkräften suchten, und das Gleiche gilt im Falle von *III. Sankt Max* für die Behandlung

---

4 Siehe zu dieser Problematik die Edition der Manuskripte zur „Deutschen Ideologie" in MEGA² I/5.
5 Wenn man das Verhältnis von Texten, die im Kontext einer dezidierten Auseinandersetzung mit Feuerbach entstanden sind, zu Texten, die in der Auseinandersetzung mit Stirner und Bauer entstanden sind, quantifizieren möchte, so stehen 21 handschriftliche Seiten, die in dezidierter Auseinandersetzung mit Feuerbach entstanden sind (von diesen entfallen 9 Seiten auf die abgebrochenen Kapitelanfänge (I. Feuerbach. A. Die Ideologie überhaupt, namentlich die deutsche (**H²**), MEGA² I/5, S. 4-7; I. Feuerbach. 1. Die Ideologie überhaupt, speciell die deutsche Philosophie (**H³**), ebenda, S. 8-11; I. Feuerbach. Wie deutsche Ideologen melden (**H⁴**), ebenda, S. 12-15) und 12 Seiten auf die Fragmente (3) [Fragment] (**H⁷**), ebenda, S. 129-134; 5. [Fragment] (**H⁸**), ebenda, S. 135-139; Feuerbach [Notizen] (**H⁶**), ebenda, S. 124-128), von denen das letzte (2 Seiten) sich bei den Editionsarbeiten im Rahmen der ersten *MEGA* 1932 nicht in den Text des Kapitels integrieren ließ), 73 handschriftlichen Seiten gegenüber ([Konvolut zu Feuerbach] (**H⁵**), ebenda, S. 16-123), die im Rahmen der Auseinandersetzung mit Stirner und Bauer entstanden sind (von diesen 73 Seiten sind allerdings 9 Seiten Textverlust und 2 Seiten Notizen von Marx, die sich 1932 ebenfalls nicht in den Text des Kapitels integrieren ließen). Treibt man die Quantifizierung noch weiter, so zeigt sich außerdem, dass von den insgesamt 90 handschriftlichen Seiten, mit denen ein Feuerbach-Kapitel konstruiert wurde, 38 Seiten in Auseinandersetzung mit Stirner, 24 Seiten in Auseinandersetzung mit Bauer und nur 19 Seiten in dezidierter Auseinandersetzung mit Feuerbach verfasst wurden.

von *Der Einzige und sein Eigenthum* (wobei dieses seitenweise Abarbeiten an den kritisierten Texten, wie bereits ausgeführt, mehrmals mit eigenständigen Ausarbeitungen variierender Länge zu unterschiedlichen, thematischen Gesichtspunkten unterbrochen wird).[6]

In der Folge sind Texte entstanden, die in gewissem Sinne als „Anti-Kommentare" bezeichnet werden können, da sie im Unterschied zu einem Kommentar, dessen Ziel zumeist darin besteht, das Un- und Schwerverständliche eines Primär-Textes verständlich und evident zu machen, sich in ihren Texten bemühen, das Evidente und Verständliche der kritisierten Texte unplausibel und unverständlich zu machen. Von gewöhnlichen Kritiken unterscheiden sich diese Texte vor allem aus dem Grund, dass sie eben keine Systematisierung des kritisierten Ansatzes und/oder der gegen diesen Ansatz vorgebrachten Kritikpunkte vornehmen, sondern dem kritisierten Text Seite für Seite folgen und jeden argumentativen Zug mit einem entkräftenden Kommentar zu belegen versuchen. Dies bedeutet, dass Marx und Engels dem, um eine bildliche Sprache zu bemühen, stark mäandernden Text Stirners bis in feinste argumentative Verästelungen folgen und dass sie insofern, bei aller zur Schau getragenen Ablehnung dieses Werkes, den *Einzigen* mit einer Intensität und Genauigkeit rezipiert haben, wie es wohl auf nur wenige andere Rezipienten zutrifft.

Wenn ein Vorteil ihrer Verfahrensweise darin zu sehen ist, dass diese Art von Kritiken mehr oder minder *ad hoc* verfasst werden können, dass also zwischen dem Entschluss zu einer Kritik und der Aufnahme ihrer Niederschrift keine umfangreichen konzeptionellen Vorarbeiten zu leisten sind, so besteht ein signifikanter Nachteil dieses Vorgehens darin, dass sich Marx (und Engels) der Struktur der kritisierten Texte ausliefern und dieser Struktur auch dann zu folgen gezwungen sind, wenn sie eigentlich eine andere Art und Weise der Behandlung eines thematisches Gesichtspunkts für angemessen halten. Wenn man so will, haben sie versucht, dieser Ausgeliefertheit an die expositorischen Entscheidungen der kritisierten Autoren durch den Einschub längerer, eigenständiger Abhandlungen zu den infrage stehenden Gesichtspunkten zu begegnen, sich also von Zeit zu Zeit von der vorgegebenen Struktur des kritisierten Textes zu lösen und eine, ihren eigenen Überzeugungen genügende Behandlung eines Themenkomplexes – etwa der Frage nach den tatsächlich wirkmächtigen Fakto-

---

[6] Im Falle von *Recensenten Stirners* (M[ax] St[irner]: Recensenten Stirners, in: Wigand's Vierteljahrsschrift, 1845, Bd. 3, Leipzig 1845, S. 147-194), der zweiten Schrift Stirners, die im Rahmen von *III. Sankt Max* behandelt wurde, gilt diese Feststellung nur eingeschränkt, was wohl darauf zurückzuführen ist, dass die Kritik dieser Schrift erst zu einem Zeitpunkt der Abfassung von *III. Sankt Max* begonnen wurde, als der Druck, das bereits auf 114 Bogen angeschwollene Manuskript seiner Fertigstellung zuzuführen, schon vergleichsweise groß geworden war. Die Behandlung dieser Schrift, soweit sie nicht in die früheren Bogen eingeflochten wurde, beschränkt sich dann auf 9 Seiten (III. Sankt Max • Schluss des Leipziger Konzils (**H**[11]), MEGA² I/5, Ms-S. 115-117 (S. 501-507)) – ein im Vergleich zum Umfang der Kritik des *Einzigen* oder der Bauer'schen Schrift *Charakteristik Ludwig Feuerbachs* verschwindend geringer Wert.

ren der menschlichen Geschichte, nach einer materialistischen Konzeption diskursiver Herrschaft oder nach dem Verhältnis von Privateigentum und Staat – vorzunehmen. Diese Art des Vorgehens, diese Art eines um Deplausibilisierung[7] bemühten Kommentierens ist ursächlich für die spezifische Form vor allem der Kritiken, welche sie 1845/46 ihren ehemaligen junghegelianischen Weggefährten widmeten.[8]

An den beiden fertig gestellten Kritiken des Komplexes „Kritik der neuesten deutschen Philosophie" zeigt sich, dass Marx und Engels sich dieser Schwäche ihres Vorgehens durchaus bewusst gewesen sind, entschieden sie sich doch im Falle der Bauer-Kritik für eine beinahe vollständige Neubearbeitung der ersten Fassung der Replik auf Bauers *Charakteristik Ludwig Feuerbachs* (einer ersten Fassung, die neben den kritischen Würdigungen Bauer'scher Argumente eben einen langen Exkurs zur materialistischen Geschichtsauffassung enthält und die in der Folge zum ersten Teil des „Konvoluts zu Feuerbach" werden sollte). War diese Möglichkeit einer Neubearbeitung im Falle der Stirner-Kritik bereits vor dem Hintergrund des Umfangs dieses Manuskriptes ausgeschlossen, so zeugt die Häufigkeit Weydemeyer'scher Abschriften von zum Teil gravierenden Umarbeitungen zentraler Textabschnitte.[9] In diesen,

---

[7] Unter einer Deplausibilisierung argumentativer Instrumente soll im Rahmen dieser Untersuchung die Praxis gefasst werden, den argumentativen Instrumenten einer Form der Evidenzproduktion mit den Instrumenten einer anderen die Fähigkeit zu nehmen, Überzeugungsleistungen zu generieren. Der Gehalt dieses Konzeptes wird im Laufe der Darstellung des Marx-Engels'schen Versuch der Deplausibilisierung der Instrumente der Evidenz alltagssprachlicher Vertrautheit weiter erhellen.

[8] In den überlieferten Texten des wesentlich kürzer gehaltenen Komplexes „Kritik des wahren Sozialismus" ist dieser Sachverhalt weniger ausgeprägt und finden sich nahezu ausschließlich reine Kritiken der behandelten Autoren, bei denen sie sich dann auch auf einzelne, besonders prägnante Punkte konzentrieren. Neben der Möglichkeit, in dieser Eigenheit der Auseinandersetzung mit den „wahren Sozialisten" eine Geringschätzung des von ihnen in ihren Schriften realisierten, substanziellen Gehalts zu sehen, lässt sich dieser Sachverhalt außerdem darauf zurückführen, dass die Texte dieses Komplexes zu einem Zeitpunkt entstanden sind, als die Manuskripte des Komplexes „Kritik der neuesten deutschen Philosophie" mit Ausnahme der Kritik Feuerbachs bereits fertig gestellt waren. Von der Möglichkeit, innerhalb ihrer Schriften auf die an anderer Stelle erfolgende Behandlung eines Gesichtspunktes zu verweisen, haben sie wiederholt Gebrauch gemacht (vgl. etwa die zwei Verweise auf *III. Sankt Max* in Karl Marx/Friedrich Engels: Der wahre Sozialismus • I. Die „rheinischen Jahrbücher", oder die Philosophie des wahren Sozialismus (**H^{12}**), MEGA² I/5, S. 515-544, hier Ms-S. [12] u. [18] (S. 523 u. 527)).
Schließlich ist noch einmal darauf hinzuweisen, dass die während der Niederschrift dieser Texte vorgesehene Form der Veröffentlichung eine Publikation in den Bänden einer Vierteljahrsschrift war, dass also zum Zeitpunkt des Erscheinens des zweiten Bandes der Vierteljahrsschrift, in welchem der Komplex „Kritik des wahren Sozialismus" erscheinen sollte, der erste Band mit dem Komplex „Kritik der neuesten deutschen Philosophie" der Öffentlichkeit schon seit einiger Zeit zugänglich gewesen wäre und die Kenntnis der in ihm vorgenommenen, eigenständigen Ausarbeitungen insofern bei den Rezipienten des zweiten Bandes zumindest teilweise vorausgesetzt werden konnte.

[9] Auf die Aussage Weydemeyers in seinem Brief an Marx vom 30. April 1846, dass „die ganz umgeschriebenen Theile bei weitem die bestgeschriebenen" seien (MEGA² III/1, S. 533), wurde bereits hingewiesen. Von den insgesamt 430 erhaltenen Manuskriptseiten von *III. Sankt Max* (**H^{11}**) sind 56 in

umgearbeiteten Abschnitten ist dann häufig die Tendenz festzustellen, Systematisierungen der gegen Stirner formulierten Kritikpunkte auf einer gegenüber den Ausführungen der Engels'schen Grundschicht höheren Abstraktionsebene vorzunehmen. Schließlich ist auch die Entscheidung zu einem Kapitel „I. Feuerbach" im Sinne des Versuchs zu verstehen, den Lesern der Vierteljahrsschrift durch die Herauslösung der eigenständigen Abhandlungen zur Frage eines materialistischen Verständnisses diskursiver Herrschaft (die Teil 2 des „Konvoluts zu Feuerbach" wurde) und zum Verhältnis von Privateigentum und Staat (die Teil 3 des „Konvoluts zu Feuerbach" wurde) den Zugriff auf diese bedeutenden Ausarbeitungen ihres Ansatzes zur Weiterentwicklung des aufklärerischen Diskurses zu erleichtern.[10]

Nach diesen Ausführungen über einige aus dem überlieferten Befund der Manuskripte zu ziehende Schlussfolgerungen und über die Besonderheit der Textgattung, zu welcher die Kritiken von Bauer und Stirner zu rechnen sind, gilt es im Folgenden, denjenigen Prozess in seiner Dynamik und Vielfalt zu rekonstruieren, der das Pendant zu der im vorigen Abschnitt dargestellten, ereignisgeschichtlichen Entwicklung bildet. Bei einer solchen Rekonstruktion der umfangreichen und umfassenden Auseinandersetzung mit Stirner, wie sie vor allem im Manuskript *III. Sankt Max*, aber auch in einigen der anderen Manuskripte des Komplexes „Kritik der neuesten deutschen Philosophie" ihren Niederschlag gefunden hat, muss zu Beginn mit einigen Irrtümern aufgeräumt werden, die sich bei einer nur oberflächlichen Lektüre der Stir-

---

Weydemeyers Handschrift überliefert, nämlich die Bogen 1-4 (16 Seiten), der aus nur einem Blatt bestehende Bogen 15 (2 Seiten), die Bogen 20-22 und der aus nur einem Blatt bestehende Bogen 23 (14 Seiten), die Bogen 27-28^I (8 Seiten), die Bogen 43-45 (12 Seiten) und der Bogen 75 (4 Seiten). Besonders hervorzuheben ist bei den Abschriften Weydemeyers, dass die Anfänge der beiden Unterteilungen „Altes Testament" und „Neues Testament" zu den „ganz umgeschriebenen Theilen" gehören (Bogen 1-4 und 43-45) und dass, wie aus der fortlaufenden Bogen-Zählung von Engels ersichtlich wird, der Umfang der von Weydemeyer abgeschriebenen Textteile nicht nur aufgrund der wesentlich engeren Handschrift Weydemeyers, der daher mehr Worte auf einer Seite unterzubringen vermochte, zum Teil beträchtlich gegenüber den früheren Fassungen variiert – so der Bogen 15 (ursprünglich 4 Seiten in Engels' Handschrift, dann 2 in Weydemeyers), die Bogen 20-23 (ursprünglich 20 Seiten in Engels' Handschrift, dann 14 in Weydemeyers, der Bogen 24 fiel in der überlieferten Fassung weg) und die Bogen 27-28^I (ursprünglich 4 Seiten in Engels' Handschrift, dann 8 in Weydemeyers, in der überlieferten Fassung gibt es zwei Bogen mit der Paginierung 28).

10 Schon im Falle der *Heiligen Familie* war angemerkt worden, dass die interessanten Passagen – wie über die Französische Revolution oder über die Geschichte des Materialismus – sich inmitten ausufernder Kritik an sehr Bauer-spezifischen Fragestellungen befanden („Das viele Aufzählen der Unwichtigkeiten ermüdet anfangs entsetzlich, …", Georg Jung an Marx, 18. März 1845, MEGA² III/1, S. 458). Und selbst Engels brachte eine gewisse Skepsis ob der Angemessenheit der Ausführungen, Engels an Marx, 17. März 1845, ebenda, S. 271/272: „Aber bei alledem ist das Ding zu groß. Die souveräne Verachtung, mit der wir Beide gegen die Lit. Z. auftreten, bildet einen argen Gegensatz gegen die 22 Bogen, die wir ihr dediziren. Dazu wird doch das Meiste von der Kritik der Spekulation und des abstrakten Wesens überhaupt dem größeren Publikum unverständlich bleiben, und auch nicht allgemein interessiren."

ner-Kritik leicht einstellen können und die das Bild dieser Kritik seit langer Zeit geprägt haben. Einer der naheliegendsten dieser Irrtümer, der noch dazu Bestätigung in den retrospektiven Äußerungen der beiden Autoren zu finden scheint,[11] besteht darin, sich von der von Marx und Engels gewählten, polemischen Strategie einer rückhaltlosen Ridiculisierung[12] Stirners über die Bedeutung dieser Auseinandersetzung bei der Konzipierung ihres Beitrages zur Fortführung und Weiterentwicklung des aufklärerischen Diskurses – also bei der Ausdifferenzierung der materialistischen Geschichtsauffassung und der Konzipierung der Ideologiekritik – täuschen zu lassen. Wenn Marx und Engels sich auch im gesamten Manuskript bemühen, Stirner und den von ihm entwickelten Ansatz der Lächerlichkeit preis zu geben, so haben sie, im Widerspruch zu ihren eigenen Äußerungen, Stirners Versuch einer radikalen argumentativen Ermächtigung des konkreten Individuums sehr ernst genommen.

Nicht nur haben sie, wie bereits wiederholt hervorgehoben wurde, über 450 Manuskript-Seiten auf die Kritik dieses Autors verwandt und Sorge getragen, dass das Stirner-Manuskript trotz seiner Länge als erstes fertig gestellt wurde, auch finden sich außerhalb des polemischen Kontextes der Stirner-Kritik Aussagen über Stirner, die durchaus anerkennenderen Charakters sind als die ausschließlich abwertenden Aussagen der Manuskripte des Komplexes „Kritik der neuesten deutschen Philosophie".[13]

---

[11] Nach der Übernahme des Marx'schen Nachlasses entschied sich Engels gegen eine ursprünglich geplante Veröffentlichung der Manuskripte: „Ehe ich diese Zeilen in die Presse schicke, habe ich das alte Manuskript von 1845/46 nochmals herausgesucht und angesehn. Der Abschnitt über Feuerbach ist nicht vollendet. Der fertige Teil besteht in einer Darlegung der materialistischen Geschichtsauffassung, die nur beweist, wie unvollständig unsre damaligen Kenntnisse der ökonomischen Geschichte noch waren." (Friedrich Engels: Vorbemerkung zu „Ludwig Feuerbach und der Ausgang der klassischen deutschen Philosophie", MEGA² I/31, S. 123). Bereits unmittelbar nach der Übernahme des Nachlasses hatte Engels sich gegenüber Eduard Bernstein nach der Möglichkeit der Veröffentlichung eines der Manuskripte zur „Deutschen Ideologie" erkundigt (Engels an Bernstein, 12./13. Juni 1883, Marx-Engels-Werke, Bd. 36, Berlin 1967, S. 39), zog das Angebot zweieinhalb Monate später jedoch zurück: „Der Vorschlag wegen dem frechen Ms. war mehr ein schlechter Witz." (Engels an Bernstein, 27. August 1883, ebenda, S. 54).
[12] Die Begriffsschöpfung „Ridiculisierung" soll den Prozess bezeichnen, in welchem aus einer ernstzunehmenden theoretischen Position eine „Lachnummer" wird. Marx und Engels selbst versuchen die Distanz, die sie zwischen Stirners Ansatz, wie er im *Einzigen* vertreten wird, und dem späteren von *Recensenten Stirners* ausmachen, mit dem bekannten französischen Sprichwort zu fassen (wobei der Sachverhalt der nachträglichen Einfügung dieses Sprichworts es als das Ergebnis einer weiterführenden Reflexion erweist), III. Sankt Max • Schluss des Leipziger Konzils (**H**[11]), MEGA² I/5, Ms-S. 115 (S. 502 u. 1360): „An die Stelle der kriegerischen Fanfaren ‚des Buchs' ist ein feierlicher Ernst, an die Stelle von ‚Ich' ist ‚Stirner' getreten. Dies zeigt wie wahr das französische Sprüchwort ist, qu'il n'y a qu'un pas du sublime au ridicule."
[13] Karl Marx/Friedrich Engels: Der wahre Sozialismus • I. Die „rheinischen Jahrbücher", oder die Philosophie des wahren Sozialismus (**H**[12]), ebenda, Ms-S. [18] (S. 527): „Über dergleichen Konstruktionen [der historischen Herleitung des Humanismus, UP] vergleiche man ‚Sankt Max' im ersten Bande, der diesen Artikel viel kunstgerechter & weniger dilettantisch fabrizirt."

Wenn der Nachweis, dass die Autoren dem Stirner'schen Rekurs auf die Evidenz alltagssprachlicher Vertrautheit durchaus Überzeugungskraft beimaßen, im Falle von Engels auch leichter zu führen ist – es sei nur an die anfänglich sehr wohlwollende Aufnahme des *Einzigen*, wie sie sich im Brief an Marx vom 19. November 1844 zeigt, und an die Schwierigkeiten erinnert, die es Engels kostete, diese Position unter dem Eindruck der argumentativen Angriffe von Marx und Heß zu räumen –, so lassen sich auch im Hinblick auf Marx einige, wenn auch weniger offensichtliche Anhaltspunkte für eine Anerkennung der Bedeutung des Stirner'schen Ansatzes finden.

Zwar muss in Rechnung gestellt werden, dass die Kritik des Engels'schen Duz-Freundes im Zuge ihrer Abfassung eine eigene Dynamik entfaltet hat und dabei die Ausarbeitung unzähliger Gegenstände angestoßen wurde, die nicht direkt in der Absicht einer Widerlegung Stirners angelegt waren, wie bereits ausgeführt wurde, kann jedoch weder über die Dauerhaftigkeit, noch über die Vehemenz der Marx'schen Absicht zu einer Kritik Stirners Zweifel bestehen.[14] Wenn man sich nun zusätzlich die Akribie vor Augen führt, mit welcher jedem noch so kleinen Widerspruch in Stirners Ausführungen nachgespürt wurde, ja, mit welcher Mühe sogar der Nachweis geführt werden sollte, dass Stirner durchaus noch mit dem Instrumentarium der philosophischen Evidenzproduktion zu bezwingen sei und dass Stirner, weit davon entfernt, die Philosophie hinter sich gelassen zu haben, vielmehr einfach als schlechter, „bankerutter Philosoph"[15] anzusehen sei – ein Unterfangen, das vor dem Hintergrund der brieflich zu belegenden, Engels'schen Abneigung gegenüber der Beschäftigung mit und Beibehaltung von philosophischen Argumentationsmustern seinen Ausgang nur von Marx genommen haben kann –, so kann die konsequent betriebene Ridikulisierung Stirners kaum anders gefasst werden denn als polemische Strategie, mit welcher Marx und Engels auf den Sachverhalt reagierten, dass Stirner in der Abfassung seines Beitrages zur Weiterentwicklung des aufklärerischen Diskurses ein Maß an Humor realisieren konnte, das innerhalb der damaligen Debatte ohne Präzedenz war.

Marx und Engels müssen sich bewusst gewesen sein, dass die relative Lockerheit und Leichtigkeit einer Lektüre des *Einzigen*, eine Lockerheit, die den anderen Beiträgen der Debatte mangelt und die am ehesten noch den frivolen Schriften der Zeit vor der Enttäuschung von 1842/43, wie Bauers *Die Posaune des jüngsten Gerichts über Hegel den Antichristen*, eignet, gegenüber den anderen Beiträgen zur Debatte über die Weiterentwicklung des aufklärerischen Diskurses einen immensen Vorteil in der Generierung von Überzeugungsleistungen bedeutete. Der Wunsch, bei den eigenen Beiträgen zu dieser Debatte eine vergleichbare Leichtigkeit und Lockerheit zu erreichen (und damit schließlich auch dem Charakter einer Vierteljahrsschrift gerecht zu wer-

---

14 Siehe oben, Kapitel 8.
15 Karl Marx/Friedrich Engels: III. Sankt Max • Schluss des Leipziger Konzils (**H**[11]), MEGA² I/5, Ms-S. [41b] (S. 291).

den[16]), stand bereits Pate bei der Konzipierung der expositorischen Klammer von *Das Leipziger Konzil*, das die von ihnen kritisierten Kontrahenten Bauer und Stirner als streitende Kirchenväter porträtiert.[17] Dieser Absicht, die eigenen Argumente mit Humor zu vertreten – ein Unterfangen, das der alte Engels noch vierzig Jahre später bei der erneuten Lektüre des im Rahmen des Marx'schen Nachlasses erhaltenen Manuskriptes für gelungen erachtete[18] – ist dann auch die Strategie der Ridiculisierung Stirners zuzuschreiben, die für die Nachwelt in so eklatantem Kontrast zum betriebenen Aufwand und zum Umfang der Kritik steht – vor allem wenn dieser Sachverhalt mit dem weit geringeren Aufwand verglichen wird, den Marx und Engels auf die Kritik Feuerbachs verwandten. Um diesen Punkt noch einmal drastisch zu formulieren: Warum über 450 Seiten der Kritik eines Denkers widmen, von dessen intellektuellen Leistungen Marx und Engels, wie sie nicht nachlassen zu betonen, eine denkbar geringe Meinung hatten, dem sie vielmehr beschieden, der „hohlste & dürftigste [S]chädel unter den Philosophen"[19] zu sein? Und dies noch dazu um den Preis, die Kritik des tatsächlich wichtigen Denkers, der „so weit geht, wie ein Theoretiker überhaupt gehen kann, ohne aufzuhören, Theoretiker & Philosoph zu sein",[20] unerledigt bei Seite liegen zu lassen.

Wie diese Überlegungen nahelegen, war die Ridiculisierung Stirners nicht Ausdruck einer Geringschätzung der Leistungen des Autors des *Einzigen* bei der Suche nach alternativen Möglichkeiten der Produktion von Evidenz, sondern eben vielmehr eine der Strategien, die von Marx und Engels gewählt wurden, um die Ergebnisse zu entkräften, zu denen Stirner bei dieser Suche gelangt war. Dass sie bei diesem Vorhaben insbesondere der Ridiculisierung einen großen Stellenwert beimaßen, wird auch durch die editorische Aufarbeitung des Manuskriptes *III. Sankt Max* bestätigt, denn es zeigt sich etwa, dass Marx und Engels während der Abfassung wiederholt um die Erweiterung ihres Arsenals an Mitteln zur Ridiculisierung Stirners bemüht waren. Wenn die eingehendere Darstellung der von Marx und Engels zur Kritik Stirners verwandten Strategien auch erst in Kürze erfolgen wird, so sei bereits an dieser Stelle

---

16 Es kann mittlerweile als erwiesen gelten, dass zumindest der zweite Band der Vierteljahrsschrift neben den polemischen Kritiken auch rein humoristische Texte enthalten sollte, wie etwa Georg Weerths *Humoristische Skizze aus dem Leben des Herrn Preis* (Georg Weerth an Marx, 18. Dezember 1845, MEGA² III/1, S. 493).
17 Siehe oben, Kapitel 9, Abschnitt 3.
18 Engels an Laura Lafargue, 2. Juni 1883: „Among Mohr's papers I have found a whole lot of Ms, our common work, of before 1848. Some of these I shall soon publish. There is one I shall read to you when you are here, you will crack your sides with laughing. When I read it to Nim and Tussy, Nim said: jetzt weiß ich auch, warum Sie Zwei damals in Brüssel des Nachts so gelacht haben, daß kein Mensch im Hause davor schlafen konnte." (Bert Andréas/Wolfgang Mönke: Neue Daten zur „Deutschen Ideologie", a. a. O., S. 118).
19 Karl Marx/Friedrich Engels: III. Sankt Max • Schluss des Leipziger Konzils (**H**¹¹), MEGA² I/5, Ms-S. [116c]/117 (S. 506).
20 Karl Marx/Friedrich Engels: [Konvolut zu Feuerbach] (**H**⁵), ebenda, Ms-S. 28 (S. 57).

erwähnt, dass die wohl von Beginn an betriebene Analogisierung des *Einzigen* mit der Bibel erst im Zuge der Abfassung des Manuskriptes um die Aufnahme des Cervantes-Motivs, also um die Identifizierung Stirners mit Sancho Panza (und Szeligas mit Don Quijote), erweitert wurde. Offensichtlich waren Marx und Engels besorgt, allein mit der, unter den ehemaligen Junghegelianern weit verbreiteten Verortung der Gegner im religiösen Lager keinen ausreichenden Effekt zu erzielen. In der Konsequenz verfolgten Marx und Engels diese beiden Strategien der Ridikulisierung komplementär im Manuskript, auch wenn sie sich von der Anwendung des Cervantes-Motivs wohl mehr Erfolg versprachen, finden sich doch nicht nur Übernahmen von Geschichten, die Cervantes seinen beiden Charakteren widerfahren lässt, sondern gingen Marx und Engels sogar dazu über, diese Geschichten mit Ausschmückungen ihres Sancho Panza-Don Quijote-Paares zu ergänzen.[21] Dass sie sich von der Strategie der Analogisierung des *Einzigen* mit der Bibel weniger Erfolg versprachen, erhellt auch aus dem Sachverhalt, dass die Textstellen, an denen die Analogisierung mit der Bibel erfolgt, zum Ende des Textes wesentlich seltener zu finden sind, ja, dass sie die Kritik Stirners sogar mit Motiven der Cervantes-Geschichte ausklingen lassen.[22]

Vergangene Aufarbeitungen der Marx-Engels'schen Stirner-Kritik vermochten diese Strategie der Ridikulisierung Stirners vor dem Hintergrund der damaligen Unkenntnis über die von den Autoren ursprünglich verfolgte Absicht einer Publikation der Manuskripte in einer Vierteljahrsschrift selten richtig zu würdigen.[23] Im Glauben, Marx und Engels hätten von vornherein den Plan zu einer eigenständigen Veröffentlichung ihrer und der beiden von Heß verfassten Manuskripte in einer Monographie gefasst,[24] konnte die Diskrepanz zwischen wortwörtlicher Geringschätzung und betriebenem Aufwand stets nur mit Verwunderung zur Kenntnis genommen werden.

---

21 Siehe etwa die Geschichte der Begegnung „Sankt Sanchos" mit den Baugefangenen (Karl Marx/Friedrich Engels: III. Sankt Max • Schluss des Leipziger Konzils (**H**[11]), ebenda, Ms-S. 76-[76c] (S. 398-401); die Geschichte bricht am Ende von Ms-S. [76c] ab, der Bogen 77 ist nicht überliefert).
22 Ebenda, Ms-S. 117 (507).
23 Das Verdienst, diese Absicht erstmals nachgewiesen zu haben, gebührt Galina Golowina (Das Projekt der Vierteljahrsschrift von 1845/1846. Zu den ursprünglichen Publikationsplänen der Manuskripte der „Deutschen Ideologie", in: Marx-Engels-Jahrbuch 3, Berlin 1980, S. 260-274).
24 Dieser Annahme folgt etwa weitgehend die auf der ersten *MEGA* von 1932 beruhende, historisch gesehen wirkmächtigste Ausgabe der Manuskripte zur „Deutschen Ideologie" in den Marx-Engels-Werken, die allerdings auf die Beiordnung der Heß'schen Schrift *Dottore Graziano* verzichtete – letzteres ist eine Kritik von Arnold Ruges *Zwei Jahre in Paris*, die nach dem Scheitern des Projekts der Vierteljahrsschrift im Sommer 1846 separat veröffentlicht wurde. Siehe Karl Marx/Friedrich Engels: Die deutsche Ideologie. Kritik der neuesten deutschen Philosophie in ihren Repräsentanten, Feuerbach, B. Bauer und Stirner, und des deutschen Sozialismus in seinen verschiedenen Propheten. 1845-1846, MEGA¹ I/5, Berlin 1932, S. XVII/XVIII, und Karl Marx/Friedrich Engels: Die deutsche Ideologie. Kritik der neuesten deutschen Philosophie in ihren Repräsentanten Feuerbach, B. Bauer und Stirner, und des deutschen Sozialismus in seinen verschiedenen Propheten, Marx-Engels-Werke, Bd. 3, Berlin 1958, S. 547/548.

Erst mit den Fortschritten, welche die historisch-kritische Aufarbeitung der Manuskripte beginnend mit den 1960er Jahren nahm – Fortschritte, die allerdings erst mit dem Aufhören des Bedürfnisses, die Schriften von Marx und Engels für die Legitimation einer bestimmten Gesellschaftsform fruchtbar zu machen, tatsächliche Veränderungen in der Präsentation dieser Texte bedingten –, und der zunehmenden Kenntnis von der Bedeutung, welche die Autoren ihrer Stirner-Kritik zu Zeiten ihrer Abfassung beimaßen, ist es möglich, in der Ridiculisierung Stirners eine polemische Strategie und nicht mehr eine substanzielle Aussage über einen von der Zeit zurecht vergessenen Denker zu sehen.

Eine solche, von den Ergebnissen der historisch-kritischen Aufarbeitung der Manuskripte ihren Ausgang nehmende Neubewertung zeitigt allerdings noch weit mehr Konsequenzen als die soeben beschriebene Anerkennung der Ridiculisierung als polemischer Strategie. Es wird vor dem Hintergrund einer ernsthaften, wenn auch in humorvollem Rahmen erfolgenden Auseinandersetzung mit dem Ansatz Stirners ersichtlich, dass Stirner, Marx und Engels weit mehr teilen, als nur die gemeinsame Vergangenheit als Protagonisten des junghegelianischen, philosophisch-aufklärerischen Diskurses der Zeit vor dem Scheitern von 1842/43. Wenn der Sachverhalt in gebührender Weise Berücksichtigung findet, dass die Beschäftigung mit Stirner kein einfaches Nebenprodukt der eigentlich bedeutsamen Kritik Feuerbachs (und vielleicht noch Bauers[25]) darstellt, dass sie vielmehr den Hauptgegenstand der Marx-Engels'schen publizistischen Tätigkeit während der Arbeit an der Vierteljahrsschrift (und für eine gewisse Zeit noch darüber hinaus) bildet, so wird der Blick frei für die Bestimmung von Gemeinsamkeiten, wo vergangene Aufarbeitungen nur größtmögliche Differenz zutage förderten.

Es zeigt sich dann, dass die drei Denker aus dem Scheitern des philosophisch-aufklärerischen Diskurses eine durchaus vergleichbare Konsequenz zogen, dass nämlich, wie Marx und Engels in einem der wenigen Momente ausführen, in dem sie mit ihren Aussagen nicht unmittelbar auf die Ridiculisierung Stirners abzielen, sie den Stirner'schen Impetus einer Dekonstruktion der philosophisch-instruierten Sicht auf die Welt teilen und diese Leistung Stirners durchaus auch anzuerkennen bereit sind, dass sie mit ihm jedoch im Hinblick auf die Beantwortung der Frage differieren, was geschehen soll, wenn eine Kritik der philosophischen Form der Generierung von Überzeugungsleistungen die Konstituierung eines aufklärerischen Diskurses außerhalb eines philosophischen argumentativen Referenzrahmens ermöglicht.[26] Während

---

25 Diese Auffassung wird in einem der ersten Versuche vertreten, der tatsächlichen Überlieferungslage der Manuskripte Rechnung zu tragen (Inge Taubert: Wie entstand die *Deutsche Ideologie* von Karl Marx und Friedrich Engels? Neue Einsichten, Probleme und Streitpunkte, in: Studien zu Marx' erstem Paris-Aufenthalt und zur Entstehung der *Deutschen Ideologie*, (Schriften aus dem Karl-Marx Haus Trier, Nr. 43), Trier 1990, S. 9-87).
26 Für eine der wenigen Stellen der Marx-Engels'schen Stirner-Kritik, in welcher die Übereinstimmung mit Positionen Stirners weitgehend frei von Polemik unternommen wird, siehe III. Sankt Max

für Stirner diese Frage im Sinne seiner Ermöglichung einer radikalen Selbstermächtigung nur den einzelnen, konkreten Individuen selbst zu überlassen ist, sind Marx und Engels der Meinung, dass nach diesem Schritt überhaupt erst die Möglichkeit einer tatsächlichen, nicht illusionsbehafteten Erkenntnis der Welt gegeben sei.

Und so wird es sich ferner zeigen, dass ein Großteil der Energie, welche Marx und Engels auf die Desavouierung des Stirner'schen Ansatzes und auf die Deplausibilisierung der Evidenz alltagssprachlicher Vertrautheit verwenden, von dieser, entscheidenden Differenz ihren Ausgang nimmt. Wo Stirner die Notwendigkeit sieht, die von der philosophischen Bewusstseinsbestimmung befreiten Individuen gegen die Gefahr einer neuen Form individueller Fremdbestimmung, also einer weiteren Drehung dieser sich, so Stirner, seit Anbeginn der Menschheitsgeschichte drehenden Spirale individueller Unfreiheit zu sichern, sehen Marx und Engels vielmehr die Möglichkeit, die bisher ausschließlich der Herrschaftssicherung dienende Bewusstseinsbestimmung nunmehr in das Unternehmen einer tatsächlichen Erkenntnis der Welt und einer auf dieser fußenden Veränderung der gesellschaftlichen Verhältnisse zu überführen. Wenn man sich darüber hinaus vergegenwärtigt, dass Stirners Aufforderung an die Individuen, nur noch denjenigen Evidenzen Macht über sich einzuräumen, deren Überzeugungskraft sie selbst erfahren haben, auch der von Marx und Engels konzipierten Form eines aufklärerischen Diskurses, der ausgehend von einem erfahrungswissenschaftlichen Fundament allerdings Anspruch auf allgemeine, von den Evidenzerfahrungen einzelner Individuen unabhängige Anerkennung erhebt, Probleme bei seiner Durchsetzung bereiten könnte, erscheint die Mühe und Kraft, die Marx und Engels in die Desavouierung Stirners gesteckt haben, schon weit weniger außergewöhnlich.

Es ist nicht zuletzt diese Gleichzeitigkeit von Nähe und Distanz der Positionen Stirners sowie Marx' und Engels', welche für den kritischen Furor der letzteren beiden und die besondere Intensität ihrer argumentativen Angriffe auf Stirner verantwortlich zeichnet. Dieser Furor, der vor allem im Charakter von Marx seinen Ursprung haben dürfte, bricht sich in der Konsequenz Bahn in der Vielzahl der argumentativen Strategien, mit welchen Marx (und Engels) das Instrumentarium der Stirner'schen Evidenzproduktion in seiner Wirksamkeit zu brechen trachten. So wird die folgende Darstellung nicht nur die vergleichsweise grobkörnigen Strategien der Desavouierung berücksichtigen, sondern sich mit gleicher Aufmerksamkeit der feinkörnigen Deplausibilisierung der Stirner'schen Evidenzproduktion widmen, wie Marx (und Engels) sie vor allem im Abschnitt *3. Offenbarung Johannis des Theologen oder „die Logik der neuen Weisheit"* praktiziert haben. Während zu Anfang der folgenden Veranschaulichung der Impetus also stärker auf die großen, offensichtlichen Strategien ei-

---

• Schluss des Leipziger Konzils (**H**[11]), MEGA² I/5, Ms-S. [110b]/[110c] (S. 492). Für eine Analyse dieser Stelle im Hinblick auf die Konsequenzen für die Desavouierung Stirners siehe unten, Kapitel 12, Abschnitt 4.

ner Desavouierung gelegt wird, werden zum Ende hin diejenigen Strategien thematisiert, die nicht so sehr darauf zielen, dem Autor des *Einzigen* seine Qualität als verlässliche und ernstzunehmende Autorität bei der Beantwortung der Frage nach den notwendigen Veränderungen des aufklärerischen Diskurses zu nehmen, sondern die vielmehr darauf abheben, die Legitimität der Evidenz alltagssprachlicher Vertrautheit überhaupt als Ressource bei der Generierung von Überzeugungsleistungen zu untergraben.

10.2 Die argumentativen Instrumente der Desavouierung Stirners

Eines der prägnantesten Mittel, welches Marx und Engels zur Ridiculisierung und Desavouierung des Autors des *Einzigen* eingesetzt haben, ist die bereits kurz angeklungene Analogisierung des Stirner'schen Werkes mit der Bibel, die schon aus dem Aufbau von *III. Sankt Max* mit der parodistischen Klassifizierung der beiden Abteilungen des *Einzigen* – „Der Mensch" und „Ich" – als „Altes Testament" und „Neues Testament" spricht.[27] Die Absicht, dieses unter den kritischen Einsätzen der ehemaligen Protagonisten der junghegelianischen Debatte weit verbreitete Instrument zur Desavouierung der Kontrahenten auch in ihrer Kritik zum Einsatz zu bringen, scheint von Marx und Engels gleich zu Beginn der Konzipierung ihrer Beiträge für die Vierteljahrsschrift gefasst worden zu sein, wie die bereits dargestellte Entscheidung für ein „Leipziger Konzil" als expositorischer Klammer der Kritik der beiden „Kirchenväter" Stirner und Bauer nahelegt.[28] Und vor dem Hintergrund des Sachverhalts, dass sich die Spuren seiner Inanspruchnahme schon in der ersten Fassung der Replik auf Bauers *Charakteristik Ludwig Feuerbachs* nachweisen lassen,[29] erhält die Einschätzung Plausibilität, dass der Glaube an die Fruchtbarkeit dieser argumentativen Strategie bei der Generierung von Überzeugungsleistungen auch die Konzipierung des Komplexes „Kritik der neuesten deutschen Philosophie" antezediert.[30] Dass Marx und

---

27 Siehe Max Stirner: Der Einzige und sein Eigenthum, Leipzig 1845 [1844], und Karl Marx/Friedrich Engels: III. Sankt Max • Schluss des Leipziger Konzils (H[11]), MEGA² I/5, Berlin 2017.
28 Während der Anfang dieser expositorischen Klammer ein eigenständiges Manuskript darstellt (Karl Marx/Friedrich Engels: Das Leipziger Konzil (H[9]), ebenda, S. 140-143), wurde ihr Ende in die Bogennummerierung der Stirner-Kritik integriert (III. Sankt Max • Schluss des Leipziger Konzils (H[11]), ebenda, Ms-S. [117a]/[117b] (S. 508-511)).
29 Etwa wenn dort bereits in der Grundschicht wiederholt vom „heiligen Bruno" gesprochen wird (Karl Marx/Friedrich Engels: [Konvolut zu Feuerbach] (H[5]), ebenda, Ms-S. 11, 22 u. 26-28 (S. 26, 43, 51 u. 53/54).
30 Wenn man sich den Titel der ersten Gemeinschaftsproduktion der beiden Brüsseler Exilanten vor Augen führt – *Die heilige Familie, oder Kritik der kritischen Kritik* –, könnte man versucht sein, das Fassen dieses Glaubens an die Fruchtbarkeit der Porträtierung der Kontrahenten um die Fortführung des aufklärerischen Diskurses in einem religiösen Gewande bereits für die zweite Hälfte des Jahres 1844 anzusetzen. Diese Überlegung lässt jedoch außer Acht, dass der Titelzusatz *Die heilige Familie*

Engels mit dem Einsatz dieses Instruments zur Ridiculisierung Stirners keinen Anspruch auf Originalität erheben können, zeigen nicht zuletzt die Schriften der beiden von ihnen kritisierten Autoren, denn schon Bauer hatte mit seiner *Charakteristik Ludwig Feuerbachs* den Nachweis einer weiterhin gegebenen Verankerung des Autors von *Das Wesen des Christenthums* im christlichen Glauben zu erbringen versucht und Stirner selbst hatte mit seiner Kanonisierung (und Heiligsprechung) der noch auf die philosophische Form der Evidenzproduktion rekurrierenden „Altvorderen" Feuerbach und Bauer und mit seiner Auffassung, die Philosophie stelle nur die konsequente Fortsetzung des Christentums dar, dieses Instrument in einem vorher nicht praktizierten Maße zur Anwendung gebracht. Wenn Marx und Engels sich also ebenfalls zum Einsatz dieses argumentativen Instruments entschlossen, so reihen sie sich, auch wenn sich ihre Aufklärung gegen andere Aufklärer wendet, in die Kontinuität eines aufklärerischen Diskurses ein, der sich seit Beginn in Frontstellung zu religiösen Weisen der Generierung von Überzeugungsleistungen positioniert hatte.

Mit dem wiederholten Anführen von Zitaten aus der Bibel zur persiflierenden und nur scheinbaren Bestätigung der von Marx und Engels referierten Positionen Stirners leisten die beiden Autoren allerdings mehr als nur die Herstellung einer Beziehung der Nähe zwischen Stirner'schen und religiösen Instrumenten der Evidenzproduktion, wie es das Kalkül all derjenigen war, die vor ihnen (und vor Stirner) zu dieser argumentativen Strategie gegriffen haben. Während der Einsatz von Versatzstücken der religiösen Evidenzproduktion bei der Kritik eines Autors in den früheren Texten der Debatte – und noch in Bauers *Charakteristik Ludwig Feuerbachs* – darauf zielte, dem kritisierten Autor, wenn nicht ein dezidiert religiöses Argumentieren, dann zumindest eine in der Konsequenz religiöse Haltung nachzuweisen – und ihn mit dieser ernst gemeinten Qualifizierung aus dem Kreis der fortschrittlichen Aufklärer in das Lager der für den Erhalt des Bestehenden Streitenden zu verweisen –, rekurrierte bereits der Autor des *Einzigen* auf die Form der religiösen Evidenzproduktion noch aus einem weiteren Grund.

Wie bereits ausgeführt, flocht Stirner in den (alles andere als stringenten) Fluss seiner Argumentation Versatzstücke der religiösen Evidenzproduktion ein – zitierte etwa aus der Bibel –, um auf diese Weise eine Atmosphäre zu kreieren, innerhalb derer der Adressat seiner eigenen Evidenzproduktion den bereits bekannten und seit langem bewährten Instrumenten der Generierung von Überzeugungsleistungen an-

---

sich nicht der Initiative der Autoren selbst verdankt, sondern, wie aus dem Brief des Verlegers Zacharias Löwenthal an Marx vom 27. Dezember 1844 hervorgeht, vom Verleger zwecks Erzeugung einer größeren Aufmerksamkeit beim Publikum dem ursprünglichen, weit weniger plakativen Titel *Kritik der kritischen Kritik* beigefügt wurde (MEGA² III/1, S. 447). Wenn Marx dieser Titeländerung allem Anschein nach zugestimmt hat, so stellte die Änderung für Engels, der von ihr erst nach dem Erscheinen erfuhr, eine Überraschung dar (MEGA² III/1, S. 269). In *Die heilige Familie* selbst haben Marx und Engels sich nicht auf die Bibel, sondern auf Eugène Sues *Les Mystères de Paris* als Hintergrund ihrer Parodisierung Bauers und seiner Anhänger gestützt.

derer Formen der Evidenzproduktion ausgesetzt wird. Das Kalkül bei dieser argumentativen Strategie Stirners ging darauf aus, dass die wiederholte Konfrontation seiner Adressaten mit argumentativen Instrumenten, die in anderen Kontexten Erfahrungen von Evidenz ausgelöst hatten, die Neigung seiner Adressaten befördern würde, auch den von Stirner selbst produzierten Evidenzen eine vergleichbare Überzeugungskraft zuzusprechen, dass also der Adressat im Zuge des wiederholten Zustimmens zu bereits bewährten argumentativen Instrumenten auch den in diesem Kontext neuen, Stirner'schen Instrumenten seine Zustimmung nicht versagen werde. Dieser Versuch, die Übernahme einer – zumindest in diesem Bereich ihrer Anwendung – ungewöhnlichen Quelle möglicher Evidenzerfahrungen dadurch zu erleichtern, dass man diesen Evidenzen bereits bewährte zur Seite stellte, zählt zu denjenigen argumentativen Strategien Stirners, die in der vormärzlichen Debatte durchaus Anspruch auf Originalität erheben können. Wenn man so will, hatte Stirner mit dieser argumentativen Strategie den Versuch unternommen, gegen die hierarchischen Formen der Bewusstseinsbestimmung (zu denen er sowohl die religiöse als auch die philosophische zählte) unter Usurpation der von ihnen gezeitigten Ergebnisse anzukämpfen.

Wenn Marx und Engels nun wiederum diese argumentative Strategie Stirners anzuwenden trachten, indem sie seine Usurpation der Ergebnisse gelingender, religiöser Evidenzproduktion auf eine ähnlich situative Weise wie der Urheber dieser Strategie zum Einsatz bringen, so mit dem gravierenden Unterschied, dass bei ihnen das Anführen von Versatzstücken religiöser Evidenzproduktion sich nicht positiv, also im Sinne einer Unterstützung der auf anderen Formen von Evidenz beruhenden Argumente auswirken soll, sondern im quasi negativen Sinne, dass die mit diesen Versatzstücken hervorgerufenen Eindrücke der Lächerlichkeit sich auf die anderen von Stirner vorgebrachten Argumente übertragen sollen. Mit anderen Worten: Dort, wo Stirner noch versucht, seine eigene Argumentation durch die Einbeziehung von möglichst unkontroversen Bibelzitaten zu stützen, unternehmen es Marx und Engels, die Stirner'sche Argumentation durch die Einbeziehung von Bibelzitaten zu schwächen.

Vor dem Hintergrund, dass eine solche, rückhaltlos atheistische argumentative Strategie in der Debatte wohl seit Bauers *Die letzte Posaune über Hegel den Antichrist* nicht mehr zum Einsatz gebracht wurde – was sicher auch den erschwerten Bedingungen eines Publizierens unter einer Zensur geschuldet war, die in besonderem Maße auf den Schutz religiöser Empfindsamkeiten achtete –, zeigen Marx und Engels sich auf eine Weise entschlossen, die kommunistische Bewegung auf eine rein atheistische Ausrichtung festzulegen, wie sie in dieser Schärfe unter den damaligen deutschen kommunistischen oder sozialistischen Agitatoren wohl kein zweites Mal zu finden ist.[31] Nun ist mit Sicherheit anzunehmen, dass die Standfestigkeit, mit welcher

---

31 Es ist bezeichnend, dass Marx und Engels sich den französischen Debattenkontexten zuzuwenden gezwungen sehen, um das Beispiel eines – wenigstens religionskritischen – kommunistischen Versuchs anführen zu können, argumentative Siege in der propagandistischen Beeinflussung von

sie auf diesen Verzicht auf jegliche Anleihen bei der religiösen Evidenzproduktion bestehen, sich zu einem Großteil der Einstellung verdankt, welche die beiden Brüsseler Exilanten selbst zum christlichen Glauben einnehmen. Der Unterschied gegenüber den anderen, ehemaligen Junghegelianern liegt nun nicht im Grad der Ablehnung einer Weise derjenigen Produktion von Evidenz, die wie keine zweite prägend für die Konzipierung von argumentativen Strategien zur Ablösung einer beherrschenden Form der Evidenzproduktion durch eine andere war. Der Unterschied liegt vielmehr darin, dass Marx und Engels bereit sind, diese mit ihren Kontrahenten geteilte Ablehnung offensiv und rückhaltlos zu vertreten und sich insofern auch in dieser Hinsicht in präzedenzlos radikaler Weise atheistisch positionieren.[32] Wenn also auch zu vermuten ist, dass die Entscheidung, die Desavouierung Stirners ausgehend von einer vollständigen Diskreditierung der Ergebnisse der religiösen Evidenzproduktion zu betreiben, sich eher dem Bestreben um Aufrichtigkeit im Umgang mit den eigenen Überzeugungen, als pragmatischen Erwägungen verdankt, so ist der Preis, den sie für die Verwendung dieses argumentativen Instruments zu zahlen bereit sind, jedoch kein geringer.

Wie bereits in dem Sachverhalt zum Ausdruck kommt, dass selbst Stirner, dem kaum noch ernsthafte Sympathien für die religiöse Bewusstseinsbestimmung unterstellt werden können, sich für einen anderen, weniger ablehnenden Umgang mit den nach wie vor Erfolge bei der Generierung von Überzeugungsleistungen erzielenden Versatzstücken der religiösen Evidenzproduktion entschied – über deren Wirksamkeit seit dem Scheitern von 1842/43 und trotz der seit mehreren Jahren erfolgenden, aufklärerischen Angriffe auf die religiöse Bewusstseinsbestimmung kein Zweifel bestehen konnte –, gab es nicht viele, sich um eine Veränderung der gesellschaftlichen Verhältnisse bemühende Zeitgenossen von Marx und Engels, die bereit waren sich

---

Proletariern zu erzielen (siehe die umfangreiche Wiedergabe der Antwort Etienne Cabets auf die katholisch fundierten Überzeugungsversuche des Republikaners Philippe Joseph Benjamin Buchez im Kampf um Anhängerschaft unter den Proletariern, III. Sankt Max • Schluss des Leipziger Konzils (**H**[11]), MEGA² I/5, Ms-S. [38a]-[38c] (S. 281-283)).

32 Eine gewisse Ausnahme unter den Beiträgen zur Debatte um die Weiterentwicklung des aufklärerischen Diskurses im Vormärz stellt in dieser Hinsicht Bauers *Das entdeckte Christenthum* dar (siehe oben, Kapitel 3, Abschnitt 2). Diese Schrift, in der Bauer die christliche Religion und die religiöse Evidenzproduktion als reine Herrschaftsinstrumente betrachtet und kritisiert, musste allerdings mit der nahezu vollständigen Konfiszierung ihrer Ausgabe im Sommer 1843 für die Realisierung dieses Ansatzes bezahlen. Aus dem Sachverhalt, dass vergleichbare Schriften in der Folge unterblieben, lässt sich schlussfolgern, dass die mit diesem Handeln von staatlicher Seite intendierte Botschaft von den Protagonisten der Debatte wohl verstanden wurde. Stirner war dann der erste, der mit *Der Einzige und sein Eigenthum* wieder eine vergleichbare Schrift veröffentlichte – und in diesem Fall zeigt sich, dass die staatlichen Autoritäten diesen Angriff auf die religiöse Bewusstseinsbestimmung so ernst nahmen, dass nur einige sich zur Aufhebung des ausgesprochenen Verbotes bereit fanden (und dies auch nur vor dem Hintergrund der offenkundigen Fragwürdigkeit der Resultate der Stirner'schen Kritik, siehe oben, Kapitel 5, Abschnitt 3).

dieser Möglichkeiten der Überzeugung ihrer Adressaten zu begeben. Mit der ausschließlich auf die Erzeugung von Momenten der Lächerlichkeit zielenden Verwendung dieser Versatzstücke zwangen die beiden Autoren der Manuskripte zur „Deutschen Ideologie" ihre Rezipienten zugleich, mit der Entscheidung für den gesellschaftlichen Fortschritt, den die kommunistische Gesellschaftsordnung versprach, auf jede Form von Religiosität Verzicht zu leisten.

Vergegenwärtigt man sich das Spektrum der bis zur Arbeit an den Manuskripten zur „Deutschen Ideologie" tonangebenden Ansätze zur Überzeugung der entstehenden proletarischen Massen von den Vorteilen kommunistischer oder sozialistischer Veränderungen der Gesellschaft – Ansätze, die sich im deutschsprachigen Raum etwa mit den Namen Weitling, Kriege, Georg Kuhlmann, August Becker u. a. verbinden[33] –, so gibt es außer Marx und Engels kaum jemanden, der bereit war, solch eine gravierende Schwächung der eigenen Mittel zur Rekrutierung einer Anhängerschaft in Kauf zu nehmen. Aus rein pragmatischer Perspektive war das vehemente Beharren auf die Notwendigkeit der Festlegung der kommunistischen Bewegung auf den Atheismus äußerst fragwürdig, zwang die von Marx und Engels eingeforderte Ausschließlichkeit eines atheistischen Kommunismus doch dazu, die Agitation für den Kommunismus mit dem Kampf um die Verbreitung der Säkularisierung zu verbinden. In der Folge mussten die Massen insofern nicht nur vom Übertritt zum Kommunismus überzeugt werden, sie mussten darüber hinaus überzeugt werden, dem christlichen Glauben zu entsagen (was die Agitation unter den noch tief im Christentum verankerten Proletariern um einiges erschweren musste). Eine solche, zweifache Last hatten sozialistische Agitatoren, die ihre Überzeugungsversuche ausgehend von einer Anbindung des Kommunismus oder Sozialismus an das Christentum unternahmen und damit an bereits bestehende Überzeugungssysteme anschließen konnten, nicht zu schultern.

Es ist folglich als ein Zeichen der agitatorischen Sozialisierung von Marx und Engels im antireligiösen, philosophisch-aufklärerischen Diskurs der Jahre vor der Enttäuschung von 1842/43 zu deuten, dass sie sich gegenüber der aus pragmatischer Perspektive eindeutigen Option für einen strategischeren Umgang nicht öffneten. Es ließe sich auch vermuten, dass Marx und Engels sich des pragmatischen Umgangs mit den Versatzstücken der religiösen Evidenzproduktion und des Anschlusses an bereits bestehende, religiöse Überzeugungssysteme auf Seiten ihrer Adressaten enthielten, da sie in einer solchen Strategie die Gefahr gewahrten, sich mit dem Rekurs auf die Versatzstücke auch dem weiteren Einfluss derjenigen auszusetzen, die als Experten in der Produktion der Evidenz heiliger Autoritäten zu gelten haben. Für diese Vermutung würde etwa sprechen, dass die Tendenz der Marx'schen Entwicklung seit

---

33 Vgl. etwa Wilhelm Weitling: Das Evangelium eines armen Sünders, Bern 1845; Krieges Artikel im *Volkstribun. Organ des Jungen Amerika*; Georg Kuhlmann: Die Neue Welt oder das Reich des Geistes auf Erden, Genf 1845. August Becker verfasste u. a. das Vorwort zu dem Werk Kuhlmanns.

der im Frühjahr 1845 mit den „Thesen ad Feuerbach" erfolgten Distanzierung von Feuerbach in Richtung der Ausarbeitung einer unabhängigen und eigenständigen Position ging, einer Position, bei deren argumentativer Verteidigung Marx – anders als in den Diskussionen mit Kriege über die richtige Art der Propaganda im Anschluss an Feuerbachs „neue" Philosophie – diesmal sämtliche Zügel in der eigenen Hand halten wollte.

Gegen diese Vermutung sprechen jedoch verschiedene, gewichtige Gründe. Zum einen waren Marx (wohl seit seinem Pariser Exil) die Auseinandersetzungen bekannt, welche in Frankreich zwischen katholischen und sozialistischen Agitatoren um die Gunst der französischen Arbeiter geführt wurden (so wird die bereits 1842 veröffentlichte Replik Cabets auf den Versuch des Republikaners Buchez, die Arbeiter in einer dezidiert gegen den Sozialismus geführten Argumentation auf den Katholizismus festzulegen, in *III. Sankt Max* ausführlich zitiert,[34] auch wenn Marx zum Zeitpunkt der Konzipierung seines Beitrags zur Weiterentwicklung des aufklärerischen Diskurses Cabet wohl kaum noch unter die veritablen Kommunisten zu zählen bereit war). Zum anderen spricht gegen die Vermutung nicht nur das vollständige Fehlen anderer Fälle, in denen Marx bei der Konzipierung seines (und in der Folge auch Engels') Beitrags zur Weiterentwicklung des aufklärerischen Diskurses die eigenen Überzeugungen zugunsten pragmatischer Erwägungen zurückgestellt hätte, sondern mehr noch, dass Marx der Überzeugung war, mit der im Rahmen politischer Agitation bisher unerschlossenen Ressource – der Evidenz empirisch-konstatierbarer Tatsachen – eine Form der Evidenzproduktion gefunden zu haben, die den anderen Formen so überlegen war, dass sie Konzessionen an solche anderen Formen überflüssig machte. Wenn sich Marx insofern pragmatischen Überlegungen, wie sie Stirner zum Einsatz von Versatzstücken der religiösen Evidenzproduktion veranlasst hatten, gegenüber schon im Allgemeinen verschlossen zeigte, so konnte er, gerade in diesem Fall, auch glauben, gute Gründe für diese Ablehnung zu haben.

Wenn die Stirner-Kritik auch unveröffentlicht blieb und die Marx-Engels'sche Unbeirrbarkeit in ihren atheistischen Überzeugungen ihre Wirkung so vor allem auf das Verhältnis zu den anderen sozialistischen, bzw. kommunistischen Agitatoren entfalten sollte, so muss an dieser Stelle hervorgehoben werden, dass die Festlegung auf die Unlösbarkeit der Verbindung von Atheismus und Kommunismus und auf die Notwendigkeit ihrer öffentlichen Manifestierung im Rahmen der Desavouierung Stirners geschah. Um diesen Sachverhalt noch einmal zu betonen: die vollständig ablehnende Haltung, welche Marx und Engels in der Zeit des Brüsseler Exils gegenüber allen Ansätzen zur Überzeugung der Adressaten der sozialistischen, bzw. kommunistischen Agitation einnahmen, die wie Weitling oder Kriege neben den von Marx und Engels präferierten rationalen Interessenabwägungen auch „weichere", „sentimen-

---

[34] Karl Marx/Friedrich Engels: III. Sankt Max • Schluss des Leipziger Konzils (H[11]), MEGA² I/5, Ms-S. [38a]-[38c] (S. 281-283).

tale" Faktoren berücksichtigten, ist – jenseits allen Kampfes um die hierarchische Struktur der wachsenden kommunistischen Bewegung – ursächlich mit der im Rahmen der Stirner-Kritik entwickelten Strategie verbunden, den Rekurs auf Versatzstücke der religiösen Evidenzproduktion nur noch zum Zwecke der Ridiculisierung einzusetzen. Nachdem sie sich für diese Strategie entschieden hatten – was, wie bereits ausgeführt, zu einem sehr frühen Zeitpunkt der Arbeit an den Manuskripten geschah –, und diese Strategie im ersten Band ihrer Vierteljahrsschrift, von dessen Erscheinen sie bis weit in den Sommer 1846 überzeugt waren, weitläufig zur Anwendung gebracht hatten, wurden sie, wenn man so will, selbst zum Opfer eines Maßstabs, nach welchem sie alle anderen, von ihnen kritisierten Ansätze zu messen pflegten.

Wie sich in der weiteren Darstellung der gegen Stirner eingesetzten, argumentativen Instrumente zeigen wird, setzten sie nicht zuletzt den Autor des *Einzigen* wiederholt dem Vorwurf mangelnder Kohärenz der von ihm vorgenommenen Positionierungen aus, ja, dieser und der ihm korrespondierende Vorwurf beständiger Selbstwidersprüchlichkeit figurieren so prominent im Manuskript, dass die Annahme gerechtfertigt scheint, dass Marx und Engels sich von seinem Einsatz besonders viel bei der Widerlegung der von Stirner entwickelten Position versprachen. Die Einhaltung dieses von ihnen selbst zu einer *conditio sine qua non* jedes ernstzunehmenden Beitrags zur Debatte um die Weiterentwicklung des aufklärerischen Diskurses erklärten Maßstabs zwang sie, die im Rahmen der Ridiculisierung Stirners (und Bauers) formulierten Positionen auch bei der Kritik der von ihnen als „wahre" bezeichneten Sozialisten, bei deren Widerlegung sie nicht oder nur in äußerst eingeschränkter Weise auf die Strategie der Ridiculisierung rekurrierten, aufrecht zu halten. Es ist in diesem Sinne, dass der Einsatz der Versatzstücke der religiösen Evidenzproduktion zur Ridiculisierung Stirners, einen pragmatischeren Umgang mit den Ansätzen der „wahren" Sozialisten unmöglich machte. Wenn man schließlich so will, zeitigte ein argumentatives Instrument, das den Rekurs auf die Versatzstücke der religiösen Evidenzproduktion nurmehr zum Zwecke der Ridiculisierung des argumentativen Kontrahenten vorsah und das ursprünglich zur Bloßstellung Stirners (und Bauers) konzipiert worden war, Konsequenzen, die für eine besondere Verschärfung der Auseinandersetzungen zwischen Marx und Engels auf der einen und den etablierten, sozialistischen Agitatoren auf der anderen Seite sorgten.

Und wenn es sich auch nicht endgültig klären lässt, ob ihre Beweglichkeit in dieser Frage eine andere gewesen wäre, wenn sie sich etwa nicht entschieden hätten, dem sehr pragmatischen Umgang Stirners mit der Frage nach der Wahrheit der von ihm zur Anwendung gebrachten argumentativen Züge ein Exempel an Integrität und Aufrichtigkeit gegenüber den eigenen Überzeugungen entgegen zu setzen, so muss eben dennoch betont werden, dass die Erweiterung des Streits über Richtung und Führung der kommunistischen Bewegung, welchen Marx und Engels mit den „wahren Sozialisten" in den mündlichen Diskussionen des Brüsseler Kommunistischen

Korrespondenzkomitees,[35] aber auch in den Texten des Komplexes „Kritik des wahren Sozialismus" führten,[36] durch ihren Umgang mit der „Glaubensfrage" eine besondere Schärfe annahm. Mit dem Abverlangen einer Festlegung in dieser Frage geriet der sowohl aus inhaltlichen, wie aus hierarchischen Gründen schon scharf geführte Streit endgültig zu einer, wenn man so will, binären Auseinandersetzung, in der Marx und Engels, wie die Berichte um die Auseinandersetzungen zeigen, die zum Bruch mit Weitling führten, oder wie die Ereignisse rund um das „Zirkular gegen Kriege" offenbaren, nur eindeutige Positionierungen gelten ließen.[37]

Schon bei der Behandlung des ersten Instrumentes, welches Marx und Engels zur Ridiculisierung Stirners zum Einsatz brachten, offenbart sich die eingangs behauptete, intime Verbindung der Bemühungen um eine straffere, auf Brüssel verpflichtete Organisation der kommunistischen Bewegung und der sich in den Manuskripten des Komplexes „Kritik der neuesten deutschen Philosophie" konzentrierenden Konzipierung eines eigenständigen Standpunktes in der Problematik der Weiterentwicklung des aufklärerischen Diskurses. Die Entscheidung, zur beabsichtigten Ridiculisierung Stirners Anleihen bei der Bibel zu machen und die Versatzstücke der religiösen Evidenzproduktion ausschließlich zum Hervorrufen von Lächerlichkeit zu nutzen, mag

---

35 Deren Opfer die zur mehr oder minder freiwilligen Entfernung aus Brüssel getriebenen Heß und Weitling waren.

36 Die überlieferten Texte zielen vor allem auf Karl Grün (**H**[13]), Georg Kuhlmann (**H**[14]) und die Autoren der *Rheinischen Jahrbücher* (**H**[12]), wobei es nicht ohne eine gewisse Ironie ist, dass die Schrift gegen Georg Kuhlmanns *Die Neue Welt oder das Reich des Geistes auf Erden. Verkündigung*, Genf 1845, noch von Heß verfasst wurde, dem Marx und Engels seit den Auseinandersetzungen im Februar 1846 ebenfalls beschieden, sich nicht ausreichend von der philosophischen Grundlegung des Kommunismus gelöst zu haben, und gegen den Marx und Engels nachträglich einige distanzierende Formulierungen in die von ihnen verfassten Manuskripte eintrugen. Vgl. etwa Karl Marx/Friedrich Engels: II. Sankt Bruno (**H**[10]), MEGA² I/5, Ms-S. [8b] (S. 162 u. 1020): „‚M. Heß' für dessen Schriften E. u. M. durchaus keine Verantwortlichkeit übernehmen, …" (die Worte „für" bis „übernehmen" wurden von Marx nachträglich eingefügt).

37 Wie der Briefwechsel um die Gründung einer Londoner und einer Pariser Filiale der Korrespondenzkomitees zeigt, war die Schärfe, mit welcher Marx und Engels gegen diejenigen vorgingen, die sich nicht von der Notwendigkeit der Verquickung von Atheismus und Kommunismus überzeugen ließen, bei der Realisierung des Plans eines europäischen Netzes korrespondierender Komitees alles andere als hilfreich. So zeigte sich Proudhon, trotz seiner prinzipiellen Bereitschaft zur Aufnahme einer regelmäßigen Korrespondenz, gegenüber der praktizierten „Sichtung der Philosophie vom Kommunismus" sehr reserviert. Und die Aufforderung gar, seine Zusammenarbeit mit Karl Grün zu beenden, der in der damaligen Zeit wie kein Zweiter die tiefe Abneigung von Marx auf sich zu ziehen wusste, wies er brüsk zurück (Proudhon an das Brüsseler Kommunistische Korrespondenzkomitee, 17. Mai 1846, MEGA² III/2, S. 206/207). Die Londoner Schapper, Moll und Bauer zeigten sich gegenüber einer stärkeren Koordinierung der verschiedenen Strömungen der kommunistischen Bewegung offen, wollten die Ausführung dieser Koordinierung jedoch nicht den Brüsselern, sondern einem in Bälde einzuberufenden Kongress der europäischen Kommunisten überantworten (Schapper, Moll und Bauer an das Brüsseler Kommunistische Korrespondenzkomitee, 17. Juli 1846, MEGA² III/2, S. 252).

zwar eine der weitreichendsten gewesen sein, die Marx und Engels im Zuge des Versuchs einer argumentativen Domestizierung Stirners trafen, doch sie war beileibe nicht die einzige. Nimmt man die Reihenfolge, in welcher sich die verschiedenen Instrumente in der Grundschicht von *III. Sankt Max* belegen lassen, zur Grundlage der zeitlichen Abfolge ihrer Konzipierung, so scheinen Marx und Engels sich nach der Analogisierung des *Einzigen* mit der Bibel relativ zügig für eine weitere Strategie zur Ridiculisierung Stirners entschieden zu haben.

Bereits auf der zweiten Seite des 11. Bogens[38] begegnet eine Person, die von Marx und Engels ironisierend als „geheimnißvolle Persönlichkeit" charakterisiert wird und die für sie, obwohl persönlich unbekannt, im Rahmen ihrer kritischen Beschäftigung mit den verschiedenen Ansätzen zur Weiterentwicklung des aufklärerischen Diskurses keine unbekannte Größe darstellt: Szeliga.[39] Um diese Person ranken sich allerdings nicht nur die von Marx und Engels evozierten „Geheimnisse", auch ihr Einsatz im Rahmen der Ridiculisierung Stirners wirft zum Teil Fragen auf, deren Beantwortung nicht immer erschöpfend ausfallen kann. Vergleichsweise einfach lässt sich noch die Frage beantworten, auf welchem Wege, kraft welcher rhetorischen Figur Szeliga Einzug in die Stirner-Kritik gehalten hat, denn dies geschieht unter Verwendung des für den Stirner'schen Ansatz zentralen Dualismus von Schöpfer und Geschöpf – eines Dualismus, dem bei Stirner die Aufgabe zukommt, die in der Vergangenheit geschaffenen, das Handeln der Individuen regulierenden „moralischen Personen" (wie etwa „Gott" oder „der Mensch") *qua* ihrer Bestimmung als „Geschöpfe" wieder der Verfügungsgewalt der konkreten Individuen, ihren eigentlichen „Schöpfern", zu unterwerfen.[40]

---

38 Zwar finden sich auch schon frühere Vorkommnisse des Namens „Szeliga" in *III. Sankt Max* (MEGA² I/5, Ms-S. 1, [1c] u. 2 (S. 165, 170 u. 171)), diese Seiten sind jedoch Teil der von Weydemeyer abgeschriebenen Bogen und gehören folglich nicht zur Grundschicht des Manuskriptes, sondern sind Ergebnis einer intensiven Überarbeitung. Es lässt sich daher keine Aussage darüber treffen, ob diese Vorkommnisse auch schon vor der Überarbeitung vorhanden waren. Für die Belange einer chronologischen Anordnung der gegen Stirner zum Einsatz gebrachten argumentativen Instrumente ist das genannte Vorkommen völlig ausreichend.
39 Unter dem Pseudonym Szeliga veröffentlichte der preußische Offizier Franz Zychlin von Zychlinsky, der erst zu einem Zeitpunkt Mitglied des Kreises um Bruno Bauer wurde, als weder Marx noch Engels in Berlin weilten, und der namentlich mit einer Rezension von Eugène Sues *Les Mystères de Paris* und einer Kritik von Stirners *Der Einzige und sein Eigenthum* von sich reden machte (Szeliga: Eugen Sue: Die Geheimnisse von Paris. Kritik, in: Allgemeine Literatur-Zeitung, H. 7 vom Juni 1844, S. 4-48; Ders.: Der Einzige und sein Eigenthum. Von Max Stirner. Kritik, in: Norddeutsche Blätter, Band II, H. IX vom März 1845, S. [1]-34). Marx hatte die erstgenannte Rezension, die in der Bauer'schen *ALZ* erschien und auf die Marx von Georg Jung zusammen mit Stirners Rezension der *Mystères* aufmerksam gemacht wurde (Georg Jung an Marx, 31. Juli 1844, MEGA² III/1, S. 437), im V. Kapitel der *Heiligen Familie* einer ausführlichen Kritik unterzogen (Friedrich Engels/Karl Marx: Die Heilige Familie oder Kritik der kritischen Kritik. Gegen Bruno Bauer & Consorten, Frankfurt a. M. 1845, MEGA¹ I/3, Berlin 1932, S. 173-388, hier S. 225-249).
40 Siehe hierzu oben, Kapitel 6, Abschnitt 1.

Hatte Stirner den Aufruf an seine Adressaten, sich gegenüber den eigenen und fremden „Geschöpfen" als in ihrer Machtfülle keiner Beschränkung unterworfene „Schöpfer" zu verhalten und den Spielraum des selbstbestimmten Handelns so weit als möglich zu fassen, zu einem zentralen Stützpfeiler seines Ansatzes zur Repolitisierung des aufklärerischen Diskurses gemacht, so bezweckten Marx und Engels mit der Identifizierung Stirners als „Schöpfer" und Szeligas als „Geschöpf", das emanzipative Potenzial dieses Elementes der argumentativen Ermächtigung der konkreten Individuen wieder zu kassieren.[41] Wenn auch in diesem argumentativen Zug das Bemühen um die Ridiculisierung Stirners augenscheinlich ist, so sind nicht alle Implikationen dieser Rückbindung rhetorischer Figuren an die wirklich existierenden Personen Stirner und Szeliga mit einer ähnlichen Leichtigkeit auszumachen.

Eine erste Vermutung für den Grund dieser Identifizierung könnte in der Annahme ihren Ausdruck finden, dass Marx und Engels die ihnen *in natura* unbekannte Person Szeliga tatsächlich für ein weiteres Pseudonym Johann Caspar Schmidts – also für ein „Geschöpf" Max Stirners im wörtlichen Sinne – hielten. In diesem, allerdings nicht sehr wahrscheinlichen Falle ergäbe sich aus der Sicht von Marx und Engels die bemerkenswerte Konsequenz, dass Stirner nicht nur zwei, stark voneinander abweichende Rezensionen der *Mystères* verfasst und zum nahezu identischen Zeitpunkt veröffentlicht hätte, sondern dass er unter dem Pseudonym Szeliga den unter seinem anderen Pseudonym Stirner verfassten *Einzigen* kritisiert hätte. Wenn auch diese Möglichkeit mit der soeben angeführten Bauer'schen *Posaune* eine gewisse Präzedenz besäße, hatte doch Bauer in diesem Text wiederholt seine eigenen Schriften aus der (vermeintlichen) Perspektive eines Pietisten kritisiert, so ist bei aller räumlichen und inhaltlichen Distanz, welche die Brüsseler Exilanten von den in Berlin verbliebenen, ehemaligen Mitstreitern im Zeitraum der Arbeit an den Manuskripten trennte, es doch als wenig wahrscheinlich einzuschätzen, dass Marx und Engels die beiden Personen tatsächlich für identisch hielten.

Dass ihnen bei der Zuschreibung von pseudonymen oder nicht namentlich gezeichneten Schriften mitunter Fehler unterliefen, geht aus einem Brief von Weydemeyer hervor, den er am 19. Juni 1846 an Marx schrieb und in dem es heißt: „In Betreff des Artikels in 87 der Tr[ier'schen] Z., hatten wir uns geirrt; er war T. O. aus Oberschlesien bezeichnet, offenbar Theodor Opitz, der über Bauer noch eine eigene Brochüre geschrieben hat. Soll ich den Herrn Szeliga deshalb aus dem Manuskript

---

[41] Dass Marx und Engels sich sehr wohl des emanzipativen Potenzials bewusst waren, welches in der Zuschreibung einer unbeschränkten Verfügungsgewalt eines „Schöpfers" gegenüber seinen „Geschöpfen" lag, zeigt sich an der Verwendung, die sie selbst von dieser rhetorischen Figur tätigen. So bringen auch sie diese Figur bei der Beschreibung der Möglichkeiten einer Veränderung der gesellschaftlichen Verhältnisse zur Anwendung – dies jedoch mit dem fundamentalen Unterschied, dass das Subjekt, welchem die uneingeschränkte Verfügungsgewalt zugeschrieben wird, in ihrem Fall ein kollektives und kein individuelles ist.

herausstreichen, oder hälst Du diese beiden Personen für identisch?"[42] Wenngleich die Annahme, bei dem von Weydemeyer angesprochenen Manuskript handele es sich um *III. Sankt Max*, vor dem Hintergrund der Häufigkeit, mit welcher Szeliga in diesem Manuskript figuriert, keine große Plausibilität beanspruchen kann,[43] so zeigt dieser Fall gleichwohl, dass Marx und Engels sich eben nicht immer über die genaue Zusammensetzung des Kreises der Anhänger Bauers im Klaren waren.

Diese Überlegungen bezüglich fehlgehender Autorschaftsbestimmungen durch Marx und Engels helfen jedoch kaum bei der Bestimmung der Gründe, welche die beiden Brüsseler bewogen haben können, dem von ihnen kritisierten Stirner zwecks Vergrößerung ihres argumentativen Arsenals Szeliga an die Seite zu stellen. Vielversprechender scheint es bei der Beantwortung dieser Frage einen anderen, bereits angeklungenen Sachverhalt zu berücksichtigen, nämlich die Marx, Stirner und Szeliga gemeinsame, schriftliche Auseinandersetzung mit Sues *Mystères*. Stellt man in Rechnung, dass die erste nachweisbare Rezeption Stirners durch Marx im August 1844 eben die Lektüre der Stirner'schen Schrift über die *Mystères* war[44] und dass diese erste Rezeption Stirners mit der ersten Rezeption einer Schrift Szeligas zusammenfiel, so wird ersichtlich, dass das gemeinsame Auftreten Stirners und Szeligas, wie es sich auf nahezu jeder dritten Seite von *III. Sankt Max* findet, zumindest in der Marx'schen Biographie nicht ohne Präzedenz war. Vor dem Hintergrund dieser Feststellungen wäre es von großem Interesse, den Brief zu kennen, mit welchem Marx im August 1844 auf den Brief Jungs vom 31. Juli 1844 antwortete, hatte doch der letztere mit seinem Brief nicht nur die beiden Rezensionen Stirners und Szeligas über die *Mystères* mitgesandt, sondern gleichfalls um Aufklärung gebeten, welche Besprechung Marx für die gelungenere hielt.[45] Da der Antwort-Brief von Marx jedoch nicht überliefert ist, ist allein die Geringschätzung bekannt, welche Marx bei der Kritik der Szeliga'schen Schrift im Rahmen der *Heiligen Familie* zum Ausdruck brachte. Angesichts der Unkenntnis bezüglich des Marx'schen Urteils über die Stirner'sche Rezension lässt sich daher nicht erschöpfend klären, ob die Entscheidung, Stirner unter Beiordnung Szeligas zu kritisieren, vor dem Hintergrund getroffen wurde, dass Stirner sich durch

---

[42] MEGA² III/2, S. 231.
[43] Mit größerer Wahrscheinlichkeit ist anzunehmen, dass es sich bei dem von Weydemeyer angesprochenen Manuskript um *II. Sankt Bruno* (**H¹⁰**) handelt, dessen überlieferte Fassung mit dem Anfang eines getilgten 5. Abschnittes endet (MEGA² I/5, Ms-S. [9a] (S. 1023)), in welchem wohl einige Anhänger Bauers kritisiert werden sollten und dessen Entfernung aus dem Manuskript durchaus eine Konsequenz der fehlerhaften Zuschreibung des Artikels aus der *TZ* an Szeliga darstellen könnte. Vgl. hierzu Karl Marx/Friedrich Engels/Joseph Weydemeyer: Die deutsche Ideologie. Artikel, Druckvorlagen, Entwürfe, Reinschriftfragmente und Notizen zu I. Feuerbach und II. Sankt Bruno, Marx-Engels-Jahrbuch 2003, Berlin 2004, S. 337/338.
[44] Siehe oben, Kapitel 8, Abschnitt 1.
[45] Georg Jung an Marx, 31. Juli 1844, MEGA² III/1, S. 437.

diese Beiordnung provoziert fühlen sollte, oder ob Marx mit ihr eine gleichermaßen gegebene Schwäche der beiden Schriften hervorzuheben suchte.

Für das Motiv einer Abwertung Stirners durch die Beiordnung Szeligas spricht allerdings noch eine weitere Überlegung. Stirner war es mit dem *Einzigen* als bisher Einzigem gelungen, aus der zweiten Reihe der ehemaligen Protagonisten des junghegelianischen Diskurses in die Riege Feuerbachs und Bauers aufzusteigen, wie in dem bereits ausgeführten Sachverhalt zutage tritt, dass Feuerbach die von Stirner formulierte Kritik einer Antwort für würdig befand. Stirner war damit etwas gelungen, dass Marx spätestens seit dem Beginn der Erarbeitung einer eigenständigen Position mit den „Thesen ad Feuerbach" im Frühjahr 1845 ebenfalls erstrebte. Die Identifizierung des rhetorischen „Schöpfers" mit Stirner selbst und des „Geschöpfes" mit Szeliga, der in der allgemeinen, zeitgenössischen Wahrnehmung als ein eher „kleines Licht" unter den mit „großen Lichtern" kaum gesegneten Anhängern Bauers galt,[46] kam insofern einer Rückversetzung in das zweite Glied der Protagonisten der Debatte um die Weiterentwicklung des aufklärerischen Diskurses gleich. Marx war es dieser Überlegung folgend möglich, bereits durch die beständige gemeinsame Nennung Stirners und Szeligas zum Ausdruck zu bringen, welcher Rang dem Autor des *Einzigen* unter den ehemaligen Junghegelianern gebührte.[47]

---

46 Außer Bruno Bauer selbst kann nur im Falle seines Bruder Edgar von einer nennenswerten eigenständigen Publizistik die Rede sein. So lässt sich der Stellenwert von Szeliga unter anderem daran ermessen, dass es ihm kaum gelang, Veröffentlichungen außerhalb derjenigen Publikationsorgane zu realisieren, die unter der Verantwortung von Bruno Bauer erschienen.

47 Zwar scheint die gemeinsame Behandlung Bauers und Stirners im „Leipziger Konzil" dieser These von der beabsichtigten Abwertung Stirners durch die Beiordnung Szeligas zu widersprechen, diese Entscheidung von Marx und Engels ist jedoch im Lichte der spezifischen Situation der Bauer-Kritik während der Arbeit an den Manuskripten zur „Deutschen Ideologie" zu betrachten. Nicht nur hatten Marx (und Engels) bereits mit der *Heiligen Familie* gegen die herausgehobene Stellung Bauers angeschrieben, welche ihm in den Jahren 1844-45 quasi als Reflex seiner Rolle vor der Enttäuschung von 1842/43 noch zukam, und damit den ihrer Meinung nach eingetretenen Bedeutungsschwund Bauers bei der Weiterentwicklung des aufklärerischen Diskurses kund getan, auch findet im Rahmen der Kritik, die sie Bauer im Komplex „Kritik der neuesten deutschen Philosophie" widmen, keine ernstzunehmende inhaltliche Auseinandersetzung mit den Positionen Bauers mehr statt. Im Gegenteil erheben Marx und Engels in den gegen Bauer geschriebenen Passagen der Manuskripte den Vorwurf, Bauer kaschiere die eigene Ideenlosigkeit dadurch, dass er Feuerbach und Stirner gegeneinander ausspiele und im Übrigen nur die Gedanken Stirners kopiere (II. Sankt Bruno (**H**[10]), MEGA² I/5, Ms-S. [4b]/[4c] (S. 154/155)).

Als Kontrast zu diesem Umgang mit einer der beiden bestimmenden Figuren der frühen Phase der junghegelianischen Debatte bietet sich die Behandlung an, welche Feuerbach, die andere bestimmende Figur, in den Manuskripten zur „Deutschen Ideologie" erfährt. Auch wenn Feuerbach im Laufe der Ausarbeitung vor allem der Stirner-Kritik selbst immer mehr zum Gegenstand der kritischen Auseinandersetzung gerät und gerade die vergleichsweise spät zu datierenden, direkt gegen Feuerbach geschriebenen Passagen kaum noch den Willen zur Zurückhaltung gegenüber dem wichtigsten philosophischen Denker der deutschen Sozialisten erkennen lassen, vermeiden es Marx und Engels bis zum Schluss, Feuerbach in einem Atemzug mit Stirner und Bauer zu nennen. So ordnen sie das

Führt man sich noch einmal vor Augen, welcher Wert der Frage nach der bekleideten Position in der Rangordnung der Protagonisten der Auseinandersetzung zukam – Bauer, der Marx und Engels nahezu ein dreiviertel Jahr auf eine Reaktion auf die in der *Heiligen Familie* formulierten Angriffe warten und Szeliga die Replik auf den *Einzigen* schreiben ließ, Feuerbach, der Bauers wiederholt vorgetragene Angriffe mit Schweigen parierte, usw. –, so scheint die Annahme, die Beiordnung Szeligas folge einer Logik der Neuverteilung der hierarchischen Positionen unter den an der Debatte Beteiligten, keineswegs unplausibel. Zumindest gelang es Marx und Engels mit der Aufnahme Szeligas in die Kritik Stirners, einen inhaltlichen Kontrapunkt gegen die von ihnen faktisch vorgenommene Bestätigung des Stirner'schen Rangzuwachses – schließlich nahmen sie seine Kritik gemeinsam mit derjenigen Bauers (und später sogar Feuerbachs) im Komplex „Kritik der neuesten deutschen Philosophie" vor – zu setzen. Wenn sie also der Kritik Stirners faktisch den mit Abstand größten Raum im ersten Band ihrer Vierteljahrsschrift widmeten, so konnten sie mit der Beiordnung Szeligas dennoch den Eindruck schmälern, dieser faktischen korrespondiere eine inhaltliche Aufwertung Stirners.

Unterstützung erhält die Annahme einer Motivierung der Beiordnung Szeligas durch den Wunsch einer Rückstufung Stirners ferner, wenn die Aufmerksamkeit auf die Implikationen gerichtet wird, die sich aus einer von Marx und Engels im Verlauf der Stirner-Kritik wiederholt entworfenen Situation ergeben – einer Situation, in welcher die Besetzung der rhetorischen Figuren „Schöpfer" und „Geschöpf" mit Stirner und Szeliga dahingehend erweitert wird, dass diejenigen Abschnitte des *Einzigen*, die in Form einer Konversation der ersten Person Singular (dem Autor) mit der zweiten Person Singular (dem Leser) aufgebaut sind, ebenfalls mit Stirner und Szeliga besetzt wurden. Die Identifizierung Stirners mit dem „Schöpfer" und Szeligas mit dem „Geschöpf" wird so um die Identifizierung Stirners mit dem „Ich" und Szeligas mit dem „Du" angereichert,[48] deren Einsatz zu den stärksten Werkzeugen in Stirners argumen-

---

vorgesehene Feuerbach-Kapitel nicht dem „Leipziger Konzil" zu (obwohl auch Feuerbachs Schriften im Leipziger Verlag Otto Wigands erschienen) und verzichten auf die Namensschöpfung „Sankt Ludwig", welche Feuerbach auf eine Stufe mit „Sankt Max" und „Sankt Bruno" gestellt hätte. Erst im Rahmen der Erklärung vom 3. April 1847, auf welcher der heute gebräuchliche Titel eines Werkes *Die deutsche Ideologie* beruht, finden sich Feuerbach, Bauer und Stirner gemeinsam als die „Repräsentanten" der neuesten deutschen Philosophie genannt – also just zu dem Zeitpunkt, als Marx ein Manuskript aus dem bis dahin nicht zu publizierenden Gesamtkomplex für eine separate Veröffentlichung aussonderte und in der Ankündigung dieser Veröffentlichung den Eindruck eines abgeschlossenen Werkes zu suggerieren suchte, dessen ausgebliebene Veröffentlichung allein den „Preßzuständen" anzulasten wäre. In gewisser Weise sind auch die retrospektiven Aussagen von Marx und Engels über die Zeit ihres Brüsseler Exils noch als Konsequenz ihrer Weigerung zu betrachten, Stirner und Bauer den gleichen Rang wie Feuerbach bei der Konzipierung ihres Beitrags zur Weiterentwicklung des aufklärerischen Diskurses zuzuerkennen.

48 Karl Marx/Friedrich Engels: III. Sankt Max • Schluss des Leipziger Konzils (**H**[11]), MEGA² I/5, Ms-S. 11/[11a] (S. 200). Vgl. auch ebenda, Ms-S. 13/[13a] (S. 205/206).

tativem Arsenal gehört. War es Stirner unter wiederholtem Gebrauch der zweiten Person Singular gelungen, seine Leser in einer Direktheit in die Entfaltung seines Ansatzes einzubeziehen, die ein absolutes Novum unter den Beiträgen zur Fortführung und Weiterentwicklung des aufklärerischen Diskurses darstellte, so unternahmen es Marx und Engels, die Direktheit dieser Einbeziehung dadurch zu brechen, dass sie das Stirner'sche „Du" konsequent mit Szeliga identifizierten. Der Hintergrund dieser argumentativen Strategie ist darin zu sehen, dass mit ihr die Unbestimmtheit des Stirner'schen „Du", welche die Selbstidentifikation der Rezipienten mit den von Stirner referierten Positionen beträchtlich erleichterte und daher eine der großen Stärken von Stirners argumentativer Evidenzproduktion darstellt, dahingehend aufgelöst wird, dass die Rezipienten nach der Lektüre des Marx-Engels'schen Anti-Stirner mit dem „Du" nicht mehr sich selbst, sondern vielmehr Szeliga identifizieren würden.

In der Konsequenz erreichen Marx und Engels mit diesem Einsatz Szeligas eine erhebliche Schwächung eines entscheidenden Charakteristikums der für Stirners Ansatz spezifischen Evidenz alltagssprachlicher Vertrautheit. Für den letzteren war es von fundamentaler Bedeutung, den Einfluss der privilegierten Bewusstseinsträger, deren Evidenzerfahrungen im Rahmen der hierarchisch strukturierten Produktion von religiöser oder philosophischer Evidenz eine normierende Rolle beim Umgang mit divergierenden Evidenzerfahrungen zukam, zugunsten der gewöhnlichen Bewusstseinsträger zu minimieren. Eines der zentralen Anliegen Stirners bei der Repolitisierung des aufklärerischen Diskurses war es daher gewesen, auf eine Form der Produktion argumentativer Evidenz zu rekurrieren, die nicht wie die religiöse oder philosophische auf die Unterscheidung von Experten und Laien angewiesen ist, sondern die vielmehr auf die Etablierung einer umfassenden Gleichwertigkeit der Erfahrungen von Evidenz abzielte – seien dies nun die Erfahrungen von Experten oder die Erfahrungen von Laien einer bestimmten Form der Evidenzproduktion. Um diese Gleichwertigkeit zu verwirklichen, hatte Stirner daher argumentative Instrumente zum Einsatz zu bringen versucht, die in der Lage waren, Erfahrungen von Evidenz auch bei den gewöhnlichen Bewusstseinsträgern hervorzurufen – dies alles in der Hoffnung, der grundlegenden Schwäche des philosophisch-aufklärerischen Diskurses, wie sie sich bei dessen Scheitern 1842/43 offenbart hatte, dadurch zu begegnen, dass der Impetus bei der Generierung von Überzeugungsleistungen nicht mehr auf den hochkomplexen argumentativen Instrumenten eines Expertendiskurses liegen würde, sondern auf den von Jedermann nachzuvollziehenden (und selbst zu benutzenden) Instrumenten zur Produktion von Evidenz.

Wenn Marx und Engels nun das inkludierende, die Unterscheidung von Experten und Laien unterlaufende „Du" Stirners mit Szeliga besetzen und damit den Eindruck zu erwecken suchen, die Stirner'schen Instrumente zur Evidenzproduktion überzeugten eben nicht jedermann, sondern nur Szeliga – diesen „erzdummen Teufel"⁴⁹ –, so untergraben sie damit die Möglichkeit Stirners, Überzeugungsleistungen unter Rekurs auf die Evidenz alltagssprachlicher Vertrautheit zu generieren. Wer möchte sich schließlich schon nachsagen lassen müssen, dass er sich von Argumenten hat überzeugen lassen, die längst nicht jedermann, sondern nur jemanden wie Szeliga zu überzeugen in der Lage sind. Wenn man so will, setzen Marx und Engels mit der Identifizierung von Stirner'schem „Du" und Szeliga nicht auf eine direkte Entkräftung der von Stirner hervorgerufenen Erfahrungen von Evidenz – die sie allerdings ebenfalls unternehmen –, sondern versuchen vielmehr, die Position desjenigen, der sich von Stirner hat überzeugen lassen, so unattraktiv zu zeichnen, dass die von den verschiedenen Ansätzen zur Weiterführung des aufklärerischen Diskurses umworbenen Adressaten vor einer Einnahme dieser Position zurückschrecken müssen.⁵⁰

Die Bedeutung, die Marx und Engels diesem Instrument zur Entkräftung der Stirner'schen Form der Produktion von Evidenz beimaßen, spricht auch aus dem nächsten, darzustellenden Element ihrer Ridiculisierungsstrategie. In gewisser Weise stellt dieses Element eine Verfeinerung des Einfalls dar, die Kritik Stirners durch die Beiordnung Szeligas zu erleichtern, denn auch in diesem Fall versprechen sich Marx und Engels einen Erfolg bei dem argumentativen Angriff auf den Autor des *Einzigen* durch die Verdoppelung des anvisierten Zieles. Wenn sie bei der Identifizierung Stirners mit dem „Ich" und Szeligas mit dem „Du" des *Einzigen* noch auf werkinterne Figuren zur Entkräftung des Stirner'schen Ansatzes zurückgriffen, so rekurrieren sie in diesem Fall auf ein Figuren-Paar, dessen literarische Vorlage zu den Klassikern der Weltliteratur gehört: Miguel de Cervantes' Don Quijote und Sancho Panza. Zwar dürfte die Aufnahme dieses Motivs in das argumentative Arsenal der Ridiculisierungsstrategie für sich genommen keine große Überraschung darstellen, die Besetzung der beiden literarischen Rollen – Stirner wird der Part des Knechts Sancho Panza, Szeliga derjenige des Ritters Don Quijote zugewiesen – verlangt jedoch nach einer Erklärung,

---

49 Ebenda, Ms-S. 12a (S. 203). Vgl. ebenda, Ms-S. [11a] (S. 200): „Und wem anders als Szeliga könnte ‚Stirner' es zumuthen, sich in der Weise wie es oben geschieht, dem Nichts unterschieben zu lassen? Wem anders als Szeliga, der sich schon dadurch aufs Höchste geschmeichelt fühlt daß er überhaupt als handelnde Person auftreten darf, wird eine solche Eskamotage imponiren?" Vgl. auch ebenda, Ms-S. [11c] (S. 202): „so ist doch wirklich nur Szeliga im Stande ihm dies zu glauben, & den ganzen Unsinn Wort für Wort nachzuplappern."

50 Für die von Marx und Engels betriebene Reetablierung einer Form der Evidenzproduktion, welche als hierarchisch strukturierte Form die nämlichen Leistungen bei der effektiven Organisation eines kollektiven Willens zu erbringen vermag, die in der Vergangenheit von der religiösen und philosophischen Form der Evidenzproduktion erbracht wurden, stellt die Disqualifizierung des „gewöhnlichen Bewusstseins", auf welches Stirner sein argumentatives Instrumentarium ausrichtete, einen großen Gewinn, aber auch eine fundamentale Voraussetzung dar. Es ist kaum ein anderes Vorgehen vorstellbar, welches geeignet ist, die Unterscheidung von Experten und Laien und die unterschiedliche Gewichtung ihrer jeweiligen Evidenzerfahrungen wieder zu einer Grundlage des aufklärerischen Diskurses zu erheben.

scheint diese Besetzung doch dem Abhängigkeitsverhältnis der bereits eingeführten Identifizierung Stirners mit dem „Schöpfer" und Szeligas mit dem „Geschöpf" zuwiderzulaufen.

Bevor ein Versuch zur Erklärung dieser kontraintuitiven Besetzung unternommen werden soll, mag es von Nutzen sein, einige der grundlegenden Charakteristika der Marx-Engels'schen Aufnahme dieses Motivs festzuhalten. Der Sachverhalt, dass Marx und Engels das Cervantes-Motiv erst zu einem, gegenüber den bisher dargestellten Instrumenten der Ridiculisierung Stirners vergleichsweise späten Zeitpunkt in ihr argumentatives Arsenal aufnehmen (in der Grundschicht findet sich die Identifizierung Stirners mit Sancho Panza und Szeligas mit Don Quijote erst auf der dritten Seite des 26. Bogens), legt den Schluss nahe, dass Marx und Engels im Verlauf der Niederschrift der Stirner-Kritik zu der Überzeugung gelangten, noch nicht über ausreichend Mittel zur Ridiculisierung Stirners zu verfügen. Es drängt sich außerdem der Verdacht auf, dass Marx Urheber dieses Einfalls war, ergibt eine Berücksichtigung der früheren Schriften von Marx doch, dass er sich des Don Quijote-Motivs schon einige Male zuvor bedient hatte. So wird etwa in der *Heiligen Familie* „Don Quijote" bereits zur Charakterisierung des von der „kritischen Kritik" glorifizierten „Fürsten Rudolph" verwendet,[51] des Helden von Eugène Sues *Mystères de Paris*, und in dem zeitlich noch näher an der Abfassung der Manuskripte zur „Deutschen Ideologie" liegenden List-Manuskript greift Marx auf die Formulierung „Ritter von der traurigen Gestalt" zurück, um den zeitgenössischen Zustand der deutschen Bourgeois zu charakterisieren.[52] Schon diese beiden Fälle zeigen, dass der Rekurs auf die Cervantes-Geschichte in der Kritik Stirners nicht ohne Präzedenz im Werk von Marx ist, dass er vielmehr zu den von Marx häufig eingesetzten argumentativen Strategien gehört.

Dieser wiederholte Rekurs auf Elemente des Romans von Cervantes ist, wie sich zeigen lässt, dann auch kein bloßes Zufallsprodukt der Marx'schen Auseinandersetzung mit seinen Kontrahenten. Neben dem auf der Hand liegenden Grund, die eigenen Ausführungen mit humoristischen Anleihen bei einem allseits bekannten Werk aufzulockern, lassen sich leicht weitere Gründe bestimmen, welche die besondere Geeignetheit dieses Rekurses bei der Veranschaulichung der materialistischen Geschichtsauffassung im Allgemeinen und bei ihrer Ausdifferenzierung im Besonderen erhellen, welche also zeigen, dass die Entscheidung für die Aufnahme von Elementen des Romans von Cervantes auch aus inhaltlichen Gründen getroffen wurde. So eignet sich das Motiv des „Ritters von der traurigen Gestalt", der in nahezu unzähligen Variationen an dem Auseinanderklaffen von Wahrgenommenem und Wirklichkeit

---

[51] Friedrich Engels/Karl Marx: Die Heilige Familie oder Kritik der kritischen Kritik. Gegen Bruno Bauer & Consorten, Frankfurt a. M. 1845, MEGA¹ I/3, Berlin 1932, S. 387.
[52] Karl Marx: Über Friedrich Lists Buch „Das nationale System der politischen Ökonomie", a. a. O., S. 425: „Der deutsche Bourgeois ist der *Ritter von der traurigen Gestalt*, der grade die irrende Ritterschaft einführen wollte, als die Polizei und das Geld aufkamen."

scheitert, hervorragend, um die Überzeugung von Marx (und in der Folge auch Engels) zu veranschaulichen, dass die bisherigen Versuche eines gesellschaftlichen Umsturzes in Preußen und Deutschland scheiterten – ja, notwendig scheitern mussten –, weil die philosophischen Aufklärer der Periode vor der Enttäuschung von 1842/43 sich im Irrtum über die tatsächlich wirkmächtigen Faktoren der historischen Entwicklung befanden. Den philosophischen Aufklärern, die im Einklang mit dem bewusstseinszentrierten Modell gesellschaftlicher Veränderung Ideen für die Ursachen der historischen Entwicklung ansahen, konnte so unterstellt werden, wie Don Quijote zu glauben, einen Kampf mit Drachen auszufechten, wo sie es in der Wirklichkeit mit schnöden Windmühlenflügeln zu tun hatten. Mit der Drapierung ihrer Kritik an der von ihnen als idealistisch charakterisierten Geschichtsauffassung in die Figuren der Cervantes-Geschichte hatten Marx (und Engels) ein Darstellungsmittel gefunden, welches ihre Überzeugung von der Überlegenheit der materialistischen gegenüber der idealistischen Geschichtsauffassung nicht nur hervorragend zu veranschaulichen erlaubte, sondern welches dieser Veranschaulichung darüber hinaus noch eine humoristische Note verlieh, deren sie bei der Kritik des von den gängigen Konventionen der Beiträge zur Debatte um die Weiterentwicklung des aufklärerischen Diskurses freien Autors Stirner dringend benötigten.

Das Motiv eines im Kontakt mit der Wirklichkeit an seinen Vorstellungen von dieser Wirklichkeit scheiternden Ritters eignet sich jedoch noch aus einem anderen Grund vorzüglich, um die Situation zu veranschaulichen, in welcher sich die Kontrahenten um die Weiterentwicklung des aufklärerischen Diskurses laut Marx und Engels befanden. Denn das Bild eines aus der Zeit gefallenen Ritters, der mit den Vorstellungen einer vergangenen Epoche an einer Gegenwart scheitert, die über diese Vorstellungen schon längst hinaus ist, transportiert eine zeitliche Dimension, die es Marx und Engels ungemein erleichtert, die von ihnen behauptete Überholtheit der Ansätze ihrer Kontrahenten zu prononcieren, und zwar sowohl derjenigen Kontrahenten, die wie sie mit dem Versuch der Instanziierung eines philosophisch-aufklärerischen Diskurses zur Aufwiegelung des Bürgertums sozialisiert worden waren, als auch derjenigen Kontrahenten, die beim Versuch, einen gesellschaftlichen Umsturz ausgehend von den proletarischen Massen zu organisieren, einen anderen Weg als Marx und Engels eingeschlagen hatten.

Diesen Kontrahenten, die bei allen Differenzen bezüglich des mit dem Umsturz anzustrebenden gesellschaftlichen Zustandes in der Notwendigkeit einer Fokussierung auf das Bewusstsein als maßgeblicher Instanz der Herbeiführung eines solchen Umsturzes übereinstimmten, konnte mit dem Cervantes-Motiv auf sehr anschauliche Weise das Schicksal vor Augen geführt werden, das sie beim Festhalten an ihren Ansätzen ereilen würde. Ja, selbst die von Marx und Engels wiederholt betonte, fundamentale Differenz zwischen den materiellen Bedingungen einer vergangenen, feudalen Epoche und einer gegenwärtigen, durch die Herrschaft der Bourgeoisie gekennzeichneten Epoche findet sich in dem Bild eines Ritters antizipiert, der von seiner, über das Zeitalter der fahrenden Ritter hinausgeschrittenen Umgebung nur noch als

Skurrilität wahrgenommen wird. Wenn schließlich noch die Weigerung Don Quijotes in Rechnung gestellt wird, den wiederholten Hinweisen seiner Umgebung zu folgen und sich den veränderten Realitäten zu stellen, ja, wenn die Motivation, die ihn zu seinen Abenteuern trieb, sogar im Sinne einer dezidierten Wiederherstellung des untergegangenen, fahrenden Rittertums gesehen wird, so ergeben sich damit Konsequenzen, deren Übertragung auf die Versuche der Kontrahenten von Marx und Engels den letzteren nur gelegen sein können. Dass Marx und Engels selbst diese Übertragung zu forcieren suchten, kommt darin zum Ausdruck, dass nicht zuletzt Stirner sich im Rahmen ihrer Kritik dem Vorwurf ausgesetzt sieht, der von ihm propagierte „Verein" stelle nur das „ideelle Abbild" der „heutigen Gesellschaft" dar und betreibe darüber hinaus vor allem die Bewahrung derjenigen Eigentumsformen, die der Periode vor der bürgerlichen Gesellschaft angehörten.[53]

Diese Ausführungen über die besondere Eignung des Cervantes-Motivs für die Veranschaulichung des Unterschiedes zwischen Ansätzen, welche die idealistische Geschichtsauffassung zur Grundlage nehmen, und einem Ansatz, der auf der materialistischen Geschichtsauffassung ruht, zeigen, dass der überaus rege Gebrauch, dessen sich dieses Motiv nach seiner erstmaligen Einführung im Manuskript *III. Sankt Max* erfreut, keineswegs als überraschend anzusehen ist. Marx und Engels war es mit der Aufnahme dieses Motivs in ihr argumentatives Arsenal vielmehr gelungen, ein Darstellungsmittel zu finden, mit dem sich eben nicht nur die hoffnungslose Vergeblichkeit der konkurrierenden, nicht mit materialistischen Faktoren rechnenden Ansätze veranschaulichen ließ, sondern das darüber hinaus noch ein schier unerschöpfliches Reservoir für die Ridiculisierung Stirners bot. Marx und Engels waren sich dieser glücklichen Fügung wohl gewiss und scheinen diesen Aspekt ihrer Stirner-Kritik auch gegenüber anderen Brüsseler Exilanten geäußert zu haben, greift doch Georg Weerth in seinem, in Utrecht verfassten Brief an Marx vom 3. Mai 1846 dieses Thema in einem humoristischen Gedicht auf.[54] So scheint es gerechtfertigt, in der Identifizierung Stirners mit Sancho Panza und Szeligas mit Don Quijote, zu deren Gunsten etwa das zuerst gewählte Instrument der Analogisierung des *Einzigen* mit der Bibel im Ma-

---

53 Karl Marx/Friedrich Engels: III. Sankt Max • Schluss des Leipziger Konzils (H[11]), MEGA² I/5, Ms-S. [32c] u. 100 (S. 262 u. 463: „Das bürgerliche, & zwar speciell das kleinbürgerliche & kleinbäuerliche Eigenthum bleibt im Verein bestehen, wie wir sahen.").
54 Weerth an Marx, 3. Mai 1846, MEGA² III/2, S. 183:
„O liebliche Flur die ich durchzog!
Wo die prakt'schen Interessen siegen;
Wo die größten Geister nur so hoch
Wie die Windmühlflügel fliegen; –
Und die Windmühlen dreh'n sich schläferig
Im leuchtenden Abendrothe.
O glückliches Land! wo vielleicht nur ich
Der einzige Don Quixote."

nuskript zusehends zurücktritt, die Vollendung der Marx-Engels'schen Ridiculisierungsstrategie zu sehen.

Nach diesen Bemerkungen über die allgemeinen Charakteristika des Cervantes-Motivs, welche seine besondere Eignung für die Ridiculisierung, wie für die Veranschaulichung der Überholtheit der idealistischen Geschichtsauffassung erhellen, bleibt die Frage zu klären, aus welchem Grund die Zuordnung von Stirner und Szeliga zu Sancho Panza und Don Quijote auf eine Art und Weise erfolgt, die der bereits vorgenommenen Identifizierung Stirners als „Schöpfer" und Szeligas als „Geschöpf" zu widersprechen scheint. Aus der Passage, in welcher Marx und Engels die Zuordnung erstmalig vornehmen (und in deren Anfang noch die Analogisierungsstrategie zur Anwendung gebracht wird), lässt sich ihre Ursache kaum bestimmen:

> ‚Die erste Herrlichkeit, das erste Eigenthum ist erworben, der erste vollständige Sieg ist errungen!' Der heilige Streiter hat jetzt die Geschichte überwunden, er hat sie in Gedanken, reine Gedanken, die Nichts als Gedanken sind, aufgelöst, & am Ende der Tage nur ein Gedankenheer sich gegenüberstehen. So zieht er aus, Er, Sankt Max, der seinen ‚Galgen' jetzt auf den Rücken genommen hat, wie der Esel das Kreuz, und Szeliga sein Knecht, der mit Fußtritten im Himmel empfangen, gesenkten Hauptes wieder bei seinem Herrn sich einfindet, um dieses Gedankenheer, oder vielmehr bloß den Heiligenschein dieser Gedanken zu bekämpfen. Diesmal ist es Sancho Pansa, voller Sittensprüche, Maximen & Sprüchwörter, der den Kampf gegen das Heilige übernimmt, & Don Quixote tritt als sein frommer & getreuer Knecht auf. Der ehrliche Sancho kämpft mit derselben Tapferkeit, wie vorzeiten der caballero Manchego, & verfehlt nicht, wie dieser, mehrmals eine mongolische Hammelheerde für einen Schwarm von Gespenstern zu versehen.[55]

Nach dieser Einführung des Motivs beschränken sich Marx und Engels im Verlauf des Manuskriptes darauf, die einmal vorgenommene Zuordnung in verschiedensten Variationen auszuschmücken – dabei schreiben sie zum Teil Episoden um, die Cervantes seinen Charakteren widerfahren lässt, oder gehen sogar dazu über, eigene Episoden zu erschaffen.[56] Die Wertschätzung, deren sich dieses Mittel der Ridiculisierung Stirners bei Marx und Engels erfreute, lässt sich dann auch daran ablesen, dass „unser Sancho" sich in der Folge in einer Häufigkeit verwendet findet – und schließlich auch nachträglich in die früheren Textteile eingefügt wurde –, die den Vergleich mit „Sankt Max" und „Stirner" durchaus nicht zu scheuen braucht. Da Marx und Engels sich jedoch an keiner Stelle explizit über die näheren Gründe für die Motivierung zu dieser kontraintuitiven Zuordnung äußern, können diese Gründe nur erschlossen werden.

---

[55] Karl Marx/Friedrich Engels: III. Sankt Max • Schluss des Leipziger Konzils (**H**[11]), MEGA² I/5, Ms-S. 26b/26c (S. 243/244).
[56] So z. B. die ins zeitgenössische Berlin verlegte Geschichte mit den „Baugefangenen Sr. Majestät", ebenda, Ms-S. 76-[76c] (S. 398-401; die Geschichte ist auf Ms-S. [76c] (S. 401) noch nicht beendet, die Bogen 77-79 sind jedoch Textverlust).

Eine erste Strukturierung des Versuchs einer Bestimmung dieser Gründe bietet die Berücksichtigung eines Autors, mit dem Marx nicht nur in seiner Pariser Zeit eine persönliche Bekanntschaft pflegte – eine Bekanntschaft, die dann während des Brüsseler Exils brieflich aufrecht gehalten wurde –, sondern auf dessen Werk Marx an verschiedenen Stellen seiner Schriften – und auch in den Manuskripten zur „Deutschen Ideologie" – Bezug nimmt, ohne diese Bezugnahmen jedoch durch Nachweise explizit zu machen. Die Rede ist natürlich von Heinrich Heine, dessen Werk *Die romantische Schule* in der (ironischen) Würdigung Ludwig Tiecks eine kurze Passage enthält, welche einige interessante Anhaltspunkte für die von Marx und Engels vorgenommene Zuordnung bietet. So heißt es dort im Anschluss an die (wieder ironische) Hervorhebung der Verdienste Tiecks um die Übersetzung des *Don Quijote*:

> Oder hat Miguel de Cervantes Saavedra in seinem närrischen Heldengedichte auch andere Ritter persiffliren wollen, nemlich alle Menschen die für irgend eine Idee kämpfen und leiden? Hat er wirklich in seinem langen dürren Ritter die ideale Begeisterung überhaupt und in dessen dicken Schildknappen den realen Verstand parodiren wollen? Immerhin, letzterer spielt jedenfalls die lächerlichere Figur; denn der reale Verstand, mit allen seinen hergebrachten gemeinnützigen Sprüchworten, muß dennoch, auf seinem ruhigen Esel, hinter der Begeisterung einher trottiren; trotz seiner besseren Einsicht muß er und sein Esel alles Ungemach theilen das dem edlen Ritter so oft zustößt: ja, die ideale Begeistrung ist von so gewaltig hinreißender Art, daß der reale Verstand, mitsammt seinen Eseln ihr immer unwillkürlich nachfolgen muß. Oder hat der tiefsinnige Spanier noch tiefer die menschliche Natur verhöhnen wollen? Hat er vielleicht in der Gestalt des Don Quixote unseren Geist, und in der Gestalt des Sancho Pansa unseren Leib allegorisirt, und das ganze Gedicht wäre alsdann nichts anders als ein großes Mysterium, wo die Frage über den Geist und die Materie in ihrer gräßlichsten Wahrheit diskutirt wird? So viel sehe ich in dem Buche, daß der arme materielle Sancho für die spirituellen Don Quixoterien sehr viel leiden muß, daß er für die nobelsten Absichten seines Herren sehr oft die ignobelsten Prügel empfängt, und daß er immer verständiger ist, als sein hochtrabender Herr; denn er weiß, daß Prügel sehr schlecht, die Würstchen einer Olla-Potrida aber sehr gut schmecken. Wirklich, der Leib scheint oft mehr Einsicht zu haben als der Geist, und der Mensch denkt oft viel richtiger mit Rücken und Magen als mit dem Kopf.[57]

Vor dem Hintergrund des Ausmaßes, in welchem sich in dieser Passage Motive der Stirner-Kritik von Marx und Engels antizipiert finden, fällt es schwer, in ihr nicht den Ausgangspunkt der Marx-Engels'schen Aufnahme von Elementen des Romans von Cervantes zur Ridiculisierung Stirners zu erblicken. Von der Darstellung Don Quijote-Szeligas als dem ideengläubigen „Du" Stirners und der Lächerlichkeit, welche in besonderem Maße der Figur Sancho Panza-Stirner eigne, über die bei allem zur Schau getragenen Materialismus weiterhin gegebene Ausgeliefertheit Stirners an die Welt der Ideen, bis hin zur Stirner'schen Apotheose des Leibes gegenüber dem Geist finden sich in dieser Passage zentrale Aspekte der Kritik, die Marx und Engels am Autor des

---

[57] Heinrich Heine: Die romantische Schule, Historisch-kritische Gesamtausgabe der Werke, Bd. 8/1, Hamburg 1979, S. 184/185.

Einzigen üben. Fast könnte man versucht sein anzunehmen, dass Marx und Engels einige der aufgezählten Aspekte erst in Reaktion auf die Kenntnisnahme dieser kurzen Charakterisierung des Gehalts des Romans von Cervantes – einer Kenntnisnahme, deren Status bei aller festgestellten Übereinstimmung nur ein spekulativer sein kann – in ihre Stirner-Kritik integriert haben.

Wenn über einen etwaigen Zusammenhang zwischen Heines Skizze der zentralen Themen von *Don Quijote* und Marx-Engels'scher Stirner-Kritik auch letzte Zweifel bestehen bleiben müssen, so kann die Eignung dieser Skizze zur Darstellung zentraler Themen der Stirner-Kritik jenseits aller Zweifel behauptet werden. Und da, wie soeben hervorgehoben, sich nicht mit letzter Klarheit bestimmen lässt, ob die Kritik Stirners die Entscheidung für die Aufnahme des Cervantes-Motivs bedingte, also ob die inhaltliche Ausarbeitung die Eigenschaften der gewählten Figuren bestimmte, oder ob das Cervantes-Motiv die Stirner-Kritik strukturierte und gewisse inhaltliche Aspekte erst mit ihm Teil der Kritik wurden, seien zum Ausklang der Darstellung der Elemente der Ridiculisierungsstrategie diejenigen Aspekte der inhaltlichen Kritik an Stirner angeführt, die ihre besondere Prägnanz der Darstellung im schlagkräftigsten Instrument der Marx-Engels'schen Ridiculisierungsstrategie verdanken.

Der erste dieser Aspekte betrifft die Art und Weise, wie Marx und Engels mit der besonderen Stellung Stirners unter den Teilnehmern der Debatte um die Weiterentwicklung des aufklärerischen Diskurses vor dem Hintergrund ihres eigenen Beitrags zu dieser Debatte umgehen. Es ist bereits zu einem früheren Zeitpunkt darauf hingewiesen worden, dass der Kontext, in welchem die Auseinandersetzung mit Stirner von Marx und Engels betrieben wurde, die Konstatierung intellektueller Verwandtschaften und empfangener Anregungen aus den Ansätzen ihrer Kontrahenten besonders erschwerte. Wenn dies schon auf die Auseinandersetzung mit Feuerbach zutrifft, bei welchem sich Marx und Engels immerhin zur Anerkennung eines gewissen Fortschritts, der jedoch selbstverständlich innerhalb des zu transzendierenden Rahmens eines philosophischen Ansatzes verbleibt, bereit zeigen, so noch weit mehr auf die Auseinandersetzung mit den anderen Denkern des Komplexes „Kritik der neuesten deutschen Philosophie".

Unter diesen gebührt Stirner allerdings eine herausgehobene Stellung, da Marx und Engels im Falle Bauers die Kritik nicht nur mit der *Heiligen Familie* bereits weitgehend vollzogen haben, sondern zum Zeitpunkt der Abfassung der Manuskripte zur „Deutschen Ideologie" dem Bauer'schen Ansatz tatsächlich so wenig Relevanz beimessen, dass sich seine Behandlung im Rahmen des Komplexes „Kritik der neuesten deutschen Philosophie" nurmehr der Intention verdankt, die Haltlosigkeit der Erwiderung Bauers auf die *Heilige Familie* zu erweisen und die Distanz zum Ausdruck zu bringen, die sie seit dem Frühjahr 1845 gegenüber Feuerbachs „neuer Philosophie" eingenommen hatten – eine ähnlich substanziell geführte Auseinandersetzung mit Bauer wie bei Stirner und in Ansätzen bei Feuerbach sucht man im Rahmen der Manuskripte zur „Deutschen Ideologie" vergeblich.[58] Im Falle der Heß'schen Kritik Ruges, die bis zum Sommer 1846 wahrscheinlich gemeinsam mit den eigenen Texten im ersten, dem Komplex „Kritik der neuesten deutschen Philosophie" gewidmeten Band der Vierteljahrsschrift erscheinen sollte, kann von einer veritablen inhaltlichen Auseinandersetzung nicht gesprochen werden.[59]

Die Auseinandersetzung mit Stirner hingegen hebt sich stark von diesen drei genannten Autoren ab, und dies nicht nur aufgrund der bereits geschilderten Unterschiede in Länge des Manuskriptes und Dauer der Abfassung. Stirner kommt innerhalb der Debatte um die Weiterentwicklung des aufklärerischen Diskurses eine besondere Stellung zu, da er als erster aus dem Scheitern des philosophisch-aufklärerischen Diskurses die Konsequenz zieht, das bewusstseinszentrierte Modell gesellschaftlicher Veränderung zu problematisieren, von welchem bis zu seinem *Einzigen* sämtliche Ansätze zu einer Umgestaltung der gesellschaftlichen Verhältnisse ihren Ausgang nahmen. Darüber hinaus gelangt er im Zuge dieser Problematisierung zu der Entscheidung, der Aussicht auf eine Repolitisierung des aufklärerischen Diskurses, dessen Entpolitisierung die (weitgehend unbeabsichtigte) Konsequenz der Reaktionen Feuerbachs und Bauers auf die Enttäuschung gewesen war, seine philosophische Form zu opfern. Diese beiden Innovationen Stirners – die Problematisierung des bewusstseinszentrierten Modells gesellschaftlicher Veränderung und der Entschluss zur Transzendierung des philosophischen Rahmens des emanzipativen Projekts der Aufklärung – hatten sich Marx (und Engels) zum Zeitpunkt der Abfassung der Manuskripte zur „Deutschen Ideologie" zwar ebenfalls zu eigen gemacht, aufgrund der Notwendigkeit, bei der Formulierung eines eigenständigen Ansatzes jede Entstehung neuer Beziehungen intellektueller Abhängigkeit strengstens zu vermeiden (vor allem vor dem Hintergrund der Differenzen zwischen den favorisierten gesellschaftlichen Zuständen), konnten sie diese Gemeinsamkeiten mit dem Ansatz Stirners nicht als solche benennen.

In dieser Situation bot die unentrinnbare Abhängigkeit des „realen Verstandes", wie er laut Heine von Cervantes in der Figur Sancho Panzas allegorisiert wird, von der „idealen Begeistrung" eines Don Quijote einen vielversprechenden Ausweg. Hatte bereits Stirner mit seinem „Du", dem Marx und Engels dann die reale Person Szeliga substituieren, auf diejenigen seiner Rezipienten gezielt, die sich (noch) den Versu-

---

[58] Ausgehend von dieser Intention entstand die erste Fassung der Replik auf Bauers *Charakteristik Ludwig Feuerbachs*. Nach der Entscheidung, der Klärung ihres Verhältnisses zu Feuerbach ein eigenes Kapitel zu widmen, wurde die Bauer-Kritik dieses Themas entledigt. In der endgültigen Fassung *II. Sankt Bruno* ist dann nur noch der erste Teil der beschriebenen Intention präsent.

[59] Als sich das Scheitern des Projekts der Vierteljahrsschrift im Sommer 1846 abzeichnete, empfahl Marx Heß, das Manuskript angesichts von seiner Kontroverse mit Ruge zügig und unabhängig von den anderen Manuskripten zu veröffentlichen. M[oses] Heß: Dottore Graziano's Werke. Zwei Jahre in Paris, Studien und Erinnerungen von A. Ruge, in: Deutsche-Brüsseler-Zeitung, Nr. 62 vom 5. August 1847, S. 2/3, u. Nr. 63 vom 8. August 1847, S. 2/3.

chen der Realisierung allgemeiner Ideen verschrieben hatten – also die überwiegende Mehrheit –, so konnten Marx und Engels durch einen Analogieschluss von den Figuren Cervantes' auf das Stirner'sche „Ich" und „Du" insinuieren, Sancho Panza-Stirner befinde sich bei allem Kampf gegen die Macht der Ideen über die konkreten Individuen weiterhin in einem Verhältnis der Abhängigkeit gegenüber Don Quijote-Szeliga. Dieser argumentative Schachzug versetzte sie in die Lage, Stirner den Willen zu einer Befreiung von der Herrschaft der Ideen, bzw. der philosophischen Bewusstseinsbestimmung zuzugestehen und ihm im gleichen Zuge eine unverminderte Ausgeliefertheit an die Gesetzmäßigkeiten dieser Form der Bewusstseinsbestimmung zuzuschreiben. Damit wurde es ihnen möglich, eine der größten Stärken von Stirners emanzipativem Ansatz – den direkten Angriff auf die Ausrichtung des Handelns der konkreten Individuen an Ideen, deren Konkretisierung den Protagonisten eines Expertendiskurses überantwortet war – in eine argumentative Schwäche umzuwandeln. Der komplexe Prozess der Verfeinerung der Ridiculisierungsstrategie, der sie über die Beiordnung Szeligas und die Identifizierung des Stirner'schen „Ich" mit Stirner selbst und „Du" mit Szeliga bis hin zur Schöpfung Sancho Panza-Stirners und Don Quijote-Szeligas führte, zeitigte, so zeigt sich schließlich, mehr oder minder unbeabsichtigt den kaum zu überschätzenden Gewinn, die von ihnen argumentierte Vergeblichkeit der Stirner'schen Bemühungen, einen aufklärerischen Diskurs außerhalb des philosophischen Rahmens zu konzipieren, besonders prägnant zu veranschaulichen.

Ein weiterer Vorteil der kontraintuitiven Besetzung der beiden Charaktere des Cervantes-Romans kommt in der Übereinstimmung der Attribute, welche Heine Sancho Panza zuschreibt, mit den von Stirner im Rahmen seiner Produktion von Evidenz stark gemachten Zügen zum Ausdruck. Nicht nur wird Sancho Panza der häufige Gebrauch von Sprichwörtern zugeschrieben, auf welche auch Stirner wiederholt mit dem Ziel der Produktion von ad hoc-Evidenzen rekurriert,[60] auch die Betonung des durch Sancho Panza symbolisierten Leibes gegenüber dem Geist, als dessen Repräsentation Don Quijote porträtiert wird, scheint wie gemacht, um Stirners Aufforderung zu persiflieren, den je-eigenen Leib gegenüber dem allgemeinen Geist stärker zur Geltung zu bringen.[61] Zieht man schließlich noch in Betracht, dass die Umkehrung des Abhängigkeitsverhältnisses zwischen Sancho Panza und Don Quijote eine originelle Pointe der Aufnahme des Cervantes-Motivs darstellt, auf deren Würdigung durch die Rezipienten Marx und Engels hoffen konnten, so gewinnt die auf den ersten Blick kontraintuitive Besetzung der Personen des Romans mit den von Marx und Engels zur Desavouierung von Stirners „Ich" und „Du" eingesetzten, realen Personen Stirner und Szeliga eine kaum von der Hand zu weisende Logik. So zeigt sich nach diesen Ausführungen, dass die kontraintuitive Umkehrung des Abhängigkeitsver-

---

60 Siehe oben, Kapitel 7, Abschnitt 1.
61 Heinrich Heine: Die romantische Schule, a. a. O., S. 184/185.

hältnisses zwischen Stirner, dem „Schöpfer", und Szeliga, dem „Geschöpf" als Sancho Panza-Stirner und Don Quijote-Szeliga eben kein Versehen und auch keine mangelnde Durchdachtheit im Rahmen der Ridiculisierungsstrategie darstellt, sondern vielmehr Ausdruck des Bemühens ist, die Ridiculisierung Stirners zu forcieren und gleichzeitig die Aussage zu untermauern, dass Stirner trotz seines Ringens um die Befreiung von der Macht der Ideen letztlich ihr Gefangener bleibt.

In diesem gegenseitigen Befruchten von inhaltlicher Kritik und Verfeinerung der Ridiculisierungsstrategie offenbart sich auch der fluide Charakter, welcher der damaligen Ausdifferenzierung der materialistischen Geschichtsauffassung und der Konzipierung der Ideologiekritik zukam. Wenn die Ridiculisierungsstrategie anfänglich gewählt wurde, um den inhaltlichen Kritikpunkten zu mehr Durchschlagskraft zu verhelfen, so entwickelte sie im Laufe ihrer Entfaltung eine Eigendynamik, die dann wiederum auf die gegen Stirner bezogenen Positionen rückwirkte. Und wenn dies auch noch nicht der Ort ist, ein Urteil über den von Marx und Engels in der Reaktion auf Stirner selbst vorgeschlagenen Umgang mit dem Problem der Macht der Ideen, also dem Problem diskursiver Herrschaft zu formulieren, so wird bereits jetzt ersichtlich, dass Marx und Engels aufgrund dieser gegen Stirner formulierten Strategie zu einer anderen Antwort auf die Unzulänglichkeit des bewusstseinszentrierten Modells gesellschaftlicher Veränderung gelangen mussten. An dieser Stelle genügt es jedoch festzuhalten, dass die auf den ersten Blick kontraintuitive Entscheidung, Stirner mit Sancho Panza und Szeliga mit Don Quijote zu identifizieren, es Marx und Engels ungemein erleichterte, dem Stirner'schen Vorhaben, einen aufklärerischen Diskurs außerhalb eines philosophischen Rahmens zu konzipieren, nicht nur die Anerkennung der Originalität zu verweigern, sondern es im gleichen Zuge für gescheitert zu erklären. Dass sie ein in diesen Aspekten vergleichbares Vorhaben verfolgten und selbst zu der Meinung gelangt waren, dass die philosophische Form des aufklärerischen Diskurses maßgeblich zu seinem Scheitern 1842/43 beigetragen hatte, dass es also durchaus Berührungspunkte zwischen ihrem und Stirners Ansatz gab, war ein Sachverhalt, dem vor dem Hintergrund der zu realisierenden (und zu demonstrierenden) Eigenständigkeit ihres Ansatzes die Erwähnung besser versagt blieb.

Mit der Schilderung des Rekurses auf den Roman von Cervantes sind die zentralen Elemente der Marx-Engels'schen Ridiculisierungsstrategie benannt. Zwar äußerte sich das Bemühen um die Ridiculisierung Stirners im Manuskript *III. Sankt Max* auch in weniger systematischen Ansätzen, legten sich Marx und Engels doch im Laufe seiner Abfassung beim Anbringen humoristischer Pointen keinerlei Zurückhaltung auf, die sich einem umfassenden Kalkül verdankenden Elemente der Ridiculisierungsstrategie sind jedoch die folgenden, in den vorhergehenden Ausführungen beschriebenen: Analogisierung des *Einzigen* mit der Bibel, Beiordnung Szeligas und Besetzung der Stirner'schen Figuren „Schöpfer" und „Geschöpf", „Ich" und „Du" mit Stirner und Szeliga und ihre schließliche Drapierung in Cervantes' Sancho Panza und Don Quijote. All diese systematischen und unsystematischen Anläufe zielten darauf, Stirners Produktion argumentativer Evidenz durch den Eindruck der Lächerlichkeit des Autors (und im übertragenen Sinne auch derjenigen, die sich von Stirners Argumentation überzeugen ließen) zu schwächen und dabei einen unterhaltsamen Text zu verfassen, der sowohl mit dem lockeren Stil Stirners mitzuhalten in der Lage war, als auch dem im Rahmen der Veröffentlichung in einer Vierteljahrsschrift Geforderten gerecht wurde.

Wie mit der Darstellung der Ridiculisierungsstrategie zutage tritt, verwandten Marx und Engels große Mühen und eine gehörige Ausdauer auf diesen Aspekt der Widerlegung der radikalen argumentativen Ermächtigung des konkreten Individuums, mit welcher Stirner eine Antwort auf die Probleme des philosophisch-aufklärerischen Diskurses zu geben versucht hatte. Neben diesem Aspekt einer humorvollen Widerlegung Stirners finden sich jedoch auch verschiedene Ansätze zu einer ernsthaften Auseinandersetzung mit Stirners Form der Evidenzproduktion. Marx (und Engels) haben, so wird die folgende Darstellung erweisen, sich mit Stirner eben nicht nur auf die ridiculisierende Weise auseinandergesetzt, welche gerade für den anfänglichen Lektüre-Eindruck so prägend ist. Wenn man so will, haben sie eben nicht nur *ad hominem*, sondern auch *ad rem* gegen Stirner argumentiert.

10.3 Die argumentativen Instrumente der Deplausibilisierung der Evidenz alltagssprachlicher Vertrautheit

Zur Einleitung in die Darstellung der Instrumente zur Deplausibilisierung der von Stirner zur Generierung von Überzeugungsleistungen eingesetzten Evidenz alltagssprachlicher Vertrautheit eignet sich ein eher allgemein gehaltener Vorwurf, welchen Marx und Engels – nicht zu Unrecht – gegen den Stirner'schen Ansatz formulieren, welcher jedoch bereits die Richtung vorgibt, die die beiden in der Deplausibilisierung verfolgen werden. So bemängeln die beiden Brüsseler Exilanten, dass Stirner sich beim Belegen seiner Thesen auf „ihm allein zugängliche belletristische Quellen" stütze,[62] nehmen also eine Argumentationslinie auf, die sie bereits bei dem, im Heß'schen *Gesellschaftsspiegel* publizierten Artikel *Gegen Bruno Bauer* verfolgt hatten, der mit der Absicht verfasst wurde, der Öffentlichkeit gegenüber den von Bauer bei seiner Antwort auf die *Heilige Familie* begangenen Verstoß gegen grundlegende Konventionen wissenschaftlichen Arbeitens zu dokumentieren.[63] Gegen Stirner wird dieser Vorwurf anlässlich der mangelnden Berücksichtigung ernstzunehmender his-

---

[62] Karl Marx/Friedrich Engels: III. Sankt Max • Schluss des Leipziger Konzils (**H**[11]), MEGA² I/5, Ms-S. [28¹] (S. 250): „Über den Schachergeist, der damals in Deutschland herrschte, kann Sankt Sancho u. A. Jean Paul vergleichen, um ihm allein zugängliche belletristische Quellen zu citiren." Vgl. auch die wiederholten Fälle, in denen Stirner als „Belletrist für Bürger & Landmann" bezeichnet wird (ebenda, Ms-S. 63, [64a] u. [76b] (S. 357, 361 u. 400)).
[63] Siehe oben, Kapitel 9, Abschnitt 3.

torischer Quellen (auf welche sie ihn verweisen) und in Form einer Aufzählung der von ihm an ihrer statt herangezogenen Quellen erhoben:

> Das einzig Wichtige ist die Entdeckung, daß die altfranzösischen Parlamente auf dem Rechte bestanden, königliche Edikte zu registriren, *weil* sie ‚nach eignem Rechte richten' wollten. Das Registriren der Gesetze durch die französischen Parlamente kam auf zugleich mit der Bourgeoisie & der für die damit absolut werdenden Könige gesetzten Nothwendigkeit, sowohl dem Feudaladel wie fremden Staaten gegenüber einen fremden Willen von dem der ihrige abhängig sei, vorzuschützen, & zugleich den Bourgeois eine Garantie zu geben. Sankt Max kann sich dies aus der Geschichte seines geliebten Franz I. eines Weiteren verständlich machen; im Übrigen möge er sich aus den vierzehn Bänden Des Etats généraux et autres assemblées nationales, Paris 1788, über das, was die französischen Parlamente wollten oder nicht wollten & was sie zu bedeuten hatten, einigermaßen Raths erholen, ehe er sie wieder in den Mund nimmt. Überhaupt wäre es wohl am Ort, hier eine kurze Episode über die *Belesenheit* unsres eroberungssüchtigen Heiligen einzulegen. Abgesehen von den theoretischen Büchern, wie Feuerbachs, & B. Bauers Schriften, sowie von der Hegelschen Tradition, die seine Hauptquelle bildet – abgesehen von diesen nothdürftigsten theoretischen Quellen benutzt u. citirt unser Sancho folgende historische Quellen: Für die franz. Revolution Rutenbergs politische Reden & die Bauerschen Denkwürdigkeiten; für den Kommunismus Proudhon, A. Beckers Volksphilosophie, die ‚21 Bogen' & den Bluntschli-Bericht; für den Liberalismus die Vossische Zeitung, die sächsischen Vaterlandsblätter, die badische Kammer, wieder die ‚21 Bogen' & E. Bauers epochemachende Schriftchen; außerdem werden noch hier & da als historische Belege citirt: Die Bibel, Schlossers 18tes Jahrhundert, Louis Blanc Histoire de dix ans, Hinrichs politische Vorlesungen, Bettina: dies Buch gehört dem Könige, Heß' Triarchie, die deutsch-franz. Jahrbücher, die Züricher Anekdota, Moritz Carriere über den Kölner Dom, Sitzung der Pariser Pairskammer vom 25 April 1844, Karl Nauwerck, Emilia Galotti, die Bibel, – kurz das ganze Berliner Lesekabinet sammt seinem Eigenthümer Wilibald Alexis Cabanis.[64]

Zwar verweist dieser Vorwurf eher auf eine Neuerung, um welche Marx und Engels die Debatte um die Weiterentwicklung des aufklärerischen Diskurses bereichert haben, befindet sich doch der von Stirner praktizierte Rekurs auf „belletristische Quellen" in Übereinstimmung mit seinem Ansatz, die Anforderungen an die Rezipienten des aufklärerischen Diskurses zu, wenn man so will, „demokratisieren", also von einem voraussetzungsreichen Experten- in einen voraussetzungsarmen Laien-Diskurs zu überführen. Aus der Perspektive Stirners kommt der Vorwurf, auf die Nutzung der Ergebnisse zeitgenössischer, wissenschaftlicher Schriften verzichtet zu haben, insofern zwar keine Relevanz zu, er reiht sich jedoch ein in die Marx-Engels'sche Diagnostik der Gründe, die zum Scheitern des philosophisch-aufklärerischen Diskurses 1842/43 beigetragen haben.

Einer der von ihnen herausgestellten Gründe für dieses Scheitern zielt auf den mangelnden Wirklichkeitsbezug dieses Diskurses und auf die, mit diesem Mangel einhergehende Problematik eines gelingenden Zugriffs auf die Wirklichkeit. Zur Ge-

---

[64] Karl Marx/Friedrich Engels: III. Sankt Max • Schluss des Leipziger Konzils (**H**^{11}), MEGA² I/5, Ms-S. 73b/[73c] (S. 388/389).

währleistung des letzteren sehen Marx und Engels es als notwendig an, sich auf Werke zu stützen, deren Plausibilität sich aus anderen Ressourcen speist als die religiösen, philosophischen oder belletristischen Werke, welche bis zur Ausarbeitung ihres eigenen Standpunktes in den Beiträgen zur Debatte um die Weiterentwicklung des aufklärerischen Diskurses herangezogen wurden. Es kann zu diesem Zeitpunkt der Darstellung kaum mehr überraschen, wie viel sie sich bei der Konzipierung ihres Beitrages zur Weiterentwicklung des aufklärerischen Diskurses von der Art und Weise versprachen, auf welche in erfahrungswissenschaftlichen, bzw. empirisch fundierten Werken Überzeugungsleistungen generiert werden – allen voran in den, häufig Ergebnisse empirischer Erhebungen und Statistiken berücksichtigenden, nationalökonomischen Werken, die von ihnen im Verlauf des vorangegangenen Jahres intensiv rezipiert worden waren. Vor dem Hintergrund dieser Auffassung stellt der Stirner'sche Rekurs auf „belletristische Quellen" natürlich nicht nur keinen Fortschritt dar, sondern zementiert vielmehr die Abstraktheit und Wirklichkeitsferne, die schon der philosophischen Form des aufklärerischen Diskurses bei der Überzeugung seiner Adressaten zum Verhängnis wurden. Nichtsdestotrotz zeigt sich bereits in diesem Ansinnen, Stirner die mangelnde Wissenschaftlichkeit seiner Quellen vorzuhalten, ein ernsthafterer Umgang mit dem Ansatz Stirners, als Marx und Engels ihn im Rahmen ihrer Ridiculisierungsstrategie pflegen.

Von einem ernsthafteren Umgang mit dem im *Einzigen* formulierten Ansatz zeugt auch die nächste, von Marx und Engels zur Desavouierung Stirners eingesetzte Strategie. Wie bereits in der Erläuterung der Hintergründe ihres Rekurses auf den Roman von Cervantes angeklungen ist, waren Marx und Engels nicht bereit, Stirner den erfolgreichen Bruch mit der philosophischen Bewusstseinsbestimmung zu konzedieren. Im Gegenteil bemühen sie sich über den gesamten Verlauf ihrer Kritik, Stirners Zugehörigkeit zu denjenigen Vertretern des aufklärerischen Diskurses aufrecht zu halten, die, wie Feuerbach und Bauer, sich auch nach dem Scheitern seiner philosophischen Form nicht zu einer Problematisierung der diesem Diskurs zugrundeliegenden Weise der Evidenzproduktion bereit zeigten. So wird die von Stirner ermöglichte argumentative Selbstermächtigung des konkreten Individuums als ein weiteres Beispiel der Bemühungen deutscher Philosophen behandelt, einen Verlust ihrer öffentlichen Relevanz nach dem Scheitern von 1842/43 durch die fortgesetzte Veröffentlichung philosophischer Schriften zu vermeiden, wenn Marx und Engels sich auch gezwungen sehen, in Stirners Fall gewisse Qualifizierungen vorzunehmen, auf die im Folgenden noch einzugehen sein wird.

In erster Linie verdankt sich diese Strategie einer Wiedereingliederung Stirners in die Reihen der philosophischen deutschen Spätaufklärer, also einer, wenn man so will, „Rephilosophisierung" des Autors des *Einzigen*, dem Ansinnen von Marx und Engels, Stirners Beitrag zur Debatte um die Weiterentwicklung des aufklärerischen Diskurses jede Form von Originalität und innovativem Gehalt abzusprechen. Durch die Aufrechterhaltung der Zugehörigkeit Stirners zu den Protagonisten eines philosophisch-aufklärerischen Diskurses möchten Marx und Engels den Eindruck erwecken,

Stirners Ansatz leide unter den gleichen, in der Enttäuschung zutage getretenen Schwächen wie die in der Folge weitgehend unveränderten Ansätze Feuerbachs und Bauers (und in gewissem Sinne sogar Hegels): Abstraktheit und misslingender Kontakt mit der Wirklichkeit, mangelnder Bezug zu den tatsächlich verhaltensnormierenden Interessen der fortschrittlichen Bevölkerungsschichten und Ignoranz gegenüber den sich außerhalb Preußens und Deutschlands vollziehenden Entwicklungen.

Im Zuge dieses Bemühens, Stirner den Bruch mit der philosophischen Evidenzproduktion abzusprechen und ihn weiterhin als philosophisch Argumentierenden zu behandeln, kommt es zu einer Doppelung des Marx-Engels'schen Angriffs auf die von Stirner praktizierte Form der argumentativen Evidenzproduktion – oder besser: die Unterstellung der weiterhin gegebenen Zugehörigkeit Stirners zum Kreis der philosophisch Argumentierenden gestattet es Marx und Engels, nicht nur gegen die von Stirner tatsächlich zur Generierung von Überzeugungsleistungen eingesetzte Evidenz alltagssprachlicher Vertrautheit zu argumentieren – was sie, wie die Darstellung in Kürze zeigen wird, mit vergleichbarem Furor unternehmen –, sondern außerdem argumentative Züge zum Einsatz zu bringen, die auf die Deplausibilisierung der philosophischen Evidenzproduktion zielen. Diese letztere bildet bei Stirner zwar gleichermaßen das Ziel eines Versuchs der Deplausibilisierung, motiviert sich sein Rekurs auf die Evidenz alltagssprachlicher Vertrautheit doch gerade aus dem Versuch einer Befreiung der konkreten Individuen von der philosophischen Bewusstseinsbestimmung. Wie sich im weiteren Verlauf der Darstellung zeigen wird, gibt es jedoch einige, im Rahmen der Produktion der Evidenz alltagssprachlicher Vertrautheit zur Anwendung gebrachte, argumentative Instrumente, die eine solche Ähnlichkeit mit der philosophischen Begriffsentwicklung aufweisen, dass die Annahme, Stirner betreibe weiterhin eine philosophische Evidenzproduktion einen nachvollziehbaren Irrtum bildet.

Eine erste Konsequenz der Rephilosophisierung Stirners besteht jedoch darin, dass es vor allem Marx möglich wird, über die Verortung Stirners in der nachhegelschen philosophischen Entwicklung eine Bewertung auch dieses Themenbereichs in den ersten Band der Vierteljahrsschrift zu integrieren. Vor dem Hintergrund der profunden philosophischen Bildung, die Marx sich in den vorangegangenen Jahren aneignen konnte, und dem brieflich dokumentierten Desinteresse, das Engels gegenüber der detaillierten Beschäftigung mit (eigentlich überholten) philosophischen Fragestellungen zeigte,[65] kann kaum ein Zweifel bestehen, dass der kontextualisierende Aufriss der philosophiegeschichtlichen Entwicklung, wie er im Rahmen der Manuskripte des Komplexes „Kritik der neuesten deutschen Philosophie" vorgenommen wird, von Marx herrührt. Wenn dieser Aufriss vor allem in der Kritik Stirners gegeben wird, so greifen die Konsequenzen weit über die Stirner-Kritik hinaus, bedeutet der direkte Rückbezug auf Hegel doch, dass Marx nunmehr auch über das Verhältnis

---

65 Siehe oben, Kapitel 9, Abschnitt 3.

Bauers und vor allem Feuerbachs zu Hegel Aussagen formulieren kann, welche die Deutungshoheit dieser beiden zentralen Figuren der junghegelianischen Aufklärung zu brechen gestatten und insofern die angestrebte Eigenständigkeit des eigenen Beitrags zur Debatte um die Weiterentwicklung des aufklärerischen Diskurses auch in dieser Hinsicht zu realisieren erlauben. Vor diesem Hintergrund ist die Rephilosophisierung Stirners nachgerade als Bedingung der Möglichkeit anzusehen, dass Marx (und Engels) ihre Ansichten über die Überholtheit der philosophischen Form des emanzipativen Projekts der Aufklärung im Rahmen der Manuskripte zur „Deutschen Ideologie" unterzubringen vermochten. Zwar hätte im Prinzip nichts dagegen gesprochen, vergleichbare Ausführungen auch dann in den Komplex „Kritik der neuesten deutschen Philosophie" zu integrieren, wenn sie die Ähnlichkeit des Stirner'schen Unterfangens anerkannt hätten, es wäre dies jedoch kaum möglich gewesen, ohne Stirner zumindest den chronologischen Primat in der Problematisierung der philosophischen Form des aufklärerischen Diskurses zuzugestehen. Der Eindruck, sie hätten in der Formulierung ihres, von Feuerbach nunmehr unabhängigen, Beitrags Elemente des Stirner'schen aufgenommen, hätte die angestrebte Eigenständigkeit zwangsläufig kompromittiert.

In Bezug auf die für die Kritik Stirners spezifischen Konsequenzen der Rephilosophisierung ist hier erstens darauf zu verweisen, dass die wiederholt von Marx (und Engels) praktizierte Rückführung von Aussagen Stirners auf die ihnen, laut Marx und Engels, zugrunde liegenden Sätze Hegels[66] die Behauptung rechtfertigen hilft, Stirner beziehe als „unbeholfener Kopist"[67] Hegels den Großteil der Plausibilität des von ihm Argumentierten aus Evidenzen, die bereits von letzterem produziert worden waren – eine Behauptung, die erneut darauf zielt, Stirner seine besondere Stellung unter den Protagonisten der Debatte um die Weiterentwicklung des aufklärerischen Diskurses zu bestreiten und ihn wieder in die zweite Reihe dieser Protagonisten zu verweisen. Überhaupt könnte man aufgrund dieser Passagen, in welchen Stirner, wenn man so will, des Plagiats an Hegel bezichtigt wird, dem die Irrtümer, die Stirner dann angekreidet werden, noch nachgesehen werden, da er „eine solche Konstruktion zum ers-

---

[66] Vgl. etwa Karl Marx/Friedrich Engels: III. Sankt Max • Schluss des Leipziger Konzils (**H**[11]), MEGA² I/5, Ms-S. 20 (S. 228): „Aus den obigen Stellen geht ebenfalls hervor, daß Hegel 1) die französische Revolution als eine neue und vollendetere Phase dieser Geistesherrschaft faßt, 2) in den Philosophen die Weltherrscher des neunzehnten Jahrhunderts sieht, 3.) behauptet, daß jetzt nur abstrakte Gedanken unter den Menschen gelten, 4) daß schon bei ihm Ehe, Familie, Staat, Selbsterwerb, bürgerliche Ordnung, Eigenthum p. p. als ‚Göttlich und Heilig', als ‚*das Religiöse*' gefaßt werden, und 5.) daß die *Sittlichkeit* als verweltlichte Heiligkeit oder geheiligte Weltlichkeit, als die höchste und letzte Form der Herrschaft des Geistes über die Welt dargestellt wird – Alles Dinge, die wir bei ‚Stirner' *wörtlich* wiederfinden." Vgl. auch die Passagen, in welchen die von Stirner geäußerten Positionen seitengenau auf Hegels *Geschichte der Philosophie* zurückgeführt werden, z. B. ebenda, Ms-S. 10a, 12a, 16b, 17, 17c-18a u. 18c (S. 197/198, 204, 217, 219, 221-223 u. 225).

[67] Ebenda, Ms-S. 18a (S. 223).

ten Male für die ganze Geschichte und die gegenwärtige Welt in ihrem ganzen Umfange" gemacht hätte,[68] zu dem Eindruck gelangen, Hegel sei der einzige Denker, dem Marx neben Feuerbach noch eine gewisse Originalität zumindest auf philosophischem Gebiet zuzusprechen bereit wäre.[69] So kommt ein erster argumentativer Gewinn der Rephilosophisierung in der Unterstellung zum Ausdruck, dass diejenigen Erfahrungen von Evidenz, deren Hervorrufung auch Marx und Engels dem Stirner'schen Werk zugestehen, nicht in der Stirner'schen, sondern vielmehr in der Hegel'schen Evidenzproduktion ihren Ursprung haben.

Eine zweite Konsequenz der Rephilosophisierung Stirners und der Postulierung seiner Abhängigkeit von Hegel ist dann in der Hinsicht zu konstatieren, dass sie es Marx ermöglicht, die eigenen argumentativen Züge, die er in der Vergangenheit gegen die philosophische Evidenzproduktion entwickelte, in der Deplausibilisierung Stirners erneut oder sogar erstmalig zum Einsatz zu bringen. In der Folge ergibt sich damit die Situation, dass Marx – aufgrund der eigentlichen Überholtheit auch und gerade der Hegel'schen Philosophie zum quasi letzten Mal – von dem Sachverhalt zu profitieren in der Lage ist, über besonders umfangreiche Kenntnisse der Philosophie desjenigen Denkers zu gebieten, der über Jahre die Koordinaten der deutschen, spätaufklärerischen Debatte bestimmte. Wenn der Nachweis, den Gehalt der eigenen Ausführungen von Hegel zu beziehen, nunmehr auch eher ihre Disqualifizierung bedingt, und wenn die Rückführung Stirner'scher Aussagen auf Hegel'sche Sätze nun eher dazu taugt, die tiefe, unvermindert gegebene Verankerung des Autors des *Einzigen* in der philosophischen Evidenzproduktion zu erweisen, so zeigt dies zum einen, welche letzten, argumentativen Verwertungsmöglichkeiten diese Kenntnisse zum Zeitpunkt der Abfassung der Manuskripte zur „Deutschen Ideologie" noch ermöglichen, und zum anderen, welche Register Marx (und Engels) bei der Desavouierung und Deplausibilisierung Stirner zu ziehen bereit sind.

Allerdings sind sich auch Marx (und Engels) bewusst, dass eine schlichte Rephilosophisierung dem Stirner'schen Ansatz nicht gerecht wird. Sie qualifizieren den Autor des *Einzigen* insofern auch nicht mehr einfach als „Philosophen", vielmehr

---

68 Ebenda, Ms-S. 20a (S. 229).
69 Doch wird das Bemühen um die Formulierung einer eigenständigen Position von Marx (und Engels) durch diese Anerkennung Hegels nicht kompromittiert, da auch Hegel sich, bei allem von Marx entgegengebrachten Verständnis, dem Vorwurf ausgesetzt sieht, die tatsächlichen Faktoren der geschichtlichen Entwicklung verkannt und der Empirie nicht die Bedeutung eingeräumt zu haben, welche ihr von Marx und Engels im Rahmen der Manuskripte zur „Deutschen Ideologie" zugewiesen wird. So werden Hegel zwar „umfassende positive Kenntnisse" und eine „wenigstens stellenweise" Bezugnahme „auf die empirische Geschichte" konzediert (ebenda), doch das „Kunststück", „in der Geschichte die Oberherrlichkeit des Geistes (Hierarchie bei Stirner) nachzuweisen" – also die in der Folge gegebene Anleitung zur Konstruktion einer idealistischen Geschichte – wird explizit auch auf Hegel bezogen (Karl Marx/Friedrich Engels: [Konvolut zu Feuerbach] (**H⁵**), MEGA² I/5, Ms-S. 33/34 (S. 64-66)).

(er)finden sie für Stirner die neue Figur eines „bankerutten Philosophen", also eines Philosophen, welcher mit dem Verzicht auf „Gedanken" seines einzigen „Handelsartikels" verlustig geht.[70] In dieser Figur, die Stirner zwar die von ihm propagierte „Gedankenlosigkeit" konzediert, seinem Austritt aus dem Kreis der philosophischen Spätaufklärer jedoch im gleichen Zuge die Anerkennung verweigert, liegt der Schlüssel für die doppelte Ausrichtung der argumentativen Angriffe auf Stirner als eines argumentativen „Zwitters", dem sowohl mit dem Instrumentarium der überkommenen philosophischen Evidenzproduktion zu begegnen, als auch mit dem neuen, von Marx und Engels zum Einsatz gebrachten Instrumentarium der erfahrungswissenschaftlichen Evidenzproduktion beizukommen sei. Als „bankerutter" Philosoph, der auf die Gedanken Verzicht geleistet hat und der nun unter dem Begriff „eigen" das fasst, was seine philosophischen Vorgänger unter dem Begriff „menschlich" fassen,[71] ist Stirner Ziel derjenigen argumentativen Angriffe von Marx (und Engels), die ihre Überzeugungskraft aus der Evidenz gelingender Begriffsentwicklung beziehen und die den Nachweis zu erbringen suchen, dass Stirner nur aus dem Grund glauben konnte, dem argumentativen Instrumentarium der philosophischen Evidenzproduktion enthoben zu sein, weil er selbst dieses Instrumentarium nicht beherrsche. Als Philosoph *per se* ist ihm hingegen zu zeigen, dass selbst wenn er dieses Instrumentarium beherrschen würde, er sich der überlegenen Überzeugungskraft der Evidenz empirisch-konstatierbarer Tatsachen würde beugen müssen.

Soweit das Kalkül der von Marx und Engels abgegebenen „Bankrotterklärung" des Philosophen Stirner. Dass jedoch auch den beiden Brüsseler Exilanten mitunter Zweifel ob der Angemessenheit dieser Charakterisierung des Autors des *Einzigen* kommen und dass auch sie bisweilen der Möglichkeit Raum geben, dass die argumentativen Instrumente der philosophischen Evidenzproduktion bei Stirners Ansatz ins Leere laufen, zeigt sich in den Momenten, in denen sie die Instrumente ihrer eigenen, für überlegen gehaltenen Form der Evidenzproduktion auch gegen die Ergebnisse der Stirner'schen Evidenzproduktion zum Einsatz bringen. Für Marx und Engels erweist sich der Stirner des *Einzigen* insofern als ein sehr dankbares Ziel, kann doch vor allem der erstere in der Kritik an Stirners Ansatz zum einen seine Fähigkeiten in der Produktion der philosophischen Evidenz gelingender Begriffsentwicklung vorführen – und damit zeigen, dass er weiß, wovon er spricht, wenn er der philosophischen eine neue Form der argumentativen Evidenzproduktion entgegensetzt.[72]

---

70 Karl Marx/Friedrich Engels: III. Sankt Max • Schluss des Leipziger Konzils (**H**[11]), MEGA² I/5, Ms-S. [41b] u. [58a] (S. 291 u. 341).
71 Ebenda, Ms-S. [58a]/[58b] (S. 341).
72 Wenn man so will, impliziert dies eine Spitze gegen Heß, der sich in seiner Schrift *Die letzten Philosophen* zwar ostentativ von der Philosophie abwendet, der jedoch längst nicht über die Fähigkeiten in der Produktion philosophischer Evidenz verfügt, wie dies bei Marx der Fall ist. Auch Heß sieht sich in der Folge dem Vorwurf ausgesetzt, der Philosophie entsagt zu haben, ohne sich im gleichen Zuge der (von ihm nur eingeschränkt beherrschten) philosophischen Evidenzproduktion zu begeben. Man

Zum anderen wird es den beiden Autoren möglich, den erfolgreichen Rekurs auf die Evidenz empirisch-konstatierbarer Tatsachen, der schließlich auch das Fundament ihrer Kritik an den Ansätzen der „wahren" Sozialisten bildet, bei einem Ansatz zu demonstrieren, der sich im sozialistischen, bzw. kommunistischen Lager keiner Sympathien erfreut, dem jedoch im Rahmen der bisherigen, philosophisch fundierten Reaktionen eines Feuerbach oder eines Heß nicht beizukommen war.

Marx und Engels, so kann an dieser Stelle zusammengefasst werden, können mit der Kritik des „bankerutten Philosophen" also zweierlei leisten: sie können den Nachweis liefern, dass dem argumentativen Renegaten Stirner mit dem Instrumentarium der philosophischen Evidenzproduktion sehr wohl beizukommen ist – dass Stirner seinen Anspruch, die Macht der philosophischen Bewusstseinsbestimmung zu brechen, mit dem Rekurs auf eine vermeintlich neue Form der Evidenzproduktion nicht einlösen kann –, und sie können die Macht ihrer eigenen, neuen Form der Evidenzproduktion und des auf ihr ruhenden, neuen aufklärerischen Diskurses an einem Gegner vorführen, für dessen Widerlegung sie anders als im Falle derjenigen Feuerbachs mit dem Wohlwollen der Anhänger der sozialistischen, bzw. kommunistischen Bewegung rechnen können. Vor diesem Hintergrund muss ihnen die Kritik Stirners wie gerufen erschienen sein, und es lässt sich auch weit eher nachvollziehen, dass sie diesem Denker den Raum in ihrem eigenen Periodikum zu widmen bereit waren, den über 450 Manuskriptseiten auch in gedruckter Form einnehmen.

Stirner und den von seinem Ansatz Überzeugten nachzuweisen, dass ein Großteil der von ihm produzierten Evidenzen bloße Schein-Evidenzen seien, die – so paradox es klingt – nur aus dem Grund den Eindruck eines ernstzunehmenden Argumentes erwecken können, weil ihr Urheber gegen die grundlegendsten Regeln philosophischer Evidenzproduktion verstößt, ist das Ansinnen, das Marx (und Engels) mit den über den gesamten Verlauf des Manuskriptes *III. Sankt Max* immer wieder zu findenden Gleichungssystemen verfolgen.[73] Vor allem Marx fährt gegen den Autor des *Einzigen* noch einmal das gesamte Repertoire der argumentativen Instrumente auf, mit welchen im Rahmen der philosophischen Evidenzproduktion die Positionen der kritisierten Gegner entkräftet werden, und unternimmt mit den Gleichungssystemen den Versuch, die Stirner'sche Argumentation in ein System von Thesen und Antithe-

---

könnte bei Marx durchaus den Eindruck gewinnen, er sei der Auffassung, nur derjenige könne sich erfolgreich von der philosophischen Evidenzproduktion abwenden, der sie in herausragendem Maße beherrsche. Man könnte aber auch den Eindruck gewinnen, Marx selbst falle die Preisgabe dieser Form der Generierung von Überzeugungsleistungen aufgrund ihrer besonderen Beherrschung schwerer als allen anderen. Für eine eingehendere Reflexion dieser Problematik siehe unten, Kapitel 11, Abschnitt 2.

[73] Karl Marx/Friedrich Engels: III. Sankt Max • Schluss des Leipziger Konzils (**H**[11]), MEGA² I/5, Ms-S. 34, [34b], 35, [35b], 56a-56c, [61b], 63b-64, 67, [67b], [68a], [69a], 71, 72/72a, 73a, [74c]/75, 80c/81, 90c u. [108b] (S. 267, 269, 270, 272, 334-336, 352/353, 359/360, 369, 370, 373, 376, 382, 385, 387/388, 392-395, 403-405, 434 u. 485).

sen zu bringen. Wenn man so will, vollzieht Marx somit einen argumentativen Schritt, den Stirner nicht vollzog oder, aufgrund seiner nur eingeschränkten Beherrschung der philosophischen Evidenzproduktion, nicht vollziehen konnte.

Wiederholt versucht Marx im Zuge dieser Systematisierung der Stirner'schen Gedanken den Nachweis zu erbringen, dass der Preis, den Stirner mit seinem plakativen Verzicht auf die Widerspruchsfreiheit der von ihm entwickelten Positionen[74] zu zahlen hat, darin bestehe, dass seine stützenden Argumente nur den Status von Tautologien beanspruchen könnten,[75] also den Status derjenigen Klasse von Sätzen, die ausschließlich auf der grammatischen Ebene der Begriffsdefinitionen angesiedelt sind und die gerade in Bezug auf die Erkenntnis der Wirklichkeit, dem laut Marx und Engels notwendigsten Komplement einer Weiterentwicklung des aufklärerischen Diskurses, am wenigsten Aussagekraft besitzen. Der Vorwurf von Marx und Engels lässt sich also dahingehend zusammenfassen, dass Stirner sich mit seinen, originell wirkenden Aussagen nicht nur auf der Ebene rein sprachlicher Abstraktion bewege, ohne mit diesen Aussagen irgendetwas Belastbares über die zu verändernde Wirklichkeit zu vermitteln. Sie unterstellen darüber hinaus, dass diese Aussagen nicht einmal auf der grammatischen Ebene der Begriffsdefinitionen einen erkennbaren Gewinn zeitigen, da die von Stirner vorgenommenen Definitionen und Umdeutungen bestehender Begriffe dem Gebot zu realisierender Widerspruchsfreiheit nicht nur nicht gehorchen – diese Behauptung gehört zum Grundrepertoire der kritischen Auseinandersetzung unter philosophischen Autoren –, sondern, aufgrund des plakativen Verzichts ihres Urhebers auf dieses Gebot sinnvollen Sprechens, ausschließlich Unsinn darstellen.[76]

Es ist dies die Stelle, an welcher dem bereits angeführten Sachverhalt Rechnung getragen werden muss, dass gewisse Ähnlichkeiten zwischen der von Stirner angewandten Evidenz alltagssprachlicher Vertrautheit und der philosophischen Evidenz gelingender Begriffsentwicklung den Marx'schen Versuch, der argumentativen Selbstermächtigung der konkreten Individuen mit dem Instrumentarium der philo-

---

74 Siehe oben, Kapitel 7, Abschnitt 1.
75 Siehe etwa Karl Marx/Friedrich Engels: III. Sankt Max • Schluss des Leipziger Konzils (**H**[11]), MEGA² I/5, Ms- S. 59c (S. 346): „‚*Wenn* Du denken *willst*' – so stellst Du Dir von vorn herein die ‚Aufgabe' zu denken; diesen tautologischen Satz brauchte Sankt Sancho nicht so pomphaft auszuposaunen. Der ganze Satz war überhaupt nur in diese Form der lumpigen Distinktion & pomphaften Tautologie gehüllt, um den Inhalt zu verdecken: Als *Bestimmter*, Wirklicher hast Du eine *Bestimmung*, eine Aufgabe, Du magst ein Bewußtsein darüber haben oder nicht." Vgl. auch ebenda, Ms-S. 56a/56b, 66/[66a], [68c], [69b] u. [110b] (S. 334, 367/368, 375, 377 u. 491/492).
76 So etwa anlässlich der Behandlung des für Stirner zentralen Konzepts „Hierarchie", ebenda, Ms-S. 22 (S. 234): „Dies ist die Hierarchie des Unsinns." Vgl. auch ebenda, Ms-S. 30b (S. 258): „Man sieht hier wieder, wie Sankt Max überall seinen Unsinn als ‚*den* Sinn' geschichtlicher Fakta an den Mann zu bringen sucht," oder ebenda, Ms-S. 37 (S. 275): „Dieser Satz Sankt Sanchos ist übrigens nicht mit dem obigen mode simple des Unsinns zufrieden, er muß es bis zum mode composé u. bi-composé des Unsinns bringen." Die Reihe der Beispiele ließe sich noch beträchtlich erweitern.

sophischen Evidenzproduktion zu begegnen, zu erleichtern scheinen. Denn es ist tatsächlich der Fall, dass Stirner unzählige, sich zum Teil widersprechende Neudefinitionen, Umdeutungen und ungewöhnliche Kontextualisierungen geläufiger Begriffe vornimmt,[77] wie dies, wenn auch auf systematischere Weise, im Rahmen der Produktion der Evidenz gelingender Begriffsentwicklung ebenfalls geschieht. Daraus zu folgern, Stirner rekurriere weiterhin auf die philosophische Evidenz gelingender Begriffsentwicklung, bedeutet jedoch, das besondere Spezifikum der argumentativen Ermächtigung des konkreten Individuums zu verkennen. Letzteres besteht eben nicht im Entwurf eines umfassenden begrifflichen Systems, dem bis zu seiner Widerlegung allgemeine Geltung zugesprochen wird, wie dies im Rahmen der philosophischen Evidenzproduktion praktiziert wird.

Das Spezifikum der von Stirner propagierten argumentativen Selbstermächtigung des konkreten Individuums besteht vielmehr darin, dass die letzte Entscheidungskompetenz in Fragen der von Begriffen transportierten Bedeutungen und der Widersprüchlichkeit argumentierter Positionen nicht bei den ausgewiesenen Experten der Produktion der Evidenz gelingender Begriffsentwicklung verankert wird, sondern im konkreten Individuum selbst. Der Unterschied zwischen der Evidenz alltagssprachlicher Vertrautheit und der philosophischen Evidenz gelingender Begriffsentwicklung besteht insofern weniger in der Art der getätigten argumentativen Züge, als vielmehr in der Frage, wer über die Zulässigkeit dieser Züge zu befinden hat. Mit dem Ansatz, seine Adressaten durchweg als kompetente Sprecher zu behandeln, die in der Lage sind, selbst über die intendierten Folgen ihres Sprachgebrauchs zu befinden – sie also zu ermächtigen, die grundlegenden argumentativen Entscheidungen selbst zu treffen –, zielt Stirner darauf ab, genau die Art von argumentativer Machtausübung durch die Experten einer bestimmten Form der Evidenzproduktion zu verunmöglichen, die Marx (und Engels) ihm gegenüber in *III. Sankt Max* praktizieren. Es ist vor diesem Hintergrund, dass Stirner sich bemüht, bei der Generierung von Überzeugungsleistungen auf sprachliche Mittel zurückzugreifen, die – wie Sprichwörter oder auch Zitate aus der Bibel – aus einem alltäglichen Sprachgebrauch vertraut sind und die daher auch von denjenigen zur Anwendung gebracht, bzw. zur Produktion von Evidenz eingesetzt werden können, die keine ausgewiesenen Experten in der Formulierung widerspruchsfreier Gedankensysteme sind.

Auch Marx und Engels scheinen diesen Aspekt des Stirner'schen Ansatzes gesehen zu haben, belassen sie es doch nicht bei der Konstatierung der Widersprüchlichkeit der Stirner'schen Begriffsentwicklungen und der von ihm argumentierten Positionen, sondern unternehmen eine detaillierte Deplausibilisierung der von ihm in der Produktion der Evidenz alltagssprachlicher Vertrautheit zum Einsatz gebrachten argumentativen Instrumente. Offensichtlich waren sie sich des Erfolges der Strategie,

---

[77] Vgl. etwa Max Stirner: Der Einzige und sein Eigenthum, Leipzig 1845 [1844], S. 151 [123]: „das *Geld* gibt *Geltung*".

Stirner die Widersprüchlichkeit seiner Ausführungen vorzuhalten, nicht gewiss und sahen durchaus die Gefahr, dass die im Stirner'schen Sinne agierenden Individuen den Nachweis der Widersprüchlichkeit ihrer Positionen unter Zuhilfenahme der argumentativen Instrumente der Evidenz alltagssprachlicher Vertrautheit ignorieren würden. Man mag von der Praktikabilität des Stirner'schen Ansatzes halten was man will, die Aufgabe, diejenigen mit den Mitteln der philosophischen (oder gar religiösen) Evidenzproduktion wieder den zentralisierten Formen der Bewusstseinsbestimmung zu unterwerfen, die durch Stirner nicht nur dazu gebracht worden waren, nur noch den eigenen Erfahrungen von Evidenz Beachtung zu schenken, sondern außerdem überzeugt worden waren, dass diese Erfahrungen bereits mit den voraussetzungsarmen Instrumenten zu produzieren wären, die Stirner im *Einzigen* zur Anwendung bringt, diese Aufgabe ist keine einfache.

Nicht zuletzt aus dem Grund, die Möglichkeiten argumentativer Selbstimmunisierung der von Stirners Ansatz Überzeugten einzuschränken, unternehmen Marx (und Engels) eine detaillierte Kritik nahezu des gesamten Repertoires der von Stirner angewendeten Instrumente zur Produktion von Evidenz alltagssprachlicher Vertrautheit. Dass vor allem Marx mit diesem Durchgang die Hoffnung auf eine erfolgreiche Deplausibilisierung der Stirner'schen argumentativen Instrumente verbindet, dass er sich vom Nachzeichnen der Art und Weise, wie im Rahmen von Stirners Ansatz Evidenz entstehen könne, gleichzeitig ihre Widerlegung verspricht, wird offensichtlich, wenn eine Aussage Berücksichtigung findet, die Marx im Rahmen der Kritik Karl Grüns im geplanten zweiten Band der Vierteljahrsschrift – anlässlich Grüns Versuch einer Kritik Fouriers – getätigt hat:

> Herr Grün hält es zwar für ‚unumgänglich nöthig', tiefe Aufschlüsse über die Serien Fouriers zu geben, weiß aber zu diesem Behufe nichts besseres zu thun, als wörtliche Citate aus Fourier selbst zu übersetzen, & später, wie wir sehen werden, einige belletristische Phrasen über die Zahl zu machen. Er denkt nicht daran, zu zeigen wie Fourier auf die Serieen kam & wie er & seine Schüler Serien konstruirt haben; er gibt nicht den geringsten Aufschluß über die innere Konstruktion dieser Serien. Derartige Konstruktionen gerade wie die Hegelsche Methode, werden nur kritisirt, indem man aufzeigt, wie sie zu machen sind & dadurch beweist, daß man Herr über sie ist.[78]

In dieser Passage zeigt sich das Kalkül, welches Marx (und in der Folge Engels) mit der minutiösen Auflistung und Analyse der einzelnen argumentativen Instrumente Stirners verbinden: Aufzeigen, wie „derartige Konstruktionen" zu machen sind, und dadurch zu beweisen, „daß man Herr über sie ist". In der Realisierung dieses Kalküls bemühen sich Marx und Engels, die von Stirner produzierte Evidenz als bloße Schein-Evidenz, als eine reine Effekthascherei zu erweisen, die jeder nach nur kurzer Anlei-

---

[78] Karl Marx/Friedrich Engels: IV. Karl Grün: Die soziale Bewegung in Frankreich u. Belgien (Darmstadt 1845), oder: die Geschichtsschreibung des wahren Sozialismus (**H**[13]), MEGA² I/5, Ms-S. [9a]/[9b] (S. 569).

tung ebenfalls zu produzieren in der Lage sei, womit in der Perspektive von Marx und Engels auch ihre geringe Überzeugungskraft bewiesen ist. Außerdem tritt hier eine grundlegende Unterscheidung zutage, die Marx (und Engels) in bester aufklärerischer Tradition zwischen den aus verschiedenen Quellen geschöpften Evidenzen vornehmen. Wenn Marx die Meinung formuliert, dass Evidenzen, die nach einer bestimmten, einfach zu beherrschenden Methode produziert werden, in der argumentativen Auseinandersetzung ein anderer Stellenwert zukäme, als Evidenzen, deren Produktionsweise nicht in vergleichbarer Einfachheit zu erfassen sei, so rekurriert er dabei auf eine Differenz, die im Rahmen aufklärerischer Diskurse stets zwischen den nur scheinbaren, manipulativ zu erzeugenden und den eigentlichen, den Denkenden unmittelbar „erfassenden" Evidenzen gemacht wird. Es ist dies dieselbe Differenz, die während der klassisch-philosophischen Aufklärung zwischen den Evidenzen, die als Teil der religiösen Bewusstseinsbestimmung und im Interesse einer unterstellten Machtsicherung produziert werden, und den überlegen, philosophischen Evidenzen, die ihre Existenz einer ebenso unterstellten, ausschließlichen Realisierung des Erkenntnisinteresses verdanken.

Die angestrebte Neuverteilung dieser Rollen, die sowohl von Stirner, als auch Marx und Engels als Konsequenz des Scheiterns des philosophisch-aufklärerischen Diskurses 1842/43 forciert wird, bildet eine der markantesten Trennscheiden zwischen der überkommenen, antireligiösen und der neuen, antiphilosophischen Form dieses Diskurses. Während Stirner noch zwischen religiösen und philosophischen Schein-Evidenzen auf der einen und seiner Evidenz alltagssprachlicher Vertrautheit auf der anderen Seite unterschied, streben Marx und Engels eine Unterscheidung zwischen religiösen, philosophischen und alltagssprachlich vertrauten auf der einen und ihrer Evidenz empirisch-konstatierbarer Tatsachen auf der anderen Seite an. Und während Stirner sich bemühte, als Ursprung der religiösen und philosophischen Evidenzen das Interesse einer Fremdbestimmung der konkreten Individuen zu porträtieren, unternehmen es Marx und Engels mit der Konzipierung einer „Ideologie" einen neuen Sammelbegriff für die sämtlichen, nicht erfahrungswissenschaftlich fundierten Formen der Evidenzproduktion zu schaffen – wobei sie natürlich ebenfalls Machtsicherung als Motiv der weiten Verbreitung der ideologischen Formen der Evidenzproduktion annehmen.[79]

Vor dem Hintergrund dieser Ausführungen wird die Anstrengung und die Mühe nachvollziehbar, welche sich Marx und Engels in der Deplausibilisierung der einzelnen Instrumente geben, handelt es sich in diesem Fall doch darum, die von Stirner als neue, überlegene Form der Generierung von Überzeugungsleistungen eingeführte Evidenz alltagssprachlicher Vertrautheit, welche eben die Last der Klassifizierung der religiösen und philosophischen Evidenzen als bloße Schein-Evidenzen zu tragen hat, selbst als eine weitere Form von Schein-Evidenz zu entlarven. Zu diesem Zweck ist es

---

79 Siehe hierzu unten, Kapitel 12, Abschnitt 2.

vonnöten, die einzelnen argumentativen Instrumente des Stirner'schen Ansatzes als Instanzen der Fabrikation von Evidenz zu erweisen, also aufzudecken, auf welche Art und Weise Stirner den Schein erzeugen kann, es handele sich bei ihnen um Evidenzen, welche den religiösen und philosophischen überlegen seien.

Diese Aufgabe stellen sich Marx und Engels im 3. Kapitel des *Neuen Testaments*, das den bezeichnenden Titel trägt: *3. Offenbarung Johannis des Theologen, oder „die Logik der neuen Weisheit"*. Bereits die Aufzählung der Stirner'schen „Vorzüge" gibt den Ton und die Richtung vor, welche dann die auf den folgenden Seiten vorgenommene Darstellung prägen:

> Liederlichkeit im Denken – Konfusion – Zusammenhangslosigkeit – eingestandene Unbeholfenheit – unendliche Wiederholungen – beständiger Widerspruch mit sich selbst – Gleichnisse ohne Gleichen – Einschüchterungsversuche gegen den Leser – systematische Gedanken-Erbschleicherei vermittelst der Hebel ‚Du', ‚Es', ‚Man' usw & groben Mißbrauchs der Konjunktionen Denn, Deßhalb, Darum, Weil, demnach, sondern, etc – Unwissenheit – schwerfällige Betheuerung – feierlicher Leichtsinn – revolutionäre Redensarten & friedliche Gedanken – Sprachpolterei – aufgedunsene Gemeinheit & Kokettiren mit wohlfeiler Unanständigkeit – Erhebung des Eckenstehers Nante in den absoluten Begriff – Abhängigkeit von Hegelschen Traditionen & Berliner Tagesphrasen – kurz vollendete Fabrikation einer breiten Bettelsuppe (491 Seiten) nach Rumfordscher Manier.[80]

Es zeigt sich hier der Furor, mit welchem Marx und Engels gegen den Versuch Stirners streiten, den aufklärerischen Diskurs von einem, von Experten einer bestimmten Form der Evidenzproduktion kontrollierten Unterfangen in ein, auch von Laien beherrschbares, voraussetzungsarmes Vorhaben zu überführen. Und es stellt insofern auch keinen Zufall dar, dass der unmittelbar anschließende Absatz sich auf die Verballhornung der relativierenden Formeln konzentriert, mit welchen Stirner seinen Verzicht auf die Formulierung allgemeiner Geltungsansprüche dokumentiert.[81] Dass dieser Verzicht bei Marx und Engels auf vehemente Ablehnung stoßen muss, ist vor dem Hintergrund ihres Versuchs, bei der Weiterentwicklung des aufklärerischen Diskurses die Möglichkeit der Harmonisierung disparater Willensäußerungen zu bewahren, nur allzu verständlich. Insofern tritt bereits in der Formulierung dieser kritischen Anmerkung die fundamentale Differenz der beiden Ansätze, einen aufklärerischen

---

[80] Karl Marx/Friedrich Engels: III. Sankt Max • Schluss des Leipziger Konzils (H[11]), MEGA² I/5, Ms-S. 54a (S. 328).

[81] Ebenda, Ms-S. 54a/[54b] (S. 328): „In dieser Bettelsuppe schwimmen dann eine ganze Reihe von *Übergängen* als Knochen herum, von denen wir jetzt einige Specimina zur öffentlichen Ergötzung des ohnehin so gedrückten deutschen Publikums mittheilen wollen: ‚Könnten wir nicht – nun ist aber – man theilt mitunter – Man kann nun – Zur Wirksamkeit von ... gehört besonders das, was man häufig ... nennen hört – und dies heißt – Es kann nun, um hiermit zu schließen, einleuchten – mittlerweile – so kann hier beiläufig gedacht werden – sollte nicht – oder wäre nicht etwa – der Fortgang von ... dahin daß ... ist nicht schwer – Von einem gewissen Standpunkt aus raisonnirt man etwa so – z. B. usw.' – etc. und ‚ist an dem' in allen möglichen ‚Wandlungen'."

Diskurs jenseits eines philosophischen Rahmens zu konzipieren, zutage: während Stirner in den differierenden Willensbekundungen der Individuen einen mithilfe seines Ansatzes zu bewahrenden Zustand gewahrt, betrachten Marx und Engels diesen Zustand als im Interesse der Organisation einer revolutionären Masse zu behebenden.

Das erste argumentative Instrument, dessen Deplausibilisierung Marx und Engels vornehmen, findet sich dann in einer Passage, die zwar umfangreiche Textverluste aufweist, die allerdings dennoch genügend Anhaltspunkte für eine Bestimmung des von Marx und Engels beanstandeten Instrumentes bietet. Als eine der Weisen, einen Schein von Evidenz zu produzieren, identifizieren Marx und Engels das Ausspielen verschiedener „Seiten" eines Begriffs gegeneinander, also die Reduktion eines komplexen Bedeutungsgefüges auf einzelne seiner Bedeutungen, die dann als eine neue, originelle Definition dieses Begriffes präsentiert werden.[82] Mit diesem Vorwurf wenden sich die beiden Brüsseler Exilanten gegen die von Stirner wiederholt getätigte Produktion von *ad hoc*-Evidenzen, die nur auf eine augenblickliche Erfahrung von Evidenz zielen, die also nicht, wie im Rahmen des systematischeren Ansatzes von Marx und Engels, auf dauerhafte und weitgehend kontextinvariant einzusetzende Begriffsdefinitionen zielen, sondern auf stark kontextgebundene Spezifizierungen.

Während dies letzte argumentative Instrument als ein Spezifikum des Stirner'schen Ansatzes präsentiert wird, glauben Marx und Engels in der „lumpigen Distinktion" ein allgemeines Charakteristikum der „deutschen Theoretiker" zu erblicken. Sie führen diese in vielfältigen Beispielen dargestellte „lumpige Distinktion" im Einklang mit ihrem materialistischen Ansatz auf die Lebensbedingungen einer ganzen Gruppe[83] und nicht mehr auf die Persönlichkeit eines einzelnen Autors zurück:

> Unter den Kategorieen welche weniger der Persönlichkeit Sancho's, als der allgemeinen Bedrängniß, in welcher sich die deutschen Theoretiker dermalen befinden, ihren Ursprung verdanken, steht obenan die *lumpige Distinktion*, die Vollendung der Lumperei: Da unser Heiliger sich in den ‚seelenmarterndsten' Gegensätzen herumtreibt wie Einzelnes & Allgemeines, Privatinteresse & allgemeines Interesse, gewöhnlicher Egoismus & Aufopferung pp, so kommt er schließlich auf die lumpigsten Konzessionen und Transaktionen der beiden Seiten untereinander, die wiederum auf den subtilsten Distinktionen beruhen – Distinktionen, deren Nebeneinander-Bestehen durch ‚auch' ausgedrückt & deren Trennung von einander dann wieder durch ein dürftiges ‚*insofern*' aufrecht erhalten wird. Solche lumpige Distinktionen sind z. B.: wie die Menschen

---

82 Ebenda, Ms-S. [54b] (S. 329).
83 Würde es sich auch anbieten, schon in diesem Zusammenhang von Klassen zu sprechen, so muss darauf hingewiesen werden, dass die Diversifizierung des Klassenbegriffs bei Marx und Engels erst zu einem späteren Zeitpunkt einsetzt. Zur Zeit der Abfassung der Manuskripte zur „Deutschen Ideologie" kennen Marx und Engels nur die beiden Klassen Bourgeoisie und Proletariat. Selbst die Kleinbürger, deren soziale Rolle Marx und Engels im Verlauf der Stirner-Kritik konzipieren (siehe unten, Kapitel 12, Abschnitt 4), werden von ihnen nicht als genuin eigenständige Klasse gesehen.

> sich gegenseitig *exploitiren*, aber doch Keiner dies *auf Kosten des Andern* thut; inwiefern Etwas mir *eigen* oder *eingegeben* ist; die Konstruktion einer *menschlichen* & einer *einzigen* Arbeit, die neben einander existiren; das für das *menschliche* Leben Unentbehrliche & das dem *einzigen* Leben Unentbehrliche; was der reinen Persönlichkeit angehört & was sachlich zufällig ist, wo Sankt Max, von seinem Standpunkte aus, gar kein Kriterium hat; was zu den *Lumpen* & was zur *Haut* des Individuums gehört; was er durch die Verneinung total *los wird* oder sich *aneignet*; inwiefern er bloß seine Freiheit oder bloß seine Eigenheit aufopfert, wo er auch opfert, aber nur *insofern* er eigentlich nicht opfert; was mich als Band & was mich als persönliche Beziehung zu den Andern in Verhältniß bringt. Ein Theil dieser Distinktionen ist absolut lumpig, ein anderer verliert, wenigstens bei Sancho allen Sinn & Halt. Als Vollendung dieser lumpigen Distinktion kann betrachtet werden die zwischen der *Weltschöpfung* durch das Individuum & dem *Anstoß*, den es von der Welt erhält.[84]

Mit der mit vielen Beispielen illustrierten „lumpigen Distinktion" lässt sich der soeben beschriebene Unterschied zwischen den Stirner'schen, stark kontextgebundenen *ad hoc*-Evidenzen und der auf weitgehende Kontextinvarianz zielenden Ausrichtung von Marx und Engels noch einmal gut veranschaulichen. Wo es Stirner um das Aufzeigen der stets gegebenen Möglichkeit geht, zu den philosophisch fundierten Begriffen wie „Mensch" oder „Freiheit" eine Gegenposition zu beziehen, konfrontieren Marx und Engels diese, nicht vollständig durchdachten Gegenpositionen mit der Forderung zu wahrender Konsistenz in den Bereichen, in welchen die ursprünglichen, von Stirner kritisierten Konzepte zur Anwendung kommen. Mit anderen Worten verlangen sie von Stirner das Gleiche, was sie in der Ausformulierung ihres eigenen Ansatzes beachten, nämlich die Entwicklung von Konzepten, mit denen eine dauerhafte und umfassende Ersetzung der kritisierten Konzepte möglich wird. Wenn Marx und Engels etwa „Produktivkräfte" und „Verkehrsverhältnisse" als die tatsächlichen Grundlagen geschichtlicher Entwicklung an die Stelle der „Ideen" setzen, so folgen sie dabei der Maßgabe, die zu verwerfenden „Ideen" in sämtlichen, relevanten Anwendungen zu ersetzen.[85] Sie versuchen also, das zu vermeiden, was sie an den von Stirner eingeführten Begrifflichkeiten kritisieren: die Möglichkeit, Anwendungsfälle der alten Begriffe zu finden, die von den neuen nicht abgedeckt werden können. Unter der Rubrik „lumpige Distinktion" fassen Marx und Engels, so kann abschließend festgehalten werden, die – nicht nur Stirner, sondern den „deutschen Theoretikern" anzulastende – Nachlässigkeit in der Systematisierung ihrer Ansätze.

Mit der Behandlung des nächsten Instruments, das Marx und Engels zu deplausibilisieren suchen, zielen sie auf eines der wirksamsten und am häufigsten eingesetzten Mittel der Stirner'schen argumentativen Evidenzproduktion: die Apposition. Auch Marx und Engels haben die besondere Wichtigkeit dieses Instruments bei der Stirner'schen Evidenzproduktion gesehen und bezeichnen sie nicht umsonst als

---

[84] Karl Marx/Friedrich Engels: III. Sankt Max • Schluss des Leipziger Konzils (**H**[11]), MEGA² I/5, Ms-S. [54b]/54c (S. 329).
[85] Siehe unten, Kapitel 11, Abschnitt 2.

Stirners „logische & historische Lokomotive", als „den Haupthebel seiner *Eskamotage*" oder – in Anlehnung an den Esel Sancho Panzas – als „Grauen Sankt Sanchos".[86] Dass die Apposition zu Recht den Hauptangriffspunkt der Marx-Engels'schen Kritik darstellt, kommt in dem Sachverhalt zum Ausdruck, dass sie sich in ihrer Handhabung wie keine zweite im Stirner'schen argumentativen Repertoire durch Einfachheit und Voraussetzungslosigkeit auszeichnet. Marx und Engels führen hierzu aus:

> Um eine Vorstellung in eine andre zu verwandeln, oder die Identität zweier ganz disparaten Dinge nachzuweisen, werden einige Mittelglieder gesucht, die theils dem Sinn, theils der Etymologie, theils dem bloßen Klange nach zur Herstellung eines scheinbaren Zusammenhangs zwischen den beiden Grundvorstellungen brauchbar sind. Diese werden dann in der Form der Apposition der ersten Vorstellung angehängt, & zwar so daß man immer weiter von dem abkommt, wovon man ausging & immer näher zu dem kommt, wohin man will. Ist die Appositionskette soweit präparirt, daß man ohne Gefahr schließen kann, so wird vermittelst eines Gedankenstrichs die Schlußvorstellung ebenfalls als Apposition angehangen & das Kunststück ist fertig. Dies ist eine höchst empfehlenswerthe Manier des Gedankenschmuggels, die um so wirksamer ist, je mehr sie zum Hebel der Hauptentwicklungen gemacht wird. Wenn man dies Kunststück bereits mehrere Male mit Erfolg vollzogen hat, so kann man, nach Sankt Sancho's Vorgang, allmählig einige Mittelglieder auslassen & endlich die Appositionsreihe auf die allernothdürftigsten Haken reduziren. – Die Apposition kann nun auch [...] umgedreht werden, & dadurch zu neuen, complizirteren Kunststücken & erstaunlicheren Resultaten führen.[87]

Der Umgang, den Marx und Engels in Bezug auf die Apposition als Instrument der argumentativen Evidenzproduktion tätigen, exemplifiziert die soeben beschriebene Herangehensweise an die Stirner'sche Generierung von Überzeugungsleistungen und veranschaulicht insbesondere, was mit dem Begriff „Deplausibilisierung" gefasst werden soll. Dort, wo der Autor des *Einzigen* mit einfachsten argumentativen Mitteln Zusammenhänge herstellt, setzten Marx und Engels an, um diese Zusammenhänge als nur scheinbare zu demaskieren, als Zusammenhänge, die bis auf einige zufällige Übereinstimmungen sich nur dem Sachverhalt verdanken, dass Stirner eine bestimmte Anordnung oder Aneinanderreihung von ansonsten „disparaten Dingen" vornimmt. Die Erfahrungen von Evidenz, die sich in diesem Fall einstellen können, werden von Marx und Engels insofern auf einen manipulativen Trick, auf ein bloßes Kunststück des Autors zurückgeführt, dessen Ergebnisse jedoch ebenso schnell wieder vergehen, wie sie hervorgerufen werden. Es ist, wie sie festhalten, vor allem der ununterbrochene Einsatz dieses Instrumentes, der seine Dürftigkeit gegenüber dem Rezipienten verbirgt – bevor Zweifel an der Legitimität einer Appositionsreihe auftre-

---

[86] Karl Marx/Friedrich Engels: III. Sankt Max • Schluss des Leipziger Konzils (**H**[11]), MEGA² I/5, Ms-S. 55 u. [55c] (S. 330 u. 333).
[87] Ebenda, Ms-S. 55/55a (S. 330/331).

ten können, wird der Rezipient bereits mit der nächsten konfrontiert und so immer weiter.[88]

Trotz des gewählten Habitus' der Entlarvung eines argumentativen Taschenspielertricks sehen sich auch Marx und Engels – zumindest indirekt – gezwungen, die vielseitige Verwendbarkeit dieses argumentativen Instrumentes anzuerkennen, so, wenn sie die logische von der historischen Verwendung der Apposition unterscheiden:

> Sankt Sancho wendet die Apposition doppelt an, einerseits rein logisch, bei der Kanonisation der Welt, wo sie ihm dazu dient, jedes beliebige weltliche Ding in ‚das Heilige' zu verwandeln, anderseits historisch, bei Entwicklungen des Zusammenhangs & bei Zusammenfassung verschiedener Epochen, wo jede geschichtliche Stufe auf ein einziges Wort reduzirt wird & am Ende das Resultat herauskommt, daß das letzte Glied in der historischen Reihe um kein Haarbreit weiter ist als das erste, & sämmtliche Epochen der Reihe schließlich in [e]iner einzigen abstrakten Kategorie [e]twa Idealismus, Abhängigkeit von Gedanken pp zusammengefaßt werden. Wenn in die historische Appositionsreihe der Schein eines Fortschritts gebracht werden soll, so geschieht dies dadurch, daß die Schlußphrase als die Vollendung der ersten Epoche der Reihe, & die Zwischenglieder als Entwicklungsstufen in aufsteigender Ordnung zur letzten vollendeten Phrase hin gefaßt werden.[89]

Während die „logische" Anwendung der Apposition durch Stirner als Teil seiner Strategie zur Immunisierung der konkreten Individuen gegen das argumentative Instrumentarium der philosophischen Evidenzproduktion zu sehen ist und von Marx und Engels vor dem Hintergrund ihrer Rephilosophisierung Stirners vor allem als Beispiel für die nur geringe Fertigkeit Stirners bei der Produktion philosophischer Evidenz und für das allgemein-philosophische Problem der inadäquaten Abbildung der Wirklichkeit angeführt wird, ist die Situation im Fall der „historischen" Apposition eine

---

[88] Das in dem Vorwurf von Marx und Engels anklingende Überzeugen der Adressaten durch Gewöhnung, also durch die wiederholte Anwendung des gleichen argumentativen Instrumentes gehört zum Grundrepertoire der Versuche, neue Weisen der Produktion von Evidenz gegen bestehende zu etablieren, und lässt sich bereits in den Instanziierungen des philosophisch-aufklärerischen Diskurses der Zeit vor der Enttäuschung von 1842/43 nachweisen (siehe oben, Kapitel 1, Abschnitte 3 und 4). Auch in den Manuskripten von Marx und Engels findet sich dieser Zug trotz ihres weit ausgeprägteren Hangs zur Systematisierung.

[89] Karl Marx/Friedrich Engels: III. Sankt Max • Schluss des Leipziger Konzils (**H**[11]), MEGA² I/5, Ms-S. 55a (S. 331). Als einen Sonderfall der Apposition behandeln Marx und Engels noch die „Synonymik", die insofern erwähnenswert ist, als ihre Darstellung ein aussagekräftiges Beispiel für die Art und Weise bietet, wie Marx und Engels mit der (von Stirner durchaus beabsichtigten) Willkür der Inbeziehungsetzung von Begriffen umgehen, ebenda: „Der Apposition zur Seite geht die *Synonymik*, die von Sankt Sancho nach allen Seiten hin exploitirt wird. Wenn zwei Worte etymologisch zusammenhängen oder nur ähnlichen Klang haben, so werden sie solidarisch für einander verantwortlich gemacht, oder wenn ein Wort verschiedene Bedeutungen hat, so wird dies Wort nach Bedürfniß bald in der einen, bald in der andern Bedeutung & zwar mit dem Scheine gebraucht, als spreche Sankt Sancho von Einer & derselben Sache in verschiedenen ‚Brechungen'."

andere. Hier reagieren sie mit besonderer Heftigkeit, stellt doch Stirners Versuch einer Emanzipation der konkreten Individuen von historischen Notwendigkeiten – wie im Rahmen seiner, an den von ihm durchlaufenen Lebensabschnitten ausgerichteten Geschichtsauffassung vollzogen – nicht nur ein nach ihrer Ansicht „glänzendes Beispiel" der idealistischen Geschichtsauffassung dar,[90] sondern widerspricht fundamental ihrem in den Manuskripten zur „Deutschen Ideologie" ausdifferenzierten Standpunkt einer völligen Abhängigkeit der geistigen von der materiellen Sphäre.

Bereits das Ansinnen Stirners, den Glauben an die Möglichkeit eines individuellen Handelns, das sich von der Berücksichtigung historischer Zwänge und Bedingungen frei wähnt, noch steigern zu wollen, konnte bei den beiden Brüsseler Exilanten nur entschiedenen Widerstand hervorrufen. Dass er diesen, bereits in seiner philosophischen Variante fatalen Glauben nun auch noch mit einfachsten, argumentativen Mitteln gegen seine notwendige Widerlegung sichern und so zu seiner Verfestigung unter den Adressaten beitragen möchte, musste eine heftige Entgegnung nur umso dringlicher erscheinen lassen. Die mit der „historischen Apposition" eingetretene Erleichterung, diese Auffassung mit Erfahrungen von Evidenz zu stützen, die bei Stirner dem Ziel einer Emanzipation der konkreten Individuen gegenüber dem Einfluss der Experten der philosophischen Bewusstseinsbestimmung folgt, stellt für Marx und Engels nur ein Mittel dar, den Zustand der Ohnmacht, der im Scheitern von 1842/43 zutage getreten war, zu verlängern.

Es ist daher nicht zu verwundern, dass Marx und Engels sich von der Widerlegung der individualistischen Geschichtsauffassung Stirners einen besonderen, auch auf die nicht-individualistischen Spielarten der idealistischen Geschichtsauffassung ausstrahlenden Gewinn erhoffen. Wenn sie sich nun auf die „historische Apposition" Stirners konzentrieren, wenn die von ihm praktizierte Weise, sich eine, seinen Interessen gehorchende, „eigene" Geschichte mit einfachsten argumentativen Mitteln zu schaffen, unter den Geschichtsauffassungen ihrer Kontrahenten am meisten Aufmerksamkeit genießt, so weil Marx und Engels die Hoffnung hegen, die „historische" Apposition als die jeder Form von idealistischer Geschichtsauffassung zugrunde liegende Konstruktionsregel im Bewusstsein ihrer Adressaten zu verankern. Sie versprechen sich hiervon, dass die Leichtigkeit, mit welcher sie die „historische Apposition" deplausibilisieren zu können glauben, sich auch auf den Stellenwert der anderen idealistischen Geschichtsauffassungen übertragen werde.

Es zeigt sich hier insofern eine gewisse Stellvertreterfunktion, die Marx und Engels dem Stirner'schen Ansatz in Bezug auf die idealistischen Geschichtsauffassungen Bauers oder – mit Einschränkungen – Feuerbachs zusprechen. Diese Stellvertreterfunktion erstreckt sich dabei in bestimmten Aspekten zwar ebenfalls auf inhaltliche Belange, vor allem jedoch darauf, über die Kritik der Stirner'schen Form der Evidenzproduktion als einer besonders schwachen Variante der philosophischen Evi-

---

90 Ebenda, Ms-S. [4b] (S. 179).

denzproduktion – als diejenige eines „bankerutten Philosophen" – auch die weniger schwachen zu deplausibilisieren. Dieser Versuch, die von ihnen ausgemachten Schwachstellen der Produktion der Evidenz alltagssprachlicher Vertrautheit auch auf die philosophische zu übertragen – ein Versuch, der bisweilen auch in die umgekehrte Richtung unternommen wird –, erleichtert ihnen die eigene Kritik der philosophischen Evidenzproduktion, und dies vor allem aus folgenden Gründen.

Zum einen greift Marx selbst bei der Kritik seiner Kontrahenten häufig auf Instrumente der philosophischen Evidenzproduktion zurück, so dass die Vermengung der Kritik von philosophischer und alltagssprachlich vertrauter Evidenzproduktion es ermöglicht, auch in den Fällen die Gegnerschaft zur philosophischen Form des aufklärerischen Diskurses zu dokumentieren, in denen Marx selbst mit philosophischen Mitteln gegen Stirner argumentiert. Zum anderen ist der Rekurs auf die eigene, zur maßgeblichen erklärte Evidenz empirisch-konstatierbarer Tatsachen zum Zeitpunkt der Abfassung der Manuskripte zur „Deutschen Ideologie" noch defizitär und erlaubt es längst noch nicht, bei der Ausformulierung des eigenen Ansatzes vollständig auf philosophische Argumentationsmuster zu verzichten, wie in Kürze noch näher ausgeführt werden wird. Schließlich sei an dieser Stelle noch darauf hingewiesen, dass die funktionalen Ähnlichkeiten zwischen dem Marx-Engels'schen und den überkommenen philosophisch fundierten Ansätzen vor dem Hintergrund der ihnen gemeinsamen Ausrichtung auf eine durch Experten zu steuernde Evidenzproduktion – und folglich auf eine Nutzung der hierarchischen Strukturen diskursiver Herrschaft – mitunter größer sind, als diejenigen zwischen den philosophisch fundierten Ansätzen und demjenigen Stirners, der gerade die Verunmöglichung zentralisierter Bewusstseinsbestimmung und eine Einschränkung der Möglichkeiten diskursiver Machtausübung anstrebt.

Nach der Exposition des überwiegenden Teils der überschaubaren argumentativen Instrumente Stirners, also nach der Darstellung der Konstruktionsmechanismen der Stirner'schen Generierung von Überzeugungsleistungen steht – im Einklang mit der von Marx geäußerten Überzeugung, dass man „[d]erartige Konstruktionen, gerade wie die Hegelsche Methode, [...] nur kritisirt, indem man aufzeigt, wie sie zu machen sind" – noch der Nachweis aus, „daß man Herr über sie ist". Wenn Marx und Engels mit ihrem „Konstruieren à la Stirner" unfreiwillig auch die leichte Handhabbarkeit von Stirners argumentativen Instrumentarium bezeugen, so steht zweifellos fest, dass der humorvolle Gehalt ihres Beispiels der Produktion der Evidenz alltagssprachlicher Vertrautheit freiwillig gewählt wurde:

> Der *Wechsel* als *Wechsel* ist das Gesetz der Erscheinung sagt Hegel. *Darum*, könnte ‚Stirner' fortfahren, die Erscheinung von der Strenge des Gesetzes gegen falsche *Wechsel*; denn es ist hier das über der Erscheinung erhabne Gesetz, das Gesetz als solches, das heilige Gesetz, das Gesetz als das Heilige, – das Heilige, wogegen gesündigt & das in der Strafe gerächt wird. Oder aber: Der *Wechsel* ‚in seiner doppelten Erscheinung' als Wechsel (lettre de change) & Wechsel (changement) führt zum *Verfall* (échéance und décadence). Der *Verfall* als Konsequenz des *Wechsels* zeigt sich in der Geschichte unter andern beim Untergang des römischen Reichs, der Feudalität,

des deutschen Kaiserreichs & der Herrschaft Napoleons. ‚Der Fortgang von' diesen großen *geschichtlichen Krisen* ‚zu' den *Handelskrisen* unserer Tage ‚ist nicht schwer' & hieraus erklärt sich denn auch, warum diese Handelskrisen stets durch den *Verfall von Wechseln* bedingt sind. Oder er konnte auch, wie Vermögen & Geld, den Wechsel etymologisch rechtfertigen, & ‚von einem gewissen Standpunkte aus etwa so raisonniren': Die Kommunisten wollen unter andern *den Wechsel* (lettre de change) beseitigen. Besteht aber nicht gerade im *Wechsel* (changement) der Haupt-Weltgenuß? Sie wollen also das Todte, Unbewegte, *China* – d. h. der vollendete Chinese ist Kommunist. ‚Daher' die Deklamationen der Kommunisten gegen die *Wechsel*briefe & die *Wechsler*. Als ob nicht jeder Brief ein *Wechsel*brief, ein einen *Wechsel* constatirender Brief, & jeder Mensch ein *Wechselnder*, ein *Wechsler* wäre![91]

Die von Marx und Engels produzierte Komik der Evidenz alltagssprachlicher Vertrautheit darf nicht darüber hinwegtäuschen, dass Stirner auf der einen, sowie Marx und Engels auf der anderen Seite mit ihren jeweiligen Weisen der Generierung von Überzeugungsleistungen auf zwei völlig verschiedene Ziele abheben. Während es das Anliegen Stirners ist, auch die Laien der philosophischen Begriffsentwicklung in die Lage zu versetzen, Erfahrungen von Evidenz bei sich selbst hervorzurufen – es ihnen also zu ermöglichen, dem eigenen Maßstab genügende Argumente zu formulieren –, zielen Marx und Engels auf die Formulierung von Argumenten, die im Konflikt mit divergierenden Überzeugungen durchsetzungsfähig sind. Mit anderen Worten: während Stirner argumentative Instrumente zu konzipieren versucht, die in erster Linie denjenigen zu überzeugen gestatten, der sie zum Einsatz bringt, versuchen Marx und Engels, argumentative Instrumente zu konzipieren, die Erfahrungen von Evidenz beim argumentativen Gegenüber auslösen, denen sich letzterer nur schwer entziehen kann.

Der Sachverhalt, dass die von Marx (und Engels) konzipierten Argumente zur Desavouierung Stirners und zur Deplausibilisierung seiner Form der Evidenzproduktion auf einer Abstraktionsebene angesiedelt sind, welche ohne philosophische Vorbildung nicht leicht zu erreichen ist, kann zu einigen interessanten Spekulationen Anlass geben. So ließe sich etwa vermuten, dass ein maßgeblicher Impuls zur Aufnahme und Verfolgung der Ridiculisierungsstrategie im Wissen um den nicht immer einfachen Zugang zur eigenen Argumentation seinen Ausgang nahm, so dass auch denjenigen, die nicht über ausreichend philosophische Bildung verfügten, ein Grund geboten würde, Stirners Ansatz abzulehnen. Allgemein ist es jedoch durchaus bemerkenswert, dass die beiden Brüsseler Exilanten, die sich bei der Weiterentwicklung des aufklärerischen Diskurses für einen Wechsel weg vom Bürgertum – dem klassischen Adressaten aufklärerischer Diskurse – hin zum Proletariat entschieden, ihren Beitrag auf eine Art und Weise formulieren, die selbst für die klassischen Adressaten nicht immer leicht zugänglich ist.[92] Dieser, wenn man so will, Widerspruch zwischen nomi-

---

91 Ebenda, Ms-S. [55c]/56 (S. 333).
92 Und die darüber hinaus nicht unbedingt geeignet war, die immer wieder zutage tretende Kluft zwischen „Arbeitern" und „Gelehrten" zu überbrücken, die bereits auf Konflikte im Bund der Geäch-

nellem und tatsächlichem Adressaten ihres Ansatzes ist wohl am ehesten darauf zurückzuführen, dass Marx und Engels sich von vornherein bewusst waren, mit ihren Beiträgen zu einer Vierteljahrsschrift, deren einzelne Bände aus Rücksicht auf die Zensur stets mindestens 20 Druckbogen umfassen mussten,[93] nur ein verhältnismäßig kleines, bereits gebildetes Publikum erreichen zu können. Berücksichtigt man außerdem, dass die Minderung des Einflusses konkurrierender Führungspersonen wie Weitling, Grün, Kriege u. a. auf die sozialistische/kommunistische Bewegung im Laufe der Abfassung der Manuskripte zur „Deutschen Ideologie" zu einem zentralen Anliegen wurde und dass für das Erreichen dieses Zieles vor allem das Überzeugen der dem Bürgertum entstammenden Mitglieder der Bewegung von Bedeutung war, so liegt der Schluss nahe, dass die benannte Diskrepanz zwischen nominellem und tatsächlichem Adressaten eine durchaus gewollte war. Angesichts des nur geringen Organisationsgrades, welcher der kommunistischen Bewegung damals eignete, sprach nicht wenig dafür, die eigenen Versuche zur Generierung von Überzeugungsleistungen vorerst auf die aktivsten (und finanzkräftigsten) Unterstützer der Interessen des Proletariats zu richten.

Nach diesen Ausführungen bleibt jedoch der etwas überraschende Sachverhalt festzuhalten, dass Marx und Engels sich im Gegensatz zu Stirner und trotz ihrer Ausrichtung auf das Proletariat als Träger der erhofften gesellschaftlichen Veränderung für eine Form der Produktion argumentativer Evidenz entschieden, welche der Ausrichtung auf eine breite Masse von Rezipienten zuwiderläuft. Wenn man so will, stellen auch die Manuskripte zur „Deutschen Ideologie" Texte dar, die – bei aller demonstrativen Abkehr von der Philosophie als dem Fundament ihrer aufklärerischen Bemühungen – weiterhin auf einen bürgerlichen Adressaten zugeschnitten sind. Und dieser Sachverhalt erhält sogar noch mehr Gewicht, wenn in Rechnung gestellt wird, dass eines der mit ihrem Ansatz verbundenen Ziele war, ausgerechnet diejenigen konkurrierenden Ansätze im sozialistischen Lager zu desavouieren, die bisher die größten Erfolge bei der Generierung von Überzeugungsleistungen bei nicht-bürgerlichen Rezipienten zu verzeichnen hatten (i. e. Weitling, Kriege, August Becker usw.) Wie soeben bereits angeregt wurde, kommt als Motiv für diese Entscheidung der beiden Brüsseler Exilanten eigentlich nur das Kalkül infrage, mit dieser Strategie eine

---

teten bzw. Gerechten zurückgeht und auch in den Briefen zum Ausdruck kommt, mit denen die erhofften, zukünftigen Mitglieder des Londoner Kommunistischen Korrespondenzkomitees auf das Vorgehen der Brüsseler gegen Kriege reagierten (Das Kommunistische Korrespondenzkomitee in London an Marx, 6. Juni 1846, MEGA² III/2, S. 219 u. 223).

93 Die (weitgehende) Befreiung von der Zensur von Werken mit einem Umfang von mindestens 20 Druckbogen wurde, so ist hier zu bemerken, angesichts der Annahme gewährt, dass solche Werke nur über eine geringe Zirkulation verfügen und nur von einem eingeschränkten Publikum und nicht der breiten Masse rezipiert würden. Siehe zu der Problematik des Publizierens unter Zensur oben, besonders Kapitel 2, Abschnitt 2.

Überzeugung derjenigen zu erreichen, die sich trotz ihrer bürgerlichen Herkunft der Sache des Proletariats verschrieben hatten.

Wie wichtig Marx und Engels jedoch das Ziel war, diese Adressaten über eine Kritik der Stirner'schen argumentativen Ermächtigung des konkreten Individuums zu gewinnen, zeigt sich dann auch im letzten, der Darstellung noch harrenden argumentativen Instrument, dessen Deplausibilisierung Marx und Engels unternehmen.[94] Dieses ist im Unterschied zu den vorhergehenden nicht auf der Ebene der Inbeziehungsetzung einzelner Begriffe angesiedelt (wie die bisher behandelten), sondern betrifft eher den umfassenden Rahmen der Stirner'schen Argumentation. Auf den Stirner'schen Zug, bei seiner Darstellung seines Ansatzes weitgehend auf die Berücksichtigung einer systematischen Exposition zu verzichten – die, auch von Marx und Engels aufgegriffene – Weigerung, „am [logischen, UP] Schnürchen" zu gehen –, wurde bereits im vorherigen Kapitel hingewiesen. Es wurde dort auch die Vermutung geäußert, dass diese Weigerung Stirners unter anderem eine Folge der Kompilierung des Buches *Der Einzige und sein Eigenthum* aus ursprünglich für eine eigenständige Publikation gedachten Einzelbeiträgen darstellt und dass der mäandernde und häufig redundante Gang seiner Argumentation dem Sachverhalt geschuldet ist, dass Stirner von einer Überarbeitung der bereits verfassten Beiträge weitgehend absah. Marx und Engels vermuten in diesem Zug der Stirner'schen Argumentation hingegen ein strategisches Kalkül:

> Um der Einfachheit seiner Konstruktion & seiner logischen Kunststücke einen recht mannichfaltigen Schein zu geben, hat Sankt Sancho die *Episode* nöthig. Von Zeit zu Zeit legt er eine Stelle ‚episodisch' ein, die an einen andern Theil des Buchs gehörte oder ganz gut wegbleiben könnte, und unterbricht so den ohnehin vielfach zerrissenen Faden seiner sogenannten Entwicklung noch mehr. Dies geschieht dann mit der naiven Erklärung, daß ‚Wir' ‚nicht am Schnürchen gehen', & bewirkt nach mehrmaliger Wiederholung in dem Leser eine gewisse Stumpfheit gegen alle, auch die größte Zusammenhangslosigkeit.[95]

Um in der Folge zu zeigen, welche Dürftigkeit den Stirner'schen argumentativen Zügen zukommt, wenn man sie nicht im Zustand der von ihm bewirkten „Stumpfheit"

---

94 Ein weiteres Zeichen der Akribie, mit welcher Marx und Engels nach argumentativer Munition gegen Stirner suchen, ist darin zu sehen, dass sie selbst auf das Ausschlachten offenkundiger Druckfehler des *Einzigen* nicht verzichten. So beziehen sich Marx und Engels wiederholt auf einen offensichtlichen Druckfehler, der sich bei Stirner am Ende der Vorrede des *Einzigen* findet, wo es heißt, Max Stirner: Der Einzige und sein Eigenthum, Leipzig 1845 [1844], S. 8: „Ich bin Nichts im Sinne der Leerheit, sondern das schöpferische Nichts, das Nichts, aus welchem Ich selbst als Schöpfer Alles schaffe." (von Kast in seiner Studienausgabe stillschweigend verbessert, S. 15: „Ich bin nicht Nichts im Sinne der Leerheit, sondern ..."). Das durch diesen Druckfehler in seinem Sinn entstellte „sondern" gebrauchen Marx und Engels gleich zu Beginn in verballhornender Bezugnahme auf den vermeintlichen Gebrauch Stirners, siehe Karl Marx/Friedrich Engels: III. Sankt Max • Schluss des Leipziger Konzils (**H**[11]), MEGA² I/5, Ms-S. [1b] (S. 169).
95 Ebenda, Ms-S. 56 (S. 333).

aufnimmt, überführen Marx und Engels einige der begrifflichen Operationen Stirners in die bereits angeführten Gleichungssysteme, mit denen vor allem Marx seine überlegene Fertigkeit in der Produktion der philosophischen Evidenz gelingender Begriffsentwicklung wiederholt im Laufe des Manuskriptes demonstriert. Die von Stirner praktizierte Inanspruchnahme grundlegendster begrifflicher Beziehungen wird in diesem Fall an der Inbeziehungsetzung von „Ich" und „Volk" vorgeführt, wobei die Präsentation in Gleichungsform die Dürftigkeit noch zusätzlich betonen soll. Wenn diese Form der Deplausibilisierung der Argumente Stirners auch schon im Rahmen dieser Darstellung behandelt wurde, so zeigt der Schluss, zu welchem Marx und Engels im Zuge der Bildung dieser Gleichungen kommen, dass sie den zentralen Gehalt der Stirner'schen Evidenzproduktion sehr wohl erfasst haben – wenn sie sich auch weigern, diesem Gehalt einen emanzipativen Charakter zuzuerkennen:

> Zur Bildung dieser Gleichungen gehört außer einer höchst allgemeinen Kenntniß derjenigen Vorstellungen, die er mit ‚Volk' in ein Wort zusammensetzen darf, weiter nichts als die Kenntniß des positiven Ausdrucks für das in negativer Form gewonnene Resultat, also z. B. Armuth für Nicht-Reichthum pp; also gerade soviel Kenntniß der Sprache, wie man im täglichen Umgang sich erwirbt, reicht vollständig hin, um auf diese Weise zu den überraschendsten Entdeckungen zu kommen.[96]

Überhaupt lässt sich feststellen, dass Marx und Engels durchaus ein Verständnis für die Grundzüge der Stirner'schen Evidenzproduktion an den Tag legen, wenn bei ihnen auch diejenigen Aspekte, die im Zuge der von Stirner beabsichtigten, argumentativen Selbstermächtigung des konkreten Individuums zur Stärkung der Position der argumentativen Laien beitragen sollen, zu Elementen einer Deplausibilisierung der Evidenz alltagssprachlicher Vertrautheit werden. Nicht nur sehen sie, wie die soeben angeführte Passage zeigt, den sehr geringen Grad an vorausgesetzter sprachlicher Kompetenz auf Seiten der Produzenten der Evidenz alltagssprachlicher Vertrautheit als Grund ihrer Fragwürdigkeit an, auch sind sie der Meinung, dass die Leichtigkeit und Schnelligkeit, mit welcher sich die grundlegenden argumentativen Instrumente Stirners erlernen lassen, seiner Art der argumentativen Evidenzproduktion eindeutig zum Nachteil gereichen:

> Er hat in der That Alles auf den erschöpfenden, klassischen Ausdruck reduzirt, wenn er von ihm ausgesagt hat, daß es ‚ein anderes Beispiel des Heiligen' sei. Die Bestimmungen, die vom Hörensagen hereinkommen & sich auf den Inhalt beziehen sollen, sind ganz überflüssig, & bei ihrer näheren Betrachtung ergibt sich denn auch, daß sie weder eine Bestimmung, noch einen Inhalt hereinbringen, & sich auf unwissende Abgeschmacktheiten reduziren. Diese wohlfeile ‚Virtuosität im Denken', von der nicht zu sagen wäre, mit welchem Gegenstande sie nicht fertig ist

---

[96] Ebenda, Ms-S. 56b (S. 335).

schon ehe sie ihn kennt, kann sich natürlich Jeder, nicht wie vorher, in zehn, sondern in fünf Minuten aneignen.[97]

Angesichts der von Stirner, Marx und Engels gleichermaßen problematisierten Schwäche des philosophisch-aufklärerischen Diskurses bei der Überzeugung seiner Adressaten von der Notwendigkeit einer Veränderung der gesellschaftlichen Verhältnisse – der 1842/43 offenbar gewordenen Ohnmacht der philosophischen Evidenzproduktion – scheint der Versuch nicht von vornherein verfehlt, den Erfolg über die Verringerung der erforderlichen sprachlichen Kompetenzen sowohl auf Seiten der Produzenten, als auch auf Seiten der Adressaten von argumentativen Überzeugungsleistungen erreichen zu wollen. Dass Marx (und Engels) dennoch mit einer solchen Vehemenz gegen den Ansatz Stirners streiten und dass sie für das Ziel der Desavouierung Stirners und der Deplausibilisierung seiner Evidenzproduktion sogar bereit sind, im Widerspruch zur fortlaufend zum Ausdruck gebrachten Distanzierung von der Philosophie auf die Evidenz gelingender Begriffsentwicklung zu rekurrieren, bedarf einer Erklärung. Und dieser Erklärungsbedarf, dem im folgenden Kapitel nachgegangen wird, macht sich umso mehr bemerkbar, wenn man in Rechnung stellt, dass Marx und Engels mit der erfahrungswissenschaftlichen Evidenz empirisch-konstatierbarer Tatsachen doch eigentlich selbst über eine Form argumentativer Evidenzproduktion zu verfügen scheinen, mit welcher sich Erfahrungen von Evidenz erzeugen lassen, die über ein größeres Überzeugungspotenzial verfügen, als diejenigen der anderen Formen argumentativer Evidenzproduktion.

---

97 Ebenda, Ms-S. [57c]/58 (S. 339). Bereits kurz zuvor hatten Marx und Engels anlässlich der von ihnen bei Stirner festgestellten Zusammenfassung aller „realen Verhältnisse" als bloße „Modifikationen des Nicht-Ich" bemerkt, ebenda, Ms-S. 57 (S. 336/337): „Dies vereinfacht die Sache so sehr, daß selbst die aus ‚gebornen beschränkten Köpfen' bestehende große Mehrzahl' diesen Kunstgriff in höchstens zehn Minuten erlernen kann."

11 Karl Marx' und Friedrich Engels' Entwurf eines erfahrungswissenschaftlich-aufklärerischen Diskurses

Nur wenige Eigenheiten ihres Beitrags zur Weiterentwicklung des aufklärerischen Diskurses haben Marx und Engels mit einer vergleichbaren Vehemenz zur Schau gestellt wie ihre Abkehr von der Philosophie als dem Medium der aufklärerischen Agitation. Es ist zu einem großen Teil dieser Vehemenz geschuldet, dass in der Rezeption der zu einem „Werk" kompilierten Manuskripte zur „Deutschen Ideologie" die Vorstellung eines „Bruchs" (Althusser) bzw. eines Übergangs von der Philosophie zur Wissenschaft Fuß fassen konnte. Wie bereits im vorangegangenen Kapitel gezeigt wurde, greifen sie für die Kritik Stirners und für die Deplausibilisierung der von ihm in Anspruch genommenen Evidenz alltagssprachlicher Vertrautheit in umfangreicher Weise auf die traditionellen Formen philosophischer Evidenzproduktion zurück. Wenn in diesem Kapitel der Impetus stärker auf diejenigen Passagen der Manuskripte zur „Deutschen Ideologie" gelegt wird, in denen sie Präzisierungen und Ausarbeitungen ihres eigenen Ansatzes vornehmen, so erfährt dieser Befund Bestätigung. Es wird sich zeigen, dass es im Falle des Marx-Engels'schen Beitrags zur Weiterentwicklung des aufklärerischen Diskurses weit eher gerechtfertigt ist, von einer erfahrungswissenschaftlichen Fundierung der philosophischen Evidenzproduktion oder von einem Zusammenspiel der beiden Formen argumentativer Evidenzproduktion als von einer Verabschiedung von – oder gar einem vollständigen „Bruch" mit – der traditionellen Ressource aufklärerischer Überzeugungsversuche zu sprechen.

Das Verhältnis, welches in den Manuskripten zur „Deutschen Ideologie" und besonders in der Stirner-Kritik *III. Sankt Max* zwischen kritischen und entwickelnden Passagen vorherrscht, wird zu Anfang dieses Kapitels thematisiert (Abschnitt 1). Im Anschluss wird dann das Zusammenspiel zwischen philosophischer und erfahrungswissenschaftlicher Evidenzproduktion dargestellt, welches Marx und Engels in der Entwicklung ihres eigenen Ansatzes praktizierten (Abschnitt 2). Anhand des Beispiels von „Beruf, Bestimmung, Aufgabe" wird schließlich veranschaulicht, inwiefern Marx und Engels Elemente des philosophisch-aufklärerischen Diskurses in ihren eigenen integrierten, inwiefern also von einer Kontinuität mit dem klassisch-aufklärerischen Diskurs gesprochen werden kann (Abschnitt 3).

11.1 Die Bedeutung der Stirner-Kritik für die Ausarbeitung eigener Positionen

Marx und Engels haben, wie im vergangenen Kapitel gezeigt wurde, die Desavouierung Stirners und die Deplausibilisierung der von ihm in Anspruch genommenen Evidenz alltagssprachlicher Vertrautheit mit einem Einsatz betrieben, zu welchem sich selbst in ihrem, an polemisch geführten Auseinandersetzungen nicht armen Werk nur schwer ein Pendant finden lässt.[1] Es liegt nahe, den Grund für die Schärfe und Intensität, mit der diese Auseinandersetzung von den beiden Brüsseler Exilanten geführt wurde, nicht ausschließlich durch den Gegenstand ihrer Kritik veranlasst zu sehen, sondern zu Teilen auf das Ansinnen zurückzuführen, den noch prekären Zusammenhalt einer intellektuellen Partnerschaft zu stärken, die – wie die zeitgenössischen Briefe zeigen – damals noch längst nicht die Festigkeit späterer Jahre angenommen hatte. Die gemeinsame, oftmals in den Nachtstunden vorgenommene Abfassung der Kritik Stirners ermöglichte ihnen auch die gegenseitige, detaillierte Abstimmung ihrer Positionen und es stellt insofern sicher keinen Zufall dar, dass sich zum Ende der Abfassung von *III. Sankt Max* – als es zu den Brüchen zuerst mit Heß, dann mit Weitling und kurz darauf mit Kriege kam – keinerlei Differenzen zwischen den beiden mehr belegen lassen.[2] Mit der Fertigstellung der Kritik an Stirner kam so ein Prozess zum Abschluss, der ziemlich genau ein Jahr zuvor mit der Ankunft von Engels in Brüssel begonnen hatte und im Zuge dessen sich beide auf die materialistische Geschichtsauffassung und auf die Hinwendung zur erfahrungswissenschaftlichen Evidenz empirisch-konstatierbarer Tatsachen als Grundlage ihres Beitrags zur Weiterentwicklung des aufklärerischen Diskurses verständigten.

Es liegt außerdem auf der Hand, dass diese intensiv betriebene, intellektuelle Annäherung sich nicht nur in der Widerlegung von Stirners argumentativer Ermächtigung des konkreten Individuums äußerte, sondern ihren Ausdruck außerdem in unzähligen Ausarbeitungen, Klärungen und Festlegungen eigener Positionen fand. Dieser Sachverhalt wirft die Frage auf, welcher Stellenwert den, diesmal substanziell gefassten, Positionen Stirners bei der Erarbeitung ihres eigenen Ansatzes zukommt, inwiefern also Marx und Engels sich nicht nur den argumentationsstrategischen Aspekten des Ansatzes von Stirner widmeten, sondern in den Stirner'schen Einlassun-

---

[1] Am ehesten qualifiziert noch die Marx'sche Schrift *Herr Vogt* als ein mit vergleichbarer polemischer Intensität geführtes Unterfangen (MEGA² I/18, S. 51-339). Die in diesem Fall gegebene alleinige Autorschaft von Marx ist ein gewichtiges Argument dafür, in Marx den Hauptverantwortlichen für diesen Zug der Stirner-Kritik zu sehen.

[2] In sämtlichen Dokumenten, in welchen die Auseinandersetzungen zwischen den Brüsselern und Heß, Weitling und Kriege ihren Niederschlag gefunden haben, treten Marx und Engels als Einheit auf. Und auch als sich im Sommer 1846 die Hoffnung auf die eigene Vierteljahrsschrift zerschlägt und Engels Brüssel kurz darauf zur Organisation der Pariser Filiale der Kommunistischen Korrespondenzkomitees verlässt, lässt der überlieferte Briefwechsel keine Dissonanzen mehr erkennen.

gen zu den Themenfeldern, die für ihren eigenen Ansatz von zentraler Bedeutung waren, ernstzunehmende Konkurrenten ihrer eigenen Festlegungen gewahrten. Mit anderen, drastischeren Worten: Hätte es eine materialistische Geschichtsauffassung und eine Ideologiekritik gegeben, wenn Marx und Engels keine Kritik des *Einzigen* geschrieben hätten?

Bevor diese Frage einer Antwort zugeführt werden kann, bedarf es einiger Bemerkungen zum Verhältnis von Passagen, die auf die Desavouierung Stirners und die Deplausibilisierung der Evidenz alltagssprachlicher Vertrautheit zielen, und Passagen, in denen Marx und Engels eigenständige Ausarbeitungen vornehmen. Es wurde bereits zu einem früheren Zeitpunkt ausgeführt, dass die Seite für Seite erfolgende Kritik der Schriften ihrer Kontrahenten um die Weiterentwicklung des aufklärerischen Diskurses in den 1840er Jahren die insbesondere von Marx bevorzugte Form der Textabfassung darstellte. War dieses Verfahren bereits in der *Heiligen Familie* und den ihr vorhergehenden Schriften zur Anwendung gekommen, so blieb Marx ihm bei nahezu allen Manuskripten zur „Deutschen Ideologie" treu (wenn auch die Beiträge des Komplexes „Kritik des wahren Sozialismus" im Unterschied zu den Bauer- und Stirner-Kritiken des Komplexes „Kritik der neuesten deutschen Philosophie" eine Auswahl der im Detail kritisierten Passagen vornehmen). Dass diese minutiösen Kritiken immer wieder von eigenständigen Ausarbeitungen zentraler thematischer Fragen unterbrochen wurden, mutet angesichts der mit dieser Art der Textabfassung einhergehenden Auslieferung an den eigentlich abgelehnten Text wie eine Kompensation der Unselbstständigkeit des entstehenden Textes an. Die eigenständigen Abhandlungen, die den Fluss der Kritik immer wieder unterbrechen, sind insofern als Momente eines Umschlagens der Negativität beständigen Widerlegens in die Positivität klärender Darstellungen zu betrachten.

Mochten diese Passagen positiver Entwicklung eigener Überzeugungen auch durch die fehlgehenden Darstellungen des kritisierten Autors veranlasst sein, so wurden die in ihnen entwickelten Positionen doch nur sehr selten erst in den Momenten der Abfassung dieser Passagen konzipiert. In den überwiegenden Fällen nutzte Marx diese Gelegenheiten vielmehr, um anderweitig gewonnene Ergebnisse intellektueller Auseinandersetzung einem Publikum darzubieten, das nach der – im besten Falle gelungenen – Widerlegung einer Auffassung für die Annahme einer alternativen, nicht fehlgehenden Auffassung offen sein würde. In *III. Sankt Max* finden sich etwa verschiedene Exkurse, die auf die schon Anfang 1845 aufgenommene Arbeit an der „Kritik der Politik und Nationalökonomie" hinweisen[3] – dem Werk, für welches Marx vom vorgesehenen Verleger Leske im Laufe des Jahres 1845 bereits einen Vorschuss erhalten hatte und welches Marx zugunsten der Arbeit an der eigenen Vierteljahrs-

---

[3] So etwa der Exkurs über die Geschichte der „Nützlichkeits- und Exploitationstheorie", die Marx von ihren Anfängen bei Hobbes und Locke bis zu Bentham nachzeichnet, Karl Marx/Friedrich Engels: III. Sankt Max • Schluss des Leipziger Konzils (**H**[11]), MEGA² I/5, Ms-S. 101-[102c] (S. 466-471).

schrift so lange zurückstellte, bis Leske die Geduld verlor und Marx aufforderte, sich einen neuen Verleger zu suchen und ihm den gezahlten Vorschuss zu erstatten. Argumentationsstrategisch betrachtet lassen sich die eigenständigen Passagen als Versuche sehen, einen Teil der Früchte der erfolgreichen Widerlegung eines Autors nicht erst am Ende seiner Kritik, sondern bereits im Zuge ihrer Entfaltung zu ernten und die erfolgreiche Widerlegung in eine Überzeugung der Leser von den Marx-Engels'schen Auffassungen zu übersetzen.

Schon in dem am frühesten verfassten Manuskript zur „Deutschen Ideologie", der ersten Fassung der Replik auf Bauers *Charakteristik Ludwig Feuerbachs*, ist dieser Versuch nachzuweisen, wenn Marx und Engels die Kritik des Bauer'schen Artikels auf der vierten Seite des achten Bogens unterbrechen, um auf den folgenden achteinhalb Seiten eine Entwicklung der materialistischen Geschichtsauffassung vorzunehmen, die in keinem direkten Bezug zum Bauer'schen Text steht. Vergleichbare Einschübe finden sich an vielen Stellen der Stirner-Kritik und es wurde bereits darauf hingewiesen, dass die Entscheidung zu einem eigenständigen Feuerbach-Kapitel im ersten Band der Vierteljahrsschrift infolge des Ausuferns einer in den Kontext der Stirner-Kritik eingebetteten Abhandlung über die Geschichte des Privateigentums getroffen wurde.[4] Offensichtlich war mit dieser Abhandlung der Zeitpunkt erreicht, zu welchem Marx und Engels sich zu sorgen begannen, ob die Einbettung ihrer eigenen Ausführungen in die umfangreiche Kritik des *Einzigen* der Rezeption dieser Ausführungen nicht eher abträglich sein würde. Die Bündelung dreier zentraler Passagen (über die materialistische Geschichtsauffassung, über das neue Konzept „Ideologie" und eben über die Geschichte des Privateigentums) in einem Konvolut, das den Hauptteil des zu Beginn des 20. Jahrhunderts kompilierten „Feuerbach-Kapitels" bildet, verdankt sich dieser Überlegung zufolge dann der Absicht von Marx und Engels, dem Leser den Zugriff auf diese zentralen Einsichten ihres Beitrags zur Weiterentwicklung des aufklärerischen Diskurses zu erleichtern.

Wenn es schließlich um die Bestimmung des Ausmaßes geht, in welchem die Kritik des *Einzigen* die Formulierung der eigenen Überzeugungen oder des eigenen konzeptionellen Apparates beeinflusst hat, so ist zu konstatieren, dass sich der Einfluss von Stirners inhaltlichen Positionen – bis auf eine namhafte, in der Folge beschriebene Ausnahme – weitgehend darin äußert, die Stichwörter geliefert zu haben, die es Marx und Engels erlaubten, die Darstellung ihrer eigenen Positionen „episodenhaft" in die Desavouierung Stirners zu integrieren. Wenn diese Feststellung auch den Eindruck erwecken mag, dass der Einfluss Stirners ein nur geringer gewesen sei und dass die Konzentration auf die Kritik Stirners im Rahmen der Manuskripte zur „Deutschen Ideologie" bloße Koinzidenz sei, so hieße dies jedoch, einem Fehlschluss zu unterliegen. Denn auch wenn Marx und Engels die Stirner'schen Ausführungen zum Eigen-

---

[4] Einer Abhandlung, die schließlich auf 40 Seiten anwachsen sollte. Siehe oben, Kapitel 9, Abschnitt 3.

tum⁵, zum Geld⁶, zur Bedeutung der Teilung der Arbeit⁷, zu Streiks als Kampfmittel der Arbeiter⁸ und zu vielem mehr nicht als ernsthafte Konkurrenten ihrer eigenen, auf einem weit intensiveren Studium nationalökonomischer Literatur ruhenden Auffassungen betrachten, so darf der Sachverhalt, dass etwa der Begriff „Eigentum" in Stirners Ansatz eine so prominente Rolle einnimmt, vor dem Hintergrund des ansonsten in der damaligen Debatte verbreiteten Spektrums grundlegender Begriffe in seiner Bedeutung nicht zu niedrig veranschlagt werden.

Der zwar gänzlich anders geartete Anschluss an die Kategorien der nationalökonomischen Theoriebildung, den Stirner im Rahmen des *Einzigen* unternimmt,⁹ stellt unter den zeitgenössischen Versuchen einer Weiterentwicklung des aufklärerischen Diskurses eine große Ausnahme dar (einzig Marx und Engels strukturieren ihren Versuch ähnlich). Wenn es trotz der – bis auf eine Ausnahme – vergleichsweise geringen Herausforderung, welche der Stirner'sche Gebrauch der auch von Marx und Engels herangezogenen Konzepte für sie bot, gerechtfertigt ist, von einer herausgehobenen Bedeutung der Stirner-Kritik in der Formulierung ihres eigenen Ansatzes zu sprechen, wenn es, mit anderen Worten, legitim ist, in der Kritik Stirners den bedeutendsten Niederschlag ihrer Arbeit an den Manuskripten zur „Deutschen Ideologie" zu sehen, dann aus den folgenden Gründen.

Zum einen erlaubt der von Stirner formulierte Beitrag zur Weiterentwicklung des aufklärerischen Diskurses ihnen den Brückenschlag zwischen den beiden intellektuellen Traditionssträngen, mit denen sie sich in ihrer Vierteljahrsschrift auseinanderzusetzen beabsichtigen – der „Kritik der neuesten deutschen Philosophie" und der „Kritik des wahren Sozialismus". Im Unterschied zu allen anderen, im Rahmen der Manuskripte zur „Deutschen Ideologie" behandelten Autoren ist Stirner der Einzige, der sich sowohl an dem junghegelianischen Projekt einer antireligiösen, philosophischen Aufklärung der Zeit vor 1842/43 (wie Feuerbach, Bauer und auch Ruge) beteiligte, als auch Konzepte in seinen Ansatz aufnimmt, die im Zentrum der sozialistischen Agitation stehen (wie von Karl Grün, Hermann Semmig, Rudolph Matthäi, Georg Kuhlmann – den in den überlieferten Kapiteln des zweiten Bandes Kritisierten – und auch Heß¹⁰ und Weitling betrieben). In einer Kritik Stirners ist Marx und Engels

---

5 Vgl. im Besonderen Max Stirner: Der Einzige und sein Eigenthum, Leipzig 1845 [1844], S. 332-336 [255-258].
6 Vgl. etwa ebenda, S. 150/151 [122/123] u. 363-365 [277/278].
7 Vgl. etwa ebenda, S. 157-159 [127/128].
8 Vgl. ebenda, S. 357-361 [273-276].
9 Siehe oben, Kapitel 7, Abschnitt 1.
10 Vielleicht ließe sich eine vergleichbare Feststellung noch am ehesten im Falle von Heß treffen, der sich nicht nur bereits an der philosophischen Agitation vor 1842/43 beteiligte, sondern Marx und Engels mit seinem Übertritt zum Sozialismus sogar zuvorkam (und zumindest am Übertritt des letzteren einen maßgeblichen Anteil gehabt haben soll (siehe oben, Kapitel 8, Abschnitt 1). Für das Schlagen einer intellektuellen Brücke zwischen philosophischer Spätaufklärung und „wahrem" Sozialis-

insofern stets die Formulierung von Aussagen möglich, denen nicht nur für den einen, sondern auch für den anderen Komplex Relevanz zukommt.[11]

Darüber hinaus bot eine Veranschaulichung der Kritik der idealistischen Geschichtsauffassung am Beispiel Stirners den nicht zu unterschätzenden, argumentationsstrategischen Vorteil, dass eine „sozialistische" Antwort auf die Kritik des Apologeten des Egoismus, der im *Einzigen* selbst eine Desavouierung sozialistischer Ansätze versucht hatte, die Adressaten der Marx-Engels'schen Beitrags zur Weiterentwicklung des aufklärerischen Diskurses zur Rezeption der Kritik einer Position veranlassen würde, die sich auch im Lager der „wahren Sozialisten" einer großen Verbreitung erfreute. Der Glaube an die historische Wirkmächtigkeit von Ideen, den auch Marx und Engels im Falle Stirners nur noch in seiner Hoffnung auf die Konsequenzen einer Befreiung von diesem Glauben gegeben sahen, erfreute sich zum Zeitpunkt der Niederschrift von *III. Sankt Max* unter den „wahren Sozialisten" noch uneingeschränkter Verbreitung. Mit einer Desavouierung dieses Glaubens in einer Kritik Stirners konnten Marx und Engels insofern hoffen, auch die Macht dieses Glaubens in sozialistischen Kreisen zu brechen, in welchen eine kommunistische Antwort auf die Apologie des für die gesellschaftliche Misere verantwortlich gehaltenen Egoismus auf großes Interesse stoßen würde. Wie der zeitgenössische Briefwechsel belegt,[12] versprach sich insbesondere Marx von der Rezeption der Stirner-Kritik entscheidende Erfolge bei der Desavouierung der konkurrierenden sozialistischen Agitatoren.[13] In

---

mus eignete sich Heß allerdings aus zweierlei Gründen nicht. Zum einen wussten sich Marx (und Engels) zum Beginn der Abfassung der Manuskripte des Komplexes „Kritik der neuesten deutschen Philosophie" durchaus noch in Übereinstimmung mit Heß, der vielmehr erst als Konsequenz seiner Weigerung, die im Rahmen der Stirner-Kritik vorgenommenen Präzisierungen und Ausformulierungen ihres Ansatzes zu übernehmen, selbst zum Gegenstand der kritischen Distanzierung avancierte. Zum anderen bot Heß – trotz seiner sozialistischen Orientierung – mit seinem weiterhin in einem philosophischen Rahmen verorteten Ansatz längst keine ähnlich fruchtbare Angriffsfläche für die Demonstration der argumentativen Überlegenheit der erfahrungswissenschaftlichen Evidenzproduktion wie Stirner, der sich immerhin bei der Wahl seiner grundlegenden Konzepte des theoretischen Wortschatzes der Nationalökonomie bediente.

11 Mit dem geplanten Feuerbach-Kapitel verfolgten Marx und Engels das gleiche Ziel – mit, wie die hinterlassenen Manuskripte zeigen, allerdings weit weniger Erfolg.

12 Vgl. etwa Weydemeyer an Marx, 30. April 1846, MEGA² III/1, S. 532/533: „Auf die Behauptung, von der Du sprachst, daß es überflüssig sei, den ‚Stirner' zu kritisieren, bin ich schon bei Einigen gestoßen, habe mich besonders mit Bürgers lange deshalb herumgestritten. Mir ist dagegen die Nothwendigkeit dieser Kritik noch einleuchtender geworden wie früher. Die Herrschaft der Idee steckt den Leuten, besonders den Kommunisten selbst noch gewaltig in den Köpfen, wenn der Unsinn auch nicht mit Stirnerscher Klarheit hervortritt, das Kategorien- und Konstruktionswesen finden sich auch in Schriften realeren Inhaltes, in denen das Baugerüst besser bekleidet und versteckt ist."

13 Hierin liegt ein weiterer Grund für den Umfang, den Marx und Engels der Kritik Stirners gegenüber den anderen Autoren des Komplexes „Kritik der neuesten deutschen Philosophie" einräumten. Auch die großen Anstrengungen, welche die beiden bis weit in den Sommer 1847 noch unternahmen, um

der Konsequenz dieser Auffassung lässt sich durchaus vermuten, dass die Zerwürfnisse mit Heß, Weitling und Kriege zwischen Ende Februar und Anfang Mai 1846 eine direkte Folge der Weigerung dieser drei darstellten, die im Rahmen der Stirner-Kritik formulierten Positionen zu übernehmen (und den Marx-Engels'schen Primat bei der sozialistischen Theoriebildung anzuerkennen).

Ein weiterer Grund für die herausgehobene Bedeutung der Kritik Stirners unter den Manuskripten zur „Deutschen Ideologie" klingt in dem vorherigen bereits an, versprachen sich Marx und Engels doch von der Widerlegung des Stirner'schen Ansatzes besondere Möglichkeiten der Veranschaulichung ihrer eigenen Auffassungen. *Der Einzige und sein Eigenthum* wurde von ihnen insofern als die am besten geeignete Kontrastfolie gesehen, um die Konturen der von ihnen erarbeiteten Positionen inklusive der seit dem letzten, sich kritisch auf die Ansätze ihrer Kontrahenten um die Weiterentwicklung des aufklärerischen Diskurses beziehenden Werk, die *Heilige Familie*, eingetretenen Veränderungen besonders prägnant hervortreten zu lassen. Dabei musste es ihnen gelegen kommen, dass ihnen der Dank sowohl derjenigen, die im Egoismus der handelnden Akteure die Hauptursache der zeitgenössischen gesellschaftlichen Missstände gewahrten, als auch derjenigen gewiss sein konnte, die (wie sie selbst) von der Replik Feuerbachs – des von den „wahren" Sozialisten als Garant ihrer argumentativen Überlegenheit in Anspruch genommenen Philosophen – auf die von Stirner formulierte Kritik nicht überzeugt waren. Mit dem Rekurs auf den *Einzigen* als Kontrastfolie ihrer eigenen Konzeptionen würden sich schließlich insbesondere diejenigen Leser ansprechen lassen, die an einer Widerlegung des Egoismus aus sozialistischer, bzw. kommunistischer Perspektive interessiert waren.

Über diese Gründe hinaus kommt der Kritik Stirners eine aparte Rolle innerhalb der Manuskripte zur „Deutschen Ideologie" zu, da der Ansatz Stirners, wenn auch nicht in substanzieller Hinsicht, so doch in argumentativer Hinsicht eine einzigartige Herausforderung für die Durchsetzung ihrer eigenen Auffassungen darstellte. In gewisser Weise lässt sich davon sprechen, dass Marx und Engels die von Stirner ermöglichte argumentative Selbstermächtigung des konkreten Individuums als argumentativen Prüfstein ihrer eigenen Auffassungen heranzogen. Mit dem von Stirner in die Debatte um die Weiterentwicklung des aufklärerischen Diskurses eingeführten Rekurs auf die Evidenz alltagssprachlicher Vertrautheit sahen sich Marx und Engels mit einer Form der argumentativen Evidenzproduktion konfrontiert, gegen die Bauer den Kampf nur halbherzig – durch die Delegierung einer Antwort an Szeliga – und Feuerbach auf nur unbefriedigende Art aufgenommen hatte. Wenn es den beiden Brüsseler Exilanten gelingen würde, die von Stirner aufgezeigten Möglichkeiten, sich dem argumentativen Zugriff einer von Experten kontrollierten Evidenzproduktion zu entziehen, wieder einzuhegen, wenn es ihnen, mit anderen Worten, gelänge, ihre eige-

---

vor allem die Manuskripte des ersten Bandes der geplanten Vierteljahrsschrift zu veröffentlichen, finden in diesem Sachverhalt eine Erklärung.

nen Positionen auf eine Art und Weise argumentativ zu stützen, die sie gegen die argumentativen Instrumente Stirners immunisierte, so besäße ihr Ansatz gegenüber allen konkurrierenden Ansätzen einen entscheidenden Vorteil.

Denn auch wenn sich Stirner im Vergleich zu Bauer und erst recht zu Feuerbach wesentlich weniger als Kristallisationspunkt eines Lagers anbot, war es ihm doch gelungen, nicht nur von diesen beiden, philosophischen Denkern als Konkurrent ernst genommen zu werden, sondern sich zusätzlich den ihnen zu Gebote stehenden, argumentativen Möglichkeiten zu entziehen. Die von Stirner betriebene argumentative Ermächtigung des konkreten Individuums bildete gerade mit ihrer Ausrichtung auf die Stärkung der Position der Laien argumentativer Evidenzproduktion eine Herausforderung für alle, weiterhin auf die normierende Kraft der Evidenzerfahrungen von Experten bauenden Ansätze. Wie sich in der Darstellung der für den Marx-Engels'schen Ansatz spezifischen Form der argumentativen Evidenzproduktion noch zeigen wird, sahen sie gerade in der von ihnen in die Debatte um die Weiterentwicklung des aufklärerischen Diskurses eingeführten Evidenz empirisch-konstatierbarer Tatsachen den entscheidenden Hebel, um die Stirner'sche Verlagerung des Impetus auf die Selbstüberzeugung der Adressaten des aufklärerischen Diskurses wieder einer Form der Generierung von Überzeugungsleistungen zu unterwerfen, mit welcher sich eine Harmonisierung disparater Willensäußerungen bewerkstelligen ließ – einer Harmonisierung, die für die Organisation revolutionärer Massenbewegungen von fundamentalem Wert war.

Die in der Beschreibung des vorangegangenen Grundes für die herausgehobene Stellung von *III. Sankt Max* gegenüber den anderen Kritiken der Manuskripte zur „Deutschen Ideologie" bereits angeklungene Differenz bezüglich des Umgangs mit der Macht und dem Einfluss von Experten der Produktion argumentativer Evidenz bietet außerdem einen Anhaltspunkt für die Bestimmung eines weiteren Grundes für die Konzentration von Marx und Engels auf die Kritik Stirners. Es ist dies das Themenfeld, in welchem Marx und Engels die Auffassungen des Autors des *Einzigen* tatsächlich als in substanzieller Hinsicht ernstzunehmende Herausforderung wahrgenommen haben und welches insofern auch das Urteil rechtfertigt, dass der Auseinandersetzung mit Stirner ein entscheidender Einfluss auf die Herausbildung des Marx-Engels'schen Beitrags zur Weiterentwicklung des aufklärerischen Diskurses zukommt. Marx (und Engels) sahen sich durch den Angriff Stirners auf die Funktionalität diskursiver Herrschaft herausgefordert, eine materialistische Konzeption sowohl der Kritik bestehender Formen, als auch der Begründung legitimer Formen diskursiver Herrschaft zu entwickeln (wobei sie die die Begründung eher implizit vornehmen). Diese Entwicklung hat ihren Niederschlag in dem Aspekt gefunden, der neben der in den Grundzügen bereits vor der Arbeit an den Manuskripten zur „Deutschen Ideologie" entwickelten materialistischen Geschichtsauffassung charakteristisch für ihren Ansatz ist: die Konzipierung und Anwendung des Begriffes „Ideologie".

Wenn die Antwort auf die eingangs gestellte Frage, ob der Marx-Engels'sche Beitrag zur Weiterentwicklung des aufklärerischen Diskurses ohne die Auseinandersetzung mit Stirner zustande gekommen wäre, auch an dieser Stelle noch nicht ausreichend begründet werden kann, so kann zu diesem Zeitpunkt gleichwohl die Richtung angegeben werden, in welcher diese Antwort erfolgen wird. In Hinsicht auf die Ausdifferenzierung der materialistischen Geschichtsauffassung beschränkt sich der Einfluss des Stirner'schen Ansatzes auf die Rolle eines willkommenen Objekts der Veranschaulichung; in Bezug auf die Konzipierung der Ideologiekritik muss Stirner hingegen ein entscheidender Einfluss beschieden werden. Wenn die materialistische Geschichtsauffassung wohl also auch unabhängig von einer Kritik des *Einzigen* ihre Ausdifferenzierung erfahren hätte, so ist es nur schwer vorstellbar, dass Marx (und Engels) ohne die Herausforderung durch die Stirner'sche Kritik diskursiver Herrschaft den aufklärerischen Diskurs um die Dimension einer Kritik der Ideologie erweitert hätten.

Dieser letztgenannte, in Kürze auszuführende Aspekt und der wiederholt angeklungene Versuch, den Erfolg der von Stirner ermöglichten argumentativen Selbstermächtigung des konkreten Individuums durch die Einführung einer neuen Ressource argumentativer Evidenzerfahrungen zu unterbinden (und so die (gemeinsamen) Adressaten des aufklärerischen Diskurses wieder dem Einfluss einer von Experten gesteuerten Form der Produktion argumentativer Evidenz zugänglich zu machen), sind die hauptsächlichen Gründe, welche es erlauben, von einer besonderen Bedeutung der Stirner-Kritik für die Ausarbeitung des eigenen Ansatzes zur Weiterentwicklung des aufklärerischen Diskurses zu sprechen. Im Folgenden sollen diese beiden Aspekte der Stirner-Kritik näher bestimmt werden, wobei zuerst die spezifische Form der von Marx und Engels im Rahmen von *III. Sankt Max* zur Anwendung gebrachten Produktion argumentativer Evidenz mit ihrem ambivalenten Verhältnis zur philosophischen Evidenz gelingender Begriffsentwicklung dargestellt wird, bevor die Konzipierung der Ideologiekritik unter Einbeziehung der relevanten Textpassagen nachgezeichnet wird.

11.2 Das Zusammenspiel von philosophischer und erfahrungswissenschaftlicher Evidenzproduktion bei Marx und Engels

Unter den von Marx und Engels in den Manuskripten zur „Deutschen Ideologie" entwickelten Positionen gibt es wenige, die mit einer vergleichbaren Konsequenz vertreten werden, wie die Ablehnung der Philosophie. Und es sind nicht nur die drastischen, wohl dem noch jungen Alter der Autoren geschuldeten Formulierungen, wie diejenige über das Verhältnis der Philosophie zum „Studium der wirklichen Welt",[14]

---

14 Karl Marx/Friedrich Engels: III. Sankt Max • Schluss des Leipziger Konzils (**H**[11]), MEGA² I/5, Ms-S. [41b] (S. 291): „Philosophie & Studium der wirklichen Welt verhalten sich zu einander wie Ona-

welche die Qualifizierung der Manuskripte zur „Deutschen Ideologie" als derjenigen Schriften zu rechtfertigen scheinen, in welchen Marx (und Engels) endgültig mit ihrer philosophischen Vergangenheit brächen.[15] Nicht zuletzt die von Marx 1859 selbst gegebene Charakterisierung dieser Manuskripte als Abrechnung „mit unserm philosophischen Gewissen"[16] hat der Einschätzung Vorschub geleistet, mit den Manuskripten zur „Deutschen Ideologie" käme die frühe, noch philosophische Phase im schriftstellerischen Schaffen von Marx (und Engels) zu einem Ende und beginne eine qualitativ neue Phase in der Kritik der gesellschaftlichen Verhältnisse.

Wenn dieser Einschätzung auch nicht vollends die Legitimität abgesprochen werden kann, so bedarf sie, wie bereits in der Darstellung der größtenteils mit dem argumentativen Instrumentarium philosophischer Evidenzproduktion vorgenommenen Kritik Stirners im vorangegangenen Kapitel zum Ausdruck gekommen ist, einiger Qualifizierung. Das Verhältnis von Marx – dem zweifellos philosophischeren „Kopf" der beiden Autoren – zur Philosophie und zu der ihr zugrundeliegenden Evidenz gelingender Begriffsentwicklung in den Manuskripten zur „Deutschen Ideologie" ist, wie die folgenden Ausführungen zeigen werden, ein ambivalentes: auf der einen Seite unmissverständliche Distanzierung, auf der anderen Seite Aufgebot nahezu des gesamten Spektrums der philosophischen argumentativen Instrumente zur Deplausibilisierung des Stirner'schen Ansatzes. Oder, um es mit anderen Worten zu formulieren: Marx vereint in den Manuskripten zur „Deutschen Ideologie" die Abwertung der Philosophie in ihren substanziellen Aspekten mit dem unverminderten Rekurs auf die formalen Aspekte philosophischer Argumentation. Dieses ambivalente Verhältnis gilt es im Auge zu behalten, wenn die spezifische Form der Produktion argumentativer Evidenz Berücksichtigung finden soll, welche dem Marx-Engels'schen Ansatz zur Weiterentwicklung des aufklärerischen Diskurses eignet, und wenn die Gründe sowohl dafür angeführt werden, dass die Marx-Engels'sche Form des aufklärerischen Diskurses in Abgrenzung zur Philosophie konzipiert wurde, als auch dafür, dass in dieser Form die argumentative Widerlegung der konkurrierenden Ansätze weiterhin in einem philosophischen Rahmen erfolgte.

Mag die Gleichzeitigkeit des Verwerfens der substanziellen Aspekte der philosophischen Bewusstseinsbestimmung und der Wahrung des Rekurses auf die philosophische Form der Evidenzproduktion auf den ersten Blick befremdlich wirken, so ist

---

nie & Geschlechtsliebe." Dass das gewählte, drastische Bild nicht nur die Frucht einer weingeschwängerten Nacht darstellt, dass Marx und Engels diese Aussage vielmehr auch in nüchternerem Zustand aufrecht hielten, wird aus dem Sachverhalt ersichtlich, dass der ursprünglich als Pendant der Philosophie gewählte Begriff „Päderastie" nachträglich in „Onanie" geändert wurde (ebenda, Ms-S. [41b] (S. 1154)).

15 Klassisch ist die Auffassung Louis Althussers von der „Deutschen Ideologie" als dem Werk einer „coupure" und des Übergangs von einem philosophischen zu einem wissenschaftlichen Ansatz geworden (vgl. etwa Louis Althusser: Pour Marx, Paris 2005, S. 26/27).
16 Karl Marx: Zur Kritik der politischen Ökonomie. Erstes Heft, MEGA² II/2, S. 101.

die Konstatierung dieses Sachverhaltes auch im zeitgenössischen Kontext nicht ohne Präzedenz. Nicht zuletzt Marx (und Engels) selbst erheben einen vergleichbaren Vorwurf in den Manuskripten zur „Deutschen Ideologie" und zwar gegen so gegensätzliche Autoren wie Stirner und Heß, denen jeweils unterstellt wird, den Schein eines Bruchs mit der Philosophie nur vor dem Hintergrund ihrer mangelhaften Fertigkeit in der Produktion philosophischer Evidenz erwecken zu können, denen also vorgeworfen wird, trotz ihrer demonstrativen Abkehr von der Philosophie weiterhin philosophisch zu argumentieren.[17] Wie im Falle Stirners gezeigt wurde, beschränken sich Marx (und Engels) bei der Ausformulierung dieses Vorwurfs nicht auf die Kennzeichnung der kritisierten Autoren als Philosophen – was angesichts der plakativen Verabschiedung der Philosophie als Medium emanzipativer Bestrebungen bereits für eine Disqualifizierung hätte ausreichen müssen –, sondern bemühen sich um den Nachweis, dass schon die Behauptung des Bruchs sich nicht gegen die argumentativen Angriffe mit dem Instrumentarium der philosophischen Evidenzproduktion verteidigen ließe (da dieser Bruch eben nur ein scheinbarer, kein tatsächlicher sei). Wenn man so will, ergreifen Marx (und Engels) hier die Partei der Philosophie gegen diejenigen, die sich bereits vor ihnen um den Austritt aus dem philosophischen Referenzrahmen des aufklärerischen Diskurses bemüht haben, nur um den Vollzug dieses Austritts dann für sich selbst zu reklamieren. In Folge dieser argumentativen Strategie kann man sich des Eindrucks kaum erwehren, ihr Vorgehen bei der Kritik konkurrierender Ansätze stünde gegenüber den argumentativen Angriffen des philosophisch-aufklärerischen Diskurses auf die theologisch-religiöse Bewusstseinsbestimmung, wie sie in der Zeit vor 1842/43 das aufklärerische Handeln prägten, in einem verwandtschaftlichen Verhältnis.[18]

Es darf bei der Konstatierung dieser Beziehung der Verwandtschaft jedoch nicht aus dem Blick geraten, dass Marx und Engels, im Unterschied zu den philosophischen Kritikern der theologisch-religiösen Bewusstseinsbestimmung vor 1842/43,

---

17 Auf die Behandlung Stirners als „bankerutten" Philosophen wurde bereits eingegangen. Für den von Heß forcierten Bruch mit der Philosophie ist seine Broschüre *Die letzten Philosophen* einschlägig. Wenn Marx und Engels Heß, der schließlich bis weit in das Frühjahr 1846 als Mitherausgeber der projektierten Vierteljahrsschrift vorgesehen war, auch kein eigenes Kapitel in der Kritik der „wahren Sozialisten" widmen, so sind die – überwiegend nachträglich eingefügten – Distanzierungen von Heß in den Manuskripten kaum zu übersehen. (Vgl. hierzu etwa die von Marx in *II. Sankt Bruno* eingefügte, auf Heß bezogene Bemerkung „für dessen Schriften E. u. M. durchaus keine Verantwortlichkeit übernehmen", Karl Marx/Friedrich Engels: II. Sankt Bruno (**H¹⁰**), MEGA² I/5, Ms-S. [8b] (S. 162 u. 1020).) Die Auffassung, dass Heß sich nicht von der Philosophie zu lösen verstehe, kommt an verschiedenen Stellen des Briefwechsels von Marx und Engels zum Ausdruck (vgl. etwa Heinrich Bürgers an Marx, Ende Februar 1846, MEGA² III/1, S. 507; Roland Daniels an Marx, 7. März 1846, ebenda, S. 514; Jenny Marx an Marx, 24. März 1846, ebenda, S. 518).
18 Auch bei diesen Angriffen wurde der Vorwurf erhoben, die theologische Evidenzproduktion könne nur deshalb den Schein von Evidenz erwecken, weil sie ihren philosophischen Anteil nicht zu seiner vollen Entfaltung gelangen lasse. Siehe hierzu oben, Kapitel 1, Abschnitte 3 und 4.

selbst von der Überholtheit und Defizienz der philosophischen Evidenzproduktion überzeugt sind. Ihren Niederschlag muss diese Überzeugung in der Folge selbstverständlich darin finden, dass sich der von Marx (und Engels) vollzogene Bruch mit der Philosophie gegen die argumentativen Instrumente der philosophischen Evidenzproduktion verteidigen lassen muss, dass ihr Anspruch auf die Verabschiedung der Philosophie als argumentativem Referenzrahmen des aufklärerischen Diskurses tatsächlich fundiert ist. Auf argumentationsstrategischer Ebene ist dieser Anspruch angesichts des Sachverhalts durchaus zu rechtfertigen, dass die beiden Brüsseler Exilanten die Überzeugungskraft ihrer Argumente eben nicht nur aus der angeführten Quelle schöpfen, sondern mit der Evidenz empirisch-konstatierbarer Tatsachen über eine weitere Ressource zur Generierung von Überzeugungsleistungen verfügen, deren Erschließung für das emanzipative Projekt der Aufklärung einen der originellsten Aspekte ihres Beitrags zur Weiterentwicklung des aufklärerischen Diskurses darstellt.

Diese zweifache Möglichkeit, Erfahrungen von Evidenz bei den Adressaten ihrer Argumentation hervorzurufen – philosophisch und erfahrungswissenschaftlich –, stellt innerhalb der Auseinandersetzung um die Weiterentwicklung des aufklärerischen Diskurses keinen geringen Vorteil dar, denn sie erlaubt es Marx und Engels, die Überzeugungskraft ihrer Argumente je nach Bedarf aus der einen, oder aus der anderen Quelle zu beziehen. Sie sind so in der Lage, die Defizite der einen Form der Produktion argumentativer Evidenz durch den Rekurs auf die andere Form auszugleichen. Wie im vergangenen Abschnitt gezeigt wurde, rekurrieren Marx (und Engels) in der Kritik Stirners allerdings in erster Linie auf die philosophische Evidenz gelingender Begriffsentwicklung und greifen erst dann auf die Evidenz empirisch-konstatierbarer Tatsachen zurück, wenn der von Stirner ermöglichten argumentativen Selbstermächtigung des konkreten Individuums mit dem Instrumentarium der philosophischen Evidenzproduktion nicht beizukommen ist oder wenn sie den Eindruck haben, ihrer Kritik durch das Hervorrufen von Erfahrungen der Evidenz empirisch-konstatierbarer Tatsachen zusätzliche Überzeugungskraft verleihen zu können.

Ein ähnliches Vorgehen bei der Generierung von Überzeugungsleistungen, dies sei an dieser Stelle angemerkt, praktizierten bereits die beiden philosophischen Denker, mit denen Marx sich bis zur Arbeit an den Manuskripten zur „Deutschen Ideologie" (also bis zur Kritik Stirners) am intensivsten auseinandersetzte – Hegel und Feuerbach –, und der Vergleich mit diesen beiden Denkern bietet sich an dieser Stelle umso mehr an, als alle drei Ansätze nicht nur auf eine Kombination zweier Quellen möglicher Erfahrungen von Evidenz vertrauen,[19] sondern darüber hinaus eine vergleichbare Hierarchisierung der in Anspruch genommenen Weisen der Produktion argumentativer Evidenz vornehmen. Alle drei angeführten Ansätze gleichen sich darin, dass sie die Überzeugungskraft ihrer Argumente hauptsächlich aus der Evidenz

---

[19] Siehe für Hegel oben, Kapitel 1, Abschnitt 1, und für Feuerbach oben, Kapitel 1, Abschnitt 3.

gelingender Begriffsentwicklung beziehen und diese Evidenz im Bedarfsfall mit der jeweiligen zweiten anreichern – Hegel mit der Evidenz heiliger Autoritäten, Feuerbach mit der Evidenz sinnlicher Gewissheit und Marx (und Engels) mit der Evidenz empirisch-konstatierbarer Tatsachen. Vor diesem Hintergrund ist es – im Widerspruch zum etablierten Topos vom in den Manuskripten zur „Deutschen Ideologie" erfolgten Übergang von der Philosophie zur Wissenschaft – weit eher gerechtfertigt, im Falle des Marx-Engels'schen Ansatzes von einer Modifizierung der Evidenz gelingender Begriffsentwicklung – also letztendlich von einer weiteren Spielart der philosophischen Evidenzproduktion –, als von einer vollständigen Ablösung dieser Evidenz durch eine bisher im Rahmen aufklärerischer Diskurse unbekannte Form argumentativer Evidenz zu sprechen.

Bevor dieses, für den Marx-Engels'schen Ansatz spezifische Zusammenspiel der beiden Formen der Produktion argumentativer Evidenz noch detaillierter nachgezeichnet werden kann, verdient eine Frage Beachtung, die sich nach den soeben gegebenen Ausführungen stellt: Wenn Marx (und Engels) die Überzeugungskraft des überwiegenden Teils ihrer gegen Stirner (und auch gegen die anderen kritisierten Autoren) vorgebrachten Argumente aus der philosophischen Evidenzproduktion beziehen, weshalb insistieren sie dann so vehement auf der Verabschiedung der Philosophie als argumentativem Medium des aufklärerischen Diskurses? Oder, mit anderen Worten: Aus welchen Gründen sehen sich Marx (und Engels) genötigt, die substanziellen Aspekte der philosophischen Evidenzproduktion bei Wahrung ihrer formellen Aspekte zu verwerfen und den aufklärerischen Diskurs, der – mit Ausnahme Stirners – bisher stets als philosophisches Unterfangen verstanden und betrieben wurde, auf eine Weise zu modifizieren, die den Anschein erweckt, als brächen Marx (und Engels) vollständig mit seiner traditionellen Form? Es heißt also, die Frage nach den Gründen für die ablehnende Haltung zu stellen, die Marx und Engels zum Zeitpunkt der Ausarbeitung eines eigenständigen Ansatzes in den Jahren 1845/46 zur Philosophie einnehmen. Und es heißt dann zweitens, die Frage einer Antwort zuzuführen, weshalb Marx und Engels sich von dem Rekurs auf die argumentative Evidenz empirisch-konstatierbarer Tatsachen versprachen, den diagnostizierten Gründen für die Ungeeignetheit der Inanspruchnahme der philosophischen Evidenz entgehen zu können.

Eine erste Annäherung an eine Antwort führt zurück in die Zeit, als die philosophischen Angriffe auf die religiöse Bewusstseinsbestimmung durch zensorische Akte der preußischen Staatsgewalt zum Verstummen gebracht wurden. Im Unterschied zu den beiden zentralen Protagonisten der junghegelianischen Debatte vor 1842/43 – Feuerbach und Bauer – gelangten Marx und Engels, wie vor ihnen bereits Stirner, im Zuge der Konzipierung einer eigenständigen Position schließlich zu dem Schluss, dass der philosophischen Form des aufklärerischen Diskurses ein Großteil der Verantwortung für die zutage getretene Passivität seiner Adressaten zuzuschreiben sei.[20] Bei allen zwischen ihren Ansätzen bestehenden Differenzen hatten Feuerbach und Bauer beide die Entscheidung getroffen, den infolge des Scheiterns des philosophisch-aufklärerischen Diskurses eingetretenen Reflexionsdruck auf Seiten der Aufklärer in Richtung der Adressaten des Diskurses abzuleiten und die Erwartung seines schließlichen Erfolges bei der Generierung von Überzeugungsleistungen in der zukünftigen Reifung der Adressaten zu gründen.

Dieser, von der „ersten Garde" der Vertreter der junghegelianischen Form des aufklärerischen Diskurses gewählte Umgang mit dem Problem der Passivität seiner Adressaten hatte für die „zweite Garde" dieser Vertreter, die sich wie Stirner, Marx und Engels in der Zeit vor 1842/43 auf die Unterstützung Feuerbachs und Bauers konzentriert hatten, von vornherein etwas Unbefriedigendes. Mochte dieser Umgang Feuerbach und Bauer eine Zeitlang auch die Aufrechterhaltung des Absatzes ihrer Schriften sichern, so stellte es für die sekundierenden Teilnehmer der junghegelianischen Debatte doch einen bedeutenden Unterschied dar, ob sie ihre schriftstellerischen Fähigkeiten in den Dienst eines erhofften gesellschaftlichen Umsturzes stellten, oder ob sie mit diesen Fähigkeiten der Wahrung der öffentlichen Bedeutung Feuerbachs und Bauers dienten.[21] Wie bereits früher ausgeführt wurde,[22] ist hierin einer

---

20 Wenn diese Erkenntnis sich bei Marx auch nicht unmittelbar nach dem Scheitern des philosophisch-aufklärerischen Diskurses einstellte, als vielmehr auch er noch hoffte, die zutage getretene Ohnmacht des philosophisch-aufklärerischen Diskurses allein durch einen Wechsel seines Adressaten beheben zu können, und in der Konsequenz annahm – wie die berühmte Passage der Einleitung von *Zur Kritik der Hegelschen Rechtsphilosophie* verrät –, dass „die Philosophie im Proletariat ihre *materiellen*, [... und] das Proletariat in der Philosophie seine *geistigen* Waffen" finden werde (MEGA² I/2, S. 182), so wurde die Grundlage dieser Erkenntnis spätestens mit der Konzipierung der Grundzüge der materialistischen Geschichtsauffassung in der *Heiligen Familie* gelegt. Von der Absicht zu einer umfassenden Lösung von der Philosophie ist dann erst im Zuge der Distanzierung von Feuerbach ab dem Frühjahr 1845 auszugehen.
21 Marx (und Engels) haben diesen Wandel der schriftstellerischen Tätigkeit der ehemaligen Junghegelianer zum bloßen Instrument der Sicherung des eigenen Auskommens auf die ihnen eigene Art und Weise in einem der abgebrochenen Entwürfe eines Kapitels „I. Feuerbach" persifliert, Karl Marx/Friedrich Engels: I. Feuerbach. 1. Die Ideologie überhaupt, speciell die deutsche Philosophie (**H³**), MEGA² I/5, S. 8–11, hier Ms-S. [2] (S. 821): „Die verschiedenen philosophischen Industriellen, die bisher von der Exploitation des absoluten Geistes gelebt hatten, warfen sich jetzt auf die neuen Verbindungen. Jeder betrieb den Verschleiß des ihm zugefallenen Theiles mit möglichst grosser Geschäftigkeit u. obligater Erbitterung. Es konnte dieß nicht ohne Konkurrenz abgehen. Sie wurde anfangs ziemlich bürgerlich & solide geführt, später als der deutsche Markt überführt war, u. trotz aller Mühe die Ware auf dem Weltmarkt keinen Anklang fand, wurde das Geschäft nach gewöhnlicher deutscher Manier durch fabrikmäßige u. Scheinproduktion, Verschlechterung der Qualität, Sophistikation des Rohstoffs, Scheinkäufe, Wechselreiterei u. ein aller reellen Grundlage entbehrendes Creditsystem nach gewöhnlicher deutscher Manier unsolide gemacht." (Die Sätze „Jeder betrieb ..." bis „... unsolide gemacht." sind im Manuskript in der Handschrift von Marx abgefasst – ein Sachverhalt, der, anders als bei den Sätzen in Engels' Handschrift, die Frage nach ihrem Urheber zweifelsfrei beantwortet.)
22 Siehe oben, Kapitel 5, Abschnitt 1.

der Gründe für den Sachverhalt zu sehen, dass die entscheidenden Impulse für die Weiterentwicklung des aufklärerischen Diskurses nach dem Scheitern seiner philosophischen Form 1842/43 nicht von Feuerbach und Bauer, sondern von Personen ausgingen, die eher der zweiten Reihe der Protagonisten der junghegelianischen Debatte zugehörten. Es ist daher keineswegs als Zufall zu betrachten, dass die Problematisierung der philosophischen Form des aufklärerischen Diskurses vor allem von Personen wie Stirner, Marx und Engels betrieben wurde, wenn auch betont werden muss, dass die Entscheidung zur Verabschiedung der Philosophie als Medium des emanzipativen Projekts der Aufklärung nicht unmittelbar nach dem Scheitern, sondern erst im Laufe der Zeit getroffen wurde. Für Marx ist dieser Prozess frühestens mit der Konzipierung der grundlegenden Züge der materialistischen Geschichtsauffassung in der *Heiligen Familie* anzusetzen. Nachdem er unter dem Eindruck der Auseinandersetzungen mit Kriege und der zunehmenden Kenntnis nationalökonomischer Schriften dann im Frühjahr 1845 begonnen hatte, sich von Feuerbach zu distanzieren, schwand schließlich endgültig die Notwendigkeit, mit dem „realen Humanismus" auch die „neue" Philosophie des Autors der *Grundsätze der Philosophie der Zukunft* zu vertreten. In der Folge wurde es Marx möglich, die Geeignetheit einer philosophisch fundierten Aufklärung für die beabsichtigte, radikale Veränderung der gesellschaftlichen Verhältnisse zum Gegenstand der Reflexion zu erheben.

Dieser Schritt lag im Frühjahr 1845 umso näher, als mit Stirner und Heß bereits zwei in ihren Konsequenzen sehr unterschiedliche Denker begonnen hatten, die Philosophie nicht mehr als Teil der Lösung, sondern als Teil des Problems zu betrachten, und sich einen Erfolg bei der Veränderung der gesellschaftlichen Verhältnisse viel eher von einer Verabschiedung als von einer Bewahrung der philosophischen Form des aufklärerischen Diskurses versprachen.[23] Zu dem Zeitpunkt, als Marx (und Engels) sich anschickten, die Philosophie nun ihrerseits erstmalig öffentlich zu einem Garanten des Bestehenden zu erklären, konnten sie für diese Neuerung also kaum mehr Originalität beanspruchen.[24] Berücksichtigt man außerdem das Ausmaß, in welchem die Vertreter eines „wahren Sozialismus" von einer (von Feuerbach verbürgten) philosophischen Grundlage ihrer sozialistischen Agitation zu profitieren

---

[23] Unter diesen beiden Denkern gebührt – das ist im Rahmen dieser Untersuchung von einigem Gewicht – Stirner gegenüber Heß der zeitliche Primat. Wie in der Darstellung des Stirner'schen Ansatzes im vorigen Kapitel ausgeführt wurde, kommt Stirner durchaus das Verdienst zu, als erster aus dem Kreis der ehemaligen Junghegelianer den Versuch unternommen zu haben, einen aufklärerischen Diskurs außerhalb des traditionellen philosophischen Rahmens zu konzipieren.

[24] Vor dem Hintergrund dieses nachholenden Charakters der Distanzierung von der Philosophie lässt sich die These durchaus plausibilisieren, dass die Vehemenz und Ausdauer, mit welcher gerade Marx den Nachweis antrat, der Bruch Stirners und Heß' mit der Philosophie sei nur ein scheinbarer und beide blieben vielmehr fest im philosophischen Kontext verankert, Ausdruck des Bemühens war, in der Formulierung einer eigenständigen Position keinerlei neue intellektuelle Abhängigkeitsverhältnisse einzugehen.

hofften,[25] und die auf Seiten Marx' (und Engels') gehegte Überzeugung von der Verfehltheit dieser Hoffnung, so erhält man eine erste Erklärung dafür, dass ein öffentliches Bekenntnis zur philosophischen Form des aufklärerischen Diskurses für die beiden Autoren zum Zeitpunkt der Abfassung der Manuskripte zur „Deutschen Ideologie" keine ernstzunehmende Option darstellte.

Von kaum zu überschätzender Bedeutung bei dieser Frage war außerdem auch der Sachverhalt, dass mit der erfahrungswissenschaftlichen Evidenz empirisch-konstatierbarer Tatsachen eben ein Substitut für die philosophische Evidenz zur Hand war, dessen Potenzial bei der Generierung von Überzeugungsleistungen in Engels' *Die Lage der arbeitenden Klasse in England* bereits in Grundzügen angeklungen war. Mit der von Engels vorgenommenen Veranschaulichung der Lebenssituation der englischen Proletarier lag seit dem Erscheinen seines Werkes ein Beispiel vor, wie ein aufklärerischer Diskurs zu gestalten sei, der seine Überzeugungskraft nicht aus dem abstrakten Nachweis der Vernunftwidrigkeit der bestehenden Verhältnisse bezog, sondern allein aus den Ergebnissen empirischer Beobachtungen.[26] Angesichts der tiefen Verunsicherung, welche bei den Protagonisten des philosophisch-aufklärerischen Diskurses nach ihrem nahezu geräuschlosen Ausschluss von der öffentlichen Debatte 1842/43 ob ihres Verkennens der tatsächlichen Situation in Preußen eingetreten war, gab das Werk von Engels außerdem zu der Hoffnung Anlass, eine Form der sprachlichen Abbildung gefunden zu haben, die sowohl im Zugriff auf die Realität, als auch in der Demonstration der Notwendigkeit einer Veränderung der bestehenden gesellschaftlichen Verhältnisse reüssieren würde. Gerade im direkten Vergleich mit dem Echo auf die nahezu zeitgleich erschienene *Heilige Familie*, dem letzten Werk, in welchem Marx nicht nur philosophisch argumentierte, sondern sich auch noch zur Philosophie als dem Medium des aufklärerischen Diskurses bekannte, musste der Engels'sche Rekurs auf die Evidenz empirisch-konstatierbarer Tatsachen überzeugen.[27]

---

25 Vgl. etwa die von Marx und Engels in Der wahre Sozialismus • I. Die „rheinischen Jahrbücher", oder die Philosophie des wahren Sozialismus (**H¹²**), MEGA² I/5, S. 515-544, kritisierten Schriften (Hermann Semmig: Communismus, Socialismus, Humanismus, in: Rheinische Jahrbücher zur gesellschaftlichen Reform, 1. Bd., Darmstadt 1845, S. 167-174; Rudolph Matthäi: Socialistische Bausteine, in: ebenda, S. 155-166).

26 In der Lage der arbeitenden Klasse in England zitiert Engels wiederholt aus Regierungsberichten über die Lebenssituation der Arbeiter (z. B. den Report to the Home Secretary from the Poor-Law Commissioners, on an Inquiry into the Sanitary condition of the labouring Classes of Britain) sowie aus verschiedenen Zeitungsartikeln, welche die Lebenssituation der Arbeiter schildern. Nicht zuletzt verweist Engels bereits im Untertitel seines Werkes auf die „eigne Anschauung", welche der Darstellung zugrunde liege.

27 Im Unterschied zur Lage der arbeitenden Klasse in England, die sich eines großen Interesses beim Publikum erfreute, waren die Reaktionen auf *Die heilige Familie* eher durchwachsen. Es wurde etwa bemängelt, dass die – originellen – Darstellungen zur Französischen Revolution und zur Geschichte des französischen Materialismus in eine minutiöse Kritik der Bauer'schen ALZ eingebettet waren, de-

Mit der materialistischen Geschichtsauffassung, deren Grundzüge Marx im Rahmen der Verteidigung Feuerbachs gegen die Angriffe Bauers in der *Heiligen Familie* entwickelt hatte,[28] war schließlich seit dem Herbst 1844 ein konzeptioneller Rahmen gesetzt, innerhalb dessen den grundlegenden Entitäten des zeitgenössischen philosophischen Weltbezugs – Geist, Ideen etc. – die Möglichkeit eines kausalen Einflusses auf das Bestehende abgesprochen wurde. Wenn man so will, war mit dieser Geschichtsauffassung das konzeptionelle Fundament gelegt, ausgehend von welchem dann die substanzielle Seite der philosophischen Evidenzproduktion verabschiedet werden konnte. Vor dem Hintergrund der ausschließlichen Anerkennung materialistischer Entitäten wie Produktivkräften, Verkehrsverhältnissen, Eigentumsformen und realisierten Zuständen der Teilung der Arbeit als den Ablauf der Geschichte bestimmenden Faktoren glaubten Marx (und, in der Folge, Engels) für die im Rahmen der philosophischen Evidenzproduktion vorausgesetzten Entitäten schlicht keinen konzeptionellen Bedarf mehr zu haben. Es ist diese Gemengelage zwischen der Novität der Lossagung und der konzeptionellen Entbehrlichkeit der gängigen philosophischen Erklärungsmuster, die Marx (und Engels) dazu brachte, in den Manuskripten zur „Deutschen Ideologie" die Philosophie nicht mehr als Medium der Emanzipation, sondern als Instrument der Unterdrückung zu behandeln – wobei der erste Aspekt konstitutiv für die vorgenommene Distanzierung war und der zweite ihnen die Realisierbarkeit dieses Unterfangens garantierte.

Bevor nun zur Darstellung des von Marx (und Engels) realisierten Zusammenspiels von (immer noch) philosophischer und (bereits) erfahrungswissenschaftlicher Evidenzproduktion übergegangen werden kann, muss auf einen letzten Aspekt hingewiesen werden, welcher den Umgang mit der philosophischen Evidenzproduktion in der Formulierung eines eigenständigen Standpunktes beeinflusste. So zeigt eine Berücksichtigung der erst im Anschluss an *III. Sankt Max* verfassten, abgebrochenen Anfänge eines Kapitels „I. Feuerbach", dass Marx und Engels eine Dynamik nicht verborgen geblieben war, welche sämtliche, ihrem eigenen vorangehende Ansätze zur Weiterentwicklung des aufklärerischen Diskurses nach 1842/43 prägte und welche im *Einzigen* einen Höhepunkt erreicht hatte. Gleichsam als Erbe der klassisch-aufklärerischen Frontstellung von Religion und Philosophie hatte eine erste Reaktion auf die Niederlage des philosophischen Angriffs auf die religiöse Bewusstseinsbestimmung darin bestanden, den Anwendungsbereich des Konzepts „religiöse Bewusstseinsbe-

---

ren Lektüre als eher ermüdend erachtet wurde („Das viele Aufzählen der Unwichtigkeiten ermüdet anfangs entsetzlich", Georg Jung an Marx, 18. März 1845, MEGA² III/1, S. 458). Und selbst Engels brachte eine gewisse Skepsis ob der Angemessenheit der Ausführungen, Engels an Marx, 17. März 1845, ebenda, S. 271/272: „Aber bei alledem ist das Ding zu groß. Die souveräne Verachtung, mit der wir Beide gegen die Lit. Z. auftreten, bildet einen argen Gegensatz gegen die 22 Bogen, die wir ihr dedizieren. Dazu wird doch das Meiste von der Kritik der Spekulation und des abstrakten Wesens überhaupt dem größeren Publikum unverständlich bleiben, und auch nicht allgemein interessiren."
28 Siehe oben, Kapitel 8, Abschnitt 3.

stimmung" zu erweitern und die Niederlage dahingehend zu erklären, dass die Mittel der religiösen Bewusstseinsbestimmung umfassender anzusetzen waren, als im Rahmen der junghegelianischen Debatte vor 1842/43 geschehen. Wenn man so will, hatte man den Gegner, den man aufs Genaueste zu kennen vermeinte, in der Niederlage neu kennen gelernt und war in der Folge dazu übergegangen, ihn in unzähligen, bis dahin unbekannten Erscheinungsformen zu entdecken. Diese (naheliegende) Reaktion auf das Scheitern der philosophischen Aufklärer gegenüber der bestandssichernden religiösen Bewusstseinsbestimmung ermöglichte es, das eigene aufklärerische Handeln gegen die kritischen Implikationen der Niederlage vorerst sicherzustellen.

Wenn Marx (und Engels) sich auf diese Dynamik beziehen und eine Kontinuität der aufklärerischen Bemühungen von Strauß zu Stirner konstatieren,[29] so zeigt dies zum einen, dass sie nach der Abfassung der Stirner-Kritik ein hohes Reflexionsniveau beim Resümieren der bisherigen Ansätze zur Weiterentwicklung des aufklärerischen Diskurses erreicht hatten. Zum anderen verdeutlicht die von ihnen gegebene Darstellung ein weiteres Mal, weshalb sie sich angesichts der beabsichtigten Neukonzeptionierung des aufklärerischen Diskurses mit seiner philosophischen Form zu brechen genötigt sahen: In ihrem Verständnis war die argumentative Strategie, den aufklärerischen Diskurs ausgehend vom Gegensatz Philosophie/Religion zu instanziieren, von Stirner zur Vollendung gebracht worden,[30] und hatte sich die Produktivität eines aufklärerischen Handelns, welches von diesem Gegensatz seinen Ausgang nimmt, mit dem *Einzigen* endgültig erschöpft.

---

29 Karl Marx/Friedrich Engels: I. Feuerbach. A. Die Ideologie überhaupt, namentlich die deutsche (**H²**), MEGA² I/5, S. 4-7, hier Ms-S. [1/2] (S. 4-7): „Die gesammte deutsche philosophische Kritik von Strauß bis Stirner beschränkt sich auf Kritik der *religiösen* Vorstellungen. Man ging aus von der wirklichen Religion & eigentlichen Theologie. Was religiöses Bewußtsein, religiöse Vorstellung sei, wurde im Weiteren Verlauf verschieden bestimmt. Der Fortschritt bestand darin, die angeblich herrschenden metaphysischen, politischen, rechtlichen, moralischen & andern Vorstellungen auch unter die Sphäre der religiösen oder theologischen Vorstellungen zu subsumiren; ebenso das politische, rechtliche, moralische Bewußtsein für religiöses oder theologisches Bewußtsein, & den politischen, rechtlichen, moralischen Menschen, in letzter Instanz ‚den Menschen', für religiös zu erklären. Die Herrschaft der Religion wurde vorausgesetzt. Nach & nach wurde jedes herrschende Verhältniß für ein Verhältniß der Religion erklärt & in Kultus verwandelt, Kultus des Rechts, Kultus des Staats pp Überall hatte man es nur mit Dogmen & dem Glauben an Dogmen zu thun. Die Welt wurde in immer größerer Ausdehnung kanonisirt bis endlich der ehrwürdige Sankt Max sie en bloc heilig sprechen & damit ein für alle mal abfertigen konnte."
30 Eine Einschätzung, mit welcher sie insofern richtigliegen, als Stirner tatsächlich den Zugehörigkeitsbereich der religiösen Bewusstseinsbestimmung soweit ausdehnt, wie es kein anderer Aufklärer vor ihm getan hat, und selbst den traditionellen aufklärerischen Antipoden – die Philosophie – zu einer besonders raffinierten Variante des eigentlichen bekämpften Kontrahenten erklärt. Fehl gehen Marx und Engels dann allerdings, wenn sie Stirner unterstellen, die Emanzipation des konkreten Individuums selbst noch mit dem argumentativen Instrumentarium der philosophischen Evidenzproduktion zu betreiben. Siehe hierzu oben, Kapitel 6, Abschnitt 1, und Kapitel 7, Abschnitt 1.

Da sie sich außerdem entschieden, Stirner, wie es bereits Heß getan hatte, als einen der „letzten Philosophen" zu behandeln,[31] war es für sie ausgeschlossen, nun selbst die Spirale philosophischer Religionskritik um eine weitere Drehung voranzutreiben. Denn einerseits gab es nach Stirners *Einzigem* keine Form einer möglichen (von Experten gesteuerten) Bewusstseinsbestimmung mehr, die innerhalb der aufklärerischen Debatte noch nicht der religiösen Bewusstseinsbestimmung zugeschlagen worden war, andererseits war es auch Marx (und Engels) nicht verborgen geblieben, dass Stirner nur noch begrenzt dem Lager der philosophischen Aufklärer zugerechnet werden konnte. Angesichts der Sachlage, dass der Autor des *Einzigen* eben nicht nur das Ausmaß der religiösen Bewusstseinsbestimmung bis an die Grenzen des Möglichen ausgedehnt hatte, sondern vielmehr die aufklärerische Frontstellung von ihrem traditionellen Verlauf zwischen Philosophie und Religion hin zur Unterscheidung zwischen Selbst- und Fremdbestimmung des konkreten Individuums verschoben hatte, verzichteten sie darauf, die traditionelle Frontstellung zu restituieren, und zogen es vor, selbst eine Verschiebung dieser Frontstellung vorzunehmen.

In der Überzeugung, die Philosophie in dieser von ihnen vorgenommenen Neubestimmung der aufklärerischen Frontstellung auf der Seite der, die bestehenden Verhältnisse stützenden Kräfte verorten zu können, fühlten sie sich vor dem Hintergrund bestärkt, dass sie in der von ihnen erstmals im Rahmen aufklärerischer Diskurse fruchtbar gemachten Evidenz empirisch-konstatierbarer Tatsachen die Gewähr erblickten, diese Neubestimmung mit einer überlegenen Überzeugungskraft vornehmen zu können. Sie selbst hatten sich von der Überlegenheit dieser Quelle argumentativer Evidenzerfahrungen unter anderem durch das Studium nationalökonomischer Autoren überzeugen können, in denen sie die Strukturgesetze derjenigen Gesellschaftsform entwickelt zu finden glaubten, bei deren versuchter Veränderung der philosophisch-aufklärerische Diskurs 1842/43 Schiffbruch erlitten hatte. Nicht von

---

31 Wenn sich Marx und Engels diese Qualifizierung von Heß auch nicht explizit zu eigen machten und statt dessen die Formel von den „Repräsentanten" der „neuesten deutschen Philosophie" prägten (Marx' Erklärung vom 3. April 1847, MEGA-Studien 1997/2, S. 160, der in dieser Erklärung genannte Titel hat sich in der Rezeption als Titel der vorgesehenen Veröffentlichung der Manuskripte eingebürgert), so ist die Vergleichbarkeit ihres Anliegens mit demjenigen von Heß dennoch aus zweierlei Gründen gegeben: Nicht nur bezeichnen die Heß'schen „letzten Philosophen" und die Marx'schen „Repräsentanten der neuesten deutschen Philosophie" einen identischen Personenkreis (Feuerbach, Bauer und Stirner), auch ist die Intention ihrer gemeinsamen Kritik eine vergleichbare. Allerdings hatte sich die in den Manuskripten zur „Deutschen Ideologie" ausgearbeitete, eigenständige Position von Marx und Engels zum Zeitpunkt der Erklärung so weit gefestigt, dass sie einer Markierung der Überlebtheit der Philosophie, wie sie in der Heß'schen Qualifizierung zum Ausdruck kommt, nicht mehr bedurften und dem Fortbestand der Philosophie als einer der Formen der Ideologie Rechnung zu tragen vermochten. Dennoch bleibt festzuhalten, dass die Heß'sche Qualifizierung ihre Ansichten bezüglich der Überholtheit der Philosophie als Medium des aufklärerischen Diskurses zum Zeitpunkt der Abfassung der Manuskripte zur „Deutschen Ideologie" durchaus treffend beschreibt.

ungefähr hegten sie daher die Erwartung, dass sich mit der Inanspruchnahme dieser Form argumentativer Evidenz die Erfahrung eines gelingenden Erschließens der Wirklichkeit – der ausgemachten Schwäche aller bisherigen Instanziierungen des aufklärerischen Diskurses – auch auf die Erfolgsaussichten ihres Ansatzes zur Weiterentwicklung dieses Diskurses übertragen ließe. Sie sahen sich, mit anderen Worten, zu der Hoffnung berechtigt, durch die Aufnahme der von der Evidenz empirisch-konstatierbarer Tatsachen verbürgten Ergebnisse erfahrungswissenschaftlicher Forschungen den Wirklichkeitsbezug herstellen zu können, dessen Misslingen von ihnen als ursächlich für die Enttäuschung der junghegelianischen Aufklärer angesehen wurde.[32]

Wenn nun also nachvollziehbar ist, aus welchen Gründen Marx (und Engels) ihren Ansatz bei allem weiterhin gegebenen Rekurs auf das philosophische argumentative Instrumentarium in entschiedener Opposition zum philosophisch-aufklärerischen Diskurs positionierten und Anleihen bei der erfahrungswissenschaftlichen Evidenz empirisch-konstatierbarer Tatsachen nahmen, so muss das spezifische Zusammenspiel dieser beiden Quellen argumentativer Evidenzerfahrungen noch näher beschrieben werden. Es wird sich in der Folge zeigen, dass sie die beiden von ihnen in Anspruch genommenen Weisen der Produktion argumentativer Evidenz in einer genau austarierten Arbeitsteilung zur Anwendung bringen, dass also der philosophischen Evidenz die Rechtfertigung anderer Aspekte ihres Ansatzes obliegt, als der erfahrungswissenschaftlichen Evidenz.

Eine Bestimmung dieser Arbeitsteilung muss mit einer Feststellung beginnen, welche die Differenz ihres Rekurses auf die erfahrungswissenschaftliche Evidenz zu anderen (zum Teil von ihnen selbst praktizierten) Formen ihrer möglichen Inanspruchnahme thematisiert. So beschränken sich Marx (und Engels) nicht nur in der Inanspruchnahme der philosophischen Form der argumentativen Evidenzproduktion (von welcher sie nur noch die formellen Aspekte in ihren Ansatz aufnehmen), sondern ebenfalls in der Art und Weise, wie sie die Überzeugungskraft empirischer Tatsachen für ihren Ansatz fruchtbar machen. Es muss an dieser Stelle hervorgehoben werden, dass Marx (und Engels) – im Unterschied zur Vorgehensweise des letzteren in *Die Lage der arbeitenden Klasse in England* – in den Manuskripten zur „Deutschen Ideologie" argumentativ nahezu ausschließlich auf empirisch-*konstatierbare* Tatsachen rekurrieren, kaum jedoch auf empirisch-*konstatierte* Tatsachen. So stützen

---

[32] Es zeigt sich hier eine der zentralen Differenzen zwischen den Ansätzen Stirners auf der einen und Marx' und Engels' auf der anderen Seite. Wenn beide auch die philosophische Verfasstheit des junghegelianischen aufklärerischen Diskurses als den Grund seines Scheiterns ausmachten, so der erste aufgrund der Annahme, dass er mit seinen Versuchen einer zentralisierten Bewusstseinsbestimmung keinen qualitativen Bruch gegenüber der religiösen Fremdbestimmung des konkreten Individuums bedeute, wohingegen die zweiten annahmen, dass sein Scheitern Folge seines Irrtums bezüglich der zu bewegenden Hebel sei, mit welchen eine Veränderung der gesellschaftlichen Verhältnisse tatsächlich bewerkstelligt werden könne.

sie ihre Ausführungen durchgängig auf Aussagen, deren empirische Verifizierbarkeit sie behaupten, ohne diese Behauptung dann tatsächlich mit Belegen zu unterfüttern. Zwar finden sich – gerade in der Kritik Stirners – zum einen häufig Verweise auf Schriften, aus welchen sich Stirner (oder der Leser) akkurate, auf Tatsachen basierende Darstellungen von historischen oder ökonomischen Sachverhalten verschaffen könne, Marx und Engels verzichten jedoch darauf, aus diesen Darstellungen dann tatsächlich zu zitieren.[33] Zum anderen beruhen auch die Beschreibungen der Lebenssituationen Stirners oder anderer deutscher „Schriftsteller" eher auf einem „spekulativen" Schluss, denn auf tatsächlicher empirischer Beobachtung.[34] Marx und Engels scheinen der Auffassung gewesen zu sein, dass bereits die potenzielle Verifizierbarkeit der von ihnen getroffenen Aussagen für ihre intendierte argumentative Rolle ausreichend sei (und dass sich darüber hinaus keine entscheidenden Varianzen im Falle einer tatsächlich vollzogenen Verifikation ergeben würden). Zumindest lassen sie an keiner Stelle die Sorge erkennen, dass die Plausibilität der von ihnen angegriffenen, substanziell-philosophischen oder alltagssprachlich-vertrauten Positionen die Konfrontation mit der Evidenz empirisch-konstatierbarer Tatsachen überstehen könnte.

Die bedeutsamste Funktion kommt dem Rekurs auf die Evidenz empirisch-konstatierbarer Tatsachen im Rahmen ihres Ansatzes allerdings nicht in der Deplausibilisierung der Ansätze ihrer aufklärerischen und/oder sozialistischen Kontrahenten zu (hier vertrauen sie, wie im Falle Stirners gezeigt, eher auf das argumentative Instrumentarium der philosophischen Evidenzproduktion). Die für die Formulierung eines eigenständigen Ansatzes bedeutendste Funktion hat der Rekurs auf die erfahrungswissenschaftliche Evidenz, wenn Marx (und Engels) sich um die Ersetzung derjenigen theoretischen Entitäten bemühen, die ihrem Verzicht auf die substanziellen As-

---

[33] Angesichts dieses Verzichts auf das Zitieren der Werke, auf deren Lektüre sie Stirner verweisen, ist es von einigem Interesse, dass Marx und Engels mitunter sogar Verweise fingieren, so etwa ein Zitat aus einer vermeintlich bereits „1839, also vor Weitlings Garantieen in Paris erschienenen deutschen kommunistischen Zeitschrift ,die Stimme des Volks'" (III. Sankt Max • Schluss des Leipziger Konzils (**H**[11]), MEGA² I/5, Ms-S. 32 (S. 260 u. 1130). Offensichtlich war der Wunsch, Weitlings Autorität in der kommunistischen Bewegung zu brechen, so groß, dass sie es sogar für gerechtfertigt erachteten, Passagen aus den 1846 in Paris erschienenen *Blättern der Zukunft* sieben Jahre zurück zu datieren (siehe hierzu: Jacques Grandjonc: Die Stimme des Volks 1839 oder Blätter der Zukunft 1846. Zur „Deutschen Ideologie", in: Archiv für Sozialgeschichte, Bd. 9, Bonn 1969, S. 499-507).
[34] Karl Marx/Friedrich Engels: III. Sankt Max • Schluss des Leipziger Konzils (**H**[11]), MEGA² I/5, Ms-S. 50b/50c (S. 319/320): „Bei einem lokalisirten Berliner Schulmeister oder Schriftsteller dagegen, dessen Thätigkeit sich auf saure Arbeit einerseits & Denkgenuß andererseits beschränkt, dessen Welt von Moabit bis Köpenick geht & hinter dem Hamburger Thor mit Brettern zugenagelt ist, dessen Beziehungen zu dieser Welt durch eine miserable Lebensstellung auf ein Minimum reduzirt werden, bei einem solchen Individuum ist es allerdings nicht zu vermeiden, wenn es Denkbedürfniß besitzt, daß das Denken ebenso abstrakt wird wie dies Individuum und sein Leben selbst, & daß es ihm, dem ganz Widerstandslosen gegenüber eine fixe Macht wird, eine Macht, deren Bethätigung dem Individuum die Möglichkeit einer momentanen Rettung aus seiner ,schlechten Welt', eines momentanen Genusses bietet."

pekte der philosophischen Evidenzproduktion zum Opfer gefallen sind. Wenn also die Entitäten der „idealistischen" Geschichtsauffassungen, die, wie etwa „Ideen", im Rahmen philosophisch-idealistischer Erklärungsansätze als die entscheidenden Faktoren historischer Entwicklungen bestimmt werden, „materialistischen" Entitäten wie „Produktivkräften" weichen sollen, so reklamieren Marx (und Engels) ihre überlegene Überzeugungskraft ausgehend von ihrer Plausibilisierung mithilfe der Evidenz empirisch-konstatierbarer Tatsachen. Wenn man dem Gedankengang von Marx und Engels folgen will, so beziehen die „materialistischen" Entitäten ihre Plausibilität als zu berücksichtigende Faktoren nicht wie die philosophisch-idealistischen oder alltagssprachlich-vertrauten aus ihrer besonderen Fruchtbarkeit bei der Begriffsentwicklung,[35] sondern aus dem Sachverhalt, dass in ihnen Strukturen der Wirklichkeit zur (sprachlichen) Abbildung gebracht werden. Ihrem eigenen Anspruch nach lassen sich sämtliche der von Marx (und Engels) im Rahmen ihres eigenen Ansatzes herangezogenen, materialistischen Entitäten aus mehr oder minder einfachen „Beobachtungssätzen" gewinnen.[36] Marx und Engels sind überzeugt, dass die auf diese Art und

---

35 Einer Fruchtbarkeit, bei der es nicht von Belang ist, ob diese theoretischen Entitäten ihre Plausibilität aus der besonderen Überzeugungskraft ihrer eigenen begrifflichen Entwicklung beziehen, oder aus der Rolle, die sie in der Entwicklung anderer Begriffe spielen. In gleicher Weise ist hier die Differenz zwischen einer Ausrichtung auf eine Gruppe relevanter Experten (wie in der philosophisch-idealistischen) und einer Ausrichtung auf das konkrete Individuum (wie bei der alltagssprachlich-vertrauten Evidenzproduktion) zu vernachlässigen, der innerhalb des Stirner'schen Ansatzes ein entscheidendes Gewicht zukommt. Hingegen ist an dieser Stelle von Belang, dass es sich bei sämtlichen der soeben angeführten Fälle um, wenn man so will, die Entwicklung sprach-inhärenter Beziehungen handelt.

36 Aus argumentationsstrategischer Perspektive profitieren Marx und Engels durch die Inanspruchnahme von „Beobachtungssätzen" – also von Sätzen, die nicht-sprachliche Sachverhalte in sprachliche übersetzen – davon, dass es bei der Formulierung solcher Sätze nicht nur vergleichsweise selten zu individuellen Varianzen kommt, sondern dass außerdem etablierte Verfahren zur Verfügung stehen, um im Falle dennoch auftretender Abweichungen eine maßgebliche Übersetzung auszuzeichnen. Diesen Anspruch, die materialistischen Begriffe durch „empirische Beobachtung" gewinnen und belegen zu können, erheben Marx und Engels unabhängig von der Frage nach der Komplexität des jeweiligen Begriffes. Ungeachtet, ob es sich darum handelt, den argumentativen Stellenwert des vergleichsweise einfach zu bestimmenden Gegensatzpaares „Bourgeois-Proletarier" oder des komplexen Zusammenspiels von „Produktivkräften" und „Verkehrsverhältnissen" zu bestimmen, sind Marx und Engels der Überzeugung, die argumentative Legitimität dieser Ausdrücke letztendlich empirisch belegen zu können. (Gerade gegen Stirner formulieren sie wiederholt den Vorwurf, er habe mit der Desavouierung des philosophischen Weltbezugs nur die halbe Arbeit bei der notwendigen Konstituierung eines aufklärerischen Diskurses außerhalb des philosophischen Referenzrahmens geleistet. Die eigentliche Arbeit – nämlich die von den philosophischen Irrtümern befreite, „empirische" Erkenntnis der Wirklichkeit – beginne dann jedoch erst. Vgl. etwa III. Sankt Max • Schluss des Leipziger Konzils (**H**[11]), MEGA² I/5, Ms-S. [110b/110c] (S. 492).)
Für Marx und Engels bietet dieses Verfahren insofern einen argumentationsstrategischen Vorteil, als sie ihren Ansatz durch die Inanspruchnahme dieser Sätze mit einem Fundament versehen, dem im Unterschied etwa zu den grundlegenden Begriffen der philosophischen Evidenzproduktion ein gerin-

Weise gewonnenen Entitäten sowohl denjenigen der philosophischen, als auch denjenigen der alltagssprachlich-vertrauten Evidenzproduktion auch und gerade im Hinblick auf die Möglichkeiten der Generierung von Überzeugungsleistungen überlegen sind. Sie sind also der Meinung, dass die „materialistischen" Begriffe den „idealistischen" nicht nur aufgrund ihrer Überlegenheit in der Abbildung der Wirklichkeit vorzuziehen seien, sondern dass sie außerdem über ein größeres Potenzial bei der Generierung von Überzeugungsleistungen verfügen.

Nach diesen Ausführungen ist es möglich, das Zusammenspiel zwischen den beiden von Marx und Engels im Rahmen der Manuskripte zur „Deutschen Ideologie" in Anspruch genommenen Quellen argumentativer Evidenzerfahrungen zu spezifizieren, denn es zeigt sich, dass sie auf die Evidenz empirisch-konstatierbarer Tatsachen zur Besetzung der theoretischen Leerstellen rekurrieren, die sich im Zuge ihres Verzichts auf die substanziellen Aspekte der philosophischen Evidenzproduktion ergeben haben. Die argumentative Innovation, mit welcher Marx und Engels ihrem Beitrag zur Weiterentwicklung des aufklärerischen Diskurses zum Durchbruch verhelfen wollen, besteht, so lässt sich festhalten, darin, die mithilfe der erfahrungswissenschaftlichen Evidenzproduktion zu plausibilisierenden, „materialistischen" Entitäten in einem umfassenden System anzuordnen, dessen Gefüge dann mit der philosophischen Evidenz gelingender Begriffsentwicklung plausibilisiert werden soll.

Wenn also die argumentative Legitimität der grundlegenden Entitäten der materialistischen Geschichtsauffassung zur Debatte steht, so sind Marx und Engels der Überzeugung, diese Debatte unter Rekurs auf die erfahrungswissenschaftliche Evidenz empirisch-konstatierbarer Tatsachen für sich entscheiden zu können. Die solcherart sichergestellten Entitäten ihres eigenen Ansatzes behandeln sie dann jedoch weitgehend auf die gleiche Art, wie die grundlegenden Begriffe im Rahmen der philosophischen Evidenzproduktion behandelt werden: sie entwickeln sie. In diesen Entwicklungen ihrer materialistischen Begriffe orientieren sich Marx und Engels allerdings nicht an der erfahrungswissenschaftlichen Evidenzproduktion, sondern an der philosophischen. Dies bedeutet, dass das entscheidende Kriterium für sie in diesen Fällen nicht mehr die Übereinstimmung mit empirischen Tatsachen ist, sondern die widerspruchsfreie, weitgehend kontextinvariante Entwicklung ihres Gehaltes und ihrer Beziehungen zu anderen, „materialistischen" Entitäten.

---

geres Maß an Kontroversität eignet. Oder, um eine andere Formulierung desselben Sachverhaltes zu geben, argumentationsstrategisch betrachtet lässt sich das Unterfangen von Marx und Engels so beschreiben, dass sie ihren Ansatz zur Weiterentwicklung des aufklärerischen Diskurses auf Sätzen zu gründen versuchen, für deren Infragestellung wesentlich weniger argumentative Instrumente zur Verfügung stehen, als im Falle grundlegender philosophischer Begriffe. Mit diesem Unterfangen stehen Marx und Engels durchaus noch in der Tradition Feuerbachs, der mit seinem Rekurs auf die Evidenz sinnlicher Gewissheit bei der Deplausibilisierung der Hegel'schen Philosophie ebenfalls von einer Klasse von Sätzen zu profitieren suchte, deren argumentative Infragestellung weit weniger etabliert war, als dies bei der Infragestellung der Entwicklungen philosophischer Begriffe der Fall war.

Es ist hier von Bedeutung, das für den Marx-Engels'schen Ansatz spezifische Zusammenspiel von philosophischer und erfahrungswissenschaftlicher Evidenzproduktion von der Art und Weise zu unterscheiden, in welcher die Entwicklung umfassender theoretischer Ansätze im Rahmen der Erfahrungswissenschaften selbst erfolgt. Dieser Unterscheidung kommt insofern Gewicht zu, als sonst der naheliegende Fehlschluss begangen werden könnte, Marx und Engels orientierten sich bei der Ausdifferenzierung der materialistischen Geschichtsauffassung und bei der Konzipierung der Ideologiekritik an der erfahrungswissenschaftlichen Theoriebildung, ein Irrtum der insbesondere im Zuge der Annahme erfolgen kann, Marx und Engels wechselten im Rahmen der Abfassung der Manuskripte zur „Deutschen Ideologie" vollständig von einem philosophischen zu einem wissenschaftlichen Ansatz.

Wenn der Widerspruchsfreiheit selbstverständlich auch bei der erfahrungswissenschaftlichen Theoriebildung eine große Bedeutung zukommt, so können bestehende Widersprüche in ihrem Kontext doch eher toleriert werden als im Kontext der philosophischen Theoriebildung, da die erstere die Überwindung von Widersprüchen auf zukünftig zu gewinnende Erkenntnisfortschritte verlagern kann. Diese Möglichkeit bietet sich bei der philosophischen Theoriebildung nur um den Preis einer erheblichen argumentativen Schwächung des eigenen Standpunktes.[37] Das Einräumen eines Widerspruchs in der eigenen philosophischen Argumentation bedarf eines besonders hohen argumentativen Aufwandes, wenn die Plausibilität des gesamten Ansatzes nicht durch diesen Akt in Mitleidenschaft gezogen werden soll.[38]

Für Marx (und Engels) stellte bei der Entwicklung ihres eigenen Ansatzes in den Manuskripten zur „Deutschen Ideologie" weder der erste, erfahrungswissenschaftliche, noch der zweite, philosophische Umgang mit dem Problem nicht aufzulösender Widersprüche eine Option dar. Angesichts ihrer besonders niedrigen Toleranzschwelle gegenüber dem Einräumen von Widersprüchen in ihrem Ansatz liegt der Gedanke nahe, dass Marx (und Engels) zu Opfern genau des Anspruchs wurden, den sie selbst an die von ihnen kritisierten Ansätze Stirners, Feuerbachs und Bauers angelegt haben. Mit der (besonders in der Kritik Stirners) praktizierten Strategie des Aufzeigens jedes noch so kleinen Widerspruchs mussten sie den Eindruck um jeden Preis

---

[37] In gewisser Hinsicht lässt sich der dialektische Ansatz Hegels als Versuch eines kreativeren philosophischen Umgangs mit Widersprüchen betrachten. Wenn Marx (und Engels) mit vergleichbaren, zukünftigen „Aufhebungen" von Widersprüchen arbeiten – etwa die im Rahmen ihrer Geschichtsauffassung mehrfach angesetzte Aufhebung des Widerspruchs zwischen Produktivkräften und Produktionsverhältnissen –, so billigen sie ihrem Beitrag zur Weiterentwicklung des aufklärerischen Diskurses damit einen Umgang mit Widersprüchen zu, den sie ihren Kontrahenten um diese Weiterentwicklung nicht einzuräumen bereit sind. Wenn man so will, wird in diesen Fällen die argumentative Last auf die Herleitung einer solchen „Aufhebung" verlagert, denn diese muss sich gerade durch vollständige Widerspruchsfreiheit auszeichnen.

[38] Es sei hier nur an die Mühen erinnert, die Kant in der *Kritik der reinen Vernunft* zur Plausibilisierung der Aporien menschlicher Erkenntnis unternommen hat.

zu vermeiden suchen, ihren eigenen Ansatz nicht vollkommen frei von Widersprüchen gehalten zu haben. Es ist nicht zuletzt diese, extrem niedrige Schwelle bei der Tolerierung (eigener und fremder) Widersprüche, welche die Marx-Engels'sche Theoriebildung als weit eher der philosophischen als der erfahrungswissenschaftlichen verpflichtet erweist.

Für die Feststellung, dass die philosophische Theoriebildung bei der Konzipierung ihres Beitrags zur Weiterentwicklung des aufklärerischen Diskurses Pate stand, spricht neben der extrem niedrigen Toleranzschwelle gegenüber Widersprüchen noch ein weiteres Charakteristikum ihres Ansatzes: die Apodiktik der von ihnen formulierten Konsequenzen. So zeigen sie sich in der Sicherheit, mit welcher sie etwa die zukünftige Entwicklung der zeitgenössischen, bürgerlichen in eine kommunistische Gesellschaft prognostizieren, durch keinerlei Konzessionen an noch zu erbringende Verifikationen ihrer Prämissen und/oder ihrer Konsequenzen gebunden. Hätten sie sich an der Theoriebildung der empirischen Erfahrungswissenschaften orientiert, so hätten sie in ihrem eigenen Ansatz Raum lassen müssen für zukünftige Erkenntnisfortschritte oder, allgemeiner, für Verfeinerungen der wissenschaftlichen Methodik, deren Anwendung sie für ihren Ansatz reklamieren. Die im Rahmen ihrer „materialistischen Geschichtsauffassung" formulierten historischen Gesetzmäßigkeiten etwa werden von Marx (und Engels) gerade nicht als durch zukünftige Erfahrungen zu belegende Hypothesen aufgestellt, sondern als Prinzipien – um einen in der zeitgenössischen Debatte belasteten Begriff zu verwenden – der menschlichen Entwicklung, die keiner weiteren Bestätigung bedürften.[39] Schließlich ist es vor diesem Hintergrund nur konsequent, dass Marx (und Engels) ihren Ansatz dann nicht, wie im Rahmen erfahrungswissenschaftlicher Theoriebildung üblich, der weiteren Evaluierung und Ausgestaltung durch andere „Wissenschaftler" öffneten, sondern sich diese Ausgestaltung, wie im Rahmen philosophischer Theoriebildung üblich, selbst vorbehielten.

Vor dem Hintergrund dieser Darstellung wird verständlich, inwiefern Marx und Engels in substanzieller Hinsicht mit der philosophischen Evidenzproduktion brechen, während sie ihr in formeller Hinsicht weiterhin verpflichtet bleiben. Wenn sie die grundlegenden Entitäten ihres Beitrags zur Weiterentwicklung des aufklärerischen Diskurses auch den sich entwickelnden, empirischen Erfahrungswissenschaften entlehnen und vehement gegen die geläufigen philosophischen Entitäten polemisieren, so messen sie der Widerspruchsfreiheit und Endgültigkeit der Entwicklung

---

39 Dieser Feststellung tut der Sachverhalt keinen Abbruch, dass Marx und Engels selbst ihren Ansatz in der Zukunft variieren und weiterentwickeln sollten, so dass Engels retrospektiv davon sprechen konnte, „wie unvollständig unsre damaligen Kenntnisse der ökonomischen Geschichte noch waren" (Vorbemerkung zu ‚Ludwig Feuerbach und der Ausgang der klassischen deutschen Philosophie', MEGA² I/31, S. 123). Zum Zeitpunkt der Abfassung der Manuskripte zur „Deutschen Ideologie" haben die Zweifel ob der Validität ihrer Ausführungen, so sie denn gehegt worden sein sollten, keine Spuren hinterlassen.

der Entitäten ihres Ansatzes die gleiche Bedeutung zu, wie ihre rein philosophisch argumentierenden Vorgänger. Von diesen letzteren unterscheiden sie sich insofern nicht in der Art und Weise, wie sie die argumentative Überlegenheit ihres Ansatzes zur Weiterentwicklung des aufklärerischen Diskurses entwickeln, sondern allein durch die Wahl der Quelle, der sie die grundlegenden Entitäten der materialistischen Geschichtsauffassung und der Ideologiekritik entnehmen. Wenn „Produktivkräfte", „Teilung der Arbeit", „Privateigentum" usw. von Marx (und Engels) als bestimmende Faktoren der menschlichen Entwicklung ausgemacht werden, so stammen diese Begriffe zwar aus dem nicht-philosophischen Kontext nationalökonomischer Wissensproduktion, die Inbeziehungsetzung dieser Faktoren folgt dann jedoch den nämlichen Kriterien, denen auch Feuerbach und Bauer in der Konzipierung ihrer Beiträge zur Weiterentwicklung des aufklärerischen Diskurses Folge leisten.

Es kann daher nicht überraschen, dass sie, die mit ihrem Ansatz das Ziel der Konzeptionierung eines aufklärerischen Diskurses verfolgen, der nicht wie der junghegelianisch-philosophische der Zeit vor 1842/43 an einem Verkennen der tatsächlich wirkmächtigen Faktoren der gesellschaftlichen Entwicklung scheitert und der nicht, wie derjenige Stirners, auf die Möglichkeiten der Harmonisierung disparater Willensbekundungen Verzicht leistet, auf argumentative Instrumente abzielen, die sich durch einen kaum begrenzten Anwendungsbereich, also durch möglichst umfassende Kontextinvarianz auszeichnen. Marx und Engels ist es, mit anderen Worten, angelegen, argumentative Instrumente zu schaffen, mit denen sich in unterschiedlichsten Kontexten argumentative Erfolge erzielen lassen – argumentative Erfolge allerdings, die eben nicht, wie im Falle Stirners, sich nur darin zeigen, dass der Argumentierende sich selbst zu überzeugen vermag, sondern die vielmehr Situationen begründen, in welchen die ausbleibende Übernahme der argumentierten Position sich nicht nachteilig auf die Position, sondern auf den sich der Übernahme Verweigernden auswirkt. Sie zielen also auf die Restitution genau derjenigen argumentativen Konstellation, die den philosophischen aufklärerischen Diskurs prägte[40] und die Stirner mit seiner argumentativen Ermächtigung des konkreten Individuums unmöglich zu machen suchte.

---

40 Die philosophische Evidenzproduktion kennt für diejenigen, die sich der Übernahme argumentierter Positionen verweigern, ohne diese Weigerung selbst mit dem Instrumentarium der philosophischen Evidenzproduktion verteidigen zu können, die Sanktion einer Minderung des argumentativen Gewichts, welches den Äußerungen eines sich Verweigernden zugebilligt wird. In letzter Instanz bedingt diese Verweigerung dann die Infragestellung der störungsfreien Funktion des Vernunftvermögens, also den Ausschluss aus der Menge ernstzunehmender Adressaten philosophischer Evidenzproduktion. Es liegt auf der Hand, dass diese Art der Sanktionierung von einer hierarchischen Differenzierung der Protagonisten philosophischer Diskurse und ihrer Erfahrungen von Evidenz nur profitieren kann (wenn eine solche Differenzierung nicht sogar als konstitutiv für das Gelingen der philosophischen Evidenzproduktion anzusehen ist). Siehe oben, Kapitel 1, Abschnitt 1.

Wenn die Gründe, aus welchen Marx (und Engels) dieses Ziel nur mithilfe einer Modifizierung des philosophisch-aufklärerischen Diskurses erreichen zu können glaubten – einer Modifizierung, welche auch die, wenn man so will, exoterische Distanzierung von dieser Form des aufklärerischen Diskurses einschloss –, bereits dargelegt wurden, so erhellt nach den soeben getätigten Überlegungen ein weiteres Charakteristikum der für den Marx-Engels'schen Ansatz spezifischen Form der Evidenzproduktion. Auch dieses Charakteristikum verweist auf Kontinuitäten zwischen den Ansätzen ihrer philosophischen Vorgänger und ihrem eigenen Ansatz: Marx (und Engels) streben mit der Durchsetzung ihrer Variante argumentativer Evidenzproduktion auch die Wahrung der Kontrolle darüber an, welche Formen der Inanspruchnahme ihres Ansatzes legitim sind und welche Formen Verfremdungen ihres Ansatzes darstellen. Wo Stirner sich mit seiner argumentativen Ermächtigung des konkreten Individuums auf die Bereitstellung eines argumentativen Instrumentariums zur Generierung von Überzeugungsleistungen beschränkt und sich (zumindest in seinen stärkeren Momenten) der Bewertung der jeweiligen Ergebnisse enthält, zu welchen seine Adressaten in der Anwendung dieses argumentativen Instrumentariums gelangen, behalten sich Marx und Engels – ganz wie Feuerbach und Bauer bei ihren Beiträgen zur Weiterentwicklung des aufklärerischen Diskurses – die Entscheidungshoheit über die Angemessenheit zukünftiger Instanziierungen der von ihnen begründeten Form des aufklärerischen Diskurses vor.[41]

11.3 „Beruf, Bestimmung, Aufgabe" – Zur Übernahme argumentativer Instrumente des philosophisch-aufklärerischen Diskurses

Zur abschließenden Rekapitulation und Veranschaulichung der Spezifika der Marx-Engels'schen Form der Produktion argumentativer Evidenz – und insbesondere zur Pointierung der von ihnen zur Restitution einer argumentativen Konstellation, welche die Harmonisierung disparater Willensbekundungen erlaubt, eingesetzten argumentativen Methode – bietet sich die Darstellung der Behandlung an, welche Marx und Engels dem Umgang Stirners mit den Begriffen „Beruf, Bestimmung, Aufgabe" widmen. In der Kritik des Stirner'schen und der Schilderung des eigenen Umgangs

---

41 Vor dem Hintergrund der Anforderungen, welchen die von Marx und Engels begründete Variante des aufklärerischen Diskurses gerecht zu werden hatte, kann der Versuch, die Kontrolle über die Instanziierungen ihres Ansatzes zu bewahren, kaum überraschen. Nicht nur wollten Marx und Engels die angesprochene Möglichkeit zur Harmonisierung disparater Willensäußerungen bewahren, auch war es angesichts der Absicht, den Einfluss der etablierten Agitatoren eines „Handwerkerkommunismus" wie Weitling auf die entstehende Arbeiterbewegung zu reduzieren, vonnöten, den Kreis der Personen, die über die Legitimität der einzelnen Instanziierungen befinden konnten, exklusiv zu halten. Siehe zu diesem Thema auch unten, Kapitel 12, Abschnitt 4.

mit diesen, in normativer Hinsicht zentralen Begriffen aufklärerischer Diskurse spiegelt sich nicht nur ein Großteil der behandelten Eigenheiten der Marx-Engels'schen Kombination philosophischer und erfahrungswissenschaftlicher Evidenzproduktion wider. Es lässt sich an den Unterschieden dieses Umgangs außerdem die zentrale Differenz veranschaulichen, die zwischen den beiden Ansätzen in Bezug auf die Überwindung oder Stärkung disparater Willensbekundungen obwaltet, die also die Frage strukturiert, ob die Weiterentwicklung des aufklärerischen Diskurses die Ausübung diskursiver Macht weitestgehend verunmöglichen soll (wie im Falle Stirners), oder ob diese Weiterentwicklung einen produktiven Gebrauch von ihr tätigen soll, um die im Rahmen des emanzipativen Projekts der Aufklärung verfolgten Ziele zu erreichen.

Eine Behandlung des Umgangs mit diesen Begriffen ist schließlich umso mehr angezeigt, als die von ihnen transportierte Vorstellung einer handlungsleitenden Funktion geistiger Entitäten, wie etwa einer spezifischen „Bestimmung", welche das infrage stehende Subjekt zu realisieren habe, geradezu als Kernstück der explikativen Struktur idealistischer Geschichtsauffassungen verstanden werden kann. Vernachlässigt man die Differenz des involvierten Subjekts, so tritt nämlich eine Übereinstimmung hinsichtlich des Verhältnisses von Handlungen und den ihnen zugrundeliegenden Ideen, Begriffen oder Vorstellungen zutage, und zwar solcherart, dass die Handlungen des – individuellen oder kollektiven – Subjektes mit diesen geistigen Entitäten erklärt oder sogar aus ihnen gefolgert werden können.[42] Wenn im Rahmen idealistischer Geschichtsauffassungen der Gang der Geschichte ausgehend von einer „Verwirklichung des Selbstbewusstseins" gedeutet wird (wie dies z. B. Bauer tut), so beinhaltet dieses Vorgehen stets das Treffen von Aussagen über den Gehalt von Begriffen wie „Beruf, Bestimmung, Aufgabe". Und unabhängig von der Frage, auf welcher Basis die Bestimmung etwa des „Berufs" eines kollektiven Subjektes vorgenommen wird, verbindet sich mit dieser Bestimmung in den überwiegenden Fällen die Intention, die Handlungen der individuellen Subjekte *qua* Zugehörigkeit zum kollektiven Subjekt zu beeinflussen.[43]

---

[42] Vor allem Stirner verwendet einen Großteil seiner argumentativen Energie auf die Kennzeichnung einer fundamentalen Differenz zwischen individuellen und kollektiven Subjekten und versucht nachzuweisen, dass die als „Beruf, Bestimmung, Aufgabe" eines kollektiven Subjektes bestimmten Handlungsdispositionen von den konkreten Individuen im Interesse ihrer Selbstbestimmung zu vernachlässigen seien. So sind seine Angriffe auf die Vorstellung eines „menschlichen Wesens", dessen Eigenschaften im Rahmen des philosophisch-aufklärerischen Diskurses normierende Kraft für die Handlungen der Individuen zugeschrieben werden, in diesem Kontext zu verorten. Und dies ist auch der Hintergrund, vor welchem die Wichtigkeit erhellt, welche Stirner dem individuellen Willen als der verantwortlichen Instanz für die Umsetzung der normativen Imperative zuschreibt, und vor welchem Marx und Engels den Dezisionismus Stirners zu desavouieren trachten.
[43] In dieser Hinsicht sind die Unterschiede zwischen dem „menschlichen Wesen" des philosophisch-aufklärerischen Diskurses und dem „Proletariat", dessen „Beruf" Marx und Engels im Zuge der Entwicklung ihrer Form eines aufklärerischen Diskurses bestimmen, tatsächlich zu vernachlässigen.

Der jeweilige Umgang, den Stirner, Marx und Engels im Rahmen ihrer Ansätze mit diesen Begriffen pflegen, wirft insofern auch Licht auf das Verhältnis, welches die drei Autoren zu diesen Auffassungen grundlegender historischer Gesetzmäßigkeiten einnehmen. So wird sich etwa zeigen, dass Marx und Engels, bei aller dezidierten Distanzierung von den idealistischen Geschichtsauffassungen ihrer Vorgänger, für diese Begriffe in ihrer materialistischen Geschichtsauffassung durchaus noch Verwendung haben – ja, dass sie sogar so weit gehen, diese zentralen Begriffe eines idealistischen Geschichtsverständnisses vermittelst einer materialistischen Unterfütterung gegen den Stirner'schen Versuch ihrer restlosen Individualisierung zu verteidigen.

Der Frage nach dem Wert der Begriffe „Beruf, Bestimmung, Aufgabe" für das aufklärerische Handeln nähern sich Marx und Engels, darin durchaus in Übereinstimmung mit dem „mäandernden" Vorgehen Stirners, aus verschiedenen Richtungen. Nachdem sie die Thematik aus der Perspektive der machtkritischen Deutung einführen, unter welcher Stirner stets die Charakterisierung sprachlicher Entitäten als Instanzen der Verehrung eines „Heiligen" betreibt, und so auf die für Stirner maßgeblichen Eigenheiten dieser Begriffe hinweisen,[44] verorten sie den von ihnen bevorzugten Umgang im Kontext ihres Rekurses auf die Evidenz empirisch-konstatierbarer Tatsachen:

> Wir sahen bereits oben, wie Sankt Sancho die Vorstellungen der Individuen von ihren Lebensverhältnissen, ihren praktischen Kollisionen & Widersprüchen trennt, um sie dann in das Hei-

---

44 Karl Marx/Friedrich Engels: III. Sankt Max • Schluss des Leipziger Konzils (**H**[11]), MEGA² I/5, Ms-S. 59 (S. 343): „Eine weitere Verzweigung dieses logischen Kunststücks [der Verkehrung des Verhältnisses von Wirklichkeit und „ideellem Abbild", UP] & zwar das Lieblingsmanöver unsres Heiligen ist die Exploitation der Worte: Bestimmung, Beruf, Aufgabe pp, wodurch es ihm unendlich erleichtert wird, Alles Beliebige in das Heilige zu verwandeln. Im Beruf, Bestimmung, Aufgabe pp erscheint nämlich das Individuum in seiner eignen Vorstellung als ein Anderes, als was es wirklich ist, als das Fremde, also das Heilige, & macht seine Vorstellung von dem, was es sein soll, als das Berechtigte, das Ideale, das Heilige, seinem wirklichen Sein gegenüber geltend. So kann Sankt Sancho, wo es ihm darauf ankommt, durch folgende Appositionsreihe Alles in das Heilige verwandeln: Sich bestimmen, d. h. sich eine Bestimmung (setze hier einen beliebigen Inhalt herein) setzen, sich *die* Bestimmung als solche setzen, sich die heilige Bestimmung setzen, sich die Bestimmung als das Heilige, d. h. das Heilige als die Bestimmung setzen. Oder: Bestimmt sein, d. h. eine Bestimmung haben, *die* Bestimmung haben, die heilige Bestimmung, die Bestimmung als das Heilige, das Heilige als die Bestimmung, das Heilige zur Bestimmung, die Bestimmung des Heiligen haben." Der erste Impuls, dem Marx und Engels bei der Kritik des Stirner'schen Umgangs mit „Beruf, Bestimmung, Aufgabe" folgen, ist, so zeigt sich hier, diesen Umgang als ein weiteres Beispiel zur Veranschaulichung der Fragwürdigkeit seines Einsatzes der Apposition zur Produktion argumentativer Evidenz zu nutzen. Innerhalb der Stirner'schen Denunziation philosophischer, „moralischer Personen", in deren Ablösung der religiösen Stirner ein Zeichen der Zeit erblickt, kommt der Kritik dieser drei Konzepte als konzeptionellen „Verdichtern" fremdbestimmender Handlungs-Imperative tatsächlich eine grundlegende Rolle zu. Siehe hierzu oben, Kapitel 6, Abschnitt 1.

lige zu verwandeln. Hier nun erscheinen diese Vorstellungen in der Form der *Bestimmung*, des *Berufs*, der *Aufgabe*. Der Beruf hat bei Sankt Sancho eine doppelte Gestalt; zuerst als Beruf, den Mir Andre setzen, wovon wir schon oben bei den Zeitungen die von Politik strotzen & bei den Gefängnissen, die unser Heiliger für Sittenverbesserungshäuser versah, Exempel hatten. Sodann erscheint der Beruf noch als ein Beruf, an den das Individuum selber glaubt. Wenn das Ich aus allen seinen empirischen Lebensverhältnissen, aus seiner Thätigkeit, seinen Existenzbedingungen losgerissen, von der ihm zu Grunde liegenden Welt & von seinem eignen Leib getrennt wird, so hat es freilich keinen andern Beruf & keine andre Bestimmung, als den Cajus der logischen Urtheile zu repräsentiren & Sankt Sancho zu den obigen Gleichungen zu verhelfen. In der Wirklichkeit dagegen, wo die Individuen Bedürfnisse haben, haben sie schon hierdurch einen *Beruf* & eine *Aufgabe*, wobei es zunächst noch gleichgiltig ist, ob sie diesen auch in der Vorstellung zu ihrem Beruf machen. Es versteht sich indeß, daß die Individuen, weil sie Bewußtsein haben, sich von diesem ihnen durch ihr empirisches Dasein gegebenen Beruf auch eine Vorstellung machen, und dadurch Sankt Sancho Gelegenheit bieten, sich an das Wort ‚Beruf', an den Vorstellungsausdruck ihrer wirklichen Lebensbedingungen, festzuklammern u. diese Lebensbedingungen selbst außer Augen zu lassen.[45]

Schon in dieser Passage tritt der argumentationsstrategische Vorteil der Inanspruchnahme der Evidenz empirisch-konstatierbarer Tatsachen deutlich zutage, ermöglicht diese Marx (und Engels) doch, die Bestimmung des Gehaltes von „Beruf, Bestimmung, Aufgabe" nicht mehr im Rahmen einer (rein philosophischen) Begriffsbestimmung vorzunehmen, sondern diese Bestimmung ausgehend von den „empirischen Lebensverhältnissen" vorzunehmen. Der von ihnen getätigte Umgang mit diesen Konzepten versetzt sie insofern in die Lage, einen qualitativen Unterschied zwischen den, von Stirner angegriffenen, philosophischen Bestimmungen eines „*menschlichen* Berufs" oder einer „Bestimmung *des* Menschen" und der von ihnen vorgenommenen Bestimmung des Gehalts dieser Konzepte auszumachen. In Verbindung mit der Konstatierung eines Verhältnisses der Notwendigkeit zwischen den „empirischen Lebensverhältnissen" auf der einen und dem „Vorstellungsausdruck der wirklichen Lebensbedingungen" auf der anderen Seite wird es ihnen in der Folge nämlich möglich, in der Entwicklung ihres Ansatzes wie ihre dezidiert philosophischen Vorgänger von der Eindeutigkeit des Gehaltes dieser in normativer Hinsicht zentralen Begriffe zu profitieren, ohne sich dem Stirner'schen Vorwurf einer versuchten Fremdbestimmung der konkreten Individuen auszusetzen. Argumentativer Garant des von ihnen konstatierten Gehalts von „Beruf, Bestimmung, Aufgabe" sind ihrem Verständnis nach nun nicht mehr die Evidenzerfahrungen einiger (privilegierter) Produzenten einer bestimmten Form von Evidenz, sondern die unverzerrten Abbilder des „empirischen Daseins" der bevorzugten Subjekte ihrer Form des aufklärerischen Diskurses.[46]

---

45 Karl Marx/Friedrich Engels: III. Sankt Max • Schluss des Leipziger Konzils (H¹¹), MEGA² I/5, Ms-S. 59/59a (S. 344).
46 Um diesen Unterschied zwischen der philosophischen und der für den Marx-Engels'schen Ansatz spezifischen Form der Evidenzproduktion noch stärker zu prononcieren, sei ferner auf die Differenz zwischen dem jeweils in Anspruch genommenen, legitimatorischen Hintergrund der in beiden Fällen

In der konkreten Bestimmung des Gehaltes von „Beruf, Bestimmung, Aufgabe", die Marx und Engels ausgehend von einem Fundament menschlicher Bedürfnisse unternehmen, zeigen sie sich dann auch inhaltlich kaum entfernt von den früheren, philosophischen Bestimmungen, die ihren Ausgang von der Entwicklung eines „Wesen des Menschen" nahmen. Wenn Marx und Engels diesen zuletzt genannten Begriff vermeiden können, so weil sie die legitimatorische Last ihrer Verwendung der Begriffe eben nicht mehr einer „abstrakten" Wesensbestimmung aufbürden, sondern statt dessen auf dem „empirischen Dasein" konkreter und vor allem bedürftiger Individuen ruhen lassen. Die Verschiebung des, wenn nicht Adressaten, so Subjektes ihrer aufklärerischen Bemühungen von einem allgemein-menschlichen „Wesen" zu den Proletariern erweist sich dabei als, wenn man so will, glückliche Fügung, und zwar gerade vor dem Hintergrund der von ihnen vorgenommenen Aufwertung der grundlegenden, „empirischen" Bedürfnisse zu (notwendig) bestimmenden Faktoren eines sinnvollen Gebrauchs von „Beruf, Bestimmung, Aufgabe". Nicht nur ist bei den Proletariern das Auseinanderklaffen zwischen den Bedürfnissen und ihrer Befriedigung besonders eklatant, auch sind sie am wenigsten in der Lage, ihre Bedürfnisse im Rahmen diskursiver Auseinandersetzungen zu artikulieren und durchzusetzen. Es ist insofern nur folgerichtig, wenn Marx und Engels bei ihrem Versuch, die Schwäche des philosophisch-aufklärerischen Diskurses bei der Herbeiführung eines revolutionären gesellschaftlichen Umsturzes vermittelst einer Nutzung des normativen Potenzials der Begriffe „Beruf, Bestimmung, Aufgabe" zu beheben, sich auf ein Subjekt stützen, dessen „wirkliche Aufgabe" es sei, „seine Verhältnisse zu revolutioniren".[47]

---

behaupteten Eindeutigkeit der vorgenommenen Begriffsbestimmungen verwiesen: wenn im Rahmen der Bestimmungen des „*menschlichen* Berufs" oder der „Bestimmung *des* Menschen" auf die uneingeschränkte Funktionsfähigkeit des Vernunftvermögens als Bedingung der Einsicht in die Legitimität der vorgenommenen Begriffsbestimmung rekurriert wird – also ein störungsfreier „Akt des Denkens" vorausgesetzt wird –, so können Marx und Engels statt dessen auf einen „Akt des Sehens" rekurrieren. Auch hier gilt, was bereits zu einem früheren Zeitpunkt über die argumentationsstrategischen Vorteile der erfahrungswissenschaftlichen Evidenz empirisch-konstatierbarer Tatsachen gegenüber der philosophischen Evidenz gelingender Begriffsentwicklung festgestellt wurde: die Sanktionsmöglichkeiten gegenüber Personen, welche die Übernahme einer argumentierten Position verweigern, sind im Falle der ersteren größer als im Falle der letzteren – die Praktiken der Infragestellung der Ergebnisse philosophischer Evidenzproduktion sind ungleich besser etabliert als die Praktiken der Infragestellung der Ergebnisse der erfahrungswissenschaftlichen Evidenzproduktion (das „Sehen der Wirklichkeit" kennt wesentlich weniger hierarchische Abstufungen als das „Denken der Wahrheit").
47 Karl Marx/Friedrich Engels: III. Sankt Max • Schluss des Leipziger Konzils (**H**[11]), MEGA² I/5, Ms-S. 59a/59b (S. 344/345): „Der Proletarier z. B., der den Beruf hat, seine Bedürfnisse zu befriedigen, wie jeder andre Mensch, & der nicht einmal die ihm mit jedem andern Menschen gemeinsamen Bedürfnisse befriedigen kann, den die Nothwendigkeit einer vierzehnstündigen Arbeit zu gleicher Stufe mit dem Lastthier, den die Konkurrenz zu einer Sache, einem Handelsartikel herabdrückt, der aus seiner Stellung als bloße Produktivkraft der einzigen, die ihm übrig gelassen, durch andre gewaltigere Produktivkräfte verdrängt wird, dieser Proletarier hat schon hierdurch die wirkliche Aufgabe, seine Verhältnisse zu revolutioniren. Er kann sich dies allerdings als seinen ‚Beruf' vorstellen, er kann

Neben der besonderen Eignung der Proletarier für die Aufrechterhaltung der Sprache von „Beruf, Bestimmung, Aufgabe" klingt in der zitierten Passage jedoch noch ein weiterer, nicht minder folgenreicher Aspekt des Marx-Engels'schen Gebrauchs dieser Begriffe an: die Unabhängigkeit ihrer Bestimmung von den Vorstellungen, bzw. dem Bewusstsein derjenigen, deren Handlungen durch sie strukturiert werden sollen. Mag dieser Sachverhalt vor dem Hintergrund ihrer Qualifizierung als „Vorstellungsausdruck der wirklichen Lebensbedingungen" der Individuen auf den ersten Blick widersprüchlich erscheinen, so lässt er sich jedoch unter Berücksichtigung der Position Stirners vergleichsweise einfach erklären. In seinem Versuch, die konkreten Individuen gegen die religiöse *und* gegen die philosophische Fremdbestimmung zu sichern, hatte Stirner den Impetus darauf gelegt, das Bewusstsein der Individuen als allein ihrer eigenen diskursiven Macht unterworfen, und in der Folge als ausschließlich von ihrem eigenen Willen abhängig darzustellen. In diesem Sinne hatte er die Position formuliert, dass für die Bestimmung eines konkreten individuellen Bewusstseins nur die jeweils eigenen Bewusstseinsinhalte, bzw. nur die eigenen Erfahrungen von Evidenz relevant sein sollten.

Wenn Marx und Engels nun zum einen eine kausale Abhängigkeit des „Vorstellungsausdrucks", wie er in den Begriffen „Beruf, Bestimmung, Aufgabe" kristallisiert, von den „empirischen Lebensverhältnissen" der Individuen konstatieren, und wenn sie zum anderen das Vorhandensein eines konkreten „Vorstellungsausdrucks" für die Gegebenheit eines „Berufs", einer „Bestimmung" oder einer „Aufgabe" für kontingent erklären,[48] so vor dem Hintergrund ihrer Überzeugung, der argumentativen Selbstermächtigung Stirners auf diese Art und Weise wirkungsvoller begegnen zu können. Sind sie also zumindest implizit bereit, Stirner einen gewissen Erfolg im Kampf gegen die philosophische Evidenzproduktion zu konzedieren (indem sie den Bedarf einer alternativen Fundierung der infrage stehenden Begriffe anerkennen), so

---

auch, wenn er Propaganda machen will, diesen seinen ‚Beruf' so ausdrücken, daß es der menschliche Beruf des Proletariers sei, dies & Jenes zu thun, um so mehr da seine Stellung ihm nicht einmal die Befriedigung der aus seiner unmittelbaren menschlichen Natur hervorgehenden Bedürfnisse gestattet." Angesichts des Gewichts, welches Marx und Engels der „unmittelbaren menschlichen Natur" bei der Bestimmung der Bedürfnisse zuschreiben, deren nicht gewährleistete Befriedigung den Proletariern ihren „Beruf" aufgibt, drängt sich eine Frage geradezu auf, die das Verhältnis von „menschlichem Wesen" und „menschlicher Natur" in besonderer, aber längst nicht ausschließlicher Weise betrifft: Welche substanziellen Unterschiede in Bezug auf den zu realisierenden gesellschaftlichen Zustand korrespondieren den Marx-Engels'schen Verschiebungen des Subjekts vom „philosophischen" Bürgertum zum „erfahrungswissenschaftlichen" Proletariat? Zur Marx'schen Entdeckung des Proletariats als zu bevorzugendem Resonanzboden eines ehedem ohnmächtigen, aufklärerischen Diskurses siehe oben, Kapitel 8, Abschnitt 1.
48 Karl Marx/Friedrich Engels: III. Sankt Max • Schluss des Leipziger Konzils (**H**[11]), MEGA² I/5, Ms-S. 59c/60 (S. 346): „Als *Bestimmter*, Wirklicher hast Du eine *Bestimmung*, eine Aufgabe, Du magst ein Bewußtsein darüber haben oder nicht. Sie geht aus Deinem Bedürfniß u. seinem Zusammenhang mit der vorhandenen Welt hervor."

glauben sie gleichwohl, den Autor des *Einzigen* unter Rekurs auf empirische, also auf von den Bewusstseinsinhalten qualitativ unterschiedene Entitäten argumentativ in die Schranken weisen zu können. Der argumentative Vorteil, den sie sich durch dieses Vorgehen versprechen, zeigt sich dann in der Konfrontation des Stirner'schen Dezisionismus mit den „unhintergehbaren" Bedürfnissen der „menschlichen Natur",[49] einer Konfrontation, welche als Ziel eben nicht nur die Auszeichnung einer umgrenzten Menge menschlicher Bedürfnisse hat, deren Befriedigung unabhängig vom Willen der konkreten Individuen notwendig ist, sondern welche vielmehr auf den Nachweis der vollständigen Vergeblichkeit des Unterfangens von Stirner abzielt, die Bestimmung des Bewusstseins dem jeweiligen Träger selbst zu überantworten.

Wenn mit dieser „materialistischen" Fundierung der Begriffe „Beruf, Bestimmung, Aufgabe" also eindrücklich zutage tritt, welchen argumentativen Gewinn Marx und Engels aus der Einführung der erfahrungswissenschaftlichen Evidenz empirisch-konstatierbarer Tatsachen bei der Weiterentwicklung des aufklärerischen Diskurses zu ziehen vermögen, so zeitigt diese „materialistische" Fundierung allerdings Konsequenzen, die über die bloße Desavouierung des Stirner'schen Dezisionismus hinausgehen. Angesichts der Unerheblichkeit, die Marx und Engels bei der Frage nach der Gegebenheit eines „Berufs" der Individuen dem Umstand zuschreiben, ob ein Individuum Bewusstsein über den ihm durch seine Bedürfnisse auferlegten „Beruf" besitzt oder nicht,[50] zeigt sich in der „materialistischen" Fundierung von „Beruf, Bestimmung, Aufgabe" außerdem, dass der von Marx und Engels begründeten Form des aufklärerischen Diskurses wieder die Möglichkeiten einer argumentativen Harmonisierung disparater Willensbekundungen zu Gebote stehen, über welche bereits in seiner rein philosophischen Form verfügt wurde. Marx und Engels gelingt durch die Anreicherung der philosophischen mit der erfahrungswissenschaftlichen Evidenzproduktion insofern die Restitution derjenigen argumentativen Konstellation, innerhalb derer eine hierarchische Positionierung der Argumentierenden die Auszeichnung einer verbindlichen Perspektive gestattet – einer Perspektive, deren verweigerte Übernahme bei mangelnder argumentativer Verteidigung die argumenta-

---

49 Ebenda, Ms-S. 60 (S. 346): „Die eigentliche Weisheit Sanchos besteht nun darin, daß es von Deinem Willen abhängt, ob Du denkst, lebst &c, überhaupt in irgend einer Bestimmtheit bist. Sonst, fürchtet er, würde die Bestimmung aufhören, Deine Selbstbestimmung zu sein. Wenn Du Dein Selbst mit Deiner Reflexion oder nach Bedürfniß mit Deinem Willen identifizirst, so versteht es sich von selbst, daß in dieser Abstraktion Alles nicht Selbstbestimmung ist was nicht durch Deine Reflexion oder Deinen Willen gesetzt ist, also auch z. B. Dein Athmen, die Cirkulation Deines Blutes, Denken, Leben, pp."
50 Mit einer begrifflichen Neuerung, die Marx so bedeutsam erschien, dass er sie nach dem Scheitern des Projekts einer Vierteljahrsschrift zur Betitelung einer zweibändigen Ausgabe der Manuskripte heranzog – „Ideologie" –, sollte es außerdem möglich werden, den Fällen Rechnung zu tragen, in welchen die Individuen über den ihnen von ihren Bedürfnissen vorgegebenen „Beruf" im Irrtum sind, in welchen sie also ein fehlgeleitetes Bewusstsein über ihren „Beruf" haben.

tive Position des Verweigernden schwächt. Es ist dies, so sei an dieser Stelle in Erinnerung gerufen, genau diejenige Konstellation, die Stirner durch die Einführung der Evidenz alltagssprachlicher Vertrautheit bei der Weiterentwicklung des aufklärerischen Diskurses unmöglich zu machen suchte.

Und es ist insofern kein Zufall, dass diese zentrale Differenz der Ansätze zur Weiterentwicklung des aufklärerischen Diskurses bezüglich der Notwendigkeit oder auch nur Wünschbarkeit eines effektiven argumentativen Instrumentariums zur Harmonisierung disparater Willensäußerungen gerade im Umgang mit den Begriffen „Beruf, Bestimmung, Aufgabe" zutage tritt. Erblicke Stirner in diesen Begriffen ausschließlich Werkzeuge zur Externalisierung entscheidender Bewusstseinsakte und trachtete, diese Akte zu „autonomisieren", so sahen Marx und Engels in ihnen vielmehr nützliche Instrumente zur Herstellung eines Grades an Organisation und Homogenität in einer revolutionären Bewegung, den sie für das Gelingen eines gesellschaftlichen Umsturzes für unerlässlich erachteten. Das, was für Stirner einen emanzipativen Moment in sich barg – die Vorstellung einer durch keine allgemeinverbindlichen Imperative restringierten Selbstbestimmung –, gerät für Marx und Engels zu einem fortschrittshemmenden, die bestehenden Verhältnisse letztlich stützenden Aspekt in den Bemühungen um die Weiterentwicklung des aufklärerischen Diskurses. Wenn sie mit Stirner auch in Hinsicht auf die Wünschbarkeit eines Zustandes ungehinderter individueller Selbstbestimmung übereinstimmen, so belegen sie ihn vor dem Hintergrund ihrer Überzeugung, dass ein solcher Zustand ohne einen radikalen, koordinierten gesellschaftlichen Umsturz nicht zu realisieren sei, dennoch mit dem Vorwurf des Konservatismus[51] – unter radikalen Aufklärern die zweifellos gravierendste Anklage.[52]

Dass sie sich des von Stirner geziehenen, fremdbestimmenden Aspektes des Gebrauchs der Begriffe „Beruf, Bestimmung, Aufgabe" allerdings durchaus bewusst wa-

---

51 Karl Marx/Friedrich Engels: III. Sankt Max • Schluss des Leipziger Konzils (**H¹¹**), MEGA² I/5, Ms-S. 60b (S. 348): „Wir haben jetzt die hauptsächlichsten logischen Kunststücke aufgezeigt, vermittelst deren Sankt Sancho die bestehende Welt kanonisirt & damit kritisirt & verzehrt. Er verzehrt wirklich nur das Heilige an der Welt, ohne sie selbst nur anzurühren. Daß er sich daher praktisch ganz konservativ verhalten muß, versteht sich von selbst." Vgl. auch die allgemeine Charakterisierung der ehemaligen junghegelianischen Weggefährten, Karl Marx/Friedrich Engels: I. Feuerbach. A. Die Ideologie überhaupt, namentlich die deutsche (**H²**), MEGA² I/5, S. 4-7), hier Ms-S. [3] (S. 7): „Die junghegelschen Ideologen sind trotz ihrer angeblich ‚welterschütternden' Phrasen die größten Konservativen."
52 Die Bezichtigung der Konkurrenten um die Weiterentwicklung des aufklärerischen Diskurses als Konservative bildet eine Konstante im Umgang mit den ehemaligen Weggefährten – so bezichtigt Bauer Feuerbach des Beitragens zum Erhalt der bestehenden Verhältnisse, Stirner Feuerbach und Bauer und Marx und Engels schließlich sämtliche ihrer drei Vorgänger. Es ist bezeichnend für das Fortwirken des klassisch-aufklärerischen Antagonismus in den vormärzlichen Bemühungen zur Restitution eines erfolgreichen aufklärerischen Diskurses, dass die Pluralität der Ansätze stets als zu behebender Missstand gesehen wurde.

ren, erschließt sich dann in der von ihnen vorgenommenen Bagatellisierung der Konstatierung kollektiver „Berufe" als eines bloßen „Aussprechens":

> Machen z. B. die Arbeiter in ihrer kommunistischen Propaganda geltend, es sei Beruf, Bestimmung, Aufgabe jedes Menschen, sich vielseitig, alle seine Anlagen zu entwickeln, z. B. *auch* die Anlage des Denkens, so sieht Sanct Sancho hierin nur den Beruf zu einem Fremden, die Geltendmachung ‚des Heiligen', wovon er dadurch zu befreien sucht, daß er das Individuum, wie es auf Kosten seiner selbst durch die Theilung der Arbeit zerstümmelt & unter einen einseitigen Beruf subsumirt worden ist, gegen sein *eignes*, ihm als Beruf von Andern *ausgesprochenes* Bedürfniß, anders zu werden, in Schutz nimmt. Was hier unter der Form eines Berufs, einer Bestimmung geltend gemacht wird, ist eben die Verneinung des durch die Theilung der Arbeit bisher praktisch erzeugten Berufs, des einzig wirklich existirenden Berufs – also die Verneinung des Berufs überhaupt. Die allseitige Verwirklichung des Individuums wird erst dann aufhören, als Ideal, als Beruf pp vorgestellt zu werden, wenn der Weltanstoß, der die Anlagen der Individuen zur wirklichen Entwicklung sollizitirt, unter die Kontrole der Individuen genommen ist, wie dies die Kommunisten wollen.[53]

Wie der Schluss dieser Passage noch einmal eindrücklich vor Augen führt, betrifft die Differenz zwischen den Ansätzen von Stirner, Marx und Engels nicht das Ziel, auf welches sie mit ihren jeweiligen Formen der Weiterentwicklung des aufklärerischen Diskurses abheben,[54] sondern nahezu ausschließlich die Frage nach dem Weg seiner Realisierung. Im Einklang mit der „materialistischen Geschichtsauffassung" bestreiten sie hier selbst im Zuge ihres Versuchs einer Bewahrung der Rolle, welche solch ehedem tief „idealistisch" verankerten Begriffen wie „Beruf, Bestimmung, Aufgabe" in aufklärerischen Diskursen zukommt, jegliche Möglichkeit einer Fruchtbarkeit diskursiver Einflussnahme auf die Bestimmung des (eigenen oder fremden) Bewusstseins, die über die reine Konstatierung des materialistisch vorgegebenen „Berufs" hinausgeht. Durch die im Rahmen ihrer Geschichtsauffassung getroffenen Festlegungen hinsichtlich der vollständigen Abhängigkeit der Bewusstseinszustände von den materiellen Faktoren, denen ein Individuum ausgesetzt ist, gelingt es den beiden Brüsseler Exilanten zwar, einen Gebrauch von „Beruf, Bestimmung, Aufgabe" zu etablieren, der gegen die Stirner'sche Individualisierung von Bedeutungsrelationen immun ist. Die Gründe, welche sie für ihre Bewahrung anführen können, führen sie jedoch entweder in einen Widerspruch mit ihren eigenen, materialistischen Annahmen oder können nur rein pragmatischer Natur sein. Denn vor dem Hintergrund ihrer, zumindest *in dictu* vertretenen Negation jeglicher Möglichkeit einer diskursiven Einflussnahme auf das Bewusstsein der Individuen drängt sich die Frage geradezu

---

53 Karl Marx/Friedrich Engels: III. Sankt Max • Schluss des Leipziger Konzils (**H**[11]), MEGA² I/5, Ms-S. 60/60a (S. 347).
54 Es sei an dieser Stelle auch an den von Marx und Engels erhobenen Vorwurf erinnert, Stirner plagiiere mit seinem „Verein" die kommunistische Gesellschaft. Vgl. etwa ebenda, Ma-S. 60a (S. 347): „Gerade wie Sankt Sancho den Kommunismus kanonisirt, um seine heilige Vorstellung von ihm nachher im Verein als ‚eigne' Erfindung desto besser an den Mann zu bringen".

auf, weshalb der Gebrauch dieser drei Begriffe überhaupt noch Teil eines aufklärerischen Diskurses sein sollte. Mit anderen Worten, wenn sie – gegen ihre „idealistischen" Konkurrenten – entwickeln, dass nur die Veränderung des auf die Individuen
wirkenden „Weltanstoßes" eine Veränderung des Bewusstseins bewirken könne,
weshalb dann die seitenlange Verteidigung der Rede vom „Beruf" oder von der „wirklichen Aufgabe" der Proletarier?

Die Antwort auf diese Frage weist gleichzeitig den Weg zur Konstatierung eines
allgemeinen Charakteristikums des Einflusses der Kritik Stirners auf die Entwicklung
ihres eigenen Ansatzes. Denn der Versuch, die Begriffe „Beruf, Bestimmung, Aufgabe" auch in einem materialistisch fundierten aufklärerischen Diskurs fruchtbar zu
machen, zwingt sie nicht nur, mit der ansonsten konsequent vertretenen Überzeugung von der Gleichartigkeit der Ansätze der „Repräsentanten der neuesten deutschen Philosophie" zu brechen und diese zentralen Begriffe der philosophischen
Spielarten des aufklärerischen Diskurses gegen den Angriff Stirners zu verteidigen –
also zumindest implizit die Differenz des Stirner'schen Ansatzes von den philosophischen Feuerbachs und Bauers anzuerkennen. Dieser Versuch zwingt sie außerdem,
die Position einer ausschließlichen Relevanz materialistischer Faktoren für die Bestimmung des Bewusstseins der Individuen mit einer Vehemenz zu vertreten, die sie
schließlich an die Grenzen dessen führt, was sich innerhalb eines aufklärerischen
Diskurses plausibel vertreten lässt. Es ist diese, durch Stirners argumentative Ermächtigung der konkreten Individuen gegebene Herausforderung, eine Form der argumentativen Evidenzproduktion zu begründen, gegen welche seine Strategie einer
Individualisierung von sämtlichen, auf Bedeutungsrelationen ruhenden Geltungsansprüchen (und die mit ihr einhergehende ausschließliche Berücksichtigung der eigenen Erfahrungen von Evidenz) nicht verfängt, die Marx (und Engels) zu einer Ausdifferenzierung der materialistischen Geschichtsauffassung nötigt, deren Radikalität
die Frage aufwirft, inwiefern das Verfassen aufklärerischer Schriften noch ein geeig-
netes Mittel zur Veränderung der gesellschaftlichen Verhältnisse darstellen könne.

Marx (und Engels) berühren diese Frage in den Manuskripten, die sie im Zuge der
Ausformulierung ihres Beitrags zur Weiterentwicklung des aufklärerischen Diskurses
verfasst haben, nur ein einziges Mal und auch sonst hat ihre zeitgenössische Beschäftigung mit diesem Problem, so es sie denn gegeben hat, kaum Spuren hinterlassen.[55]

---

[55] In den relevanten zeitgenössischen Quellen finden sich überhaupt nur zwei Belegstellen, welche
auf eine Beschäftigung mit der Frage nach dem Verhältnis von materialistischer Geschichtsauffassung und der Möglichkeit eines aufklärerischen Handelns schließen lassen. Die eine, eben den Manuskripten zur „Deutschen Ideologie" zugehörige Stelle findet sich in einem Abschnitt der ursprünglichen Fassung der Auseinandersetzung mit Bruno Bauers „Charakteristik Ludwig Feuerbachs", der,
von Marx verfasst, einer Überarbeitungsstufe dieser Fassung zugehört und an dessen Anfang Marx
„Kommunismus" als einen „Bewegungsbegriff" (Reinhart Koselleck: Begriffsgeschichten, Frankfurt
a. M. 2010, S. 69 u. 82-84) bestimmt (Karl Marx/Friedrich Engels: [Konvolut zu Feuerbach] (**H⁵**), MEGA²
I/5, Ms-S. 18 (S. 37 u. 873/874); siehe S. 690/691 der vorliegenden Untersuchung).

Ungeachtet des sich aus diesen spärlichen Hinweisen ergebenden Eindrucks der Entscheidung zugunsten einer größtmöglichen Ausprägung der Rigorosität, mit welcher sie die uneingeschränkte Anwendbarkeit der materialistischen Geschichtsauffassung behaupten, bezeugt der zeitgenössische Briefverkehr eindeutig den dieser Entscheidung zuwiderlaufenden Wunsch einer Veröffentlichung der von ihnen im Rahmen der Debatte um die Weiterentwicklung des aufklärerischen Diskurses verfassten Schriften.[56] Von zentralem Interesse für die Frage nach der Bedeutung der Stirner-Kritik in der Ausformulierung ihres eigenständigen Ansatzes ist in diesem Falle jedoch nicht der von ihnen gewählte Umgang mit dem Problem performativer Widersprüche – deren Vorhandensein beileibe kein Alleinstellungsmerkmal der beiden Brüsseler Autoren darstellt –, sondern vielmehr das Ausmaß, in welchem die argumentativen Bedürfnisse einer Deplausibilisierung Stirners zur Prononcierung dieses Widerspruchs beigetragen haben. Wenn bereits wiederholt darauf hingewiesen wurde, dass die materialistische Geschichtsauffassung ihre Konzipierung bereits der Kritik Bauers in *Die heilige Familie* verdankte, so lässt sich, wie im Folgenden unternommen werden soll, zeigen, inwiefern es dann im Rahmen des Versuchs ihrer Fruchtbarmachung für die argumentative Deplausibilisierung Stirners zu einer bedeutenden Radikalisierung und Ausdifferenzierung dieser Auffassung kam.

Diese Radikalisierung kommt in verschiedenen Aspekten der Ausformulierung ihres eigenständigen Ansatzes zum Tragen, die in den vorangegangenen Abschnitten zum Teil bereits Erwähnung fanden und die sich grob in inhaltliche und argumentationsstrategische unterscheiden lassen. Als ein Beispiel für die erste Gruppe ist hier etwa die Ausschließlichkeit zu nennen, mit welcher sie allein materiellen Faktoren die Möglichkeit kausalen Einflusses auf den Gang der Geschichte zuerkennen und welche sie im Zuge der Kritik Stirners zunehmend auch für die individuelle Ebene behaupten,[57] während als Beispiel des argumentationsstrategischen Niederschlags

---

Dass Marx sich bei der Entschärfung des Widerspruchs zwischen materialistischer Geschichtsauffassung und aufklärerischem Handeln, zumindest nach Außen hin, für die materialistische Geschichtsauffassung und gegen die Wahrung der Möglichkeit eines direkten, in Schriftform praktizierten, aufklärerischen Handelns entschied, zeigt auch der zweite zeitgenössische Beleg. Dieser lässt sich den Darstellungen der Auseinandersetzung mit Weitling am 30. März 1846 entnehmen, in deren Verlauf Marx sich dezidiert gegen die Forderung aussprach, zum gegebenen Zeitpunkt Propaganda unter den deutschen Arbeitern zu betreiben (Wilhelm Weitling an Moses Heß, 31. März 1846, Der Bund der Kommunisten. Dokumente und Materialien, Bd. 1 (1836-1849), Berlin 1970, S. 307). Zu den Implikationen dieser Entscheidung siehe unten, Kapitel 12, Abschnitt 4.

56 Entgegen der verbreiteten Auffassung erstreckten sich diese Versuche weit über den Sommer 1846, als die Hoffnung auf eine von westfälischen Unternehmern finanzierte und unter Marx' (und Engels') Redaktion herausgegebene Vierteljahrsschrift sich zerschlug. Noch im September 1847 lässt sich die Suche nach einem Verleger für die Schriften brieflich belegen (siehe MEGA² I/5, S. 779).

57 Erinnert sei an die bereits angeführte Beschreibung von Stirners beschränkter „Lebenswirklichkeit", Karl Marx/Friedrich Engels: III. Sankt Max • Schluss des Leipziger Konzils (**H**¹¹), MEGA² I/5, Ms-S. 50b/50c (S. 319/320): „Bei einem lokalisirten Berliner Schulmeister oder Schriftsteller dagegen,

dieser materialistischen Radikalisierung die Anreicherung der philosophischen Evidenzproduktion mit erfahrungswissenschaftlichen Elementen zu nennen ist. Wurde letztere auch bereits in der Darstellung des argumentationsstrategischen Vorgehens gegen den Stirner'schen Ansatz behandelt,[58] so verdient, bevor abschließend die in inhaltlicher Hinsicht erfolgte Radikalisierung nachgezeichnet werden soll, ein Aspekt dieser argumentationsstrategischen Konstellation aufgrund seiner besonderen Bedeutung eine erneute, eingehendere Würdigung, zeigt sich an ihm doch die wechselseitige Radikalisierung in prägnanter Weise, die zwischen den Bedingungen der argumentativen Stützung und der inhaltlichen Ausgestaltung des eigenen Ansatzes stattfand.

Dieser, aus argumentationsstrategischer Perspektive hervorzuhebende Aspekt lässt sich am eindrücklichsten veranschaulichen, wenn die jeweiligen argumentationsstrategischen Innovationen der Ansätze von Stirner sowie Marx und Engels als zwei differierende Weisen einer Radikalisierung der Feuerbach'schen Weise der Produktion argumentativer Evidenz betrachtet werden. Innerhalb der von Stirner ermöglichten argumentativen Selbstermächtigung der konkreten Individuen kam dem von Stirner vorausgesetzten Sachverhalt eine zentrale Bedeutung zu, dass die Gegebenheit von Bedeutungsrelationen, wie sie insbesondere im Rahmen der philosophischen Evidenzproduktion in Anspruch genommen werden, zur Generierung von Überzeugungsleistungen stets eines (impliziten oder expliziten) Akts der Setzung auf Seiten des jeweiligen Adressaten eines Überzeugungsversuchs bedürfe.[59] Einher ging mit der Konzentration auf diesen individuellen Akt der Setzung eine argumentationsstrategisch bedeutsame Verschiebung der Entscheidungshoheit über die Gegebenheit einer Bedeutungsrelation von den argumentierenden Experten einer Evidenzproduktion hin zum rezipierenden Laien, dessen Urteil über die Gegebenheit oder Nicht-Gegebenheit einer Relation bereits dann keiner weiteren Rechtfertigung mehr bedurfte, wenn er selbst von seinem Urteil überzeugt war. In der Konsequenz bedingte dieser argumentative Dezisionismus Stirners – im Zuge dessen die Geltung philosophischer Argumentationen der Willkür derjenigen überantwortet wurde, die von diesen Argumentationen überzeugt werden sollten – selbstverständlich eine erhebliche Schwächung der Möglichkeiten der philosophischen Evidenzproduktion in der Gene-

---

dessen Thätigkeit sich auf saure Arbeit einerseits & Denkgenuß andererseits beschränkt, dessen Welt von Moabit bis Köpenick geht & hinter dem Hamburger Thor mit Brettern zugenagelt ist, dessen Beziehungen zu dieser Welt durch eine miserable Lebensstellung auf ein Minimum reduzirt werden, bei einem solchen Individuum ist es allerdings nicht zu vermeiden, wenn es Denkbedürfniß besitzt, daß das Denken ebenso abstrakt wird wie dies Individuum und sein Leben selbst, & daß es ihm, dem ganz Widerstandslosen gegenüber eine fixe Macht wird, eine Macht, deren Bethätigung dem Individuum die Möglichkeit einer momentanen Rettung aus seiner ‚schlechten Welt', eines momentanen Genusses bietet."

58 Siehe oben, Kapitel 10, Abschnitt 3.
59 Siehe oben, Kapitel 7, Abschnitt 1.

rierung von Überzeugungsleistungen, bzw. in der Harmonisierung disparater Willensäußerungen. Die Versuche Feuerbachs und Bauers, diese Individualisierung argumentativer Geltungsansprüche wiederum mit dem argumentativen Instrumentarium der philosophischen Evidenzproduktion zu deplausibilisieren, konnten dabei kaum als erfolgreich betrachtet werden.

Zwar hatte bereits Feuerbach die philosophische Evidenz gelingender Begriffsentwicklung mit der Evidenz sinnlicher Gewissheit angereichert, um die Überzeugungskraft der Hegel'schen Argumentation zu überbieten, mit dieser Anreicherung der philosophischen Evidenzproduktion, die insbesondere auf Marx nach der Enttäuschung von 1842/43 große Anziehungskraft ausübte, war der Stirner'schen Individualisierung der Geltung von Bedeutungsrelationen jedoch nicht beizukommen. Im Gegenteil lässt sich vielmehr feststellen, dass aller Wahrscheinlichkeit nach überhaupt erst die Feuerbach'sche Aufwertung der in besonderer Weise nur je individuell erfahrbaren Evidenz sinnlicher Wahrnehmung zu einem zulässigen Komplement philosophischer Evidenzproduktion Stirner den argumentationsstrategischen Wert individualisierter Geltungsansprüche vor Augen führte. Wenn man so will, erweiterte Feuerbach mit seinem Rekurs auf die Evidenz sinnlicher Gewissheit die Menge der in aufklärerischen Diskursen zulässigen Formen argumentativer Evidenzproduktion um eine Form, die Evidenzen mit größerer Überzeugungskraft um den Preis einer Stärkung der Position desjenigen hervorzubringen gestattete, auf dessen Evidenzerfahrungen die Argumentation abzielte.

So gehört es zur Logik der Evidenz sinnlicher Gewissheit, dass die Differenzierung der Individuen in kompetentere und weniger kompetente Entscheidungsinstanzen – besonders im Vergleich zur Kompetenzzuschreibung bei der Produktion der Evidenz gelingender Begriffsentwicklung – geringer ausgeprägt ist oder dass, mit anderen Worten, die Selbstzuschreibung einer Evidenzerfahrung im Falle der Evidenz sinnlicher Gewissheit weit schwieriger zu desavouieren ist, als im Falle der philosophischen Evidenzproduktion mit ihrer starken Unterscheidung von Experten und Laien. Auf eigene Erfahrungen der Evidenz sinnlicher Gewissheit, so lässt sich abschließend festhalten, können auch diejenigen rekurrieren, denen das Hervorbringen gelungener Begriffsentwicklungen große Mühen bereitet. Im Lichte dieser Deutung lässt sich die von Stirner ermöglichte argumentative Selbstermächtigung als konsequente Weiterentwicklung der argumentativen Struktur von Feuerbachs „neuer Philosophie" verstehen, lässt sich Stirners Evidenz alltagssprachlicher Vertrautheit als eine abgespeckte Version der philosophischen Evidenz gelingender Begriffsentwicklung verstehen, die in Hinsicht der produzierten Evidenz der philosophischen, in Hinsicht auf Kompetenzverteilung und Möglichkeit der Desavouierung der Evidenz sinnlicher Gewissheit gleicht. Auch wird ersichtlich, aus welchem Grund dem Stirner'schen Beitrag zur Weiterentwicklung des aufklärerischen Diskurses mit dem argumentativen Instrumentarium des Feuerbach'schen Ansatzes nicht beizukommen war.[60]

Wenn Stirners Individualisierung der Geltungsansprüche von Bedeutungsrelationen für eine mögliche Form der Radikalisierung des Feuerbach'schen Ansatzes zu gelten hat, so entschieden sich Marx und Engels für eine alternative Möglichkeit, die sich in ihren Konsequenzen jedoch als nicht minder radikal erweist. Stirner hatte sich in seiner Radikalisierung der Feuerbach'schen Evidenzproduktion vor allem auf die Postulierung einer der Evidenz sinnlicher Gewissheit vergleichbaren, individuellen Entscheidungskompetenz auf Seiten der Evidenz gelingender Begriffsentwicklung gestützt. Marx und Engels griffen hingegen einen Aspekt der Evidenz sinnlicher Gewissheit in der argumentativen Unterfütterung ihres Ansatzes heraus, der mit zunehmender Dauer der Debatte um die Weiterentwicklung des aufklärerischen Diskurses stark an Anziehungskraft gewinnen musste, eignete ihm doch das Versprechen, der Spirale des beständigen diskursiven Übertrumpfens Einhalt zu gebieten, welche die Debatte um die Weiterentwicklung des aufklärerischen Diskurses im Vormärz prägte.

Ähnlich wie bereits Feuerbach mit der Evidenz sinnlicher Gewissheit vor ihnen, hofften sie, mit der Evidenz empirisch-konstatierbarer Tatsachen eine Ressource argumentativer Evidenzproduktion erschlossen zu haben, welche den Zugriffsmöglichkeiten der im engeren Sinne sprachlich fundierten Evidenzerfahrungen enthoben wäre – letzteres eben vor allem mit dem Ziel, die von Stirner ermöglichte argumentative Selbstermächtigung zu konterkarieren, die durch die Individualisierung von auf Bedeutungsrelationen ruhenden Geltungsansprüchen in besonderem Maße die Möglichkeiten sprachlich fundierter Argumentationen bei der Harmonisierung disparater Willensäußerungen einschränkte. So lässt sich die Feststellung plausibilisieren, dass die Evidenz empirisch-konstatierbarer Tatsachen insofern in verwandtschaftlichem Verhältnis zur Evidenz sinnlicher Gewissheit steht, als sie ihre Überzeugungskraft ebenfalls aus einem vermeintlich nicht – oder nur in sehr eingeschränktem Maße –

---

[60] Wenn man will, schloss Stirner die von Feuerbach in Anspruch genommenen Weisen der Produktion argumentativer Evidenz kurz und schuf so – unter Verzicht auf die allgemeine Verbindlichkeit der von ihm produzierten Evidenzen – eine Verbindung der von vielen (wenn auch in unterschiedlichem Maße) beherrschten Begriffsentwicklung und der besonderen Überzeugungskraft, wie sie den auf der eigenen Sinneswahrnehmung beruhenden Urteilen zugesprochen wurde. Das Ergebnis dieser Verbindung, die Stirner'sche Evidenz alltagssprachlicher Vertrautheit – welche „gerade soviel Kenntniß der Sprache" erfordert, „wie man im täglichen Umgang sich erwirbt" (Karl Marx/Friedrich Engels: III. Sankt Max • Schluss des Leipziger Konzils (**H**[11]), MEGA² I/5, Ms-S. 56b (S. 335)) –, mit den argumentativen Ressourcen Feuerbachs deplausibilisieren zu wollen, kann nur unter der Voraussetzung Aussicht auf Erfolg beanspruchen, dass die Verbindung der beiden Ressourcen wieder gelöst wird und mit der einen gegen die andere argumentiert wird – also entweder mit der Evidenz gelingender Begriffsentwicklung gegen die Überzeugungskraft eigener Sinnes-Urteile (zur Wiederherstellung des allgemeinen Geltungsanspruchs) oder mit der Überzeugungskraft eigener Sinnes-Urteile gegen die Resultate der Begriffsentwicklungen (was jedoch eher eine Unterstützung der von Stirners argumentativer Selbstermächtigung als ihre Widerlegung bedeutet).

sprachlich vermittelten Zugriff auf die Wirklichkeit zu beziehen vermöge – insofern also, als der empirischen Beobachtung eine den individuellen Sinnes-Urteilen vergleichbare Fähigkeit der Transformation nichtsprachlicher in sprachliche Gegebenheiten zugesprochen wird.[61]

Gleichen sich die Feuerbach'sche Evidenz sinnlicher Gewissheit und die Marx-Engels'sche Evidenz empirisch-konstatierbarer Tatsachen in diesem Versprechen, im aufklärerischen Diskurs den Einfluss der Wirklichkeit gegenüber der Dominanz der sprachlich fundierten Evidenzproduktion stärker zur Geltung zu bringen, so unterscheiden sie sich in anderer Hinsicht fundamental. Bezieht die erstere ihre Überzeugungskraft gerade aus dem Sachverhalt einer besonderen Berücksichtigung je individueller Erfahrungen von Evidenz – wie sie auch Stirner so faszinierten –, so zeichnet sich die letztere gerade durch die nahezu vollständige Ausblendung jeder individuellen Varianz aus. Der Rekurs auf die sozio-ökonomischen Verhältnisse, deren Beschreibungen auf einem Fundament empirisch-konstatierbarer Tatsachen ruhen, ermöglicht Marx und Engels die Bezugnahme auf einen Adressaten, der sich fundamental von den bis zu ihrem Einsatz in der Debatte um die Weiterentwicklung aufklärerischen Diskurses angesprochenen unterscheidet. Hatten sich Feuerbach und Bauer noch mehr oder minder unspezifisch an das Gattungswesen „Mensch" adressiert und hatte Stirner dieser Bezugnahme die Adressierung an das einzelne, konkrete Individuum entgegengesetzt, so gelingt Marx und Engels mit der Entscheidung für die sozio-ökonomischen Verhältnisse die Einführung eines diskriminatorischen Kriteriums, welches die Auszeichnung einer Menge von Individuen gestattet. In argumentationsstrategischer Hinsicht ist das Besondere an dem von ihnen gewählten Kriterium, dass es zwar eine Differenzierung innerhalb der Mitglieder der Gattung – um den zeitgenössischen Duktus aufzunehmen – erlaubt, bei dieser Differenzierung jedoch gänzlich unabhängig von den Selbstbeschreibungen der einzelnen Gattungsmitglieder ist.[62] In der Konsequenz schaffen Marx und Engels mit ihrem Ansatz auch

---

[61] Mit der Charakterisierung der philosophischen Ressource von Evidenzerfahrungen als einer im Vergleich zur sinnlichen Gewissheit stärker sprachlich vermittelten soll keine Aussage über eine etwaige Unabhängigkeit der letzteren von Akten einer sprachlichen Konditionierung getroffen werden (vgl. das Problem der Privatsprache, wie es von Ludwig Wittgenstein berühmt gemacht wurde). Hingegen soll jedoch die Auffassung vertreten werden, dass die Logik der Produktion von Evidenzen, die auf Erfahrungen sinnlicher Gewissheit ruhen, einen unmittelbareren Zugriff auf die Wirklichkeit impliziert, als er der philosophischen Evidenzproduktion gewöhnlich zugeschrieben wird. Dies ist auch der Hintergrund für die Hoffnung Feuerbachs, seinen Argumenten bei der Kritik der Hegel'schen Philosophie durch die Erschließung der Evidenz sinnlicher Gewissheit eine Überzeugungskraft zu verleihen, die in der Lage ist, die rein philosophisch fundierten Argumente Hegels auszustechen. Siehe hierzu oben, Kapitel 1, Abschnitt 3.

[62] Die Abhängigkeit der von Stirner gewählten Form der Adressierung von den Selbstzuschreibungen der Individuen liegt auf der Hand. Wie jedoch nicht zuletzt Stirner zeigt, gilt Gleiches von der von Feuerbach und Bauer gewählten Form einer Adressierung unter Zuhilfenahme des Gattungswesens „Mensch", steht und fällt ihre Motivierung der Adressaten doch mit dem Wunsch der letzteren, unter

eine neue Form der Motivierung ihrer Adressaten, da sie weder an die humanistische Entwicklung eines möglichst für alle anschlussfähigen Begriffs (wie Feuerbach und Bauer), noch an den Prozess einer antihumanistischen Überzeugung der Adressaten, eine solche Entwicklung nur noch für sich selbst zu übernehmen (wie Stirner) gebunden sind (auch wenn betont werden muss, dass dieses Potenzial ihres Ansatzes nicht in Gänze realisiert wird und ihre Entwicklung des Gehalts von „Proletariat" noch sehr humanistische Züge aufweist[63]).

Es ist dieses Charakteristikum einer weitgehenden Unabhängigkeit von der Notwendigkeit einer Zuschreibung der Entscheidungskompetenz in Fragen der Gegebenheit von Bedeutungsrelationen, welches die Evidenz empirisch-konstatierbarer Tatsachen in den Augen von Marx und Engels zum vielversprechendsten Kandidaten werden lässt, um den argumentativen Dezisionismus Stirners in die Schranken zu weisen. Mit anderen Worten: wenn es Stirner mit seiner Individualisierung der Geltungsansprüche von Bedeutungsrelationen auch gelingen mag, sich den Möglichkeiten der philosophischen Evidenzproduktion zu entziehen – wovon, wie oben gezeigt, Marx nicht restlos überzeugt gewesen zu sein scheint[64] –, so sehen Marx und Engels Gleiches im Falle der erfahrungswissenschaftlichen Evidenz keinesfalls gegeben. Und so ist es genau diese vollständige Unabhängigkeit empirisch-konstatierbarer Tatsachen von den Selbstbeschreibungen und -bestimmungen der Individuen, welche Marx und Engels überzeugt sein lässt, mit ihr den argumentativen Hebel zur Desavouierung Stirners und schließlich auch der anderen Protagonisten der Debatte um die Weiterentwicklung des aufklärerischen Diskurses gefunden zu haben.

Es ist zu vermuten, dass das Ausmaß, in welchem Marx und Engels mit dem Rekurs auf die Evidenz empirisch-konstatierbarer Tatsachen die Macht des Experten einer bestimmten Form der Produktion argumentativer Evidenz dann im Zuge der De-

---

den normativ aufgeladenen Gattungsbegriff subsumiert werden zu können. In dem Augenblick, in welchem sich die Adressaten als Unmenschen, bzw. als Stirner'sche „Einzige", verstehen, büßen die Argumentationen Feuerbachs und Bauers einen Großteil ihrer handlungsnormierenden Kraft ein.
63 Wenn insbesondere Marx in der Äußerung seiner in das Proletariat gesetzten Hoffnungen zum Zeitpunkt der Abfassung der Manuskripte zur „Deutschen Ideologie" auch wesentlich vorsichtiger formuliert als noch in *Zur Kritik der Hegelschen Rechtsphilosophie. Einleitung* (MEGA² I/2, S. 183: „Die *Emancipation des Deutschen* ist die *Emancipation des Menschen*. Der *Kopf* dieser Emancipation ist die *Philosophie*, ihr *Herz* das *Proletariat*."), so finden sich in den Manuskripten zur „Deutschen Ideologie" ebenfalls Passagen, die das Proletariat als den entscheidenden Akteur einer Realisierung der dieser Hoffnung bestimmen, etwa Karl Marx/Friedrich Engels: III. Sankt Max • Schluss des Leipziger Konzils (**H**[11]), MEGA² I/5, Ms-S. [34b] (S. 268): „‚Stirner' glaubt hier, daß die kommunistischen Proletarier, die die Gesellschaft revolutioniren, die Produktionsverhältnisse & die Form des Verkehrs auf eine neue Basis, d. h. auf sich als die Neuen, auf ihre neue Lebensweise setzen, ‚die alten' bleiben. Die unermüdliche Propaganda, die diese Proletarier machen, die Diskussionen, die sie täglich unter sich führen, beweisen hinlänglich, wie wenig sie selbst ‚die Alten' bleiben wollen, wie wenig sie überhaupt wollen, daß die Menschen ‚die Alten' bleiben sollen."
64 Siehe oben, Kapitel 10, Abschnitt 3.

plausibilisierung von Stirners Evidenz alltagssprachlicher Vertrautheit zu restituieren vermochten (denn die Unterscheidung von Experten und Laien ist auch in die Logik der Produktion der Evidenz empirisch-konstatierbarer Tatsachen eingeschrieben), die beiden Brüsseler Exilanten selbst überrascht hat. Eine besonders prägnante Veranschaulichung erfährt diese restituierte Machtfülle des argumentierenden Experten im Bild des „Shopkeepers", welches Marx und Engels in einem der Abschnitte zeichnen, deren Wert für die Charakterisierung des eigenen Ansatzes sie zu seiner Ausgliederung in ein zu verfassendes „Feuerbach-Kapitel" veranlasste. Ganz wie dieser „Shopkeeper", der „im gewöhnlichen Leben [...] sehr wohl zwischen Dem zu unterscheiden weiß, was Jemand zu sein vorgibt, & dem, was er wirklich ist",[65] sehen Marx und Engels sich in der Lage, den tatsächlichen Gehalt der konkurrierenden Ansätze um die Weiterentwicklung des aufklärerischen Diskurses und um den vielversprechendsten Weg zur Verwirklichung der kommunistischen Gesellschaft zu taxieren. Zumindest berauschen sie sich in einem Maße an den argumentativen Möglichkeiten, welche die erfahrungswissenschaftliche Anreicherung der philosophischen Evidenzproduktion eröffnet, dass ihre – von vornherein, und nicht nur bei ihnen, nicht besonders ausgeprägte – Bereitschaft zu Kompromissen zum Ende der sich über ein halbes Jahr erstreckenden Abfassung der Stirner-Kritik wohl vollends zum Erliegen kam, wie die an Zahl und Intensität zunehmenden Zerwürfnisse mit ihren frühsozialistischen Mitstreitern nahelegen.[66]

---

[65] Karl Marx/Friedrich Engels: [Konvolut zu Feuerbach] (**H**[5]), MEGA² I/5, Ms-S. 35 (S. 66). Es kommt, wie sich in der anschließenden Behandlung der inhaltlichen Radikalisierung ihres Ansatzes zeigen wird, nicht von ungefähr, dass mit diesem Bild das Verhältnis der „idealistischen" Geschichtsschreiber gegenüber den vergangenen Epochen beschrieben wird.
Der Figur des „Shopkeepers" eignet darüber hinaus für die gesamte Debatte um die Weiterentwicklung des aufklärerischen Diskurses eine hohe Aussagekraft. Wenn auch keiner der Vorgänger von Marx und Engels in dieser Debatte ein vergleichbar prägnantes Bild für das angestrebte Verhältnis gegenüber den Konkurrenten des eigenen Ansatzes zu prägen vermochte, so teilten sowohl Feuerbach, als auch Bauer und Stirner zweifellos den Wunsch nach einer solchen Position argumentativer Macht.
[66] Wie bereits beschrieben, fallen dieser Überzeugtheit von der Überlegenheit des eigenen Ansatzes erst Grün und die anderen, in den Manuskripten zur „Deutschen Ideologie" namentlich erwähnten „wahren Sozialisten", dann Heß und Weitling und schließlich Kriege zum Opfer. Vor diesem Hintergrund mag es opportun sein, auf eine weitere Gemeinsamkeit zwischen der von Marx und Engels evozierten Situation des „Shopkeepers" und ihrer eigenen im Brüssel des Frühjahrs 1846 hinzuweisen. Ganz wie der „Shopkeeper" seine Beschreibung von dem, was Jemand „wirklich" ist gegen dessen Selbstbeschreibung durchzusetzen vermag, da er im Zweifelsfalle den Handel verweigern kann, waren Marx (und Engels) vor dem Sommer 1846 in der Lage, ihre Auffassung vom tatsächlichen Gehalt der konkurrierenden, sozialistischen Ansätze gegen die von ihren Vertretern formulierten durchzusetzen, da sie im Zweifelsfalle den Druck ihrer Schriften verweigern konnten (so etwa im Falle Weitlings). Wenn man so will, waren sie zu diesem Zeitpunkt in der glücklichen Situation, über die materiellen Mittel zur Durchsetzung ihrer „materialistischen Geschichtsauffassung" zu verfügen.

Wenn sich, um in der Sprache des „Shopkeepers" zu bleiben, die Kosten ihrer durch die Kritik Stirners veranlassten Radikalisierung auch vor allem in der inhaltlichen Ausgestaltung ihres Ansatzes zeigen, so lassen sich gleichwohl auch auf argumentationsstrategischer Ebene Aspekte benennen, die ihren Eingang in das argumentative Arsenal der „materialistischen Geschichtsauffassung" und der Ideologiekritik den Notwendigkeiten einer Deplausibilisierung der Stirner'schen Evidenzproduktion verdanken. Einer dieser Aspekte betrifft das ambivalente Verhältnis, welches Marx (und Engels) in den Manuskripten zur „Deutschen Ideologie" gegenüber der philosophischen Evidenzproduktion einnehmen und welches bereits im Rahmen der Darstellung des Versuchs der Deplausibilisierung der Evidenz alltagssprachlicher Vertrautheit Erwähnung fand. So finden sich neben der an Konsequenz kaum zu überbietenden Ablehnung der Philosophie als Medium emanzipativen Fortschritts Passagen, in denen die Evidenz gelingender Begriffsentwicklung in einer Perfektion hervorgebracht wird, die selbst im Vergleich mit den zeitgenössischen Schriften von Autoren, die sich affirmativ auf diese Ressource argumentativer Evidenzproduktion beziehen, ihresgleichen suchen. Wenn Marx (und Engels) also zum einen behaupten, den vollständigen Bruch mit der Philosophie vollzogen zu haben und diese nun vielmehr den Weisen einer systematischen Verfremdung der Wirklichkeit zurechnen, zum anderen jedoch nicht müde werden, Stirner jeden Fall von widersprüchlicher Begriffsverwendung in Gleichungsform vorzuhalten, so zeigt sich hier eine der Konsequenzen der argumentationsstrategischen Radikalisierung, welche Marx und Engels sich im Laufe der Kritik des Autors des *Einzigen* zu vollziehen genötigt sahen.

Eine weitere argumentationsstrategische Konsequenz zeigt sich in der Vorbehaltlosigkeit, mit welcher Marx und Engels die Evidenz empirisch-konstatierbarer Tatsachen zur überlegenen Weise der Generierung von Überzeugungen erklären. Auch in diesem Glauben an den erschöpfenden Substitut-Charakter der von ihnen in die Debatte eingeführten Evidenz ist einer der Gründe zu sehen, dass der weiterhin praktizierte Rekurs auf die philosophische Evidenz gelingender Begriffsentwicklung – die auch von ihnen umfangreich vorgenommene, nicht empirisch fundierte Entwicklung von Begriffen – ihnen aus dem Blick geraten ist. Dieses uneingeschränkte Vertrauen in die Möglichkeiten der erfahrungswissenschaftlichen Evidenzproduktion nimmt schließlich solch ein Ausmaß an, dass sie auch für diese, von ihnen vorgenommenen Entwicklungen von Begriffen, die sie etwa aus der Nationalökonomie („Produktivkräfte", „Verkehrsverhältnisse", „Theilung der Arbeit" usw.), oder auch aus den Schriften frühsozialistischer Theoretiker entnehmen („Bourgeoisie", „Proletariat", „Kommunismus" usw.), eine Abbildfunktion in Bezug auf die Struktur der Wirklichkeit beanspruchen, wie sie sonst den Ergebnissen der Produktion erfahrungswissenschaftlicher Evidenz zugesprochen wird. Wenn sie also auch im Gegensatz zu Stirner und in Übereinstimmung mit Feuerbach und Bauer Begriffsentwicklungen mit allgemeinem Geltungsanspruch vornehmen, so glauben sie sich allerdings vor dem Hintergrund gerechtfertigt, dass die Legitimität ihrer Begriffsentwicklungen auf einem anderen, eben nichtphilosophischen Fundament ruhe als etwa das Feuerbach'sche „Gattungswesen" oder die Bauer'sche „reine Kritik".

Dieser Anspruch auf eine erschöpfende Substitution der philosophischen Evidenzproduktion durch die erfahrungswissenschaftliche stellt sicher die bedeutendste argumentationsstrategische Konsequenz der Radikalisierung dar, zu welcher sich Marx und Engels im Zuge des Versuchs der Deplausibilisierung der Stirner'schen Evidenzproduktion veranlasst sahen. Vergegenwärtigt man sich jedoch einen Sachverhalt, der bereits zu einem früheren Zeitpunkt zur Sprache kam – nämlich dass Marx und Engels ihren Ansatz auf empirisch-*konstatierbaren* und nicht auf empirisch-*konstatierten* Tatsachen gründen[67] –, so tritt die strukturelle Ähnlichkeit mit der philosophischen Evidenzproduktion zutage, denn es liegt auf der Hand, dass die empirische Konstatierbarkeit Tatsachen zugeschrieben werden kann, ohne dass diese Zuschreibung selbst empirisch verifiziert ist. Gerade empirisch betrachtet ist der Unterschied zwischen den Ergebnissen einer Begriffsentwicklung und der Beschreibung einer empirisch-*konstatierbaren* Tatsache nur marginal. Das Kriterium für die Güte der von ihnen formulierten Argumente ist, so gilt es noch einmal zu betonen, eben nicht ihre tatsächlich vollzogene empirische Bestätigung, sondern die Möglichkeit ihrer empirischen Bestätigung. Und um es schließlich drastisch zu formulieren: Dafür, dass die Umsetzung dieser Möglichkeit auch die Resultate zeitigt, von denen Marx und Engels behaupten, sie ließen sich empirisch konstatieren, bieten sie in den Manuskripten zur „Deutschen Ideologie" keine andere Gewähr als ihr Wort.[68] Solange sie selbst keine empirischen Belege für ihre Argumente anführen, kann im Hinblick auf ihr argumentationsstrategisches Vorgehen daher nur von einer erfahrungswissenschaftlichen Anreicherung einer letztendlich weiterhin philosophischen Form der Evidenzproduktion und nicht von einer erschöpfenden Substitution dieser letzteren gesprochen werden. Ja, es bietet sich nach diesen Bemerkungen sogar an, die Produktion der Evidenz empirisch-konstatierbarer Tatsachen nur als eine Variante der Produktion der philosophischen Evidenz gelingender Begriffsentwicklung zu betrachten, nämlich als Begriffsentwicklungen, die mit dem Versprechen ihrer empirischen Verifizierbarkeit vorgenommen werden.

Wenn das Selbstverständnis der beiden Brüsseler Exilanten zu dieser Zeit ein gänzlich anderes war, so weisen diese Bemerkungen auf den neuartigen und bisweilen unausgereiften Status hin, der – bei aller argumentationsstrategischen Innova-

---

67 Siehe oben, Abschnitt 2.
68 Wenn Marx und Engels in ihrer Kritik Stirners auch wiederholt auf Werke verweisen, die ihre Argumentation empirisch stützen würden, so bleibt es – mit wenigen Ausnahmen, namentlich derjenigen Hegels – bei bloßen Verweisen auf die Werke in Gänze. Konkrete Seitenangaben, Zitate oder gar Auswertungen empirischer „Erhebungen" sucht man in den Manuskripten zur „Deutschen Ideologie" vergeblich. Wie eine Berücksichtigung der zeitgenössischen Exzerpthefte zeigt, hätte ihnen allerdings durchaus Material zur Verfügung gestanden, um sich nicht nur auf empirisch-konstatierbare, sondern auch auf empirisch-konstatierte Tatsachen zu beziehen.

tion, die Marx und Engels in der Debatte um die Weiterentwicklung des aufklärerischen Diskurses zu realisieren vermochten – ihrem eigenständigen Ansatz zur Zeit der Abfassung der Manuskripte zur „Deutschen Ideologie" noch eignet. Zwar hatten sie bereits den Willen zum Bruch mit der philosophischen Evidenzproduktion gefasst und hatten diesen Bruch zumindest *in dictu* auch konsequent vollzogen, doch instanziierten sie mit der von ihnen in Anspruch genommenen Form der Evidenzproduktion dennoch die überkommenen Strukturen des philosophisch-aufklärerischen Diskurses. Und zu diesen von ihnen reproduzierten Strukturen gehören, um zurück auf die Kritik Stirners zu kommen, eben auch zwei Aspekte der philosophischen Evidenzproduktion, gegen die sich Stirner mit seinem Ansatz in besonderer Weise wandte: die Unterscheidung von Experten und Laien einer bestimmten Form der Produktion argumentativer Evidenz und die Annahme einer Repräsentierbarkeit von Evidenzerfahrungen.

Nicht zuletzt aufgrund dieser Kontinuität zwischen der überkommenen und der von ihnen konzipierten Form des aufklärerischen Diskurses musste der Stirner'sche Angriff auf die erstere für sie eine solche Herausforderung darstellen, wie in Umfang und Intensität der Stirner gewidmeten Kritik zum Ausdruck kommt. Die konstatierte Kontinuität zeigt sich dabei allerdings nicht nur als Fortwirken dieser überkommenen Strukturen, sie äußert sich vielmehr auch in dem Selbstverständnis derjenigen, die im zeitgenössischen Kontext aufklärerisch handeln. Neben den Strukturen des aufklärerischen Handelns war eben auch das aufklärerische Selbstverständnis von Stirner mit seiner argumentativen Ermächtigung der konkreten Individuen und mit seiner Individualisierung von auf Bedeutungsrelationen ruhenden Geltungsansprüchen infrage gestellt worden. Herzstück dieser Infragestellung aber war Stirners argumentativer Dezisionismus mit der ihn auszeichnenden Aufwertung des individuellen Willens zum entscheidenden Faktor der Produktion argumentativer Evidenz.

Der Rekurs auf die Evidenz empirisch-konstatierbarer Tatsachen wurde von Marx (und Engels) so vor allem deshalb in die Debatte um die Weiterentwicklung des aufklärerischen Diskurses eingeführt, da im Falle dieser Form von Evidenzproduktion dem Willen der konkreten Individuen keine Relevanz zukam. Den empirisch-konstatierbaren Tatsachen kam das Gewicht zu, welches Marx (und Engels) ihnen zuschrieben, da es für ihre Geltung unerheblich war, ob die Individuen, deren soziale Situation sie beschrieben, ihnen die Anerkennung verweigerten oder nicht. Große Partien von *III. Sankt Max* unternehmen den – scheinbar immer wieder zu bekräftigenden – Nachweis dieser Machtlosigkeit des Willens der Individuen angesichts ihrer empirisch-konstatierbaren Lebensverhältnisse.[69] Diesen Nachweis treiben Marx (und En-

---

69 Vgl. etwa Karl Marx/Friedrich Engels: III. Sankt Max • Schluss des Leipziger Konzils (**H**[11]), MEGA² I/5, Ms-S. 71a/71b (S. 382/383): „Das materielle Leben der Individuen, welches keineswegs von ihrem bloßen ‚Willen' abhängt, ihre Produktionsweise & die Verkehrsform, die sich wechselseitig bedingen, ist die reelle Basis des Staats, & bleibt es auf allen Stufen, auf denen die Theilung der Arbeit u. das

gels) gegen Stirners argumentativen Dezisionismus so weit, dass ihnen schließlich eine ähnliche Vereinseitigung unterläuft, wie sie sie ihren „idealistischen" Konkurrenten unterstellen: zeigen letztere – vor allem in Gestalt Stirners – keinerlei Bereitschaft zur Anerkennung individueller Verhältnisse, die nicht der Verfügungsgewalt des einzelnen Individuums unterliegen[70], so gehen Marx und Engels im Zuge der Kritik Stirners dazu über, keine individuelle Verfügungsgewalt über die eigenen Lebensverhältnisse mehr anzuerkennen, so sie über die Vereinigung mit anderen Individuen zur Kontrolle des „Weltanstoßes" hinausgehen sollte.

Dass diese radikale argumentationsstrategische Ausprägung ihres Ansatzes eine Konsequenz des Versuchs der Deplausibilisierung Stirners darstellt, zeigt sich schließlich auch daran, dass der Nachweis der (nahezu) vollständigen Machtlosigkeit des individuellen Willens gegenüber den empirisch-konstatierbaren Lebensverhältnissen in dieser Rigorosität nicht hätte erbracht werden müssen, wenn nur die „Idealismen" Feuerbachs oder Bauers das Ziel ihres argumentativen Angriffs gewesen wären. Sowohl Feuerbach mit seinem überindividuellen Gattungswesen als auch Bauer mit seinem überindividuellen Selbstbewusstsein (bzw. seiner „reinen Kritik") zeigen sich wesentlich offener gegenüber der Anerkennung von Faktoren, welche den Spielraum individueller Selbstbestimmung einschränken, als Stirner dies tut. Der Disput mit diesen beiden Protagonisten des aufklärerischen Diskurses konnte sich vor diesem Hintergrund darauf beschränken, materialistische Reduktionen der von Feuerbach und Bauer beschriebenen Einschränkungen vorzunehmen, bzw. materialistische Übersetzungen der von ihnen ausgemachten Ursachen zu liefern.[71] Und auch

---

Privateigenthum noch nöthig sind, ganz unabhängig vom *Willen* der Individuen. [...] Sowenig es von ihrem idealistischen Willen oder Willkühr abhängt, ob ihre Körper schwer sind, so wenig hängt es von ihm ab, ob sie ihren eignen Willen in der Form des Gesetzes durchsetzen & zugleich von der persönlichen Willkühr jedes Einzelnen unter ihnen unabhängig setzen." Vgl. auch, ebenda, Ms-S. 91b (S. 436): „Es ist die alte Illusion, daß es nur vom guten Willen der Leute abhängt, die bestehenden Verhältnisse zu ändern, & daß die bestehenden Verhältnisse Ideen sind."

70 Am prägnantesten ist wohl das auch von Marx und Engels angeführte Beispiel des ausgerissenen Beins, Max Stirner: Der Einzige und sein Eigenthum, Leipzig 1845 [1844], S. 208 [166]: „Mein *Bein* ist nicht ‚frei' von dem Prügel des Herrn, aber es ist *mein* Bein und ist unentreißbar. Er reiße Mir's aus und sehe zu, ob er noch mein Bein hat! Nichts behält er in der Hand als den – Leichnam meines Beines, der so wenig mein Bein ist, als ein todter Hund noch ein Hund ist: ein Hund hat ein pulsirendes Herz, ein sogenannter todter Hund hat keines und ist darum kein Hund mehr."

71 Für Feuerbach ist der Unterschied zwischen der zum elementaren Bestandteil der individuellen Existenz erklärten Unvollkommenheit und der Vollkommenheit der menschlichen Gattung von solch zentraler Funktion, dass er ihn zur Ursache der Schöpfung eines göttlichen Wesens erklärt (siehe oben, Kapitel 1, Abschnitt 3). Wie eine der wenigen Passagen zeigt, die dezidiert im Kontext einer eigenständigen Auseinandersetzung mit Feuerbach niedergeschrieben wurden, werfen Marx und Engels Feuerbach dann auch in erster Linie die Perpetuierung der gegenwärtigen Schranken der individuellen Existenz vor, etwa wenn Feuerbach „entwickelt, daß das Sein eines Dinges oder Menschen zugleich sein Wesen sei, daß die bestimmten Existenzverhältnisse Lebensweise & Thätigkeit eines thierischen oder menschlichen Individuums dasjenige sei, worin sein ‚Wesen' sich befriedigt fühle"

aus einem weiteren Grund hätte es bei einer auf diese beiden Protagonisten begrenzten Auseinandersetzung keinen Grund für die eingetretene Radikalisierung gegeben, bricht doch keiner der beiden Letztgenannten mit den für das aufklärerische Selbstverständnis grundlegenden Strukturen einer Unterscheidung von Experten und Laien der argumentativen Evidenzproduktion und der Repräsentierbarkeit von Evidenzerfahrungen. Dieser Befund einer intimen Verknüpfung von Radikalisierung des eigenen Ansatzes und Auseinandersetzung mit dem Ansatz Stirners hat schließlich selbst dann Bestand, wenn das Spektrum der kritisierten Personen um die sozialistischen Kontrahenten erweitert wird, die den Gegenstand der für den zweiten Band vorgesehen Manuskripte bilden (und deren Desavouierung aus argumentationsstrategischer Perspektive weit weniger herausfordernd war als im Falle der „Repräsentanten der neuesten deutschen Philosophie").

Wenn sich so zweifelsfrei zeigen lässt, dass die von Marx und Engels vollzogene argumentationsstrategische Radikalisierung in der Auseinandersetzung mit dem Ansatz Stirners erfolgte und dass diese, den Notwendigkeiten seiner argumentativen Deplausibilisierung folgende Radikalisierung dann die Desavouierung der anderen kritisierten Autoren strukturierte, so muss dieser Art der Bedingtheit Singularität beschieden werden. Marx und Engels übernehmen zwar Argumente und Positionen, die sie in der Auseinandersetzung mit Stirner entwickelt haben in andere Kontexte der Kritik, eine vergleichbare Übernahme argumentativer Instrumente, die in der Auseinandersetzung mit Feuerbach, Bauer oder den „wahren" Sozialisten konzipiert wurden, sucht man in *III. Sankt Max* hingegen vergeblich. Auch vor diesem Hintergrund muss der argumentationsstrategische Primat der Desavouierung Stirners gegenüber den anderen kritisierten Personen – und selbst gegenüber Feuerbach – konstatiert werden.[72] Im Laufe des halben Jahres, über welches sich die Abfassung von *III. Sankt*

([Konvolut zu Feuerbach] (**H⁵**), MEGA² I/5, Ms-S. 28 (S. 57/58)) – eine Wesensbestimmung, der Marx und Engels angesichts der Konsequenzen für die Situation der Proletarier auf's Heftigste widersprechen. In der Folge wenden sich Marx und Engels nicht nur gegen die vermeintliche Natürlichkeit der zeitgenössischen Schranken der Existenz der Proletarier (die Feuerbach unter Verweis auf das Beispiel eines „Flußfisches" herleite), sondern vor allem gegen die Mystifizierung ihrer tatsächlichen Entstehungsbedingungen, deren Anerkennung zugleich den Weg zu ihrer Abschaffung weise.

Im Falle Bauers ist die Situation noch eindeutiger, da dieser mit der Konzeption einer durch die „Kritik" zu erlösenden Masse, deren „unglückselige Umstände daher kämen, daß die Betreffenden im Dreck der ,Substanz' stecken geblieben" (ebenda, Ms-S. 29 (S. 59)), ein Verhältnis zwischen Aufklärern und Aufzuklärenden beschreibt, wie es auch Marx und Engels im Rahmen ihrer materialistischen Geschichtsauffassung vorsehen. Gegenüber dem Ansatz Bauers kommt es aus der Perspektive von Marx und Engels tatsächlich nur darauf an, die chimärischen Ursachen für die „unglückseligen Umstände" durch materielle zu ersetzen.

72 Allenfalls der ersten Fassung der Replik auf Bauers *Charakteristik Ludwig Feuerbachs*, die in ihren direkt auf Feuerbach und auf die Darstellung der eigenen Geschichtsauffassung bezogenen Passagen den ersten Teil des „Konvoluts zu Feuerbach" (**H⁵**) bildet, könnte ein vergleichbarer Einfluss auf die Kritik Stirners zugesprochen werden. Der Versuch einer Klärung dieser Frage müsste jedoch eine Un-

Max erstreckte, gelang es Marx und Engels zwar, eine Form der argumentativen Evidenzproduktion zu konzipieren, die es mit der von Stirner ermöglichten argumentativen Selbstermächtigung aufzunehmen vermochte, wie die Darstellung der argumentationsstrategischen Radikalisierung gezeigt hat, war dieser Erfolg mit nicht zu unterschätzenden Kosten verbunden, denn die gegen Stirner entwickelten argumentativen Instrumente und ihr Erfolg bestärkten Marx und Engels nur noch weiter in der Überzeugung, aufgrund der argumentativen Überlegenheit des von ihnen konzipierten Beitrags zur Weiterentwicklung des aufklärerischen Diskurses auf Konzessionen gegenüber grundsätzlich ähnlichen Positionen verzichten zu können.

Nach diesen Bemerkungen dürfte bezüglich des großen Einflusses des Versuchs einer Desavouierung Stirners und einer Deplausibilisierung der von ihm zur Anwendung gebrachten Evidenz alltagssprachlicher Vertrautheit auf die argumentationsstrategische Absicherung des Ansatzes von Marx und Engels kein Zweifel mehr bestehen. Die Herausforderung, den argumentativen Renegaten Stirner wieder einzufangen und eine Form des aufklärerischen Diskurses zu begründen, welche trotz der von ihm ermöglichten argumentativen Selbstermächtigung der konkreten Individuen die Harmonisierung disparater Willensäußerungen unter Postulierung von allgemeingültigen Geltungsansprüchen erlaubte, hatte Marx und Engels dazu angehalten, ihren Ansatz auf eine Art und Weise argumentativ zu unterfüttern, dass sie sich nach der halbjährigen Abfassung von *III. Sankt Max* im Besitz einer im zeitgenössischen Kontext konkurrenzlosen argumentativen Absicherung wähnen konnten. Diese Ausführungen zur argumentationsstrategischen Radikalisierung vermitteln einen Eindruck von der Bedeutung und dem Wert, welche Marx und Engels – entgegen ihren eigenen, späteren Aussagen – im Zeitraum 1845-1847 der Kritik Stirners bei der Ausarbeitung ihres eigenständigen Ansatzes beimaßen.

Dieser Eindruck verstärkt sich noch, wenn nach der argumentationsstrategischen nun die inhaltliche Radikalisierung, zu welcher Marx und Engels sich im Zuge der Kritik Stirners gezwungen sahen, eine Behandlung erfährt. Stellvertretend für die reichhaltige inhaltliche Ausgestaltung, welche Marx und Engels ihrem Beitrag zur Weiterentwicklung des aufklärerischen Diskurses angedeihen ließen, soll in der Folge die Entwicklung der zwei wohl bedeutendsten Begriffe nachgezeichnet werden, die ihre Konzipierung im Rahmen der Auseinandersetzung mit dem Ansatz Stirners erfuhren: „Ideologie" und „Kleinbürger". Die folgende Behandlung wird dabei von dem Umstand profitieren können, dass die Verzeichnung der Textüberarbeitungen und -entwicklungen, die *III. Sankt Max* im Laufe der Abfassung erfahren hat, es erlaubt, das Aufkommen und die Verbreitung dieser beiden Begriffe nachzuzeichnen.

---

tersuchung darüber beinhalten, welche Partien bereits während der ersten Arbeitsphase niedergeschrieben wurden und welche sich späteren, während der Abfassung der Stirner-Kritik zu datierenden Arbeitsphasen verdanken – ein Unterfangen, das allein in philologischer Hinsicht schon auf beträchtliche Schwierigkeiten träfe.

12 „Ideologie" und „Kleinbürger" als Komplemente des erfahrungswissenschaftlich-aufklärerischen Diskurses

Es gibt wohl kaum einen zweiten Begriff, der mit dem Marx-Engels'schen Beitrag zur Weiterentwicklung des aufklärerischen Diskurses in einem vergleichbar intimen Verhältnis steht, wie der Begriff „Ideologie". Nicht nur maß Marx ihm eine solch zentrale Stellung für ihren Ansatz bei, dass er ihn nach dem Scheitern des Projekts einer eigenen Vierteljahrsschrift zum Titel der „von Engels und mir gemeinschaftlich verfassten Schrift" bestimmte, auch bündelt sich in ihm der Versuch einer Neukonzeptionierung des aufklärerischen Diskurses in besonderer Weise. Wenn Marx und Engels auch nicht der chronologische Primat im Versuch der Transzendierung des philosophischen Rahmens des emanzipativen Projekts der Aufklärung zuerkannt werden kann, so gebührt ihnen ohne Zweifel das Verdienst, als erste im Kreis der deutschen Spätaufklärer einen neuen Begriff für das „Andere" der Aufklärung geprägt zu haben.

Nicht zuletzt als Folge der editorischen Entscheidungen des 20. Jahrhunderts, ein von Marx und Engels nicht fertig gestelltes Kapitel „I. Feuerbach" aus den überlieferten Manuskripten zu kompilieren, galt die Auseinandersetzung mit Feuerbach stets als der Nährboden dieser bedeutenden konzeptionellen Innovation. Dieser Eindruck bedarf einer Korrektur. Eine philologische Analyse der Manuskripte zur „Deutschen Ideologie" zeigt vielmehr, dass die Konzipierung des für Marx und Engels spezifischen Verständnisses von „Ideologie" im Rahmen der Auseinandersetzung mit Stirners Konzeption diskursiver Herrschaft erfolgte. Erst im Zuge der Kritik von Stirners Konzept „Hierarchie" entwickelten sie eine Konzeption zur materialistischen Reduktion diskursiver Herrschaft auf sozio-ökonomische Verhältnisse. Und erst infolge der – ebenfalls in Auseinandersetzung mit Stirner erfolgten – Komplementierung der ihnen für die materialistische Reduktion zur Verfügung stehenden sozio-ökonomischen Positionen durch diejenige des „Kleinbürgers" wurden sie in die Lage versetzt, den beiden Bedingungen Rechnung zu tragen, welche sämtliche Versuche zur Weiterentwicklung des aufklärerischen Diskurses nach dem Scheitern seiner philosophischen Form zu erfüllen hatten. Mit dieser Rekonstruktion der begrifflichen Genese der zwei zentralen Konzepte ihres eigenen Ansatzes zur Weiterentwicklung des aufklärerischen Diskurses wird schließlich die Bedeutung offenbar, welche der Auseinandersetzung mit Stirners radikal-individualistischer Antwort auf das Scheitern des philosophisch-aufklärerischen Diskurses für die Entwicklung ihres eigenen Ansatzes zukommt.

Steht im ersten Abschnitt dieses abschließenden Kapitels die Darstellung der theoretischen Konstellation im Zentrum, welche den Hintergrund für die Konzipierung einer alternativen Vorstellung des „Anderen" der Aufklärung bildet, so zeichnet der zweite Abschnitt die Genese des Konzepts „Ideologie" anhand der am frühesten zu datierenden Passagen nach, in denen Marx und Engels dieses Konzept in den Manuskripten zur „Deutschen Ideologie" geprägt haben. In einem dritten Abschnitt wird dann die weitere Verfeinerung dieses neuen Konzeptes im Manuskript *III. Sankt Max* vorgestellt. Mit der begrifflichen Genese von „Kleinbürger" bildet die Thematisierung derjenigen begrifflichen Innovation den Abschluss, die das neue Konzept erst zu einem argumentativen Instrument werden ließ, mit welchem Marx und Engels die Grundlage für einen aufklärerischen Diskurs schufen, der die Fortführung des emanzipativen Projekts der Aufklärung unter den Bedingungen des 19. Jahrhunderts gestattete.

12.1 Das „Andere" der Aufklärung – Zur theoretischen Konstellation der Konzipierung von „Ideologie"

Bevor die chronologische Darstellung der Konzipierung und Verbreitung des Begriffes „Ideologie" nachgezeichnet werden kann, gilt es, die theoretische Konstellation zu beschreiben, welche die Konzipierung eines neuen Begriffs wie „Ideologie" überhaupt erst erforderlich machte. Wie sich in der Folge zeigen wird, schufen Marx (und Engels) diesen Begriff nicht *ex nihilo*, sondern reagierten mit seiner Entwicklung auf die spezifische theoretische Konstellation, welche die Situation des aufklärerischen Diskurses nach dem *Einzigen* prägte. Auch in inhaltlicher Hinsicht, soviel sei bereits an dieser Stelle gesagt, ist die Ausformulierung des eigenständigen Beitrags zur Weiterentwicklung des aufklärerischen Diskurses ohne die intensive Auseinandersetzung mit dem Ansatz Stirners nicht denkbar. Erst die Herausforderung, welcher sich das überkommene Koordinatensystem aufklärerischen Handelns durch den Ansatz Stirners ausgesetzt sah, schuf die Notwendigkeit zu einer theoretischen Innovation, wie sie der Begriff „Ideologie" im zeitgenössischen aufklärerischen Diskurs zweifellos darstellt.

Im Hinblick auf die Formulierung ihres Beitrags zur Weiterentwicklung des aufklärerischen Diskurses war für Marx und Engels der Sachverhalt von großer Bedeutung, dass Stirner die Philosophie im Rahmen seiner Konzipierung einer antiphilosophischen Aufklärung zu einer weiteren Spielart der letztendlich religiösen Fremdbestimmung des Individuums degradierte. Mit diesem folgenschweren Zug brach er mit einer der grundlegenden Konstanten der klassischen Aufklärung: der Frontstellung von religiöser und philosophischer Bewusstseinsbestimmung im Kampf um die Hoheit über die zustandsrelevanten Bewusstseinsträger.[1] Hatte es bis zum *Einzigen* zum

---

[1] Dieser Sachverhalt behält seine Gültigkeit, auch wenn etwa Feuerbachs Reduktion der spekulativen Philosophie auf Theologie in Rechnung gestellt wird. Solche Reduktionen betrafen bis zum *Einzigen* stets nur Teilbereiche der Philosophie, was sich auch darin zeigt, dass die Protagonisten der Debatte um die Weiterentwicklung des aufklärerischen Diskurses ihrem Selbstverständnis nach Philosophen waren.

Selbstverständnis der Aufklärer gehört, die religiöse Herrschaft über die zustandsrelevanten Bewusstseinsträger mit dem Instrumentarium der philosophischen Evidenzproduktion brechen zu wollen – ein Selbstverständnis, dessen Restitution einen Großteil der Energien der Protagonisten des junghegelianischen Diskurses in Anspruch genommen hatte[2] –, so hatte Stirner die philosophische Bewusstseinsbestimmung den Praktiken der individuellen Fremdbestimmung zugeschlagen und sie so unter die Faktoren eingereiht, welche für die Ohnmacht des aufklärerischen Diskurses verantwortlich zu machen waren. Da Stirner in der Folge auf die Etablierung einer auf individualisierten Geltungsansprüchen ruhenden Selbstbestimmung der Individuen zielte und auf die Formulierung allgemeiner Geltungsansprüche Verzicht leistete, stellte sich für ihn ein Problem nicht, welches sich für den Marx-Engels'schen Versuch der Konzipierung eines aufklärerischen Diskurses jenseits der traditionellen philosophischen Koordinaten als unhintergehbar erweisen sollte.

Anders als Stirner waren Marx und Engels nämlich daran interessiert, dem aufklärerischen Diskurs auch in einer nicht-philosophischen Form eine der grundlegenden Eigenschaften der klassisch-philosophischen Form zu erhalten: die Fähigkeit, die Verschiedenheit individueller Willensäußerungen vermittelst der Formulierung allgemeiner Geltungsansprüche zu überwinden. Sie waren im Unterschied zu Stirner also vielmehr bestrebt, die Grundlage zu bewahren, welche die Koordinierung einer breiten Massenbewegung zur Überwindung der bestehenden Verhältnisse gestattet hatte, wie sie – etwa in der Französischen Revolution – die philosophische argumentative Evidenzproduktion gegen die religiöse Bewusstseinsbestimmung hatte realisieren können.[3] Für Marx und Engels stellte sich somit nach der Ablehnung der Philosophie als prädestiniertem Medium eines emanzipativen Diskurses das Problem der Etablierung einer alternativen Frontstellung von aufklärerisch-emanzipativem Diskurs auf der einen und das Bestehende stützendem Diskurs auf der anderen Seite. Wenn Marx und Engels auch den Konsequenzen ablehnend gegenüberstanden, welche Stirner aus dem Scheitern des philosophisch-aufklärerischen Diskurses bei der Herbeiführung einer revolutionären Erhebung in Deutschland zog, so stimmten sie mit ihm gleichwohl darin überein, in der philosophischen Verfasstheit dieses aufklä-

---

2 Siehe oben, Kapitel 1.
3 Für die Gegebenheit dieser Intention auf Seiten von Marx und Engels ist der augenscheinliche Widerspruch dieser Überzeugung mit der materialistischen Geschichtsauffassung unerheblich. Unabhängig davon, wie Marx und Engels den Einfluss eines argumentativ überlegenen Diskurses bei der Herbeiführung der Französischen Revolution bewerten würden, stellte die Konzipierung eines hegemonialen Diskurses, welcher die Festlegung der kommunistischen Parteigänger auf ihren Standpunkt gestattete, zum Zeitpunkt der Niederschrift der Manuskripte zur „Deutschen Ideologie" ein erstrebenswertes Gut dar.

rerischen Diskurses einen entscheidenden Faktor dieses Scheiterns auszumachen.[4] Mochten die gesellschaftlichen Verhältnisse auch weiterhin ihre Aufhebung verlangen und mochte auch weiterhin die Notwendigkeit zu aufklärerischem Handeln gegeben sein, so waren die Bedingungen eines solchen Handelns 1845/46 gänzlich andere geworden und verlangten nach einer Neubestimmung des Verhältnisses von aufklärendem und bewahrendem Diskurs.

Dieses Problem musste für Marx und Engels bereits zu einem frühen Zeitpunkt als ein Problem der Nomenklatur auftreten, denn mit der Verabschiedung der traditionellen Frontstellung von philosophischer Aufklärung und religiöser Fremdbestimmung des Bewusstseins entstanden zwei theoretische Vakanzen, die besetzt werden wollten. Stirners Lösung, die dominierende, herrschaftsstützende Form der Bewusstseinsbestimmung weiterhin mit „Religion" zu bezeichnen, ihr die philosophische Evidenzproduktion beizuordnen und im Übrigen auf das Besetzen der aufklärerischen Vakanz zu verzichten (oder es zumindest den konkreten Individuen selbst zu überlassen), stellte für Marx und Engels aus verschiedenen Gründen keine Option dar. Nicht nur hielten Marx und Engels die materialistische Reduktion der Philosophie für bedeutsamer als die von Stirners vorgeschlagene religiöse Reduktion, um ihre Ohnmacht in der Generierung von Überzeugungsleistungen zu erklären, auch hatten sie, wie noch näher auszuführen sein wird, ein umfassenderes Verständnis der Zusammensetzung der durch Aufklärung zu überwindenden, herrschenden Formen der Bewusstseinsbestimmung als Stirner. Wenn die Namengebung im Falle des alternativen, von Marx und Engels entwickelten aufklärerischen Diskurses noch auf längere Sicht unbestimmt bleiben sollte – sie scheinen hier keinen dringenden Bedarf gesehen zu haben, es ließe sich etwa an „materialistische Geschichtsauffassung", „theoretischer Kommunismus" oder, mit ein wenig zeitlicher Distanz, an „historischer Materialismus", bzw. „wissenschaftlicher Sozialismus" denken – so widmeten sie der Umbenennung des aufklärerischen Anderen, also des diskursiven Gegners der aufklärerisch Handelnden, zur Zeit der Abfassung der Manuskripte zur „Deutschen Ideologie" hingegen ein großes Maß an Aufmerksamkeit.

„Ideologie", der Begriff, für welchen sie sich schließlich zur Benennung dieses Anderen der Aufklärung entschieden, scheint ihnen dabei nicht von vornherein als neuer Sammelbegriff für die verschiedenen Spielarten vorgeschwebt zu haben, mit welchen sie zum Zeitpunkt der Abfassung der Manuskripte zur „Deutschen Ideologie" das Panorama der dominierenden Formen der Bewusstseinsbestimmung zeichnen. Das am frühesten zu datierende Vorkommen[5] von „Ideologie" findet sich in der

---

[4] Hierin unterscheiden sie sich von Feuerbach und Bauer, die das Scheitern des philosophisch-aufklärerischen Diskurses nicht zum Anlass einer Problematisierung seiner philosophischen Verfasstheit nahmen. Siehe oben, Kapitel 3.

[5] Von besonderer Relevanz ist bei der chronologischen Rekonstruktion dieser begrifflichen Konzipierung die Art und Weise, wie Marx und Engels die größtenteils als Druckvorlagen verfassten Manuskripte zur „Deutschen Ideologie" niederschrieben. Es war bei solchen Druckvorlagen üblich, die Bo-

ersten Fassung der Replik auf Bauers *Charakteristik Ludwig Feuerbachs*, dem ersten Text des Komplexes der Manuskripte zur „Deutschen Ideologie".[6] Es ist dabei bezeichnend, dass diese, in der Auseinandersetzung mit Bruno Bauer getätigte Verwendung von „Ideologie" in einer eher beiläufigen Weise erfolgt, die noch nichts von seiner in der Folge erlangten Wichtigkeit verrät und die noch ganz im Zeichen der von Marx und Engels vorgefundenen Bedeutung steht.[7] So heißt es im Rahmen der Darstellung der „ersten Voraussetzung aller menschlichen Existenz" – der „Voraussetzung daß die Menschen im Stande sein müssen zu leben, um ‚Geschichte machen' zu können":

> Die Franzosen & Engländer, wenn sie auch den Zusammenhang dieser Thatsache mit der sogenannten Geschichte nur höchst einseitig auffaßten, namentlich solange sie in der politischen Ideologie befangen waren, so haben sie doch immerhin die ersten Versuche gemacht, der Geschichte eine materialistische Basis zu geben, indem sie zuerst Geschichten der bürgerlichen Gesellschaft, des Handels & der Industrie schrieben.[8]

---

gen per Falz in eine linke und eine rechte Spalte zu teilen, wobei die Reinschrift in der linken Spalte (Grundschicht) und die Überarbeitung in der rechten Spalte (Textvarianten) erfolgte. Berücksichtigt man ferner die für *III. Sankt Max* spezifische Unterscheidung zwischen den Bogen des Manuskripts, bei denen die Grundschicht von Engels geschrieben wurde, und den Bogen, die als von Weydemeyer getätigte Abschriften vorliegen, so lässt sich eine zeitliche Abfolge der Konzipierung und Verbreitung von Begriffen rekonstruieren. Ausgehend von den in Engels'scher Handschrift vorliegenden Bogen – die von Weydemeyer abgeschriebenen markieren ein besonders spätes Stadium und weisen (im Unterschied zu den ersteren) kaum noch Überarbeitungen auf – und unter Berücksichtigung der weitgehend kontinuierlichen Abfassung lassen sich somit die Zeitpunkte eingrenzen, zu welchen bestimmte Begriffe erstmals in der Grundschicht zu finden sind. In Verbindung mit dem Sachverhalt, dass diese Begriffe dann nachträglich in die chronologisch früheren Partien des Manuskriptes eingefügt wurden (dort also stets in Textvarianten figurieren), wird es in der Folge möglich, den thematischen Kontext zu bestimmen, innerhalb dessen die Konzipierung eines Begriffes erfolgte.
Wenn der Verlust der Spuren der Überarbeitung bei den von Weydemeyer abgeschriebenen Bogen (immerhin 13 Bogen und 2 Blätter, also 56 Seiten) auch gewisse Partien des Manuskriptes von dieser Untersuchung ausschließt, so ist das Bild, welches die übrigen Bogen (91 Bogen und 5 Blätter, also 374 Seiten, davon 4 unbeschrieben) zu zeichnen erlauben, dennoch scharf genug.
6 Siehe zur Chronologie der Abfassung der einzelnen Manuskripte zur „Deutschen Ideologie" oben, Kapitel 9, Abschnitt 3.
7 Vgl. Brigitte Schlieben-Lange: *Idéologie:* Zur Rolle von Kategorisierungen im Wissenschaftsprozeß, (Schriften der Philosophisch-historischen Klasse der Heidelberger Akademie der Wissenschaften, Bd. 18), Heidelberg 2000. Vor dem Hintergrund des Marx-Engels'schen Anschlusses an bestehende Kontexte einer Verwendung von „Ideologie" ist von Interesse, dass in der zeitgenössischen Literatur sich auch bereits Verwendungen von „idéologie allemande" nachweisen lassen, vgl. etwa Science de parties politiques. Première Partie: Les quatre partis. Zurich, 1844 [Rezension zu: Theodor Rohmer: Lehre von den politischen Parteien. Die vier Parteien, Zürich und Frauenfeld 1844], in: Bibliothèque universelle de Genève, Nouv. Série, T. 55, Februar 1845, S. 237-278, hier S. 258.
8 Karl Marx/Friedrich Engels: [Konvolut zu Feuerbach] (**H⁵**), MEGA² I/5, Ms-S. 11 (S. 27).

Die Bezugnahme auf die französische Schule der *idéologues* – die Einbeziehung der Engländer ist wohl als Konzession an Engels zu verstehen, um die vielfach dokumentierte „Arbeitsteilung" zwischen dem Kenner der französischen (Marx) und dem der englischen (Engels) Zustände einmal mehr zu ihrem Recht kommen zu lassen –, diese Bezugnahme auf die vermeintlichen Pendants der deutschen idealistischen Geschichtsschreiber ist im Kontext der Kritik Bauers nicht ohne Präzedenz, wie ein Blick in *Die heilige Familie* verrät.[9] Dass die französischen *idéologues*, deren Intention bei der Formulierung ihres Programms derjenigen der beiden Brüsseler Exilanten durchaus vergleichbar war – die Wirklichkeit im gestaltenden Zugriff auf die gesellschaftlichen Verhältnisse stärker zur Geltung zu bringen[10] –, in der Nachfolge Napoleonischer Denunziation geradezu zu Antipoden dieser Intention gerieten, muss aus heutiger Perspektive beinahe wie eine Ironie der Geschichte anmuten. Vor dem Hintergrund der Rekonstruktion des für Marx und Engels spezifischen Verständnisses von „Ideologie" ist an diesem frühen Gebrauch des Terminus jedoch vor allem von Interesse, dass Marx und Engels diesen Begriff zu Beginn der Abfassung der Manuskripte zur „Deutschen Ideologie" in der (bereits pejorativen) Konnotation gebrauchen, welche die im damaligen Kontext geläufige war. Im Unterschied zu der Bedeutung, welche Marx und Engels diesem Begriff in der Folge geben sollten, steht bei diesem frühen Gebrauch die Implikation im Zentrum, dass „Ideologie" ein übertheoretisiertes gedankliches System bezeichnet, das, wie Napoleon bereits erfolgreich insinuierte, als Anleitung eines gestaltenden Zugriffs auf die gesellschaftliche Wirklichkeit aufgrund seiner übermäßigen Abstraktion von den realen Verhältnissen ungeeignet ist.[11]

Es wäre verlockend, die Ausformulierung ihres eigenen Begriffs „Ideologie" als einen Akt des Fortschreibens dieses übernommenen Gehalts zu zeichnen, also die Marx-Engels'sche Entscheidung für diesen Begriff mit einer Identifizierung ihrer Konkurrenten um die Weiterentwicklung des aufklärerischen Diskurses mit den französischen *idéologues* zu erklären. Wenn eine solche Identifizierung auch durchaus Teil des strategischen Umgangs von Marx und Engels mit ihren Konkurrenten ist – und zumindest in Hinsicht auf die pejorative Konnotation ist tatsächlich eine Kontinuität

---

9 Friedrich Engels/Karl Marx: Die Heilige Familie oder Kritik der kritischen Kritik. Gegen Bruno Bauer & Consorten, Frankfurt a. M. 1845, MEGA[1] I/3, Berlin 1932, S. 299: „Wenn er [Napoleon, UP] den Liberalismus der bürgerlichen Gesellschaft – den politischen Idealismus ihrer alltäglichen Praxis – despotisch unterdrückte, so schonte er nicht mehr ihre wesentlichsten *materiellen* Interessen, Handel und Industrie, so oft sie mit seinen politischen Interessen in Konflikt gerieten. Seine Verachtung der industriellen hommes d'affaires war die Ergänzung zu seiner Verachtung der *Ideologen*."
10 Brigitte Schlieben-Lange: *Idéologie: Zur Rolle von Kategorisierungen im Wissenschaftsprozeß*, a. a. O., S. 21-23.
11 Ebenda, S. 32-37.

zu konstatieren[12] –, so legen die Manuskripte zur „Deutschen Ideologie" dennoch einen anderen Hintergrund seiner Ausformulierung nahe.

Die Prägung der von Marx und Engels geschaffenen Bedeutung von „Ideologie" erfolgte in der Auseinandersetzung mit einem der zentralen Abschnitte des Stirner'schen *Einzigen*, nämlich in der Auseinandersetzung mit Stirners Kritik diskursiver Herrschaft in seinem Abschnitt *§3. Die Hierarchie*. Es handelt sich hier um einen Textteil, den Marx und Engels angesichts ihrer dem Aufbau des *Einzigen* folgenden Art der Niederschrift bereits zu einem vergleichsweise frühen Zeitpunkt der Arbeit an *III. Sankt Max* abgefasst haben müssen, wie die ursprüngliche Engels'sche Bogennummerierung 20 und 21 erkennen lässt.[13] Dass dieser Abschnitt in der Folge zu einem der drei Textteile wurde, deren Zusammenführung die Entscheidung zu einer eigenständigen Feuerbach-Kritik markiert, ist dabei durchaus als Zeichen ihrer zunehmenden Wertschätzung des Inhalts der Ausführungen zu sehen. Wenn dieser Abschnitt dann aufgrund der editorischen Aufbereitung der 20er und 30er Jahre des vergangenen Jahrhunderts der Nachwelt als eine Kritik Feuerbachs geläufig wurde, so muss an dieser Stelle betont werden, dass der Kontext seiner Entstehung die Auseinandersetzung mit Stirners Konzeption diskursiver Herrschaft ist.

---

12 Die Gegebenheit einer gewissen Kontinuität gegenüber den bestehenden Verwendungsweisen eines Begriffes kann bei der (Neu-)Konzipierung eines begrifflichen Konzeptes kaum überraschen. Vielmehr würde eine vollständige Ausblendung bestehender Bedeutungsstränge die Frage aufwerfen, aus welchem Grunde die Schöpfer einer neuen begrifflichen Verwendung sich gerade für diesen und nicht für einen anderen Begriff entschieden.
13 Die Klassifizierung dieser Vorkommen als früheste, die selbst geschaffene Bedeutung manifestierende Vorkommen ergibt sich aus den folgenden Überlegungen: sämtliche Vorkommen, die sich auf den vorhergehenden Bogen finden, sind entweder nachträglich in den Text eingefügt worden (figurieren also in Textvarianten) oder sind Teil der Abschriften von Weydemeyer, die erst zu einem sehr späten Zeitpunkt der Arbeit an *III. Sankt Max* (**H**[11]) entstanden sind und die Zeichen einer besonders intensiven Überarbeitung des Textes sind (siehe zu diesem Sachverhalt oben, Kapitel 9, Abschnitt 3). Die einzigen zwei Vorkommen von „Ideologen", die diesem Befund zu widersprechen scheinen, finden sich auf der ersten Seite des von Engels mit 6 nummerierten Bogens, der gleichzeitig der erste, nicht in Weydemeyer'scher Abschrift überlieferte Bogen von *III. Sankt Max* ist. Es gibt jedoch verschiedene Anhaltspunkte, die den Schluss nahe legen, dass auch diese, in einer Gliederung der Stirner'schen historischen Ausführungen zu findenden Vorkommen ihre Existenz einer späteren Niederschrift verdanken als die Passage auf den ursprünglichen Bogen 20 und 21: So sprechen sowohl die Art der Niederschrift des Stirners individualistische Geschichtsauffassung verballhornenden „Jockel-Liedes" für eine spätere Abfassung als auch der Sachverhalt, dass einige Überschriften, die auf den entsprechenden Bogen Spuren einer nachträglichen Veränderung aufweisen, in der Gliederung bereits in der veränderten Fassung niedergeschrieben wurden. Neben diesen beiden editionsphilologischen sprechen auch inhaltliche Gründe dafür, dass die Gliederung nachträglich auf zunächst frei gelassene Seiten geschrieben wurde, so etwa der erreichte Grad an methodischer Durchdringung der geschichtlichen Darstellung Stirners. Nicht zuletzt spricht auch der Grad an Souveränität im Gebrauch des Konzeptes „Ideologie" in dieser Gliederung für ihre nachträgliche Niederschrift – einer Souveränität, wie sie sich sonst nur in Textvarianten oder in der Grundschicht von Bogen findet, die ausweislich ihrer Nummerierung zu einem wesentlich späteren Zeitpunkt beschrieben worden sind.

Für Marx und Engels bot diese Passage vor allem aus dem Grund eine Herausforderung, als diese, im Zentrum des Stirner'schen Beitrags zur Weiterentwicklung des aufklärerischen Diskurses stehende Form von Herrschaft der im Rahmen des eigenen Ansatzes entwickelten Auffassung über die materialistische Verankerung jeder Art von Herrschaft diametral zuwiderlief. Wenn Marx und Engels in der Kritik der „idealistischen" Geschichtsschreibung jeden Einfluss von Ideen auf den Lauf der Geschichte negierten, so musste für das von Stirner beschriebene Phänomen, dass Marx (und Engels) – im Einklang mit einer häufig zur Anwendung gebrachten Desavouierungsstrategie – darüber hinaus nur als eine „unbeholfene Kopie" der Hegel'schen „Geistesherrschaft" ernst zu nehmen vorgeben[14], eine „materialistische" Erklärung gefunden werden. Die Inklusion des Phänomens diskursiver Machtausübung in ihrem eigenen Ansatz stellt dabei nicht nur eine Konsequenz des eigenen – zweifellos vorhandenen – Anspruchs auf Vollständigkeit dar, sondern gehorcht außerdem der Logik gegenseitiger Überbietung, welche sämtliche Beiträge zur Weiterentwicklung des aufklärerischen Diskurses nach 1843 prägte und welche stets den Nachweis verlangte, den Ansätzen der Konkurrenten explikativ Rechnung tragen zu können. So wie Stirner sich anschickte, die Ansätze Feuerbachs und Bauers im *Einzigen* innerhalb seines eigenen Ansatzes zu notwendigen, seiner eigenen Entwicklungslogik folgenden Erscheinungen zu erklären, versuchten auch Marx und Engels, die von den Adressaten eventuell empfundene Plausibilität der Stirner'schen Kritik diskursiver Herrschaft zum Resultat von Schein-Evidenzen zu erklären, deren Erzeugung sich mit dem explikativen Instrumentarium des eigenen Ansatzes problemlos nachvollziehen ließe.

Angesichts dieser Dynamik liegt es auf der Hand, dass die Behandlung der Stirner'schen Kritik diskursiver Herrschaft auf doppelte Art und Weise erfolgen musste. Zum einen musste dem Phänomen diskursiver Macht selbst Rechnung getragen werden, musste dieses Phänomen auf eine ihm angemessene Weise behandelt werden, zum anderen musste aber aufgezeigt werden, aus welchem Grund Stirner dieses Phänomen auf die im *Einzigen* praktizierte, fehlgehende Weise behandelt hatte. Wenn auch zunächst die sachgerechte Behandlung des Phänomens diskursiver Herrschaft (oder vielmehr seine materialistische Reduktion) die Konzipierung der Begriffe „Ideologie" und „Ideologe" prägen sollte, so wurde dieser Doppelcharakter gleichwohl zu einem bestimmenden Element der Marx-Engels'schen Begriffsschöpfung, der in der weiteren Darstellung der Konzipierung ihres Ideologie-Konzepts wiederholt zu-

---

14 Karl Marx/Friedrich Engels: III. Sankt Max • Schluss des Leipziger Konzils (**H**[11]), MEGA² I/5, Ms-S. 19a-20a (S. 226-229). Dass für Marx und Engels die Stirner'sche Geistesherrschaft zumindest in ihrer auf Hegel zurückgeführten Form von großem Interesse war, zeigt sich an dem Sachverhalt, dass der Bogen 20 von *III. Sankt Max*, auf welchem sich ein beträchtlicher Teil ihrer diesbezüglichen Auseinandersetzung findet, zu den Textteilen gehört, die von ihnen für die Behandlung im Rahmen einer Einleitung bzw. eines Kapitels „I. Feuerbach" ausgesondert wurden. Dieser Bogen wurde in der Folge zu einem Bestandteil des „Konvoluts zu Feuerbach" (**H**[5]).

tage treten wird. Zunächst zeigte sich für den Ansatz von Marx und Engels – und insbesondere für die „materialistische Geschichtsauffassung" – jedoch die Frage nach der materialistischen Fundierung diskursiver Herrschaft als besonders folgenschwer, denn sie zwang Marx und Engels, eine materialistische Konzeption des Phänomens der Bewusstseinsbestimmung zu entwickeln, das seit der Wiederaufnahme des aufklärerischen Handelns durch die Junghegelianer das Fundament aller Reflexionen über die Bedingungen einer Veränderung der gesellschaftlichen Verhältnisse bildete.

Zeitgleich mit der Restitution der aufklärerischen Frontstellung von Philosophie und Religion durch Feuerbach und Bauer datiert die Annahme des bewusstseinszentrierten Modells gesellschaftlicher Veränderung[15], welches nicht nur die Einsätze in der junghegelianischen Debatte vor 1842/43 prägte, sondern welches auch die Grundlage der Reaktionen von Feuerbach über Bauer bis hin zu Stirner auf das Scheitern des philosophisch-aufklärerischen Diskurses bildet. Wurde die Veränderung der gesellschaftlichen Verhältnisse vor 1842/43 als Folge eines Siegs der philosophischen über die religiös-theologische Evidenzproduktion und als Brechen der religiösen Dominanz in der Bewusstseinsbestimmung erwartet, so stand die Frage nach den notwendigen Verbesserungen bei der Produktion einer argumentativen Evidenz, welcher die Bestimmung der zustandsrelevanten Bewusstseinsträger gelingen würde, im Zentrum der ab dem Sommer 1843 einsetzenden Phase aufklärerischer Selbstreflexion. Selbst Stirners Ansatz einer argumentativen Ermächtigung des konkreten Individuums nahm noch von der Hoffnung seinen Ausgang, die Macht der religiösen Bewusstseinsbestimmung durch die Delegierung der Evidenzproduktion an die Adressaten des aufklärerischen Diskurses zu brechen, also das Problem der Überzeugung Anderer in das Problem der Überzeugung seiner selbst zu überführen.

Es wurde bereits ausgeführt, dass die Reaktion von Marx (und Engels) auf das Scheitern des philosophisch-aufklärerischen Diskurses eine andere als diejenige Feuerbachs, Bauers oder Stirners war. Mit der materialistischen Geschichtsauffassung hatten Marx (und Engels), wenn man so will, die Erfahrung der Ohnmacht der philosophischen Evidenzproduktion in der Herbeiführung eines gesellschaftlichen Umsturzes im Preußen der frühen 1840er Jahre zum Regelfall der historischen Entwicklung erklärt. Bereits seit *Die heilige Familie* vertrat Marx die Auffassung, dass allein materielle Faktoren für die geschichtlichen Veränderungen verantwortlich zu machen seien.[16] Stirners Auffassung von der Hierarchie, von der diskursiven Machtausübung durch die „Denkenden", also durch die Experten der philosophischen Evidenzproduktion – die von Marx (und Engels) aus naheliegenden Gründen mit der Hegel'schen „Weltherrschaft der Philosophen" enggeführt wurde[17] – und ihre Inan-

---

15 Siehe oben, Kapitel 1, Abschnitt 2.
16 Siehe oben, Kapitel 8, Abschnitt 3.
17 Karl Marx/Friedrich Engels: III. Sankt Max • Schluss des Leipziger Konzils (**H**[11]), MEGA² I/5, Ms-S. 20a (S. 229): „Die Adoption der Hegel'schen Weltherrschaft der Philosophen und ihre Verwand-

spruchnahme zur Erklärung des Scheiterns des philosophisch-aufklärerischen Diskurses als einer weiteren Form individueller Fremdbestimmung zwang Marx und Engels, die explikativen Möglichkeiten der materialistischen Geschichtsauffassung zu erweitern. Was zur Entgegnung Stirners vonnöten war, war eine Erklärung diskursiver Herrschaft, welche den kausalen Primat materieller Faktoren zu wahren erlauben würde.

12.2 Die Entwicklung des Begriffes „Ideologie"

Es kommt daher nicht von ungefähr, wenn Marx und Engels die Kritik von Stirners „Hierarchie" mit einem, die üblichen Gleise der Polemik verlassenden Exkurs über das Verhältnis von materieller und diskursiver Herrschaft unterfüttern. Im Zuge dieser positiven Ausführungen entwickeln Marx und Engels in mehreren Schritten eine Konzeption diskursiver Herrschaft, die nicht nur den postulierten kausalen Primat materieller Faktoren auf die geschichtliche Entwicklung zu untermauern weiß, sondern die darüber hinaus eine vollständige explikative Reduktion der Ergebnisse der Produzenten von Ideen und Gedanken auf die materielle Basis der Lebenssicherung erlaubt. Der erste Schritt, den sie zum Erreichen dieses Zieles unternehmen, besteht in der rückstandslosen Anbindung „geistiger" an die „materielle Macht":

> Die Gedanken der herrschenden Klasse sind in jeder Epoche die herrschenden Gedanken, d. h. die Klasse, welche die herrschende *materielle* Macht der Gesellschaft ist, ist zugleich ihre herrschende *geistige* Macht. Die Klasse, die die Mittel zur materiellen Produktion zu ihrer Verfügung hat, disponirt damit zugleich über die Mittel zur geistigen Produktion, sodaß ihr damit zugleich im Durchschnitt die Gedanken derer, denen die Mittel zur geistigen Produktion abgehen, unterworfen sind.[18]

Wie sich in dieser Passage zeigt, bestreiten Marx und Engels nicht nur die für Stirners „Hierarchie" zentrale Eigenständigkeit diskursiver Machtmechanismen, sondern erklären die letzteren darüber hinaus zu bloßen Komplementen der materiellen Machtmechanismen, so dass die nämlichen Faktoren, welche über die materielle Herrschaftsordnung entscheiden – die „Mittel zur materiellen Produktion" –, in gleicher Weise den Ausschlag für die Konstituierung des geistigen Machtgefälles geben. Im Rahmen dieser Anbindung der geistigen an die materiellen Machtmechanismen greifen sie dann auf eine phänomenologische Dimension dieses Verhältnisses zurück, welche im Zuge der weiteren Ausgestaltung des Ideologie-Konzeptes zwar noch eine

---

lung in eine Hierarchie durch Sankt Max kommt vermittelst der gänzlich unkritischen Leichtgläubigkeit unsres Heiligen und durch eine ‚heilige' oder heillose Unwissenheit zu Stande, die sich damit begnügt, die Geschichte zu ‚durchschauen' (d. h. die Hegel'schen geschichtlichen Sachen *durch*zuschauen), ohne von ihr viele ‚Dinge' zu ‚wissen'."
18 Karl Marx/Friedrich Engels: [Konvolut zu Feuerbach] (**H⁵**), MEGA² I/5, Ms-S. 30 (S. 60).

detailliertere Behandlung erfahren wird, welche für die Rekonstruktion dieser Konzipierung jedoch von kaum zu überschätzender Bedeutung ist. So spezifizieren sie im unmittelbaren Anschluss an die zitierte Anbindung den Automatismus, welcher Gedanken und Ideen aus den materiellen Verhältnissen folgen ließe:

> Die herrschenden Gedanken sind weiter Nichts als der ideelle Ausdruck der herrschenden materiellen Verhältnisse, die als Gedanken gefaßten, herrschenden materiellen Verhältnisse; also der Verhältnisse die eben die eine Klasse zur herrschenden machen, also die Gedanken ihrer Herrschaft.[19]

Die Rigidität der Verbindung, welche Marx und Engels zwischen Gedanken und materiellen Verhältnissen konstatieren, bezeugt nicht nur ein weiteres Mal die Notwendigkeit einer, eben auch inhaltlichen Radikalisierung des eigenen Ansatzes infolge des Versuchs, der mit Stirners argumentativer Selbstermächtigung gegebenen Herausforderung zu begegnen, sie bezeugt außerdem, welche Gefahr Marx und Engels durch diese Notwendigkeit zur inhaltlichen Radikalisierung droht. Wenn die beiden Brüsseler Exilanten einen solchen Automatismus zwischen materiellen Verhältnissen und den Gedanken der Individuen konstatieren, so setzen sie sich stets der Gefahr der Verstrickung in Selbstwidersprüche aus, etwa wenn sich die Frage stellt, inwiefern ihre eigenen Gedanken mehr als ein bloßer Ausdruck der herrschenden Verhältnisse sein können.

Vor dem Hintergrund der Rekonstruktion der Genese des Ideologie-Konzeptes ist diese Passage jedoch noch aus einem weiteren Grund von Interesse. Wie eine Berücksichtigung der Textentwicklung, welche diese Passage durchlaufen hat, an den Tag bringt, hatten Marx und Engels in einer früheren Fassung die „herrschenden Gedanken" nicht bloß als „ideellen Ausdruck der herrschenden materiellen Verhältnisse" gefasst, sondern statt dessen bereits vom „ideologischen Ausdruck" gesprochen. Nicht nur ist diese Stelle im Hinblick auf die Ersetzung einer Verwendung von „ideologisch" durch ein anderes Wort in den Manuskripten zur „Deutschen Ideologie" singulär – den Regelfall stellt vielmehr der umkehrte Sachverhalt, die Ausweitung des Gebrauchs, dar – auch zeigt sich hier eine anfängliche Unsicherheit in der Anwendung des Konzeptes in seiner neuen, von Marx und Engels geschaffenen Bedeutung. Offensichtlich gebrauchten die beiden Brüsseler Exilanten diesen Begriff anfänglich in einer neutraleren Bedeutung, so dass „Ideologie" etwa im Sinne einer gedanklichen Spiegelung der materiellen Verhältnisse zu verstehen wäre. Zwar werden, wie erwähnt, die beiden die phänomenologischen Aspekte ihres neuen Konzepts zu einem späteren Zeitpunkt noch eingehender bestimmen, die Intention, welche sich mit dieser Begriffsschöpfung verbindet, lässt sich jedoch bereits zu diesem frühen Zeitpunkt der Entwicklung konstatieren: die Bedeutungsverschiebung des überkommenen Begriffs „Ideologie" wird von Marx und Engels mit dem Ziel unternommen, die

---

19 Ebenda.

Relation von materiellen Verhältnissen und den herrschenden Bewusstseinsformen sowie den Strategien ihrer Veränderung neu zu bestimmen. Eine allgemeine Tendenz dieser Neubestimmung – so lässt sich bereits zu diesem Zeitpunkt konstatieren – besteht darin, den überkommenen Begriff aus seinem spezifischen historischen Kontext zu lösen und von der Bezeichnung einer, anfänglich klar umrissenen Personengruppe, dann einer konkreten politischen Haltung in ein allgemein und umfassend anzuwendendes Konzept umzudefinieren.[20] Wenn sie in dem soeben angeführten Satz nachträglich Raum für einen nicht verfälschenden Akt der Spiegelung der materiellen Verhältnisse, für einen nur „ideellen" und nicht *per se* „ideologischen" Ausdruck der materiellen Verhältnisse schaffen, so zeigt sich in dieser seltenen Tendenz zur Abschwächung der eigenen, radikalen Positionierungen ein grundlegendes Problem der materialistischen Reduktion diskursiver Herrschaft: ihr Gelingen ist stets von der Auszeichnung eines maßgeblichen Diskurses abhängig, der den anderen, materialistisch zu reduzierenden Diskursen ausreichend ähnelt, um ihrem Anspruch auf Gültigkeit begegnen zu können, und sich gleichzeitig so stark von ihnen unterscheidet, dass er nicht ihre Defekte teilt.

Wie der weitere Gang dieser Passage zeigt, geht mit der Konzeptionierung eines alternativen „Anderen" der Aufklärung auch das Bemühen einer, die Bedeutung des Bewusstseins, das bis zur Formulierung ihres Beitrags zur Weiterentwicklung des aufklärerischen Diskurses stets als zentraler Schauplatz des Versuchs sowohl einer Sicherung, wie auch einer Umwälzung der bestehenden Verhältnisse erachtet wurde, für das aufklärerische Handeln abzuschwächen. Im Einklang mit der von Marx und Engels forcierten materialistischen Reduktion diskursiver Machtmechanismen, erscheint die Rolle des Bewusstseins bei der Sicherung des Bestehenden folglich nur noch als ein vergleichsweise nebensächlicher Aspekt.[21] Das Ausmaß dieser Abschwächung wird dann in dem Satz ersichtlich, der tatsächlich als das erste Vorkommen der von ihnen gegebenen Bedeutung von „Ideologen" zu betrachten ist. Unter Rekurs auf eines der grundlegenden explikativen Konzepte ihres Ansatzes – die „Theilung der Arbeit" – erscheinen die „Ideologen" nun in einer gesellschaftlichen Rolle, deren

---

20 In diesem Versuch, auf die Schwäche des klassisch-aufklärerischen Diskurses mit neuen, auf Allgemeinheit zielenden Begriffen zu antworten, kommt die Differenz zwischen ihrem und dem Stirner'schen Ansatz erneut in anschaulicher Weise zum Ausdruck, zeigt der Autor des *Einzigen* doch die konträre Reaktion und versucht, die Schwäche des aufklärerischen Diskurses durch den expliziten Verzicht auf die Verwendung allgemeiner Begrifflichkeiten zu beheben. Siehe oben, Kapitel 6, Abschnitt 1, und Kapitel 7, Abschnitt 2.

21 Karl Marx/Friedrich Engels: [Konvolut zu Feuerbach] (**H**[5]), MEGA² I/5, Ms-S. 30 (S. 60): „Die Individuen welche die herrschende Klasse ausmachen, haben unter Anderm auch Bewußtsein u. denken daher; insofern sie also als Klasse herrschen & den ganzen Umfang einer Geschichtsepoche bestimmen, versteht es sich von selbst, daß sie dies in ihrer ganzen Ausdehnung thun, also unter Andern auch als Denkende, als Produzenten von Gedanken herrschen, die Produktion & Distribution der Gedanken ihrer Zeit regeln; daß also ihre Gedanken die herrschenden Gedanken der Epoche sind."

grundlegender Charakter und deren allgemeine Vorhandenheit in starkem Kontrast zu der spezifischen Erscheinung steht, welche die französischen *idéologues* darstellen:

> Die Theilung der Arbeit, die wir schon oben (p) als eine der Hauptmächte der bisherigen Geschichte vorfanden, äußert sich nun auch in der herrschenden Klasse als Theilung der geistigen & materiellen Arbeit, sodaß innerhalb dieser Klasse der eine Theil als die Denker dieser Klasse auftritt, die aktiven conceptiven Ideologen derselben, welche die Ausbildung der Illusion dieser Klasse über sich selbst zu ihrem Hauptnahrungszweige machen, während die Andern sich zu diesen Gedanken & Illusionen mehr passiv & rezeptiv verhalten, weil sie in der Wirklichkeit die aktiven Mitglieder dieser Klasse sind & weniger Zeit dazu haben, sich Illusionen & Gedanken über sich selbst zu machen.[22]

Die „Ideologen", wie sie in diesem Satz figurieren, erscheinen als ein elementarer Bestandteil der herrschenden Klasse einer Gesellschaft und zwar, dies ist in Abgrenzung zur überkommenen Bedeutung zu betonen, in jeder Gesellschaft unabhängig vom jeweiligen Entwicklungsstand ihrer Produktivkräfte und Verkehrsverhältnisse. Mit der Definition der „Ideologen" als denjenigen Mitgliedern einer herrschenden Klasse, „welche die Ausbildung der Illusion dieser Klasse über sich selbst zu ihrem Hauptnahrungszweige machen", betonen Marx und Engels zum einen erneut die Anbindung der diskursiven an die materielle Herrschaft, finden sich die „Ideologen" in ihrer Tätigkeit doch nicht nur auf den Nahrungserwerb zurückgeworfen, sondern außerdem auf das „Umschmeicheln" der materiell tätigen Mitglieder der herrschenden Klasse festgelegt. Zum anderen aber schaffen sie damit einen Sammelbegriff, unter den sämtliche der bis dahin mit der Bestimmung des Bewusstseins der zustandsrelevanten Bewusstseinsträger Befassten zu subsumieren sind. In der Konsequenz unternehmen die beiden Brüsseler Exilanten in dieser Passage eine Neubestimmung der „Gegner" der Aufklärung, die sie nun an die Stelle derjenigen Funktionsträger setzen, die als diskursive Gegner der Aufklärer Teil einer jeden Instanziierung eines aufklärerischen Diskurses waren.

Wurden diese Funktionsträger im Rahmen des klassisch-aufklärerischen Diskurses als Religiöse und Theologen bestimmt und wurde diese Charakterisierung noch von Feuerbach aufrecht gehalten, so nahm bereits Bauer im Zuge seiner Reaktion auf das Scheitern von 1842/43 eine Neubestimmung dieser Funktionsträger vor und verstand unter den Gegnern der von ihm instanziierten Form des aufklärerischen Diskurses die „Wortführer" einer „Masse", die er in der Folge als hauptsächliches Hindernis einer Durchsetzung seiner „reinen Kritik" ausmachte. Stirner hatte dann die Menge der Gegner seines aufklärerischen Diskurses um die Philosophen erweitert und sprach in der Folge von den „Pfaffen und Schulmeistern", welche der freien Selbstbestimmung der konkreten Individuen im Wege stünden. Marx und Engels

---

22 Ebenda, Ms-S. 30/31 (S. 61).

schließlich bestimmen die Gegner ihres aufklärerischen Diskurses nun auf eine Art und Weise, welche den kausalen Primat der materialistischen Faktoren für die gesellschaftliche Entwicklung zu untermauern hilft.

Eingebettet in das gesamtgesellschaftliche System der Arbeitsteilung und der gleichen Notwendigkeit der Sicherung des eigenen Lebens unterworfen wie alle anderen Mitglieder der Gesellschaft, erklären Marx und Engels die Produktion argumentativer Evidenz, sprich die Bestimmung der in ihrem Verständnis *nicht* mehr zustandsrelevanten Bewusstseinsträger zu einem bloßen Geschäftszweig, zu einer Möglichkeit unter unzähligen anderen, den eigenen Lebensunterhalt zu sichern. Wenn man so will, zeigt sich hier die gleiche materialistische Reduktion, welche Marx und Engels bereits bei der Rückführung der „idealistischen" auf die „materialistische Geschichtsauffassung" an den Tag gelegt hatten. Sie brechen damit auf eine radikale Weise mit dem Selbstverständnis, welches die philosophischen Aufklärer bis hin zu Feuerbach und Bauer geprägt hatte: das Vertrauen in die Möglichkeit, sich vermittelst von Denkakten über die bestehenden gesellschaftlichen Verhältnisse erheben zu können und diese Verhältnisse von einem unabhängigen Standpunkt einer Bewertung unterziehen zu können. Und wenn der Hiat, welcher diese Reduktion der Produktion argumentativer Evidenz auf eine Form der Lebenserhaltung von dem Selbstverständnis der philosophischen Aufklärer trennt, bereits bedeutend ist, so wird er in Bezug auf das Stirner'sche Unterfangen einer vollständigen Emanzipation der konkreten Individuen von den Zwängen der Fremdbestimmung eklatant. Kein anderer der Protagonisten der Debatte um die Weiterentwicklung des aufklärerischen Diskurses hatte diese Möglichkeiten einer Emanzipation von den „Schranken" der eigenen Existenz so umfassend entworfen, wie Stirner dies im Rahmen seiner argumentativen Ermächtigung der konkreten Individuen getan hatte.

Kamen einer solchen Verortung der Produzenten argumentativer Evidenz, der Experten der Bewusstseinsbestimmung, in einem Abhängigkeitsverhältnis gegenüber den materielle Macht besitzenden Individuen auch besonders in Bezug auf die Desavouierung der argumentativen Selbstermächtigung Stirners bedeutende Möglichkeiten zu, so gestattete diese Verortung es darüber hinaus, einer Bedingung gerecht zu werden, welche sämtliche der Ansätze zur Weiterentwicklung des aufklärerischen Diskurses nach dem Scheitern von 1842/43 hatten gerecht werden müssen. Sowohl Feuerbach, als auch Bauer und Stirner hatten Erklärungsansätze für die Ohnmacht des philosophisch-aufklärerischen Diskurses in der Überzeugung seiner Adressaten geliefert und der Anschluss an die soeben angeführte Passage zeigt deutlich die Richtung, welche Marx und Engels bei der Erklärung dieser prägenden Erfahrung der vormärzlichen Spätaufklärer einzuschlagen beabsichtigten:

> Innerhalb dieser Klasse kann diese Spaltung derselben sich sogar zu einer gewissen Entgegensetzung & Feindschaft beider Theile entwickeln, die aber bei jeder praktischen Kollision, wo die Klasse selbst gefährdet ist, von selbst wegfällt, wo denn auch der Schein verschwindet, als wenn

die herrschenden Gedanken nicht die Gedanken der herrschenden Klasse wären & eine von der Macht dieser Klasse unterschiedene Macht hätten.[23]

Wenn Marx und Engels in der bisherigen Entwicklung ihres Konzeptes auch noch keine explizite Identifizierung ihrer Konkurrenten um die Weiterentwicklung des aufklärerischen Diskurses mit den „Ideologen", den Gegnern der von ihnen betriebenen Aufklärung, vorgenommen haben, so bedarf es keiner besonderen gedanklichen Anstrengung, um sich die Möglichkeiten einer Anwendung dieser Auffassung auf die bisher unternommenen Instanziierungen des aufklärerischen Diskurses zu vergegenwärtigen. Der von Marx und Engels in der Folge stets betonte „Konservatismus" ihrer Konkurrenten findet in der soeben zitierten Passage seine Antizipation. Zwar bedarf der Ansatz von Marx und Engels noch einiger explikativer Zusätze, um eine erschöpfende Erklärung für das spezifisch deutsche Phänomen des Scheiterns der junghegelianischen Aufklärung geben zu können, den explikativen Anforderungen der gelungenen Französischen Revolution genügt dieses rudimentäre Modell jedoch bereits. Denn auch wenn die Erklärung, dass die „Existenz revolutionärer Gedanken in einer bestimmten Epoche [...] bereits die Existenz einer revolutionären Klasse voraus[setzt]"[24], den zu erklärenden Sachverhalt in Übereinstimmung mit ihrer materialistischen Reduktion diskursiver Herrschaft lediglich von der Existenz revolutionärer Gedanken auf die Existenz einer revolutionären Klasse verschiebt, wird doch bereits deutlich, welche Diagnose Marx und Engels dem vergeblichen Versuch zu einer Umwälzung der gesellschaftlichen Verhältnisse, an dem sie – das muss noch einmal betont werden – selbst teilgenommen haben, stellen würden: Die junghegelianische Aufklärung konnte, allen revolutionären Posen ihrer Protagonisten zum Trotz, nur scheitern, da die von ihnen propagierten Ideen nicht die Gedanken einer revolutionären Klasse waren. Obwohl die von ihnen mit allen Mitteln der philosophischen Evidenzproduktion argumentierten Ideen zum Zeitpunkt der Französischen Revolution tatsächlich die revolutionären Gedanken einer revolutionären Klasse – nämlich der Bourgeoisie – waren, vermochte ihre Reiteration im deutschen, durch die Abwesenheit einer revolutionären Klasse gekennzeichneten Kontext keine revolutionäre Erhebung auszulösen. Die Situation der deutschen philosophischen Aufklärer zu Beginn der 1840er Jahre war, so schlossen Marx und Engels also in der Retrospektive, durch eine Wahl geprägt, deren Resultate aus der Sicht der damaligen Aufklärer gleichermaßen unbefriedigend klingen mussten: Entweder propagierten sie die Gedanken einer nur in Frankreich revolutionären Klasse, die folglich nur unter den französischen Bedingungen „revolutionäre Gedanken" sein konnten, oder sie propagierten die in Deutschland „herrschenden Gedanken", die zwar Aussicht auf eine erfolgreiche Durchsetzung boten, allerdings in keinem Falle die Gedanken einer revolutionären

---

23 Ebenda, Ms-S. 31 (S. 61).
24 Ebenda, Ms-S. 31 (S. 61/62).

Klasse (sondern eben der herrschenden) sein konnten. Gleich für welche dieser beiden Möglichkeiten man sich bei der Bewertung des Scheiterns des philosophisch-aufklärerischen Diskurses entscheidet, dieses Scheitern – so können Marx und Engels konstatieren – war zwangsläufig.

Es mag aufgrund der konstatierten, bloßen Verschiebung des Problems der Initiierung einer revolutionären Umwälzung der gesellschaftlichen Verhältnisse von der Frage nach einer gelingenden Form der Bewusstseinsbestimmung hin zur Frage nach dem Vorhandensein einer revolutionären Klasse so scheinen, als wäre die von Marx und Engels bewerkstelligte Veränderung nur marginal. Das Trügerische dieses Scheins wird jedoch offenbar, wenn die Konsequenzen in Rechnung gestellt werden, welche diese Akzentverschiebung im Hinblick auf das bewusstseinszentrierte Modell gesellschaftlicher Veränderung bedeuten. Dieses Modell, das bis zur Formulierung des Ansatzes von Marx und Engels das Fundament jeglicher Reflexion über die Bedingungen aufklärerischen Handelns gewesen war, hatte den Aufklärern eine zentrale Rolle in der Herbeiführung einer revolutionären Umwälzung zugesprochen. Die von ihnen produzierten Evidenzen galten im Rahmen dieses Modells stets als die entscheidenden Faktoren zur Initiierung einer Revolution und sämtliche Versuche, ihrer Erfolglosigkeit bei der Generierung von Überzeugungsleistungen Abhilfe zu schaffen, hatten diese Abhilfe stets in Richtung der Produktion mächtigerer Evidenzen konzipiert. Marx und Engels hatten diese Gewissheit bereits mit der Konzipierung der materialistischen Geschichtsauffassung unterminiert, die Korrelierung revolutionärer Gedanken mit der Existenz einer revolutionären Klasse und schließlich die Postulierung der unhintergehbaren Komplizenschaft der Inhaber geistiger Macht mit den Inhabern materieller Macht bedeuteten dann jedoch die vollständige Negierung der Möglichkeiten einer aufklärerischen Agitation, wie sie bis hin zu Marx und Engels verstanden worden war.

Es ist dies der Punkt, an welchem sich die unter den vormärzlichen Spätaufklärern vor allem von Marx und Engels gemachten Erfahrungen in England und Frankreich auch theoretisch auszuzahlen begannen und es wäre eine durchaus interessante, kontrafaktische Frage, ob Marx und Engels ohne die Überzeugung vom Entstehen einer neuen und als revolutionär zu kennzeichnenden Klasse bereit gewesen wären, diese fundamentale Einschränkung der Möglichkeiten aufklärerischen Handelns vorzunehmen. Mag dies sein, wie es will, getreu des von Marx und Engels zu diesem Zeitpunkt vertretenen Zwei-Klassen-Modells konnte es für die Produzenten von Evidenz nur zwei Möglichkeiten geben: entweder geschah die Produktion von Evidenz im Interesse des Proletariats, der neuen, im Kontext aufklärerischer Agitation bisher unerschlossenen Klasse, oder – *horribile dictu* – im Interesse der Bourgeoisie, deren auf der allgemeinen Konkurrenz gründende Herrschaft in England und Frankreich bereits zu gewärtigen war und sich in den deutschen Ländern zumindest ankündigte. Theoretiker der revolutionären Klasse oder Theoretiker der herrschenden Klasse – „Ideologen" –, das waren die beiden Möglichkeiten, welche von Marx und Engels den vormärzlichen Spätaufklärern (in diesem Stadium) zugestanden wurden.

Nur ein geringes Maß an Einbildungskraft ist erforderlich, um sich vorzustellen, in welche der beiden Kategorien Marx und Engels ihre Konkurrenten um die Weiterentwicklung des aufklärerischen Diskurses einordneten. Und auch die Textvarianten in *III. Sankt Max*, die den anfänglichen Ansatz bezeugen, Stirner als „Bourgeois-Theoretiker" oder zumindest als Repräsentanten der Bourgeoisie zu kritisieren (und nicht als Vertreter des zu diesem Zeitpunkt noch nicht konzipierten Kleinbürgertums), bestätigen diesen Befund.[25] Mag man in dieser Klassifizierung Stirners auch noch ein Fortwirken des von Marx nach der ersten Kenntnisnahme des *Einzigen* formulierten Leitmotivs einer Kritik des Stirner'schen Ansatzes als „Ideal der bürgerlichen Gesellschaft" sehen, wie es sich ebenfalls in der Heß'schen Schrift *Die letzten Philosophen* exemplifiziert findet,[26] so zeigt sich hier gleichwohl, dass die Zuschreibung „Ideologe" zu Beginn der Entwicklung dieses Konzeptes stets das Handeln im Interesse einer herrschenden Klasse implizierte.[27] Wie sich in der Folge zeigen wird, gelangten Marx und Engels erst im Zuge der weiteren Ausgestaltung der Auseinandersetzung mit dem Ansatz Stirners zu der Überzeugung, den ideologischen Charakter dieses Ansatzes nur unter Zuhilfenahme einer weiteren gesellschaftlichen Position – der im Untergang begriffenen Klasse deutscher Kleinbürger – erschöpfend erfassen zu können.

Wenn zu diesem Zeitpunkt der Rekonstruktion der Genese des Ideologie-Konzepts als Beispiel der zur Desavouierung Stirners notwendigen, inhaltlichen Radikalisierung eine erste Bilanz zu ziehen ist, so gilt festzuhalten, dass Marx und Engels im Zuge der materialistischen Reduktion der diskursiven Herrschaft, wie sie von Stirner unter dem Begriff „Hierarchie" gefasst wird, eine Position in der gesellschaftlichen Arbeitsteilung bestimmten, deren Inhabern ein „geschäftliches" Interesse an der Produktion argumentativer Evidenz zugeschrieben wird. Zwar negieren sie die Möglich-

---

25 Karl Marx/Friedrich Engels: III. Sankt Max • Schluss des Leipziger Konzils (**H**[11]), MEGA² I/5, Ms-S. [35a], 36, [39c] u. [55c] (S. 1137 (Var. 271.18-19), 1139 (Var. 273.5), 1149 (Var. 286.3) u. 1194 (Var. 332.39[II])).
26 Siehe oben, Kapitel 8, Abschnitt 2.
27 Vor dem spezifischen Hintergrund der deutschen Verhältnisse kommt in der anfänglich vorgenommenen Klassifizierung Stirners als „Bourgeois-Theoretiker" eine gewisse (unbeabsichtigte) Anerkennung zum Ausdruck, deren Grad sich in dem Maße steigern musste, in welchem Marx und Engels dazu übergingen, die Möglichkeit einer proletarischen Revolution in den deutschen Ländern zugunsten einer (nachholenden) bürgerlichen Revolution zu negieren. Gerade angesichts der soeben behandelten Auffassung, dass die Existenz revolutionärer Gedanken die Existenz einer revolutionären Klasse voraussetze, zeitigt die Verquickung der Erklärung Stirners zum Bourgeois-Theoretiker mit der Postulierung der Notwendigkeit einer bürgerlichen Revolution in Deutschland Konsequenzen, die im deutlichen Widerspruch zur beabsichtigten Desavouierung Stirners stehen. Auch dieser Sachverhalt hat sicher eine Rolle bei der Konzipierung des Kleinbürgertums als notwendigem Supplement der materialistischen Geschichtsauffassung gespielt.

keit diskursiver Machtausübung – also der gelingenden Bewusstseinsbestimmung durch die Produktion argumentativer Evidenz – keineswegs vollständig, sie beschränken diese Form der Herrschaft jedoch auf das Verhältnis zwischen der herrschenden und der beherrschten Klasse.[28] Unter Hinzunahme der für die Stirner'sche Hierarchie zentralen Differenz zwischen „Gebildeten" und „Ungebildeten" als den Subjekten und den Objekten diskursiver Herrschaft, ließe sich formulieren, dass Marx und Engels dieses Schema dahingehend erweitern, dass zwar auch ihrem Ansatz zufolge die „gebildeten, geistig tätigen Bourgeois" über die „ungebildeten Proletarier" Macht ausüben, dass die ersteren jedoch wiederum der Macht der, wenn man so will, „ungebildeten Bourgeois" unterstehen, also der Macht derjenigen, die „in der Wirklichkeit die aktiven Mitglieder dieser Klasse sind & weniger Zeit dazu haben, sich Illusionen & Gedanken über sich selbst zu machen".

Wenn die vergangenen Bemerkungen auch nur eine erste, noch nicht ausgereifte Neudefinition des übernommenen Begriffes erkennen lassen – einer Neudefinition, die im Laufe der Stirner-Kritik noch substanzielle Präzisierungen erfahren wird –, so erhellt aus ihnen gleichwohl die grundlegende Tendenz, welche Marx und Engels einem der grundlegendsten Begriffe ihres Beitrags zur Weiterentwicklung des aufklärerischen Diskurses zu geben beabsichtigen. Bevor sie sich dann der weiteren Ausgestaltung der dargestellten Begriffsschöpfung widmen, stand – wie aus dem weiteren Verlauf der aus *III. Sankt Max* ausgegliederten Passage hervorgeht – für sie jedoch die Beschäftigung mit einem Problem auf der Tagesordnung, welchem sich sämtliche der Protagonisten der Debatte um die Weiterentwicklung des aufklärerischen Diskurses zu widmen hatten: wie verhält sich die überlegene Evidenz des neuen Ansatzes zu dem Sachverhalt seiner erstmaligen Konzeptionierung? Oder, mit anderen Worten, wie ist es zu erklären, dass die bereits bestehenden Ansätze so selbstverständlich und naturgegeben erscheinen, obwohl sie, wie der neue, eigene Ansatz aufzeigt, die Tatsachen so stark verzerren?

Es handelt sich bei diesen Fragen natürlich nicht nur um ein spezifisches Problem der Ausgestaltung des Konzeptes „Ideologie", sondern um ein grundlegendes Problem aufklärerischer Diskurse. Zu dem in ihrem Rahmen betriebenen Versuch der Generierung von Überzeugungsleistungen gehört es stets, die bereits bestehenden, anerkannten Argumente und die zugehörigen Evidenzen als bloße Schein-Evidenzen zu entlarven – als bloß vermeintliche Evidenzen also, deren Überzeugungskraft im Falle einer Konfrontation mit tatsächlichen Evidenzen im Nu in sich zusammenfällt. Schon Feuerbach hatte sich – um nur den ersten der behandelten deutschen Spätaufklärer als Zeugen anzuführen – im *Wesen des Christenthums* um eine Erklärung be-

---

[28] Karl Marx/Friedrich Engels: [Konvolut zu Feuerbach] (**H⁵**), MEGA² I/5, Ms-S. 30 (S. 60): „Die Klasse, die die Mittel zur materiellen Produktion zu ihrer Verfügung hat, disponirt damit zugleich über die Mittel zur geistigen Produktion, sodaß ihr damit zugleich im Durchschnitt die Gedanken derer, denen die Mittel zur geistigen Produktion abgehen, unterworfen sind."

müht, welche den Akt der Schöpfung Gottes durch den Menschen, bzw. der externen Objektivierung des menschlichen Gattungswesens nachvollziehbar hatte erscheinen lassen. Wenn Marx und Engels also in der Folge eine Erklärung der weiten Verbreitung und der vermeintlichen Natürlichkeit fehlgehender Auffassungen wie der „idealistischen Geschichtsauffassung" geben, die in ihrem Glauben an die kausale Wirkmächtigkeit von Ideen als Ausdruck von Ideologie gefasst wird, so befinden sie sich damit in bester aufklärerischer Tradition:

> Löst man nun bei der Auffassung des geschichtlichen Verlaufs die Gedanken der herrschenden Klasse von der herrschenden Klasse los, verselbstständigt man sie, bleibt dabei stehen, daß in einer Epoche diese & jene Gedanken geherrscht haben, ohne sich um die Bedingungen der Produktion u. um die Produzenten dieser Gedanken zu bekümmern, läßt man also die den Gedanken zu Grunde liegenden Individuen & Weltzustände weg, so kann man z. B. sagen, daß während der Zeit, in der die Aristokratie herrschte, die Begriffe Ehre, Treue &c, während der Herrschaft der Bourgeoisie die Begriffe Freiheit, Gleichheit &c herrschten. Die herrschende Klasse selbst bildet sich dies im Durchschnitt ein. Diese Geschichtsauffassung, die allen Geschichtsschreibern vorzugsweise seit dem achtzehnten Jahrhundert gemeinsam ist, wird nothwendig auf das Phänomen stoßen, daß immer abstraktere Gedanken herrschen, d. h. Gedanken, die immer mehr die Form der Allgemeinheit annehmen.[29]

Nicht nur ergeben sich nach dieser Passage einige Hinweise auf das Zusammenspiel von – bereits entwickelter – materialistischer Geschichtsauffassung und – in der Entwicklung befindlicher – Ideologiekritik als Komplemente eines Angriffs auf den Glauben an die Macht der Idee in Geschichte und Gegenwart, auch bieten Marx und Engels einen ersten Ansatz zur Erklärung, wie dieser Glaube an die kausale Wirkmächtigkeit von Ideen den Anschein von Plausibilität erlangen konnte, welcher der idealistischen Geschichtsauffassung ihre umfassende Verbreitung zuteilwerden ließ. Die Art und Weise, wie Marx und Engels dabei den Akt ihrer Konzipierung inszenieren – nämlich als aktives Ausblenden der eigentlich kausal wirkmächtigen Faktoren wie „Individuen & Weltzustände" auf Seiten der „Geschichtsschreiber" – bringt dabei einen wohl etablierten Topos der Instanziierung aufklärerischer Diskurse zum Ausdruck: der Akt der Aufklärung oder das aufklärerische Handeln wird stets als Rücknahme eines Aktes der Verdunkelung inszeniert und zwar, dies muss hervorgehoben werden, eines willentlichen Aktes der Verdunkelung von *per se* unproblematischen und unmittelbar einleuchtenden Sachverhalten. Wenn im Falle von Marx und Engels der Akt der Verdunkelung in einem „Loslösen", „Verselbstständigen" oder „Weglassen" seinen Ausdruck findet, der noch dazu, wie sie vorher bereits ausgeführt haben, aus dem bloßen Interesse der Sicherung des eigenen Lebensunterhaltes unternommen wird, so liegt die Ähnlichkeit mit den, etwa von Bauer in seinem *Entdeckten Christenthum* entlarvten Geistlichen, welche die philosophischen Wahrheiten aus rein eigen-

---

[29] Ebenda, Ms-S. 31/32 (S. 62).

nützigen Motiven verfremden, auf der Hand.[30] Sämtliche der von Marx und Engels zur Charakterisierung der Entwicklung des „Anderen" der Aufklärung aufgebotenen Begriffe rufen dabei den Eindruck hervor, selbst die Verfechter der fehlgehenden, herrschaftsstützenden Auffassungen wären sich der eigentlich zutreffenden Auffassung bewusst. Wenn also auf die Etablierung einer „Selbstverständlichkeit" oder „Natürlichkeit" der materialistischen Geschichtsauffassung abgehoben wird, so suggerieren Marx und Engels mit ihrer Darstellung, dass selbst die Gegner ihrer Auffassung um diese „Selbstverständlichkeit" wüssten. So zeigen diese Bemerkungen, dass Marx und Engels im Versuch der Durchsetzung ihres Ansatzes zur Weiterentwicklung des aufklärerischen Diskurses auf argumentative Strategien setzen, die bereits seit längerem zum Repertoire der aufklärerischen Agitation gehören.

Marx und Engels bewegen sich, wie diese Ausführungen gezeigt haben, mit dem Anspruch auf Vorgeordnetheit ihrer materialistischen Geschichtsauffassung gegenüber den idealistischen Auffassungen ihrer Vorgänger auf den gewöhnlichen Gleisen der Instanziierung aufklärerischer Diskurse. Ein Spezifikum ihres Falles ist jedoch darin zu sehen, dass sie diesen, üblicherweise allgemein gegen die Gegner im Kampf um die Bestimmung des Bewusstseins erhobenen Vorwurf in besonderer Weise gegenüber ihren Konkurrenten um die Weiterentwicklung des aufklärerischen Diskurses erheben. Zwar hatten auch die Letzteren im Rahmen der Formulierung ihres Beitrags zur Weiterentwicklung des aufklärerischen Diskurses sich dieses Mittels bedient, die Entschiedenheit, mit welcher Marx und Engels gegenüber ihren Konkurrenten den vollzogenen Akt der Verdunkelung zum Vorwurf erheben, ist in der Debatte jedoch ohne Präzedenz. Wie kaum jemand vor ihnen bemühen Marx und Engels sich um den Nachweis der Zugehörigkeit ihrer Konkurrenten zum Lager der Gegner der Aufklärung. Diese Zugehörigkeit versuchen sie dabei nicht nur vermittelst der auf beide Personengruppen angewandten Bezeichnung „Ideologen" zu etablieren, im Zentrum dieses Nachweises steht vielmehr die Vergleichbarkeit der Motivation, welche sowohl Gegner als auch Konkurrenten dazu bringt, im Sinne einer Verdunkelung der tatsächlich zutreffenden Auffassung zu agieren. Letzteres versuchen Marx und Engels durch die Unterstellung zu erreichen, ihre Konkurrenten trieben die Spirale beständiger gegenseitiger Überbietung in der Formulierung immer radikalerer Ansätze allein mit dem Ziel der Sicherung des eigenen Lebensunterhaltes voran, bemühten sich also nicht mehr um die Initiierung einer revolutionären Erhebung, sondern strebten vielmehr die dauerhafte Übernahme der mit dem Begriff „Ideologen"

---

30 Siehe oben, Kapitel 3, Abschnitt 2. Jenseits des spezifischen Kontextes des deutschen Vormärz lässt sich eine solche Inszenierung der Gegner der Aufklärung ohne Schwierigkeiten auch in anderen historischen Kontexten ausmachen. So griff etwa bereits Maximilien Robespierre in seinen politischen Reden auf die Figur des aus eigennützigen Motiven und wider besseren Wissens Handelnden zurück, wenn es darum ging, die Feinde der Revolution zu charakterisieren.

bezeichneten Position innerhalb der gesellschaftlichen Teilung der Arbeit an – „geistige Arbeiter" die ihre Schriften im Interesse der „materiell Herrschenden" verfassten.

Nun hatten sich sicher auch die Marx-Engels'schen Konkurrenten um die Weiterentwicklung des aufklärerischen Diskurses nicht durch Zimperlichkeit im Umgang mit ihren Kontrahenten hervorgetan, den Vorwurf eines rein aus Geschäftsinteresse unternommenen Schreibens hatte in dieser Schärfe jedoch noch keiner formuliert. Marx und Engels scheinen sich des mit dieser Unterstellung in besonderem Maße gegebenen Rechtfertigungszwanges bewusst gewesen zu sein, stellt man die Einfachheit der Methodik in Rechnung, welche sie für das Verfertigen von Ansätzen, wie sie ihre Kontrahenten formuliert haben, veranschlagen – eine Einfachheit, die sicherstellen soll, dass die Rechtfertigung auch nachvollzogen werden kann. So heißt es etwa in der Fortführung der Darstellung des Verdunkelungsaktes, welche sie – ein mittlerweile bekanntes Motiv – mit einer erneuten Betonung des Hegel'schen Erbes ihrer Kontrahenten anreichern:

> Nachdem einmal die herrschenden Gedanken von den herrschenden Individuen u. vor allem, v. d. Verhältnissen, die aus einer gegebnen Stufe d. Productionsweise hervorgehn, getrennt sind & dadurch das Resultat zu Stande gekommen ist, daß in der Geschichte stets Gedanken herrschen, ist es sehr leicht aus diesen verschiedenen Gedanken sich ‚*den* Gedanken' d. Idee etc als das in der Geschichte Herrschende zu abstrahiren & damit alle diese einzelnen Gedanken & Begriffe als ‚Selbstbestimmungen' *des* sich in der Geschichte entwickelnden Begriffs zu fassen. Dies hat die spekulative Philosophie gethan. Hegel gesteht selbst am Ende der Geschichtsphilosophie daß er ‚den Fortgang *des Begriffs* allein betrachtet' & in der Geschichte ‚die wahrhafte *Theodicee*' dargestellt habe. (p. 446.) Man kann nun wieder auf die Produzenten ‚des Begriffs' zurückgehen, auf die Theoretiker, Ideologen & Philosophen, & kommt dann zu dem Resultate daß die Philosophen, die Denkenden als solche von jeher in der Geschichte geherrscht haben – ein Resultat was, wie wir sahen, auch schon von Hegel ausgesprochen wurde.[31]

Wenn Marx (und Engels) sich auch wiederholt bemühen, Hegel als denjenigen zu präsentieren, der ihren ehemaligen junghegelianischen Weggefährten das theoretische Rüstzeug zur Verfügung gestellt hat, so zeigen sich schon in dieser Passage – die schließlich Hegel als den Urheber der Verdunkelung der Überzeugungskraft der materialistischen Geschichtsauffassung bestimmt – die Grenzen dieses Vorgehens. Dieser Absicht, den Kontrahenten um die Weiterentwicklung des aufklärerischen Diskurses eigene theoretische Entwicklungen abzusprechen, verdankt sich auch die beständige Qualifizierung dieser Kontrahenten als Junghegelianer, und zumindest im Hinblick auf die idealistischen Geschichtsauffassungen Feuerbachs und Bauers kann dieser argumentativen Strategie der Erfolg kaum abgesprochen werden. Wie in dieser Passage jedoch bereits anklingt, lässt sich die skizzierte Hegel'sche Ur-Form der idealistischen Geschichtsauffassung auf Stirner nur unter einigen – wie es wenig später heißt – materialistischen Anpassungen, die bei Stirner selbstverständlich nur im Mo-

---

31 Karl Marx/Friedrich Engels: [Konvolut zu Feuerbach] (**H⁵**), MEGA² I/5, Ms-S. 33 (S. 64/65).

dus des Scheins erfolgen, auf seine Konzeption diskursiver Herrschaft übertragen. So sehen sich Marx und Engels etwa gezwungen, Stirner eine Differenz zu den anderen, idealistischen Geschichtsauffassungen dahingehend zu konzedieren, als die diskursive Herrschaft im Verständnis Stirners durchaus des Praktizierens durch bestimmte Individuen – „Denker" oder „Philosophen" – bedarf, um Effektivität entfalten zu können. Wie bereits ausgeführt wurde, besteht das Anliegen, welches die beiden Brüsseler Exilanten mit ihrer, materialistisch reduzierten Form diskursiver Herrschaft verfolgen, allerdings in der Etablierung des kausalen Primats materieller Faktoren für den Lauf der Geschichte im Allgemeinen und der Abhängigkeit der „geistig tätigen" Mitglieder der herrschenden Klasse von den „materiell tätigen" im Besonderen. Insofern kann es nicht überraschen, dass Marx und Engels die bloße Anbindung diskursiver Herrschaft an einen bestimmten Personenkreis nicht für ausreichend erachten, sie in diesem Zug Stirners vielmehr nur einen materialistischen Schein zu gewahren vermeinen.[32]

Ungeachtet dieser notwendigen Einschränkung im Falle der für Stirner spezifischen Form idealistischer Geschichtsauffassung, verfolgen Marx und Engels im Rahmen der Entwicklung ihrer eigenen, materialistischen Konzeption diskursiver Herrschaft das Ziel, dem Sachverhalt der vermeintlichen Selbstverständlichkeit und Natürlichkeit der von ihren Konkurrenten – aber nicht nur von ihnen – vertretenen idealistischen Geschichtsauffassungen explikativ Rechnung tragen zu können. Schon im Rahmen der Darstellung der Auseinandersetzung mit dem argumentativen Repertoire des Autors des *Einzigen* war die auf Marx zurückgehende Auffassung bezüglich der notwendigen Strategie behandelt worden, mit welcher die Überzeugungskraft argumentativer Evidenz zu brechen sei. Es ist insofern nur folgerichtig, wenn Marx und Engels – im Einklang mit der von Marx geäußerten Überzeugung, dass die vermeintliche Evidenz bestehender Auffassungen nur dadurch zu widerlegen sei, dass man die Geheimnisse ihrer Produktion entlarve[33] – im Anschluss an die angeführten Zitate eine Anleitung geben, auf welche Art und Weise man sich der Faktizität der materialistischen Geschichtsauffassung zu entziehen vermöge und statt dessen die Schein-Evidenz einer idealistischen Geschichtsauffassung produzieren könne:

> Das ganze Kunststück also in der Geschichte d. Oberherrlichkeit d. Geistes (Hierarchie bei Stirner) nachzuweisen, beschränkt sich auf folgende 3 Efforts.
> № 1. Man muß die Gedanken der aus empirischen Gründen, unter empirischen Bedingungen & als materielle Individuen Herrschenden von diesen Herrschenden trennen & somit die Herrschaft von Gedanken oder Illusionen in der Geschichte anerkennen.

---

32 Ebenda, Ms-S. 34 (S. 65/66). (Vgl. den Punkt Nr. 3 in der folgenden Aufzählung.)
33 Karl Marx/Friedrich Engels: IV. Karl Grün: Die soziale Bewegung in Frankreich u. Belgien (Darmstadt 1845), oder: die Geschichtsschreibung des wahren Sozialismus (**H**[13]), MEGA² I/5, Ms-S. [9a]/[9b] (S. 569): „Derartige Konstruktionen gerade wie die Hegelsche Methode, werden nur kritisirt, indem man aufzeigt, wie sie zu machen sind & dadurch beweist, daß man Herr über sie ist."

N° 2 Man muß in diese Gedankenherrschaft eine Ordnung bringen, einen mystischen Zusammenhang unter den aufeinanderfolgenden herrschenden Gedanken nachweisen, was dadurch zu Stande gebracht wird, daß man sie als ‚Selbstbestimmungen des Begriffs' faßt. (Dies ist deßhalb möglich weil diese Gedanken vermittelst ihrer empirischen Grundlage wirklich mit einander zusammenhängen u. weil sie als *blose* Gedanken gefaßt zu Selbstunterscheidungen, v. Denken gemachten Unterschieden werden.)

N° 3 Um das mystische Aussehen dieses ‚sich-selbst bestimmenden Begriffs' zu beseitigen, verwandelt man ihn in eine Person – ‚das Selbstbewußtsein' – oder um recht materialistisch zu erscheinen, in eine Reihe von Personen, die ‚den Begriff' in der Geschichte repräsentiren, in ‚die Denkenden', die ‚Philosophen', d. Ideologen die nun wieder als die Fabrikanten der Geschichte, als ‚der Rath der Wächter', als die Herrschenden gefaßt werden. Hiermit hat man sämmtliche materialistischen Elemente aus der Geschichte beseitigt & kann nun seinem spekulativen Roß ruhig die Zügel schießen lassen.[34]

Zwar finden sich Stirner, dessen Geschichtsauffassung mit dieser Konstruktionsanleitung desavouiert werden soll, und die anderen Kontrahenten um die Weiterentwicklung des aufklärerischen Diskurses in dieser Passage noch nicht selbst als Ideologen bezeichnet – figurieren die letzteren vielmehr noch unter den Subjekten, welchen Stirner eine geschichtsbildende Kraft zuerkenne[35] – die im weiteren Verlauf der Kritik Stirners forcierte Identifizierung der Kontrahenten als Ideologen schwingt in der zitierten Passage allerdings bereits mit. So ist der Nachweis einer „Oberherrlichkeit des Geistes in der Geschichte" eben nicht nur im Interesse der Kontrahenten um die Weiterentwicklung des aufklärerischen Diskurses, sondern ebenso im Interesse all derjenigen Mitglieder der herrschenden Klasse, „welche die Ausbildung der Illusion dieser Klasse über sich selbst zu ihrem Hauptnahrungszweige machen". Auch die letzteren müssen ein Interesse an diesem Nachweis nehmen, um die Relevanz ihrer Tätigkeiten in der gesellschaftlichen Teilung der Arbeit möglichst frei von Zweifeln zu halten und die Sicherheit ihres Lebensunterhalts zu gewährleisten.

Des Weiteren zeigt sich hier erneut der Sachverhalt, dass „Ideologie" und „Ideologen" von Marx und Engels anfänglich nicht in der Absicht einer Desavouierung ihrer Kontrahenten entwickelt wurden, sondern als – mehr oder minder neutrale – deskriptive Konzepte zur Beantwortung der Frage nach den Gründen des Scheiterns der klassisch-philosophischen Form des aufklärerischen Diskurses auf der einen und der hieraus resultierenden Erörterung der zu beachtenden Bedingungen für die gelingende Initiierung einer revolutionären Erhebung auf der anderen Seite geschaffen wurden. Wie die Behandlung seiner späteren Verwendung noch aufzeigen wird, tritt diese anfängliche Beschränkung auf die „geistig tätigen" Mitglieder der herrschenden Klasse auch in der Unsicherheit auf Seiten Marx' und Engels' zutage, ob Stirner

---

34 Karl Marx/Friedrich Engels: [Konvolut zu Feuerbach] (**H**[5]), MEGA² I/5, Ms-S. 33/34 (S. 65/66).
35 Der Sachverhalt, dass sich das Vorkommen von „Ideologen" in der zitierten Passage einer nachträglichen Einfügung von Marx verdankt (siehe ebenda, Ms-S. 34 (S. 66 u. 906), ist ein weiterer Beleg für die erst mit der Zeit gewonnene Sicherheit im Umgang mit diesem neuen Konzept.

noch selbst unter die Philosophen (und damit Ideologen) zu zählen sei, oder ob Stirner – in seiner Gestalt als „Jacques le bonhomme" – bloß darin fehle, dass er die Illusionen der Philosophen (und Ideologen) „auf Treu und Glauben" akzeptiere.[36]

Ein Zug der zitierten Passage, welcher diese Beobachtung stützt, ist darin zu sehen, dass sich diese Darstellung der ursprünglich auf Stirners Geschichtsauffassung gemünzten Konstruktionsregeln so liest, als wäre sie gleichwohl die allgemeine Blaupause zur Konstruktion von Geschichtsauffassungen, die Ideen als kausal wirkmächtige Faktoren historischer Entwicklung in Anschlag bringen. Insofern präsentieren Marx und Engels mit dieser Schilderung der drei einfachen Schritte zur Verdunkelung des erkenntnistheoretischen Primats der materialistischen Geschichtsauffassung nicht nur den Nachweis der Konstruiertheit der idealistischen Geschichtsauffassungen, gepaart mit dem Vorwurf mangelnder Komplexität, sondern sie etablieren außerdem die Anbindung der Konstitutionsbedingungen idealistischer Geschichtsauffassungen an die Grundannahmen der materialistischen. Die Konzipierung idealistischer Geschichtsauffassungen erscheint so als Folge eines willentlichen Bruchs mit grundlegenden Tatsachen und als eine Weigerung, die überlegene argumentative Evidenz der materialistischen Geschichtsauffassung anzuerkennen. Die Behauptung einer solchen Weigerung auf Seiten der argumentativen Kontrahenten ist, verbunden mit dem Ausschluss der Möglichkeit eines erkenntnistheoretischen Irrtums, ein wohletabliertes Instrument der Instanziierung aufklärerischer Diskurse, auf welches neben den französischen Revolutionären auch schon die radikaleren Vertreter des junghegelianischen aufklärerischen Diskurses wie Bauer zurückgriffen. Dass auch Marx und Engels auf dieses Mittel zur Diskreditierung ihrer Kontrahenten rekurrieren, offenbart das Ausmaß, zu welchem die beiden Brüsseler Exilanten auch mit ihrem Beitrag noch in der Tradition aufklärerischer Diskurse stehen.

Doch die Unterstellung eines interessegeleiteten Umgangs mit der Produktion argumentativer Evidenz ist nur eine der Intentionen, denen die soeben angeführte Passage ihre Abfassung verdankt. Ähnlich wie Feuerbach, der allerdings die menschliche Hypostasierung des Gattungs- zum göttlichen Wesen als einen naheliegenden, erkenntnistheoretischen Fehlschluss präsentiert, um durch diese Konzession die Konversion zu seiner Position zu erleichtern, zeichnen auch Marx und Engels die Annahmen, welche den Eindruck der Selbstverständlichkeit und Natürlichkeit idealistischer Geschichtsauffassungen begründen, als verhältnismäßig einfach zu durchschauende, argumentative Züge: trennen der Gedanken von ihren Produzenten, postulieren einer eigenständigen, von der empirischen Wirklichkeit unabhängigen Ordnung dieser Gedanken und schließlich imaginieren eines für diese Ordnung verantwortlichen Subjekts. Im Unterschied zu Feuerbach unterstellen sie dann jedoch, dass diese argumentativen Züge von ihren Kontrahenten ausschließlich zum Zwecke

---

[36] Karl Marx/Friedrich Engels: III. Sankt Max • Schluss des Leipziger Konzils (**H**[11]), MEGA² I/5, Ms-S. 12c, 19b u. 83 (S. 205, 226 u. 410).

der Verdunkelung unmittelbar einleuchtender Tatsachen vorgenommen worden seien.

An dieser Stelle zeigt sich das argumentationsstrategische Potenzial der materialistischen Reduktion in seinem vollen Ausmaß, denn erst vor dem Hintergrund der Verortung der Produktion argumentativer Evidenz im Spektrum gesellschaftlicher Arbeitsteilung – also seiner Einreihung unter die Praktiken der Sicherung der Lebensunterhalts – entfaltet die Unterstellung einer Absicht zur Verdunkelung unmittelbar einleuchtender Tatsachen ihr ganzes Gewicht. Im Unterschied zu ihren Vorgängern, die ähnliche Versuche zur Diskreditierung ihrer argumentativen Gegner unternahmen, müssen Marx und Engels als Fundament des interessegeleiteten Handelns keinen bloßen Willen zur Machtsicherung ansetzen (der im Falle der Anwendung dieser Strategie auf die mehr oder minder machtlosen Kontrahenten um die Weiterentwicklung des aufklärerischen Diskurses nur schwer zu plausibilisieren wäre). Ihnen reicht der Verweis auf die allgemeine Notwendigkeit der Sicherung des eigenen Lebensunterhalts. In der Konsequenz erscheint die Formulierung idealistischer Geschichtsauffassungen und schließlich auch von Ideologie allgemein einfach als eine raffinierte Form der Sicherung des eigenen Lebensunterhalts.

Im Hinblick auf die erfolgreiche Generierung von Überzeugungsleistungen, müssen Marx und Engels bei der Unterstellung der Verdunkelungsabsicht zwei Bedingungen Rechnung tragen. So müssen die von ihnen ausgemachten Annahmen nicht nur einen niedrigeren Grad an Komplexität als die kritisierten Argumente aufweisen, um unmittelbare Wirkung entfalten zu können, sie müssen außerdem über genügend Überzeugungspotenzial verfügen, um die Adressaten ihrer Argumentation für die Legitimität des von ihnen vollzogenen Transfers des erkenntnistheoretischen Primats einzunehmen – Bedingungen, deren widerspruchsfreie gleichzeitige Befriedigung keineswegs selbstverständlich ist. Im Falle des Gelingens ermöglicht ihnen diese argumentative Strategie dann allerdings sowohl die Etablierung des erkenntnistheoretischen Primats der materialistischen Geschichtsauffassung gegenüber den idealistischen, als auch die Diskreditierung der konkurrierenden Ansätze zur Weiterentwicklung des aufklärerischen Diskurses, deren Vertreter in der Folge eben als Verfremder einer unmittelbar einleuchtenden Auffassung erscheinen, die diese Verfremdung zur Sicherstellung der Befriedigung ihrer Bedürfnisse unternehmen – und insofern eben nicht von dem Wunsch einer radikalen gesellschaftlichen Umwälzung angetrieben werden, der zum etablierten Repertoire aufklärerischer Selbstzuschreibungen gehört.

Mit dem beschriebenen Aufdecken der grundlegenden Züge der Produktionsbedingungen der scheinbaren Evidenz idealistischer Geschichtsauffassungen verbindet sich allerdings noch ein weiteres Spezifikum des Marx-Engels'schen Beitrags zur Weiterentwicklung des aufklärerischen Diskurses. Dieses Spezifikum betrifft die Art und Weise, wie Marx und Engels das Verhältnis der von ihnen ausgemachten Gegner der Aufklärung und der Kontrahenten um die Weiterentwicklung des aufklärerischen Diskurses bestimmen. Die Besonderheit dieses Vorgehens von Marx und Engels besteht dabei nicht darin, dass sie ihre Kontrahenten den Gegnern der Aufklärung beiordnen – dies stellt, gerade unter den vormals vereint streitenden Junghegelianern, eher die Regel, denn die Ausnahme dar; die Besonderheit des Marx-Engels'schen Vorgehens ist vielmehr darin zu sehen, dass sie die Ansätze ihrer Kontrahenten zusehends zur exemplarischen Veranschaulichung dessen heranziehen, was für sie das „Andere" der Aufklärung darstellt. Hatten Feuerbach, Bauer und Stirner die Ansätze ihrer jeweiligen Vorgänger noch als falsche, aber gewissermaßen notwendige Entwicklungsschritte hin zu ihrem eigenen Ansatz gefasst und ihren Kontrahenten insofern zumindest eine sekundierende Rolle bei der Überwindung der Schwächen des gescheiterten aufklärerischen Diskurses von vor 1842/43 zuerkannt, so rekurrieren Marx und Engels auf die Ansätze ihrer Vorgänger schließlich nur noch, um an ihnen den Entstehungsprozess der herrschaftsstützenden Formen der Produktion vermeintlicher argumentativer Evidenz, also von „Ideologie" zu veranschaulichen.

Dieser Zug ihres Beitrags zur Weiterentwicklung des aufklärerischen Diskurses wird sich in seinem vollen Ausmaß erst nachvollziehen lassen, wenn die weitere Entwicklung, welche das Konzept „Ideologie" im Rahmen der Kritik Stirners erfuhr, dargestellt wurde, denn in ihm kristallisiert sich die Vorstellung einer Produktion argumentativer (Schein-)Evidenz, der nicht die Verbreitung tatsächlicher Erkenntnis, sondern die Verbesserung der Möglichkeiten individueller Bedürfnisbefriedigung angelegen ist. Es lässt sich jedoch bereits zu diesem Zeitpunkt festhalten, dass sie sich im Rahmen der Konzipierung ihres „Anderen" der Aufklärung von Beginn an für eine Form des Umgangs mit ihren Kontrahenten entschieden, die an Schärfe ihresgleichen sucht.[37] Wenn diese Schärfe zu einem Teil sicher auch den Usancen einer auf beständige gegenseitige Überbietung angewiesenen Textproduktion geschuldet ist, so tritt in ihr gleichwohl ein weiteres Mal die Notwendigkeit einer Radikalisierung zutage, welcher sich Marx und Engels durch die argumentationsstrategischen Zwänge einer Deplausibilisierung der argumentativen Selbstermächtigung Stirners ausgesetzt sahen.

Wie aus den vorangegangenen Bemerkungen hervorgeht, haben Marx und Engels den Begriff „Ideologie" bzw. „Ideologe" anfänglich im Kontext einer Einbettung diskursiver Herrschaft in das System gesellschaftlicher Arbeitsteilung konzipiert, seine nähere Entwicklung dann jedoch im Rahmen einer Desavouierung der Ansätze ihrer Kontrahenten vorgenommen. Ob dieser Übergang durch das Desavouierungspotenzial der Unterstellung bedingt war, die „geistig tätigen" Mitglieder der herrschenden Klasse – also die Experten der Produktion argumentativer Evidenz – in der erfolgten Art und Weise zu Komplizen der „materiell" Herrschenden zu erklären,

---

37 Einzig Bauer hatte mit der Erklärung seiner ehemaligen Mitstreiter zu „Wortführern der Masse" etwas annähernd Vergleichbares unternommen. Allerdings ist dieses Vorgehen Bauers mit demjenigen von Marx und Engels insofern nicht vergleichbar, als Bauer das historisch spezifische Scheitern des junghegelianischen aufklärerischen Diskurses zu erklären unternahm und die „Anbiederung" an die „Masse" in den teleologischen Kontext einer sich perfektionierenden „reinen Kritik" einordnete.

muss Spekulation bleiben. Der Sachverhalt, dass zwischen dem frühesten Vorkommen von „Ideologen" und der Darstellung der Konstruktionsregeln von Stirners Geschichtsauffassung nur zwei Manuskriptseiten liegen, scheint jedoch für diese Lesart zu sprechen. Für überzeugend halten Marx und Engels darüber hinaus die Vergleichbarkeit der Motivation, welche sowohl für die mit dem Begriff bezeichneten gesellschaftlichen Funktionsträger gilt, als auch für die Vertreter idealistischer Geschichtsauffassungen: die Sicherung des eigenen Lebensunterhaltes durch die Produktion von argumentativer Evidenz zur Absicherung der „Illusionen & Gedanken", welche die Mitglieder der herrschenden Klasse „über sich selbst" hegen. Wie bereits hervorgehoben wurde, musste gerade diese Unterstellung für die Konkurrenten um die Weiterentwicklung des aufklärerischen Diskurses eine kaum noch zu steigernde Provokation bedeuten. Wie die Darstellung der anfänglichen Konzipierung des Begriffes „Ideologie" außerdem gezeigt hat, gingen systematische Durchdringung der Bedingungen aufklärerischen Handelns und der Initiierung revolutionärer Erhebungen auf der einen und Desavouierung der Kontrahenten auf der anderen Seite Hand in Hand. Für die in der Folge unternommene Ausarbeitung dieses neuen Konzepts muss diese zweifache Verwertbarkeit ein besonderer Ansporn gewesen sein.

12.3 Die Ausdifferenzierung von „Ideologie" im Verlauf der Kritik Stirners

Wie in dem vergangenen Abschnitt gezeigt wurde, finden sich die ersten Spuren einer Verwendung des Konzeptes „Ideologie" in der von Marx und Engels geprägten Bedeutung in der Auseinandersetzung mit Stirners Konzeption diskursiver Herrschaft, bzw. in der Entwicklung einer gegen diese gerichteten, alternativen Konzeption diskursiver Herrschaft. Die Bezeichnung der „geistig tätigen" Mitglieder der herrschenden Klasse als „Ideologen", die stets im Dienste der materiell herrschenden Mitglieder dieser Klasse agierten, offenbart mit dem Entwurf einer allgemeinen Kategorie zur Analyse der gesellschaftlichen Verankerung diskursiver Macht einen deutlichen Bruch zu der bis dahin geläufigen Verwendung von „Ideologen" im Sinne des Napoleonischen Denunziationsbegriffs (wobei die denunziative Konnotation natürlich erhalten bleibt). Der Sachverhalt der späteren Ausgliederung dieser definitorischen Passagen aus dem Manuskript *III. Sankt Max* und ihre Zusammenführung mit anderen Passagen in eine Vorlage für ein einleitendes Feuerbach-Kapitel, innerhalb dessen Marx und Engels die Gleise der negativ verfahrenden Kritik verlassen und eine positive Darstellung ihres eigenen Ansatzes zu geben beabsichtigen, bringt den Stellenwert unzweideutig zum Ausdruck, den Marx und Engels selbst diesen Teilen der Kritik der Stirner'schen Auffassung diskursiver Herrschaft beimaßen.

Für die Rezeption des Ideologie-Konzeptes von Marx und Engels hat der Sachverhalt der Ausgliederung dieser Passage jedoch Konsequenzen gezeitigt, die für ein adäquates Verständnis der Genese dieses zentralen Begriffs des Marx-Engels'schen

Beitrags zur Weiterentwicklung des aufklärerischen Diskurses nicht anders als abträglich zu bezeichnen sind. Aufgrund der politischen Anforderungen, welche an die Edition der Manuskripte zur „Deutschen Ideologie" in den 20er/30er Jahren des vorigen Jahrhunderts gestellt wurden und welchen sich die Kompilation eines von den Autoren nie verfassten „Feuerbach-Kapitels" verdankt, musste der Eindruck entstehen, diese Passage stelle, da sie sich im vermeintlich wichtigsten Teil des „Werkes" *Die deutsche Ideologie* findet, nicht den Anfang, sondern vielmehr das Ende des definitorischen Prozesses dar. Mit dieser editorischen Darbietung wurde insofern die Tatsache verschleiert, dass sich die Passagen, in welchen die Ideologie-Problematik dann später in der Stirner-Kritik thematisiert werden, einem reiferen Stadium der begrifflichen Entwicklung verdanken, als die soeben behandelten.

Um diesen letzten Sachverhalt noch einmal in seiner vollen Tragweite verständlich zu machen: die Aussagen bezüglich der „Ideologie", die sich in der Grundschicht der Textpassagen finden, die der Nachwelt als Teil eines „Feuerbach-Kapitels" präsentiert wurden, stellen die frühesten definitorischen Annäherungen an ein Phänomen dar, dessen weitere begriffliche Entwicklung im Rahmen der Stirner-Kritik vorgenommen wurde. Veranschaulichen lässt sich dieser Sachverhalt auch daran, dass in der Grundschicht dieser Passagen nur von „Ideologen" und noch nicht von „Ideologie" die Rede ist und dass sich die am frühesten zu datierenden Vorkommen von „Ideologie" im Marx-Engels'schen Verständnis auf Manuskriptseiten von *III. Sankt Max* nachweisen lassen.[38]

Zwar finden sich in der Fassung, in welcher Marx und Engels diese Teile der Manuskripte zur „Deutschen Ideologie" hinterlassen haben, auch Vorkommnisse von „Ideologie", diese Vorkommnisse sind jedoch allesamt zu einem Zeitpunkt niedergeschrieben worden, als die Arbeit an der Stirner-Kritik bereits abgeschlossen war. Für die Rekonstruktion der Genese des Konzeptes „Ideologie" ist, so folgt aus diesen Bemerkungen, insofern das Manuskript *III. Sankt Max* maßgeblich. Zwar soll mit diesen Feststellungen nicht die Bedeutung der dargestellten erstmaligen Konzipierung eines neuen „Anderen" der Aufklärung im Rahmen gesellschaftlicher Arbeitsteilung geschmälert werden – nicht zuletzt die Ausgliederung dieser Passage lässt vermuten, dass Marx und Engels eine grundlegende und systematische Darstellung des Verhältnisses von gesellschaftlicher Arbeitsteilung und diskursiver Herrschaft im Rahmen des beabsichtigten Kapitels über Feuerbach vorsahen –, es soll jedoch gezeigt werden, dass entscheidende Weichenstellungen für dieses zentrale Konzept des Marx-Engels'schen Beitrags zur Weiterentwicklung des aufklärerischen Diskurses – wie be-

---

38 Das erste Vorkommen von „Ideologie" im von Marx und Engels geprägten Verständnis, das nicht in einer Textvariante oder einer Abschrift von Weydemeyer figuriert, findet sich tatsächlich erst auf Ms-S. 105 (S. 476) von *III. Sankt Max* (**H¹¹**). Dies legt nahe, dass Marx und Engels erst eine gewisse Vertrautheit im Umgang mit „Ideologen" und „ideologisch" gewannen, bevor sie die notwendige Abstraktionsleistung zu erbringen vermochten, die einen Gebrauch von „Ideologie" ermöglicht.

reits seine erstmalige Konzipierung – als Teil des Versuchs der Desavouierung Stirners erfolgten.

In der Stirner-Kritik lassen sich drei Stadien der begrifflichen Entwicklung voneinander abgrenzen, die jeweils einzelne Themenkomplexe in den Vordergrund rücken. In einem ersten Schritt arbeiten Marx und Engels die, wenn man so will, phänomenologischen Aspekte ihres Konzeptes heraus, bevor sie in einem zweiten Schritt eine Erweiterung ihres ursprünglich vertretenen Zwei-Klassen-Modells um das Kleinbürgertum vornehmen – der zweiten bedeutenden begrifflichen Innovation, die sich in den Manuskripten zur „Deutschen Ideologie" niedergeschlagen hat – und in der Folge das Fundament möglicher materialistischer Reduktionen auf eine Art und Weise verbreitern, ohne welche das von Marx und Engels konzeptionierte, alternative „Andere" der Aufklärung kaum die Wirkung hätte entfalten können, die es in der Folge entfalten sollte. In einem dritten und letzten Schritt spezifizieren Marx und Engels schließlich die verheerende Wirkung ideologischer Ansätze in Hinsicht auf die Initiierung revolutionärer Erhebungen – ein Ziel, dessen mögliche Realisierung Marx und Engels für die Legitimität eines aufklärerischen Diskurses weiterhin als zentral erachten. Vor allem die letzten beiden Komplexe zielen auf die Deplausibilisierung der von Stirner ermöglichten argumentativen Selbstermächtigung der konkreten Individuen und die in ihm zur Anwendung gebrachten argumentativen Züge werden bereits einen Eindruck von der Strategie vermitteln, auf welche Marx und Engels schließlich zur Deplausibilisierung rekurrieren werden. Die zum Abschluss angeführten Passagen vom Ende des Manuskriptes *III. Sankt Max* werden schließlich zeigen, dass die begriffliche Entwicklung von „Ideologie" mit der Fertigstellung der Stirner-Kritik zu ihrem (vorläufigen) Abschluss gebracht worden war.

Wie im vergangenen Abschnitt dargelegt wurde, erfolgte die erstmalige Verwendung von „Ideologie" in der von Marx und Engels geprägten Bedeutung im Rahmen der Auseinandersetzung mit Stirners Konzeption diskursiver Herrschaft. Es wurde dabei auf den Sachverhalt der erfolgten Ausgliederung dieser Passagen in das zur Vorbereitung eines Kapitels über Feuerbach zusammengestellte Konvolut aufmerksam gemacht. Für die weitere Rekonstruktion der begrifflichen Entwicklung gilt es jedoch festzuhalten, dass die Ausgliederung dieser Bogen (die von Engels mit 20 und 21 nummeriert wurden) lange nach ihrer Niederschrift erfolgte, aller Wahrscheinlichkeit erst während der Abfassung der mittleren 80er Bogen des Stirner-Manuskriptes. Eine Analyse der Grundschicht der Bogen, die auf die später ausgegliederten folgen, offenbart, dass das Konzept für Marx und Engels im Anschluss an seine erstmalige Formulierung noch nicht die Bedeutung gespielt hat, welche der dokumentierte Name der gesamten Publikation nahezulegen scheint.[39] Die Vermutung ist sicher nicht un-

---

39 Der Titel *Die deutsche Ideologie*, unter welchem die Manuskripte der Nachwelt bekannt geworden sind, geht allerdings auf eine Erklärung von Marx zurück, die dieser am 6., bzw. 9. April 1847 – also

begründet, dass sich in diesem Sachverhalt zu einem gewissen Grad die expositorischen Anforderungen der Kritik Stirners widerspiegeln, die den Stirner'schen Text Seite für Seite zu widerlegen trachtet, so dass nicht nur konzeptionelle Schwierigkeiten für die längere Pause in der begrifflichen Entwicklung verantwortlich zu sein scheinen.

Wie dem auch sei, in der Grundschicht von *III. Sankt Max* findet sich das nächste Vorkommen erst im Abschnitt *3. Offenbarung Johannis des Theologen, oder ‚die Logik der neuen Weisheit'* des zweiten Teils der Stirner-Kritik.[40] In diesem Abschnitt beschreiben Marx und Engels (erneut) die Art und Weise, wie die Schöpfung ideologischer Ansichten aus den Bedingungen individueller Wahrnehmungsakte zu erklären ist. Und es zeigt sich, dass Marx und Engels diesen Schöpfungsakt in der vergleichsweise simplen Verselbstständigung des ideellen Abbildes der empirischen Wirklichkeit gründen, wie sie angesichts der Stirner'schen Verwandlung „praktischer Kollisionen" in „ideelle Kollisionen" ausführen:

> ‚Ein anderes Beispiel', nämlich ein allgemeineres Beispiel von der Kanonisation der Welt ist die Verwandlung praktischer Kollisionen, d. h. Kollisionen der Individuen mit ihren praktischen Lebensbedingungen in ideelle Kollisionen, d. h. in Kollisionen dieser Individuen mit Vorstellungen, die sie sich machen oder sich in den Kopf setzen. Dies Kunststück ist wieder sehr einfach. Wie Sankt Sancho früher schon die Gedanken der Individuen verselbstständigte, so trennt er hier das ideelle Spiegelbild der wirklichen Kollisionen von diesen Kollisionen & verselbstständigt es. Die wirklichen Widersprüche in denen sich das Individuum befindet, werden verwandelt in Widersprüche des Individuums mit seiner Vorstellung, oder, wie Sankt Sancho es auch einfacher ausdrückt, mit *der* Vorstellung, *dem* Heiligen. Hierdurch bringt er es zu Stande, die wirkliche Kollision, das Urbild ihres ideellen Abbildes, in eine Konsequenz dieses ideologischen Scheins zu verwandeln. So kommt er zu dem Resultate, daß es sich nicht um praktische Aufhe-

---

gut ein Jahr nach der Fertigstellung der Stirner-Kritik – veröffentlichte (siehe oben, Kapitel 9, Abschnitt 2).

40 Eine gewisse Einschränkung verlangt diese Aussage, denn bereits im Abschnitt „B. Der Kommunismus" ist in der Grundschicht vom „Juristen, dem Ideologen des Privateigenthums" die Rede (III. Sankt Max • Schluss des Leipziger Konzils (**H**[11]), MEGA² I/5, Ms-S. 39c (S. 285)). Es sprechen jedoch einige Gründe für die Annahme, dass dieser Abschnitt außerhalb der durch den *Einzigen* vorgegebenen Reihenfolge abgefasst wurde – so neben der inhaltlichen Relevanz einer Erwiderung auf die von Stirner vorgebrachte Kommunismuskritik etwa der Sachverhalt, dass in der Grundschicht dieses Abschnittes einige Aussagen über Heß getroffen werden, deren Schärfe es wenig plausibel erscheinen lässt, dass sie vor dem Bruch mit Heß gegen Ende Februar 1846 formuliert wurden (ebenda, Ms-S. [32c]/33 (S. 262-265 u. 1132)). Darüber hinaus muss allerdings in Rechnung gestellt werden, dass die Rede vom „Juristen, dem Ideologen des Privateigenthums" zu den frühesten Phasen der Konzipierung der für Marx und Engels spezifischen Auffassung von „Ideologie" gehörte, dass diese Charakterisierung insofern stilbildend für die Konzipierung der allgemeinen Kategorie der Ideologen der bürgerlichen Klasse gewesen ist.

bung der praktischen Kollisionen, sondern bloß um das *Aufgeben der Vorstellung von diesen Kollisionen handelt*, ein Aufgeben, wozu er die Menschen als guter Moralist dringend auffodert.[41]

Im Grunde genommen stellt diese Beschreibung des phänomenologischen Hintergrunds der Entstehung von Ideologie nur eine Präzisierung der Ausführungen dar, welche bereits als Teil der Anleitung zur Konstruktion der „Oberherrschaft des Geistes in der Geschichte" – und zwar als Teil ihres ersten Schrittes – gegeben wurden. Es erhellt aus dieser Passage jedoch die, wenn man so will, gemeinsame phänomenologische Basis sowohl der materialistischen als auch der idealistischen Geschichtsauffassungen, denn beiden zugrunde liegt die Vorstellung einer Spiegelung der Strukturen der Wirklichkeit im Bewusstsein der Individuen.[42] Der Akt der Wahrnehmung wird – auf für die damalige Zeit konventionelle und unoriginelle Weise – dahingehend charakterisiert, dass eine Konfrontation eines Individuums mit den Entitäten der umgebenden Welt das „ideelle Abbild" eines, in der Wirklichkeit gegebenen „Urbildes" erzeuge.

In dieser Hinsicht wahren Marx und Engels die Grundlagen des bewusstseinszentrierten Modells gesellschaftlicher Veränderung, und es verdient an dieser Stelle hervorgehoben zu werden, dass Marx und Engels – bei aller Kritik an den Versuchen, eine Veränderung der gesellschaftlichen Verhältnisse über eine Veränderung des Bewusstseins der Individuen zu erreichen – die Vorstellung der Spiegelung der wirklichen „Urbilder" im menschlichen Bewusstsein keineswegs infrage stellen. Auch die materialistische Geschichtsauffassung konzipiert die Aneignung der Strukturen der Wirklichkeit als eine Spiegelung im menschlichen Bewusstsein. Bis zu diesem Punkt differenzieren Marx und Engels nicht zwischen den Prozessen, die der Formulierung materialistischer und idealistischer Geschichtsauffassungen zugrunde liegen. Dementsprechend muss, im Hinblick auf den, für den Marx-Engels'schen Ansatz dann selbstverständlich zentralen Unterschied zwischen den beiden Geschichtsauffassungen betont werden, dass Marx und Engels die entscheidende Fehlleistung nicht im

---

41 Ebenda, Ms-S. 58c (S. 342/343). Bereits einige Seiten vorher heißt es, ebenda, Ms-S. 57a/b (S. 338): „Unsere ganze Darstellung hat gezeigt, wie Sankt Sancho alle wirklichen Verhältnisse dadurch kritisirt, daß er sie für ‚das Heilige' erklärt, & sie dadurch bekämpft, daß er seine heilige Vorstellung von ihnen bekämpft. Dies einfache Kunststück, Alles in das Heilige zu verwandeln, kam, wie wir schon oben weitläufig sahen, dadurch zu Stande, daß Jacques le bonhomme die Illusionen der Philosophie auf guten Glauben acceptirte, den ideologischen, spekulativen Ausdruck der Wirklichkeit, getrennt von seiner empirischen Basis, für die Wirklichkeit selbst nahm ebenso die Illusionen der Klein[bürger über] die Bourgeoisie für das [‚heilige'] Wesen der] Bourgeoisie versah, & daher sich einbilden konnte, es nur mit Gedanken & Vorstellungen zu thun zu haben."
42 Wie sich an dieser und anderen Stellen zeigt, hat die Marx-Engels'sche Variante der Weiterentwicklung des aufklärerischen Diskurses eine realistische Grundannahme zur Voraussetzung, deren Evidenz für die beiden Autoren der Manuskripte zur „Deutschen Ideologie" allerdings einen solchen Grad zu haben scheint, dass sie sich der Notwendigkeit ihrer argumentativen Stützung enthoben sehen.

Akt der Wahrnehmung selbst ansiedeln, also das Vertreten der fehlgehenden idealistischen Geschichtsauffassungen nicht auf eine mangelhafte Funktion der perzeptiven oder kognitiven Vermögen ihrer Kontrahenten zurückführen. Ein solches Vorgehen ist im Rahmen der Instanziierung gerade philosophisch-aufklärerischer Diskurse keineswegs ohne Präzedenz, ja die Unterstellung eines nur eingeschränkt funktionierenden Vernunftvermögens – um in der Sprache der Zeit zu sprechen – bildet vielmehr eine der grundlegenden Strategien im Falle einer Weigerung auf Seiten des Adressaten, sich von der produzierten Evidenz zu einer Übernahme der argumentierten Position bewegen zu lassen.

Die Vermutung liegt nahe, dass der Verzicht auf dieses Instrument zur Harmonisierung disparater Willensäußerungen – nämlich die Differenzierung zwischen stärker und schwächer zu gewichtenden Reaktionen auf die produzierte argumentative Evidenz, die ansonsten durchaus zum Repertoire der von Marx und Engels zur Anwendung gebrachten, argumentativen Instrumente gehört – eine erste Folge der Verortung der argumentativen Evidenzproduktion im Gefüge der Tätigkeiten ist, die im Rahmen der gesellschaftlichen Arbeitsteilung die Sicherung des eigenen Lebensunterhalts ermöglichen. Denn im Zuge dieser Einbettung verändert sich ein entscheidendes Charakteristikum der bisherigen Auseinandersetzung um die Weiterentwicklung des aufklärerischen Diskurses: die Kontrahenten erscheinen nun nicht mehr – wie noch den Vorgängern Feuerbach und Bauer – als Protagonisten einer gemeinsamen Debatte, deren Motivation zur Teilnahme die Überwindung der bestehenden gesellschaftlichen Verhältnisse ist. Feuerbach und Bauer hatten – bei allen ansonsten gegebenen Differenzen – sowohl ihren Kontrahenten, als auch den Adressaten ihrer argumentativen Einsätze die gleichen Beweggründe zur Teilnahme an der Debatte zugeschrieben, die sie für sich selbst geltend machten.[43] Zwar wahrten Feuerbach und Bauer damit eines der Grundmotive aufklärerischer Diskurse, das einen der markantesten Unterschiede zur religiösen Evidenzproduktion darstellt, es war Feuerbach und Bauer vor diesem Hintergrund allerdings unmöglich, die ausbleibende Konvergenz der Überzeugungen auf eine Differenz der jeweils verfolgten Interessen zurückzuführen; im Gegenteil sahen sie sich – wie bereits ausgeführt[44] – gezwungen, das Vertrauen in die Überzeugungskraft der von ihnen produzierten Evidenzen dadurch zu sichern, dass sie die Konvergenz der Überzeugungen für die zukünftigen Rezipienten ihrer Evidenz behaupteten.

Wenn Stirner dann bereits die Interessen der Adressaten in seinem Ansatz zu berücksichtigen suchte, die fehlende Motivierung der Adressaten gar als verantwortli-

---

43 Mit Ausnahme natürlich derjenigen, die von der Nichtverbreitung der aufklärerischen Evidenzen und der Wahrung der bestehenden Verhältnisse profitierten – im Falle des klassisch-aufklärerischen Diskurses also der Religiösen und Theologen sowie anderer Profiteure dieser Verhältnisse. Die letzteren stellen vielmehr die, wenn man so will, Vorläufer der Marx-Engels'schen Ideologen dar.
44 Siehe oben, Kapitel 9, Abschnitte 1 und 2.

chen Faktor für das Scheitern des philosophisch-aufklärerischen Diskurses ausgemacht hatte und diesen Mangel durch die Aufforderung zur ausschließlichen Ausrichtung an den eigenen Interessen, zum ausschließlich egoistischen Handeln zu beheben gehofft hatte,[45] so um den Preis des Verzichts auf die Möglichkeit der Harmonisierung disparater Willensbekundungen. Das Unbefriedigende dieser Lösung für Marx und Engels ist wiederholt betont worden und es kann insofern nicht überraschen, dass die beiden Brüsseler Exilanten in diesem Versuch einer Behebung der Ohnmacht des aufklärerischen Diskurses eher eine weitere Schwächung gewahrten. Dass Marx und Engels trotz der Ablehnung dieses Versuchs, dem aufklärerischen Diskurs durch eine Berücksichtigung der Interessen seiner Protagonisten und Adressaten zu neuer Durchsetzungskraft zu verhelfen, im Rekurs auf die Interessiertheit seiner Protagonisten und Adressaten durchaus ein nützliches argumentatives Instrument erblickten, zeigt die Art und Weise, wie sie die Konstruktion der „Oberherrschaft des Geistes in der Geschichte" aus dem Akte individueller Wahrnehmung konzipieren.

Und so ist es, Marx und Engels zufolge, eben keine kognitive Fehlleistung, keine physiologische Störung, die dem Vertreten einer idealistischen Geschichtsauffassung zugrunde liegt, sondern der willentliche Akt der Verselbstständigung eines „ideellen Abbildes" des in der empirischen Wirklichkeit fußenden „Urbildes". Angesichts der Notwendigkeit, die Produktion argumentativer Evidenz als gesellschaftlich akzeptierte Möglichkeit der Sicherung des eigenen Lebensunterhalts zu erhalten, stellt die Verselbstständigung der Spiegelung des Urbildes und die Postulierung eines von der empirischen Wirklichkeit unabhängigen Zusammenhanges der „ideellen Abbilder" nur eine naheliegende Konsequenz eines interessegeleiteten Handelns ihrer Kontrahenten um die Weiterentwicklung des aufklärerischen Diskurses sowie allgemein der Gegner dieses Diskurses dar. Wenn im Falle der letzteren gelte, dass ihr Handeln im Interesse der herrschenden Klasse erfolgt, so ist für die Frage nach der Weiterentwicklung des aufklärerischen Diskurses von besonderem Interesse, welche Konsequenzen Marx und Engels für die Desavouierung der Ansätze ihrer Kontrahenten – und allen voran Stirners, mit dessen Ansatz sie sich während der Formulierung der phänomenologischen Herleitung der „Ideologie" auseinandersetzen – in dieser Hinsicht ziehen.

Vor dem Hintergrund, dass Marx und Engels ihr Konzept „Ideologie" im Rahmen des Versuchs einer Desavouierung Stirners und einer Deplausibilisierung seiner Evidenz alltagssprachlicher Vertrautheit entwickeln, ist es zu erwarten, dass sich die argumentativen Instrumente ihres Ansatzes im Einsatz gegen eine argumentative Selbstermächtigung der konkreten Individuen in besonderer Weise zu bewähren vermögen. Mit der letzteren hatte Stirner die Bedingungen aufklärerischer Diskurse insofern nachhaltig verändert, als er mit ihr das Versprechen an seine Adressaten ver-

---

[45] Siehe oben, Kapitel 6, Abschnitt 2.

band, ihre Selbstbestimmung frei von der argumentativen Einflussnahme der Experten religiös-theologischer oder philosophischer Evidenzproduktion vornehmen zu können. Dieses Versprechen beinhaltete so nicht weniger als die vollständige Freiheit in Bezug auf die eigene Selbstbestimmung und zwar – wie Marx und Engels besonders betonen – nicht nur in diskursiver, sondern auch in materieller Hinsicht. Mit den von Stirner zur Verfügung gestellten argumentativen Instrumenten sollte es seinen Adressaten möglich sein, sich in der Bestimmung ihrer selbst von nichts als ihrem eigenen Willen leiten zu lassen.

Wenn Marx und Engels „Ideologie" nun als die Verselbstständigung des „ideellen Abbildes" charakterisieren und Stirner gegenüber den Vorwurf erheben, den phänomenologischen Zusammenhang zwischen „Urbild" und „ideellem Abbild" zu kappen, so in der Absicht, die von Stirner im Rahmen der von ihm propagierten argumentativen Selbstermächtigung versprochene Freiheit der individuellen Selbstbestimmung als bloßen Schein zu entlarven. In der Diktion von Marx und Engels stellt sich die Freiheit der individuellen Selbstbestimmung nurmehr als die Beliebigkeit eines Spiels mit „ideellen Abbildern" dar, die von den maßgeblichen Instanzen ihrer Ordnung, den „Urbildern" der empirischen Wirklichkeit, gelöst worden seien. Da es, wie sie bereits anlässlich der Anleitung zur Konstruktion der „Oberherrlichkeit des Geistes in der Geschichte" ausgeführt haben, auf der Ebene der „ideellen Abbilder" keine eigenständige ordnende Struktur gebe, könne Stirner, wie seine idealistischen Vorgänger, eine vollständige Freiheit in der Strukturierung dieser „ideellen Abbilder" behaupten. Stirner unterlasse es jedoch, den Preis dieser „Freiheit" zu beziffern, der eben im Verlust der Möglichkeit des Einwirkens auf die „Urbilder" bestünde.

In diesen Kosten von Stirners argumentativer Ermächtigung der konkreten Individuen sehen Marx und Engels den Grund dafür, dass Stirners Ansatz keine harmlose Spielerei darstellt. Denn anders als Stirner es suggeriere, gebe es eine Ordnung der „ideellen Abbilder", die mehr sei als bloßer Ausdruck der Willkür eines sich als „Schöpfer seiner Selbst" gerierenden Individuums – nämlich die Ordnung der „Urbilder" der empirischen Wirklichkeit, welche die Grundlage aller „ideellen Abbilder" bildeten und welche sich, in Abwesenheit des schädlichen Einflusses der Ideologen, nahezu problemlos in den „ideellen Abbildern" spiegelten. Wenn Stirner den Adressaten des aufklärerischen Diskurses empfehle, sich nur noch durch die eigenen Erfahrungen von Evidenz bestimmen zu lassen, so verleite er sie dazu, die „praktischen Kollisionen", denen sie ausgesetzt seien, wie bloß „vorgestellte Kollisionen" zu behandeln. Im Unterschied zu den letzteren ließen sich die ersteren jedoch nicht vermittelst einiger argumentativer Züge zum Verschwinden bringen.

Marx und Engels scheinen hinsichtlich der Frage, ob Stirner selbst unter die Ideologen zu zählen sei, oder ob er bloß als ihr Opfer zu betrachten sei, keine eindeutige Entscheidung getroffen zu haben. Sprechen einige Passagen und Formulierungen dafür, dass sie Stirner als einen fehlgeleiteten Kämpfer wider die tatsächlichen Ideologen betrachten – etwa wenn sie wiederholt betonen, Stirner folge den Illusionen der

Philosophen „auf Treu & Glauben",[46] und damit zumindest die Urheberschaft dieser Illusionen nicht bei ihm verorten –, so legen andere Stellen nahe, dass sie Stirner durchaus zu den Produzenten von Ideologie zählen.[47] Es ist zu vermuten, dass diese Ambivalenz einen ähnlichen Fall wie die Charakterisierung Stirners als „bankerutten Philosophen" darstellt, also als jemanden, der über die Philosophie hinaus zu sein wünscht, ohne über die nötigen argumentativen Mittel zur Entkräftung ihrer argumentativen Evidenz zu verfügen. Der Eindruck drängt sich insofern auf, dass Marx und Engels Stirner einerseits durchaus zugestehen, den Kampf gegen die diskursive Macht der Ideologen, bzw. der Experten der argumentativen Evidenzproduktion zu führen, ihm andererseits jedoch vorwerfen, diesen Kampf auf eine Art und Weise zu führen, die selbst nur zu einer Stärkung ideologischer Auffassungen beiträgt.

Es ist zu vermuten, dass sich auch Marx und Engels ob der vielfältigen Anwendungsmöglichkeiten der gegen Stirner entwickelten, argumentativen Instrumente anfänglich im Unklaren waren. An dieser Stelle zeigt sich erneut der bereits festgestellte Sachverhalt, dass die von Marx und Engels in den Auseinandersetzungen mit ihren Kontrahenten um die Weiterentwicklung des aufklärerischen Diskurses entwickelten Ansätze für die Erklärung gesellschaftlicher Zusammenhänge herangezogen werden, die auf der Seite der Gegner der Aufklärung, der Stützen des Bestehenden zu verorten sind. So dokumentieren noch die am spätesten zu datierenden Partien der Manuskripte die Absicht der Autoren, die verschiedenen Spielarten der Kombinationen „ideeller Abbilder" für die ideologischen Tätigkeiten auszuarbeiten, wie etwa aus einer Notiz hervorgeht, die von Marx auf einer der aus *III. Sankt Max* ausgegliederten Seiten festgehalten wurde und deren häufiger Gebrauch von Abkürzungen und Wortverschleifungen es wahrscheinlich sein lässt, dass sie erst nach der Ausgliederung niedergeschrieben wurde:

> Es muß diese Geschichtsmethode, die in Deutschland u. warum vorzüglich herrschte, entwickelt werden aus d. Zusammenhang mit der Illusion [der] Ideologen überhaupt, z. B. den Illusionen der Juristen, Politiker (auch d. praktischen Staatsmänner darunter,) aus den dogmatischen Träumereien u. Verdrehungen dieser Kerls, die sich ganz einfach erklärt aus ihrem praktischen Lebensstellung, ihrem Geschäft u. der Theilung der Arbeit.[48]

---

46 Karl Marx/Friedrich Engels: III. Sankt Max • Schluss des Leipziger Konzils (**H¹¹**), MEGA² I/5, Ms-S. 12c, 19a/19b und 83 (S. 205, 226 und 410).

47 Siehe etwa ebenda, Ms-S. 28b[28Ia]/28c[28Ib], 45a, 48a, [62a], [65a]/[65b] und 91 (S. 251, 302, 313, 355, 365 und 435).

48 Karl Marx/Friedrich Engels: [Konvolut zu Feuerbach] (**H⁵**), MEGA² I/5, Ms-S. 34 (S. 66). In einer früheren Version dieser Passage wurde anstelle der „Illusion [der] Ideologen" das „ideologische Bewusstsein" geführt (ebenda, Ms-S. 34 (S. 906, Var. 66.9-10 r)). Vgl. auch die auf der vorletzten Seite des „Konvoluts zu Feuerbach" in vergleichbarem Zustand festgehaltene Notiz von Marx, ebenda, Ms-S. 72 (S. 120-123): „*Warum die Ideologen alles auf d. Kopf stellen*. Religiösen, Juristen, Politiker, Juristen, Politiker (Staatsleute überhaupt) Moralisten, Religiöse. Für diese ideologische Unterabthei-

Diese, wenn nicht realisierte, so zumindest angedachte Ausdifferenzierung der geistig tätigen Mitglieder der herrschenden Klasse ist im Hinblick auf die Entwicklung von „Ideologie" aus zweierlei Gründen von Interesse. Zum einen fördert sie einen weiteren Unterschied gegenüber dem Stirner'schen Ansatz zur Kritik diskursiver Machtausübung zutage, denn auch Stirner hat die Gruppe der diskursiv Herrschenden weit größer gefasst als die wiederholte Anspielung auf die „Pfaffen und Schulmeister" nahe legt. In der für seinen Ansatz typischen Konzentration auf die Erfahrungswelt eines konkreten Individuums bestimmt er den Kreis derjenigen, die von der Hierarchie profitieren, denkbar umfassend:

> Aber die Macht der Gedanken und Ideen, die Herrschaft der Theorien und Principien, die Oberherrlichkeit des Geistes, kurz die – *Hierarchie* währt so lange, als die Pfaffen, d. h. Theologen, Philosophen, Staatsmänner, Philister, Liberale, Schulmeister, Bedienten, Aeltern, Kinder, Eheleute, Proud'hon, George Sand, Bluntschli u. s. w., u. s. w. das große Wort führen: die Hierarchie wird dauern, so lange man an Principien glaubt, denkt, oder auch sie kritisirt: denn selbst die unerbittlichste Kritik, die alle geltenden Principien untergräbt, *glaubt* schließlich doch an *das Princip*.[49]

Zum anderen – und im Rahmen dieser Untersuchung von weit größerem Gewicht – deutet die auf die Etablierung eindeutiger Kategorien der „geistig tätigen" Mitglieder der herrschenden Klasse zielende Vorgehensweise von Marx und Engels auf eine theoretische Spannung hin, welche ihrem Ansatz zu diesem Zeitpunkt der Entwicklung eignet und welche aus dem soeben angeführten Zug resultiert, die Ansätze ihrer Kontrahenten um die Weiterentwicklung des aufklärerischen Diskurses zur Veranschaulichung der von den Gegnern des aufklärerischen Handelns eingesetzten Mechanismen ihrer Machtsicherung zu nutzen. In der bisher dargestellten Form beschränkt sich die „Ideologie" im Marx-Engels'schen Verständnis auf die „geistig tätigen" Mitglieder der herrschenden Klasse – eine Klassifizierung, welche sich auch mit den beabsichtigten Ausarbeitungen der verschiedenen Produzenten von Ideologie, wie „Juristen" und „Politiker" im Einklang befindet. Wenn diese Produzenten nun zweifellos der von Marx und Engels zu diesem Zeitpunkt der Abfassung der Manuskripte ausgewiesenen herrschenden Klasse (der Bourgeoisie) zuzuordnen sind und ihre Interessen dementsprechend unter Rekurs auf die gesellschaftliche Position dieser, zumin-

---

lung in einer Klasse, 1) *Verselbstständigung des Geschäfts durch die Theilung der Arbeit;* jeder hält sein Handwerk für das Wahre. Ueber den Zusammenhang, worin ihr Handwerk mit der Wirklichkeit steht, machen sie sich um so nothwendiger Illusionen, da dieß schon durch die Natur des Handwerks selbst bedingt wird. Die Verhältnisse werden in der Jurisprudenz, Politik et – im Bewußtsein zu Begriffen; da sie nicht über diese Verhältnisse hinaus sind, sind auch die Begriffe derselben in ihrem Kopf fixe Begriffe, der Richter z. B. wendet den Code an, ihm gilt daher die Gesetzgebung für d. wahren aktiven Treiber. Respect vor ihrer Waare, da ihr Geschäft es mit Allgemeinem zu thun hat." Zumindest innerhalb der hinterlassenen Manuskripte zur „Deutschen Ideologie" hat diese Absicht keine Realisierung mehr gefunden.

49 Max Stirner: Der Einzige und sein Eigenthum, Leipzig 1845 [1844], S. 467 [353].

dest in Frankreich und England herrschenden Klasse zu bestimmen sind, kurz, wenn die materialistische Reduktion der geistigen Erzeugnisse dieser Personengruppen auf ihre sozio-ökonomische Position rückstandslos gelingen mag, so gilt dies weit weniger im Falle der geistigen Erzeugnisse derjenigen Personen, deren Ansätze zur Weiterentwicklung des aufklärerischen Diskurses Marx und Engels zur Veranschaulichung der Produktion von Ideologie stets heranziehen. Mit anderen Worten: die Reduktion der Ansätze ihrer Kontrahenten – und allen voran Stirners – auf die sozio-ökonomische Interessenlage der Bourgeoisie kann weit weniger Plausibilität beanspruchen als in den Fällen der „Juristen" oder „Politiker".

Es mag angesichts der im Rahmen der deutschen Spätaufklärer singulären Wirkmächtigkeit des Marx-Engels'schen Ansatzes und der mit ihr einhergehenden Prägung des Verständnisses der sozio-ökonomischen Verankerung ihrer Kontrahenten befremden, aber Marx und Engels haben insbesondere Stirner über einen bedeutenden Zeitraum der Entwicklung ihres eigenen Ansatzes als „Bourgeois-Theoretiker" zu kritisieren versucht.[50] Die Annahme scheint plausibel, in diesem Sachverhalt ein Residuum des ursprünglichen kritischen Paradigmas zu sehen, demzufolge Bauer das Ideal des Staates und Stirner das Ideal der bürgerlichen Gesellschaft in ihren Ansätzen exemplifizierten. Dieses Paradigma hat etwa die von Moses Heß in *Die letzten Philosophen* formulierte Kritik geprägt und es ist aufgrund der – nicht zuletzt auch brieflich zu belegenden – anfänglichen Identität der Heß'schen und Marx'schen Kritik anzunehmen, dass Marx diese Position bis weit in die Abfassung der Stirner-Kritik hinein geteilt hat.[51] Ein solches Verständnis Stirners spricht nicht zuletzt auch aus den beiden Passagen, in welchen Engels in *Die Lage der arbeitenden Klasse* auf „Freund Stirner" anspielt.[52] Und, wie bereits angemerkt, haben Marx und Engels diese Strategie einer Desavouierung Stirners anfänglich auch in *III. Sankt Max* verfolgt, wohl in der Hoffnung auf einen denunziatorischen Effekt bei ihren Adressaten.

Der Charakterisierung Stirners als „Bourgeois-Theoretiker" und die damit einhergehende Einreihung in die „geistig tätigen" Mitglieder der herrschenden Klasse zeitigt jedoch Konsequenzen, die Marx und Engels im Laufe der Ausformulierung der Stirner-Kritik zusehends bewusst geworden sein müssen und die den Autor des *Einzigen* auf eine Art und Weise erscheinen lassen mussten, welche der betriebenen Desavouierung Stirners zuwiderlief. In dem Maße, in welchem Marx und Engels die Rückständigkeit der deutschen Verhältnisse zusehends auf den nur rudimentär entwickelten Gegensatz von Bourgeoisie und Proletariat zurückführten und die fortschrittliche Entwicklung der deutschen Verhältnisse von der Durchsetzung dieses Gegensatzes abhängig machten, in dem Maße also, in welchem sie für die deutschen Staaten die

---

50 Siehe den vorhergehenden Abschnitt.
51 Siehe oben, Kapitel 8, Abschnitt 1.
52 Friedrich Engels: Die Lage der arbeitenden Klasse in England. Nach eigner Anschauung und authentischen Quellen, MEGA^1 I/4, Berlin 1932, S. 30 u. 263.

Notwendigkeit einer *bürgerlichen* Revolution zu konstatieren begannen, musste der „Bourgeois-Theoretiker" Stirner zum Exponenten des Fortschritts avancieren. Oder, anders gefasst, da die von Marx und Engels vorgenommene Identifizierung von Bourgeoisie und herrschender Klasse nur auf die französischen und englischen, nicht aber auf die deutschen Verhältnisse anzuwenden war und da Marx und Engels – im Widerspruch zu ihren sozialistischen Weggefährten – außerdem die Überzeugung gefasst hatten, die deutschen Staaten seien erst dann für eine *proletarische* Revolution reif, wenn die Entwicklung der Produktivkräfte und Verkehrsverhältnisse Ausdruck in der Unterwerfung dieser Staaten unter die Interessen der Bourgeoisie gefunden hatte, sahen sie sich im Laufe der Entwicklung ihres eigenen Ansatzes mit der Schlussfolgerung konfrontiert, dass der „Bourgeois-Theoretiker" Stirner in Deutschland den richtigen Kampf führe.

12.4 Die Konzipierung von „Kleinbürger" als Vervollständigung der Ideologie-Konzeption

Es braucht kaum hervorgehoben zu werden, dass diese Konsequenz angesichts des Ansinnens, eine eigenständige Position zu entwickeln und keine potenziell gefahrvollen Abhängigkeiten von den Ansätzen Anderer einzugehen, von Marx und Engels spätestens seit der Erfahrung mit Feuerbach im Frühjahr 1845 als untragbar angesehen wurde. Auf eine Lösung dieses Problems, welche nicht nur die Legitimität der materialistischen Reduktion geistiger Erzeugnisse auf sozio-ökonomische Interessenlagen zu wahren wüsste (der Ideologiekritik), sondern außerdem die Differenzierung der zeitgenössischen deutschen von den französischen und englischen Verhältnissen erlauben würde (und so die materialistische Geschichtsauffassung untermauern helfen würde), kamen Marx und Engels, wie das Manuskript *III. Sankt Max* zeigt, eher auf einem Umweg. Die Aufnahme des „Kleinbürgertums" in das Spektrum der sozio-ökonomischen Interessenlagen, auf welche als Fundament der materialistischen Reduktion rekurriert werden konnte, erfolgte wohl erst, nachdem Marx und Engels sich im Rahmen einer Darstellung der Geschichte des Privateigentums genötigt sahen, Differenzierungen innerhalb des Bürgertums vorzunehmen, um die Entstehung der bürgerlichen Gesellschaft aus der Entwicklung der Produktivkräfte und Verkehrsverhältnisse seit dem Mittelalter erklären zu können. Wie die folgenden Bemerkungen zeigen werden, lässt sich im Falle der Konzipierung dieses Begriffs einer zusätzlichen „Klasse" und seiner zunehmenden Verwendung im Rahmen der Stirner-Kritik ein vergleichbarer Prozess konstatieren, wie er bereits im Falle von „Ideologie" beschrieben wurde.

Wie der letztere findet sich der Begriff „Kleinbürger" bei seinen ersten Vorkommen in *III. Sankt Max* auf eine Art und Weise gebraucht, die noch nichts von der spezifischen Bedeutungsverschiebung erkennen lässt, welche Marx und Engels diesem Begriff in der Folge angedeihen lassen. Dennoch ist es bezeichnend, dass die ersten

Vorkommen, die sich keiner nachträglichen Textänderung verdanken oder die nicht Teil einer von Weydemeyer angefertigten Abschrift sind, erst ab dem Bogen 63 zu vermerken sind – also zu Beginn der zweiten Hälfte von *III. Sankt Max* und wesentlich später als der Begriff „Ideologie".[53] Für die ursprüngliche Verwendung kommt dem zweiten, zweifelsfrei der Grundschicht zuzuordnenden Vorkommen eine besondere Aussagekraft zu, wird Stirner auf der zweiten Seite von Bogen 64 doch vorgeworfen, den „Belletrist für Kleinbürger & Landmann" zu spielen. Es zeigt sich hier, dass Marx und Engels den Begriff „Kleinbürger" ursprünglich in einem Kontext verwandten, der auf die Charakterisierung Stirners als provinziell (und folglich als nur beschränkt ernst zu nehmen) abzielt. An dieser Stelle entfaltet der Begriff – vor allem vor dem Hintergrund der zu diesem Zeitpunkt noch praktizierten Darstellung Stirners als „Bourgeois-Theoretiker" – eine ridikulisierende Wirkung. Wenn Marx und Engels auch auf der dritten Seite von Bogen 65 erstmals von der, im weiteren Verlauf der Ausarbeitung ihres Ansatzes so zentralen nationalen Verortung Gebrauch machen und erstmals vom „deutschen Kleinbürger" sprechen,[54] so zeigt der Sachverhalt, dass sie diesen Begriff auf den folgenden 70 Seiten nicht mehr verwenden, die ursprünglich nebensächliche Rolle, die Marx und Engels diesem Begriff und seiner Verwendung im Rahmen der Kritik Stirners beimaßen.

Zur Prägung der spezifischen Bedeutung von „Kleinbürger" kommt es dann im Rahmen einer Abhandlung über die im Privateigentum kulminierende Geschichte der Eigentumsformen seit dem Altertum. Diese Abhandlung, die Marx und Engels ursprünglich auf der zweiten Seite von Bogen 82 von *III. Sankt Max* begannen, kommt Wichtigkeit sowohl für die Konzipierung von „Kleinbürger" im Speziellen, als auch für die Entwicklung ihres eigenständigen Ansatzes im Allgemeinen zu, denn im Zuge der Abfassung dieser, den vorgesehenen Rahmen sprengenden Abhandlung trafen Marx und Engels die Entscheidung, den kritischen Polemiken gegen Stirner und Bauer eine positive Darstellung ihres eigenen Ansatzes beizuordnen, die sie erst in Form einer Einleitung und dann im Rahmen eines (nicht vollendeten) Kapitels über Feuerbach zu realisieren beabsichtigten. Dass Marx und Engels diese Entscheidung im Zuge der Niederschrift derjenigen Passage trafen, in der sie die historische Rolle des Kleinbürgertums erstmalig entwickelten, ist ein eindeutiger Hinweis für den Stellenwert, welchen die beiden Autoren der historischen Ausdifferenzierung ihres Zwei-Klassen-Schemas beimaßen. Der zunehmend fragmentarische Charakter, den die Ausführungen über die Geschichte des Privateigentums annehmen, beweist schließ-

---

53 So wird Stirner im allerersten Vorkommen als „thatloser Kleinbürger" bezeichnet (Karl Marx/Friedrich Engels: III. Sankt Max • Schluss des Leipziger Konzils (**H**[11]), MEGA² I/5, Ms-S. 63 (S. 357)), eine Manuskriptseite später (63a (S. 358)) ist dann jedoch wieder vom „Bürger" Stirner die Rede.
54 Ebenda, Ms-S. [65b] (S. 365): „Für den deutschen Kleinbürger ist es wieder bezeichnend, daß ihm alle Schranken & Hindernisse ‚von selbst' fallen, da er nie eine Hand dazu rührt & diejenigen Schranken, die nicht ‚von selbst' fallen, durch Gewohnheit zu seiner Eigenheit macht."

lich, dass diese Geschichte, die von Marx sicher auch im Kontext seiner bereits seit längerem in Arbeit befindlichen „Kritik der Politik und Nationalökonomie" thematisiert wurde, zu diesem Zeitpunkt noch nicht in fertiger Form vorlag, sondern erst anlässlich der Abfassung der Kritik Stirners in einen solchen Zustand überführt werden sollte.

Wie aus diesen Bemerkungen über den allgemeinen Status der infrage stehenden Passage erhellt, handelt es sich bei der Konzipierung des „Kleinbürgertums" als eines historisch wirkmächtigen Faktors um eine begriffliche Schöpfung, die in direkter Auseinandersetzung mit dem Ansatz Stirners vorgenommen wurde. Dabei scheint das explikative Potenzial dieses Konzeptes – gerade für die Behandlung der deutschen Gegenwart – Marx und Engels keineswegs Ursache dieser begrifflichen Schöpfung gewesen zu sein. Marx und Engels gebrauchen den Begriff „Kleinbürgerschaft" erstmals im Rahmen der Darstellung der Folgen, welche die „Akkumulation des mobilen Kapitals" infolge der mit der „Entdeckung Amerikas & des Seeweges nach Ostindien" einsetzenden „Ausdehnung des Handels & der Manufaktur" auf die städtische Bevölkerung hatte: „Handel & Manufactur schufen die große Bourgeoisie, in den Zünften concentrirte sich die Kleinbürgerschaft, die nun nicht mehr wie früher, in den Städten herrschte, sondern der Herrschaft der großen Kaufleute und Manufactüriers sich beugen mußte."[55] Die entscheidende Neuerung, welche in dieser Formulierung enthalten ist – nämlich die Differenzierung des Bürgertums in einen im Laufe der geschichtlichen Entwicklung machtgewinnenden Teil (die Bourgeoisie) und einen machtverlierenden Teil (die Kleinbürgerschaft) –, erfuhr später eine zusätzliche Akzentuierung durch die von Marx in gleicher Höhe in der rechten Spalte festgehaltene Unterteilung „Kleinbürger", „Mittelstand" und „Grosse Bourgeoisie".[56]

In der Folge sollte sich vor allem ein Charakteristikum dieser Aufspaltung des Bürgertums als wirkmächtig erweisen: der Machtverlust und die Marginalisierung der in den Zünften organisierten Kleinbürgerschaft durch die Entwicklung der Produktivkräfte und Verkehrsverhältnisse, welche die Entstehung der Bourgeoisie bedingte. Diese „Entdeckung" der Kleinbürger als den Verlierern der Entwicklung von der feudalen zur bürgerlichen Gesellschaft versetzte Marx und Engels in die Lage, mehrere Schwächen ihres eigenen Ansatzes zu beheben und zwar sowohl im Hinblick auf die materialistische Geschichtsauffassung, als auch im Hinblick auf die materialistische Reduktion, wie sie im Zuge der Ideologiekritik vorgenommen wird. In Bezug auf die erstere wird es Marx und Engels möglich, die Unterschiede zwischen dem Entwicklungsstand der deutschen gesellschaftlichen Zustände auf der einen sowie der englischen und französischen auf der anderen Seite stärker zu prononcieren, da sie diese Zustände nun auf das Verhältnis zurückführen können, in welchem die Agenten einer Entwicklung der Produktivkräfte zu den Agenten ihrer Retardierung stehen.

---

55 Karl Marx/Friedrich Engels: [Konvolut zu Feuerbach] (**H⁵**), MEGA² I/5, Ms-S. 47/48 (S. 81/82).
56 Ebenda, Ms-S. 48 (S. 82).

Während sie im Falle der beiden westeuropäischen Nationen auf die bereits weitgehend vollzogene Auflösung der Kleinbürgerschaft in Bourgeoisie und Proletariat verweisen können, können sie im Falle Deutschlands herausstellen, dass die Kleinbürger, die dort mit ihren „Ideologen" die beiden „zahlreichsten Klassen" bilden,[57] die Bedingungen eines aufklärerischen Handelns durch ihre beständige Furcht prägen, zwischen den beiden sich entwickelnden Klassen Bourgeoisie und Proletariat zerrieben zu werden.[58]

Von noch größerer Bedeutung ist die „Entdeckung" der Kleinbürger jedoch für die Behebung der beschriebenen theoretischen Schwäche in der Behandlung Stirners als „Bourgeois-Theoretiker" bzw. als „geistig tätiges" Mitglied der herrschenden Klasse. Die Aufnahme des Kleinbürgers in die sozio-ökonomischen Interessenlagen, auf welche die geistigen Erzeugnisse materialistisch reduziert werden können, gestattet Marx und Engels die Konzipierung einer neuen gesellschaftlichen Position. Deren Inhaber, so können Marx und Engels in der Folge konstatieren, mögen sich zwar gegen die bestehenden Verhältnisse auflehnen, die von ihnen ersehnte Veränderung zielt jedoch nicht auf eine Überwindung der bestehenden Verhältnisse, sondern allenfalls auf eine Wiederherstellung der Verhältnisse der feudalen Gesellschaft, in der sie eine bestimmende Stellung inne hatten.

Dies erweitert die Möglichkeiten der Ideologiekritik beträchtlich, denn nun können die geistigen Erzeugnisse nicht nur auf die Interessen der Bourgeoisie oder des Proletariats zurückgeführt werden – die, zumal in Deutschland, beide fortschrittlichen Charakters sind –, sondern auf eine gesellschaftliche Schicht, die sich nach der Wiederherstellung des Vergangenen sehnt. Mögen sich die diskursiven Einsätze der Vertreter der jeweiligen Interessenlagen also auch im Hinblick auf die Ablehnung des Bestehenden gleichen, so unterscheiden sich die Konsequenzen gleichwohl fundamental. Im Falle Stirners sind Marx und Engels nun nicht mehr auf die Reduktion seines Ansatzes auf die, im deutschen Kontext fortschrittlichen Interessen der Bourgeoisie angewiesen, sondern können den Autor des *Einzigen* als einen Exponenten des rückwärtsgewandten Kleinbürgertums behandeln. Dass sie diese argumentative Strategie im Laufe der Abfassung der Manuskripte zur „Deutschen Ideologie" auf sämtliche Exponenten der deutschen Philosophie ausdehnen, ja, dass die deutsche

---

57 Karl Marx/Friedrich Engels: Der wahre Sozialismus • I. Die „rheinischen Jahrbücher", oder die Philosophie des wahren Sozialismus (**H**[12]), MEGA² I/5, Ms-S. [3] (S. 517): „Er [der „wahre Sozialismus", UP] wendet sich somit nicht an die Proletarier, sondern an die beiden zahlreichsten Menschenklassen Deutschlands, an die Kleinbürger & ihre philanthropischen Illusionen & an die Ideologen eben dieser Kleinbürger, die Philosophen & Philosophenschüler; er wendet sich überhaupt an das gegenwärtig in Deutschland herrschende ‚gemeine' & ungemeine Bewußtsein."
58 Während diese Position in den Manuskripten zur „Deutschen Ideologie" noch in Form der Sehnsucht der Kleinbürger nach den feudalen gesellschaftlichen Zuständen geäußert wird, findet sie sich wenig später explizit in Karl Marx/Friedrich Engels: Manifest der Kommunistischen Partei, MEGA¹ I/6, Berlin 1932, S. 548-552.

Philosophie schließlich zum prädestinierten Medium der Formulierung der Interessen der deutschen Kleinbürger gerät, offenbart eindrücklich den argumentativen Gewinn, welchen Marx und Engels sich von dieser Erweiterung des Fundaments der materialistischen Reduktion geistiger Erzeugnisse versprachen.

Dass diese Erweiterung darüber hinaus umfangreiche Konsequenzen für das Verhältnis der beiden Brüsseler Exilanten zu ihren (zusehends ehemaligen) sozialistischen Weggefährten hatte, lässt sich nachvollziehen, wenn die Aufmerksamkeit auf eine von Marx vorgenommene Veränderung einer Textstelle gerichtet wird, in welcher nicht nur der Wandel Stirners vom „Bourgeois-Theoretiker" zum Vertreter der Kleinbürger vollzogen wird, sondern außerdem eine Neuordnung der Zugehörigkeit der „ruinirten Handwerksmeister" erfolgt. In der ursprünglichen, von Engels niedergeschriebenen Fassung begegnen die „ruinirten Handwerksmeister", die später zu den paradigmatischen Exemplaren der „Kleinbürger" werden, noch auf der Seite der Kommunisten: „Das ‚redliche Erarbeiten' wird man ihm & Denen überlassen, die er, ohne es zu wissen vertritt – den ‚Egoisten im gewöhnlichen Verstande' [den Bourgeois, UP]. Er ist sosehr ein ‚Egoist im gewöhnlichen Verstande', daß er auch hier nur das allergewöhnlichste Verständniß vom Kommunismus hat & sich einbildet, die Kommunisten seien lauter kleine, von der Gewerbfreiheit ruinirte Handwerksmeister."[59] Nach der Marx'schen Überarbeitung lautet die Passage dann: „Das ‚redliche Erarbeiten' wird man ihm & Denen überlassen, die er, ohne es zu wissen vertritt – – seinen kleinen, von der Gewerbfreiheit ruinirten u. moralisch ‚empörten' Handwerksmeistern."[60]

Dass ein Verständnis der Kommunisten als „kleine, von der Gewerbfreiheit ruinirte Handwerksmeister" keineswegs so vollkommen aus der Luft gegriffen war, wie Marx und Engels in der zitierten Passage suggerieren, dass vielmehr die überwiegende Mehrzahl der damaligen Kommunisten sich aus dieser gesellschaftlichen Schicht rekrutierte, bringen die beiden Brüsseler Exilanten nur wenig später selbst zum Ausdruck, als sie nach dem Bruch mit Weitling am 30. März 1846 und unter Rekurs auf die von ihnen ins Leben gerufenen „Kommunistischen Korrespondenzkomitees" die Ächtung des „Handwerkerkommunismus" betreiben.[61] Es zeigt sich an die-

---

59 Karl Marx/Friedrich Engels: III. Sankt Max • Schluss des Leipziger Konzils (**H**[11]), MEGA² I/5, Ms-S. 35c (S. 272 u. 1138). Einen interessanten Eindruck der besonderen Attraktivität, welche die kommunistischen Vorstellungen auf von der Industrialisierung marginalisierte Handwerker ausübten, vermittelt eine Engels'sche Darstellung (Friedrich Engels: Beschreibung der in neuerer Zeit entstandenen und noch bestehenden kommunistischen Ansiedlungen, MEGA¹ I/4, Berlin 1932, S. 349-366).
60 Karl Marx/Friedrich Engels: III. Sankt Max • Schluss des Leipziger Konzils (**H**[11]), MEGA² I/5, Ms-S. 35c (S. 272).
61 Eine pejorative Bezugnahme auf das Herkommen Weitlings findet sich bereits in dem kurz zuvor verfassten Brief von Jenny Marx an Marx, 24. März 1846, MEGA² III/1, S. 518: „Auch Weitlings Aufrauschen phantastischer Pläne ist sehr erklärlich. So wie er nothwendig aus dem Handwerkerstand hervorgehend, nichts Höheres kennt als in der Volkspoesie, Commersstunden verkünden, so auch nicht

ser Stelle, dass die Radikalisierung, zu welcher Marx und Engels sich durch die Notwendigkeit der argumentativen Unterwerfung Stirners gezwungen sahen, durchaus beträchtliche „Kollateralschäden" verursachte, denn mit der Figur des gesellschaftlich rückwärtsgewandten Kleinbürgers mussten nun auch die nicht ausschließlich auf das (bisher noch in der Entwicklung befindliche) Proletariat zählenden Kommunisten in den Ruch der Reaktion und des gesellschaftlichen Konservatismus geraten. Die Ausdehnung der Kritik auf die „wahren Sozialisten" und der harsche Umgang mit den etablierteren sozialistischen Führern wie Weitling, Heß, Kriege und anderen hat in dieser, der argumentativen Widerlegung Stirners vorgenommenen theoretischen Innovation sicher eine ihrer Ursachen.

Vor diesem Hintergrund sind die nach der Einführung des Kleinbürgertums als Komplement der sozio-ökonomischen Interessenlagen geschriebenen Passagen, die das dritte Stadium der Entwicklung des Begriffes „Ideologie" repräsentieren und die verheerende Wirkung ideologischer Ansätze in Hinsicht auf die Initiierung revolutionärer Erhebungen zum Gegenstand haben, stets nicht nur auf Stirner zu beziehen, sondern immer auch auf diejenigen Sozialisten, die sich der Übernahme des Marx-Engels'schen Ansatzes ganz oder teilweise verweigern. Insofern ist die folgende, exemplarische Passage nicht nur als Kritik von Stirners Ansatz zu verstehen, sondern auch als Grundlage einer der Positionen, welche die weitere Zusammenarbeit mit den auf unmittelbare Aufnahme einer Propaganda in Deutschland zielenden Sozialisten so erschwert hat, wie keine zweite:

> Die Unzufriedenheit mit sich ist entweder die Unzufriedenheit mit sich innerhalb eines gewissen Zustandes, durch den die ganze Persönlichkeit bedingt ist, z. B. die Unzufriedenheit mit sich als Arbeiter – oder die moralische Unzufriedenheit. Im ersten Falle also Unzufriedenheit zugleich & hauptsächlich mit den bestehenden Verhältnissen; im zweiten Falle ein ideologischer Ausdruck dieser Verhältnisse selbst, der keineswegs über sie hinausgeht, sondern ganz zu ihnen gehört.[62]

Der Vorwurf, zum gegenwärtigen Zeitpunkt mit der Aufnahme einer Propaganda-Tätigkeit die Unzufriedenheit der deutschen Arbeiter „mit sich als Arbeitern" in eine bloß „moralische Unzufriedenheit" zu überführen, zeigt bereits, inwiefern sich der Fokus von einer ausschließlichen Kritik der Ansätze der Kontrahenten um die Weiterentwicklung des aufklärerischen Diskurses auf sämtliche Widersacher des Marx-Engels'schen Ansatzes einschließlich der Sozialisten erweitert hat. Denn dieser Vorwurf lässt sich eben auf alle anwenden, die ihre Kritik der bestehenden Verhältnisse nicht in den Gleisen der materialistischen Geschichtsauffassung und der Ideologie-

---

Höheres als verunglückte Unternehmungen, die Tollkühn aussehen und standen." Engels spricht später dann in der Bezugnahme auf die Anhänger Weitlings in Paris abschätzig vom „Schneiderkommunismus" (Engels an das Kommunistische Korrespondenzkomitee, 16. September 1846, MEGA² III/2, S. 34).
62 Karl Marx/Friedrich Engels: III. Sankt Max • Schluss des Leipziger Konzils (**H**[11]), MEGA² I/5, Ms-S. 91a (S. 436).

kritik betreiben, und er bildet insofern das perfekte Gegenstück zu der bereits früher behandelten Unterstellung, die Kontrahenten um die Weiterentwicklung des aufklärerischen Diskurses zielten nicht auf eine Veränderung des Bestehenden, sondern allein auf eine Sicherung des eigenen Lebensunterhalts. Im Lichte des Letzteren muss die Überführung in bloß moralische Unzufriedenheit geradezu als Sicherung der eigenen Geschäftsgrundlage erscheinen.

Mit der Beschreibung dieser Modifikationen ist die Darstellung des Ansatzes von Marx und Engels zur Weiterentwicklung des aufklärerischen Diskurses weitgehend abgeschlossen. Das durch die Aufnahme des Kleinbürgers in die sozio-ökonomischen Interessenlagen perfektionierte Zusammenspiel von materialistischer Geschichtsauffassung und Ideologiekritik stellt das Ende der konzeptionellen Arbeit an ihrem eigenständigen Ansatz dar. Mit der Konzipierung der Interessenlage der Kleinbürger ist das letzte, inhaltliche Versatzstück gefunden, dessen der Marx-Engels'sche Ansatz bedurfte. Neben den eher polemischen Strategien einer Ridiculisierung des Autors des *Einzigen*, mit welchen die beiden Brüsseler Exilanten die Übernahme des Stirner'schen Beitrags zur Weiterentwicklung des aufklärerischen Diskurses unattraktiv zu machen trachteten, sind sie nun in der Lage, einer argumentativen Selbstermächtigung der konkreten Individuen auch substanziell Paroli zu bieten. Marx und Engels haben, so lässt sich abschließend formulieren, die argumentative Selbstermächtigung nicht allein unter Rekurs auf eine konkrete argumentative Gegenstrategie zu desavouieren versucht, sondern vor allem dadurch, dass derjenige, der sich auf sie beruft, in den Ruch der Lächerlichkeit und der Interessiertheit gelangt.

Dieser Abschluss der Entwicklung einer Strategie zur Desavouierung der von Stirner ermöglichten argumentativen Selbstermächtigung blieb, so wurde bereits mehrfach betont, nicht ohne Konsequenz für die anderen Ansätze der Kontrahenten um die Weiterentwicklung des aufklärerischen Diskurses. Der im Zuge der Kritik Stirners eingetretene Zwang zur Radikalisierung der eigenen Position gab ihnen Mittel zur Deplausibilisierung der Ergebnisse konkurrierender Evidenzproduktion an die Hand, derer sich Marx und Engels im Umgang mit den anderen Kontrahenten und selbst den sozialistischen Widersachern nicht begeben konnten und wollten. Auf die im Rahmen der Abfassung der Kritik Stirners getroffene Entscheidung für die Einreihung Feuerbachs unter die zu kritisierenden Autoren wurde schon eingegangen, dass auch die sozialistischen Anhänger Feuerbachs unter dem Etikett „wahre Sozialisten" die volle Wucht der Marx-Engels'schen Evidenzproduktion zu spüren bekommen sollten, war dann eine zwar folgerichtige, aber in Hinsicht auf die Wahrung der Finanzierung ihrer Vierteljahrsschrift auch folgenschwere Entscheidung. So waren die Gewissheit, die Defizite des philosophisch-aufklärerischen Diskurses endgültig behoben zu haben, und das Vertrauen in den baldigen Erfolg ihres Ansatzes zum Ende ihrer Abfassung der Stirner-Kritik wohl die einzigen Gemeinsamkeiten, welche Marx und Engels noch mit ihren ehemaligen Weggefährten aus der Zeit vor der Enttäuschung verbinden.

Nach dieser Darstellung der an Stirner geschärften argumentativen Instrumente lässt sich nun abschließend konstatieren, auf welche Art und Weise Marx und Engels den beiden Bedingungen gerecht werden, denen sämtliche Beiträge zur Weiterentwicklung des aufklärerischen Diskurses nach dem Scheitern seiner klassisch-philosophischen Form 1842/43 Rechnung tragen mussten. Die erste Bedingung – die Erklärung der Ohnmacht des philosophisch-aufklärerischen Diskurses bei der Initiierung einer der Französischen Revolution vergleichbaren Erhebung in Preußen und den anderen deutschen Staaten – können Marx und Engels unter Rekurs auf das Interesse der Protagonisten des philosophisch-aufklärerischen Diskurses an der Sicherung des eigenen Lebensunterhalts als eigentlicher Motivation für ihre diskursiven Einsätze und auf das Kleinbürgertum als der in Deutschland vorherrschenden Bevölkerungsgruppe als eine (mehr oder minder absichtliche) Selbsttäuschung der Protagonisten dieses Diskurses über ihre eigene Rolle und über die Möglichkeiten einer Überzeugung ihrer Adressaten darstellen. Mit der Aussage, dass die deutschen Aufklärer der Zeit vor (und auch noch nach) der Enttäuschung von 1843 die Interessen der Kleinbürger vertraten und eben nicht die Interessen einer revolutionären Bourgeoisie, die an einem tatsächlichen Umsturz der gesellschaftlichen Verhältnisse interessiert gewesen wäre, gerät ihre Enttäuschung über das Scheitern von einer Enttäuschung über die Indifferenz der Adressaten des aufklärerischen Diskurses zu einer Enttäuschung über den infolge der verstärkten Zensur eingetretenen Verlust an Absatzmöglichkeiten für die eigenen Schriften.

Und auch der zweiten Bedingung können Marx und Engels mit ihrem Ansatz gerecht werden, also der Erklärung aus welchem Grund die Ansätze zur Weiterentwicklung des aufklärerischen Diskurses fehlgehen, mit welchen ihre Kontrahenten auf die Ohnmacht des philosophisch-aufklärerischen Diskurses reagierten. Mit der Unterstellung, dass die Teilnehmer der Debatte um die Weiterentwicklung des aufklärerischen Diskurses die „geistig tätigen" Mitglieder der (reaktionären) „Klasse" der Kleinbürger seien, erscheinen die diskursiven Einsätze der Kontrahenten von Marx und Engels als Versuche zur moralischen Kanalisierung der Unzufriedenheit mit den jeweils eigenen Umständen und gerät der umstürzlerische Habitus der Protagonisten dieser Debatte zu einer bloßen Strategie zur Förderung des Absatzes der eigenen Schriften.

Insofern verschiebt sich die Erklärungsbedürftigkeit bei Marx und Engels von der Ohnmacht des philosophisch-aufklärerischen Diskurses auf die enttäuschte Erwartungshaltung seiner Protagonisten. Oder, mit anderen Worten, nicht das Scheitern des philosophisch-aufklärerischen Diskurses ist in der Situation vor 1842/43 das Erklärungsbedürftige, sondern die unter seinen Protagonisten weitverbreitete Enttäuschung über dieses Scheitern. Marx und Engels zufolge musste der philosophisch-aufklärerische Diskurs scheitern (wenn von einem Scheitern hier überhaupt die Rede sein kann), da seine Adressaten – also in überwiegender Mehrzahl die deutschen Kleinbürger – an einem tatsächlichen Umsturz der bestehenden gesellschaftlichen Verhältnisse schlichtweg kein Interesse hatten. Die tatsächlich revolutionären Subjekte – Bourgeoisie und Proletariat – ermangelten in Deutschland noch des nötigen Entwicklungsstandes der Produktivkräfte und der Verkehrsverhältnisse oder, was das gleiche sagen will, der Widerspruch zwischen Produktivkräften und Produktionsverhältnissen, der für den Ausbruch der Französischen Revolution verantwortlich zu machen war, war zum Zeitpunkt der philosophisch fundierten aufklärerischen Agitation längst nicht so ausgeprägt, dass eine bürgerliche Revolution, derer Deutschland als eines ersten Entwicklungsschritts notwendig bedürfe, hätte stattfinden können.

In der Falllinie ihrer Interpretation des Schicksals der deutschen Spätaufklärung bedeutet die Enttäuschung von 1842/43 nur insofern eine Zäsur, als sie die Protagonisten des aufklärerischen Diskurses zwang, Variationen in der Art und Weise vorzunehmen, auf welche sie in den zur Sicherung ihres Lebensunterhalts verfassten Schriften die Illusion ihres revolutionären Charakters zu wecken vermochten. Zur eigentlichen Zäsur erheben sie dann die Ausarbeitung ihres eigenen Ansatzes zur Weiterentwicklung des aufklärerischen Diskurses – womit sie sich allerdings wieder in Gemeinschaft mit ihren Kontrahenten befinden, denn dieser Anspruch war Bestandteil sämtlicher Ansätze zur Weiterentwicklung des aufklärerischen Diskurses. Marx und Engels zumindest scheinen zum Ende der Abfassung von *III. Sankt Max* keinerlei Zweifel ob des Erfolgs ihrer Weiterentwicklung des aufklärerischen Diskurses mehr gehegt zu haben, wie sich etwa in der Gewissheit zeigt, mit welcher sie auf den letzten Seiten zentrale Bestandteile des klassisch-aufklärerischen Diskurses wiederbeleben, die mit der von Stirner ermöglichten argumentativen Selbstermächtigung der konkreten Individuen infrage gestellt worden waren.

Als Erstes ist hier die Restitution der arbeitsteiligen Organisation kollektiven Handelns in einen konzipierenden und einen umsetzenden Teil zu nennen – also der Struktur einer zentralisierten, von Experten vorgenommenen Evidenzproduktion, deren Ergebnisse ihre Adressaten zu einem koordinierten Handeln veranlassen. Die hierfür notwendige Möglichkeit der Harmonisierung disparater Willensäußerungen, auf deren Unmöglichkeit Stirners argumentative Ermächtigung der konkreten Individuen gezielt hatte, demonstrieren Marx und Engels mit einer abschließenden Begriffsbestimmung von „Beruf, Bestimmung, Aufgabe, Ideal" – also derjenigen Begriffe, denen eine grundlegende Funktion bei der Instanziierung zentral strukturierter aufklärerischer Diskurse zukommt und deren unternommene Deplausibilisierung durch Stirner Marx und Engels mit großem Aufwand zu widerlegen suchten.[63] In der Überzeugung der argumentativen Überlegenheit der von ihnen zur Anwendung gebrachten erfahrungswissenschaftlichen Evidenz empirisch-konstatierbarer Tatsachen und im Einklang mit den aufgezeigten Anleihen bei der philosophischen Evidenz gelingender Begriffsentwicklung wagen sie es, eine neue Bestimmung dieser Begriffe vorzunehmen:

---

63 Siehe oben, Kapitel 11, Abschnitt 3.

Dagegen genießen wir hier wieder den ganzen feierlichen Ernst gegen ‚das Heilige', von dem wir hören, daß es in seiner Gestalt als ‚Beruf – Bestimmung – Aufgabe', ‚Ideal' den Menschen bisher ihren Selbstgenuß versalzen hat. Ohne im Übrigen auf die mehr oder minder schmutzigen Formen einzugehen, in denen das Selbst im ‚Selbstgenuß' mehr als eine Phrase sein kann, müssen wir dem Leser nochmals die Machinationen Sanchos gegen das Heilige, mit den geringen Modulationen dieses Kapitels, in aller Kürze vorführen. ‚Beruf, Bestimmung, Aufgabe, Ideal' sind, um dies kurz zu wiederholen entweder 1) die Vorstellung von den revolutionären Aufgaben die einer unterdrückten Klasse materiell vorgeschrieben sind; oder 2) bloße idealistische Paraphrasen oder auch entsprechender bewußter Ausdruck der durch die Theilung der Arbeit zu verschiedenen Geschäften verselbstständigten Bethätigungsweisen der Individuen; oder 3) der bewußte Ausdruck der Nothwendigkeit, in der Individuen, Klassen, Nationen sich jeden Augenblick befinden, durch eine ganz bestimmte Thätigkeit ihre Stellung zu behaupten; oder 4) die in den Gesetzen, der Moral pp ideell ausgedrückten Existenzbedingungen der herrschenden Klasse (bedingt durch die bisherige Entwicklung der Produktion), die von ihren Ideologen mit mehr oder weniger Bewußtsein theoretisch verselbstständigt werden, in dem Bewußtsein der einzelnen Individuen dieser Klasse als Lebensnorm entgegengehalten werden, theils als Beschönigung oder Bewußtsein der Herrschaft, theils als moralisches Mittel derselben.[64]

Aus dieser differenzierten Bestimmung der vier Begriffe spricht das Vertrauen, den Möglichkeiten der Stirner'schen argumentativen Evidenzproduktion enthoben zu sein, der die Gültigkeit von Bedeutungsrelationen im Rahmen seiner argumentativen Selbstermächtigung nur als Konsequenz individueller Zustimmung anerkennen wollte.[65] Noch aussagekräftiger ist in dieser Hinsicht jedoch die zweite Restitution einer der von Stirner angegriffenen, grundlegenden Konstituenzien aufklärerischen Handelns, denn Marx und Engels lassen sich in der Gewissheit der argumentativen Überlegenheit ihres Ansatzes nicht nur dazu hinreißen, die Gleise der ansonsten mit größter Konsequenz durchgehaltenen Polemik zu verlassen, Stirner „die Hand zu reichen" und einen Weg von seinem zu ihrem Ansatz aufzuzeigen. Sie erneuern außerdem das grundlegende Versprechen aller aufklärerischen Diskurse, das darin besteht, die trügerischen Schein-Evidenzen, die ihren Sinn allein in der Bewahrung überkommener Herrschaft haben, durch solche zu ersetzen, die ihren Sinn in sich selbst tragen, die „wahr" sind. Wenn die an dieser Stelle vorgenommene Textänderung auch vermuten lässt, dass ihnen die Erneuerung dieses Versprechens nicht leichtgefallen ist, so formulieren sie gleichwohl:

Wenn Sancho einen Augenblick von seinem ganzen Gedankenkram abstrahirt, was ihm bei seinem spärlichen Sortiment nicht schwer fallen kann, so bleibt sein wirkliches Ich, aber sein wirkliches Ich innerhalb der für es existirenden wirklichen Weltverhältnisse übrig. Er hat sich damit aller dogmatischen Voraussetzungen für einen Augenblick entledigt, aber dafür fangen die *wirklichen* Voraussetzungen für ihn erst an. Und diese wirklichen Voraussetzungen sind auch die Voraussetzungen seiner *dogmatischen* Voraussetzungen, die ihm mit den wirklichen wieder-

---

[64] Karl Marx/Friedrich Engels: III. Sankt Max • Schluss des Leipziger Konzils (**H¹¹**), MEGA² I/5, Ms-S. 104c/105 (S. 476).
[65] Siehe oben, Kapitel 7, Abschnitt 1.

kommen, er mag wollen oder nicht, solange er nicht andre wirkliche Voraussetzungen & damit auch andre dogmatische Voraussetzungen erhält, oder solange er die wirklichen Voraussetzungen nicht materialistisch als Voraussetzungen seines Denkens anerkennt, womit die dogmatischen überhaupt aufhören.[66]

Es entbehrt nicht einer gewissen Ironie, dass Marx und Engels, die ihren Kontrahenten wiederholt vorwerfen, das Bestehende vermittelst einer neuen Interpretation anzuerkennen,[67] nun selbst der bloßen „Anerkennung materialistischer Voraussetzungen" die Kraft beimessen, „die dogmatischen überhaupt aufhören" zu lassen. Und es ist von nicht geringer Aussagekraft, dass Marx und Engels, die das Aufspüren von Widersprüchen in den Ansätzen ihrer Kontrahenten mit einer Akribie betreiben, die in der Debatte ihresgleichen sucht, einen solch eklatanten Widerspruch im Falle ihres eigenen Ansatzes aushalten zu können glauben. Stellen, wie die soeben angeführte, lassen den Bruch mit dem bewusstseinszentrierten Modell gesellschaftlicher Veränderung weit weniger rigoros erscheinen, als von Marx und Engels an vielen anderen Stellen behauptet. Wenn Marx und Engels nun, am Ende der Entwicklung ihres eigenen Ansatzes, den Anspruch erheben, die Intimität der Verbindung von materiellen Lebensumständen und Bewusstseinszuständen durch Operationen aufheben zu können, die ausschließlich auf der Ebene der Bewusstseinsinhalte angesiedelt sind, so reklamieren sie für ihren eigenen Ansatz Möglichkeiten, die sie den Ansätzen ihrer Kontrahenten vehement verwehren. Auch Marx und Engels – so muss abschließend festgehalten werden – billigen ihrem Ansatz das Potenzial zu, eine Veränderung der gesellschaftlichen Verhältnisse über eine Veränderung des Bewusstseins ihrer Adressaten zu erreichen.

Verwunderung erzeugt eine solche Inkonsequenz vor allem im Vergleich zu den reifen Formulierungen über die materialistische Geschichtsauffassung und die Ideologiekritik, die ansonsten die letzten Seiten von *III. Sankt Max* prägen. Aus Passagen wie der folgenden spricht eindeutig die Sicherheit, die Marx und Engels gegen Ende der nahezu ein halbes Jahr währenden Arbeit an der Kritik Stirners in der Präsentation ihres eigenen Ansatzes erlangt haben. So finden sich in diesen mit überdurchschnittlicher Gewissheit zu datierenden Passagen begriffliche Bestimmungen ihrer zentralen Konzepte, die den Vergleich mit den ungleich bekannteren Passagen der Manuskripte des Feuerbach-Kapitels nicht zu scheuen brauchen. Wohl Ende März,

---

66 Karl Marx/Friedrich Engels: III. Sankt Max • Schluss des Leipziger Konzils (**H**[11]), MEGA² I/5, Ms-S. 110b/110c (S. 492). Der Teil „oder solange ... aufhören" ist nachträglich eingefügt worden (ebenda, Ms-S. 110c (S. 1350)).
67 So etwa in dem ersten der drei Fragment gebliebenen Anfänge des Kapitels „I. Feuerbach", Karl Marx/Friedrich Engels: I. Feuerbach. A. Die Ideologie überhaupt, namentlich die deutsche (**H²**), MEGA² I/5, Ms-S. [3] (S. 7): „Diese Forderung, das Bewußtsein zu verändern, läuft auf die Forderung hinaus, das Bestehende anders zu interpretiren, d. h. es vermittelst einer andren Interpretation anzuerkennen."

Anfang April 1846 lässt sich die Marx-Engels'sche Konzeption von Ideologie folgendermaßen zusammenfassen:

> Hier wie überhaupt bei den Ideologen ist zu bemerken, daß sie die Sache nothwendig auf den Kopf stellen & ihre Ideologie sowohl für die erzeugende Kraft wie für den Zweck aller gesellschaftlichen Verhältnisse ansehen, während sie nur ihr Ausdruck & Symptom ist. Von unsrem Sancho wissen wir, daß er den unverwüstlichsten Glauben an die Illusionen dieser Ideologen hat. Weil die Menschen sich je nach ihren verschiedenen Lebensverhältnissen verschiedne Vorstellungen von sich d. h. dem Menschen machen, so glaubt Sancho daß die verschiedenen Vorstellungen die verschiedenen Lebensverhältnisse gemacht & so die En gros-Fabrikanten dieser Vorstellungen, die Ideologen, die Welt beherrscht haben.[68]

Der, wenn man so will, versöhnliche Ton, den Marx und Engels gegenüber Stirner auf den letzten Seiten ihrer Kritik anschlagen, vermittelt abschließend noch einmal einen Eindruck von der Motivlage, welche Marx (und Engels) die Kritik Stirners zum Herzstück der Ausarbeitung ihres eigenen Ansatzes erheben ließ. So erscheint der Hiat, welcher den Ansatz Stirners von dem Marx-Engels'schen trennt, längst nicht mehr so unüberbrückbar, wie im Laufe der vorhergehenden, mehr als 400 Manuskriptseiten. Es muss dahingestellt bleiben, ob dieser Wandel, der mitunter so etwas wie Verständnis für das Unterfangen Stirners aufscheinen lässt, nur Ausdruck einer Milde angesichts des Vertrauens in den erzielten Erfolg ist, oder ob Marx und Engels Stirner tatsächlich eine ähnliche Motivation wie sich selbst zuzubilligen bereit sind. Führt man sich die folgende, längere Passage vor Augen, so kann man sich des Eindrucks kaum erwehren, dass Marx und Engels Stirner durchaus zugestehen, einen Versuch zum Bruch mit dem philosophischen Referenzrahmen aufklärerischen Handelns unternommen zu haben. Vor dem Hintergrund des rauen Tons, der sonst den gegenseitigen Umgang in der Debatte um die Weiterentwicklung des aufklärerischen Diskurses prägt, scheint es fast als empfänden Marx und Engels etwas Sympathie für den Vertreter der argumentativen Selbstermächtigung, wenn sie in der resümierenden Passage, die noch einmal die zentralen Themen ihres von materialistischer Geschichtsauffassung und Ideologiekritik geprägten Ansatzes Revue passieren lässt, erneut die Analogie zum „Ritter von der traurigen Gestalt" bemühen:

> Für die Philosophen ist es eine der schwierigsten Aufgaben, aus der Welt des Gedankens in die wirkliche Welt herabzusteigen. Die unmittelbare Wirklichkeit des Gedankens ist die *Sprache*. Wie die Philosophen das Denken verselbstständigt haben, so mußten sie die Sprache zu einem eignen Reich verselbstständigen. Dies ist das Geheimniß der philosophischen Sprache, worin die Gedanken als Worte einen eignen Inhalt haben. Das Problem, aus der Welt der Gedanken in die wirkliche Welt herabzusteigen, verwandelt sich in das Problem, aus der Sprache ins Leben herabzusteigen. Wir haben gezeigt daß die Verselbstständigung der Gedanken & Ideen eine Folge der Verselbstständigung der persönlichen Verhältnisse & Beziehungen der Individuen ist.

---

68 Karl Marx/Friedrich Engels: III. Sankt Max • Schluss des Leipziger Konzils (H^{11}), MEGA² I/5, Ms-S. 105 (S. 476/477).

> Wir haben gezeigt daß die ausschließliche systematische Beschäftigung mit diesen Gedanken von Seiten der Ideologen & Philosophen & damit die Systematisirung dieser Gedanken eine Folge der Theilung der Arbeit ist, & namentlich die deutsche Philosophie eine Folge der deutschen kleinbürgerlichen Verhältnisse. Die Philosophen hätten ihre Sprache nur in die gewöhnliche Sprache, aus der sie abstrahirt ist, aufzulösen, um sie als die verdrehte Sprache der wirklichen Welt zu erkennen & einzusehen, daß weder die Gedanken noch die Sprache für sich ein eignes Reich bilden; daß sie nur *Äusserungen* des wirklichen Lebens sind. Sancho, der den Philosophen durch Dick & Dünn folgt, muß nothwendig nach dem *Stein der Weisen*, der Quadratur des Zirkels & dem Lebenselixir suchen, nach einem ‚Wort', welches als Wort die Wunderkraft besitzt, aus dem Reich der Sprache & des Denkens ins wirkliche Leben hinauszuführen. Sancho ist so angesteckt von seinem langjährigen Umgang mit Don Quijote, daß er nicht merkt daß diese seine ‚Aufgabe', dieser sein ‚Beruf' selbst nichts weiter als eine Folge des Glaubens an seine dickleibigen philosophischen Ritterbücher ist.[69]

Diese Passage, die wahrscheinlich unmittelbar vor der Fertigstellung von *III. Sankt Max* gegen Mitte April 1846 formuliert wurde – als der nach Westfalen zurückkehrende Joseph Weydemeyer das Manuskript über die belgisch-preußische Grenze schmuggelte –, bildet nicht nur einen der letzten Abschnitte der Stirner-Kritik, die nicht dem polemischen Ausklang der Auseinandersetzung mit „Sankt Bruno" und „Sankt Max" – dem „Leipziger Konzil" – gewidmet sind, sie beinhaltet auch einige der letzten substanziellen Aussagen, die Marx und Engels im Kontext der Manuskripte zur „Deutschen Ideologie" zu Papier brachten. Die von ihnen im Anschluss niedergeschriebenen Texte sind entweder Abhandlungen zu inhaltlich und argumentativ kaum herausfordernden Gegnern, wie den „wahren Sozialisten", oder sind über den Status von einzelnen, weitgehend zusammenhanglosen Fragmenten nicht hinaus gekommen. Letzteres trifft auf sämtliche Versuche zu, die zentralen, positiven Aussagen ihres eigenen Ansatzes in einem Kapitel zu bündeln, welches die Aufkündigung der intellektuellen Gefolgschaft gegenüber Feuerbach aller Welt vor Augen geführt hätte. In den hinterlassenen Fragmenten finden sich zwar einige Formulierungen ihrer Kernaussagen, welche die in der Auseinandersetzung mit Stirner getätigten an sprachlicher Reife überbieten mögen,[70] inhaltlich findet sich in diesen Fragmenten jedoch nichts, was nicht bereits im Rahmen von *III. Sankt Max* seinen Ausdruck gefunden hat. Für diesen Sachverhalt ist der Verlust der sicher geglaubten Finanzierung ihrer Vierteljahrsschrift, der aus einem Schreiben für die Veröffentlichung ein Schreiben fürs Ungewisse werden ließ, sicher einer der maßgeblichen Gründe. Man kann sich des Eindrucks jedoch kaum erwehren, als hätte insbesondere

---

69 Ebenda, Ms-S. 115c/116 (S. 503/504).
70 Neben den drei fragmentarischen Kapitelanfängen stellen die beiden Manuskripte **H⁷** (Karl Marx/Friedrich Engels: 3) [Fragment], MEGA² I/5, S. 129-134) und **H⁸** (Karl Marx/Friedrich Engels: 5. [Fragment], MEGA² I/5, S. 135-139) die im Kontext der Auseinandersetzung mit Feuerbach am spätesten verfassten Texte dar. So stellt das erste den reifsten Versuch zu einer Geschichte des Privateigentums dar, und im zweiten unternehmen Marx und Engels den Versuch, die theoretischen Grundlagen der materialistischen Geschichtsauffassung systematisch zu entwickeln.

Marx den befruchtenden Kitzel der intellektuellen Auseinandersetzung für die Ausformulierung eigener Positionen benötigt, wie ihn zwar das intellektuelle „Klingenkreuzen" mit dem lebhaften Autor Stirner, nicht jedoch die weit weniger polemisch zu führende Loslösung von Feuerbach zu bieten hatte.

Diese Deutung erfährt Bestätigung, wenn die Spuren in Betracht gezogen werden, welche die nachträgliche Bearbeitung des Manuskripts *III. Sankt Max* hinterließ. So finden sich in dem Manuskript umfangreiche Randanstreichungen, die Marx offensichtlich ausführte, nachdem er das Manuskript von Weydemeyer zurückerhalten hatte (wahrscheinlich gegen Ende 1846), und die erstmals in der Edition der Manuskripte zur „Deutschen Ideologie" in der *MEGA²* wiedergegeben werden. Berücksichtigt man den Inhalt der markierten Passagen, so zeigt sich, dass Marx nicht etwa die für die Formulierung eines eigenen Standpunktes gewichtigen Passagen hervorhob, sondern stattdessen Passagen, welche für die Desavouierung Stirners von besonderem Gewicht waren. Auch dies bezeugt die Vorsicht, mit welcher die retrospektiven Aussagen der beiden Autoren über den ausschließlich der Selbstverständigung dienenden Charakter zu genießen sind.

Marx selbst lastete das Scheitern einer Veröffentlichung der bereits gerüchteweise bekannten Schriften in einer Erklärung von Anfang April 1847 den „zeitweiligen Preßzuständen" an.[71] Dass er in der gleichen Erklärung den Titel der nichterschienenen Schrift mit „Die deutsche Ideologie" angab, zeigt vor dem Hintergrund der im Rahmen der Kritik Stirners vorgenommenen Entwicklung des Begriffes „Ideologie" jedoch eindeutig, welch wichtige Etappe in der intellektuellen Entwicklung der beiden wirkmächtigsten Protagonisten der Debatte um die Weiterentwicklung des aufklärerischen Diskurses im Manuskript *III. Sankt Max* dokumentiert ist. Mit der Ausdifferenzierung der materialistischen Geschichtsauffassung und der Konzipierung der Ideologiekritik im Rahmen der argumentativen Desavouierung Stirners hatten Marx und Engels ein Fundament gelegt, ohne welches weder die Polemik mit Proudhon, die tatsächlich publizierte *Misère de la Philosophie*, noch eine Schrift entstanden wäre, welche die wirkmächtigste Konsequenz der deutschen Spätaufklärung und der Anpassung des aufklärerischen Diskurses an die Bedingungen des 19. Jahrhunderts darstellt – *Das Manifest der kommunistischen Partei*.

---

71 Inge Taubert/Hans Pelger/Jacques Grandjonc: Marx' Erklärung vom 3. April 1847, a. a. O., S. 160.

13 Der Einzige und die Deutsche Ideologie – Transformationen des aufklärerischen Diskurses im Vormärz

Am Beginn der Untersuchung standen mehrere, mit einander verwandte Fragen: Aus welchen Gründen haben Marx und Engels Stirner die mit Abstand größte Aufmerksamkeit in ihren kritischen Abrechnungen mit den ehemaligen junghegelianischen Weggefährten eingeräumt? Weshalb widmeten sie einem Autor annähernd 450 Manuskriptseiten, der in ihren zeitgenössischen Aussagen nahezu ausschließlich mit Hohn und Spott bedacht wird und dessen heutige Bekanntheit sich zu einem großen Teil auf den Sachverhalt stützt, dass Marx und Engels ihm die eben genannte Anzahl an Manuskriptseiten zu widmen bereit waren? Wie ist es zu erklären, dass Marx und Engels seine Kritik im Gegensatz zu der desjenigen Autors vollendeten, dem sie in der Retrospektive – etwa in *Ludwig Feuerbach und der Ausgang der klassischen deutschen Philosophie* – den größten Einfluss auf die Genese ihres eigenen Ansatzes zusprachen? Und, nicht zuletzt, welche Bedeutung ist den neueren editorischen Befunden zuzusprechen, dass mehr als die Hälfte des Textes, den die Marx-Engels-Rezeption als „Feuerbach-Kapitel" kennt, ursprünglich als Teil der Stirner-Kritik niedergeschrieben und erst nach der Niederschrift dem Komplex der Kritik Feuerbachs und der Darstellung der materialistischen Geschichtsauffassung beigeordnet wurde?

Antworten auf diese Fragen, so stellte sich schnell heraus, waren weder in den – nicht sehr zahlreichen – späteren Bezugnahmen der beiden Autoren auf die Manuskripte zur „Deutschen Ideologie", noch in den bisherigen Rekonstruktionen der Entstehung eines „historischen Materialismus" zu finden. Für eine angemessene Würdigung der Bedeutung Stirners für die Genese der „materialistischen Geschichtsauffassung" bot sich nur eine erfolgversprechende Möglichkeit: die konsequente historische Kontextualisierung der Manuskripte, aus denen erst unter den Anforderungen ihrer politischen Instrumentalisierung in den 1920er Jahren ein Werk mit dem Titel „Die deutsche Ideologie" kompiliert wurde. Einzig die Ausblendung des ungeheuren Ungleichgewichts, welches in Bezug auf die historische Wirkmächtigkeit der beiden beteiligten Autoren und der von ihnen kritisierten Denker nach dem Scheitern der zeitgenössischen Versuche einer Veröffentlichung der Manuskripte zur „Deutschen Ideologie" eingetreten ist, konnte Anlass zu der Hoffnung geben, die eingangs angeführten Fragen mit angemessenen Antworten versehen zu können.

Wenn der Sinn der Manuskripte zur „Deutschen Ideologie" in der Rezeption des 20. Jahrhunderts in der „Grundlegung" des „historischen Materialismus" gesehen wurde und wenn schließlich auch Marx 1859 „Selbstverständigung" als den Hintergrund ihrer Abfassung angegeben hatte, so konnte die vorgenommene Untersuchung ihren Ausgang gleichwohl nur von der Einbettung der Manuskripte in den Kontext einer zeitgenössischen Debatte nehmen – einer zeitgenössischen Debatte, in welcher den kritisierten Autoren Feuerbach, Bauer und Stirner mehr Relevanz beigemessen werden muss, als ihnen im Falle ihrer Reduktion auf ihre Rolle als Stichwortgeber einer intellektuellen Entwicklung zukommt, die in nahezu identischer Weise auch ohne sie stattgefunden hätte. Die Schriften Stirners, Feuerbachs und Bauers stellen, mit anderen Worten, mehr als eine reine Kontrastfolie für die Schritte auf dem Weg zur Begründung eines „wissenschaftlichen Sozialismus" dar. Sie bilden vielmehr den interpretativen Hintergrund, vor welchem die Rekonstruktion der Entstehung der Manuskripte zur „Deutschen Ideologie" – und vor allem der interpretativ nur schwer zu fassenden Stirner-Kritik – ihre Bedeutung findet.

Aus diesen Gründen nahm die vorgenommene Untersuchung ihren Ausgang von der Verortung der Manuskripte zur „Deutschen Ideologie" in der deutschen Spätaufklärung des Vormärz. So wurde gezeigt, dass die drei für diese Untersuchung zentralen Autoren – Stirner, Marx und Engels – sich jeder auf seine Weise intensiv an der Instanziierung des vor allem von Feuerbach und Bauer in seiner Autonomie von der religiösen Bewusstseinsbestimmung restituierten philosophisch-aufklärerischen Diskurses beteiligten. Ausgehend von einem bewusstseinszentrierten Modell gesellschaftlicher Veränderung vereinte alle an diesem Vorhaben partizipierenden Autoren die Hoffnung, mit der Verbreitung der Ergebnisse der philosophischen Evidenzproduktion, deren Überzeugungskraft als den Ergebnissen der religiösen überlegen angesehen wurde, das Fundament der bestehenden gesellschaftlichen Verhältnisse solcherart zu unterhöhlen, dass es in den deutschen Ländern zu einer der Französischen Revolution vergleichbaren Erhebung kommen würde. So gingen die Meinungen zwischen den eher Bauer Zuneigenden und den eher Feuerbach Zuneigenden zwar bezüglich der Frage auseinander, ob eine größtmögliche Eskalation des Konflikts zwischen preußischem Staat und junghegelianischen Aufklärern der Sache eher förderlich oder eher hinderlich wäre, die Enttäuschung ob des schließlichen Scheiterns beim Versuch der Initiierung einer revolutionären Massenbewegung erfasste dann jedoch die Anhänger Bauers und Feuerbachs gleichermaßen.

Zwang die zutage getretene Ohnmacht der philosophischen Evidenzproduktion in der Herbeiführung einer revolutionären Erhebung die Protagonisten der junghegelianischen Debatte oftmals schon in biographischer Hinsicht zur Neuausrichtung, so waren die Konsequenzen des Scheiterns der philosophischen Form des aufklärerischen Diskurses im Hinblick auf die Frage nach den Möglichkeiten einer Realisierung des emanzipativen Projekts der Aufklärung noch weitaus gravierender. Für die beteiligten Zeitgenossen bedingte das Scheitern die Notwendigkeit einer grundlegenden Reflexion der Bedingungen aufklärerischer Agitation und die Ergebnisse dieser Reflexionen gestatten es, die Phase nach dem Scheitern des philosophisch-aufklärerischen Diskurses als die tatsächlich innovative Phase der deutschen Spätaufklärung zu bestimmen. Wie gezeigt wurde, verstanden es Feuerbach und Bauer, die beiden bestimmenden Protagonisten der junghegelianischen Phase der deutschen Spätaufklärung, noch, diesen ob des Scheiterns der philosophischen Evidenzproduktion in der Generierung von Überzeugungsleistungen eingetretenen Reflexionsdruck durch die Postulierung eines in der Zukunft umso gewisser eintretenden Erfolges abzuleiten. Diese Möglichkeit bot sich den weit weniger renommierten, in der junghegelianischen Phase eher in sekundierender Rolle agierenden Personen wie Stirner, Marx und Engels nicht. Es ist daher nicht als zufälliges Ereignis zu betrachten, dass für die entscheidenden Impulse zur Weiterentwicklung des aufklärerischen Diskurses – also zur Behebung seiner 1842/43 zutage getretenen Wirkungslosigkeit in der Generierung von Überzeugungsleistungen – nicht Feuerbach und Bauer, sondern Stirner, Marx und Engels verantwortlich zeichneten.

Anders als Feuerbach und Bauer, welche die Verantwortung für das Scheitern des philosophisch-aufklärerischen Diskurses letztendlich der mangelnden Geeignetheit seiner Adressaten anlasteten, entschieden sich Stirner, Marx und Engels, die philosophische Form der Generierung von Überzeugungsleistungen selbst ins Zentrum einer Reflexion der Bedingungen aufklärerischen Handelns zu stellen. Von den drei letztgenannten ist es Stirner, dem bei diesem Prozess der zeitliche Vorrang gebührt: nicht nur positionierte er sich als erster in dezidierter Abgrenzung sowohl zu Bauer, als auch zu Feuerbach, auch verortete er erstmals die philosophische Bewusstseinsbestimmung unter den Hindernissen, welche einer Realisierung des emanzipativen Projekts der Aufklärung im Wege stünden. Unter Aufhebung der von Feuerbach und Bauer nach der Hegel'schen Harmonisierung von Philosophie und Religion mühevoll restituierten Autonomie der philosophischen von der religiösen Bewusstseinsbestimmung begriff er die erstere nur als eine raffinierte Fortsetzung der letzteren und klassifizierte beide als Formen der Fremdbestimmung von Individuen.

Als Grundlage dieser Engführung von religiöser und philosophischer Bewusstseinsbestimmung diente Stirner eine von ihm ausgemachte strukturelle Gleichheit dieser beiden Formen der Bewusstseinsbestimmung: beide rekurrieren laut Stirner für die Ausübung diskursiver Macht (bei Stirner: „Geistesherrschaft") auf erfundene Entitäten, denen von den jeweiligen Experten der infrage stehenden Form der Bewusstseinsbestimmung („Pfaffen" und „Schulmeistern") Intentionen zugeschrieben wurden – darin wurden sie Personen nachempfunden –, die jedoch – darin wurden sie Gespenstern gleichgesetzt – für die Umsetzung dieser Intentionen fremder Leiber, also der zu bestimmenden, konkreten Individuen bedurften. Die Frage, ob diese zu realisierenden Intentionen nun diejenigen „Gottes" oder diejenigen „*des* Menschen", der „Gattung" oder des „Selbstbewusstseins" waren, galt Stirner angesichts des Sachverhalts als vernachlässigenswert, dass diesen Intentionen stets der Primat gegenüber den von den Individuen tatsächlich gehegten zugeschrieben wurde. Voraussetzung des Gelingens dieser Substitution der je-individuellen Intentionen mit denen „heiliger" Entitäten waren Stirner zufolge dann Formen der Produktion argumentativer Evidenz – also der Generierung von Überzeugungsleistungen –, in denen das „formelle" Übergewicht der „Gebildeten", Erfahrungen argumentativer Evidenz zu produzieren, die „Ungebildeten" zur Preisgabe ihrer eigenen und zur Übernahme der fremden Intentionen veranlasste.

Es kann vor dem Hintergrund dieser Analyse kaum überraschen, dass Stirner mit seinem Ergebnis der Verarbeitung der Enttäuschung von 1842/43 – *Der Einzige und sein Eigenthum* – darauf abzielte, den „ungebildeten" Laien argumentativer Evidenzproduktion das Festhalten an ihren je-individuellen Willensäußerungen zu ermöglichen. Zu diesem Zweck rekurrierte er auf eine Form der Produktion argumentativer Evidenz, die zwar im Rahmen aufklärerischer Agitation vor ihm nicht zur Anwendung gebracht worden war, der jedoch – so Stirner – der große Vorteil eignete, die hierarchische Differenzierung in Experten und Laien zu unterlaufen: die Evidenz alltagssprachlicher Vertrautheit. Der mit dem Rekurs auf diese Form argumentativer Evidenz einhergehende Gedanke Stirners war, dass zu ihrer Produktion nur derjenige Grad an sprachlicher Kompetenz vonnöten war, der zur alltäglichen sprachlichen Verständigung befähigte. Im Unterschied zur religiösen Evidenz heiliger Autoritäten und zur philosophischen Evidenz gelingender Begriffsentwicklung, die beide eine umfassende und langwierige Aneignung sprachlicher Kompetenzen erforderten, sollte die Evidenz alltagssprachlicher Vertrautheit Überzeugungsleistungen dadurch generieren, dass die argumentierten Positionen auf vergleichsweise einfache Art mit gewohnheitsmäßig akzeptierten Versatzstücken alltäglichen Sprachgebrauchs in Beziehung gesetzt werden – so etwa durch die Apposition, die Marx und Engels dann ins Zentrum ihrer Versuche der Deplausibilisierung der Evidenz alltagssprachlicher Vertrautheit stellen sollten. Stirner selbst praktizierte diese Form der Produktion argumentativer Evidenz in unterschiedlicher Weise in seinem Werk, etwa wenn er Sprichwörter und Bibelzitate in seine Argumentation einflocht, deren argumentativer Wert allein in der Erzeugung einer Atmosphäre der Zustimmung und Akzeptanz beim Leser zu den von Stirner formulierten Positionen besteht.

Das zentrale argumentative Instrument, welches Stirner gegen die philosophische Evidenz gelingender Begriffsentwicklung zum Einsatz brachte, bestand dann jedoch in einer, wenn man so will, voluntaristischen Konzeption von Bedeutungsrelationen. Mit der Postulierung einer vollständigen Abhängigkeit der Gegebenheit von Bedeutungsrelationen von individuellen Akten einer Setzung untergrub Stirner die argumentative Überlegenheit der Experten der philosophischen Evidenzproduktion – also auch der Protagonisten des philosophisch-aufklärerischen Diskurses –, da er in der Folge behaupten konnte, dass auch die mit dem Anspruch auf allgemeine Verbindlichkeit vorgenommenen Begriffsentwicklungen philosophischer Evidenzproduktion diesen Anspruch nur dann einzulösen vermögen, wenn die jeweiligen Adressaten die vorgenommene Begriffsentwicklung so behandeln, als wäre es eine von ihnen selbst vorgenommene. Damit reduzierte Stirner den Unterschied zwischen fremder und eigener Begriffsentwicklung auf den Unterschied zwischen einer bewussten und einer unbewussten Ausrichtung an den selbst hervorgebrachten Erfahrungen von Evidenz – auch die argumentative Macht der „Gebildeten" ruht, so konnte Stirner pointieren, auf keiner anderen Grundlage als die minder mächtigen Argumente der „Ungebildeten".

In der Konsequenz gelangte Stirner zu einer Individualisierung des emanzipativen Projekts der Aufklärung, da die allgemeine Verbindlichkeit privilegierter Begriffsentwicklungen, die als Grundlage der Überlegenheit der philosophischen Bewusstseinsbestimmung angesehen wurde, mit Stirners voluntaristischer Konzeption von Bedeutungsrelationen nicht mehr zu halten war. Es war vor diesem Hintergrund nur folgerichtig, wenn Stirner seinen Ansatz zur Weiterentwicklung des aufklärerischen Diskurses mit der Bereitstellung eines Begriffs – „der Einzige" – enden ließ, dessen allgemeiner Gehalt sich im Referenzieren des „Trägers dieses Namens" erschöpfte, dessen Bedeutung also von jedem Individuum selbst entwickelt werden musste. Ein Begriff wie „der Einzige" konnte – dies ist der zentrale Gedanke Stirners – nicht mehr wie noch „*der* Mensch" oder die „Gattung" von einem Individuum stellvertretend für alle anderen entwickelt werden. Die Anzahl seiner Bedeutungen entsprach folglich der Anzahl derjenigen, deren sprachliche Kompetenz für die alltägliche Verständigung ausreichend war. Mit der Erschließung der Evidenz alltagssprachlicher Vertrautheit als Grundlage individueller Bewusstseinsbestimmung sah Stirner darüber hinaus die Voraussetzung gegeben, dass sich diese individuellen Bestimmungen des Begriffs „der Einzige" auch argumentativ gegen die Experten der religiösen oder philosophischen Bewusstseinsbestimmung verteidigen ließen. Auf diese Weise hoffte Stirner, die Herrschaft der „leibbedürftigen Gespenster" wie „*der* Mensch", die „Gattung" oder das „Selbstbewusstsein" einem Ende zuzuführen und damit die Realisierung des emanzipativen Projekts der Aufklärung zu ermöglichen, welche die philosophische Form des aufklärerischen Diskurses nicht zu ermöglichen vermochte.

Wenn Marx und Engels Stirner auch in der Einschätzung zu folgen bereit waren, dass die philosophische Form des aufklärerischen Diskurses einer Realisierung des emanzipativen Projekts der Aufklärung im Wege stünde und ihr ein erheblicher Anteil am Scheitern der aufklärerischen Agitation 1842/43 zugesprochen werden müsse, wenn insofern die Ausgangsbedingungen für die Konzipierung eines alternativen aufklärerischen Diskurses in ihrem Falle durchaus vergleichbar waren, so gelangten sie im Zuge der Konzipierung ihres Beitrags zur Debatte um die Weiterentwicklung des aufklärerischen Diskurses dennoch zu gänzlich anderen Schlussfolgerungen als der Autor des *Einzigen*. Vor dem Hintergrund des Ausmaßes der Differenzen dieser beiden innovativen Varianten der deutschen Spätaufklärung kann jedoch leicht übersehen werden, dass die Gemeinsamkeiten zwischen Stirner, Marx und Engels sich nicht nur in dieser Einschätzung erschöpfen.

Wie für sämtliche Protagonisten der junghegelianischen Aufklärung stand die Fortführung der aufklärerischen Agitation nach dem Scheitern des philosophisch-aufklärerischen Diskurses unter der Notwendigkeit, zwei Bedingungen Rechnung zu tragen. Nicht nur mussten die Ansätze zur Weiterentwicklung des gescheiterten philosophisch-aufklärerischen Diskurses eine Erklärung für dieses Scheitern anbieten, auch mussten sie nachweisen, weshalb die von den jeweiligen Kontrahenten vorgenommenen Modifizierungen im Gegensatz zu den eigenen gerade nicht in die Lage versetzten, dem Schicksal der philosophischen Variante zu entgehen. Wenn die beiden bestimmenden Personen der junghegelianischen Phase der deutschen Spätaufklärung – Feuerbach und Bauer – diesen Bedingungen noch mit verhältnismäßig geringen Veränderungen gerecht werden zu können glaubten – namentlich mit einem Wechsel der zeitgenössischen gegen zukünftige Adressaten –, so sahen Stirner, Marx und Engels gravierendere Veränderungen vonnöten. Alle drei teilten jedoch, so wurde gezeigt, die Überzeugung, dass diese Veränderungen eher im Anschluss an Feuerbachs „neue Philosophie" als an Bauers „reine Kritik" zu erfolgen hätten – wenn sie sich auch hinsichtlich der Dauer unterschieden, die sie diese Überzeugung hegten.

Vor allem Marx glaubte zu Beginn der Phase der Neuorientierung, mit welcher die Enttäuschung von 1842/43 kompensiert werden sollte, den aufgetretenen Reflexionsdruck der Bedingungen aufklärerischer Agitation ebenfalls mit einem Wechsel ihres Adressaten kanalisieren zu können. Der Hoffnung, mit dem Proletariat einen neuen Resonanzkörper aufgetan zu haben, der sich nicht in gleicher Weise wie das deutsche Bürgertum indifferent gegenüber den produzierten Evidenzen zeigen würde, entsprach allerdings kein Wechsel der tatsächlich intendierten Rezipienten der Marx'schen Beiträge zur Weiterentwicklung des aufklärerischen Diskurses. Auch nach dem Fassen der Überzeugung von der Fruchtbarkeit eines Zusammengehens von Philosophie und Proletariat verfasste Marx seine Beiträge zur Weiterentwicklung des aufklärerischen Diskurses für die rezeptiven Gewohnheiten desjenigen Personenkreises, der im Rahmen der junghegelianischen Aufklärung umworben worden war – wie auch die Autoren weitgehend dieselben blieben, mit denen Marx – ab Sommer 1844 dann gemeinsam mit Engels – die Debatte um die Weiterentwicklung des aufklärerischen Diskurses betrieb. Wie gezeigt wurde, war das Vertrauen in die Fruchtbarkeit und Anschlussfähigkeit von Feuerbachs „neuer Philosophie" dabei von einem solchen Ausmaß, dass es weder die erste kritische Beschäftigung mit der Nationalökonomie in den „Ökonomisch-philosophischen Manuskripten", noch die Konzipierung der Grundzüge der materialistischen Geschichtsauffassung in der *Heiligen Familie* zu erschüttern vermochten.

Wenn sich aufgrund der Lücken in der Überlieferung auch nicht klären ließ, ob die Rezeption des Stirner'schen Beitrags bei Marx ebenso wie bei Engels, dessen anfänglich wohlwollende Aufnahme des Stirner'schen Ansatzes in dem Brief an Marx vom 19. November 1844 dokumentiert ist, zu einer ersten Distanzierung von Feuerbach führte, so lässt sich zweifellos feststellen, dass auch in Marx' Fall die Rezeption Stirners die Distanzierung von Feuerbach (wie sie sich zum ersten Mal in den „Thesen ad Feuerbach" manifestiert) antezedierte. Dieser Distanzierung von Feuerbach kommt im intellektuellen Werdegang von Marx und Engels eine herausgehobene Bedeutung zu, da sie eine Situation begründete, in welcher die beiden Autoren der Manuskripte zur „Deutschen Ideologie" erstmals nicht mehr als Anhänger eines anderen Denkers agierten. Unabhängig von der Bewertung des Einflusses, welcher Stirners Individualisierung des aufklärerischen Diskurses auf die Konzipierung ihrer Variante des aufklärerischen Diskurses beigemessen werden muss, ist festzuhalten, dass Stirner Marx und Engels in der Emanzipation von den beiden bestimmenden Denkern der junghegelianischen Phase der deutschen Spätaufklärung voranging. Einen sowohl von Bauer, als auch von Feuerbach unabhängigen Ansatz entwickelten Marx und Engels erst, nachdem sie den eigenständigen Ansatz Stirners rezipiert hatten.

Es kann nur vermutet werden, dass das Interesse, welches sowohl Marx, als auch Engels Stirners *Der Einzige und sein Eigenthum* von Beginn an entgegenbrachten, seinen Ausgang von dieser Eigenheit des Stirner'schen Beitrags zur Debatte um die Weiterentwicklung des aufklärerischen Diskurses nahm. Mit Sicherheit lässt sich jedoch die Intention von Marx belegen, den *Einzigen* bereits nach der ersten Rezeption im November/Dezember 1844 einer Kritik zu unterziehen. Auf die verschiedenen Gründe, welche der Umsetzung dieser Intention in der Folge im Wege standen, wurde in der Untersuchung hingewiesen. Gezeigt wurde ebenfalls, dass die Kritik Stirners dann das erste Vorhaben darstellte, dessen Umsetzung Marx und Engels nach der Sicherung der Finanzierung der von ihnen gemeinsam mit Moses Heß zu redigierenden Vierteljahrsschrift in Angriff nahmen (die Replik auf Bauers *Charakteristik Ludwig Feuerbachs* wurde bereits vor der Aussicht auf eine eigene Vierteljahrsschrift begonnen und in ihrer ursprünglichen Fassung weitgehend abgeschlossen).

Auch wenn Marx und Engels sich in den Manuskripten zur „Deutschen Ideologie" stets um den Nachweis des Gegenteils bemühen, erwies sich die Kritik Stirners in der Folge als die in argumentativer Hinsicht avancierteste Herausforderung für die Konzipierung ihres eigenen Ansatzes zur Weiterentwicklung des aufklärerischen Diskurses. Zum Zeitpunkt des Beginns der Arbeit an *III. Sankt Max* mochten Marx und Engels die Tragweite dieser mit Stirners Ansatz gegebenen Herausforderung für eine Weiterentwicklung des aufklärerischen Diskurses noch nicht vollständig erfasst haben und sich für die Kritik Stirners etwa vor allem aufgrund der ihm von Feuerbach gewidmeten Aufmerksamkeit oder aufgrund der Hoffnung eines zur Konturierung ihres eigenen Ansatzes besonders geeigneten Kontrastmediums entschieden haben. Im Zuge der Abfassung von *III. Sankt Max* entwickelte die Kritik dann jedoch eine nur mit Mühe zu beherrschende Eigendynamik. So sahen Marx und Engels sich in der Folge zu bedeutenden Radikalisierungen ihres eigenen Ansatzes genötigt, um den argumentativen Instrumenten Stirners begegnen zu können – und zwar Radikalisierungen sowohl in inhaltlicher Hinsicht, als auch im Hinblick auf die Entkräftung der von Stirner produzierten, argumentativen Evidenz und auf die Durchsetzung der von ihnen selbst produzierten Evidenz.

Diese Radikalisierungen haben in der materialistischen Geschichtsauffassung – der konzeptionellen Grundlage der von ihnen entwickelten alternativen Form des aufklärerischen Diskurses – deutliche Spuren hinterlassen. Zwar hatten Marx und Engels, wie gezeigt, das Fundament der materialistischen Geschichtsauffassung bereits in der Kritik Bruno Bauers in der *Heiligen Familie* gelegt und hatten darauf aufbauend geglaubt, die Überlegenheit ihrer Geschichtsauffassung in einer Kontrastierung mit Stirners individualistischer Geschichtsauffassung besonders prägnant darstellen und die letztere dabei als Kulmination der – sämtlichen Kontrahenten um die Weiterentwicklung des aufklärerischen Diskurses unterstellten – idealistischen Geschichtsauffassung behandeln zu können. Wie jedoch ebenfalls gezeigt wurde, verlangte diese Strategie eine „Rephilosophisierung" Stirners, die auch Marx und Engels nur unter Anwendung des interpretativen Kunstgriffs einer Erklärung Stirners zu einem „bankerutten Philosophen" zu realisieren in der Lage waren. In der Folge schwankten die beiden Autoren der Manuskripte zur „Deutschen Ideologie" dann auch zwischen zwei unterschiedlichen Strategien der argumentativen Desavouierung Stirners.

Die erste, von ihnen verfolgte Strategie zielte darauf ab, die von Stirner produzierten Evidenzen als minderwertige philosophische Evidenzen zu entlarven, die ihre Überzeugungskraft nur vor dem Hintergrund zu entfalten in der Lage gewesen wären, dass Stirner ihnen den Anschein gegeben hätte, keine philosophischen Evidenzen zu sein. Vor dem Hintergrund dieser Strategie wurden sie nicht müde, die Widersprüchlichkeit des Gebrauchs nachzuweisen, den Stirner von seinen Begriffen tätigte (was angesichts seines oftmals plakativen Verzichts auf die Kohärenz der von ihm formulierten Positionen und des konsequenten Beharrens auf der Möglichkeit, gegenüber vergangenen Äußerungen, die er als seine „Geschöpfe" betrachtete, die Position eines „allmächtigen" „Schöpfers" einzunehmen, kein besonders schwieriges Unterfangen darstellt). Im Rahmen dieser Strategie stehen Marx und Engels weiterhin in der Tradition des philosophisch-aufklärerischen Diskurses und konnten – vielleicht zum letzten Mal – die insbesondere bei Marx vorhandene Kompetenz in der Produktion philosophischer Evidenz zum Einsatz bringen.

Die zweite, von Marx und Engels zur Desavouierung Stirners und zur Deplausibilisierung der von ihm produzierten Evidenzen verfolgte Strategie brach demgegenüber deutlich mit der Tradition des philosophisch-aufklärerischen Diskurses und bildet den Hintergrund, vor welchem die Auszeichnung ihres Beitrags zur Weiterentwicklung des aufklärerischen Diskurses als eines innovativen ihre Rechtfertigung findet. Während der argumentative Angriff auf Stirners Ansatz im Rahmen der ersten Strategie quasi von innerhalb der philosophischen Evidenzproduktion erfolgte – und im Falle seines Gelingens eine Folge ihrer Überlegenheit in der Produktion philosophischer Evidenz bedeuten musste –, erfolgte der im Rahmen der zweiten Strategie vorgenommene Angriff von außerhalb der philosophischen Evidenzproduktion. Ähnlich wie Stirner vor ihnen die Überzeugungskraft der von ihm kritisierten, philosophischen Ansätze Feuerbachs und Bauers nicht durch die Produktion überlegener philosophischer Evidenzen zu brechen suchte, sondern ihre Überzeugungskraft – in bester aufklärerischer Tradition – unter Rekurs auf eine differierende Form der Generierung argumentativer Überzeugungsleistungen zu übertrumpfen suchte, griffen auch Marx und Engels auf eine im Rahmen der Instanziierung aufklärerischer Diskurse bisher unerschlossene Ressource argumentativer Evidenzerfahrungen zurück: die erfahrungswissenschaftliche Evidenz empirisch-konstatierbarer Tatsachen.

Die Besonderheit dieses zweiten, im Laufe der Ausformulierung der Kritik Stirners dann perfektionierten Angriffs auf die Überzeugungskraft der Ansätze ihrer Kontrahenten ist darin zu sehen, dass Marx und Engels es zum Zeitpunkt der Konzipierung ihrer Form des aufklärerischen Diskurses nicht mehr – wie noch Stirner – mit nur einer, von ihren Kontrahenten zur Anwendung gebrachten Form der argumentativen Evidenzproduktion zu tun hatten (der philosophischen Evidenzproduktion), sondern zusätzlich mit der von Stirner in die Debatte um die Weiterentwicklung des aufklärerischen Diskurses eingeführten (der Produktion der Evidenz alltagssprachlicher Vertrautheit). Wenn die erste Strategie sich als der Versuch fassen lässt, Stirners Überzeugung von der argumentativen Überlegenheit der Evidenz alltagssprachlicher Vertrautheit gegenüber der philosophischen als illusorisch zu erweisen – und damit gewissermaßen die Verteidigung der weiterhin philosophisch fundierten Ansätze Feuerbachs und Bauers vorzunehmen, die diesen beiden nicht gelungen war –, wenn die erste Strategie also letztlich zu einer Restitution des argumentativen Primats der philosophischen Evidenzproduktion führen musste, so ging mit der zweiten Strategie der Anspruch einher, einen – im Gegensatz zu Stirners – tatsächlich nichtphilosophisch fundierten aufklärerischen Diskurs begründet zu haben.

Mit dem Rekurs auf die Evidenz empirisch-konstatierbarer Tatsachen, deren Überzeugungskraft Marx und Engels im Rahmen ihrer nationalökonomischen Studien selbst erfahren hatten, sahen die beiden Autoren der Manuskripte zur „Deutschen Ideologie" sich in die Lage versetzt, sämtliche der Formen argumentativer Evidenzproduktion zu übertrumpfen, die bis dahin in der aufklärerischen Agitation eine Rolle gespielt hatten. Sie sahen sich also nicht nur in der Lage, die Überzeugungskraft der beiden Ressourcen entkräften zu können, auf welche die deutschen Spätaufklärer bisher rekurriert hatten, sondern darüber hinaus derjenigen, die bis hin zu Stirner das traditionelle Ziel der aufklärerischen Angriffe auf die Hegemonie in der Bestimmung des Bewusstseins der zustandsrelevanten Bewusstseinsträger gebildet hatte: die religiöse Evidenz heiliger Autoritäten. Mit der Evidenz empirisch-konstatierbarer Tatsachen glaubten Marx und Engels in der Folge die Grundlage für einen aufklärerischen Diskurs geschaffen zu haben, der die Schwächen der bisherigen Formen dieses Diskurses zu vermeiden versprach, ohne auf die von diesen Formen erbrachten Leistungen verzichten zu müssen.

Wie im Rahmen der Untersuchung zutage trat, blieb der zweifache Rekurs auf die philosophische und die erfahrungswissenschaftliche Form der Evidenzproduktion, welchen Marx und Engels zur Desavouierung Stirners einsetzten, allerdings nicht ohne Folgen für ihren eigenen Ansatz. Bei der Entwicklung des argumentativen Instrumentariums, mit welchem ihre Variante der Weiterentwicklung des aufklärerischen Diskurses gegen die konkurrierenden durchgesetzt werden sollte, entschieden sich Marx und Engels vielmehr für eine arbeitsteilige Inanspruchnahme der beiden Ressourcen argumentativer Evidenzerfahrungen. Konnten über die Gründe für den Sachverhalt, dass Marx und Engels zur Stützung ihres Ansatzes nicht auf *empirisch-konstatierte* – wie etwa Engels in *Die Lage der arbeitenden Klasse in England* –, sondern nur auf *empirisch-konstatierbare* Tatsachen zurückgriffen, im Rahmen dieser Untersuchung nur Mutmaßungen angestellt werden, so wurde nachgewiesen, dass die Rigorosität und Vehemenz, mit welcher Marx und Engels den erfolgreichen Bruch mit der philosophischen Form des aufklärerischen Diskurses für sich reklamierten, in der tatsächlich von ihnen praktizierten Weise der Produktion argumentativer Evidenz keine Entsprechung fand. Und so bleibt anlässlich der Frage nach der von Marx und Engels gewählten Form der Generierung von Überzeugungsleistungen nur zu konstatieren, dass die beiden Autoren der Manuskripte zur „Deutschen Ideologie" zwar ihre grundlegenden Begrifflichkeiten aus den – ökonomischen – Erfahrungswissenschaften bezogen, die weitere Entwicklung dieser Begriffe dann jedoch mit rein auf philosophische Weise produzierten Evidenzen absicherten. So lässt sich in Bezug auf die für diese Untersuchung zentrale Frage nach der für die Weiterentwicklung des aufklärerischen Diskurses gewählten Form der argumentativen Evidenzproduktion im Falle von Marx und Engels festhalten, dass der von ihnen behauptete Bruch mit der philosophischen Weise der Evidenzproduktion allenfalls als teilweiser gelten kann.

Es ist sicher nicht verfehlt, in diesem zweifachen Rekurs auf die philosophische und die erfahrungswissenschaftliche Form der Evidenzproduktion ein Zeichen der Schwierigkeiten zu sehen, welche Marx und Engels die Deplausibilisierung von Stirners Evidenz alltagssprachlicher Vertrautheit und allgemein die Desavouierung des im *Einzigen* entwickelten Ansatzes bereiteten. So waren sich Marx und Engels zum einen wohl bewusst, dass die im Rahmen der philosophischen Evidenzproduktion entwickelten Begriffe nach der Stirner'schen Individualisierung von Bedeutungsrelationen eines neuen Fundamentes bedurften, um allgemeine Verbindlichkeit beanspruchen zu können – und griffen zu diesem Zweck auf die gegenüber dem Einfluss individueller Willensentscheide wesentlich weniger zugängliche Evidenz empirisch-konstatierbarer Tatsachen zurück. Zum anderen waren die von ihnen in den aufklärerischen Diskurs eingeführten, erfahrungswissenschaftlichen Begrifflichkeiten in ihrem Gehalt nicht spezifisch genug, um die von Marx und Engels im Laufe der Ausformulierung ihres Ansatzes festgestellten, theoretischen Anforderungen erfüllen zu können – daher griffen sie für ihre Anpassung an diese Anforderungen auf die für eine Entwicklung neuer Begrifflichkeiten besonders geeignete, philosophische Evidenz gelingender Begriffsentwicklung zurück. Marx und Engels hofften auf der Grundlage dieser argumentativen Arbeitsteilung, dem Stirner'schen Angriff auf die allgemeine Verbindlichkeit privilegierter Instanziierungen des aufklärerischen Diskurses begegnen zu können.

Der Eindruck, dass sie diesen Angriff durchaus ernst nahmen, erfuhr im Laufe der Untersuchung insofern zunehmend Gewissheit, als gezeigt werden konnte, dass Marx und Engels in der Auseinandersetzung mit Stirner sämtliche argumentativen Instrumente zum Einsatz brachten, welchen sie Erfolgsaussichten bei der Desavouierung Stirners beimessen zu können glaubten. So ließ sich feststellen, dass die beiden Autoren der Manuskripte zur „Deutschen Ideologie" die wiederholt von den Zeitgenossen kritisierte Konzentration auf *ad hominem*-Argumente in der Auseinandersetzung mit Stirner in einem selbst für ihre Verhältnisse ungewöhnlichen Ausmaß forcierten. Teil dieser im Rahmen der Untersuchung als „Ridiculisierungsstrategie" gefassten Form der argumentativen Angriffe auf Stirner war nicht nur die bereits in *Die heilige Familie* praktizierte, in aufklärerischen Kontexten geläufige Verballhornung der kritisierten Kontrahenten als „Heilige", sondern in weit intensiverer Form die humoristische Behandlung Stirners als „Sancho Panza", dem sie dann den Bauer-Anhänger Szeliga als „Don Quijote" an die Seite stellten. Von dieser Charakterisierung erhofften sich Marx und Engels den argumentationsstrategischen Vorteil, dass der umfassende Gebrauch, den Stirner von der direkten Ansprache des Lesers in der zweiten Person Singular tätigte, von einem Instrument der Generierung von Überzeugungsleistungen zu einer Schwäche der Durchsetzung seines Ansatzes zu verwandeln. Marx und Engels, so wurde in der Untersuchung nachgewiesen, vertrauten in ihrer Kritik Stirners nicht nur auf die sachliche Widerlegung der Positionen Stirners, sie bemühten sich darüber hinaus, den Autor des *Einzigen* als eine Gestalt zu zeichnen, deren Lächerlichkeit auch diejenigen in einem unvorteilhaften Licht erscheinen lassen musste, die den Argumenten Stirners Überzeugungskraft beimaßen.

Zwar stellt die Ridiculisierung der argumentativen Kontrahenten insbesondere im schriftstellerischen Schaffen von Marx alles andere als eine Seltenheit dar – und lag im Falle der Manuskripte zur „Deutschen Ideologie" aufgrund des vorgesehenen publizistischen Rahmens einer Vierteljahrsschrift außerdem nahe –, die besondere Intensität mit welcher Stirner von Marx und Engels der Lächerlichkeit preis gegeben wurde, kann dennoch als Spezifikum ihrer Auseinandersetzung mit Stirner angesehen werden. Es liegt nahe, auch diese Intensität als Folge einer besonderen Nähe – oder, stärker, Ähnlichkeit – der beiden Ansätze anzusehen, wurde auf die bei aller gegebenen Differenz durchaus vorhandenen Gemeinsamkeiten doch bereits hingewiesen. Eine solche Gemeinsamkeit wurde auch anlässlich der Charakterisierung der inhaltlichen Radikalisierung nachgewiesen, zu welcher Marx und Engels durch die Erfordernisse einer argumentativen Desavouierung Stirners gezwungen wurden. Bei allen Unterschieden im Ergebnis, setzten Stirner, Marx und Engels den Hebel für eine Stärkung der argumentativen Möglichkeiten des aufklärerischen Diskurses an derselben Stelle an: alle drei hatten den Glauben an die geschichtsbildende Kraft von „Ideen" als zentralen Grund der manifesten Machtlosigkeit der philosophischen Form des aufklärerischen Diskurses ausgemacht. Wo Stirner jedoch annahm, die negativen Auswirkungen dieses Glaubens auf den Erfolg der aufklärerischen Agitation vermittelst eines Angriffs auf die allgemeine Verbindlichkeit besonderer, als grundlegend ausgezeichneter Ideen beheben zu können und seinen Adressaten empfahl, nicht mehr für die Realisierung der allgemeinen, sondern nur noch der eigenen Ideen zu wirken, sahen Marx und Engels bereits den Glauben an eine wie auch immer geartete geschichtsbildende Kraft von Ideen als verfehlt und als Hintergrund der Schwäche der vorhergehenden aufklärerischen Agitation an. Erneut liegt es nahe, die Rigorosität, mit welcher Marx und Engels jede Art des Einflusses von Ideen auf die menschliche Geschichte und auf die historische Entwicklung der Gesellschaft abstritten, als in dieser Schärfe motiviert durch die Position Stirners anzusehen, erlaubt doch die von ihnen entwickelte Auffassung, sowohl mit den idealistischen Ansätzen ihrer philosophischen Vorgänger Feuerbach und Bauer, als auch mit dem individualistischen Stirners zu brechen.

Die bedeutendsten inhaltlichen Ergebnisse der intensiven, über ein halbes Jahr betriebenen Kritik Stirners für die Entwicklung des Marx-Engels'schen Ansatzes stellen zweifelsos die Konzipierung der Begriffe „Ideologie" und „Kleinbürger" dar, deren erstmalige Formulierung in der Auseinandersetzung mit den Ansichten und Positionen Stirners in der Untersuchung nachgezeichnet wurden. So wurde gezeigt, dass der erste dieser beiden Begriffe – „Ideologie" – von Marx und Engels in Reaktion auf die von Stirner mit dem Begriff „Hierarchie" entwickelte Vorstellung diskursiver Herrschaft gebildet wurde und dass diesem Begriff im Rahmen der Weiterentwicklung des aufklärerischen Diskurses im Vormärz insofern ein zentraler Stellenwert zu bescheinigen ist, als er die umfassendste Neukonzipierung des „Anderen" der Aufklärung bedeutet, die im Rahmen der deutschen Spätaufklärung erfolgte. War diese Rolle in der traditionellen, philosophischen Aufklärung der Religion zugefallen und hatte bereits Stirner das „Andere" der Aufklärung sowohl in der Religion, als in der Philosophie gesehen, so besetzten Marx und Engels diese Position im theoretischen Koordinatensystem aufklärerischen Handelns mit allen diskursiven Formationen, welche nicht den Primat der materialistischen Faktoren in der historischen Entwicklung anzuerkennen bereit waren bzw. welche (weiterhin) die Bestimmung des Bewusstseins als maßgeblichen Hebel einer Veränderung der gesellschaftlichen Verhältnisse ansahen. Es gelang ihnen mit dieser – so einfachen wie fruchtbaren – Definition, den beiden Bedingungen Rechnung zu tragen, welche die Fortführung des emanzipativen Projekts der Aufklärung nach dem Scheitern des philosophisch-aufklärerischen Diskurses zu berücksichtigen hatte: Nicht nur konnten sie das Scheitern des letzteren unter Verweis auf die fehlende Kritik des eigentlichen Garanten der bestehenden Verhältnisse – den Glauben an die Macht von „Ideen" – erklären, auch erlaubte ihnen das Konzept „Ideologie", die Ansätze ihrer Kontrahenten um die Weiterentwicklung des aufklärerischen Diskurses als im Kern konservativ zu kennzeichnen – hielten doch auch diese die Illusion aufrecht, die bestehenden Verhältnisse ließen sich durch Vermittlung der „richtigen" Bewusstseinsakte aufheben.

Mit der Rückbindung diskursiver Macht an das materielle, sozio-ökonomische Machtgefälle und mit der Reduktion des Erfolges in der Generierung von Überzeugungsleistungen auf das Bedienen der rein materiellen Interessen der Adressaten einer Argumentation hatten Marx und Engels eine Form der aufklärerischen Agitation entwickelt, welche die vollständige Entwertung der argumentativen Anstrengungen ihrer Kontrahenten erlaubte. Nicht nur konnten sie in der Folge die von ihren Kontrahenten produzierten Evidenzen als bloße Schein-Evidenzen enttarnen, deren vermeintliche Evidenz sich nur um den Preis der vollständigen Dislozierung der ideellen Abbilder von den zugrundeliegenden Urbildern erzeugen ließ, auch wurde es ihnen möglich, die von ihren Kontrahenten in der Generierung von Überzeugungsleistungen verfolgten Ziele ausschließlich als solche der eigenen Lebenserhaltung und nicht als solche der Veränderung der gesellschaftlichen Verhältnisse zu kennzeichnen.

Die als ideologisch zu klassifizierenden Ansätze ihrer Kontrahenten – und allen voran Stirners – führten, so konnten sie in der Konsequenz argumentieren, im Widerspruch zu dem erweckten Eindruck nicht zur Aufhebung der bestehenden gesellschaftlichen Verhältnisse, sondern vielmehr zu ihrer Verstetigung. Weit davon entfernt, Anspruch auf den Status als legitime Weiterentwicklungen des aufklärerischen Diskurses erheben zu können, müssten sie vielmehr denjenigen diskursiven Strukturen zugerechnet werden, deren Überzeugungskraft ein tatsächlich aufklärerischer Diskurs zu brechen habe. Wie in der Analyse zutage trat, sahen sich Marx und Engels im Zuge der Desavouierung Stirners gezwungen, die zeitlich vorhergehenden Ansätze zur Weiterentwicklung des aufklärerischen Diskurses anders als ihre Kontrahenten nicht mehr als notwendige Entwicklungsstufen in der Konzipierung des eigenen Ansatzes, sondern als besonders gefährliche Varianten einer Legitimation des Bestehenden auszuweisen. Hatte Bauer in Feuerbachs Ansatz – bei aller ihm entgegengebrachten Ablehnung – einen Entwicklungsschritt gesehen, welcher die Dichotomie von „Kritik" und „Masse" erst zu seiner vollständigen Ausprägung gebracht hatte, und hatte Stirner die Ansätze Bauers und vor allem Feuerbachs als notwendige Etappen in der Vollendung der „Geistesherrschaft" gefasst, welche die Möglichkeit eines selbstbestimmten Umgangs mit Begriffen erst eröffnete, so glaubten Marx und Engels den argumentativen Instrumenten Stirners nur dadurch begegnen zu können, dass sie den von ihm entwickelten Ansatz zur Weiterentwicklung des aufklärerischen Diskurses zu einem, jede Form von Emanzipation verhindernden erklärten.

Es war nicht zuletzt diese vollständige Distanzierung von den Ansätzen ihrer Konkurrenten um die Weiterentwicklung des aufklärerischen Diskurses, die Marx und Engels vor dem Hintergrund der für die deutschen Verhältnisse ausgemachten Entwicklungslogik – der Notwendigkeit einer erfolgreichen, bürgerlichen Revolution – veranlasste, mit der Kategorie des „Kleinbürgers" eine zweite inhaltliche Radikalisierung im Rahmen der Kritik Stirners vorzunehmen und eine neue sozio-ökonomische Position zu konzipieren, auf welche sich die Ansätze ihrer Kontrahenten explikativ reduzieren ließen. Ohne diese neue sozio-ökonomische Position musste vor allem Stirner, der von Marx und Engels ursprünglich auch als „Bourgeois-Theoretiker" kritisiert wurde, ein im deutschen Kontext fortschrittliches Potenzial zugesprochen werden. Mit der Klassifizierung Stirners als „Kleinbürger", der sich nach der Wiederherstellung der feudalen gesellschaftlichen Verhältnisse sehne, wurde es den beiden Autoren der Manuskripte zur „Deutschen Ideologie" dann jedoch möglich, Stirner einerseits eine kritische Haltung gegenüber den bestehenden Verhältnissen zuzugestehen und diese kritische Haltung andererseits als reaktionär zu kennzeichnen. Marx und Engels konnten Stirner in der Folge als „ideologisierenden Kleinbürger" kritisieren, der mit seiner Variante des aufklärerischen Diskurses den in der deutschen Gegenwart zunehmend zwischen Bourgeoisie und Proletariat zerriebenen Kleinbürgern die (illusorische) Hoffnung gab, der im Rahmen der materialistischen

Geschichtsauffassung aufgezeigten Entwicklung der Produktivkräfte und Verkehrsverhältnisse Einhalt zu gebieten und die Wiedererrichtung gesellschaftlicher Verhältnisse zu ermöglichen, welche ihrer Marginalisierung ein Ende bereiten würden.

Es entbehrt sicher nicht einer gewissen Ironie, dass diejenige Bevölkerungsgruppe, die Marx und Engels als die hauptsächlichen Mitglieder dieser neuen Klasse ausmachten – die von der Industrialisierung besonders stark getroffenen Handwerker –, zum Zeitpunkt der Niederschrift von *III. Sankt Max* den höchsten Organisationsgrad unter den Anhängern des Kommunismus aufwiesen und gewissermaßen das Rückgrat der damaligen kommunistischen Bewegung bildeten. An dieser Stelle zeigt sich ein in diesem Sinne von Marx und Engels wohl kaum intendierter Effekt der Stirner-Kritik: das gegen Stirners Individualisierung des emanzipativen Projekts der Aufklärung entwickelte, argumentative Instrumentarium eignete sich hervorragend, um argumentative Erfolge auch gegen die bereits etablierten Agitatoren eines „Handwerkerkommunismus" (wie etwa Wilhelm Weitling) zu erzielen. So weist bereits der nach der Kritik Stirners praktizierte Umgang mit den etablierteren sozialistischen Agitatoren wie Moses Heß, Wilhelm Weitling und Hermann Kriege – auf deren Ausschluss von der kommunistischen „Partei" Marx und Engels publizistisch und unter Einflussnahme auf die von ihnen ins Leben gerufenen „Kommunistischen Korrespondenzkomitees drängten – die Richtung, in welcher Antworten auf die eingangs genannten Fragen dieser Untersuchung zu finden sind.

Wie die vorangegangene Untersuchung nachgewiesen hat, waren die Gründe für die Intensität und das Ausmaß der kritischen Aufmerksamkeit, welche Marx und Engels Stirner gewidmet haben, vielschichtiger Natur. Zwar genoss Stirner in den zeitgenössischen Debatten generell eine größere Anerkennung als dies heute der Fall ist. Für die Erklärung des Sachverhalts, dass Marx und Engels seiner Kritik nahezu den gesamten ersten Band ihrer Vierteljahrsschrift widmeten, reicht diese Feststellung jedoch nicht hin. Vielmehr wurde in der Untersuchung detailliert aufgezeigt, dass Stirner nicht nur als erster eine Kritik Feuerbachs formulierte, die von diesem ernst genommen wurde – was vor allem Marx im Hinblick auf seine eigene Distanzierung von Feuerbach beeindrucken musste –, sondern dass er darüber hinaus als erster einen aufklärerischen Diskurs außerhalb des traditionellen philosophischen Referenzrahmens zu entwickeln versucht hatte. So war Stirner Marx und Engels in entscheidenden Aspekten ihrer Weiterentwicklung des aufklärerischen Diskurses zuvorgekommen – und schickte sich, stellt man seine angekündigten kritischen Anmerkungen zu seiner Say-Übersetzung in Rechnung, außerdem an, auch noch den von Marx und Engels ebenfalls betriebenen Schwenk zu einer Kritik der Nationalökonomie vorwegzunehmen.

Doch auch diese, wenn man so will, externen Gründe für eine Kritik Stirners reichen, wie entwickelt wurde, als Erklärung nicht hin. Mögen die aufgezählten Gemeinsamkeiten auch gewichtig für die Aufnahme einer Kritik Stirners gewesen sein, so wurde als gewichtigste Gemeinsamkeit gleichwohl eine andere ausgemacht. Diese letzte Gemeinsamkeit ist in dem von Stirner und – vor allem – von Marx gehegten

Anspruch zu sehen, die für die aufklärerische Agitation elementare Generierung von Überzeugungsleistungen auf einem neuen argumentativen Fundament zu gründen. In dieser Hinsicht war der Beitrag Stirners zur Debatte um die Weiterentwicklung des aufklärerischen Diskurses singulär gewesen – bis Marx und Engels ihren Beitrag formulierten. Stirner war so der Einzige, der als „Gesprächspartner" für das von Marx und Engels verfolgte Unterfangen fungieren konnte. Um Gewissheit in der Frage zu erlangen, ob die Marx-Engels'sche Variante eines weiterentwickelten aufklärerischen Diskurses den in sie gesetzten Erwartungen tatsächlich gerecht zu werden vermochte, war es von elementarer Bedeutung, den von Stirner entwickelten Ansatz zur Generierung argumentativer Überzeugungsleistungen argumentativ überbieten zu können. Mit anderen Worten: Wollte man im Vormärz eine Aktualisierung und Anpassung des aufklärerischen Diskurses an die veränderten Bedingungen des 19. Jahrhunderts vornehmen, um die Hoffnung auf eine radikale Verbesserung der gesellschaftlichen Zustände aufrecht zu halten – und so das Versprechen des emanzipativen Projekts der Aufklärung zu wahren –, so gab es nur einen Ansatz, welchem in argumentativer Hinsicht Rechnung zu tragen war: Stirners radikaler Individualisierung dieses emanzipativen Projekts.

Die in der Folge zu bemerkende Anwendungsvielfalt des zur Desavouierung Stirners entwickelten, argumentativen Instrumentariums bezeugt endlich die Bedeutung der Kritik Stirners im intellektuellen Werdegang von Marx und Engels – gleich ob philosophische Kontrahenten wie Bauer und vor allem Feuerbach, oder sozialistische Parteigänger, allen relevanten zeitgenössischen Kontrahenten ließ sich mit der zur Desavouierung Stirners ersonnenen Klassifizierung als „ideologische Vertreter der Interessen des Kleinbürgertums" der Anspruch absprechen, Teil der fortschrittlichen, emanzipatorischen Bewegung des 19. Jahrhunderts zu sein. Nachdem sie die Mittel zur Deplausibilisierung von Stirners argumentativer Evidenzproduktion entwickelt hatten, hatten sie die Grundlage geschaffen, um das emanzipative Projekt der Aufklärung unter den Bedingungen des 19. Jahrhunderts fortzuführen. Sie hatten, so lässt sich schließen, die Konsequenz, die Stirner aus dem Scheitern der klassisch-philosophischen Form des aufklärerischen Diskurses gezogen hatte – die Individualisierung des emanzipativen Projekts der Aufklärung –, vermieden und die Grundlage für einen aufklärerischen Diskurs geschaffen, der auch unter den veränderten Bedingungen des 19. Jahrhunderts über die argumentativen Möglichkeiten verfügte, die disparaten Willensbekundungen einer Masse von Individuen zu harmonisieren und die Koordinierung eines kollektiven Handelns mit dem Ziel eines radikalen gesellschaftlichen Umsturzes zu gewährleisten. Die Sicherheit, mit welcher Marx und Engels nach den entscheidenden Weichenstellungen der Stirner-Kritik auftraten, lässt erkennen, dass sie sich der Tragweite dieser kritischen Arbeit durchaus bewusst waren. Mit Abschluss der Kritik Stirners sahen Marx und Engels sich somit im Besitz eines argumentativen Instrumentariums, das unter den Beiträgen zur Debatte um die Weiterentwicklung des aufklärerischen Diskurses seinesgleichen suchte. Es ist dies der Hintergrund, vor welchem die von Marx retrospektiv getätigte Charakterisierung der

Arbeit an den Manuskripten zur „Deutschen Ideologie" als „Selbstverständigung" ihre Berechtigung findet und vor welchem darüber hinaus die Frage nach der letztendlich gescheiterten Veröffentlichung dieser Manuskripte an Bedeutung verliert.

Vor dem Hintergrund dieser, in der Kritik Stirners erreichten Selbstsicherheit ist es kaum zu verwundern, dass sich bei ihnen nach Abschluss der Stirner-Kritik im April 1846 einige klassisch-aufklärerische Affekte Bahn brachen und sie sich angesichts der Gewissheit, einen aufklärerischen Diskurs auf der Grundlage der Faktoren geschaffen zu haben, welche über den Gang der Geschichte entscheiden, für einen – wenn auch nur vorübergehenden – Moment zu einer Aussage hinreißen ließen, die ihrer eigenen Absage an alle Versuche, eine Veränderung der gesellschaftlichen Verhältnisse auf dem Wege einer Bewusstseinsänderung zu erreichen, diametral entgegensteht und die wie kaum eine zweite das Selbstverständnis aufklärerischer Agitatoren und das Vertrauen in die Macht einer die Grundfesten des Bestehenden erschütternden Erkenntnis zum Ausdruck bringt. So notierte Marx in einer der am spätesten zu datierenden Bemerkungen des Konvoluts, in welchem er die für den eigenen Ansatz und die Kritik Feuerbachs zentralen Manuskriptteile zusammenführte: „Der Communismus ist für uns nicht ein *Zustand*, der hergestellt werden soll, ein *Ideal*, wonach die Wirklichkeit sich zu richten haben [wird]. Wir nennen Communismus die *wirkliche* Bewegung welche den jetzigen Zustand aufhebt. Wir haben blos zu schreiben."[1] Marx selbst scheint sich in der Folge bewusst geworden zu sein, dass die in dieser Bemerkung transportierte Haltung das Rudiment einer mit Stirners und dem eigenen Ansatz überwundenen Epoche aufklärerischen Handelns darstellte, und korrigierte den letzten Satz schließlich in einer Weise, welche den im Vormärz stattgefundenen Transformationen des aufklärerischen Diskurses und seiner nunmehr erfahrungswissenschaftlichen Fundierung Rechnung trug: „Die Bedingungen dieser Bewegung ergeben sich aus der jezt bestehenden Voraussetzung."[2]

---

[1] Karl Marx/Friedrich Engels: [Konvolut zu Feuerbach] (**H⁵**), MEGA² I/5, Ms-S. 18 (S. 37 u. 873/874).
[2] Ebenda.

Bibliografie

Manuskripte

Die **H**-Siglen in Konkordanz mit der Edition der Manuskripte zur „Deutschen Ideologie" in MEGA² I/5 (Berlin/Boston 2017).

Internationales Institut für Sozialgeschichte/IISG (Amsterdam)
Karl Marx/Friedrich Engels: I. Feuerbach. A. Die Ideologie überhaupt, namentlich die deutsche (**H²**), A 11 / A 7(-1). (MEGA² I/5. S. 4-7.)
Karl Marx/Friedrich Engels: I. Feuerbach. 1. Die Ideologie überhaupt, speciell die deutsche Philosophie (**H³**), A 11 / A 7(-1). (MEGA² I/5. S. 8-11.)
Karl Marx/Friedrich Engels: I. Feuerbach. Wie deutsche Ideologen melden (**H⁴**), A 11 / A 7(-1). (MEGA² I/5. S. 12-15.)
Karl Marx/Friedrich Engels: [Konvolut zu Feuerbach] (**H⁵**), A 11 / A 7(-1). (MEGA² I/5. S. 16-123.)
Friedrich Engels/Karl Marx: Feuerbach [Notizen] (**H⁶**), H 2 / H 1. (MEGA² I/5. S. 124-128.)
Karl Marx/Friedrich Engels: 3) [Fragment] (**H⁷**), A 11 / A 7(-1). (MEGA² I/5. S. 129-134.)
Karl Marx/Friedrich Engels: 5. [Fragment] (**H⁸**), A 11 / A 7(-1). (MEGA² I/5. S. 135-139.)
Karl Marx/Friedrich Engels: Das Leipziger Konzil (**H⁹**), A 13 / A 7(-2). (MEGA² I/5. S. 140-143.)
Karl Marx/Friedrich Engels: II. Sankt Bruno (**H¹⁰**), A 12 / A 7(-2). (MEGA² I/5. S. 144-164.)
Karl Marx/Friedrich Engels: III. Sankt Max • Schluss des Leipziger Konzils (**H¹¹**), A 14 / A 7(-3). (MEGA² I/5. S. 165-511.)
Karl Marx/Friedrich Engels: Der wahre Sozialismus • I. Die „rheinischen Jahrbücher", oder die Philosophie des wahren Sozialismus (**H¹²**), A 15 / A 7(-4). (MEGA² I/5. S. 515-544.)
Karl Marx/Friedrich Engels: IV. Karl Grün: Die soziale Bewegung in Frankreich u. Belgien (Darmstadt 1845) oder: die Geschichtsschreibung des wahren Sozialismus (**H¹³**), A 16 / A 7(-5). (MEGA² I/5. S. 545-589.)
Moses Heß/Friedrich Engels: V. „Der Dr. Georg Kuhlmann aus Holstein", oder die Prophetie des wahren Sozialismus. Die neue Welt oder das Reich des Geistes auf Erden. Verkündigung (**H¹⁴**), A 17 / A 7(-6). (MEGA² I/5. S. 590-601.)

Russisches Staatsarchiv für sozio-politische Geschichte/RGASPI (Moskau)
Karl Marx: Vorrede [Entwurf] (**H¹**), Sign. f. 1, op. 1, d. 188. (MEGA² I/5. S. 3.)

Literatur

Hans Adler (Hrsg.): Literarische Geheimberichte. Protokolle der Metternich-Agenten, 1. Bd. (1840-1843), Köln 1977.
Allerhöchste Kabinetsorder vom 4. Februar 1843, betreffend die Censur der Zeitungen und Flugschriften und die Genehmigung der vom Staatsministerium entworfenen Censur-Instruktion, in: Organ des Deutschen Buchhandels, oder Allgemeines Buchhändler-Börsenblatt, 10. Jg. (1843), Nr. 9 vom 4. März, S. 65-67.
Louis Althusser: Pour Marx, Paris 2005.
Bert Andréas/Jacques Grandjonc/Hans Pelger: Karl Marx' Ausweisung aus Paris und die Niederlassung von Marx und Friedrich Engels in Brüssel im Frühjahr 1845, in: Studien zu Marx' erstem Paris-Aufenthalt und zur Entstehung der *Deutschen Ideologie*, (Schriften aus dem Karl-Marx-Haus Trier, Nr. 43), Trier 1990, S. 213-243.

Bert Andréas/Wolfgang Mönke: Neue Daten zur „Deutschen Ideologie". Mit einem unbekannten Brief von Karl Marx und anderen Dokumenten, (Archiv für Sozialgeschichte, Bd. VIII), Bonn 1968.
Henri Arvon: Aux sources de l'existentialisme. Max Stirner, Paris 1954.
Siegfried Bahne: „Die deutsche Ideologie" von Marx und Engels. Einige Textergänzungen, in: International Review of Social History. Assen. Vol. VII. 1962. Pt. 1. S. 93-104.
David E. Barclay: Anarchie und guter Wille. Friedrich Wilhelm IV. und die preußische Monarchie. Berlin 1995.
Ernst Barnikol: Das entdeckte Christentum im Vormärz. Bruno Bauers Kampf gegen Religion und Christentum und Erstausgabe seiner Kampfschrift, 2., wesentl. erw. Aufl., bes. v. Ralf Ott, Aalen 1989.
Brüssel, 12. Juli., in: Trier'sche Zeitung, Nr. 197 vom 16. Juli 1845, S. 2.
[Bruno Bauer:] Charakteristik Ludwig Feuerbachs, in: Wigand's Vierteljahrsschrift, 1845, 3. Bd., S. 86-146.
Bruno Bauer: Das entdeckte Christenthum. Eine Erinnerung an das achtzehnte Jahrhundert und ein Beitrag zur Krisis des neunzehnten, Zürich und Winterthur 1843 (Ernst Barnikol: Das entdeckte Christentum im Vormärz. Bruno Bauers Kampf gegen Religion und Christentum und Erstausgabe seiner Kampfschrift, 2., wesentl. erw. Aufl., bes. v. Ralf Ott, Aalen 1989, S. 189-270).
[Bruno Bauer:] Die Gattung und die Masse, in: Allgemeine Literatur-Zeitung, H. 10 vom September 1844, S. 42-48.
Bruno Bauer: Geschichte der Politik, Cultur und Aufklärung des 18. Jahrhunderts, 1. Bd., Charlottenburg 1844.
Bruno Bauer: Die gute Sache der Freiheit und meine eigene Angelegenheit, Zürich u. Winterthur 1842.
[Bruno Bauer:] Hegel's Lehre von der Religion und Kunst von dem Standpuncte des Glaubens aus beurtheilt, darin ferner: Hegel's Haß gegen die heilige Geschichte und die göttliche Kunst der heiligen Geschichtsschreibung, Otto Wigand, Leipzig 1842.
Bruno Bauer: Die Judenfrage, Braunschweig 1843.
Bruno Bauer: Die Juden-Frage, in: Deutsche Jahrbücher für Wissenschaft und Kunst, Jg. 1842, Nr. 274-282 vom 17.-26. November, S. 1093-1126.
Bruno Bauer: Kritik der evangelischen Geschichte der Synoptiker, 1. Bd., Leipzig 1841.
Bruno Bauer: Kritik der Geschichte der Offenbarung. Die Religion des Alten Testamentes in der geschichtlichen Entwicklung ihrer Principien, 2 Bde., Berlin 1838.
B[runo] Bauer: Leiden und Freuden des theologischen Bewußtseins, in: Arnold Ruge (Hrsg.): Anekdota zur neuesten deutschen Philosophie und Publicistik, Bd. 2, Zürich und Winterthur 1843, S. 89-112.
Bruno Bauer: Neueste Schriften über die Judenfrage, in: Allgemeine Literatur-Zeitung, H. 1 vom Dezember 1843, S. 1-17.
[Bruno Bauer:] Die Posaune des jüngsten Gerichts über Hegel den Atheisten und Antichristen. Ein Ultimatum, Leipzig 1841.
Bruno Bauer: [Rezension zu:] Hinrichs, politische Vorlesungen. Zweiter Band. Halle, 1843. 489 S., in: Allgemeine Literatur-Zeitung, Monatsschrift, hrsg. v. Bruno Bauer, H. 5 vom April 1844, Charlottenburg, S. 23-25.
[Bruno Bauer:] Was ist jetzt der Gegenstand der Kritik?, in: Allgemeine Literatur-Zeitung, H. 8 vom Juli 1844, S. 18-26.
Bruno Bauer/Edgar Bauer: Bouillé und die Flucht Ludwig XVI., Charlottenburg 1843.
Bruno Bauer/Edgar Bauer: Der Prozeß Ludwig XVI. und der 21. Januar 1793, Charlottenburg 1844.
Bruno Bauer/Edgar Bauer: Die Septembertage 1792 und die ersten Kämpfe der Partheyen der Republik in Frankreich, Charlottenburg 1844.

Bruno Bauer/Edgar Bauer: Der 20. Juni und der 10. August 1792 oder der letzte Kampf des Königthums in Frankreich mit der Volksparthei, Charlottenburg 1843.
Edgar Bauer: Bailly und die ersten Tage der Französischen Revolution, Charlottenburg 1843.
Edgar Bauer: Bruno Bauer und seine Gegner, Berlin 1842.
Edgar Bauer: Der Streit der Kritik mit Kirche und Staat, Charlottenburg 1843.
Eduard Bernstein (Hrsg.): Der „heilige Max". Aus einem Werk von Marx-Engels über Stirner, in: Dokumente des Sozialismus, Bd. 3, Stuttgart 1903, H. 1, S. 17-32.
Eduard Bernstein (Hrsg.): Der „heilige Max". Aus einem nachgelassenen Werk von Marx-Engels über Max Stirner, in: Dokumente des Sozialismus, Bd. 3, Stuttgart 1903, H. 2, S. 65-78, H. 3, S. 115-130, H. 4, S. 169-177.
Eduard Bernstein (Hrsg.): Sankt Max. Aus einem nachgelassenen Werk von Marx-Engels über Max Stirner, in: Dokumente des Sozialismus, Bd. 3, Stuttgart 1903, H. 7, S. 306-316, H. 8, S. 355-364; Bd. 4, Stuttgart 1904, H. 5, S. 210-217, H. 6, S. 259-270, H. 7, S. 312-321, H. 8, S. 363-373, H. 9, S. 416-419.
Börsenblatt für den Deutschen Buchhandel und für die mit ihm verwandten Geschäftszweige, Leipzig, 9.-12. Jg. (1842-1845).
[Ludwig Buhl:] Die Noth der Kirche und die christliche Sonntagsfeier. Ein Wort des Ernstes an die Frivolität der Zeit, Berlin 1842.
[Ludwig Buhl:] Offenes Bekenntnis, in: Berliner Monatsschrift, hrsg. v. Ludwig Buhl, 1. u. einziges H., Mannheim 1844, S. 1-14.
[Ludwig Buhl:] Die Urtheile des Ober-Censurgerichts, in: Berliner Monatsschrift, hrsg. v. Ludwig Buhl, 1. u. einziges H., Mannheim 1844, S. 15-28.
Der Bund der Kommunisten. Dokumente und Materialien, Bd. 1 (1836-1849), Berlin 1970.
Wolfgang Bunzel/Martin Hundt/Lars Lambrecht: Zentrum und Peripherie. Arnold Ruges Korrespondenz mit den Junghegelianern in Berlin, (Forschungen zum Junghegelianismus, Bd. 14), Frankfurt a. M. 2006.
Walter Bußmann: Zwischen Preußen und Deutschland. Friedrich Wilhelm IV. Eine Biographie, Berlin 1990.
Cabinetsordre vom 14. October 1842 betreffs der Tagespresse, in: Börsenblatt für den Deutschen Buchhandel und für die mit ihm verwandten Geschäftszweige, Leipzig, 9. Jg. (1842), Nr. 102 vom 25. November, Sp. 2850.
Terrell Carver: *The German Ideology* Never Took Place, in: History of Political Thought, Vol. XXXI, Issue 1, Spring 2010, S. 107-127.
Circular in Bezug auf die Handhabung der Censur an sämmtliche Königlichen Ober-Präsidien, in: Organ des Deutschen Buchhandels, oder Allgemeines Buchhändler-Börsenblatt, Berlin, 9. Jg. (1842), Nr. 4 vom 22. Januar, S. 26.
Auguste Cornu: Karl Marx und Friedrich Engels. Leben und Werk, Bd. 3, Berlin u. Weimar 1968.
Jacques Derrida: Marx' Gespenster. Der Staat der Schuld, die Trauerarbeit und die neue Internationale, Frankfurt a. M. 1995.
Th[eodor] Dezamy: Der Sieg des Sozialismus über den Jesuitismus oder die Constitutionen der Jesuiten und ihre geheimen Verhaltungsbefehle verglichen mit einem Entwurf über die Organisation der Arbeit, aus d. Franz. mit einem Nachw. v. E[mil] Weller, Leipzig 1846.
Kai Drewes: Die Unüberwindbarkeit der Zensur: Ein unbekannter Brief des Braunschweiger Verlegers Eduard Vieweg an Karl Marx aus dem Jahr 1846, in: Archiv für Geschichte des Buchwesens, Bd. 66, 2011, S. 155-164.
Elberfeld, 24. Nov., in: Trier'sche Zeitung, Nr. 333 vom 29. November 1845, S. 1.
Friedrich Engels: Beschreibung der in neuerer Zeit entstandenen und noch bestehenden kommunistischen Ansiedlungen, MEGA^1 I/4, Berlin 1932, S. 349-366.
Friedrich Engels: Briefe. April 1883 – Dezember 1887, Marx-Engels-Werke, Bd. 36, Berlin 1967.

Friedrich Engels: Briefe. Januar 1888 – Dezember 1890, Marx-Engels-Werke, Bd. 37, Berlin 1967.
Friedrich Engels: Briefwechsel. Oktober 1889 bis November 1890, MEGA² III/30, Berlin 2013.
Friedrich Engels: Communism in Germany, MEGA¹ I/4, Berlin 1932, S. 339-348.
Friedrich Engels: Continental Socialism, MEGA¹ I/4, Berlin 1932, S. 337/338.
Friedrich Engels: Die Lage der arbeitenden Klasse in England. Nach eigner Anschauung und authentischen Quellen, MEGA¹ I/4, Berlin 1932, S. 1-286.
Friedrich Engels: Manchester-Hefte 1845, MEGA² IV/4, Berlin 1988, S. 359-542.
Friedrich Engels: Umrisse zu einer Kritik der Nationalökonomie, MEGA² I/3, Berlin 1985, S. 467-494.
Friedrich Engels: Vorbemerkung zu „Ludwig Feuerbach und der Ausgang der klassischen deutschen Philosophie", MEGA² I/31, Berlin 2002, S. 122/123.
Friedrich Engels: Zur Geschichte des Bundes der Kommunisten, MEGA² I/30, Berlin 2011, S. 89-108.
Friedrich Engels: Zwei Reden in Elberfeld, MEGA¹ I/4, Berlin 1932, S. 367-390.
Friedrich Engels/Edgar Bauer: Die frech bedräute, jedoch wunderbar befreite Bibel. Oder: Der Triumph des Glaubens, MEGA² I/3, Berlin 1985, S. 387-422.
Friedrich Engels/Karl Marx: Die Heilige Familie oder Kritik der kritischen Kritik. Gegen Bruno Bauer & Consorten, Frankfurt a. M. 1845, MEGA¹ I/3, Berlin 1932, S. 173-388.
Friedrich Engels/Karl Marx: Das Leipziger Konzil, mit einer Einf. von Gustav Mayer, in: Archiv für Sozialwissenschaft und Sozialpolitik, Bd. 47, H. 3 vom August 1921, S. 773-808.
Ergänzende Materialien zum Briefwechsel von Marx und Engels bis April 1846 (zu MEGA² III/1), in: Marx-Engels-Jahrbuch 3, Berlin 1980, S. 295-306.
Es ist hier ein Verein ..., in: Königlich Preußische Staats-, Kriegs- und Friedens-Zeitung, 1842, Nr. 138 vom 17. Juni.
Wolfgang Eßbach: Gegenzüge. Der Materialismus des Selbst und seine Ausgrenzung aus dem Marxismus – eine Studie über die Kontroverse zwischen Max Stirner und Karl Marx, Frankfurt a.M. 1982.
Wolfgang Eßbach: Die Junghegelianer. Soziologie einer Intellektuellengruppe, München 1988.
Wolfgang Eßbach: Max Stirner – Geburtshelfer und böse Fee an der Wiege des Marxismus, in: Karl Marx/Friedrich Engels: Die deutsche Ideologie, hrsg. v. Harald Bluhm, (Klassiker Auslegen Bd. 36), Berlin 2010, S. 165-183.
Ludwig Feuerbach: [Auszüge eines Briefes an Arnold Ruge abgedruckt unter dem Titel 7. *Das Pathos der Kritik und die Kritik der unreinen Vernunft* in der Rubrik *Wastebook* der „Hallischen Jahrbücher"], Jg. 1840, Nr. 12 vom 14. Januar, Sp. 93/94. (Ludwig Feuerbach: Kleinere Schriften II (1839-1846), 2., durchges. Aufl., Gesammelte Werke, Bd. 9, Berlin 1982, S. 80/81).
L[udwig] F[euerbach]: Beleuchtung der in den „Theologischen Studien und Kritiken" (Jahrgang 1842, I. Heft) enthaltenen Rezension meiner Schrift „Das Wesen des Christentums", in: Deutsche Jahrbücher für Wissenschaft und Kunst, Jg. 1842, H. 17 vom 21. Januar, S. 65-68, H. 18 vom 22. Januar, S. 69-72, H. 19 vom 24. Januar, S. 73/74, H. 20 vom 25. Januar, S. 77-79, H. 21 vom 26. Januar, S. 81-84, und H. 22 vom 27. Januar, S. 85-88 (Ludwig Feuerbach: Kleinere Schriften II (1839-1846), 2., durchges. Aufl., Gesammelte Werke, Bd. 9, Berlin 1982, S. 177-228).
L[udwig] F[euerbach]: Zur Beurtheilung der Schrift „Das Wesen des Christenthums", in: Deutsche Jahrbücher für Wissenschaft und Kunst, Jg. 1842, H. 39 vom 16. Februar, S. 154/155, und H. 40 vom 17. Februar, S. 157-159 (Ludwig Feuerbach: Kleinere Schriften II (1839-1846), 2., durchges. Aufl., Gesammelte Werke, Bd. 9, Berlin 1982, S. 229-242).
Ludwig Feuerbach: Briefwechsel II (1840-1844), Gesammelte Werke, Bd. 18, Berlin 1988.
Ludwig Feuerbach: Briefwechsel III (1845-1852), Gesammelte Werke, Bd. 19, Berlin 1993.

L[udwig] F[euerbach]: Einige Bemerkungen über den „Anfang der Philosophie" von Dr. J. F. Reiff, in: Deutsche Jahrbücher für Wissenschaft und Kunst, Jg. 1841, Nr. 150 vom 23. Dezember, S. 597-600 (Ludwig Feuerbach: Kleinere Schriften II (1839-1846), 2., durchges. Aufl., Gesammelte Werke, Bd. 9, Berlin 1982, S. 143-153).

Ludwig Feuerbach: Grundsätze der Philosophie der Zukunft, Zürich und Winterthur 1843 (Ludwig Feuerbach: Kleinere Schriften II (1839-1846), 2., durchges. Aufl., Gesammelte Werke, Bd. 9, Berlin 1982, S. 264-341).

[Ludwig Feuerbach:] Luther als Schiedsrichter zwischen Strauß und Feuerbach, in: Anekdota zur neuesten deutschen Philosophie und Publicistik, hrgs. v. Arnold Ruge, 2. Bd., Zürich u. Winterthur 1843, S. 206-208.

[Ludwig Feuerbach:] Ueber das „Wesen des Christenthums" in Beziehung auf den „Einzigen und sein Eigenthum", in: Wigand's Vierteljahrsschrift, 1845, 2. Bd., S. 193-205.

[Ludwig Feuerbach:] Ueber das „Wesen des Christenthums" in Beziehung auf den „Einzigen und sein Eigenthum", in: Ludwig Feuerbach: Sämtliche Werke, Bd. I, Leipzig 1846, S. 342-359. Ludwig Feuerbach: Kleinere Schriften II (1839-1846), 2., durchges. Aufl., Gesammelte Werke, Bd. 9, Berlin 1982, S. 427-441.

Ludwig Feuerbach: Vorläufige Thesen zu einer Reform der Philosophie, in: Arnold Ruge (Hrgs.): Anekdota zur neuesten deutschen Philosophie und Publicistik, Bd. 2, Zürich und Winterthur 1843, S. 62-86 (Ludwig Feuerbach: Kleinere Schriften II (1839-1846), 2., durchges. Aufl., Gesammelte Werke, Bd. 9, Berlin 1982, S. 243-263).

Ludwig Feuerbach: Das Wesen der Religion, in: Ludwig Feuerbach: Sämtliche Werke, Bd. I, Leipzig 1846, S. 410-486 (Ludwig Feuerbach: Kleinere Schriften III (1846-1850), 2., durchges. Aufl., Gesammelte Werke, Bd. 10, Berlin 1982, S. 3-79).

Ludwig Feuerbach: Das Wesen des Christentums, Leipzig 1841 (Ludwig Feuerbach: Das Wesen des Christentums, 2., durchges. Aufl., Gesammelte Werke, Bd. 5, Berlin 1984).

Ludwig Feuerbach: Das Wesen des Christentums, Zweite, verm. Aufl., Leipzig 1843 (Ludwig Feuerbach: Das Wesen des Christentums, 2., durchges. Aufl., Gesammelte Werke, Bd. 5, Berlin 1984).

Michel Foucault: Die Ordnung der Dinge, Frankfurt a. M. 1974.

Julius Fröbel: Das Verbrechen der Religionsstörung nach den Gesetzen des Kantons Zürich, Zürich und Winterthur 1844.

Galina Golowina: Das Projekt der Vierteljahrsschrift von 1845/1846. Zu den ursprünglichen Publikationsplänen der Manuskripte der „Deutschen Ideologie", in: Marx-Engels-Jahrbuch 3, Berlin 1980, S. 260-274.

Jacques Grandjonc: Die Stimme des Volks 1839 oder Blätter der Zukunft 1846. Zur „Deutschen Ideologie", in: Archiv für Sozialgeschichte, Bd. IX, Bonn 1969, S. 499-507.

Gutachten der Evangelisch-theologischen Facultäten der Königlich Preußischen Universitäten über den Licentiaten Bruno Bauer in Beziehung auf dessen Kritik der evangelischen Geschichte der Synoptiker. Im Auftrage des vorgesetzten Hohen Ministeriums hrsg. v. d. Evangelisch-theologischen Facultät der Rheinischen Friedrich-Wilhelms-Universität, Berlin 1842.

Joseph Hansen (Hrsg.): Rheinische Briefe und Akten zur Geschichte der politischen Bewegung 1830-1850, Bd. 1 (1830-1845), Essen 1919.

Die heilige Familie oder Kritik der kritischen Kritik. Gegen Br. Bauer und Consorten von F. Engels und K. Marx. Frankfurt 1845, in: Das Westphälische Dampfboot, 1. Jg. Bielefeld 1845, H. vom Mai, S. 206-214.

Heinrich Heine: Die romantische Schule, Historisch-kritische Gesamtausgabe der Werke, Bd. 8/1, Hamburg 1979.

Hans G Helms: Die Ideologie der anonymen Gesellschaft, Köln 1966.

Franz Herre: Friedrich Wilhelm IV. Der andere Preußenkönig. Gernsbach 2007.

Moses Heß: Briefwechsel, hrsg. v. Edmund Silberner, 'S-Gravenhage 1959.

M[oses] Heß: Dottore Graziano's Werke. Zwei Jahre in Paris, Studien und Erinnerungen von A. Ruge, in: Deutsche-Brüsseler-Zeitung, Nr. 62 vom 5. August 1847, S. 2/3, u. Nr. 63 vom 8. August 1847, S. 2/3.

Moses Heß: Die letzten Philosophen, Darmstadt 1845.

[Moses Heß:] Philosophie der That, in: Einundzwanzig Bogen aus der Schweiz, hrsg. v. Georg Herwegh, 1. Th., Zürich und Winterthur 1843, S. 309-331.

[Moses Heß:] Umtriebe der kommunistischen Propheten, in: Gesellschaftsspiegel. Organ zur Vertretung der besitzlosen Volksklassen und zur Beleuchtung der gesellschaftlichen Zustände der Gegenwart, Elberfeld, Bd. 1 (1845), H. 6, S. 94-96.

Martin Hundt (Hrsg.): Der Redaktionsbriefwechsel der *Hallischen*, *Deutschen* und *Deutsch-Französischen Jahrbücher* (1837-1844), 3 Bde., Berlin 2010.

[Karl Reinhold Jachmann:] Preußen seit der Einsetzung Arndt's bis zur Absetzung Bauers, in: Einundzwanzig Bogen aus der Schweiz, hrsg. v. Georg Herwegh, Zürich und Winterthur 1843, S. 1-32.

[Johann Jacoby:] Vier Fragen beantwortet von einem Ostpreußen, Mannheim 1841.

G[ustav] Julius: Der Streit der sichtbaren mit der unsichtbaren Menschenkirche oder Kritik der Kritik der kritischen Kritik, in: Wigand's Vierteljahrsschrift, 1845, 2. Bd., S. 326-333.

Theodor Kliefoth: Einleitung in die Dogmengeschichte, Parchim und Ludwigslust 1839.

Wilhelm Klutentreter: Die Rheinische Zeitung von 1842/43 in der politischen und geistigen Bewegung des Vormärz, 1. Teil, Dortmund 1966; 2. Teil (Dokumente), Dortmund 1967.

Carl Friedrich Köppen: Friedrich der Grosse und seine Widersacher. Eine Jubelschrift, Leipzig 1840.

Wolfgang Korfmacher: Stirner denken. Max Stirner und der Einzige, Wien u. Leipzig 2001.

Reinhart Koselleck: Begriffsgeschichten, Frankfurt a. M. 2010.

Georg Kuhlmann: Die Neue Welt oder das Reich des Geistes auf Erden. Verkündigung, Genf 1845.

Bernd A. Laska: Ein dauerhafter Dissident. 150 Jahre Stirners „Einziger". Eine kurze Wirkungsgeschichte, Nürnberg 1996.

Friedrich List: Das nationale System der politischen Oekonomie, Stuttgart und Tübingen 1841.

Karl Löwith: Von Hegel zu Nietzsche. Der revolutionäre Bruch im Denken des neunzehnten Jahrhunderts, Hamburg 1995.

John Henry Mackay: Max Stirner. Sein Leben und sein Werk, 3., völlig durchgearb. u. verm., mit einem Namen- u. Sach-Register vers. Aufl., Berlin 1914 (Reprint der Mackay-Gesellschaft, Freiburg/Br. 1977).

David McLellan: The Young Hegelians and Karl Marx. London 1969.

Karl Marx: Bemerkungen über die neueste preußische Zensurinstruktion, MEGA² I/1, Berlin 1975, S. 97-118.

Karl Marx: Erklärung [vom 18. Januar 1846], Marx-Engels-Werke, Bd. 2, Berlin 1957, S. 625.

Karl Marx: Exzerpte aus John Francis Bray: Labour's wrongs and labour's remedy, MEGA² IV/5, Berlin 2014, S. 5-59.

Karl Marx: Gegen Bruno Bauer, in: Karl Marx/Friedrich Engels/Joseph Weydemeyer: Die deutsche Ideologie. Artikel, Druckvorlagen, Entwürfe, Reinschriftfragmente und Notizen zu I. Feuerbach und II. Sankt Bruno, Marx-Engels-Jahrbuch 2003, Berlin 2004, S. 3-5.

Karl Marx: Herr Vogt, MEGA² I/18, Berlin 1984, S. 51-339.

Karl Marx: Herweghs und Ruges Verhältnis zu den Freien, in: Rheinische Zeitung, Nr. 333 vom 29. November 1842, MEGA² I/1, S. 371/372.

Karl Marx: Historisch-politische Notizen (Kreuznacher Hefte 1-5), MEGA² IV/2, Berlin 1981, S. 9-278.

Karl Marx: Zur Judenfrage, MEGA² I/2, Berlin 1982, S. 141-169.

Karl Marx: Karl Grün: Die soziale Bewegung in Frankreich und Belgien (Darmstadt 1845.) oder Die Geschichtschreibung des wahren Sozialismus, in: Das Westphälische Dampfboot, Jg. 3, H. 8 vom August 1847, S. 439-463, u. H. 9 vom September 1847, S. 505-525.
Karl Marx: Zur Kritik der Hegelschen Rechtsphilosophie. Einleitung, MEGA² I/2, Berlin 1982, S. 170-183.
Karl Marx: Zur Kritik der Politischen Ökonomie. Erstes Heft, Berlin 1859, MEGA² II/2, Berlin 1980, S. 99-245.
Karl Marx: Kritische Randglossen zu dem Artikel „Der König von Preußen und die Socialreform. Von einem Preußen", MEGA² I/2, Berlin 1982, S. 445-463.
Karl Marx: Lohnarbeit und Kapital, MEGA¹ I/6, Berlin 1932, S. 473-499.
Karl Marx: Thesen ad Feuerbach, MEGA² IV/3, Berlin 1998, S. 19-21.
Karl Marx: Über Friedrich Lists Buch „Das nationale System der politischen Ökonomie", in: Beiträge zur Geschichte der Arbeiterbewegung, 14. Jg., Berlin 1972, H. 3, S. 425-446.
Karl Marx: Verhandlungen des 6. Rheinischen Landtags. Dritter Artikel: Debatten über das Holzdiebstahlsgesetz, MEGA² I/1, Berlin 1975, S. 199-236.
Karl Marx u. a.: Ein Briefwechsel von 1843, MEGA² I/2, Berlin 1982, S. 469-489.
Karl Marx/Friedrich Engels: Beschlüsse über das New-Yorker deutsche Blatt Der Volkstribun, redigiert von Hermann Kriege, nebst deren Begründung, MEGA¹ I/6, Berlin 1932, S. 1-21.
Karl Marx/Friedrich Engels: Briefe. Oktober 1864 – Dezember 1867, Marx-Engels-Werke, Bd. 31, Berlin 1965.
Karl Marx/Friedrich Engels: Briefwechsel. Bis April 1846, MEGA² III/1, Berlin 1975.
Karl Marx/Friedrich Engels: Briefwechsel. Mai 1846 bis Dezember 1848, MEGA² III/2, Berlin 1979.
Karl Marx/Friedrich Engels: Deutsche Ideologie. Manuskripte und Drucke, bearb. v. Ulrich Pagel, Gerald Hubmann u. Christine Weckwerth, MEGA² I/5, Berlin/Boston 2017.
Karl Marx/Friedrich Engels: Die deutsche Ideologie. Kritik der neuesten deutschen Philosophie in ihren Repräsentanten, Feuerbach, B. Bauer und Stirner, und des deutschen Sozialismus in seinen verschiedenen Propheten. 1845-1846, MEGA¹ I/5, Berlin 1932.
Karl Marx/Friedrich Engels: Die deutsche Ideologie. Kritik der neuesten deutschen Philosophie in ihren Repräsentanten Feuerbach, B. Bauer und Stirner, und des deutschen Sozialismus in seinen verschiedenen Propheten, Marx-Engels-Werke, Bd. 3, Berlin 1958.
Karl Marx/Friedrich Engels: Exzerpte und Notizen, MEGA² IV/2, Berlin 1981.
Karl Marx/Friedrich Engels: Exzerpte und Notizen, MEGA² IV/3, Berlin 1998.
Karl Marx/Friedrich Engels: Manifest der Kommunistischen Partei, MEGA¹ I/6, Berlin 1932, S. 523-557.
Karl Marx/Friedrich Engels/Joseph Weydemeyer: Die deutsche Ideologie. Artikel, Druckvorlagen, Entwürfe, Reinschriftfragmente und Notizen zu I. Feuerbach und II. Sankt Bruno, Marx-Engels-Jahrbuch 2003, Berlin 2004.
Marx und Engels über Feuerbach. Der erste Teil der „Deutschen Ideologie", in: Marx-Engels-Archiv, Zeitschrift des Marx-Engels-Instituts in Moskau, hrsg. v. D[avid] Rjazanow, Bd. 1, Frankfurt a. M. [1926], S. 205-306.
Rudolph Matthäi: Socialistische Bausteine, in: Rheinische Jahrbücher zur gesellschaftlichen Reform, hrsg. v. Hermann Püttmann, 1. Bd., Darmstadt 1845, S. 155-166.
Gustav Mayer: Die Anfänge des politischen Radikalismus im vormärzlichen Preußen, in: Zeitschrift für Politik, 6. Bd., Berlin 1913, S. 1-113.
Gustav Mayer: Friedrich Engels. Eine Biographie, 2. verb. Aufl., 1. Bd. (Friedrich Engels in seiner Frühzeit), Berlin 1932.
Franz Mehring (Hrsg.): Gesammelte Schriften von Karl Marx und Friedrich Engels. 1841 bis 1850, Bd. 2 (Von Juli 1844 bis November 1847), Stuttgart 1902.

Paul Nerrlich (Hrsg.): Arnold Ruges Briefwechsel und Tagebuchblätter aus den Jahren 1825-1880, 1. Bd., Berlin 1886.

Karl Obermann: Joseph Weydemeyer. Ein Lebensbild 1818-1866, Berlin 1968.

Ordre vom 4. October 1842 betreffs der Preß-Gesetzgebung, in: Organ des Deutschen Buchhandels, oder Allgemeines Buchhändler-Börsenblatt, Berlin, 9. Jg. (1842), Nr. 45 vom 5. November, S. 353.

Organ des Deutschen Buchhandels, oder Allgemeines Buchhändler-Börsenblatt, Berlin, 8.-10. Jg. (1841-1843).

Leopold von Ranke: Aus dem Briefwechsel Friedrich Wilhelms IV. mit Bunsen, 2. unveränd. Aufl, Leipzig 1874.

[Rezension zu:] Die Posaune des jüngsten Gerichts über Hegel den Atheisten und Antichristen. Ein Ultimatum, Leipzig 1841, in: Telegraph für Deutschland, Hamburg, Dezember 1841, No. 208, S. 829.

Karl Riedel: Staat und Kirche. Manuskript aus Norddeutschland als Antwort an Rom und seine Freunde. Beitrag zur Gedächtnisfeier der Thronbesteigung Friedrichs des Großen, Berlin 1840.

Arnold Ruge: Zwei Jahre in Paris. Studien und Erinnerungen, 2 Th., Leipzig 1846.

Ludwig Salomon: Geschichte des Deutschen Zeitungswesens von den ersten Anfängen bis zur Wiederaufrichtung des Deutschen Reiches, 3. Bd., Oldenburg und Leipzig 1906.

Brigitte Schlieben-Lange: *Idéologie:* Zur Rolle von Kategorisierungen im Wissenschaftsprozeß, (Schriften der Philosophisch-historischen Klasse der Heidelberger Akademie der Wissenschaften, Bd. 18), Heidelberg 2000.

Science de parties politiques. Première Partie: Les quatre partis. Zurich, 1844 [Rezension zu: Theodor Rohmer: Lehre von den politischen Parteien. Die vier Parteien, Zürich und Frauenfeld 1844], in: Bibliothèque universelle de Genève, Nouv. Série, T. 55, Februar 1845, S. 237-278.

Hermann Semmig: Communismus, Socialismus, Humanismus, in: Rheinische Jahrbücher zur gesellschaftlichen Reform, hrsg. v. Hermann Püttmann, 1. Bd., Darmstadt 1845, S. 167-174.

Peter Sloterdijk: Kritik der zynischen Vernunft. Bd. 1. Frankfurt a.M. 1983.

Max Stirner: Aus Preußen, 8. Sept., in: Leipziger Allgemeine Zeitung, Nr. 257 vom 14. September 1842 (Max Stirner's kleinere Schriften und seine Entgegnungen auf die Kritik seines Werkes: „Der Einzige und sein Eigenthum" aus den Jahren 1842-1848, hrsg. v. John Henry Mackay, Zweite, durchges. u. sehr verm. Aufl., Treptow bei Berlin 1914, S. 172/173).

Max Stirner: Berlin, 11. Dec., in: Leipziger Allgemeine Zeitung, Nr. 348 vom 14. Dezember 1842 (Max Stirner's kleinere Schriften und seine Entgegnungen auf die Kritik seines Werkes: „Der Einzige und sein Eigenthum" aus den Jahren 1842-1848, hrsg. v. John Henry Mackay, Zweite, durchges. u. sehr verm. Aufl., Treptow bei Berlin 1914, S. 229/230).

Max Stirner: Berlin, 24. Jul., in: Leipziger Allgemeine Zeitung, Nr. 208 vom 27. Juli 1842 (Max Stirner's kleinere Schriften und seine Entgegnungen auf die Kritik seines Werkes: „Der Einzige und sein Eigenthum" aus den Jahren 1842-1848, hrsg. v. John Henry Mackay, Zweite, durchges. u. sehr verm. Aufl., Treptow bei Berlin 1914, S. 148-150).

Max Stirner: Berlin, 24. Sept., in: Leipziger Allgemeine Zeitung, Nr. 270 vom 27. September 1842 (Max Stirner's kleinere Schriften und seine Entgegnungen auf die Kritik seines Werkes: „Der Einzige und sein Eigenthum" aus den Jahren 1842-1848, hrsg. v. John Henry Mackay, Zweite, durchges. u. sehr verm. Aufl., Treptow bei Berlin 1914, S. 175/176).

Max Stirner: Berlin, 28. Dec., in: Leipziger Allgemeine Zeitung, Nr. 365 vom 31. Dezember 1842 (Max Stirner's kleinere Schriften und seine Entgegnungen auf die Kritik seines Werkes: „Der Einzige und sein Eigenthum" aus den Jahren 1842-1848, hrsg. v. John Henry Mackay, Zweite, durchges. u. sehr verm. Aufl., Treptow bei Berlin 1914, S. 230-232).

Max Stirner: Berlin, 28. Sept., in: Leipziger Allgemeine Zeitung, Nr. 275 vom 2. Oktober 1842 (Max Stirner's kleinere Schriften und seine Entgegnungen auf die Kritik seines Werkes: „Der Einzige und sein Eigenthum" aus den Jahren 1842-1848, hrsg. v. John Henry Mackay, Zweite, durchges. u. sehr verm. Aufl., Treptow bei Berlin 1914, S. 176/177).

Max Stirner: Berlin, 29. Nov., in: Leipziger Allgemeine Zeitung, Nr. 335 vom 1. Dezember 1842 (Max Stirner's kleinere Schriften und seine Entgegnungen auf die Kritik seines Werkes: „Der Einzige und sein Eigenthum" aus den Jahren 1842-1848, hrsg. v. John Henry Mackay, Zweite, durchges. u. sehr verm. Aufl., Treptow bei Berlin 1914, S. 228/229).

Max Stirner: Berlin, 3. Mai, in: Leipziger Allgemeine Zeitung, Nr. 126 vom 6. Mai 1842 (Max Stirner's kleinere Schriften und seine Entgegnungen auf die Kritik seines Werkes: „Der Einzige und sein Eigenthum" aus den Jahren 1842-1848, hrsg. v. John Henry Mackay, Zweite, durchges. u. sehr verm. Aufl., Treptow bei Berlin 1914, S. 97-100).

Max Stirner: Berlin, 6. Juli, in: Leipziger Allgemeine Zeitung, Nr. 190 vom 9. Juli 1842 (Max Stirner's kleinere Schriften und seine Entgegnungen auf die Kritik seines Werkes: „Der Einzige und sein Eigenthum" aus den Jahren 1842-1848, hrsg. v. John Henry Mackay, Zweite, durchges. u. sehr verm. Aufl., Treptow bei Berlin 1914, S. 129-131).

Max Stirner: Dr. Jacoby's weitere Vertheidigung, in: Leipziger Allgemeine Zeitung, Nr. 282-284 vom 9.-11. Oktober 1842, Beil. (Max Stirner's kleinere Schriften und seine Entgegnungen auf die Kritik seines Werkes: „Der Einzige und sein Eigenthum" aus den Jahren 1842-1848, hrsg. v. John Henry Mackay, Zweite, durchges. u. sehr verm. Aufl., Treptow bei Berlin 1914, S. 178-198).

[Max] Stirner: Einiges Vorläufige vom Liebesstaate, in: Berliner Monatsschrift, hrsg. v. Ludwig Buhl, 1. u. einziges H., Mannheim 1844, S. 34-49.

Max Stirner: Der Einzige und sein Eigenthum, Leipzig 1845 [1844].

Max Stirner: Der Einzige und sein Eigentum. Ausführlich kommentierte Studienausgabe, hrsg. v. Bernd Kast, Freiburg/München 2009.

Max Stirner: Die Freien, in: Leipziger Allgemeine Zeitung, Nr. 195 vom 14. Juli 1842 (Max Stirner's kleinere Schriften und seine Entgegnungen auf die Kritik seines Werkes: „Der Einzige und sein Eigenthum" aus den Jahren 1842-1848, hrsg. v. John Henry Mackay, Zweite, durchges. u. sehr verm. Aufl., Treptow bei Berlin 1914, S. 132-141).

Max Stirner: Gegenwort eines Mitgliedes der Berliner Gemeinde wider die Schrift der sieben und funfzig Berliner Geistlichen: Die christliche Sonntagsfeier, ein Wort der Liebe an unsere Gemeinen, Leipzig 1842.

Max Stirner: Die Hörfreiheit, in: Rheinische Zeitung, Nr. 263 vom 20. September 1842 (Max Stirner's kleinere Schriften und seine Entgegnungen auf die Kritik seines Werkes: „Der Einzige und sein Eigenthum" aus den Jahren 1842-1848, hrsg. v. John Henry Mackay, Zweite, durchges. u. sehr verm. Aufl., Treptow bei Berlin 1914, S. 94/95).

Max Stirner: Kunst und Religion, in: Rheinische Zeitung, Köln, Nr. 165 vom 14. Juni 1842, Beibl. (Max Stirner's kleinere Schriften und seine Entgegnungen auf die Kritik seines Werkes: „Der Einzige und sein Eigenthum" aus den Jahren 1842-1848, hrsg. v. John Henry Mackay, Zweite, durchges. u. sehr verm. Aufl., Treptow bei Berlin 1914, S. 258-268).

Max Stirner: Die Lebenslustigen, in: Leipziger Allgemeine Zeitung, Nr. 309 vom 5. November 1842, Beil. (Max Stirner's kleinere Schriften und seine Entgegnungen auf die Kritik seines Werkes: „Der Einzige und sein Eigenthum" aus den Jahren 1842-1848, hrsg. v. John Henry Mackay, Zweite, durchges. u. sehr verm. Aufl., Treptow bei Berlin 1914, S. 212-221).

Max Schmidt [d. i. Stirner]: Die Mysterien von Paris. Von Eugene *Sue*, in: Berliner Monatsschrift, hrsg. v. Ludwig Buhl, 1. u. einziges H., Mannheim 1844, S. 302-332.

Max Stirner: Politische Ephemeriden, in: Leipziger Allgemeine Zeitung, Nr. 313 u. 314 vom 9. u. 10. November 1842, Beil. (Max Stirner's kleinere Schriften und seine Entgegnungen auf die Kritik seines Werkes: „Der Einzige und sein Eigenthum" aus den Jahren 1842-1848, hrsg. v. John Henry Mackay, Zweite, durchges. u. sehr verm. Aufl., Treptow bei Berlin 1914, S. 221-225).

Max Stirner: Der Proceß des Dr. Jacoby, in: Leipziger Allgemeine Zeitung, Nr. 209-211 vom 28.-30. Juli 1842, Beil. (Max Stirner's kleinere Schriften und seine Entgegnungen auf die Kritik seines Werkes: „Der Einzige und sein Eigenthum" aus den Jahren 1842-1848, hrsg. v. John Henry Mackay, Zweite, durchges. u. sehr verm. Aufl., Treptow bei Berlin 1914, S. 150-168).

M[ax] St[irner]: Recensenten Stirners, in: Wigand's Vierteljahrsschrift, 1845, Bd. 3, Leipzig 1845, S. 147-194.

Max Stirner: [Rezension des Vorworts von: Königsberger Skizzen], in: Rheinische Zeitung, Nr. 132 vom 12. Mai 1842 (Max Stirner's kleinere Schriften und seine Entgegnungen auf die Kritik seines Werkes: „Der Einzige und sein Eigenthum" aus den Jahren 1842-1848, hrsg. v. John Henry Mackay, Zweite, durchges. u. sehr verm. Aufl., Treptow bei Berlin 1914, S. 59-61).

Max Stirner: [Rezension zu: Die juristische Fakultät der Universität zu Berlin, seit der Berufung des Hrn. v. Savigny bis zur Niederlegung seines akademischen Amtes, und deren erforderliche Umgestaltung], in: Leipziger Allgemeine Zeitung, Nr. 141 vom 21. Mai 1842, u. Rheinische Zeitung, Nr. 158 vom 7. Juni 1842 (Max Stirner's kleinere Schriften und seine Entgegnungen auf die Kritik seines Werkes: „Der Einzige und sein Eigenthum" aus den Jahren 1842-1848, hrsg. v. John Henry Mackay, Zweite, durchges. u. sehr verm. Aufl., Treptow bei Berlin 1914, S. 64-66 u. 106-111).

Max Stirner: [Rezension zu:] Königsberger Skizzen, in: Leipziger Allgemeine Zeitung, Nr. 201 vom 20. Juli 1842, Beil. (Max Stirner's kleinere Schriften und seine Entgegnungen auf die Kritik seines Werkes: „Der Einzige und sein Eigenthum" aus den Jahren 1842-1848, hrsg. v. John Henry Mackay, Zweite, durchges. u. sehr verm. Aufl., Treptow bei Berlin 1914, S. 141-148).

Max Stirner: [Rezension zu: Ludwig Walesrode: Glossen und Randzeichnungen zu Texten aus unserer Zeit. Vier Vorlesungen gehalten zu Königsberg, Königsberg 1842], in: Leipziger Allgemeine Zeitung, Nr. 137 vom 17. Mai 1842, Beil. (Max Stirner's kleinere Schriften und seine Entgegnungen auf die Kritik seines Werkes: „Der Einzige und sein Eigenthum" aus den Jahren 1842-1848, hrsg. v. John Henry Mackay, Zweite, durchges. u. sehr verm. Aufl., Treptow bei Berlin 1914, S. 100-106).

Max Stirner: [Rezension zu:] Theodor Rohmer, Deutschlands Beruf in der Gegenwart. Zürich und Winterthur. Verlag des literarischen Comptoirs 1841, in: Die Eisenbahn. Ein Unterhaltungsblatt für die gebildete Welt, Neue Folge, IV. Jg. 1841, No. 77 vom Dienstag den 28. Dezember, S. 307/308, u. No. 78 vom Donnerstag den 30. Dezember, S. 310-312.

Max Stirner: Über B. Bauer's Posaune des jüngsten Gerichts, in: Telegraph für Deutschland, Hamburg, Januar 1842, No. 6, S. 22-24, No. 7, S. 25-28 u. No. 8, S. 30/31.

Max Stirner: [Rezension zu: Ueber die Anstellung der Theologen an den deutschen Universitäten. Theologisches Votum, Berlin 1842], in: Leipziger Allgemeine Zeitung, Nr. 126 vom 6. Mai 1842; u. in: Rheinische Zeitung, Nr. 135 vom 15. Mai 1842 (Max Stirner's kleinere Schriften und seine Entgegnungen auf die Kritik seines Werkes: „Der Einzige und sein Eigenthum" aus den Jahren 1842-1848, hrsg. v. John Henry Mackay, Zweite, durchges. u. sehr verm. Aufl., Treptow bei Berlin 1914, S. 61-63 u. 97-100).

Max Stirner: Über die Verpflichtung der Staatsbürger zu irgend einem Religionsbekenntnis (Gustav Mayer: Die Anfänge des politischen Radikalismus im vormärzlichen Preußen, in: Zeitschrift für Politik, 6. Bd., Berlin 1913, S. 111-113).

Max Stirner: Ueber Schulgesetze. Mit einer Einführung von Rolf Engert. Neue Beiträge zur Stirnerforschung. Hrsg. von Dr. Rolf Engert – *Erstes Heft*. (Verlag des dritten Reiches) Dresden Im Jahre 76 nach Stirners Einzigem [1920].

Max Stirner: Das unwahre Prinzip unserer Erziehung oder der Humanismus und Realismus, in: Rheinische Zeitung, Nr. 100 vom 10. April, Beibl., 102 vom 12. April, Beibl., 104 vom 14. April, Beibl., u. 109 vom 19. April 1842, Beibl. (Max Stirner's kleinere Schriften und seine Entgegnungen auf die Kritik seines Werkes: „Der Einzige und sein Eigenthum" aus den Jahren 1842-1848, hrsg. v. John Henry Mackay, Zweite, durchges. u. sehr verm. Aufl., Treptow bei Berlin 1914, S. 237-257).

Max Stirner: Von der Spree, 2. März, in: Rheinische Zeitung, Nr. 66 vom 7. März 1842 (Max Stirner's kleinere Schriften und seine Entgegnungen auf die Kritik seines Werkes: „Der Einzige und sein Eigenthum" aus den Jahren 1842-1848, hrsg. v. John Henry Mackay, Zweite, durchges. u. sehr verm. Aufl., Treptow bei Berlin 1914, S. 51/52).

Max Stirner: Woher und Wohin?, in: Leipziger Allgemeine Zeitung, Nr. 289 vom 16. Oktober 1842, Beil. (Max Stirner's kleinere Schriften und seine Entgegnungen auf die Kritik seines Werkes: „Der Einzige und sein Eigenthum" aus den Jahren 1842-1848, hrsg. v. John Henry Mackay, Zweite, durchges. u. sehr verm. Aufl., Treptow bei Berlin 1914, S. 203-212).

Max Stirner: Zeitcontroverse, in: Leipziger Allgemeine Zeitung, Nr. 318 vom 14. November 1842, Beil. (Max Stirner's kleinere Schriften und seine Entgegnungen auf die Kritik seines Werkes: „Der Einzige und sein Eigenthum" aus den Jahren 1842-1848, hrsg. v. John Henry Mackay, Zweite, durchges. u. sehr verm. Aufl., Treptow bei Berlin 1914, S. 225-228).

David Friedrich Strauß: Die christliche Glaubenslehre in ihrer geschichtlichen Entwicklung und im Kampfe mit der modernen Wissenschaft, 2 Bde., Stuttgart, Tübingen 1840/1841.

David Friedrich Strauß: Das Leben Jesu, 2. verb. Aufl., 2 Bde., Tübingen 1837.

David Friedrich Strauß: Der Romantiker auf dem Throne der Cäsaren, oder Julian der Abtrünnige, Mannheim 1847.

Horst Stuke: Philosophie der Tat. Studien zur „Verwirklichung der Philosophie" bei den Junghegelianern und den Wahren Sozialisten, Stuttgart 1963.

Eugène Sue: [Dankesbrief an die Herausgeber], in: Journal des débats politiques et littéraires, 15. Oktober 1843, S. 1-3.

Szeliga [d. i. Franz Zychlin von Zychlinsky]: Der Einzige und sein Eigenthum. Von Max Stirner. Kritik, in: Norddeutsche Blätter. Eine Monatsschrift für Kritik, Literatur und Unterhaltung, Band II, H. IX vom März 1845, S. [1]-34.

Szeliga [d. i. Franz Zychlin von Zychlinsky]: Eugen Sue: Die Geheimnisse von Paris. Kritik, in: Allgemeine Literatur-Zeitung, H. 7 vom Juni 1844, S. 4-48.

Inge Taubert: Manuskripte und Drucke der „Deutschen Ideologie" (November 1845 bis Juni 1846). Probleme und Ergebnisse, in: MEGA-Studien (hrsg. v. d. Internationalen Marx-Engels-Stiftung Amsterdam), Amsterdam, 1997/2, S. 5-31.

Inge Taubert: Wie entstand die *Deutsche Ideologie* von Karl Marx und Friedrich Engels? Neue Einsichten, Probleme und Streitpunkte, in: Studien zu Marx' erstem Paris-Aufenthalt und zur Entstehung der *Deutschen Ideologie*, (Schriften aus dem Karl-Marx-Haus Trier, Nr. 43), Trier 1990, S. 9-87.

Inge Taubert/Hans Pelger/Jacques Grandjonc: Marx' Erklärung vom 3. April 1847, in: MEGA-Studien (hrsg. v. d. Internationalen Marx-Engels-Stiftung Amsterdam), Amsterdam, 1997/2, S. 154-161.

Wilhelm Weitling: Das Evangelium eines armen Sünders, Bern 1845.

J[oseph] Weydemeyer: [Rezension zu:] Die Lage der arbeitenden Klasse in England. Nach eigener Anschauung und authentischen Quellen von *Friedrich Engels*, in: Dies Buch gehört dem Volke, hrsg. v. Otto Lüning, 2. Jg., Bielefeld 1845, S. 66-94.

Zeitgenossen von Marx und Engels. Ausgewählte Briefe aus den Jahren 1844 bis 1852, hrsg. u. annotiert v. Kurt Koszyk u. Karl Obermann, Quellen und Untersuchungen zur Geschichte der deutschen und österreichischen Arbeiterbewegung, N. F., Bd. 6, Assen, Amsterdam 1975.

Namenregister

Adoratskij, Vladimir 8
Alexis, Willibald 531
Altenstein, Karl Freiherr vom Stein zum 46, 53, 91
Althusser, Louis 554
Annenkow, Pawel Wassiljewitsch 483
Arnim, Bettina von 531
Arnim-Boitzenburg, Adolf Heinrich von 109, 136
Atahualpa 377
Auerswald, Rudolf von 478

Babeuf, François Noël 426
Bahne, Siegfried 9
Bailly, Jean-Sylvain 180
Barnikol, Ernst 174
Bauer, Bruno 15, 17, 24, 25, 26, 27, 34, 36, 37, 38, 40, 43, 47, 55, 56, 57, 58, 59, 64, 65, 77, 78, 79, 80, 81, 82, 83, 84, 85, 86, 87, 88, 89, 90, 91, 92, 93, 94, 95, 96, 97, 99, 100, 102, 103, 104, 105, 106, 107, 110, 111, 112, 113, 114, 116, 117, 119, 120, 123, 125, 126, 127, 129, 130, 131, 132, 137, 138, 139, 143, 145, 146, 147, 148, 149, 151, 153, 154, 155, 158, 169, 170, 171, 172, 173, 174, 175, 176, 177, 178, 179, 181, 182, 183, 184, 185, 186, 187, 188, 189, 190, 191, 192, 193, 194, 195, 196, 198, 199, 202, 209, 210, 211, 212, 213, 216, 219, 220, 221, 236, 256, 258, 260, 263, 266, 271, 272, 283, 289, 290, 294, 295, 296, 298, 301, 303, 304, 305, 306, 325, 326, 327, 333, 340, 342, 343, 348, 349, 350, 351, 352, 354, 355, 357, 358, 363, 366, 367, 372, 377, 379, 382, 383, 384, 385, 387, 391, 394, 397, 398, 399, 400, 401, 402, 403, 406, 407, 414, 415, 425, 426, 427, 429, 435, 437, 438, 440, 446, 447, 449, 451, 452, 458, 459, 463, 464, 465, 466, 467, 468, 469, 470, 471, 472, 473, 475, 476, 477, 480, 482, 488, 494, 495, 496, 498, 499, 501, 502, 504, 506, 507, 508, 512, 515, 516, 517, 518, 526, 527, 530, 531, 532, 533, 534, 547, 557, 558, 560, 561, 566, 567, 568, 570, 577, 579, 580, 581, 589, 590, 592, 594, 595, 597, 600, 601, 607, 608, 610, 611, 615, 616, 621, 623, 626, 628, 634, 639, 655, 656, 659, 660, 661, 662, 665, 666, 668
Bauer, Edgar 56, 111, 112, 170, 179, 199, 256, 258, 263, 482, 531
Bauer, Egbert 169, 170, 181
Bebel, August 6
Becker, August 510, 531, 550
Bentham, Jeremy 407
Bernays, Karl Ludwig 415, 416
Bernstein, Eduard 6, 7
Binder, Robert 207, 215, 242
Blanc, Louis 531
Bluntschli, Johann Caspar 172, 638
Bodelschwingh, Ernst von 106, 107, 108, 109, 478
Börne, Ludwig 482, 483
Börnstein, Heinrich 412
Boulanger, Nicolas Antoine 188
Bray, John Francis 455
Buchez, Philippe 511
Buhl, Ludwig 112, 114, 261, 262, 264, 265, 298, 299, 374
Bülow, Heinrich von 109
Bürgers, Heinrich 416, 432, 433, 441, 442, 452, 485, 488, 490
Bürgers, Ignaz 136
Burns, Mary 457, 484
Burtz, Agnes Clara Kunigunde 206

Cabet, Étienne 422, 511
Campe, Julius 455
Carlyle, Thomas 397
Carriere, Moritz 531
Cervantes, Miguel de 503, 520, 521, 524, 525, 526, 527, 528, 529, 532
Cornu, Auguste 292

Dähnhardt, Marie 200
Daniels, Roland 416, 485, 488, 490
Descartes, René 307
Dietz, J. W. 106
Dolleschall, Laurenz 116
Don Quijote 503, 520, 521, 522, 523, 524, 525, 527, 528, 529, 652, 664

Echtermeyer, Theodor 53
Ecksteher Nante 542
Edelmann, Johann Christian 95, 173
Eichhorn, Johann Albrecht Friedrich 53, 89, 109, 136, 256
Engels, Friedrich (Vater) 420

Falkenstein, Johann Paul von 292
Feuerbach, Ludwig 15, 17, 19, 20, 24, 25, 26, 27, 34, 36, 37, 38, 40, 41, 43, 47, 57, 64, 65, 66, 67, 68, 69, 70, 71, 72, 73, 74, 75, 76, 77, 78, 79, 80, 81, 85, 86, 88, 89, 90, 91, 92, 96, 99, 100, 102, 103, 104, 107, 111, 112, 117, 126, 143, 147, 148, 149, 151, 153, 154, 155, 156, 157, 158, 159, 160, 161, 162, 163, 164, 165, 166, 167, 168, 169, 170, 172, 174, 175, 176, 181, 183, 184, 186, 192, 194, 195, 196, 198, 202, 220, 221, 230, 233, 234, 258, 263, 266, 271, 272, 282, 283, 287, 289, 290, 298, 300, 301, 303, 304, 305, 306, 307, 310, 323, 324, 325, 326, 327, 335, 340, 342, 352, 357, 358, 359, 363, 365, 366, 367, 372, 377, 378, 379, 382, 383, 384, 385, 387, 391, 392, 394, 395, 396, 398, 403, 406, 407, 408, 409, 410, 411, 412, 413, 414, 415, 417, 418, 419, 420, 421, 422, 423, 424, 425, 426, 427, 428, 429, 430, 431, 432, 434, 435, 437, 440, 441, 442, 443, 444, 445, 446, 447, 449, 450, 452, 453, 454, 458, 459, 465, 469, 470, 472, 480, 488, 494, 496, 502, 504, 507, 511, 517, 518, 526, 527, 531, 532, 533, 534, 535, 537, 547, 558, 560, 561, 565, 566, 567, 568, 570, 577, 579, 580, 589, 592, 593, 594, 595, 597, 600, 601, 603, 609, 610, 611, 615, 616, 620, 623, 626, 628, 634, 640, 646, 652, 653, 655, 656, 659, 660, 661, 662, 665, 666, 667, 668
Fichte, Johann Gottlieb 88
Fischer [Konfident] 140, 141
Fleischer, Moritz 124, 128
Fleur-de-Marie 277, 278, 279, 280, 281, 283
Fourier, Charles 540
Franz I. 531
Freia 254, 255
Friedrich I., Kurfürst von Preußen 49
Friedrich II. 34, 48, 49, 51, 56, 60, 61, 140, 145
Friedrich Wilhelm III. 48
Friedrich Wilhelm IV. 25, 42, 48, 49, 50, 51, 52, 53, 54, 57, 62, 74, 78, 98, 115, 121, 122, 132, 133, 134, 136, 140, 144, 145, 243, 259, 267
Friedrich Wilhelm, Kurfürst von Preußen 49
Fröbel, Julius 172

Gabler, Georg Andreas 87
Gerlach, Karl von 107, 108, 128, 134, 135
Göschel, Carl Friedrich 87
Grashof, Julius Werner 135
Grün, Karl 540, 550, 558
Gutenberg, Johannes 351
Gutzkow, Karl 211

Harney, George Julian 477
Hegel, Georg Wilhelm Friedrich 16, 24, 43, 44, 45, 46, 54, 58, 59, 68, 70, 75, 77, 78, 82, 83, 86, 87, 88, 94, 96, 126, 155, 170, 192, 210, 211, 212, 213, 233, 301, 306, 342, 409, 410, 533, 534, 535, 548, 565, 566, 623
Heine, Heinrich 482, 483, 525, 526, 527, 528
Helms, Hans G 20
Henning, Leopold von 87
Herwegh, Georg 123, 129, 130, 131, 132, 133, 243, 259
Heß, Moses 3, 63, 105, 303, 335, 357, 365, 395, 396, 398, 399, 404, 405, 406, 408, 411, 412, 413, 414, 416, 417, 423, 427, 428, 432, 436, 450, 453, 454, 457, 459, 460, 462, 463, 464, 466, 470, 478, 484, 485, 486, 487, 488, 489,

490, 501, 503, 531, 537, 555, 558, 560,
564, 568, 572, 639, 645, 660, 667
Hildebrandt, Max 211
Hinrichs, Hermann Friedrich Wilhelm 531
Höfken, Gustav 106, 109, 110, 111
Holbach, Paul Henri Thiry d' 188

Jachmann, Karl Reinhold 207
Jacoby, Johann 208, 251, 253
Jahn, Friedrich Ludwig 50
Jean Paul 248
Jesus Christus 47, 90, 91, 212
Joachim II., Kurfürst von Preußen 49
John, Karl Ernst 114
Julius, Gustav 179, 451, 452
Jung, Alexander 123
Jung, Georg 106, 110, 111, 116, 119, 129, 399, 401, 429, 516

Köppen, Karl Friedrich 61, 112, 139
Kriege, Hermann 394, 417, 418, 419, 420, 421, 422, 423, 424, 425, 426, 427, 428, 429, 430, 431, 440, 441, 443, 450, 457, 487, 491, 510, 511, 550, 555, 560, 568, 645, 667
Kuhlmann, Georg 487, 510, 558

La Mettrie, Julien Offray de 59, 188
Leske, Carl Friedrich Julius 4, 398, 415, 449, 556, 557
List, Friedrich 106, 454, 455, 456, 457
Löwith, Karl 44
Ludwig XVI. 150
Lukas 91
Lüning, Luise 480, 481
Lüning, Otto 406

Mackay, John Henry 7, 23, 199, 207, 215, 224, 258
Mahmud II. 285
Marheineke, Philipp Konrad 56, 89, 256
Marle, Joseph de 292
Marx, Heinrich 107

Marx, Jenny (geb. von Westphalen) 396, 398, 400, 416, 461, 478, 484, 488, 489, 490
Marx, Jenny (Tochter) 398, 400, 416
Matthäi, Rudolph 558
Matthäus 91
Mayer, Gustav 8
Mehring, Franz 7
Metternich, Klemens Wenzel Lothar von 53, 140, 244
Meyen, Eduard 112, 130, 131, 252, 258
Meyer, Julius 3, 418, 421, 461, 462, 463, 473, 481, 482, 489
Müller von Königswinter, Wolfgang 489
Müller, Julius 76, 90
Mutter Martial 282

Napoleon Bonaparte 267, 270, 439, 549, 608
Nauwerck, Karl 112, 139, 252, 531

Olla-Potrida 525
Opitz, Theodor 515
Oppenheim, Dagobert 106, 110, 122, 129, 136
Otto, Friedrich 92

Pesch, Sibylle 457, 484
Proudhon, Pierre-Joseph 531, 638, 653
Prutz, Robert 124
Püttmann, Hermann 455

Rave, Bernhard 106, 129, 133
Rempel, Rudolph 3, 461, 462, 463, 473, 482
Renard, Joseph Engelbert 106, 107, 128
Riedel, Karl 61, 115
Rjazanow, David 1, 8
Robespierre, Maximilien 93, 125, 331, 438
Rochow, Gustav von 107, 109
Rohmer, Theodor 206, 208
Rosenkranz, Karl 87, 115, 138
Rudolph von Gerolstein 277, 278, 280, 281, 521
Ruge, Arnold 25, 53, 57, 65, 100, 102, 103, 104, 109, 111, 112, 113, 115, 116, 117,

120, 123, 124, 125, 126, 127, 128, 129, 130, 131, 132, 137, 138, 139, 142, 145, 146, 147, 154, 160, 168, 169, 171, 172, 236, 241, 258, 259, 260, 263, 264, 278, 296, 396, 397, 400, 415, 460, 470, 482, 527, 558
Ruge, Ludwig 123, 124
Rutenberg, Adolf 107, 110, 111, 112, 116, 119, 128, 129, 133, 224, 531

Saint Paul, Wilhelm von 135
Saint-Just, Louis Antoine de 438, 439
Sancho Panza 503, 520, 521, 523, 524, 525, 527, 528, 529, 545, 652, 664
Sand, George 638
Savigny, Friedrich Carl von 252
Say, Jean-Baptiste 374, 429, 456
Schaper, Eduard von 109, 118, 128, 129, 133
Schelling, Friedrich Wilhelm Joseph 53
Schleicher, Robert 399
Schlosser, Friedrich Christoph 531
Schön, Theodor von 253
Semmig, Hermann 558
Shakespeare, William 285
Smith, Adam 374
Stein, Heinrich Friedrich Karl vom und zum 267, 269
Strauß, David Friedrich 42, 43, 46, 47, 48, 49, 85, 86, 99, 100, 101, 102, 103, 245, 571
Stucke, Carl Friedrich 136
Sue, Eugène 265, 276, 277, 278, 279, 280, 281, 284, 516, 521

Taubert, Inge 10
Tieck, Ludwig 525
Tocqueville, Alexis de 438

Varnhagen von Ense, Karl August 52
Voltaire 59

Walthr, Friedrich 462, 477, 479
Weerth, Georg 467, 495, 523
Weiße, Christian Hermann 85
Weitling, Wilhelm 172, 426, 484, 487, 489, 490, 491, 510, 511, 513, 550, 555, 558, 560, 644, 645, 667
Westphalen, Edgar von 461, 478
Weydemeyer, Joseph 406, 432, 461, 462, 463, 468, 474, 475, 477, 478, 479, 480, 481, 482, 483, 491, 495, 515, 516, 641, 652, 653
Wiethaus, Julius 135
Wigand, Otto 86, 89, 91, 92, 94, 100, 123, 207, 292, 293, 404, 405, 406, 471
Wohl, Jeanette 482

Zychlinski, Franz von (Szeliga) 335, 357, 365, 401, 402, 503, 514, 515, 516, 517, 518, 519, 520, 521, 523, 524, 525, 527, 528, 529, 560, 664

Sachregister

Adressaten
- der Bewusstseinsbestimmung 30, 33, 57, 215, 216, 217, 218, 219, 222, 284, 327, 351, 650
- des aufklärerischen Diskurses 26, 36, 61, 98, 142, 145, 148, 149, 150, 151, 156, 157, 160, 161, 164, 165, 167, 170, 172, 175, 176, 182, 183, 185, 191, 192, 193, 195, 196, 197, 205, 218, 225, 237, 251, 255, 270, 281, 284, 287, 303, 305, 306, 323, 325, 326, 327, 328, 329, 330, 331, 332, 333, 340, 346, 350, 351, 353, 361, 362, 366, 367, 372, 374, 375, 377, 382, 384, 387, 390, 392, 394, 403, 409, 412, 423, 428, 443, 444, 486, 491, 508, 510, 511, 515, 520, 532, 547, 549, 550, 551, 553, 559, 561, 562, 567, 584, 594, 595, 611, 616, 634, 635, 636, 639, 647, 656, 659, 664
- einer Argumentation 28, 29, 30, 32, 33, 34, 35, 38, 75, 88, 288, 310, 326, 329, 336, 351, 367, 375, 376, 379, 444, 471, 507, 508, 539, 550, 553, 565, 580, 591, 610, 627, 634, 636, 648, 657, 665
Anarchismus 7, 23, 24, 339, 355, 438
Anthropologie 69, 157, 192, 340, 386, 458
Argumentation 18, 28, 29, 30, 32, 33, 35, 61, 68, 69, 75, 77, 84, 87, 88, 93, 159, 160, 216, 218, 224, 231, 235, 256, 270, 288, 309, 353, 368, 369, 378, 427, 471, 507, 508, 511, 530, 537, 549, 551, 563, 565, 577, 591, 592, 593, 598, 627, 657, 665
Atheismus 59, 87, 88, 102, 111, 130, 175, 236, 299, 314, 325, 347, 424, 510, 511, 513
Aufklärung 25, 27, 29, 34, 42, 50, 58, 59, 62, 63, 66, 71, 72, 144, 151, 155, 158, 163, 165, 166, 168, 174, 178, 184, 196, 198, 208, 209, 220, 227, 228, 233, 247, 298, 303, 308, 334, 353, 385, 389, 392, 422, 423, 439, 444, 507, 603, 606, 614, 615, 617, 621, 622, 627, 628, 630, 631, 637, 665
- des 18. Jahrhunderts 58, 62, 83, 95, 173, 174, 175, 179, 191, 194, 227, 290, 327, 410
- emanzipatives Projekt der 34, 36, 37, 39, 41, 42, 193, 308, 334, 362, 374, 385, 394, 434, 440, 442, 443, 447, 466, 527, 534, 565, 568, 581, 603, 604, 655, 656, 658, 665, 667, 668
- junghegelianische 43, 48, 51, 53, 55, 56, 57, 61, 62, 64, 69, 77, 78, 79, 80, 87, 88, 92, 93, 94, 95, 96, 97, 99, 101, 102, 103, 104, 105, 110, 111, 112, 113, 118, 119, 120, 121, 123, 125, 126, 127, 128, 129, 130, 131, 133, 137, 138, 139, 140, 141, 142, 143, 144, 145, 146, 147, 151, 152, 155, 156, 157, 162, 163, 168, 169, 170, 171, 174, 180, 183, 185, 187, 188, 190, 201, 213, 214, 225, 227, 232, 233, 236, 237, 240, 249, 251, 257, 258, 262, 263, 266, 267, 270, 271, 275, 284, 289, 290, 303, 304, 306, 326, 327, 332, 338, 340, 351, 356, 362, 363, 367, 376, 383, 391, 395, 424, 487, 534, 558, 617, 658, 659
- nichtphilosophische 310, 337, 604
- philosophische 25, 27, 34, 59, 96, 148, 186, 203, 214, 218, 233, 236, 246, 270, 290, 308, 309, 313, 328, 343, 362, 382, 384, 392, 459, 541, 568, 604, 606, 665

Bewusstseinsträger 26, 29, 33, 42, 43, 46, 47, 48, 59, 60, 61, 62, 63, 64, 67, 75, 77, 78, 79, 82, 88, 92, 96, 160, 166, 173, 176, 182, 186, 188, 194, 195, 204, 220, 225, 233, 247, 248, 250, 270, 322, 391, 458, 519, 604, 605, 611, 615, 616, 662
Bewusstseinszentriertes Modell gesellschaftlicher Veränderung 25, 26, 33, 36, 42, 58, 59, 60, 61, 62, 63, 64, 65, 66, 73, 79, 94, 99, 115, 126, 127, 146, 149, 150, 166, 168, 175, 186, 190,

194, 195, 202, 205, 225, 255, 270, 271, 290, 303, 307, 341, 375, 387, 424, 443, 522, 527, 529, 611, 618, 633, 650, 655
Bourgeoisie 286, 339, 342, 403, 439, 456, 466, 486, 522, 531, 543, 597, 617, 618, 619, 621, 633, 638, 639, 640, 642, 643, 647, 648, 666
Bourgeois-Theoretiker 619, 639, 640, 641, 643, 644, 666
Bürgertum 26, 34, 36, 48, 55, 98, 118, 145, 147, 150, 151, 153, 177, 179, 180, 227, 260, 267, 270, 271, 276, 280, 281, 284, 286, 287, 330, 331, 340, 341, 342, 343, 344, 345, 350, 394, 395, 403, 404, 416, 456, 487, 491, 522, 549, 550, 585, 640, 642, 659

Christentum 42, 44, 68, 69, 70, 78, 80, 83, 93, 94, 116, 139, 164, 171, 221, 239, 241, 249, 252, 271, 272, 306, 307, 311, 319, 323, 328, 341, 343, 347, 352, 363, 376, 382, 391, 392, 507, 510

Despotismus 59, 145, 147, 176, 194

Egoismus 116, 138, 142, 187, 200, 260, 273, 274, 313, 314, 315, 316, 317, 327, 329, 330, 331, 332, 335, 336, 337, 342, 343, 345, 347, 350, 351, 352, 365, 385, 406, 407, 408, 409, 411, 414, 417, 421, 423, 427, 428, 429, 439, 453, 454, 493, 559, 560
– bewusster 197, 314, 337, 342
– im gewöhnlichen Verstande 273, 314, 342, 543
Egoist 189, 315, 316, 317, 347, 348, 350, 351, 355, 421, 433, 436, 453
– im gewöhnlichen Verstande 644

Geschichtsauffassung
– idealistische 2, 184, 522, 523, 524, 547, 559, 575, 581, 582, 616, 621, 622, 623, 624, 625, 626, 627, 629, 633, 634, 635, 661
– individualistische 371, 547, 609, 660

– materialistische 2, 11, 13, 14, 15, 17, 19, 31, 39, 167, 328, 412, 425, 431, 433, 434, 435, 436, 437, 438, 439, 441, 465, 467, 469, 470, 474, 476, 484, 485, 489, 491, 492, 493, 494, 498, 500, 521, 523, 529, 555, 556, 557, 561, 562, 567, 568, 570, 576, 577, 578, 579, 582, 588, 589, 590, 596, 597, 601, 605, 606, 611, 612, 616, 618, 619, 621, 622, 623, 624, 626, 627, 633, 640, 642, 645, 646, 650, 651, 652, 653, 654, 659, 660, 667

Hierarchie 311, 322, 333, 337, 338, 343, 365, 376, 385, 386, 446, 480, 491, 535, 538, 603, 611, 612, 619, 620, 624, 638, 665
Humanismus 116, 138, 177, 224, 228, 229, 286, 287, 290, 301, 352, 398, 409, 410, 411, 414, 424, 427, 428, 429, 430, 432, 442, 453, 500
– realer 394, 568

Idealismus 407, 410, 439, 454, 546, 608
Ideologe 439, 446, 587, 608, 609, 610, 614, 615, 617, 618, 619, 622, 623, 625, 626, 628, 629, 630, 632, 634, 636, 637, 643, 649, 651, 652
Ideologie 1, 16, 19, 31, 39, 41, 300, 309, 329, 541, 557, 561, 572, 586, 602, 603, 604, 606, 607, 608, 609, 610, 612, 613, 619, 620, 621, 625, 627, 628, 629, 630, 631, 632, 633, 635, 636, 637, 638, 639, 640, 641, 645, 651, 653, 665
Ideologiekritik 1, 2, 11, 13, 14, 17, 19, 39, 80, 190, 196, 336, 412, 431, 433, 434, 435, 447, 459, 465, 474, 476, 480, 485, 491, 494, 500, 529, 556, 562, 577, 579, 597, 621, 640, 642, 643, 646, 650, 651, 653

Kleinbürger 20, 329, 342, 486, 543, 602, 603, 604, 619, 640, 641, 642, 643, 644, 645, 646, 647, 665, 666
Kleinbürgerschaft 642, 643
Kleinbürgertum 16, 19, 39, 41, 619, 631, 640, 641, 642, 643, 645, 647, 668

Kommunismus 24, 130, 343, 346, 395, 403, 404, 407, 408, 410, 414, 417, 418, 421, 424, 425, 429, 430, 431, 451, 453, 456, 483, 486, 490, 491, 493, 510, 511, 513, 531, 588, 589, 597, 606, 644, 667, 669
– Handwerkerkommunismus 486, 580, 644, 667
Kommunist 287, 346, 395, 400, 403, 408, 409, 417, 419, 421, 425, 426, 453, 482, 483, 511, 513, 549, 559, 588, 644, 645
Konservatismus 101, 285, 445, 446, 587, 617, 645

Liberalisierung 25, 50, 51, 52, 63, 98, 115, 121, 145, 149, 269, 355
Liberalismus 120, 128, 145, 260, 267, 269, 285, 286, 319, 337, 338, 339, 340, 341, 343, 344, 345, 348, 349, 352, 355, 356, 439, 531, 608
– humaner 295, 338, 348, 349, 350, 351, 352, 353, 354, 355, 356
– politischer 338, 339, 340, 341, 342, 343, 344, 348, 349, 350, 355, 356
– sozialer 338, 343, 344, 345, 347, 348, 349, 355, 356, 370, 371, 423, 453

Materialismus 402, 407, 409, 410, 441, 445, 454, 473, 499, 525, 569
– historischer 1, 328, 496, 606, 654

Nationalökonomie 5, 200, 398, 422, 425, 429, 430, 450, 461, 559, 597, 659, 667

Philosophie 17, 23, 25, 34, 42, 44, 46, 47, 55, 59, 64, 68, 69, 70, 72, 75, 76, 77, 78, 79, 80, 81, 82, 86, 88, 92, 93, 96, 99, 139, 150, 153, 154, 155, 156, 157, 158, 159, 163, 164, 165, 166, 167, 194, 196, 198, 211, 212, 213, 227, 229, 230, 231, 232, 233, 235, 237, 238, 239, 245, 246, 249, 257, 262, 275, 293, 303, 306, 307, 308, 311, 312, 313, 316, 319, 326, 343, 346, 356, 357, 358, 361, 398, 399, 403, 404, 410, 414, 418, 428, 430, 436, 437, 447, 449, 459, 466, 483, 488, 490, 491, 493, 501, 507, 513, 535, 536, 553, 554, 562, 563, 564, 565, 566, 567, 568, 569, 570, 571, 572, 595, 604, 605, 606, 611, 633, 637, 643, 652, 656, 659, 665
– Bruch mit der 17, 550, 554, 562, 564, 565, 566, 568, 570, 572, 597
– der Tat 63, 64, 93, 229, 436, 444
– Hegel'sche 15, 16, 22, 25, 43, 44, 45, 46, 48, 53, 54, 63, 64, 65, 68, 70, 75, 80, 87, 88, 91, 154, 155, 156, 157, 159, 160, 163, 164, 165, 166, 170, 230, 307, 396, 535, 576, 594
– nachhegelsche 55, 63, 87, 229
– neue (Feuerbach) 154, 155, 156, 157, 158, 161, 163, 164, 166, 167, 168, 169, 184, 237, 271, 300, 305, 307, 310, 324, 334, 358, 359, 390, 392, 394, 398, 409, 424, 427, 430, 431, 435, 441, 511, 526, 568, 592, 659
– spekulative 44, 65, 154, 156, 410, 604, 623
Proletariat 36, 150, 151, 161, 192, 331, 347, 398, 399, 403, 426, 436, 456, 457, 487, 543, 549, 550, 551, 567, 581, 585, 595, 597, 618, 639, 643, 645, 648, 659, 666
Proletarier 287, 331, 423, 457, 466, 484, 487, 509, 510, 569, 575, 584, 585, 589, 595, 601, 620, 643

Realismus 224, 228, 229, 230
Reduktion, anthropologische 42, 68, 163, 271, 282, 323, 324, 391, 396
Religion 42, 44, 55, 58, 59, 66, 67, 68, 69, 70, 71, 72, 77, 78, 80, 85, 93, 94, 95, 96, 97, 110, 114, 117, 119, 120, 125, 127, 130, 144, 153, 157, 158, 162, 163, 164, 167, 173, 174, 175, 176, 177, 182, 194, 196, 204, 211, 219, 220, 221, 233, 234, 235, 236, 237, 238, 239, 240, 242, 248, 249, 252, 257, 271, 273, 282, 306, 307, 308, 309, 310, 313, 316, 319, 334, 356, 357, 361, 382, 398, 407, 410, 414, 424, 425, 430, 458, 509, 570, 571, 572, 606, 611, 656, 665
Revolution 52, 54, 58, 62, 128, 137, 139, 141, 146, 279, 287, 338, 421, 424, 426, 436, 439, 618

– bürgerliche 619, 640, 648, 666
– Französische 25, 26, 27, 50, 56, 57, 58, 59, 60, 62, 72, 93, 98, 101, 137, 147, 148, 150, 174, 175, 176, 179, 180, 182, 187, 188, 189, 191, 195, 226, 227, 228, 267, 268, 269, 270, 272, 303, 311, 330, 331, 338, 339, 341, 343, 363, 433, 438, 439, 499, 531, 534, 569, 605, 617, 622, 647, 648, 655
– Glorious 174, 175
– Juli-Revolution 26, 48, 438, 439
– proletarische 619, 640
– soziale 422, 425
– von 1848/49 5, 23, 49

Selbstermächtigung 35, 36, 38, 39, 40, 306, 360, 361, 375, 379, 380, 385, 446, 505, 532, 538, 539, 552, 560, 562, 565, 585, 591, 592, 593, 602, 613, 616, 628, 631, 635, 636, 646, 648, 649, 651
Sozialismus 9, 192, 347, 407, 408, 410, 437, 449, 510, 511, 558, 606, 655
– wahrer 347, 407, 409, 418, 456, 466, 559, 568, 643
Sozialist 408, 417, 421, 422, 423, 424, 425, 426, 430, 452, 466, 517, 645
– wahrer 4, 15, 347, 403, 412, 487, 498, 512, 537, 559, 560, 564, 596, 601, 645, 646, 652
Spätaufklärung 25, 26, 30, 31, 34, 37, 40, 41, 42, 76, 86, 96, 100, 111, 147, 148, 150, 152, 173, 175, 177, 181, 182, 194, 197, 198, 222, 263, 266, 272, 289, 291, 303, 304, 328, 343, 357, 361, 394, 493, 558, 648, 653, 655, 658, 659, 660, 665

Theologie 25, 42, 44, 45, 46, 47, 48, 51, 53, 55, 56, 64, 65, 68, 69, 70, 72, 75, 76, 77, 79, 80, 81, 82, 83, 86, 88, 90, 91, 92, 94, 96, 99, 100, 103, 112, 125, 126, 139, 153, 154, 155, 156, 157, 159, 162, 163, 164, 166, 176, 177, 182, 183, 194, 212, 213, 233, 249, 256, 257, 306, 311, 312, 343, 410, 571, 604

Zensur 25, 26, 49, 50, 53, 54, 56, 62, 74, 76, 81, 86, 89, 95, 96, 98, 104, 105, 106, 107, 108, 109, 114, 115, 116, 117, 118, 119, 120, 121, 122, 123, 131, 132, 133, 134, 135, 136, 137, 140, 141, 142, 144, 145, 147, 154, 169, 172, 177, 180, 199, 201, 207, 208, 210, 212, 214, 215, 237, 243, 245, 248, 250, 251, 252, 255, 260, 261, 264, 265, 266, 292, 293, 296, 297, 298, 299, 396, 455, 460, 464, 465, 477, 478, 508, 550, 647
– Zensur-Edikt vom 24. Dezember 1841 50, 53, 54, 74, 76, 77, 104, 108, 114, 121, 122, 128, 140, 208, 252